Sittenwidrige Rechtsgeschäfte in der späten Kaiserzeit

Rechtshistorische Reihe

Band 359

Peter Lang
Frankfurt am Main · Berlin · Bern · Bruxelles · New York · Oxford · Wien

Holger Ruff

Sittenwidrige Rechtsgeschäfte in der späten Kaiserzeit

Die Entwicklung der reichsgerichtlichen Rechtsprechung zu § 138 BGB von 1900 bis 1914

Peter Lang
Internationaler Verlag der Wissenschaften

Bibliografische Information der Deutschen Nationalbibliothek
Die Deutsche Nationalbibliothek verzeichnet diese Publikation in der Deutschen Nationalbibliografie; detaillierte bibliografische Daten sind im Internet über <http://www.d-nb.de> abrufbar.

Zugl.: Kiel, Univ., Diss., 2007

Die vorliegende Arbeit wurde von
Herrn Prof. Dr. Werner Schubert
zur Aufnahme in diese Reihe empfohlen.

Umschlagabbildung:
Justitia – Sinnbild der Gerechtigkeit.
Dieser Bildausschnitt wurde einem Buch
aus dem 17. Jahrhundert entnommen.

D 8
ISSN 0344-290X
ISBN 978-3-631-56925-2

www.peterlang.de

Meinen Eltern

Vorwort

Die vorliegende Untersuchung wurde Ende März 2007 abgeschlossen und von der Rechtswissenschaftlichen Fakultät der Christian-Albrechts-Universität zu Kiel im Sommersemester 2007 als Dissertation angenommen.

Ganz besonderer Dank gebührt meinem hoch geschätzten Doktorvater, Herrn Prof. Dr. *Werner Schubert*, für seine hervorragende und vorbildliche Betreuung der Arbeit. Stets stand er mir hilfreich, wissend und mit Engagement zur Seite. Vor allem für seine jederzeitige Gesprächsbereitschaft, die zeitaufwendigen Durchsichten der Teilentwürfe, die überaus wohlwollende Erstbegutachtung und nicht zuletzt für sein Zutun, das Promotionsverfahren in rekordverdächtigem Tempo zum Abschluß zu bringen, bin ich ihm zutiefst dankbar.

Bei Herrn Prof. Dr. *Hans Hattenhauer* bedanke ich mich für die zügige Erstellung des Zweitgutachtens.

Des weiteren danke ich Herrn *Dietrich Pannier*, Leiter der Bibliothek des Bundesgerichtshofs in Karlsruhe, der mir auf vertrauensvolle Weise den unkomplizierten Zugang zu den für diese Abhandlung unentbehrlichen Abschriften der Reichsgerichtsurteile ermöglichte. Darüber hinaus habe ich Frau *Fero* und Frau *Ulrike Habersetzer* für die freundliche Unterstützung vor Ort zu danken.

Herrn Rechtsanwalt Dr. *Frank Martens* spreche ich für den während seiner knapp bemessenen Freizeit geleisteten technischen Support bei der Erstellung des Layouts meinen Dank aus. Ein herzliches Dankeschön richtet sich ebenso an Frau *Annika Bielfeldt* und Herrn Rechtsanwalt *Stefan Storch*, die mich in ihrer freien Zeit ertragen mußten und dabei für willkommene Ablenkung vom Dissertationsalltag gesorgt haben.

Entscheidenden Anteil an der Fertigstellung dieser Arbeit hatten meine lieben Eltern *Katharina* und MR Dr. med. *Gerhard Ruff*. Sie haben mich seit jeher und in jeder nur erdenklichen Hinsicht vorbehaltlos und großzügig unterstützt. Ohne ihre Förderung wäre so vieles in meinem Leben unerreichbar geblieben. Ihnen bin ich zu großem Dank verpflichtet und widme ihnen diese Publikation.

Kiel, im Juni 2007 — Holger Ruff

Inhaltsverzeichnis

A. Untersuchungsgegenstand und Gang der Darstellung

Der „schillernde Rechtsbegriff"[1] der „guten Sitten" im Privatrecht, den schon die Römer als „boni mores" kannten,[2] hat im Laufe der Zeit nichts von seiner durchaus wichtigen Bedeutung für den Rechtsverkehr verloren.[3] Dies gilt auch und gerade für die heutige wertepluralistische Gesellschaft,[4] in welcher der Gesetzgeber mit immer detaillierteren und umfangreicheren gesetzlichen Regelungen das menschliche Miteinander in rechtliche Bahnen lenken will.[5] Denn obwohl es sich um einen im hohen Maße unbestimmten und wertausfüllungsbedürftigen Begriff[6] handelt, wird doch dadurch zugleich eine hohe Flexibilität erreicht, durch die der Richter auf jeden Wandel in den Wertvorstellungen[7] der

---

[1] *Heldrich*, AcP 186 (1986), S. 74 (93).

[2] Vgl. nur *Lobe*, Gruchot 72 (1932), S. 145 (145); *Simitis*, S. 3 und *Haferkamp*, in: Historisch-kritischer Kommentar BGB, § 138 Rn. 1.

[3] Nach *Larenz*, Juristen-Jahrbuch 7 (1966/67), S. 98 (98), handele es sich bei § 138 BGB „um eine so wichtige und in der Rechtsprechung so häufig praktizierte Regel"; ähnlich *Lindacher*, AcP 173 (1973), S. 124 (124).

[4] Siehe *Hefermehl*, in: Soergel, BGB, Bd. II, 13. Aufl. 1999, § 138 Rn. 5: „An die Stelle einer einheitlichen, vom allgemeinen Konsens getragenen Sittenordnung [um 1900] mit festen Anschauungen darüber, wie sich der Einzelne in einer Gemeinschaft zu verhalten hatte, trat in der industriellen Massengesellschaft die Pluralität unterschiedlicher, miteinander ringender Wertauffassungen."

[5] So sieht *Lindacher*, AcP 173 (1973), S. 124 (125), im § 138 BGB das „Pendant und Korrigens rechtsgeschäftlicher Privatautonomie, indem er der Freiheit rechtsgeschäftlicher Gestaltung Grenzen zieht und ihren Mißbrauch steuern soll".

[6] *Fuchs*, JW 1914, S. 270 (272), sah in den „guten Sitten" – wie auch in „Treu und Glauben", „wichtiger Grund", „die im Verkehr erforderliche Sorgfalt" usw. – „abstrakte gesetzliche Blankette", die durch „Würdigungs- oder Werturteilskunst ... zu hundertfarbigem Leben" erweckt werden müssen. Für *Oertmann*, BayZ 11 (1915), S. 173 (178), waren jene zwar „ein rein objektiver, aber trotz weitgehender Berücksichtigung der besonderen Sachlagen im Grunde doch generalisierender Beurteilungsmaßstab". Nach *Harry Westermann*, S. 29, ist „das ‚Sittenwidrige' in §§ 138, 826 ... ein sehr weit gefaßter unbestimmter Rechtsbegriff". *Steinbach*, DJZ 1899, S. 47 (47), bemerkte unter Hinweis auf einen Gedanken Ludwig Knapps, „daß, indem das Gesetz die Handlungen, welche den guten Sitten widersprechen, von den Vertragsgegenständen ausschließt, es sich mit diesen einfachen Worten auf ein Regelsystem beruft, welches verwickelter ist, als das ganze Gesetzbuch".

[7] Siehe zum „sozialen Wandel" und „Wertungswandel" im Zivilrecht *Mayer-Maly*, JZ 1981, S. 801 (801 ff.) und allgemein auch *Simitis*, S. 10 ff.

Bevölkerung angemessen reagieren kann.[8] Dabei sei es nach *Meyer-Cording* in einem 1964 veröffentlichten Aufsatz „für die Problematik der geistigen Situation unserer Zeit … bezeichnend, daß ein Begriff wie der der guten Sitten lebhaft umstritten ist", während demgegenüber „sich die Gesellschaft früherer Zeiten, die in bestimmten Traditionen und gefestigteren metaphysischen Vorstellungen lebte, klarer über den Inhalt der guten Sitten gewesen [war]".[9]

Im Bürgerlichen Gesetzbuch vom 18. August 1896 (nachfolgend: BGB)[10] wurde gleich an mehreren Stellen als gesetzliche Voraussetzung der Verstoß gegen die „guten Sitten" normiert, so in den Vorschriften der §§ 138 Abs. 1, 817 Satz 1, 819 Abs. 2 und 826 BGB,[11] freilich mit jeweils weiteren Merkmalen und unterschiedlichen Rechtsfolgen. Anders als bei den übrigen zuvor genannten Vorschriften ist der Terminus der „guten Sitten" im § 138 Abs. 1 BGB nicht als ein tatbestandliches Merkmal eines Anspruches, sondern einer rechtshindernden Einwendung konzipiert. Allerdings stellt sich seit jeher die Frage, was unter den „guten Sitten" zu verstehen ist und erst recht das praktische Problem, wie der Richter im Streitfalle mit diesem Begriff umzugehen hat. Die seit über 100 Jahren von Rechtsprechung und Literatur in verschiedenen Varianten beschworene sogenannte Anstandsformel, nach der ein Rechtsgeschäft sittenwidrig ist, wenn es gegen das Anstandsgefühl aller billig und gerecht Denkenden verstößt, trägt zur inhaltlichen Präzisierung des § 138 BGB nichts oder nur sehr wenig bei.[12] Insoweit stellt *Hans-Peter Haferkamp* in seiner Kommentierung des § 138 BGB im Historisch-kritischen Kommentar mit Recht fest, daß sich insgesamt „ein trennscharf definierbarer Maßstab der ‚guten Sitten' … wohl nicht fin-

---

[8] Durch die Aufstellung von Generalklauseln, wie in den §§ 138, 242 BGB geschehen, hat der Gesetzgeber dem BGB eine Flexibilität verliehen, die es den Gerichten bis in die heutige Zeit ermöglicht, die wechselnden Anforderungen des Rechtsverkehrs und neue gesellschaftliche Entwicklungen zu berücksichtigen, vgl. *Wieacker*, S. 476; *Schlosser*, S. 190; *Schmoeckel*, NJW 1996, S. 1697 (1704) und *Norbert Horn*, NJW 2000, S. 40 (44 f.). Zu den Gefahren implizierenden „Kehrseiten der Generalklausel" siehe *Wieacker*, S. 476 f. Nach *Wanner*, S. 12, handele es sich bei § 138 BGB „um eine der praktisch wichtigsten zivilrechtlichen Generalklauseln".

[9] *Meyer-Cording*, JZ 1964, S. 273 (273).

[10] Bürgerliches Gesetzbuch vom 18. August 1896, RGBl. 1896, S. 195 ff.

[11] Die „guten Sitten" wurden auch in Art. 30 des Einführungsgesetzes zum Bürgerlichen Gesetzbuche vom 18. August 1896 (EGBGB), RGBl. 1896, S. 604 (609), im Tatbestand aufgeführt: „Die Anwendung eines ausländischen Gesetzes ist ausgeschlossen, wenn die Anwendung gegen die guten Sitten oder gegen den Zweck eines deutschen Gesetzes verstoßen würde."

[12] Vgl. nur *Heldrich*, AcP 186 (1986), S. 74 (93 f.) und *Heinrichs*, in: Palandt, BGB, 65. Aufl. 2006, § 138 Rn. 1. Von *Teubner*, S. 20 u. 115, sowie *Heldrich*, AcP 186 (1986), S. 74 (94), wird die sog. Anstandsformel deshalb abwertend als „Leerformel" bezeichnet; dagegen *Thielmann*, S. 13 ff.

den [lasse]".[13] Nach ihm bleibe „nur das Fallmaterial selbst, um sich über den Inhalt der ‚guten Sitten' Aufschluss zu verschaffen"[14], und letztendlich „nur ein Bündel von Rechtsprechungstraditionen"[15] übrig. Der § 138 BGB sei damit nach Haferkamp wie alle Generalklauseln „in besonderem Maße zugänglich für eine historische Aufarbeitung der in der Rechtsprechung wirkenden Traditionslinien".[16] Diesbezüglich beleuchtet er im weiteren Verlauf seiner Kommentierung die These von einem „Funktionswandel" der „guten Sitten" mittels einer Gesamtlinienziehung im letzten Jahrhundert.[17] Ein ganz anderer Ansatz der historischen Aufarbeitung des § 138 BGB findet sich dagegen in der von Werner Schubert betreuten Dissertation von *Alexander Herzog*, der im Jahre 2000 eine Untersuchung der Judikatur des Obersten Gerichtshofes der Britischen Zone (OGH) und des Bundesgerichtshofes (BGH) in der Zeit von 1945 bis 1965 vorlegte.[18] Unabhängig von der Feststellung Haferkamps, ob diese Arbeit fast durchweg veröffentlichte und unveröffentlichte Urteile „rein deskriptiv"[19] darstelle, ist mit ihr von Herzog ein aufschlußreiches Ziel anvisiert worden: Er geht der interessesanten Frage nach, wieweit die frühere Rechtsprechung der Zivilsenate des Reichsgerichtes (im Folgenden: RG) in Leipzig, insbesondere aus der

---

13 *Haferkamp*, in: Historisch-kritischer Kommentar BGB, § 138 Rn. 2.

14 *Haferkamp*, in: Historisch-kritischer Kommentar BGB, § 138 Rn. 2; siehe auch *Medicus*, Allgemeiner Teil, Rn. 684 und *Larenz/Wolf*, Allgemeiner Teil, § 41 Rn. 31.

15 *Haferkamp*, in: Historisch-kritischer Kommentar BGB, § 138 Rn. 3.

16 *Haferkamp*, in: Historisch-kritischer Kommentar BGB, § 138 Rn. 3. Diese Auffassung wurde schon früher vertreten. So stellte *Marsson*, DJZ 1911, Sp. 881 (881), fest: „Nur dadurch wird man die Lehre fördern können, daß man untersucht, wie das in der schon überreichen Rechtsprechung zutage getretene Recht der Gegenwart das Blankett, das die angeführten Vorschriften [scil.: der §§ 138 , 817, 819, 826 BGB, Art. 30 EGBGB] dem Richter geben, ausgefüllt hat". Auch *Fuchs*, JW 1917, S. 504 (504), konstatierte, daß sich fortgesetzt um die „Ventilbegriffe von Treu und Glauben und gute Sitten … die von der besonderen Gestaltung der Einzelfälle geschöpften Richterrechtssätze" kristallisierten. „Dieses Richterrecht", so *Fuchs* weiter, „vermehrt, ergänzt, berichtigt sich unablässig. Allmählich heben sich aus den Fallentscheidungen Richtlinien ab, und so bildet sich das moderne Gewohnheitsrecht: der Gerichtsgebrauch. Der Grad von Rechtssicherheit, den wir haben, beruht wesentlich auf diesem Fallrecht, auf dieser feinen Filigranarbeit, die um jede Norm kunstvoll geflochten wird." Ganz allgemein läßt sich mit *Egon Schneider*, MDR 1962, S. 522 (524 f.), behaupten, „daß die Rechtsprechung die fruchtbarste Rechtsquelle hütet".

17 Vgl. *Haferkamp*, in: Historisch-kritischer Kommentar BGB, § 138 Rn. 3 u. 5.

18 *Alexander Herzog*, Sittenwidrige Rechtsgeschäfte in der höchstrichterlichen Rechtsprechung aus den Jahren 1948 – 1965, in: Rechtshistorische Reihe Bd. 239, Frankfurt a.M./ Berlin/Bern/Bruxelles/New York/Oxford/Wien 2001.

19 *Haferkamp*, in: Historisch-kritischer Kommentar BGB, § 138 Rn. 7 in Fn. 64.

Zeit des Nationalsozialismus[20] vom OGH und dann vom BGH in den frühen Jahren der Bundesrepublik Deutschland fortgesetzt wurde.[21] Hierfür gliederte er den 3. (Haupt-)Teil seiner Arbeit aus Zweckmäßigkeitsgründen in drei große thematische Bereiche, die er sodann unter dem Gesichtspunkt unterteilte, aus welchen Gründen den rechtsgeschäftlich Tätigen der Vorwurf der Sittenverstoßes gemacht worden war.[22] Kurz gesagt teilte er die maßgeblichen einschlägigen Entscheidungen in Fallgruppen auf, an deren Anfang die dazu vorhandene Rechtsprechung des RG erläutert und anschließend die Entwicklung in den Urteilen des OGH und BGH chronologisch nachgewiesen wird. Die reichsgerichtlichen, vor allem die im Kaiserreich ergangenen Judikate konnten dabei nur in ihren grundsätzlichen Kernaussagen dargestellt werden. Diese Einschränkung gab für die vorliegende Untersuchung den Anlaß, die Anfänge der reichsgerichtlichen Rechtsprechung zu § 138 BGB einer näheren – und vielleicht im Ergebnis auch nur beschreibenden – Darstellung und bestenfalls einer Beleuchtung zu unterziehen. Die Veröffentlichung von Herzog soll dazu als Wegweiser dienen, der die hier gefundenen Resultate gedanklich vorangestellt werden müssen.

Damit sind bereits zwei Kriterien für die anstehende Untersuchung, die sich auf die ergangenen höchstrichterlichen Judikate im Zeitraum von 1900 bis 1914 beschränkt, hervorgehoben: *Erstens* sollen grundsätzlich nur Entscheidungen, also Urteile und Beschlüsse der Zivilsenate des RG berücksichtigt werden. Fragen rein theoretischer Natur, zu denen keine Judikate des höchsten Gerichts ergingen und nur im juristischen Schrifttum Beachtung fanden, wie beispielsweise die, ob in einem Dienstvertrag über das „Modellstehen" einer (nackten) Frau für den Künstler zwecks Schaffung eines Aktes ein Verstoß gegen die guten Sitten nach § 138 Abs. 1 BGB erblickt werden kann,[23] bleiben außer Betracht. Nur ganz ausnahmsweise werden rechtskräftige Entscheidungen der Oberlandesgerichte (nachfolgend: OLG) in die Darstellung aufgenommen. Selbstverständlich gilt dies nicht für die vom RG im Revisionsurteil gewürdigten Ausführungen der Berufungsinstanz, die schon allein zum Verständnis einer Entscheidung wiedergegeben werden müssen. *Zweitens* werden von denen das erste Kriterium erfüllenden Rechtssprüchen nur jene für die Untersuchung herangezogen, die sich mit der praktischen Anwendung des Begriffes der „guten Sitten" im § 138 BGB

---

[20] Siehe zur Auslegung und Anwendung des § 138 Abs. 1 BGB durch die Rechtsprechung im Nationalsozialismus auch *Wanner*, Die Sittenwidrigkeit der Rechtsgeschäfte im totalitären Staate, Ebelsbach 1996.

[21] Vgl. *A. Herzog*, S. 15 f.

[22] Vgl. *A. Herzog*, S. 16.

[23] Einen Verstoß gegen die guten Sitten verneinend *Josef*, Recht 1905, S. 220 (221); *Hilse*, SeuffBl. 70 (1905), S. 597 (600) und *Riezler*, in: Staudinger, BGB, Bd. I, 3./4. Aufl. 1907, § 138 Anm. I.6., S. 448.

befassen. Diese Einschränkung macht schon die große Anzahl der hierzu ergangenen Judikate überhaupt erforderlich. Die Tatbestände in § 138 Abs. 1 und 2 BGB setzen ausdrücklich ein „Rechtsgeschäft“ voraus. Die Prüfung eines möglichen Verstoßes gegen die guten Sitten ist mit diesem Merkmal deutlich stärker eingegrenzt als bei der Vorschrift des § 826 BGB, vom unterschiedlichen Funktionsbereich einmal abgesehen, welche mit der vorsätzlichen sittenwidrigen Schädigung auch die Schädigung durch eine nichtrechtsgeschäftliche Handlung erfaßt. Deshalb werden die mit der Anspruchsgrundlage des § 826 BGB befaßten Urteile (größtenteils) ausgeklammert, so daß zum Beispiel die Entscheidungen über die Ausbeutung der Rechtskraft eines Urteils gegen die guten Sitten[24] oder den Lohn- und Arbeitskampf (Streik, Aussperrung, Boykott)[25] als Untersuchungsgegenstand ausscheiden.

Darüber hinaus muß die Untersuchung der sich mit § 138 BGB befassenden Entscheidungen wegen ihrer beträchtlichen Anzahl zusätzlichen Einschränkungen unterliegen. Es können nur diejenigen hervorgehoben werden, die sich ausführlich(er) mit einem Verstoß des Rechtsgeschäfts gegen die guten Sitten befassen und als wichtige Schritte in der Entwicklung und Festigung der Rechtsprechung anzusehen sind. Weiterhin unterbleibt ein näheres Eingehen auf die Diskussion über eine mögliche Sittenwidrigkeit und damit Nichtigkeit der abstrakten Verträge, die nur der Vollständigkeit wegen bei den Entscheiden zu den Bordellverträgen aufgezeigt wird. Keine Beachtung soll ferner die Debatte über die „öffentliche Ordnung“ erfahren; ihr Begriff wurde nicht in den Wortlaut des § 138 BGB aufgenommen.

Sind damit der Gegenstand der Untersuchung umrissen und ihre Grenzen abgesteckt, gilt es, daß mit der Arbeit verfolgte Hauptanliegen zu bestimmen und zu konkretisieren. Anhand der Entscheidungen der höchstrichterlichen Rechtsprechung zur Sittenwidrigkeit nach § 138 BGB soll dokumentiert werden, wie sich die Zivilsenate des RG mit der Generalklausel auseinandersetzten.

---

[24] Siehe aus Sicht der Literatur zu diesen Fällen nur *Leyserson*, ArchBürgR 17 (1900), S. 107 ff.; *Dernburg*, DJZ 1905, Sp. 465 ff.; *Kleinfeller*, BayZ 2 (1906), S. 1 ff.; *Oppler*, Recht 1907, Sp. 439 und *Pagenstecher*, JW 1908, S. 187 ff.

[25] Aus dem Schrifttum siehe hierzu etwa *Winter*, GuR 12 (1911), S. 73 ff.; *Meyerowitz*, JW 1912, S. 839 ff. und *Oertmann*, GewKfmG 21 (1916), Sp. 193 ff. Siehe in diesem Zusammenhang auch die bei *Hilse*, Recht 1903, S. 480 f.; *Hilse*, HirthsAnn. 1903, S. 545 f., und *Hilse*, SeuffBl. 71 (1906), S. 549 ff., dargestellten rechtlichen Probleme der Vereinbarungen zwischen Arbeitgebern und ihren beschäftigten Arbeitnehmern, daß diese einer Arbeiterorganisationen nicht beitreten oder aus einer solchen wieder austreten müssen, und weiterhin *Sinzheimer*, JW 1921, S. 304 ff.; *Baum*, NZArbR 2 (1922), Sp. 23 ff., und *Bühler*, NZArbR 2 (1922), Sp. 157 ff., für die sog. Absperrungsklausel in Tarifverträgen, d.h. für dahingehende Abreden, daß nur Arbeitnehmer, die einer Arbeiterorganisation angehören, von tarifangehörigen Arbeitgebern beschäftigt werden dürfen.

Hauptsächliches Ziel ist es dabei, eine eventuell vorhandene Entwicklung der Entscheidungspraxis des RG mittels zusammengefaßter Fallgruppen aufzuzeigen. Daneben sollen den Stimmen der zeitgenössischen Rechtsliteratur genügend Aufmerksamkeit gewidmet werden, insbesondere Stellungnahmen von Autoren zu den einzelnen Entscheidungen besonders hervorgehoben werden. Hierdurch dürfte es möglich sein, herauszufinden, wie die Literatur die Leistungen der reichsgerichtlichen Rechtsprechung bewertete und ob sich das RG bei seiner Entscheidungsfindung von Ansichten im Schrifttum beeinflussen oder überdies leiten ließ. Hingegen gehört es nicht zu den Intentionen des Diskurses, die einzelnen Urteile bis ins Detail aufzuschlüsseln und mit eigenen Urteilsanmerkungen, gar umfänglicheren Besprechungen zu versehen. Nur dort, wo die Urteile in der Literatur näher besprochen wurden, sollen diese Äußerungen im jeweiligen Kontext genannt werden.

Mit dem Vorhaben, diverse Fallgruppen auf eine Entwicklung in der Rechtsprechung hin zu untersuchen, ist die schwierige Aufgabe verbunden, eben jene Gruppen zu definieren, um sie der Bewertung zugänglich werden zu lassen. Eines ist insoweit von vornherein klar: in Frage kommen nur solche Kategorien, in denen im gewählten Untersuchungszeitraum mehrere Entscheidungen zusammengefaßt werden können, denn sonst wäre der Nachweis eines Entwicklungsprozesses unmöglich.[26] Zudem sind die Entscheidungskomplexe so zu bilden, daß sie möglichst gleichgeartete Sachverhalte beinhalten. Zu Anfang des letzten Jahrhunderts ermangelte es allerdings an einer für die vorliegend verfolgten Ziele brauchbaren Systematisierung der zentralen Anwendungsfälle des § 138 BGB.

In der Literatur zu Beginn des 20. Jahrhunderts lassen sich keine verwendbaren Kriterien zur Falltypisierung für die ins Auge gefaßte Untersuchung finden. Nach Aussage von *Dick* in dessen Dissertation aus dem Jahre 1909 sei bis dahin nur selten versucht worden, den Inhalt des Verstoßes gegen die guten Sitten durch eine systematische Aufzählung seiner Hauptanwendungsfälle genauer zu erörtern. In der weitaus überwiegenden Zahl seien in den Lehrbüchern und Kommentaren nur einzelne, besonders häufige Fälle nebeneinander gestellt.[27]

---

[26] Nach *Haferkamp*, in: Historisch-kritischer Kommentar BGB, § 138 Rn. 11, müsse man „gruppenbildende Merkmale herausarbeiten, um zu Urteilsreihen zu gelangen", denn der Maßstab der guten Sitten biete als solcher „nach den bisherigen Feststellungen keinen trennscharfen Zugang zur praktischen Bedeutung des § 138 [BGB]".

[27] Vgl. *Dick*, S. 38 = *Dick*, ArchBürgR 33 (1909), S. 74 (108). Siehe als Beispiel die Dreiteilung von *Lotmar*, S. 68 ff., und hierzu auch *Eccius*, Gruchot 41 (1897), S. 734 (735). Nach *Lotmar* verstoße ein Vertrag gegen die guten Sitten nur, wenn eines von drei folgend genannten Verhältnissen seines Inhalts zur Moral gegeben sei: 1. wenn er eine Handlung, Duldung oder Unterlassung vereinbare, die unmoralisch sei (S. 68 f.); 2. wenn er zum Gegenstand einer Vereinbarung eine Handlung etc. mache, die zwar nicht unmoralisch sei,

Das RG stellte für die Anwendung des § 138 Abs. 1 BGB zunächst grundsätzlich darauf ab, daß das (einseitige oder mehrseitige) „Rechtsgeschäft", wie der Wortlaut des § 138 Abs. 1 BGB es gebietet, nach seinem aus der Zusammenfassung von Inhalt, Motiv (bzw. Beweggrund[28]) und Zweck zu entnehmenden Gesamtcharakter, nach den objektiven und subjektiven Momenten gegen die guten Sitten verstoßen müsse.[29] Bei Verträgen, also mindesten zweiseitigen Rechtsgeschäften, sei die Nichtigkeit des ganzen Geschäfts in der Regel nicht anzunehmen, wenn nur der eine Vertragsteil unsittliche Zwecke verfolge, der andere Teil dagegen den unsittlichen Charakter des Geschäfts nicht kenne, hierüber sogar in Unkenntnis gelassen werde.[30] *Wanner* erklärt, das RG habe „außerhalb dieser ‚Gesamtbetrachtung' ... die Sittenwidrigkeit bis 1933 traditionell in drei verschiedenen Fallgruppen"[31] bejaht, wobei er maßgeblich auf die reichsgerichtliche Entscheidung vom 08.11.1927[32] abstellt.[33] In den Entscheidungsgründen dieses Urteils zur Frage der Nichtigkeit einer Sicherungsübereignung findet sich folgender Satz: „Das Reichsgericht hat zwar in ständiger Rechtsprechung, abweichend von der Regel, daß die Nichtigkeit eines Vertrags wegen Sittenwidrigkeit nach § 138 Abs. 1 BGB. ein beiderseitiges sittenwidriges Handeln verlange, auch schon dann Nichtigkeit angenommen, wenn das Rechtsge-

---

aber von Moral wegen nicht vertraglich vorgenommen oder zugesichert und damit dem Rechtszwang unterstellt werden dürfe (S. 71 f.); 3. wenn er eine ökonomische Leistung in Kausalbeziehung zu einer Handlung usw. setze, welche von Moral wegen nicht in solcher Kausalbezieung zu Geld oder Geldeswert stehen solle (S. 73). Siehe weiterhin die Zusammenfassung der Judikatur des RG in drei Gruppen von *Coing*, NJW 1947/48, S. 213 ff. Nach *Mayer-Maly*, in: MüKo, BGB, 1. Aufl. 1978, § 138 Rn. 26, sei die Fallgruppenbildung zu § 138 BGB nie so überzeugend gelungen wie zu § 1 UWG.

28 Statt „Motiv" findet sich das Wort „Beweggrund" zum Beispiel in RG, Urt. v. 17.12.1910 – V 62/10, Abschrift S. 6 f. = RGZ 75, 68 (74) und RG, Urt. v. 15.10.1912 – VII 231/12, Abschrift S. 4 = RGZ 80, 219 (221).

29 Vgl. nur RG, Urt. v. 15.12.1903 – II 185/03, Abschrift S. 5 = RGZ 56, 229 (231); RG, Urt. v. 15./29.05.1906 – II 519/05, Abschrift S. 7 = RGZ 63, 346 (350); RG, Urt. v. 05.02./11.03.1908 – V 236/07, Abschrift S. 3 = RGZ 68, 97 (98); RG, Urt. v. 17.12.1910 – V 62/10, Abschrift S. 6 f. = RGZ 75, 68 (74); RG, Urt. v. 23.01.1912 – III 164/10, Abschrift S. 6 = RGZ 78, 258 (263); RG, Urt. v. 15.10.1912 – VII 231/12, Abschrift S. 4 = RGZ 80, 219 (221) und RG, Urt. v. 24.09.1913 – III 178/13, Abschrift S. 4 = RGZ 83, 109 (112); siehe auch *Wanner*, S. 170.

30 Vgl. *Kiehl*, in: RGRK, BGB, Bd. I, 2. Aufl. 1913, § 138 Anm. 1., S. 164; RG, Urt. v. 30.11.1909 – II 103/09, Abschrift S. 5 f. = WarnRspr. 1910, Nr. 49 S. 50 (50) und RG, Urt. v. 19.02.1912 – VI 291/11, Abschrift S. 6 = RGZ 78, 347 (353) = JW 1912, S. 525 (526) Nr. 2.

31 *Wanner*, S. 170.

32 Vgl. RG, Urt. v. 08.11.1927 – (VII) VI 315/27, RGZ 118, 361.

33 Vgl. *Wanner*, S. 170 in Fn. 400.

schäft seinem Inhalt und Gegenstand nach sich als offenbar unsittlich darstellt[34] ... oder wenn ein unsittliches Handeln der einen Partei gegen die andere in Frage kommt, so bei Knebelungsverträgen[35] ... ."[36]

Demnach verlange die „Regel" der Nichtigkeit eines ausdrücklich vorausgesetzten Vertrages[37] wegen Sittenwidrigkeit nach § 138 Abs. 1 BGB ein beiderseitiges sittenwidriges Handeln; beide Vertragsparteien müßten also gegen die guten Sitten handeln.[38] Es genüge dann gerade nicht, daß nur der eine Vertragsteil sittenwidrige Zwecke verfolgte, der andere Teil diese Zwecke aber nicht gekannt und nicht gebilligt habe.[39]

Schon in einer früheren Entscheidung hatte das RG diese Regel und seine Ausnahmen ausgesprochen. Im Urteil des VI. Zivilsenats vom 06.05.1918[40] heißt es: „Das Berufungsgericht erhebt ... das weitere Bedenken, daß nach der Rechtsprechung des Reichsgerichts die Nichtigkeit eines Vertrags wegen Unsittlichkeit nur dann eintrete, wenn beide Vertragsparteien gegen die guten Sitten handelten. Dieser an sich richtige Satz gilt indessen nur mit selbstverständlichen ... Einschränkungen. Er gilt einmal nur, wenn dem nicht an sich unerlaubten Rechtsgeschäft nur durch den Beweggrund, aus dem es geschlossen und durch den Zweck, der damit verfolgt wurde, also durch die persönliche Gesinnung und Absicht der Vertragsschließenden das Gepräge der Sittenwidrigkeit aufgedrückt wird, nicht aber dann, wenn sich das Rechtsgeschäft schon seinem

---

[34] Unter dem Verweis auf: RG, Urt. v. 19.02.1912 – VI 291/11, RGZ 78, 347 (353); RG, Urt. v. 06.05.1918 – VI 450/17, RGZ 93, 27 (30); RG, Urt. v. 15.05.1920 – I 25/20, RGZ 99, 107 (109) und RG, Urt. v. 30.11.1909 – II 103/09, WarnRspr. 1910, Nr. 49 S. 50 (50).

[35] Unter Verweis auf: RG, Urt. v. 06.05.1918 – VI 450/17, RGZ 93, 27 (30); RG, Urt. v. 05.07.1923 – IV 507/22, RGZ 108, 213 (217) und RG, Urt. v. 30.09.1926 – IV 146/26, RGZ 114, 338 (341).

[36] RG, Urt. v. 08.11.1927 – (VII) VI 315/27, RGZ 118, 361 (362).

[37] Diese Aussage betraf logischerweise nur Verträge, nicht aber einseitige Rechtsgeschäfte. So heißt es in RG, Urt. v. 19.02.1912 – VI 291/11, Abschrift S. 6 = RGZ 78, 347 (353): „Ein nicht in sich unerlaubtes Rechtsgeschäft, das nicht eine rein einseitige Verfügung darstellt, sondern ... Vertragscharakter hat, bei welchem der Aufgabe eines Rechts auf der Seite des Verfügenden ein Rechtserwerb auf der anderen Seite gegenüber tritt, wird im Sinne des § 134 wie des § 138 B.G.B. nur nichtig, wenn von beiden Beteiligten gegen Gesetz oder Sitte verstoßen wurde".

[38] Vgl. *Wanner*, S. 170 unter 2.; RG, Urt. v. 19.02.1912 – VI 291/11, RGZ 78, 347 (353); RG, Urt. v. 16.05.1917 – IV 58/17, WarnRspr. 1917, Nr. 172 S. 264 (266); RG, Urt. v. 06.05.1918 – VI 450/17, RGZ 93, 27 (30); RG, Urt. v. 15.05.1920 – I 25/20, RGZ 99, 107 (108); RG, Urt. v. 05.07.1923 – IV 507/22, RGZ 108, 213 (217) und RG, Urt. v. 30.09.1926 – IV 146/26, RGZ 114, 338 (341).

[39] Vgl. RG, Urt. v. 16.05.1917 – IV 58/17, WarnRspr. 1917, Nr. 172 S. 264 (266).

[40] Vgl. RG, Urt. v. 06.05.1918 – VI 450/17, RGZ 93, 27.

Gegenstand und Inhalte nach als offenbar unsittlich darstellt[41] … . Der Satz gilt weiter nur, wo es sich um ein unsittliches Handeln der Vertragsparteien gegen außenstehende Dritte [!] handelt, nicht aber, wo ein sittenwidriges Verhalten der einen Vertragspartei gegen die andere in Frage kommt, wie bei allen Knebelverträgen".[42]

Die zwei anderen, im Urteil vom 08.11.1927[43] als „Ausnahmefälle"[44] bezeichneten Tatbestände bestehen nun darin, daß sich – erstens – das Rechtsgeschäft seinem (objektiven) Inhalt und Gegenstand nach „als offenbar unsittlich" darstelle, es mithin selbst sittenwidrig sei[45] oder – zweitens – ein „unsittliches Handeln der einen Partei gegen die andere"[46] vorliege. Beide Ausnahmen weichen von dem Grundsatz, daß für die Nichtigkeit eines Vertrages beiden Vertragsparteien ein Sittenverstoß zur Last fallen müsse, dahingehend ab, daß für die Annahme der Nichtigkeit ein einseitiger Verstoß gegen die guten Sitten bereits genüge. So hat der I. Zivilsenat in seinem Urteil vom 15.05.1920[47] für die erste Ausnahme festgestellt: „Wenn aber das Geschäft in sich unerlaubt, seinem Inhalt und Gegenstande nach unsittlich ist, so ist es in jedem Falle nichtig, mag auch nur eine Partei gegen die guten Sitten verstoßen haben. Das ist namentlich auch dann der Fall, wenn das Geschäft einen Zustand herbeiführen soll, den die Rechtsordnung nicht zulassen kann."[48] Für die zweite „Ausnahme von jener Regel"[49] führte der IV. Zivilsenat im Urteil vom 05.07.1923[50] aus: „Stellt sich aber der Vertrag … im Hinblick auf die persönliche Gesinnung und die Absicht des Klägers auf dessen Seite als sittenwidrig dar, so folgt daraus nach § 138 Abs. 1

---

[41] Unter Verweis auf: RG, Urt. v. 19.02.1912 – VI 291/11, RGZ 78, 347 (353) und RG, Urt. v. 30.11.1909 – II 103/09, WarnRspr. 1910, Nr. 49 S. 50 (50).

[42] RG, Urt. v. 06.05.1918 – VI 450/17, RGZ 93, 27 (30).

[43] Vgl. RG, Urt. v. 08.11.1927 – (VII) VI 315/27, RGZ 118, 361.

[44] RG, Urt. v. 08.11.1927 – (VII) VI 315/27, RGZ 118, 361 (362).

[45] Siehe *Wanner*, S. 170: „1. das Rechtsgeschäft selbst war sittenwidrig". Für diese Fallgruppe sollte ein objektiver Sittenverstoß genügen, während die anderen beiden Fallgruppen objektive und subjektive Sittenwidrigkeit erforderten, vgl. *Wanner*, S. 170 mit Verweis in Fn. 401 auf: RG, Urt. v. 15.06.1906 – II 514/05, RGZ 63, 390 (391); RG, Urt. v. 05.02./11.03.1908 – V 236/06, RGZ 68, 97 (99); RG, Urt. v. 23.10.1908 – III 30/08, JW 1908, S. 710 (711) Nr. 2 und RG, Urt. v. 23.05.1917 – V 46/17, WarnRspr. 1917, Nr. 234 S. 365 (367).

[46] Vgl. *Wanner*, S. 170: „3. eine Vertragspartei handelte in sittenwidriger Weise gerade gegen die andere Vertragspartei"; RG, Urt. v. 06.05.1918 – VI 450/17, RGZ 93, 27 (30) und RG, Urt. v. 05.07.1923 – IV 507/22, RGZ 108, 213 (217).

[47] Vgl. RG, Urt. v. 15.05.1920 – I 25/20, RGZ 99, 107.

[48] RG, Urt. v. 15.05.1920 – I 25/20, RGZ 99, 107 (109).

[49] RG, Urt. v. 30.09.1926 – IV 146/26, RGZ 114, 338 (341).

[50] Vgl. RG, Urt. v. 05.07.1923 – IV 507/22, RGZ 108, 213.

B.G.B. die Nichtigkeit des Vertrags. Daß der Beklagten keine Sittenwidrigkeit zur Last fällt, steht der Nichtigkeit nicht entgegen. Denn die Regel, daß die Nichtigkeit eines gegenseitigen Vertrags wegen Verstoßes gegen die guten Sitten nur bei sittenwidrigem Handeln beider Teile eintrete, findet keine Anwendung, wenn die Unsittlichkeit des Handelns des einen Vertragsteils gerade in seinem Verhalten gegenüber dem anderen Vertragsteil zu finden ist".[51]

Die im letzten Satz des vorangegangenen Zitats enthaltene Aussage scheint die Grundlage für die seither (vielfach) verwendete Einteilung in der Kommentarliteratur darzustellen. So heißt es bei *Danckelmann*, dem Bearbeiter der Kommentierung des § 138 BGB im Palandt von 1940: „Der Sittenverstoß kann bestehen in dem Verhalten gegenüber dem Geschäftsgegner, wo ein solcher vorhanden ist, oder in dem Verhalten gegenüber Dritten oder der Allgemeinheit (der Sittenverstoß als solcher ist stets ein Verstoß gegen die Belange der Gemeinschaft!). Daraus ergeben sich besonders für Verträge zwei nach Tatbestand und Folgen recht verschiedene Arten des Sittenverstoßes".[52] Diese „Arten" unterschied er danach, ob sich der Sittenverstoß im Verhalten gegenüber dem Geschäftsgegner oder nicht im Verhalten diesem gegenüber zeige.[53] Beim zweiten Fall ordnete er auch die Verstöße gegen das Wesen der Ehe und standeswidrige Rechtsgeschäfte ein,[54] für die Alexander Herzog die eigenständige Einteilung der „Sittenwidrikeit wegen Verstoßes gegen übergeordnete Aspekte" verwendet.[55] Diese Sortierung der zwei Arten des Sittenverstoßes findet sich bis heute in zahlreichen Kommentaren zum BGB wieder, gleichwohl mit unterschiedlichen Bezeichnungen. So unterscheidet auch *Krüger-Nieland* im Kommentar der Reichsgerichtsräte die „Arten des Sittenverstoßes" danach, ob der Sittenverstoß „im Verhalten nur eines Geschäftspartners liege und gegen den anderen gerichtet"[56] sei oder „aber auch beide Geschäftspartner gemeinsam gegen die guten

[51] RG, Urt. v. 05.07.1923 – IV 507/22, RGZ 108, 213 (217); in diesem Sinne auch RG, Urt. v. 30.09.1926 – IV 146/26, RGZ 114, 338 (341).

[52] *Danckelmann*, in: Palandt, BGB, 3. Aufl. 1940, § 138 Anm. 1), S. 108; vgl. auch *Hefermehl*, in: Soergel/Siebert, BGB, Bd. I, 9. Aufl. 1959, § 138 Rn. 1 und *Hefermehl*, in: Soergel/Siebert, BGB, Bd. I, 10. Aufl. 1967, § 138 Rn. 1.

[53] Vgl. *Danckelmann*, in: Palandt, BGB, 3. Aufl. 1940, § 138 Anm. 2), S. 108 u. Anm. 3), S. 109.

[54] Vgl. *Danckelmann*, in: Palandt, BGB, 3. Aufl. 1940, § 138 Anm. 3), S. 109.

[55] Vgl. *A. Herzog*, S. 37 ff. Siehe auch *Mayer-Maly*, in: MüKo, BGB, 1. Aufl. 1978, § 138 Rn. 35 ff. und *Armbrüster*, in: MüKo, BGB, 5. Aufl. 2006, § 138 Rn. 40 ff., die jene Fälle als „Absicherung anerkannter Ordnungen" qualifizieren.

[56] *Krüger-Nieland*, in: RGRK, BGB, Bd. I, 11. Aufl. 1959, § 138 Anm. 7, S. 439 = *Krüger-Nieland/Zöller*, in: RGRK, BGB, Bd. I, 12. Aufl. 1982, § 138 Rn. 33.

Sitten verstoßen, und zwar zum Nachteil Dritter oder der Allgemeinheit".[57] Jener unterteilt also die Gruppen in „Sittenverstoß nur eines Geschäftspartners"[58] und „Gemeinschaftlicher Verstoß gegen die guten Sitten".[59] Ähnlich ist auch die Bearbeitung im *Soergel* untergliedert, nämlich in „Sittenwidriges Verhalten eines Geschäftspartners"[60] und „Sittenverstoß beider Geschäftspartner"[61], oder aber im heutigen *Palandt*, wo in „Sittenwidriges Verhalten gegenüber dem Geschäftspartner"[62] und „Sittenwidriges Verhalten gegenüber der Allgemeinheit oder Dritten"[63] unterschieden wird. Stellen sich diese Einteilungen für zwei- und mehrseitige Rechtsgeschäfte lediglich als Unterfälle der sog. Umstandssittenwidrigkeit dar, bleibt insoweit die sog. Inhaltssittenwidrigkeit, wonach das Rechtsgeschäft unabhängig von (zusätzlichen) subjektiven Momenten allein wegen seines (äußeren) Geschäftsinhaltes sittenwidrig ist,[64] bei dieser Differenzierung unberücksichtigt.[65]

In Orientierung an diesen Kommentierungen wird ebendiese Zweiteilung in den den Hauptteil der Arbeit bildenden Kapiteln C. und D. übernommen. Innerhalb dieser beiden Teile werden die Entscheidungen der Rechtsprechung anhand derartiger Gruppierungen untersucht, wie sie in den Kommentaren größtenteils ausgearbeitet sind. Hierbei ist, wie bei der Verwendung aller Schemata, darauf hinzuweisen, daß sich nicht alle Urteile in das Prokrustesbett eines einheitlichen Schemas zwingen lassen. Vorher sollen jedoch im Kapitel B. als kurze Einführung in die Thematik ein Abriß der historischen Entwicklung des § 138

---

[57] *Krüger-Nieland*, in: RGRK, BGB, Bd. I, 11. Aufl. 1959, § 138 Anm. 7, S. 440 = *Krüger-Nieland/Zöller*, in: RGRK, BGB, Bd. I, 12. Aufl. 1982, § 138 Rn. 33.

[58] *Krüger-Nieland*, in: RGRK, BGB, Bd. I, 11. Aufl. 1959, § 138 Anm. 17, S. 443 = *Krüger-Nieland/Zöller*, in: RGRK, BGB, Bd. I, 12. Aufl. 1982, § 138 Rn. 43.

[59] *Krüger-Nieland*, in: RGRK, BGB, Bd. I, 11. Aufl. 1959, § 138 Anm. 49, S. 457 = *Krüger-Nieland/Zöller*, in: RGRK, BGB, Bd. I, 12. Aufl. 1982, § 138 Rn. 150.

[60] *Hefermehl*, in: Soergel/Siebert, BGB, Bd. I, 9. Aufl. 1959, § 138 Rn. 38 = *Hefermehl*, in: Soergel/Siebert, BGB, Bd. I, 10. Aufl. 1967, § 138 Rn. 42.

[61] *Hefermehl*, in: Soergel/Siebert, BGB, Bd. I, 9. Aufl. 1959, § 138 Rn. 67 = *Hefermehl*, in: Soergel/Siebert, BGB, Bd. I, 10. Aufl. 1967, § 138 Rn. 82.

[62] *Heinrichs*, in: Palandt, BGB, 65. Aufl. 2006, § 138 Rn. 24.

[63] *Heinrichs*, in: Palandt, BGB, 65. Aufl. 2006, § 138 Rn. 40.

[64] Vgl. *Hefermehl*, in: Soergel/Siebert, BGB, Bd. I, 9. Aufl. 1959, § 138 Rn. 14; *Mayer-Maly*, in: MüKo, BGB, 1. Aufl. 1978, § 138 Rn. 11; *Hefermehl*, in: Soergel, BGB, Bd. II, 13. Aufl. 1999, § 138 Rn. 20 u. 31 und *Heinrichs*, in: Palandt, BGB, 65. Aufl. 2006, § 138 Rn. 7.

[65] Vgl. *Mayer-Maly*, in: MüKo, BGB, 1. Aufl. 1978, § 138 Rn. 11; *Hefermehl*, in: Soergel/Siebert, BGB, Bd. I, 10. Aufl. 1967, § 138 Rn. 25 ff.; *Hefermehl*, in: Soergel, BGB, Bd. II, 13. Aufl. 1999, § 138 Rn. 35 f. und *Heinrichs*, in: Palandt, BGB, 65. Aufl. 2006, § 138 Rn. 8.

BGB (unter I.) sowie ein Überblick über die Handhabung dieser Vorschrift in der reichsgerichtlichen Rechtsprechung und aus Sicht der Wissenschaft (unter II. bzw. III.) gegeben werden. Den Abschluß der Arbeit bildet unter Gliederungspunkt E. eine Zusammenfassung der Untersuchungsergebnisse.

Was den sich bereits aus dem Titel der Untersuchung ergebenden gewählten zeitlichen Rahmen von 1900 bis 1914 anbelangt, so sollten allein die zum Recht des BGB ergangenen Entscheidungen des RG für die Untersuchung maßgeblich sein, weshalb also frühestens mit denen aus dem Jahre 1900 begonnen werden konnte. Bis zum Inkrafttreten des BGB bestand im Deutschen Reich kein einheitliches Privatrecht. Statt dessen galten im wesentlichen je nach Bundesstaat das preußische Allgemeine Landrecht, das gemeine Recht, der Code civil, das Sächsische Bürgerliche Gesetzbuch und das badische Landrecht. Diese Kodifikationen wiesen entweder keine oder jedenfalls keine identischen Vorschriften zu den „guten Sitten" auf. Zudem hatte das am 1. Oktober 1879 in Leipzig eröffnete RG, welches die obersten Gerichte der Bundesstaaten überragen und der Rechtsprechung ein starkes Gewicht im Gefüge des Deutschen Reiches sichern sollte,[66] nicht für alle bundesstaatlichen Zivilrechtsordnungen die letztinstanzliche Zuständigkeit. Nach § 549 ZPO a. F. konnte die Revision nur darauf gestützt werden, daß die vorinstanzliche Entscheidung auf der Verletzung eines Reichsgesetzes oder eines Gesetzes, dessen Geltungsbereich sich über den Bezirk des Berufungsgerichts hinaus erstreckte, beruhte. Das Bürgerliche Gesetzbuch für das Königreich Sachsen von 1863/1865 galt aber allein im Bezirk des OLG Dresden. Dessen Normen, die in den §§ 90, 793 Regelungen mit den „guten Sitten" beinhalteten, waren folglich nicht revisibel und ihre Anwendung konnte deshalb vom RG nicht überprüft werden.[67] Insgesamt bestand damit die Möglichkeit, daß die Rechtsprechung zu einer bestimmten Frage je nach Landesrecht divergieren konnte. Erst durch das BGB wurde diese Rechtszersplitterung überwunden und sichergestellt, daß die Vorschrift des § 138 BGB wie auch die diesbezügliche Spruchpraxis des RG für das gesamte Deutsche Reich gleichermaßen Geltung erlangte. Unabhängig davon seien nach Feststellungen von *Hans-Georg Mertens* durch das RG vor 1900 nur selten Fragen danach, ob ein Rechtsgeschäft gegen die guten Sitten" verstoße, aufgeworfen und nur in wenigen Fällen bejaht worden.[68] Er zählte in seiner Untersuchung der ersten zwanzig Bände der amtlichen Entscheidungssammlung des RG (umfassend die Jahre von 1879 bis 1888) lediglich 10 bis 15 Urteile, in denen auf den Begriff der „guten Sitten" verwiesen wurde.[69]

---

[66] Vgl. *Mertens*, AcP 174 (1974), S. 333 (335).

[67] Vgl. *Mertens*, AcP 174 (1974), S. 333 (336 u. dort auch in Fn. 12).

[68] Vgl. *Mertens*, AcP 174 (1974), S. 333 (364).

[69] Vgl. *Mertens*, AcP 174 (1974), S. 333 (363).

Den Abschluß der untersuchten Entscheidungen bilden jene aus dem Jahr 1914, und dies aus folgenden Erwägungen: Der Beginn des Ersten Weltkrieges, der Kriegsverlauf und die Nachkriegszeit brachten binnen kurzer Zeit in Deutschland erhebliche Veränderungen in allen Bereichen[70] mit sich, die zwangsläufig mit einem Umdenken/-müssen in der Bevölkerung einhergingen und einen Wandel, wenn nicht gar eine Zäsur in der Rechtsprechung des RG befürchten lassen. So wurde denn auch schon zu Kriegszeiten von einigen Autoren offen ausgesprochen, daß das sittliche Empfinden im Volk durch den Krieg und dessen Auswirkungen mindestens eine Steigerung erfahren habe und vieles als Verstoß gegen die guten Sitten angesehen werden könne, was noch zu Friedenszeiten als nicht sittenwidrig gegolten hätte und umgekehrt.[71]

---

[70] Siehe etwa *Hoyer*, Recht 1916, Sp. 35 (35 f.); *Dörstling*, Recht 1916, Sp. 168 (168), und *Schubart*, Recht 1916, Sp. 215 (215 ff.), zu der Frage, ob die in den Versicherungsbedingungen mancher Lebensversicherungsgesellschaften enthaltene Bestimmung, nach der beim Tode des Versicherten im Krieg mangels Zahlung einer besonderen Kriegsprämie die bezahlten Prämien verfallen und nur die Prämienreserve zur Auszahlung gelangen sollte, gegen die guten Sitten verstieß.

[71] Vgl. *Horrwitz*, DJZ 1914, Sp. 1334 (1335): „Ob etwas gegen die guten Sitten verstößt, ist Tatfrage. Den Angehörigen einer feindlichen Nation gegenüber, die sich gegen Deutsche verbrecherisch benimmt, ist manches erlaubt, ja erwünscht, was früher als gegen die guten Sitten verurteilt worden wäre."; *Hachenburg*, DJZ 1915, Sp. 582 (585): „Die heutige Zeit stellt an das ethische Empfinden, an das vaterländische Pflichtgefühl erhöhte Anforderungen."; *Hachenburg*, DJZ 1915, Sp. 782 (787): „Es muß immer wieder darauf hingewiesen werden, daß auch das sittliche Empfinden durch den Krieg eine Steigerung erfahren hat. Gar manches ist jetzt gegen die guten Sitten, was in Friedenszeiten das Anstandsgefühl der billig und gerecht Denkenden nicht verletzte."; *Hachenburg*, DJZ 1915, Sp. 852 (852): „Der Kampf um seine Existenz hat ganz Deutschland in eine Notlage gebracht. Was bisher im friedlichen Erwerbsleben erlaubt schien, widerspricht heute dem Gefühle des anständig denkenden Teiles der Bevölkerung."; *Hachenburg*, JW 1916, S. 114 (114); *Kipp*, DJZ 1916, Sp. 466 (466): „Niemand bezweifelt, daß die allgemeinen Begriffe von den guten Sitten und ihrer Bedeutung im Recht durch den Krieg keine Aenderung erlitten haben. Es ist jetzt wie vor dem Kriege das sittliche Empfinden der anständig und gerecht Denkenden, an dem ein Verhalten gemessen werden muß, wenn gefragt wird, ob es den guten Sitten entspricht oder widerspricht. Aber der Krieg hat das sittliche Empfinden mächtig aufgerüttelt und jedem einzelnen sittliche Pflichten in Rücksicht auf andere und auf das große Ganze auferlegt, die im Frieden nicht in Betracht oder uns nicht zum Bewußtsein kamen."; *von Miltner*, LZ 1917, Sp. 184 (185 f.): „Hierin ist jetzt bis zu einem gewissen Grade allerdings eine Wandlung und Läuterung eingetreten; das sittliche Volksbewußtsein, das für § 138 Maß gibt, ist auf der Grundlage der im Kriege gemachten Erfahrungen strenger geworden. … Wir können auch überzeugt sein, daß unsere Rechtspflegeorgane, namentlich unsere Gerichte, diesem fortgeschrittenen sittlichen Volksbewußtsein das vollste Verständnis entgegenbringen und ihm in geeigneten Fällen praktisch Rechnung tragen werden. … Daß eine Wandlung der Anschauungen eingesetzt hat, wird sich nicht in Abrede stellen lassen. Aber ihre Weiterentwicklung und Festigung kann erst die Zeit nach dem Kriege bringen.";

Zudem blieb der Gesetzgeber in dieser Zeit nicht untätig. Durch den Krieg mit Frankreich, England und Rußland war Deutschland weitgehend der Zugang zum Rohstoffweltmarkt, vor allem über den Seeweg verwehrt. Infolgedessen kam es zu Engpässen bei der Lieferung von natürlichen Ressourcen für die aufwendige Rüstungsproduktion, dem durch die Verordnung „über die Sicherstellung von Kriegsbedarf"[72] vom 24. Juni 1915 abgeholfen werden sollte. Auch die Bevölkerung litt, wenn auch nicht an unmittelbaren Kriegseinwirkungen, unter der zunehmenden Nahrungs- und Lebensmittelknappheit. In dieser Situation suchten findige Geschäftsleute ihren finanziellen Vorteil, indem sie durch den Aufkauf riesiger Bestände an Erzeugnissen und deren anschließende Zurückhaltung vom Geschäftsverkehr die Preise in die Höhe trieben. Dieser Entwicklung versuchte der Gesetzgeber mittels zahlreicher Gesetze und Verordnungen auf dem Gebiete des sog. Kriegswucherrechts[73], beispielsweise durch die Fest-

---

Fuchs, JW 1917, S. 633 (635): „Gerade jetzt, wo das Volksbewußtsein durch den Weltkrieg in der Umbildung begriffen ist und der Fluß aller Dinge auch auf dem Gebiet der guten Sitten und des sozialen Gewissens in ein rasches Gefälle, vielleicht in eine weltgeschichtliche Richtungsänderung gekommen ist, bedürfen wir einer obersten und einheitlichen Führung auf dem Gebiet der guten Sitten mehr als je."; *Wanner*, S. 55 ff. und *Eckert*, AcP 199 (1999), S. 337 (348).

[72] RGBl. 1915, S. 357 (357).

[73] Siehe dazu das „Gesetz, betreffend Höchstpreise" vom 4. August 1914, RGBl. 1914, S. 339 ff., geändert durch Verordnung vom 17. Dezember 1914, RGBl. 1914, S. 513 ff. und die Bekanntmachung der Fassung des Höchstpreisgesetzes vom 17. Dezember 1914, RGBl. 1914, S. 516 ff.; die Verordnung „gegen übermäßige Preissteigerung" vom 23. Juli 1915, RGBl. 1915, S. 467 f., berichtigt durch Verordnung vom 22. August 1915, RGBl. 1915, S. 514; die Verordnung „über die Änderung des Gesetzes, betreffend Höchstpreise, und der Verordnung gegen übermäßige Preissteigerung" vom 23. März 1916, RGBl. 1916, S. 183 ff.; die „Verordnung über den Handel mit Lebens- und Futtermitteln und zur Bekämpfung des Kettenhandels" vom 24. Juni 1916, RGBl. 1916, S. 581 ff.; die „Verordnung gegen den Schleichhandel" vom 7. März 1918, RGBl. 1918, S. 112 f. und die „Verordnung gegen Preistreiberei" vom 8. Mai 1918, RGBl. 1918, S. 395 ff. Siehe auch die Verordnung „zur Fernhaltung unzuverlässiger Personen vom Handel" vom 23. September 1915, RGBl. 1915, S. 603 ff.; die Verordnung, „betreffend Einwirkung von Höchstpreisen auf laufende Verträge" vom 11. November 1915, RGBl. 1915, S. 758 ff.; die „Verordnung über Sondergerichte gegen Schleichhandel und Preistreiberei (Wuchergerichte)" vom 27. November 1919, RGBl. 1919, S. 1909 ff. sowie die „Verordnung zur Ausführung der Verordnung über Sondergerichte gegen Schleichhandel und Preistreiberei (Wuchergerichte)" vom 27. Mai 1919, RGBl. 1919, S. 1916 ff. Aus der Literatur siehe hierzu nur *Hachenburg*, DJZ 1915, Sp. 852 ff.; *Knipschaar*, DJZ 1915, Sp. 1087 ff.; *Koffka*, JW 1915, S. 877 ff.; *Frankenburger*, JW 1916, S. 442; *Fuld*, Recht 1916, Sp. 640 f.; *Moses*, DJZ 1917, Sp. 327 f.; *Matthiessen*, LZ 1917, Sp. 1289 ff.; *Bloch*, Höchstpreisüberschreitung und Überteuerung im Privatrecht, München/Berlin/Leipzig 1918; *Nöldeke*, HansRZ 2 (1919), Sp. 2 (3 ff.); *Wassermann*, Recht 1920, Sp. 159 ff.; *Oertmann*, VerkehrsrRdsch. 1 (1921), Sp. 377 (378 f.) und *Silberschmidt*, NZArbR 2 (1922), Sp. 29 (32 ff.); siehe auch *Haferkamp*, in: Historisch-

setzung von Höchstpreisen oder durch die Strafbewährung des Forderns von Preisen, die einen übermäßigen Gewinn enthielten, Herr zu werden, die auch bei der Rechtsprechung des RG im Hinblick auf § 138 BGB Einfluß hatten.[74]

Die Darstellung der ausgewählten Entscheidungen erfolgt unter Voranführung der ihnen zugrunde liegenden, weitgehend verkürzten und anonymisierten Sachverhalte. Im Anschluß werden die tragenden Gründe der Entscheide nur im Hinblick auf den Untersuchungsgegenstand des § 138 BGB umfassend dargestellt. Für die vom Verfasser angestrebte leichtere Lesbarkeit der Abhandlung wurde an vielen Stellen statt der oft „hölzern" wirkenden sinngemäßen Wiedergabe – dem indirekten Zitat – das stilistische Mittel des direkten wörtlichen Zitats bevorzugt. Diese präferierte Darstellungsweise beruht auf mehreren Gründen: Die herangezogenen Veröffentlichungen sind zum Teil nicht oder vielfach nur mit einigem Aufwand zugänglich. Wie die guten Sitten unterliegt auch die (deutsche) Sprache in ihrem Gebrauch einem steten Wandel. Für die zumeist auf sprachlich hohem Niveau angesiedelten Judikate des RG bildet dieser Grundsatz keine Ausnahme. Vor diesem Hintergrund sind manche Passagen aus früheren Quellen aus heutiger Sicht nur mit einigen Mühen verständlich. Nicht unterschätzt werden darf zudem die mit derartigen Verständnisschwierigkeiten einhergehende Gefahr der Sinnentstellung, die mit einer Übertragung aus dem Original in die indirekte Rede verknüpft ist.

Die ebendaher mancherorts umfangreichen Zitate aus den Entscheidungen wurden in erster Linie den – auch in der Arbeit als solchen bezeichneten – Abschriften der sich in der Obhut der Bibliothek des BGH in Karlsruhe befindenden „Sammlung sämtlicher Erkenntnisse des Reichsgerichts in Zivilsachen"[75] entnommen, bei denen der Wahrscheinlichkeitsgrad der Vollständig- und Rich-

---

kritischer Kommentar BGB, § 138 Rn. 14 m.w.N. in den Fußnoten. Zur Kriegsgesetzgebung im Hinblick auf die in Deutschland ansässigen, dem Feinde gehörenden Kartelle siehe die Verordnung „betreffend die zwangsweise Verwaltung französischer Unternehmungen" vom 26. November 1914, RGBl. 1914, S. 487 f.; die Verordnung „über die zwangsweise Verwaltung russischer Unternehmungen" vom 4. März 1915, RGBl. 1915, S. 133 und hierzu *Flechtheim*, JW 1915, S. 372 (375 f.) sowie zu den Auswirkungen des Krieges auf die Kartelle insgesamt unter Berücksichtigung der Kriegswuchergesetzgebung *Flechtheim*, JW 1915, S. 372 ff. und *Bacharach*, RuW 6 (1917), S. 145 ff.

[74] Vgl. zum Beispiel RG, Urt. v. 19.05.1916 – II 100/16, RGZ 88, 250 ff.; siehe dazu auch *Rohde*, RuW 5 (1916), S. 223 (223); *Bondi*, RuW 5 (1916), S. 267 (268) und *Rothbarth*, JW 1916, S. 109 (109) sowie RG, Urt. v. 05.12.1916 – II 457/16, RGZ 89, 196 ff.; fernerhin kritisch zur „Kriegsrechtsprechung" des RG *Fuchs*, JW 1917, S. 323 (323 f.).

[75] Die Sammlung ist nach Jahrgängen und Senaten geordnet sowie nach Quartalen unterteilt.

tigkeit am größten sein dürfte. An den dortigen Inhalt und die Schreibweise wurde sich vorrangig gehalten.[76]

[76] In den Abschriften vorhandene Unterstreichungen, die bei den Veröffentlichungen zumeist mit Hilfe einer gesperrten Schrift verdeutlicht wurden, sind dabei nur übernommen, soweit dies zur Hervorhebung der Wiedergabe geeignet und nötig erschien. Soweit in den Entscheidungen Bezug auf andere Urteile oder Verweise auf das juristische Schriftum genommen wurde, erfolgt ggf. die Wiedergebung in den Fußnoten. Daneben wurden die zu den jeweiligen Entscheidungen in Bezug auf § 138 BGB formulierten „Leitsätze" im „Nachschlagewerk des Reichsgerichts" zum BGB, zugänglich gemacht durch die Veröffentlichung von Werner Schubert und Hans Peter Glöckner mit aufgeführt, die vor allem durch ihre kunstvolle Prägnanz bestechen. Für darüber hinausgehende Fundstellenhinweise zu den einzelnen Entscheidungen ist das im Anhang I aufgeführte Gesamtverzeichnis gedacht. Dieses beinhaltet zunächst einmal alle gesichteten, wenn auch nicht gänzlich in den nachfolgenden Ausführungen erwähnten Entscheidungen des RG, die im Tatbestand und/oder in den Entscheidungsgründen eine Nennung des § 138 BGB oder eine thematische Auseinandersetzung mit diesem Paragraphen aufweisen. Weiterhin sind zu jeder einzelnen Entscheidung alle vom Verfasser gefundenen Veröffentlichungen derselben in den damals gängigen Zeitschriften, Rechtsprechungssammlungen usw. aufgelistet, um dem Leser bei der Arbeit mit den Urteilen behilflich zu sein.

B. Einführung in die Thematik des § 138 BGB

I. Abriß der historischen Entstehung des § 138 BGB

Eines der wesentlichen mit der Schaffung des BGB verfolgten Anliegen war die Herstellung der Rechtseinheit in Deutschland. Dies wird deutlich an der auch nach der Reichsgründung im Jahre 1871 vorhandenen Rechtszersplitterung in Deutschland:[77] So lebten im Deutschen Reich 1879 rund 49 Millionen Menschen. Für etwa 20 Millionen von ihnen galt das preußische Allgemeine Landrecht von 1794, für etwa 17 Millionen das gemeine (römische) Recht; für beide Gebiete galten außerdem noch diverse Partikularrechte. Darüber hinaus standen etwa 8 Millionen Bürger unter der Herrschaft des französischen Zivilrechts im Form des Code civil von 1804 und für circa 3 Millionen Bewohner galt das Sächsische Bürgerliche Gesetzbuch von 1863/1865. Die anderen Rechtsgebiete wiesen nicht mehr als 500.000 Einwohner insgesamt auf.[78] Die einzelnen Kodifikationen beinhalteten zum Teil Vorschriften, die einem dem § 138 Abs. 1 BGB entsprechenden Anwendungsbereich hatten.[79]

---

[77] Eine anschauliche Übersicht zum geographischen Geltungsbereich der jeweiligen Zivilrechtsordnungen bietet die Karte bei *Schlosser*, S. 300.

[78] Vgl. *G. Pfeiffer*, DRiZ 1979, S. 325 (325); *Eisenhardt*, Rn. 574 f. und *Säcker*, in: MüKo, BGB, 4. Aufl. 2001, Einl. Rn 9.

[79] Siehe ALR Theil I. Titel 4. „§. 6. Zu Handlungen, welche die Gesetze verbieten, kann durch Willenserklärungen niemand verpflichtet oder berechtigt werden; §. 7. Auch nicht zu Handlungen, welche die Ehrbarkeit beleidigen.“, zitiert nach *Hattenhauer/Bernert*, S. 69; Art. 1131 Code civil: „L'obligation sans cause, ou sur une fausse cause, ou sur une cause illicite, ne peut avoir aucun effet.“ = „Eine Verbindlichkeit, die gar keinen Grund hat, oder auf einem falschen oder auf einem unerlaubten Grunde beruht, kann keine Wirkung hervorbringen.“ und Art. 1133 Code civil: „La cause est illicite quand elle est prohibée par la loi, quand elle est contraire aux bonnes moeurs ou à l'ordre public.“ = „Der Grund der Verbindlichkeit ist unerlaubt, wenn er von dem Gesetze verboten, wenn er den guten Sitten oder der öffentlichen Ordnung zuwider ist.“, zitiert nach *Loersch*, S. 408. Das Bürgerliche Gesetzbuch für das Königreich Sachsen vom 2. Januar 1863, Gesetz- und Verordnungsblatt für das Königreich Sachsen 1863, S. 6 ff., erklärte im § 90: „Rechtsgeschäfte, welche unverständlich oder rücksichtlich ihres Gegenstandes so unbestimmt sind, daß sich derselbe nicht erkennen läßt, ingleichen welche dem Verkehre entzogene Sachen, unmögliche, den Gesetzen oder den guten Sitten widerstreitende Handlungen zum Gegenstande haben, sind nichtig.“; abgedruckt auch bei *Wengler*, S. 20; *Siebenhaar*, S. 22 und gekürzt bei *Jacobi*, JherJb. 41 (1900), S. 68 (93 in Fn. 45). Außerdem hieß es dort in § 793, abgedruckt bei *Wengler*, S. 125 f. und *Siebenhaar*, S. 142: „Verträge über Sachen, welche überhaupt oder für Denjenigen, der sie in Folge des Vertrages erhalten soll, außer Verkehr stehen, oder welche gar nicht vorhanden sind, gleichviel ob sie nicht vorhanden sein können, nie vor-

Auch Vorschriften bezüglich des Wuchers existierten bereits vor Inkrafttreten des BGB.[80] Durch Art. 1 des „Gesetz[es], betreffend den Wucher" vom 24. Mai 1880[81] wurden hinter § 302 des Strafgesetzbuches für das Deutsche Reich die neuen §§ 302 a bis 302 d StGB eingestellt. In § 302 a StGB[82] wurde der sog. Kreditwucher verankert und in § 302 d StGB[83] der gewerbs- oder gewohnheitsmäßig betriebene Wucher gesondert unter Strafe gestellt; Art. 3 dieses Gesetzes[84] ordnete die Ungültigkeit derartiger Verträge an.

---

handen gewesen oder vor Schließung des Vertrages untergegangen, ingleichen über Handlungen, welche unmöglich sind, oder den Gesetzen oder guten Sitten widerstreiten, sind nichtig." Im römischen und gemeinen Recht war von der Ungültigkeit der „pacta contra bonos mores" die Rede. In den römischem Quellen stand die Aussage, daß Verträge, die „contra bonos mores" verstießen, nichtig waren, allerdings nicht als vereinzelte Norm da, vielmehr fand der Grundsatz in zahlreichen Einzelsätzen seine Bestätigung; vgl. *Endemann*, KrVJschr. 41 (1899), S. 517 (517); *Fuld*, SeuffBl. 64 (1899), S. 171 (172); *Riezler*, in: Staudinger, BGB, Bd. I, 2. Aufl. 1904, § 138 Anm. I.1., S. 401 = *Riezler*, in: Staudinger, BGB, Bd. I, 3./4. Aufl. 1907, § 138 Anm. I.1., S. 444 = *Riezler*, in: Staudinger, BGB, Bd. I, 7./8. Aufl. 1912, § 138 Anm. I.1., S. 530 und *Schwab*, in: FS Kleinheyer, S. 493 (493 f.).

80 Siehe zur geschichtlichen Entwicklung des Wuchers *Blodig*, S. 3 ff.; *Caro*, S. 17 ff.; *Friedmann*, S. 8 ff.; *Crome*, Bd. I, S. 375 in Fn. 13 und *R. Schmidt*, S. 163 ff. Zur Geschichte der Reichs-Wuchergesetze vom 24. Mai 1880 und 19. Juni 1893 siehe *Koffka*, Reichs-Wuchergesetze, S. 1 ff. und *Fuld*, Wuchergesetz, S. 1 ff.

81 RGBl. 1880, S. 109 ff.

82 Siehe § 302 a StGB, RGBl. 1880, S. 109 (109): „Wer unter Ausbeutung der Nothlage, des Leichtsinns oder der Unerfahrenheit eines Anderen für ein Darlehen oder im Falle der Stundung einer Geldforderung sich oder einem Dritten Vermögensvortheile versprechen oder gewähren läßt, welche den üblichen Zinsfuß dergestalt überschreiten, daß nach den Umständen des Falles die Vermögensvortheile in auffälligem Mißverhältnisse zu der Leistung stehen, wird wegen Wuchers mit Gefängniß bis zu sechs Monaten und zugleich mit Geldstrafe bis zu dreitausend Mark bestraft. Auch kann auf Verlust der bürgerlichen Ehrenrechte erkannt werden." Siehe auch RGBl. 1880, S. 109 (109 f.), zum Wortlaut des § 302 b StGB: „Wer sich oder einem Dritten die wucherlichen Vermögensvortheile (§. 302 a) verschleiert oder wechselmäßig oder unter Verpfändung der Ehre, auf Ehrenwort, eidlich oder unter ähnlichen Versicherungen oder Betheuerungen versprechen läßt, wird mit Gefängniß bis zu Einem Jahre und zugleich mit Geldstrafe bis zu sechstausend Mark bestraft. Auch kann auf Verlust der bürgerlichen Ehrenrechte erkannt werden."

83 Siehe § 302 d StGB, RGBl. 1880, S. 109 (110): „Wer den Wucher gewerbs- oder gewohnheitsmäßig betreibt, wird mit Gefängniß nicht unter drei Monaten und zugleich mit Geldstrafe von einhundertfünfzig bis zu fünfzehntausend Mark bestraft. Auch ist auf Verlust der bürgerlichen Ehrenrechte zu erkennen."

84 Siehe RGBl. 1880, S. 109 (110 f.): „[Abs. 1:] Verträge, welche gegen die Vorschriften der §§. 302 a, 302 b des Strafgesetzbuchs verstoßen, sind ungültig. [Abs. 2:] Sämmtliche von dem Schuldner oder für ihn geleisteten Vermögensvortheile (§. 302 a) müssen zurückgewährt und vom Tage des Empfanges an verzinst werden. ... [Abs. 3:] Das Recht der Rückforderung verjährt in fünf Jahren seit dem Tage, an welchem die Leistung erfolgt ist.

Eine Änderung dieser Vorschriften erfolgte durch das „Gesetz, betreffend Ergänzung der Bestimmungen über den Wucher" vom 19. Juni 1893[85]. Hiernach wurden durch Art. I des Gesetzes der § 302 a StGB[86] und der § 302 d StGB[87] abgeändert.[88] Zusätzlich wurde hinter § 302 d StGB der in § 302 e StGB[89] normierte sog. Sachwucher ins Strafgesetzbuch eingestellt, allerdings wurde durch dessen Tatbestand nur der gewerbs- oder gewohnheitsmäßig betriebene Wucher erfaßt.

Die Entstehungsgeschichte des § 138 Abs. 1 BGB ist schon früher ausführlich untersucht worden,[90] weshalb es an dieser Stelle genügen soll, nur die

---

[Abs. 4:] Der Gläubiger ist berechtigt, das aus dem ungültigen Vertrage Geleistete zurückzufordern; für diesen Anspruch haftet die für die vertragsmäßige Forderung bestellte Sicherheit. Die weiter gehenden Rechte eines Gläubigers, welchem nach den Bestimmungen des bürgerlichen Rechts die Ungültigkeit des Vertrages nicht entgegengesetzt werden kann, werden hierdurch nicht berührt."

85 RGBl. 1893, S. 197 ff.

86 Siehe RGBl. 1893, S. 197 (197), wobei im Folgenden die kursiven Hervorhebungen die Änderungen markieren und nicht im Original vorhanden sind: „Wer unter Ausbeutung der Nothlage, des Leichtsinns oder der Unerfahrenheit eines Anderen *mit Bezug auf* ein *Darlehn* oder *auf die* Stundung einer Geldforderung *oder auf ein anderes zweiseitiges Rechtsgeschäft, welches denselben wirthschaftlichen Zwecken dienen soll,* sich oder einem Dritten Vermögensvortheile versprechen oder gewähren läßt, welche den üblichen Zinsfuß dergestalt überschreiten, daß nach den Umständen des Falles die Vermögensvortheile in auffälligem *Mißverhältniß* zu der Leistung stehen, wird wegen Wuchers mit Gefängniß bis zu sechs Monaten und zugleich mit Geldstrafe bis zu dreitausend Mark bestraft. Auch kann auf Verlust der bürgerlichen Ehrenrechte erkannt werden."

87 Siehe RGBl. 1893, S. 197 (197 f.): „Wer den Wucher (§§. 302 a bis 302 c) gewerbs- oder gewohnheitsmäßig betreibt, wird mit Gefängniß nicht unter drei Monaten und zugleich mit Geldstrafe von einhundertfünfzig bis zu fünfzehntausend Mark bestraft. Auch ist auf Verlust der bürgerlichen Ehrenrechte zu erkennen."

88 Außerdem wurde durch Art. II des Gesetzes vom 19. Juni 1893 – siehe RGBl. 1893, S. 197 (198) – der Art. 3 des Gesetzes, betreffend den Wucher vom 24. Mai 1880 folgendermaßen abgeändert: „[Abs. 1:] Verträge, welche gegen die Vorschriften der §§. 302 a, 302 b, 302 e des Strafgesetzbuchs verstoßen, sind ungültig. [Abs. 2:] Sämmtliche von dem Schuldner oder für ihn geleisteten Vermögensvortheile (§§. 302 a, 302 e) müssen zurückgewährt und vom Tage des Empfanges an verzinst werden."

89 Siehe § 302 e StGB, RGBl. 1893, S. 197 (198): „Dieselbe Strafe (§. 302 d) trifft denjenigen, welcher mit Bezug auf ein Rechtsgeschäft anderer als der im §. 302 a bezeichneten Art gewerbs- oder gewohnheitsmäßig unter Ausbeutung der Nothlage, des Leichtsinns oder der Unerfahrenheit eines Anderen sich oder einem Dritten Vermögensvortheile versprechen oder gewähren läßt, welche den Werth der Leistung dergestalt überschreiten, daß nach den Umständen des Falles die Vermögensvortheile in auffälligem Mißverhältniß zu der Leistung stehen."

90 Siehe hierzu etwa *H. Schmidt*, S. 141 ff.

wichtigsten Informationen hierzu darzustellen. An den Anfang gestellt werden muß dabei der von vielen Autoren unberücksichtigte Vorentwurf der Redaktoren, die im Jahre 1881 den „Entwurf des Allgemeinen Theils“ vorlegten.[91] In der Vorschrift des § 107 der Vorentwürfe hieß es folgendermaßen: „Eine Willenserklärung, durch welche eine Leistung versprochen wird, die unmöglich ist, oder mit den guten Sitten oder den Vorschriften des Gesetzes in Widerspruch steht, ist nichtig.“[92]

Der von der Kommission ausgearbeitete erste Entwurf eines bürgerlichen Gesetzbuches für das Deutsche Reich enthielt in § 106 BGB Entwurf I folgende Fassung: „Ein Rechtsgeschäft, dessen Inhalt gegen die guten Sitten oder die öffentliche Ordnung verstößt, ist nichtig.“[93] Nach den Aussagen in den Motiven zu § 106 BGB Entwurf I sollte die Nichtigkeit dann eintreten, „wenn der Inhalt eines Rechtsgeschäftes unmittelbar, in objektiver Hinsicht und unter Ausscheidung der subjektiven Seite, die guten Sitten verletzt“.[94] Neben den guten Sitten sei die öffentliche Ordnung erwähnt, „weil der Inhalt eines Rechtsgeschäftes nicht blos gegen die moralischen Interessen, sondern auch gegen die allgemeinen Interessen des Staates verstoßen kann und ein Verstoß gegen die letzteren nicht immer einen Verstoß gegen die ersteren enthält“.[95] Allerdings sind die Motive ob der großen Reichweite der Fassung des Entwurfes nicht frei von Skepsis: „Die Vorschrift stellt sich als ein bedeutsamer gesetzgeberischer Schritt dar, der vielleicht nicht ohne Bedenken ist. Dem richterlichen Ermessen wird ein Spielraum gewährt, wie ein solcher großen Rechtsgebieten bisher unbekannt ist. Fehlgriffe sind nicht ausgeschlossen. Bei der Gewissenhaftigkeit des deutschen Richterstandes darf indessen unbedenklich darauf vertraut werden, daß die Vorschrift im Ganzen und Großen nur in dem Sinne angewendet werden wird, in dem sie gegeben ist.“[96]

Im zweiten Entwurf war in § 103 BGB Entwurf II die Fassung beschlossen worden: „Ein Rechtsgeschäft, das[97] gegen die guten Sitten verstößt, ist nich-

---

[91] Dieser ist abgedruckt bei *Schubert*, Vorentwürfe AT I, S. 1 ff.

[92] Nachdruck bei *Schubert*, Vorentwürfe AT I, S. 20.

[93] BGB Entwurf I, S. 25.

[94] Motive I, S. 211 = *Mugdan* I, S. 469. In den Motiven II, S. 727 = *Mugdan* II, S. 406, ist bereits zu § 705 BGB Entwurf I (dem Vorläufer des heutigen § 826 BGB), der mit gewissen Beschränkungen eine Schadensersatzpflicht für solche Handlungen vorsah, deren Vornahme gegen die guten Sitten verstößt, die sog. Anstandsformel erwähnt: „Ein Mißbrauch ist es aber, wenn seine Handlungsweise den in den guten Sitten sich ausprägenden Auffassungen und dem Anstandsgefühle aller billig und gerecht Denkenden widerspricht.“

[95] Motive I, S. 211= *Mugdan* I, S. 469.

[96] Motive I, S. 211 f. = *Mugdan* I, S. 469.

[97] In Protokolle I, S. 123 = *Mugdan* I, S. 725, wird statt des Wortes „das“ vielmehr noch „welches“ verwendet.

tig."[98] Nach den Protokollen der Kommission für die zweite Lesung war die in § 106 BGB Entwurf I vorgesehene Beschränkung auf den objektiven Inhalt des Rechtsgeschäfts und unter Ausscheidung der subjektiven Momente zu eng: „Wenn auch auf die Motive der Parteien nicht in dem Maße Rücksicht genommen werden dürfe, daß ihre Handlungen einer sittenrichterlichen Kontrole des Richters unterstellt würden, so sei es doch im einzelnen Falle unerläßlich, die verwerfliche Gesinnung der Betheiligten nicht außer Acht zu lassen, weil erst durch die Hinzunahme dieses subjektiven Moments der Inhalt des Rechtsgeschäfts in das rechte Licht gesetzt werde."[99]

Der Antrag, statt der Worte „gegen die guten Sitten" den Ausdruck „gegen die Sittlichkeit" zu setzen, wurde abgelehnt, weil so gegenüber der beantragten Ersetzung der Vorschrift ein umfassenderer Geltungsbereich gesichert sei und sie damit den richtigen objektiven Maßstab für die Handhabung des Gesetzes enthalte.[100] Dagegen wurde die „öffentlichen Ordnung", obwohl auf diese etwa im internationalen Privatrecht oder im Völkerrecht nicht verzichtet werden könne, im Entwurf nicht mehr berücksichtigt, „da dem Begriff eine sichere Umgrenzung fehle und die gegen die öffentliche Ordnung verstoßenden Rechtsgeschäfte zumeist auch als gegen die Rechts- oder Sittlichkeitsordnung gerichtete Rechtsgeschäfte anzusehen sein würden".[101]

Der dem Reichstag am 17. Januar 1896 vorgelegte Entwurf eines BGB, in welchem § 103 BGB Entwurf II ohne Veränderung nunmehr unter § 134 Entwurf geführt wurde, sowie des Entwurfes zum EGBGB wurde am 6. Februar 1896 einer Kommission von 21 Mitgliedern übergeben, die sich am 7. Februar 1896 konstituierte und über die beiden Entwürfe in zwei Lesungen und 53 Sitzungen beriet.[102]

Nach dem Bericht der XII. Kommission vom 12. Juni 1896[103] wurde der Antrag gestellt, die §§ 130 und 134 des Entwurfs – die Vorläufer der später im BGB niedergeschriebenen §§ 134, 138 – im § 130 mit folgendem Wortlaut zu vereinen: „Ein Rechtsgeschäft, das gegen ein gesetzliches Verbot, gegen die öf-

---

[98] BGB Entwurf II, S. 38.

[99] Protokolle I, S. 123 f. = *Mugdan* I, S. 725. Nach *Mayer-Maly*, in: 50 Jahre Bundesgerichtshof, S. 69 (70), sei damit die „Umstandssittenwidrigkeit" neben die „Inhaltssittenwidrigkeit" gestellt worden.

[100] Vgl. Protokolle I, S. 124 = *Mugdan* I, S. 725. Für die Aufnahme der „Sittlichkeit" statt der die „boni mores" der Römer wörtlich übersetzten „guten Sitten" sprach sich etwa *Hölder*, AcP 73 (1888), S. 1 (101), aus.

[101] Protokolle I, S. 124 = *Mugdan* I, S. 725. Auch *Hölder*, AcP 73 (1888), S. 1 (101), hielt den Begriff der öffentlichen Ordnung als viel zu unbestimmt.

[102] Vgl. *Mugdan* I, S. 948 f.

[103] Abgedruckt in: *Mugdan* I, S. 948 ff.

fentliche Ordnung oder gegen die guten Sitten verstößt, ist nichtig."[104] Der Antrag wurde hingegen mit großer Mehrheit abgelehnt. Was die Aufnahme des Begriffes der öffentlichen Ordnung angeht, so wurde dagegen auf die völlige Unbestimmtheit des Begriffes hingewiesen. Zudem würden die meisten gegen die öffentliche Ordnung verstoßenden Verträge als gegen die guten Sitten verstoßend zu betrachten sein.[105]

Mit großer Mehrheit wurde andererseits der Antrag angenommen, dem § 134 Entwurf als zweiten Absatz den Wuchertatbestand hinzufügen: „Nichtig ist insbesondere ein Rechtsgeschäft, durch das Jemand unter Ausbeutung der Nothlage, des Leichtsinnes oder der Unerfahrenheit eines Anderen sich oder einem Dritten für eine Leistung Vermögensvortheile versprechen oder gewähren läßt, welche den Werth der Leistung dergestalt übersteigen, daß den Umständen nach die Vermögensvortheile in auffälligem Mißverhältnisse zu der Leistung stehen."[106] Zur Begründung heißt es: „Es sei im BGB. die Nichtigkeit wucherischer Verträge ausdrücklich auszusprechen, und wichtig sei dies namentlich für die Fälle des Sachwuchers, in denen das StGB. [scil.: in § 302 e] nur bei gewohnheitsmäßiger Ausübung Strafe drohe."[107]

Über die von der XII. Kommission vorgeschlagenen Änderungen und einige weitere Anträge wurde im Plenum des Reichstages in der zweiten Lesung in der 110. Sitzung am Sonnabend, dem 20. Juni 1896 beraten und abgestimmt. Nach dem hierzu vorliegenden Stenographiebericht[108] wurde nochmals ausführlich über die Anträge diskutiert, in § 134 Abs. 1 des Gesetzesentwurfs die „öffentlichen Ordnung" doch noch zu berücksichtigen[109] und den durch die XII. Kommission aufgenommenen Absatz 2 des § 134 Entwurf wieder zu streichen[110]. Was die Aufnahme der „öffentliche Ordnung" in die Vorschrift anlangt, so wurde im wesentlichen auch hier auf die Unbestimmtheit und Unbestimmbarkeit dieses Begriffes und die praktischen Probleme einer einheitlichen Auslegung und Handhabung durch die Rechtsprechung hingewiesen, wobei dies allerdings auch für die „guten Sitten" angeführt wurde. Für die Streichung des § 134 Abs. 2 wurde maßgeblich die Überlegung ins Feld geführt, daß hierdurch eine neue, nicht fristengebundene Generalklausel geschaffen würde, die ein Reurecht zu Gunsten etwa leichtsinnig Handelnder einführe und eine entsprechend große

---

[104] *Mugdan* I, S. 969.

[105] Vgl. *Mugdan* I, S. 969.

[106] *Mugdan* I, S. 969 f.

[107] *Mugdan* I, S. 970.

[108] Abgedruckt in: *Mugdan* I, S. 1003 ff.

[109] Vgl. zum Beispiel die Ausführungen von *Stadthagen*, abgedruckt in: *Mugdan* I, S. 1004 ff.

[110] Vgl. dazu die Ausführungen von *Haußmann*, abgedruckt in: *Mugdan* I, S. 1010 ff.

Prozeßflut erwarten lasse. Beide Anträge wurden jedoch abgelehnt und der § 134 nach dem Vorschlag der Kommission angenommen.[111]

Über den Gesetzesentwurf des BGB wurde nach dritter Lesung am 1. Juli 1896 im Reichstag abgestimmt. Dieser wurde von den 288 anwesenden Abgeordneten mit 222 Ja-Stimmen bei 48 Gegenstimmen und 18 Stimmenthaltungen angenommen.[112] Insbesondere die 42 mit Nein stimmenden sozialdemokratischen Abgeordneten lehnten den Entwurf ab, weil sie sich mit einigen ihrer wesentlichen Forderungen nicht durchgesetzt hatten, wozu neben der rechtlichen Gleichstellung der Frau in Ehe, Familie und Wirtschaftsleben auch die Forderung nach rechtlicher Gleichstellung der un- bzw. nichtehelichen Kinder gehörte.[113]

In seiner Sitzung vom 14. Juli 1896 billigte der Bundesrat die vom Reichstag beschlossenen Änderungen. Am 18. August 1896 wurde das Gesetz durch Kaiser Wilhelm II. ausgefertigt und als „Bürgerliches Gesetzbuch" am 24. August 1896 im Reichsgesetzblatt[114] veröffentlicht. Es trat gemäß Art. 1 des EGBGB vom 18. August 1896[115] am 1. Januar 1900 in Kraft und schaffte die gewünschte Vereinheitlichung des Privatrechts, indem es die bis dahin geltenden bürgerlichen Privatrechte ablöste. Durch Art. 47 EGBGB wurde Art. 3 des Gesetzes, betreffend den Wucher vom 24. Mai 1880 in der Fassung des Art. II des Gesetzes, betreffend Ergänzung der Bestimmungen über den Wucher vom 19. Juni 1893 aufgehoben.[116] Infolgedessen hatten die beiden Wuchergesetze nur noch für das Strafrecht Bedeutung.[117]

Die Vorschrift des § 138 BGB hatte damit in Absatz 1 folgende Fassung: „Ein Rechtsgeschäft, das gegen die guten Sitten verstößt, ist nichtig."[118] Der Tatbestand des Wuchers in § 138 Abs. 2 BGB lautete: „Nichtig ist insbesondere ein Rechtsgeschäft, durch das Jemand unter Ausbeutung der Nothlage, des Leichtsinns oder der Unerfahrenheit eines Anderen sich oder einem Dritten für eine Leistung Vermögensvortheile versprechen oder gewähren läßt, welche den Werth der Leistung dergestalt übersteigen, daß den Umständen nach die Vermögensvortheile in auffälligem Mißverhältnisse zu der Leistung stehen."[119]

---

[111] Vgl. *Mugdan* I, S. 1023.

[112] Vgl. *Schubert*, Entstehungsgeschichte, S. 68.

[113] Vgl. *Eisenhardt*, Rn. 580; siehe auch *Säcker*, in: MüKo, BGB, 4. Aufl. 2001, Einl. Rn. 7.

[114] RGBl. 1896, S. 195 ff.

[115] RGBl. 1896, S. 604 (604).

[116] Siehe RGBl. 1896, S. 604 (619).

[117] Vgl. *Crome*, Bd. I, S. 376 und *Dernburg*, Bd. I, 1. Aufl. 1902, § 126 III., S. 380.

[118] § 138 Abs. 1 BGB, RGBl. 1896, S. 195 (218).

[119] § 138 Abs. 2 BGB, RGBl. 1896, S. 195 (218).

Das BGB blieb, abgesehen von wenigen Ausnahmen, bis zum Ende des Ersten Weltkrieges legislativ unverändert.[120] Eine gesetzliche Änderung erfuhr die Vorschrift des § 138 Abs. 2 BGB erst im Jahre 1976 durch Art. 3 des Ersten Gesetzes zur Bekämpfung der Wirtschaftkriminalität (1. WiKG) vom 29. Juli 1976[121], wodurch er seinen Wortlaut in der derzeitigen Fassung – ausgenommen die Anpassungen aufgrund der neuen Rechtschreibung in der Bekanntmachung der Neufassung des Bürgerlichen Gesetzbuchs vom 2. Januar 2002 – erhalten hat: „Nichtig ist insbesondere ein Rechtsgeschäft, durch das jemand unter Ausbeutung der Zwangslage, der Unerfahrenheit, des Mangels an Urteilsvermögen oder der erheblichen Willensschwäche eines anderen sich oder einem Dritten für eine Leistung Vermögensvorteile versprechen oder gewähren lässt, die in einem auffälligen Missverhältnis zu der Leistung stehen."[122]

II. Überblick zur Anwendung des § 138 Abs. 1 BGB durch das Reichsgericht

Das Reichsgericht hatte sich bereits früh nach dem Inkrafttreten des BGB am 1. Januar 1900 mit der Vorschrift des § 138 Abs. 1 BGB auseinanderzusetzen. So mußte durch das Gericht geklärt werden, ob der Paragraph auch auf vor dem 1. Januar 1900 abgeschlossene Rechtsgeschäfte Anwendung finden sollte oder diese vielmehr nach dem jeweiligen „alten", bisherigen Recht zu beurteilen waren. Letzteres nahm zunächst der VI. Zivilsenat des RG in seiner Entscheidung vom 12.07.1900[123] an, indem er die Anwendung des § 138 Abs. 1 BGB auf vor dem 1. Januar 1900 abgeschlossene Maklerverträge über die Heiratsvermittlung unter Heranziehung des Art. 170 EGBGB verneinte, nach dem für ein Schuldverhältnis, das vor dem Inkrafttreten des BGB entstanden ist, im allgemeinen die bisherigen Gesetze maßgebend bleiben sollten.[124]

---

[120] Vgl. *Säcker*, in: MüKo, BGB, 4. Aufl. 2001, Einl. Rn. 10.

[121] Siehe BGBl. I 1976, S. 2034 (2038); siehe dazu *Müller-Emmert/Maier*, NJW 1976, S. 1657 (1664).

[122] BGBl. I 2002, S. 42 (87).

[123] Vgl. RG, Urt. v. 12.07.1900 – VI 170/00, RGZ 46, 177.

[124] Vgl. RG, Urt. v. 12.07.1900 – VI 170/00, Abschrift S. 3 f. = RGZ 46, 177 (178 f.): „Für die Frage, ob ein Rechtsgeschäft gegen die guten Sitten verstoße, ‚die Ehrbarkeit beleidige' (§ 7 Theil I Titel 4 des Allgemeinen Landrechts), ist die jeweilige ethische Anschauung entscheidend. Diese ist wechselnd und sehr wohl einer Steigerung in ihrer Strenge fähig. Mit einer allgemeinen Verfeinerung der Sitte und einer Steigerung des sittlichen Bewußtseins kann möglicher Weise, was Anstandspflicht gewesen, sich zu einem Gebote der guten Sitten erheben. Stellt sich auch etwa ein neues Gesetz auf einen solch′ erhöhten Standpunkt, so ist damit noch nicht gesagt, daß das Gesetz auch die schon vor seinem In-

Nur ein Jahr später, nämlich im Urteil des II. Zivilsenats vom 02.07.1901[125], änderte das RG bereits seine Auffassung unter Hinweis auf die sich aus der Entstehungsgeschichte des Art. 170 EGBGB ergebende Absicht des Gesetzgebers,[126] wonach diese Vorschrift für solche Bestimmungen des BGB eine Einschränkung erfahre, „welche einen reformatorischen oder prohibitiven Charakter dergestalt haben, daß anzunehmen ist, daß der Gesetzgeber deren Anwendung auch auf schon vor dem Inkrafttreten des neuen Gesetzes begründete Rechtsverhältnisse aus Gründen der Sittlichkeit oder des Gemeinwohls gewollt hat".[127] Gerade dies müsse aber für § 138 Abs. 1 BGB angenommen werden.[128] Von dieser Ansicht einer rückwirkenden Kraft des § 138 Abs. 1 BGB ist das RG im Untersuchungszeitraum schließlich nicht mehr abgerückt.[129]

---

krafttreten entstandenen Rechtsverhältnisse dieser strengeren Anschauung unterwerfen wolle. Zunächst unterwirft das neue Gesetz die Gegenwart und die Zukunft seiner rechtlichen Gestaltung. Der Rückgriff auf die Vergangenheit bildet die Ausnahme, freilich bedarf sie keiner ausdrücklichen Erklärung. Die Absicht der Rückwirkung kann auch aus der Wichtigkeit und der Bedeutung erkannt werden, die der Gesetzgeber dem neuen Rechtssatze beilegt. Dafür, daß der Gesetzgeber auf Grund der den Bestimmungen des Bürgerlichen Gesetzbuchs über die Nichtigkeit der gegen die guten Sitten verstoßenden Rechtsgeschäfte (§ 138 Abs.1 des Bürgerlichen Gesetzbuchs) [zu Grunde] liegenden ethischen Auffassungen auch den vor seinem Inkrafttreten abgeschlossenen Heiratsvermittlungsverträgen die Klagbarkeit habe entziehen wollen, fehlt es an irgendwie ausreichenden Anhaltspunkten." Dagegen blieb in RG, Beschl. v. 07.06.1901 – III 112/01, Abschrift S. 1 = JW 1901, S. 523 (524) Nr. 15, offen, ob § 138 Abs. 1 BGB auch auf den unter der Herrschaft des preußischen ALR abgeschlossenen Vertrag anzuwenden sei.

125 Vgl. RG, Urt. v. 02.07.1901 – II 125/01, JW 1901, S. 639, vgl. *Schubert/Glöckner*, Nachschlagewerk, § 138 Nr. 7.

126 Vgl. RG, Urt. v. 02.07.1901 – II 125/01, Abschrift S. 13 = JW 1901, S. 639 (639) unter Verweis auf: Motive zu Art. 103 Entwurf I, S. 257 = *Mugdan* I, S. 79 und Protokolle VI, S. 498 f. = *Mugdan* I, S. 223 f.

127 RG, Urt. v. 02.07.1901 – II 125/01, Abschrift S. 13 = JW 1901, S. 639 (639) unter Verweis auf: RG, Urt. v. 18.11.1898 – III 196/98, RGZ 42, 97 ff. und RG, Urt. v. 07.12.1898 – I 409/98, RGZ 43, 23 ff.

128 Vgl. RG, Urt. v. 02.07.1901 – II 125/01, Abschrift S. 13 = JW 1901, S. 639 (639) unter Verweis auf: RG, Urt. v. 30.11.1900 – III 252/00, JW 1901, S. 1 = RGZ 47, 103 für den § 138 Abs. 2 BGB: „Indem der Gesetzgeber durch diese Bestimmung Rechtsgeschäfte, welche gegen die guten Sitten verstoßen, für nichtig erklärt hat, hat er zugleich seiner Absicht Ausdruck gegeben, daß solchen Geschäften unter der Herrschaft des Bürgerlichen Gesetzbuchs jeglicher Rechtsschutz selbst dann zu versagen sei, wenn sie unter der Herrschaft der früheren Gesetze abgeschlossen seien, mit anderen Worten: daß die Bestimmung des §. 138 Absatz 1 cit. vom Inkrafttreten des Bürgerlichen Gesetzbuchs an auch auf Rechtsgeschäfte der letzteren Art anwendbar sein solle."

129 Vgl. RG, Urt. v. 21.01.1903 – I 481/02, Abschrift S. 3 ff. = JW 1903, Beil. 5 S. 41 (41) Nr. 86; RG, Urt. v. 26.02.1903 – IV 435/02, Abschrift S. 5; RG, Urt. v. 27.03.1903 –

Weiterhin war zu entscheiden, inwieweit ein Verstoß gegen die guten Sitten revisibel, also im Wege der Revision anfechtbar und damit durch das Revisionsgericht überprüfbar war. Auch hier schaffte das RG schnell Klarheit. Schon im Urteil vom 02.02.1901[130] wurde ausgesprochen: „Die Nichtigkeit wirkt objektiv, d. h. sie kann von Jedem, dessen Interesse durch das nichtige Geschäft berührt wird, geltend gemacht werden."[131] Der Nichtigkeitseinwand könne also auch von Dritten[132] und sogar von den gesetzlichen Erben desjenigen, der den nichtigen Rechtsakt selbst getätigt habe[133], erhoben werden. Diese Auffassung bestätigte das RG im untersuchten Zeitraum mehrfach.[134] Dabei sei die Frage der Nichtigkeit wegen Verstoßes gegen die guten Sitten durch die Gerichte von

---

II 409/02, Abschrift S. 4 = Recht 1903, S. 290 Nr. 1532; RG, Urt. v. 28.02./31.03.1906 – I 380/05, Abschrift S. 12, vgl. *Schubert/Glöckner*, Nachschlagewerk, § 138 Nr. 54; RG, Urt. v. 09.10.1908 – III 575/07, Abschrift S. 2 f. = Gruchot 53 (1909), S. 404 (405) Nr. 11; RG, Urt. v. 12.01.1909 – II 295/08, Abschrift S. 5; RG, Urt. v. 30.11.1909 – VII 51/09, Abschrift S. 3 = JW 1910, S. 62 (62) Nr. 5 und RG, Urt. v. 17.12.1912 – III 215/12, Abschrift S. 3 = LZ 1913, Sp. 291 (291) Nr. 11. Siehe auch *Hachenburg*, 41. Jahres-Bericht, S. 25 (38 ff.) = *Hachenburg*, Vorträge, S. 77 ff.; *Mumm*, SeuffBl. 65 (1900), S. 248 (251 f.) und *Riezler*, in: Staudinger, BGB, Bd. I, 2. Aufl. 1904, § 138 Anm. I.10., S. 404 = *Riezler*, in: Staudinger, BGB, Bd. I, 3./4. Aufl. 1907, § 138 Anm. I.10., S. 448 = *Riezler*, in: Staudinger, BGB, Bd. I, 7./8. Aufl. 1912, § 138 Anm. I.10., S. 537; gegen eine solche „Rückwirkung" des § 138 Abs. 1 BGB war *Brückner*, Recht 1900, S. 113 (115). Nach *Kiehl*, in: RGRK, BGB, Bd. I, 2. Aufl. 1913, § 138 Anm. 4., S. 170, könne die rückwirkende Kraft aber nicht so weit gehen, „daß auf Grund ihrer auch die Beseitigung des vor dem Inkrafttreten des Gesetzes bereits eingetretenen Rechtszustandes verlangt werden" könne.

[130] Vgl. RG, Urt. v. 02.02.1901 – V 331/00, RGZ 48, 293.

[131] RG, Urt. v. 02.02.1901 – V 331/00, Abschrift S. 4 f. = RGZ 48, 293 (296) unter Verweis auf: *Matthiaß*, Bd. I, § 55 II.A., S. 230; siehe auch *Bunsen*, Bd. I, S. 70: Die Unwirksamkeit sei regelmäßig eine absolute, sich gegen jedermann äußernde.

[132] Vgl. RG, Urt. v. 19.02.1904 – VII 462/03, Abschrift S. 6 = RGZ 57, 95 (97).

[133] Vgl. RG, Urt. v. 14.05.1906 – IV 580/05, Abschrift S. 9, vgl. *Schubert/Glöckner*, Nachschlagewerk, § 138 Nr. 63 u. 64.

[134] Vgl. RG, Urt. v. 03.04.1907 – V 466/06, Abschrift S. 5 = BayZ 3 (1907), S. 256 (257), vgl. *Schubert/Glöckner*, Nachschlagewerk, § 138 Nr. 115; RG, Urt. v. 14.02.1910 – IV 224/09, Abschrift S. 4; RG, Urt. v. 25.09.1911 – VI 501/10, Abschrift S. 3 = Recht 1911, Beil. Nr. 3417; RG, Urt. v. 19.02.1912 – VI 291/11, Abschrift S. 7 = RGZ 78, 347 (354), vgl. *Schubert/Glöckner*, Nachschlagewerk, § 138 Nr. 218: „Die Nichtigkeit eines Rechtsgeschäftes wirkt an sich schlechthin und kann von jedem Beteiligten gegen jeden geltend gemacht werden". Siehe auch RG, Urt. v. 08.05.1912 – I 381/11, Abschrift S. 4 = WarnRspr. 1912, Nr. 317 S. 354 (355) und RG, Urt. v. 17.12.1912 – VII 416/12, Abschrift S. 6 = Gruchot 57 (1913), S. 916 (920) Nr. 49.

Amts wegen zu berücksichtigen.[135] Auch was die Nachprüfung durch das Revisionsgericht anbelangt, legte sich das Gericht recht frühzeitig fest. Der VI. Zivilsenat des RG hatte mit Urteil vom 11.04.1901[136] in Bezug auf § 826 BGB festgestellt, daß die Frage, ob eine bestimmte Handlung einen Verstoß gegen die guten Sitten enthält, eine der Nachprüfung des Revisionsgerichts unterstehende Rechtsfrage sei,[137] deren Beantwortung jedoch eine genaue Feststellung des konkreten Tatbestandes erfordere.[138] Im Jahre 1906 sprach das RG dann auch im Hinblick auf § 138 Abs. 1 BGB aus, daß die Frage, ob ein Rechtsgeschäft gegen die guten Sitten verstößt, nicht ausschließlich dem Tatsachengebiet angehöre, sondern auch eine Rechtsfrage sei, „die als solche auf Grund der von dem Berufungsgerichte festgestellten oder unstreitigen Tatsachen der Nachprüfung des Revisionsgericht unterliegt [vgl. § 561 Zivilprozeßordnung a.F., nachfolgend: ZPO]".[139]

---

[135] Vgl. RG, Urt. v. 29.10.1907 – II 223/07, Abschrift S. 3 = Recht 1907, Sp. 1460 Nr. 3616 u. Sp. 1527 Nr. 3759, vgl. *Schubert/Glöckner*, Nachschlagewerk, § 138 Nr. 137; RG, Urt. v. 26.11.1907 – II 418/07, Abschrift S. 4 = WarnRspr. 1908, Nr. 119 S. 79 (79), vgl. *Schubert/Glöckner*, Nachschlagewerk, § 138 Nr. 141; RG, Urt. v. 14.02.1908 – VII 240/07, Abschrift S. 3 = RGZ 67, 404 (405), vgl. *Schubert/Glöckner*, Nachschlagewerk, § 138 Nr. 150; RG, Urt. v. 04.06.1912 – II 178/12, Abschrift S. 5 f. = Gruchot 56 (1912), S. 923 (926) Nr. 70; RG, Urt. v. 09.01.1914 – VII 299/13, Abschrift S. 4 = Gruchot 58 (1914), S. 825 (825) Nr. 51. Siehe auch *Scherer*, BGB, Bd. I, § 138 Anm. 5.b), S. 265, der es aufgrund der Prüfung von Amts wegen ausreichend sein ließ, wenn die Frage des Verstoßes gegen die guten Sitten nach § 138 BGB zuerst in der Revisionsinstanz vorgebracht wurde. Vgl. ferner *Endemann*, KrVJschr. 41 (1899), S. 517 (526). Kritisch zur Nichtigerklärung von Amts wegen bei Vorliegen der Voraussetzungen des § 138 Abs. 2 BGB *Reichel*, LZ 1917, Sp. 654 (654 f.).

[136] Vgl. RG, Urt. v. 11.04.1901 – VI 443/00, RGZ 48, 114.

[137] Vgl. RG, Urt. v. 11.04.1901 – VI 443/00, RGZ 48, 114 (129) und RG, Urt. v. 29.05.1902 – VI 50/02, RGZ 51, 369 (383); ebenso für § 826 BGB: RG, Urt. v. 01.06.1904 – V 539/03, RGZ 58, 214 (216); RG, Urt. v. 01.06.1904 – V 542/03, RGZ 58, 219 (220); RG, Urt. v. 13.02.1907 – V 278/06, Abschrift S. 4 = BayZ 3 (1907), S. 212 (212) III., vgl. *Schubert/Glöckner*, Nachschlagewerk, § 138 Nr. 107.

[138] Vgl. RG, Urt. v. 11.04.1901 – VI 443/00, RGZ 48, 114 (129).

[139] RG, Urt. v. 15.06.1906 – II 514/05, Abschrift S. 3 = RGZ 63, 390 (391), vgl. *Schubert/Glöckner*, Nachschlagewerk, § 138 Nr. 74. Vgl. auch RG, Urt. v. 29.05.1906 – II 512/05, Abschrift S. 6 = RGZ 63, 333 (337); RG, Urt. v. 29.12.1906 – V 196/06, Abschrift S. 3, vgl. *Schubert/Glöckner*, Nachschlagewerk, § 138 Nr. 101; RG, Urt. v. 16.11.1907 – V 102/07, Abschrift S. 3 = RGZ 67, 101 (102), vgl. *Schubert/Glöckner*, Nachschlagewerk, § 138 Nr. 142; RG, Urt. v. 18.05.1909 – II 462/08, Abschrift S. 3 = JW 1909, S. 412 (412) Nr. 7 und RG, Urt. v. 22.01.1913 – I 300/12, Abschrift S. 4 = WarnRspr. 1913, Nr. 219 S. 235 (235). In der Literatur dagegen herrschte keine Einigkeit darüber, ob es sich um eine Rechts- oder um eine Tatsachenfrage handele. So hielt schon *Ravit*, AcP 58 (1875), S. 1 (68) die Frage, ob eine Unsittlichkeit vorliege oder nicht, für

Die wichtigste Frage aber war die, was unter dem Begriff der „guten Sitten" zu verstehen sei und mit welchem Maßstab dieser in der Praxis gehandhabt werden müsse. Grundlegende Bedeutung hierfür erlangte die zu § 826 BGB ergangene Entscheidung des VI. Zivilsenats vom 11.04.1901[140], in der erstmals – soweit ersichtlich – die sog. Anstandsformel durch das RG verwendet wurde:[141] „Den Maßstab für den Begriff der ‚guten Sitten' (vgl. § 138 B.G.B.) hat der Richter aus dem herrschenden Volksbewußtsein zu entnehmen, ‚dem Anstandsgefühl aller billig und gerecht Denkenden'[142]. Hierbei ist es nicht ausgeschlos-

---

eine tatsächliche Frage, die an sich keinen juristischen Charakter habe. Eine tatsächliche Frage sahen darin auch *Lotmar*, S. 90 f., *Crome*, Bd. I, S. 373 u. S. 373 in Fn. 5; *Jacobi*, JherJb. 41 (1900), S. 68 (103 ff.); *Riezler*, in: Staudinger, BGB, Bd. I, 2. Aufl. 1904, § 138 Anm. I.8., S. 404 (anders später *Riezler*, in: Staudinger, BGB, Bd. I, 3./4. Aufl. 1907, § 138 Anm. I.8., S. 448 und *Riezler*, in: Staudinger, BGB, Bd. I, 7./8. Aufl. 1912, § 138 Anm. I.8., S. 537); *Laband*, DJZ 1905, Sp. 566 (569 f.) und *Vogel*, S. 71 ff. Dagegen hielten dies für eine Rechtsfrage: *Endemann*, KrVJschr. 41 (1899), S. 517 (525); *Enneccerus*, Bd. I, 1. Aufl. 1900, § 98 III., S. 224; *Hölder*, BGB, Allgemeiner Teil, § 138 Anm. 1.b), S. 305; *Enneccerus*, Bd. I 1, 4./5. Aufl. 1909, § 178 I., S. 449 in Fn. 3 = *Enneccerus*, Bd. I 1, 6. Aufl. 1913, § 178 I., S. 485 in Fn. 4 und *Warneyer*, BGB, Bd. I, § 138 Anm. A.VI., S. 235; siehe zu diesem Problem auch *R. Leonhard*, Allgemeiner Teil, S. 373 und aus jüngerer Zeit *Veelken*, AcP 185 (1985), S. 46 (56 ff.).

140 Vgl. RG, Urt. v. 11.04.1901 – VI 443/00, RGZ 48, 114, vgl. *Schubert/Glöckner*, Nachschlagewerk, § 138 Nr. 6.

141 Vgl. *Gernhuber*, FamRZ 1960, S. 326 (328 in Fn. 15); *Sack*, NJW 1985, S. 761 (761); *R. Zimmermann*, JR 1985, S. 48 (51 in Fn. 38); *Mayer-Maly*, AcP 194 (1994), S. 105 (113 in Fn. 49); *Mayer-Maly*, in: 50 Jahre Bundesgerichtshof, S. 69 (72) und *Wanner*, S. 45.

142 So zu § 826 BGB auch RG, Urt. v. 11.12.1902 – VI 248/02, RGZ 53, 171 (177); RG, Urt. v. 16.10.1903 – II 88/03, Abschrift S. 6 f. = RGZ 55, 367 (373); RG, Urt. v. 02.02.1905 – VI 153/04, RGZ 60, 94 (104 f.); RG, Urt. v. 17.10.1908 – V 582/07, Abschrift S. 5 = RGZ 69, 277 (280); RG, Urt. v. 23.12.1908 – VI 28/08, JW 1909, S. 109 (109) Nr. 6 = WarnRspr. 1909, Nr. 211 S. 200 (201); RG, Urt. v. 03.05.1909 – VI 152/08 u. VI 105/09, RGZ 71, 108 (112); RG, Urt. v. 03.02.1910 – VI 28/09, RGZ 73, 107 (113); RG, Urt. v. 28.09.1911 – VI 407/10, RGZ 77, 217 (220) und RG, Urt. v. 20.10.1913 – VI 228/13, JW 1914, S. 83 (83) Nr. 14. Diese sog. Anstandsformel findet sich anscheinend zuerst in den Motiven II, S. 727 = *Mugdan* II, S. 406 („Anstandsgefühle aller billig und gerecht Denkenden") zu § 705 BGB Entwurf I, dem Vorläufer des heutigen § 826 BGB; die Formulierung ist nach *H. A. Fischer*, Rechtswidrigkeit, S. 76, möglicherweise noch älter. Die fast wörtliche Wiedergabe der Passage im Zusammenhang mit dem § 826 BGB und deren Einrahmung mit Anführungszeichen in der amtlichen Entscheidungssammlung des RG – hingegen ohne jedweden Zitatnachweis – spricht dafür, daß sich das Gericht an dieser Stelle der Motive bedient hat. Siehe auch *Sack*, NJW 1985, S. 761 (761), *Mayer-Maly*, AcP 194 (1994), S. 105 (113 in Fn. 49); *Mayer-Maly*, in: 50 Jahre Bundesgerichtshof, S. 69 (72) und *Wanner*, S. 19 in Fn. 12 u. S. 45 in Fn.132. Eingehend zur Anstandsformel *Arzt*, Die Ansicht aller billig und gerecht Denkenden, Tübingen 1962 sowie *Haberstumpf*, Die For-

sen, daß auf die Sittenanschauung eines bestimmten Volkskreises, wenn sich in ihr die herrschende Sitte ausprägt, Rücksicht genommen wird,[143] so ... auf die Anschauung des ehrbaren Kaufmannes im Handelsverkehr. Damit ist aber nicht zu verwechseln eine im Handelsverkehr thatsächlich aufgekommene Geschäftspraktik, welche möglicherweise nicht sowohl eine Sitte als vielmehr eine Unsitte sein kann."[144] Bei der Prüfung im Sinne des § 138 Abs. 1 BGB, ob ein Rechtsgeschäft gegen die guten Sitten verstößt, stellte das Gericht in seiner am 21.01.1903[145] getroffenen Entscheidung maßgeblich auf die Materialien zur Entstehungsgeschichte der Vorschrift ab: „Der §. 138 des Bürgerlichen Gesetzbuches will, wie seine ... Entstehungsgeschichte ergibt, nicht bloß solche Rechtsgeschäfte treffen, die durch ihren objektiven Inhalt, dadurch, daß sie Unsittliches

---

mel vom Anstandsgefühl aller billig und gerecht Denkenden in der Rechtsprechung des Bundesgerichtshofs, Berlin 1976.

143 Vgl. zu diesem Satz die Ausführungen von *Wanner*, S. 45, der diesem vier verschiedene Aussagen entnimmt: 1. Der Begriff der guten Sitten in § 826 BGB sei identisch mit demjenigen in § 138 BGB. 2. Das herrschende Volksbewußtsein sei gleichbedeutend mit dem Anstandsgefühl aller billig und gerecht Denkenden. 3. Beide Begriffe bilden den richtigen Maßstab für die Auslegung der guten Sitten. 4. Die Anschauung einzelner Volkskreise sei zwar nicht maßgeblich, aber unter bestimmten Umständen zu berücksichtigen.

144 RG, Urt. v. 11.04.1901 – VI 443/00, RGZ 48, 114 (124 f.). Vgl. auch die zu § 826 BGB ergangenen Entscheidungen des RG, Urt. v. 16.10.1903 – II 88/03, Abschrift S. 6 f. = RGZ 55, 367 (373): „Vielmehr wird man mit der Forderung sich begnügen müssen, daß im Geschäftsleben gute Sitten herrschen und daß als Maßstab dafür, was gute Sitte ist, die Auffassung zu gelten hat, welche im sittlichen Volksbewußtsein begründet ist und dem Anstandsgefühl aller billig und gerecht Denkenden entspricht. Wie eine niedrige Denk- und Handlungsweise, selbst wenn sie in einzelnen Volksschichten die herrschende sein sollte, immer Unsitte bleibt und nicht gute Sitte wird, ebensowenig kann die vornehme Gesinnung, durch die sich gewisse Kreise oder Personen auszeichnen für die Begriffsbestimmung der guten Sitten im Rechtssinne den Maßstab bilden."; RG, Urt. v. 01.06.1904 – V 539/03, RGZ 58, 214 (217): Für die Frage, ob eine Handlung gegen die guten Sitten verstößt, „kann nicht entscheidend sein, wie ... ein Mann von ‚vornehmer' Denkart und verfeinerten Anstandsgefühl gehandelt oder nicht gehandelt haben würde, wie denn andererseits auch eine in gewissen Kreisen etwa herrschend gewordene laxe Anschauung und Gepflogenheit dem Handelnden nicht zur Entschuldigung dienen kann."; RG, Urt. v. 01.06.1904 – V 542/03, RGZ 58, 219 (220): „nicht jedes nach geläuterter sittlicher Anschauung minder anständige Handeln als solches [enthält] zugleich auch einen Verstoß wider die guten Sitten" und RG, Urt. v. 02.02.1905 – VI 153/04, RGZ 60, 94 (104 f.): „so verstößt dieses Verhalten ... nicht etwa bloß gegen die Grundsätze, von denen sich Männer von vornehmer Denkungsart und seinem Anstandsgefühl im geschäftlichen Leben leiten lassen, sondern es geht auch weit über das hinaus, was nach dem allgemeinen Volksbewußtsein und nach der sittlichen Auffassung aller billig und gerecht Denkenden im geschäftlichen Wettbewerb als erlaubt gilt".

145 Vgl. RG, Urt. v. 21.01.1903 – I 481/02, JW 1903, Beil. 5 S. 41 Nr. 86.

oder für Unsittliches versprechen, gegen die guten Sitten verstoßen. Durch die von dem §. 106 des Entwurfs I, der nur das Rechtsgeschäft für nichtig erklärte, dessen Inhalt gegen die guten Sitten verstößt, abweichende Fassung sollte vielmehr eine Rechtsnorm aufgestellt werden, die dem Richter ermöglicht, solchen Rechtsgeschäften die Anerkennung und den Rechtszwang zu versagen, die nach ihrem aus der Zusammenfassung von Inhalt, Motiv und Zweck zu entnehmenden Gesamtcharakter, den objektiven und subjektiven Momenten, gegen die guten Sitten verstoßen und deren Anerkennung deshalb mit diesen unvereinbar ist."[146] Wie schon zu § 826 BGB wurde auch für die Vorschrift des § 138 Abs. 1 BGB für den Maßstab der „guten Sitten" auf das Anstandsgefühl aller billig und gerecht Denkenden[147] zurückgegriffen, wofür aber allein „die deutsche Auffas-

---

[146] RG, Urt. v. 21.01.1903 – I 481/02, Abschrift S. 4 = JW 1903, Beil. 5 S. 41 (41) Nr. 86. Vom letzteren Halbsatz, daß das Rechtsgeschäft nach seinem aus der Zusammenfassung von Inhalt, Motiv und Zweck zu entnehmenden Gesamtcharakter, nach den objektiven und subjektiven Momenten gegen die guten Sitten verstoßen müsse, ist das Gericht nicht mehr abgewichen: vgl. RG, Urt. v. 15.12.1903 – II 185/03, Abschrift S. 5 = RGZ 56, 229 (231); RG, Urt. v. 15./29.05.1906 – II 519/05, Abschrift S. 7 = RGZ 63, 346 (350); RG, Urt. v. 25.04.1907 – IV 470/06, Abschrift S. 2 f. = *Schubert*, Erkenntnisse 1907, S. 651 (652); RG, Urt. v. 05.02./11.03.1908 – V 236/07, Abschrift S. 3 = RGZ 68, 97 (98 f.); RG, Urt. v. 30.11.1909 – II 103/09, Abschrift S. 5 = WarnRspr. 1910, Nr. 49 S. 50 (50), vgl. *Schubert/Glöckner*, Nachschlagewerk, § 138 Nr. 195; RG, Urt. v. 17.12.1910 – V 62/10, Abschrift S. 6 f. = RGZ 75, 68 (74); RG, Urt. v. 19.05.1911 – III 186/10, Abschrift S. 2 = JW 1911, S. 642 (642) Nr. 4; RG, Urt. v. 10.07.1911 – IV 634/10, Abschrift S. 7 = LZ 1911, Sp. 926 (926) Nr. 15, vgl. *Schubert/Glöckner*, Nachschlagewerk, § 138 Nr. 211; RG, Urt. v. 29.09./24.10.1911 – VII 55/11, Abschrift S. 6 = WarnRspr. 1912, Nr. 54 S. 59 (61); RG, Urt. v. 18.11.1911 – IV 165/11, Abschrift S. 4 = JW 1912, S. 133 (134) Nr. 5; RG, Urt. v. 23.01.1912 – III 164/10, Abschrift S. 6 = RGZ 78, 258 (263); RG, Urt. v. 15.10.1912 – VII 231/12, Abschrift S. 4 = RGZ 80, 219 (221); RG, Urt. v. 24.09.1913 – III 178/13, Abschrift S. 4 = RGZ 83, 109 (112) und RG, Urt. v. 06.02.1914 – III 474/13, Abschrift S. 3 = BayZ 10 (1914), S. 168 (168) III.

[147] Siehe zu den vielfältigen Formulierungen etwa RG, Urt. v. 15.06.1906 – II 514/05, Abschrift S. 4 = RGZ 63, 390 (392): „dem gesunden Rechtsempfinden des Volkes"; RG, Urt. v. 16.11.1907 – V 102/07, Abschrift S. 3 = RGZ 67, 101 (102), vgl. *Schubert/Glöckner*, Nachschlagewerk, § 138 Nr. 142: „jenem Maß von Sittlichkeits- und Anstandsrücksichten ..., das im Geschäftsverkehre auch von Durchschnittsmenschen gefordert werden kann"; RG, Urt. v. 07.07.1908 – II 632/07, Abschrift S. 5 = RGZ 69, 134 (137): „nach der Sittenanschauung des Volksganzen wie auch nach der Sittenanschauung des ehrbaren Kaufmanns im Handelsverkehr"; RG, Urt. v. 23.10.1908 – III 30/08, Abschrift S. 3 = Gruchot 53 (1909), S. 681 (683) Nr. 25, vgl. *Schubert/Glöckner*, Nachschlagewerk, § 138 Nr. 177: „von der allgemeinen Anschauung als eines redlichen und anständigen Menschen unwürdig und verwerflich angesehen"; RG, Urt. v. 18.05.1909 – II 462/08, Abschrift S. 4 = JW 1909, S. 412 (413) Nr. 7: „nach dem gesunden Rechtsbewußtsein des Volkes"; RG, Urt. v. 15.12.1909 – I 7/09, Abschrift S. 4 = JW 1910, S. 142 (142) Nr. 1: „dem Anstandsgefühl aller billig und gerecht Denkenden"; RG, Urt. v. 03.03.1911 – VII 592/10, Ab-

sung"[148] entscheidend sei. Es sei „zu prüfen, ob das Geschäft dem Sittlichkeitsgefühl aller billig und gerecht Denkenden und damit dem gesunden Rechtsempfinden des Volkes widerspricht, wobei nicht ausgeschlossen ist, auf die Anschauung des nächststehenden Volkskreises, in welcher sich die herrschende Sitte ausprägt, Rücksicht zu nehmen".[149] Dabei komme es „auf die Kenntnis der

---

schrift S. 3: „Als Maßstab für die gute Sitte hat das im herrschenden sittlichen Volksbewußtsein begründete Gefühl aller billig und gerecht Denkenden zu gelten."; RG, Urt. v. 25.11.1911 – V 197/11, Abschrift S. 4 = RGZ 77, 419 (421): „Was nicht dem Anstandsgefühl aller billig und gerecht Denkenden zuwiderläuft, kann nicht gegen die guten Sitten verstoßen, deren Begriff aus dem herrschenden Volksbewußtsein zu entnehmen ist, wobei wohl auf die Sittenanschauungen gewisser Volkskreise Rücksicht genommen werden kann. Dieses Volksbewußtsein kann wechseln, es sind daher die jeweiligen Anschauungen des Verkehrs maßgebend, wobei es von besonderer Bedeutung sein kann, welchen Niederschlag diese Anschauungen in der Gesetzgebung gefunden haben."; RG, Urt. v. 15.10.1912 – VII 231/12, Abschrift S. 4 = RGZ 80, 219 (221): „Ist danach die Ueberzeugung begründet, daß es mit dem Anstandsgefühl aller billig und gerecht Denkenden unvereinbar ist, daß es sich also mit dem in der Sitte, in der Uebung zutage tretenden Empfinden der Volksgenossen, gemessen an einem durchschnittlichen Maßstabe, in Widerspruch setzt, so verletzt es die guten Sitten und kann darum nicht bestehen."; RG, Urt. v. 22.01.1913 – I 300/12, Abschrift S. 4 = WarnRspr. 1913, Nr. 189 S. 235 (235 f.): „Als Maßstab für die Beurteilung desjenigen, was im Geschäftsverkehr als sittlich anzusehen ist, [hat] die Auffassung zu gelten ..., die im sittlichen Volksbewußtsein begründet ist und dem Anstands- und Sittlichkeitsgefühl aller billig und gerecht denkenden Menschen entspricht. Es ist also ein allgemeiner, gewissermaßen durchschnittlicher Maßstab anzulegen."; RG, Urt. v. 24.09.1913 – III 178/13, Abschrift S. 6 = RGZ 83, 109 (114), vgl. *Schubert/Glöckner*, Nachschlagewerk, § 138 Nr. 238: „die Vereinbarung muß ... nach ihrem Gesamtcharakter mit dem Anstandsgefühl aller billig und gerecht Denkenden im Widerspruch stehen" und RG, Urt. v. 19.02.1914 – VI 531/13, Abschrift S. 6 = RGZ 84, 208 (212), vgl. *Schubert/Glöckner*, Nachschlagewerk, § 138 Nr. 240: „das Anstandsgefühl jedes rechtlich denkenden Menschen".

[148] RG, Urt. v. 06.02.1914 – III 474/13, Abschrift S. 3 = BayZ 10 (1914), S. 168 (168) III. Siehe auch *Dick*, S. 30 = *Dick*, ArchBürgR 33 (1909), S. 74 (100), nach dem von vornherein nur das deutsche Volk als Sittenrichter in Betracht komme sowie *Josef*, ZIntR 29 (1921), S. 27 (29).

[149] RG, Urt. v. 29.09./24.10.1911 – VII 55/11, Abschrift S. 6 = WarnRspr. 1912, Nr. 54 S. 59 (61). Für die Berücksichtigung der Sittenanschauungen eines bestimmten Volkskreises oder Berufsstandes, etwa der Anschauungen eines ehrbaren Kaufmannes siehe RG, Urt. v. 07.07.1908 – II 632/07, Abschrift S. 5 = RGZ 69, 134 (137): „nach der Sittenanschauung des Volksganzen wie auch nach der Sittenanschauung des ehrbaren Kaufmanns im Handelsverkehr"; RG, Urt. v. 25.11.1911 – V 197/11, Abschrift S. 4 = RGZ 77, 419 (421): „wobei ... auf die Sittenanschauungen gewisser Volkskreise Rücksicht genommen werden kann" und RG, Urt. v. 24.09.1913 – III 178/13, Abschrift S. 6 = RGZ 83, 109 (114), vgl. *Schubert/Glöckner*, Nachschlagewerk, § 138 Nr. 238: „Bei Prüfung der Frage, ob ein Vertrag gegen die guten Sitten verstößt, ist der Stand und Beruf der Partei mit zu berücksichtigen. Eine Verletzung der Standesehre genügt allerdings nicht, einen Vertrag zu einem un-

Handelnden von der Moralwidrigkeit"[150] nicht an. Insoweit stellte das Gericht in diesem Zusammenhang heraus, daß für die Frage, ob das Rechtsgeschäft gegen die guten Sitten verstößt, das Volksbewußtsein und die jeweiligen Anschauungen des Verkehrslebens maßgebend seien, „wobei von besonderer Bedeutung sein kann, welchen Niederschlag diese Anschauungen in der Gesetzgebung … gefunden haben".[151]

Weil die Anwendung des § 138 BGB erfordere, daß das Rechtsgeschäft selbst gegen die guten Sitten verstößt, könne es nicht darauf gegründet werden, daß eine Vertragspartei die andere durch arglistige Täuschung zum Abschluß

---

sittlichen zu machen; die Vereinbarung muß vielmehr nach ihrem Gesamtcharakter mit dem Anstandsgefühl aller billig und gerecht Denkenden im Widerspruch stehen. Nach diesem sind aber nicht an alle Menschen ohne Rücksicht auf deren Stand und Beruf die gleichen Anforderungen zu stellen; insbesondere bei Rechtsanwälten, die berufen sind, bei der Wahrung des Rechts mitzuwirken, ist ein schärferer Maßstab anzulegen."

[150] RG, Urt. v. 23.10.1908 – III 30/08, Abschrift S. 4 = Gruchot 53 (1909), S. 681 (684) Nr. 25, vgl. *Schubert/Glöckner*, Nachschlagewerk, § 138 Nr. 175. Siehe auch RG, Urt. v. 15.11.1909 – VI 382/08, RGZ 72, 175 (176) zu § 826 BGB: „Was die guten Sitten erheischen, ist aus dem herrschenden Volksbewußtsein, aus dem Anstandsgefühl aller billig und gerecht Denkenden unter Berücksichtigung der Eigenart des Einzelfalles zu entnehmen. Es kann daher ein Verstoß gegen die guten Sitten nicht schon deswegen verneint werden, weil die Handlung selbst keine arglistige, der Handelnde der Sittenwidrigkeit seiner Handlungsweise sich nicht bewußt ist." So zu § 826 BGB auch RG, Urt. v. 08.02.1912 – VI 234/11, RGZ 79, 17 (23): „Der Zweck des § 826 [BGB] … würde nicht erreicht werden können, wenn dem Täter das Bewußtsein von der Sittenwidrigkeit seines Tuns innewohnen müßte." Vgl. auch *Riezler*, in: Staudinger, BGB, Bd. I, 2. Aufl. 1904, § 138 Anm. I.3., S. 402 = *Riezler*, in: Staudinger, BGB, Bd. I, 3./4. Aufl. 1907, § 138 Anm. I.3., S. 446 = *Riezler*, in: Staudinger, BGB, Bd. I, 7./8. Aufl. 1912, § 138 Anm. I.5., S. 533: auf die Kenntnis der Kontrahenten von der Moralwidrigkeit ihres Handelns komme es nicht an, und *Hörle*, Gruchot 55 (1911), S. 177 (183).

[151] RG, Urt. v. 18.05.1909 – II 462/08, Abschrift S. 3 = JW 1909, S. 412 (412) Nr. 7; so auch RG, Urt. v. 25.11.1911 – V 197/11, Abschrift S. 4 = RGZ 77, 419 (421). Dies war auch von der Literatur anerkannt. *Hachenburg*, 41. Jahres-Bericht, S. 25 (26) = *Hachenburg*, Vorträge, S. 52, stellte für die Frage, wie denn der § 138 BGB gemeint sei, heraus, daß „einen Anhalt dafür … die Stellen des Gesetzes geben, in denen die Nichtigkeit eines Rechtsgeschäfts, weil es als unsittlich betrachtet wird, ausdrücklich ausgesprochen ist", so zum Beispiel in den §§ 123, 762, 764, 656 BGB. Siehe auch *Planck*, BGB, Bd. I, 3. Aufl. 1903, § 138 Anm. 1.b), S. 250 = *Planck*, BGB, Bd. I, 4. Aufl. 1913, § 138 Anm. I.4., S. 363 f.; *Dick*, S. 15 f./26 ff. = *Dick*, ArchBürgR 33 (1909), S. 74 (85 f./96 ff.); *T. Wolff*, LZ 1914, Sp. 1268 (1269 ff.) und *von Tuhr*, Bd. II 2, § 70 I., S. 22. Andererseits bedürfe es nach *Langsdorff*, LZ 1914, Sp. 273 (274), für Fälle, in denen ein gesetzlich zulässiger Weg beschritten wurde, der Darlegung ganz besonderer Umstände, aus denen der Verstoß gegen die guten Sitten hergeleitet werde.

des Geschäftes bestimmt habe.[152] Dem durch die arglistige Täuschung zur Eingehung des Geschäfts Bestimmten stehe es dann frei, den Vertrag nach den §§ 123, 124 BGB anzufechten, denn „nur wenn das Geschäft nach Inhalt und Zweck auch objektive Merkmale enthält, die mit den guten Sitten unvereinbar sind, kann § 138 Abs. 1 [BGB] Platz greifen, trotzdem das Geschäft durch arglistige Täuschung zustande kam".[153] Gleiches gelte, wenn das Rechtsgeschäft durch eine widerrechtliche Drohung zustande gekommen sei.[154] Selbst wenn die Willensbeeinflussung unsittlich war, genüge es nicht, daß der Versprechende widerrechtlich durch Drohungen im Sinne des § 123 BGB zum Abschluß des Vertrages bestimmt worden sei.[155]

Als entscheidungserheblicher Zeitpunkt wurde grundsätzlich der des Vertragsschlusses angesehen: Für die Beurteilung sei „nicht bloß der objektive Inhalt des Geschäfts maßgebend, sondern die Gesamtheit der im Zeitpunkte des Vertragsschlusses vorhandenen Verhältnisse ... von dem besonderen Standpunkte der Vertragsschließenden unter Berücksichtigung ihrer Bedürfnisse, Anschauungen, Motive und Zwecke in Betracht zu ziehen".[156] „Sittliche Anschau-

---

[152] Vgl. RG, Urt. v. 27.11.1909 – I 342/09, Abschrift S. 5 = RGZ 72, 216 (218), vgl. *Schubert/Glöckner*, Nachschlagewerk, § 138 Nr. 194; so auch RG, Urt. v. 03.12.1910 – V 22/10, Abschrift S. 4, vgl. *Schubert/Glöckner*, Nachschlagewerk, § 138 Nr. 194; RG, Urt. v. 18.11.1911 – IV 165/11, Abschrift S. 4 = JW 1912, S. 133 (134) Nr. 5; RG, Urt. v. 08.01.1912 – IV 269/11, Abschrift S. 4 = LZ 1912, Sp. 310 (310) Nr. 10, vgl. *Schubert/Glöckner*, Nachschlagewerk, § 138 Nr. 194 und RG, Urt. v. 13.12.1913 – V 316/13, Abschrift S. 5.

[153] RG, Urt. v. 18.11.1911 – IV 165/11, Abschrift S. 4 = JW 1912, S. 133 (134) Nr. 5 unter Verweis auf: RG, Urt. v. 23.10.1908 – III 30/08, JW 1908, S.710 (711) Nr. 2; RG, Urt. v. 15.12.1903 – II 185/03, RGZ 56, 229 (231); RG, Urt. v. 15.06.1906 – II 514/05, RGZ 63, 390 (391) und RG, Urt. v. 19.05.1911 – III 186/10, JW 1911, S. 642 (642) Nr. 4; siehe auch RG, Urt. v. 08.01.1912 – IV 269/11, Abschrift S. 4 = LZ 1912, Sp. 310 (310) Nr. 10, vgl. *Schubert/Glöckner*, Nachschlagewerk, § 138 Nr. 194. Siehe aus dem Schrifttum hierzu *Hölder*, BGB, Allgemeiner Teil, § 138 Anm. 1.c) am Ende, S. 306; *Planck*, BGB, Bd. I, 3. Aufl. 1903, § 138 Anm. 1.a), S. 249 und *Hölder*, DJZ 1908, Sp. 46 (47).

[154] Vgl. RG, Urt. v. 23.10.1908 – III 30/08, Abschrift S. 5 = Gruchot 53 (1909), S. 681 (685) Nr. 25, vgl. *Schubert/Glöckner*, Nachschlagewerk, § 138 Nr. 176; RG, Urt. v. 23.03.1909 – VII 325/08, Abschrift S. 3 = Gruchot 53 (1909), S. 905 (907) Nr. 51, vgl. *Schubert/Glöckner*, Nachschlagewerk, § 138 Nr. 176; RG, Urt. v. 08.01.1912 – IV 269/11, Abschrift S. 4 = LZ 1912, Sp. 310 (310) Nr. 10, vgl. *Schubert/Glöckner*, Nachschlagewerk, § 138 Nr. 194; RG, Urt. v. 20.01.1913 – VI 366/12, WarnRspr. 1913, Nr. 186 S. 228 (232); RG, Urt. v. 24.09.1913 – III 178/13, Abschrift S. 4 = RGZ 83, 109 (112) und RG, Urt. v. 13.12.1913 – V 316/13, Abschrift S. 5.

[155] Vgl. RG, Urt. v. 24.09.1913 – III 178/13, Abschrift S. 4 = RGZ 83, 109 (112).

[156] RG, Urt. v. 15.06.1906 – II 514/05, Abschrift S. 3 = RGZ 63, 390 (391), vgl. *Schubert/Glöckner*, Nachschlagewerk, § 138 Nr. 73; siehe auch RG, Urt. v. 23.10.1908 – III 30/08, Abschrift S. 3 f. = Gruchot 53 (1909), S. 681 (683) Nr. 25, vgl. *Schu-*

ungen, welche der Vergangenheit angehören und weniger streng als die zur Zeit des Geschäftsabschlusses herrschenden waren, dürfen selbstverständlich nicht als Maßstab dienen."[157] Von dem Grundsatz, daß die Sittenwidrigkeit grundsätzlich nur nach der Zeit der Vornahme des Rechtsgeschäfts beurteilt werden könne, wurde aber die Ausnahme zugelassen, daß spätere Ereignisse (nur) insoweit in Betracht kommen sollten, „als sie zur Zeit der Vornahme des Geschäfts für die Beteiligten voraussehbar waren und der Geschäftswille sie mitumfaßte".[158]

III. Verstoß gegen die „guten Sitten" aus Sicht der Wissenschaft

Nachdem im vorangegangenen Kapitel die wesentlichen Erkenntnisse der Rechtsprechung des RG überblicksartig dargestellt worden sind, sollen an dieser Stelle auch die Ansätze in der rechtswissenschaftlichen Literatur über den Umgang mit der Vorschrift des § 138 Abs. 1 BGB skizziert werden. Dabei sei vorweg angemerkt, daß in der Fachliteratur um die vorletzte Jahrhundertwende herum – aus heutiger Sicht – nur wenig hilfreiche und brauchbare Anweisungen gegeben wurden, wie mit dem „Blankettbegriff"[159] oder „Kautschukbegriff"[160] der „guten Sitten" in der Rechtswirklichkeit, also in der Gerichtspraxis zu verfahren sei.

Schon vor dem Inkrafttreten des BGB war anerkannt, daß die (guten) Sitten ebenso wie die Auffassungen darüber, ob etwas diesen widerspreche, einem steten Wandel unterworfen seien.[161] Weil die Ansichten hierüber allerdings im

---

bert/Glöckner, Nachschlagewerk, § 138 Nr. 73; RG, Urt. v. 18.05.1909 – II 462/08, Abschrift S. 3 = JW 1909, S. 412 (412) Nr. 7; RG, Urt. v. 12.01.1911 – II 287/10, Abschrift S. 5 = RGZ 75, 120 (123); RG, Urt. v. 25.11.1911 – V 197/11, Abschrift S. 4 = RGZ 77, 419 (421) und RG, Urt. v. 26.05.1914 – II 620/13, Abschrift S. 5 = RGZ 85, 100 (102).

[157] RG, Urt. v. 29.09./24.10.1911 – VII 55/11, Abschrift S. 6 = WarnRspr. 1912, Nr. 54 S. 59 (61).

[158] RG, Urt. v. 26.11.1909 – II 58/09, Abschrift S. 3 f. = Recht 1910, Beil. Nr. 8 u. 11; so auch RG, Urt. v. 15.01.1913 – I 43/12, Abschrift S. = MuW XII (1912/1913), S. 552 (553).

[159] *H. A. Fischer*, Rechtswidrigkeit, S. 82: „Um die Prüfung des Einzelfalles kommen wir nie herum, die Grenze ist nicht schablonenhaft bestimmt, sie ist jedoch bestimmbar."

[160] *Mendelssohn Bartholdy*, RheinZ 1914, S. 193 (204).

[161] Vgl. *Ravit*, AcP 58 (1875), S. 1 (20); *Kuhlenbeck*, JW 1896, S. 221 (221); *Endemann*, Bd. I, 3./4. Aufl. 1898, S. 319; *Hachenburg*, 41. Jahres-Bericht, S. 25 (25) = *Hachenburg*, Vorträge, S. 50; *Riezler*, in: Staudinger, BGB, Bd. I, 2. Aufl. 1904, § 138 Anm. I.2., S. 402 = *Riezler*, in: Staudinger, BGB, Bd. I, 3./4. Aufl. 1907, § 138 Anm. I.2., S. 445 = *Riezler*, in: Staudinger, BGB, Bd. I, 7./8. Aufl. 1912, § 138 Anm. I.2.a), S. 531 u. § 138 Anm. I.2.d), S. 532; *Dick*, S. 14 f. = *Dick*, ArchBürgR 33 (1909), S. 74 (84 f.) und

sittlichen Bewußtsein der Bevölkerung leben und mit diesem wechseln, seien diese auch nicht kodifizierbar.[162] Mit der Vorschrift des § 138 Abs. 1 BGB sei kein neues Recht, „nichts Neues geschaffen“[163] worden, da der Gedanke allen bisherigen Rechten bekannt gewesen sei.[164] Der Begriff des Verstoßes gegen die guten Sitten sei im BGB, folglich auch in den §§ 138, 817, 826 BGB ein einheitlicher.[165]

Von Anfang an wurden gegen den vom Gesetzgeber gewählten Begriff der „guten Sitten“ in zweierlei Hinsicht Bedenken vorgebracht. Zum einen sahen viele die Reichweite, den gewollten Anwendungsbereich der Vorschrift nur ungenau abgesteckt. Diesbezüglich sprach *Endemann* von einem „Prinzip von un-

---

T. Wolff, LZ 1914, Sp. 1268 (1270). So kann man bereits für die Zeit während des Ersten Weltkrieges und für die Zeit danach diskutieren, ob der Ausbruch und die Folgen des Krieges für einen Wandel in der Bevölkerung hinsichtlich der Anschauungen über die (guten) Sitten geführt haben oder nicht; einen erheblichen „Sinnungswandel“ brachte er allemal mit sich, vgl. etwa *Kronecker*, DJZ 1914, Sp. 1094 (1096) sowie *Horrwitz*, DJZ 1914, Sp. 1334 (1335): „Ob etwas gegen die guten Sitten verstößt, ist Tatfrage. Den Angehörigen einer feindlichen Nation gegenüber, die sich gegen Deutsche verbrecherisch benimmt, ist manches erlaubt, ja erwünscht, was früher als gegen die guten Sitten verstoßend verurteilt worden wäre.“ Siehe auch *Rother*, AcP 172 (1972), S. 498 (501 f.); *Wanner*, S. 55, spricht für die inhaltliche Wandelbarkeit der guten Sitten von deren „Relativität“; *Schmoeckel*, AcP 197 (1997), S. 1 (1 ff.); *Wesel*, NJW 1998, S. 120 (121) und *Eckert*, AcP 199 (1999), S. 337 (337 f.). Dabei kann der Wandel auf einer Änderung der tatsächlichen Verhältnisse, siehe *Schmoeckel*, AcP 197 (1997), S. 1 (20 ff.) und *Eckert*, AcP 199 (1999), S. 337 (339), oder auf einer Änderung des sittlichen Maßstabs, siehe *Schmoeckel*, AcP 197 (1997), S. 1 (25 ff.) und *Eckert*, AcP 199 (1999), S. 337 (337 f.), beruhen.

162 So schon *Ravit*, AcP 58 (1875), S. 1 (14): „Im Einzelnen läßt sich aber der Begriff des Unsittlichen durch Rechtsregeln nicht bestimmen, sondern es muß für die Frage, ob eine als Bedingung gesetzte Handlung eine Unsittlichkeit enthalte, das im Volke lebende sittliche Bewußtsein entscheidend sein.“ und *Ravit*, AcP 58 (1875), S. 1 (68): Es ist „daran festzuhalten, daß nicht etwa eine bestimmte Zahl einzelner Verträge aus Gründen der Sittlichkeit unwirksam erklärt ist, sondern daß es einen allgemeinen Rechtssatz gibt, nach welchem unsittliche Verträge ungültig sind. So wenig dieselben eine geschlossene Zahl ausmachen, so vergeblich würde der Versuch sein, den Begriff des Unsittlichen durch Rechtsregel näher festzustellen.“ Siehe auch *Hachenburg*, 41. Jahres-Bericht, S. 25 (25) = *Hachenburg*, Vorträge, S. 50, der in diesem Zusammenhang die „Regeln des Sittengesetzes“ meint.

163 *Hachenburg*, 41. Jahres-Bericht, S. 25 (25) = *Hachenburg*, Vorträge, S. 50.

164 Vgl. *Hachenburg*, 41. Jahres-Bericht, S. 25 (25) = *Hachenburg*, Vorträge, S. 50; *Mumm*, SeuffBl. 65 (1900), S. 248 (251); *Vogel*, S. 3; *R. Leonhard*, in: FS Bekker, S. 87 (104) und *Eckstein*, ArchBürgR 39 (1913), S. 367 (369).

165 Vgl. *Dick*, S. 9 f. = *Dick*, ArchBürgR 33 (1909), S. 74 (79 f.) und *Enneccerus*, Bd. I 1, 6. Aufl. 1913, § 178, S. 484 in Fn. 2.

bekannter Spannweite“[166], wobei nach *Crome* „besonders die Begrenzung [des § 138 Abs. 1 BGB] schwierig“[167] sei. *Jacobi* kritisierte, „daß in jedem Falle die Fassung eine viel zu weite“[168] sei. Zum anderen sah man den Begriff vor allem aus rechtsphilosophischer Sicht, auf die hier nicht weiter eingegangen werden kann und soll, teilweise als verfehlt an. Daran waren der Gesetzgeber und die Mitglieder der Kommissionen zu den jeweiligen Entwürfen eines BGB für das Deutsche Reich nicht ganz „unschuldig“. Denn schon während der Entstehung der Entwürfe zu einem BGB wurde wiederholt an vielen Stellen des Gesetzes und in den Erläuterungen hierzu mit (inhaltlich zum Teil) verschiedenen Begriffen[169] wie zum Beispiel „Sittlichkeit“[170], „sittliche Pflicht“[171] und „Anstand“ (siehe §§ 534, 814, 1641 Satz 2, 2113 Abs. 2 Satz 2, 2205 Satz 3, 2330 BGB) gearbeitet, wodurch „eine schwer zu beseitigende Verwirrung entstanden“[172] sei. Damit einhergehend entbrannte eine große Diskussion darüber, wie sich der nicht feststehende Begriff der „guten Sitten“[173] zu den Begriffen der Sittlichkeit,

---

166 *Endemann*, Bd. I, 3./4. Aufl. 1898, S. 319; ihm zustimmend *Jacobi*, JherJb. 41 (1900), S. 68 (107).

167 *Crome*, Bd. I, S. 373. Auch *Riezler*, in: Staudinger, BGB, Bd. I, 2. Aufl. 1904, § 138 Anm. I.1., S. 401 = *Riezler*, in: Staudinger, BGB, Bd. I, 3./4. Aufl. 1907, § 138 Anm. I.1., S. 444 = *Riezler*, in: Staudinger, BGB, Bd. I, 7./8. Aufl. 1912, § 138 Anm. I.1., S. 530, bemerkte, daß dem Begriffe der „guten Sitten“ ebenso eine sichere Begrenzung fehle, wie dem der „öffentlichen Ordnung“, den man deshalb nicht in den Gesetzeswortlaut aufnahm. Nach *Vogel*, S. 4, sei der Begriff der „guten Sitten“ ein „unsicherer“.

168 *Jacobi*, JherJb. 41 (1900), S. 68 (103).

169 Siehe zu den Begriffen „Sitte“, „Sittlichkeit“ und „Billigkeit“ die Erörterungen von *O. Fischer*, ArchRWPhil. 11 (1917/1918), S. 296 (298 ff.) und deren Fortsetzung in ArchRWPhil. 12 (1918/1919), S. 24 ff.

170 In Motive I, S. 211 = *Mugdan* I, S. 469, findet sich die Aussage, daß „das Gebiet der Sittenpflichten mit demjenigen der Rechtspflichten sich nicht deckt und daß nicht jedes vom Standpunkte der Sittlichkeit [!] verwerfliche Rechtsgeschäft nichtig sein kann“. Hinzu kam, daß in der Zweiten Kommission der Antrag gestellt und abgelehnt wurde, statt der Worte „gegen die guten Sitten“ die Formulierung „gegen die Sittlichkeit“ in den Gesetzesentwurf aufzunehmen. Siehe hierzu insbesondere *Jacobi*, in: FS Dernburg, S. 151 (169 in Fn. 53) und *von Mayr*, S. 568 ff. Die Zweite Kommission sei wohl deshalb von einem Unterschied zwischen „Sittlichkeit“ und „guten Sitten“ ausgegangen, vgl. *Weyl*, S. 226 und *Vogel*, S. 7. Auch die Begriffe „Sitte“ und „Sittlichkeit“ seien durch die Rechtsprechung nach *Vogel*, S. 10 ff., in zahlreichen Entscheidungen verfehlt worden.

171 Siehe hierzu auch *Schwab*, in: FS Kleinheyer, S. 493 (521).

172 *Jacobi*, in: FS Dernburg, S. 151 (170); siehe auch *Weyl*, S. 220 ff.

173 Vgl. *Hachenburg*, 41. Jahres-Bericht, S. 25 (26) = *Hachenburg*, Vorträge, S. 51: Die „guten Sitten“ seien „die boni mores der Römer in getreuer Uebersetzung“; siehe auch *von Gierke*, Logos 6 (1916/17), S. 211 (213).

Sitte, Anstand oder Moral verhalte.[174] Eine genaue Klassifizierung der vertretenen Positionen ist schwierig.[175] Allem Anschein nach setzte die Majorität der Autoren im juristischen Schrifttum den Begriff der „guten Sitten" mit dem der „Sittlichkeit" gleich,[176] während wiederum andere Stimmen diese zum Teil mit der „Sitte" identifizierten oder Kombinationen der Begriffe schufen.[177] Dagegen war dem römischen Recht der Unterschied zwischen Sitte und Sittlichkeit fremd.[178]

---

174 Vgl. *Haferkamp*, in: Historisch-kritischer Kommentar BGB, § 138 Rn. 1.

175 Vgl. *Wanner*, S. 32 ff., der nach drei Gruppen unterscheidet.

176 Vgl. etwa *L. Cohn*, Gruchot 41 (1897), S. 784 (792); *Fuld*, SeuffBl. 64 (1899), S. 171 (172 f.); *Hachenburg*, 41. Jahres-Bericht, S. 26 = *Hachenburg*, Vorträge, S. 51; *Jacobi*, JherJb. 41 (1900), S. 68 (108 f.), er (S. 95) übersetzte die Worte „contra bonos mores" nicht mit „gegen die guten Sitten", sondern mit „gegen die Sittlichkeit". Nach *Jacobi*, in: FS Dernburg, S. 151 (154 ff.), gehörten die Begriffe Anstand und Sitte sowie gute Sitten und Sittlichkeit zusammen und er (S. 169) hielt die „Sittlichkeit" mit den „guten Sitten" für identisch; *von Mayr*, S. 568 f.; *Kuhlenbeck*, BGB, Bd. I, 2. Aufl. 1903, § 138 Anm. 1, S. 111: „Der Ausdruck: gute Sitten bezeichnet nicht die Sitte, sondern die Sittlichkeit."; wohl auch *Weyl*, S. 227; *Vogel*, S. 14 ff.; *Gareis*, in: FS Jur. Fakultät Giessen, S. 273 (308); *Kaufmann*, Recht 1907, Sp. 1448 (1448 f.); *Biermann*, Bd. I, § 54 Anm.1, S. 181; *Oertmann*, BGB, Allgemeiner Teil, § 138 Anm. B.1.a)γ), S. 424; *H. A. Fischer*, Rechtswidrigkeit, S. 77; *Eckstein*, ArchBürgR 38 (1913), S. 195 (203); *Enneccerus*, Bd. I 1, 6. Aufl. 1913, § 178 I., S. 484 in Fn. 3, nach dem auch in manchen Entscheidungen des RG, in denen vom „Anstandsgefühl" gesprochen wurde, die Sittlichkeit zu verstehen sei; wohl auch *Weigelin*, ArchRWPhil. 8 (1914/1915), S. 321 (328 f.); *Kohler*, ArchRWPhil. 8 (1914/1915), S. 330 (332); *von Tuhr*, Bd. II 2, § 70 I., S. 22 f. und *Warneyer*, BGB, Bd. I, § 138 Anm. A.I., S. 232. Diesen Standpunkt nahm anscheinend auch das RG ein, vgl. RG, Urt. v. 29.09./24.10.1911 – VII 55/11, Abschrift S. 6 = WarnRspr. 1912, Nr. 54 S. 59 (61), wo auf das „Sittlichkeitsgefühl [!] aller billig und gerecht Denkenden" abgestellt wurde.

177 Nach *Endemann*, KrVJschr. 41 (1899), S. 517 (524), seien die „guten Sitten" nicht identisch mit der Sittlichkeit oder der Moral; siehe auch *Rehbein*, BGB, Bd. I, §§ 134 – 138 (138) Anm. III.1., S. 182; Hölder, BGB, Allgemeiner Teil, § 138 Anm. 1.a), S. 304 f.: Sitte; *Gareis*, BGB, Allgemeiner Teil, § 138 Anm. 2, S. 170: „Der Ausdruck [scil.: die guten Sitten] reicht weiter als der Ausdruck ‚Sittlichkeit', auch als der: ‚die gute Sitte'."; *R. Leonhard*, Allgemeiner Teil, S. 372 f., stellte wohl auf die Sitte ab: „[S. 373:] Eine gute Sitte ist aber keineswegs identisch mit dem Gebote der Sittlichkeit." und *R. Leonhard*, in: FS Bekker, S. 87 (99); nicht ganz eindeutig *Planck*, BGB, Bd. I., 3. Aufl. 1903, § 138 Anm. 1, S. 248 und *Planck*, BGB, Bd. I, 4. Aufl. 1913, § 138 Anm. I.1.a), S. 361; für *Hagen*, SächsA 4 (1909), S. 473 (476 in Fn. 5), gehörte in das Gebiet der „guten Sitten" nur der „Anstand", nicht dagegen die „Sittlichkeit"; *Dick*, S. 21 f. = *Dick*, ArchBürgR 33 (1909), S. 74 (91 ff.), sah in den „guten Sitten" einen viel weiteren Begriff als den der Sittlichkeit, letztere sei nur eine „Unterabteilung"; *H. A. Fischer*, BayZ 7 (1911), S. 145 (145).

178 Vgl. *Küsters*, S. 14 m.w.N. in Fn. 5.

Deutlich größere Bedeutung für die Praxis hatte demgegenüber die Fragestellung, wann von einem Verstoß gegen die guten Sitten die Rede sein könne und welcher Maßstab hierfür anzulegen sei, wobei sich das RG bereits seit seiner Entscheidung vom 11.04.1901[179] auf die sog. Anstandsformel festgelegt hatte.

Dazu, wann eigentlich ein Rechtsgeschäft gegen die guten Sitten verstoße und was überhaupt unter den guten Sitten zu verstehen sei, lassen sich kaum handhabbare Aussagen in der Literatur finden.[180] Angesichts dessen ist hervorzuheben, daß eine genaue Gruppierung der jeweiligen Auffassungen schwerfällt, stand doch auch die Literatur erst am Anfang der Auslegung der Vorschrift, divergierte in begrifflichen Fragen und durchlief zunächst die Entwicklung jedes Meinungsbildungsprozesses. So betonte *Endemann* im Jahre 1898, die „guten Sitten" wiesen auf einen objektiven Maßstab hin, „der aber seiner juristischen Festlegung noch harrt".[181] Nur ein Jahr später scheint er einen Verstoß gegen die guten Sitten mit dem zu verbinden, „was dem Sittlichkeitsbewußtsein des Volkes widerstreitet".[182] Nach der wiederum ein Jahr später getätigten Äußerung von *Cosack* verstießen alle Rechtsgeschäfte gegen die guten Sitten, die „entweder geradezu unsittlich sind oder doch den Anstand gröblich verletzen".[183] Schließlich galten nach der von *Dernburg* 1902 geäußerten und nicht kritiklos gebliebenen Ansicht solche Geschäfte als gegen die guten Sitten verstoßend, „deren rechtliche Anerkennung mit einem gesunden, in diesem Sinne guten sozialen Zustande unvereinbar ist".[184] *Oertmann* war der Meinung, der Verstoß

---

179 Vgl. RG, Urt. v. 11.04.1901 – VI 443/00, RGZ 48, 114 (124 f.).

180 Dies wird durch die Aussage von *Dick*, S. 30 = *Dick*, ArchBürgR 33 (1909), S. 74 (100), untermauert, nach dem die Wissenschaft zur Erläuterung des Begriffes der guten Sitten nur wenig beigetragen habe.

181 *Endemann*, Bd. I, 3./4. Aufl. 1898, S. 319.

182 *Endemann*, KrVJschr. 41 (1899), S. 517 (524).

183 *Cosack*, Bd. I, 3. Aufl. 1900, § 58 5.a), S. 175 = *Cosack*, Bd. I, 4. Aufl. 1903, § 58 V.1., S. 176; kritisch hierzu *Jacobi*, JherJb. 41 (1900), S. 68 (107).

184 *Dernburg*, Bd. I, 1. Aufl. 1902, § 125 II., S. 375 = *Dernburg*, Bd. I, 3. Aufl. 1906, § 125 II., S. 421; ähnlich *Steinbach*, S. 42. Diese Ansicht Dernburgs teilten *Planck*, BGB, Bd. I, 3. Aufl. 1903, § 138 Anm. 1, S. 248 = *Planck*, BGB, Bd. I, 4. Aufl. 1913, § 138 Anm. I.1.a), S. 361; *Oertmann*, BGB, Allgemeiner Teil, § 138 Anm. B.1.a)γ), S. 424 und *von Tuhr*, Bd. II 2, § 70 I., S. 22 in Fn. 8 nicht. Bei *Planck*, a.a.O., heißt es: „Die Rücksicht auf einen guten sozialen Zustand ist ein wichtiger Faktor für die Bildung des sittlichen Volksbewußtseins, aber es ist nicht der allein entscheidende, und es kommt nicht darauf an, ob objektiv das betreffende Rechtsgeschäft mit einem gesunden sozialen Zustande nicht vereinbar ist, sondern darauf, ob das jeweilige Volksbewußtsein eine solche Unvereinbarkeit annimmt und deshalb in dem Rechtsgeschäft einen Verstoß gegen die Anforderungen der Sittlichkeit erblickt."

gegen die guten Sitten erfordere einen Verstoß „gegen die im Leben anerkannte, tatsächlich geübte Ethik, gegen die herrschenden sittlichen Anschauungen und Anforderungen“.[185]

Was den Begriff der „guten Sitten“ angeht, so verstand *Rehbein* 1899 darunter „die sittliche Gesammtauffassung (nicht des Einzelnen, sondern hujus temporis, hujus civitatis) von dem, was ‚gutes Recht‘ ist“.[186] Deren Anwendungsgebiet sei nicht abstrakt zu formulieren, „sondern [werde] in jedem einzelnen Falle durch den konkreten Gesammtcharakter des Rechtsgeschäfts gegeben ..., der sich nicht aus dem objektiven Gegenstande, dem Inhalte oder dessen Zweck und Motiven, sondern aus der Zusammenfassung aller subjektiven und objektiven Momente ergiebt“.[187] *Gareis* sah in den beiden Wörtern „gut“ und „Sitten“ einen zusammenhängenden Begriff, der nicht auseinander gerissen werden dürfe, „denn ‚gute Sitte‘ sind Ein Begriff, dessen Inhalt sich aus den auf Ideale gebauten Anschauungen der Gesellschaft ergiebt“.[188]

Weitaus lohnender waren hingegen die Ausführungen, auf wessen Auffassung als Maßstab dafür abzustellen sei, was die guten Sitten sind und was nicht. Nach der – soweit erkennbar – vereinzelt gebliebenen Meinung von *Meisner* sollten nicht die Anschauungen und Gepflogenheiten des ganzen Volkes maßgebend sein; vielmehr betrachtete er unter Heranziehung einer Formulierung von Kohler[189] die „Vorstellungen, die in den Besten der Nation leben“ als maßgebend.[190] Ganz anders wollte *Riezler* im Staudinger „die ethischen Anschauungen des Kreises [dem „Milieu“ der Handelnden] zugrunde legen, innerhalb dessen das Rechtsgeschäft seine Wirksamkeit äußern soll“.[191] Die weitaus überwiegende Mehrheit der Autoren hielt es hingegen für genügend, daß sich das Gericht nach der herrschenden Volksanschauung zu richten habe. Der Richter sei indessen nicht befugt, „die Berechtigung dieser Anschauung kritisch

---

[185] *Oertmann*, BGB, Allgemeiner Teil, § 138 Anm. B.1.a)γ), S. 424.

[186] *Rehbein*, BGB, Bd. I, §§ 134 – 138 (138) Anm. III.1., S. 182.

[187] *Rehbein*, BGB, Bd. I, §§ 134 – 138 (138) Anm. III.1., S. 182.

[188] *Gareis*, BGB, Allgemeiner Teil, § 138 Anm. 2, S. 170.

[189] Vgl. *Kohler*, ArchBürgR 12 (1897), S. 317 (326): „Es handelt sich aber um diejenige Beschränkung des Egoismus und um diejenige Bezähmung der Leidenschaften und um dasjenige Verhältniß zwischen wirthschaftlichen und sittlichen Lebensgütern, welche erforderlich sind, um das Ideal eines, wenn auch nicht vollkommenen, so doch lautern und makellosen Menschen nach den Vorstellungen, die in den Besten der Nation leben, zu erfüllen.“

[190] *Meisner*, BGB, Bd. I, § 138 Anm. 3, S. 130.

[191] *Riezler*, in: Staudinger, BGB, Bd. I, 2. Aufl. 1904, § 138 Anm. I.2., S. 402 = *Riezler*, in: Staudinger, BGB, Bd. I, 3./4. Aufl. 1907, § 138 Anm. I.2., S. 445 = *Riezler*, in: Staudinger, BGB, Bd. I, 7./8. Aufl. 1912, § 138 Anm. I.2.b), S. 531.

zu prüfen"[192] oder gar nach seinen eigenen besonderen moralischen Anschauungen zu entscheiden.[193] So äußerte sich *Planck* in seinem in erster Auflage 1897 erschienenen Kommentar zum BGB dahingehend, daß „das jeweilige Volksbewußtsein, nicht diese oder jene theoretische Ansicht über die Anforderungen der Sittlichkeit entscheidend"[194] sei. In der dritten Auflage von 1903 ergänzte er hierzu, es sei in Beziehung auf das betreffende Rechtsgeschäft nicht erforderlich, daß eine bestimmte Sitte bestehe, nach der Rechtsgeschäfte dieser Art als den guten Sitten nicht entsprechend angesehen würden.[195] Es genüge, „wenn das betreffende Rechtsgeschäft nach dem Gesamtbewußtsein des Volkes über dasjenige, was die Sittlichkeit erfordert, dieser Anforderung nicht entspricht".[196] Nach *Cosack* sollten die „herrschenden Anschauungen"[197], nach *Enneccerus* die

---

192 *Cosack*, Bd. I, 3. Aufl. 1900, § 58 5.a), S. 175 = *Cosack*, Bd. I, 4. Aufl. 1903, § 58 V.1., S. 176.

193 Vgl. *Enneccerus*, Bd. I, 1. Aufl. 1900, § 98 III., S. 224; *Hachenburg*, 41. Jahres-Bericht, S. 26 = *Hachenburg*, Vorträge, S. 51; *Riezler*, in: Staudinger, BGB, Bd. I, 2. Aufl. 1904, § 138 Anm. I.2., S. 402 = *Riezler*, in: Staudinger, BGB, Bd. I, 3./4. Aufl. 1907, § 138 Anm. I.2., S. 445 = *Riezler*, in: Staudinger, BGB, Bd. I, 7./8. Aufl. 1912, § 138 Anm. I.2.b), S. 531 f.; *Cosack*, Bd. I, 5. Aufl. 1910, § 62 a II.1.b), S. 245 = *Cosack*, Bd. I, 6. Aufl. 1913, § 62 a II.1.b), S. 230 (anders noch die früheren Auflagen, vgl. *Cosack*, Bd. I, 3. Aufl. 1900, § 58 5.a), S. 175 = *Cosack*, Bd. I, 4. Aufl. 1903, § 58 V.1., S. 176: „Nur da, wo die herrschende Anschauung ihrer selbst nicht sicher oder unfertig ist, darf der Richter sie aus seinem eigenen höchst persönlichen [4. Aufl. 1903: höchstpersönlichen] Sittlichkeits- und Anstandsgefühl ergänzen."); *Enneccerus*, Bd. I 1, 4./5. Aufl. 1909, § 178 I., S. 449 = *Enneccerus*, Bd. I 1, 6. Aufl. 1913, § 178 I., S. 485; *Planck*, BGB, Bd. I, 4. Aufl. 1913, § 138 Anm. I.1.a), S. 361; *von Tuhr*, Bd. II 2, § 70 I., S. 23 und *Rumpf*, AcP 117 (1919), S. 315 (371); anderer Ansicht *Hölder*, AcP 73 (1888), S. 1 (102); *Fuchs*, JW 1910, S. 209 (210); *Salinger*, JW 1917, S. 4 (6 ff.); *Rosenthal*, LZ 1919, Sp. 515 (516 f.) und *Biermann*, Bd. I, § 54 Anm. 1, S. 181 f. sowie in Fn. 5.

194 *Planck*, BGB, Bd. I, 1. Aufl. 1897, § 138 Anm. 1, S. 190 = *Planck*, BGB, Bd. I, 2. Aufl. 1898, § 138 Anm. 1, S. 190 = *Planck*, BGB, Bd. I, 3. Aufl. 1903, § 138 Anm. 1, S. 248 = *Planck*, BGB, Bd. I, 4. Aufl. 1913, § 138 Anm. I.1.a), S. 361; ähnlich *von Mayr*, S. 570. Dagegen hielt *Dernburg*, Bd. I, 1. Aufl. 1902, § 125 II., S. 374 in Fn. 8 = *Dernburg*, Bd. I, 3. Aufl. 1906, § 125 II., S. 420 in Fn. 8, das „jeweilige Volksbewußtsein" für einen recht unbestimmten Maßstab.

195 Vgl. *Planck*, BGB, Bd. I, 3. Aufl. 1903, § 138 Anm. 1, S. 248 = *Planck*, BGB, Bd. I, 4. Aufl. 1913, § 138 Anm. I.1.a), S. 361.

196 *Planck*, BGB, Bd. I, 3. Aufl. 1903, § 138 Anm. 1, S. 248 = *Planck*, BGB, Bd. I, 4. Aufl. 1913, § 138 Anm. I.1.a), S. 361; ähnlich die Formulierung von *Planck*, DJZ 1907, Sp. 7 (8), zu § 826 BGB: „nach dem jeweiligen Gesamtbewußtsein des Volkes".

197 *Cosack*, Bd. I, 3. Aufl. 1900, § 58 5.a), S. 175 = *Cosack*, Bd. I, 4. Aufl. 1903, § 58 V.1., S. 176; anders dagegen *Cosack*, Bd. I, 5. Aufl. 1910, § 62 a II.1.b), S. 245 = *Cosack*, Bd. I, 6. Aufl. 1913, § 62 a II.1.b), S. 230: Das Rechtsgeschäft sei „lediglich nach den von der

„in der gesammten Nation herrschenden moralischen Anschauungen“[198] entscheidend sein, während *Kuhlenbeck* zufolge der Richter den Maßstab „aus dem herrschenden Volksbewußtsein zu entnehmen“[199] hatte; *Oertmann* ließ die „allgemeine Volksmoral“[200] maßgeblich sein.

Bereits zu Beginn des vorigen Jahrhunderts zeichnete sich dabei in der Literatur die Sichtweise ab, daß für die herrschende Auffassung in der Bevölkerung lediglich ein durchschnittlicher Maßstab, also kein besonders hoher oder niedriger anzulegen sei. In diesem Sinne stellten schon *Crome* und *Matthiaß* auf die „moralische Durchschnittsanschauung“[201] resp. die „moralischen Durchschnittsanschauungen“[202] ab.

Gegen Ende des Untersuchungszeitraums waren diese Ansichten von den meisten Rechtsgelehrten, freilich unter dem Einfluß der Rechtsprechung des obersten Gerichts (sprachlich) modifiziert, anerkannt. Exemplarisch seien dazu die Formulierungen von Enneccerus und Planck wiedergegeben. In der Ausgabe des Lehrbuchs von *Enneccerus* aus dem Jahr 1913 ist beispielsweise zu lesen, daß der Richter „nach der Denkweise der gesamten Nation, nach dem Sittlichkeitsgefühl der billig und gerecht denkenden Volksgenossen zu entscheiden“[203] habe und „auch für das Maß der zu stellenden sittlichen Anforderungen ... die im Volke herrschende Ansicht, also der Durchschnittsmaßstab rechtschaffender Männer als Richtschnur“[204] anzulegen sei. In *Plancks* Kommentar zum BGB von 1913, nunmehr in vierter Auflage, heißt es, die Frage, ob ein Verstoß gegen die guten Sitten vorliege, sei „grundsätzlich ... nach den in der Gesamtheit des Volkes herrschenden Anschauungen zu beurteilen“.[205] „Anlangend das Maß der zu stellenden sittlichen Anforderungen ist von der Denkweise eines anständigen

---

herrschenden Meinung anerkannten oftmals höchst willkürlichen Moralitätsgesetzen“ zu beurteilen.

198 *Enneccerus*, Bd. I, 1. Aufl. 1900, § 98 III., S. 224.

199 *Kuhlenbeck*, BGB, Bd. I, 2. Aufl. 1903, § 138 S. 110. Nach ihm (*Kuhlenbeck*, BGB, Bd. I, 1. Aufl. 1899, § 138 Anm. 1, S. 91 = *Kuhlenbeck*, BGB, Bd. I, 2. Aufl. 1903, § 138 Anm. 1, S. 111) würden – unter Verweis auf die Protokolle – von § 138 Abs. 1 BGB „nicht nur Geschäfte [erfaßt], die unmittelbar Unsittliches versprechen, sondern auch solche, die mittelbar gegen die guten Sitten verstoßen, eine verwerfliche Gesinnung an den Tag legen, indem sie Geld oder Geldeswerth zur Förderung einer Unsittlichkeit versprechen“.

200 *Oertmann*, BGB, Allgemeiner Teil, § 138 Anm. B.1.a)δ)ββ), S. 425.

201 *Crome*, Bd. I, S. 373.

202 *Matthiaß*, Bd. I, § 54 III.C.1., S. 228.

203 *Enneccerus*, Bd. I 1, 6. Aufl. 1913, § 178 I., S. 485.

204 *Enneccerus*, Bd. I 1, 6. Aufl. 1913, § 178 I., S. 485.

205 *Planck*, BGB, Bd. I, 4. Aufl. 1913, § 138 Anm. I.1.a), S. 361.

Durchschnittsmenschen auszugehen: weder die vornehme Gesinnung eines feinfühligen Menschen noch eine etwa in gewissen Kreisen zur Gepflogenheit gewordene unlautere Handlungsweise kann für allgemein maßgebend erachtet werden."[206] Die vorgenannten Grundsätze wurden auch später im Einklang mit der Rechtsprechung weiterhin in der Literatur akzentuiert.[207]

Wurde vom Schrifttum gefordert, es müsse auf die herrschende Volksanschauung abgestellt werden, so bestand im Großen und Ganzen darüber Konsens, daß der Richter nicht nach den „Lehren einer bestimmten Klasse oder Partei"[208] entscheiden dürfe. Nun war und ist es in einer „pluralistischen Welt" überaus schwierig, diese Auffassung zu ermitteln. Es können innerhalb des Volkes über dasselbe Handeln in den verschiedenen sozialen, religiösen und ständischen Gruppen unterschiedliche ethische Anschauungen vorherrschen. Die Ausführungen von *Vogel* bringen die Problematik auf den Punkt: „Ein und dieselben Handlungen finden zuweilen, je nachdem sie von den Angehörigen des einen oder anderen Berufes, des einen oder anderen Standes oder sonst einer Gemeinschaft begangen worden sind, bei denen, die demselben Berufe, demselben Stande, derselben Gemeinschaft angehören, eine völlig andere Beurteilung, als bei denen, die außerhalb dieser Klassen und Gemeinschaften stehen."[209] Hinzu kam, daß sich bei bestimmten, abgegrenzten Bevölkerungsgruppen, beispielsweise den Berufsgruppen der Ärzte, Rechtsanwälte oder Kaufleute besondere (Standes-)Anschauungen herausgebildet hatten. In der Literatur wurde denn auch diskutiert, ob derartige Standesansichten, etwa denen des ehrbaren Kaufmannes berücksichtigt werden müssen, wenn der Richter zum Beispiel einen Fall zu entscheiden habe, der sich ausschließlich innerhalb eines solchen Personenkreises abspiele.

Meisner, der wie bereits oben gezeigt als Maßstab die Vorstellungen der Besten der Nation zugrunde legte, hielt die Auffassung der einzelnen Beteiligten oder der betreffenden Kreise, die vielfach durch die Berücksichtigung ihrer eigenen Interessen befangen seien, nicht für relevant.[210] Gegen die Berücksichti-

---

[206] *Planck*, BGB, Bd. I, 4. Aufl. 1913, § 138 Anm. I.1.b), S. 362.

[207] Siehe zum Beispiel *von Tuhr*, Bd. II 2, § 70 I., S. 23: „die Anschauung aller billig und gerecht denkender Volksgenossen, gemessen an einem durchschnittlichen Maßstab", nicht „das Ideal einer verfeinerten Moral" oder (S. 24) die „laxen Ansichten ..., welche in gewissen Kreisen herrschen, aber von der Allgemeinheit als Unsitte empfunden werden" und *Warneyer*, BGB, Bd. I, § 138 Anm. A.I., S. 233.

[208] *Enneccerus*, Bd. I, 1. Aufl. 1900, § 98 III., S. 224 = *Enneccerus*, Bd. I 1, 4./5. Aufl. 1909, § 178 I., S. 449 = *Enneccerus*, Bd. I 1, 6. Aufl. 1913, § 178 I., S. 485.

[209] *Vogel*, S. 26 f.

[210] *Meisner*, BGB, Bd. I, § 138 Anm. 3, S. 130: „Der Richter, die Rechtsprechung hat hier die schöne Aufgabe, den geläuterten, unparteiischen Auffassungen Geltung zu verschaffen." Gegen die Einstellung von Standesanschauungen war auch schon *Lotmar*, S. 96 f.

gung einer „besonderen Berufs- und Klassenmoral" sprach sich *Oertmann* aus, nach dem allein „die allgemeine Volksmoral [ausschlaggebend sei], die teils strenger, teils milder ist, als die – oft egoistische, kurzsichtige, vielfach auch hinter der ethischen Gesamtentwicklung zurückgebliebene – Klassenmoral, allerdings auch in weitem Umfang die typischen Verschiedenheiten der verschiedenen gesellschaftlichen Schichten als Abwertungsmaßstab mit einbezieht".[211] Auf diese Seite stellte sich auch *Dick*, der durch die Favorisierung einer gegenteiligen Auffassung eine Fülle sich widersprechender Urteile und damit einhergehend eine große Rechtsunsicherheit im Volk befürchtete.[212] Ein weiterer Verfechter dieser Ansicht war auch *H. A. Fischer*.[213] Er stellte wie schon Oertmann auf die „Volksmoral" ab. Dabei seien die sittlichen Grundanschauungen in einem zum Rechtsverband zusammengesetzten Volk immer dieselben; seien sie es aber nicht, halte auch die Rechtsgemeinschaft nicht.[214]

---

[211] *Oertmann*, BGB, Allgemeiner Teil, § 138 Anm. B.1.a)δ)ββ), S. 425 unter anderem mit Verweis auf: *Dernburg*, Bd. I, 1. Aufl. 1902, § 125 II., S. 374 = *Dernburg*, Bd. I, 3. Aufl. 1906, § 125 II., S. 420 i.V.m. *Dernburg*, Bd. II 2, 1./2. Aufl. 1901, § 393 II.2., S. 640 (siehe auch in Fn. 7) = *Dernburg*, Bd. II 2, 3. Aufl. 1906, § 393 II.3., S. 734 (siehe auch in Fn. 8), der zu § 826 BGB auf die „geläuterte nationale Anschauung" abstellte; *Oertmann*, SeuffBl. 72 (1907), S. 274 (280); anders dagegen noch früher *Oertmann*, BGB, Schuldverhältnisse, 1. Aufl. 1899, § 826 Anm. 2.b), S. 562. Gegen die Berücksichtigung der Standesmoral war, wenn auch nicht ganz eindeutig *Planck*, BGB, Bd. I, 3. Aufl. 1903, § 138 Anm. 1 im zweiten Absatz, S. 248, der aber in der 4. Aufl. 1913 zweifelsfrei die Gegenposition einnahm.

[212] *Dick*, S. 30 ff. = *Dick*, ArchBürgR 33 (1909), S. 74 (100 ff.). Dabei verwies *Dick*, S. 31 in Fn. 50 = *Dick*, ArchBürgR 33 (1909), S. 74 (101 in Fn. 50), unter anderem auf *von Liszt*, Deliktsobligationen, S. 43, der darin schon 1898 „eine der ernstesten Gefahren für die Sicherheit unseres Rechtslebens und für die Einheit unserer Rechtsprechung" erblickte, und *Planck*, DJZ 1907, Sp. 7 (9). Die Anführung von Planck erscheint dagegen aus hiesiger Sicht verfehlt, was sich schon ausdrücklich bei *Planck*, DJZ 1907, Sp. 7 (8 unten) entnehmen läßt.

[213] Vgl. *H. A. Fischer*, Rechtswidrigkeit, S. 81 ff. und *H. A. Fischer*, BayZ 7 (1911), S. 173 (173): „Nicht die Einzelmoral, zu welcher sich das Individuum im praktischen Lebenskampfe durchgerungen hat, nicht die laxere oder verfeinerte Moral eines Standes, sondern die Volksmoral ist es, was wir in den ‚guten Sitten' finden. Also, wie noch einmal betont werden soll: keine Klassen- und Standesmoral!"

[214] Vgl. *H. A. Fischer*, Rechtswidrigkeit, S. 81: „Ein Ehebruch, ein Diebstahl, ein Mord wird in Arbeiterhütten und Fürstenpalästen gleich moralisch verworfen. Wenn in einer Volksklasse eine etwas laxere Auffassung herrscht, so verdient sie keine Schonung, und wenn in einer Klasse eine etwas strengere Auffassung herrscht, als sie der Durchschnitt hat, so mag diese Gruppe bei sich selbst für die Durchführung ihrer Sondermoral sorgen, sie darf nicht mit Pathos die Rechtshilfe anrufen. Wer Rechtshilfe anruft, erhebt damit die Prätension, daß die von ihm vor den Richter gebrachte Moralwidrigkeit als eine rechtserhebliche Ver-

Die überwiegende und namhafte Mehrheit im Schrifttum[215] plädierte hingegen für eine Berücksichtigung der Standesanschauungen, jedoch nur insoweit, als diese Anschauungen nicht im Widerspruch zu denen der Allgemeinheit stünden.[216] Diese Ansicht stimmte mit dem vom RG vertretenen Standpunkt überein. Das Gericht hatte bereits in seiner wegbereitenden Entscheidung vom 11.04.1901[217] deutlich gemacht, daß der Richter zwar die guten Sitten aus dem herrschenden Volksbewußtsein zu entnehmen habe, es hierbei aber nicht ausgeschlossen sei, „daß auf die Sittenanschauung eines bestimmten Volkskreises, wenn sich in ihr die herrschende Sitte ausprägt, Rücksicht genommen“[218] werden könne, so „auf die Anschauung des ehrbaren Kaufmannes im Handelsverkehr“.[219] Allerdings dürfe dies nicht mit einer im Handelsverkehr tatsächlich aufgekommenen Geschäftspraktik verwechselt werden, die eventuell eine Unsitte darstelle.[220]

Mit *Planck* läßt sich das Bisherige somit wie folgt zusammenfassen: „Die Frage, ob ein Verstoß gegen die guten Sitten vorliegt, [ist] grundsätzlich nicht nach den individuellen moralischen Anschauungen des Richters, regelmäßig auch nicht nach denen bestimmter Bevölkerungskreise, sondern nach den in der Gesamtheit des Volkes herrschenden Anschauungen zu beurteilen. ... In der Natur der Sache ist es weiter gelegen, daß gewisse moralische Anschauungen überhaupt oder in gewisser Verfeinerung nur in einem bestimmten Berufskreise sich herausgebildet haben: dessen Anschauungen in dieser Hinsicht können und müssen dann Beachtung finden, wenn sie im übrigen denen der Allgemeinheit

---

letzung von der Mehrheit des Volksgenossen empfunden wird, sonst stellt sich der Kläger gar nicht auf den Boden des Rechts.“

215 Vgl. nur *Oertmann*, BGB, Schuldverhältnisse, 1. Aufl. 1899, § 826 Anm. 2.b), S. 562, der seine Auffassung später (vgl. *Oertmann*, BGB, Allgemeiner Teil, § 138 Anm. B.1.a)δ)ββ), S. 425) aber aufgegeben hat; *Jacobi*, JherJb. 41 (1900), S. 68 (110 f.); *Kuhlenbeck*, BGB, Bd. I, 2. Aufl. 1903, § 138 S. 110; *Baum*, GewG 8 (1903), Sp. 17 (19 f.); *Vogel*, S. 27 f.; *Planck*, DJZ 1907, Sp. 7 (8 f.) und *Planck*, BGB, Bd. I, 4. Aufl. 1913, § 138 Anm. I.1.a), S. 361; *Depène*, GewKfmG 13 (1908), Sp. 30 (31); *Wolf*, BGB, § 138 Anm. 2, S. 30; *Enneccerus*, Bd. I 1, 6. Aufl. 1913, § 178 I., S. 485 in Fn. 5; *von Tuhr*, Bd. II 2, § 70 I., S. 24; *Warneyer*, BGB, Bd. I, § 138 Anm. A.I., S. 233 und *Küsters*, S. 17.

216 Vgl. *Planck*, DJZ 1907, Sp. 7 (8 f.); *Planck*, BGB, Bd. I, 4. Aufl. 1913, § 138 Anm. I.1.a), S. 361; *Wolf*, BGB, § 138 Anm. 2, S. 30; *Enneccerus*, Bd. I 1, 6. Aufl. 1913, § 178 I., S. 485 in Fn. 5; *von Tuhr*, Bd. II 2, § 70 I., S. 24 und *Warneyer*, BGB, Bd. I, § 138 Anm. A.I., S. 233.

217 Vgl. RG, Urt. v. 11.04.1901 – VI 443/00, RGZ 48, 114.

218 RG, Urt. v. 11.04.1901 – VI 443/00, RGZ 48, 114 (124 f.).

219 RG, Urt. v. 11.04.1901 – VI 443/00, RGZ 48, 114 (125).

220 Vgl. RG, Urt. v. 11.04.1901 – VI 443/00, RGZ 48, 114 (125).

nicht widersprechen. Dahin werden z. B. die Anschauungen des ehrbaren Kaufmanns im Handelsverkehr ... zu zählen sein.“[221]

Was das allgemein hervorgerufene Echo der „guten Sitten“ und jenes der Judikatur des RG hierzu in der Jurisprudenz angeht – das besondere wurde im Hauptteil der Arbeit bei den jeweiligen Entscheidungen berücksichtigt –, so war dieses ein altbekanntes: teils fanden sie Lob und Anerkennung, aber eben auch ihre Kritiker, die vor allem seine ([zu] weite) Handhabung des Begriffes in der Praxis bemängelten und teilweise auch die sog. Anstandsformel kritisch beäugten.

Im letzteren Sinn äußerte etwa *Baum* schon 1903, der Begriff der „guten Sitten“ wie auch der von „Treu und Glauben“ scheine sich „zu einer Art ‚Mädchen für alles‘ herausbilden zu wollen“.[222] *Dick* trug 1909 im Hinblick auf die immer stärker und bedenklich ansteigende Kasuistik vor: „Es besteht Gefahr, daß der Begriff des Verstoßes gegen die guten Sitten ein uferloser und der mit der Normierung desselben verbundene treffliche Zweck in sein gerades Gegenteil verkehrt, ja der Begriff geradezu zu einer Schutzwehr schlechter Elemente wird.“[223] In die gleiche Kerbe schlug auch *Oertmann* zwei Jahre später: „Die §§ 138 und 826 BGB. sind für manchen längst zum Hebel geworden, mit dem er das feste Gefüge des ganzen Bürgerlichen Gesetzbuches aus den Angeln zu zwingen sich getraut.“[224] Allerdings lobte er die „verständnisvolle“ reichsgerichtliche Rechtsprechung und bezeichnete das RG in einem Aufsatz aus dem Jahre 1916 als „Pionier des Fortschritts“[225].

Allem Anschein nach würdigte insbesondere *Hagen* die durch das Urteil vom 11.04.1901[226] eingeführte Formel vom „Anstandsgefühl aller billig und gerecht Denkenden“[227] überaus kritisch. Das RG habe durch diese Formulierung den reinen Rechtsbegriff der „guten Sitten“ allein durch den Begriff des „Anstandes“ ersetzt, wobei bei dieser Begriffsbestimmung dem Begriffe der Moral, der Sittlichkeit keinerlei Raum gegeben sei, und ohne zu erläutern, was unter dem „Anstand“ zu verstehen sei.[228] Dann habe aber die Rechtsprechung in spä-

---

[221] *Planck*, BGB, Bd. I, 4. Aufl. 1913, § 138 Anm. I.1.a), S. 361.

[222] *Baum*, GewG 8 (1903), Sp. 17 (17).

[223] *Dick*, ArchBürgR 33 (1909), S. 74 (76).

[224] *Oertmann*, DJZ 1911, Sp. 435 (435).

[225] *Oertmann*, DJZ 1916, Sp. 755 (760).

[226] Vgl. RG, Urt. v. 11.04.1901 – VI 443/00, RGZ 48, 114.

[227] RG, Urt. v. 11.04.1901 – VI 443/00, RGZ 48, 114 (124).

[228] Vgl. *Hagen*, Gruchot 52 (1908), S. 497 (498) und *Hagen*, SächsA 4 (1909), S. 473 (473 f.). Siehe auch *Küsters*, S. 16 f., der an der Definition des RG bemängelte, daß in ihr wiederum „neue, einer näheren Erläuterung bedürftige Begriffe, Wertbegriffe, auftauchen“. *Luetgebrune*, S. 5, sah im vom RG verwendeten Begriff des Anstandsgefühls aller billig und

teren Entscheidungen vielfach mit anderen Begriffen, wie denen der „Sittlichkeit“ oder „Moral“ operiert, was zu einer Verwechselung der jeweiligen Begriffen geführt habe.[229] Durch die vom RG gewählte Anstandsformulierung habe es eine Grundlage gelegt, auf der die weitere Rechtsprechung aufbaute, „meist von richtigen Gedanken und Gefühlen geleitet, jedoch häufig nicht fähig, den richtigen und klaren Ausdruck zu finden“.[230]

Dick bemängelte an der Rechtsprechung – er meinte wohl vor allem jene der unterinstanzlichen Gerichte – die „immer mehr [aufgekommene] Mode, die Begründung, warum etwas gegen die guten Sitten verstößt, nur mehr fragmentarisch zu geben oder gar ganz zu unterlassen“[231], was mit der Schwierigkeit zusammenhänge, „den kautschukartigen Begriff der Unmoral in feste, allgemeingültige Regeln zu pressen“.[232] In Anbetracht dessen sprach er demgegenüber der Rechtsprechung des RG sein Lob aus: „Im allgemeinen hat sich die Rechtsprechung, wie man anerkennen muß, mit der ihr bei Anwendung des Rechtsbegriffs der guten Sitten gestellten Aufgabe überraschend gut abgefunden. Auch hier hat das Reichsgericht mit wenigen Schwankungen zielbewußt der Praxis den richtigen Weg gewiesen. Insbesondere ist es für die Herausarbeitung unseres Begriffes von äußerst segensreicher Wirkung gewesen, daß das Reichsgericht die vor einiger Zeit bei den Untergerichten um sich greifende Methode, die Gründe, aus denen ein Verstoß gegen die guten Sitten jeweils angenommen wurde, gar nicht näher anzugeben, mit fester Hand ausgerottet und alle derartigen Urteile unnachsichtlich aufgehoben hat.“[233]

Während der Wirren des Ersten Weltkrieges warnte *Otto Schreiber* in einer kritischen Gegenstellungnahme zu einem Aufsatz von Krückmann[234], welcher in der Veräußerung der gesamten Textilerzeugnisse eines deutschen Industriellen an einen Ausländer, ohne dem deutschen Markt etwas zukommen zu lassen, einen Verstoß gegen die guten Sitten annahm,[235] vor einer derartigen Ausdehnung des Begriffs der Sittenwidrigkeit. „Man betritt damit eine abschüssige Bahn. An

---

gerecht Denkenden „lediglich ein Mittel zur Tarnung einer höchstpersönlichen Entscheidung des betreffenden Senats“. Es sei (S. 42) „in Wirklichkeit … gar nicht der Maßstab …, nach welchem das Reichsgericht die Fälle des § 138 BGB. beurteilt, sondern lediglich eine leere Formel“. Der Anstandsformel wird bis heute ihre Unbestimmtheit und vermeintliche Bestimmtheit vorgehalten, siehe nur *Petersen*, Jura 2005, S. 387 (387).

229 Vgl. *Hagen*, Gruchot 52 (1908), S. 497 (511).

230 *Hagen*, SächsA 4 (1909), S. 473 (473).

231 *Dick*, S. 30 = *Dick*, ArchBürgR 33 (1909), S. 74 (100).

232 *Dick*, S. 30 = *Dick*, ArchBürgR 33 (1909), S. 74 (100).

233 *Dick*, ArchBürgR 33 (1909), S. 74 (135); ähnlich *Rumpf*, AcP 117 (1919), S. 315 (370 f.).

234 Vgl. *Krückmann*, LZ 1916, Sp. 1457 ff.

235 Vgl. *Krückmann*, LZ 1916, Sp. 1457 (1461 f.).

ihrem Ende gelangt man dahin, jeden Widerspruch gegen irgendwelche allgemeine, mit ethischen oder rein gefühlsmäßigen Vorstellungen verknüpfte wirtschaftliche oder politische Theorie, jede praktische Konsequenz aus diesem Widerspruch in Rechtsgeschäften als ‚wider die guten Sitten' zu bezeichnen. Dann würde die deutsche Rechtsprechung zum Spielball politischer Leidenschaften werden".[236] Darum müsse dieser Begriff seinen Inhalt und seine Grenze ausschließlich aus den Gesetzen und aus der in den jeweils beteiligten Kreisen bestehenden Anschauung entnehmen.[237]

Es kann abschließend festehalten werden, daß sich die Rechtsprechung des RG, vor allem die sog. Anstandsformel gegen Ende des hier untersuchten Zeitraums auch in der Literatur durchgesetzt hatte und anerkannt wurde.[238] Dabei spielte möglicherweise auch der Gesichtspunkt, daß es sich um die an den Gerichten praktizierte, ständige höchstrichterliche Auffassung handelte, eine erhebliche Rolle. Eines muß mit *Fuchs* aber in aller Deutlichkeit gesagt werden: Über die guten Sitten und darüber, was denn nun nach den konkreten Umständen im Einzelfalle dem Anstandsgefühl aller billig und gerecht Denkenden widerspreche, werde nur in den „juristischen Grenzprozessen"[239] gestritten, bei denen ja gerade Streit über zwei durchaus vertretbare Positionen bestehe. Dagegen führe das, was ohne weiteres und ganz eindeutig den guten Sitten widerspricht oder nicht, nicht zu Prozessen, und erst recht nicht bis vor das RG.[240] Es handelt sich also letztlich um die Gefahren der Unvorhersehbarkeit des Ergebnisses, die für jedwede Grenzfälle auf allen Rechtsgebieten besteht.

---

[236] *O. Schreiber*, LZ 1917, Sp. 182 (184).

[237] Vgl. *O. Schreiber*, LZ 1917, Sp. 182 (184).

[238] Die sog. Anstandsformel wurde, wie auch in den Formulierungen des RG, in verschiedenen Variationen verwendet, siehe zum Beispiel *Enneccerus*, Bd. I 1, 6. Aufl. 1913, § 178 I., S. 485: „Sittlichkeitsgefühl aller billig und gerecht denkenden Volksgenossen"; *Citron*, DJZ 1914, Sp. 365 (366): „Anstandsgefühl billig und gerecht Denkender"; *Eisner*, JW 1914, S. 263 (263): „dem Anstands- und Billigkeitsgefühl aller gerecht Denkenden"; *T. Wolff*, LZ 1914, Sp. 1268 (1268 f.); *von Tuhr*, Bd. II 2, § 70 I., S. 23: „Anschauung aller billig und gerecht denkenden Volksgenossen" und *Warneyer*, BGB, Bd. I, § 138 Anm. A.I., S. 233: „Sittlichkeitsgefühl aller billig und gerecht Denkenden".

[239] *Fuchs*, JW 1917, S. 633 (634).

[240] Vgl. *Fuchs*, JW 1917, S. 633 (634).

C. Gemeinschaftlicher Verstoß gegen die guten Sitten

Beide Vertragspartner gemeinsam können gegenüber Außenstehenden gegen die guten Sitten verstoßen, und zwar zum Nachteil Dritter oder gegenüber der Allgemeinheit, insbesondere durch einen Verstoß gegen deren Belange.[241] Von *Alexander Herzog* wurden allerdings die Verstöße gegen Ehe- und Familienordnung sowie gegen berufliche Standespflichten und schließlich die sog. Bordellgeschäfte als „Verstoß gegen übergeordnete Aspekte" eingeordnet,[242] während diese Unterteilung von anderen Kommentatoren des BGB soweit ersichtlich nicht getroffen wird.[243] Hinsichtlich der einzelnen Fallgruppen hat sich aber bis heute keine allgemein oder auch nur überwiegend anerkannte Einteilung durchgesetzt.[244]

I. Verstoß gegen die ehe- und familienrechtliche Ordnung

Die Verhältnisse innerhalb einer Ehe und der Familie sind wegen ihrer besonderen Natur durch das Gesetz besonders geschützt worden. Den gesetzlichen Regelungen liegen bestimmte sittliche Anschauungen über das Wesen der Ehe und der Familie zugrunde. Die Wertvorstellungen dieser Institute können durch pri-

---

241 Vgl. *Danckelmann*, in: Palandt, BGB, 3. Aufl. 1940, § 138 Anm. 3, S. 109; *Heinrichs*, in: Palandt, BGB, 65. Aufl. 2006, § 138 Rn. 40; *Krüger-Nieland*, in: RGRK, BGB, Bd. I, 11. Aufl. 1959, § 138 Anm. 7, S. 440; *Krüger-Nieland*, in: RGRK, BGB, Bd. I, 11. Aufl. 1959, § 138 Anm. 49 ff., S. 457 ff.; *Krüger-Nieland/Zöller*, in: RGRK, BGB, Bd. I, 12. Aufl. 1982, § 138 Rn. 33 u. 150; *Hefermehl*, in: Soergel/Siebert, BGB, Bd. I, 9. Aufl. 1959, § 138 Rn. 1 u. 67; *Hefermehl*, in: Soergel/Siebert, BGB, Bd. I, 10. Aufl. 1967, § 138 Rn. 1 u. 82 und *Hefermehl*, in: Soergel, BGB, Bd. II, 13. Aufl. 1999, § 138 Rn. 168.

242 Vgl. *A. Herzog*, S. 37 ff. Ein Verstoß gegen übergeordnete Aspekte liege nach ihm (S. 37) dann vor, „wenn nicht den Interessen bestimmter einzelner Personen oder der Allgemeinheit direkt zuwider gehandelt wurde, sondern eine Verletzung der Sittenordnung an sich festzustellen war".

243 So *Danckelmann*, in: Palandt, BGB, 3. Aufl. 1940, § 138 Anm. 3, S. 109; *Heinrichs*, in: Palandt, BGB, 65. Aufl. 2006, § 138 Rn. 46 ff., 52 u. 57 ff.; *Krüger-Nieland*, in: RGRK, BGB, Bd. I, 11. Aufl. 1959, § 138 Anm. 7, S. 440; *Krüger-Nieland*, in: RGRK, BGB, Bd. I, 11. Aufl. 1959, § 138 Anm. 62 ff., S. 462 ff. – anders aber *Krüger-Nieland/Zöller*, in: RGRK, BGB, Bd. I, 12. Aufl. 1982, § 138 Rn. 62 ff.; *Hefermehl*, in: Soergel/Siebert, BGB, Bd. I, 9. Aufl. 1959, § 138 Rn. 85, 87 ff. u. 96 ff. sowie *Hefermehl*, in: Soergel/Siebert, BGB, Bd. I, 10. Aufl. 1967, § 138 Rn. 105, 107 ff. u. 117 ff.

244 Vgl. *Heinrichs*, in: Palandt, BGB, 65. Aufl. 2006, § 138 Rn. 41.

vatrechtliche Vereinbarungen der Ehepartner oder Familienangehörigen untereinander oder gar in Verbindung mit Dritten bewußt oder unbewußt mißachtet werden. Die Rechtsprechung prüfte deshalb solche Rechtsgeschäfte, die im Zusammenhang mit der Ehe- und Familienordnung standen, im Hinblick auf eine mögliche Mißachtung dieser Ordnungen auch unter dem Gesichtspunkt des Verstoßes gegen die guten Sitten anhand des § 138 BGB. Dabei versagte das RG vor allem solchen Rechtsgeschäften die rechtliche Anerkennung, die den in der Rechtsmoral enthaltenen Wertvorstellungen über den rechtlichen Sinn und das Wesen der Ehe und Familie zuwiderliefen. Aus der Vielzahl von Gerichtsentscheidungen stachen die in diesem Kapitel zusammengestellten Fallgruppen besonders heraus, ohne den Anspruch auf abschließende Vollständigkeit zu erheben.

1. Mißachtung des Wesens der Ehe

Im Fünften Titel des Ersten Abschnitts im Vierten Buch des BGB normierte der Gesetzgeber in den §§ 1353 ff. BGB die „Wirkungen der Ehe im Allgemeinen"[245]. *Ehrlich* erklärte noch vor dem Inkrafttreten des BGB, daß viele Vorschriften des Familienrechts in dem Sinne zwingend seien, daß deren Wirkungen durch Rechtsgeschäfte nicht beeinträchtigt werden könnten.[246] Eine derartige „zwingende Natur" wurde insbesondere vom Schrifttum für die rechtlichen Folgen der Ehe bzw. Eheschließung mit dem „Wesen der Ehe" unterstrichen. Eine gewisse Uneinigkeit herrschte in dem Punkt, ob dennoch Ausnahmen zulässig seien, also die Ehegatten von diesen Vorschriften teilweise abweichende Vereinbarungen treffen könnten. Ein großer Teil der Autoren ging trotz des zwingenden Charakters der Regelungen von der Zulässigkeit abweichender Vereinbarungen aus.[247] *Planck* hielt vertragsmäßige Abänderungen der in den §§ 1353 ff. BGB für das persönliche Verhältnis der Ehegatten zueinander getroffenen Vorschriften im allgemeinen für unzulässig, da diese vom Gesetzgeber in dem Sinne gedacht seien, daß sie notwendige Folgen des zwischen den Ehegatten durch die Ehe begründeten Verhältnisses darstellten. Einzelne Abänderungen und nähere Bestimmungen der jeweiligen Vorschriften seien aber nicht unbedingt ausgeschlossen.[248] Dieser Ansicht war auch *Engelmann* im Kommentar von Staudinger: „Die in den §§ 1353–1361 [BGB] enthaltenen Bestimmungen

---

[245] RGBl. 1896, S. 195 (426).

[246] Vgl. *Ehrlich*, S. 177 ff.

[247] Siehe hierzu die Nachweise bei *Engelmann*, in: Staudinger, BGB, Bd. IV, 2. Aufl. 1905, Vorbem. vor § 1353 Anm. VII., S. 112.

[248] Vgl. *Planck*, BGB, Bd. IV, 1./2. Aufl. 1901, Vorbem. vor § 1353 Anm. 3., S. 81 = *Planck*, BGB, Bd. IV, 3. Aufl. 1906, Vorbem. vor § 1353 Anm. 6., S. 94 f.

stehen mit dem Wesen der Ehe in so innigem Zusammenhang, daß sie grundsätzlich als zwingendes, der Abänderung durch Vereinbarung der Ehegatten nicht zugängliches Recht erachtet werden müssen. Ausnahmen von diesem Grundsatze werden nur in den engsten Grenzen anzuerkennen sein."[249] Auch für diese Ausnahmen gelte aber je nach Lage des einzelnen Falles der § 138 Abs. 1 BGB.[250] Als ein Vertreter der ausnahmslosen Nichtigkeit jeder abweichenden rechtsgeschäftlichen Vereinbarung von derartigen zwingenden Vorschriften sei nur *Cosack* genannt. In seinem Lehrbuch von 1900 schrieb er: „Alle Rechtswirkungen der Ehe ... sind zwingenden Rechts, können also durch Vereinbarungen der Gatten weder vor noch nach Eingehung der Ehe abgeändert werden."[251]

Nach den Entscheidungen des RG konnte das Wesen der Ehe durch vielerlei Rechtsgeschäfte mißachtet werden. Für die mit dieser Untersuchung verfolgten Zwecke boten sich allein die folgenden Gruppen wegen der größeren Anzahl der ihr zugrunde liegenden Judikate an. So hatten manche Ehegatten durch Vertrag ihr dauerndes Getrenntleben vereinbart, scheidungsermöglichende oder zumindest die Scheidung erleichternde Abreden oder Wohnort- bzw. Wohnungsbestimmungen getroffen. Weiterhin hatte das Gericht über Sachverhalte zu entscheiden, in denen ein Ehepartner – zumeist der Ehemann – an einen außerhalb der Ehe stehenden Dritten – für gewöhnlich seiner Geliebten – Vermögenszuwendungen machte.

a) Vereinbarung des Getrenntlebens

An die Spitze des Fünften Titels über die „Wirkungen der Ehe im Allgemeinen" wurde § 1353 BGB a. F. gestellt, dessen erster Absatz den gleichen Wortlaut

---

249 *Engelmann*, in: Staudinger, BGB, Bd. IV, 2. Aufl. 1905, Vorbem. vor § 1353 Anm. VII., S. 112 = *Engelmann*, in: Staudinger, BGB, Bd. IV 1, 3./4. Aufl. 1908, Vorbem. vor § 1353 Anm. VII., S. 128; siehe auch *Haidlen*, S. 42; *Endemann*, Bd. II 2, 8./9. Aufl. 1908, § 169 1., S. 290 und *Endemann*, Bd. II 2, 8./9. Aufl. 1908, § 182 1.b), S. 397 f.

250 Vgl. *Engelmann*, in: Staudinger, BGB, Bd. IV, 2. Aufl. 1905, Vorbem. vor § 1353 Anm. VII., S. 112 = *Engelmann*, in: Staudinger, BGB, Bd. IV 1, 3./4. Aufl. 1908, Vorbem. vor § 1353 Anm. VII., S. 128. Siehe auch *Bollenbeck*, Recht 1904, S. 32 (33): „Nichtig gemäß § 138 [BGB] sind ferner alle Ehevertragsabreden, die im Widerspruch stehen mit der Ordnung, welche das sittliche Wesen der Ehe gebietet, namentlich solche, die unvereinbar sind mit der dem Manne im Interesse der öffentlichen Ordnung zugewiesenen Stellung als Haupt der ehelichen Gemeinschaft." Siehe zudem *Hörle*, ArchBürgR 31 (1908), S. 113 (167 f.) und *Oppenheim*, JW 1918, S. 727 (727).

251 *Cosack*, Bd. II, 1./2. Aufl. 1900, § 279 XI., S. 431; so auch *Cosack*, Bd. II, 4. Aufl. 1904, § 291 IV., S. 499, wo er seine Aussage dahin relativierte, daß dies nicht ausnahmslos für die besonderen Regeln der Unterhaltspflicht zwischen den Ehegatten gelte. Siehe zu dieser Auffassung auch die von *Engelmann*, in: Staudinger, BGB, Bd. IV, 2. Aufl. 1905, Vorbem. vor § 1353 Anm. VII., S. 112, aufgelisteten weiteren Nachweise.

aufwies wie der heute gültige § 1353 Abs. 1 Satz 2, 1. Halbssatz BGB: „Die Ehegatten sind einander zur ehelichen Lebensgemeinschaft verpflichtet.“[252] Allerdings brauchte nach § 1353 Abs. 2 BGB a. F.[253] der eine Ehegatte dem Verlangen des andern nach Herstellung der Gemeinschaft nicht Folge zu leisten, wenn sich dieses Verlangen als ein Mißbrauch des dem anderen zustehenden Rechtes darstellte oder der Ehegatte berechtigt war, auf Scheidung zu klagen. Welche Rechte und Pflichten sich im Einzelnen aus der Verpflichtung zur ehelichen Gemeinschaft[254] ergeben sollten, wurde vom Gesetz nicht ausgesprochen. Unstreitig gehörten hierzu beispielsweise die Verpflichtung zur Treue, zum Beistand und zum Zusammenleben, also zur häuslichen Gemeinschaft.[255] Die Ehegatten waren dagegen nur zu einer solchen ehelichen Gemeinschaft berechtigt und verpflichtet, die dem Wesen der Ehe entsprach.[256] Nun gab es aber Ehegatten, die, aus welchen Gründen auch immer, nicht mehr miteinander zusammenleben wollten, ohne jedoch die Ehescheidung zu betreiben. Um beiden Eheleuten das erwünschte Getrenntleben zu ermöglichen, machte deshalb ein Ehepartner dem anderen finanzielle Zuwendungen durch einen sog. Trennungsvertrag.

Nach *Scherer* waren Verträge über die tatsächliche Trennung der Eheleute in der Regel ungültig.[257] *Engelmann* sah im § 1353 BGB zwingendes Recht, weshalb abweichende Vereinbarungen der Ehegatten nichtig seien.[258] Im Grundsatz sah dies auch *Haidlen* ähnlich. Wegen der zwingenden Natur des § 1353 Abs. 1 BGB sei ein Verzicht auf die Erfüllung einer durch die eheliche Lebensgemeinschaft begründenden Rechtspflicht regelmäßig nicht bindend. Nur soweit der Verzicht die Grundlagen der Ehe nicht berühre, wie der Verzicht auf das Zusammenwohnen unter Aufrechterhaltung der ehelichen Lebensgemeinschaft, sei

---

252 § 1353 Abs. 1 BGB, RGBl. 1896, S. 195 (426).

253 Siehe § 1353 Abs. 2 BGB, RGBl. 1896, S. 195 (426): „Stellt sich das Verlangen eines Ehegatten nach Herstellung der Gemeinschaft als Mißbrauch seines Rechtes dar, so ist der andere Ehegatte nicht verpflichtet, dem Verlangen Folge zu leisten. Das Gleiche gilt, wenn der andere Ehegatte berechtigt ist, auf Scheidung zu klagen.“

254 Siehe zum Begriff der „ehelichen Lebensgemeinschaft“ in § 1353 Abs. 1 BGB a. F. insbesondere die kritischen Äußerungen von *Wetzel*, ArchBürgR 26 (1905), S. 54 (71 ff.).

255 Vgl. *Planck*, BGB, Bd. IV, 1./2. Aufl. 1901, § 1353 Anm. 1., S. 82 = *Planck*, BGB, Bd. IV, 3. Aufl. 1906, § 1353 Anm. 1., S. 95 und *Wetzel*, ArchBürgR 26 (1905), S. 54 (74).

256 Vgl. *Planck*, BGB, Bd. IV, 1./2. Aufl. 1901, § 1353 Anm. 2., S. 82 = *Planck*, BGB, Bd. IV, 3. Aufl. 1906, § 1353 Anm. 2., S. 95.

257 Vgl. *Scherer*, BGB, Bd. I, § 138 Anm. 6.B.d), S. 271.

258 Vgl. *Engelmann*, in: Staudinger, BGB, Bd. IV, 2. Aufl. 1905, § 1353 Anm. I.6., S. 117 = *Engelmann*, in: Staudinger, BGB, Bd. IV 1, 3./4. Aufl. 1908, § 1353 Anm. I.6., S. 135.

er gültig.[259] Diese Auffassung scheint sich in der damaligen Rechtslehre durchgesetzt zu haben. So konnte *Lehmann* an und für sich in der Verabredung eines zeitweisen Getrenntlebens, etwa aus wirtschaftlichen Gründen, noch nichts dem Institut der Ehe Widersprechendes erblicken, weil mit der Abrede möglicherweise ein billiger Zweck verfolgt war.[260] Gleiches gelte auch grundsätzlich für den Fall, daß ein Ehegatte dem anderen für die Zeit der Trennung besondere Vermögensvorteile zuwende. Die Vereinbarungen dürften jedoch nicht soweit gehen, daß die Wiedervereinigung der Ehepartner rechtlich unterbunden werde.[261] Auch nach *Endemann* durften die Ehegatten Vereinbarungen über ihre zeitweilige Trennung treffen. Aber jene unterlägen bezüglich ihres Inhaltes und ihrer Ausübung den Einschränkungen, die sich aus den Zwecken der ehelichen Lebensgemeinschaft ergäben. Die Abreden sollten keine Wirksamkeit entfalten, soweit sie zur Aufhebung zwingender ehelicher Pflichten führen würden.[262] Nach der Meinung von *Hörle* verstoße es gegen die guten Sitten, wenn die Eheleute vor oder während der Ehe vereinbaren, daß die Verpflichtung zur ehelichen Lebensgemeinschaft aufgehoben sein solle.[263]

In der Regel sah das RG die Vereinbarungen unter Ehegatten über deren Getrenntleben als sittenwidrig und folglich nichtig an. Grundlegend für die gesamte, allein in der Hand des IV. Zivilsenats des RG liegenden Rechtsprechung zu dieser Fallgruppe war dessen Urteil vom 29.05.1905[264]. Die Parteien hatten einen notariellen Vertrag geschlossen, in dem sich der Ehemann verpflichtet hatte, seiner Ehefrau für die Dauer ihres Lebens Alimente von monatlich 1.000 M zu zahlen. Nach dem Vertrag sollte der Ehefrau die Unterhaltsforderung ohne Rücksicht darauf zustehen, ob die Ehegatten zusammen wohnten oder getrennt voneinander lebten. Die Frau klagte auf Zahlung der Rente, nachdem sich die Parteien getrennt hatten, aber sowohl das Kammergericht als auch das RG wiesen den Anspruch insoweit ab, als er auf den Vertrag gestützt war.

Das Berufungsgericht ging unter anderem davon aus, der Vertrag widerspreche dem Gesetz und sei nach den §§ 134, 138 BGB nichtig, weil dieser die Ehefrau habe berechtigen sollen, „nach ihrem freien Belieben und ohne Rücksicht darauf, ob ihr dazu ein gesetzlicher Grund zur Seite stehe (§. 1353 Abs. 2 des Bürgerlichen Gesetzbuchs), dauernd von dem Beklagten [ihrem Ehemann] getrennt zu leben“.[265] Der Vertrag regele damit nicht nur den Fall, daß die Parteien

---

259 Vgl. *Haidlen*, S. 42.

260 Vgl. *Lehmann*, S. 152.

261 Vgl. *Lehmann*, S. 153.

262 Vgl. *Endemann*, Bd. II 2, 8./9. Aufl. 1908, § 182 1.b), S. 397.

263 Vgl. *Hörle*, ArchBürgR 31 (1908), S. 113 (168).

264 Vgl. RG, Urt. v. 29.05.1905 – IV 26/05, RGZ 61, 50.

265 RG, Urt. v. 29.05.1905 – IV 26/05, Abschrift S. 3 = RGZ 61, 50 (51).

in ehelicher Gemeinschaft lebten, sondern treffe zugleich Vorsorge für den Fall ihrer Trennung.[266] Weder gegen diese tatsächliche Auslegung des Vertrages noch gegen die rechtliche Schlußfolgerung des Berufungsgerichts, daß der Vertrag nichtig sei, hatte das RG irgendwelche Bedenken: „Denn die Verpflichtung zur ehelichen Lebensgemeinschaft (§. 1353) kann nicht durch Vereinbarungen der Eheleute aufgehoben oder eingeschränkt werden."[267] Auch hinsichtlich der vom Berufungsgericht aufgestellten Annahme zur Vereinbarung der Unterhaltspflicht bei Getrenntleben der Eheleute unter den Voraussetzungen des § 1361 BGB[268], „es könne zur Regelung eines aus dieser Gesetzesbestimmung sich ergebenden Anspruchs der Frau ein Vertrag unter Eheleuten gültig geschlossen werden, soweit er nicht zugleich die dauernde Trennung der Ehegatten zum Gegenstande habe"[269], bestünden aus Sicht des RG keine rechtlichen Einwände.[270]

Aufbauend auf seine Entscheidung vom 29.05.1905[271] erging nur wenige Monate später das am 25.09.1905[272] verkündete Urteil, in welchem der IV. Zivilsenat einen Vertrag aus dem Jahre 1893 zu beurteilen hatte. Hier wurde in einem von Seiten der Ehefrau wegen Ehebruchs des Mannes betriebenen Scheidungsverfahren ein Vertrag unter den Parteien vor dem Amtsgericht vereinbart, der unter anderem die Verpflichtung des beklagten Ehemannes festsetzte, der Klägerin während ihres Getrenntlebens zu ihrem und ihrer zwei Kinder Unterhalt von jährlich 3.600 M zu zahlen. Der Scheidungsprozeß wurde daraufhin nicht mehr weitergeführt. Nunmehr begehrte die Klägerin, gestützt auf diesen Vertrag und die gesetzliche Unterhaltspflicht des Beklagten von diesem die Zahlung der Unterhaltsbeiträge für sich und ihre Tochter.[273]

Das OLG Königsberg hatte allein den gesetzlichen Unterhaltsanspruch für die Klägerin begründet gehalten, nicht dagegen den ebenfalls erhobenen vertraglichen Anspruch der Klägerin.[274] Sowohl nach den maßgeblichen Bestimmungen des preuß. ALR als auch nach den §§ 1353, 138, 139 BGB – falls

---

[266] Vgl. RG, Urt. v. 29.05.1905 – IV 26/05, Abschrift S. 3 = RGZ 61, 50 (51).

[267] RG, Urt. v. 29.05.1905 – IV 26/05, Abschrift S. 4 f. = RGZ 61, 50 (53).

[268] Siehe § 1361 Abs. 1 Satz 1 BGB, RGBl. 1896, S. 195 (427): „Leben die Ehegatten getrennt, so ist, solange einer von ihnen die Herstellung des ehelichen Lebens verweigern darf und verweigert, der Unterhalt durch Entrichtung einer Geldrente zu gewähren; auf diese Rente finden die Vorschriften des §. 760 Anwendung."

[269] RG, Urt. v. 29.05.1905 – IV 26/05, Abschrift S. 6 = RGZ 61, 50 (54).

[270] Vgl. RG, Urt. v. 29.05.1905 – IV 26/05, Abschrift S. 6 = RGZ 61, 50 (54).

[271] Vgl. RG, Urt. v. 29.05.1905 – IV 26/05, RGZ 61, 50.

[272] Vgl. RG, Urt. v. 25.09.1905 – IV 156/05, Gruchot 50 (1906), S. 378 Nr. 22.

[273] Der Sohn der Parteien war inzwischen verstorben.

[274] Vgl. RG, Urt. v. 25.09.1905 – IV 156/05, Abschrift S. 2 = Gruchot 50 (1906), S. 378 (379) Nr. 22.

Art. 199 EGBGB überhaupt Anwendung finde – sei der Vertrag als von Anfang an nichtig zu erachten. Es hatte auf tatsächlicher Grundlage angenommen, daß die vertragliche Verpflichtung des Beklagten zur Unterhaltszahlung nach dem Willen der Parteien davon abhängig gemacht worden sei, „daß die Ehefrau sich von ihrem Manne fernhalte“[275] und „Unterhaltsgewährung einerseits und Getrenntleben anderseits ständen sich in dem Vertrage als Leistung und Gegenleistung gegenüber“.[276] Die mittels Revision der Klägerin gerügte Abweisung der Vertragsansprüche, die auf einer Verletzung von den Vorschriften des preuß. ALR bzw. der §§ 138, 1353 BGB gestützt wurde, hatte vor dem RG keinen Erfolg.[277] Nach dessen Ansicht ließen die Ausführungen des Berufungsgerichtes eine Gesetzesverletzung nicht erkennen. Das Gericht bestätigte seine schon im oben genannten Urteil vom 29.05.1905[278] zu § 1361 BGB geäußerte Auffassung, „daß an sich ein Vertrag zwischen getrennt lebenden Eheleuten, durch den lediglich die Höhe des zu gewährenden Unterhalts für die Zeit des Getrenntlebens festgesetzt wird, als rechtsverbindlich anzusehen ist“.[279] Davon

[275] RG, Urt. v. 25.09.1905 – IV 156/05, Abschrift S. 3 = Gruchot 50 (1906), S. 378 (380) Nr. 22.

[276] RG, Urt. v. 25.09.1905 – IV 156/05, Abschrift S. 3 = Gruchot 50 (1906), S. 378 (380) Nr. 22.

[277] Vgl. RG, Urt. v. 25.09.1905 – IV 156/05, Abschrift S. 2 f. = Gruchot 50 (1906), S. 378 (379 f.) Nr. 22.

[278] Vgl. RG, Urt. v. 29.05.1905 – IV 26/05, Abschrift S. 6 = RGZ 61, 50 (54).

[279] RG, Urt. v. 25.09.1905 – IV 156/05, Abschrift S. 4 = Gruchot 50 (1906), S. 378 (381) Nr. 22. Siehe insoweit auch RG, Urt. v. 22.12.1910 – IV 48/10, Abschrift S. 3 = WarnRspr. 1911, Nr. 108 S. 113 (114), wo allerdings nur für die „Regelung eines vorübergehenden Zustandes“ anerkannt wurde, „daß bei einer der Vorschrift des § 1361 des Bürgerlichen Gesetzbuchs entsprechenden Sachlage eine vertragsmäßige Einigung der Ehegatten über die Höhe des für die Zeit eines vorübergehenden [!] Getrenntlebens zu gewährenden Unterhalts rechtlich nicht zu beanstanden sein würde“. Diese Erkenntnis wurde durch RG, Urt. v. 06.03.1911 – IV 196/10, Abschrift S. 2 = WarnRspr. 1911, Nr. 223 S. 245 (245) bestätigt: „Das Reichsgericht hat bereits wiederholt ausgesprochen, daß bei einer der Vorschrift des § 1361 des Bürgerlichen Gesetzbuchs entsprechenden Sachlage eine vertragsmäßige Einigung der Ehegatten über die Höhe des für die Zeit des Getrenntlebens zu gewährenden Unterhalts an sich rechtlich nicht zu beanstanden ist. Anders liegt die Sache freilich ... [unter Anführung von: RG, Urt. v. 29.05.1905 – IV 26/05, RGZ 61, 50 und RG, Urt. v. 25.09.1905 – IV 156/05, Gruchot 50 (1906), S. 378 Nr. 22], wenn die Parteien zugleich – der in § 1353 Abs. 1 des Bürgerlichen Gesetzbuchs ausgesprochenen Verpflichtung zuwider – dauerndes Getrenntleben vereinbaren und die Einigung über die Höhe des Unterhalts gerade mit Rücksicht auf diese Vereinbarung erfolgt.“ Siehe unter Angabe der vorbenannten Entscheidungen auch RG, Urt. v. 06.02.1913 – IV 459/12, Abschrift S. 7 = WarnRspr. 1913, Nr. 188 S. 233 (235). Am angegebenen Ort ist durch das RG ausdrücklich festgestellt, daß sich derartige vertragliche Vereinbarungen

unterscheide sich der vorliegende Fall aber wesentlich. Hier sei ein Vertrag geschlossen, „der auf Ermöglichung und Beförderung des Getrenntlebens der Eheleute durch unerlaubte Mittel abzielt, indem sich die Frau das Recht auf Unterhalt nur durch den Verzicht auf alle ihr sonst gegen den Mann zustehenden Rechte und durch die Zusicherung, fern von ihrem Mann zu wohnen und gerichtliche Schritte zur Wiedervereinigung zu unterlassen, soll wahren können“.[280] Der Vertrag sei danach als dem Gesetz zuwiderlaufend nach §§ 5 und 6 Teil I Titel 4 preuß. ALR nichtig, weil der Vertragsabschluß einen Verstoß gegen die Bestimmung des § 175 Teil II Titel 1 preuß. ALR enthalte, wonach Eheleute vereint miteinander leben müßten und ihre Verbindung nicht eigenmächtig aufheben dürften.[281] Aber selbst wenn man die Gültigkeit des Vertrages nach altem Recht annehmen wollte, könne dieser doch seine Rechtsgültigkeit nach den Bestimmungen des BGB nicht behalten.[282] „Denn nach Art. 199 [EGBGB][283] … bestimmen sich die persönlichen Rechtsbeziehungen der Ehegatten zueinander, insbesondere die gegenseitige Unterhaltspflicht auch für die zur Zeit des Inkrafttretens des Bürgerlichen Gesetzbuchs bestehenden Ehen nach dessen Vorschriften. Zu diesen Vorschriften gehört auch der §. 1353 des Bürgerlichen Gesetzbuchs, wonach die Ehegatten einander zur ehelichen Lebensgemeinschaft verpflichtet sind. Gegen diese dem sittlichen Wesen der Ehe entsprechende Vorschrift verstößt aber ein Vertrag, durch den jene Verpflichtung

unter Ehegatten bei einer dem § 1361 BGB entsprechenden Sachlage unter dem Gesichtspunkt des § 138 Abs. 1 BGB nicht beanstanden lassen.

280 RG, Urt. v. 25.09.1905 – IV 156/05, Abschrift S. 4 = Gruchot 50 (1906), S. 378 (381) Nr. 22. Siehe hierzu auch RG, Urt. v. 06.02.1913 – IV 459/12, Abschrift S. 7 = WarnRspr. 1913, Nr. 188 S. 233 (235): „Allerdings hat der erkennende Senat die Voraussetzungen des § 138 Abs. 1 des Bürgerlichen Gesetzbuchs für erfüllt gehalten, wenn bei einem unter Eheleuten abgeschlossenen Vertrage es sich darum gehandelt hat, auf eine Ermöglichung und Beförderung des Getrenntlebens durch unerlaubte Mittel hinzuwirken, auf diese Weise die Zusicherung des Getrenntlebens von dem anderen Teile zu erhalten oder ihn zu veranlassen, gerichtliche Schritte zur Wiedervereinigung aufzugeben … [unter Verweis auf: RG, Urt. v. 25.09.1905 – IV 156/05, Gruchot 50 (1906), S. 378 Nr. 22], oder wenn dem einen Teile das Recht eingeräumt wurde, ohne Rücksicht darauf, ob ihm ein gesetzlicher Grund dafür zur Seite stand, sich nach freiem Belieben von der häuslichen Gemeinschaft fernzuhalten … [unter Verweis auf: RG, Urt. v. 29.05.1905 – IV 26/05, RGZ 61, 50].“

281 Vgl. RG, Urt. v. 25.09.1905 – IV 156/05, Abschrift S. 4 = Gruchot 50 (1906), S. 378 (381) Nr. 22.

282 Vgl. RG, Urt. v. 25.09.1905 – IV 156/05, Abschrift S. 5 = Gruchot 50 (1906), S. 378 (381) Nr. 22.

283 Siehe RGBl. 1896, S. 604 (646).

aufgehoben oder eingeschränkt werden soll, und ist deshalb nach §§. 138, 139 des Bürgerlichen Gesetzbuchs nichtig."[284]

In logischer Konsequenz wurde denn auch im Urteil vom 15.04.1908[285] erkannt, daß die Voraussetzungen des § 138 Abs. 1 BGB dann nicht gegeben seien, wenn die Ehegatten ihr Getrenntleben vertraglich vereinbart hatten und die gleichzeitig getroffene Vereinbarung der Ehegatten über die Höhe des vom Mann seiner getrennt lebenden Ehefrau und den Kindern zu gewährenden Unterhalts „das Getrenntleben der Ehegatten als etwas bereits Gegebenes voraussetze und nur darauf ausgehe, die damit verbundenen ungünstigen Folgen zu beseitigen oder zu mildern".[286]

Das RG hat in der Folgezeit innerhalb des untersuchten Zeitraums – gestützt auf seine bisherige Rechtsprechung – mehrfach herausgestellt, daß der § 1353 Abs. 1 BGB dem sittlichen Wesen der Ehe entsprechend die Verpflichtung der Ehegatten zur ehelichen Lebensgemeinschaft bestimme und hiergegen verstoßende Verträge unsittlich und deshalb nach § 138 BGB nichtig seien.[287]

b) Scheidungsermöglichende und -erleichternde Verträge

Hatten die Ehegatten im vorhergehenden Kapitel über die Trennungsverträge mit der Regelung der Unterhaltspflicht in erster Linie die Ermöglichung ihres Getrenntlebens im Sinn, ohne jedoch die Scheidung der Ehe betreiben zu wollen, verfolgten wiederum andere Paare genau diese Absicht. Die zu dieser Kon-

---

284 RG, Urt. v. 25.09.1905 – IV 156/05, Abschrift S. 5 = Gruchot 50 (1906), S. 378 (381) Nr. 22 unter Verweis auf: RG, Urt. v. 29.05.1905 – IV 26/05, RGZ 61, 50.

285 Vgl. RG, Urt. v. 15.04.1908 – IV 627/07, WarnRspr. 1908, Nr. 435 S. 323, vgl. *Schubert/Glöckner*, Nachschlagewerk, § 138 Nr. 161.

286 RG, Urt. v. 15.04.1908 – IV 627/07, Abschrift S. 2 = WarnRspr. 1908, Nr. 435 S. 323 (323) unter Verweis auf: RG, Urt. v. 29.05.1905 – IV 26/05, RGZ 61, 50 (54). Siehe auch RG, Urt. v. 22.12.1906 – VII 116/06, Abschrift S. 3 f., vgl. *Schubert/Glöckner*, Nachschlagewerk, § 138 Nr. 99 und das erneut in dieser Sache ergangene Revisionsurteil des RG, Urt. v. 01.05.1908 – VII 523/07, Abschrift S. 4 f. = RGZ 68, 322 (325).

287 Vgl. RG, Urt. v. 22.12.1910 – IV 48/10, Abschrift S. 4 = WarnRspr. 1911, Nr. 108 S. 113 (114), vgl. *Schubert/Glöckner*, Nachschlagewerk, § 138 Nr. 203 unter Verweis auf: RG, Urt. v. 29.05.1905 – IV 26/05, RGZ 61, 50 und RG, Urt. v. 25.09.1905 – IV 156/05, JW 1905, S. 637 Nr. 1 = Gruchot 50 (1906), S. 378 Nr. 22. Siehe weiterhin RG, Urt. v. 02.03.1911 – IV 585/10, Abschrift S. 3 = WarnRspr. 1911, Nr. 224 S. 247 (247); RG, Urt. v. 06.02.1913 – IV 459/12, Abschrift S. 7 = WarnRspr. 1913, Nr. 188 S. 233 (235) und RG, Urt. v. 23.12.1913 – VII 386/13, JW 1914, S. 355 (356) Nr. 8. Siehe außerdem RG, Urt. v. 21.06.1913 – IV 83/13, Abschrift S. 4 = WarnRspr. 1913, Nr. 399 S. 476 (477): Nichtig sei die „Abmachung, die Eheleute sollen für immer und unwiderruflich voneinander getrennt leben und sich als geschieden betrachten. Eine solche auf eine freiwillige Scheidung hinauskommende Abmachung ist mit dem Wesen der Ehe unvereinbar."

stellation gefundenen Entscheidungen wiesen im wesentlichen zwei Arten von vertraglichen Vereinbarungen über vermögensrechtliche Fragen auf. Die scheidungswilligen Ehepartner trafen vorsorglich Regelungen über ihre Unterhaltsverpflichtungen für den Fall der rechtskräftigen Ehescheidung oder auch Abreden über einen Rechtsmittelverzicht im Ehescheidungsprozeß. Beiden Möglichkeiten wohnte die Gefahr inne, daß mit ihnen eine künftige Scheidung der Ehe erst ermöglicht oder zumindest erleichtert werden konnte oder sogar beabsichtigt war. Den damit verknüpften ehezerstörerischen Wirkungen trat das RG mit aller Entschiedenheit entgegen.

Zunächst soll das Augenmerk auf die Verträge gerichtet werden, mit denen die Ehegatten schon vor der Scheidung der Ehe für die Zeit danach Verfügungen über ihre Vermögensverhältnisse trafen und die erst nach rechtskräftiger Scheidung ihre Wirksamkeit entfalten sollten. Von wesentlicher praktischer Bedeutung waren dabei die rechtsgeschäftlichen Vereinbarungen über den nachehelichen Unterhalt, die zumeist vor Einleitung des Scheidungsverfahrens oder spätestens vor Erlaß des Scheidungsurteils zwischen den Eheleuten getroffen wurden. Die Parteien vereinbarten in einem Vertrag schon im voraus die Modalitäten für die Zahlungen des Unterhalts an den geschiedenen Ehegatten und die gemeinsamen Kinder, ebenso deren jeweilige Höhe und die Voraussetzungen für eine Einstellung der Zahlungen. Bisweilen gingen die Abreden soweit, daß selbst der an der Scheidung unschuldige Teil auf seinen ihm nach der Scheidung der Ehe zustehenden gesetzlichen Unterhaltsanspruch nach den §§ 1578 ff. BGB a. F.[288] verzichtete, weil er wegen dieses Anspruches beispielsweise durch Zahlung einer hohen Geldsumme oder durch Übertragung von Vermögensgegenständen abgefunden worden ist. Auf den Unterhaltsanspruch zwischen den Ehegatten aus den §§ 1360, 1361 BGB a. F.[289] für die Zeit des Bestehens der

---

[288] Siehe RGBl. 1896, S. 195 (465): „§. 1578. [Abs. 1:] Der allein für schuldig erklärte Mann hat der geschiedenen Frau den standesmäßigen Unterhalt insoweit zu gewähren, als sie ihn nicht aus den Einkünften ihres Vermögens und, sofern nach den Verhältnissen, in denen die Ehegatten gelebt haben, Erwerb durch Arbeit der Frau üblich ist, aus dem Ertrag ihrer Arbeit bestreiten kann. [Abs. 2:] Die allein für schuldig erklärte Frau hat dem geschiedenen Manne den standesmäßigen Unterhalt insoweit zu gewähren, als er außer Stande ist, sich selbst zu unterhalten. ... §. 1580. [Abs. 1:] Der Unterhalt ist durch Entrichtung einer Geldrente nach Maßgabe des §. 760 zu gewähren. Ob, in welcher Art und für welchen Betrag der Unterhaltspflichtige Sicherheit zu leisten hat, bestimmt sich nach den Umständen. [Abs. 2:] Statt der Rente kann der Berechtigte eine Abfindung in Kapital verlangen, wenn ein wichtiger Grund vorliegt. [Abs. 3:] Im Uebrigen finden die für die Unterhaltspflicht der Verwandten geltenden Vorschriften der §§. 1607, 1610, des §. 1611 Abs. 1, des §. 1613 und für den Fall des Todes des Berechtigten die Vorschriften des §. 1615 entsprechende Anwendung."

[289] Siehe RGBl. 1896, S. 195 (427).

Ehe konnte gemäß § 1614 Abs. 1 BGB[290], dessen Fassung auch heute noch Gültigkeit besitzt, für die Zukunft nicht verzichtet werden, weil § 1360 Abs. 3 Satz 2 BGB a. F. die Vorschrift des § 1614 BGB ausdrücklich für entsprechend anwendbar erklärte.[291] Anders stellte sich die Rechtslage für den gesetzlichen Unterhaltsanspruch der geschiedenen Ehegatten nach den §§ 1578 ff. BGB a. F. dar. In der Aufzählung der hierfür entsprechend anwendbaren Vorschriften im § 1580 Abs. 3 BGB a. F. war § 1614 BGB nicht aufgeführt. Aus der Unanwendbarkeit des § 1614 Abs. 1 BGB folgerten Rechtsprechung und Literatur gleichermaßen, daß die (geschiedenen) Ehegatten über den Unterhaltsanspruch eine von den §§ 1578 ff. BGB a. F. abweichende Vereinbarung treffen können und insbesondere ein Verzicht auf den künftigen Unterhalt zulässig sei.[292] Ein Problem stellte dagegen der Zeitpunkt einer solchen Vereinbarung dar. Zweifellos konnten die ehemaligen Ehepartner nach rechtskräftiger Scheidung der Ehe abweichende Vereinbarungen treffen. Ganz anders sah es dagegen mit möglichen früheren Zeitpunkten aus, vor allem mit Abreden über den nachehelichen Unterhalt noch vor Erhebung der Scheidungsklage. In dieser Situation war es sehr wohl möglich, daß die Scheidung durch die Übereinkunft absprachegemäß gefördert werden sollte.

Anscheinend war dies einer der Gründe, die *Scherer* bereits vor 1900 für das Recht des BGB dazu bewegten, „jedes Paktiren betr. Vermögensauseinandersetzung behufs Ermöglichung oder Erleichterung der Scheidung"[293] für ungültig zu

---

290 Siehe § 1614 Abs. 1 BGB, RGBl. 1896, S. 195 (472): „Für die Zukunft kann auf den Unterhalt nicht verzichtet werden."

291 Hierzu führte RG, Urt. v. 28.09.1905 – IV 148/05, Abschrift S. 7 = JW 1905, S. 682 (682) Nr. 1 aus, daß es unerheblich sei, ob der Verzicht entgeltlich oder unentgeltlich erfolgt ist, denn das Gesetz mache hierin keinen Unterschied und erkläre ihn für schlechthin unzulässig. Dieses Verbot sei durch die sittliche Grundlage der Unterhaltspflicht und die Rücksicht auf das wegen der öffentlichen Armenpflege in Frage kommende Staatswohl gerechtfertigt. Ein Vertrag, in dem die Ehefrau auf ihr Recht, von dem Ehemann standesmäßigen Unterhalt zu verlangen, verzichte, verstoße gegen ein gesetzliches Verbot und sei gemäß § 134 BGB für nichtig zu erklären. Siehe auch RG, Urt. v. 17.12.1906 – IV 484/06, Abschrift S. 2 f. und RG, Urt. v. 21.06.1913 – IV 83/13, Abschrift S. 4 = WarnRspr. 1913, Nr. 399 S. 476 (477).

292 Vgl. aus der Rechtsprechung RG, Urt. v. 17.12.1906 – IV 484/06, Abschrift S. 3 und RG, Urt. v. 26.04.1909 – IV 370/08, Abschrift S. 3 = WarnRspr. 1909, Nr. 386 S. 356 (356 f.) sowie aus der Literatur *Planck*, BGB, Bd. IV, 1./2. Aufl. 1901, § 1580 Anm. 4., S. 333; *Planck*, BGB, Bd. IV, 3. Aufl. 1906, § 1580 Anm. 5.b), S. 413; *Engelmann*, in: Staudinger, BGB, Bd. IV, 2. Aufl. 1905, § 1580 Anm. 4.b), S. 575 = *Engelmann*, in: Staudinger, BGB, Bd. IV 1, 3./4. Aufl. 1908, § 1580 Anm. 4.b), S. 683; RGRK, BGB, Bd. III, 2. Aufl. 1913, § 1580 Anm. 5., S. 226; RGRK, BGB, Bd. III, 2. Aufl. 1913, § 1614 Anm. 3., S. 255; *Oppenheim*, JW 1918, S. 727 (727) und *Mohn*, Bd. I, S. 302.

293 *Scherer*, BGB, Bd. I, § 138 Anm. 6.B.d), S. 271.

halten. Selbst durch eine Anerkennung nach der Scheidung sollte der Vertrag nicht gültig werden.[294] Für *Hugo Neumann* waren allgemein alle Verträge über die Herbeiführung oder Erleichterung der Scheidung nach § 138 BGB nichtig.[295] Differenzierter äußerte sich da schon *Planck*, der dem Ehepaar deutlich mehr Freiheit in dieser Hinsicht einräumte. Nach ihm konnte durch die Ehepartner eine Vereinbarung über den Unterhalt schon vor der Scheidung zulässig getroffen werden.[296] Dies sollte allerdings nicht ausnahmslos gelten: „Vereinbarungen, welche die Ehegatten über das zwischen ihnen nach der Scheidung eintretende Rechtsverhältniß vor der Scheidung schließen, werden unter Umständen gegen die guten Sitten verstoßen und deshalb nach § 138 [BGB] nichtig sein. Sie verstoßen jedenfalls dann gegen die guten Sitten, wenn sie eine Erleichterung der Scheidung bezwecken[297] oder eine solche Erleichterung thatsächlich bedeuten. Im Uebrigen kommt es auf die Umstände des Falles an. ... Insbesondere kann, wenn die Scheidungsklage schon erhoben ist, eine Abfindung z. B. ... über den Unterhaltsanspruch vereinbart werden".[298] Diese Ansicht teilte *Engelmann* im Staudinger: „Die §§ 1564–1587 [BGB] enthalten im Allgemeinen zwingendes Recht, das durch Vereinbarung der Ehegatten nicht abgeändert werden kann. Ob eine vor der Scheidung von den Ehegatten getroffene Vereinbarung über ihre rechtlichen Beziehungen nach erfolgter Scheidung rechtswirksam ist, kann nicht allgemein, sondern nur unter Berücksichtigung der Umstände des einzelnen Falles entschieden werden. In der Regel werden solche Vereinbarungen als gegen die guten Sitten verstoßend gemäß § 138 [BGB] nichtig sein, doch ist auch das Gegenteil denkbar, z. B. wenn nach Erhebung der Scheidungsklage für den Fall der Scheidung der Unterhaltsanspruch (§§ 1578 ff. [BGB]) näher geregelt wird".[299] Für Vereinbarungen der Ehegatten, durch welche der Unterhaltsanspruch des geschiedenen Ehegatten abweichend von den §§ 1578 ff. BGB gere-

---

[294] Vgl. *Scherer*, BGB, Bd. I, § 138 Anm. 6.B.d), S. 271.

[295] Vgl. *Neumann*, Bd. II, 2. Aufl. 1900, § 1564 Anm. I.4., S. 861 = *Neumann*, Bd. II, 3. Aufl. 1903, § 1564 Anm. I.4., S. 170 = *Neumann*, Bd. II, 4. Aufl. 1905, § 1564 Anm. I.4., S. 167 = *Neumann*, Bd. II, 5. Aufl. 1909, § 1564 Anm. I.4., S. 172.

[296] Vgl. *Planck*, BGB, Bd. IV, 1./2. Aufl. 1901, § 1580 Anm. 4., S. 333 und *Planck*, BGB, Bd. IV, 3. Aufl. 1906, § 1580 Anm. 5.b), S. 413; so auch RGRK, BGB, Bd. III, 2. Aufl. 1913, § 1580 Anm. 5., S. 226.

[297] So auch RGRK, BGB, Bd. III, 2. Aufl. 1913, § 1580 Anm. 5., S. 226 und RGRK, BGB, Bd. III, 2. Aufl. 1913, § 1614 Anm. 3., S. 255.

[298] *Planck*, BGB, Bd. IV, 1./2. Aufl. 1901, Vorbem. vor §§ 1564 ff. Anm. II., S. 314 und bis auf einzelne Abweichungen in der Rechtschreibung auch *Planck*, BGB, Bd. IV, 3. Aufl. 1906, Vorbem. vor §§ 1564 ff. Anm. I.6., S. 385.

[299] *Engelmann*, in: Staudinger, BGB, Bd. IV, 2. Aufl. 1905, Vorbem. vor §§ 1564 ff. Anm. 8., S. 518 und abgesehen von Unterschieden in der Schreibweise auch *Engelmann*, in: Staudinger, BGB, Bd. IV 1, 3./4. Aufl. 1908, Vorbem. vor §§ 1564 ff. Anm. 8., S. 612.

gelt wurde, konkretisierte er seine Auffassung dahin, daß diese zulässig seien, falls bereits die Scheidungsklage anhängig oder rechtskräftig auf Scheidung erkannt sei und nicht nach den Umständen des Einzelfalles ein Verstoß gegen die guten Sitten gemäß § 138 BGB vorliege.[300] Dagegen müsse eine Vereinbarung, die im voraus für den Fall zukünftiger Scheidung getroffen werde, regelmäßig als gegen die guten Sitten verstoßend nichtig erachtet werden.[301] Mit diesem angenommenen regelmäßigen Verstoß gegen die guten Sitten wich Engelmann von Plancks Sicht ab; letzterer sah „unter Umständen" und „jedenfalls" für den Fall einer damit bezweckten Erleichterung der Scheidung und somit nur ausnahmsweise eine Nichtigkeit gemäß § 138 BGB begründet.

Mit den gleichen Gedanken, gestützt auf die selben Bedenken, vollzog sich die Rechtsprechung des RG, ohne aber mit ausdrücklichen Verweisen auf die Literatur aufzuwarten. Im soweit überschaubar nirgends abgedruckten Urteil vom 27.12.1901[302] führte der III. Zivilsenat des RG in den Entscheidungsgründen aus, „daß Verträge zwischen Ehegatten, durch welche während eines Ehescheidungsverfahrens oder auch vor der Einleitung desselben, wenn der Ehescheidungsgrund ... schon gegeben ist, die zukünftige Vermögensauseinandersetzung geregelt wird, zulässig und gültig sind".[303] Das ist plausibel, denn damit ist eine wichtige Voraussetzung für eine begründete Ehescheidungsklage gegeben. Im vorliegenden Falle verneinte das Berufungsgericht allerdings und vom RG unwidersprochen die Gültigkeit des zwischen den Parteien im Jahre 1892 abgeschlossenen Vertrages, weil hierin nicht eine Vermögensauseinandersetzung geregelt sei. Vielmehr habe den Gegenstand des Vertrages die Vereinbarung der Ehescheidung auf Betreiben der Klägerin gegen Gewährung von derselben rechtlich nicht zustehenden Vermögensvorteilen gebildet, womit ein Abkaufen der Ehescheidung gegeben sei.[304] „Daß ein Vertrag, durch welchen ein Ehegatte sich das Betreiben einer Ehescheidung abkaufen läßt, ein unsittlicher ist, gleichgültig, welches Recht zur Anwendung zu bringen ist"[305], vermochte auch die Revision nicht zu bestreiten.

---

[300] Vgl. *Engelmann*, in: Staudinger, BGB, Bd. IV 1, 3./4. Aufl. 1908, § 1578 Anm. 12., S. 676 und *Engelmann*, in: Staudinger, BGB, Bd. IV 1, 3./4. Aufl. 1908, § 1579 Anm. 4., S. 679.

[301] Vgl. *Engelmann*, in: Staudinger, BGB, Bd. IV 1, 3./4. Aufl. 1908, § 1578 Anm. 12., S. 676.

[302] Vgl. RG, Urt. v. 27.12.1901 – III 326/01.

[303] RG, Urt. v. 27.12.1901 – III 326/01, Abschrift S. 2.

[304] Vgl. RG, Urt. v. 27.12.1901 – III 326/01, Abschrift S. 2.

[305] RG, Urt. v. 27.12.1901 – III 326/01, Abschrift S. 2.

Diese Ansicht übernahm der IV. Zivilsenat des RG in seinem gleichfalls unveröffentlichten Urteil vom 02.06.1904[306]. Die Parteien waren miteinander verheiratet. Die Ehe wurde durch rechtskräftiges Urteil vom 6. Mai 1901 unter Erklärung des jetzigen Klägers für den allein schuldigen Teil geschieden. Dieser machte nunmehr einen Anspruch auf die Nutzungen an einem Wohnhaus in Hannover geltend, über welches, als der Scheidungsprozeß noch im Gange war, mittels notariellen Vertrag vom 20. November 1900 zu Gunsten der Beklagten verfügt wurde. In diesem Vertrag bekannte sich der Kläger des Ehebruchs gemäß § 1565 Abs. 1 BGB a. F.[307] schuldig und erklärte sich mit der von seiner Ehefrau erhobenen Klage auf Auflösung der Ehe einverstanden. Der Kläger sollte der Beklagten und seinen fünf Kindern in Erfüllung derjenigen Verpflichtungen, welche das Gesetz dem wegen Ehebruchs schuldigen Teil auferlegt, die im Vertrag aufgezählten Verpflichungen übernehmen. Hierzu übertrug er das Eigentum an dem Haus auf die Beklagte, das aber dann wegen deren Wiederverheiratung vertragsgemäß auf die Kinder übertragen wurde. Des weiteren verpflichtete er sich zur Unterhaltszahlung von jährlich 6.000 M an die Beklagte bis an deren Lebensende etc. Mit seiner Klage beanspruchte er als Nutznießer des Kindervermögens die Erstattung der an die Beklagte gezahlten Mietzinsen des Wohnhauses nebst Verzugszinsen. Das LG hatte im wesentlichen nach dem Klagantrag erkannt, während das OLG auf die Berufung der Beklagten die Klage abwies. Der Revision des Klägers blieb der Erfolg versagt. Die Revision stellte zur Erwägung, ob der Vertrag wegen seiner vermögensrechtlichen Regelungen im Hinblick auf die bevorstehende Scheidung überhaupt gültig sei, weil er über das Maß der in den §§ 1578 ff. BGB hierfür getroffenen Bestimmungen hinausgehe.

Nach Auffassung des RG sei angesichts der Vorschriften in den §§ 1578 – 1585 BGB gegen die Wirksamkeit von Verträgen der vorliegenden Art, „deren Zweck auf die Regelung der mit der Schuldigerklärung des Ehegatten im Scheidungsprozesse verknüpften Verpflichtungen gerichtet ist“[308], nichts einzuwenden. „Dagegen ist nicht zu verkennen, daß mit derartigen Verträgen, wenn sie vor der rechtskräftigen Scheidung zwischen den Ehegatten geschlossen worden, die Gefahr sich verknüpft, daß sie zugleich oder sogar in erster Reihe dem Zwecke dienen, die Scheidung überhaupt zu ermöglichen oder doch wesentlich zu erleichtern, wenigstens aber tatsächlich dazu geeignet sind. Derartige Verträ-

---

[306] Vgl. RG, Urt. v. 02.06.1904 – IV 461/03, vgl. *Schubert/Glöckner*, Nachschlagewerk, § 138 Nr. 23.

[307] Siehe § 1565 Abs. 1 BGB, RGBl. 1896, S. 195 (462): „Ein Ehegatte kann auf Scheidung klagen, wenn der andere Ehegatte sich des Ehebruchs oder einer nach den §§. 171, 175 des Strafgesetzbuchs strafbaren Handlung schuldig macht.“

[308] RG, Urt. v. 02.06.1904 – IV 461/03, Abschrift S. 7.

ge würden der sittlichen und rechtlichen Natur der Ehe, als eines nicht nach bloßer Übereinkunft der Ehegatten lösbaren Verhältnisses, widerstreiten und weil gegen die guten Sitten verstoßend gemäß §. 138, in Verbindung mit §. 1353 Abs. 1 und §§. 1564 flg. des Bürgerlichen Gesetzbuchs nichtig sein. Es sind daher solche Verträge vom erkennenden Gericht nach dieser Richtung besonders zu prüfen."[309] Für eine mit ihm beabsichtigte Erleichterung der Scheidung lasse der Inhalt des Vertrages aber nichts erkennen.[310]

Seine vorstehende Ansicht bestätigte der Senat mit Urteil vom 26.04.1909[311] für einen von der Ehefrau mit ihrem Ehemann vor der Ehescheidung abgeschlossenen Vertrag, in dem sie auf ihren gesetzlichen Unterhaltsanspruch verzichtet hatte. Die Ehe der Parteien wurde durch Urteil des LG Hagen vom 29. Januar 1906 aus Verschulden des Beklagten wegen böslicher Verlassung nach § 1567 BGB a. F.[312] geschieden. Die Klägerin nahm nunmehr den Beklagten auf Zahlung von Unterhalt in Anspruch, weil sie selbst nicht imstande sei, sich zu unterhalten. Dieser wendete ein, die Klägerin habe ihm gegenüber auf alle Unterhaltsansprüche für sich verzichtet, um die Ehescheidung zu erreichen. Alle Instanzen sprachen der Klägerin den Unterhaltsanspruch zu, denn diesem stehe der von ihr vor der Ehescheidung erklärte Verzicht nicht entgegen.[313] „Wenn auch die Bestimmung des § 1614 Abs. 1 des Bürgerlichen Gesetzbuchs über die Unzulässigkeit des Verzichts auf den gesetzlichen Unterhaltsanspruch nach §§ 1580 Abs. 2 und 3 auf den Unterhaltsanspruch der geschiedenen Ehegatten keine Anwendung findet, diese vielmehr die Freiheit haben, die Unterhaltspflicht und zwar schon im voraus für den Fall der Ehescheidung durch Vertrag zu regeln[314] ..., so ist doch ein solcher Vertrag wegen Verstoßes gegen

309 RG, Urt. v. 02.06.1904 – IV 461/03, Abschrift S. 7.

310 Vgl. RG, Urt. v. 02.06.1904 – IV 461/03, Abschrift S. 7 f.

311 Vgl. RG, Urt. v. 26.04.1909 – IV 370/08, WarnRspr. 1909, Nr. 386 S. 356, vgl. *Schubert/Glöckner*, Nachschlagewerk, § 138 Nr. 188.

312 Siehe RGBl. 1896, S. 195 (463): „§. 1567. [Abs. 1:] Ein Ehegatte kann auf Scheidung klagen, wenn der andere Ehegatte ihn böslich verlassen hat. [Abs. 2:] Bösliche Verlassung liegt nur vor: 1. wenn ein Ehegatte, nachdem er zur Herstellung der häuslichen Gemeinschaft rechtskräftig verurtheilt worden ist, ein Jahr lang gegen den Willen des anderen Ehegatten in böslicher Absicht dem Urtheile nicht Folge geleistet hat; 2. wenn ein Ehegatte sich ein Jahr lang gegen den Willen des anderen Ehegatten in böslicher Absicht von der häuslichen Gemeinschaft fern gehalten hat und die Voraussetzungen für die öffentliche Zustellung seit Jahresfrist gegen ihn bestanden haben. [Abs. 3:] Die Scheidung ist im Falle des Abs. 2 Nr. 2 unzulässig, wenn die Voraussetzungen für die öffentliche Zustellung am Schlusse der mündlichen Verhandlung, auf die das Urtheil ergeht, nicht mehr bestehen."

313 Vgl. RG, Urt. v. 26.04.1909 – IV 370/08, Abschrift S. 2 f. = WarnRspr. 1909, Nr. 386 S. 356 (356).

314 Unter Verweis auf: RG, Urt. v. 17.12.1906 – IV 484/06.

die guten Sitten nach § 138 Abs. 1 des Bürgerlichen Gesetzbuchs ungültig, wenn er auf die Erleichterung der Scheidung abzielt."[315] Dies sei vorliegend aber schon nach dem eigenen Vortrag des Beklagten der Fall.[316] In rechtlicher Hinsicht wiederholte das RG seine bisherige Rechtsprechung: „Eine Vereinbarung der Ehegatten über die mit der Schuldigerklärung verknüpften Wirkungen ist ... ungültig, auch wenn sie nur darauf gerichtet ist, das Verhalten des beklagten Ehegatten zu beeinflussen und hierdurch die Scheidung in wesentlichen Beziehungen zu erleichtern. Es ist nicht notwendig, daß die Verpflichtung zur Einwilligung in die Ehescheidung von dem Manne als Gegenleistung für den Unterhaltsverzicht der die Scheidung betreibenden Ehefrau übernommen wird."[317]

In der Folgezeit rückte das Gericht nicht mehr von seiner seither vertretenen Meinung ab, daß die Ehegatten grundsätzlich die Freiheit hätten, ihren vermögensrechtlichen Angelegenheiten und eben auch ihre Unterhaltspflicht schon im voraus, also bereits vor dem Erlaß des Scheidungsurteils für die Zeit nach der Ehescheidung durch Vertrag zu regeln.[318] „Nicht ein jeder Vertrag, der (aus praktischen Gründen) bereits vor erfolgter Ehescheidung und im Hinblick auf eine solche eine den Wünschen beider Teile entsprechende Regelung ihrer beidenseitigen Vermögensverhältnisse und sonstigen Angelegenheiten enthält, ist als sittenwidrig im Sinne des § 138 B.G.B. zu bezeichnen".[319] Dies sei vielmehr für derartige Vereinbarungen nur dann der Fall, wenn der Vertrag darauf abzielte, die Ehescheidung erst zu ermöglichen oder durch Beseitigung von Hindernissen und Schwierigkeiten auch nur wesentlich zu erleichtern.[320] Ob und wann diese Voraussetzungen vorlägen, sei Sache der tatsächlichen Prüfung des

---

[315] RG, Urt. v. 26.04.1909 – IV 370/08, Abschrift S. 3 = WarnRspr. 1909, Nr. 386 S. 356 (356 f.).

[316] Vgl. RG, Urt. v. 26.04.1909 – IV 370/08, Abschrift S. 3 f. = WarnRspr. 1909, Nr. 386 S. 356 (357).

[317] RG, Urt. v. 26.04.1909 – IV 370/08, Abschrift S. 4 = WarnRspr. 1909, Nr. 386 S. 356 (357) unter Verweis auf: RG, Urt. v. 02.06.1904 – IV 461/03.

[318] Vgl. nur RG, Urt. v. 07.10.1912 – VI 73/12, Abschrift S. 7 = WarnRspr. 1913, Nr. 43 S. 54 (56) und RG, Urt. v. 19.06.1913 – IV 63/13, WarnRspr. 1913, Nr. 398 S. 475 (476).

[319] RG, Urt. v. 07.10.1912 – VI 73/12, Abschrift S. 7 = WarnRspr. 1913, Nr. 43 S. 54 (56).

[320] Vgl. RG, Urt. v. 14.10.1909 – IV 10/09, Abschrift S. 2; RG, Urt. v. 02.03.1911 – IV 585/10, Abschrift S. 3 = WarnRspr. 1911, Nr. 224 S. 247 (247); RG, Urt. v. 15.02.1912 – IV 325/11, Abschrift S. 4 = WarnRspr. 1912, Nr. 220 S. 244 (244); RG, Urt. v. 07.10.1912 – VI 73/12, Abschrift S. 7 = WarnRspr. 1913, Nr. 43 S. 54 (56); RG, Urt. v. 12.10.1912 – IV 157/12, Abschrift S. 3 = JW 1913, S. 16 (16) Nr. 2; RG, Urt. v. 19.12.1912 – IV 381/12, Abschrift S. 3 = WarnRspr. 1913, Nr. 128 S. 161 (162); RG, Urt. v. 19.06.1913 – IV 63/13, WarnRspr. 1913, Nr. 398 S. 475 (476) und RG, Urt. v. 28.05.1914 – IV 683/13, Abschrift S. 3 = Gruchot 58 (1914), S. 897 (898) Nr. 60.

Einzelfalls.[321] Ein solcher Fall wurde zum Beispiel auch darin erblickt, wenn mit der günstigen Regelung des Unterhalts die Gegenleistung verbunden wurde, einen Scheidungsgrund erst zu schaffen.[322] Hingegen betonte der IV. Zivilsenat im Urteil vom 19.12.1912[323] für eine Vereinbarung, nach der die Berufung im Scheidungsverfahren gegen das Versprechen der Zahlung einer Rente zurückgenommen werden sollte, „daß von einer unzulässigen Erleichterung der Scheidung nicht schon dann die Rede sein kann, wenn es sich – das tatsächliche Vorhandensein eines Scheidungsgrundes vorausgesetzt – nur darum handelt, das eingeleitete und bereits im ersten Rechtszuge durch Urteil abgeschlossene Scheidungsverfahren abzukürzen."[324]

Angesichts jener Rechtsprechung des RG sah man in der Literatur keinen Verstoß gegen die guten Sitten in Parteiabreden über die Unterhaltspflicht, wenn bereits eine Scheidungsklage anhängig oder schon ein auf Scheidung lautendes Urteil ergangen war.[325] In Übereinstimmung mit den Aussagen des RG hielt man auch ein vor Einleitung der Scheidungsklage getroffenes Abkommen über den nachehelichen Unterhalt für wirksam, wenn dieses zu einer Zeit vereinbart wurde, in der die Ehe so unhaltbar geworden ist und eine Scheidungsklage unvermeidbar war, da dann der Vertrag nicht darauf abzielen konnte, die künftige Scheidung irgendwie wesentlich zu erleichtern.[326]

Neben diesen vermögensrechtlichen Vereinbarungen war die Vorschrift des § 138 BGB auch für solche Abreden maßgebend, die auf andere Weise als durch Regelung der Unterhaltspflicht die Scheidung erleichtern sollten. Hierfür sind im Besonderen die zwischen Eheleuten vertraglich vereinbarten Rechtsmittelverzichte anzuführen. Mit den Mitteln des Verzichts verfolgt die Partei zumeist

---

[321] Vgl. RG, Urt. v. 07.10.1912 – VI 73/12, Abschrift S. 7 = WarnRspr. 1913, Nr. 43 S. 54 (56) unter Verweis auf: RG, Urt. v. 02.06.1904 – IV 461/03.

[322] Vgl. RG, Urt. v. 28.05.1914 – IV 683/13, Abschrift S. 3 = Gruchot 58 (1914), S. 897 (898) Nr. 60.

[323] Vgl. RG, Urt. v. 19.12.1912 – IV 381/12, WarnRspr. 1913, Nr. 128 S. 161, vgl. *Schubert/Glöckner*, Nachschlagewerk, § 138 Nr. 229.

[324] RG, Urt. v. 19.12.1912 – IV 381/12, Abschrift S. 4 = WarnRspr. 1913, Nr. 128 S. 161 (163). So auch RG, Urt. v. 28.05.1914 – IV 683/13, Abschrift S. 3 = Gruchot 58 (1914), S. 897 (898) Nr. 60 unter Verweis auf: RG, Urt. v. 19.12.1912 – IV 381/12, WarnRspr. 1913, Nr. 128 S. 161: „Freilich wird, wenigstens vielfach, von einer unzulässigen Erleichterung der Ehescheidung dann nicht gesprochen werden können …, wenn ein Scheidungsgrund tatsächlich vorhanden ist und es sich nur darum handelt, das Scheidungsverfahren abzukürzen."

[325] Vgl. *Oppenheim*, JW 1918, S. 727 (727) und *Mohn*, Bd. I, S. 302.

[326] Vgl. *Oppenheim*, JW 1918, S. 727 (727) und *Mohn*, Bd. I, S. 302.

den Zweck, den Prozeß schneller zu Ende zu führen.[327] Bei dem Verzicht auf ein Rechtsmittel muß hinsichtlich des Zeitpunktes seiner Erklärung unterschieden werden: Er kann vor oder erst nach dem Erlaß des Urteils ausgesprochen werden. Die Zivilprozeßordnung enthielt nur für den letzteren Fall in § 514 ZPO[328] für die Berufungsinstanz eine Bestimmung über die Wirksamkeit des Verzichts auf das Recht der Berufung nach Erlaß des Urteils. Dieser mußte folglich nach der Verkündung des Endurteils, aber noch vor der Einlegung des Rechtsmittels erklärt werden.[329] Der § 566 ZPO[330] erklärte die Vorschrift auf die Revision, § 346 ZPO auf den Einspruch für entsprechend anwendbar. Weiterhin läßt sich danach unterscheiden, ob der Verzicht einseitig erklärt oder gar zweiseitig, also vertraglich von den Parteien vereinbart wurde.

Angesichts der ausdrücklichen Regelung bezog die Literatur denn auch für die Gültigkeit eines vor Erlaß des Urteils geäußerten oder vertraglich vereinbarten Rechtsmittelverzichtes unterschiedliche Standpunkte.[331] Für diejenigen, die von einer grundsätzlichen Gültigkeit eines vorgängigen Rechtsmittelverzichtes ausgingen, stellte sich die weitere Frage, ob hierfür nur das Recht der ZPO oder beispielsweise auch das BGB, mithin der § 138 BGB für die Wirksamkeitsprüfung herangezogen werden müsse. So meinte zum Beispiel *Oetker* in einem Aufsatz aus dem Jahre 1903, daß der Verzicht auf ein Rechtsmittel nur eine reine Prozeßhandlung sei und für den Verzicht vor Urteilserlaß nicht das Zivilrecht maßgebend sein könne, sondern die Frage nur nach den prozeßrechtlichen Prinzipien der ZPO zu entschieden sei. Im Grundsatz könnten die Parteien durch einen Vertrag die Rechtsmittelinstanz ausschließen. Diese Folgerung zog er mittels Analogieschluß aus § 1025 ZPO, wonach die Parteien in der Lage seien, den Rechtsweg überhaupt durch einen Schiedsvertrag auszuschließen. Aufgrund des von der Offizialmaxime beherrschten Verfahrens in Ehesachen sei dagegen dort der Rechtsmittelverzicht vor Urteilserlaß unwirksam.[332] *Stein* erachtete den ver-

---

[327] Vgl. *Walsmann*, AcP 102 (1907), S. 1 (185).

[328] Siehe zum Wortlaut des § 514 ZPO die Bekanntmachung der Civilprozeßordnung in der vom 1. Januar 1900 an geltenden Fassung vom 20. Mai 1898, RGBl. 1898, S. 369/410 (507): „§. 514. Die Wirksamkeit eines nach Erlassung des Urtheils erklärten Verzichts auf das Recht der Berufung ist nicht davon abhängig, daß der Gegner die Verzichtsleistung angenommen hat."

[329] Vgl. *Schmid*, Gruchot 58 (1914), S. 350 (350).

[330] Siehe für den Wortlaut des § 566 ZPO die Bekanntmachung der Civilprozeßordnung in der vom 1. Januar 1900 an geltenden Fassung vom 20. Mai 1898, RGBl. 1898, S. 369/410 (516): „§. 566. Die für die Berufung geltenden Vorschriften ... über die Verzichtleistung auf das Rechtsmittel ... finden auf die Revision entsprechende Anwendung."

[331] Siehe zum vertragsmäßigen (und umstrittenen vorgängigen) Verzicht auf Rechtsmittel *Schmid*, Gruchot 58 (1914), S. 350 ff. und *Oertmann*, BuschsZ 45 (1915), S. 389 ff.

[332] Vgl. *Oetker*, JurLitBl. XV (1903), S. 121 (123).

tragsmäßigen Verzicht auf Rechtsmittel in Ehesachen vor dem Urteil als unsittlich,[333] weshalb angenommen werden kann, daß er ein Vertreter der Auffassung war, die für die Beurteilung der Wirksamkeit auf das Zivilrecht abstellten. Ganz anders hielt dagegen *Lehmann* im Jahre 1906 das Versprechen eines Ehegatten, ein Rechtsmittel gegen ein Ehescheidungsurteil nicht geltend zu machen, an sich nicht gegen die guten Sitten verstoßend. In eine Kollision mit § 138 BGB gerieten solche Abmachungen grundsätzlich erst und auch nicht schlechthin dadurch, daß die Nichteinlegung eines Rechtsmittels von Gegenleistungen abhängig gemacht werde. Nehme die versprochene Gegenleistung den Charakter einer Belohnung für den Verzicht auf das Rechtsmittel an, sei hierin etwas Verwerfliches zu finden.[334]

Von grundsätzlicher Bedeutung in dieser Rechtsfrage ist das Urteil des IV. Zivilsenats des RG vom 26.11.1908[335]. Es befaßte sich mit einer bereits vor dem Erlaß eines Scheidungsurteils getroffenen Übereinkunft, auf das Rechtsmittel der Berufung zu verzichten. Beide Parteien hatten die Scheidung der zwischen ihnen bestehenden Ehe beantragt. In erster Instanz wurde die Ehe auf die Klage der Ehefrau geschieden und die Widerklage des Ehemannes abgewiesen. Gegen diese Entscheidung legte der Mann Berufung ein, weil er die Klage für unbegründet erachtete. Die Klägerin hielt der Berufung vornehmlich entgegen, zwischen den Parteien sei vor Anstrengung des anhängigen Scheidungsprozesses vereinbart worden, daß, falls die Ehe durch die erste Instanz auch nur auf den Antrag eines der Ehegatten hin geschieden würde, hiergegen die Berufung nicht zulässig sein solle.

Das Kammergericht ging davon aus, daß die von der Klägerin behauptete Ausschließung des Rechtsmittels „mit Rücksicht auf die Bedeutung und das besondere Wesen der Ehe so überaus leichtfertig und frivol sei, daß sie sowohl mit den guten Sitten als auch mit dem das ganze Eherecht beherrschenden Prinzip der tunlichsten Aufrechterhaltung der Ehe absolut unvereinbar und demgemäß sowohl nach § 138 Abs. 1 als auch nach § 134 des Bürgerlichen Gesetzbuchs nichtig sei".[336] Sachlich hielt es die Scheidungsklage für unbegründet.

Der Reichsgerichtssenat wies die hiergegen eingelegte Revision der Klägerin zurück. Grundsätzlich und im allgemeinen sei nach Maßgabe des neuen Rechts ein Verzicht auf das Rechtsmittel auch schon vor Erlaß des Urteils an sich statthaft. Man habe zwar in der ZPO von einer Regelung dieser Frage abge-

---

[333] Vgl. *Stein*, ZPO, Bd. II, 8./9. Aufl. 1908, § 617 Anm. II., S. 246 = *Stein*, ZPO, Bd. II, 11. Aufl. 1913, § 617 Anm. II., S. 250.

[334] Vgl. *Lehmann*, S. 155.

[335] Vgl. RG, Urt. v. 26.11.1908 – IV 97/08, RGZ 70, 59, vgl. *Schubert/Glöckner*, Nachschlagewerk, § 138 Nr. 178.

[336] RG, Urt. v. 26.11.1908 – IV 97/08, Abschrift S. 2.

sehen, jedoch sei in der Begründung zu ihrem Entwurf ausgeführt, daß die Gültigkeit eines hierauf gerichteten Vertrages lediglich nach dem Zivilrecht, also dem BGB zu beurteilen und ein derartiger Vertrag einem Kompromiß (einem Schiedsvertrag) analog sei. Das BGB enthalte aber kein allgemeines Verbot dahingehend, ein Rechtsmittel im voraus vertraglich auszuschließen.[337]

Allerdings müsse berücksichtigt werden, daß es um eine Absprache gehe, welche die Ehe der Parteien berühre, weshalb das Abkommen vorliegend nichtig sei: „Eine Vereinbarung, daß, falls in dem anhängig zu machenden Ehescheidungsprozesse in erster Instanz die Ehe geschieden werden sollte, die Berufung nicht zulässig sein solle, verstößt aber gegen das Wesen der Ehe und verletzt damit die guten Sitten und [!] das Gesetz (§§ 138 Abs. 1, 134 des Bürgerlichen Gesetzbuchs). Wie bei dem Kompromisse der Gegenstand des Streits ein solcher sein muß, über den die Parteien vergleichsweise paktieren können (§ 1025 der Zivilprozeßordnung), so muß auch bei dem analog zu beurteilenden Abkommen über den Verzicht auf das Rechtsmittel ein Streitgegenstand vorliegen, über den die Parteien frei verfügen können. Gemäß der rechtlichen und sittlichen Natur der Ehe kann es jedoch nicht statthaft erscheinen, eine Verfügung der Parteien vor Erlassung des Urteils dahin zuzulassen, daß ein die Scheidung der Ehe aussprechendes richterliches Urteil, gleichviel ob es materiell richtig oder unrichtig ist, die Parteien unbedingt binden solle. Ein solches Abkommen ist sonach gemäß der besonderen Vorschriften des Zivilrechts in den §§ 134, 138 des Bürgerlichen Gesetzbuchs nichtig."[338]

Den Einwand der Revision, daß in den §§ 617, 622 ZPO[339] über den Ausschluß der Dispositionsmaxime und in der nach § 607 ZPO[340] zugelassenen Mitwirkung der Staatsanwaltschaft im Ehescheidungsprozeß die Ermittlung der Wahrheit ausreichend garantiert sei, und daneben kein Raum für weitere Gesetzesvorschriften (vorliegend des BGB) sei, fand der Senat nicht zutreffend. Die §§ 606 ff. ZPO[341] enthielten nur eine Gestaltung der Prozeßhandlungen. Daneben blieben die Rechtssätze des materiellen Zivilrechts, denen auch das fragliche Abkommen unterliege, anwendbar. Das Ergebnis sei aber auch kein anderes,

---

337 Vgl. RG, Urt. v. 26.11.1908 – IV 97/08, Abschrift S. 3 = RGZ 70, 59 (60) unter Verweis auf: RG, Urt. v. 24.02.1903 – II 363/02, Abschrift S. 3 f. = JW 1903, Beil. 7 S. 53 (53) Nr. 121, wo bereits ausgesprochen wurde, daß die vertragsmäßige Ausschließung der Revision nicht nur nach Erlaß des Urteils (vgl. §§ 566, 514 ZPO), sondern auch im voraus erfolgen könne und ein solcher Vertrag nicht nach § 138 BGB gegen die guten Sitten verstoße.

338 RG, Urt. v. 26.11.1908 – IV 97/08, Abschrift S. 3 = RGZ 70, 59 (60).

339 Siehe zum Wortlaut der beiden Vorschriften RGBl. 1898, S. 369/410 (527 f. u. 529).

340 Siehe RGBl. 1898, S. 369/410 (526).

341 Siehe RGBl. 1898, S. 369/410 (525 ff.).

wollte man die Vereinbarung wegen seiner auf dem Gebiete des Prozeßrechts liegenden Wirkungen als ein dem Prozeßrecht unterstehendes Rechtsgeschäft ansehen. Denn in diesem Falle sei das Abkommen dann unwirksam, weil es mit dem in § 622 ZPO enthaltenen Prinzip der möglichsten Aufrechterhaltung der Ehe in Widerspruch trete.[342]

Der IV. Zivilsenat des RG erkannte damit grundsätzlich an, daß auch im voraus auf die Einlegung eines Rechtsmittels verzichtet werden könne, sah aber in Ehesachen den Vorausverzicht als gegen das Wesen der Ehe verstoßend und somit als gesetzes- und sittenwidrig an.[343] Die Auffassung bezüglich der Nichtigkeit nach den §§ 134, 138 BGB referierte der VI. Zivilsenat des RG dann wenig später in seinem Urteil vom 01./22.04.1909.[344]

Nach dem Erachten von *Riezler* war die in den beiden vorgenannten Entscheidungen ausgesprochene Unzulässigkeit einer Abrede, durch welche im voraus die Berufung gegen ein die Scheidung aussprechendes erstinstanzliches Urteil ausgeschlossen werde, „nicht unbedenklich“.[345] Was genau für ihn so bedenklich daran war, verriet er nicht. Dagegen bezeichnete *Eckstein* die Entscheidung des IV. Zivilsenats als zutreffend. Eine Beschränkung des (prozeßrechtlichen) Rechtes auf gerichtliche Entscheidung auf nur eine Instanz, selbst wenn sie vorweg getroffen werde, sei mit dem RG[346] nicht zwingend nichtig, „außer wenn sie eine Einschränkung des Rechts des einen Ehegatten enthält, einer Scheidung zu widerstreben“.[347] Nicht festlegen wollte sich *Oertmann*. Nach ihm sei selbstverständlich – im sachlichen Einklang mit der Auffassung des RG – die materielle Wirksamkeit des Rechtsmittelverzichtes auf jene Fälle beschränkt, wo es sich um Rechtsgüter handele, die der Parteiverfügung unterstellt seien. Gerade in Ehesachen könne „höchstens in sehr beschränktem Umfange von solcher materiellen Bestimmungsfreiheit die Rede sein“.[348] Insgesamt ist davon auszugehen, daß auch die wohl überwiegende Literatur zum Zivilprozeßrecht der im

---

[342] Vgl. RG, Urt. v. 26.11.1908 – IV 97/08, Abschrift S. 3 f. = RGZ 70, 59 (60 f.).

[343] Siehe auch *Oertmann*, BuschsZ 45 (1915), S. 389 (397 f.).

[344] Vgl. RG, Urt. v. 01./22.04.1909 – VI 27/09, Abschrift S. 5 [teilweise abweichend RGZ 71, 85 (87 f.)]: „Dem sittlichen Charakter des ehelichen Verhältnisses und dem hohen Interesse des Staates an dessen Beständigkeit entsprechend hat die Rechtsprechung eine Vereinbarung der Eheleute, in der sie, falls in einem anhängig zu machenden Scheidungsprozesse das Gericht erster Instanz auf Scheidung erkennen sollte, gegenseitig bei der ergangenen Entscheidung sich zu beruhigen sich verpflichten, als gegen das Gesetz, gegen das rechtliche und sittliche Wesen der Ehe und gegen die guten Sitten nach § 138 B.G.B. verstoßend erklärt.“

[345] *Riezler*, in: Staudinger, BGB, Bd. I, 7./8. Aufl. 1912, § 138 Anm. I.6., S. 535.

[346] Unter Verweis auf: RG, Urt. v. 24.02.1903 – II 363/02, JW 1903, Beil. 7 S. 53 Nr. 121.

[347] *Eckstein*, ArchBürgR 38 (1913), S. 195 (202 in Fn. 19).

[348] *Oertmann*, BuschsZ 45 (1915), S. 389 (425).

Urteil vom 26.11.1908[349] geschilderten Ansicht des RG folgte, wonach die vertragsmäßige Ausschließung von Rechtsmitteln vor Erlassung der Urteils in Ehesachen unwirksam sei.[350]

Die Entscheidung mag im Ergebnis vielleicht überzeugen, in ihrer Begründung tut sie es – auch von damaliger Sicht aus – jedenfalls nicht. Dies gilt speziell für das Resümee des Gerichts, daß ein Verstoß gegen das Wesen der Ehe vorliege und „damit“ die guten Sitten und das Gesetz verletzt seien. Hiermit vermischte das Gericht die Anwendungsbereiche der §§ 134, 138 BGB und verwischte zugleich die Grenze ihrer Voraussetzungen. Gegen welches gesetzliche Verbot genau verstoßen wurde, das der Tatbestand des § 134 BGB nunmal erfordert, bleibt ungenannt und somit unbekannt. Auch was den Verstoß gegen die guten Sitten angeht, fehlt eine ausreichende Begründung durch das Gericht. Allein, daß es „nicht statthaft erscheinen“ könne, wenn die Parteien durch ihr Abkommen an ein Scheidungsurteil unbedingt gebunden werden sollen, genügt nicht als Subsumtion. Das Urteil ist beseelt von dem Gedanken, daß die Ehe geschützt werden muß und die Eheleute es nicht allein in der Hand haben sollen, selbst bei Nichtvorliegen eines zur Scheidung berechtigenden Grundes das fehlerhafte Scheidungsurteil akzeptieren zu müssen bzw. zu können. Zu beachten ist schließlich noch, daß das Gesetz in Ehesachen für die Rechtsmittel keine anderen Grundsätze kennt als sonst auch. Zuzustimmen ist dem Urteil in dem Bedenken, daß ein Rechtsmittel insbesondere nicht von vornherein ausgeschlossen sein dürfe, wenn sich später herausstellt, daß das Urteil materiell unrichtig ist. Diese Skepsis ist jedoch nicht nur wegen der „rechtlichen und sittlichen Natur der Ehe“ angebracht. Dem dürfte die allgemein gehaltene Formulierung des RG entsprechen, daß der Verzicht eines Rechtsmittels vor Erlaß des Urteils „an sich“ statthaft sei.

Dem IV. Zivilsenat des RG lagen andererseits auch solche Sachverhalte zur letztinstanzlichen Entscheidung vor, in denen erst nach dem Erlaß des Scheidungsurteils erster Instanz Abkommen zwischen den Parteien getroffen wurden, die einen Teil dazu bewogen haben, auf die Einlegung von Rechtsmitteln zu verzichten bzw. bereits eingelegte Berufungen nach § 515 ZPO zurückzunehmen.

Laut Tatbestand des Urteil vom 15.02.1912[351] wurde die Ehe der Parteien durch Urteil des LG Berlin vom 7. Juli 1894 auf Klage der Frau und Widerklage des Mannes geschieden und kein Teil für überwiegend schuldig erklärt. Gegen

---

[349] Vgl. RG, Urt. v. 26.11.1908 – IV 97/08, RGZ 70, 59.

[350] Vgl. *von Seuffert*, ZPO, Bd. II, 11. Aufl. 1911, § 514 Anm. 1., S. 10; *Stein*, ZPO, Bd. II, 11. Aufl. 1913, § 617 Anm. II., S. 250; *Sydow/Busch*, ZPO, 14. Aufl. 1913, § 514 Anm. 1., S. 554 und *Sydow/Busch*, ZPO, 14. Aufl. 1913, § 617 Anm. 2., S. 690.

[351] Vgl. RG, Urt. v. 15.02.1912 – IV 325/11, WarnRspr. 1912, Nr. 220 S. 244.

dieses Urteil legte die Klägerin mit dem Antrag auf Abweisung der Widerklage Berufung ein, nahm demnächst aber die Berufung wieder zurück und widerrief kurz darauf die Zurücknahme. Letzten Endes nahm sie durch Schriftsatz vom 14. Februar 1895 mit Einwilligung des Gegners die Berufung zurück, da sie zuvor am 12. Februar 1895 mit ihrem Mann einen gerichtlichen Vertrag über die Aufteilung des Vermögens, den Unterhalt sowie das Recht der Pflege und Erziehung der einzigen gemeinsamen Tochter abgeschlossen hatte. Der Mann erhob im Sommer 1910 Klage auf Feststellung, daß der von ihm geschiedenen Frau keine Ansprüche gegen ihn aus dem Vertrag zustünden, weil der Vertrag zur Herbeiführung oder Erleichterung der Scheidung geschlossen und damit von Anfang an nichtig gewesen sei. Der Senat erkannte in den Entscheidungsgründen, daß dieser Vertrag sowohl nach altem preußischen wie auch nach neuem Recht (§ 138 Abs. 1 BGB) der Wirksamkeit entbehren würde, „wenn er zur Ermöglichung oder auch nur zur Erleichterung der Ehescheidung abgeschlossen wäre, wenn sich die Beklagte durch die Zusagen des Klägers das Recht, der vom Landgericht ausgesprochenen Scheidung zu widersprechen, hätte abkaufen und zur Zurücknahme des von ihr eingelegten Rechtsmittels der Berufung hätte bestimmen lassen“.[352] Dies habe aber auch das Kammergericht nicht verkannt und nach seiner, das RG bindenden Tatsachenfeststellung abgelehnt, weshalb die Revision des Klägers zurückgewiesen wurde.

Daß diese Erkenntnis nur unter den genannten Umständen Geltung beanspruchte, unterstreicht seine nur eine Woche später ergangene, nicht publizierte Entscheidung vom 22.02.1912[353]. Hier hatte der IV. Zivilsenat nämlich keine Bedenken an der Gültigkeit eines nach Erlaß des erstinstanzlichen Scheidungsurteils, aber noch vor dessen Rechtskraft geschlossenen notariellen Vertrages zwischen den – aus Verschulden der Beklagten – (geschiedenen) Eheleuten, wonach sich der Kläger der Beklagten gegenüber für den Fall des Eintritts der Rechtskraft des Scheidungsurteils verpflichtete, zu ihrem und dem Unterhalt des Kindes eine Geldrente zu zahlen und sich der sofortigen Zwangsvollstreckung unterwarf, woraufhin die Beklagte ihre gegen das Scheidungsurteil eingelegte Berufung zurücknahm und das Urteil rechtskräftig wurde.[354]

Ein nach dem Scheidungsurteil vereinbarter Rechtsmittelverzicht – resp. der Vertrag, die bereits seitens einer Partei gegen das die Scheidung aussprechende Urteil eingelegte Berufung zurückzunehmen – wurde vom IV. Zivilsenat auch dann nicht als gegen die guten Sitten verstoßend betrachtet, wenn dieser lediglich der Abkürzung des Scheidungsverfahrens diente. Dies hob der Senat zu-

---

[352] RG, Urt. v. 15.02.1912 – IV 325/11, Abschrift S. 4 = WarnRspr. 1912, Nr. 220 S. 244 (244).

[353] Vgl. RG, Urt. v. 22.02.1912 – IV 360/11.

[354] Vgl. RG, Urt. v. 22.02.1912 – IV 360/11, Abschrift S. 4 u. 5.

nächst im Urteil vom 19.12.1912[355] für eine Vereinbarung hervor, nach der die Berufung im Scheidungsverfahren gegen das Versprechen der Zahlung einer Rente zurückgenommen werden sollte. Ausweislich des Tatbestandes wurde die Ehe der Parteien durch Urteil des LG Köln vom 23. Mai 1910 auf die Klage des Ehemannes nach § 1568 BGB[356] wegen ehewidriger Beziehungen der Ehefrau zu anderen Männern geschieden. Die ebenfalls auf Scheidung der Ehe gerichtete Widerklage der Frau wegen ehebrecherischem Verkehr des Mannes mit einer anderen Frau wurde angesichts deren Eidesleistung abgewiesen. Gegen dieses Urteil legte die Ehefrau Berufung ein, die sie aber zurücknahm, nachdem sie mit ihrem Ehemann einen Vergleich geschlossen hatte. In der notariellen Urkunde vom 14. Juli 1910 verpflichtete sich der Mann unter der Voraussetzung, daß seine Frau die eingelegte Berufung zurückzieht, zur Zahlung einer Unterstützung von 75 M monatlich im voraus bis zu ihrer Wiederverheiratung. Später stellte er die Zahlungen ein. Der deshalb auf Zahlung eben dieser vereinbarten Rente erhobenen Klage der Frau hatte das LG Köln stattgegeben, während das OLG Köln die Klage abwies, weil nach seiner Auffassung der Vertrag gemäß § 138 BGB nichtig sei. Wegen unzureichender Prüfung des Vergleiches unter der tatsächlichen Sach- und Rechtslage kam es zur Zurückverweisung der Sache auf die Revision der Klägerin.

Das RG erblickte allein im Versprechen einer Unterhaltsrente des Mannes an seine allein für schuldig erklärte Frau nichts Sittenwidriges. Er könne seiner geschiedenen Frau unabhängig von § 1578 BGB[357], wonach ihr kein gesetzlicher Unterhaltsanspruch zustehe, freiwillig und ohne gesetzliche Verpflichtung Unterhalt gewähren.[358] Dagegen sei der Vergleich sehr wohl wegen Verstoßes gegen die guten Sitten nach § 138 BGB nichtig, wenn er zur Erleichterung der Ehescheidung geschlossen worden wäre.[359] Daß dies hier der Fall sei, entbehre hingegen einer schlüssigen Begründung seitens des Berufungsgerichtes. Unter der Annahme, das Scheidungsurteil der ersten Instanz habe die Ehe der Parteien auf die Klage des Mannes zu Recht geschieden, sei nicht nachzuvollziehen, weshalb der notarielle Vergleich der Ehescheidung habe dienen sollen:[360] „Stand

---

[355] Vgl. RG, Urt. v. 19.12.1912 – IV 381/12, WarnRspr. 1913, Nr. 128 S. 161, vgl. *Schubert/Glöckner*, Nachschlagewerk, § 138 Nr. 229.

[356] Siehe RGBl. 1896, S. 195 (463).

[357] Siehe RGBl. 1896, S. 195 (465).

[358] Vgl. RG, Urt. v. 19.12.1912 – IV 381/12, Abschrift S. 2 = WarnRspr. 1913, Nr. 128 S. 161 (162).

[359] Vgl. RG, Urt. v. 19.12.1912 – IV 381/12, Abschrift S. 3 = WarnRspr. 1913, Nr. 128 S. 161 (162) unter Verweis auf: RG, Urt. v. 15.02.1912 – IV 325/11, WarnRspr. 1912, Nr. 220 S. 244.

[360] Vgl. RG, Urt. v. 19.12.1912 – IV 381/12, Abschrift S. 3 f. = WarnRspr. 1913, Nr. 128 S. 161 (162 f.).

dem Ehemanne der zur gerichtlichen Anerkennung gelangte Ehescheidungsgrund nach der Überzeugung des Berufungsgerichts wirklich zur Seite, so waren die Voraussetzungen der Scheidung tatsächlich gegeben, ohne daß es einer erleichternden Nachhilfe durch die Parteien bedurfte. Dabei muß betont werden, daß von einer unzulässigen Erleichterung der Scheidung nicht schon dann die Rede sein kann, wenn es sich – das tatsächliche Vorhandensein eines Scheidungsgrundes vorausgesetzt – nur darum handelt, das eingeleitete und bereits im ersten Rechtszuge durch Urteil abgeschlossene Scheidungsverfahren abzukürzen. Für Ehesachen besteht ebensowenig wie für andere bürgerliche Rechtsstreitigkeiten ein Zwang, die vorhandenen Rechtsmittel zu erschöpfen. Das höhere Interesse des Staates an der Aufrechterhaltung giltig geschlossener Ehen führt zwar dahin, die willkürliche Aufstellung erdichteter Ehescheidungsgründe zu hintertreiben (wovon hier keine Rede ist), nicht aber dahin, die prozeßgemäße Durchführung vorhandener Scheidungsgründe, abgesehen von den auf Aussöhnung der Parteien gerichteten Befugnissen des Ehescheidungsgerichts (Aussetzung, Sühneversuch), möglichst aufzuhalten."[361]

Unabhängig davon bliebe die Möglichkeit, daß die Klägerin die Scheidung habe bestehen lassen und mit der eingelegten Berufung für ihren Mann eine Mitschuldigerklärung habe erreichen wollen. In diesem Falle könne die Zurücknahme der Berufung „nur auf die Regelung der Schuldfrage[362] von Einfluß sein. Daß es aber gegen die guten Sitten verstößt, wenn die Parteien lediglich über die Schuldfrage, nicht über die Scheidung selbst Vereinbarungen treffen, kann nicht ohne weiteres angenommen werden."[363]

Seine Auffassung, „von einer unzulässigen Erleichterung der Ehescheidung [könne] dann nicht gesprochen werden …, wenn ein Scheidungsgrund tatsächlich vorhanden ist und es sich nur darum handelt, das Scheidungsverfahren ab-

---

361 RG, Urt. v. 19.12.1912 – IV 381/12, Abschrift S. 4 = WarnRspr. 1913, Nr. 128 S. 161 (163).

362 Siehe hierzu § 1574 BGB, RGBl. 1896, S. 195 (464): „[Abs. 1:] Wird die Ehe aus einem der in den §§. 1565 bis 1568 bestimmten Grunde geschieden, so ist in dem Urtheil auszusprechen, daß der Beklagte die Schuld an der Scheidung trägt. [Abs. 2:] Hat der Beklagte Widerklage erhoben und wird auch diese für begründet erkannt, so sind beide Ehegatten für schuldig zu erklären. [Abs. 3:] Ohne Erhebung einer Widerklage ist auf Antrag des Beklagten auch der Kläger für schuldig zu erklären, wenn Thatsachen vorliegen, wegen deren der Beklagte auf Scheidung klagen könnte oder, falls sein Recht auf Scheidung durch Verzeihung oder durch Zeitablauf ausgeschlossen ist, zur Zeit des Eintritts des von dem Kläger geltend gemachten Scheidungsgrundes berechtigt war, auf Scheidung zu klagen."

363 RG, Urt. v. 19.12.1912 – IV 381/12, Abschrift S. 4 = WarnRspr. 1913, Nr. 128 S. 161 (163).

zukürzen"[364], bestätigte der Senat am 28.05.1914[365]. Dort betonte er aber für den gegebenen Fall der zur Erleichterung der Ehescheidung verabredeten Begehung eines Ehebruchs, daß hierfür auch tatsächlich zur Zeit des Vertragsabschlusses ein Scheidungsgrund vorliegen müsse. „Die bloße Möglichkeit, daß es später doch zur Scheidung gekommen wäre, kann bei der Frage, ob eine unzulässige Erleichterung der Scheidung bezweckt war, ... keine Rollen spielen."[366]

c) *Wohnort- und Wohnungsbestimmung durch den Ehemann*

Gleich hinter der in § 1353 BGB normierten Verpflichtung zur ehelichen Lebensgemeinschaft der Ehegatten sprach der Gesetzgeber in (dem mittlerweile weggefallenen) § 1354 BGB dem Ehemann ein umfassendes Bestimmungsrecht zu. Der § 1354 Abs. 1 BGB a. F. hatte folgenden Wortlaut: „Dem Manne steht die Entscheidung in allen das gemeinschaftliche eheliche Leben betreffenden Angelegenheiten zu; er bestimmt insbesondere Wohnort und Wohnung."[367] Demgegenüber war nach dem zweiten Absatz dieser Vorschrift die Ehefrau

---

364 RG, Urt. v. 28.05.1914 - IV 683/13, Abschrift S. 3 = Gruchot 58 (1914), S. 897 (898) Nr. 60 unter Verweis auf: RG, Urt. v. 19.12.1912 - IV 381/12, WarnRspr. 1913, Nr. 128 S. 161.

365 Vgl. RG, Urt. v. 28.05.1914 – IV 683/13, Gruchot 58 (1914), S. 897 Nr. 60.

366 RG, Urt. v. 28.05.1914 - IV 683/13, Abschrift S. 3 = Gruchot 58 (1914), S. 897 (898) Nr. 60.

367 RGBl. 1896, S. 195 (426). Siehe in diesem Zusammenhang auch die beiden Entscheidungen des RG, die sich mit nicht zwischen Ehegatten getroffenen Wohnsitzbestimmungen befassen. So erblickte RG, Urt. v. 22.10.1910 – IV 711/09, Abschrift S. 5 = WarnRspr. 1910, Nr. 412 S. 428 (429), in der vertragsmäßigen Verpflichtung, den Wohnsitz – gegen die Zusicherung einer lebenslänglichen Unterstützung – von einem Ort dauernd fortzuverlegen, keine die Sittenwidrigkeit begründende unzulässige Beschränkung der Freizügigkeit (siehe § 1 Freizügigkeitsgesetz vom 1. November 1867, Bundes-Gesetzbl. des Norddeutschen Bundes 1867, S. 55) und übermäßige Beschränkung der persönlichen Freiheit, zumal der Verpflichtete nicht verhindert gewesen sei, gelegentlich und zu vorübergehendem Aufenthalte dorthin zurückzukehren. Dagegen stehe ein vertraglich aufgestelltes Wohnsitzverbot, nämlich Berlin und die nächsten Vororte zu verlassen und den Wohnsitz an einem anderen Ort aufzuschlagen, ohne jede zeitliche Grenzen nach RG, Urt. v. 16.10.1914 – III 261/14, Abschrift S. 3 = WarnRspr. 1915, Nr. 8 S. 9 (9), vgl. *Schubert/Glöckner*, Nachschlagewerk, § 138 Nr. 244, im Widerspruch mit § 1 des Freizügigkeitsgesetzes vom 1. November 1867, beschränke in unzulässiger Weise die persönliche Bewegungsfreiheit des Verpflichteten und sei deshalb wegen Verstoßes gegen die guten Sitten nichtig. Dabei stehe RG, Urt. v. 22.10.1910 – IV 711/09, WarnRspr. 1910, Nr. 412 S. 428, dem nicht entgegen, weil diese Entscheidung auf wesentlich anderer tatsächlicher Grundlage ergangen sei.

„nicht verpflichtet, der Entscheidung des Mannes Folge zu leisten, wenn sich die Entscheidung als Mißbrauch seines Rechtes darstellt“.[368]

Jacobi hielt noch vor der ersten hierzu ergangenen Entscheidung des RG die den § 1354 BGB abändernden Vereinbarungen der Eheleute für zulässig und gültig, soweit sie nicht unsittlich seien.[369] Dagegen erachtete *Planck* unter Anführung der Motive[370], wo man im Hinblick auf einen Vertrag über die Folgepflicht der Ehefrau dessen Unzulässigkeit aussprach, derartige Verträge für unzulässig.[371] Auch nach den Erläuterungen des Familienrechts von *Engelmann* im Staudinger beruhe § 1354 BGB auf dem Wesen der Ehe und könne daher durch eine Vereinbarung der Ehegatten weder ausgeschlossen noch beschränkt werden.[372] Deshalb sei – im Einklang mit der Rechtsprechung – insbesondere ein Vertrag nichtig, durch welchen der Ehemann auf sein Recht zur Bestimmung des Wohnorts verzichte.[373]

Genau dies verdeutlichte nämlich die frühe Entscheidung des IV. Zivilsenats des RG vom 15.10.1900[374]. Dort schlußfolgerte das Gericht aus einer im Widerspruch zur Vorschrift des § 1354 BGB getroffenen Vereinbarung zwischen den Ehegatten und dem damit verbundenen Verstoß gegen das Wesen der Ehe deren Nichtigkeit wegen Sittenwidrigkeit. Nach dem Tatbestand behauptete die Klägerin, daß sich ihr beklagter Ehemann vor und bei der Eheschließung verpflichtet habe, nach Beendigung der Wintersaat in Rempesgrün zu ihr auf das ihr gehörende Gut in Ellefeld zu ziehen und dessen Verwaltung zu übernehmen. Sie verlangte, den Beklagten zu verurteilen, daß eheliche Leben wiederher- und fortzustellen, mithin, daß der Beklagte zu ihr nach Ellefeld ziehe, was dieser ablehnte und seinerseits forderte, die Klagerin solle zu ihm nach Rempesgrün ziehen.

Das OLG Dresden hatte die bestrittene Vereinbarung als nichtig eingestuft: „Weil das Recht des Ehemannes [in § 1354 Abs. 1 BGB], über die das eheliche

---

368 RGBl. 1896, S. 195 (426).

369 Vgl. *Jacobi*, Eherecht, S. 66 in Fn. 72.

370 Unter Verweis auf: Motive IV, S. 105 f.

371 Vgl. *Planck*, BGB, Bd. IV, 1./2. Aufl. 1901, Vorbem. vor § 1353 Anm. 3., S. 81 = *Planck*, BGB, Bd. IV, 3. Aufl. 1906, Vorbem. vor § 1353 Anm. 6., S. 94 f.

372 Vgl. *Engelmann*, in: Staudinger, BGB, Bd. IV, 2. Aufl. 1905, § 1354 Anm. 5., S. 120 = *Engelmann*, in: Staudinger, BGB, Bd. IV 1, 3./4. Aufl. 1908, § 1354 Anm. 5., S. 138 und *Engelmann*, in: Staudinger, BGB, Bd. IV, 2. Aufl. 1905, Vorbem. vor § 1353 Anm. VII., S. 112 = *Engelmann*, in: Staudinger, BGB, Bd. IV 1, 3./4. Aufl. 1908, Vorbem. vor § 1353 Anm. VII., S. 128.

373 Vgl. *Engelmann*, in: Staudinger, BGB, Bd. IV, 2. Aufl. 1905, § 1354 Anm. 5., S. 120 = *Engelmann*, in: Staudinger, BGB, Bd. IV 1, 3./4. Aufl. 1908, § 1354 Anm. 5., S. 138.

374 Vgl. RG, Urt. v. 15.10.1900 – IV 103/00, Gruchot 45 (1901), S. 79 Nr. 4.

Leben betreffenden Angelegenheit zu entscheiden, eine nothwendige Folge des durch die Ehe unter den Ehegatten begründeten Verhältnisses sei, auf dem Wesen der Ehe und der natürlichen Stellung des Mannes in der Ehe – der ehelichen Gewalt – beruhe und deshalb dem absoluten Rechte angehöre."[375] Zudem „würde die Vereinbarung umsomehr als rechtlich wirkungslos anzusehen sein, als sie ohne Beschränkung auf eine gewisse Zeit getroffen sein solle und folglich der Ehemann für eine unbestimmte Zeit des Rechts zur Entscheidung über den Wohnort sich begeben haben würde".[376]

Diese Rechtsausführungen des OLG Dresden beanstandete der IV. Zivilsenat des RG nicht. Auch nach ihm entbehre die von der Klägerin behauptete Vereinbarung der rechtlichen Wirksamkeit. Dazu stützte er sich, wenn auch nicht explizit, auf § 138 BGB, indem er auf die Ausführungen in den Motiven zum § 1273 BGB Entwurf I (dem Vorgänger des § 1354 BGB) verwies, auf denen auch die Erwägungen des Berufungsgerichtes beruhten.[377] In den Motiven ist zu lesen, man habe unter Hinweis auf § 106 BGB Entwurf I (der Vorläufervorschrift des § 138 BGB) auf die Aufnahme einer ausdrücklichen Bestimmung verzichtet, wonach das Recht des Ehemannes, den Wohnort zu bestimmen, durch Vertrag nicht beschränkt oder ausgeschlossen werden könne, weil ein solcher als nichtig anzusehen sei.[378] Dieser Ansicht schloß sich auch die Literatur an.[379]

---

375 RG, Urt. v. 15.10.1900 – IV 103/00, Abschrift S. 3 = Gruchot 45 (1901), S. 79 (80) Nr. 4. Diese Darlegungen des OLG Dresden beruhen im wesentlichen auf den Gesetzesmaterialien der Motive IV, S. 106 = *Mugdan* IV, S. 59, was auch das RG an späterer Stelle im Urteil hervorhob.

376 RG, Urt. v. 15.10.1900 – IV 103/00, Abschrift S. 3 = Gruchot 45 (1901), S. 79 (80 f.) Nr. 4.

377 Vgl. RG, Urt. v. 15.10.1900 – IV 103/00, Abschrift S. 4 = Gruchot 45 (1901), S. 79 (82) Nr. 4.

378 Vgl. Motive IV, S. 105 f. = *Mugdan* IV, S. 59: „Anlangend insbesondere die, in der gemeinrechtlichen Theorie und Praxis allerdings nicht unbestrittene Frage, ob das Recht des Ehemannes, den Wohnort zu bestimmen, durch Vertrag beschränkt oder ausgeschlossen werden kann, so ist … davon ausgegangen, daß ein derartiger Vertrag, mag derselbe vor oder nach der Eheschließung geschlossen sein, als nichtig anzusehen ist, da das Recht des Ehemannes, den Wohnort nach Maßgabe des § 1273 [BGB Entwurf I] zu bestimmen, auf dem Wesen der Ehe und der natürlichen Stellung des Ehemannes in der Ehe beruht und deshalb ein absolutes Recht ist, daß aber dieser Satz im Hinblicke auf den § 106 [BGB Entwurf I = Vorläufer des § 138 BGB] … eines besonderen Ausdruckes im Gesetze nicht bedarf."

379 Vgl. *G. Müller*, SeuffBl. 66 (1901), S. 21 (28); *A. B. Schmidt*, BGB, § 1354 Anm. 2.a), S. 150 f.; *Hörle*, ArchBürgR 31 (1908), S. 113 (167 ff.); *Dernburg*, Bd. IV, 4. Aufl. 1908, § 32 I., S. 111 in Fn. 2; *Dernburg*, Bd. IV, 4. Aufl. 1908, § 32 II., S. 112 f. und *Eckstein*, ArchBürgR 38 (1913), S. 195 (201).

Kein Jahr später äußerte sich der IV. Zivilsenat im Urteil vom 07.10.1901[380] bemerkenswerterweise dahin, daß sich ein Ehegatte unter Umständen eine von der Ehewohnung getrennte eigene Wohnung nehmen könne. Die miteinander verheirateten Parteien hatten zusammen in einer gemeinschaftlich gemieteten Wohnung in der X-Straße in Berlin gewohnt. Wegen ehelicher Zerwürfnisse verließ der Mann aber die gemeinsame Wohnung, nachdem die Ehegatten in einem notariellen Vertrag diverse persönliche und vermögendliche Verhältnisse geregelt hatten. Im Vertrag war unter anderem bestimmt, daß der Ehemann auf jeden Beitrag seiner Ehefrau zu den Lasten der Ehe während der bestehenden Ehe verzichte. Er entband sie von der Verpflichtung, seinen Wohnsitz zu teilen, falls er ihn außerhalb Berlins oder gar ins Ausland verlegen sollte, indem er sich ein für alle Mal damit einverstanden erklärte, daß sie ihren Wohnsitz selbstständig wählen und nach Belieben verlegen könne. Die Rechte aus dem gemeinsam als Mieter abgeschlossenen Mietvertrag über die zunächst gemeinschaftlich bewohnten Räume übertrug er auf seine Frau. Nur circa einen Monat nach Vertragsabschluß wollte der Ehemann in die Wohnung zurückkehren, was ihm von seiner Frau verweigert wurde. Sein Antrag auf einstweilige Verfügung, daß ihm seine Ehefrau das Betreten der Ehewohnung und das Verweilen hierin zu gestatten habe, blieb gänzlich erfolglos. Dem mit seiner Revision erhobenen Angriff, das Berufungsgericht habe unter Verletzung der §§ 138, 1353 BGB das Abkommen für gültig erachtet, half das RG nicht ab.

Das Kammergericht hielt die sich aus § 1353 BGB ergebende Pflicht zur ehelichen Gemeinschaft durch den Vertrag keineswegs für beseitigt. Nur die Wohnung habe durch den Vertrag und den darauf erfolgten Weggang des Ehemannes aufgehört, die Ehewohnung der Parteien zu sein.[381] „Zulässig sei aber", so das Kammergericht, „und weder den guten Sitten noch den sich aus dem Wesen der Ehe ergebenden sittlichen und rechtlichen Pflichten der Ehegatten widersprechend, … wenn ein Ehegatte [hier die Ehefrau] … vertraglich sich das Recht wahre, sich auf eigene Kosten zeitweise eine von der Ehewohnung getrennte Wohnung zu halten [!], über welche er allein zu disponiren befugt sei, zumal wenn – wie hier – eheliche Zerwürfnisse vorliegen, und der sich das Recht wahrende Ehegatte sich durch die getrennte eigene Wohnung im Interesse der Aufrechterhaltung der Ehe die Möglichkeit verschaffen wolle, zeitweise, ohne Aufhebung der Pflicht zur ehelichen Gemeinschaft, allein zu sein, so lange der sich das Recht wahrende Ehegatte dieses Recht nicht mißbrauche."[382]

---

[380] Vgl. RG, Urt. v. 07.10.1901 – IV 183/01, JW 1901, S. 781; zustimmend *Engelmann*, in: Staudinger, BGB, Bd. IV 1, 3./4. Aufl. 1908, § 1354 Anm. 5., S. 139.

[381] Vgl. RG, Urt. v. 07.10.1901 – IV 183/01, Abschrift S. 4 f. = JW 1901, S. 781 (782).

[382] RG, Urt. v. 07.10.1901 – IV 183/01, Abschrift S. 5 = JW 1901, S. 781 (782).

Dem Vorwurf, der Vertrag sei nichtig, weil nach ihm die Ehegattin nicht verpflichtet sei, den Wohnsitz des Ehemannes zu teilen, falls er ihn außerhalb Berlins etc. verlege, entgegnete das Kammergericht, hierdurch sei nicht die Pflicht der Ehefrau zur ehelichen Gemeinschaft aufgehoben. Vielmehr sei nur der Begriff des Mißbrauchs in Sinne des § 1354 Abs. 2 BGB zwischen den Eheleuten näher bestimmt worden. Auch wenn man diesen Teil für nichtig erachte, behielte der übrige Inhalt des Vertrages dennoch seine Gültigkeit.[383]

Vom Revisionsgericht blieb dahingestellt, ob die den Wohnsitz betreffende Abrede der Parteien im Hinblick auf die §§ 138, 1353 Abs. 1, 1354 Abs. 1 BGB überhaupt rechtsgültig seien, wovon das Berufungsgericht ausgangen war. Denn selbst wenn dies zu verneinen sei, so bliebe doch der Vertrag im übrigen, auf den es hier für die Entscheidung allein ankomme, gemäß § 139 BGB wirksam, da nach den Feststellungen des Berufungsgerichts der restliche Inhalt des Vertrages auch ohne die Wohnsitzabrede vereinbart sein würde.[384] „Bei dieser Sachlage und mit Rücksicht auf die nicht zu beanstandende Annahme des Berufungsgerichts, daß die Gattin des Antragstellers sich durch die getrennte eigene Wohnung <u>im Interesse der Aufrechterhaltung</u> der Ehe die <u>Möglichkeit</u> verschaffen wollte, <u>zeitweise, ohne Aufhebung der Pflicht zur ehelichen Gemeinschaft</u>, allein zu sein, ist es nicht rechtsirrthümlich, wenn das Berufungsgericht das zwischen den Parteien über ihre damalige Ehewohnung getroffene Abkommen … für zulässig und weder den guten Sitten noch den sich aus dem Wesen der Ehe ergebenden sittlichen und rechtlichen Pflichten der Ehegatten widersprechend erachtet, so lange die Gattin dieses Recht nicht mißbraucht."[385] Dadurch sei die Pflicht der Ehefrau zur Herstellung der ehelichen Gemeinschaft und das Recht des Ehemannes auf Herstellung derselben nicht berührt. Dies gelte auch für die Tatsache, daß die Ehefrau die Wohnung in der X-Straße nicht mehr als Ehewohnung gelten lassen wollte, nachdem ihr der Mann sein Mietrecht daran abgetreten und die Wohnung verlassen hatte.[386] „Rechtlich ist hier die Sachlage keine andere, als wenn die Antragsgegnerin neben der Wohnung X-Straße noch eine andere Wohnung zur Verfügung gehabt hätte und nunmehr Antragsteller nach Aufgeben der ersteren ungeachtet der unter den Parteien bestehenden Gütertrennung letztere ohne weiteres als Ehewohnung in Anspruch nehmen wollte. … Im übrigen besteht das Recht des Antragstellers, als Ehemann gemäß §. 1354 des Bürgerlichen Gesetzbuchs den Wohnort und die Wohnung zu bestimmen, auch nach Uebertragung seines Miethsrechts an der Wohnung X-Straße auf seine Gattin ebenso weiter, wie die gemäß derselben Gesetzesbestimmung begrün-

[383] Vgl. RG, Urt. v. 07.10.1901 – IV 183/01, Abschrift S. 5 = JW 1901, S. 781 (782).

[384] Vgl. RG, Urt. v. 07.10.1901 – IV 183/01, Abschrift S. 6 f. = JW 1901, S. 781 (782).

[385] RG, Urt. v. 07.10.1901 – IV 183/01, Abschrift S. 7 = JW 1901, S. 781 (782).

[386] Vgl. RG, Urt. v. 07.10.1901 – IV 183/01, Abschrift S. 7 f. = JW 1901, S. 781 (782 f.).

dete Folgepflicht der letzteren in die von ihm zu bestimmende neue – standesgemäße – Ehewohnung."[387]

Im Ergebnis ließ der Senat somit keine Ausnahme von seinem im Urteil vom 15.10.1900[388] ausgesprochenen Erkenntnis zu, weil das Recht des Ehemanns aus § 1354 Abs. 1 BGB durch die Abtretung des Rechts an der Ehewohnung in der X-Straße nicht beeinträchtigt bzw. beseitigt worden ist. Ihm stand allerdings vorliegend nur der Weg zur Verfügung, eine neue Wohnung anzumieten und diese zur Ehewohnung zu bestimmen, um dann von seiner Ehefrau den Zuzug verlangen zu können, soweit ihr hiergegen nicht der Mißbrauchseinwand nach §§ 1353 Abs. 2, 1354 Abs. 2 BGB zusteht.

Daß der IV. Zivilsenat seiner strengen Sichtweise treu blieb, bestätigt schließlich seine unveröffentlichte Entscheidung vom 07.11.1907[389]: Der vertragliche Verzicht des Mannes auf sein Recht, Wohnort und Wohnung zu bestimmen, ebenso wie ein vertraglicher völliger Verzicht zwischen Ehegatten auf Unterstützung und Beihilfe zur Lebensführung für alle Zeiten, widerspreche dem Wesen der Ehe und sei daher als gegen die guten Sitten verstoßend nichtig anzusehen.[390]

d) *Finanzielle Zuwendungen an die Geliebte*

Einen Problemkreis, der die Praxis der ordentlichen Gerichte bis in die Gegenwart beschäftigt hatte, bildeten die Vermögenszuwendungen eines Mannes an eine mit ihm nicht verheiratete Frau, wobei die Zuwendung bereits zu Lebzeiten erfolgen konnte oder aber durch eine Verfügung von Todes wegen.[391] Im Falle

---

[387] RG, Urt. v. 07.10.1901 – IV 183/01, Abschrift S. 7 f. = JW 1901, S. 781 (783).

[388] Vgl. RG, Urt. v. 15.10.1900 – IV 103/00, Gruchot 45 (1901), S. 79 Nr. 4.

[389] Vgl. RG, Urt. v. 07.11.1907 – IV 115/07, vgl. *Schubert/Glöckner*, Nachschlagewerk, § 138 Nr. 138.

[390] Vgl. RG, Urt. v. 07.11.1907 – IV 115/07, Abschrift S. 3.

[391] Siehe für eine den guten Sitten widerstreitende letztwillige Verfügung, durch die mittels vermögensrechtlicher Anordnungen auf die freie Entschließung des Bedachten in der Wahl des religiösen Bekenntnisses eingewirkt werden sollte, RG, Urt. v. 18.09.1913 – IV 200/13, Abschrift S. 3 = SeuffA 69 (1914), Nr. 48 S. 91 (91), vgl. *Schubert/Glöckner*, Nachschlagewerk, § 138 Nr. 237: „Es widerspricht gröblich der Auffassung sittlich ernstdenkender Volkskreise, in religiösen Dingen auf die Freiheit der Entschließung eines anderen, die nur Sache eigener innerster Überzeugung sein darf, durch Inaussichtstellen von äußeren Vermögensvorteilen oder Nachteilen einzuwirken."; siehe hierzu *Karow*, S. 72 ff. Siehe auch den Beitrag von *Aubele*, Gruchot 60 (1916), S. 982 ff. (insbesondere 987), zur Gestattung des außerehelichen Beischlafs (unter Nichtanwendung empfängnisverhütender Mittel) gegen das Versprechen einer wirtschaftlichen Leistung für den Fall einer eintretenden Schwangerschaft.

der letztwilligen Zuwendung seitens eines (verheirateten) Mannes zugunsten einer (nicht verheirateten) Frau, die mit ihm in geschlechtlichen Kontakten stand, wurde schlagwortartig der Begriff des Geliebten- oder – moralisch abwertender – Mätressen-Testaments geprägt.[392] Die Beurteilung der Sittenwidrigkeit durch das RG erfolgte insofern einmal unter dem Aspekt der beabsichtigten Entlohnung für die intimen Beziehungen und zum anderen unter dem Gesichtspunkt einer aus der Verfügung resultierenden Benachteiligung oder Belastung der nächsten Angehörigen des Erblassers. Vorweggenommen sei an dieser Stelle, daß das RG die letztwillige Zuwendung eines Verheirateten als grundsätzlich sittenwidrig erachtete, welche sich ihrer Zweckbestimmung nach als Belohnung für die Aufnahme eines ehebrecherischen Verhaltens darstellte oder die bestimmt war, die Begünstigte zur Fortsetzung dieses Verhältnisses zu veranlassen.

Schon lange vor der ersten reichsgerichtlichen Entscheidung im Geltungsbereich des BGB hatten sich einige Autoren zu den hier interessierenden Fällen geäußert. Allen voran sind die Ausführungen von *Kohler* wiederzugeben, der in seinem berühmten Aufsatz über „Die Ideale im Recht“[393] aus dem Jahre 1891 in Anlehnung an die französische Rechtsprechung zu den Artt. 1131, 1133 Code civil seine Grundsätze herausarbeitete, welche die spätere Rechtsprechung des RG vorzeichneten. Hierbei differenzierte er zwischen der käuflichen Mätresse und der Geliebten als einer „verführten Frauensperson“. Während ein der Ersten gegebenes Leistungsversprechen stets nichtig sei, könne dies für Letztere nicht ausnahmslos angenommen werden:[394] „Daß ... die Verhältnisse zwischen der Maitresse und ihrem Geliebten nicht als sittliche zu bezeichnen sind, versteht sich von selbst; und jedes Geldversprechen, welches der Maitresse gegeben wird, sei es zur Belohnung für ihr seitheriges Zuleben, sei es, um sie zum weiteren Zusammenleben zu veranlassen, ist null und nichtig. Hierbei muß allerdings eines berücksichtigt werden. Wer einer verführten Frauensperson ein Geldversprechen macht, kann dieses Versprechen machen in der Art, um hierdurch das an ihr begangene Unrecht zu sühnen und ihr eine Existenz zu verschaffen an Stelle des normalen Lebensganges, den er unterbrochen oder geknickt hat. Ein solches Versprechen ist nicht unsittlich, sondern im höchsten Maße sittlich, ... vorausgesetzt natürlich, daß das Geld nicht zugleich eine Anregung zur Fortset-

[392] Vgl. *Leipold*, in: 50 Jahre Bundesgerichtshof, S. 1011 (1012) und *Falk*, in: Das Bürgerliche Gesetzbuch und seine Richter, S. 451 (452). Sehr kritisch zum verwendeten Wort „Mätresse“ äußerte sich *Speckmann*, JZ 1969, S. 733 (734 in Fn. 5).

[393] Siehe hierzu *Falk*, in: Das Bürgerliche Gesetzbuch und seine Richter, S. 451 (461 f.).

[394] Vgl. *Falk*, in: Das Bürgerliche Gesetzbuch und seine Richter, S. 451 (461 f. u. 483 f.).

zung des Verhältnisses bieten soll.[395] Ganz anders verhält es sich mit einer Maitresse, welche Jemand für sich hält, wie sie sich von Anderen halten ließ: wer einer solchen Maitresse ein Versprechen macht, sei es, um sie für Zukunft sich zu erhalten, sei es, um sie für die Vergangenheit zu belohnen, giebt ein ungültiges Versprechen."[396] Daß allerdings die Belohnung für unsittliche Dienste nur der einzige oder zumindest überwiegende Grund für eine beispielshalber getätigte Schenkung sei, könne nach Kohler nicht immer angenommen werden:[397] „Vielleicht hat die Person den Schenker in seiner Krankheit gepflegt, vielleicht ihm in Noth und Verlassenheit Unterstützung und Hülfe gebracht. Man darf nicht annehmen, daß die inkorrekte Seite des Verhältnisses hier stets die ausschlaggebende und bestimmende gewesen ist. Innerhalb dieser Beschränkungen aber muß gesagt werden, daß das Versprechen an eine Maitresse für vergangene oder künftige unsittliche Dienste nichtig ist."[398]

Was speziell das einer Geliebten zugewandte Vermächtnis angeht, so bedarf die Entstehung des heutigen § 2171 BGB einer kurzen gesetzeshistorischen Rückschau. Der § 1853 Satz 1 BGB Entwurf I sah ausdrücklich auch die Nichtigkeit eines Vermächtnisses vor, daß gegen die guten Sitten verstieß. Dieser lautete: „Ist durch Vermächtniß eine Leistung zugewendet, welche zur Zeit des Erbfalles unmöglich oder durch Gesetz verboten ist, oder welche gegen die guten Sitten verstößt, so ist das Vermächtniß nichtig."[399] Nach den Motiven ließ der Entwurf für die Frage, ob eine durch Vermächtnis angeordnete Leistung gegen die guten Sitten verstieß, allein den Zeitpunkt der Errichtung der Vermächtnisverfügung entscheidend sein, da sich die in § 1853 Satz 1 BGB Entwurf I getroffene Zeitbestimmung – der Zeitpunkt des Erbfalles – nur auf die beiden anderen genannten Fälle beziehen sollte.[400] In der zweiten BGB-Kommission wurde der in Satz 1 vorgesehene Passus des Verstoßes gegen die guten Sitten widerspruchslos weggelassen,[401] so daß der § 2042 Satz 1 BGB Entwurf II die folgende, später in § 2171 Satz 1 BGB Gesetz gewordene Fassung erhielt: „Ein Vermächtniß, das auf eine zur Zeit des Erbfalles unmögliche Leistung gerichtet

395 Dieser Passage zustimmend *Josef*, BadRpr. 1919, S. 10 (10). Nach ihm habe Kohler damit nur einen Fall hervorgehoben, in dem das „Konkubinenlegat" nicht den guten Sitten widerspreche. Auch *Linz*, DJZ 1922, Sp. 437 (438), pflichtete diesen Sätzen bei.

396 *Kohler*, ArchBürgR 5 (1891), S. 161 (197 f.).

397 Vgl. *Kohler*, ArchBürgR 5 (1891), S. 161 (198).

398 *Kohler*, ArchBürgR 5 (1891), S. 161 (198 f.).

399 Zitiert nach *Mugdan* V, S. XX f.

400 Vgl. Motive V, S. 154 = *Mugdan* V, S. 81.

401 Vgl. Protokolle V, S. 172 f. = *Mugdan* V, S. 615.

ist oder gegen ein zu dieser Zeit bestehendes gesetzliches Verbot verstößt, ist unwirksam."[402]

Unter der Geltung des BGB war denn auch im Schrifttum aufgrund der Entstehungsgeschichte des § 2171 BGB, mangels besonderer Vorschrift im BGB und wegen der allgemeinen Fassung des für alle Rechtsgeschäfte geltenden § 138 BGB generell anerkannt, daß ein Vermächtnis wegen Verstoßes gegen die guten Sitten nach § 138 BGB nichtig sein könne.[403] Unterschiedliche Positionen wurden hingegen zur Frage eingenommen, ob bei der Feststellung der Sittenwidrigkeit auf den Zeitpunkt der Errichtung der Verfügung, des Erbfalles oder gar auf beide Zeitpunkte abgestellt werden müsse. Die Ursache hierfür bestand vor allem darin, daß zwischen Errichtung der Vermächtnisverfügung und dem Erbfall geraume Zeit verstreichen konnte, in der sich durchaus die Ansichten in der Bevölkerung und damit möglicherweise auch die guten Sitten ändern konnten. *Strohal* stellte für die Beurteilung des Verstoßes gegen die guten Sitten im Jahr 1901 zunächst allein auf die Zeit der Errichtung des Vermächtnisses ab,[404] änderte aber zwei Jahre später seine Ansicht dahingehend, daß in entsprechender Anwendung des § 2171 BGB die Sittenwidrigkeit nur nach der Zeit des Erbfalles zu beurteilen sei.[405] Dieser Ansicht schloß sich *Dernburg* 1905 an, der ebenfalls den Verstoß statt nach der Errichtungszeit anhand der Zeit des Anfalles des Vermächtnisses bemessen wollte.[406] Ganz anderer Meinung war *Planck*, der die Gültigkeit des Vermächtnisses nach der Zeit seiner Errichtung bewertete,[407] was

---

402 Zitiert nach *Mugdan* V, S. XX f.

403 Siehe *Strohal*, Erbrecht Bd. I, 2. Aufl. 1901, § 30 II.1., S. 123 = *Strohal*, Erbrecht Bd. I, 3. Aufl. 1903, § 30 II.2., S. 214; *Planck*, BGB, Bd. V, 1./2. Aufl. 1902, § 2171 Anm. 3., S. 350 = *Planck*, BGB, Bd. V, 3. Aufl. 1908, § 2171 Anm. 3., S. 516 = *Planck*, BGB, Bd. V, 4. Aufl. 1930, § 2171 Anm. 3., S. 567 sowie *Planck*, BGB, Bd. V, 3. Aufl. 1908, § 2147 Anm. 5., S. 489 und *Planck*, BGB, Bd. V, 4. Aufl. 1930, § 2147 Anm. 5., S. 536; *Herzfelder*, in: Staudinger, BGB, Bd. V, 2. Aufl. 1906, §§ 2171, 2172 Anm. I.3., S. 438 = *Herzfelder*, in: Staudinger, BGB, Bd. V, 3./4. Aufl. 1909, §§ 2171, 2172 Anm. I.3., S. 466 = *Herzfelder*, in: Staudinger, BGB, Bd. V, 7./8. Aufl. 1914, §§ 2171, 2172 Anm. I.3., S. 503 sowie *Herzfelder*, in: Staudinger, BGB, Bd. V, 3./4. Aufl. 1909, § 2147 Anm. 5, S. 444 = *Herzfelder*, in: Staudinger, BGB, Bd. V, 7./8. Aufl. 1914, § 2147 Anm. 5, S. 482; *F. Leonhard*, Erbrecht, 2. Aufl. 1912, § 2171 Anm. V., S. 314 und *F. Leonhard*, Erbrecht, 2. Aufl. 1912, § 2229 Anm. I.B.4.b), S. 369 f. sowie RGRK, BGB, Bd. III, 2. Aufl. 1913, § 2171 Anm. 1, S. 610 = RGRK, BGB, Bd. III, 3. Aufl. 1921, § 2171 Anm. 1, S. 732.

404 Vgl. *Strohal*, Erbrecht Bd. I, 2. Aufl. 1901, § 30 II.1., S. 123.

405 Vgl. *Strohal*, Erbrecht Bd. I, 3. Aufl. 1903, § 30 II.2., S. 215 u. dort auch in Fn. 10.

406 Vgl. *Dernburg*, Bd. V, 1. Aufl. 1905, § 75 V., S. 213 u. dort auch Fn. 7.

407 Vgl. *Planck*, BGB, Bd. V, 1./2. Aufl. 1902, § 2171 Anm. 3., S. 350 = *Planck*, BGB, Bd. V, 3. Aufl. 1908, § 2171 Anm. 3., S. 516 = *Planck*, BGB, Bd. V, 4. Aufl. 1930, § 2171 Anm. 3., S. 567 und *Planck*, BGB, Bd. V, 4. Aufl. 1930, § 2147 Anm. 5., S. 536.

aber nicht ausschließlich gelten sollte: „Wenn jedoch die vermachte Leistung für sich allein betrachtet gegen die guten Sitten verstößt, ist das Vermächtniß auch dann unwirksam, wenn jene Voraussetzung bei der Anordnung des Vermächtnisses noch nicht vorlag, in Folge eines Wechsels der konkreten Verhältnisse oder eines Umschwunges der allgemeinen Anschauung aber zu der Zeit vorliegt, zu welcher das Vermächtniß zu erfüllen ist."[408] Auf die Seite von Planck schlug sich *Herzfelder* in seiner Kommentierung im Staudinger, nach dem „auch der Zeitpunkt der Errichtung und nicht bloß derjenige des Erbfalls in Betracht kommen [dürfte]".[409] Denn § 138 BGB habe eine ganz allgemein lautende Fassung und in § 2171 BGB sei keine Beschränkung dieser Bestimmung – wie sie etwa gegenüber § 134 BGB ausgesprochen ist – enthalten.[410] Die andere extreme Ansicht vertrat beispielsweise *Franz Leonhard*, der nicht auf die Zeit des Erbfalles, sondern auf die Zeit der Errichtung des Vermächtnisses abstellte.[411] Diese Feststellung kann aber mit erheblichen Schwierigkeiten verbunden sein, gerade dann, wenn die Verfügung Jahre oder schlimmer noch Jahrzehnte zurückliegt. Denkbar ist sogar, daß nach dieser Auffassung der Richter die guten Sitten zu einem bestimmten Zeitpunkt ermitteln müßte, an dem er noch nicht geboren war oder noch in den Kinderschuhen steckte. In dieser Hinsicht hat es die andere Extremmeinung, die auf die Zeit des Erbfalles abzielte, zumindest (auf den ersten Blick) leichter. Es ist darum gut möglich, daß die in der Kommentierung der Reichsgerichtsräte zu § 2171 BGB formulierte Meinung genau dies zu verhindern suchte. Weil für das Vermächtnis als Rechtsgeschäft der § 138 BGB Anwendung finde, müsse „für die Beurteilung der Sittenwidrigkeit ... an und für sich die Zeit der Vornahme des Geschäfts, hier also der Anordnung des Vermächtnisses maßgebend [sein]. Im Streitfalle hat aber der Richter lediglich die zur Zeit des Urteilserlasses herrschende Anschauung des *vir bonus* zugrunde zu legen und darf den hiernach als unsittlich erkannten Vermächtnisanspruch nicht verwirklichen helfen."[412] Letztlich blieben die Meinungsver-

---

[408] *Planck*, BGB, Bd. V, 1./2. Aufl. 1902, § 2171 Anm. 3., S. 350; so auch *Planck*, BGB, Bd. V, 3. Aufl. 1908, § 2171 Anm. 3., S. 516.

[409] *Herzfelder*, in: Staudinger, BGB, Bd. V, 2. Aufl. 1906, §§ 2171, 2172 Anm. I.3., S. 438 = *Herzfelder*, in: Staudinger, BGB, Bd. V, 3./4. Aufl. 1909, §§ 2171, 2172 Anm. I.3., S. 466 = *Herzfelder*, in: Staudinger, BGB, Bd. V, 7./8. Aufl. 1914, §§ 2171, 2172 Anm. I.3., S. 503.

[410] Vgl. *Herzfelder*, in: Staudinger, BGB, Bd. V, 2. Aufl. 1906, §§ 2171, 2172 Anm. I.3., S. 438 = *Herzfelder*, in: Staudinger, BGB, Bd. V, 3./4. Aufl. 1909, §§ 2171, 2172 Anm. I.3., S. 466 = *Herzfelder*, in: Staudinger, BGB, Bd. V, 7./8. Aufl. 1914, §§ 2171, 2172 Anm. I.3., S. 503.

[411] Vgl. *F. Leonhard*, Erbrecht, 2. Aufl. 1912, § 2171 Anm. V., S. 314.

[412] RGRK, BGB, Bd. III, 2. Aufl. 1913, § 2171 Anm. 1, S. 610 = RGRK, BGB, Bd. III, 3. Aufl. 1921, § 2171 Anm. 1, S. 732.

schiedenheiten in dieser Frage theoretischer Natur, da sich das RG im untersuchten Zeitraum nicht zur Stellungnahme veranlaßt sah.

Für die nachfolgenden Betrachtungen muß ausnahmsweise auf ein Urteil des OLG Zweibrücken vom 30.04.1902[413] aufmerksam gemacht werden. Dieses setzte sich mit einer letztwilligen Zuwendung als Belohnung für ehebrecherischen Verkehr auseinander und wurde von *Falk* als das älteste einschlägige Urteil dieser Fälle unter der Geltung des BGB eingestuft.[414] Die ledige P. hatte in der Zeit vom 1. Oktober 1895 bis zum 18. Januar 1896 in den Diensten des verheirateten Gutsbesitzers B. gestanden. Dieser hatte zu ihr bis kurz vor seinem Tod am 4. November 1900, also über fünf Jahre hinweg, eine intime Beziehung unterhalten. Am 22. August 1896 hatte er ein eigenhändiges Testament errichtet, das er der P. alsbald übersandte. Nach dem Inhalt sollten der P. aus seinem Nachlaß 5.000 M zukommen. Die mit der Klage der P. von der Witwe und den Kinder des B. eingeforderte Summe blieb ohne Erfolg. Die Beklagten hatten eingewandt, die Zuwendung sei nur als Belohnung für den ehebrecherischen Umgang erfolgt und deshalb wegen Verstoßes gegen die guten Sitten nichtig.

Das LG wies die gegen die Erben gerichtete Zahlungsklage ab, weil es als bewiesen angesehen hatte, daß das Legat „nur den Zweck gehabt habe, die Klägerin für die von ihr dem B. bereits gewährte Gunst zu belohnen und die Fortsetzung des schimpflichen Verkehrs zwischen beiden zu sichern“[415] und sich die Klägerin hierzu dem Erblasser auch zur Verfügung gestellt habe. Das OLG Zweibrücken bestätigte diese Entscheidung, indem es die Berufung der Klägerin zurückwies. Die Klägerin und der Erblasser hätten sich durch ihr Verhalten „mit den allgemeinen Anschauungen von guter Sitte und mit den das Wesen der Ehe betreffenden gesetzlichen Vorschriften in offenen Widerspruch“[416] gesetzt. Es bejahte die Nichtigkeit wegen Verstoßes gegen die guten Sitten sowohl nach dem zur Zeit der Testamentserrichtung maßgeblichen französischen Recht als auch nach dem BGB.[417] „Wie aus der Entstehungsgeschichte des § 138 [BGB] zu entnehmen, ist die angedrohte Nichtigkeit nicht auf den Fall beschränkt, daß die versprochene Leistung selbst oder der Inhalt des Rechtsgeschäfts ohne Rücksicht auf den Beweggrund den guten Sitten zuwiderläuft. Die Nichtigkeit soll vielmehr Platz greifen, wenn die objektiven Umstände, unter denen das Rechtsgeschäft vorgenommen wurde, und insbesondere der Inhalt so beschaffen sind, daß sie in Verbindung mit den Beweggründen einen Verstoß gegen die

413 Vgl. OLG Zweibrücken, Urt. v. 30.04.1902 – II, SeuffA 57 (1902), S. 438 Nr. 235.

414 Vgl. *Falk*, in: Das Bürgerliche Gesetzbuch und seine Richter, S. 451 (477).

415 OLG Zweibrücken, Urt. v. 30.04.1902 – II, SeuffA 57 (1902), S. 438 (438) Nr. 235.

416 OLG Zweibrücken, Urt. v. 30.04.1902 – II, SeuffA 57 (1902), S. 438 (439) Nr. 235.

417 Vgl. OLG Zweibrücken, Urt. v. 30.04.1902 – II, SeuffA 57 (1902), S. 438 (439) Nr. 235.

guten Sitten enthalten".[418] Diese Voraussetzungen seien vorliegend gegeben. „Auch heute widerspricht es der allgemeinen Auffassung von guter Sitte und dem Anstandsgefühl aller billig und gerecht denkenden Menschen, durch eine Zuwendung wie die in Frage [stehende], noch dazu auf Kosten minderjähriger ehelicher Kinder und der Ehefrau, die ehebrecherischen Dienstleistungen einer Maitresse zu erkaufen. Dem aus einem solchen Rechtsgeschäft abgeleiteten Anspruch kann kein Rechtsschutz zu teil werden."[419]

Damit würdigte das Gericht in seiner Entscheidung den objektiven Inhalt und die subjektiven Beweggründe für die Aussetzung des Legats an die Klägerin, als auch die Auswirkungen, nämlich den aus dem Vermächtnis entspringenden Anspruch gegen die Erben, auf die hinterbliebenen engsten Familienangehörigen des Erblassers.

Mutmaßlich fand dieses oberlandesgerichtliche Urteil Zuspruch bei *Dernburg*, der es in einer Fußnote seines 1905 erstmals erschienenen Erbrechtslehrbuchs für seine Darlegung anführte, daß ein wider die guten Sitten verstoßendes Vermächtnis ungültig sei, weil der § 138 BGB für Rechtgeschäfte jeder Art gelte.[420] Hiergegen begegnete *Jastrow* in seiner Besprechung von Dernburgs „Erbrecht" dessen (angenommener) Billigung der oben beigebrachten Entscheidung des OLG Zweibrücken[421] mit Skepsis: „Der § 138 BGB. ... ist eine schneidige Waffe in den Händen des Gerichts. Ihr Gebrauch sollte sehr vorsichtig und eingeschränkt sein; sonst wird er nicht ertragen werden. Wohin sollte es führen, wenn man an jedes Motiv eines Rechtsgeschäfts den Maßstab des Sittenrichters legen wollte?"[422] Die dem Rechtsgeschäft zugrunde liegenden Motive könnten zwar zum ausdrücklichen Gegenstand des Geschäftes gemacht werden, Vorsicht sei aber bei jenen Rechtsgeschäften geboten, wo dies gerade nicht der Fall sei: „Unausgesprochene Motive zu verwerten, ist dagegen immer mißlich, doppelt hart aber, wenn die Methode gegen einen Toten geübt wird. Der Lebende kann sich gegen Motive, die ihm unterstellt werden, wenigstens verteidigen, der Tote kann es nicht. Hier ist die Verteidigung dem eingesetzten Erben oder Vermächtnisnehmer überlassen, der das Fühlen des Erblassers selbst nicht immer genau kennt. ‚Belohnung für den ehebrecherischen Verkehr!' das klingt so schrecklich. Gewiß: wenn es *merces merectricis* [also als Belohnung von Mätressen/Prostituerten, Anm. d. Verf.] sein soll, ist es klar. Aber die menschlichen Empfindungen sind zu fein nüanziert, um so über einen Leisten geschlagen zu

418 OLG Zweibrücken, Urt. v. 30.04.1902 – II, SeuffA 57 (1902), S. 438 (439 f.) Nr. 235 mit Verweis unter anderem auf: *Kohler*, ArchBürgR 5 (1891), S. 161 (194 ff.).

419 OLG Zweibrücken, Urt. v. 30.04.1902 – II, SeuffA 57 (1902), S. 438 (440) Nr. 235.

420 Vgl. *Dernburg*, Bd. V, 1. Aufl. 1905, § 75 V., S. 213 und dort auch Fn. 6.

421 Vgl. OLG Zweibrücken, Urt. v. 30.04.1902 – II, SeuffA 57 (1902), S. 438 Nr. 235.

422 *Jastrow*, BuschsZ 34 (1905), S. 497 (500).

werden. Wie, wenn er die Frau bei Lebzeiten unterstützt hat, und wenn das Legat dem Gedanken entsprungen ist, daß sie bei seinem Tode in Not geraten werde? Mag man selbst über die Unterstützung bei Lebzeiten denken, wie man will, das Legat entspringt in diesem Falle doch gewiß keinem unsittlichen Motive. Wer aber will sich vermessen, das Fühlen und Denken des Toten so zu zergliedern? Wir müssen uns, trotz der weiten Fassung, die der § 138 [BGB] bei seiner schließlichen Feststellung erhalten hat, mit der Beurteilung des Rechtsgeschäfts, wie es in seinem äußeren Inhalte sich präsentiert, begnügen; Herz und Nieren zu prüfen, ist Aufgabe des irdischen Richters, wenigstens im Zivilprozesse, nicht."[423] Dies habe das OLG Zweibrücken in seiner Entscheidung erkannt und berücksichtigt, indem es sich auch auf ermittelte objektive Umstände gestützt habe, insbesondere, daß die Frau sich gegen die Zuwendung für den Verkehr zur Verfügung gestellt habe. Diese Umstände vermögen die gefundene Entscheidung zu rechtfertigen, nicht aber, wie nach Ansicht Dernburgs, die bloße Absicht des Erblassers.[424]

Das RG befaßte sich erstmals nach dem 1. Januar 1900 – soweit erkennbar – mit der Sittenwidrigkeit eines Vermächtnisses an eine Geliebte nach § 138 Abs. 1 BGB im Urteil vom 18.09.1905[425] des IV. Zivilsenats, wobei es darin von den früher geäußerten Ansichten in der Literatur keine Notiz nahm. Hierin

---

[423] *Jastrow*, BuschsZ 34 (1905), S. 497 (500 f.). Damit war nach Jastrow für das Rechtsgeschäft der Vermächtnisanordnung entscheidend, wie es sich äußerlich darstellte. Der Beweggrund des Erblassers, der ihn bei der Zuwendung leitete, sollte wegen seiner erschwerten Feststellung nach dessen Tode nicht in Betracht kommen. Dem hielt *Josef*, BadRpr. 1919, S. 10 (10), teils mit Recht entgegen: „Nach dieser Ansicht würden, da der Erblasser Beweggrund und Zweck der Zuwendung in solchen Fällen niemals zum Ausdruck bringt, Konkubinenlegate durchweg rechtsgültig sein, eine Folgerung, die dem Rechtsgefühl durchaus widerspricht, so besonders in den häufigen Fällen, wo solche Zuwendungen eine empörende Benachteiligung der Frau und der Kinder des Erblassers bewirken, die auf diese geradezu verbitternd wirken muß. Das Gesetz besagt nicht, daß die Sittenwidrigkeit des Geschäfts in seiner äußeren Gestalt zum Ausdruck kommen müßte; maßgebend ist vielmehr der Gesamtcharakter, der sich aus der Zusammenfassung des äußeren Inhalts mit dem Beweggrund und dem Zweck ergibt, so daß also objektive und subjektive Umstände entscheidend sind (RG 63, 359)." Dadurch ist gezeigt, daß die Auffassung Jastrows ganz klar der Ansicht der reichsgerichtlichen Rechtsprechung zur Anwendung des § 138 BGB zuwiderlief. Andererseits stimmt die Schlußfolgerung Josefs nicht, daß nach der Sicht von Jastrow „Konkubinenlegate durchweg [!] rechtsgültig" seien; Jastrow hat selbst betont, daß er sich dazu auf objektiv gegebene Umstände stütze, die auch hin und wieder – wie vom OLG Zweibrücken – ermittelt würden.

[424] Vgl. *Jastrow*, BuschsZ 34 (1905), S. 497 (501), der sich nur auf die Passage bei *Dernburg*, Bd. V, 1. Aufl. 1905, § 75 V., S. 213 in Fn. 6, bezog.

[425] Vgl. RG, Urt. v. 18.09.1905 – IV 136/05, *Schubert*, Erkenntnisse 1905, S. 639. Siehe hierzu auch die Ausführungen von *Falk*, in: Das Bürgerliche Gesetzbuch und seine Richter, S. 451 (477 f.).

forderte die Klägerin von der Beklagten die Zahlung einer jährlichen Rente auf Grund eines ausgesetzten Vermächtnisses im Testament, welches der am 25. November 1903 verstorbene Sohn der Beklagten am 1. Mai 1903 errichtet haben soll und dessen Erbin die Beklagte war. Dieses Testament hatte der Erblasser der Klägerin übergeben.

Die Klage hatte keinen Erfolg. Nach den Feststellungen des Kammergerichts habe zwischen der verheirateten Klägerin und dem Erblasser jahrelang „ein wider Zucht und Sitte streitendes Liebesverhältnis bestanden".[426] Das Liebesverhältnis sei für den Erblasser das Motiv für die Aussetzung des Vermächtnisses gewesen. Die sonstigen Beziehungen zwischen beiden hätten sich darauf beschränkt, daß die Klägerin den Erblasser bei der Verwaltung seines Hauses unterstützt habe.[427] Aus dem Umstand, daß der Erblasser der Klägerin das Testament übergeben habe, folgerte das Berufungsgericht, „daß die Klägerin ihr Liebesverhältnis mit dem Erblasser dazu ausgenutzt hat, sich pekuniäre Vorteile von ihm zusichern zu lassen".[428] Ein solches Verhalten widerstreite den guten Sitten. Diese Ansicht beanstandete das RG nicht. Es unterliege dabei keinem Zweifel, daß die Vorschrift des § 138 BGB auch auf Vermächtnisse anwendbar sei.[429] Obwohl die Zuwendung durch einseitige Verfügung erfolgte, sei das Berufungsgericht nicht daran gehindert gewesen, „bei der Frage, ob das Rechtsgeschäft gegen die guten Sitten verstoße, das Verhalten beider Teile in Betracht zu ziehen und auch auf die verwerfliche Gesinnung der Klägerin Gewicht zu legen".[430] Hinzu kam, daß die Klägerin keine Angaben darüber machte, unter was

---

[426] RG, Urt. v. 18.09.1905 – IV 136/05, Abschrift S. 2 = *Schubert*, Erkenntnisse 1905, S. 639 (639).

[427] Vgl. RG, Urt. v. 18.09.1905 – IV 136/05, Abschrift S. 2 = *Schubert*, Erkenntnisse 1905, S. 639 (639 f.).

[428] Vgl. RG, Urt. v. 18.09.1905 – IV 136/05, Abschrift S. 2 = *Schubert*, Erkenntnisse 1905, S. 639 (640).

[429] Vgl. RG, Urt. v. 18.09.1905 – IV 136/05, Abschrift S. 2 = *Schubert*, Erkenntnisse 1905, S. 639 (640) unter Verweis auf: § 1853 BGB Entwurf I („Ist durch Vermächtniß eine Leistung zugewendet, welche zur Zeit des Erbfalles unmöglich oder durch Gesetz verboten ist, oder welche gegen die guten Sitten verstößt, so ist das Vermächtniß nichtig. Im Falle der Unmöglichkeit oder Verbotswidrigkeit der Leistung finden die Vorschriften des § 346 entsprechende Anwendung."); Protokolle V, S. 173 = *Mugdan* V, S. 615 und Protokolle I, S. 124 = Mugdan I, S. 725. Siehe unter Anführung dieser Entscheidung und dem Verweis unter anderem auf Motive V, S. 154 = *Mugdan* V, S. 81; *Reatz*, Bd. I, S. 127 Anm. 1 und *Reatz*, Bd. II, S. 382 Anm. 18 auch RG, Urt. v. 29.09.1910 – IV 548/09, Abschrift S. 2 f. = WarnRspr. 1910, Nr. 371 S. 388 (388): „Die Frage, ob ein Vermächtnis gegen die guten Sitten verstoße, [ist] nach den für Rechtsgeschäfte maßgebenden allgemeinen Grundsätzen, insbesondere nach § 138 des Bürgerlichen Gesetzbuchs zu beurteilen."

[430] RG, Urt. v. 18.09.1905 – IV 136/05, Abschrift S. 3 = *Schubert*, Erkenntnisse 1905, S. 639 (640).

für Umständen es zur Errichtung und Übergabe des Testaments gekommen sei, obwohl unter der Eideszuschiebung behauptet worden war, die Urkunde sei ihr bei oder nach einem intimen Treffen auf ihr Verlangen hin ausgestellt und übergeben worden.[431]

Ähnlich urteilte der IV. Zivilsenat des RG auch in seiner Entscheidung vom 04.11.1909[432] für ein Vermächtnis, das der Bedachten in der ihr bekannten Absicht zugewendet wurde, daß sie dem Erblasser nach wie vor den Geschlechtsverkehr gestatte.[433] Nach deren Tatbestand hatte der am 19. Januar 1907 verstorbene Ehemann der Beklagten in seinem am 12. Juli 1902 errichteten Testament angeordnet, daß seine als Miterbin eingesetzte Ehefrau von ihrem Erbteil binnen fünf Monaten nach seinem Tode an einen gewissen Max G. einen Betrag über 5.000 M auszahlen solle, über deren Verwendung er in einem gesonderten Brief Bestimmung treffen werde. Diese Bestimmung traf er in dem Brief an G. vom 24. September 1900 und einem weiteren vom 12. Juli 1902 dahingehend, daß dieser die 5.000 M an die Klägerin auszahlen solle. Die Klägerin verlangte deshalb im Klagewege, nachdem G. seine Ansprüche gegen die Erben an sie abgetreten hatte, die Zahlung dieser Summe nebst Zinsen. Die Beklagte wendete ein, daß die Klägerin schon seit 1900 mit dem Erblasser in ehebrecherischem Verkehr gestanden habe und die mit Rücksicht hierauf gemachte Zuwendung als gegen die guten Sitten verstoßend ungültig sei.

Das OLG Dresden hatte es als zweifelfreies Ergebnis der Beweisaufnahme angesehen, daß der Erblasser seit mindestens 1900, und dies schon vor Abfassung des Briefes an G., fortgesetzt einen ehebrecherischen Verkehr mit der Klägerin unterhalten hatte. Weiterhin sah es als erwiesen an, daß der Erblasser der Klägerin die 5.000 M aus dem Grunde vermacht habe, „um sie damit für die bisherige Duldung des Geschlechtsverkehrs mit ihm zu belohnen und zur Fortsetzung dieses Verhältnisses zu bestimmen".[434] In dieser Hinsicht hatte das Berufungsgericht festgestellt, daß ihr der Erblasser spätestens im Jahre 1906 den versiegelten Brief vom 12. Juli 1902 überreicht hatte, der nach seiner Aufschrift erst nach seinem Tode geöffnet werden sollte. Dabei habe die Klägerin nicht darüber im Unklaren sein können, daß ihr dieser eine Zuwendung unter der Voraussetzung bedeutete, daß sie auch weiterhin – wozu sie bereit gewesen sei – dem Erblasser den Geschlechtsverkehr gestatte. Deshalb erkannte das Berufungsgericht das Vermächtnis als gegen die guten Sitten verstoßend gemäß

---

[431] Vgl. RG, Urt. v. 18.09.1905 – IV 136/05, Abschrift S. 3 = *Schubert*, Erkenntnisse 1905, S. 639 (640).

[432] Vgl. RG, Urt. v. 04.11.1909 – IV 1/09, JW 1910, S. 6 Nr. 6.

[433] Siehe auch *Herzfelder*, in: Staudinger, BGB, Bd. V, 7./8. Aufl. 1914, § 2147 Anm. 5, S. 482.

[434] RG, Urt. v. 04.11.1909 – IV 1/09, Abschrift S. 4 = JW 1910, S. 6 (6) Nr. 6.

§ 138 BGB als nichtig an.[435] Nach dem RG sei diese Beurteilung, die auf der Feststellung beruhe, „daß das Vermächtnis dazu gedient habe, den unsittlichen Verkehr zwischen dem Ehemann der Beklagten und der Klägerin zu fördern“[436], rechtlich nicht zu beanstanden.

Damit tauchte erstmals der diese Fälle prägende Satz der Förderung des außerehelichen Geschlechtsverkehrs auf, der in den späteren Entscheidungen immer wieder als Begründung herangezogen wurde.[437] Der IV. Zivilsenat formulierte aber bereits im nächsten hierzu ergangenen Urteil vom 29.09.1910[438] eine Ausnahme von dem Grundsatz der Sittenwidrigkeit einer letztwilligen Zuwendung als Belohnung für ein ehebrecherisches Verhältnis für den Fall, wenn aus diesem Verhältnis gemeinsame Kinder zwischen dem Erblasser und der Bedachten hervorgegangen sind.[439] Der verheiratete und 1908 verstorbene Erblasser hatte in seinem Testament vom 11. November 1903 seine drei ehelichen Kinder (die Beklagten) als Erben eingesetzt und seiner Ehefrau eine jährliche Rente ausgesetzt. Durch einen Nachtrag zum Testament aus dem Jahre 1907 hatte er der Klägerin, mit der er zwischen 1904 und 1908 – also während er mit der Mutter der Beklagten verheiratet war – geschlechtlich verkehrt und die von ihr 1905 und 1906 geborenen zwei Töchter gezeugt hatte, ein Vermächtnis von 100.000 M zugewendet. Die beiden nichtehelichen Kinder sollten Ersatzbedachte sein. Schon zu seinen Lebzeiten hatte der Erblasser seine Geliebte und die nichtehelichen Kinder fortdauernd finanziell unterstützt.

Das OLG Naumburg a. S. hatte das Vermächtnis nach § 138 BGB für nichtig gehalten, weil der Erblasser mit der Zuwendung des Vermächtnisses die Klägerin lediglich „sowohl für den gestatteten Geschlechtsverkehr [habe] entlohnen als auch an sich fesseln und zur fortgesetzten Gestattung des Geschlechtsverkehrs [habe] bestimmen wollen“.[440] Das RG hob das Urteil auf und verwies die Sache zur anderweiten Verhandlung und Entscheidung zurück, weil die Annahme des Berufungsgerichts nicht durch die getroffenen Feststellungen gerechtfertigt sei. Es sei nicht auszuschließen, „daß der Erblasser möglicherweise die Zu-

---

[435] Vgl. RG, Urt. v. 04.11.1909 – IV 1/09, Abschrift S. 4 = JW 1910, S. 6 (6 f.) Nr. 6.

[436] RG, Urt. v. 04.11.1909 – IV 1/09, Abschrift S. 4 = JW 1910, S. 6 (7) Nr. 6.

[437] So *Karow*, S. 70.

[438] Vgl. RG, Urt. v. 29.09.1910 – IV 548/09, WarnRspr. 1910, Nr. 371 S. 388, vgl. *Schubert/Glöckner*, Nachschlagewerk, § 138 Nr. 197.

[439] Vgl. *Karow*, S. 70.

[440] RG, Urt. v. 29.09.1910 – IV 548/09, Abschrift S. 3 = WarnRspr. 1910, Nr. 371 S. 388 (388). Kritisch zu den Ausführungen des OLG aber *Falk*, in: Das Bürgerliche Gesetzbuch und seine Richter, S. 451 (478).

kunft der Klägerin und der gemeinschaftlichen Kinder wirtschaftlich habe sichern wollen".[441]

In seiner Begründung machte das RG deutlich, daß für die Frage, ob ein Vermächtnis gegen die guten Sitten verstoße, dieses nach den für die Rechtsgeschäfte maßgebenden allgemeinen Grundsätzen, insbesondere nach § 138 BGB zu beurteilen sei.[442] In letzterer Hinsicht komme es für die Entscheidung, ob ein Rechtsgeschäft gegen die guten Sitten verstoße, „nicht nur auf die Beweggründe des Handelnden und den Zweck des Geschäfts, sondern auch auf dessen Inhalt und die begleitenden Umstände"[443] an. Dies entsprach nur der bisherigen Rechtsprechung. Beachtenswert, weil erstmalig ausgesprochen sind vielmehr die nachfolgenden Gedanken des Gerichts: „An und für sich kann darin, daß ein Erblasser der Mutter zweier von ihm – wenn auch im ehebrecherischen Verkehre – erzeugten lebenden Kinder etwas vermacht, nicht ein Verstoß gegen die guten Sitten (die Sittlichkeit ist etwas anderes) erblickt werden. Eine solche Annahme wäre nur etwa dann gerechtfertigt, wenn durch das Vermächtnis die Witwe des Erblassers und seine ehelichen Kinder in Not versetzt oder in empörender Weise benachteiligt wären."[444] Diese Folgen seien hier aber nicht festgestellt.

Josef vermochte in seinem 1919 veröffentlichten Aufsatz[445], dessen genauer Inhalt später noch wiederzugeben sein wird, der im letzten Zitat des RG geäußerten Ansicht nicht beizutreten. Es wäre kein Anstoß daran zu nehmen, wenn der Erblasser nur den beiden Kindern ein Vermächtnis ausgesetzt hätte. Vorliegend widerspreche es aber den guten Sitten, daß der Erblasser seiner „Beischläferin", selbst wenn diese für die gemeinsamen Kinder zu sorgen hatte, eine Zuwendung und darüber hinaus in dieser Höhe machte, welche seine ehelichen Kinder als Beklagte entrichten sollten.[446] Entsprechend seiner propagierten Beweislastumkehr, wonach die Bedachte in derartigen Fällen die Entkräftung des tatsächlich vermuteten Sittenwidrigkeitsvorwurfs führen solle, habe die bedachte

[441] RG, Urt. v. 29.09.1910 – IV 548/09, Abschrift S. 4 = WarnRspr. 1910, Nr. 371 S. 388 (388).

[442] Vgl. RG, Urt. v. 29.09.1910 – IV 548/09, Abschrift S. 2 f. = WarnRspr. 1910, Nr. 371 S. 388 (388).

[443] RG, Urt. v. 29.09.1910 – IV 548/09, Abschrift S. 3 f. = WarnRspr. 1910, Nr. 371 S. 388 (388).

[444] RG, Urt. v. 29.09.1910 – IV 548/09, Abschrift S. 4 = WarnRspr. 1910, Nr. 371 S. 388 (388).

[445] Vgl. *Josef*, BadRpr. 1919, S. 10 f.

[446] Vgl. *Josef*, BadRpr. 1919, S. 10 (11).

Klägerin hier nichts dazu vorbringen können, „was den einer solchen Zuwendung grundsätzlich anhaftenden Makel zu beseitigen geeignet war".[447]

Einen weiteren Ausnahmefall sprach der IV. Zivilsenat im Urteil vom 03.11.1910[448] für letztwillige Zuwendungen an den Partner eines ehebrecherischen Verhältnisses aus. Der am 15. August 1908 verstorbene Erblasser hatte, nachdem er in Abänderung früherer letztwilliger Verfügungen am 11. Juni 1908 seine Ehefrau auf den Pflichtteil gesetzt hatte, nur einen Tag später, am 12. Juni 1908, der Klägerin ein Vermächtnis von 40.000 M letztwillig zugewendet.

Das LG Berlin hatte den gegen die beiden Testamentsvollstrecker des Nachlasses gerichteten Teilklagen stattgegeben, während das Kammergericht in der Berufungsinstanz auf Abweisung der eingeklagten Ansprüche erkannte, indem es mit Rücksicht auf ein zwischen dem Erblasser und der Klägerin bestandenes ehebrecherisches Verhältnis die Vermächtnisanordnung als gegen die guten Sitten verstoßend für nichtig erklärt hatte. Die dagegen gerichtete Revision wies das RG zurück. Nach den Feststellungen der Berufungsinstanz hatte „die Klägerin mit, dem Erblasser, einem viel älteren, reichen und, wie sie wußte, verheirateten Manne bis zu seinem Tode ein ehebrecherisches Verhältnis unterhalten, in dessen Verlaufe sie fortgesetzt erhebliche Geldzuwendungen von ihm erhalten, ihn zeitweise bis zur Grenze seines Könnens pekuniär in Anspruch genommen und ihn noch kurz vor seinem Tode ‚besonders energisch' zu einer so großen Zuwendung unter Lebenden zu drängen versucht hat, daß sie auf ihre alten Tage nicht zu darben brauche".[449] Es verstoße ohne weiteres gegen die guten Sitten und das Rechtsgeschäft sei damit nach § 138 Abs. 1 BGB nichtig, wenn sich der Erblasser daraufhin veranlaßt gesehen habe, der Klägerin das vorliegende Vermächtnis mit dem hohen Betrag auszusetzen.[450] Hierzu hob der Senat hervor, daß im Rahmen der bestehenden Rechtsprechung des RG das entscheidende Gewicht auf den Gesamtcharakter des Rechtsgeschäftes gelegt werden müsse, wobei Inhalt, Motiv und Zweck des Geschäfts als wichtige Anhaltspunkte hervorgehoben seien.[451] „Damit [sei] nicht gesagt, daß auch jeder einzelne dieser drei Merkmale für sich allein schon den Tatbestand der Sittenwidrigkeit ergeben müsse."[452] Deshalb könne das Urteil des Kammergerichts nicht allein schon aus dem Grunde der Aufhebung unterliegen, weil dieses

---

[447] *Josef*, BadRpr. 1919, S. 10 (11).

[448] Vgl. RG, Urt. v. 03.11.1910 – IV 70/10, JW 1911, S. 29 Nr. 6, vgl. *Schubert/Glöckner*, Nachschlagewerk, § 138 Nr. 199.

[449] RG, Urt. v. 03.11.1910 – IV 70/10, Abschrift S. 2 = JW 1911, S. 29 (29) Nr. 6.

[450] Vgl. RG, Urt. v. 03.11.1910 – IV 70/10, Abschrift S. 2 = JW 1911, S. 29 (29) Nr. 6.

[451] Vgl. RG, Urt. v. 03.11.1910 – IV 70/10, Abschrift S. 2 = JW 1911, S. 29 (29) Nr. 6.

[452] RG, Urt. v. 03.11.1910 – IV 70/10, Abschrift S. 2 = JW 1911, S. 29 (29) Nr. 6.

hauptsächlich auf den unsittlichen Beweggrund des Erblassers abgestellt habe,[453] „insofern es der Erblasser darauf abgesehen habe, die Klägerin durch das Vermächtnis, sei es für bisher geleistete unzüchtige Dienste zu belohnen, sei es sie zur zukünftigen Leistung solcher Dienste geneigt zu machen".[454] Das RG betonte allerdings unter der unstreitigen Tatsache, daß das Vermächtnis zugunsten der „Mätresse" erst einen Tag nach der Beschränkung der Ehefrau auf den Pflichtteil ausgesetzt wurde, daß „auch der Inhalt des Rechtsgeschäfts als in hohem Grade die Familienehre beschimpfend und deshalb unsittlich bezeichnet werden"[455] müsse. Andererseits bekannte sich der Senat am Schluß der Entscheidung allem Anschein und dem Grundsatz nach zu einer sittlichen Pflicht des Erblassers zur Ausgleichung der (hier vom Kammergericht verneinten) Einbußen, welche die Partnerin „durch den ehebrecherischen Verkehr mit dem Erblasser auch an ihrer Ehre, Gesundheit oder in ihren wirtschaftlichen Verhältnissen ... erlitten habe".[456] Damit bestätigte es indirekt die Ansicht Kohlers.

Von seiner gefundenen Linie im Falle der sittenwidrigen letztwilligen Zuwendungen wich das RG bis zum Ende des Jahres 1914 nicht mehr ab, was die folgenden, allein im kurzen Überblick zu referierenden Entscheidungen belegen.

So gab es in den beiden, nirgends abgedruckten Urteilen vom 02.11.1911[457], die im wesentlichen auf dem gleichen Sachverhalt beruhten, keinen Anlaß für die Frage, ob das ausgesetzte Legat zur Förderung unsittlichen Verkehrs habe dienen sollen. Der im November 1909 verstorbene Erblasser hatte ein am 10. Februar 1909 errichtetes Testament hinterlassen. Hierin setzte er seine von ihm getrennt lebende Ehefrau und die beiden aus der Ehe hervorgegangenen und verheirateten Töchter auf den Pflichtteil. Weiterhin bestimmte er im Testament als Vermächtnis für die damals mit ihm zusammenlebende Klägerin, die er dort als „seine treue Lebensgefährtin" bezeichnete, neben einem Hausgrundstück in Hamburg[458] auch den gesamten Hausrat[459]. Das OLG Hamburg hielt das der Klägerin ausgesetzte Vermächtnis nicht für sittenwidrig, mochte auch das Zusammenleben des verheirateten Erblassers mit ihr sittlich zu mißbilligen sein.[460] Der Auffassung schloß sich das RG an, zumal vor dem Berufungsrichter vorgetragen worden war, die letzten Lebensjahre seien für den Erblasser durch

[453] Vgl. RG, Urt. v. 03.11.1910 – IV 70/10, Abschrift S. 2 = JW 1911, S. 29 (29) Nr. 6.

[454] RG, Urt. v. 03.11.1910 – IV 70/10, Abschrift S. 2 f. = JW 1911, S. 29 (29) Nr. 6.

[455] RG, Urt. v. 03.11.1910 – IV 70/10, Abschrift S. 3 = JW 1911, S. 29 (29) Nr. 6.

[456] RG, Urt. v. 03.11.1910 – IV 70/10, Abschrift S. 3 = JW 1911, S. 29 (29) Nr. 6; siehe auch *Karow*, S. 72.

[457] Vgl. RG, Urt. v. 02.11.1911 – IV 59/11 und RG, Urt. v. 02.11.1911 – IV 41/11.

[458] So der Streitgegenstand in RG, Urt. v. 02.11.1911 – IV 59/11, Abschrift S. 4.

[459] So der Streitgegenstand in RG, Urt. v. 02.11.1911 – IV 41/11, Abschrift S. 3.

[460] Vgl. RG, Urt. v. 02.11.1911 – IV 59/11, Abschrift S. 4.

Krankheit sehr schwer gewesen und die Klägerin habe ihn treu gepflegt und außerdem feststand, daß das Testament erst neun Monate vor dessen Tode errichtet worden sei.[461]

Schließlich setzte nach dem Tatbestand der Entscheidung des V. Zivilsenats vom 28.11.1914[462] der Erblasser in seinem Testament die Frau R. und deren zwei Kinder zu Erben ein. Die Beklagten, die Tochter des Erblassers sowie deren Ehemann, waren der Ansicht, das Testament sei wegen Verstoßes gegen die guten Sitten nichtig. Hierzu behaupteten sie, der Erblasser habe nicht nur mit Frau R. in wilder Ehe gelebt, sondern sei auch mit deren Tochter „intim befreundet" gewesen und habe beide „als Entgelt dafür" in seinem Testament bedacht. Das OLG Naumburg a. S. sowie das RG lehnten diesen geltend gemachten Einwand ab. Die Erbeinsetzung im Testament würde gegen die guten Sitten verstoßen, wenn der Erblasser die Frau R. oder deren Tochter dadurch „zur Eingehung eines unsittlichen Verhältnisses"[463] hätte bestimmen wollen, nicht dagegen ohne weiteres auch schon dann, wenn er die Anordnung getroffen habe, weil er mit der einen oder der anderen oder gar mit beiden in einem unsittlichen Verhältnisse gestanden hatte oder stand.[464] Zur Anwendung des § 138 BGB würde es aber auch ausreichen, wenn er die Anordnung getroffen hätte, um Frau R. oder ihre Tochter zur Fortsetzung eines bereits bestehenden Geschlechtsverkehrs zu bestimmen.[465]

Im Ergebnis läßt sich damit feststellen, daß auch nach der Rechtsprechung des RG ein Vermächtnis, das gegen die guten Sitten verstößt, nach § 138 BGB nichtig war. Jedoch verstieß nach Ansicht des Gerichts das Vermächtnis eines verheirateten Mannes an eine Frau nicht schon um deswillen wider die guten Sitten, weil der Erblasser zu ihr in einem unsittlichen Verhältnis stand, wohl aber dann, wenn es zur Belohnung für den bisher gewährten Geschlechtsverkehr und/oder um sie zu dessen Fortsetzung zu bestimmen ausgesetzt war. Im Gegensatz dazu sei die letztwillige Zuwendung eines Erblassers an die Mutter seiner im Ehebruch gezeugten Kinder nur unter besonderen Umständen, zum Beispiel bei gröblicher Benachteiligung der eigenen Angehörigen, wegen Verstoßes ge-

---

[461] Vgl. RG, Urt. v. 02.11.1911 – IV 59/11, Abschrift S. 4 und RG, Urt. v. 02.11.1911 – IV 41/11, Abschrift S. 3.

[462] Vgl. RG, Urt. v. 28.11.1914 – V 286/14, *Schubert*, Erkenntnisse 1914, S. 605.

[463] RG, Urt. v. 28.11.1914 – V 286/14, Abschrift S. 5 = *Schubert*, Erkenntnisse 1914, S. 605 (608).

[464] Vgl. RG, Urt. v. 28.11.1914 – V 286/14, Abschrift S. 5 = *Schubert*, Erkenntnisse 1914, S. 605 (608) unter Verweis auf: RG, Urt. v. 04.11.1909 – IV 1/09, JW 1910, S. 6 Nr. 6 und RG, Urt. v. 03.11.1910 – IV 70/10, JW 1911, S. 29 Nr. 6.

[465] Vgl. RG, Urt. v. 28.11.1914 – V 286/14, Abschrift S. 5 = *Schubert*, Erkenntnisse 1914, S. 605 (608).

gen die guten Sitten unwirksam. Insgesamt ist eine Kontinuität bei der Beurteilung der Sachverhalte im Hinblick auf einen Sittenverstoß nicht zu verkennen. Das Gericht blieb konsequent bei seinem Grundsatz, daß die Motive allein das Rechtsgeschäft nicht schon nichtig machten, es vielmehr auch auf den Inhalt und die Umstände des Rechtsgeschäftes für die Prüfung eines Verstoßes gegen die guten Sitten ankomme.

Im Anschluß an die Judikatur des RG hob auch *Franz Leonhard* hervor, daß für die Prüfung der Sittenwidrigkeit eines Vermächtnisses nicht nur auf die Beweggründe des Erblassers, sondern daneben auch auf den objektiven Inhalt des Vermächtnisses Rücksicht zu nehmen sei. Dabei sei insbesondere dem freien Bestimmungsrecht des Erblassers gebührend Rechnung zu tragen, weshalb nicht schon jede unmoralische Zuwendung als nichtig betrachtet werden könne.[466] Nur eine solche Zuwendung sei nichtig, „die in unmittelbare Beziehung zu einer unsittlichen Handlung gesetzt ist oder das sittliche Empfinden in besonders krasser Weise verletzt“.[467] Die gleichen Ausführungen machte er zum Inhalt eines Testaments. Dieses sei nichtig, wenn es den Ehebruch belohne oder dazu bestimmt sei, den unsittlichen Geschlechtsverkehr zu fördern. Indes sei auch hier, wie schon beim Vermächtnis, eine vorsichtige Behandlung geboten. Man dürfe nicht jede Zuwendung schon deshalb für unsittlich erklären, weil der Erblassers mit der im Testament eingesetzten Frau unerlaubten Geschlechtsverkehr hatte.[468] Unter dem Hinweis auf die Meinung von Kohler könne es sogar ein Gebot der Sittlichkeit sein, „eine solche Frau für die zugefügte Unbill zu entschädigen und sicher zu stellen“.[469] Eine Unsittlichkeit könne zudem, wie es auch die Rechtsprechung tat, dann angenommen werden, wenn die Ehefrau und die aus der Ehe hervorgegangenen Kinder in empörender Weise durch die Zuwendung im Testament benachteiligt würden.[470] Seines Erachtens müsse dieser Nichtigkeitsgrund aber noch aus einem anderen Gesichtspunkt eingeschränkt werden: „Nicht eine jede Einsetzung, die unserm sittlichen Empfinden widerspricht, darf als nichtig gelten. Wenn ein Erblasser seine Kinder ohne Grund übergeht und fremde Personen aus Lieblosigkeit oder gar aus Berechnung einsetzt, so kann uns das als unsittlich erscheinen. Dennoch ist die Einsetzung nicht als nichtig zu behandeln; darauf deutet ..., daß die übergangenen Kinder nur einen Pflichtteilsanspruch auf die Hälfte haben. Man wird das nicht mit dem bekannten Rechtssatze erklären können, daß ein Rechtsgeschäft nur durch seinen Inhalt, nicht durch seine Motive allein zum unsittlichen werden kann. Denn es ist hier eben auch

---

[466] Vgl. *F. Leonhard*, Erbrecht, 2. Aufl. 1912, § 2171 Anm. V., S. 314.

[467] *F. Leonhard*, Erbrecht, 2. Aufl. 1912, § 2171 Anm. V., S. 314.

[468] Vgl. *F. Leonhard*, Erbrecht, 2. Aufl. 1912, § 2229 Anm. I.B.4.b), S. 369.

[469] *F. Leonhard*, Erbrecht, 2. Aufl. 1912, § 2229 Anm. I.B.4.b), S. 369.

[470] Vgl. *F. Leonhard*, Erbrecht, 2. Aufl. 1912, § 2229 Anm. I.B.4.b), S. 369 f.

der Inhalt der Verfügung selbst unsittlich. Sondern man wird es darauf zurückführen müssen, daß das Gesetz dem Erblasser die Bestimmung seines Erben frei überläßt und dabei auch seinen Launen und unlauteren Neigungen Spielraum läßt. Nur dann kann sie beanstandet werden, wenn die Einsetzung in unmittelbare Beziehung zu einer unsittlichen Handlung gesetzt wird, sich also direkt als Anlockung oder Belohnung für ein unerlaubtes Verhalten darstellt, oder aber in krasser Weise das sittliche Empfinden verletzt."[471]

In diesem Sinne äußerte sich auch *Kiehl* im Kommentar der Reichsgerichtsräte zum BGB aus dem Jahre 1913. Nach ihm kam es entscheidend darauf an, „ob es sich um eine Zuwendung aus Rücksicht auf die beabsichtigte Fortsetzung des Geschlechtsverkehrs [und eines einhergehenden Verstoßes wider die guten Sitten wegen des damit verfolgten Zweckes] oder aus Anlaß des zuvor bestehenden Verhältnisses handelt".[472] Was den letzten Fall betreffe, so könne ein Verstoß gegen die guten Sitten „schwerlich unbedingt" angenommen werden.[473]

Eine Trendwende versuchte *Josef* durch einen Aufsatz 1919 einzuleiten. Er setzte sich mit den bisher geäußerten Literaturstimmen auseinander und legte seine Ansichten an einem anfangs von ihm erwähnten, in der Praxis vorgekommenen Fall dar: Ein Arzt, dessen Ehefrau und Kinder vorverstorben waren, berief seinen Bruder und eine ledige Arbeiterin als Erben. Der Bruder verweigerte der Frau jede Teilnahme am Nachlaß und wendete gegen deren Klage auf Anerkennung ihres Miterbrechts ein, daß sie schon zu Lebzeiten der Ehefrau des Erblasser, zur Zeit der Errichtung des Testaments und bis zum Tode des Erblassers mit ihm geschlechtlich verkehrt habe, was unbestritten blieb. Zur gerichtlichen Entscheidung kam es jedoch nicht, weil der Rechtsstreit durch Vergleich endete.[474] Anbei sei bemerkt, daß *Falk* in den Erörterungen von Josef eine ge-

---

[471] *F. Leonhard*, Erbrecht, 2. Aufl. 1912, § 2229 Anm. I.B.4.b), S. 370. *Josef*, BadRpr. 1919, S. 10 (11), hielt dem von F. Leonhard vorgebrachten Nichtigkeitsgrund, daß die Zuwendung „in krasser Weise das sittliche Empfinden verletzt" entgegen, daß sie der Bestimmtheit und hiermit der praktischen Brauchbarkeit entbehre: „Denn dieses sittliche Empfinden hängt wieder ab von der Anschauung des einzelnen über die Entschuldbarkeit des Geschlechtsverkehrs unverheirateter Männer und hierfür sind die Anschauungen so verschieden, daß man von einem Urteil ‚aller billig und gerecht Denkenden', das ja bei der Entscheidung anderer Fragen von Bedeutung ist, gar nicht sprechen kann; und selbst die Frage nach der ‚relativen Erlaubtheit' außerehelichen Geschlechtsverkehrs verheirateter Männer spielte bei Erörterung der Frage, ob Geisteskrankheit als Scheidungsgrund (§ 1569) zuzulassen sei, ob also die Scheidung zu verweigern sei trotz der Gefahr, daß der gesunde Gatte außerehelich verkehre, eine Rolle. Je nach der Milde oder Strenge in der Beurteilung solcher Fragen wird das Urteil darüber schwanken, ob die Zuwendung an die Beischläferin dem sittlichen Empfinden überhaupt oder gar ‚in krasser Weise' widerspricht."

[472] *Kiehl*, in: RGRK, BGB, Bd. I, 2. Aufl. 1913, § 138 Anm. 1.a), S. 164.

[473] Vgl. *Kiehl*, in: RGRK, BGB, Bd. I, 2. Aufl. 1913, § 138 Anm. 1.a), S. 164.

[474] Vgl. *Josef*, BadRpr. 1919, S. 10 (10).

wisse Parteilichkeit zu erkennen glaubte, weil Josef in der Sache den beklagten Bruder des Verstorbenen als Rechtsanwalt vertreten habe.[475]

Auch nach Ansicht Josefs sei eine letztwillige Zuwendung nichtig, „wenn der Erblasser bei der Anordnung zum Ausdruck bringt, daß sie die Belohnung für stattgehabten Geschlechtsverkehr darstelle oder daß sie erfolge, weil die Bedachte die Fortsetzung des Geschlechtsverkehrs von einer Zuwendung abhängig gemacht habe“.[476] Nun könne es aber passieren, daß der Erblasser dies gerade nicht zum Ausdruck gebracht habe und sein Beweggrund für die Zuwendung und der hiermit verfolgte Zweck ein ganz anderer sei.[477] Im Grundsätzlichen erklärte er sich mit den Ausführungen von Kohler aus dem Jahr 1891 einverstanden. Anders als dieser plädierte Josef aber für eine tatsächliche Beweislastumkehr, die er auf eine einfache Begründung stützte und der man durchaus den Vorwurf der puren Behauptung entgegensetzen kann. In seinen Überlegungen zum eingangs mitgeteilten Sachverhalt liest man: „Regelmäßig [!] wird die Zuwendung veranlaßt durch die persönlichen Beziehungen des Erblassers zum Bedachten; also Verwandtschaft, Freundschaft, Dankbarkeit, Mitleid dergl. ist der Beweggrund der Zuwendung. Hat nun zwischen dem Erblasser und der Bedachten ein unehelicher Geschlechtsverkehr bestanden, so ist die tatsächliche Vermutung begründet [!], daß diese persönliche Beziehung der Beweggrund der Zuwendung ist, diese also Belohnung für den von der Bedachten gestatteten Geschlechtsverkehr ist, danach gegen die guten Sitten verstößt. Die Bedachte kann sich nicht darauf berufen, daß der Erblasser zu der Zuwendung bewogen sei durch Mitleid mit der ‚Proletarierin‘ (weil diese in elenden Verhältnissen geboren und ohne Erziehung aufgewachsen, nur zu leicht auf Abwege habe geraten können) oder weil er sie (wie dies Jastrow a. a. O. hervorhebt) auch bei Lebzeiten unterstützt habe. Denn dieses Mitleid und die bei Lebzeiten gewährte Unterstützung sind ja wieder nur hervorgerufen durch den zwischen Beiden bestandenen unerlaubten Verkehr; dieser ist der Beweggrund, wie für das Mitleid und die Unterstützungen, so auch für die letztwillige Zuwendung.“[478] Ein Beweis sollte dazu überflüssig sein. Statt dessen schob er vielmehr der Geliebten die Beweislast zu, indem sie ihrerseits Umstände zur Widerlegung der Vermutung vortragen und beweisen sollte, welche ausnahmsweise den Einwand der Sittenwidrigkeit zu entkräften vermöchten: „Wohl aber fällt das Sittenwidrige der Zuwendung fort, wenn die Bedachte nachweist, daß der von Kohler a.a.O. hervorgehobene Fall vorliege, daß also der Erblasser die Bedachte ver-

---

[475] Vgl. *Falk*, in: Das Bürgerliche Gesetzbuch und seine Richter, S. 451 (480 ff.).

[476] *Josef*, BadRpr. 1919, S. 10 (10). Siehe auch den sehr ähnlichen, nur stark gekürzten und im Aufbau veränderten, später publizierten Aufsatz von *Josef*, SächsA 14 (1919), S. 258 f.

[477] Vgl. *Josef*, BadRpr. 1919, S. 10 (10).

[478] *Josef*, BadRpr. 1919, S. 10 (11).

führt und ihr hierdurch die Möglichkeit erschwert habe, durch ehrliche Arbeit ihr Brot zu verdienen oder sich durch Heirat zu versorgen. Ebenso widerlegt die Bedachte die Vermutung der Sittenwidrigkeit der Zuwendung durch den Nachweis, daß zwischen ihr und dem Erblasser ein Verlöbnis bestanden habe, das dann zu einer Ehe nicht geführt habe. ... Wenn die Bedachte ferner dem Erblasser, mit dem sie in unerlaubtem Geschlechtsverkehr gestanden hat, durch anderweite Handlungen zu Dank verpflichtet hat, ihn z. B. in seiner Krankheit gepflegt hat, oder wenn der Geschlechtsverkehr sehr lange vor der letztwilligen Verfügung stattgefunden hat, so daß der Zusammenhang zwischen jenem und der Zuwendung nicht mehr als vorhanden erachtet werden kann, wird die Zuwendung gleichfalls als rechtswirksam zu erachten sein. Aber grundsätzlich ist, sobald der Geschlechtsverkehr unstreitig oder nachgewiesen, die Zuwendung nichtig, und die Bedachte hat zur Widerlegung dieser Folge ihrerseits Nachweise der eben gedachten Art zu führen."[479] Abschließend faßte er die vorstehenden Darlegungen in einem Ergebnis zusammen, daß der Vollständigkeit halber und wegen seiner Kompaktheit in der Fußnote angeführt wird.[480]

Den Ansichten von Josef folgte später *Linz*, der sich 1922 für die gleiche (behauptete) Vermutungsregel aussprach: „Bei einer Zuwendung an die Mätresse spricht immer dafür die Vermutung, daß ein unsittliches Rechtsgeschäft vorliegt."[481] Darüber hinaus stellte er an den Gegenbeweis, durch den die Mätresse diese Vermutung zu entkräften habe,[482] deutlich höhere Anforderungen, nämlich

---

[479] *Josef*, BadRpr. 1919, S. 10 (11).

[480] Siehe *Josef*, BadRpr. 1919, S. 10 (11): „Letztwillige Zuwendungen werden regelmäßig veranlaßt durch die persönlichen Beziehungen des Erblassers zum Bedachten, wie Verwandtschaft, Dankbarkeit, Mitleid. Hat nun zwischen dem Erblasser und der Bedachten ein außerehelicher Geschlechtsverkehr bestanden, so ist die tatsächliche Vermutung begründet, daß diese persönliche Beziehung der Beweggrund der Zuwendung, diese eine Belohnung für den von der Bedachten gestatteten Geschlechtsverkehr ist. Eine solche Zuwendung ist also grundsätzlich nach § 138 Abs. 1 BGB nichtig. Zur Widerlegung dieser Rechtsfolge muß die Bedachte ihrerseits Umstände nachweisen, die geeignet sind, den einer solchen Zuwendung grundsätzlich anhaftenden Makel zu beseitigen, z. B. daß der Erblasser die Bedachte verführt und ihr hierdurch die Möglichkeit eines geordneten Erwerbes oder der Verehelichung erschwert habe, oder daß zwischen ihr und dem Erblasser ein Verlöbnis bestanden habe, und der Geschlechtsverkehr danach in Erwartung der Eheschließung stattgefunden habe, oder daß der Erblasser ihr durch andere Handlungen (z. B. Krankenpflege) verpflichtet gewesen und die Zuwendung eine Belohnung für diese ihre Tätigkeit darzustellen geeignet sei. Auch ein langjähriger Zeitraum, der zwischen dem unerlaubten Verkehr und der Testamentserrichtung liegt, kann jene Folgerung zu beseitigen geeignet sein."

[481] *Linz*, DJZ 1922, Sp. 437 (438).

[482] Vgl. *Linz*, DJZ 1922, Sp. 437 (438).

eine „besonders präzise Gegenbeweisführung"[483] aus zwei Gründen: „Einmal, um im Kampf gegen die Zügellosigkeit der Sitten jedermann von letztwilligen Verfügungen an die Mätresse tunlichst abzuhalten, und zum anderen, um, wo solche dennoch getroffen wurden, die gesetzlichen Erben angesichts größerer Aussicht auf Sieg zum Prozeß zu ermutigen, den sie sonst, um das Waschen allzuviel schmutziger Wäsche zu vermeiden, vielleicht nicht angestrengt hätten."[484] Damit trat auch Linz, der wie Josef Rechtsanwalt und damit Interessenvertreter war, im wesentlichen für eine faktische Beweislastumkehr in der Praxis ein. Diese sollte ganz klar zum Nachteil der bedachten Geliebten gehen, da ihr ein Beweis des Gegenteils nur schwer möglich war.

Offensichtlich keine Beachtung in der Literatur fanden hingegen die Zuwendungen unter Lebenden; jedenfalls konnte keine Stellungnahme zu einer der nachfolgenden Entscheidungen ausfindig gemacht werden. Dennoch sollen die gefundenen Judikate berichtet werden, liegen sie doch erkennbar auf der vom RG vertretenen Rechtsprechung zu den Mätressen-Testamenten.

Der IV. Zivilsenat des RG urteilte am 08.07.1912[485] über den folgenden, im wesentlichen mitgeteilten Sachverhalt: Die Klägerin zu 2. war die Vorerbin ihrer Mutter. Sie bezog nur aus dem mütterlichen Nachlaß Einkünfte. Der Nachlaß wurde vom Kläger zu 1. als Testamentsvollstrecker verwaltet. Durch notarielle Urkunde vom 24. Februar 1909 hatte die Klägerin zu 2. gegenüber dem Beklagten eine Schuld aus einem bar gezahlten Darlehen von 6.300 M anerkannt und sich zur Verzinsung dieses Betrages verpflichtet. Zur Tilgung des Darlehens trat sie dem Beklagten ihre Ansprüche auf die Einkünfte des mütterlichen Nachlaßvermögens ab und ermächtigte den Kläger zu 1. zur Auszahlung an den Beklagten.

Während das LG Crefeld die mit der Klage vorgetragene Nichtigkeit des Rechtsgeschäfts abgewiesen hatte, wurde im Urteil des OLG Düsseldorf festgestellt, daß der Beklagte nicht berechtigt sei, aus der Urkunde der Klägerin zu 2. gegenüber Rechte herzuleiten oder die ihm darin abgetretenen Ansprüche auf die Nachlaßeinkünfte gegenüber dem Kläger zu 1. geltend zu machen. Die vom Beklagten eingelegte Revision wies das RG zurück. Der Berufungsrichter habe in tatsächlicher Hinsicht und deshalb in der Revisionsinstanz unangreifbar festgestellt, daß der Beklagte das in der Urkunde erwähnte Darlehen der Klägerin „mit Rücksicht auf den mit ihr gepflogenen Geschlechtsverkehr und um sie hierzu zu bestimmen"[486] gewährt habe. „Aus dieser Unsittlichkeit der Zweckbe-

---

483 *Linz*, DJZ 1922, Sp. 437 (438).

484 *Linz*, DJZ 1922, Sp. 437 (438).

485 Vgl. RG, Urt. v. 08.07.1912 – IV 137/12, Recht 1912, Beil. Nr. 2801.

486 RG, Urt. v. 08.07.1912 – IV 137/12, Abschrift S. 2.

stimmung ist mit Recht die Nichtigkeit der einzelnen Darlehen von der Klägerin eingegangenen Darlehnsverpflichtungen und der Ausschluß des Rückforderungsrechts auf Seiten des Beklagten abgeleitet [worden] (Bürgerliches Gesetzbuch §§ 138, 817 Abs. 1)."[487] Die Klägerin sei deshalb gemäß § 812 Abs. 1 Satz 1, 1. Fall BGB mit der sog. condictio indebiti zum Widerruf des unwirksamen Anerkenntnisses berechtigt, womit aber auch die Unwirksamkeit der weiter übernommenen Verpflichtungen festzustellen sei.[488]

Dieser Sichtweise begegnet man erneut im Urteil des V. Zivilsenats vom 23.04.1913[489]. Dort hatte der Kläger mittels notarieller Erklärung vom 30. Juli 1906 seine Hypothek über 20.000 M an die bei ihm seit Anfang 1905 als Haushälterin angestellte Beklagte abgetreten, mit der er schon vor der Abtretung und auch noch danach geschlechtlich verkehrt hatte. Das OLG Celle fand einen Verstoß gegen die guten Sitten darin, daß der Kläger der Beklagten die Hypothek abgetreten habe, „um sie für den ihm gewährten Geschlechtsverkehr zu belohnen und zur Fortsetzung dieses Verkehrs geneigt zu machen, und daß die Beklagte die Leistung in gleichem Sinne angenommen hat".[490] Nach dem RG sei damit aber nur der Charakter des dem abstrakten Rechtsgeschäft der Abtretung zugrunde liegenden Grundgeschäfts bezeichnet, dessen Inhalt kein anderer sein könne als der, daß der Kläger der Beklagten für ihm gewährten und noch zu gewährenden Geschlechtsverkehr die Hypothek abzutreten sich verplichtete. Ob dieses Grundgeschäft gegen die guten Sitten verstoße, blieb dahingestellt, denn daraus ergebe sich nicht auch die Sittenwidrigkeit und Nichtigkeit des abstrakten Abtretungsgeschäftes.[491]

In der vom VI. Zivilsenat des RG am 03.05.1913[492] getroffenen Entscheidung ging es nochmals um das Anerkenntnis einer Geldschuld. Die Beklagte hatte dem Kläger am 1. Oktober 1909 einen Schuldschein ausgestellt, in dem sie sich diesem gegenüber zu einer Schuld von 5.000 M bekannte. Weiter hatte sie sich hierin verpflichtet, die 5.000 M „zurückzuzahlen", wenn sie eine Erbschaft antreten oder sich anderweitig verheiraten werde. Der Kläger verlangte auf Grund dieses Schuldscheines und unter der Behauptung, der Beklagten sei die Erbschaft ihrer Mutter zugefallen, die Zahlung der genannten Summe.

Die Vorinstanzen gaben der Klage statt. Beide hatten übereinstimmend den Einwand der Beklagten verworfen, wonach das dem Schuldschein zugrunde liegende Schuldverhältnis und somit auch dessen Anerkenntnis in dem Schuld-

[487] RG, Urt. v. 08.07.1912 – IV 137/12, Abschrift S. 2.

[488] Vgl. RG, Urt. v. 08.07.1912 – IV 137/12, Abschrift S. 2.

[489] Vgl. RG, Urt. v. 23.04.1913 – V 4/13, JW 1913, S. 682 Nr. 1.

[490] RG, Urt. v. 23.04.1913 – V 4/13, Abschrift S. 5 = JW 1913, S. 682 (683) Nr. 1.

[491] Vgl. RG, Urt. v. 23.04.1913 – V 4/13, Abschrift S. 5 = JW 1913, S. 682 (683) Nr. 1.

[492] Vgl. RG, Urt. v. 03.05.1913 – VI 51/13, BayZ 9 (1913), S. 299 IV.

schein selbst nach § 138 Abs. 1 BGB nichtig seien. Insoweit hatte das Berufungsgericht entsprechend der Behauptung des Klägers unter anderem festgestellt, daß die Zahlung der Summe eine Entschädigung dafür darstellen sollte, daß er durch das längere Zeit hindurch fortgesetzte Liebesverhältnis mit der Beklagten andere Gelegenheiten, sich zu verheiraten, versäumt habe.[493] Das Liebesverhältnis zwischen den Parteien habe seit 1903 bestanden und damals, im Gegensatz zum Zeitpunkt der Ausstellung des Schuldscheins, sei die Beklagte verheiratet gewesen.[494] Die Ablehnung der Sittenwidrigkeit billigte der VI. Zivilsenat indes nicht: „Die Unterhaltung eines Liebesverhältnisses mit einer verheirateten Frau ist von vornherein unsittlich, und wenn sich ein Mann von dieser Frau dafür eine Entschädigung versprechen läßt, daß er diesem unsittlichen Liebesverhältnis seine Zeit geopfert und dadurch die Gelegenheiten zu einer anderweiten Heirat verpaßt habe, so muß auch dieses Versprechen und seine Annahme als gegen die guten Sitten und gegen das allgemeine Anstandsgefühl verstoßend erachtet werden. Es ist möglich, daß im Einzelfalle eine andere und mildere Auffassung des Verhältnisses und damit auch des um seinetwillen abgegebenen Geldversprechens gerechtfertigt sein kann; es wird aber gegenüber der Sachlage Sache des Klägers sein, darzulegen, weshalb im gegebenen Falle von einem unsittlichen Verhältnisse nicht die Rede sein kann, und daß er ohne Verletzung der sittlichen Anschauungen der Allgemeinheit berechtigt gewesen sei, ein Geldversprechen mit den dem Schuldschein zugrunde liegenden Inhalt von der Beklagten zu fordern und anzunehmen."[495] Das RG legte außerdem gegen die Gültigkeit der im Schuldschein festgeschriebenen Verpflichtung ausführlich dar, daß die darin anerkannte Schuldverpflichtung als unentgeltliche Zuwendung im Sinne des § 516 BGB, mithin als Schenkung anzusehen sei.[496]

Daß ein Liebesverhältnis mit einer Verheirateten vom RG als „von vornherein unsittlich" eingestuft wurde überrascht nicht, wohl aber die Ausführungen am Ende des vorigen Zitats. Es wäre von Interesse gewesen, vom erkennenden Senat zu erfahren, unter welchen Umständen „eine mildere Auffassung des Verhältnisses" gerechtfertigt sei. Es kann davon ausgegangen werden, daß das RG unter Berücksichtigung seiner Rechtsprechung zur Gewährung von Geldleistungen gegen geschlechtliche Hingabe, sowie dem praktizierten Schutz der Ehe und den damals konservativen Auffassungen ein solche Ausnahme nur unter engen Voraussetzungen anerkannt hätte.

---

[493] Vgl. RG, Urt. v. 03.05.1913 – VI 51/13, Abschrift S. 4 f. = BayZ 9 (1913), S. 299 (299 f.).

[494] Vgl. RG, Urt. v. 03.05.1913 – VI 51/13, Abschrift S. 5 = BayZ 9 (1913), S. 299 (300).

[495] RG, Urt. v. 03.05.1913 – VI 51/13, Abschrift S. 5 = BayZ 9 (1913), S. 299 (300).

[496] Vgl. RG, Urt. v. 03.05.1913 – VI 51/13, Abschrift S. 5 f. = BayZ 9 (1913), S. 299 (300).

In der Entscheidung des III. Zivilsenats vom 22.09.1914[497] wurde erneut durch das RG angedeutet, daß es unter Aufrechterhaltung seiner bisherigen Rechtsprechung das Versprechen eines Geldbetrages für den in der Vergangenheit liegenden Geschlechtsverkehr zur Entschädigung eines erlittenen Schadens als „Anstandspflicht" nicht als gegen die guten Sitten verstoßend einschätzte. Die ledige Klägerin war von 1902 bis 1913 als Haushaltswirtschafterin bei dem damals unverheirateten Beklagten gegen eine Jahresvergütung von zunächst 300 M, später 400 M angestellt. Diese Stellung hatte sie verlassen, als sich der Beklagte verlobte. Im Laufe des Dienstverhältnisses kam es zu einem intimen mit Geschlechtsverkehr verbundenen Verhältnis zwischen den Parteien. Die Klägerin behauptete, der Beklagte habe sie seit 1907 wiederholt aufgefordert, in ihrer bisherigen Stellung bei ihm zu bleiben, da er nicht heiraten werde, und versprochen, ihr für den Fall seiner Verheiratung 20.000 M zu geben. Auf dieses vom Beklagten bestrittene Versprechen stützte sich die Klage nach dessen Verheiratung. Anders als das OLG Dresden erblickte das RG aufgrund der Umstände in dem angeblichen Versprechen einen Verstoß gegen die guten Sitten, denn der Beweggrund des Beklagten sei nicht jener gewesen, die Dienste der Klägerin zu erhalten und zu belohnen,[498] sondern vielmehr der, „die Klägerin zur Fortsetzung des vertraulichen, insbesondere geschlechtlichen Umgangs, der selbstverständlich bei einer Verheiratung des Beklagten sein Ende finden mußte, zu bestimmen. Daß aber ein in diesem Sinne und zu diesem Zwecke abgegebenes Versprechen gegen das allgemeine Anstandsgefühl verstößt und deshalb nach § 133 [recte: § 138] Abs. 1 des Bürgerlichen Gesetzbuchs nichtig ist, bedarf keiner Auseinandersetzung. Insbesondere handelte es sich nicht sowohl um eine Belohnung des in der Vergangenheit liegenden Verkehrs und eine Entschädigung für etwaigen Schaden, den die Klägerin durch die von ihr behauptete Verführung des Beklagten hinsichtlich ihres künftigen Fortkommens erlitten hatte und dessen Ausgleichung eine Anstandspflicht des Beklagten gewesen wäre, sondern um eine Fortsetzung des Verkehrs und dessen Belohnung."[499]

2. Vereinbarungen über das Recht zur Erziehung der Kinder

In den vorstehenden Kapitel wurden rechtsgeschäftliche Vereinbarungen betrachtet, mit denen Ehegatten ihr persönliches oder vermögensrechtliches Verhältnis zueinander bestimmt hatten. Wurden in der Ehe Kinder gezeugt, konnten daneben auch Absprachen zwischen den Eltern darüber getroffen werden, wie sich deren Beziehung zu den Kindern gestalten sollte. Insbesondere die Zuwei-

---

497 Vgl. RG, Urt. v. 22.09.1914 – III 194/14.

498 Vgl. RG, Urt. v. 22.09.1914 – III 194/14, Abschrift S. 3.

499 RG, Urt. v. 22.09.1914 – III 194/14, Abschrift S. 3.

sung der elterlichen Gewalt und damit das Recht zur Erziehung der Kinder für den Fall der Scheidung war in der Gerichtspraxis und somit für die vorliegende Arbeit von einiger Relevanz.

Nach der ursprünglichen Fassung des BGB stand ein Kind, solange es minderjährig war (siehe § 1626 BGB a. F.[500]), unter der elterlichen Gewalt des Vaters. Dieser hatte gemäß § 1627 BGB a. F. „kraft der elterlichen Gewalt das Recht und die Pflicht, für die Person und das Vermögen des Kindes zu sorgen“[501], was nach § 1630 Abs. 1 BGB a. F. auch die Vertretung des Kindes mit einschloß.[502] „Die Sorge für die Person des Kindes“, so § 1631 Abs. 1 BGB a. F., „umfaßt[e] das Recht und die Pflicht, das Kind zu erziehen, zu beaufsichtigen und seinen Aufenthalt zu bestimmen.“[503] Während der Dauer der Ehe hatte neben dem Vater auch die Mutter gemäß § 1634 Satz 1 BGB a. F. „das Recht und die Pflicht, für die Person des Kindes zu sorgen“[504], so daß die Personensorge während bestehender Ehe ein gemeinsames Recht beider Elternteile war.[505] Zur Vertretung des Kindes war sie dagegen ausdrücklich nicht berechtigt, siehe § 1634 Satz 1 BGB a. F.[506] Für den Fall der Scheidung der Ehe sah § 1635 Abs. 1 BGB a. F.[507] nur eine Regelung im Hinblick auf „die Sorge für

---

500 Siehe RGBl. 1896, S. 195 (474).

501 § 1627 BGB, RGBl. 1896, S. 195 (474).

502 Siehe RGBl. 1896, S. 195 (474).

503 § 1631 Abs. 1 BGB, RGBl. 1896, S. 195 (474).

504 § 1643 Satz 1 BGB, RGBl. 1896, S. 195 (475). Der § 1634 BGB enthalte nach *Engelmann*, in: Staudinger, BGB, Bd. IV, 2. Aufl. 1905, § 1634 Anm. 6., S. 730 = *Engelmann*, in: Staudinger, BGB, Bd. IV 2, 7./8. Aufl. 1913, § 1634 Anm. 6., S. 912, zwingendes Recht, so daß ein zwischen den Ehegatten abgeschlossener Vertrag, durch welchen das der Mutter nach § 1634 BGB zustehende Recht ausgeschlossen oder beschränkt wird, gemäß § 138 BGB nichtig sei.

505 Vgl. RG, Urt. v. 07.05.1903 – IV 16/03, JW 1903, Beil. 9 S. 82 (82) Nr. 190.

506 Siehe RGBl. 1896, S. 195 (475).

507 Siehe RGBl. 1896, S. 195 (475): „§. 1635. [Abs. 1:] Ist die Ehe aus einem der in den §§. 1565 bis 1568 bestimmten Gründe geschieden, so steht, solange die geschiedenen Ehegatten leben, die Sorge für die Person des Kindes, wenn ein Ehegatte allein für schuldig erklärt ist, dem anderen Ehegatten zu; sind beide Ehegatten für schuldig erklärt, so steht die Sorge für einen Sohn unter sechs Jahren oder für eine Tochter der Mutter, für einen Sohn, der über sechs Jahre alt ist, dem Vater zu. Das Vormundschaftsgericht kann eine abweichende Anordnung treffen, wenn eine solche aus besonderen Gründen im Interesse des Kindes geboten ist; es kann die Anordnung aufheben, wenn sie nicht mehr erforderlich ist. [Abs. 2:] Das Recht des Vaters zur Vertretung des Kindes bleibt unberührt.“ Nach *Süßheim*, Gruchot 45 (1901), S. 53 (56), stand den geschiedenen Eltern im Gegensatz zur österreichischen und französischen Rechtsordnung kein Recht zu, statt der in § 1635 Abs. 1 Satz 1 BGB vorgesehenen Altersgrenze von 6 Jahren eine andere vertraglich zu vereinbaren.

die Person des Kindes“ vor. Folglich wurde der Grundsatz der elterlichen Gewalt im übrigen durch die Scheidung nicht berührt, weshalb das Recht der Vermögenssorge und der Vertretung des Kindes dem Vater verblieben.[508]

Schon vor Geltung des BGB war man geteilter Meinung darüber, ob ein Elternteil auf sein Erziehungsrecht verzichten oder hierüber vertragliche Bindungen eingehen könne. Der VI. Zivilsenat des RG hatte sich in einer Entscheidung zum gemeinen Recht dahin ausgesprochen, daß der zur Erziehung „Berechtigte sein Erziehungsrecht auf beliebige dritte Personen nicht mit Rechtswirkung ganz oder teilweise übertragen kann“.[509] Anders liege die Sache dagegen im Verhältnis zwischen den Eltern, welchen „in gewissem Sinne das Erziehungsrecht von vornherein gemeinschaftlich zusteht“.[510] Namentlich in Scheidungsfällen könne das Recht zur Erziehung den Gegenstand einer vom Ermessen des Richters abhängigen Zusprechung bilden und sei deshalb auch der Regelung durch Vergleich und somit überhaupt durch einen Vertrag zwischen den Eltern zugänglich. Einen solchen Vertrag auf Grundlage des gemeinen Rechtes aufrecht zu erhalten, habe nichts den guten Sitten Widerstreitendes.[511]

Einen anderen Standpunkt bezogen die Mitglieder der Kommission zu dem ersten Entwurfe eines BGB für das Deutsche Reich. In den Motiven zum § 1456 BGB Entwurf I, dem Vorläufer des § 1635 BGB a. F., wird davon ausgegangen, daß eine Übereinkunft der Eltern (im Falle der Scheidung) über das Erziehungsrecht für die gemeinschaftlichen Kinder nicht zu billigen sei:[512] „Sie ist mit dem Gesichtspunkte, daß das Recht der Sorge für die Person der Kinder nur die Kehrseite einer den Eltern gegenüber den Kindern obliegenden Pflicht ist, auf welche nicht verzichtet werden kann (§ 1561 [BGB Entwurf I]), nicht vereinbar und auch durch ein Bedürfniß nicht geboten, da es dem einen Elterntheile unbenommen bleibt, die Sorge für die Person des Kindes, wenn er dies im Interesse des letzteren für angemessenen erachtet, dem anderen Elterntheile in derselben Weise zu überlassen, wie er sie einem Dritten der Ausübung nach überlassen kann. Dazu kommt, daß die Zulassung einer solchen die Eltern bindenden Uebereinkunft geeignet ist, die Scheidungen zu befördern, und mit der Mehrzahl der bestehenden Rechte nicht im Einklange steht.“[513] Nach dem im Zitat angeführten § 1561 BGB Entwurf I, der nicht in das BGB aufgenommen wurde,

---

[508] Vgl. *Oppler*, DJZ 1901, S. 210 (210). Daß das Recht des Vaters zur Kindesvertretung von der Scheidung unberührt bleiben sollte, ordnete § 1635 Abs. 2 BGB, RGBl. 1896, S. 195 (475), ausdrücklich an.

[509] RG, Urt. v. 11.06.1896 – VI 51/96, RGZ 37, 189 (189).

[510] RG, Urt. v. 11.06.1896 – VI 51/96, RGZ 37, 189 (190).

[511] Vgl. RG, Urt. v. 11.06.1896 – VI 51/96, RGZ 37, 189 (190).

[512] Vgl. Motive IV, S. 627 = *Mugdan* IV, S. 336.

[513] Motive IV, S. 627 f. = *Mugdan* IV, S. 336.

konnte auf die elterliche Gewalt nicht verzichtet werden. Auch hier rechtfertige sich diese Bestimmung, die den einseitigen als auch den vertragsmäßigen Verzicht umfassen sollte, inhaltlich der Motive „dadurch, daß die Grundlage des in der elterlichen Gewalt liegenden Rechtes die diesem Rechte entsprechende Pflicht der Eltern bildet“.[514] Diese Gesichtspunkte wurden in den Motiven auch zum § 1504 BGB Entwurf I, dem Vorläufer des § 1631 BGB a. F.[515] hervorgehoben: „Die dem elterlichen Erziehungsrechte entsprechende Pflichtseite fällt zumeist dem sittlichen Gebiete anheim. Rechtlich äußert sie … [sich unter anderem] in der Unwirksamkeit eines Verzichtes auf das Erziehungsrecht (§ 1561 [BGB Entwurf I] …). … Aus der Unwirksamkeit des Verzichtes auf das Erziehungsrecht folgt jedoch nicht, daß ein Vertrag, durch welchen einem Anderen die Erziehung, insbesondere die Berufsbildung, des Kindes übertragen wird, überhaupt ungültig ist; ungültig würde nur die Bestimmung sein, daß die Befugniß des Erziehungsberechtigten, das Kind jederzeit zurückzunehmen, ausgeschlossen sein sollte.“[516]

Aufgrund der unmißverständlichen Aussagen in den Motiven und der zwingenden Natur der §§ 1626 ff. BGB erkannte auch das RG nach 1900, daß ein von diesen Vorschriften abweichendes Abkommen über die Kindererziehung, sei es zwischen den Ehegatten untereinander oder zwischen einem erziehungsberechtigten Elternteil und einem Dritten abgeschlossen, und im Besonderen ein (vertragsmäßiger) Verzicht auf die Rechte der elterlichen Gewalt, der Rechtsgültigkeit entbehre.[517] Andererseits könne sehr wohl die Ausübung der einem Elternteil tatsächlich zustehenden Sorge für die Person des Kindes einem anderen, dem anderen Elternteil oder einem Dritten, überlassen werden.[518]

---

[514] Motive IV, S. 842 = *Mugdan* IV, S. 446 f.

[515] Siehe § 1631 BGB, RGBl. 1896, S. 195 (474): „[Abs. 1:] Die Sorge für die Person des Kindes umfaßt das Recht und die Pflicht, das Kind zu erziehen, zu beaufsichtigen und seinen Aufenthalt zu bestimmen. [Abs. 2:] Der Vater kann kraft des Erziehungsrechts angemessene Zuchtmittel gegen das Kind anwenden. Auf seinen Antrag hat das Vormundschaftsgericht ihn durch Anwendung geeigneter Zuchtmittel zu unterstützen.“

[516] Motive IV, S. 752 = *Mugdan* IV, S. 399 f. Siehe zu den angeführten Stellen in den Motiven und für Nachweise zu früheren Entscheidungen der Oberlandesgerichte *Kuhlenbeck*, BGB, Bd. II, 2. Aufl. 1903, § 1635 Anm. 3., S. 610 f.

[517] Vgl. RG, Urt. v. 23.03.1903 – IV 397/02, JW 1903, Beil. 7 S. 63 (63) Nr. 146 und RG, Urt. v. 07.05.1903 – IV 16/03, JW 1903, Beil. 9 S. 82 (82 f.) Nr. 190. In letzter Entscheidung heißt es a.a.O.: „Die elterliche Gewalt, wie sie ihre rechtliche Gestaltung in den gesetzlichen Bestimmungen – §§ 1626 - 1698 B.G.B. – erhalten hat, ist der Ausfluß eines natürlichen und sittlichen Verhältnisses, und das auf dieser eigenartigen, es auch in seinem Bestande dauernd beeinflussenden Grundlage beruhende Rechtsverhältnis ist regelmäßig und von gesetzlich zugelassenen Ausnahmen abgesehen, der Änderung durch rechtsgeschäftliche Akte der Beteiligten nicht zugänglich.“

[518] Vgl. RG, Urt. v. 23.03.1903 – IV 397/02, JW 1903, Beil. 7 S. 63 (63) Nr. 146.

Das RG vertrat darüber hinaus die Meinung, daß die Entschließung über familienrechtliche Rechte und Pflichten nicht durch materielle Vor- und Nachteile beeinflußt werden dürfe, wessenthalb es die Abtretung des Erziehungsrechtes gegen Geld als wider die guten Sitten verstoßend nichtig ansah. In der Praxis des RG erlangte der Fall, daß eine Abtretung des Erziehungsrechts gegen pekuniäre Zuwendungen erfolgte, keine wesentliche Bedeutung. So versprach die Klägerin in dem der Entscheidung vom 11.04.1904[519] zugrunde liegenden Sachverhalt dem Beklagten 5.000 M als Entgelt dafür, daß er sein Erziehungsrecht bezüglich seines Sohnes zur Ermöglichung der Erziehung in der Familie der Klägerin an einen Dritten abtrat. Für die Beantwortung der Frage, ob diese Vereinbarung zwischen den Parteien gegen die guten Sitten verstoße, könne es „nicht auf die besonderen Anschauungen der Standesgenossen der Parteien ankommen"[520] – beide entstammten dem Adel. „Die Bedeutung dieses Abkommens liegt nach seinen sittlichen Beziehungen auf dem Gebiete des Familienrechts und kommt für die Würdigung eines solchen Abkommens aus §. 7 Teil I Tit. 4 des Allgemeinen Landrechts und §. 138 Abs. 1 des Bürgerlichen Gesetzbuchs die derzeitige im deutschen Volke überhaupt anerkannte und geübte Moral entscheidend in Betracht. Von diesem Standpunkte aus ist dafür, ob ein Verstoß gegen die guten Sitten vorliegt, keineswegs allein entscheidend, daß die Übertragung des Erziehungsrechts an und für sich erlaubt ist und vorliegend zum Besten des Sohnes des Beklagten geschah. Der Verstoß gegen die guten Sitten kann auch darin liegen, daß für ein an sich erlaubtes Handeln eine ökonomische Leistung versprochen wird, wenn es nämlich der sittlichen Auffassung widerspricht, daß die Handlung im konkreten Falle in eine Kausalbeziehung zu Geld oder Geldeswert gesetzt wird."[521] Ein Verstoß gegen die guten Sitten sei vorliegend (nur) auf Seiten des Beklagten durch die eigennützige Annahme des Geldes für die Abtretung seines Erziehungsrechts unbedenklich gegeben.[522]

---

[519] Vgl. RG, Urt. v. 11.04.1904 – IV 372/03, JW 1904, S. 256 Nr. 1. Der Klagantrag in erster Instanz läßt sich weder dem gekürzten Abdruck in der JW entnehmen noch aus der vollständigen Abschrift zweifelsfrei herleiten. Es steht aber zu vermuten, daß die Klägerin die Rückzahlung der gezahlten 5.000 M nach § 817 Satz 1 BGB verlangte, indem sie wohl einen Verstoß gegen die guten Sitten durch die Annahme des Geldes auf Seiten des Beklagten zu erblicken vermeinte. Abgesehen von dieser Ungewißheit hatte sie mit ihrem Begehren Erfolg, denn das RG hob auf die Revision der Klägerin das Urteil des OLG Hamm auf und wies in der Sache selbst die Berufung des Beklagten gegen das erstinstanzliche Urteil des LG Bielefeld zurück.

[520] RG, Urt. v. 11.04.1904 – IV 372/03, Abschrift S. 4 = JW 1904, S. 256 (257) Nr. 1.

[521] RG, Urt. v. 11.04.1904 – IV 372/03, Abschrift S. 4 f. = JW 1904, S. 256 (257) Nr. 1 unter Verweis auf: *Lotmar*, S. 73 ff.

[522] Vgl. RG, Urt. v. 11.04.1904 – IV 372/03, Abschrift S. 5 = JW 1904, S. 256 (257) Nr. 1. Unter Anführung dieser Entscheidung erblickte der IV. Zivilsenat auch in RG, Urt. v.

Wesentlich größere Bedeutsamkeit in der Gerichtspraxis erlangten die Vereinbarungen zwischen Eltern über das Erziehungsrecht an den gemeinsamen Kinder für den Fall der Ehescheidung. Hier wurde zur Entscheidung nicht in erster Linie die allgemeine Vorschrift des § 138 Abs. 1 BGB herangezogen, sondern vorrangig mit den Normen des Familienrechts argumentiert. Mit seinem Urteil vom 13.03.1905[523] nahm der IV. Zivilsenat des RG erstmals an, die Ehegatten könnten untereinander während des Scheidungsprozesses für den Fall der Scheidung keinen bindenden Vertrag über die Erziehung ihrer Kinder schließen, da durch § 1635 Abs. 1 BGB bestimmt werde, wem die Sorge für die Kinder zustehe, und der Ehegatte, dem sie gesetzlich gebühre, könne sich nicht durch einen Vertrag der ihm mit der Fürsorge auferlegten Pflichten entledigen. Denn die Sorge für die Person des Kindes, wie es in § 1631 Abs. 1 BGB heißt, sei nicht bloß ein Recht, sondern auch eine Pflicht, auf die – wie auch auf die elterliche Gewalt selbst – nicht verzichtet werden könne.[524] In einer weiteren Entscheidung vom 22.03.1906[525] betreffend die im Laufe des schwebenden Scheidungsprozesses in einem notariellen Vertrag getroffene Vereinbarung des Erziehungsrechts für die Kinder betonte der IV. Zivilsenat, „Rechtsgeschäfte, insbesondere Rechtsgeschäfte auf dem Gebiete des Familienrechts, könnten [nicht] nur dann für unzulässig oder unwirksam erachtet werden, wenn sie unter die allgemeinen Bestimmungen der §§ 134, 138 des Bürgerlichen Gesetzbuches fielen oder von dem Gesetzgeber ausdrücklich als unstatthaft oder nichtig bezeichnet seien“.[526] Die Vertragsfreiheit sei auf dem Gebiete des Familienrechts nicht die Regel.[527]

Das RG erklärte in der folgenden Zeit immer wieder unter Anführung der beiden vorbezeichneten Entscheidungen, daß die Sorge für die Person des Kindes nach den §§ 1631, 1635 BGB nicht nur das Recht, sondern eben gerade auch ausdrücklich die Pflicht zur Erziehung und Beaufsichtigung des Kindes sowie zur Bestimmung seines Aufenthalts beinhalte. Ein von den Ehegatten während

---

11.01.1913 – IV 353/12, Abschrift S. 3 = WarnRspr. 1913, Nr. 183 S. 220 (221), einen (einseitigen) Verstoß gegen die guten Sitten in einem Vertrag aus dem Jahre 1909, durch den der Beklagte gegen Entgelt seitens der Mutter seiner verstorbenen Ehefrau auf seine Befugnis verzichtete, seine Kinder innerhalb des folgenden Zeitraums von 3 ½ Jahren wieder in seine häusliche Gemeinschaft aufzunehmen.

[523] Vgl. RG, Urt. v. 13.03.1905 – IV 545/04, RGZ 60, 266.

[524] Vgl. RG, Urt. v. 13.03.1905 – IV 545/04, Abschrift S. 3 f. = RGZ 60, 266 (268).

[525] Vgl. RG, Urt. v. 22.03.1906 – IV 481/05, Gruchot 50 (1906), S. 999 Nr. 95, vgl. *Schubert/Glöckner*, Nachschlagewerk, § 138 Nr. 53.

[526] RG, Urt. v. 22.03.1906 – IV 481/05, Abschrift S. 3 = Gruchot 50 (1906), S. 999 (1001) Nr. 95.

[527] Vgl. RG, Urt. v. 22.03.1906 – IV 481/05, Abschrift S. 3 = Gruchot 50 (1906), S. 999 (1001) Nr. 95.

des Schwebens des Ehescheidungsverfahrens für den Fall der Scheidung geschlossener Vertrag über die Erziehung der aus der Ehe hervorgegangenen Kinder, der von gesetzlichen Vorschriften des Familienrechts abweiche, könne nicht mit verbindlicher Wirkung für die Eltern abgeschlossen werden und sei wegen Verstoßes gegen zwingende Vorschriften unwirksam.[528]

Allerdings behielten nach der Entscheidung des VI. Zivilsenats vom 20.03.1905[529] Verträge der Eltern über das Erziehungsrecht, die vor dem 1. Januar 1900 nach früherem Recht in gültiger Weise abgeschlossen wurden, auch nach dem Inkrafttreten des BGB grundsätzlich ihre Gültigkeit:[530] „Auch haben nicht etwa solche Verträge mit dem Inkrafttreten des B.G.B. ihre Geltung verloren. Zwar wird wohl mit Recht vorherrschend angenommen, daß nach dem jetzigen Recht ein unter seiner Herrschaft abgeschlossener Vertrag dieser Art keine bindende Kraft habe[531]; ... aber darum kann diese Art von Verträgen im Sinne des B.G.B. noch nicht als in dem Maße wegen Verstoßes gegen die guten Sitten mißbilligt gelten, daß auch den noch unter der Herrschaft des älteren Rechts gültig geschlossenen jetzt die Anerkennung versagt werden müßte, umsoweniger als sich eine ausdrückliche Bestimmung über die Nichtigkeit solcher Verträge im B.G.B. überhaupt nicht findet."[532] Damit anerkannte das RG eine Nichtigkeit aus § 138 BGB und eine mögliche Ungültigkeit von Rechtsgeschäften wegen ihrer Unvereinbarkeit mit zwingenden Vorschriften des Familienrechts.

In der juristischen Literatur traten nur wenige Autoren für die grundsätzliche Gültigkeit von Verträgen zwischen den Ehegatten mit derartigem Inhalt ein. Einer dieser Befürworter war *Knitschky*. Die Erwägung, daß das Erziehungsrecht

---

[528] Vgl. RG, Urt. v. 21.04.1910 – IV 457/09, Abschrift S. 4 = Recht 1910, Beil. Nr. 2340; RG, Urt. v. 02.03.1911 – IV 585/10, Abschrift S. 3 = WarnRspr. 1911, Nr. 224 S. 247 (247); RG, Urt. v. 23.12.1911 – IV 228/11, Abschrift S. 4 = WarnRspr. 1912, Nr. 115 S. 132 (132); RG, Urt. v. 15.02.1912 – IV 325/11, Abschrift S. 3 = WarnRspr. 1912, Nr. 220 S. 244 (244) und RG, Urt. v. 20.04.1914 – VI 45/14, Abschrift S. 2 = WarnRspr. 1914, Nr. 209 S. 295 (295).

[529] Vgl. RG, Urt. v. 20.03.1905 – VI 244/04, Gruchot 49 (1905), S. 1177 Nr. 146, vgl. *Schubert/Glöckner*, Nachschlagewerk, § 138 Nr. 36.

[530] Hingegen blieb in RG, Urt. v. 20.03.1905 – VI 244/04, Abschrift S. 3 = Gruchot 49 (1905), S. 1177 (1179) Nr. 146, dahingestellt, ob aber Verträge schon nach dem gemeinen Recht ungültig seien, „welche Ehegatten über das Erziehungsrecht im voraus für den Fall der Scheidung miteinander abschlossen".

[531] Unter Verweis auf: RG, Urt. v. 11.06.1896 – VI 51/96, RGZ 37, 189 (190) und *Planck*, BGB, Bd. IV, 1./2. Aufl. 1901, § 1635 Anm. 3., S. 393.

[532] RG, Urt. v. 20.03.1905 – VI 244/04, Abschrift S. 3 = Gruchot 49 (1905), S. 1177 (1179) Nr. 146; siehe auch RG, Urt. v. 15.02.1912 – IV 325/11, Abschrift S. 3 = WarnRspr. 1912, Nr. 220 S. 244 (244), für die Gültigkeit derartiger, unter der Herrschaft des früheren Rechts – hier des preußischen Allgemeinen Landrechts – abgeschlossener Verträge.

nicht nur ein bloßes Recht, sondern zugleich eine Verpflichtung der Eltern sei und dies gegen die Gültigkeit der bei Trennung der Ehegatten getroffenen Vereinbarung spreche, sei nach ihm nicht ausschlaggebend. Denn es handele sich um eine Pflicht des Vaters als auch der Mutter, die für gewöhnlich gemeinschaftlich erfüllt werde, aber nach einer Trennung der Eltern nicht mehr so erfüllt werden könne. Wenn jedoch nur einer von beiden der Pflicht genügen könne, sei nicht einzusehen, daß sie sich nicht darüber einigen können sollten, wem diese Pflicht in Zukunft obliegen solle. Aus dem § 1634 BGB ergebe sich, daß es sich während der ehelichen Gemeinschaft um eine beide Teile gleichermaßen treffende Verpflichtung handele.[533] „Handelt es sich aber um eine gleichmäßige Obliegenheit Beider, so ist bei einer Trennung der Ehegatten eine Vereinbarung über die Erziehung der Kinder das beste Mittel zu einer angemessenen Ordnung."[534] Hierbei müsse mit der Rechtsprechung des RG zum gemeinen Recht aber die Einschränkung gelten, daß der erziehende Elternteil auch seiner Pflicht genüge und nicht ein überwiegendes Interesse des Kindes der Vereinbarung entgegen stehen dürfe, weil mit dieser ja gerade geregelt werden solle, wer die Pflicht zur Erziehung der Kinder erfüllen soll. Ob Verträge nur in diesem Rahmen Geltung beanspruchen könnten sei zweifelhaft, weil das BGB die Möglichkeit einer von seinen Grundsätzen abweichenden Übereinkunft überhaupt nicht erwähne und ausweislich der Motive die Verfasser des ersten Entwurfs sie auch nicht zulassen wollten. Aber auch diese Tatsachen stünden einer vertretenen Gültigkeit der Verträge nicht entgegen: „In den späteren gesetzgeberischen Stadien scheint die Sache nicht weiter erörtert zu sein. Gerade wegen dieses Umstandes ist die Annahme bedenklich, daß das Schweigen des Gesetzgebers als concludent angesehen werden müsse, und wir dürfen somit wohl Verträge der Eltern über die Erziehung der Kinder als verbindlich gelten lassen."[535] Ähnlich äußerte sich auch *Stammler* in seiner 1902 erstmals aufgelegten Abhandlung über „Die Lehre von dem richtigen Rechte". Seiner Ansicht nach konnten unter den Eltern abgeschlossene Erziehungsverträge über die Kinder nicht ohne weiteres für ungültig erachtet werden.[536] Sie würden „den Grundsätzen des richtigen Rechtes nur dann [widerstreiten], wenn sie sich außerhalb bloßer Maßnahmen im Interesse des zu erziehenden Kindes befinden, und statt dessen in subjektivem Interesse des Inhabers der elterlichen Gewalt oder des Vormundes eingegangen sind".[537]

---

[533] Vgl. *Knitschky*, § 10 I.3., S. 156.

[534] *Knitschky*, § 10 I.3., S. 156 f.

[535] *Knitschky*, § 10 I.3., S. 157.

[536] Vgl. *Stammler*, S. 427.

[537] *Stammler*, S. 427.

Dessenungeachtet nahm die wohl größere Anzahl von Autoren den entgegengesetzten Standpunkt ein. Weil die Erziehungsgewalt nicht nur das Recht, sondern auch eine Pflicht des Erziehungsberechtigten beinhalte, sei ein während bestehender Ehe wie auch immer gestalteter Verzicht auf das Erziehungsrecht, ob nun einseitig oder vertraglich, entgeltlich oder unentgeltlich, als nichtig anzusehen.[538] Deshalb sei die Erziehungsgewalt grundsätzlich unveräußerlich und ihre vertragsmäßige Übertragung auf eine andere Person nichtig.[539] Dagegen könne die Ausübung der elterlichen Gewalt vom Erziehungsberechtigten durch Vertrag auf Dritte übertagen werden.[540] Auch auf die im Rahmen des § 1635 Abs. 1 BGB einem Ehegatten nach der Scheidung zufallende oder verbleibende Sorge für die Person des Kindes könne nicht verzichtet werden.[541] Die Vorschrift enthalte zwingendes Recht. Folglich sei, wie auch ein Verzicht auf die hiernach begründete Sorge für die Person des Kindes, eine Vereinbarung zwischen den Ehegatten nichtig, durch die – vor oder nach Rechtskraft des Scheidungsurteils – im Hinblick auf die Sorge für die Person der Kinder eine von § 1635 BGB abweichende Bestimmung getroffen werde.[542] Jedoch könne auch

---

[538] Vgl. *Neumann*, Bd. II, 2. Aufl. 1900, § 1631 Anm. 5., S. 909 = *Neumann*, Bd. II, 3. Aufl. 1903, § 1631 Anm. 5., S. 225 = *Neumann*, Bd. II, 4. Aufl. 1905, § 1631 Anm. 5., S. 222 = *Neumann*, Bd. II, 5. Aufl. 1909, § 1631 Anm. 5., S. 231; *Neumann*, Bd. II, 2. Aufl. 1900, § 1627 Anm. 1., S. 907 f. = *Neumann*, Bd. II, 3. Aufl. 1903, § 1627 Anm. 1., S. 223 = *Neumann*, Bd. II, 4. Aufl. 1905, § 1627 Anm. 1., S. 219 = *Neumann*, Bd. II, 5. Aufl. 1909, § 1627 Anm. 1., S. 228; *Planck*, BGB, Bd. IV, 1./2. Aufl. 1901, § 1631 Anm. 1.f), S. 389 = *Planck*, BGB, Bd. IV, 3. Aufl. 1906, § 1631 Anm. 1.h), S. 484; *Engelmann*, in: Staudinger, BGB, Bd. IV, 2. Aufl. 1905, § 1631 Anm. I.5.c), S. 722; *Engelmann*, in: Staudinger, BGB, Bd. IV 2, 7./8. Aufl. 1913, § 1631 Anm. I.5.c), S. 900; *Hörle*, ArchBürgR 31 (1908), S. 113 (169) und RGRK, BGB, Bd. III, 2. Aufl. 1913, § 1631 Anm. 2., S. 269.

[539] Vgl. *Engelmann*, in: Staudinger, BGB, Bd. IV, 2. Aufl. 1905, § 1631 Anm. I.5.d), S. 722 = *Engelmann*, in: Staudinger, BGB, Bd. IV 2, 7./8. Aufl. 1913, § 1631 Anm. I.5.d), S. 900 f. und *Dernburg*, Bd. IV, 4. Aufl. 1908, § 74 V., S. 270.

[540] Vgl. *Planck*, BGB, Bd. IV, 1./2. Aufl. 1901, § 1631 Anm. 1.f), S. 389 = *Planck*, BGB, Bd. IV, 3. Aufl. 1906, § 1631 Anm. 1.i), S. 484 f.; *Engelmann*, in: Staudinger, BGB, Bd. IV, 2. Aufl. 1905, § 1631 Anm. I.5.d), S. 722 = *Engelmann*, in: Staudinger, BGB, Bd. IV 2, 7./8. Aufl. 1913, § 1631 Anm. I.5.d), S. 901.

[541] Vgl. *Engelmann*, in: Staudinger, BGB, Bd. IV, 2. Aufl. 1905, § 1635 Anm. 4., S. 734 = *Engelmann*, in: Staudinger, BGB, Bd. IV 2, 7./8. Aufl. 1913, § 1635 Anm. 4., S. 918; *Planck*, BGB, Bd. IV, 3. Aufl. 1906, § 1632 Anm. 2., S. 486 und *Planck*, BGB, Bd. IV, 3. Aufl. 1906, § 1634 Anm. 11., S. 491.

[542] Vgl. *Ehrlich*, S. 184; *Erler*, S. 152; *Strübe*, BadRpr. 66 (1900), S. 322 (322); *Planck*, BGB, Bd. IV, 1./2. Aufl. 1901, § 1635 Anm. 3., S. 393; *Engelmann*, in: Staudinger, BGB, Bd. IV, 2. Aufl. 1905, § 1635 Anm. 8., S. 735 = *Engelmann*, in: Staudinger, BGB, Bd. IV 2, 7./8. Aufl. 1913, § 1635 Anm. 8., S. 920; *Planck*, BGB, Bd. IV, 3. Aufl. 1906, § 1635 Anm. 15., S. 495; *von Blume*, in: Opet/von Blume, BGB, Familienrecht, § 1635 Anm. 6., S. 525; *Hörle*, ArchBürgR 31 (1908), S. 113 (169) und RGRK, BGB, Bd. III,

hier die Ausübung der tatsächlichen Sorge von dem nach § 1635 BGB fürsorgeberechtigten Ehegatten auf den anderen Ehepartner als auch auf einen Dritten vertraglich übertragen werden.[543] Insoweit sei aber nicht ausgeschlossen, daß ein lediglich die Ausübung der tatsächlichen Sorge regelnder Vertrag nach § 138 BGB gegen die guten Sitten verstoßen könne, wovon insbesondere dann ausgegangen werden müsse, wenn die Überlassung des Kindes als eine Gegenleistung für das Verhalten des anderen Ehegatten im Scheidungsprozeß erscheine.[544]

II. Die sogenannten Bordellverträge, insbesondere unter Berücksichtigung der dinglichen Erfüllungsgeschäfte

Das RG hatte sich in einer Vielzahl von Entscheidungen mit der Sittenwidrigkeit von Rechtsgeschäften zu befassen, die im Zusammenhang mit dem Betrieb eines Bordells standen. Dabei ging es nicht nur um den Kaufvertrag über ein Haus mit Bordellbetrieb oder dessen Vermietung. Auch für andere Geschäfte, beispielsweise für den Bauvertrag über ein Bordellgebäude, für den Kaufvertrag über das Bordellinventar, für ein hingegebenes Darlehen zum Kauf eines Bordells oder für einen Vertrag über die Lieferung von Getränken, mußte das Gericht entscheiden, ob diese sog. Bordellverträge gegen die guten Sitten verstießen.[545] Bei diesen „Bordellprozessen, welche ... die Gerichte über Gebühr belästigten"[546], beschäftigte sich das RG grundlegend mit dem auch in der Literatur vehement

---

2. Aufl. 1913, § 1631 Anm. 2., S. 269. Ein wenig anders sah dies *Neumann*, Bd. II, 4. Aufl. 1905, § 1635 Anm. 6., S. 224 = *Neumann*, Bd. II, 5. Aufl. 1909, § 1635 Anm. 6., S. 234. Er hielt eine von § 1635 BGB abweichende Übereinkunft der Eltern nur dem Kind gegenüber für unwirksam.

[543] Vgl. *Planck*, BGB, Bd. IV, 1./2. Aufl. 1901, § 1635 Anm. 3., S. 393; *Engelmann*, in: Staudinger, BGB, Bd. IV, 2. Aufl. 1905, § 1635 Anm. 8., S. 735 = *Engelmann*, in: Staudinger, BGB, Bd. IV 2, 7./8. Aufl. 1913, § 1635 Anm. 8., S. 920; *Planck*, BGB, Bd. IV, 3. Aufl. 1906, § 1635 Anm. 15., S. 495; *von Blume*, in: Opet/von Blume, BGB, Familienrecht, § 1635 Anm. 6., S. 525 und RGRK, BGB, Bd. III, 2. Aufl. 1913, § 1631 Anm. 2., S. 269. Nach *Dernburg*, Bd. IV, 4. Aufl. 1908, § 74 V., S. 270, sei die Ausübung der elterlichen Sorge aber nur übertragbar, soweit die Übertragung das Wohl des Kindes nicht gefährde und nicht gegen die guten Sitten verstoße.

[544] Vgl. *Engelmann*, in: Staudinger, BGB, Bd. IV 2, 7./8. Aufl. 1913, § 1635 Anm. 8., S. 920.

[545] Vgl. *Dick*, S. 41 = *Dick*, ArchBürgR 33 (1909), S. 74 (111), jeweils mit zahlreichen Belegen aus der Rechtsprechung des RG und der Oberlandesgerichte in Fn. 71. Siehe ferner *Rother*, AcP 172 (1972), S. 498 (508 ff.) und *Honsell*, JZ 1975, S. 439 ff. Siehe zum damit einhergehenden Problem der Steuerpflicht sog. Bordellgeschäfte *Lurje*, NStRdsch. 1 (1919/1920), S. 30 (30 f.) und *Lang*, JW 1922, S. 877 (877).

[546] *Von Tuhr*, AcP 120 (1922), S. 1 (1).

diskutierten Thema, wie es um die Gültigkeit des abstrakten Erfüllungsgeschäftes bestellt sei, wenn das ihm zugrunde liegende Kausalgeschäft nach § 138 Abs. 1 BGB nichtig war.[547] Dabei kulminierte es in der Frage, was die Nichtigkeit des kausalen Geschäftes für die mit ihm in Verbindung stehenden dinglichen Sicherungsgeschäfte wie Hypothek und Grundschuld bewirke. Bei dieser Problematik handelt es sich jedoch eher um eine allgemeine rechtsdogmatische als eine den § 138 Abs. 1 BGB betreffende. Sie soll deshalb nur im Zusammenhang mit einer ausführlichen Darstellung der Rechtsprechung des RG und der sich damit befassenden Literatur überblicksartig aufgezeigt werden.[548] Die gleiche Fragestellung galt auch für den zweiten Absatz des § 138 BGB, was aber erst im Kapitel über den Wucher (siehe unten D.I.) zur Sprache kommt.

Bereits vor Inkrafttreten des BGB meinte *Kohler*, daß die Rechtsordnung alle Geschäfte, welche sich auf die sog. Freudenhäuser bezögen, von sich aus ablehnen und als des Rechtsschutzes für unwürdig erklären müsse. Dies gelte etwa für die Miete, den Verkauf eines Freudenhauses oder für die Gesellschaft zum Betrieb eines Weinhauses, welches damit in Verbindung stehe.[549] Hiermit sei aber nicht auch gesagt, daß das durch solche Geschäfte erworbene Eigentum oder der so erworbene Besitz schutzlos seien; jene lägen auf neutralem Boden.[550] Wurden Eigentum und Besitz auf Grund der nichtigen Geschäfte freiwillig erfüllt, dann blieben nach seiner Auffassung beide übertragen.[551] „Alle obligatorischen Verhältnisse, welche darauf abzielen, den Sündenzweck zu erfüllen, sind nichtig, die dinglichen Beziehungen welche auch außerhalb des Sündenzwecks existiren, finden allerdings trotzdem ihren rechtlichen Schutz."[552] Ähnlich sah dies auch *Scherer*, nach dem der vollständig von beiden Seiten erfüllte Bordellverkauf nicht mehr rückgängig gemacht werden könnte.[553]

Unter Geltung des BGB nahmen auch zahlreiche Stimmen im Schrifttum die Nichtigkeit des obligatorischen Vertrages nach § 138 Abs. 1 BGB an, durch welchen die Verpflichtung zur Übertragung des Eigentums an einem Grund-

---

[547] Vgl. *Wanner*, S. 163.

[548] Siehe zu den in der Literatur vertretenen Meinungen vor den vom RG zu diesem Problemkreis ergangenen Entscheidungen *Philipp*, BayZ 1 (1905), S. 382 ff.; *Philipp*, BayZ 1 (1905), S. 400 ff. und *Philipp*, BayZ 1 (1905), S. 420 ff.

[549] Vgl. *Kohler*, ArchBürgR 5 (1891), S. 161 (194 f.).

[550] Vgl. *Kohler*, ArchBürgR 5 (1891), S. 161 (195 f.).

[551] Vgl. *Kohler*, ArchBürgR 5 (1891), S. 161 (196).

[552] *Kohler*, ArchBürgR 5 (1891), S. 161 (200).

[553] Vgl. *Scherer*, BGB, Bd. I, § 138 Anm. 6.B., S. 269; siehe auch *Mantey*, GuR 7 (1906), S. 257 (260 f.).

stücke mit und zum Bordellbetrieb begründet werde.[554] Im Urteil vom 21.01.1903[555] sah der I. Zivilsenat des RG in der Hingabe von Darlehen und der Lieferung von Wein, die dem Bordellbetrieb – der Einrichtung und Fortführung desselben – dienen und dem Geber einen möglichst hohen Gewinn verschaffen sollten, einen Verstoß gegen die guten Sitten.[556] Denn § 138 BGB wolle „solchen Rechtsgeschäften die Anerkennung und den Rechtszwang … versagen, die nach ihrem aus der Zusammenfassung von Inhalt, Motiv und Zweck zu entnehmenden Gesamtcharakter, den objektiven und subjektiven Momenten gegen die guten Sitten verstoßen und deren Anerkennung deshalb mit diesen unvereinbar ist“.[557] Vorliegend sei neben den objektiven Vertragsumständen und -inhalten den Parteien in tatsächlicher Hinsicht bewußt gewesen, daß sowohl Darlehen als auch die Weinlieferungen dem Bordellbetriebe dienen sollten. Hierbei habe die Darlehensgeberin in eigennütziger Absicht den Bordellbetrieb befördert, weil sie die Mittel hergegeben habe, um aus dem Betriebe des Bordells einen möglichst hohen Gewinn zu ziehen.[558]

Nach der am 27.06.1904[559] ergangenen Entscheidung des V. Zivilsenats verstoße ein Kaufvertrag über ein Grundstück nicht schon dann gegen die guten Sitten, wenn der Verkäufer beim Kaufabschluß gewußt habe oder nach den Umständen habe annehmen müssen, der Käufer werde das in dem Haus bisher betriebene Bordellgeschäft fortsetzen:[560] „Denn die Absicht des Käufers über die Verwendung der Sache, die er zu erwerben im Begriffe steht, gibt dem Erwerbsgeschäft noch keinen rechtlich in Betracht kommenden Charakter, und deshalb kann auch die Kenntnis dieser Absicht auf Seiten des Verkäufers nicht ausreichen, um das Veräußerungsgeschäft als ein gegen die guten Sitten verstoßendes erscheinen zu lassen. … Der Verkäufer könne es dem Käufer überlassen, ob er seine Absicht ausführen werde oder nicht, und er brauche die moralischen Interessen des Käufers nicht soweit zu wahren, daß er ihm die Möglichkeit zur Aus-

---

554 Siehe nur *Förster*, Recht 1905, S. 356 (356); *Mantey*, GuR 7 (1906), S. 257 (259); *Dernburg*, Bd. I, 3. Aufl. 1906, § 125 IV., S. 424; *Vogel*, S. 51 f.; *R. Leonhard*, in: FS Bekker, S. 87 (103); *Werner*, Recht 1909, Sp. 103 (103); *Haymann*, DJZ 1913, Sp. 1114 (1114) und *Rumpf*, AcP 117 (1919), S. 315 (316).

555 Vgl. RG, Urt. v. 21.01.1903 – I 481/02, JW 1903, Beil. 5 S. 41 Nr. 86, vgl. *Schubert/Glöckner*, Nachschlagewerk, § 138 Nr. 12.

556 So ohne Begründung auch *Mantey*, GuR 7 (1906), S. 257 (259).

557 RG, Urt. v. 21.01.1903 – I 481/02, Abschrift S. 4 = JW 1903, Beil. 5 S. 41 (41) Nr. 86.

558 Vgl. RG, Urt. v. 21.01.1903 – I 481/02, Abschrift S. 4 f. = JW 1903, Beil. 5 S. 41 (41) Nr. 86; zustimmend *Rumpf*, AcP 117 (1919), S. 315 (329 f.).

559 Vgl. RG, Urt. v. 27.06.1904 – V 10/04, ZBlFG 5 (1905), S. 550 Nr. 508, vgl. *Schubert/Glöckner*, Nachschlagewerk, § 138 Nr. 26.

560 Vgl. RG, Urt. v. 27.06.1904 – V 10/04, Abschrift S. 4 = ZBlFG 5 (1905), S. 550 (550) Nr. 508.

führung jener Absicht nicht seinerseits gewähren dürfte."[561] Dem ist zuzustimmen. Die Motive der Vertragsparteien werden nach der allgemeinen Rechtsgeschäftslehre nicht schon deshalb zum Vertragsinhalt des Geschäftes, weil der jeweilige Vertragspartner hiervon Kenntnis hatte. Der § 138 Abs. 1 BGB verlangt aber ausdrücklich, daß das „Rechtsgeschäft" gegen die guten Sitten verstoßen muß.

Dagegen verstoße es nach Meinung des RG sehr wohl gegen die guten Sitten, wenn der Käufer nicht bloß das Haus, in welchem das Bordell betrieben wurde, sondern auch das Bordell mit seiner ganzen Einrichtung, um es fortzubetreiben, gekauft habe und der Verkäufer sich dabei verpflichtet habe, die Kontrollmädchen, die in dem Hause wohnen bleiben sollten, nicht auszumieten. Dann würden der Verkauf des Grundstücks und des Bordellgeschäfts ein einheitliches Rechtsgeschäft bilden.[562] Weil das Berufungsgericht den in dieser Richtung vorgebrachten und unter Beweis gestellten Behauptungen der beklagten Käuferin, aus denen sich die Anwendbarkeit des § 138 BGB im vorliegenden Falle ergeben solle, nicht weiter nachgegangen war, hob das RG das oberlandesgerichtliche Urteil auf und verwies die Sache zur anderweiten Verhandlung und Entscheidung an das OLG Hamburg zurück.[563] Der Rechtsstreit gelangte allerdings nochmals zum V. Zivilsenat, der sich im Urteil vom 21.04.1906[564] erneut mit dem Fall beschäftigte. Insoweit sei auf die späteren Ausführungen in diesem Kapitel verwiesen.

Erwähnenswert aus der Entscheidung vom 27.06.1904 ist schließlich, daß der Senat ganz nebenbei den Ausspruch tätigte: „Die Forderung aus einem Rechtsgeschäft, welches gegen die guten Sitten verstößt, wird durch Anerkenntnis [nach § 141 BGB, Anm. d. Verf.] nicht wirksam."[565] Diese Ansicht bestätigte das RG im untersuchten Zeitraum mehrfach.[566]

---

561 RG, Urt. v. 27.06.1904 – V 10/04, Abschrift S. 4 = ZBlFG 5 (1905), S. 550 (550) Nr. 508.

562 Vgl. RG, Urt. v. 27.06.1904 – V 10/04, Abschrift S. 4 f. = ZBlFG 5 (1905), S. 550 (550 f.) Nr. 508.

563 Vgl. RG, Urt. v. 27.06.1904 – V 10/04, Abschrift S. 5 f. = ZBlFG 5 (1905), S. 550 (550 f.) Nr. 508.

564 Vgl. RG, Urt. v. 21.06.1906 – V 505/05, RGZ 63, 179.

565 RG, Urt. v. 27.06.1904 – V 10/04, Abschrift S. 6, vgl. *Schubert/Glöckner*, Nachschlagewerk, § 138 Nr. 79; so schon *Endemann*, Bd. I, 1. Aufl. 1896, S. 76 f.; *Endemann*, Bd. I, 3./4. Aufl. 1898, S. 318 und *Oertmann*, DJZ 1902, S. 105 (106).

566 Siehe RG, Urt. v. 03.06.1905 – I 29/05, Abschrift S. 4: „Ein nach § 138 Absatz 1 [BGB] nichtiges Rechtsgeschäft kann durch die als erneute Vornahme anzusehende Bestätigung überhaupt nicht gültig werden, da die erneute Vornahme, wenn eine solche in der Erfüllung zu finden wäre, heilend nur wirken kann, wenn sie den Mangel des nichtigen Geschäfts hebt." Siehe auch RG, Urt. v. 03.10.1906 – V 37/06, Abschrift S. 4 = RGZ 64, 146 (149), vgl. *Schubert/Glöckner*, Nachschlagewerk, § 138 Nr. 80; RG, Urt. v. 23.10.1908 –

Auch im Urteil vom 28.02.1906[567] entschied der V. Zivilsenat des RG, daß die Veräußerung eines Grundstückes zu Bordellzwecken, weil gegen die guten Sitten verstoßend nach § 138 BGB nichtig und deshalb eine Kaufpreisforderung nicht entstanden sei. Ob die Nichtigkeit auch die Einigung über die Eintragung der für die nichtige Forderung bestellten Hypothek ergriffen habe oder ob eine Eigentümergrundschuld nach §§ 1163, 1177 BGB zur Entstehung gelangt sei, blieb dahingestellt.[568]

Der Erwähnung bedarf auch das Urteil des VI. Zivilsenats vom 02.04.1906[569]: Der Beklagte kaufte im Jahre 1901 ein Haus, in dem ein Bordell betrieben wurde, und verwendete zur Bezahlung des Kaufpreises auch den Betrag von 3.880 M, den er als ein mit 4 % zu verzinsendes Darlehen von seinem Neffen D. Ende November 1901 erhalten hatte und das spätestens am 1. Dezember 1903 zurückgezahlt werden sollte. Am 14. Dezember 1903 trat D. die sich noch auf 3.780 M belaufende Darlehensforderung an seine Schwiegermutter, die Klägerin, ab. Diese machte die Forderung im Urkundenprozeß geltend und erhielt die noch offene Summe nebst Zinsen in allen drei Instanzen zugesprochen.

Gegen den Klageanspruch hatte sich der Beklagte damit verteidigt, der Darlehensvertrag sei nach § 138 BGB nichtig, weil er sich in Ermangelung eigener Mittel von D. das Darlehen habe geben lassen, wobei dieser davon Kenntnis gehabt habe, daß der dargeliehene Betrag zur Zahlung des Kaufpreises für das Bordell verwendet werden sollte.

III 30/08, Abschrift S. 4 f. = Gruchot 53 (1909), S. 681 (684) Nr. 25; RG, Urt. v. 22.11.1909 – VI 437/08, Abschrift S. 9 = Recht 1910, Beil. Nr. 7 u. 14 und RG, Urt. v. 15.11.1910 – III 409/09, Abschrift S. 3 = Recht 1911, Beil. Nr. 286, 287 u. 288. Vgl. weiter RG, Urt. v. 09.02.1907 – V 347/06, Abschrift S. 4: Die Nichtigkeit könne auch nicht durch den Abschluß eines gerichtlichen Vergleichs geheilt werden. Aufbauend auf die Erkenntnis, daß ein wegen Verstoßes gegen die guten Sitten nichtiges Rechtsgeschäft durch ein Anerkenntnis nicht gültig werde, entschied RG, Urt. v. 12.01.1909 – VII 164/08, Abschrift S. 3 = Gruchot 53 (1909), S. 908 (910) Nr. 52, vgl. *Schubert/Glöckner*, Nachschlagewerk, § 138 Nr. 183, darüber hinaus für den Fall eines Anerkenntnisurteils: „Ob nun zu einem solchen unwirksamen Anerkenntnis ein Anerkenntnisurteil hinzutritt, kann wegen des formalen Charakters eines solchen Urteils sachlich an dem unsittlichen Charakter des Rechtsgeschäfts und der aus diesem entsprungenen Forderung nichts ändern. Das Anerkenntnisurteil ergeht lediglich auf Grund des Anerkenntnisses des Beklagten, ohne daß der Richter in eine Prüfung des materiellen Gehalts des Anspruchs eintritt, ohne daß insbesondere ... der innere, den Rechtsbestand des erhobenen Anspruchs ausschließende Mangel des Rechtsgeschäfts ihm bekannt wird."

567 Vgl. RG, Urt. v. 28.02.1906 – V 365/05, JW 1906, S. 226 Nr. 10, vgl. *Schubert/Glöckner*, Nachschlagewerk, § 138 Nr. 50.

568 Vgl. RG, Urt. v. 28.02.1906 – V 365/05, Abschrift S. 2 f. = JW 1906, S. 226 (227) Nr. 10.

569 Vgl. RG, Urt. v. 02.04.1906 – VI 281/05, Gruchot 50 (1906), S. 926 Nr. 75, vgl. *Schubert/Glöckner*, Nachschlagewerk, § 138 Nr. 56.

Das RG konnte einen Verstoß gegen die guten Sitten im fraglichen Darlehensvertrag nicht erblicken. Denn § 138 BGB erfasse, wie schon im obigen Urteil vom 21.01.1903[570] ausgesprochen, nicht nur Rechtsgeschäfte, die nach ihrem objektiven Inhalt gegen die guten Sitten verstoßen, sondern berücksichtige auch deren subjektive Seite:[571] „Maßgebend ist darnach, ob das betreffende Rechtsgeschäft nach seinem, aus der Zusammenfassung von Inhalt, Motiv und Zweck sich ergebenden Gesamtcharakter den guten Sitten zuwiderläuft[572] … Von diesem Gesichtspunkte aus können sich Rechtsgeschäfte, welche zu dem Unternehmen oder Betriebe eines Bordelles in Beziehung stehen (wofern auf sie nicht schon die Bestimmung des §. 134 B.G.B. in Verbindung mit §. 180 des Strafgesetzbuches zutrifft) nach §. 138 Abs. 1 B.G.B. als nichtig erweisen; aber nicht unter allen Umständen hat jene Beziehung die Nichtigkeit zur Folge. Eine allgemeine Regel läßt sich hierüber nicht wohl aufstellen; die Verhältnisse des Einzelfalles sind zu prüfen."[573]

Dabei sei einerseits zu beachten, „daß die Motive allein, auch wenn sie unsittlicher Art sind, das Rechtsgeschäft noch nicht ungültig machen, daß es zugleich auch auf die objektiven Umstände mit ankomme. Und auf der anderen Seite", so der Senat weiter, „darf aus der Kenntnis des einen Teiles von dem sittenwidrigen Zweck, welchen der andere Kontrahent bei dem Geschäfte verfolgt oder zu dem er das hierdurch Erlangte zu verwenden gedenkt, nicht ohne weiteres ein subjektiv unsittliches Handeln des ersteren entnommen werden. Bei Darlehen, welche zum Zwecke des Ankaufes – oder auch der Errichtung – eines Bordellhauses aufgenommen werden, kann es für die Beurteilung des Darlehensgeschäftes im Hinblick auf §. 138 B.G.B. von Bedeutung sein, ob der Darlehensgeber mit dem von dem Darlehensempfänger beabsichtigten Betriebe sein eigenes persönliches oder Vermögensinteresse verknüpfen, hieraus Vorteile ziehen will, oder ob er selbst dem unsittlichen Unternehmen ferne steht und ferne

---

570 Vgl. RG, Urt. v. 21.01.1903 – I 481/02, JW 1903, Beil. 5 S. 41 Nr. 86.

571 Vgl. RG, Urt. v. 02.04.1906 – VI 281/05, Abschrift S. 3 = Gruchot 50 (1906), S. 926 (928) Nr. 75.

572 Unter Verweis auf: RG, Urt. v. 21.01.1903 – I 481/02, JW 1903, Beil. 5 S. 41 Nr. 86.

573 RG, Urt. v. 02.04.1906 – VI 281/05, Abschrift S. 3 f. = Gruchot 50 (1906), S. 926 (928 f.) Nr. 75. Unter Anführung von RG, Urt. v. 21.03.1892 – VI 314/91, RGZ 29, 106; RG, Urt. v. 21.03.1894 – VI 388/93, SeuffA 49 (1894), Nr. 238 S. 402; RG, Urt. v. 07.12.1896 – VI 234/96, RGZ 38, 199 und RG, Urt. v. 07.11.1899 – III 184/99, SeuffA 55 (1900), Nr. 70 S. 148, sei früher der Unterschied gemacht worden, „ob das unsittliche Element, der verwerfliche Zweck unmittelbar in den Inhalt des Vertrages aufgenommen, zum Gegenstand der Vertragsleistung gemacht war oder nicht" (RG, Urt. v. 02.04.1906 – VI 281/05, Abschrift S. 4 = Gruchot 50 (1906), S. 926 [929] Nr. 75).

bleiben will.[574] Desgleichen wird in Rücksicht kommen, ob der Darlehensnehmer sich dem anderen Teil gegenüber der Art der Verwendung des dargeliehenen Geldes irgendwie gebunden hat oder ob die Zweckbestimmung lediglich der freien Entschließung des Empfängers überlassen ist, ohne daß dem Darlehensgeber eine Einwirkung in dieser Richtung zustände."[575] Für die Annahme der Sittenwidrigkeit lägen hier keine derartigen Umstände vor.

Darüber hinaus sei auch der bloßen Kenntnis des D. als Darlehensgeber von der Absicht des Beklagten als Empfänger in Bezug auf die Verwendung des Geldes eine maßgebende Bedeutung abzusprechen, zumal es dem Beklagten überlassen gewesen sei, ob er sein Vorhaben ausführen wollte oder nicht.[576] Gleiches gelte für das Wissen, daß der Beklagte weitere Geldmittel nicht besitze und die Rückzahlung des Kapitals und die Tilgung der Zinsen aus den Erträgnissen des Bordells erfolgen würde, zumal es dem Beklagten überlassen sei, wie er die erforderlichen Gelder beschaffe und außerdem eine legale Verwertung des Grundbesitzes des Beklagten im Wege der Vermietung oder Veräußerung nicht unmöglich sei.[577]

Damit war die Hingabe eines Darlehens zum Ankauf eines Bordells an sich nicht nichtig, es sei denn der Darlehensgeber wollte aus dem Betrieb des Bordells selbst Vorteile ziehen, also in eigennütziger Absicht den Bordellbetrieb förderte.

In einem kurzen Kommentar zu dieser Entscheidung erklärte *Hagen*, die Förderung der Unsittlichkeit verstoße an sich nicht gegen die guten Sitten, sondern nur, wenn sie in der Absicht eigenen Gewinnes erfolge. Ein ungewöhnlicher Gewinn sei hierzu nicht erforderlich. Allerdings sei die nicht außergewöhnlich hohe Verzinsung eines Darlehens kein Gewinn, sondern nur eine bloße Nutzung.[578]

---

[574] Siehe auch RG, Urt. v. 24.10.1906 – V 49/06, Abschrift S. 2 = Gruchot 52 (1908), S. 1064 (1065) Nr. 39, vgl. *Schubert/Glöckner*, Nachschlagewerk, § 138 Nr. 89 und RG, Urt. v. 09.02.1907 – V 347/06, Abschrift S. 3, vgl. *Schubert/Glöckner*, Nachschlagewerk, § 138 Nr. 26.

[575] RG, Urt. v. 02.04.1906 – VI 281/05, Abschrift S. 4 = Gruchot 50 (1906), S. 926 (929 f.) Nr. 75.

[576] Vgl. RG, Urt. v. 02.04.1906 – VI 281/05, Abschrift S. 5 = Gruchot 50 (1906), S. 926 (930) Nr. 75 unter Verweis auf: RG, Urt. v. 27.06.1904 – V 10/04, HansGZ 26 (1905), Beibl. S. 80 No. 48 = ZBlFG 5 (1905), S. 550 Nr. 508.

[577] Vgl. RG, Urt. v. 02.04.1906 – VI 281/05, Abschrift S. 5 = Gruchot 50 (1906), S. 926 (930 f.) Nr. 75.

[578] Vgl. *Hagen*, SächsA 5 (1910), S. 105 (106).

Im Urteil vom 21.04.1906[579] befaßte sich der V. Zivilsenat nunmehr damit, ob die Unsittlichkeit des Kaufvertrages über ein Grundstück zum Fortbetrieb des auf ihm befindlichen Bordells auch die für die Sicherung der Kaufpreisforderung bestellte Hypothek erfasse. Der Senat hatte sich mit dem Fall schon im oben teilweise wiedergegebenen Urteil vom 27.06.1904[580] beschäftigt, wobei er damals das Urteil des Berufungsgericht aufhob und die Sache zurückverwies, weil die Vorinstanz nicht allen entscheidungserheblichen und unter Beweis gestellten Behauptungen der Beklagten für eine Sittenwidrigkeit nach § 138 BGB nachgegangen war.

Aus dem umfangreichen Tatbestand ist lediglich folgendes zum Verständnis der hier interessierenden Urteilsgründe von Relevanz: Die Beklagte hatte vom Kläger durch notariellen Kaufvertrag vom 22. Mai 1902 ein in Hamburg belegenes Hausgrundstück für 104.000 M gekauft und aufgelassen erhalten. Für den noch offenen Restbetrag des Kaufpreises in Höhe von 38.400 M wurde für den Kläger auf dem Grundstück eine ab dem 1. Juli 1902 mit 5 % zu verzinsende Hypothek eingetragen. Mit seiner Klage verlangte der Kläger die Verurteilung der Beklagten zur Zahlung der Zinsen für einen bestimmten Zeitraum bei Vermeidung der Zwangsvollstreckung in das Grundstück.

Hiergegen verteidigte sich die Beklagte mit der Behauptung, der Kläger habe in dem Haus ein Bordell betrieben und ihr nicht bloß das Haus, sondern auch dessen gesamte, dem Bordellbetrieb dienende Einrichtung und das Bordellgeschäft selbst für den wahren Kaufpreis von 129.000 M verkauft. Um aber die Immobilienabgabe zu verringern und damit Kosten zu sparen, sei das Geschäft in zwei gesonderte Verträge zerlegt worden, wobei 104.000 M für das Grundstück und 25.000 M für das Bordellgeschäft nebst Inventar angesetzt worden seien. In Wahrheit handele es sich damit um ein einheitliches Rechtsgeschäft, was der Kläger jedoch bestritt.

Das RG gab der Klage statt. Nach den tatsächlichen Feststellungen sei der Wille der Parteien und ihre Einigung, unabhängig von der späteren Aufteilung in zwei Kaufverträge, auf den Abschluß eines einheitlichen Kaufgeschäfts über das Haus, Inventar und Bordellgeschäft zu einem einheitlichen Preis von 129.000 M gerichtet gewesen. Durch eine nur äußerliche Trennung der zwei Verträge könnten die Parteien aber die gewollte Einheitlichkeit des Rechtsgeschäfts nicht beseitigen.[581] Damit sei jedoch der ganze Kaufvertrag wegen Verstoßes gegen die guten Sitten nach § 138 Abs. 1 BGB nichtig: „Hat … das ganze – einheitliche – Rechtsgeschäft einen unsittlichen Charakter, weil es getätigt worden ist,

---

[579] Vgl. RG, Urt. v. 21.04.1906 – V 505/05, RGZ 63, 179, vgl. *Schubert/Glöckner*, Nachschlagewerk, § 138 Nr. 58 u. 59.

[580] Vgl. RG, Urt. v. 27.06.1904 – V 10/04, ZBlFG 5 (1905), S. 550 Nr. 508.

[581] Vgl. RG, Urt. v. 21.04.1906 – V 505/05, Abschrift S. 3 = RGZ 63, 179 (182).

um die Beklagte in den Stand zu setzen, das Bordellgeschäft fortzusetzen, so wird hiervon auch jeder Teil des einheitlichen Rechtsgeschäfts ergriffen, und deshalb erweist sich nicht bloß der Kaufvertrag über das Inventar und Bordellgeschäft, sondern auch der über das Grundstück als ein gegen die guten Sitten verstoßendes Rechtsgeschäft und ist deshalb nach § 138 Abs. 1 B.G.B. nichtig."[582]

Eine Klage, mit welcher die Beklagte persönlich (!) auf Zahlung der rückständigen Zinsen des Kaufpreises aus dem Kaufvertrag in Anspruch genommen würde, hätte somit überhaupt keinen Erfolg. Indes habe der Kläger hier nach seinem Klagantrag („bei Vermeidung der Zwangsvollstreckung in das Grundstück") die dingliche (!) Klage aus der Hypothek erhoben, über die einzig zu entscheiden sei.[583] Somit war das rechtliche Schicksal der dem Kläger von der Beklagten bestellten Hypothek entscheidend und der Senat sah sich der Frage gegenüber, „ob und in welcher Weise die auf sachenrechtlichem Gebiete liegenden Erfüllungsgeschäfte von der Unsittlichkeit des zugrunde liegenden Kausalgeschäfts beeinflußt werden".[584] Dazu hob das Gericht den selbständigen Charakter der sachenrechtlichen Erfüllungsgeschäfte hervor: „Die sachenrechtlichen Erfüllungsgeschäfte (z. B. Übergabe, Auflassung) sind nach dem System des Bürgerlichen Gesetzbuchs als Rechtsgeschäfte konstruiert, die die Macht, eine sachenrechtliche Wirkung hervorzubringen (z. B. Eigentum zu übertragen), in sich selbst haben[585]. Man bezeichnet sie deshalb als losgelöst von dem Kausalgeschäft oder man spricht von einem dinglichen Vertrage, der ihr eigentliches Wesen sei und der, weil sich bei ihm der beiderseitige Wille nur auf die Herbeiführung der sachenrechtlichen Wirkung (z. B. auf Übertragung und Erwerb des Eigentums) richte, nichts von dem Kausalgeschäft in sich aufgenommen habe. Man nennt die sachenrechtlichen Erfüllungsgeschäfte daher auch abstrakte Rechtsgeschäfte, abstrakt insofern, als sie auf sich selbst gestellt sind und in dem Kausalgeschäft, das ihnen zugrunde liegt, zwar ihre Veranlassung finden, aus ihm aber keinen ihre Wirksamkeit bedingenden Faktor herübernehmen. Hält man diesen selbständigen Charakter der sachenrechtlichen Erfüllungsgeschäfte fest, so ist die von Dernburg ... vertretene Annahme abzulehnen[586] ..., daß die

---

[582] RG, Urt. v. 21.04.1906 – V 505/05, Abschrift S. 3 = RGZ 63, 179 (182).

[583] Vgl. RG, Urt. v. 21.04.1906 – V 505/05, Abschrift S. 3 f. = RGZ 63, 179 (183 f.).

[584] RG, Urt. v. 21.04.1906 – V 505/05, Abschrift S. 5 = RGZ 63, 179 (184). Hierbei könnten die Ausführungen des RG, Urt. v. 19.02.1904 – VII 462/03, RGZ 57, 95 – siehe dazu die Darlegungen im Kapitel zum Wucher (D.I.) – nicht maßgebend sein, weil diese nur hinsichtlich wucherischer Kausalgeschäfte im Rahmen der Spezialbestimmung des § 138 Abs. 2 BGB ergangen seien.

[585] In RGZ 63, 179 (184) liest man stattdessen: „in sich selbst tragen".

[586] Unter Verweis auf: *Dernburg*, Bd. I, 1. Aufl. 1902, § 127 II., S. 382 f. = *Dernburg*, Bd. I, 3. Aufl. 1906, § 127 II., S. 430; *Dernburg*, Bd. II 2, 1./2. Aufl. 1901, § 379 II., S. 601 =

Unsittlichkeit des Kausalgeschäftes und die an sie gesetzlich geknüpfte Folge der Nichtigkeit dieses Geschäfts auch die sachenrechtlichen Erfüllungsgeschäfte (Übergabe, Auflassung) nichtig mache."[587] Damit ziehe die Nichtigkeit des Kausalgeschäfts nicht schon an sich die Nichtigkeit des sachenrechtlichen Erfüllungsgeschäftes nach sich.

Ob die abstrakten Erfüllungsgeschäfte von der dem Kausalgeschäft anhaftenden Unsittlichkeit überhaupt ergriffen werden können, blieb vom V. Zivilsenat dahingestellt; denn das Erfüllungsgeschäft sei, sofern ihm selbst eine Unsittlichkeit anhaftet, nicht nichtig: „Gerade im Gegensatz ... [zu der von Dernburg vertretenen Ansicht] ist andererseits die Meinung aufgestellt worden[588] ..., daß die abstrakten Erfüllungsgeschäfte von der dem zugrunde liegenden Kausalgeschäft anhaftenden Unsittlichkeit überhaupt nicht [!] ergriffen werden <u>könnten</u>, weil die Elemente, aus denen sie sich zusammensetzen und aus denen sie ihre Wirksamkeit entnehmen, mit dem Zwecke des Kausalgeschäfts, der dieses zu einem unsittlichen stempele, nichts zu tun hätten. Ob man soweit gehen soll oder ob man nicht vielmehr mit Förster[589] ... anzunehmen haben wird, daß in der Regel die Unsittlichkeit, die dem Kausalgeschäft anhaftet, auch dem Erfüllungsgeschäft anhaften wird, kann dahingestellt bleiben. Denn das, worauf es ankommt, ist die Frage, ob auch das Erfüllungsgeschäft, wofern ihm eine Unsittlichkeit anhaftet, vom Gesetz als nichtig behandelt wird, und diese Frage ist zu verneinen."[590]

Die Annahme einer Nichtigkeit des Erfüllungsgeschäfts wäre mit § 817 BGB unvereinbar; das (durch ein angenommen nichtiges Erfüllungsgeschäft) zu einem unsittlichen Zwecke Geleistete könnte ansonsten nicht mit § 817 Satz 1

Dernburg, Bd. II 2, 3. Aufl. 1906, § 379 II., S. 687 = *Dernburg*, Bd. II 2, 4. Aufl. 1915, § 379 II., S. 733; *Dernburg*, Bd. III, 1. Aufl. 1898, § 63 am Ende, S. 190 = *Dernburg*, Bd. III, 3. Aufl. 1904, § 64 IV.3. am Ende, S. 201 und *Dernburg*, Bd. III, 4. Aufl. 1908, § 64 IV.3. am Ende, S. 225.

587 RG, Urt. v. 21.04.1906 – V 505/05, Abschrift S. 5 = RGZ 63, 179 (184 f.).

588 Unter Verweis auf: *Enneccerus*, Bd. I., 1. Aufl. 1900, § 98 II., S. 223: „Beim abstrakten Geschäft bildet die Kausa keinen Theil des Geschäftes, sie ist aus demselben ausgeschieden. Das Erfordemiß des § 138 [BGB], daß das Geschäft selbst gegen die guten Sitten verstoße, liegt also hier nicht vor."; *Enneccerus*, Bd. I, 1. Aufl. 1900, § 158 IV., S. 362 f.; *Enneccerus*, Bd. I, 1. Aufl. 1900, § 355 1., S. 754 und *Eccius*, DJZ 1903, S. 41 (41 f.). Auch nach *Planck*, BGB, Bd. I, 3. Aufl. 1903, § 138 Anm. 1.b), S. 249 f., könne das abstrakte Geschäft in der Regel nicht gegen die guten Sitten verstoßen. Eine Ausnahme von dieser Regel sollte hingegen gelten, „wenn die causa in Form der Bedingung in das abtrakte Geschäft mit aufgenommen ist"; gegen diesen Standpunkt aber *Förster*, Recht 1905, S. 356 (356); siehe auch *Kriegsmann*, S. 80 f.

589 Unter Verweis auf: *Förster*, Recht 1905, S. 356 (356).

590 RG, Urt. v. 21.04.1906 – V 505/05, Abschrift S. 5 f. = RGZ 63, 179 (185).

BGB kondiziert werden: Die Nichtigkeit desselben (etwa einer Auflassung) hätte zur Folge, daß das Eigentum beim Leistenden (dem Veräußerer des Grundstücks) verbliebe und von diesem mit der Vindikation gemäß § 985 BGB geltend gemacht werden könnte, mithin eine Vermögensverschiebung überhaupt nicht erfolgt sei. Dieses Ergebnis stünde dann aber im Widerspruch zu § 817 Satz 1 BGB, der eine Rückforderung des Geleisteten zulasse und damit gerade auch eine Vermögensverschiebung verlange. Demnach könne das abstrakte Erfüllungsgeschäft (z. B. die Auflassung) nicht nichtig gewesen sein, weil es sonst nicht die Vermögensverschiebung (Übertragung des Eigentums) bewirken könnte, die § 817 Satz 1 BGB gerade voraussetze.[591]

Freilich müsse auch § 817 Satz 2 BGB berücksichtigt werden, der den Rückforderungsanspruch des Leistenden gegen den Empfänger aus § 817 Satz 1 BGB ausschließt, wenn dem Leistenden gleichfalls ein Verstoß gegen die guten Sitten zur Last fällt, „es sei denn, daß die Leistung in der Eingehung einer Verbindlichkeit bestand". Damit sei eine „Rückforderung des Grundstückes" (womit das Gericht nur Eigentum und Besitz am Grundstück meinen konnte) für den Kläger und des bar gezahlten Geldes durch die Beklagte ausgeschlossen.[592] Gleichermaßen sei eine Kondiktion der für den Restkaufpreis bestellten Hypothek durch die Beklagte nach § 817 Satz 2 BGB ausgeschlossen, denn die Hypothekenbestellung gehöre nicht zu der dort bestimmten Ausnahme, für welche die Rückforderung zugelassen ist.[593] Letzteres ergebe sich aus der – hier nicht näher darzulegenden – Entstehungsgeschichte des § 817 Satz 2 BGB, nach der man bei Schaffung dieser Vorschrift nicht an Erfüllungsgeschäfte gedacht habe, die auf dem Gebiete des Sachenrechts liegen und eine Vermögensverschiebung in dinglichen Rechten bewirken. Zu diesen Erfüllungsgeschäften gehörten jedoch die Bestellung einer Grundschuld oder Hypothek.[594]

Obwohl der Kaufvertrag nichtig und die Beklagte für den hypothekarisch gesicherten Restkaufpreis nebst Zinsen nicht persönlich hafte, könne sie dafür

---

[591] Vgl. RG, Urt. v. 21.04.1906 – V 505/05, Abschrift S. 6 = RGZ 63, 179 (185 f.).

[592] Vgl. RG, Urt. v. 21.04.1906 – V 505/05, Abschrift S. 6 f. = RGZ 63, 179 (186).

[593] Vgl. RG, Urt. v. 21.04.1906 – V 505/05, Abschrift S. 7 = RGZ 63, 179 (187): Die Annahme des Gegenteils, also eine Kondiktion der Hypothek durch die Beklagte, mit der sie die Aufhebung des Hypothekenrechts verlangen könne, sei auch mit dem daraus sich für beide Parteien ergebenden Resultat nicht gerechtfertigt. „Daß dies zu einem dem Gerechtigkeitsgefühl unerträglichen Ergebnis führen würde, liegt auf der Hand; denn die Beklagte würde, obwohl sie mindestens ebenso unsittlich gehandelt hat wie der Kläger, das Grundstück behalten und für den noch schuldigen Kaufpreis weder persönlich noch mit dem Grundstück haftbar zu machen sein."

[594] Vgl. RG, Urt. v. 21.04.1906 – V 505/05, Abschrift S. 7 f. = RGZ 63, 179 (187 f.).

aufgrund der für den Kläger bestehenden Hypothek mit ihrem Grundstück dinglich in Anspruch genommen werden.[595]

Der Senat ließ diesbezüglich offen, ob sich bei dieser Rechtslage entsprechend der Ansicht von Förster[596] eine derartige Hypothek in eine Grundschuld verwandle. Von ihr unterscheide sich eine solche Hypothek, da für sie eine persönliche, wenn auch nichtige Forderung bestellt worden sei, aber die Rückforderung dennoch ausgeschlossen sei, soweit die Forderung bezahlt oder durch eine eine Vermögensverschiebung auf sachenrechtlichem Gebiet erfüllt worden sei.[597]

Darüber hinaus sei § 1163 Abs. 1 BGB nicht anwendbar, der dazu führen würde, daß die Hypothek, weil die Forderung nicht zur Entstehung gelangt sei, dem Eigentümer, hier also der Beklagten zustünde. Durch seine Anwendung würde wiederum § 817 Satz 2 BGB unterlaufen, wenn die Beklagte die Hypothek, die sie nicht kondizieren könne auf diesem Wege als eine „Eigentümerhypothek" erhielte.[598] Deshalb sei auch § 1137 BGB ausgeschlossen, der zu einem Verzicht des Klägers auf die Hypothek nach §§ 1168 Abs. 1, 1169 BGB führen müßte, dürfte die Beklagte die Unsittlichkeit der Forderung auch gegen die Hypothek einwenden.[599]

Die Hypothek bestehe nach alledem im Ergebnis zu Recht, wenngleich die ihr zugrunde liegende persönliche (Kaufpreis-)Forderung (aus dem Bordellkaufvertrag) als solche nicht geltend gemacht werden könne und die hypothekarische Klage könne demjenigen, dem die Hypothek zustehe, nicht versagt werden.[600]

Die Entscheidung stieß in Hinsicht auf die Gültigkeit der Bordellhypothek trotz der Nichtigkeit des Kaufvertrages im Schrifttum auf ein geteiltes Echo. Kritisch äußerte sich allen voran *Dernburg*, dessen Auffassung von der Nichtigkeit auch der sachenrechtlichen Erfüllungsgeschäfte das RG ausdrücklich die Gefolgschaft versagt hatte. Mit dem Ergebnis, daß die persönliche Forderung aus dem Kaufvertrag nach § 138 Abs. 1 BGB nichtig, hingegen die für die Kaufgelder aus diesem nichtigen Vertrag bestellte Hypothek wirksam sein solle, sei in zahlreichen Fällen den Parteien freigestellt, unsittlichen Rechtsgeschäften Rechtswirksamkeit und Klagbarkeit zu gewähren. Dies könne unabsehbare Konsequenzen haben und sei mit den Zwecken des § 138 Abs. 1 BGB, den Anforderungen des wahren Rechts völlig unvereinbar. Die Nichtanwendung des § 1163

---

[595] Vgl. RG, Urt. v. 21.04.1906 – V 505/05, Abschrift S. 8 = RGZ 63, 179 (188).

[596] Vgl. *Förster*, Recht 1905, S. 356 (357).

[597] Vgl. RG, Urt. v. 21.04.1906 – V 505/05, Abschrift S. 8 f. = RGZ 63, 179 (188 f.).

[598] Vgl. RG, Urt. v. 21.04.1906 – V 505/05, Abschrift S. 9 = RGZ 63, 179 (189).

[599] Vgl. RG, Urt. v. 21.04.1906 – V 505/05, Abschrift S. 9 = RGZ 63, 179 (189).

[600] Vgl. RG, Urt. v. 21.04.1906 – V 505/05, Abschrift S. 9 = RGZ 63, 179 (189).

BGB durch das Gericht ließ er unkommentiert.[601] Seine reservierte Haltung gegenüber der Entscheidung unterstrich er mit dem abschließenden Satz: „Man kann nur wünschen und hoffen, daß das R.G. von den Irrwegen, welche es in diesem Erkenntnis betritt, sich baldmöglichst zurückfindet."[602]

Dagegen erfuhr die „vortrefflich begründete"[603] Entscheidung von *Reichel* vollen Zuspruch; dies sowohl im Hinblick auf die Gültigkeit der Eigentumsübertragung als auch der Bordellhypothek. Es stehe zu hoffen, daß die in der Vergangenheit lange Zeit schwankende Praxis nunmehr einmütig für die Bejahung der Gültigkeit der Eigentumsübertragung und der Bordellhypothek eintreten werde.[604] Wie auch das RG bejahte er die Klag- und Vollstreckbarkeit der Bordellhypothek, gab dem Hypothekar folglich die dingliche Klage aus der Hypothek an die Hand. Hieran ändere der Umstand nichts, daß die Hypothek eine persönliche Forderung voraussetze, die vorliegend gerade unverbindlich ist, weil das Kausalgeschäft nach § 138 Abs. 1 BGB nichtig sei. Die Auffassungen, die für die Entstehung einer Grundschuld oder einer Eigentümergrundschuld einträten, erschienen ihm bedenklich. Die Ansicht Försters, die Hypothek von der Forderung überhaupt zu abstrahieren und die bestellte Hypothek ganz einfach als Grundschuld aufzufassen, finde im Gesetz keine Stütze. Die Entstehung der Hypothek als Eigentümergrundschuld mittels der Anwendung des § 1163 BGB laufe der Tendenz des § 817 Satz 2 BGB zuwider.[605]

Ein solcher Befürworter der Eigentümergrundschuld war *Lenel*, bei dem die Begründung der Gerichtsentscheidung Bedenken erweckte. Wenn man mit dem V. Zivilsenat an der Nichtigkeit des Bordellverkaufes festhalte, so sei die Forderung, für welche die Hypothek bestellt sei, nicht zur Entstehung gelangt und daher nach § 1163 BGB die Schlußfolgerung unausweichlich, daß die Hypothek für den Eigentümer, die Käuferin, und nicht für den Verkäufer entstanden sei. Die gegen diese Annahme vom RG gelieferte Begründung mit Hilfe des § 817 Satz 2 BGB stimme nicht.[606] Zur Lösung des Konflikts schlug er einen gänzlich anderen Ansatz vor. „M. E. ist die Entscheidung des RG. nur auf einem Wege zu retten: durch Anerkennung der Gültigkeit auch des Bordellkaufvertrages, d. h. durch Bruch mit der bisherigen Praxis, die bei der Anwendung des § 138 I [BGB] den Vertragsmotiven [!] entscheidende Bedeutung beimißt. Ich weiß nicht, ob das Abgehen von dieser Praxis so sehr zu bedauern wäre; ihr Erfolg, will mir scheinen, ist meistens der, daß von zwei streitenden Schuften der größe-

---

[601] Vgl. *Dernburg*, Bd. I, 3. Aufl. 1906, § 125 V., S. 425 in Fn. 32.

[602] *Dernburg*, Bd. I, 3. Aufl. 1906, § 125 V., S. 425 in Fn. 32.

[603] *Reichel*, DJZ 1907, Sp. 109 (109).

[604] Vgl. *Reichel*, DJZ 1907, Sp. 109 (109).

[605] Vgl. *Reichel*, DJZ 1907, Sp. 109 (112 f.).

[606] Vgl. *Lenel*, DJZ 1907, Sp. 453 (454 f.).

re den Sieg davonträgt und die Beute einsteckt. Sie beruht auch nicht sowohl auf dem allein maßgebenden Wortlaut des § 138 I [BGB] als auf seiner Vorgeschichte. Gerade Fälle, wie der vorliegende, sind geeignet, den großen Unterschied greifbar zu machen zwischen einem Rechtsgeschäft, dessen Inhalt, und einem solchen, dessen bloße Motive wider die guten Sitten verstoßen."[607] Der hiermit zugleich vorgebrachten Kritik, das RG verkenne, daß der Kaufvertrag nicht schon deshalb gegen die guten Sitten verstoße, weil die Beteiligten aus einem unsittlichen Motiv handelten, widersprach das RG in einer späteren Entscheidung[608] zu Recht. Denn nach der Rechtsprechung des RG müsse das Rechtsgeschäft gerade nach seinem aus der Zusammenfassung von Inhalt, Beweggrund und Zweck zu entnehmenden Gesamtcharakter, nach den objektiven und subjektiven Momenten gegen die guten Sitten verstoßen.

Bedenken an der Entscheidung hatte auch *Matthießen*. Was die erkannte Gültigkeit des dinglichen Geschäfts bei unsittlichem Kausalgeschäfte anbelangt, äußerte er Zweifel, ob sich schon aus der in § 817 BGB gewährten Kondiktion entnehmen lasse, daß die Vindikation nach § 985 BGB nicht begründet und das Eigentum übergegangen sei. Denn für eine Kondiktion sei auch dann Raum, wenn der Eigentumsübergang nicht erfolgt sei, beispielsweise wenn nur die Rückgabe des Besitzes verlangt werde oder der Empfänger den Gegenstand nicht mehr in natura besitze.[609] Die Gültigkeit der Bordellkaufgeldhypothek und die vom RG vorgebrachten Argumente hierfür lehnte auch er mit dem Hinweis auf § 1163 BGB ab. Ein Widerstreit zwischen der Vorschrift des § 817 Satz 2 BGB und der des § 1163 Abs. 1 BGB sei in Wahrheit nicht vorhanden. Erstere schließt die Rückforderung einer Leistung aus. Allerdings handele es sich im vorliegenden Falle nicht um die Rückforderung einer begründeten Hypothek, sondern allein darum, ob überhaupt eine Hypothek zur Entstehung gelangt sei. Für diesen Fall bestimmten aber die §§ 1163, 1177 BGB, daß eine Eigentümergrundschuld entstehe. Dieses Ergebnis könne wieder dadurch umgestoßen werden, daß in diese Frage die Grundsätze über die Rückforderungen von Leistungen in Form des § 817 Satz 2 BGB einbezogen würden. Zudem beziehe sich der letzte Halbsatz des § 817 Satz 2 BGB nur auf obligatorische Verbindlichkeiten und nicht auf dingliche Rechtsbestellungen. Deshalb stünde bei Anwendung des § 1163 Abs. 1 BGB die Hypothek dem zur Zeit ihrer Bestellung eingetragenen Eigentümer, also regelmäßig dem Bordellerwerber als (Eigentümer-)Grundschuld zu und der Bordellverkäufer könne diese folglich nicht geltend machen.[610] Das so gefundene Ergebnis sei auch sachlich befriedigend: „Das Gesetz

---

607 *Lenel*, DJZ 1907, Sp. 453 (455).

608 Vgl. RG, Urt. v. 05.02./11.03.1908 – V 236/07, Abschrift S. 3 = RGZ 68, 97 (98 f.).

609 Vgl. *Matthießen*, DJZ 1907, Sp. 534 (534).

610 Vgl. *Matthießen*, DJZ 1907, Sp. 534 (534 f.).

will nicht, daß die staatlichen Gerichte sich dazu hergeben sollen, Verbindlichkeiten aus unsittlichen Geschäften durchzuführen. Soll nun der schlauere Bordellverkäufer, der den Weg der dinglichen Haftung wählt, doch erreichen, daß die Gerichte ihm ihren Arm zur Durchführung seiner unsittlichen Ansprüche leihen? Das Hypothekenrecht weist deutliche Wege, die dies verhindern, und es ist bedauerlich, daß der höchste deutsche Gerichtshof, der hoffentlich noch nicht sein letztes Wort in dieser Sache gesprochen hat, sie nicht gehen will."[611]

Das RG bestätigte zunächst in den nachfolgenden Entscheidungen die im Urteil vom 21.04.1906[612] mitgeteilte Ansicht, daß die Unsittlichkeit/Nichtigkeit des obligatorischen Grundgeschäfts nach § 138 Abs. 1 BGB – von § 138 Abs. 2 BGB einmal abgesehen – nicht auch die dinglichen Erfüllungsgeschäfte, insbesondere nicht die Auflassung und die Hypothekenbestellung erfasse. Vielmehr greife die Vorschrift des § 817 BGB Platz, die nur ein Rückforderungsrecht gewähre, zur Kondiktion des Erfüllungsgeschäftes berechtige, aber bei beiderseitigem Verstoß gegen die guten Sitten ausgeschlossen sei. Daraus ergebe sich, das weder die Auflassung des Grundstücks noch die Hypothek rückgängig gemacht werden könnten und dem Hypothekengläubiger die hypothekarische (dingliche) Klage und das Recht zur Zwangsversteigerung gewährt werden müsse.[613]

In der Entscheidung vom 15./29.05.1906[614] hatte der II. Senat des RG unter anderem die Wirksamkeit eines Mietvertrages über ein als Bordell benutztes

---

611 *Matthießen*, DJZ 1907, Sp. 534 (535 f.).

612 Vgl. RG, Urt. v. 21.04.1906 – V 505/05, RGZ 63, 179.

613 Vgl. RG, Urt. v. 09.05.1906 – V 449/05, Abschrift S. 2, vgl. *Schubert/Glöckner*, Nachschlagewerk, § 138 Nr. 59; RG, Urt. v. 24.10.1906 – V 49/06, Abschrift S. 3 ff. = Gruchot 52 (1908), S. 1064 (1066 f.) Nr. 39, vgl. *Schubert/Glöckner*, Nachschlagewerk, § 138 Nr. 18, 59 u. 88, wo auch (unter Verweis auf: RG, Urt. v. 19.02.1904 – VII 462/03, RGZ 57, 95) betont wurde, daß nach der Sonderbestimmung des § 138 Abs. 2 BGB wucherische Erfüllungsgeschäfte nichtig seien; RG, Urt. v. 09.02.1907 – V 347/06, Abschrift S. 3 f. = Recht 1907, Sp. 374 Nr. 723, vgl. *Schubert/Glöckner*, Nachschlagewerk, § 138 Nr. 59 und RG, Urt. v. 21.11./19.12.1908 – I 643/07, Abschrift S. 4 = WarnRspr. 1909, Nr. 183 S. 175 (175), vgl. *Schubert/Glöckner*, Nachschlagewerk, § 138 Nr. 59. Anders aber für die Hypothek schon RG, Urt. v. 05.02./11.03.1908 – V 236/07, RGZ 68, 97, vgl. *Schubert/Glöckner*, Nachschlagewerk, § 138 Nr. 156.

614 Vgl. RG, Urt. v. 15./29.05.1906 – II 519/05, RGZ 63, 346, vgl. *Schubert/Glöckner*, Nachschlagewerk, § 138 Nr. 66 u. 67. Überdies entschied der Senat, daß die Vorschriften der §§ 138, 817 BGB, sofern deren Voraussetzungen im einzelnen Falle vorlägen, grundsätzlich auf Abzahlungsgeschäfte anwendbar seien, was sich aus der allgemeinen Regel des Art. 32 Satz 2 EGBGB über das Verhältnis des BGB zu den früher erlassenen Reichsgesetzen ergebe. Deshalb könne die Bestimmung des § 1 des Gesetzes vom 16. Mai 1894 betreffend die Abzahlungsgeschäfte über die Rückgewähr der beiderseitigen Leistungen keine Anwendung finden, wenn die §§ 138, 817 Satz 2 BGB der Rückforderung entgegenstünden [Abschrift S. 6 = RGZ 63, 346 (349 f.)]. Außerdem wurde ausgesprochen, daß

Haus sowie des damit im Zusammenhang stehenden Kaufvertrages über das im Haus befindliche Bordellinventar zu beurteilen, wobei der Kaufpreis von 14.000 M für das Inventar mit Rücksicht auf die Benutzung des Hauses als Bordell deutlich über dessen objektiven Wert gelegen habe.

Nach Ansicht des Senates verstoße sowohl der über das Bordellgrundstück geschlossene Mietvertrag als auch der Kaufvertrag über das Inventar gegen die guten Sitten. Was dabei die Nichtigkeit des Kaufvertrages über das Bordellinventar anlangte, so griff der Senat auf die Ausführungen des V. Zivilsenats in dessen Urteil vom 27.06.1904[615] zurück, wonach die Absicht des Käufers über die Verwendung der zu erwerbenden Sachen für sich allein betrachtet nicht ausreiche, um das Veräußerungsgeschäft als ein gegen die guten Sitten verstoßendes erscheinen zu lassen und deshalb auch die Kenntnis dieser Absicht auf Seiten des Verkäufers hierfür nicht genüge. Die Beachtung allein dieses Gesichtspunkts reiche vorliegend nicht zur Klärung aus, ob das Kaufgeschäft ein unsittliches sei, denn es komme „nicht ausschließlich auf das Motiv an, das die Parteien zum Abschluß des Kaufvertrags bestimmt hat".[616] Die Vorschrift des § 138 BGB wolle solchen Rechtsgeschäften die Anerkennung und den Rechtszwang versagen, „die nach ihrem aus der Zusammenfassung von Inhalt, Motiv und Zweck zu entnehmenden Gesamtcharakter, nach den objektiven und subjektiven Momenten gegen die guten Sitten verstoßen".[617]

Ein Gesamtcharakter solchergestalt sei hier aber gegeben: Nach dem festgestellten Motiv der Parteien habe die Mieterin bzw. Käuferin das Inventar nur gekauft, weil ihr das zum Bordellbetrieb dienende Haus von der Vermieterin bzw. Verkäuferin vermietet worden sei und sich das Inventar schon darin befunden habe. Für den Inhalt und Zweck des Kaufvertrages seien die Behauptungen der Käuferin relevant, die überhöhten Kaufpreise für das Inventar seien lediglich mit Rücksicht auf die Gewährung der Benutzung des Grundstückes als Bordell gewährt worden. Zudem sei auch der innere Zusammenhang zwischen dem Inventarkaufvertrag und dem Mietvertrag über das Grundstück zu berücksichtigen.

---

§ 817 Satz 2 BGB nicht nur für den Anspruch aus § 817 Satz 1 BGB gelte, sondern als für jeden Bereicherungsanspruch maßgebend sei, auch soweit ein solcher Anspruch an sich unter die allgemeine Bestimmung des § 812 BGB falle [Abschrift S. 10 ff. = RGZ 63, 346 (353 ff.)]. Siehe zur Anwendung des § 817 Satz 2 BGB auf § 812 BGB auch RG, Urt. v. 07.12.1910 – V 58/10, Abschrift S. 6 = WarnRspr. 1911, Nr. 115 S. 123 (124 f.); RG, Urt. v. 03.10./19.12.1911 – II 82/11, Abschrift S. 3 f. = RGZ 78, 282 (284) und RG, Urt. v. 04.01.1912 – IV 173/11, Abschrift S. 5 = WarnRspr. 1912, Nr. 98 S. 113 (114).

615 Vgl. RG, Urt. v. 27.06.1904 – V 10/04, ZBlFG 5 (1905), S. 550 Nr. 508.

616 RG, Urt. v. 15./29.05.1906 – II 519/05, Abschrift S. 7 = RGZ 63, 346 (350).

617 RG, Urt. v. 15./29.05.1906 – II 519/05, Abschrift S. 7 = RGZ 63, 346 (350) unter Verweis auf: RG, Urt. v. 21.01.1903 – I 481/02, JW 1903, Beil. 5 S. 41 Nr. 86 und RG, Urt. v. 15.12.1903 – II 185/03, RGZ 56, 229 (231).

Denn nach Behauptung der Käuferin sei der Kaufpreis nicht nur als Gegenwert für das gekaufte Mobiliar als solches vereinbart worden, sondern auch als Vergütung für die Überlassung und Ermöglichung des Bordellbetriebs, der an den Besitz des Hauses und des dazugehörigen Inventars geknüpft sei.[618] „Es ist aber anerkannt Rechtens, 1. daß ebenso wie Kauf- und Mietverträge über Bordellgrundstücke, die zum Zweck des Bordellbetriebes abgeschlossen sind[619] ..., auch Kauf- und Mietverträge über das Mobiliar eines Bordells, sofern durch solche Verträge der Bordellbetrieb ermöglicht werden soll, wegen dieses objektiven Inhalts und Vertragszwecks als gegen die guten Sitten verstoßend anzusehen sind, namentlich dann, wenn der Kauf- oder Mietpreis mit Rücksicht auf den Bordellbetrieb besonders hoch bemessen ist, so daß ein Teil des Preises als Vergütung für die Überlassung des Bordellgeschäfts anzusehen ist, und 2. daß in einem solchen Falle das ganze Rechtsgeschäft nichtig ist.“[620]

Einen Sinneswandel der Rechtsprechung des RG im Hinblick auf die Gültigkeit der Bordellhypothek zeigt die Entscheidung vom 05.02./11.03.1908[621], in welcher der V. Zivilsenat im Gegensatz zu seiner im Urteil vom 21.04.1906[622] vertretenen Ansicht einräumte, daß die Hypothek bei Nichtigkeit der gesicherten Forderung aus dem Bordellkaufvertrag gemäß §§ 1163 Abs. 1, 1177 Abs. 1 BGB als Eigentümergrundschuld für den die Hypothek bestellenden Eigentümer des Grundstücks entstehe.

Dabei lag der Entscheidung ein ähnlicher Sachverhalt wie damals vor, denn die Kläger verlangten im Wege der dinglichen Klage die Zahlung aus einer für sie auf dem Grundstück der Beklagten eingetragenen Restkaufgeldhypothek von 6.500 M. Ursprünglich waren die Klägerin zu 1. und ihr zwischenzeitlich verstorbener Ehemann Eigentümer des Grundstücks, daß sie durch Vertrag vom 20. November 1902 an Frau O. verkauften, die ihnen die Hypothek bestellte. Frau O. wiederum – und hierin unterscheidet sich der vorliegende Fall – verkaufte und übereignete den Beklagten das mit der Hypothek belastete Grundstück.

Die Beklagten wendeten gegen die Klage ein, daß der zwischen Frau O. und der Klägerin zu 1. nebst derem Ehemann geschlossene Kaufvertrag nach § 138 Abs. 1 BGB nichtig sei und sich diese Nichtigkeit auch auf die für die Kauf-

---

618 Vgl. RG, Urt. v. 15./29.05.1906 – II 519/05, Abschrift S. 7 f. = RGZ 63, 346 (350 f.).

619 Unter Verweis auf: *Förster*, Recht 1905, S. 356 (356).

620 RG, Urt. v. 15./29.05.1906 – II 519/05, Abschrift S. 8 = RGZ 63, 346 (351) unter Verweis auf: RG, Urt. v. 21.03.1892 – VI 314/91, RGZ 29, 106 (109) und RG, Urt. v. 07.12.1896 – VI 234/96, RGZ 38, 199 (202).

621 Vgl. RG, Urt. v. 05.02./11.03.1908 – V 236/07, RGZ 68, 97, vgl. *Schubert/Glöckner*, Nachschlagewerk, § 138 Nr. 156.

622 Vgl. RG, Urt. v. 21.04.1906 – V 505/05, RGZ 63, 179.

preisforderung bestellte Hypothek erstrecke. Nach einer Ansicht in der juristischen Literatur[623] entstehe in diesem Fall nur eine Eigentümergrundschuld für den Besteller der Hypothek.

Hatte die Klage in den ersten beiden Instanzen unter Bezugnahme auf die reichsgerichtliche Entscheidung vom 21.04.1906[624] noch Erfolg, weil danach die Hypothek trotz des ihr zugrunde liegenden nichtigen Kausalgeschäfts weder nichtig noch kondizierbar sei und sich auch nicht nach § 1163 Abs. 1 BGB in eine Eigentümergrundschuld verwandelt habe, kam es im Revisionsverfahren zur Zurückverweisung der Sache. Der Senat bestätigte die bisherige Rechtsprechung, daß der Kaufvertrag vom 20. November 1902 gemäß § 138 Abs. 1 BGB nichtig sei, denn sog. Bordellkäufe verstießen gegen die guten Sitten. Gegen die teilweise vorgebrachte Kritik im Schrifttum[625], das RG verkenne hierbei, daß das Rechtsgeschäft nicht schon deshalb gegen die guten Sitten verstoßen könne, weil einer der Beteiligten aus einem unsittlichen Motiv handele und dies dem anderen Teil bekannt sei, verwies das Gericht auf seine bestehende Rechtsprechung, daß die Kenntnis des Verkäufers von der Absicht des Käufers, das im verkauften Hause betriebene Bordellgeschäft fortzusetzen, für sich allein nicht ausreiche, um das Veräußerungsgeschäft als ein gegen die guten Sitten verstoßendes erscheinen zu lassen. Vielmehr versage § 138 BGB nur solchen Rechtsgeschäften die Anerkennung und den Rechtszwang, die nach ihrem aus der Zusammenfassung von Inhalt, Beweggrund und Zweck zu entnehmenden Gesamtcharakter, nach den objektiven und subjektiven Momenten gegen die guten Sitten verstoßen, also auch Inhalt und Zweck des Kaufes objektiv unsittlich sein müssen.[626] Es sei also neben den unsittlichen Beweggründen der Beteiligten erforderlich, daß nach dem objektiven Inhalt der Vertragsabreden sich der Kaufvertrag als unsittlich darstelle. Dies sei aber vorliegend nach Behauptung der Beklagten der Fall, weil sich die Beteiligten des Vertrages vom 20. November 1902 über die Fortsetzung des bisher betriebenen Bordellbetriebs bewußt gewesen seien und außerdem der vereinbarte Kaufpreis über den allgemeinen Wert des Grundstücks deshalb deutlich hinausgehe, weil das Bordellgeschäft mit zum Gegenstand der Veräußerung gemacht worden sei.[627]

---

623 Siehe *Dernburg*, Bd. I, 3. Aufl. 1906, § 125 V., S. 425 in Fn. 32; *Lenel*, DJZ 1907, Sp. 453 (454) und *Matthießen*, DJZ 1907, Sp. 534 (534 f).

624 Vgl. RG, Urt. v. 21.04.1906 – V 505/05, RGZ 63, 179.

625 Siehe *Lenel*, DJZ 1907, Sp. 453 (455) und *Hölder*, DJZ 1908, Sp. 46 (47 u. 50).

626 Vgl. RG, Urt. v. 05.02./11.03.1908 – V 236/07, Abschrift S. 3 = RGZ 68, 97 (98 f.) unter Verweis auf: RG, Urt. v. 27.06.1904 – V 10/04, ZBlFG 5 (1905), S. 550 Nr. 508 und RG, Urt. v. 15./29.05.1906 – II 519/05, RGZ 63, 346 (350 ff.).

627 Vgl. RG, Urt. v. 05.02./11.03.1908 – V 236/07, Abschrift S. 3 = RGZ 68, 97 (99) unter Verweis auf: RG, Urt. v. 15./29.05.1906 – II 519/05, RGZ 63, 346 (353).

Im Hinblick auf die Hypothek unterstrich das Gericht erneut, daß die Einigung der Beteiligten über eine Hypothekenbestellung nach § 873 BGB, ebenso wie etwa die Auflassung, die Eigentumsübertragung, ein dinglicher Vertrag sei, weil sie die unmittelbare Rechtsänderung in bezug auf eine Sache zum Gegenstand habe. Sie sei ein abstraktes Rechtsgeschäft auf dem Gebiete des Sachenrechts, da sie lösgelöst sei von dem Rechtsgrund, in dem sie ihre Veranlassung finde und ihre rechtliche Wirksamkeit unabhängig von der des Rechtsgrundes sei.[628]

Entgegen der Meinung der Beklagten sei allerdings nicht ohne weiteres aus der Nichtigkeit des Kaufvertrages, in dessen Erfüllung die Sicherung der Kaufpreisforderung durch Bestellung der Hypothek erfolgte, auch die Nichtigkeit der Hypothek zu folgern. Dabei ließ der V. Zivilsenat die seit einiger Zeit in der Rechtslehre sehr umstrittenen Fragen, ob abstrakte Rechtsgeschäfte für sich selbst wegen eines Verstoßes gegen die guten Sitten nichtig sein können und ob die Unsittlichkeit des Rechtsgrundes zugleich auch das abstrakte Rechtsgeschäft mitumfasse, trotz seiner verneinenden Entscheidung vom 21.04.1906[629] überraschenderweise offen.[630] Dies war nach der nunmehrigen Erkenntnis des Gerichts auch nicht erforderlich: Denn wenn der Kaufvertrag vom 20. November 1902 nach § 138 Abs. 1 BGB nichtig sei, so sei die dingliche Klage aus der fraglichen Hypothek – unabhängig davon, ob sie selbst nichtig ist oder nicht – unbegründet. Sei im ersten Fall die Einigung über die Hypothekenbestellung selbst nichtig, dann sei die Hypothek erst gar nicht zur Entstehung gelangt, weil § 873 BGB zu deren Begründung neben der Eintragung die rechtswirksame Einigung zwischen dem Berechtigten und dem andern Teile voraussetze. Dann stünde den Klägern nur auf Grund der Eintragung keine rechtsgültige Hypothek zu, auf die sie ihren Anspruch stützen könnten. Aber auch im zweiten möglichen Fall, wenn die Hypothek trotz der Nichtigkeit der gesicherten Forderung an sich wirksam begründet worden sei, seien die Kläger in Wahrheit nicht Gläubiger der Hypothek geworden und damit nicht berechtigt, das hypothekarische Recht für sich geltend zu machen. Vielmehr sei die Hypothek dann, weil eine rechtsgültige Forderung nicht zur Entstehung gelangt sei, nach §§ 1163 Abs. 1, 1177 Abs. 1 BGB als Eigentümergrundschuld für den sie bestellenden Eigentümer, also vorliegend für Frau O. entstanden.[631] „Die als Eigentümer des belasteten Grundstückes auf Zahlung des Hypothekenbetrages belangten Beklagten sind auch be-

[628] Vgl. RG, Urt. v. 05.02./11.03.1908 – V 236/07, Abschrift S. 4 = RGZ 68, 97 (99 f.) unter Verweis auf: RG, Urt. v. 21.04.1906 – V 505/05, RGZ 63, 179 (183).

[629] Siehe RG, Urt. v. 21.04.1906 – V 505/05, RGZ 63, 179 (184 f.).

[630] Vgl. RG, Urt. v. 05.02./11.03.1908 – V 236/07, Abschrift S. 4 f. = RGZ 68, 97 (100 f.) mit zahlreichen Nachweisen zu den im wesentlichen drei vertretenen Ansichten.

[631] Vgl. RG, Urt. v. 05.02./11.03.1908 – V 236/07, Abschrift S. 5 = RGZ 68, 97 (101).

rechtigt, in dem ersten Falle die Nichtigkeit der Hypothek, in dem zweiten Falle die Nichtigkeit der gesicherten Forderung [nach § 1137 Abs. 1 BGB] einzuwenden.“[632] Eine solche mögliche Abweisung der dinglichen Klage aus der Hypothek müßte auch keineswegs als unbillig angesehen werden, wenn ihr ein gegen die guten Sitten verstoßendes Bordellkaufgeschäft zugrunde liege.[633]

Neben dieser rechtlichen Überzeugung kam der Senat zu der Ansicht, daß die im Urteil vom 21.04.1906[634] gemachten Ausführungen zu der nach § 817 Satz 2 BGB ausgeschlossenen Rückforderung der bestellten Hypothek nicht aufrecht erhalten werden können:[635] Denn die für eine nichtige Forderung aus einem unsittlichen Rechtsgeschäfte bestellte Hypothek sei keine „Leistung“ im Sinne des § 817 BGB. Diese erfordere eine Vermögensverschiebung und daß der Leistende ein Vermögensstück auf den Empfänger übertragen habe. Bei einer derartigen Hypothekenbestellung habe hingegen der Besteller nichts aus seinem Vermögen hergegeben, denn sei die Hypothek nichtig, dann sei kein dingliches Recht am Grundstück begründet worden und bei einer Nichtigkeit der gesicherten Forderung sei nur eine Eigentümergrundschuld für den Besteller selbst entstanden.[636]

Das Schrifttum stimmte nach dieser Entscheidung dem RG darin zu, daß die für eine nichtige Kaufpreisforderung bestellte Hypothek nach § 1163 BGB dem Grundstückseigentümer, also in der Regel dem Käufer zustehe.[637]

In der Entscheidung vom 17.12.1910[638] entschied der V. Zivilsenat für die mehrfache Veräußerung eines Bordells, wobei die letzten Käufer in der Veräu-

---

[632] RG, Urt. v. 05.02./11.03.1908 – V 236/07, Abschrift S. 5 = RGZ 68, 97 (101 f.).

[633] Vgl. RG, Urt. v. 05.02./11.03.1908 – V 236/07, Abschrift S. 7 = RGZ 68, 97 (104): „Denn, wenn nicht regelmäßig so doch häufig, wird der Teil des Kaufpreises, der von dem Bordellkäufer nicht durch Barzahlung oder Übernahme von Hypotheken berichtigt, sondern durch Hypothekbestellung gesichert wird, gerade den Gewinn darstellen, den der Verkäufer dadurch zu erzielen sucht, daß er das Grundstück zum Zwecke des Bordellbetriebes verkauft. Mit Recht wird daher dem sittenwidrig handelnden Verkäufer der Schutz der Gerichte versagt, wenn er mit der dinglichen Hypothekenklage die Erlangung des unlauteren Gewinnes verfolgt.“

[634] Siehe RG, Urt. v. 21.04.1906 – V 505/05, RGZ 63, 179 (189).

[635] Vgl. RG, Urt. v. 05.02./11.03.1908 – V 236/07, Abschrift S. 5 f. = RGZ 68, 97 (102 f.).

[636] Vgl. RG, Urt. v. 05.02./11.03.1908 – V 236/07, Abschrift S. 6 f. = RGZ 68, 97 (103 f.).

[637] Siehe nur *Nissen*, Recht 1909, Sp. 211 (211); *Haymann*, DJZ 1913, Sp. 1114 (1116); *Mohn*, Bd. I, S. 319 und *Marcuse*, Gruchot 66 (1923), S. 159 (166 f.). Anderer Ansicht war *Werner*, Recht 1909, Sp. 103 (103 f.), der an der früheren Rechtsprechung des RG festhielt und dem früheren Eigentümer (Verkäufer) die Bordellhypothek und die daraus folgende dingliche Klage zubilligen wollte.

[638] Vgl. RG, Urt. v. 17.12.1910 – V 62/10, RGZ 75, 68, vgl. *Schubert/Glöckner*, Nachschlagewerk, § 138 Nr. 202.

ßerungskette auf Feststellung ihres Eigentums an dem Grundstück gegen die ursprünglichen Eigentümer klagten, daß die Nichtigkeit der Kaufverträge nicht den Übergang des Eigentums am Grundstück auf die Käufer hindere, diese also wirksam Eigentum erwürben.[639] Dies wurde auch in den bisherigen Entscheidungen immer wieder stillschweigend angenommen, ohne daß hierüber vom Gericht ein Wort verloren wurde. Als Begründung wurde die vom Senat als ständige Rechtsprechung des RG bezeichnete Formel angeführt, daß es für den Verstoß gegen die guten Sitten nicht ausschließlich auf den Beweggrund für die Vornahme des Geschäftes ankomme, sondern vielmehr das Rechtsgeschäft nach seinem aus der Zusammenfassung von Inhalt, Beweggrund und Zweck zu entnehmenden Gesamtcharakter, nach den objektiven und subjektiven Momenten gegen die guten Sitten verstoßen müsse.[640] „Eine Einigung über Eigentumsübertragung aber hat, wenn sie als ein für sich selbst bestehendes Rechtsgeschäft und lösgelöst von dem durch sie zur Erfüllung gebrachten obligatorischen Grundrechtsgeschäft, wie erforderlich, in Betracht genommen wird, ihrem Inhalte [!] nach nichts Sittenwidriges an sich, denn ihr Gegenstand ist lediglich die Herbeiführung einer dinglichen Rechtsänderung durch Übertragung des Eigentums von dem bisherigen Eigentümer auf einen andern. Daraus folgt, daß eine Einigung über Eigentumsübertragung auch dann nicht gegen die guten Sitten verstößt und daher nicht nichtig ist, wenn sie zur Erfüllung eines gegen die guten Sitten verstoßenden obligatorischen Grundrechtsgeschäftes von den Beteiligten erklärt worden ist."[641] Als Argument führte der V. Zivilsenat den schon oftmalig bemühten § 817 BGB an, der erkennen lasse, „daß es [scil: das Gesetz] das Geleistete trotz des sittenwidrigen Zweckes der Leistung als in das Eigentum des Empfängers übergegangen ansieht".[642]

Daß das Eigentum an dem Bordellgrundstück trotz des nichtigen Bordellkaufvertrages wirksam übertragen werde, fand denn auch von dem meisten Autoren im Anschluß an diese Reichsgerichtsentscheidung Zuspruch.[643]

---

[639] Vgl. RG, Urt. v. 17.12.1910 – V 62/10, Abschrift S. 4 = RGZ 75, 68 (71).

[640] Vgl. RG, Urt. v. 17.12.1910 – V 62/10, Abschrift S. 6 = RGZ 75, 68 (74).

[641] RG, Urt. v. 17.12.1910 – V 62/10, Abschrift S. 7 = RGZ 75, 68 (74 f.).

[642] RG, Urt. v. 17.12.1910 – V 62/10, Abschrift S. 7 = RGZ 75, 68 (75) unter Verweis auf: RG, Urt. v. 21.04.1906 – V 505/05, RGZ 63, 179 (185).

[643] Siehe *Marsson*, DJZ 1911, Sp. 1470 (1470 f.); *Schäfer*, JW 1912, S. 103 (103); *Jacoby*, JW 1912, S. 451 (452); *von Tuhr*, DJZ 1912, Sp. 1265 (1268); *Haymann*, DJZ 1913, Sp. 1114 (1115 f.); *Marcuse*, Gruchot 66 (1923), S. 159 (166) und *Küsters*, S. 48. Bedenklich ist aber im Anschluß an *Matthießen*, JW 1911, S. 923 ff., daß das Gericht seinen Grundsatz, nach dem unter § 138 Abs. 1 BGB nur solche Rechtsgeschäfte fielen, die nach ihrem aus der Zusammenfassung von Inhalt, Beweggrund und [!] Zweck zu entnehmenden Gesamtcharakter gegen die guten Sitten verstießen, nicht konsequent anwendete. Vielmehr betrachtete es die Eigentumsübertragung losgelöst vom obligatorischen Geschäft und diese

Auch wenn es sich nicht um ein Bordellgeschäft handelte, ist schließlich noch die Entscheidung des V. Zivilsenats vom 23.04.1913[644] für die Abtretung einer mittels Hypothek gesicherten Forderung, vom RG Hypothekabtretung genannt, mitzuteilen. Die Abtretung sei hier nach Ansicht des OLG Celle vom Kläger an die Beklagte erfolgt, um sie für den gewährten Geschlechtsverkehr zu belohnen und zur Fortsetzung des Verkehrs geneigt zu machen. Daß die vom Berufungsgericht angenommene Sittenwidrigkeit des Schenkungsvertrages auch die Abtretung gemäß § 138 Abs. 1 BGB nichtig mache, erkannte das RG unter Hinweis auf seine bisherige Rechtsprechung nicht an, da es sich auch bei der Abtretung um ein vom Grundgeschäft losgelöstes abstraktes Rechtsgeschäft handele.[645] „Ein solches Rechtsgeschäft, dessen Inhalt sich nur durch die ihm eigentümliche Rechtswirkung bestimmt, kann an sich auch niemals [!] gegen die

---

trage (allein) nach ihrem Inhalt nichts Sittenwidriges in sich. Damit hielt es sich nur an den objektiven Inhalt des Geschäfts, ohne seinen Gesamtcharakter zu untersuchen. Nach Matthießen könne doch darüber kein Zweifel bestehen, daß auf die Frage nach den Motiven und Zwecken der abstrakten dinglichen Einigung nur das Grundgeschäft eine Antwort zu geben vermag. Bei einer derartigen Mitberücksichtigung könne es dann aber nicht richtig sein, die Eigentumsübertragung losgelöst vom kausalen Grundgeschäft zu betrachten. Was allein den Inhalt der Eigentumsübertragung angeht, so bestimmte das Gericht ihn nur dahingehend, daß er auf die Herbeiführung einer dinglichen Rechtsänderung gerichtet sei. Dies sei nach Matthießen jedoch nicht der ganze Inhalt. Hierzu komme die Bestimmung des Gegenstandes, auf den sich die Einigung beziehe. Vorliegend sei es ein Grundstück, dessen herausragende Eigenschaft darin bestand, daß es ein Bordellgrundstück war. Der Eigentumserwerb an einem Bordellgrundstücke trage deshalb schon mit Rücksicht auf seinen Gegenstand den Stempel der Unsittlichkeit an sich.

[644] Vgl. RG, Urt. v. 23.04.1913 – V 4/13, JW 1913, S. 682 Nr. 1.

[645] Vgl. RG, Urt. v. 23.04.1913 – V 4/13, Abschrift S. 3 f. = JW 1913, S. 682 (683) Nr. 1: „Die Abtretung, die sich durch die wenn auch nur stillschweigend erfolgte Annahme der schriftlichen Abtretungserklärung des Klägers und die Übergabe des Hypothekenbriefs vollzog (s. §§ 398, 1154 BGB.), ist ein abstraktes Rechtsgeschäft, d. h. ein Rechtsgeschäft, das die ihm eigentümliche Rechtswirkung – hier die Übertragung der Forderung und Hypothek – ausübt ohne Rücksicht auf den Bestand des Rechtsgrundes, durch den es veranlaßt ist. Das Fehlen dieses Rechtsgrundes, auch wenn es sich aus der Nichtigkeit des Grundgeschäftes ergibt, begründet nicht auch seine Nichtigkeit, sondern nur eine schuldrechtliche Verpflichtung zur Herausgabe des ohne rechtlichen Grund Erlangten aus dem Gesichtspunkte der ungerechtfertigten Bereicherung (§ 812 BGB.). Das Reichsgericht hat dies in ständiger Rechtsprechung mit bezug auf sachenrechtliche Erfüllungsgeschäfte, wie Auflassung, Übergabe, Grundschuldbestellung, anerkannt [unter Verweis auf: RG, Urt. v. 21.04.1906 – V 505/05, RGZ 63, 179 (184/5); RG, Urt. v. 05.02./11.03.1908 – V 236/07, RGZ 68, 97 (99/100) und RG, Urt. v. 19.10.1909 – II 662/08, RGZ 72, 61 (64)] und den Grund dafür auch nur aus der Natur dieser Geschäfte als abstrakter Rechtsgeschäfte hergenommen."

guten Sitten verstoßen;[646] denn unter einem gegen die guten Sitten verstoßenden Rechtsgeschäfte ist nach ständiger Rechtsprechung des Reichsgerichts nur ein solches zu verstehen, das nach seinem sich aus der Zusammenfassung von Inhalt, Beweggrund und Zweck ergebenden Gesamtcharakter den guten Sitten zuwiderläuft[647] ..., nicht aber auch schon ein solches, das nur aus einem gegen die guten Sitten verstoßenden Grunde oder zu einem gegen die guten Sitten verstoßenden Zwecke, insbesondere zur Erfüllung eines gegen die guten Sitten verstoßenden Grundgeschäftes getätigt wird."[648]

Die Besonderheit dieser Entscheidung ist darin zu erblicken, daß die Abtretung nicht wie zum Beispiel die Einigung über die Hypothekenbestellung oder die Auflassung ein abstraktes Rechtsgeschäft auf dem Gebiet des Sachenrechts, ein sachenrechtliches Erfüllungsgeschäft darstellt, das auch dinglicher Vertrag genannt wird, weil es unmittelbar eine Rechtsänderung im Hinblick auf eine Sache zum Gegenstand hat.[649] Sie ist vielmehr ein abstraktes Rechtsgeschäft auf dem Gebiete des Schuldrechts.[650]

---

[646] Nach *Wanner*, S. 163, ließ das RG eine Ausnahme von dem Grundsatz, daß die Sittenwidrigkeit das Erfüllungsgeschäft nicht erfasse, für Geschäfte zu, bei denen gerade das Erfüllungsgeschäft mit dem Makel der Sittenwidrigkeit behaftet war. Siehe hierzu die von *Wanner*, S. 163 in Fn. 370, gebrachten Nachweise aus der Rechtsprechung des RG. Die Entscheidungen des RG, Urt. v. 08.03.1909 – I 86/08, Gruchot 53 (1909), S. 911 Nr. 53, vgl. *Schubert/Glöckner*, Nachschlagewerk, § 138 Nr. 187 und RG, Urt. v. 07.01.1913 – III 236/12, RGZ 81, 175, vgl. *Schubert/Glöckner*, Nachschlagewerk, § 138 Nr. 232, betrafen dabei die Fälle der Abtretung einer Forderung, um den Zedenten als Zeugen vor Gericht auftreten lassen zu können sowie zu dem Zweck, daß der Zessionar im Armenrecht die Klage mit der Forderung erhebe. Auf diese „Unstimmigkeit" in der Rechtsprechung des RG machte bereits *Matthießen*, JW 1911, S. 923 (926), unter Verweis auf RG, Urt. v. 05.05.1911 – III 204/10, JW 1911, S. 576 Nr. 10 für die fiduziarischen Geschäfte aufmerksam, durch die jemand in Verschleierung seiner wahren Vermögenslage sein Vermögen auf einen Dritten zum Schaden des redlichen Verkehrs übertrug. Das RG wendete auf die kreditgefährdende Übertragung § 138 BGB an und erklärte die Übereignungen von Sachen und die Zessionen von Außenständen für nichtig.

[647] Unter Verweis auf: RG, Urt. v. 15.12.1903 – II 185/03, RGZ 56, 229 (230/1); RG, Urt. v. 15./29.05.1906 – II 519/05, RGZ 63, 346 (350); RG, Urt. v. 05.02./11.03.1908 – V 236/07, RGZ 68, 97 (98/9) und RG, Urt. v. 02.04.1906 – VI 281/05, Gruchot 50 (1906), S. 926 (928/9) Nr. 75.

[648] RG, Urt. v. 23.04.1913 – V 4/13, Abschrift S. 4 = JW 1913, S. 682 (683) Nr. 1 unter Verweis auf: RG, Urt. v. 17.12.1910 – V 62/10, RGZ 75, 68 (74/5).

[649] Vgl. RG, Urt. v. 05.02./11.03.1908 – V 236/07, Abschrift S. 4 = RGZ 68, 97 (99).

[650] Vgl. RG, Urt. v. 05.02./11.03.1908 – V 236/07, Abschrift S. 4 = RGZ 68, 97 (99 f.).

Anders als die Entscheidungen zuvor hatte das Urteil des III. Zivilsenats des RG vom 27.04./21.05.1909[651] einen Bordellbauvertrag zum Gegenstand: Der Kläger hatte im Jahre 1906 für die Beklagte auf deren Grundstück ein neues Haus unter Abbruch des alten gebaut und verlangte mit der Klage den restlichen Werklohn. Das von ihm abgerissene Haus hatte zu Bordellzwecken gedient und im neu errichteten Haus sollte wieder ein Bordell betrieben werden, wobei diese Bestimmung des Hauses dem Kläger bei Vertragsschluß bekannt war.

Die erfolglose Revision der Beklagten gegen das stattgebende Urteil des OLG Kiel stützte sich für die Ansicht der Sittenwidrigkeit maßgeblich auf das Urteil des VII. Zivilsenats vom 12.06.1906[652]: Dort hielt das Gericht einen Bordellbauvertrag, nach dem ein Bordell mit allen Einrichtungen eines solchen gebaut werden und auch errichtet wurde, für nichtig, weil „der unsittliche, auf die Förderung der Unzucht gerichtete Zweck Inhalt und Gegenstand des Vertrages geworden ist".[653]

Nach dem III. Zivilsenat sei die frühere Entscheidung des VII. Zivilsenats nicht dahin zu verstehen, daß schlechthin jeder Bauvertrag über die Errichtung eines Bordells sittenwidrig und damit nichtig sei.[654] Vielmehr habe der VII. Senat das entscheidende Gewicht auf die Umstände des Einzelfalles gelegt und geprüft, ob das Rechtsgeschäft nach seinem sich aus der Zusammenfassung von Inhalt, Motiv und Zweck ergebenden Gesamtcharakter gegen die guten Sitten verstößt, und nicht allein aus der Tatsache, daß dem Unternehmer die beabsichtigte Verwendung des Hauses zu Bordellzwecken bekannt war, die Nichtigkeit des Rechtsgeschäfts geschlußfolgert.[655]

Dies entspreche nach dem III. Zivilsenat aber der bisherigen höchstrichterlichen Rechtsprechung: „Das Reichsgericht hat in bezug auf Rechtsgeschäfte, die zu dem Unternehmen oder dem Betriebe eines Bordells in Beziehung stehen, ständig anerkannt, daß die Kenntnis des einen Vertragsteils von der Absicht des andern, den Vertragsgegenstand zu Bordellzwecken zu verwenden, <u>für sich allein</u> nicht ausreicht, das Rechtsgeschäft als gegen die guten Sitten verstoßend

---

[651] Vgl. RG, Urt. v. 27.04./21.05.1909 – III 342/08, RGZ 71, 192, vgl. *Schubert/Glöckner*, Nachschlagewerk, § 138 Nr. 189; siehe hierzu *R. Leonhard*, DJZ 1910, Sp. 450 (451).

[652] Vgl. RG, Urt. v. 12.06.1906 – VII 511/05, RGZ 63, 367, vgl. *Schubert/Glöckner*, Nachschlagewerk, § 138 Nr. 69.

[653] RG, Urt. v. 12.06.1906 – VII 511/05, Abschrift S. 5 = RGZ 63, 367 (371). Die Unsittlichkeit des Bordellbauvertrages ergreife auch die Sicherungsgeschäfte [RG, Urt. v. 12.06.1906 – VII 511/05, Abschrift S. 6 = RGZ 63, 367 (371)]: „War aber das Rechtsgeschäft, aus dem die Forderung … entsprang, wegen seiner unsittlichen Natur nichtig, so ergreift die Nichtigkeit auch die zur Sicherung der … Forderung eingegangenen Rechtsgeschäfte (die Bürgschaft und die Wechselerklärungen)."

[654] Vgl. RG, Urt. v. 27.04./21.05.1909 – III 342/08, Abschrift S. 2 = RGZ 71, 192 (193).

[655] Vgl. RG, Urt. v. 27.04./21.05.1909 – III 342/08, Abschrift S. 3 = RGZ 71, 192 (194).

erscheinen zu lassen."[656] Mehr als eben jene Kenntnis dieser beabsichtigten Verwendungsart liege auf Seiten des Klägers hingegen nicht vor. Er habe keine besonderen baulichen Einrichtungen für den Bordellbetrieb an dem Haus anzubringen gehabt. Weder seine Gestaltung noch die Raumanordnung in den einzelnen Stockwerken enthielte etwas besonders Auffälliges. Zudem überschreite der vereinbarte Werklohn nicht die üblichen Preise und sei auch sonst in keine Verbindung zu dem Bordellbetriebe gebracht. Es könne unter solchen Umständen somit nicht gesagt werden, daß der unsittliche Zweck [!], die Förderung der Unzucht, zum Inhalt und Gegenstand des Vertrages gemacht worden sei; vielmehr liege dieser Zweck außerhalb von Leistung und Gegenleistung. Danach sei der vorliegende Werkvertrag gültig und die Werklohnklage des Klägers begründet.[657]

Damit erkannte das Gericht die Gültigkeit eines Werkvertrages über den Bau eines zu Bordellzwecken bestimmten Gebäudes an, auch wenn der Unternehmer diesen Zweck gekannt habe. *Hagen* stimmte dem Urteil darin zu, daß der Vertrag nicht gegen die guten Sitten verstoße, weil der Werkunternehmer aus dem Umstand, daß das Gebäude zu Bordellzwecken bestimmt war, seinerseits keinen Vorteil ziehen wollte. Gerade die Vorteilsziehung aus der Förderung der Unzucht sei aber das wesentliche Moment für den Verstoß gegen die guten Sitten, weshalb es unwesentlich sei, ob der Vertrag die Förderung der Unzucht bezweckt habe. Im letzteren Falle würde der Vertrag zwar unsittlich sein, hingegen nicht gegen die guten Sitten verstoßen.[658] Auch nach *Cosack* sei der Bauvertrag nicht wegen Verstoßes gegen die guten Sitten nichtig. Unsittlich sei nur der durch den Vertrag zu erreichende Zweck, nicht der Inhalt des Vertrages selbst. Anders sei nur zu entscheiden, wenn das versprochene Baugeld mit Rücksicht auf die Bestimmung des Hauses übermäßig hoch bemessen sei, denn dann sei neben dem von den Parteien verfolgten Zweck auch der Inhalt des Vertrages von der Unsittlichkeit betroffen.[659]

Die daraufhin im Untersuchungszeitraum ergangenen Entscheidungen brachten keine nennenswerten Änderungen in der Rechtsprechung des RG mit sich. Diese lassen sich deshalb inhaltlich wie folgt zusammenfassen: Das RG blieb bei seiner Auffassung, daß es für die Frage, ob ein Rechtsgeschäft gegen

---

[656] RG, Urt. v. 27.04./21.05.1909 – III 342/08, Abschrift S. 3 = RGZ 71, 192 (194) unter Verweis auf: RG, Urt. v. 27.06.1904 – V 10/04, ZBlFG 5 (1905), S. 550 Nr. 508; RG, Urt. v. 02.04.1906 – VI 281/05, JW 1906, S. 331 Nr. 5 = Gruchot 50 (1906), S. 926 Nr. 75; RG, Urt. v. 15./29.05.1906 – II 519/05, RGZ 63, 346 (350) und RG, Urt. v. 05.02./11.03.1908 – V 236/07, RGZ 68, 97 (98).

[657] Vgl. RG, Urt. v. 27.04./21.05.1909 – III 342/08, Abschrift S. 3 = RGZ 71, 192 (194).

[658] Vgl. *Hagen*, SächsA 5 (1910), S. 505 (511).

[659] Vgl. *Cosack*, Bd. I, 6. Aufl. 1913, § 62 a II.1.c), S. 230 f.

die guten Sitten verstößt und daher nach § 138 Abs. 1 BGB nichtig ist, nicht ausschließlich auf den Beweggrund für die Vornahme des Rechtsgeschäftes ankomme, vielmehr § 138 Abs. 1 BGB nur solchen Rechtsgeschäften die Anerkennung und den Rechtszwang versagen wolle, die nach ihrem aus der Zusammenfassung von Inhalt, Beweggrund und Zweck zu entnehmenden Gesamtcharakter, nach den objektiven und subjektiven Momenten gegen die guten Sitten verstoßen.[660] Deshalb sei nicht ein jedes Rechtsgeschäft, das zu dem Unternehmen oder dem Betriebe eines Bordells in Beziehung stehe, als gegen die guten Sitten verstoßend zu erachten.[661] Insbesondere reiche zu einer solchen Annahme für sich allein nicht aus, daß der eine Vertragsteil Kenntnis von der Absicht des anderen gehabt habe, den Vertragsgegenstand zu Bordellzwecken zu verwenden; mithin genüge also die Kenntnis des Verkäufers von der Absicht des Käufers, auf dem gekauften Grundstück ein Bordell einzurichten und zu betreiben, für sich allein nicht zur Annahme eines gegen die guten Sitten verstoßenden Kaufgeschäfts.[662] Hierzu sei vielmehr erforderlich, daß der unsittliche, auf die Förderung der Unzucht gerichtete Zweck, der Betrieb des Bordellgeschäfts, zum Inhalt des Vertrages, zum Gegenstand der Vertragsabreden gemacht worden sei.[663] Namentlich müßten die Vertragsschließenden darüber einig sein, daß dem Käufer die Erreichung des unsittlichen Zwecks, der Bordellbetrieb, ermöglicht und dafür dem Verkäufer ein höherer Preis, als ihn der Käufer sonst bewilligen würde, gewährt werden solle.[664] Folglich wurde ein Verstoß gegen die guten Sitten stets bejaht, wenn der Kaufvertrag über das Bordellgrundstück und/oder das Bordellinventar nach seinem Inhalt zum Zwecke des Betriebs oder der Fortführung des Bordellbetriebes geschlossen und mit Rücksicht auf diesen Zweck der Kaufpreis weit über den allgemeinen wirklichen Wert des Grundstückes oder des Inventars hinaus festgesetzt war.[665]

---

660 Vgl. RG, Urt. v. 17.12.1910 – V 62/10, Abschrift S. 6 f. = RGZ 75, 68 (74).

661 Vgl. RG, Urt. 17.05.1913 – V 557/12, Abschrift S. 5 = WarnRspr. 1913, Nr. 312 S. 374 (376).

662 Vgl. RG, Urt. 17.05.1913 – V 557/12, Abschrift S. 5 = WarnRspr. 1913, Nr. 312 S. 374 (376); RG, Urt. v. 03.01.1914 – V 336/13, Abschrift S. 5; RG, Urt. v. 29.04.1914 – V 555/13, Abschrift S. 8 = Recht 1914, Beil. Nr. 2228 u. 2229 und RG, Urt. v. 29.04.1914 – V 555/13, Abschrift S. 8 = Recht 1914, Beil. Nr. 2228 u. 2229.

663 Vgl. RG, Urt. 17.05.1913 – V 557/12, Abschrift S. 5 = WarnRspr. 1913, Nr. 312 S. 374 (376).

664 Vgl. RG, Urt. v. 03.01.1914 – V 336/13, Abschrift S. 5 f.

665 Vgl. RG, Urt. v. 08.10.1909 – II 32/09, Abschrift S. 3 = RGZ 71, 432 (433); RG, Urt. v. 07.12.1910 – V 58/10, Abschrift S. 5 = WarnRspr. 1911, Nr. 115 S. 123 (124), vgl. *Schubert/Glöckner*, Nachschlagewerk, § 138 Nr. 200; RG, Urt. v. 07.12.1910 – V 58/10, Abschrift S. 5 f. = WarnRspr. 1911, Nr. 115 S. 123 (124); RG, Urt. v. 17.12.1910 – V 62/10, Abschrift S. 4 = RGZ 75, 68 (70 f.); RG, Urt. v. 25.01.1911 – V 75/10, Abschrift S. 3 =

Was die sachenrechtliche Komponente angeht, die nicht nur für die Bordellgeschäfte von Relevanz ist, so sprach das Gericht wiederholt aus, daß die dinglichen Erfüllungsgeschäfte, wie Eigentumsübertragung und Hypothekenbestellung am Grundstück, wenn das schuldrechtliche Grundgeschäft wegen Verstoßes gegen die guten Sitten nach § 138 Abs. 1 BGB nichtig sei, nicht ebenfalls wegen dieses Verstoßes nichtig seien,[666] und daß insbesondere das Rechtsgeschäft der Einigung über eine Hypothekenbestellung, auch wenn die Forderung, die gesichert werden sollte, wegen Verstoßes gegen die guten Sitten nichtig sei, rechtswirksam sei und ein gültiges hypothekarisches Recht durch die Eintragung auf Grund solcher Einigung mit der Maßgabe zur Entstehung gelange, daß es sich zufolge Nichtbestehens der Forderung gemäß §§ 1163 Abs. 1, 1177 Abs. 1 BGB in eine Eigentümergrundschuld umwandle, die dem Eigentümer des Grundstücks zustehe.[667]

Gruchot 55 (1911), S. 1011 (1012) Nr. 85, vgl. *Schubert/Glöckner*, Nachschlagewerk, § 138 Nr. 206; RG, Urt. v. 03.10./19.12.1911 – II 82/11, Abschrift S. 3 f. = RGZ 78, 282 (284), vgl. *Schubert/Glöckner*, Nachschlagewerk, § 138 Nr. 216 und RG, Urt. v. 13.03.1912 – V 426/11, Abschrift S. 3 = WarnRspr. 1912, Nr. 243 S. 277 (277 f.).

[666] Vgl. RG, Urt. v. 19.10.1909 – II 662/08, Abschrift S. 3 f. = RGZ 72, 61 (63 f.); RG, Urt. v. 17.12.1910 – V 62/10, Abschrift S. 7 = RGZ 75, 68 (74 f.), vgl. *Schubert/Glöckner*, Nachschlagewerk, § 138 Nr. 202; RG, Urt. v. 25.01.1911 – V 75/10, Abschrift S. 3 = Gruchot 55 (1911), S. 1011 (1012 f.) Nr. 85, vgl. *Schubert/Glöckner*, Nachschlagewerk, § 138 Nr. 206; RG, Urt. v. 13.11.1911 – V 174/11, Abschrift S. 9 = JW 1912, S. 203 (204) Nr. 31; RG, Urt. v. 03.10./19.12.1911 – II 82/11, Abschrift S. 5 = RGZ 78, 282 (285); RG, Urt. v. 13.03.1912 – V 426/11, Abschrift S. 4 = WarnRspr. 1912, Nr. 243 S. 277 (278); RG, Urt. v. 01.07.1912 – V 149/12, Abschrift S. 7 f. = BayZ 8 (1912), S. 440 (440) V.; RG, Urt. v. 09.10.1912 – V 219/12, Abschrift S. 6; RG, Urt. v. 01.03.1913 – V 433/12, Abschrift S. 10 = JW 1913, S. 540 (540) Nr. 3, vgl. *Schubert/Glöckner*, Nachschlagewerk, § 138 Nr. 234; RG, Urt. v. 23.04.1913 – V 4/13, Abschrift S. 4 = JW 1913, S. 682 (683) Nr. 1; RG, Urt. v. 04.02.1914 – V 394/13, Abschrift S. 4; RG, Urt. v. 23.06.1914 – II 177/14, DJZ 1914, Sp. 1301 (1302) und RG, Urt. v. 12.12.1914 – V 422/14, Abschrift S. 5 = Gruchot 59 (1915), S. 899 (901 f.) Nr. 66.

[667] Vgl. RG, Urt. v. 25.01.1911 – V 75/10, Abschrift S. 4 = Gruchot 55 (1911), S. 1011 (1013) Nr. 85, vgl. *Schubert/Glöckner*, Nachschlagewerk, § 138 Nr. 206; RG, Urt. v. 13.03.1912 – V 426/11, Abschrift S. 5 = WarnRspr. 1912, Nr. 243 S. 277 (278); RG, Urt. v. 19.06.1912 – V 95/12, JW 1912, S. 853 (853) Nr. 4; RG, Urt. v. 09.10.1912 – V 219/12, Abschrift S. 6; RG, Urt. v. 01.03.1913 – V 433/12, Abschrift S. 10 = JW 1913, S. 540 (540) Nr. 3, vgl. *Schubert/Glöckner*, Nachschlagewerk, § 138 Nr. 234; RG, Urt. v. 22.06.1914 – V 88/14, Abschrift S. 4 f. = WarnRspr. 1914, Nr. 253 S. 358 (358); RG, Urt. v. 27.06.1914 – V 106/14, Abschrift S. 3 = Gruchot 58 (1914), S. 1022 (1022) Nr. 100 und RG, Urt. v. 12.12.1914 – V 422/14, Abschrift S. 5 = Gruchot 59 (1915), S. 899 (901 f.) Nr. 66.

III. Arztpraxisveräußerungen

Für bestimmte Berufe wie dem des Arztes, Rechtsanwalts, Richters, Steuerberaters, Wirtschaftsprüfers oder Architekten hat sich seit geraumer Zeit ein besonderes Standesrecht entwickelt, durch das dem Standesangehörigen bei der Berufsausübung diverse Beschränkungen und Pflichten auferlegt werden.[668] Ihnen kann dabei ein rechtsgeschäftliches Handeln verboten sein, welches für andere Berufe oder gewerbliche Betätigungen vollkommen unbedenklich ist. Dies rührt größtenteils wohl daher, daß durch die standesrechtlich gebundenen Berufe beispielsweise im Gesundheitswesen und in der Rechtspflege wichtige öffentliche Aufgaben wahrgenommen werden und sie in der Bevölkerung eine besondere Vertrauensstellung[669] einnehmen.[670] Das hat schon das RG bei der Beurteilung von Vereinbarungen berücksichtigt, die von den Angehörigen jener Berufe abgeschlossen wurden. Neben der für den jeweiligen Beruf bestehenden Ehrengerichtsbarkeit hatte das RG darüber zu befinden, welche zivilrechtlichen Konsequenzen bei einer festgestellten Standeswidrigkeit zu ziehen seien, insbesondere, ob ein standeswidriges Rechtsgeschäft als ein Verstoß gegen die guten Sitten zu qualifizieren sei. Im Urteil vom 24.09.1913[671] lehnte der III. Zivilsenat des RG jedoch im Falle der eingeforderten Rückzahlung eines vertraglich vereinbarten und gezahlten übermäßig hohen Rechtsanwaltshonorars einen Verstoß gegen die guten Sitten allein wegen einer eventuellen Standeswidrigkeit ab: „Bei Prüfung der Frage, ob ein Vertrag gegen die guten Sitten verstößt, ist der Stand und Beruf der Partei mit zu berücksichtigen. Eine Verletzung der Standesehre genügt allerdings nicht, einen Vertrag zu einem unsittlichen zu machen; die Vereinbarung muß vielmehr nach ihrem Gesamtcharakter mit dem Anstandsgefühl aller billig und gerecht Denkenden im Widerspruch stehen. Nach diesem sind aber nicht alle Menschen ohne Rücksicht auf deren Stand und Beruf die gleichen Anforderungen zu stellen; insbesondere bei Rechtsanwälten, die berufen sind, bei der Wahrung der Rechtes mitzuwirken, ist ein schärferer Maßstab anzulegen."[672]

---

[668] *Coing*, NJW 1947/48, S. 213 (216), bezeichnet sie als „ethisch gebundene Berufe", weil die Angehörigen dieser Berufe besondere ethische Pflichten träfen, welche in der sittlichen Eigenart des Berufes begründet seien. Nach *Simitis*, S. 57, wohne den Berufen des Arztes und Rechtsanwalts ein „bestimmtes sittliches Element inne", so daß die von ihnen über Berufsangelegenheiten abgeschlossenen Verträge von einem moralischen Standpunkt aus beurteilt werden können. Siehe auch *Larenz*, Juristen-Jahrbuch 7 (1966/67), S. 98 (115): „bestimmtes Berufsethos".

[669] Vgl. *Schrödter*, JW 1902, S. 645 (645); siehe auch § 43 BRAO in der Fassung vom 1. August 1959, BGBl. I 1959, S. 565 (580): „Der Rechtsanwalt hat seinen Beruf gewissenhaft auszuüben. Er hat sich innerhalb und außerhalb des Berufes der Achtung und des Vertrauens, welche die Stellung des Rechtsanwalts erfordert, würdig zu erweisen." Siehe auch

Im Folgenden soll den Praxiskaufverträgen und den vertraglich vereinbarten Konkurrenzverboten zwischen Ärzten nachgegangen werden. Zum Schutz des Erwerbers vor der Konkurrenz des Praxisveräußerers wurde ein solches Verbot in den Kaufvertrag integriert. Es handelt es sich insgesamt um eine der Standardfallgruppen des Verstoßes gegen Standespflichten. Anders als für die deutschen Rechtsanwälte, deren geschriebenes Standesrecht in der Rechtsanwaltsordnung vom 1. Juli 1878[673] sehr ausführlich geregelt war und deren Tätigkeit der Entscheidung des Ehrengerichtshofs für deutsche Rechtsanwälte unterlag, bestand für die Ärzteschaft keine solche reichsgesetzliche Regelung. Gemäß § 6 Abs. 1 Satz 2 Gewerbeordnung (GewO) fand diese auf die Ausübung der Heilkunde nur insoweit Anwendung, als in ihr ausdrücklich Bestimmungen getroffen waren. Dort waren die Rechte und Pflichten der Ärzte in keiner Weise erschöpfend geregelt, vor allem enthielt sie keine Aussagen über die Standespflichten der Ärzte.[674] Eine gesetzliche einheitliche Regelung brachte erst das preußische „Gesetz, betreffend die ärztlichen Ehrengerichte, das Umlagerecht und die Kassen der Aerztekammern" vom 25. November 1899[675], das am 1. April 1900 in Kraft trat.

Wenngleich sowohl der Beruf des Rechtsanwaltes wie der des Arztes regelmäßig durch einen entgeltlichen privatrechtlichen Vertrag in Tätigkeit versetzt werden, sind beide Berufe nicht als gewerbliche Unternehmen angesehen worden.[676]

RG, Beschl. v. 23.03.1934 – I 214/33, RGZ 144, 1 (5 f.), wo die Vereinigten Zivilsenate des RG betont haben, „daß sich der Beruf des Arztes aus dem Rahmen reiner Erwerbstätigkeit heraushebt und dem einzelnen Berufsangehörigen im höchsten Maße menschliches Vertrauen zuteil werden läßt, das notwendigerweise ganz an seine Person gebunden ist".

670 Siehe *Simitis*, S. 57; *Larenz*, Juristen-Jahrbuch 7 (1966/67), S. 98 (115 f.); *Krüger-Nieland/Zöller*, in: RGRK, BGB, Bd. I, 12. Aufl. 1982, § 138 Rn. 198; *Hefermehl*, in: Soergel, BGB, Bd. II, 13. Aufl. 1999, § 138 Rn. 233; *Dilcher*, in: Staudinger, BGB, 12. Aufl. 1980, § 138 Rn. 72 und *Mayer-Maly/Armbrüster*, in: MüKo, BGB, 4. Aufl. 2001, § 138 Rn. 46 f.

671 Vgl. RG, Urt. v. 24.09.1913 – III 178/13, RGZ 83, 109, vgl. *Schubert/Glöckner*, Nachschlagewerk, § 138 Nr. 238.

672 RG, Urt. v. 24.09.1913 – III 178/13, Abschrift S. 6 = RGZ 83, 109 (114).

673 Siehe RGBl. 1878, S. 177 ff.

674 Vgl. *Kaestner*, DJZ 1906, Sp. 1019 (1019) und *Th. Olshausen*, DJZ 1908, Sp. 1275 (1275).

675 Siehe GS 1899, S. 565.

676 Vgl. nur *Fuchs*, DJZ 1907, Sp. 938 (939) und *Schultzenstein*, GuR 8 (1907), S. 408 (408).

1. Praxiskaufverträge

Den Problemkreis bildet die Frage, ob ein Vertrag gegen die guten Sitten gemäß § 138 Abs. 1 BGB verstößt, durch den sich ein Arzt verpflichtet, seine „Praxis" auf einen anderen zu übertragen. Die gleiche Frage wurde auch für den Praxisverkauf unter Rechtsanwälten gestellt.[677] Das RG selbst hat sich nur mit Fällen der entgeltlichen Übertragung einer Zahn-/Arztpraxis beschäftigt, dabei aber auch den Berufsethos der Rechtsanwälte bei seiner Entscheidungsfindung mit berücksichtigt. Seine hierzu entwickelten Grundsätze sollten ebenso auf den Verkauf einer Anwaltspraxis übertragbar sein.[678] Die Entscheidungen zu den Praxisverkäufen seien, so jedenfalls *Luetgebrune* in seiner Dissertation von 1935, „soweit ersichtlich, nirgendswo auf nennenswerten Widerspruch gestoßen".[679] Nach Meinung von *Steinbach* werde es allgemein als den guten Sitten widerstreitend erachtet, wenn der Angehörige eines derartigen Berufes, „der nach seinem Stande die ihm [in größerem Umfang auf wissenschaftlichem Gebiete] obliegenden Thätigkeit in berufsmäßiger Weise auszuüben hat, seinem Erwerbstriebe einen zu weiten Spielraum gewährt".[680] Die Mitglieder dieser Berufe sollten für ihre berufliche Tätigkeit außer der ihnen zustehenden standesgemäßen Bezüge kein zusätzliches Entgelt erhalten. Die Erfüllung ihrer Aufgaben liege im dringenden Interesse der Gesamtheit und eine Verletzung der Berufspflichten verstoße gegen die guten Siten.[681]

Bei der entgeltlichen Praxisübertragung wurde noch ein anderes Problem diskutiert: nämlich um was für einen Vertragstypus es sich eigentlich handele. Die rechtliche Konstruktion des Praxisverkaufes als ein Kaufvertrag war für viele nur unter Schwierigkeiten vorstellbar. Eine der frühesten Entscheidungen[682] dazu traf der II. Zivilsenat des OLG Stuttgart am 22.06.1892[683], indem er dort den Kaufvertragscharakter ablehnte, da die Arztpraxis des Verkäufers bzw.

---

[677] Eine Untersuchung des Praxisverkaufes findet sich in der Dissertation von *Luetgebrune*, S. 23 ff., aus dem Jahre 1935. Zum Verkauf einer Arzt- und Rechtsanwaltspraxis in heutiger Zeit siehe etwa *Reinicke/Tiedtke*, Kaufrecht, 7. Aufl. 2004, Rn. 1263 ff.

[678] Vgl. *Finger*, S. 368 und *Luetgebrune*, S. 24.

[679] *Luetgebrune*, S. 29.

[680] *Steinbach*, DJZ 1899, S. 47 (48).

[681] Vgl. *Steinbach*, DJZ 1899, S. 47 (48 f.).

[682] Zu weiteren Urteilen der Oberlandesgerichte siehe die Ausführungen von *Luetgebrune*, S. 24 ff.

[683] Vgl. OLG Stuttgart, Urt. v. 22.06.1892 – II, WürttJb. VI (1894), S. 169 Nr. 34; angeführt bei *Luetgebrune*, S. 24.

seine Patienten weder „Ware“[684] noch „Gegenstand“ seien, über welche er disponieren und die er veräußern könne, und das Wesentliche des Vertrages in der Aufgabe der Praxisausübung durch den abtretenden Arzt und der Verschaffung der Möglichkeit einer Berufsausübung für den Erwerber gesehen hatte.[685] Hingegen sei „die rechtliche Zulässigkeit einer solchen Vereinbarung ... im allgemeinen nicht zu bezweifeln“.[686]

Auch im Schrifttum wurde die rechtlichen Qualität des Praxisverkaufs problematisiert. *Schrödter* verstand unter der „Praxis“ eines Arztes oder Rechtsanwalts die *Ausübung* dieses Berufes als solchen. Diese Ausübung des Berufes könne aber bei einem Verkauf nicht Gegenstand sein, sondern, wenn überhaupt, nur die Aufgabe seiner Ausübung. Vielmehr werde man bei einen Verkauf den Kundenkreis, also den Patienten- oder Mandantenkreis als Praxis anzusehen haben. Jedoch könne auch dieser Personenkreis unmöglich als Kaufsgegenstand anzunehmen sein, denn der jeweilige Patient/Mandant müsse sich im Bedarfsfalle ja gerade der Hilfe des betreffenden Arztes/Rechtsanwaltes versichern wollen.[687] Folglich sei die Praxis „die größere oder geringere Wahrscheinlichkeit, Patienten bezw. Mandanten bekommen und sich erhalten zu können, also ein Konglomerat von Möglichkeiten und Unmöglichkeiten“.[688] Die Übertragung jenes Konglomerats juristisch als Kauf einer Praxis einzustufen gehe nicht an, weil es sich hierbei weder um eine Sache noch um ein Recht handele, so daß von einem Kauf einer Praxis niemals die Rede sein könne. Werde dieser Terminus dennoch benutzt, so sei das eine „legere Ausdrucksweise, die man sich mit Rücksicht auf die Mannigfaltigkeit dessen, was man damit bezeichnen will, wohl erlauben darf“[689], vorausgesetzt, man sei sich dessen bewußt, daß es kein Kauf im juristischen Sinne sei.[690] Der Kauf einer Praxis stelle sich seiner Ansicht nach somit nicht als *ein* Kauf sondern als eine „mannigfaltige Summe der verschiedenartigsten Verträge“[691] dar, so daß die Regeln über Kauf, Tausch, Miete, Dienst- und Werkvertrag, Schuldübernahme und Forderungsabtretung etc. anzuwenden seien.

Die einen Kaufvertrag im Sinne des BGB ablehnende Meinung Schrödters wurde von *Kuhlenbeck* geteilt. Dieser sah mit der Praxis „ungefangene Fische,

---

684 Siehe auch *F. Leonhard*, Lehrbuch, 2. Aufl. 1926, S. 81 ablehnend für die „Kundschaft“, denn hierbei würden gewisse Tätigkeiten geschuldet.

685 Vgl. OLG Stuttgart, Urt. v. 22.06.1892 – II, WürttJb. VI (1894), S. 169 (169) Nr. 34.

686 OLG Stuttgart, Urt. v. 22.06.1892 – II, WürttJb. VI (1894), S. 169 (169 f.) Nr. 34.

687 Vgl. *Schrödter*, JW 1902, S. 645 (645).

688 *Schrödter*, JW 1902, S. 645 (646).

689 *Schrödter*, JW 1902, S. 645 (646).

690 Vgl. *Schrödter*, JW 1902, S. 645 (646).

691 *Schrödter*, JW 1902, S. 645 (646).

eine Gewinnchance, verkauft"[692], eine emptio spei im Sinne des römischen Rechts, die das BGB überhaupt nicht geregelt habe. Die weiter gestellte Frage nach der Gültigkeit des Verkaufs einer Praxis, was jedenfalls ein – wenn auch vom BGB nicht typisiertes – Rechtsgeschäft darstelle, gipfelte für ihn darin, ob dieser unter allen Umständen gegen die guten Sitten verstoße. In gewerblichen oder kaufmännischen Kreisen nehme niemand am Verkauf der Kundschaft Anstoß. Im Rahmen des § 138 BGB komme es bei seiner Anwendung mangels objektiven und allgemein gültigen Maßstabs auf die innerhalb dieses Berufskreises vorherrschende Verkehrsauffassung an, soweit sie nicht gegen die allgemeinen sittlichen Anschauungen verstießen. Insoweit gehe die in den ärztlichen Berufskreisen überwiegende Anschauung, anders als die in den allgemeinen Kreisen gegebene, wohl von einem Verstoß gegen die guten Sitten aus, weil sie den ärztlichen Beruf über das Niveau eines bloßen Erwerbszweiges hinaushebe. Die Entscheidung hänge aber wie auch sonst von den Einzelheiten des konkreten Falles ab und ein Grundsatz, daß jeder Verkauf einer ärztlichen Praxis nichtig ist, sei nach Kuhlenbeck nicht gerechtfertigt.[693]

Den Praxisverkauf ohne weiteres für sittenwidrig hielt etwa *Kaestner* unter Verweis auf den Standpunkt des ärztlichen Ehrengerichtshofs in Berlin. Dieser habe wiederholt dargetan, daß es für den Arzt als standesunwürdig angesehen werden müsse, wenn er seine Praxis gegen Entgelt auf andere übertrage. Die „Praxis" gründe sich auf das dem Arzt von seinen Patienten entgegengebrachte Vertrauen und dieser „ideelle Wert" könne nicht an den Käufer „verkauft" werden. Anderes gelte nur für den Verkauf einzelner Sachen, wenn die Prüfung des Vertrages ergebe, daß es sich nicht um einen verschleierten Praxisverkauf handele.[694]

Von der Nichtigkeit des Verkaufs ging auch *Eckstein* aus, jedoch ohne den § 138 BGB zu bemühen, denn er leugnete überhaupt die Möglichkeit, die Übertragung einer ärztlichen Praxis mittels Rechtsgeschäftes vornehmen zu können. Die Ausübung der ärztlichen Kunst müsse, weil das pekuniäre gegenüber dem idealen Interesse zurückstehen solle und der Beruf kein Gewerbe sei, dem Belieben des einzelnen überlassen bleiben. Diese Höchstpersönlichkeit könne einem anderen nicht überlassen werden, bedinge also dessen Unveräußerlichkeit.[695]

---

692 *Kuhlenbeck*, JW 1902, S. 646 (646).

693 Vgl. *Kuhlenbeck*, JW 1902, S. 646 (646).

694 Vgl. *Kaestner*, DJZ 1906, Sp. 1019 (1020); siehe zur Rechtsprechung des ärztlichen Ehrengerichtshofs in dieser Frage auch *Th. Olshausen*, DJZ 1908, Sp. 1275 (1275 f.).

695 Vgl. *Eckstein*, ArchBürgR 38 (1913), S. 195 (206).

Das RG hat sich im untersuchten Zeitraum in dieser Hinsicht nicht expliziert geäußert. In der Entscheidung vom 29.10.1926[696] nahm es den Standpunkt ein, daß Gegenstand der vertraglichen Regelung „naturgemäß nur gewisse Möglichkeiten sein [können], die sich dahin zusammenfassen lassen, daß die Patienten, die vom früheren Inhaber der Praxis behandelt wurden, jedenfalls zum Teil aus Gewohnheit auch den Übernehmer der Praxis aufsuchen werden, zumal dann, wenn dieser in den Geschäftsräumen des vorigen Inhabers seine Tätigkeit ausübt".[697] Nach der Verkehrsauffassung könnten nicht etwa nur Instrumente, Apparate und sonstige bewegliche Sachen Gegenstand der Veräußerung sein, „sondern gerade auch die Möglichkeiten oder Wahrscheinlichkeiten ..., vermöge deren sich die Tätigkeit des Übernehmers in gewissem Umfang tatsächlich oft als Fortsetzung der Arbeit darstellt".[698] Man könne also wegen dieser Beziehungen tatsächlicher Art zwischen den Räumen des Arztes und den Patienten, die einer gewissen Gewohnheit und Bequemlichkeit des Patientenpublikums entsprechen, von einem durch Kaufvertrag zu übertragenden „Gegenstand" ausgehen.[699]

Neben dieser Schwierigkeit der rechtlichen Konstruktion des Praxisverkaufes wurde die Beurteilung eines solchen Rechtsgeschäftes gemäß § 138 Abs. 1 BGB nach *Luetgebrune* zusätzlich dadurch erschwert, daß der erkennende Richter im jeweiligen Einzelfall keine bestimmten Anhaltspunkte für das Vorliegen eines solchen Vertrages hatte.[700]

---

696 Vgl. RG, Urt. v. 29.10.1926 – II 57/26, RGZ 115, 172 = JW 1927, S. 1463 Nr. 1 mit Anm. von *Feuchtwanger*.

697 RG, Urt. v. 29.10.1926 – II 57/26, RGZ 115, 172 (173) = JW 1927, S. 1463 (1463) Nr. 1.

698 RG, Urt. v. 29.10.1926 – II 57/26, RGZ 115, 172 (173) = JW 1927, S. 1463 (1463) Nr. 1.

699 Vgl. RG, Urt. v. 29.10.1926 – II 57/26, RGZ 115, 172 (175) = JW 1927, S. 1463 (1464) Nr. 1.

700 Vgl. *Luetgebrune*, S. 32 f. Das RG, so bereits im Urt. v. 17.05.1907 – II 22/07, RGZ 66, 139, habe vornehmlich aus der Höhe des Kaufpreises darauf geschlossen, ob die Vertragsparteien neben der Übertragung der effektiven Werte auch die der Praxis als solche beabsichtigt hätten. Dies sei seiner Meinung nach eine Mitursache dafür, daß die Rechtsprechung bisher nicht zu einer prinzipiellen Lösung der Frage nach der Sittenwidrigkeit des Praxisverkaufs gelangt sei. Denn die Bestimmung einer Gruppe von Rechtsgeschäften setze notwendigweise das Vorhandensein eines begrifflich erfaßbaren Vertragstypus' voraus. Es bestehe jedoch gegen die Annahme der absoluten Nichtigkeit dieser Verträge das rechtspolitische Bedürfnis nach deren Gültigkeit, so *Luetgebrune*, S. 33, weiter; vor allem beim Tod des Praxisinhabers müsse den Hinterbliebenen die Möglichkeit gegeben sein, neben den effektiven Werten „auch das, was sonst noch an der Praxis des Verstorbenen ‚klebt', zu verwerten".

Erstmals befaßte sich der II. Zivilsenat des RG im Urteil vom 17.05.1907[701] mit dem Verkauf einer zahnärztlichen Praxis zwischen zwei praktischen Ärzten, das nach *Luetgebrune* eine grundsätzliche Stellungnahme zur Frage der Sittenwidrigkeit des Praxisverkaufes nicht erkennen lasse.[702] Der Beklagte betrieb als praktischer Arzt eine Praxis für Zahn- und Mundkrankheiten in Dresden. Er schloß mit dem Kläger, ebenfalls praktischer Arzt, am 1. Dezember 1902 einen Vertrag über den weiteren Betrieb der Praxis durch den Kläger. Am 1. April 1903 übernahm der Kläger die Praxis vom Beklagten, „focht" den Vertrag dann aber als nichtig mit der Behauptung an, dieser verstoße gegen § 134 BGB in Verbindung mit der Standesordnung für die ärztlichen Bezirksvereine im Königreich Sachsen vom 14. März 1899, welche den Kauf und Verkauf einer ärztlichen Praxis verbiete. Zudem erklärte der Kläger die Nichtigkeit mit einer Verletzung der guten Sitten gemäß § 138 BGB. Nach dem Wortlaut des Vertrages wurden nur die Inventarstücke und Gebrauchsgegenstände als verkauft bezeichnet, und dies zum Preis in Höhe des Vierfachen der Bruttoeinnahmen des Beklagten aus seiner Praxis im letzten Quartal vom 1. Januar bis zum 31. März 1903 von insgesamt 70.000 M.

Während das LG Dresden den § 134 BGB für durchgreifend erachtet hatte, ließ das OLG Dresden diese Frage unentschieden, bejahte aber die Anwendung des § 138 BGB. Der hiergegen eingelegten Revision des Beklagten blieb der Erfolg versagt. Das Berufungsgericht nahm trotz des Vertragswortlautes die Absicht der Parteien an, dem Kläger die ärztliche Praxis des Beklagten gegen Entgelt zu übertragen, weshalb im Abschluß des Vertrages vielmehr ein Verkauf der vom Beklagten bis dahin betriebenen Praxis für Zahn- und Mundkrankheiten an den Kläger liege. Dabei ließ es offen, ob der Verkauf einer ärztlichen Praxis als solcher gegen die guten Sitten verstoße, sah aber zumindest im vorliegenden Fall den Vertrag als gegen die guten Sitten verstoßend an.[703] Diese Annahme stützte es neben dem Inhalt des Vertrages auf seine getroffenen und unangefochten gebliebenen Feststellungen: Danach stehe der Kaufpreis in keinem Verhältnis zum Wert der als verkauft bezeichneten Gegenstände. Der Preis sollte in monatlichen Raten von je 1.500 M gezahlt werden, die unter allen Umständen wenigstens sechsmal zu entrichten waren. Nach Zahlung der sechsten Rate habe sich der Käufer dann vom Vertrag lossagen können, dies jedoch nur unter Rück-

---

[701] Vgl. RG, Urt. v. 17.05.1907 – II 22/07, RGZ 66, 139, vgl. *Schubert/Glöckner*, Nachschlagewerk, § 138 Nr. 120; der Entscheidung zustimmend *Schultzenstein*, GuR 8 (1907), S. 408 (408) und *Michaelis*, DJZ 1908, Sp. 564 (565).

[702] Vgl. *Luetgebrune*, S. 26 f.: Die besondere Gestaltung des zu entscheidenden Falles, nämlich die außergewöhnliche Höhe des Kaufpreises, habe das RG von der Notwendigkeit der generellen Prüfung der Zulässigkeit des Praxisverkaufes entbunden. Die Argumentation mit der Höhe des Kaufpreises habe späteren Entscheidungen zum Vorbild gereicht.

[703] Vgl. RG, Urt. v. 17.05.1907 – II 22/07, Abschrift S. 2 f. = RGZ 66, 139 (140).

gabe der verkauften Gegenstände und ohne Rückzahlung der bereits geleisteten Raten verlangen zu können. Danach sei ihm aber jede ärztliche Tätigkeit in Dresden bei einer Vertragsstrafe von 25.000 M untersagt.[704]

Das OLG Dresden führte zur Begründung im wesentlichen aus, daß ein Arzt seine Praxis nicht als eine reine Erwerbstätigkeit zum Vermögensgewinn betreiben solle, sondern auch zur Förderung des allgemeinen Wohles, wobei er dem ihm vom Publikum entgegengebrachten Vertrauen entsprechen müsse. Bei Nichteinhaltung der hiernach gezogenen Grenzen könne ein rechtsgeschäftliches Handeln den Charakter eines Verstoßes gegen die guten Sitten annehmen.[705] Insbesondere könne ein solcher Verstoß dann gegeben sein, „wenn ein Arzt das ihm entgegengebrachte Vertrauen dadurch täuscht, daß er seine Praxis an eine andere Person unter Umständen überträgt, die eine Verwertung dieses Vertrauens zum Zwecke reinen Vermögensgewinnes dartun“.[706] Dies sei hier aber gerade anzunehmen.[707]

Das RG vermochte einen Rechtsirrtum in den Ausführungen der Vorinstanz nicht zu erkennen und fügte hinzu, daß diese „jedenfalls in bezug auf den vorliegenden Fall zutreffend und billigenswert“[708] seien. Zusammenfassend führte es aus: „Es hat sich bei dem Vertrage der Parteien um eine rein vermögensrechtliche Transaktion, um die rein geschäftsmäßige Übertragung der Praxis gehandelt; die ärztliche Praxis ist der Kaufgegenstand gewesen; der Einfluß, den

---

[704] Vgl. RG, Urt. v. 17.05.1907 – II 22/07, Abschrift S. 3 = RGZ 66, 139 (140).

[705] Vgl. RG, Urt. v. 17.05.1907 – II 22/07, Abschrift S. 3 = RGZ 66, 139 (140 f.).

[706] RG, Urt. v. 17.05.1907 – II 22/07, Abschrift S. 3 = RGZ 66, 139 (141).

[707] Siehe dazu RG, Urt. v. 17.05.1907 – II 22/07, Abschrift S. 4 = RGZ 66, 139 (141): „Bei den Schwierigkeiten, die aus den Bestimmungen des Vertrages für den Kläger in bezug auf sein wirtschaftliches Fortkommen erwuchsen, habe es auf der Hand gelegen, daß der Weiterbetrieb der Praxis bei ihm von der Notwendigkeit, hierbei unter allen Umständen möglichst hohe Einnahmen zu erreichen, in einem für die Hilfesuchenden sehr nachteiligen Grade beeinflußt sein mußte, ganz abgesehen davon, daß auch sonst einem unter so drückenden Verhältnissen arbeitenden Arzte die Arbeitsfreudigkeit und die Geneigtheit, bei seiner Tätigkeit zugleich dem Allgemeinwohl zu dienen, in erheblichen Maße abgehen werde. Die hieraus sich ergebenden Umstände träten im vorliegenden Falle noch hinzu zu dem an sich bei jedem Verkaufe der ärztlichen Praxis gegebenen Nachteil, daß der Verkäufer weniger auf die wissenschaftliche und sittliche Befähigung seines Nachfolgers als auf die Höhe des Kaufpreises Rücksicht nehme, und trotzdem zu einer Empfehlung seines Nachfolgers, den der alte Kundenkreis aus Gewöhnung und Bequemlichkeit aufsuche, durch sein pekuniäres Interesse geradezu genötigt sei. … Ein Verhalten, wie es in dem Abschluß des angefochtenen Vertrages liege, [verletze] nicht nur die Standessitte, sondern auch die dem Arzte der Allgemeinheit gegenüber obliegenden Pflichten, nicht nur das Standesbewußtsein und ein bloß gesteigertes Standesgefühl der Ärzte, sondern auch die sittliche Empfindung der Gesamtheit“.

[708] RG, Urt. v. 17.05.1907 – II 22/07, Abschrift S. 4 = RGZ 66, 139 (142).

der Beklagte als Arzt auf das Publikum gewonnen hatte, und das Vertrauen, das ihm vom Publikum entgegengebracht wurde, sind zum Gegenstande eines Gewinns gemacht und in gewinnsüchtiger Absicht ausgenutzt worden. Dieses ist unter Bedingungen geschehen, die den übernehmenden Arzt nötigten – oder doch zum mindesten die Gefahr in sich bargen, daß der übernehmende Arzt unter dem Einflusse eines starken wirtschaftlichen Druckes dazu geführt werden würde –, daß er bei Ausübung seines Berufes sein Augenmerk vor allem und unter Außerachtlassung voller Berücksichtigung der Interessen der seine Hilfe nachsuchenden Personen auf die Erzielung möglichst hoher Einnahmen richtete. Ein Vertrag unter derartigen Bedingungen verletzt ... nicht nur das Standesbewußtsein und das Standesinteresse der Ärzte, sondern das allgemeine Volksbewußtsein, die Anschauungen der Gesamtheit der billig und gerecht Denkenden, und verstößt somit gegen die guten Sitten."[709]

Der Beklagte hatte eingewendet, der Verkauf einer zahnärztlichen Praxis könne nicht unter § 138 BGB fallen, weil dies schon nicht für den Verkauf einer ärztlichen Praxis an sich gelte. Der Verkauf werde nicht einmal durch die Standesgenossen mißbilligt. Außerdem stehe eine zahnärztliche Praxis der Führung eines gewerblichen Berufes wesentlich näher als eine ärztliche Praxis, was sich an Ankauf, Bearbeitung und Lieferung von Materialien zeige.[710] Das RG ließ sich jedoch nicht auf eine Erörterung der Frage ein, ob es für die Anwendbarkeit des § 138 BGB einen rechtlichen Unterschied bilde, wenn der vorliegend zu beurteilende Vertrag (hier zwischen zwei praktischen Ärzten) statt dessen zwischen zwei Zahnärzten über den Verkauf einer zahnärztlichen Praxis abgeschlossen worden wäre.[711] Denn nach Feststellung des OLG habe es sich bei dem zwischen den beiden praktischen Ärzten abgeschlossenen Vertrag, „wenn auch in beschränktem Maße, so doch immerhin um die Ausübung der Heilkunde des Arztes gehandelt".[712]

Mit dieser Entscheidung nicht recht einverstanden war *Cosack*. Im Einzelfall könne der Verkauf der Arztpraxis durchaus gegen die guten Sitten verstoßen, zum Beispiel wenn der Verkäufer sich verpflichte, den Patienten seinen Nachfolger zu empfehlen, obgleich er diesen gar nicht näher kenne.[713] „Daß er aber

---

[709] RG, Urt. v. 17.05.1907 – II 22/07, Abschrift S. 4 f. = RGZ 66, 139 (142). Siehe zu diesen Voraussetzungen auch RG, Urt. v. 07.10.1909 – IV 662/08, Abschrift S. 3 = WarnRspr. 1909, Nr. 554 S. 547 (547); RG, Urt. v. 23.03.1911 – IV 461/10, Abschrift S. 2 = LZ 1911, Sp. 554 (554) Nr. 2, vgl. *Schubert/Glöckner*, Nachschlagewerk, § 138 Nr. 205 und RG, Urt. v. 17.01.1913 – II 412/12, Abschrift S. 3 = LZ 1913, Sp. 620 (620) Nr. 2.

[710] Vgl. RG, Urt. v. 17.05.1907 – II 22/07, Abschrift S. 5 f. = RGZ 66, 139 (143).

[711] Vgl. RG, Urt. v. 17.05.1907 – II 22/07, Abschrift S. 6 = RGZ 66, 139 (143).

[712] RG, Urt. v. 17.05.1907 – II 22/07, Abschrift S. 6 = RGZ 66, 139 (143).

[713] Vgl. *Cosack*, Bd. I, 5. Aufl. 1910, § 62 a II.1.b), S. 245.

ganz im allgemeinen unsittlich wäre, läßt sich vom Standpunkt der herrschenden, ängstlich auf Schonung des Egoismus bedachten Moral aus sicher nicht behaupten."[714] Die Beanstandung des Vertrages sei für ihn von diesem Standpunkt aus nicht einzusehen, „wenn ein Arzt sich für die finanziellen Chancen, die er durch die Aufgabe seiner Praxis einbüßt, von dem, dem dieser Verlust zugute kommt, eine Entschädigung beansprucht".[715] Der Arzt müsse seinen Nachfolger über alle seine Patienten informieren und lade sich bei gewissenhafter Erfüllung dieser Pflicht eine nicht unerhebliche Arbeit auf, die einer Vergütung ebenso wert sei wie eine ärztliche Konsultation. Ein Arzt, der etwa seit Jahrzehnten in einer kleinen Stadt in einem Haus eine stadtbekannte Praxis führt, wäre vom Standpunkt der herrschenden Moral aus betrachtet „ein Narr, falls er bei der Bemessung des Kaufpreises den ärztlichen Nimbus dieses Hauses nicht mit berücksichtigte; wie soll nun ein solcher Entschädigungsakt unsittlich sein, wenn die Praxis für sich allein, ohne Haus, abgetreten wird?"[716]

Allerdings gab der III. Zivilsenat des RG in seinem keinen Monat später ergangenen Urteil vom 11.06.1907[717] die Tendenz einer verneinenden Beantwortung der zuletzt durch den II. Senat offengelassenen Frage vor, indem er darlegte, daß den approbierten praktischen Ärzten die staatlich geprüften und approbierten Zahnärzte (im Hinblick auf die ärztlichen Standes- und Sittenanschauungen) gleichstünden.[718] Nach jener, ein zwischen zwei Zahnärzten vereinbartes Konkurrenzverbot betreffenden Entscheidung sei es nach den Sittenanschauungen des gesamten deutschen Volkes, und nicht nur nach denen der Ärzte, „anstößig, wenn der Beruf des Arztes ... lediglich zum Zweck des Geldverdienens und nach den Antrieben dieses Zweckes ausgeübt wird".[719]

Die vom II. Zivilsenat im Urteil vom 17.05.1907[720] ausgesprochene Ansicht, daß nicht jede zwischen Ärzten getroffene Vereinbarung über die entgeltliche Übertragung einer ärztlichen Praxis als unter allen Umständen gegen die guten Sitten verstoßend zu erachten sei, sondern nur unter ganz besonderen Bedingungen, bestätigte sich in nachfolgenden Entscheidungen zu unterschiedlichen Kon-

---

714 *Cosack*, Bd. I, 5. Aufl. 1910, § 62 a II.1.b), S. 245.

715 *Cosack*, Bd. I, 5. Aufl. 1910, § 62 a II.1.b), S. 245.

716 *Cosack*, Bd. I, 5. Aufl. 1910, § 62 a II.1.b), S. 245.

717 Vgl. RG, Urt. v. 11.06.1907 – III 21/07, RGZ 66, 143, vgl. *Schubert/Glöckner*, Nachschlagewerk, § 138 Nr. 126.

718 Vgl. RG, Urt. v. 11.06.1907 – III 21/07, RGZ 66, 143 (152). Siehe unter Verweis auf die vorstehende Entscheidung auch RG, Urt. v. 07.10.1909 – IV 662/08, Abschrift S. 3 = WarnRspr. 1909, Nr. 554 S. 547 (547): „Den approbierten praktischen Ärzten sind aber die geprüften Zahnärzte in Hinsicht der Standespflichten gleichzustellen."

719 RG, Urt. v. 11.06.1907 – III 21/07, RGZ 66, 143 (148).

720 Vgl. RG, Urt. v. 17.05.1907 – II 22/07, RGZ 66, 139.

stellationen was die Art der Praxis und die Vertragsparteien anbetrifft, wo das RG eine Sittenwidrigkeit ablehnte. So verstieß nach der Entscheidung vom 18.06.1907[721] der Verkauf eines Hauses mit der anhängenden ärztlichen Praxis durch die Witwe eines bekannten verstorbenen Arztes, der in dem Haus wohnte, wobei dieser Umstand als ein den Wert des Hauses erhöhendes Moment und mit 14.000 M zum sonstigen Kaufpreis von 45.000 M berücksichtigt wurde, nicht gegen die guten Sitten.[722] Auch im am 16.10.1908[723] verkündeten Urteil wurde ein Verstoß gegen die guten Sitten durch den Verkauf einer zahntechnischen (!) Praxis nebst Inventar des verstorbenen Zahntechnikers durch dessen Erben an einen Zahnarzt für 8.000 M abgelehnt.[724] Gleiches gilt für die in der Entscheidung vom 07.10.1909[725] durch den reichsgerichtlichen IV. Zivilsenat beurteilte Überlassung einer zahntechnischen Praxis vom Vater an seinen Sohn, der Zahnarzt und schon jahrelang vor der Übernahme der Praxis im Geschäft des Vaters

---

721 Vgl. RG, Urt. v. 18.06.1907 – II 88/07, Recht 1907, Sp. 967 Nr. 2249, vgl. *Schubert/Glöckner*, Nachschlagewerk, § 138 Nr. 127.

722 Vgl. RG, Urt. v. 18.06.1907 – II 88/07, Abschrift S. 4 = Recht 1907, Sp. 967 Nr. 2249.

723 Vgl. RG, Urt. v. 16.10.1908 – II 137/08, WarnRspr. 1909, Nr. 5 S. 5, vgl. *Schubert/Glöckner*, Nachschlagewerk, § 138 Nr. 174.

724 Vgl. RG, Urt. v. 16.10.1908 – II 137/08, Abschrift S. 4 f. = WarnRspr. 1909, Nr. 5 S. 5 (6): „Zunächst ist jedenfalls nicht in jedem Verkaufe einer zahntechnischen Praxis, namentlich wenn derselbe nicht von dem Zahntechniker selbst, sondern nach seinem Tode von dessen Erben abgeschlossen wird, ein solcher Verstoß gegen die guten Sitten zu erblicken; denn der Zahntechniker ist, mag sich auch seine berufliche Tätigkeit ihrer Art und ihrem Umfang nach nicht wesentlich von derjenigen eines Zahnarztes unterscheiden, doch hinsichtlich der Frage der Zulässigkeit eines solchen Verkaufs der Praxis im Hinblick auf die bezüglich seiner Vorbildung ihm gegenüber gestellten geringeren staatlichen Anforderungen und auf den mehr gewerblichen Charakter seines Berufs einem approbierten Zahnarzte oder approbierten praktischen Arzte nicht vollständig gleichzustellen, so daß die in den Urteilen vom 17. Mai 1907 [II 22/07, RGZ 66, 139 (140 – 142)] und 11. Juni 1907 [III 21/07, RGZ 66, 143 (152)] … bezüglich der approbierten Ärzte und Zahnärzte dargelegten Gesichtspunkte für den Verkauf der Praxis eines Zahntechnikers nicht durchweg zutreffen. Dies unterliegt jedenfalls dann keinem Zweifel, wenn ein solcher Verkauf, wie im gegebenen Falle, seitens der Erben eines Zahntechnikers erfolgt; denn für diese fallen in der Regel die besonderen Rücksichten auf das Standesbewußtsein und die Standespflichten weg, wegen deren unter Umständen namentlich der von einem approbierten Arzte oder Zahnarzte selbst vorgenommene Verkauf seiner Praxis als gegen die guten Sitten verstoßend sich darstellen kann (vgl. die angeführten Urteile). … [Der] hervorgehobene allgemeine Gesichtspunkt aber, daß jeder derartige Verkauf der Praxis eines Zahnheilkundigen wegen der damit stets verbundenen finanziellen Belastung des Käufers gegen die guten Sitten verstoße, ist jedenfalls dann nicht für zutreffend zu erachten, wenn … diese Belastung weder angemessen hoch noch besonders drückend ist."

725 Vgl. RG, Urt. v. 07.10.1909 – IV 662/08, WarnRspr. 1909, Nr. 554 S. 547, vgl. *Schubert/Glöckner*, Nachschlagewerk, § 138 Nr. 192.

mit tätig war und so Gelegenheit hatte, sich selbst das Vertrauen der Kunden zu sichern, zumal der Überlassungspreis nicht übermäßig hoch war.[726]

Erst im Urteil vom 12.01.1911[727] hatte sich der II. Zivilsenat schließlich mit einem zwischen Zahnärzten geschlossenen Vertrag über die entgeltliche Übertragung der zahnärztlichen Praxis zu befassen. Die Parteien, beides approbierte Zahnärzte, schlossen am 12. April 1906 einen notariellen Vertrag, in dem der Beklagte sich verpflichtete, die von ihm betriebene zahnärztliche Praxis in Quedlinburg am 31. Oktober 1906 aufzugeben und dem Kläger zu überlassen. Der Kläger verpflichtete sich, die Praxis von diesem Tag an zu übernehmen. Als Entgelt für die Praxisüberlassung zahlte der Kläger an den Beklagten wie vereinbart insgesamt 12.000 M in zwei Raten bis zum 31. Oktober 1906. Nachdem der Kläger die Praxis über zwei Jahre ausgeübt hatte, klagte er darauf, den Vertrag für nichtig zu erklären und den Beklagten zur Rückzahlung der 12.000 M zu verurteilen.

Die Klage blieb in allen Instanzen erfolglos, wobei der II. Zivilsenat zur Verneinung der Sittenwidrigkeit des Vertrages maßgeblich die Anschauungen seines früheren Urteils vom 17.05.1907[728] zur Entscheidung heranzog:[729] „Nach diesem Urteil ist also nicht jede zwischen Ärzten getroffene Vereinbarung über die entgeltliche Übertragung der ärztlichen Praxis von dem einem auf den andern schlechthin und unter allen Umständen als gegen die guten Sitten verstoßend zu erachten, sondern es kommt in dieser Hinsicht auf die näheren Umstände des einzelnen Falles an, namentlich auf die Höhe und die Art der bedungenen Zahlung [!] des von dem kaufenden Arzte für die Überlassung der Praxis zu entrichtenden Entgelts. ... In anderen Fällen dagegen, in denen dem Verkauf einer ärztlichen, zahnärztlichen oder zahntechnischen Praxis nicht so schwerwiegende

---

726 Vgl. RG, Urt. v. 07.10.1909 – IV 662/08, Abschrift S. 3 f. = WarnRspr. 1909, Nr. 554 S. 547 (548).

727 Vgl. RG, Urt. v. 12.01.1911 – II 287/10, RGZ 75, 120, vgl. *Schubert/Glöckner*, Nachschlagewerk, § 138 Nr. 205.

728 Vgl. RG, Urt. v. 17.05.1907 – II 22/07, RGZ 66, 139.

729 Siehe dazu RG, Urt. v. 12.01.1911 – II 287/10, Abschrift S. 4 = RGZ 75, 120 (121 f.): „Der Verkauf einer ärztlichen Praxis verstoße dann gegen die guten Sitten, wenn der Einfluß, den der Verkäufer als Arzt auf das Publikum genommen habe, und das Vertrauen, das ihm vom Publikum entgegengebracht werde, zum Gegenstand eines Gewinns gemacht und in gewinnsüchtiger Absicht ausgenutzt werde, vorausgesetzt, daß dieser Verkauf unter Bedingungen geschehe, die den kaufenden Arzt nötigten, oder doch die Gefahr an sich bergen, daß er unter dem Einfluß eines starken wirtschaftlichen Drucks dazu geführt werde, bei Ausübung seines Berufs sein Augenmerk vor allem auf die Erzielung möglichst hoher Einnahmen zu richten und zwar unter Außerachtlassung der Interessen der seine Hilfe nachsuchenden Personen.“ Siehe auch RG, Urt. v. 17.01.1913 – II 412/12, Abschrift S. 3 = LZ 1913, Sp. 620 (620) Nr. 2.

Bedenken, namentlich bezüglich der Höhe und der Art der Entrichtung des Kaufpreises, entgegenstanden, sind Vereinbarungen über die Übertragung einer derartigen Praxis vom Reichsgericht auch schon mehrfach als nicht gegen die guten Sitten verstoßend erachtet und demgemäß nicht für nichtig erklärt worden."[730]

Auch stehe diese Auffassung im Einklang mit der bisherigen Rechtsprechung, „daß für die Beurteilung der Frage, ob ein Vertrag den guten Sitten widerspreche, nicht bloß der objektive Inhalt des Geschäfts maßgebend, sondern die Gesamtheit der im Zeitpunkt des Vertragsschlusses vorhandenen Verhältnisse von dem besonderen Standpunkt der Vertragschließenden unter Berücksichtigung ihrer Bedürfnisse, Anschauungen und Zwecke [mithin eine Mitberücksichtigung subjektiver Momente, Anm. d. Verf.] in Betracht zu ziehen sei."[731] Anhand der Berücksichtigung ggf. vorhandener besonderer Umstände könne bei der Beurteilung des vorliegenden Vertrages unter dem Gesichtspunkt des § 138 Abs. 1 BGB nicht nur „die rechtliche Natur und der Gegenstand dieses Vertrages für sich allein maßgebend sein"[732]; allerdings sei eine etwa zu berücksichtigende „besonders schwere oder drückende, Gefahren ... mit sich bringende Belastung des Klägers"[733] tatsächlich nicht gegeben.

Diese Sicht, daß der Verkauf einer ärztlichen Praxis nicht unter allen Umständen gegen die guten Sitten verstoße, wurde in den darauf einhergehenden Entscheidungen durch den II. Zivilsenat des RG bestätigt.[734] Das Gericht habe nach *Luetgebrune* damit lediglich eine prinzipille Stellungnahme im negativen Sinne zur Frage der Sittenwidrigkeit des Arztpraxisverkaufs vorgelegt; die Möglichkeit, für den einzelnen Fall dennoch einen Verstoß gegen die guten Sit-

---

[730] RG, Urt. v. 12.01.1911 – II 287/10, Abschrift S. 4 f. = RGZ 75, 120 (122) unter Verweis auf: RG, Urt. v. 18.06.1907 – II 88/07, Recht 1907, Sp. 967 Nr. 2249; RG, Urt. v. 16.10.1908 – II 137/08, WarnRspr. 1909, Nr. 5 S. 5 und RG, Urt. v. 07.10.1909 – IV 662/08, WarnRspr. 1909, Nr. 554 S. 547; siehe auch RG, Urt. v. 23.03.1911 – IV 461/10, Abschrift S. 2 = LZ 1911, Sp. 554 (554) Nr. 2, vgl. *Schubert/Glöckner*, Nachschlagewerk, § 138 Nr. 205.

[731] RG, Urt. v. 12.01.1911 – II 287/10, Abschrift S. 5 = RGZ 75, 120 (123) unter Verweis auf: RG, Urt. v. 15.06.1906 – II 514/05, RGZ 63, 390 (391).

[732] RG, Urt. v. 12.01.1911 – II 287/10, Abschrift S. 6 = RGZ 75, 120 (123).

[733] RG, Urt. v. 12.01.1911 – II 287/10, Abschrift S. 6 = RGZ 75, 120 (123); siehe auch RG, Urt. v. 17.01.1913 – II 412/12, Abschrift S. 5 = LZ 1913, Sp. 620 (621) Nr. 2.

[734] Siehe RG, Urt. v. 19.01.1912 – II 347/11, Abschrift S. 4 = MuW XI (1911/1912), S. 435 (436) – unter Verweis auf: RG, Urt. v. 17.05.1907 – II 22/07, RGZ 66, 139 und RG, Urt. v. 12.01.1911 – II 287/10, RGZ 75, 120 –: „Der Verkauf einer ärztlichen oder zahnärztlichen Praxis [verstößt] nicht unter allen Umständen gegen die guten Sitten ..., sondern nur unter besonderen Verhältnissen".

ten anzunehmen, bestehe weiterhin.[735] Das RG sei damit zu der Regel der Gestattung des Arztpraxisverkaufs gekommen, so *Feuchtwanger*, und diese Regel gelte nur ausnahmsweise unter dem vom RG genannten Umständen nicht, wenn der Käufer infolge drückender Bedingungen genötigt sei, unter Außerachtlassung der Interessen seiner Patienten besonders hohe Einnahmen zu erzielen.[736] Die Unsittlichkeit sei damit „aus einer [ursprünglichen] Prinzipienfrage eine Quantitätsfrage geworden".[737]

2. Konkurrenzverbote

Es stand im freien Belieben des Arztes, wo er sich niederlassen und seine Praxis begründen will. Zwecks Erhöhung der niedrigen Kassenhonorare und der damaligen Einführung der freien Arztwahl organisierten sich viele Ärzte in Vereinen und Verbänden. Das Bemühen der an einem Ort befindlichen und im Preiskampf mit den dort ansässigen Kassen stehenden Ärzteorganisationen war insbesondere darauf gerichtet, die Niederlassung neuer Ärzte zu verhindern, die sich zum Abschluß von Kassenverträgen mit schlechteren Bedingungen bereitfinden ließen.[738] Auch in so manchem Praxiskaufvertrag bedang sich der Praxiskäufer ein Konkurrenzverbot für den Verkäufer aus, um von diesem keine Konkurrenz befürchten zu müssen,[739] also ein Mitwandern des Patientenstammes mit dem Verkäufer zu verhindern. Die Frage nach der Sittenwidrigkeit dieser vertraglichen Abreden, durch welche die Bewegungs- und Betätigungsfreiheit des Verpflichteten eingeschränkt wird, beurteilte das RG bei einer Standesangehörigkeit dieser Person ganz anders als bei den (üblichen) Konkurrenzverboten zwischen selbständigen Kaufleuten oder Gewerbetreibenden, auf die noch an anderer Stelle dieser Arbeit (unter D.IV.) der Blick zu richten sein wird. Die Antwort auf die Frage nach der Un-/Zulässigkeit eines vertraglichen Konkurrenzverbotes unter Ärzten ergebe sich für *Luetgebrune* nur daraus, in welcher Rechtsform die Ärzttätigkeit ausgeübt werde: als Gewerbe oder als freier Beruf.[740]

---

[735] Vgl. *Luetgebrune*, S. 29.

[736] Vgl. *Feuchtwanger*, JW 1927, S. 1463 (1465) zu 1.

[737] *Feuchtwanger*, JW 1927, S. 1463 (1465) zu 1.

[738] Siehe dazu *Kaestner*, DJZ 1906, Sp. 1019 (1021).

[739] Vgl. *Luetgebrune*, S. 35: „Unterbindung der Konkurrenz".

[740] Vgl. *Luetgebrune*, S. 42. Jedoch bestehe die erste Schwierigkeit auf dem Wege zur Beantwortung dieser Frage schon darin, daß es an einer Definition für den Begriff des Gewerbes als auch des freien Berufes ermangele und man „auf das Wesen der Arzttätigkeit" (*Luetgebrune*, S. 43) zurückgehen müsse, wobei auch hier gegenteilige Positionen vertreten würden.

Das Problem, ob ein Konkurrenzverbot, das die Niederlassungsfreiheit eines staatlich approbierten Arztes beschränkt, gemäß § 138 Abs. 1 BGB sittenwidrig ist, wurde bereits im vorherigen Kapitel kurz angeschnitten. Erstmals befaßte sich der III. Zivilsenat des RG in der bereits zu den Praxisverkäufen erwähnten Entscheidung vom 11.06.1907[741] mit einem Konkurrenzverbot zwischen Ärzten und Zahnärzten. Nach dem Tatbestand war der beklagte Zahnarzt vom 2. Januar 1899 bis zum 4. November 1905 „Assistent respektive Vertreter" des klagenden Zahnarztes in Nürnberg. Er hatte sich durch Vertrag vom 2. Januar 1899 verpflichtet, innerhalb von drei Jahren nach seinem Austritt aus der Praxis des Klägers bei Vermeidung einer Entschädigungssumme von 10.000 M in Nürnberg und einem Unkreis von 12 km weder eine ähnliche Stellung zu übernehmen noch sich als Zahnarzt niederzulassen. Nachdem er Anfang November 1905 aus der Praxis des Klägers ausgeschieden war, betrieb er dessenungeachtet seit Dezember 1905 in Nürnberg eine eigene zahnärztliche Praxis. Der Kläger verlangte deshalb die Zahlung der vertraglich festgesetzten 10.000 M als Vertragsstrafe.

Das LG Nürnberg ermäßigte die Vertragsstrafe gemäß § 343 BGB auf 7.000 M und verurteilte in dieser Höhe. Die Berufung des Beklagten wurde durch das OLG Nürnberg zurückgewiesen, seiner Revision durch das RG aber stattgegeben, das die Klage abwies. Das RG erklärte die den Sittenwidrigkeitseinwand des Beklagten zurückweisenden Erwägungen des Berufungsgerichts für rechtsirrtümlich, wonach dieses die im Reichsgerichtsurteil vom 06.12.1902[742] für Konkurrenzklauseln zwischen selbständigen Kaufleuten aufgestellten Grundsätze angewendet hatte, nach denen derartige Klauseln bei einem berechtigten Interesse auf der einen und nicht unangemessener Beschränkung der Bewegungsfreiheit auf der anderen Seite zulässig seien.[743] Denn „die Ausübung der Heilkunde auf Grund staatlicher Approbation ist, wenngleich sie meist im Wege des privatrechtlichen Vertrages geleistet und honoriert wird, ihrem inneren und eigentlichen Wesen nach (abgesehen von gewerblich betriebe-

---

[741] Vgl. RG, Urt. v. 11.06.1907 – III 21/07, RGZ 66, 143, vgl. *Schubert/Glöckner*, Nachschlagewerk, § 138 Nr. 126. Obwohl das Urteil nur ein unter Ärzten bei Vertragsstarfe auferlegtes Konkurrenzverbot betraf, sollten deren Gründe nach *Fuchs*, DJZ 1907, Sp. 938 (939) gleichermaßen für solche zwischen Rechtsanwälten maßgeblich sein; der Entscheidung des RG ebenfalls beipflichtend *Schultzenstein*, GuR 8 (1907), S. 408 (408); *Enneccerus*, Bd. I 1, 4./5. Aufl. 1909, § 178 II.2., S. 451 in Fn. 14 und *Enneccerus*, Bd. I 1, 6. Aufl. 1913, § 178 III.2., S. 487 in Fn. 21. Ob die darin kundgegebene Auffassung von der Stellung der beiden Berufe der Realität Stand halten könne oder nicht vielmehr im krassen Widerspruch mit moderneren Anschauungen stehe, ließ *Dick*, S. 32 in Fn. 51 = *Dick*, ArchBürgR 33 (1909), S. 74 (102 in Fn. 51), dahinstehen.

[742] Vgl. RG, Urt. v. 06.12.1902 – I 229/02, RGZ 53, 154 (155).

[743] Vgl. RG, Urt. v. 11.06.1907 – III 21/07, RGZ 66, 143 (145).

nen Privatkrankenanstalten) kein gewerbliches Unternehmen“[744], was zunächst anhand der GewO näher ausgeführt wurde. Diese enthalte absichtlich keine Definition des Gewerbes.[745] Die Medizinalpersonen seien in § 29 GewO[746] nur deshalb einbezogen worden, um ihre Freizügigkeit innerhalb des Reichsgebietes zu ermöglichen und zu gewährleisten;[747] deshalb seien die Prüfungen und Approbationen der Medizinalpersonen von Reichs wegen geordnet. Nach § 6 Abs. 1 Satz 2 GewO[748] finde das Gesetz auf die Ausübung der Heilkunde nur insoweit Anwendung, als es darüber ausdrückliche Bestimmungen enthalte. Aus der GewO sei hiernach für die Natur des ärztlichen Berufes positiv nichts zu gewinnen.[749]

Indessen ergebe sich eine positive Bestimmung des Wesens des ärztlichen Berufs aus den Standesanschauungen, die in den staatlich zugelassenen Organisationen der praktischen Ärzten vorherrschten. So habe der für Preußen zuständige ärztliche Ehrengerichtshof Reklamen, Angriffe auf den Besitzstand eines Berufgenossen sowie Verbindungen mit Kurpfuschern als standesunwürdig geahndet. Parallel liefen auch entsprechende Entscheidungen des Ehrengerichtshofs für deutsche Rechtsanwälte.[750] Nach beiden Ehrengerichtshöfen liege ein Verstoß gegen die Standesehre auch im Kauf und Verkauf einer Praxis, „weil hierdurch der ideelle Wert des persönlichen Vertrauens in Geld umgesetzt wer-

---

744 RG, Urt. v. 11.06.1907 – III 21/07, RGZ 66, 143 (145).

745 Vgl. RG, Urt. v. 11.06.1907 – III 21/07, RGZ 66, 143 (145 f.).

746 § 29 GewO in der Fassung vom 26. Juli 1900, RGBl. 1900, S. 871 (880 f.): „[Abs. 1:] Einer Approbation, welche auf Grund eines Nachweises der Befähigung ertheilt wird, bedürfen Apotheker und diejenigen Personen, welche sich als Aerzte (Wundärzte, Augenärzte, Geburtshelfer, Zahnärzte und Thierärzte) oder mit gleichbedeutenden Titeln bezeichnen oder seitens des Staates oder einer Gemeinde als solche anerkannt oder mit amtlichen Funktionen betraut werden sollen. Es darf die Approbation jedoch von der vorherigen akademischen Doktorpromotion nicht abhängig gemacht werden. … [Abs. 3:] Personen, welche eine solche Approbation erlangt haben, sind innerhalb des Reichs in der Wahl des Ortes, wo sie ihr Gewerbe betreiben wollen, vorbehaltlich der Bestimmungen über die Errichtung und Verlegung von Apotheken (§. 6), nicht beschränkt. … [Abs. 5:] Personen, welche vor Verkündung dieses Gesetzes in einem Bundesstaate die Berechtigung zum Gewerbebetriebe als Aerzte, Wundärzte, Zahnärzte, Geburtshelfer, Apotheker oder Thierärzte bereits erlangt haben, gelten als für das ganze Reich approbiert.“

747 Vgl. RG, Urt. v. 11.06.1907 – III 21/07, RGZ 66, 143 (146) unter Verweis auf die Motive zu § 29 GewO.

748 Siehe § 6 Abs. 1 Satz 2 GewO, RGBl. 1900, S. 871 (872): „Auf das Bergwesen, *die Ausübung der Heilkunde* [Hervorhebung durch Verf.], den Verkauf von Arzneimitteln, den Vertrieb von Lotterieloosen und die Viehzucht findet das gegenwärtige Gesetz nur insoweit Anwendung, als dasselbe ausdrückliche Bestimmungen darüber enthält.“

749 Vgl. RG, Urt. v. 11.06.1907 – III 21/07, RGZ 66, 143 (146).

750 Vgl. RG, Urt. v. 11.06.1907 – III 21/07, RGZ 66, 143 (146).

de".[751] Nach Auffassung jener Gerichtshöfe seien damit Maßnahmen, die für ein gewerbliches Unternehmen erlaubte und gewöhnliche Geschäfte darstellten, als Berufspflichtverletzungen bei Ärzten und Rechtsanwälten anzusehen. Der oft erhobene Einwand, sowohl der Beruf des Rechtsanwalts als auch der des Arztes seien nach der GewO ein freies Gewerbe, werde mit der Begründung zurückgewiesen, daß beide Berufe nach anderen Gesetzen[752] „eben nicht als freie, dem Geldverdienen gewidmete Gewerbe ausgeübt werden dürfen".[753]

Dieser Auffassung folgte auch der Reichsgerichtssenat: „Nach den Sittenanschauungen nicht nur der Ärzte und Rechtsanwälte selbst, und nicht nur der sonst höher gebildeten Volkskreise, sondern des gesamten deutschen Volkes stehen die allgemeinen Interessen dienenden Berufe des Arztes und des Rechtsanwalts über dem Niveau einer Gewerbstätigkeit und dürfen auf die Stufe eines gewerblichen Unternehmens nicht herabgezogen werden. Dem ‚durchschnittlichen Maßstab', ‚dem Anstandsgefühl aller billig und gerechten Denkenden' … ist es anstößig, wenn der Beruf des Arztes und des Rechtsanwalts lediglich zum Zweck des Geldverdienens und nach den Antrieben dieses Zweckes ausgeübt wird.[754] Das eigentümliche und entscheidende Gepräge dieser Berufe liegt darin, daß sie fundamentale, allgemeine, öffentliche Zwecke, nämlich die der Gesundheitspflege und der Rechtspflege, auf Grund staatsseitig geforderter und gewährleisteter wissenschaftlicher Vorbildung unter besonderer Verantwortung zu

---

[751] RG, Urt. v. 11.06.1907 – III 21/07, RGZ 66, 143 (146) mit Nachweisen aus der Rechtsprechung des Ehrengerichtshofs für Rechtsanwälte und des Ehrengerichtshofs für die preußischen Ärzte.

[752] Vgl. RG, Urt. v. 11.06.1907 – III 21/07, RGZ 66, 143 (147 f.) unter Verweis auf die außerpreußischen ärztlichen Standesordnungen, außerdem die gleichlautenden Vorschriften des § 28 „Rechtsanwaltsordnung" vom 1. Juli 1878, RGBl. 1878, S. 177 (183), und des § 3 Abs. 1 des preuß. „Gesetz[es], betreffend die ärztlichen Ehrengerichte, das Umlagerecht und die Kassen der Aerztekammern" vom 25. November 1899, GS 1899, S. 565 (566): „Der Rechtsanwalt [Arzt] ist verpflichtet, seine Berufsthätigkeit gewissenhaft auszuüben und durch sein Verhalten in Ausübung des Berufs sowie außerhalb desselben sich der Achtung würdig zu zeigen, die sein Beruf erfordert."

[753] RG, Urt. v. 11.06.1907 – III 21/07, RGZ 66, 143 (147) mit weiteren Nachweisen.

[754] Die Passage wurde insbesondere zur Kritik von *H. A. Fischer*, Rechtswidrigkeit, S. 84 ff., genutzt. Es handele sich hierbei um nichts weiter als eine nackte Behauptung. Statt zu belegen, daß ein solches Vorgehen tatsächlich aller Anstandsgefühl verletzt, werde nur auf die Anschauungen der Juristen abgestellt, indem das RG auf eine Reihe von Aussprüchen der Anwalts- und Ärztekammern, beider Ehrengerichtshöfe und Disziplinargerichte sowie gesetzliche Vorschriften verweist. Daß die Anschauungen selbst unter den Juristen in dieser Frage nicht einheitlich seien, werde durch die unterschiedlichen Gerichtsurteile der Unterinstanzen verdeutlicht.

erfüllen haben."[755] Dem stehe die Honorierung der Berufstätigkeit der Ärzte und Rechtsanwälte nicht entgegen, weil „auch die höchste geistige Arbeit ohne Abbruch ihrer Würde ihren materiellen Lohn finden darf und soll".[756]

„Ist hiernach der Arztberuf nicht nur und nicht entscheidend die Betätigung einer wirtschaftlichen Kraft, sind vielmehr Ärzte, wie Rechtsanwälte, Träger geistiger Kräfte im Dienste des Gemeinwohls, so erscheinen Konkurrenzklauseln zwischen Ärzten, wie zwischen Rechtsanwälten, in besonderem Maße anstößig. Es ziemt nach allgemeiner Anschauung den Vertretern dieser wissenschaftlichen, staatlich geordneten, den wichtigsten Gemeininteressen dienenden Berufe nicht, der Berufsausübung irgend eine Beschränkung (nach Ort, nach Zeit oder gegenständlich) aufzuerlegen oder auferlegen zu lassen. Diese Berufe müssen frei sein kraft der ihnen innewohnenden sittlichen Würde im öffentlichen Interesse. Es verletzt das öffentliche Interesse unmittelbar, wenn für die Ausübung dieser Berufe private Monopole irgend welcher Art geschaffen, und diese der Allgemeinheit gewidmeten Funktionen in privatem Interesse und zu privatem Nutzen irgend gehemmt und gebunden werden."[757]

Auch nach den Ergebnissen der an den Ehrengerichtshöfen geführten Untersuchungen müsse angenommen werden, „daß die tatsächliche gute Sitte der Ärzte und Rechtsanwälte es durchaus verwirft und ablehnt, ein Konkurrenzverbot aufzuerlegen und auf sich zu nehmen".[758] Deshalb kam der Senat zu dem eindeutigen Ausspruch: „Für Ärzte und Rechtsanwälte ist ein vertragsmäßiges Konkurrenzverbot kraft ihrer Berufsstellung an sich schlechthin gegen die guten Sitten."[759] Dieses gelte aber auch für die Zahnärzte, denn obwohl die wiedergegebenen Darlegungen des Gerichts bisher nur die approbierten Ärzte anbelangte,

---

[755] RG, Urt. v. 11.06.1907 – III 21/07, RGZ 66, 143 (148 f.) mit jeweils einem Zitat von RG, Urt. v. 01.06.1904 – V 539/03, RGZ 58, 214 (217) und RG, Urt. v. 11.04.1901 – VI 443/00, RGZ 48, 114 (124).

[756] Siehe RG, Urt. v. 11.06.1907 – III 21/07, RGZ 66, 143 (149).

[757] RG, Urt. v. 11.06.1907 – III 21/07, RGZ 66, 143 (150). Nach RG, Urt. v. 11.06.1907 – III 21/07, RGZ 66, 143 (151) gelte unter Verweis auf *Lotmar*, S. 73, für solche Konkurrenzverbote der Satz, „daß Verträge gegen die guten Sitten verstoßen, welche eine ökonomische Leistung in Kausalbeziehung zu einer Unterlassung setzen, die von Moralwegen in Kausalbeziehung zu Geld oder Geldeswert nicht stehen soll". Siehe dazu auch *Kohler*, ArchBürgR 5 (1891), S. 161 (218 und 255) und *Kohler*, Lehrbuch, Bd. II 1, S. 101 f.

[758] RG, Urt. v. 11.06.1907 – III 21/07, RGZ 66, 143 (152).

[759] RG, Urt. v. 11.06.1907 – III 21/07, RGZ 66, 143 (152); siehe auch RG, Urt. v. 14.03.1913 – III 407/12, Abschrift S. 3 = JW 1913, S. 604 (604) Nr. 16 unter Verweis auf: RG, Urt. v. 11.06.1907 – III 21/07, RGZ 66, 143 sowie RG, Urt. v. 07.03.1913 – III 366/12, Abschrift S. 4 = MuW XII (1912/1913), S. 505 (506) für Patentanwälte.

beträfen diese auch die staatlich geprüften und approbierten Zahnärzte, mithin die Parteien.[760]

In Reaktion auf diese, nach *Michaelis* etwas dogmatisch anmutende Reichsgerichtsentscheidung meinte er, ein Konkurrenzverbot müsse in jedem Verkauf einer ärztlichen Praxis nach Treu und Glauben als stillschweigend mitvereinbart angesehen werden. Er bezweifelte, ob durch das RG nicht die dem Arzt obliegenden Standespflichten überspannt würden und ob dabei der Umstand ausreichende Berücksichtigung gefunden habe, daß der Arzt auf die Verwertung seiner Arbeitskraft im wirtschaftlichen Konkurrenzkampf ohne staatlichen Schutz angewiesen ist. Ebenso zweifelte er an der völligen Gleichstellung mit den Rechtsanwälten durch das Gericht, hätten diese doch bei der staatlichen Aufgabe der Rechtspflege direkt mitzuwirken und sei zu diesem Zwecke deren Tätigkeit ganz anders staatlich geregelt.[761] Von dem Standpunkt der Entscheidung aus müsse das RG die vielfach üblichen, von ärztlichen Berufsvereinigungen über ganze Gegenden, Krankenkassen etc. verhängten „Sperren" als gegen die guten Sitten verstoßend einstufen, da sie die Freiheit der Berufsausübung ganz erheblich beeinträchtigten.[762]

Diese Folgerung hat denn auch in der Tat der III. Zivilsenat in der hier stark verkürzt wiedergegebenen Entscheidung vom 24.03.1908[763] gezogen: Der Beklagte, ein praktischer Arzt mit Niederlassung und Wohnsitz in Köln, schloß am 25. Oktober 1904 mit dem klagenden, in Leipzig ansässigen Verband der Ärzte Deutschlands einen Vertrag. Hierin verpflichtete sich der Beklagte auf Ehrenwort und bei Vermeidung einer Vertragsstrafe von 6.000 M für die Zuwiderhandlung gegen eine Abfindungssumme von 15.750 M, „innerhalb der nächsten zehn Jahre, d.h. vom 25. Oktober 1904 bis zum 25. Oktober 1914 ohne vorherige Genehmigung des jeweiligen Vorsitzenden des Verbandes … weder a) an einem andern Ort des Deutschen Reiches, als seinem derzeitigen Wohnsitz sich als praktischer Arzt niederzulassen … c) noch in Köln sich überhaupt niederzu-

---

760 RG, Urt. v. 11.06.1907 – III 21/07, RGZ 66, 143 (152): Die Zahnheilkunde sei nur ein spezieller Zweig der Heilkunde, der an sich jedem anderen ärztlichen Spezialgebiet gleichstehe. Es liege nur an technischen und historischen Umständen, daß Zahnärzte als Spezialärzte auf Grund einer besonderen und geringeren Vorbildung staatlich zugelassen würden. „Diese zufälligen Momente können nicht dazu führen, die den praktischen Ärzten in einer Reihe gesetzlicher Rechte und Pflichten gleichstehenden approbierten Zahnärzte als außerhalb, und zwar unterhalb, der ärztlichen Standes- und Sittenanschauungen stehend zu erachten. Eine solche Unterscheidung wird denn auch von dem allgemeinen Volksbewußtsein nicht gemacht."

761 Vgl. *Michaelis*, DJZ 1908, Sp. 564 (565 f.).

762 Vgl. *Michaelis*, DJZ 1908, Sp. 564 (566).

763 Vgl. RG, Urt. v. 24.03.1908 – III 416/07, RGZ 68, 186, vgl. *Schubert/Glöckner*, Nachschlagewerk, § 138 Nr. 158.

lassen".[764] Das OLG Dresden legte den Vertrag dahin aus, daß mit ihm bezweckt sei, die rechtlichen Beziehungen des Beklagten, soweit sie ihn an Köln banden, zu lösen und seine Tätigkeit als Arzt in Köln zu beenden.[765] Mit seiner Klage forderte der Kläger die Zahlung der Konventionalstrafe von 6.000 M wegen Verletzung der Verpflichtung des Beklagten, seine Niederlassung in Köln völlig aufzugeben.[766]

Das RG, nach dessen Ansicht der Gegenstand des Rechtsstreits allein die Niederlassung des Beklagten in Köln bilde, hielt dessen Verpflichtung, sich ohne Genehmigung des Klägers in Deutschland – weder in Köln noch an einem anderen Ort – nicht als praktischer Arzt niederzulassen, wegen Verstoßes gegen die guten Sitten für nichtig: „Es verstößt gegen die sittliche Würde und die öffentlich rechtliche Bedeutung des Arztberufes[767], daß der Beklagte in der Freiheit der Niederlassung von der Genehmigung des klagenden Verbandes abhängig sein soll, und gar zehn Jahre lang für das Gebiet des ganzen Deutschen Reichs. Der Kläger hat sich hier in der Wahl des Mittels vergriffen. Gerade weil er den idealen Zweck verfolgt, den ärztlichen Stand ethisch und gesellschaftlich zu heben,[768] durfte die ideale und ethische Seite des Arztberufes auch in der Person des Vertragsgegners nicht angetastet werden. Und gerade die ethische und öffentlich rechtliche Bedeutung des Berufes fordert, daß jedem Arzte die Wahl des Niederlassungsortes völlig frei bleibt. ... Es ist ein Widerspruch, wenn der Kläger die Standesstellung ethisch und gesellschaftlich heben will und dabei selbst einen Kernpunkt dieser Standesstellung in dem Vertragsgegner vernichtet."[769] Der Senat sprach dabei die schon im Urteil vom 11.06.1907[770] angeklungene Auffassung aus, Ärzte unterstünden in keiner Richtung der GewO, soweit

---

[764] RG, Urt. v. 24.03.1908 – III 416/07, Abschrift S. 2 = RGZ 68, 186 (186 f.).

[765] Vgl. RG, Urt. v. 24.03.1908 – III 416/07, Abschrift S. 2 f. = RGZ 68, 186 (187).

[766] Vgl. RG, Urt. v. 24.03.1908 – III 416/07, Abschrift S. 3 = RGZ 68, 186 (187).

[767] Siehe auch RG, Urt. v. 29.04.1913 – III 481/12, Abschrift S. 4 = RGZ 82, 222 (224), vgl. *Schubert/Glöckner*, Nachschlagewerk, § 138 Nr. 235 unter Verweis auf: RG, Urt. v. 24.03.1908 – III 416/07, RGZ 68, 186 (191), wo die ehrenwörtliche Verpflichtung unter Zahnärzten zur Einhaltung bestimmter Mindestgebühren im Verkehr mit den Krankenkassen eines bestimmten Bezirks als der „sittliche[n] Würde und öffentlichrechtliche[n] Bedeutung des ärztlichen Berufs" zuwiderlaufend nichtig erachtet wurde, obgleich das Abkommen neben der Förderung des Geldinteresses auch die Förderung ihrer Standesinteressen bezweckt habe.

[768] Vgl. RG, Urt. v. 24.03.1908 – III 416/07, Abschrift S. 4 = RGZ 68, 186 (189), wonach „der Kläger in der Tat die ethische und gesellschaftliche Hebung des Ärztestandes auf Grund wirtschaftlicher Besserstellung anstrebt".

[769] RG, Urt. v. 24.03.1908 – III 416/07, Abschrift S. 5 f. = RGZ 68, 186 (191 f.).

[770] Vgl. RG, Urt. v. 11.06.1907 – III 21/07, RGZ 66, 143.

diese es nicht ausdrücklich bestimme, und seien weder Gewerbetreibende noch gewerbliche Arbeiter im Sinne dieses Gesetzes.[771]

Eine Entwicklung der Rechtsprechung der im obigen Urteil vom 11.06.1907[772] ausgesprochenen Sittenwidrigkeit eines vertragsmäßigen Konkurrenzverbot zwischen Ärzten, Zahnärzten und Rechtsanwälten zeigt sich in zwei nachfolgenden Entscheidungen des III. Zivilsenats. So sei nach dem Urteil vom 26.02.1909[773] die Abrede einer Konkurrenzklausel zwischen amerikanischen Zahnärzten, denen die Approbation des § 29 GewO fehlte, an sich ohne weiteres zulässig,[774] denn das Urteil vom 11.06.1907 betreffe nur die in Deutschland approbierten Ärzte; amerikanische Zahnärzte seien den in Deutschland approbierten Ärzten vom Staat nicht gleichgestellt, sondern würden vielmehr als Zahntechniker angesehen.[775] Und nach der Entscheidung vom 07.03.1913[776] seien auch die unter Patentanwälten vereinbarten Konkurrenzverbote nach denselben Grundsätzen zu betrachten und somit sittenwidrig, die das RG auch für die vertragsmäßigen Wettbewerbsverbote bei Ärzten, Zahnärzten und Rechtsanwälten

---

771 Vgl. RG, Urt. v. 24.03.1908 – III 416/07, Abschrift S. 5 = RGZ 68, 186 (190).

772 Vgl. RG, Urt. v. 11.06.1907 – III 21/07, RGZ 66, 143.

773 Vgl. RG, Urt. v. 26.02.1909 – III 220/08, RGZ 70, 339, vgl. *Schubert/Glöckner*, Nachschlagewerk, § 138 Nr. 185; kritisch zu dieser Entscheidung *Baum*, Wettbewerbsverbot, S. 213 f.

774 Vgl. RG, Urt. v. 26.02.1909 – III 220/08, Abschrift S. 6 = RGZ 70, 339 (344); siehe auch RG, Urt. v. 14.03.1913 – III 407/12, Abschrift S. 3 = JW 1913, S. 604 (604) Nr. 16 unter Verweis auf: RG, Urt. v. 26.02.1909 – III 220/08, RGZ 70, 339.

775 Vgl. RG, Urt. v. 26.02.1909 – III 220/08, Abschrift S. 3 = RGZ 70, 339 (340) und insbesondere Abschrift S. 5 f. = RGZ 70, 339 (343 f.): „ ‚Arzt' ist ein durch die Gewerbeordnung genau bestimmter Rechtsbegriff, der allein durch die Approbation erfüllt wird, und der weder direkt noch mittelbar auf nicht approbierte Personen ausgedehnt werden darf. An diesen Rechtsbegriff des ‚Arztes' hat die Entscheidung dieses Senats vom 11. Juni 1907 angeknüpft: sie hat festgestellt, daß der Arztberuf kein Gewerbe ist, daß er durch eine Reihe öffentlich-rechtlicher Rechte und Pflichten gekennzeichnet wird, daß er auf Grund staatsseitig geforderter und gewährleisteter wissenschaftlicher Vorbildung eine besondere Verantwortung hat, und daß er darum in seinem Interesse und in dem des Publikums staatlich organisiert und einem staatlichen Ehrengerichte unterworfen ist. Alle diese Gesichtspunkte entfallen bei dem Heilgewerbe nicht approbierter Heilbeflissener: dieses ist nach dem klaren Standpunkt der Gewerbeordnung ein Gewerbe und nichts als ein Gewerbe." Dagegen sei es unerheblich, ob amerikanische Zahntechniker von dem „urteils- und zahlungsfähigen Publikum … deutschen Zahnärzten mindestens gleichgewertet werden", denn „die hohe Wertschätzung, welche ein nicht approbierter Heilbeflissener beim Publikum genießt, kann und darf nicht dazu führen, ihn dem Arzt irgend rechtlich gleichzustellen".

776 Vgl. RG, Urt. v. 07.03.1913 – III 366/12, MuW XII (1912/1913), S. 505, vgl. *Schubert/Glöckner*, Nachschlagewerk, § 138 Nr. 126.

ausgesprochen habe.[777] Das Ergebnis ist damit, daß es gegen die Bedeutung des Arztberufes verstoße, wenn ein Arzt in der Freiheit der Niederlassung durch ein Konkurrenzverbot beschränkt werde.

IV. Geschäfte mit der Folge der Schädigung Dritter

Unter der hier gewählten Kapitelüberschrift wurden nachfolgend mehrere Fallgruppen zusammengefaßt. Es sind die der – weiter untergliederten – Gläubigerschädigung (unter 1.), der Verleitung zum Vertragsbruch (unter 2.) und der Bietungsabkommen bei Zwangsversteigerung und Submission (unter 3.). Ein zwingender Grund für diese Zusammenfassung besteht indes nicht. Allerdings ist allen Fällen die Tatsache gemein, daß durch die Abreden der Vertragsparteien außerhalb dieses Schuldverhältnisses stehende Dritte geschädigt werden konnten oder deren Schädigung sogar beabsichtigt war.

1. Gläubigerschädigung

Bei der Gläubigerschädigung handelt es sich um Rechtsgeschäfte, die darauf abzielen, die Befriedigung der Gläubiger des Schuldners mindestens zu erschweren oder letztlich gar zu vereiteln, also um alle Geschäfte, durch welche die Rechte von Gläubigern gefährdet werden. Das ist auf vielfältige Weise möglich: Der Schuldner „verschiebt" einen wesentlichen Teil oder gleich sein gesamtes Vermögen an seinen Vertragspartner, um es dem Zugriff seiner Gläubiger, sei es im Wege der Zwangsvollstreckung oder im Konkurs, zu entziehen. Ähnliches war dem Schuldner mit dem sog. 1.500 Mark-Vertrag erreichbar. Durch besondere Lohnabsprachen in seinem Anstellungsvertrag war den Gläubigern die Pfändung der dem Schuldner gegen seinen Arbeitgeber zustehenden Lohnforderungen zwecks ihrer Befriedigung unmöglich. Weiterhin kann sich ein Gläubiger zum Nachteil der anderen Gläubiger vom Schuldner übermäßig hohe Sicherheiten für seine Forderung einräumen lassen. Aus dieser Übersicherung folgt zumeist, daß für die Forderungen der anderen Gläubiger des Schuldners keine ausreichenden Sicherheiten mehr verbleiben. Durch die oftmals nicht zu Tage tretende wirtschaftliche Abhängigkeit des Schuldners von einem seiner Gläubiger durch die Vergabe der Sicherheiten – der Schuldner trat nach außen

---

[777] Vgl. RG, Urt. v. 07.03.1913 – III 366/12, Abschrift S. 4 = MuW XII (1912/1913), S. 505 (506) – unter Verweis auf: RG, Urt. v. 11.06.1907 – III 21/07, RGZ 66, 143 (146) und RG, Urt. v. 24.03.1908 – III 416/07, RGZ 68, 186 (190) –: Es widerstrebe dem Ansehen des Patentanwaltsberufs und dem öffentlichen Interesse, sich in der freien Ausübung dieses Berufs durch Wettbewerbsverbote zu beschränken.

hin weiter als wirtschaftlich Selbstständiger auf – kann schließlich die Kreditwürdigkeit des Schuldners zum Schaden der anderen Kreditgeber, etwa seiner Rohstoffwarenlieferanten vorgetäuscht werden.

a) Vermögensverschiebungen zur Gläubigerbenachteiligung

Einige Schuldner „verschieben" ihr Hab und Gut durch Übertragungen auf Dritte, um es dem Zugriff ihrer Gläubiger zu entziehen und/oder um ihre wahre Vermögenslage zu „verschleiern". Dieser für sie mißlichen Situation standen die Gläubiger aber keineswegs schutzlos gegenüber. Die im Zuge der Einführung der Insolvenzordnung aufgehobene Konkursordnung (im Folgenden: KO) und das inzwischen neu gefaßte Gesetz betreffend die Anfechtung von Rechtshandlungen eines Schuldners außerhalb des Konkursverfahrens (nachfolgend: AnfG) gewährten unter bestimmten Voraussetzungen ein Recht zur Anfechtung von derartigen Handlungen des Schuldners.[778]

Nach § 29 KO konnten „Rechtshandlungen, welche vor der Eröffnung des Konkursverfahrens vorgenommen [worden] sind, ... als den Konkursgläubigern gegenüber unwirksam ... angefochten werden".[779] Die zu einer solchen Anfechtung berechtigenden Gründe waren in den §§ 30 ff. KO aufgeführt. Von besonderer Bedeutung für die hier aufzuzeigende Rechtsprechung war dabei der in § 31 Nr. 1 KO genannte Anfechtungsgrund. Dieser hatte folgenden Wortlaut: „Anfechtbar sind: 1. Rechtshandlungen, welche der Gemeinschuldner in der dem anderen Theile bekannten Absicht, seine Gläubiger zu benachtheiligen, vorgenommen hat".[780] Für das vom Konkursverwalter auszuübende Anfechtungsrecht (siehe § 36 KO)[781] bestimmte der § 37 Abs. 1 KO die Rechtsfol-

---

[778] Siehe zur damaligen Fassung der KO und des AnfG die „Bekanntmachung der Texte verschiedener Reichsgesetze in der vom 1. Januar 1900 an geltenden Fassung" vom 20. Mai 1898, RGBl. 1898, S. 369 (612 ff./709 ff.). Die Bekanntmachung der KO beruhte auf § 1 Nr. 3 und die des AnfG auf § 1 Nr. 8 des „Gesetz[es], betreffend die Ermächtigung des Reichskanzlers zur Bekanntmachung der Texte verschiedener Reichsgesetze" vom 17. Mai 1898, RGBl. 1898, S. 342 (342).

[779] Siehe § 29 KO in der Bekanntmachung vom 20. Mai 1898, RGBl. 1898, S. 369/612 (618). Für die Geltung der §§ 29 ff. KO auch für die Anfechtung von Rechtshandlungen, welche nach der Eröffnung des Konkursverfahrens vorgenommen wurden, siehe § 42 KO in der Bekanntmachung vom 20. Mai 1898, RGBl. 1898, S. 369/612 (620).

[780] Siehe § 31 Nr. 1 KO in der Bekanntmachung vom 20. Mai 1898, RGBl. 1898, S. 369/612 (618).

[781] Siehe § 36 KO in der Bekanntmachung vom 20. Mai 1898, RGBl. 1898, S. 369/612 (619). Nach § 41 Abs. 1 Satz 1 KO, RGBl. 1898, S. 369/612 (620), konnte die Anfechtung nur binnen Jahresfrist seit der Eröffnung des Konkursverfahrens erfolgen. Gemäß § 41 Abs. 1 Satz 2 KO fanden auf den Lauf der Frist bestimmte für die Verjährung geltende Vorschriften des BGB entsprechende Anwendung. In § 41 Abs. 1 Satz 3 KO war obendrein

ge: „Was durch die anfechtbare Handlung aus dem Vermögen des Gemeinschuldners veräußert, weggeben oder aufgegeben ist, muß zur Konkursmasse zurückgewährt werden."[782]

Die Rechtshandlungen eines Schuldners außerhalb des Konkursverfahrens konnten gemäß § 1 AnfG zum Zwecke der Befriedigung eines Gläubigers als diesem gegenüber unwirksam nach Maßgabe der §§ 2 ff. AnfG angefochten werden.[783] Im Gegensatz zu § 36 KO war nach § 2 AnfG „jeder Gläubiger [zur Anfechtung befugt], welcher einen vollstreckbaren Schuldtitel erlangt hat und dessen Forderung fällig ist, ... sofern die Zwangsvollstreckung in das Vermögen des Schuldners zu einer vollständigen Befriedigung des Gläubigers nicht geführt hat oder anzunehmen ist, daß sie zu einer solchen nicht führen würde".[784] In der Vorschrift des § 3 Nr. 1 AnfG war ein dem § 31 Nr. 1 KO im wesentlichen gleichlautender Anfechtungsgrund normiert.[785] Ähnlich dem § 37 KO konnte der Gläubiger nach § 7 Abs. 1 AnfG mit der Anfechtung, „soweit es zu seiner Befriedigung erforderlich ist, beanspruchen, daß dasjenige, was durch die anfechtbare Handlung aus dem Vermögen des Schuldners veräußert, weggeben oder aufgegeben ist, als noch zu demselben gehörig von dem Empfänger zurückgewährt werde".[786] Prozessual waren die auf § 37 KO als auch auf § 7 AnfG gestützten Anfechtungen im Wege der Leistungsklage zu verfolgen.[787]

---

bestimmt, daß die Anfechtung nach § 31 Nr. 1 KO ausgeschlossen war, wenn seit der Vornahme der Handlung dreißig Jahre verstrichen waren.

[782] Siehe § 37 Abs. 1 KO in der Bekanntmachung vom 20. Mai 1898, RGBl. 1898, S. 369/612 (619).

[783] Siehe § 1 AnfG in der Bekanntmachung vom 20. Mai 1898, RGBl. 1898, S. 369/709 (709).

[784] Siehe § 2 AnfG in der Bekanntmachung vom 20. Mai 1898, RGBl. 1898, S. 369/709 (709).

[785] Siehe § 3 Nr. 1 AnfG in der Bekanntmachung vom 20. Mai 1898, RGBl. 1898, S. 369/709 (709). Im Falle der nach § 3 Nr. 1 AnfG anfechtbaren Handlung mußte die Anfechtung allerdings gemäß § 12 Abs. 1 Satz 1 AnfG, RGBl. 1898, S. 369/709 (711), nur binnen zehn Jahren erfolgen. Die Frist begann nach § 12 Abs. 2 AnfG mit dem Zeitpunkt zu laufen, „in welchem der Gläubiger den vollstreckbaren Schuldtitel erlangt hatte und seine Forderung fällig war, wenn aber die Rechtshandlung nach diesem Zeitpunkte fällig war, mit der Vornahme der Handlung".

[786] Siehe § 7 Abs. 1 AnfG in der Bekanntmachung vom 20. Mai 1898, RGBl. 1898, S. 369/709 (710). Wurde über das Vermögen des Schuldners aber das Konkursverfahren eröffnet, so stand die Verfolgung der von den Konkursgläubigern erhobenen Anfechtungsansprüche nach § 13 Abs. 1 Satz 1 AnfG, RGBl. 1898, S. 369/709 (711), dem Konkursverwalter zu.

[787] Vgl. *Harburger*, KO, 2. Aufl. 1907, Vorbem. vor §§ 29 ff. Anm. V., S. 54 und *Jaeger*, LZ 1913, Sp. 23 (27). Zu den Anforderungen an den Klagantrag siehe § 9 AnfG in der Bekanntmachung vom 20. Mai 1898, RGBl. 1898, S. 369/709 (710).

Für das sich aus § 31 Nr. 1 KO bzw. § 3 Nr. 1 AnfG ergebende Anfechtungsrecht ist noch auf eines besonders hinzuweisen: In diesen Fällen sprach das Gesetz zwar bloß von der „Absicht, seine Gläubiger zu benachtheiligen“, während es in §§ 30 Nr. 1, 31 Nr. 2 KO und § 3 Nr. 2 AnfG ausdrücklich verlangte, daß durch die Eingehung des Rechtsgeschäftes resp. durch den Abschluß des Vertrages die Gläubiger benachteiligt sein mußten. Man war sich allerdings darüber einig, daß eine Rechtshandlung nur dann anfechtbar sei, wenn durch dieselbe die Gläubiger auch tatsächlich benachteiligt wurden, also unmittelbar oder mittelbar in ihrem Befriedungsrecht verkürzt worden sind, weil der Zweck der Anfechtung ergebe, daß die (allerseits geforderte) Benachteiligung eine allgemeine Voraussetzung jeder Anfechtung bilde.[788] Eine Rechtshandlung des Schuldners war damit der Anfechtung entzogen, wenn sie eine Benachteiligung der Gläubiger gerade nicht zur Folge hatte, und zwar gleichviel, ob eine Benachteiligung der Gläubiger beabsichtigt war oder nicht.[789] Eine derartige Benachteiligung wurde in jeder Änderung des Vermögensstandes des Schuldners erblickt, die eine Vereitelung, Erschwerung oder Verzögerung der Exekutionsbefugnis der Gläubiger enthielt.[790]

Für die Rechtsprechung stellte sich die praktisch relevante Frage, in welchem rechtlichen Verhältnis die allgemeinen Nichtigkeitsbestimmungen der §§ 134, 138 BGB sowie die Ansprüche aus §§ 823, 826 BGB zu den sich aus der KO und dem AnfG ergebenden Anfechtungsrechten standen. Was den vorliegenden Untersuchungsgegenstand anbetrifft, so bestand maßgeblich in der Literatur Einigkeit in dem Punkt, daß ein nach § 138 BGB nichtiges Rechtsgeschäft nicht der Anfechtung auf Grund der §§ 29 ff. KO oder nach dem AnfG bedürfe, weil diese Anfechtung ein an sich wirksames Rechtsgeschäft voraussetze und ein nichtiges Rechtsgeschäft keine „Rechtshandlung“ sei.[791] Deutlich schwieriger gestalteten sich dagegen die Erklärungsversuche des RG, ob das Bestehen eines Anfechtungstatbestandes nach der KO oder dem AnfG schon als solches die Anwendbarkeit der §§ 134, 138, 823 Abs. 2, 826 BGB zu rechtfertigen vermöchten. Die Bedeutung jener Frage, ob ein Vertrag darum, weil er eine Gläubigerbenachteiligung zum Gegenstand hatte, zugleich auch gegen die guten Sitten verstieß, war insofern eine außerordentlich große, weil damit der Zugriff

---

[788] Vgl. *Jaeger*, KO, 1. Aufl. 1902, § 29 Anm. 31., S. 223 u. 224; *Jaeger*, KO, 1. Aufl. 1902, § 31 Anm. 4., S. 248 und *Jaeger*, KO, 1. Aufl. 1902, § 31 Anm. 18., S. 252.

[789] Vgl. *Meikel*, SeuffBl. 70 (1905), S. 369 (378 f.).

[790] Vgl. *Meikel*, SeuffBl. 70 (1905), S. 369 (379) und *Hartmann/Meikel*, AnfG, 6. Aufl 1913, S. 60; siehe auch *Kuhnt*, DJZ 1913, Sp. 93 (94).

[791] Vgl. *T. Wolff*, KO, § 29 Anm. 7., S. 128; *Jaeger*, KO, 1. Aufl. 1902, § 29 Anm. 36., S. 225 und *Sydow/Busch*, KO, 12. Aufl. 1916, § 29 Anm. 1, S. 123.

der Gläubiger auf die verschobenen Sachen weit über die – auch zeitlichen – Schranken der Bestimmungen der KO und AnfG ermöglicht wäre.[792]

Im ersten Fall, über den der II. Zivilsenat des RG durch Urteil vom 15.12.1903[793] entschied, hatte der Beklagte, ein Pastor in Kropp, vor Ort kirchliche und humanitäre Anstalten errichtet. Im Jahre 1900 war er in Zahlungsschwierigkeiten geraten. Um einen Konkurs oder gar die Zwangsversteigerung der Grundstücke zu vermeiden und den Fortbetrieb der Anstalten zu ermöglichen, war eine außergerichtliche Regulierung mit den Gläubigern geplant. Einer dieser Gläubiger war der Kläger, dem eine Forderung von 72.000 M für Warenlieferungen an die Kropper Anstalten zustand. Während der Verhandlungen über diese Regulierung trat der Pastor L., dem vom Beklagten am 3. Dezember 1900 notarielle Generalvollmacht erteilt war, durch die notarielle „Zessionsurkunde" vom 24. Dezember 1900 Forderungen des Beklagten gegenüber früheren Seminaristen in Höhe von 68.340 M an den Kläger zur teilweisen Tilgung seiner Forderung ab. Die Schuldner der abgetretenen Forderungen, die derzeit Prediger in Amerika waren, hatten damals dem Beklagten die sich in seinem Besitz befindlichen Schuldscheine ausgestellt, deren Herausgabe der Kläger mit seiner auf § 402 BGB gestützten Klage verlangte. Der Beklagte wendete ein, die Abtretung sei wegen Verstoßes gegen § 241 KO[794] nach § 134 BGB nichtig, weil er, der seine Zahlungen damals eingestellt hatte, auf Anstiften oder unter Beihilfe des Klägers diesem in der Absicht, ihn vor den übrigen Gläubigern zu begünstigen, durch die Abtretung eine Sicherung oder Befriedigung gewährt habe, die der Kläger nicht in dieser Art zu beanspruchen habe. Eventuell sei diese Nichtigkeit auch aus § 138 BGB abzuleiten.

Das LG Flensburg hatte die Klage abgewiesen, weil das Abtretungsgeschäft nach § 134 BGB und § 138 BGB nichtig sei. Auf die Berufung des Klägers änderte das OLG Kiel das landgerichtliche Urteil dahin ab, daß es den Beklagten nach dem Antrag des Klägers verurteilte. Das Berufungsgericht stellte aufgrund des Sachverhalts ein Zuwiderhandeln des Beklagten als Täter und des Klägers

---

[792] Vgl. *Eckstein*, ArchBürgR 41 (1915), S. 178 (246). Siehe auch *Meikel*, SeuffBl. 70 (1905), S. 369 ff. und *E. Henle*, JW 1906, S. 700 ff. zur Anfechtbarkeit von Eheverträgen wegen Gläubigerbenachteiligung.

[793] Vgl. RG, Urt. v. 15.12.1903 – II 185/03, RGZ 56, 229.

[794] § 241 KO in der Bekanntmachung vom 20. Mai 1898, RGBl. 1898, S. 369/612 (658), lautete: „[Abs. 1:] Schuldner, welche ihre Zahlungen eingestellt haben, oder über deren Vermögen das Konkursverfahren eröffnet worden ist, werden mit Gefängniß bis zu zwei Jahren bestraft, wenn sie, obwohl sie ihre Zahlungsunfähigkeit kannten, einem Gläubiger in der Absicht, ihn vor den übrigen Gläubigern zu begünstigen, eine Sicherung oder Befriedigung gewährt haben, welche derselbe nicht oder nicht in der Art oder nicht zu der Zeit zu beanspruchen hatte. [Abs. 2:] Sind mildernde Umstände vorhanden, so kann auf Geldstrafe bis zu sechstausend Mark erkannt werden."

als Anstifter oder Gehilfe gegen die Strafbestimmung des § 241 KO fest, verneinte aber eine Nichtigkeit des Abtretungsgeschäft nach § 134 BGB, weil der § 241 KO kein die Nichtigkeit des Rechtsgeschäfts begründendes Verbotsgesetz sei.[795] Dieser Auffassung trat der II. Zivilsenat des RG bei: „Für die Strafbestimmung des §. 241 Konkursordnung ist aus den Vorschriften der §§ 30 ff. Konkursordnung, wonach das Gesetz selbst an ein den Tatbestand des §. 241 erfüllendes Verhalten die Anfechtbarkeit knüpft, abzuleiten, daß sie kein gesetzliches Verbot mit der Wirkung der absoluten Nichtigkeit aufzustellen bezwecke und darnach §. 134 Bürgerlichen Gesetzbuchs außer Anwendung bleibe."[796]

Ebenso wie das OLG verneinte der Senat auch die Nichtigkeit des Abtretungsgeschäftes gemäß § 138 BGB wegen Verstoßes gegen die guten Sitten: „Auszugehen ist auch hier von der durch die bezogenen Bestimmungen der Konkursordnung über die Anfechtbarkeit bestätigten Auffassung des Gesetzgebers, daß ein Zuwiderhandeln gegen die Strafbestimmung des §. 241 Konkursordnung nicht das in dieser Weise zustande gekommene Rechtsgeschäft als gegen die guten Sitten verstoßend erscheinen lasse."[797] Desgleichen sei anhand der tatsächlich festgestellten Begleitumstände der Begünstigung des Klägers ein Verstoß gegen § 138 BGB nicht zu rechtfertigen.[798] Aus hier nicht nennenswerten Gründen kam es dennoch zur Aufhebung des Berufungsurteils und zur Zurückverweisung der Sache zur anderweiten Verhandlung und Entscheidung an das OLG Kiel.

Ausführlicher in seiner Begründung war im Gegensatz dazu das Urteil des VI. Zivilsenats des RG vom 23.06.1904[799], auf deren für die vorliegende Betrachtung wesentliche Passagen einzugehen ist. Der Kläger hatte dem Mitbeklagten T. im Jahr 1899 ein Darlehen von 4.000 M hingegeben. Dazu behauptete der Kläger, T. habe hierbei die betrügerische Absicht gehabt, das Darlehen nicht zurückzuzahlen. T. bestellte dem Kläger für dessen Forderung eine Hypothek auf seinem Grundstück, die bei der Zwangsversteigerung mit 2.942,85 M ausfiel. Später wurde der T. wegen Betruges zum Nachteil des Klägers zu einer Gefängnisstrafe verurteilt. Der Kläger behauptete ferner, der Mitbeklagte K., Schwiegervater von T., sei ein Mitschuldiger dieses Betruges. T. solle die als Darlehen empfangenen 4.000 M selbst in Form von zwei Darlehen zu 2.000 M

---

795 Vgl. RG, Urt. v. 15.12.1903 – II 185/03, Abschrift S. 4 = RGZ 56, 229 (230).

796 RG, Urt. v. 15.12.1903 – II 185/03, Abschrift S. 4 = RGZ 56, 229 (230).

797 RG, Urt. v. 15.12.1903 – II 185/03, Abschrift S. 4 f. = RGZ 56, 229 (230).

798 Vgl. RG, Urt. v. 15.12.1903 – II 185/03, Abschrift S. 5 = RGZ 56, 229 (230 f.).

799 Vgl. RG, Urt. v. 23.06.1904 – VI 440/03, Gruchot 49 (1905), S. 345 Nr. 10, vgl. *Schubert/Glöckner*, Nachschlagewerk, § 138 Nr. 25. Siehe auch das erneut in dieser Sache ergangene Revisionsurteil des RG, Urt. v. 18.01.1906 – VI 156/05.

und 1.200 M weiterverliehen haben, die er durch Hypotheken absichern ließ. Um diese Hypothekenforderungen aber vor einem Zugriff des Klägers oder anderer Gläubiger zu schützen, denn anderes Vermögen habe T. nicht besessen, seien die Hypotheken auf den Namen des Mitbeklagten K. bestellt, der in kollusiver Absicht auch nach außen als Darlehensgeber aufgetreten sei, während dies in Wirklichkeit der T. gewesen sei. Nachdem die Klage ursprünglich gegen beide Beklagte auf Zahlung der ausgefallenen 2.942,85 M gerichtet war, stellte der Kläger später nur gegen den Beklagten K. den Antrag, daß sich dieser wegen des eingeklagten Betrages die Zwangsvollstreckung in die für ihn im Grundbuch eingetragenen Hypotheken von 2.000 M und 1.200 M gefallen lassen müsse.

Die beiden Vorinstanzen verurteilten den Beklagten K. auf der rechtlichen Grundlage der §§ 823, 826 BGB. Seine Revision hatte Erfolg und führte zur Aufhebung des Berufungsurteils und zur Zurückverweisung der Sache. Das Berufungsgericht nahm an, der Beklagte K. sei nur Scheinempfänger der von ihm als Darlehen weitergegebenen Gelder gewesen, die in Wahrheit Eigentum des Beklagten T. und aus dessen Vermögen an die Darlehensempfänger gezahlt seien. Auch sei K. nur Scheingläubiger der auf seinen Namen bestellten Hypotheken geworden, während auch hier T. der wahre Gläubiger der nur scheinbar für K. bestellten Hypotheken sei.[800]

In dem Fall, daß der Schuldner Scheinmanipulationen vorgenommen habe, um dem Gläubiger zu dessen Befriedigung dienen könnende Vermögensstücke zu entziehen, und der Scheinempfänger mit dem Schuldner in betrügerischer Absicht zusammengewirkt habe, könne der Gläubiger gegenüber Schuldner und Scheingläubiger die sich aus § 117 BGB ergebende Nichtigkeit des Scheingeschäfts geltend machen und beide für den ihm entstandenen Schaden aus § 826 BGB in Anspruch nehmen.[801] Letzteres beanstandete der VI. Zivilsenat dem Grunde nach nicht für den anfangs gestellten Antrag auf Zahlung der Summe, jedoch entspreche der vorliegend allein zu beurteilende Klagantrag gegenüber dem Beklagten K. nicht dem Verlangen eines Schadensersatzes.[802]

Was die Annahme einer Scheinempfänger- bzw. Scheingläubigerschaft des Beklagten K. durch das Berufungsgericht anlangt, so sah der Senat demgegenüber in der Hingabe des Geldes an den K. und in dem ihm von T. erteilten Auf-

---

[800] Vgl. RG, Urt. v. 23.06.1904 – VI 440/03, Abschrift S. 4 ff. = Gruchot 49 (1905), S. 345 (348 ff.) Nr. 10.

[801] Vgl. RG, Urt. v. 23.06.1904 – VI 440/03, Abschrift S. 4 = Gruchot 49 (1905), S. 345 (348) Nr. 10.

[802] Vgl. RG, Urt. v. 23.06.1904 – VI 440/03, Abschrift S. 4 ff. = Gruchot 49 (1905), S. 345 (348 ff.) Nr. 10. Siehe auch RG, Urt. v. 23.06.1904 – VI 440/03, Abschrift S. 8 f. = Gruchot 49 (1905), S. 345 (353) Nr. 10, wo der Senat vier Wege aufzeigte, wie der Gläubiger im Falle der fiduziarischen Veräußerung von Vermögensstücken seitens des Schuldners gegen den fiduziarischen Vertreter des Schuldners vorgehen könne.

trag zur Darlehenshingabe an Dritte zum Nutzen des T. keine Scheinhandlung. Der Auftrag, daß K. das Geld auf seinen Namen ausleihen sollte, sei ernstlich gemeint und K. sollte auch der wirkliche Darlehensforderungsgläubiger sein; nur sollte K. im Verhältnis zu T. nicht befugt sein, von den Gläubigerrechten Gebrauch zu machen. Damit seien aber nicht ein „Scheinwille“, sondern eine „Scheintatsache“, nämlich die Vermögensverhältnisse der Beklagten vorgespiegelt: Ts. Vermögen sollte kleiner und Ks. Vermögen sollte größer erscheinen, als es jeweilen in Wahrheit sei. Das Verhältnis zwischen beiden erscheine damit als ein fiduziarisches.[803]

Derartige Veräußerungsgeschäfte unterlägen nach Meinung des VI. Zivilsenats aber allein der Anfechtung nach dem AnfG. Das Gericht sprach dazu aus: „Ein ernstlich gemeintes Veräußerungsgeschäft durch welches ein Schuldner Vermögensstücke dem Zugriffe seiner Gläubiger entzieht, unterliegt in erster Linie der Anfechtung durch die Gläubiger nach Maßgabe des Reichsgesetzes betreffend die Anfechtung von Rechtshandlungen eines Schuldners außerhalb des Konkursverfahrens vom 21. Juli 1879, und insofern lediglich einer der Tatbestände vorliegt, die nach diesem Gesetze den Gläubiger zur Anfechtung von Rechtshandlungen seines Schuldners berechtigen, ist auch zur Beseitigung des Veräußerungsgeschäfts nur der Weg dieses Gesetzes gegeben. Insoweit ein neben dem B.G.B. in Kraft gebliebenes Reichsgesetz (Art. 32 E.G.z.B.G.B.[804]) an ein von ihm mißbilligtes Geschäft nur die Anfechtbarkeit knüpft, kann für dasselbe Geschäft nicht die Nichtigkeit auf Grund der §§ 134, 138 B.G.B. geltend gemacht werden, weil der gesetzliche Tatbestand des anfechtbaren Geschäfts ein solcher sei, der auch gegen die guten Sitten verstoße.“[805]

Dies gelte allerdings nur für solche Geschäfte, durch die das Vermögen des Schuldners tatsächlich gemindert werde, währenddessen § 138 BGB auch für solche fiduziarischen Geschäfte anwendbar bleibe, bei denen das Vermögen des Schuldners vor dessen Gläubigern nur verschleiert werden solle. Darüber wird

---

[803] Vgl. RG, Urt. v. 23.06.1904 – VI 440/03, Abschrift S. 6 = Gruchot 49 (1905), S. 345 (350) Nr. 10.

[804] Art. 32 EGBGB, RGBl. 1896, S. 604 (610), bestimmte: „Die Vorschriften der Reichsgesetze bleiben in Kraft. Sie treten jedoch insoweit außer Kraft, als sich aus dem Bürgerlichen Gesetzbuch oder aus diesem Gesetze die Aufhebung ergiebt.“

[805] RG, Urt. v. 23.06.1904 – VI 440/03, Abschrift S. 6 f. = Gruchot 49 (1905), S. 345 (351) Nr. 10 unter Verweis auf: *Rehbein*, BGB, Bd. I, §§ 134 – 138 (134) Anm. I.1., S. 166. Bei *Rehbein*, a. a. O., heißt es: „Aus dem Anfechtungsgesetz v. 21. Juli 1879 und der Konk.O. §§ 29 ff. (22 ff.) ergiebt sich, daß das Gesetz gewisse Rechtsgeschäfte nicht will, aber wo es daran selbst nur die Anfechtbarkeit knüpft, cessirt § 134 BGB. … Das Gesetz verbietet und bestraft die Beiseiteschaffung von Vermögensstücken zum Nachtheil der Gläubiger, aber daraus folgt nicht, daß der Verwahrungsvertrag nichtig, der über solche Vermögensstücke geschlossen wird.“

im Revisionsurteil ausführlich bemerkt: „Unter die Anfechtung nach Maßgabe des Anfechtungsgesetzes fallen an sich auch fiduziarische Vermögensentäußerungen, sofern sie im Sinne des Gesetzes als fraudulös sich darstellen. Ob der Gläubiger auf diesen Weg der Beseitigung des fiduziarischen Geschäftes seines Schuldners beschränkt ist, muß sich nach dem Charakter des im einzelnen Falle vorliegenden fiduziarischen Geschäftes entscheiden. Setzt das Anfechtungsgesetz, wie die in §§ 3, 3 a vorgesehenen Tatbestände ergeben, ein an sich normales Veräußerungsgeschäft voraus, das zwar von der Absicht diktiert ist, die Gläubiger zu benachteiligen und die zur Zeit seiner Vornahme vorhandenen Vermögensobjekte des Schuldners ihrem Zugriffe zu entziehen, das aber doch das Vermögen des Schuldners nicht nach außen nur versteckt, sondern tatsächlich mindert [!], so ist nicht zu verkennen, daß ein fiduziarisches Geschäft wie das ... vorliegende, das dem Empfänger des Vermögensgegenstandes diesen nicht wirtschaftlich zuwendet, sondern seine Person lediglich nach außen hin unerkennbar als Zwischenperson zwischen die Gläubiger und den Schuldner und anderseits zwischen den letzteren als Auftraggeber und seine Schuldner schiebt, um das Vermögen des Auftraggebers vor seinen Gläubigern zu verschleiern, über diesen Tatbestand hinausgeht. Die Verschleierung, das Versteckensspiel, fügt den Tatbeständen des Anfechtungsgesetzes ein ihnen fremdes Moment hinzu. Wo das fiduziarische Geschäft sich in dieser Weise als Winkelgeschäft, als gefährliche Waffe eines unreellen Geschäftsverkehr sich erweist, muß ihm der ernstliche Schutz überhaupt versagt bleiben. Demgemäß ist mit Dernburg[806] ... und Staudinger[807] ... das lediglich dem Zwecke der Schädigung der Gläubiger dienende fiduziarische Geschäft, weil gegen die guten Sitten verstoßend, als

---

806 Siehe *Dernburg*, Bd. I, 1. Aufl. 1902, § 172 III., S. 503: „Eine wahre Pest für den allgemeinen Kredit ist das fiduciarische Geschäft, durch welches ein Schuldner seine Habe einem Vertreter übereignet und übergiebt, um dieselbe dem Zugriff seiner Gläubiger zu entziehen. Solches Geschäft ist nach § 138 [BGB] als nichtig, weil unsittlich, anzusehen". Siehe auch *Dernburg*, Bd. I, 1. Aufl. 1902, § 172 III., S. 503 in Fn. 10: „Fiduciarische Geschäfte, welche die Habe des Schuldners dem Zugriff der Gläubiger entziehen sollen, sind unsittlich und als nichtig anzusehen, und stehen keineswegs bloß unter dem Schutze des Reichsanfechtungsgesetzes."

807 Siehe *Riezler*, in: Staudinger, BGB, Bd. I, 2. Aufl. 1904, S. 303 Anm. VI.H. Bei *Riezler*, a.a.O., S. 304, ist zu lesen: „Als nichtig (§ 138 [BGB]) zu erachten sind solche Geschäfte, durch welche ein Schuldner Vermögensobjekte einem Andern übereignet und übergiebt nur zu dem Zwecke, sie dem Zugriffe der Gläubiger zu entziehen; regelmäßig wird es sich aber hierbei nicht um ein fiduciarisches, sondern um ein Scheingeschäft ... handeln, welches schon nach § 117 [BGB] nichtig ist." Siehe auch *Rehbein*, BGB, Bd. I, §§ 116 – 124 (117) Anm. 6., S. 128, zum fiduziarischen Geschäft und seiner möglichen Nichtigkeit.

nichtig zu erachten."[808] Diese Auffassung einer möglichen Nichtigkeit des fiduziarischen Geschäfts nach § 138 Abs. 1 BGB wurde daraufhin vom RG wiederholt ausgesprochen.[809]

Der V. Zivilsenat des RG billigte im Urteil vom 22.09.1906[810] die Ausführungen des OLG Frankfurt a. M. bezüglich einer vom Ehemann an die Klägerin erfolgten Hypothekenschenkung, die nach Behauptung des Beklagten in der Absicht, die Gläubiger zu benachteiligen, erfolgt sei. Der Berufungsrichter hatte die Anwendbarkeit des § 138 BGB verneint, „weil die besonderen Bestimmungen des Anfechtungsgesetzes, die nur Anfechtbarkeit zu Gunsten der benachteiligten Gläubiger festsetzen, die Annahme ausschlössen, daß der Gesetzgeber eine Zuwiderhandlung gegen das Anfechtungsgesetz als einen Verstoß gegen die guten Sitten im Sinne des § 138 B.G.B. angesehen wissen wolle; das Anfechtungsrecht aber könne der Beklagte als unbeteiligter Dritter nicht geltend machen."[811]

Den vorläufigen Höhepunkt bildete die Entscheidung des reichsgerichtlichen VII. Zivilsenats vom 28.04.1908[812], in der es um den folgenden, sehr stark verkürzten Sachverhalt ging: Der Bauunternehmer L. und dessen Ehefrau verkauften am 30. März 1906 ihren beiden Kindern jeweils ein Grundstück. Die Auflassungen erfolgten wenig später. Die Veräußerung der Grundstücke wurde von den Gläubigern der Eheleute L. angefochten, die deren Rückauflassung verlangten. Die Revision seitens des Klägers als Konkursverwalter über das Vermögen des Ehemannes L. machte gegen das Urteil des OLG Königsberg geltend, die Kaufverträge vom 30. März 1906 sowie die darauf erfolgten Auflassungen seien gemäß § 138 BGB und § 134 BGB nichtig, da sie wegen ihres fraudulösen Charakters gegen die guten Sitten und gegen die in den Strafvorschriften der KO, insbesondere in den §§ 239 Abs. 1 Nr. 1, 241 Abs. 1 KO

---

808 RG, Urt. v. 23.06.1904 – VI 440/03, Abschrift S. 7 f. = Gruchot 49 (1905), S. 345 (351 f.) Nr. 10; siehe auch das erneut in dieser Sache ergangene Revisionsurteil des RG, Urt. v. 18.01.1906 – VI 156/05, Abschrift S. 4 f.

809 Siehe RG, Urt. v. 01.10.1909 – VII 547/08, Abschrift S. 7 = Gruchot 54 (1909), S. 162 (167) Nr. 11, vgl. *Schubert/Glöckner*, Nachschlagewerk, § 138 Nr. 191; RG, Urt. v. 19.09.1910 – VI 403/09, Abschrift S. 6 = RGZ 74, 224 (227) – hierzu *Asch*, JW 1912, S. 65 (66) und dem Urteil zustimmend *Jaeger*, LZ 1913, Sp. 23 (33) – sowie RG, Urt. v. 11.11.1910 – VII 617/09, Abschrift S. 7.

810 Vgl. RG, Urt. v. 22.09.1906 – V 661/05, Gruchot 51 (1907), S. 890 Nr. 56, vgl. *Schubert/Glöckner*, Nachschlagewerk, § 138 Nr. 25.

811 RG, Urt. v. 22.09.1906 – V 661/05, Abschrift S. 3 = Gruchot 51 (1907), S. 890 (891) Nr. 56. Siehe aber auch RG, Urt. v. 17.11.1906 – V 128/06, Abschrift S. 3, vgl. *Schubert/Glöckner*, Nachschlagewerk, § 138 Nr. 92 u. 93, wo der Senat für die Abrede, die Befriedigung eines anderen Gläubigers zu vereiteln, § 138 Abs. 1 BGB anwendete.

812 Vgl. RG, Urt. v. 28.04.1908 – VII 349/07, RGZ 69, 143, vgl. *Schubert/Glöckner*, Nachschlagewerk, § 138 Nr. 167.

und § 242 Abs. 1 Nr. 1 KO[813] enthaltenen Verbotsgesetze verstießen. Sie wurde vom RG zurückgewiesen.

Für solche Rechtsgeschäfte, die wegen fraudulöser Gläubigerschädigung nach § 31 Nr. 1 KO und § 3 Nr. 1 AnfG anfechtbar seien, bleibe kein Raum mehr für die Anwendung der §§ 134, 138 BGB. Auf Grund des Einführungsgesetzes vom 17. Mai 1898[814] seien die KO und das AnfG in ihrer dadurch erhaltenen Fassung gleichzeitig mit dem BGB in Kraft getreten. Aus diesen beiden Gesetzen ergebe sich in Verbindung mit Art. 32 EGBGB[815], „daß die Konkursordnung und das Anfechtungsgesetz nicht nur gleichberechtigt neben dem Bürgerlichen Gesetzbuch stehen, sondern daß, sofern sie Sonderbestimmungen enthalten, die von den allgemeinen Grundsätzen des Bürgerlichen Gesetzbuchs abweichen, allein diese Sonderbestimmungen und nicht die Grundsätze des Bürgerlichen Gesetzbuchs für die hiervon betroffenen Rechtsverhältnisse maßgebend sind."[816] Dieser Fall liege hier gerade vor. Wegen des bis dahin sonst unüblichen weiten Umfanges der mitgeteilten Erwägungen in den Entscheidungsgründen ist hier insoweit eine ausgedehntere Wiedergabe in Zitatform geboten. „Es mag sein", einer Entscheidung bedürfe es nach Ansicht des Senates vorliegend aber nicht, daß „die fraudulösen Rechtsgeschäfte im Sinne des § 31 Nr. 1 der Konkursordnung und des § 3 Nr. 1 des Anfechtungsgesetzes eben wegen ihres fraudulösen Charakters gegen die guten Sitten und vielleicht auch gegen gewisse in den Strafbestimmungen der Konkursordnung enthaltenen gesetzliche Verbote verstoßen, so daß, wenn das Bürgerliche Gesetzbuch anzuwenden wäre, allerdings jene Rechtsgeschäfte gemäß den §§ 138, 134 BGB nichtig sein möchten. Allein hier greifen die Bestimmungen der Konkursordnung und des Anfechtungsgesetzes ein. Beide Gesetze erklären jene fraudulösen Rechtsgeschäfte für anfechtbar (§ 29 [KO] bezw. § 1 [AnfG]) und zwar ist dies dahin zu verstehen, daß sie sie <u>nur</u> für anfechtbar erklären. Durch diese Sonderbestimmungen ist ausgeschlossen, daß jene fraudulösen Rechtsgeschäfte, sofern ihnen kein anderer Mangel anhaftet als eben der, daß sie in der dem anderen Teil bekannten Absicht geschlossen sind, die Gläubiger des Veräußerers zu benachteiligen, aus diesem Grunde zugleich auch noch nach den §§ 138 und 134 des

---

[813] Siehe die §§ 239 ff. KO in der Bekanntmachung vom 20. Mai 1898, RGBl. 1898, S. 369/612 (657 f.).

[814] Siehe Art. I (für die KO) und Artt. VII, VII in Verbindung mit Art. I (für das AnfG) des „Einführungsgesetz[es] zu dem Gesetze, betreffend Aenderungen der Konkursordnung" vom 17. Mai 1898, RGBl. 1898, S. 248 (248 u. 250 f.).

[815] Siehe Art. 32 EGBGB vom 18. August 1896, RGBl. 1896, S. 604 (610): „Die Vorschriften der Reichsgesetze bleiben in Kraft. Sie treten jedoch insoweit außer Kraft, als sich aus dem Bürgerlichen Gesetzbuch oder aus diesem Gesetze die Aufhebung ergiebt."

[816] RG, Urt. v. 28.04.1908 – VII 349/07, Abschrift S. 3 f. = RGZ 69, 143 (146).

Bürgerlichen Gesetzbuchs nichtig sein könnten. Denn es würden alsdann, – wenn man ganz von der Beantwortung der allgemeinen Frage absieht, ob anfechtbare Rechtsgeschäfte überhaupt zugleich noch nichtig und umgekehrt nichtige Geschäfte auch noch anfechtbar sein können – die Bestimmungen der Konkursordnung und des Anfechtungsgesetzes bezüglich der fraudulösen Geschäfte der §§ 31 Nr. 1 [KO] bezw. § 3 Nr. 1 [AnfG] völlig überflüssig sein, da die Nichtigkeit den benachteiligten Gläubigern nicht nur dieselbe, ja sogar noch wirksamere Hülfe gewähren sondern auch weniger Voraussetzungen, nämlich nicht den Nachweis der tatsächlich eingetretenen Benachteiligung, erfordern würde. Es würde, wenn die fraudulösen Geschäfte neben ihrer Anfechtbarkeit nach der Konkursordnung und dem Anfechtungsgesetz noch nach dem Bürgerlichen Gesetzbuch für nichtig zu erachten wären, das unannehmbare Ergebnis eintreten, daß die Gläubiger, um das engere und beschränktere Recht, nämlich das Anfechtungsrecht auszuüben, mehr nachweisen müßten, als wenn sie das weiter greifende und wirksamere Mittel der Geltendmachung der Nichtigkeit zur Anwendung bringen würden. Da dem Gesetzgeber, der das Bürgerliche Gesetzbuch und die Konkursordnung sowie das Anfechtungsgesetz in ihrer jetzigen Gestalt zu gleicher Zeit hat in Kraft treten lassen, nicht zugetraut werden kann, daß es völlig überflüssige Bestimmungen hat treffen wollen, so sind die Vorschriften des Bürgerlichen Gesetzbuchs einerseits und der Konkursordnung und des Anfechtungsgesetzes andererseits in der Weise mit einander zu vereinigen, daß, wenn die fraudulösen Geschäfte des §§ 31 Nr. 1 der Konkursordnung und des § 3 Nr. 1 des Anfechtungsgesetzes gegen die guten Sitten und gesetzliche Verbote verstoßen sollten, mit diesem Mangel nach dem Willen des Gesetzgebers <u>in Ausnahme</u> von den Bestimmungen der §§ 138 und 134 des Bürgerlichen Gesetzbuchs nicht die Nichtigkeit sondern nur die Anfechtbarkeit jener Rechtsgeschäfte verknüpft sein soll."[817] Von dieser Ansicht seines VII. Zivilsenats wich die Rechtsprechung des RG im untersuchten Zeitraum nicht mehr ab.[818] Ob den Begründungen der Urteile des II. Zivilsenats vom 15.12.1903[819] und des V. Zi-

[817] RG, Urt. v. 28.04.1908 – VII 349/07, Abschrift S. 4 f. = RGZ 69, 143 (146 f.). In diesem Sinne verstand RG, Urt. v. 28.04.1908 – VII 349/07, Abschrift S. 5 = RGZ 69, 143 (147), auch ausdrücklich die Entscheidung des RG, Urt. v. 23.06.1904 – VI 440/03, Abschrift S. 5 = Gruchot 49 (1905), S. 345 (351) Nr. 10.

[818] Siehe RG, Urt. v. 21.09.1909 – VII 521/08, Abschrift S. 2 f.; RG, Urt. v. 08.10.1909 – VII 164/09, SeuffA 65 (1910), Nr. 53 S. 112 (114); RG, Urt. v. 19.09.1910 – VI 403/09, Abschrift S. 5 = RGZ 74, 224 (226) – siehe zu dieser Entscheidung auch die Ausführungen von *Ewald*, AcP 120 (1922), S. 251 ff.; RG, Urt. v. 11.07.1911 – VII 46/11, Abschrift S. 3 = LZ 1912, Sp. 83 (83) Nr. 6; RG, Urt. v. 14.06.1912 – III 484/11, Abschrift S. 2 f. = JW 1912, S. 854 (854) Nr. 5 und RG, Urt. v. 25.04.1914 – V 564/13, Abschrift S. 6 f. = Gruchot 58 (1914), S. 891 (893 f.) Nr. 59.

[819] Siehe RG, Urt. v. 15.12.1903 – II 185/03, Abschrift S. 4 = RGZ 56, 229 (230).

vilsenats vom 22.09.1906[820], in denen die Anwendung der §§ 134, 138 BGB auf die nach dem AnfG und der KO anfechtbaren Rechtsgeschäfte versagt wurde, beizustimmen sei, ließ der VII. Zivilsenat indessen ausdrücklich dahingestellt.[821]

Damit unterlagen Geschäfte, die in der dem Gegner bekannten Absicht geschlossen wurden, die Gläubiger des einen Teiles zu benachteiligen, grundsätzlich nur der Gläubigeranfechtung und stellten sich keinesfalls schon unter diesem Gesichtspunkt als Verstoß gegen die guten Sitten gemäß § 138 Abs. 1 BGB dar.[822] Die besonderen Vorschriften der KO und des AnfG schlössen in diesem Falle vielmehr die Anwendung der allgemeineren Vorschrift des § 138 BGB aus.

In seiner kurzen Urteilsanmerkung bezeichnete *Lenel* diese Entscheidung als zweifellos richtig.[823] Sie gebe „aber zu denken: geht nicht unsere Praxis in der weiten Anwendung, die sie sonst dem § 138 [BGB] zuteil werden läßt, recht erheblich über das praktisch Zweckmäßige hinaus?“[824] Diese Bedenken teilte *Hagen* in seinen Ausführungen zum Urteil des VII. Zivilsenats: „Bei der Frage, inwieweit der § 826, bzw. § 138 BGB. neben oder entgegen besonderen gesetzlichen Bestimmungen in Anwendung kommen darf, hat man sich in erster Linie darüber klar zu werden, ob durch die weitgehende Entwicklung, die der Begriff der guten Sitten seit der Einführung des BGB., und zwar zweifellos in einem, vom Gesetzgeber selbst nicht vorausgesehenen Grade erfahren hat, ein Rechtsbegriff oder Rechtssatz geschaffen worden ist, der weiteren Umfang hat, als der, den gesetzlichen Sonderbestimmungen zugrunde liegende Rechtsgedanke, mit anderen Worten: ob gegenüber der bisherigen gesetzlichen Spezies ein gewohnheitsrechtliches Genus entstanden ist. Denn die Ausbildung des Begriffs der guten Sitten ist als gewohnheitsrechtliche Fortbildung des Gesetzesrechtes aufzufassen, und ihre Voraussetzungen und ihre Bedeutung sind dementsprechend zu beurteilen. Wenn jene Frage zu bejahen ist, dann ist daraus notwendig zu folgern, daß zwar die bisherigen besonderen gesetzlichen Bestimmungen nicht ohne weiteres außer Kraft gesetzt sind, daß aber der Berechtigte die Wahl

[820] Siehe RG, Urt. v. 22.09.1906 – V 661/05, Abschrift S. 3 = Gruchot 51 (1907), S. 890 (891) Nr. 56.

[821] Vgl. RG, Urt. v. 28.04.1908 – VII 349/07, Abschrift S. 5 = RGZ 69, 143 (147): Gegenüber der vom V. Zivilsenat in RG, Urt. v. 22.09.1906 – V 661/05, Abschrift S. 3 = Gruchot 51 (1907), S. 890 (891) Nr. 56, vertretenen Ansicht, der Gesetzgeber habe eine Zuwiderhandlung gegen das AnfG nicht als einen Verstoß gegen die guten Sitten angesehen wissen wollen, bezweifelte der VII. Senat, ob sich für eine derartige Absicht des Gesetzgebers den Gesetzen und dazugehörigen Begründungen sichere Anhaltspunkte entnehmen ließen.

[822] Vgl. *Jaeger*, KO, 3./4. Aufl. 1907, § 29 Anm. 5., S. 302; *Jaeger*, KO, 5. Aufl. 1916, § 29 Anm. 5., S. 429 u. 430 sowie *Sydow/Busch*, KO, 12. Aufl. 1916, § 29 Anm. 6, S. 127.

[823] Vgl. *Lenel*, DJZ 1909, Sp. 621 (623).

[824] *Lenel*, DJZ 1909, Sp. 621 (623).

hat, ob er sich auf diese Bestimmungen oder auf die Bestimmungen der §§ 826 bzw. 138 [BGB] stützen will."[825] Diese Frage sei hingegen für den Fall der in § 31 Nr. 1 KO und § 3 Nr. 1 AnfG geregelten absichtlichen Gläubigerbenachteiligung zu verneinen. Letztere sei zwar unanständig, weil sie das Vertrauen des Rechtsverkehrs in die Befriedigung der Gläubiger durch den Schuldner enttäusche, aber für den Begriff der guten Sitten habe sich bisher nicht der Rechtssatz herausgebildet, daß jede absichtliche Gläubigerbenachteiligung widerrechtlich sei und sie schlechthin einen Verstoß gegen die guten Sitten darstelle. Die Sonderbestimmungen der KO und des AnfG seien daher allein in diesen Fällen anzuwenden und schlössen damit eine konkurrierende Anwendung des § 138 BGB aus.[826]

Im Grundsatz nahm auch *Goez* in seinem Aufsatz aus dem Jahre 1922 die Richtigkeit dieser Rechtsprechung an.[827] Man könne zwar geneigt sein, die von der KO und dem AnfG geforderderte Absicht der Gläubigerbenachteiligung als unsittlich zu halten; die Gläubigeranfechtung sei aber kein Sonderfall des Sittenverstoßes, denn sonst hätte man auch in diesem Falle die Nichtigkeit aussprechen müssen. Aus denselben Tatsachen, die auf die Benachteiligungsabsicht hindeuteten, könne sich jedoch auch ein Verstoß gegen die guten Sitten begründen, wenn sie ergäben, daß der Schuldner die Offenlegung seines wirtschaftlichen Zusammenbruches verschieben wollte und hierdurch den richtigen Moment für seine Konkursanmeldung verstreichen ließe. Ein solches Interesse widerstrebe den Grundgedanken der KO, die neben dem Interesse der Gläubiger und des Schuldners vor allem das Interesse einer Gesunderhaltung des Wirtschaftslebens im Auge habe.[828]

b) Kreditsicherungsgeschäfte

Mit der Kreditsicherung will sich der Gläubiger in der Regel nur den Anspruch auf das durchsetzbar erhalten, was ihm auch wirklich gegen seinen Schuldner zusteht. Daran ist nach *Medicus* zu Recht nichts Anstößiges zu finden.[829] Selbstredend kann der zwischen Schuldner und Gläubiger zur Sicherung einer bestehenden Forderung abgeschlossene Vertrag die Grenze des rechtlich Zulässigen überschreiten und insbesondere wegen Verstoßes gegen die guten Sitten nichtig sein. Das RG hatte im untersuchten Zeitraum hauptsächlich über Verträge sol-

---

[825] *Hagen*, SächsA 5 (1910), S. 505 (514).

[826] Vgl. *Hagen*, SächsA 5 (1910), S. 505 (514 f.).

[827] Von „überzeugender Kraft" hielt diese Entscheidung im selben Jahr außerdem *Ewald*, AcP 120 (1922), S. 251 (252).

[828] Vgl. *Goez*, JW 1922, S. 1192 (1193).

[829] Vgl. *Medicus*, Allgemeiner Teil, Rn. 696.

cherart zu entscheiden, die den Kreditgebern, Rohstoff- und Warenlieferanten des Schuldners für die aus der Kredithingabe oder den Lieferungen resultierenden Ansprüchen Sicherheiten einräumten. Dies wurde vornehmlich durch Sicherungsübereignungen von Warenlagern, Rohstoffen und Erzeugnissen etc., Sicherungszessionen aller bestehenden und künftigen Forderungen des Schuldners oder durch eine Kombination beider Mittel realisiert.[830]

Nach heutigem Verständnis kommt im Rahmen der Kreditsicherung die Sittenwidrigkeit für gewöhnlich in vier besonderen Situationen in Betracht: als Übersicherung, Schuldnerknebelung, Gläubigergefährung und – sich mit letzterer teilweise überschneidend – Kredittäuschung.[831] Eine *Übersicherung*, deren Kategorie von der hier untersuchten frühen Rechtsprechung des RG noch nicht eindeutig als solche herausgearbeitet worden war, ist in Erwägung zu ziehen, wenn sich der Gläubiger mit wesentlich größeren Teilen des Schuldnervermögens sichert, als es zu seiner Befriedigung tatsächlich bedarf.[832] Insoweit wird von anfänglicher Übersicherung gesprochen, wenn sich ein Gläubiger schon bei Abschluß der Sicherungsabrede dadurch Vorteile zu verschaffen sucht, daß er den Schuldner zur Stellung möglichst umfassender Sicherheiten veranlaßt.[833]

---

[830] Allerdings wurden damals noch gegen die rechtliche Anerkennung der fiduziarischen Geschäfte nicht wenige Bedenken vorgebracht, so etwa von *Wilutzky*, DJZ 1901, S. 20 f. und *Wilutzky*, JW 1901, S. 710 ff.; gegen die von Wiluzky vorgebrachten Einwände *Schroeder*, DJZ 1901, S. 331 (331). Insbesondere die im Wirtschaftsverkehr stark im Vormarsch befindlichen Sicherungsübereignungen bescherten vor allem dem Schrifttum zahlreiches Kopfzerbrechen, wobei hier nicht der Raum ist, auf die zahlreichen Facetten der Stellungnahmen einzugehen. Einige der offenen Fragen waren: Sind die Sicherungsübereignungen mangels gesetzlicher Regelung überhaupt zulässig und gültig? Soll dadurch wirklich wirksam Eigentum übertragen werden oder handelt es sich vielmehr nur ein simuliertes Geschäft, ein Scheingeschäft im Sinne des § 117 BGB? Oder liegt nicht doch eine „verschleierte Verpfändung" vor, während das Gesetz in § 1205 BGB durch das Verbot des constitutum possessorium Erkennbarkeit des Pfandrechts nach außen verlangt? Wie sind die Sicherungsübereignungen im Falle des Konkurses des Sicherheitengebers und des Sicherheitennehmers zu behandeln? Steht dem Sicherheitsempfänger im Konkurs des Sicherheitenbestellers ein Aussonderungsanspruch auf Grund des § 43 KO zu oder hat er nur einen Anspruch auf Absonderung gemäß § 48 KO? Siehe hierzu aus der zahlreichen Literatur nur *Lilienthal*, DJZ 1902, S. 542 ff.; *Kahn*, DJZ 1903, S. 125 f.; *Düringer*, LZ 1908, Sp. 97 ff.; *Rehbein*, JW 1910, S. 605 ff.; *Düringer*, LZ 1911, Sp. 417 ff.; *Przibilla*, JW 1911, S. 300 ff.; *Asch*, JW 1911, S. 303 f.; *Oertmann*, DJZ 1911, Sp. 1178 ff.; *Schmitt*, DJZ 1912, Sp. 1041 ff.; *Möller*, JW 1912, S. 720 f.; *Stepp*, JW 1913, S. 64 ff.; *Melsbach*, JW 1913, S. 404 ff.; *Neukamp*, BankA 15 (1915/16), S. 113 ff.; *Lange*, NJW 1950, S. 565 (567 f.) und *Meyer-Cording*, JZ 1953, S. 665 (665).

[831] Siehe *Medicus*, Allgemeiner Teil, Rn. 696; *Schiemann*, in: Staudinger/Eckpfeiler (2005), S. 95 f. und *Kessal-Wulf*, in: Staudinger/Eckpfeiler (2005), S. 438.

[832] Vgl. *Medicus*, Allgemeiner Teil, Rn. 696.

[833] Vgl. *Kessal-Wulf*, in: Staudinger/Eckpfeiler (2005), S. 438.

Durch eine derartige Verschaffung übermäßiger Sicherung kann der Schuldner, vor allem bei Hingabe seines (beinahe) ganzen Geschäftsvermögens, in eine so weitgehende wirtschaftliche Abhängigkeit von seinem Gläubiger geraten, daß ihm jeder elementare Handlungsspielraum genommen wird, er seine geschäftliche Selbständigkeit verliert und in seiner Geschäftsführung dem Willen des Gläubigers unterworfen ist. Der Eintritt dieses Falles wird gemeinhin als „Knebelung" des Schuldners bzw. Schuldnerknebelung bezeichnet.[834] Zu eben jener Konstellation kann noch der Umstand hinzutreten, daß dem Geschäftsbetrieb des Schuldners trotz dessen Abhängigkeit dennoch äußerlich der Schein der wirtschaftlichen Freiheit belassen wird. Werden dadurch in erster Linie Interessen des Schuldners berührt, so bleiben die der anderen Gläubiger des Schuldners davon nicht gänzlich unbetroffen. Denn jede Hingabe von Sicherheiten an einen Gläubiger bringt notwendig die Gefährdung der anderen Gäubiger mit sich, weil die zur Sicherheit übertragenen Gegenstände als Vollstreckungsobjekte und damit als Haftungsgrundlage für die anderen (ungesicherten) Gläubiger ausscheiden.[835] Ebendiese Fälle, in denen ein Gläubiger durch die Entgegennahme von Sicherheiten die Befriedigung anderer Gläubiger gefährdet, werden als Gläubigergefährdung, teils auch als Gläubigerbenachteiligung benannt, wobei die Sittenwidrig- und Nichtigkeit nicht schon ohne weiteres bei der Sicherungsübereignung eines Warenlagers oder einer Globalsicherungszession angenommen werden kann.[836] Der Grund hierfür liegt vor allem darin, daß diese gebräuchlichsten Formen der Kreditsicherung nach außen hin unsichtbar sind und kein Gläubiger mit Sicherheit annehmen kann, bestimmte Sachen oder Forderungen gehörten seinem Schuldner. Deshalb kommt eine Sittenwidrigkeit erst dort in Betracht, wo durch diverse Manipulationen absichtlich ein falsches Bild erzeugt, also gerade eine Täuschung anderer Gläubiger beabsichtigt ist.[837] So sind insbesondere die Fälle der Kredittäuschung, die heute zum Teil auch als eigenständige Fallgruppe angesehen wird, sich aber tatsächlich mit dem Tatbestand der Gläubigergefährdung in diesem Punkt überschneiden, sittenwidrig. Denn dabei wirkt der gesicherte Gläubiger mit dem Schuldner bewußt zum Zwecke der Täu-

[834] Siehe dazu *Melsbach*, JW 1913, S. 404 (407); *Heinsheimer*, BankA 13 (1913/14), S. 125 (128); *Jörissen*, DRiZ 1914, Sp. 364 (365); *Medicus*, Allgemeiner Teil, Rn. 698; *Schiemann*, in: Staudinger/Eckpfeiler (2005), S. 95 f. und *Kessal-Wulf*, in: Staudinger/Eckpfeiler (2005), S. 438.

[835] Vgl. *Kessal-Wulf*, in: Staudinger/Eckpfeiler (2005), S. 438.

[836] Vgl. *Sack*, in: Staudinger, BGB, Neubearb. 2003, § 138 Rn. 348.

[837] Vgl. *Medicus*, Allgemeiner Teil, Rn. 697.

schung über dessen Kreditwürdigkeit und damit größtenteils zum Schaden anderer (gegenwärtiger oder zukünftiger), ungesicherter Gläubiger zusammen.[838]

An und für sich gehören die Fälle der Knebelung, also jene, in denen der Gläubiger seine wirtschaftliche Machtstellung einseitig zum Nachteil des Schuldners ausnutzt, in die Kategorie des sittenwidrigen Verhaltens nur eines Geschäftspartners gegenüber dem anderen statt in die vorliegend eingeordnete des Sittenverstoßes beider Vertragspartner. Jedoch wurden in der frühen Rechtsprechung des RG die beiden unterschiedlichen Schutzrichtungen – Schutz der wirtschaftlichen Selbständigkeit des Schuldners einerseits und Schutz dritter Kreditgeber andererseits[839] – nicht strikt getrennt und beide Aspekte häufig in den Entscheidungen miteinander vermengt.[840] Die heute bekannte Kategorisierung und Einordnung in die jeweiligen Fallgruppen befand sich damals angesichts der als neuartig zu bezeichnenden Sicherungsmittel in den Anfängen ihrer Entwicklung.[841]

Eine erste Richtung in der reichsgerichtlichen Rechtsprechung weist dazu das Urteil des VII. Zivilsenates vom 01.10.1907[842]. Nach dessen Tatbestand

---

838 Vgl. *Melsbach*, JW 1913, S. 404 (407); *O. C. Fischer*, BankA 13 (1913/14), S. 141 (142 f.); *Sack*, in: Staudinger, BGB, Neubearb. 2003, § 138 Rn. 335 u. 350 und *Medicus*, Allgemeiner Teil, Rn. 697.

839 Siehe dazu auch *Flessa*, NJW 1953, S. 84 (85).

840 Vgl. *A. Herzog*, S. 147 f. u. S. 213 f. Nach *Harry Westermann*, S. 27 f., und *Simitis*, S. 45, habe die Rechtsprechung des RG in den ersten Entscheidungen gleichfalls auf eine grundsätzliche Klärung der Voraussetzungen einer Anwendung der §§ 138 Abs. 1, 826 BGB verzichtet und diese Fälle miteinander vermengt; siehe auch *Barkhausen*, NJW 1953, S. 1665 (1665) und *Barkhausen*, NJW 1955, S. 1272 (1272). Nach *von Caemmerer*, JZ 1956, S. 97 (97), könne sich die Rechtsprechung bei der Errichtung notwendiger Schranken bei der Sicherungsübereignung nur auf die §§ 138, 826 BGB, die *Paulus*, JZ 1957, S. 7 (7), als „Notbremsen" ansieht, stützen, weil die allgemeinen Tatbestände der Gläubigerbenachteiligung im AnfG nicht auf die dabei bestehende Situation der Gefahren publizitätsloser Sicherungen zugeschnitten seien.

841 Erst in RG, Urt. v. 09.04.1932 – IX 74/31, RGZ 136, 247 (253 f.), hatte der IX. Zivilsenat des RG fünf sittenwidrige Tatbestände bei der Sicherungsübereignung für die Vorschrift des § 826 BGB aufgestellt, nämlich 1. Konkursverschleppung, 2. Aussaugung, 3. stille Geschäftsinhaberschaft, 4. Kreditbetrug und 5. Gläubigergefährdung. Wenig später führte der nunmehr zuständige VI. Zivilsenat des RG, Urt. v. 21.12.1933 – VI 196/33, RGZ 143, 48 (51 f.), diese Einteilung für Sicherungsübereignungen an Hand des § 138 BGB auf zwei Grundtypen zurück: den Knebelvertrag („wenn dem Schuldner durch die Sicherungsübereignung die wirtschaftliche Selbständigkeit genommen wird") sowie die Kredittäuschung („wenn durch die Übereignung dritte Personen – sei es gegenwärtige, sei es künftige Gläubiger – über die Kreditwürdigkeit des Schuldners getäuscht werden"); siehe *Meyer-Cording*, JZ 1953, S. 665 (666) und *Harry Westermann*, S. 50 in Anm. 79.

842 Vgl. RG, Urt. v. 01.10.1907 – VII 524/06, RGZ 67, 166, vgl. *Schubert/Glöckner*, Nachschlagewerk, § 138 Nr. 135.

stellte der spätere Gemeinschuldner R. der Klägerin, mit der er seit geraumer Zeit durch den Bezug von Dünger in Geschäftsverbindung gestanden hatte, am 14. März 1903 eine schriftliche Erklärung aus. In dieser trat er der Klägerin nicht nur die bereits bestehenden Außenstände, sondern außerdem „die weiteren durch zukünftige Lieferungen an meine Abnehmer entstehenden Forderungen zu Eigentum“[843] ab. Sie sollten zur Sicherung eines zugunsten der Klägerin bestehenden Buchguthabens als auch ihrer Forderungen aus künftigen an ihn zu tätigen Warenlieferungen dienen. Nachdem im Januar 1904 über Rs. Vermögen der Konkurs eröffnet worden war, erhob die Klägerin gegen den Konkursverwalter Klage auf Zahlung von 2.600 M. Sie begründete den geltend gemachten Anspruch damit, daß die zur Zeit der Eröffnung des Konkursverfahrens vom Konkursverwalter eingezogenen Außenstände aufgrund des Abkommens vom 14. März 1903 ihr gehörten.

Der Klage wurde in den ersten beiden Instanzen entsprochen. Auf die Revision des Beklagten wurde das Berufungsurteil jedoch aufgehoben und die Sache zurückverwiesen. Denn das RG erklärte die Abtretung der für R. aus den zukünftigen Lieferungen an seine Abnehmer erwachsenden Forderungen für unwirksam. Zwar hielt der VII. Zivilsenat an seiner bereits früher mitgeteilten Ansicht[844] fest, daß die Abtretung künftiger Forderungen nach dem BGB durchaus rechtlich möglich sei,[845] aber vorliegend „eine Abtretung so allgemeiner Art … in jeder Richtung der erforderlichen Bestimmtheit und Bestimmbarkeit der zukünftigen Forderungen“[846] entbehre. Die in der schriftlichen Übereinkunft vom 14. März 1903 gewählten Begriffe „Lieferungen“ und „Abnehmer“ vermöchten insoweit das Erfordernis der Bestimmtheit und Bestimmbarkeit nicht zu erfüllen, weil R. sowohl Bergwerks-, Gutsbesitz- als auch Fuhrwerksgeschäftsinhaber war und zudem einen Getreide- und Düngemittelhandel betrieb.

Auch für den Fall, daß der R. alle zukünftigen Forderungen an die Klägerin abtreten wollte, bejahte das Gericht die Unwirksamkeit der Abtretung: „Wäre darauf etwa die Absicht des Gemeinschuldners gerichtet gewesen, schlechthin alle seine zukünftigen Geschäftsforderungen an die Klägerin abzutreten, so müßte dies, wenn auch nicht in unmittelbarer Anwendung[,] so doch in Verfolg

[843] RG, Urt. v. 01.10.1907 – VII 524/06, Abschrift S. 2 = RGZ 67, 166 (166).

[844] Siehe RG, Urt. v. 29.09.1903 – VII 198/03, RGZ 55, 334 (334 f.); das Urteil ablehnend *Eccius*, DJZ 1904, Sp. 53 (55 f.), dagegen der Entscheidung zustimmend *Lippmann*, DJZ 1904, Sp. 255 (255 ff.) und *von Tuhr*, DJZ 1904, Sp. 426 (426).

[845] Vgl. RG, Urt. v. 01.10.1907 – VII 524/06, Abschrift S. 3 = RGZ 67, 166 (166 f.).

[846] RG, Urt. v. 01.10.1907 – VII 524/06, Abschrift S. 4 = RGZ 67, 166 (168).

des Grundsatzes des § 310 des Bürgerlichen Gesetzbuchs[847][,] sowie nach Maßgabe des § 138 Abs. 1 des Bürgerlichen Gesetzbuchs für unzulässig erachtet werden."[848] Das Urteil enthält damit zwei wichtige Erkenntnisse: Eine rechtlich durchaus zulässige Abtretung künftiger Forderungen sei dann unwirksam, wenn die abgetretenen zukünftigen Forderungen einer Bestimmtheit und Bestimmbarkeit entbehrten. Die Abtretung schlechthin aller zukünftiger Geschäftsforderungen an einen Dritten sei in Verfolg des Grundsatzes des § 310 BGB – nur hierauf läßt sich vorliegend der Ausschluß der unmittelbaren Anwendung verstehen – und nach Maßgabe des § 138 Abs. 1 BGB unzulässig.

Hierauf aufbauend tat die Rechtsprechung des RG den nächsten Schritt durch Urteil des III. Zivilsenats vom 05.05.1911[849]. Dort hatte der Kläger am 22. Juni 1904 mit dem Parkettbodenfabrikanten S. einen Vertrag geschlossen, durch den sich der Kläger verpflichtete, dem S. einen Kredit von bis zu 10.000 M bei einer Gewerbekasse zu verschaffen. Dafür sicherte S. dem Kläger eine Entschädigung von 10 % des von ihm erzielten Reingewinns zu, übertrug ihm zur Sicherheit für alle dem Kläger aus dem Vertrag erwachsenden Ansprüche das Eigentum an seinem ganzen Lager fertiger und halbfertiger Waren sowie den Rohmaterialien, Werkzeugen und Geschäftseinrichtungsgegenständen. Darüber hinaus zedierte der S. dem Kläger alle bereits vorhandenen und zukünftigen Geschäftsaußenstände und verpflichtete sich, ihm auch das Eigentum an den später zu erwerbenden Rohmaterialien und Waren zu übertragen. Der Vertrag war zunächst auf ein Jahr begrenzt, sollte aber im Falle einer nicht erfolgenden Kündigung jeweils um ein Jahr verlängert werden. Über das Vermögen des S. wurde das Konkursverfahren eröffnet und der Kläger machte gegen den beklagten Konkursverwalter Aussonderungs- und Masseansprüche geltend.

Die Klage hatte keinen Erfolg. Der reichsgerichtliche III. Zivilsenat erblickte bereits in der Vereinbarung der Abtretung aller zukünftig entstehenden Geschäftsaußenstände im Vertrag vom 22. Juni 1904 mangels nötiger Bestimmtheit

---

[847] § 310 BGB, RGBl. 1896, S. 195 (248) lautete: „Ein Vertrag, durch den sich der eine Theil verpflichtet, sein künftiges Vermögen oder einen Bruchtheil seines künftigen Vermögens zu übertragen oder mit einem Nießbrauche zu belasten, ist nichtig."

[848] RG, Urt. v. 01.10.1907 – VII 524/06, Abschrift S. 4 = RGZ 67, 166 (168), wobei sich die beiden in eckigen Klammer ausgewiesenen Kommata nur im Abdruck der Amtlichen Sammlung finden lassen. Ähnlich hatte sich schon *von Tuhr*, DJZ 1904, Sp. 426 (429), dahingehend ausgesprochen, daß die Zession künftiger Forderungen eine selbstverständliche Grenze an den §§ 138, 311 BGB finde; die Abtretung aller Forderungen, die der Zedent künftig erwerben wird, sei unzulässig, weil es für ihn den Verlust der Erwerbsfähigkeit bedeuten würde.

[849] Vgl. RG, Urt. v. 05.05.1911 – III 204/10, Gruchot 55 (1911), S. 883 Nr. 47, vgl. *Schubert/Glöckner*, Nachschlagewerk, § 138 Nr. 135.

der abgetretenen Forderungen eine nichtige Bestimmung.[850] Mit dieser Aussage griff der Senat also unter ausdrücklichem Verweis auf die eben bereits nachgewiesene Entscheidung des VII. Zivilsenats dessen Rechtsprechung zur Unwirksamkeit der Abtretung mangels Bestimmtheit und Bestimmbarkeit der abgetretenen Forderung auf.

Indem mit der Abtretung der künftigen Geschäftsaußenstände zugleich auch die Übereignung der gesamtem Fabrikeinrichtung etc. und sogar die Verpflichtung zur Übereignung der künftig zu erwerbenden Rohstoffe und Waren vereinbart wurde, versagte der III. Senat der Vereinbarung zusätzlich die rechtliche Anerkennung wegen Verstoßes gegen die guten Sitten.[851] Als Grund führte der Zivilsenat an, die Vereinbarung entziehe dem Schuldner „völlig die geschäftliche Selbständigkeit und … [gebe] dem Gläubiger die Möglichkeit jederzeit einzugreifen und die gewerbliche Tätigkeit des Schuldners lahmzulegen".[852] An dieser Beurteilung änderten auch die sonstigen Absprachen nichts, daß die Sachen dem S. zum unentgeltlichen Gebrauch überlassen waren, er zur Veräußerung der angefertigten Waren im ordnungsgemäßem Geschäftsbetrieb ermächtigt gewesen und der Vertrag zunächst nur auf ein Jahr geschlossen war.[853] In diesem Punkt ging der vom III. Zivilsenat zu beurteilende Sachverhalt über den des vom VII. Zivilsenats ausgeurteilten deutlich hinaus. Dort genügte dem Senat für die Ausurteilung der Nichtigkeit nach Maßgabe des § 138 Abs. 1 BGB allein die Abtretung aller zukünftigen Geschäftsforderungen. Im hier dem III. Zivilsenat vorliegenden Falle erfaßten die Vereinbarungen zwischen dem S. und dem Kläger aber nicht nur die Abtretung künftiger Geschäftsaußenstände, sondern außerdem die Pflicht zur Übereignung der Fabrikseinrichtung usw. und der künftigen Rohstoffe und Waren. Diese Verpflichtungen stellten einen noch tieferen Einschnitt in die wirtschaftliche Selbständigkeit des S. dar, was durch das Gericht auch als Begründung für den Nichtigkeitsausspruch dargetan wurde.

Nun war aber bei dieser (einseitigen) Berücksichtigung der geschäftlichen Interessen des Schuldners auf der anderen Seite der Abwägung die Tatsache der versprochenen Kreditverschaffung in die Waagschale zu legen. Diesem Moment nahm der Senat jedoch sodann das Gewicht, indem er zusätzlich die Interessen

---

[850] Vgl. RG, Urt. v. 05.05.1911 – III 204/10, Abschrift S. 2 f. = Gruchot 55 (1911), S. 883 (884) Nr. 47 unter Verweis auf: RG, Urt. v. 01.10.1907 – VII 524/06, RGZ 67, 166.

[851] Vgl. RG, Urt. v. 05.05.1911 – III 204/10, Abschrift S. 3 = Gruchot 55 (1911), S. 883 (885) Nr. 47.

[852] RG, Urt. v. 05.05.1911 – III 204/10, Abschrift S. 3 = Gruchot 55 (1911), S. 883 (885) Nr. 47; siehe dazu die Bemerkungen von *O. C. Fischer*, BankA 11 (1911/12), S. 103 (106).

[853] Vgl. RG, Urt. v. 05.05.1911 – III 204/10, Abschrift S. 3 = Gruchot 55 (1911), S. 883 (885) Nr. 47.

des Verkehrs, im Besonderen die der anderen Gläubiger des Schuldners berücksichtigte: „Auch der Umstand kann die Rechtswirksamkeit der Vereinbarung nicht begründen, daß sie getroffen ist, um dem Schuldner neuen Kredit zu verschaffen und sie somit dem augenblicklichen Vorteile des Schuldners dienen mag. Denn die Rücksicht auf den gesunden Verkehr, auf die Interessen der sonstigen Gläubiger, an denen es bei einem Schuldner, der sich zu derartigen Verträgen bestimmen läßt, niemals fehlen wird, insbesondere auf diejenigen, von denen der Schuldner die Waren zu seinem weiteren Geschäftsbetriebe entnimmt, erfordert, daß einer Vereinbarung, durch die der Schuldner sich seines gesamten dem Geschäftsbetriebe dienenden Vermögens, auch des zukünftig zu erwerbenden, zugunsten eines Gläubigers entäußert und zum bloßen Werkzeuge dieses Gläubigers wird, während er gleichwohl nach außen hin den Schein eines selbständigen Gewerbebetriebes aufrecht erhält, die rechtliche Anerkennung versagt werde. Dem fiduziarischen Rechtsgeschäfte kann kein weiterer Spielraum gegeben werden, als dem wirtschaftlich ernstgemeinten."[854] Somit schöpfte die Rechtsprechung ein neues Kennzeichen für die Sittenwidrigkeit, nämlich das des im Innenverhältnis zum bloßen Werkzeug eines einzigen Gläubigers degradierten Schuldners, der nichtsdestoweniger gegenüber seinen anderen Gläubigern im Schein der gewerblichen Selbständigkeit belassen wird.

Ausdrücklich offen blieb in den weiteren Entscheidungsgründen, ob auch die Bestimmungen des Vertrags hinsichtlich der Übertragung des Warenlagers schon an sich ungültig seien, weil der Vertrag vom 22. Juni 1904 bereits nach § 139 BGB seinem ganzen Inhalt nach für ungültig zu erachten sei, als er die Abtretung aller zukünftigen Außenstände enthalte.[855]

Die aus einer nicht offengelegten Sicherungsübereignung des gesamten Warenlagers einschließlich der zukünftig eingehenden Waren auf einen einzigen Gläubiger resultierenden Gefahren für den Rechtsverkehr und insbesondere für

[854] RG, Urt. v. 05.05.1911 – III 204/10, Abschrift S. 3 f. = Gruchot 55 (1911), S. 883 (885 f.) Nr. 47. Siehe auch RG, Urt. v. 02.12.1902 – III 249/02, Abschrift S. 3, wo ausgesprochen ist, „daß ein auf Eigentumsübertragung zur Sicherung einer Forderung gerichteter Vertrag rechtlich möglich und zulässig sei." Siehe außerdem RG, Urt. v. 29.12.1908 – VII 53/08, Abschrift S. 3 f. = JW 1909, S. 104 (105) Nr. 1, vgl. *Schubert/Glöckner*, Nachschlagewerk, § 138 Nr. 181, wo entschieden ist, daß die Sicherungsübereignung unpfändbarer Sachen nur unter Umständen gegen die guten Sitten verstoße: Es stehe „kein sittliches Gebot der rechtsgeschäftlichen Veräußerung auch solcher Sachen entgegen, deren Pfändung der Eigentümer widersprechen könnte, oder deren Pfändung selbst ohne solchen Widerspruch unzulässig ist; nur besondere Umstände des Einzelfalls … könnten eine abweichende Beurteilung begründen." Siehe dazu die Bemerkungen von *Hagen*, SächsA 5 (1910), S. 505 (512), der in dieser Entscheidung eine Verwechselung von Verstoß gegen die Sittlichkeit und Verstoß gegen die guten Sitten erblickte.

[855] Vgl. RG, Urt. v. 05.05.1911 – III 204/10, Abschrift S. 4 = Gruchot 55 (1911), S. 883 (886) Nr. 47 unter Verweis auf: *Hoeniger*, DNotV 11 (1911), S. 177 ff.

die sonstigen Gläubiger des Schuldners, die bereits im zuvor wiedergegebenen Urteil des III. Zivilsenats ihren berechtigten Anklang fanden, hielt der VI. Zivilsenat in seiner wenig später, vor allem zu § 826 BGB ergangenen Entscheidung vom 24.06.1911[856] dann nicht für so schwerwiegend, wenn derartige Rechtsverhältnisse für alle Beteiligten deutlich wahrnehmbar nach außen kundgemacht würden.[857]

Eine weitere Entwicklung dieser höchstrichterlichen Rechtsprechung ist im Urteil des I. Zivilsenats vom 24.01.1912[858] zu erblicken, indem sich der Schuldner in einem noch weit größeren Umfange seiner wirtschaftlichen Selbständigkeit begab. Laut dessem Tatbestand gründeten der W. und der Beklagte J. am 1. Januar 1908 eine offene Handelsgesellschaft in Gera, in die W. sein bisher betriebenes Fabrikationsgeschäft und J. eine Bareinlage von 30.000 M einbrachten. Die Firma arbeitete mit Verlust und schon am 30. März 1909 trat J. wieder aus dem Geschäft aus. Durch Vertrag vom selbigen Tage wurde sein Guthaben durch notariellen Vertrag auf 43.000 M[859] festgesetzt und in eine Darlehensforderung umgewandelt. Diese Forderung war 1909 mit drei Raten von je 1.500 M und in vierteljährlichen Raten von 1.000 M ab dem 30. April 1910 zu tilgen. Bereits bei einem Rückstand von mehr als vier Wochen sollte die ganze Forderung fällig sein, was auch dann der Fall sein sollte, wenn W. mit Unterbilanz arbeite oder das Geschäft durch ein Verschulden des W. zurückgehe. Letzteres sollte ein von J. zu ernennender Sachverständiger entscheiden und im gegebenen Fall war J. berechtigt, die Firma weiterzuführen, wobei W. dann auszuscheiden hatte. Für die Forderung des J. über 43.000 M unterwarf sich W. außerdem der sofortigen Zwangsvollstreckung und übertrug dem J. zur Sicherung das Eigentum an allen zum Geschäft gehörigen Maschinen und Inventar-

---

856 Vgl. RG, Urt. v. 24.06.1911 – VI 525/10, RGZ 77, 201.

857 Vgl. RG, Urt. v. 24.06.1911 – VI 525/10, RGZ 77, 201 (210): „Das Geschäftsgebahren von Kaufleuten, mit deren geschäftlichem Unternehmen es abwärts geht, auf das Andringen eines einzelnen Hauptgläubigers diesem das gesamte Warenlager mit Einschluß der als Ersatz für abgehende Waren neu einlaufenden Waren zu verpfänden oder zur Sicherheit zu übereignen, bildet für den gesunden Kreditverkehr eine schwere Gefahr, wenn nicht das neu geschaffene dingliche Rechtsverhältnis mit für alle Beteiligten, die sehen wollen, deutlich wahrnehmbaren Kennzeichen nach außen kundgemacht wird. Pfandbestellungen dieser Art, die so wenig äußerlich hervortreten, daß sie selbst den Angestellten des Geschäftes des Pfandschuldners vollständig verborgen bleiben, können als rechtsgültig nicht anerkannt werden und einen Rechtsschutz gegen Dritte nicht verlangen."

858 Vgl. RG, Urt. v. 24.01.1912 – I 321/11, LZ 1912, Sp. 395 Nr. 2, vgl. *Schubert/Glöckner*, Nachschlagewerk, § 138 Nr. 213.

859 Die Forderungshöhe ergab sich rechnerisch daraus, daß J. neben seiner ursprünglichen Einlage von 30.000 M eine weitere über 3.000 M getätigt und eine Bankforderung in Höhe von 10.000 M übernommen hatte.

stücken, an der Rohware, an den fertigen und halbfertigen Waren, aber auch an sämtlichen Maschinen, Inventar und Waren, die der W. künftig erwerben würde. Außerdem trat W. dem J. sämtliche in der Inventur vom 1. Januar 1909 aufgeführten und noch später entstandenen Außenstände, sowie alle künftigen Außenstände, die der W. noch erwerben würde, ab. Aufgrund einer erwirkten vollstreckbaren Ausfertigung der Vertragsurkunde ließ der Beklagte J. am 10. Oktober 1910 bei W. für die Restforderung von 41.500 M pfänden. Der W. erhob unter anderem Klage auf Nichtigerklärung des Vertrages vom 10. März 1909 und Feststellung, daß der Beklagte zur Zwangsvollstreckung nicht berechtigt sei. Während des Rechtsstreits wurde das Konkursverfahren über das Vermögen des W. eröffnet und der Konkursverwalter nahm als Kläger den Rechtstreit auf.

Die Klage gegen den Beklagten J. war in allen Instanzen erfolgreich. Das OLG Jena hielt den Vertrag wegen Verstoßes gegen die guten Sitten nach § 138 BGB für nichtig und sprach aus, daß der Beklagte J. den W. durch die getroffenen Vereinbarungen „der wirtschaftlichen Beherrschung des Geschäfts so gut wie ganz entkleidete“.[860] Auch nach Ansicht des I. Zivilsenates des RG enthielten die Vertragsbestimmungen „eine derartige wirtschaftliche Knebelung des W., eine so vollständige Abhängigkeit seiner wirtschaftlichen Existenz von der Entschließung des Beklagten, wie sie mit den Anschauungen anständiger, billig und gerecht denkender Kaufleute unvereinbar ist“.[861] Das Gericht wies hierzu auf die den W. vielfach benachteiligenden Vertragsbedingungen hin.[862]

Zustimmung erhielt das Berufungsgericht durch das RG auch für seine Folgerung der Nichtigkeit aus den Bestimmungen des Vertrages, durch die der im übrigen vermögenslose Geschäftsinhaber W. alle gegenwärtigen und künftigen Aktiva des Geschäfts dem J. zur Sicherheit übereignete bzw. abtrat: „Ein solcher Vertrag verstößt, wie in dem Urteil des Reichsgerichts vom 1. Oktober 1907[863] … hervorgehoben, gegen den Grundsatz des § 310 B.G.B. Und es verstößt auch gegen die guten Sitten und die Auffassung des redlichen Verkehrs, wenn durch den Vertrag dem Geschäft des W. nur der äußere Anschein der Selbständigkeit und Kreditwürdigkeit belassen wurde, während in Wirklichkeit alle gegenwärtigen und künftigen Aktiven des Geschäfts ihm im voraus entzogen und zum

---

860 RG, Urt. v. 24.01.1912 – I 321/11, Abschrift S. 4 = LZ 1912, Sp. 395 (397) Nr. 2.

861 RG, Urt. v. 24.01.1912 – I 321/11, Abschrift S. 4 = LZ 1912, Sp. 395 (397) Nr. 2.

862 Siehe dazu RG, Urt. v. 24.01.1912 – I 321/11, Abschrift S. 4 = LZ 1912, Sp. 395 (397) Nr. 2.

863 Vgl. RG, Urt. v. 01.10.1907 – VII 524/06, RGZ 67, 166.

Nachteil aller übrigen mit der Firma in geschäftliche Beziehungen tretenden Kontrahenten zur Sicherung eines einzelnen Gläubigers verwendet waren".[864]

Mit dieser Entscheidung prägte das RG also den Begriff der wirtschaftlichen *Knebelung* für den vollkommen in seiner Entscheidungsfreiheit entkleideten Schuldner. Weiterhin gesellte es zum Merkmal des dem „äußeren Schein der Selbständigkeit" belassenen Geschäfts jenes der „Kreditwürdigkeit", was denn auch der VII. Zivilsenat des RG nur wenig später in seiner Entscheidung vom 17.12.1912[865] aufnahm. Dort hatten die Beteiligten eine Täuschung der Allgemeinheit, insbesondere zukünftiger (Waren-)Kreditgeber verabredet. Die Firma B. hatte im Herbst 1909 zwecks Sicherstellung der Klägerin wegen verschiedener Wechselforderungen durch mehrere Verträge ihre sämtlichen zur Zeit in ihrem Warenlager befindlichen und später hinzukommenden Waren zu Eigentum übertragen und erklärt, von da an nur für die Klägerin zu besitzen. Dennoch verkaufte die Firma B. im November 1910 ihr Warenlager an die beklagte Bank. Die Klägerin erhob Klage auf Feststellung, daß das gesamte Fabriklager der Firma B. im Eigentum der Klägerin stehe und auf Verurteilung der Beklagten zur Herausgabe desselben, soweit sich die Beklagte in den Besitz des Lagers gesetzt habe.

Der Klage wurde durch alle Instanzen der Erfolg versagt, weil die Verträge nach § 138 BGB nichtig seien. Nach den Feststellungen des OLG Hamm übertrug die B. dabei nicht nur ihr gesamtes Lager an rohen, halbfertigen und fertigen Waren sowie alle in Zukunft ins Lager einkommenden Waren an die Klägerin, sondern trat ihr auch sämtliche Außenstände ab und vereinbarte ferner, daß auch alle aus dem Weiterbetrieb des Geschäfts noch entstehenden Forderungen unmittelbar auf die Klägerin übergehen sollten. Dabei habe zwischen den Vertragsparteien Einigkeit darüber bestanden, daß die B. ihren Geschäftsbetrieb in der bisherigen Weise fortführen sollte, obwohl diese sich aller Mittel beraubt habe, die Gläubiger zu befriedigen, welche ihr beim Geschäftsbetrieb in Zukunft Kredit gewähren würden.[866] Wegen dieser tatsächlichen Feststellungen und unter Zugrundelegung der bisherigen Rechtsprechung des RG zu den Fällen der

---

864 RG, Urt. v. 24.01.1912 – I 321/11, Abschrift S. 5 = LZ 1912, Sp. 395 (397) Nr. 2 – zustimmend *Furbach*, LZ 1912, Sp. 902 (903) – unter Verweis auf die zu § 826 BGB ergangenen Entscheidungen: RG, Urt. v. 03.01.1911 – VII 322/10, WarnRspr. 1911, Nr. 182 S. 196 = JW 1911, S. 324 Nr. 18 – siehe dazu die Besprechung von *O. C. Fischer*, BankA 11 (1911/12), S. 103 ff.; *Asch*, JW 1912, S. 65 (66 f.); *Heinsheimer*, BankA 13 (1913/14), S. 125 ff. und *O. C. Fischer*, BankA 13 (1913/14), S. 141 ff. – und RG, Urt. v. 18.05.1911 – VI 338/10, JW 1911, S. 650 Nr. 22.

865 Vgl. RG, Urt. v. 17.12.1912 – VII 416/12, Gruchot 57 (1913), S. 916 Nr. 49, vgl. *Schubert/Glöckner*, Nachschlagewerk, § 138 Nr. 213.

866 Vgl. RG, Urt. v. 17.12.1912 – VII 416/12, Abschrift S. 3 f. = Gruchot 57 (1913), S. 916 (917 f.) Nr. 49.

vorliegenden Art hatte auch der VII. Zivilsenat keinen Grund zur Beanstandung der vom Berufungsrichter angenommenen Unsittlichkeit der Verträge.[867]

Dem Vorbringen der Klägerin, niemand könne sich im Geschäftsverkehr darauf verlassen, daß die im Gewahrsam einer Person befindlichen Sachen auch deren Eigentum seien und es Angelegenheit der Kreditgeber sei, sich durch Einholung von Auskünften über die Kreditwürdigkeit zu informieren, trat der Senat entgegen. Die allgemeine Gefährdung, welche vorliegend die Unsittlichkeit der Verträge begründe, liege gerade darin, „daß die für die Kreditwürdigkeit maßgebende Veränderung in den bisherigen Verhältnissen [der Firma B.] zum [tatsächlich festgestellten] Zweck der Verschleierung des wahren Sachverhalts nach außen in keiner Weise bekannt gegeben wird".[868] In einem derartigen Falle sei dann aber auch „die Einholung von Auskünften nicht geeignet, die aus den unredlichen Machenschaften den Kreditgebern drohenden Gefahren zu beseitigen".[869] Diese Rechtsprechung erhielt das RG im Untersuchungszeitraum aufrecht.[870]

---

[867] Vgl. RG, Urt. v. 17.12.1912 – VII 416/12, Abschrift S. 4 f. = Gruchot 57 (1913), S. 916 (918 f.) Nr. 49: „Es entspricht der vom 7., 6. und 1. Zivilsenat des Reichsgerichts … vertretenen Auffassung, daß es gegen die guten Sitten verstößt, wenn zur Sicherstellung eines einzelnen Gläubigers diesem nicht nur die gesamten gegenwärtigen, sondern auch im voraus alle zukünftigen Aktiven eines kaufmännischen Geschäfts übertragen werden und trotzdem gemäß Vereinbarung das Geschäft und zwar zunächst im Interesse des sichergestellten Gläubigers unter Aufrechterhaltung des äußeren Scheins der Kreditwürdigkeit fortgeführt wird, obgleich doch jede im redlichen Handel vorausgesetzte Grundlage für den zum Fortbetrieb erforderlichen Kredit beseitigt ist. Mit Recht ist es als sittenwidrig anzusehen, daß ein Kaufmann sein bisher auf seinen Namen und seine Rechnung betriebenes Geschäft nach außen in alter Weise fortbetreibt, obgleich er die zum Fortbetrieb nötigen Waren nicht mehr für sich, wie die ihm auf Kredit liefernden Personen nach Treu und Glauben anzunehmen berechtigt sind, sondern für den sichergestellten Gläubiger erwerben und sie nur in der Weise wieder veräußern will, daß die hierdurch erwachsenden Forderungen nicht ihm, sondern diesem Gläubiger zustehen sollten. An dieser Beurteilung kann auch die Erwägung nichts ändern, daß es im Interesse eines in vorübergehende Bedrängnis geratenen Geschäftsmannes liegen kann, durch eine Sicherungsübereignung seine letzten Kräfte anzuspannen, um die Schwierigkeiten zu überwinden. Der erkennende Senat hat ein solches wirtschaftliches Bedürfnis anerkannt und Sicherungsübereignungen selbst eines ganzen Warenlagers einschließlich seiner zukünftigen Bestandteile an sich für rechtlich zulässig angesehen, insbesondere dann, wenn die Übereignung gerade zu dem Zweck erfolgte, dem gefährdeten Geschäft durch Kreditgewährung neue Mittel zu verschaffen."

[868] RG, Urt. v. 17.12.1912 – VII 416/12, Abschrift S. 5 = Gruchot 57 (1913), S. 916 (919 f.) Nr. 49.

[869] RG, Urt. v. 17.12.1912 – VII 416/12, Abschrift S. 5 f. = Gruchot 57 (1913), S. 916 (920) Nr. 49.

[870] Siehe RG, Urt. v. 30.06.1913 – IV 148/13, Abschrift S. 5 f = WarnRspr. 1913, Nr. 400 S. 478 (479); RG, Urt. v. 27.10.1913 – VI 273/13, Abschrift S. 3 f. = BankA 13 (1913/14),

c) *Der sogenannte 1.500 Mark-Vertrag*

Keine andere Fallgruppe hat in der Literatur einen so starken Widerhall hervorgerufen wie die Entscheidungen zu den als 1.500 Mark-Verträge bezeichneten Gehaltsverträgen.[871] Um die dahinterstehende Konstruktion und Problematik verstehen zu können, kommt man nicht umhin, auf die gesetzlichen Grundlagen einzugehen, die zur Entstehung dieses umstrittenen Vertragtyps in der Praxis geführt haben. Den Ausgangspunkt bildet dabei das „Gesetz, betreffend die Beschlagnahme des Arbeits- oder Dienstlohnes“[872] vom 21. Juni 1869 (nachfolgend: LohnBG).[873] In dessen § 1 war bestimmt: „Die Vergütung (Lohn, Gehalt, Honorar u. s. w.) für Arbeiten oder Dienste, welche auf Grund eines Arbeits- oder Dienstverhältnisses geleistet werden, darf, sofern dieses Verhältniß die Erwerbsthätigkeit des Vergütungsberechtigten vollständig oder hauptsächlich in Anspruch nimmt, zum Zwecke der Sicherstellung oder Befriedigung eines Gläubigers erst dann mit Beschlag belegt werden, nachdem die Leistung der Arbeiten oder Dienste erfolgt und nachdem der Tag, an welchem die Vergütung gesetzlich, vertrags- oder gewohnheitsmäßig zu entrichten war, abgelaufen ist, ohne daß der Vergütungsberechtigte dieselbe eingefordert hat.“[874] Im § 4 Nr. 4 LohnBG fand sich jedoch ein für die hier in Frage stehenden Verträge wichtiger Passus, der wie folgt lautete: „Das gegenwärtige Gesetz findet keine Anwendung: ... 4) auf den Gehalt und die Dienstbezüge der im Privatdienste dauernd angestellten Personen, soweit der Gesammtbetrag die Summe von vierhundert Thalern jährlich übersteigt. [Es folgte innerhalb dieser Nummer ein Absatz.] Als dauernd in diesem Sinne gilt das Dienstverhältniß, wenn dasselbe gesetzlich, vertrags- oder gewohnheitsmäßig mindestens auf Ein Jahr bestimmt, oder bei

---

S. 100 (100) – siehe auch die Bemerkungen zu dieser Entscheidung von *Heinsheimer*, BankA 13 (1913/14), S. 125 ff.; *O. C. Fischer*, BankA 13 (1913/14), S. 141 ff. und *Jörissen*, DRiZ 1914, Sp. 364 (365 f.) – unter Verweis auf: RG, Urt. v. 05.05.1911 – III 204/10, Gruchot 55 (1911), S. 883 Nr. 47; RG, Urt. v. 09.01.1914 – VII 299/13, Abschrift S. 4 f. = Gruchot 58 (1914), S. 825 (825 ff.) Nr. 51, vgl. *Schubert/Glöckner*, Nachschlagewerk, § 138 Nr. 213; RG, Urt. v. 06.02.1914 – VII 393/13, Abschrift S. 5 = Recht 1914, Beil. Nr. 894; RG, Urt. v. 07.05.1914 – VI 123/14, Abschrift S. 5 ff. = WarnRspr. 1914, Nr. 274 S. 394 (395 f.); RG, Urt. v. 02.10.1914 – VII 152/14, Abschrift S. 3 f. = HoldheimsMschr. 24 (1915), S. 13 (13 f.); RG, Urt. v. 19.10.1914 – VI 354/14, Abschrift S. 3 ff. = RGZ 85, 343 (345 f.), vgl. *Schubert/Glöckner*, Nachschlagewerk, § 138 Nr. 245 und RG, Urt. v. 03.11.1914 – II 287/14, Abschrift S. 3 ff. = WarnRspr. 1914, Nr. 316 S. 449 (450 f.).

[871] Siehe zur Bezeichnung nur *Breit*, S. 3.

[872] Bundes-Gesetzbl. des Norddeutschen Bundes 1869, S. 242 (242).

[873] Zur Entstehung des LohnBG und der Entwicklungsgeschichte der Vorschriften zum Schutz vor Lohnpfändung in Deutschland ausführlich *Ludwig*, S. 39 ff.

[874] § 1 LohnBG, Bundes-Gesetzbl. des Norddeutschen Bundes 1869, S. 242 (242).

unbestimmter Dauer für die Auflösung eine Kündigungsfrist von mindestens drei Monaten einzuhalten ist.“[875] Damit war der Lohn dieser dauernd in einem Privatdienstverhältnis angestellten Personen oberhalb des Pfändungsfreibetrages von jährlich vierhundert Talern voll pfändbar.[876] Diese Ausnahmebestimmung, die in den Entwürfen zum LohnBG noch als Nr. 3 eingestellt war, wurde ins Gesetz aufgenommen, weil man „das Bedürfnis nicht anerkannte, den im Privatdienst dauernd angestellten Personen mehr als eine fest begrenzte Kompetenz in Höhe von 400 Talern zuzubilligen“.[877] Zum anderen empfand man eine vollständige Befreiung dieser Personen von der Lohnbeschlagnahme als eine „schwer empfundene Härte“ für die „Gläubiger, die oft selbst in ärmlichen Verhältnissen lebten“.[878] War das LohnBG noch eine Schöpfung im Rechtskreis des Norddeutschen Bundes,[879] so wurde mit Gründung des Deutschen Reiches 1871 sein räumlicher Geltungsbereich ausgedehnt, indem es durch § 2 „Gesetz, betreffend die Verfassung des Deutschen Reichs“[880] vom 16. April 1871 als Reichsgesetz übernommen wurde.[881]

Die „Civilprozeßordnung“[882] vom 30. Januar 1877 (nachfolgend: CPO) verwies auf das LohnBG. In § 749 Abs. 1 Nr. 1 CPO war bestimmt: „Der Pfändung sind nicht unterworfen: 1. der Arbeits- oder Dienstlohn nach den Bestimmungen des Reichsgesetzes vom 21. Juni 1869 (Bundes-Gesetzbl. 1869 S. 242 ...)“.[883] Weiter hieß es im § 749 Abs. 3 CPO: „Der Gehalt und die Dienstbezüge der im Privatdienste dauernd angestellten Personen (§. 4 Nr. 4 des Reichsgesetzes vom 21. Juni 1869) sind nur soweit der Pfändung unterworfen, als der Gesammtbetrag die Summe von fünfzehnhundert Mark für das Jahr übersteigt.“[884]

Auf Grund der Bekanntmachung der CPO in der ab dem 1. Januar 1900 an geltenden Fassung vom 20. Mai 1898 erhielt der bis dahin geltende § 749 Abs. 1 Nr. 1 CPO eine neue Position im § 850 Abs. 1 Nr. 1 CPO[885] ohne inhaltliche Änderung. Hingegen fand sich der frühere § 749 Abs. 3 CPO in der neuen Pro-

---

[875] § 4 Nr. 4 LohnBG, Bundes-Gesetzbl. des Norddeutschen Bundes 1869, S. 242 (242 f.).

[876] Vgl. *Ludwig*, S. 50.

[877] *Ludwig*, S. 50 f.

[878] *Ludwig*, S. 51.

[879] Durch Art. 80 Abs. 1 I. Nr. 18) der Verfassung des Deutschen Bundes, Bundes-Gesetzbl. des Norddeutschen Bundes 1870, S. 627 (648), wurde das im Norddeutschen Bund erlassene LohnBG zu einem Gesetz des Deutschen Bundes erklärt.

[880] RGBl. 1871, S. 63 (63).

[881] Siehe dazu auch *Ludwig*, S. 62 f.

[882] RGBl. 1877, S. 83 (83).

[883] § 749 Abs. 1 Nr. 1 CPO, RGBl. 1877, S. 83 (220).

[884] § 749 Abs. 3 CPO, RGBl. 1877, S. 83 (220).

[885] Siehe § 850 Abs. 1 Nr. 1 CPO, RGBl. 1898, S. 369/410 (573).

zeßordnung nicht mehr. Vielmehr wurde durch Artikel III. „Einführungsgesetz zu dem Gesetze, betreffend Aenderungen der Civilprozeßordnung“ vom 17. Mai 1898[886] der § 4 Nr. 4 LohnBG geändert und neu gefaßt. Nach dem nunmehrigen § 4 Nr. 4 LohnBG sollte das LohnBG keine Anwendung finden, „insoweit der Gesammtbetrag der Vergütung (§§. 1, 3) die Summe von fünfzehnhundert Mark für das Jahr übersteigt“.[887] Die ursprüngliche Passage der Erstfassung, wonach das LohnBG keine Anwendung „auf den Gehalt und die Dienstbezüge der im Privatdienste dauernd angestellten Personen“ fand sowie der Passus, was als ein dauerndes Dienstverhältnis galt,[888] waren beseitigt.[889]

Die Unterscheidung in der Lohnpfändung von dauernd und nicht dauernd angestellten Arbeitnehmern war somit ab dem 1. Januar 1900 aufgegeben.[890] Auch bei den nicht dauernd Angestellten wurde folglich die Pfändung jenseits der Pfändungsgrenze von 1.500 Mark zugelassen und die §§ 828 ff. ZPO kamen insoweit uneingeschränkt zur Anwendung. Hatte der Schuldner einen Verdienst von mehr als 1.500 Mark im Jahr, kam das LohnBG mit seinem in § 1 LohnBG postulierten Pfändungsverbot insofern nicht zur Geltung. Die Pfändung von nicht verdientem oder noch nicht fälligen Lohns war dann zulässig.[891] Im Ergebnis wurde so der mit dem LohnBG beabsichtigte Lohnpfändungsschutz, indem es auf die nicht dauernden Vertragsverhältnisse, welche damals die Mehrzahl der Arbeitsverhältnisse darstellten, zugeschnitten war, mit einem Streich den meisten Arbeitnehmern entzogen.[892] Mit dieser Rechtslage sahen sich dann nicht wenige Lohnempfänger, die bis zu diesem Zeitpunkt nie mit einer Lohnpfändung zu rechnen hatten, nunmehr der Gefahr gegenüber, mit ihrem Arbeits- oder Diensteinkommen dem Zugriffe ihrer Gläubiger wegen der (früheren) Ver-

---

886 Siehe RGBl. 1898, S. 332 ff.

887 § 4 Nr. 4 LohnBG, RGBl. 1898, S. 332 (333).

888 Ob es sich hierbei nach *Ludwig*, S. 83, um eine Legaldefinition oder doch mehr um eine Beweiserleichterung handelte mag dahinstehen.

889 Zu den Gründen des Gesetzgebers für die Streichung jener Gesetzespassage siehe *Ludwig*, S. 83 ff.

890 Vgl. *Sinzheimer*, Recht 1905, S. 36 (36) und *Strauß*, S. 48.

891 Vgl. *Ludwig*, S. 85 f. Bis zum Inkrafttreten der neugefaßten ZPO am 1. Januar 1900 konnte nach § 749 Abs. 1 Nr. 1 CPO (dem Vorläufer des § 850 Abs. 1 Nr. 1 ZPO) in Verbindung mit § 1 LohnBG der Lohn nur dann gepfändet werden, wenn er bereits verdient und der Tag seiner Fälligkeit abgelaufen war. Ein dauerndes Vertragsverhältnis war dafür nicht erforderlich. Noch nicht verdienter Lohn unterlag nicht der Pfändung. Etwas anderes galt für die im Sinne des § 4 Nr. 4 LohnBG im Privatdienst dauernd angestellten Personen. Bei dieser Gruppe unterlag der Lohn jenseits der Pfändungsgrenze von 1.500 Mark unbeschränkt der Pfändung.

892 Vgl. *Ludwig*, S. 86.

bindlichkeiten ausgesetzt zu sein.[893] Zu ihrem „Schutz“ bedurfte es jedoch mehr als einfach nur der (möglicherweise bloß stillschweigend erklärten) Abtretung des 1.500 M übersteigenden Gehaltsbetrages an die Ehefrau oder sonstige Dritte, denn die Gerichte sahen hierin ein Rechtsgeschäft zur Benachteiligung der Gläubiger und ließen die Gläubigeranfechtung nach dem AnfG zu. Infolgedessen mußte derjenige, an den die Abtretung gerichtet war, dem die Anfechtung betreibenden Gläubiger die abgetretenen Beträge überlassen.[894]

Man behalf sich deshalb damit, die bis dahin übliche Abtretungsklausel in den Verträgen einfach wegzulassen. Statt dessen wurde zwischen Arbeitgeber und (dem überschuldeten, von der Gehaltspfändung bedrohten) Arbeitnehmer im Anstellungsvertrag die Vereinbarung getroffen, dem Arbeitnehmer für seine Tätigkeit ein Jahresgehalt von nicht mehr als 1.500 M, in der Regel in monatlichen Raten à 125 M, zu zahlen. Gleichzeitig wurde vereinbart, daß darüber hinaus durch den Arbeitgeber ein den Pfändungsfreibetrag von 1.500 M übersteigendes Einkommen, wobei es sich auch um eine vertraglich genau festgelegte Summe handeln konnte, an eine andere Person und in den weitaus meisten Fällen an die Ehefrau des Angestellten gezahlt werden sollte.[895] Diese trat dem Vertrag regelmäßig durch Leistung ihrer Unterschrift bei.[896] Die Verträge wurden von dem Arbeitgeber meist in Kenntnis der Tatsache geschlossen, daß die Gläubiger erhebliche vollstreckbare Forderungen gegen den Arbeitnehmer erhoben und Zweck derartiger Verträge war es, dem Schuldner das zum Leben Nötige zu erhalten. Rechtlich gleich zu behandeln sind dabei die Fälle, daß der bisherige Anstellungsvertrag aufgehoben und ein neuer geschlossen wurde oder daß der Vertrag nur für die Zukunft abgeändert wird.[897] Für die Verträge derarti-

---

[893] Siehe zur Entstehungsgeschichte des 1.500 M-Vertrages ausführlich *Breit*, S. 9 ff. So sah denn *Stein*, BuschsZ 44 (1914), S. 425 (427 f.), den Grund für das Auftauchen des 1.500 Mark-Vertrages just ab der Jahrhundertwende nicht etwa in den veränderten wirtschaftlichen Verhältnissen, sondern in der Novelle zur CPO aus dem Jahre 1898, die zum 1. Januar 1900 in Kraft trat. Den ersten, allerdings wenig beachteten Fall dieser Art habe der IV. Strafsenat des RG, Urt. v. 14.01.1902 – IV Strafsenat 4459/01, RGSt 35, 62, mittels Anwendung des § 288 StGB auf einen für 1.500 M angestellten Buchhalter entschieden, der im geleisteten Offenbarungseid beschworen hatte, nur 1.500 M Gehalt zu beziehen. Der Senat hatte keine Schwierigkeiten, in dem kurz zuvor mit dem Prinzipal abgeschlossenen 1.500 Mark-Vertrag, wonach darüber hinaus monatlich 75 M an die Ehefrau des Angestellten entrichtet werden sollten, eine „getroffene Scheinabrede“ (RGZ 35, 62 [63]) zu erkennen, und billigte auch die Verurteilung des Prinzipalen als Gehilfen.

[894] Vgl. *Breit*, S. 11 f. und *Eckstein*, ArchBürgR 41 (1915), S. 178 (250).

[895] Vgl. *Becker*, Gruchot 58 (1914), S. 1 (1 f.); *Breit*, S. 13 und *Ludwig*, S. 93.

[896] Vgl. *Becker*, Gruchot 58 (1914), S. 1 (2).

[897] Vgl. *Becker*, Gruchot 58 (1914), S. 1 (3).

gen Typs hat sich denn die Bezeichnung als 1.500 Mark-Vertrag „eingebürgert“.[898]

Diese einfache Lösung, der Arbeitgeber verspach also gleich von sich aus, dem Ehemann jährlich 1.500 M und den übersteigenden Teil dessen Ehefrau oder sonst einer dritten Person, beispielsweise den Kindern, zu zahlen, wurde anfangs ob der Naivität, an ihre Rechtsgültigkeit zu glauben, von vielen belächelt.[899] Hingegen wurden jene Stimmen (erst) durch die höchstrichterliche Rechtsprechung[900] eines Besseren belehrt. In der „berühmten“[901] Entscheidung des VII. Zivilsenats des RG vom 28.02./03.03.1908[902] wurde nämlich die Möglichkeit einer Gläubigeranfechtung verneint. Dem Revisionsgericht war folgender Sachverhalt zur Entscheidung unterbreitet: Nachdem der Ehemann D. der Klägerin im Jahre 1904 in Konkurs geraten war, schloß er am 31. Dezember 1904 mit der Firma W. & G., bei der er Angestellter war, unter dem Beitritt der Klägerin einen Vertrag, durch den ihm ein Jahresgehalt von 1.500 M und seiner Ehefrau die Summe von 1.700 M, zahlbar in monatlichen Raten, zugesichert wurde. Dieser Vertrag war von der Firma W. & G. ausdrücklich mit Rücksicht auf die ihr bekannte Tatsache abgeschlossen worden, daß die Gläubiger des D. erhebliche Forderungen gegen ihn geltend machten. Die Beklagte, die gegen D. eine vollstreckbare Forderung von rund 10.000 M hatte, ließ sich die angebliche Forderung des D. gegen seinen Arbeitgeber auf Zahlung des jährlichen Betrages über 1.700 M an seine Ehefrau pfänden und sich zur Einziehung überweisen. Die Klägerin erhob durch ihre Klage Widerspruch[903] und beantragte, den Pfändungs- und Überweisungsbeschluß für unzulässig zu erklären. Die Beklagte beantragte Klagabweisung und focht den zwischen D. und seinem Arbeitgeber abgeschlossenen Vertrag an, weil er in der der Klägerin bekannten Absicht geschlossen sei, die Gläubiger ihres Ehemannes zu benachteiligen.

In erster Instanz wurde die Klage der Ehefrau D. vom LG Hamburg abgewiesen, wohingegen das dortige OLG die Klage zusprach. Die von der Beklag-

---

[898] Siehe auch *Breit*, S. 5, der diese Verträge stattdessen als „Gehaltsverträge zur Ausschließung von Pfändungen“ betitelte, sowie *Becker*, Gruchot 58 (1914), S. 1 (59), der sie als „Gehaltsschiebungsverträge“ bezeichnete. Für Formularbeispiele von 1.500 Mark-Verträgen aus der Praxis siehe *Breit*, S. 15 ff.

[899] Vgl. *Breit*, S. 13.

[900] Eine chronologisch sortierte, umfassende Darstellung der zu den 1.500 Mark-Verträgen ergangenen – auch unterinstanzlichen – Entscheidungen findet sich bei *Breit*, S. 22 ff.

[901] *Breit*, S. 22, *Stein*, BuschsZ 44 (1914), S. 425 (428) und *Ludwig*, S. 95; siehe auch *Eckstein*, BuschsZ 41 (1911), S. 67 (92 in Fn. 39): „der mit Recht wegen seiner Kraßheit berühmt gewordene Fall“.

[902] Vgl. RG, Urt. v. 28.02./03.03.1908 – VII 286/07, RGZ 69, 59.

[903] Nach *Stein*, BuschsZ 44 (1914), S. 425 (428), sei die Ehefrau gegen die Pfändung der gesamten Gehaltsforderung mit der Widerspruchsklage nach § 771 ZPO vorgegangen.

ten eingelegte Revision hatte vor dem entscheidenden VII. Zivilsenat des RG keinen Erfolg. Dieser hielt die (vermutlich mit § 3 AnfG) erfolgte Anfechtung des zwischen dem Ehemann D. und seinem Arbeitgeber abgeschlossenen 1.500 Mark-Vertrages schon allein aus dem Grunde für nicht begründet, weil die Beklagte durch diesen Vertrag nicht – wie es aber notwendige Voraussetzung ist – benachteiligt worden sei.[904] Die Inhaber der Firma W. & G. würden den Ehemann D. der Klägerin nach deren Zeugenaussagen vor dem Berufungsgericht nämlich nicht mehr angestellt haben, „wenn er nicht ferner in geordneten Verhältnissen gelebt hätte, d.h. wenn nicht sein Gehalt so bemessen worden wäre, daß es der Pfändung durch seine Gläubiger nicht unterlag. Eben deswegen haben sie ihm nur einen pfandfreien Gehaltsanspruch in Höhe von 1500 M gewährt und im übrigen seiner Frau, die dem Vertrage beigetreten ist, einen jährlichen Betrag von 1700 M zugesichert. Das Motiv dieser Handlung liegt klar auf der Hand. Würde der Ehemann der Klägerin durch Pfändung des dieser unterworfenen Teiles eines ihm gewährten höheren Gehalts von 3200 M in Vermögensbedrängnis geraten sein, da er, wie er erklärt hat, mit seiner Familie von dem pfandfreien Teile eines solchen Gehalts nicht leben konnte, wovon auch die Inhaber der Firma W. & G. ersichtlich überzeugt waren, so würde durch eine solche Vermögenslage des Ehemanns der Klägerin für die Firma die Möglichkeit von Gefahren gegeben worden sein, die sie unbedingt vermeiden wollten."[905] Wenn der geschlossene Vertrag aber keine Geltung beanspruchen könnte, so würde man den D. entlassen haben. Dann hätte die Beklagte von ihm aber mangels Anstellung ebenfalls nichts erhalten.[906]

Die Gläubiger des D. hätten auch kein Recht dazu, den zwischen der Firma W. & G. und dem Ehemann der Klägerin abgeschlossenen Vertrag anzufechten. Man habe dem D. mit dem Vertrag nur einen Geldanspruch in Höhe des Betrages von 1.500 M einräumen wollen. Darüber hinaus wollte die Firma der Klägerin einen völlig eigenständigen Anspruch auf 1.700 M gewähren, was sich aus dem Vertrag ergebe.[907] „Ein gegen die Firma begründeter Anspruch auf Zahlung von 1700 M an ihn selbst ist hiernach nie im Vermögen des D. gewesen und kann daher auch nicht durch eine anfechtbare Handlung seinem Vermögen entzogen sein. Der Anspruch der Klägerin ist vielmehr von Anfang an und ur-

---

904 Vgl. RG, Urt. v. 28.02./03.03.1908 – VII 286/07, Abschrift S. 2 = RGZ 69, 59 (60).

905 RG, Urt. v. 28.02./03.03.1908 – VII 286/07, Abschrift S. 2 f. = RGZ 69, 59 (60 f.).

906 Vgl. RG, Urt. v. 28.02./03.03.1908 – VII 286/07, Abschrift S. 3 = RGZ 69, 59 (61).

907 Vgl. RG, Urt. v. 28.02./03.03.1908 – VII 286/07, Abschrift S. 3 = RGZ 69, 59 (61). Im Vertrag heißt es dazu: „Herr D. bezieht ein festes Gehalt von 1500 M. So lange Herr D. im Dienst der Herren W. & G. verbleibt, werden dieselben der Ehefrau desselben jährlich 1700 M in monatlichen Raten auszahlen. Frau D. tritt diesem Vertrag durch ihre Unterschrift bei."

sprünglich nur in ihrer Person entstanden und nicht durch die Person ihres Ehemannes hindurchgegangen, also auch nicht auf dem Wege einer stillschweigend erklärten anfechtbaren Zession an sie gelangt."[908] Es sei allerdings nicht zu verkennen, daß „die Zusicherung der Zahlung von 1700 M seitens der Firma W. & G. an die Klägerin ohne Zweifel einen Teil der Gegenleistung der Firma für die ihr von dem Ehemann der Klägerin zu leistenden bezw. geleisteten Dienste"[909] bilde. Darin könne aber keine anfechtbare unentgeltliche Verfügung des D. zugunsten der Klägerin erblickt werden, da er ja nie einen Anspruch auf die besagten 1.700 M hatte und folglich auch nicht über einen solchen Anspruch durch das Abkommen verfügen, mithin die Forderung an seine Ehefrau abtreten konnte.[910] Zudem sei eine Anfechtung auch nur dieses Vertragsteiles bezüglich der Zahlung an die Ehefrau des D. mit dem von der Beklagten angestrebten Erfolg „ausgeschlossen, als dieses Abkommen nach dem ernstlichen[911], in den Interessen der Firma W. & G. begründeten Willen der Beteiligten einen wesentlichen Teil des ganzen Vertrages bildet, dessen Ungültigkeit ... [zur Folge haben würde], daß der ganze Vertrag als unwirksam zu Boden fiele".[912] Infolgedessen würde erst recht kein vertraglicher Anspruch des Ehemannes D. gegen seinen Arbeitgeber bestehen und eine Anfechtung nach dem AnfG erfolglos sein.[913]

Anbei bemerkte der Senat, daß eine auf den § 826 BGB gestützte Anfechtung ebenso erfolglos sein würde. „Nach Lage der Umstände verletzten weder die Firma W. & G. noch der Ehemann der Klägerin die guten Sitten, wenn sie in dieser durch ihre beiderseitigen Interessen bedingten Art und Weise ihre Verhältnisse regelten."[914] Namentlich der Ehemann D. habe schon deshalb ein berechtigtes Interesse gehabt, „weil er, wenn er den Vertrag mit diesem Inhalt nicht schloß, seine Entlassung zu gewärtigen hatte".[915] Der VII. Zivilsenat beendete seine Argumentation zum verneinten Verstoß gegen die guten Sitten mit einem Fingerzeig auf seine erst vor kurzem[916] zum Ausdruck gebrachte Erwä-

---

[908] RG, Urt. v. 28.02./03.03.1908 – VII 286/07, Abschrift S. 3 f. = RGZ 69, 59 (61 f.).

[909] RG, Urt. v. 28.02./03.03.1908 – VII 286/07, Abschrift S. 4 = RGZ 69, 59 (62).

[910] Vgl. RG, Urt. v. 28.02./03.03.1908 – VII 286/07, Abschrift S. 4 = RGZ 69, 59 (62).

[911] Damit muß das Vorliegen eines Scheingeschäftes im Sinne des § 117 Abs. 1 BGB verneint werden; siehe dazu auch *Breit*, S. 14.

[912] RG, Urt. v. 28.02./03.03.1908 – VII 286/07, Abschrift S. 4 = RGZ 69, 59 (62). Diese Folge wurde anscheinend unausgesprochen auf § 139 BGB gestützt.

[913] Vgl. RG, Urt. v. 28.02./03.03.1908 – VII 286/07, Abschrift S. 4 = RGZ 69, 59 (62).

[914] RG, Urt. v. 28.02./03.03.1908 – VII 286/07, Abschrift S. 4 = RGZ 69, 59 (62).

[915] RG, Urt. v. 28.02./03.03.1908 – VII 286/07, Abschrift S. 4 f. = RGZ 69, 59 (62 f.).

[916] Nach *Ludwig*, S. 97 in Fn. 52, griff der Senat dabei auf RG, Urt. v. 05.11.1907 – VII 18/07, Abschrift S. 4 f. = RGZ 67, 169 (171), zurück, wo zum Haftungsumfang eines im Geschäft seiner Ehefrau angestellten, unentgeltliche Dienste leistenden Schuldners aus-

gung zum vollstreckungsrechtlich relevanten Haftungsumfang des Schuldnervermögens: „Die Gläubiger eines Schuldners [haben] keinen von der Rechtsordnung anerkannten Anspruch darauf ..., daß dieser seine Arbeitskraft zu ihren Gunsten in einer Weise verwerte, die es ihnen ermöglicht, zum Zwecke ihrer Befriedigung auf das, was sich als Gegenleistung darstellt, Zugriff zu nehmen."[917]

Dieses Erkenntnis des RG, wonach eine solche Vereinbarung wirksam und durch die Gläubiger unanfechtbar sei, griff *Cohn* mit harschen Worten an: „Die Entscheidung ist aber offenbar falsch und wird von der Praxis niemals akzeptiert werden. Sie würde sonst in Kürze dazu führen, daß es überhaupt keinen pfändbaren Lohn mehr gäbe; denn einen guten Freund, zu dessen Gunsten der beschlagfähige Teil des Gehalts ausbedungen wird, findet wohl jeder Schuldner ... Nach meinem Gefühl ist das Urt. d. RG. – kryptosoziologisch[918] – aus der Erkenntnis geboren, daß unsere gegenwärtige Gesetzgebung mit der Beschränkung auf 1500 M. von vielen Schuldern Unmögliches verlangt. Diesen sollte ein Ausweg eröffnet werden. Ein ehrlicher Schuldner wird nie behaupten, fortan statt für sich für einen Dritten arbeiten zu wollen, sondern die zugunsten eines Dritten getroffene Vereinbarung in der angegebenen Weise rechtfertigen."[919] „Mit seiner Prophezeiung", so *Breit* über Cohns Rügen, „hat der Verfasser freilich unrecht gehabt."[920] Denn in den darauf folgenden Entscheidungen wurde das Urteil vom 28.02./03.03.1908[921] durch den VII. Zivilsenat des RG neuerlich und ebenso durch dessen III. Zivilsenat bestätigt, wobei das Gericht allerdings die Anforderungen für eine Gültigkeit der 1.500 Mark-Verträge präzi-

---

geführt ist: „Zwar haben die Gläubiger eines Schuldners in den gesetzlichen Schranken Anspruch auf die Befriedigung aus den Erträgnissen seiner wirtschaftlichen Tätigkeit, sofern und soweit sich diese Erträgnisse äußerlich greifbar als solche darstellen, und ihrem Zugriffe zugänglich sind. Allein es besteht kein für die Rechtsordnung in Betracht kommender Anspruch der Gläubiger darauf, daß ihr Schuldner seine wirtschaftliche Tätigkeit in einer solchen Form und Gestalt ausübe, die es ihnen ermöglicht, ihre Hand auf den Ertrag zu legen."

[917] RG, Urt. v. 28.02./03.03.1908 – VII 286/07, Abschrift S. 5 = RGZ 69, 59 (63). Diese Auffassung wiederholte der Senat in RG, Urt. v. 26.03./02.04.1912 – VII 427/11, Abschrift S. 6 = LZ 1912, Sp. 686 (688) Nr. 13. Die weiteren Ausführungen vom RG, Urt. v. 28.02./03.03.1908 – VII 286/07, Abschrift S. 5 f. = RGZ 69, 59 (63 f.), zu etwaigen Rechten der Gläubiger des D. vom Standpunkt des ehelichen Güterrechts aus sollen hier nicht weiter verfolgt werden.

[918] Den von Cohn gewählten Begriff befand *Becker*, Gruchot 58 (1914), S. 1 (58), für das Urteil als „nicht unzutreffend".

[919] *Cohn*, Gruchot 54 (1910), S. 721 (730 in Fn. 8).

[920] *Breit*, S. 108.

[921] Vgl. RG, Urt. v. 28.02./03.03.1908 – VII 286/07, RGZ 69, 59.

sierte.[922] Auch in diesen Judikaten setzte sich das Gericht mit der Frage eines Verstoßes gegen die guten Sitten meistenteils jeweils im Anwendungsbereich des § 826 BGB auseinander.[923]

So hatte es der VII. Zivilsenat, freilich erst circa vier Jahre später, im Urteil vom 26.03./02.04.1912[924] abermals mit einer Anfechtung der Gläubiger des Angestellten nach dem AnfG und insbesondere mit deren dort gleichfalls erhobenen Anspruch gegen dessen Arbeitgeber aus § 826 BGB zu tun, was er beides wiederum ablehnte. Den Prozeß führte vorliegend jedoch die Gläubigerin des Angestellten gegen den Arbeitgeber. Im diesem Fall stand der klägerischen GmbH aus einem vollstreckbaren Urteil ein Anspruch auf Zahlung von 5.000 M nebst 4 % Zinsen gegen den S. zu, der bei der beklagten GmbH als Geschäftsführer angestellt war. Nach dem unter Beitritt seiner Ehefrau geschlossenen Anstellungsvertrag sind ihm von der Beklagten jährlich 1.500 M für seine Tätigkeit und seiner Ehefrau 10.500 M (!), zahlbar im voraus in monatlichen Raten, zugesichert worden. Die Klägerin ließ wegen eines Teilbetrages ihrer Forderung von 1.000 M nebst Beschluß- und Zustellungskosten über 19,90 M durch amtsgerichtlichen Beschluß vom 7. Juli 1910 den Anspruch des S. gegen die Beklagte auf Zahlung von Gehalt und sonstigen Bezügen in Höhe des monatlich 125 M übersteigenden Betrages pfänden und sich zur Einziehung überweisen; dies auch insoweit, als die Bezüge für die Tätigkeit des S. von seiner Ehefrau bezogen wurden. Auf Grundlage dieses Beschlusses verlangte die Klägerin mit ihrer Klage von der Beklagten, dem Arbeitgeber, die Zahlung von 650 M nebst 4 % Zinsen von 300 M seit dem 1. Juli 1910 usw. Die Beklagte forderte die Abweisung der Klage und beantragte ihrerseits im Wege der Widerklage festzustellen, daß der Klägerin auf Grund des Beschlusses vom 7. Juli 1910 Ansprüche gegen sie überhaupt nicht bestünden und daß die von der Beklagten der Ehefrau S. zugesicherte Gehaltsforderung der Pfändung durch die Klägerin wegen derer, gegen den Ehemann S. zustehenden Ansprüche nicht unterliege. Das LG Berlin wies die Klage ab und erkannte nach dem Widerklagantrag. Die dagegen von der Klägerin eingelegte Berufung wies das Kammergericht zurück und auch der hiergegen eingelegte Revisionsantrag der Klägerin blieb erfolglos, so daß sie von der Beklagten keine Zahlung beanspruchen konnte.

---

922 Siehe dazu *Ludwig*, S. 98 f.

923 Siehe RG, Urt. v. 26.03./02.04.1912 – VII 427/11, Abschrift S. 4 ff. = LZ 1912, Sp. 686 (688) Nr. 13; RG, Urt. v. 30.04.1912 – VII 43/12, Abschrift S. 3 f. = SeuffA 67 (1912), Nr. 248 S. 439 (440 f.); RG, Urt. v. 29.11.1912 – III 247/12, Abschrift S. 3 = RGZ 81, 41 (42) und RG, Urt. v. 11.11.1913 – III 248/13, Abschrift S. 4 = Gruchot 58 (1914), S. 992 (995) Nr. 90.

924 Vgl. RG, Urt. v. 26.03./02.04.1912 – VII 427/11, LZ 1912, Sp. 686 Nr. 13.

Das RG beschied, daß die Klägerin auf Grund des Pfändungsbeschlusses des AG nur solche Rechte geltend machen könne, die dem Ehemann S. aus dem Anstellungsvertrag gegen seinen Arbeitgeber, der Beklagten, zustehen. Sollte dieser Anstellungsvertrag wegen einer – anscheinend von der Klägerin behaupteten – Scheinnatur nichtig sein, stünden dem Geschäftsführer S. auch keine Ansprüche daraus gegenüber der Beklagten zu. Sei der Vertrag hingegen gültig, könne S., und damit auch die Klägerin, aus ihm keine Ansprüche auf Zahlung der den monatlichen Betrag von 125 M übersteigenden Beträge herleiten, weil diese Ansprüche durch den Vertrag nur für die Ehefrau S. begründet seien und von der Pfändung durch den amtsgerichtlichen Beschluß nicht erfaßt würden. Dieser habe sich nur gegen die Beklagte, nicht aber gegen die Ehefrau gerichtet. Ein von der Klägerin behauptetes, ernstlich gemeintes Geschäft dergestalt, daß die Gehaltsforderung dem Ehemann S. ganz zustehen sollte, hatte das Berufungsgericht tatsächlich und unangefochten für nicht erwiesen erachtet.[925]

Darüber hinaus könne die Klägerin ihre Ansprüche nicht auf eigene Rechte stützen. Der Klagegrund einer Gläubigeranfechtung komme nicht mehr in Betracht, weil die Klägerin in zweiter Instanz erklärt hatte, ihren Anspruch nicht mehr darauf begründen zu wollen. Brauchte sich der VII. Zivilsenat deshalb eigentlich nicht mehr weiter dazu zu äußern, erklärte er dennoch, daß „überdies ... die Voraussetzungen der Anfechtung gegenüber der Beklagten jedenfalls nicht gegeben [seien], da Bestandteile des Vermögens des Ehemanns, die nach § 7 des Anfechtungsgesetzes[926] zurückgewährt werden könnten, durch den Anstellungsvertrag aus dem Vermögen des Ehemanns in dasjenige der Beklagten nicht gelangt sind. Durch das Versprechen, seine Dienste der Beklagten als Geschäftsführer widmen zu wollen, hat der Ehemann nicht aus seinem Vermögen vorhandene Werte aufgegeben, die dem Zugriff seiner Gläubiger zugänglich wären."[927] Ebensowenig lasse sich für die Klägerin ein Anfechtungsanspruch aus § 11 Abs. 2 AnfG[928] gegenüber der Beklagten herleiten. Denn selbst wenn man

---

[925] Vgl. RG, Urt. v. 26.03./02.04.1912 – VII 427/11, Abschrift S. 3 = LZ 1912, Sp. 686 (687) Nr. 13.

[926] Siehe § 7 Abs. 1 AnfG, RGBl. 1898, S. 369/709 (710): „Der Gläubiger kann, soweit es zu seiner Befriedigung erforderlich ist, beanspruchen, daß dasjenige, was durch die anfechtbare Handlung aus dem Vermögen des Schuldners veräußert, weggeben oder aufgegeben ist, als noch zu demselben gehörig von dem Empfänger zurückgewährt werde."

[927] RG, Urt. v. 26.03./02.04.1912 – VII 427/11, Abschrift S. 3 = LZ 1912, Sp. 686 (687) Nr. 13.

[928] Siehe § 11 AnfG, RGBl. 1898, S. 369/709 (711): „[Abs. 1:] Die gegen den Erblasser begründete Anfechtung findet gegen den Erben statt. [Abs. 2:] Gegen einen anderen Rechtsnachfolger desjenigen, welchem gegenüber die anfechtbare Handlung vorgenommen ist, findet die gegen den letzteren begründete Anfechtung statt: 1. wenn ihm zur Zeit seines

unterstellte, daß gegenüber der Ehefrau S. im Hinblick auf ihre aus dem Anstellungsvertrag erwachsenden Rechte die Gläubigeranfechtung zu Gunsten der Klägerin durchdringen würde, sei die Beklagte angesichts dieser Rechte nicht die Rechtsnachfolgein der Ehefrau geworden.[929] „Soweit etwa die Ehefrau wegen dieser ihrer Ansprüche durch die Beklagte befriedigt ist, sind die Ansprüche erloschen, nicht aber auf die Beklagte übergegangen. Soweit eine Erfüllung der Ansprüche nicht erfolgt ist, stehen sie noch der Ehefrau zu."[930]

Wichtiger dürften dagegen die weiteren Ausführungen des Senats in den Entscheidungsgründen zu einem möglichen Anspruch der Klägerin gegen die Beklagte aus § 826 BGB sein, mit denen der Senat seine frühere Aussage im Urteil vom 28.02./03.03.1908[931] relativierte. Das Kammergericht hatte vorliegend die Ablehnung der Anwendbarkeit des § 826 BGB – ähnlich der Formel, die der VII. Zivilsenat das RG in seiner früheren Entscheidung anführte – unter anderem auch damit begründet, „der Inhalt des Anstellungsvertrags stelle lediglich eine den beiderseitigen Interessen der Vertragschließenden entsprechende Regelung ihrer Verhältnisse dar".[932] Dem trat der VII. Zivilsenat dennoch nicht bei: „Denn es ist nicht ausgeschlossen, daß jemand bei der Förderung seiner Interessen durch die Art, in der er dies Ziel verfolgt und durch die Wahl und daß Maß der dabei angewendeten Mittel bei Berücksichtigung der begleitenden Umstände gegen die guten Sitten verstößt."[933] Im Ergebnis ging jedoch der Senat mit der Vorinstanz konform, daß die Klägerin gegen die Beklagte vorliegend keine Rechte aus § 826 BGB erheben könne. Dabei schloß er aber bei derartigen Verträgen die Möglichkeit eines Verstosses des Arbeitgebers gegen die guten Sitten nicht generell aus und benannte sogar die unter Umständen anzunehmenden Voraussetzungen, wann von einem solchen Verstoß seitens eines Arbeitgebers auszugehen sei und wann nicht. Insgesamt heißt es dazu in den Entscheidungsgründen: „Eine schon <u>an sich</u> sittenwidrige Handlung ist nicht schon dann

---

Erwerbes die Umstände, welche die Anfechtbarkeit des Erwerbes seines Rechtsvorgängers begründen, bekannt waren; 2. wenn er zu den im §. 3 Nr. 2 genannten Personen gehört, es sei denn, daß ihm zur Zeit seines Erwerbes die Umstände, welche die Anfechtbarkeit des Erwerbes seines Rechtsvorgängers begründen, unbekannt waren; 3. wenn ihm das Erlangte unentgeltlich zugewendet worden ist. [Abs. 3:] …".

929 Vgl. RG, Urt. v. 26.03./02.04.1912 – VII 427/11, Abschrift S. 3 f. = LZ 1912, Sp. 686 (687) Nr. 13.

930 RG, Urt. v. 26.03./02.04.1912 – VII 427/11, Abschrift S. 4 = LZ 1912, Sp. 686 (687) Nr. 13.

931 Vgl. RG, Urt. v. 28.02./03.03.1908 – VII 286/07, Abschrift S. 4 f. = RGZ 69, 59 (62 f.).

932 RG, Urt. v. 26.03./02.04.1912 – VII 427/11, Abschrift S. 5 = LZ 1912, Sp. 686 (688) Nr. 13.

933 RG, Urt. v. 26.03./02.04.1912 – VII 427/11, Abschrift S. 5 = LZ 1912, Sp. 686 (688) Nr. 13.

vorhanden, wenn sich ein Arbeitgeber verpflichtet, einen Teil der dem Angestellten für seine Dienste zustehenden Vergütung nicht an diesen, sondern an dessen Ehefrau zu leisten. Ein derartiges Versprechen wird regelmäßig keine Bedenken gegen sich haben, wenn der Angestellte in günstigen Vermögensverhältnissen sich befindet, sodaß er für seinen Bedarf auf den der Frau zugewendeten Teil der Vergütung nicht angewiesen ist. Im vorliegenden Fall war nun zwar der Beklagten ... die Überschuldung des Ehemannes bekannt und es mag deshalb darüber gestritten werden können, ob das Verhalten der Beklagten als ein sittenwidriges deshalb anzusehen sei, weil sie ihres Vorteils wegen dazu mitwirkte, die Lage der Gläubiger des Ehemanns anders und ungünstiger zu gestalten als sie gewesen wäre, wenn der Ehemann die volle Vergütung zur Leistung an ihn selbst sich ausbedungen hätte. Ein Verstoß gegen die guten Sitten würde vielleicht der Beklagten [also dem Arbeitgeber] zur Last zu legen sein, wenn der Ehemann den Vertrag in der Absicht geschlossen hätte, seinen Gläubigern das ihm zustehende noch zu erwerbende Entgelt als Gegenstand für ihre Befriedigung der äußeren Form nach zu entziehen, gleichzeitig aber den Genuß dieses Entgeltes nur sich selbst, unter Vernachlässigung seiner Unterhaltspflicht gegenüber seiner Familie, zu sichern, und die Beklagte in Kenntnis dieser Absicht deren Verwirklichung dem Ehemann bewußt ermöglicht hätte. Dagegen wird unter Umständen ein sittenwidriges Verhalten des Arbeitgebers nicht anzunehmen sein, wenn er wußte oder doch Grund hatte zu glauben, der Angestellte bezwecke durch den Vertragschluß nur, den notdürftigen [!] Lebensunterhalt für seine Familie, den er zu beschaffen hat, zu sichern, und er habe die Absicht, daneben nach Kräften sich um die Befriedigung seiner Gläubiger zu bemühen. Es wird alles auf die Umstände des einzelnen Falles, insbesondere auch auf die Größe des der Frau zugewendeten Teils der Vergütung, ihr Verhältnis zu der Größe des dem Mann verbliebenen Teils und zu dem Betrage der Schulden des Mannes sowie auf die Art seiner Familienverhältnisse ankommen. Eine Verpflichtung der Angestellten gegenüber seinen Gläubigern bestand nicht, seine Arbeitskraft zu ihren Gunsten in einer Weise zu verwerten, die es ihnen ermöglichte, zum Zweck ihrer Befriedigung auf das, was sich als Gegenleistung darstellt, Zugriff zu nehmen."[934]

Hier erübrige sich aber nach dem RG der Eintritt in eine solche Prüfung. Denn selbst unterstellt, das Verhalten der Beklagten sei ein sittenwidriges gewesen, so könnte die Klägerin doch keine Rechte gegen die Beklagte aus dem § 826 BGB herleiten, weil jene Vorschrift einen Anspruch auf Schadensersatz gewähre, ihr hingegen durch den Abschluß des Anstellungsvertrages kein Schaden entstanden sei. Die Beklagte hätte nämlich, so die auf den § 3 des Vertrages

---

[934] RG, Urt. v. 26.03./02.04.1912 – VII 427/11, Abschrift S. 5 f. = LZ 1912, Sp. 686 (688) Nr. 13.

gestützte tatsächliche Annahme des Berufungsgerichts, „von der Anstellung des Ehemanns Abstand genommen, wenn dessen wirtschaftliche Existenz sowie diejenige seiner Familie nicht so, wie im § 3 geschehen ist, sichergestellt worden wäre".[935] Wäre der Anstellungsvertrag mit dem Ehemann aber nicht geschlossen worden, dann hätte ihm und folglich auch der Klägerin kein Anspruch auf Zahlung irgendwelcher Bezüge gegen die Beklagte zugestanden.[936] „Dem Ehemann wäre zwar damit die Möglichkeit eröffnet gewesen, seine Arbeitskraft anderweitig vorteilhaft zu verwerten; zu einer solchen Verwertung konnte er aber von seinen Gläubigern nicht gezwungen werden, da nur das Ergebnis der Verwertung der Arbeitskraft, nicht aber diese selbst Gegenstand des Zugriffs der Gläubiger ist. Der Beklagten einen Vertrag anderen Inhalts aufzunötigen, als ihn der von ihr in Wirklichkeit geschlossene hat, ist nicht angängig."[937] Zu guter Letzt heißt es ohne jegliche Begründung, daß § 288 StGB und damit auch der § 823 Abs. 2 StGB den vorliegenden Fall nicht treffen.[938]

Keinen Monat später hielt der VII. Zivilsenat im Urteil vom 30.04.1912[939] den dortigen 1.500 Mark-Vertrag ebenfalls für gültig. Das Prozeßrechtsverhältnis bestand dabei zwischen dem aus dem Anstellungsvertrag Begünstigten und der Gläubigerin des Angestellten, also ähnlich dem, wie schon in der ersten Entscheidung des VII. Zivilsenats. Hermann K. senior, Vater des Klägers Hermann K. junior, war im November 1909 mittels schriftlichen Dienstvertrages als Reiseinspektor bei der F.-Bierbrauerei gegen ein Jahresgehalt von 1.500 M und Reisekosten angestellt worden. In einem zweiten, gleichzeitig abgeschlossenen Vertrage hatte ihm die Brauerei für jeden Hektoliter des durch seine Vermittlung abgesetzten Bieres eine Gratifikation von 25 Pf. zugesichert. Unter diesem Vertrag befand sich folgender Nachtrag: „Herr K. verzichtet hiermit auf den Bezug der vorstehenden Gratifikation zu Gunsten seines Sohnes".[940] Im Dezember 1910 pfändete die Beklagte wegen einer vollstreckbaren Forderung gegen Hermann K. sen. dessen Tantiemenanspruch gegen die Brauerei und ließ sich diesen zur Einziehung überweisen. Mit seiner Klage verlangte der Kläger, Hermann K.

---

935 RG, Urt. v. 26.03./02.04.1912 – VII 427/11, Abschrift S. 6 = LZ 1912, Sp. 686 (689) Nr. 13.

936 Vgl. RG, Urt. v. 26.03./02.04.1912 – VII 427/11, Abschrift S. 6 = LZ 1912, Sp. 686 (689) Nr. 13.

937 RG, Urt. v. 26.03./02.04.1912 – VII 427/11, Abschrift S. 6 = LZ 1912, Sp. 686 (689) Nr. 13.

938 Vgl. RG, Urt. v. 26.03./02.04.1912 – VII 427/11, Abschrift S. 6 f. = LZ 1912, Sp. 686 (689) Nr. 13.

939 Vgl. RG, Urt. v. 30.04.1912 – VII 43/12, SeuffA 67 (1912), Nr. 248 S. 439.

940 RG, Urt. v. 30.04.1912 – VII 43/12, Abschrift S. 2, insoweit nicht abgedruckt in SeuffA 67 (1912), Nr. 248 S. 439 (440).

jun., daß die Pfändung und Überweisung für unzulässig erklärt werde. Das LG hatte die Klage zugesprochen und die dagegen gerichtete Berufung der Beklagten wies das OLG Braunschweig zurück. Auf deren Revision hob das RG allerdings die Entscheidung auf und verwies die Sache ans OLG zurück.

Das Berufungsgericht legte den Nachtrag zum Gratifikationsvertrag, insoweit vom RG unbeanstandet, dahin aus, daß K. senior „die Rechte auf die Gratifikation nicht für sich, sondern von vornherein unmittelbar seinem Sohne, dem Kläger erwerben wollte, und insofern ein nach § 328 des Bürgerlichen Gesetzbuchs zu beurteilender Vertrag zu Gunsten eines Dritten zum Abschluß gekommen sei“.[941]

Weiterhin nahm das Berufungsgericht an, die Beklagte sei als Gläubigerin von K. senior nicht zur Anfechtung der Zuwendung der einen Teil des Dienstlohnes ihres Schuldners bildenden Gratifikation an den Kläger befugt. Unter Anführung seiner früheren Rechtsprechung zu der Frage, ob das AnfG oder die §§ 29 ff. KO zur Anfechtung von Verträgen berechtigten, durch die der Schuldner seine Arbeitskraft verwerte, aber einer anderen Person das Recht zum Bezug des Entgelts für die künftigen Dienste des Schuldners eingeräumt werde, verneinte der VII. Zivilsenat auch hier die Möglichkeit einer Anfechtung: „Auch für den vorliegenden Fall eines Vertragsabschlusses zu Gunsten eines Dritten [sei] ... die Frage, ob die Gläubiger des in ein Dienstverhältnis tretenden Schuldners die an den Dritten erfolgte Zuwendung von Bestandteilen des Dienstlohnes nach den vorerwähnten Vorschriften anfechten dürfen, zu verneinen.“[942] Hierfür verwies der Senat auf die schon früher bemühten Gedanken, „daß durch Verträge der in Betracht kommenden Art dem Vermögen des Schuldners ein dem Zugriffe seiner Gläubiger zugänglicher Wert nicht entzogen ist, und ein Anspruch der Gläubiger, daß der Schuldner seine Arbeitskraft in einer Weise verwerte, die ihnen einen Zugriff ermögliche, im geltenden Recht eine Stütze nicht findet“.[943]

Letztlich hatte die Revision der Beklagten Erfolg, weil die Vorderrichter dem Beweisantrag einer Vernehmung des K. senior als Zeugen nicht entsprochen hatten, mit der bewiesen werden sollte, daß der Nachtrag nur zum Schein geschlossen sei und der Kläger das ihm von der Brauerei gezahlte Geld an sei-

---

[941] RG, Urt. v. 30.04.1912 – VII 43/12, Abschrift S. 3 = SeuffA 67 (1912), Nr. 248 S. 439 (440).

[942] RG, Urt. v. 30.04.1912 – VII 43/12, Abschrift S. 3 f. = SeuffA 67 (1912), Nr. 248 S. 439 (440).

[943] RG, Urt. v. 30.04.1912 – VII 43/12, Abschrift S. 4 = SeuffA 67 (1912), Nr. 248 S. 439 (441). Der Senat sprach aber in RG, Urt. v. 27.06.1913 – VII 153/13, Abschrift S. 3 = LZ 1913, Sp. 862 (863) Nr. 5, aus, daß die Möglichkeit einer Gläubigeranfechtung nach § 3 AnfG gegeben sei, etwa wenn der angestellte Ehemann zu Gunsten seiner Ehefrau „vertragsmäßig über einen ihm [!] zustehenden Gehaltsanspruch verfügt hat“.

nen Vater auskehren sollte.[944] Wann und mit welcher Konsequenz das Vordergericht ein nur zum Schein abgeschlossenes Geschäft anzunehmen habe, führte der Senat sehr vertieft aus: „Der Beweisantrag zielt ersichtlich auf die Feststellung, daß mindestens nach dem Einverständnisse der beiden K., Vater und Sohn, die Gratifikationsforderung wirtschaftlich und materiell einen zum Vermögen nicht des Klägers sondern seines Vaters gehörigen Bestandteil bilden, und daß der Kläger lediglich nach außen hin und zu dem Zwecke, den Vermögensstand seines Vaters gegenüber den Gläubigern zu verdecken, die Rolle des Forderungsberechtigten spielen sollte. Wird dies erwiesen, dann muß die von K. sen. mit der Begründung des Forderungsrechts seines Sohnes betätigte Zuwendung an diesen als eine lediglich unreelle, auf Verschleierung des Vermögens des K. sen. und auf Täuschung und Schädigung seiner Gläubiger abzielende Schiebung beurteilt werden. In diesem Falle könnte die Beklagte, legitimiert durch den vollstreckbaren Titel, den sie gegen ihren Schuldner K. sen. erlangt hat, sich der Klage gegenüber auf das in Ansehung des Rechts zum Bezug der Gratifikation zwischen dem Kläger und seinem Vater bestehende Innenverhältnis berufen. Im Vorgehen des Klägers gegen die Beklagte wäre dann der Versuch zu finden, das für ihn geschlossene, lediglich formale Gläubigerrecht mißbräuchlich dazu auszunutzen, die Vollstreckung einer gegen das Vermögen seines Vaters gerichteten und begründeten Forderung zu hintertreiben. Einem solchen als Arglist zu beurteilenden Versuch wäre der Rechtsschutz zu versagen.“[945]

In den vorstehenden Entscheidungen wurde die Vorschrift des § 138 BGB bei alledem niemals ausdrücklich erwähnt und die Gültigkeit der Gehaltsverträge angenommen. Eine Aussage traf, wenn auch nicht unter Benennung dieser Vorschrift, der III. Zivilsenat des RG in der Entscheidung vom 29.11.1912[946], bei dem wieder die Konstellation gegeben war, daß ein Gläubiger des Angestellten gegen dessen Arbeitgeber klagte. Die Klägerin hatte wegen einer ihr gegen den D., einen der beiden Geschäftsführer der beklagten GmbH, zustehenden vollstreckbaren Forderung dessen Anspruch gegen die Beklagte an Gehalt, soweit dieses den Betrag von 1.500 M jährlich überstieg, und Provision durch Beschlüsse des AG Köln vom 21. Mai 1907 und 1. Juli 1909 pfänden und sich zur Einziehung überweisen lassen. Der D., welcher bei der im Juni 1906 erfolgten Gründung der Beklagten als Geschäftsführer mit einem Jahresgehalt von 1.500 M angestellt worden war, erneuerte mit der Beklagten am 30. Juni 1909 den Dienstvertrag unter Beibehaltung seines bisherigen Gehalts auf weitere fünf

[944] Vgl. RG, Urt. v. 30.04.1912 – VII 43/12, Abschrift S. 4 = SeuffA 67 (1912), Nr. 248 S. 439 (441).

[945] RG, Urt. v. 30.04.1912 – VII 43/12, Abschrift S. 4 f.

[946] Vgl. RG, Urt. v. 29.11.1912 – III 247/12, RGZ 81, 41, vgl. *Schubert/Glöckner*, Nachschlagewerk, § 138 Nr. 228.

Jahre. Die Beklagte verpflichtete sich zugleich, an die Ehefrau von D., die er kurz vor Abschluß des Vertrages vom 30. Juni 1909 geheiratet hatte, jährlich 2.700 M in monatlichen Raten zu zahlen, solange D. in den Diensten der Beklagten bliebe. Die Ehefrau D. trat diesem Vertrag bei. Die Klägerin erhob Klage auf Zahlung von 3.000 M unter der Behauptung, daß die auf Grund dieses Vertrages vom 30. Juni 1909 von der Beklagten an die Ehefrau D. gezahlten Beträge wegen der erwirkten amtsgerichtlichen Pfändungs- und Überweisungsbeschlüsse an sie hätten gezahlt werden müssen. Ebenso gebührten ihr zwei weitere Beträge von insgesamt 1.076,70 M, welche die Beklagte an D. selbst außer seinem Gehalt gezahlt habe. Die Beklagte beantragte Klagabweisung und erhob Widerklage auf Feststellung, daß die Klägerin nicht befugt sei, aus den Beschlüssen des Amtsgerichts etwas von ihr zu fordern.

Das LG Köln hatte die Beklagte nach dem Klageantrag verurteilt und die Widerklage abgewiesen und die hiergegen gerichtete Berufung der Beklagten wies das OLG Köln zurück. Der III. Zivilsenat des RG hingegen gab der Revision der Beklagten statt. Das Berufungsurteil wurde aufgehoben und dahingehend abgeändert, daß die Klage abgewiesen und auf die Widerklage hin festgestellt wurde, daß der Klägerin ein Anspruch aus den Pfändungsbeschlüssen vom 24. Mai 1907[947] und 1. Juli 1909 gegen die Beklagte nicht zusteht. Für das Berufungsgericht stellten die nach dem Vertrag an die Ehefrau D. zu leistenden Zahlungen auch eine Vergütung für die Dienste des D. gegenüber der Beklagten dar. Es folgerte daraus, daß der Anspruch von 2.700 M von vornherein in der Person des D. entstanden und somit von der erwirkten Gehaltspfändung erfaßt worden sei. Die Übertragung des Anspruchs an die Ehefrau sei zudem ein Scheingeschäft. Weil die Beklagte durch den Abschluß des Vertrages vom 30. Juni 1909 gegen die guten Sitten verstoßen und der Klägerin vorsätzlich Schaden zugefügt habe, erachtete es den Klageanspruch ferner auf Grund des § 826 BGB für begründet.[948] Demgegenüber betonte der III. Zivilsenat, die Forderung stehe nur der Ehefrau D. selbst zu, da, wie bei gegenseitigen Verträgen im allgemeinen, auch beim Dienstvertrag vereinbart werden könne, „daß die Leistung des einen Teiles ganz oder teilweise an einen andern erfolge, als an denjenigen, welcher die Gegenleistung verspricht“[949], was auch der § 328 BGB anerkenne. Nach dem Inhalt des Vertrages sei die Zahlung der 2.700 M nur an die Ehefrau vereinbart. Der Zweck des Vertrages, den die Beteiligten mit diesem

---

[947] Nach RG, Urt. v. 29.11.1912 – III 247/12, Abschrift S. 7, wurde der erste Pfändungs- und Überweisungbeschluß des Amtsgerichts im Tenor wie auch in den Anträgen der Beklagten als am 24. Mai 1907 erlassen bezeichnet, während er tatsächlich am 21. Mai 1907 erlassen und am 24. Mai 1907 zugestellt worden ist.

[948] Vgl. RG, Urt. v. 29.11.1912 – III 247/12, Abschrift S. 3 = RGZ 81, 41 (42).

[949] RG, Urt. v. 29.11.1912 – III 247/12, Abschrift S. 3 = RGZ 81, 41 (42).

verfolgt hätten, sei dahin gerichtet, daß diese Leistungen dem D. nicht persönlich zugewendet werden und damit auch nicht pfändbar sein sollten, mithin dem Zugriff der Gläubiger entzogen würden. Deshalb habe die Zahlung so gewährt werden müssen, daß sie überhaupt nicht erst in das Vermögen des D. fiel, sondern die Forderung von vornherein in der Person der Ehefrau D. entstand.[950]

Aus diesem Grund sei der geschlossene Vertrag auch kein Scheingeschäft gemäß § 117 BGB, sondern ein ernstlich gemeinter. Denn hätte man die Ehefrau D. nur zum Schein als Empfangsberechtigte bezeichnet, wäre der Zugriff der Gläubiger des Ehemannes D. auf die Forderung nicht erschwert worden.[951] Dem erwarteten Angriff der Gläubiger auf die Forderung habe man sich nur erwehren können, wenn die Ehefrau ernstlich die Gläubigerin des Anspruchs würde.[952] Der Anspruch auf die 2.700 M stehe damit der Ehefrau und nur ihr allein zu. Ihr Ehemann könne die Zahlung der Vergütung an sich nicht verlangen. Etwaige Gläubiger der Ehefrau D. könnten folglich den Anspruch auf die Vergütung pfänden lassen.[953]

Was den Vorwurf des Verstoßes gegen die guten Sitten betraf, so verneinte der Senat diesen aus den folgenden Erwägungen: „Die Vereinbarung, daß diese Vergütung an die Ehefrau zu zahlen [ist], verstößt auch weder gegen ein Verbotsgesetz noch gegen die guten Sitten.[954] Der erkennende Senat tritt der von dem 7. Zivilsenat des Reichsgerichts in dem Urteile vom 3. März 1908[955] ... und seitdem mehrfach ausgesprochenen Auffassung bei, daß die Gläubiger eines Schuldners keinen von der Rechtsordnung anerkannten Rechtsanspruch darauf haben, daß dieser seine Arbeitskraft zu seinen [richtig: zu ihren, Anm. d. Verf.] Gunsten derart verwerte, daß sie zum Zwecke ihrer Befriedigung an die Gegenleistung für seine Arbeit sich halten können. Insbesondere schließt das Lohnbeschlagnahmegesetz eine Vereinbarung wie sie hier getroffen ist, nicht aus. Gegen die guten Sitten aber verstößt eine solche Vereinbarung dann nicht, wenn der Gesamtbetrag der gewährten Vergütungen nicht das Maß dessen übersteigt, was zum Unterhalte des Dienstverpflichteten und seiner Familie bei einer be-

---

950 Vgl. RG, Urt. v. 29.11.1912 – III 247/12, Abschrift S. 3 f. = RGZ 81, 41 (43).

951 So auch *Jaeger*, LZ 1911, Sp. 285 (286). In diesem Falle liege die Schwierigkeit des Gläubigerzugriffes auf tatsächlichem Gebiet, nämlich im Gelingen des Beweises.

952 Vgl. RG, Urt. v. 29.11.1912 – III 247/12, Abschrift S. 4 = RGZ 81, 41 (43 f.).

953 Vgl. RG, Urt. v. 29.11.1912 – III 247/12, Abschrift S. 6 = RGZ 81, 41 (45).

954 Aus dem Kontext mit § 134 BGB ist zu entnehmen, daß nur der § 138 BGB gemeint sein kann.

955 Siehe RG, Urt. v. 28.02./03.03.1908 – VII 286/07, Abschrift S. 5 = RGZ 69, 59 (63); siehe ferner RG, Urt. v. 26.03./02.04.1912 – VII 427/11, Abschrift S. 6 = LZ 1912, Sp. 686 (688) Nr. 13 und RG, Urt. v. 30.04.1912 – VII 43/12, Abschrift S. 4 = SeuffA 67 (1912), Nr. 248 S. 439 (441).

scheidenen, dem Stande [!][956] des Dienstverpflichteten entsprechenden Lebensführung erforderlich ist. Dieses Maß ist im vorliegenden Falle nicht überschritten. Daß dort, wo über dieses Maß hinaus der Ertrag der Arbeit des Mannes der Ehefrau zugewendet wird, ein Verstoß gegen die guten Sitten vorliegen kann, ist bereits vom 7. Zivilsenat in dem Urteil vom 2. April 1912[957] ... ausgesprochen, und dem ist unbedingt beizupflichten.“[958]

Ein Anfechtungsanspruch, den die Klägerin vorliegend nicht geltend gemacht hatte, sei ebenfalls nicht gegeben, weil aus dem Vermögen des Schuldners D. weder unmittelbar noch mittelbar etwas an die Beklagte gelangt sei.[959]

Folglich erhielt das RG lediglich nach dem Zweck des Vertrages, dem Angestellten und seiner Familie den standesgemäßen Lebensunterhalt zu sichern, diesen aufrecht. Erfolge die Zuwendung an die Ehefrau zu einem anderen Zwecke oder werde ihr ein höherer Betrag zugewendet, als zu dem gebilligten Vertragszwecke, so nahm es einen Verstoß gegen die guten Sitten und unter Umständen sogar die Schadensersatzpflicht des Arbeitgebers an. Der III. Zivilsenat bestätigte in seiner Entscheidung vom 11.11.1913[960] diese Grundsätze. Danach käme für den Gläubiger des angestellten Ehemannes ein Schadensersatzanspruch aus § 826 BGB gegen den Arbeitgeber des Ehemanns möglicherweise in Betracht, „wenn anzunehmen wäre, daß diejenigen Beträge, welche nach dem Dienstvertrage zwischen [dem beklagten Arbeitgeber und dem angestellten Ehemann] ... an dessen Ehefrau zu zahlen seien, die Summe, welche zur Bestreitung des notdürftigen oder standesgemäßen Unterhalts der Familie des [Angestellten] ... erforderlich sei, offensichtlich übersteigen“.[961]

Motiviert durch das erste reichsgerichtliche Judikat des VII. Zivilsenates vom 28.02./03.03.1908[962] über die Zulässigkeit derartiger Gehaltsverträge, welches

---

956 Mit dieser Aussage wich der III. Zivilsenat dadurch, daß er auf den standesgemäßen Unterhalt abstellte, von der Entscheidung des VII. Zivilsenats in RG, Urt. v. 26.03./02.04.1912 – VII 427/11, Abschrift S. 6 = LZ 1912, Sp. 686 (688) Nr. 13, insoweit ab, als letzterer nur den notdürftigen Unterhalt zu Grunde gelegt hatte; vgl. *Breit*, S. 23 und *Ludwig*, S. 99.

957 Siehe RG, Urt. v. 26.03./02.04.1912 – VII 427/11, Abschrift S. 5 f. = LZ 1912, Sp. 686 (688) Nr. 13.

958 RG, Urt. v. 29.11.1912 – III 247/12, Abschrift S. 6 = RGZ 81, 41 (45 f.). Diese Rechtsprechung führte RG, Urt. v. 11.11.1913 – III 248/13, Abschrift S. 4 = Gruchot 58 (1914), S. 992 (995) Nr. 90, fort.

959 Vgl. RG, Urt. v. 29.11.1912 – III 247/12, Abschrift S. 6 f. = RGZ 81, 41 (46).

960 Vgl. RG, Urt. v. 11.11.1913 – III 248/13, Gruchot 58 (1914), S. 992 Nr. 90.

961 RG, Urt. v. 11.11.1913 – III 248/13, Abschrift S. 2 = Gruchot 58 (1914), S. 992 (993) Nr. 90.

962 Vgl. RG, Urt. v. 28.02./03.03.1908 – VII 286/07, RGZ 69, 59.

durch Tages- und Fachpresse schnelle Verbreitung fand, wurden in der Folgezeit eine „Unmenge solcher Verträge“[963] abgeschlossen.[964] Hand in Hand mit den Meinungsverschiedenheiten innerhalb der Rechtsprechung, denn manche Untergerichte stellten sich dem RG mutig entgegen,[965] entbrannte denn auch bald im (nicht nur juristischen) Schrifttum „der Kampf für und wider den 1.500 Mark-Vertrag“[966], begleitet von einer wahren „Flut der Aufsätze“[967], „die“, nach Aussage von Stein im Jahre 1914, „allmählich über die Dämme geflutet und heute fast unübersehbar geworden ist“.[968]

Es ist hier nicht der Ort, die gegen die Gültigkeit der 1.500 Mark-Verträge erhobenen Einwände im Detail aufzuzeigen, betreffen diese doch bei weitem nicht nur den Untersuchungsgegenstand. Vielmehr sollen und können die einzelnen Erwägungen und ihre Vertreter nur in grober Übersicht und keinesfalls in systematischer und vollständiger Weise mitgeteilt werden. Im wesentlichen waren es nach *Breit* die vier von der Rechtsprechung aufgeworfenen Fragen nach der Möglichkeit einer Gläubigeranfechtung, der Scheinnatur, dem Verstoß gegen ein gesetzliches Verbot und gegen die guten Sitten des 1.500 Mark-Vertrages.[969]

---

[963] *Breit*, S. 14; siehe auch *Ludwig*, S. 101.

[964] Siehe *Immerwahr*, GuR 10 (1909), S. 393 (393): „zahlreiche Nachahmungen“ sowie *Breit*, S. 14.

[965] Vgl. *Becker*, Gruchot 58 (1914), S. 1 (1) und *Breit*, S. 3. Von *Magnus*, DJZ 1911, Sp. 742 (743), wurde es begrüßt, daß sich manche Untergerichte der Meinung des RG, die rechtlich unzutreffend und wirtschaftlich bedenklich sei, nicht angeschlossen hätten: „So unerwünscht ein Zwiespalt der Instanzen an sich ist, so erfreulich ist es, zu sehen, daß unsere Gerichte keinen Präjudizienkultus treiben und ihrer eigenen, besseren Einsicht folgen, selbst wenn die hohe Autorität des Reichsgerichts hinter der falschen Meinung steht.“

[966] *Breit*, S. 14.

[967] *Breit*, S. 100. Nach *Ludwig*, S. 93, sei insbesondere zwischen 1908 (ergo ab der Zeit, als das erste Urteil des RG zu den 1.500 Mark-Verträgen verkündet wurde) und dem Beginn des Ersten Weltkrieges „eine kaum überschaubare Anzahl von Beiträgen veröffentlicht“ worden. Bei *Breit*, S. 101 ff., und bei *Becker*, Gruchot 58 (1914), S. 1 (1), finden sich insoweit sehr umfangreiche Nachweise der bis zum Jahre 1914 ergangenen Literatur.

[968] *Stein*, BuschsZ 44 (1914), S. 425 (429).

[969] Vgl. *Breit*, S. 101, der eine „streng systematische Gliederung der Ansichten“ wegen ihrer vielfach verschiedenen Standpunkte für „wenig übersichtlich“ hielt. Er teilte die Meinungen stattdessen in Gegner (vgl. *Breit*, S. 108 ff.) und Fürsprecher (vgl. *Breit*, S. 101 ff.) der reichsgerichtlichen Rechtsprechung ein. Hingegen unterschied *Becker*, Gruchot 58 (1914), S. 1 ff., in seiner Untersuchung zwischen der Scheinnatur (S. 3 ff.), dem fiduziarischen Charakter des Rechtsverhältnisses zwischen dem Arbeitnehmer und seiner Ehefrau (S. 9 ff.), der Anwendung des LohnBG (S. 16 ff.), der Anfechtbarkeit nach dem AnfG durch die Gläubiger (S. 21 ff.), einem Anspruch aus §§ 823 Abs. 2, 830 BGB in Verbin-

Die Entscheidungen des RG haben in den beteiligten Interessen- und Juristenkreisen höchstes Bedenken in vielerlei Hinsicht hervorgerufen. Auf der Suche nach einer sachgerechten Lösung wurden in den Stellungnahmen vielfach Vorschläge unterbreitet, die sich gegenseitig ausschlossen und widersprachen. In der Voraussicht, daß der vorgeschlagene Ansatz keine Zustimmung erhalte, wurden Alternativen unterbreitet und deren rechtlichen Konsequenzen weiter aufgezeigt.[970] Im Grundsatz vollzogen sich die Erklärungsversuche an dem Standardfall der Ehefrau als begünstigte Dritte, die vom Arbeitgeber des angestellten Ehemannes den den 1.500 M übersteigenden Betrag erhalten sollte. Anstatt der Ehefrau konnte auch ein anderer Dritter bedacht werden, etwa ein Freund des Angestellten. Dann waren aber gewisse Modifikationen in der Argumentation erforderlich, weil zum Beispiel, anders als bei der bedachten Ehefrau oder den Kindern des Arbeitnehmers, diesem Dritten gegenüber keine familiären Bindungen oder gesetzliche Unterhaltspflichten bestanden. Der Einfachheit halber ist deshalb im Folgenden von der Ehefrau als der begünstigten Dritten die Rede.

Den größten Raum in der Debatte nahm das Thema ein, ob die Gläubiger des angestellten Ehemannes zur Anfechtung nach den Bestimmungen des AnfG berechtigt seien. Hierzu wurde ein breites Spektrum von Meinungen vertreten, daß von einer generellen Unanfechtbarkeit[971] über ein fehlendes Bedürfnis[972] für eine Gläubigeranfechtung bis hin zur zulässigen Notwendigkeit/Möglichkeit einer solchen reichte, wobei im letzten Fall sowohl die Anfechtung der Gläubiger gegenüber der Ehefrau[973] als auch eine mögliche Anfechung gegenüber dem Ar-

---

dung mit § 288 StGB (S. 43 ff.) und der Sittenwidrigkeit des 1.500 Mark-Vertrages (S. 45 ff.).

970 In den dazu angestellten Hilfserwägungen liegt auch die Ursache, warum einige Autoren in den Literaturnachweisen der folgenden Fußnoten bei sich eigentlich widersprechenden Standpunkten aufgeführt werden.

971 Für eine generelle Unanfechtbarkeit der Verträge waren zum Beispiel *Jaeger*, KO, 3./4. Aufl. 1907, § 29 Anm. 35., S. 324, und *Stiebeling*, DJZ 1908, Sp. 871 (871).

972 Nach *Meyer*, Recht 1911, Sp. 321 (325 f.), sei auch das den 1.500 M überschießende, an die Ehefrau zu leistende Entgelt als Gegenleistung für die zu leistenden und geleisteten Dienste des Ehemannes als ein Teil des „Gesamtbetrag[es] der Vergütung" gemäß § 4 Nr. 4 LohnBG für dessen Dienste dem Manne zuzurechnen. Es bedürfe deshalb keiner Gläubigeranfechtung, weil die den Betrag von 1.500 M übersteigenden Bezüge des Ehemannes somit pfändbar blieben. Eine ähnliche Konstruktion der Pfändbarkeit des den monatlichen Gehalt von 125 M übersteigenden Betrages vertrat auch *Becker*, Recht 1912, Sp. 430 (433 f.) – dagegen aber *Goertz*, Recht 1912, Sp. 560 (560 f.) –; *Becker*, JW 1913, S. 1166 (1166); *Becker*, Gruchot 58 (1914), S. 1 (16 ff.) und *Becker*, Recht 1914, Sp. 424 (424 f.).

973 Die Möglichkeit einer Anfechtung der Gläubiger gegenüber der Ehefrau des Arbeitnehmers befürworteten: *Nord*, DJZ 1908, Sp. 641 (641); *H. A. Voß*, SächsA 3 (1908),

beitgeber[974] diskutiert und befürwortet wurden. Dabei herrschte in dem Punkt, was eigentlich aus dem Vermögen des Schuldners zum Nachteil der Gläubiger verschoben worden sei, keine Einstimmigkeit, soll hier aber nicht weiter interessieren. Um das Recht auf Anfechtung zu gewähren, unterstellte man dem Ehemann einen Verzicht zugunsten seiner Frau, eine (verschleierte) Zession[975] oder auch einen Vertrag des Ehemannes mit seinem Prinzipal zugunsten eines Dritten nach § 328 BGB[976], hier der Ehefrau. All diese Vorgänge sollten selbstverständlich auch stillschweigend erfolgen können.

S. 526 (528 ff.); *Nord*, DJZ 1909, Sp. 764 (765); *Immerwahr*, GuR 10 (1909), S. 393 (394 f.), der Arbeitnehmer habe über einen Teil seines Gehaltes verfügt und sich auch des größeren Teils seines Gehalts zum Nachteile der Gläubiger entäußert; *Strauß*, S. 50; *Hellwig*, RuW 1 (1912), S. 84 (86); *Becker*, Recht 1912, Sp. 430 (434); *Lesser*, JW 1912, S. 1134 (1135); *Lesser*, JW 1913, S. 297 (298); *Zaeschmar*, JW 1913, S. 521 (522); *Bekker*, RheinArch. 109 (1913), S. 105 (111 ff.); *Becker*, JW 1913, S. 1166 (1168 f.); *Sautter*, PosMschr. 17 (1914), S. 32 (33 ff.); *Breit*, S. 124; *Stein*, in: FS Wach, Bd. I, S. 449 (490 f.); *Oertmann*, RuW 3 (1914), S. 235 (237 ff.); *Macke*, JW 1914, S. 735 (735 f.); *Stein*, BuschsZ 44 (1914), S. 425 (432 ff.); *Lesser*, JW 1915, S. 685 (687 ff.) und *Marquardt*, LZ 1922, Sp. 186 (187). *Stein*, BuschsZ 44 (1914), S. 425 (437), riet aber von einem Anfechtungsprozeß gegen die Ehefrau ab, weil ein solcher angesichts der gefestigten höchstrichterlichen Rechtsprechung kaum praktischen Erfolg haben werde, zumal der Gläubiger von der Ehefrau aller Wahrscheinlichkeit nach nichts bekommen würde und so auch noch die anfallenden Prozeßkosten riskiere. Eine Gläubigeranfechtung gegenüber der Ehefrau lehnten ab: *Stiebeling*, DJZ 1908, Sp. 871 (871), nach dem zwar eine „Rechtshandlung" des Schuldners i.S.d. AnfG gegeben sei, aber keine „Benachteiligung" der Gläubiger vorliege; *Jaeger*, LZ 1911, Sp. 285 (286); *Meikel*, SeuffBl. 77 (1912), S. 411 (414); *Voß*, BuschsZ 42 (1912), S. 484 (489 ff.) und *Jaeger*, LZ 1914, Sp. 1065 (1070 ff.).

974 Die Option einer Anfechtung gegenüber dem Arbeitgeber, dem Prinzipalen des Mannes, vertraten: *Lesser*, JW 1911, S. 622 (623 f.) – gegen die Ansicht Lessers aber *Strucksberg*, LZ 1912, Sp. 207 (208 ff.) –; *Hellwig*, RuW 1 (1912), S. 84 (86) und *Lesser*, JW 1912, S. 891 (891). Eine Anfechtung nach dem AnfG gegen den Arbeitgeber lehnte *Zitelmann*, DJZ 1915, Sp. 447 (449), ab.

975 Eine (stillschweigende) Zession verneinend etwa *Lippmann*, LZ 1910, Sp. 833 (839); *Lesser*, JW 1911, S. 622 (622); *Hellwig*, RuW 1 (1912), S. 84 (86); *Strucksberg*, LZ 1912, Sp. 207 (207); *Zitelmann*, DJZ 1915, Sp. 447 (451); eine solche bejahend (anscheinend) *Zaeschmar*, JW 1913, S. 521 (522) und *Becker*, RheinArch. 109 (1913), S. 105 (111 ff.).

976 Einen wirksamen Vertrag zugunsten Dritter (nämlich der Ehefrau) nach § 328 BGB bejahten: *Nord*, DJZ 1908, Sp. 641 (641); *Stiebeling*, DJZ 1908, Sp. 871 (871); *H. A. Voß*, SächsA 3 (1908), S. 526 (529); *Nord*, DJZ 1909, Sp. 764 (765); *Hellwig*, RuW 1 (1912), S. 84 (86); *Meikel*, SeuffBl. 77 (1912), S. 411 (415); *Striemer*, JW 1913, S. 182 (182); *Lesser*, JW 1913, S. 297 (298); *Stein*, in: FS Wach, Bd. I, S. 449 (491); *Oertmann*, RuW 3 (1914), S. 235 (237); *Macke*, JW 1914, S. 735 (735); *Jaeger*, LZ 1914, Sp. 1065 (1066); *Stein*, BuschsZ 44 (1914), S. 425 (434 f.); *Lesser*, JW 1915, S. 685 (686 f.); *Zitelmann*, DJZ 1915, Sp. 447 (449); *Peschke*, Recht 1915, Sp. 635 (635); *Hecht*, ZVersWiss. 16 (1916), S. 193 (196) und *Marquardt*, LZ 1922, Sp. 186 (187). Dagegen nahm *Herzfeld*,

Eine andere Hauptströmung ging in die Richtung, ob der Vertrag entgegen der Auffassung des RG nicht doch unwirksam weil nichtig sei. Bei Annahme einer Nichtigkeit des 1.500 Mark-Vertrages bedarf es keiner Gläubigeranfechtung, weil der Vermögensgegenstand nicht wirksam aus dem Vermögen des Schuldners entschwunden ist. Die Nichtigkeit war auf Grund mehrerer Vorschriften denkbar.[977] Sie ließe sich mit einer Scheinnatur des Vertrages gemäß § 117 Abs. 1 BGB begründen.[978] Ob die Parteien den Vertrag aber nur simuliert hätten, sei neben den bestehenden Beweisschwierigkeiten mehr als fraglich, würde dem Begünstigten (der Ehefrau) doch damit kein wirksamer Anspruch eingeräumt und unterläge die Lohnforderung weiterhin dem Zugriff der Gläubiger des Arbeitnehmers (dem Ehemann), was von den Beteiligten ja gerade verhindert werden sollte.[979] Mit dieser Begründung hatte schon das RG mehrfach die Simulation verworfen.

Eine besondere Konstruktion findet sich bei *Karl Becker*, nach dem der Weg für die Gläubiger zu ihrem Geld beim 1.500 Mark-Vertrag nicht über eine Scheingeschäftseinstufung, sondern über dessen anzunehmenden fiduziarischen Charakter führe. Es bestehe zwischen dem Angestellten und seiner Ehefrau ein fiduziarisches Rechtsverhältnis, wonach es zwar der Wille aller Parteien sei, daß die Ehefrau des Angestellten zur wirklichen Gläubigerin des Arbeitgebers ihres Mannes werde, aber nach dem Willen der Vertragschließenden verpflichtet sein

---

JW 1913, S. 562 (564), und *Herzfeld*, GewKfmG 18 (1913), Sp. 411 (417 f.), einen Fall der Versprechensanweisung an.

977 Wollte man eine Nichtigkeit des Vertrages annehmen, so warfen sich die Folgefragen auf, was mit einem Ausgleich bzw. einer Rückabwicklung nach dem Bereicherungsrecht sei und ob nicht den Gläubigern auf die ggf. danach bestehenden Ansprüche der vollstreckungsrechtliche Zugriff eingeräumt werden müsse. Dieser Aspekt soll im weiteren ausgeblendet werden.

978 Die (Möglichkeit einer) Scheinnatur der 1.500 Mark-Verträge in der Praxis gemäß § 117 Abs. 1 BGB zogen in Betracht: *H. A. Voß*, SächsA 3 (1908), S. 526 (528 f.); *Immerwahr*, GuR 10 (1909), S. 393 (396); *Lippmann*, LZ 1910, Sp. 833 (836 u. 840) – gegen die Ansicht Lippmanns *Lesser*, JW 1911, S. 622 (624) und *Strucksberg*, LZ 1912, Sp. 207 (213) –; *Eckstein*, BuschsZ 41 (1911), S. 67 (92 in Fn. 39); *Jaeger*, LZ 1911, Sp. 285 (286); *Lippmann*, LZ 1912, Sp. 132 (136 ff.); *Volkmar*, KGBl. 25 (1914), S. 83 (87); nach *Kiefer*, S. 96 „Tatfrage"; *Breit*, S. 122; *Jaeger*, LZ 1914, Sp. 1065 (1066 f.); *Stein*, BuschsZ 44 (1914), S. 425 (441 f.) und *Eckstein*, ArchBürgR 41 (1915), S. 178 (250 ff.).

979 Eine (stets anzunehmende) Nichtigkeit gemäß § 117 Abs. 1 BGB lehnten deshalb ab: *Nord*, DJZ 1908, Sp. 641 (641); *Lesser*, JW 1911, S. 622 (624); *Strucksberg*, LZ 1912, Sp. 207 (213); *Philipsborn*, JW 1912, S. 894 (895); *Voß*, BuschsZ 42 (1912), S. 484 (491); *Herzfeld*, JW 1913, S. 562 (565); *Riedinger*, JW 1913, S. 1161 (1165); *Becker*, RheinArch. 109 (1913), S. 105 (108); *Becker*, Gruchot 58 (1914), S. 1 (4 f.); *Oertmann*, RuW 3 (1914), S. 235 (235); *Dittrich*, DRiZ 1914, Sp. 701 (701); *Zitelmann*, DJZ 1915, Sp. 447 (448) und *Grabner*, LZ 1915, Sp. 1209 (1209).

solle, die ihr gezahlten Beträge für ihren Ehemann und nach dessen Bestimmung zu verwenden und sie ihm sogar auf sein Verlangen herauszugeben habe. Eine selbständige Verfügungsberechtigung der Ehefrau, etwa zur Abtretung oder Verpfändung des Anspruches könne deshalb nicht angenommen werden. Die Folge für die Gläubiger des Mannes sei, daß sie den Anspruch des Ehemannes gegen seine Ehefrau aus der fiducia einfach pfänden und sich überweisen lassen, also vom Prinzipal die noch zu zahlenden als auch von der Ehefrau die bereits gezahlten Beträge fordern und auf diese Weise Befriedigung erlangen könnten.[980]

Weiterhin ließe sich die Nichtigkeit mit Hilfe von § 134 BGB formulieren, allerdings muß dazu der 1.500 Mark-Vertrag gegen ein gesetzliches Verbot verstoßen. Zur Diskussion als Verbotsgesetz standen der § 850 Abs. 1 Nr. 1 ZPO[981], der § 288 StGB[982] (Vereiteln der Zwangsvollstreckung) und das LohnBG[983] selbst.[984] Hieran schloß sich die Frage an, ob sich bei einem Verstoß gegen ein Verbotsgesetz eine Schadensersatzpflicht des Arbeitgebers oder/und der Ehefrau gegenüber dem Gläubiger aus § 823 Abs. 2 BGB, möglicherweise sogar als Gesamtschuldner nach § 830 BGB begründen ließe.[985] Hingegen erwachse dem Gläubiger im Falle seiner Benachteiligung aus dem § 823 Abs. 1 BGB kein Anspruch, weil sein Gläubigerrecht als Forderungsrecht kein Recht im Sinne dieser Vorschrift sei.[986]

---

980 Vgl. *Becker*, RheinArch. 109 (1913), S. 105 (108 ff.); *Becker*, JW 1913, S. 1166 (1167) und *Becker*, Gruchot 58 (1914), S. 1 (9 ff.). Ein fiduziarisches Verhältnis zwischen Ehemann und -frau im Sinne Beckers nahmen (wohl) auch *von Henle*, DJZ 1913, Sp. 1350 (1352); *Riedinger*, JW 1913, S. 1161 (1165) und *Stein*, BuschsZ 44 (1914), S. 425 (443 f.) an; die Ausführungen Riedingers kritisierend *Gittler*, JW 1914, S. 669 (669 f.).

981 So *Goertz*, Recht 1912, Sp. 560 (560) und *Kiefer*, S. 93; als Verbotsgesetz verneinend *Striemer*, JW 1913, S. 182 (183) und *Jaeger*, LZ 1914, Sp. 1065 (1068).

982 Siehe *Goertz*, Recht 1912, Sp. 560 (560); *Striemer*, JW 1913, S. 182 (183) und *Becker*, Gruchot 1914, S. 1 (43); nach *Kiefer*, S. 94, habe eine Zuwiderhandlung gegen das im § 288 StGB enthaltene Schutzgesetz nur die Anfechtbarkeit des Geschäfts, nicht aber deren Nichtigkeit zur Folge; den § 288 StGB als Verbotsgesetz ablehnend *Stein*, BuschsZ 44 (1914), S. 425 (437).

983 So *Meikel*, SeuffBl. 77 (1912), S. 539 (542 f.); *Becker*, Gruchot 58 (1914), S. 1 (16 ff.); *Kiefer*, S. 93 und *Oertmann*, RuW 3 (1914), S. 235 (235); das LohnBG als Verbotsgesetz ablehnend *Jaeger*, LZ 1914, Sp. 1065 (1068) und *Stein*, BuschsZ 44 (1914), S. 425 (437).

984 Nach *Kohler*, LZ 1913, Sp. 641 (644 f.), liege ein Umgehungsgeschäft (im Sinne des § 134 BGB?) dort vor, wo dem Arbeitnehmer der Verdienst über Umwege selber zukomme; dann sei der Schuldner so zu behandeln, wie wenn der Vertrag auf seinen Namen laute, also eine Beschlagnahme ohne weiteres möglich und die Ehefrau habe den Verdacht durch Darlegung besonderer Verhältnisse zu entkräften.

985 Eine solche Schadensersatzpflicht bejahte *Becker*, Gruchot 1914, S. 1 (43 f.).

986 Siehe nur *Kiefer*, S. 108.

Vom RG wurde ein Verstoß gegen die guten Sitten gemäß § 138 BGB der Gehaltsverträge grundsätzlich dann verneint, wenn sie die Fortexistenz der Familie ermöglichen sollten. Anderes gelte nur dann, wenn der Ehefrau mehr zugewendet werde, als zur Bestreitung des notdürftigen (VII. Zivilsenat) oder des standesgemäßen (III. Zivilsenat) Unterhalts erforderlich sei. Von manchen Autoren wurde denn auch ein Verstoß gegen die guten Sitten gemäß § 138 BGB grundsätzlich abgelehnt.[987] Nicht wenige schlugen sich auf die Seite des RG, welches die Gehaltsverträge mit übermäßiger Gehaltszuwendung an die Ehefrau unter Ausschaltung der Gläubiger des Mannes als wegen Sittenwidrigkeit nichtig ansahen. In den Einzelheiten für die Annahme eines Sittenverstoßes sowie für die daraus folgenden rechtlichen Konsequenzen, etwa dem Ausgleich mittels der §§ 812 ff. BGB, war so ziemlich alles umstritten. Insbesondere wurde die Ermittlung des Betrages, bis zu dem im konkreten Einzelfall die Gehaltszuwendung zulässig und nicht sittenwidrig sein sollte, als praktisch (zu) schwierig angesehen.

Manche Anhänger der vom RG vertretenen Ansicht siedelten die Grenze der Sittenwidrigkeit entsprechend der Äußerung des VII. Zivilsenats beim notdürftigen Unterhalt an. So sei nach *Philipsborn* „ein Gehaltsvertrag nur so weit im Einklang mit den guten Sitten ..., als er zur Beschaffung des notdürftigen Lebensunterhalts für den Angestellten und seine Familie erforderlich ist. Arbeitgeber und Angestellter fügen den Gläubigern des letzteren in einer gegen die guten Sitten verstoßenden Weise vorsätzlich insoweit Schaden zu, als sie in Kenntnis der Sachlage über dieses Bedürfnis hinaus das Gehalt einem andern als dem An-

---

[987] Siehe *Lippmann*, LZ 1910, Sp. 833 (836); *Dittrich*, DRiZ 1914, Sp. 701 (701); *Stolzenthaler*, LZ 1913, Sp. 650 (659); *Feßler*, BayZ 9 (1913), S. 182 (183), vermochte einen Verstoß gegen die guten Sitten schon deshalb nicht darin zu sehen, daß jemand seine Gläubiger nicht bezahlt, weil die meisten Schuldner nicht zahlungsunwillig, sondern außerstande zur Zahlung seien; *von Henle*, DJZ 1913, Sp. 1350 (1351), nach dem die Höhe des an die Ehefrau Zugewendeten in der Regel keinen Ausschlag für einen Verstoß gegen die guten Sitten geben dürfe, wenn sie der höherstehenden Sorge für die Familie entspringe; *Stein*, in: FS Wach, Bd. I, S. 449 (489 f.). Nach *Hampke*, LZ 1912, Sp. 633 (635), bestehe das Charakteristische des Dienstvertrages darin, daß in ihm zu der Arbeitsentlohnung eine Art Unterhaltsrente hinzutrete, die dem Angestellten die Wahrung der vom Arbeitgeber zugewiesenen sozialen Position ermögliche. Der an die Ehefrau gezahlte Gehaltsteil stelle eben dieses dar. Deshalb seien die Verträge nicht schlechtlich unsittlich, gleichviel, ob die Unterhaltsrente zuweilen recht hoch ausfalle. Siehe ferner *Zitelmann*, DJZ 1915, Sp. 447 (448), wonach der möglicherweise von den Parteien verfolgte Zweck, die Gläubiger zu benachteiligen, noch keinen Vertsoß gegen die guten Sitten im Sinne des § 138 BGB begründe, wie die Bestimmungen der KO und des AnfG zeigten, die ja gerade keine Nichtigkeit aussprechen würden; ähnlich *Eckstein*, ArchBürgR 41 (1915), S. 178 (250).

gestellten zuwenden (§ 826 BGB.).“[988] Mit diesem subjektiven Kriterium sei aber die praktische Brauchbarkeit herabgesetzt. Zudem fehle eine scharfe Bezeichnung der Grenze, wo die Sittenwidrigkeit eigentlich beginne. So könne sich der Arbeitgeber mit der naiven Behauptung entschuldigen, er habe geglaubt, sein Arbeitnehmer wolle sich nur den notdürftigen Unterhalt sichern und dieser werde den dazu nicht weiter erforderlichen Überschuß zwecks Befriedigung seiner Gläubiger verwenden. Deshalb sei im einzelnen Falle die Feststellung nötig, welcher Betrag zur Deckung des notdürftigen Unterhalts erforderlich sei. Dabei sei auf die Umstände des einzelnen Falles abzustellen. Habe der Arbeitgeber diese Umstände gekannt, müsse er bei einem vorsätzlichen Verstoß gegen die guten Sitten Schadensersatz leisten.[989] Nach *Schubart* sei ein Arbeitsvertrag mit übermäßiger Zuwendung an die Ehefrau unter Ausschaltung der Gläubiger sittenwidrig und nach § 138 BGB nichtig.[990] *Striemer* ging deutlich über diese Ansichten hinaus. Nach ihm forderten die guten Sitten nicht, daß der Schuldner seine Gläubiger auch dann befriedigen müsse, wenn er und seine Familie darunter leiden müßten. Dem Schuldner stehe seine Familie näher als seine Gläubiger. Er müsse seine Nächsten vor Not bewahren. Hierzu gestatteten ihm die guten Sitten aber in der Regel nicht nur den notdürftigen, sondern den standesgemäßen Unterhalt, nicht aber ein luxuriöses Leben zu Lasten der Gläubiger. Somit verstößen die Verträge grundsätzlich nicht gegen die guten Sitten.[991] *Herzfeld* hielt es für müßig, darüber zu richten, ob die Verträge gegen die guten Sitten verstießen; die guten Sitten seien ein zu „allgemeiner Notbehelf“.[992] Für *Becker* war die Anwendung des §138 BGB „mindestens zweifelhaft“.[993]

---

[988] *Philipsborn*, JW 1912, S. 894 (894 f.); siehe auch *Philipsborn*, JW 1913, S. 230 (230); gegen die Meinung Philipsborns, der mit § 826 BGB eine Schadensersatzpflicht des Arbeitgebers zu begründen versuchte, aber *Schubart*, JW 1914, S. 441 (442).

[989] Vgl. *Philipsborn*, JW 1912, S. 894 (895).

[990] Vgl. *Schubart*, JW 1912, 1121 (1123). Später befürwortete *Schubart*, JW 1914, S. 441 (445), die Anwendung des § 138 BGB damit, daß es der dehnbare Begriff der guten Sitten gestatte, den „Ursprung der Schuldforderung“, also die Umstände, welche zur Verschuldung führten, zu berücksichtigen und dieser auf das Maß der Einschränkung des Lebensbedarfs der Familie Einfluß habe.

[991] Vgl. *Striemer*, JW 1913, S. 182 (185); ihm voll zustimmend *Harnier*, JW 1913, S. 295 (295).

[992] *Herzfeld*, JW 1913, S. 562 (565); ähnlich *Herzfeld*, GewKfmG 18 (1913), Sp. 411 (415 f.). Gegen die Ansicht des RG führte er an, daß eine (vorliegende) Verfügung über den Arbeitswert, die Gegenleistung, die den Zugriff der Gläubiger vereitele, eben anfechtbar sei. Nach *Havenstein*, JW 1914, S. 733 (734), dürfte mit den Worten Herzfelds so manchen aus dem Herzen gesprochen sein, aber das Gesetz sehe nun einmal den § 138 BGB vor und der praktische Jurist müsse mit dieser Vorschrift arbeiten.

[993] *Becker*, RheinArch. 109 (1913), S. 105 (120). *Becker*, LZ 1913, Sp. 645 (646), ähnlich auch *Becker*, Gruchot 1914, S. 1 (54 f.), unterschied in der Frage nach der Nichtigkeit des

Brandis hielt es für zulässig, daß der Ehemann einen Teil seines Arbeitsäquivalentes der Ehefrau zuwende. Nur wenn ihr übermäßige Summen zugwendet würden, sie also auf Kosten der Gläubiger Reichtümer ansammeln könnten, greife der § 138 BGB Platz.[994] Nach *Kiefer* sei dem RG hinsichtlich einer Sittenwidrigkeit darin beizustimmen, daß die Vereinbarung zugunsten der Ehefrau bloß dann gegen die guten Sitten verstoße, wenn sich der Schuldner mehr als das notwendige Existenzminimum sichern oder sich seiner Unterhaltspflicht entziehen und sich selbst den alleinigen Genuß des Gehalts vorbehalten wolle.[995]

Die juristisch handwerkliche Vorgehensweise des RG rief extreme Kritik bei *Havenstein* vor. Er vermeinte zwischen den vom RG gelieferten Begründungen zu den 1.500 Mark-Verträgen einen inneren Widerspruch zu erkennen, an dem die Entscheidungen leideten. Außerdem habe sich das RG damit in einen (zudem noch logisch fehlerbehafteten) Gegensatz zur sonstigen Rechtsprechung des RG zur Bestimmung des § 138 BGB gestellt. Das Gericht stelle üblicherweise einen Verstoß gegen die guten Sitten an Hand dessen fest, was dem Anstandsgefühl *aller* billig und gerecht Denkenden widerspreche bzw. am Maß von Sittlichkeits- und Anstandsrücksichten, das im Geschäftsverkehr von einem Durchschnittsmenschen verlangt werden könne.[996] „Man wird dem RG. darin beitreten können, daß sich die Frage, ob eine Handlung gegen die guten Sitten verstoße, ... nach dem Volksbewußtsein und den Anschauungen des Verkehrs sowie nach dem Sittlichkeits- und Anstandsgefühl des Durchschnittsmenschen entscheide. Eine Entscheidung darüber, ob der 1500-Mark-Vertrag schlechthin oder im einzelnen Falle gegen die guten Sitten verstoße, ist daher nur möglich, wenn man eine möglichst große Anzahl von Äußerungen, die in der juristischen Literatur und aus dem Volke heraus laut geworden sind, zusammenstellt und aus ihnen das Volksbewußtsein und die herrschenden Verkehrsanschauungen extrahiert. Dazu ist wohl niemand besser in der Lage als das RG. Es wäre zu wünschen, daß das RG. nochmals mit dem 1500-Mark-Vertrag befaßt würde, und daß es dann nicht die Mühe scheute, die zahlreichen Stimmen, die sich für und wider den 1500-Mark-Vertrag erhoben haben, zu sammeln und gegeneinander abzuwägen."[997] Das Gericht hätte sich schon früher gemäß des von ihm aufgestellten

---

Vertrages gemäß § 138 BGB. Der Anstellungsvertrag selbst sei nicht unsittlich, ein Verstoß gegen die guten Sitten liege nur in der Zuwendung an die Ehefrau, weil nur in ihr eine verpönte Außerachtlassung der Gläubigerinteressen zu sehen sei, und auch nur insoweit, als sie das Maß des zulässigen notdürftigen/standesgemäßen Unterhalts überschreite; gegen diese Meinung waren aber *Stolzenthaler*, LZ 1913, Sp. 650 (659) und *Schubart*, JW 1914, S. 441 (442).

[994] Vgl. *Brandis*, DJZ 1914, Sp. 819 (820).

[995] Vgl. *Kiefer*, S. 107 f.

[996] Vgl. *Havenstein*, JW 1914, S. 733 (734).

[997] *Havenstein*, JW 1914, S. 733 (734 f.).

Grundsatzes, „so sollte man meinen, bei der Beurteilung der ihm unterbreiteten 1500-Mark-Verträge zunächst über die Anschauungen des Verkehrs und das Volksbewußtsein mit Beziehung auf den 1500-Mark-Vertrag unterrichten müssen. Davon, daß dies geschehen sei, ist in den Entscheidungen des RG. nichts, aber auch rein gar nichts zu merken."[998] Bereits in früheren Entscheidungen hätten vom RG Äußerungen des Volksbewußtseins berücksichtigt werden können, die sowohl in der juristischen Fachliteratur als auch in der Laienpresse veröffentlicht wurden.[999] „Gleichwohl ist auf keine dieser Äußerungen Rücksicht genommen worden."[1000]

Jaeger sah einen Verstoß gegen die guten Sitten jedenfalls dann gegeben, wenn der Schuldner mit den Mitteln des Gehalts alle seine Verbindlichkeiten erfüllen könnte, ohne sich und seine Familie der Gefahr des Notleidens auszusetzen, er aber aus purer Boshaftigkeit den pfändbaren Überschuß seiner Frau oder einem Dritten zuwende.[1001] Ähnlich wie vor ihm Havenstein stellte auch *Wolff* maßgeblich auf die vorherrschende Volksanschauung ab, suchte diese aber nicht aus den Stellungnahmen im Schriftum abzuleiten, sondern aus deren Konkretisierung im Gesetz. Nach ihm würden die 1.500 Mark-Verträge als Gehaltsschiebungsverträge der Intention des Gesetzgebers, und damit der Ansicht der Mehrzahl aller billig und gerecht Denkenden zuwiderlaufen.[1002] Die ZPO unterwerfe das gesamte Vermögen des Schuldners der Zwangsvollstreckung und in Verbindung mit dem LohnBG sei nur das Entgelt des Angestellten in Höhe von 1.500 M von der Beschlagnahme ausgeschlossen. Das Gesetz wolle also das diesen Betrag übersteigende Entgelt der Zwangsvollstreckung nicht entziehen, sondern gerade der Befriedigung der Gläubiger vorbehalten, zu der der Schuldner eben gesetzlich und moralisch verpflichtet sei. Daß das RG einen anderen Standpunkt in dieser Hinsicht vertrete, ändere nichts an der Einstufung als Sittenverstoß:[1003] „Ein Vertrag, durch welchen dies Entgelt der Zwangsvollstrekkung entzogen wird, durch welchen es für die Tätigkeit des Schuldners einem anderen ohne dessen Gegenleistung zugewiesen wird, steht daher in unmittelbarem Widerspruch mit der Absicht und Tendenz des Gesetzgebers, also mit der Anschauung der Mehrheit der Volksgenossen, und dieser Widerspruch ist um so größer, weil die Schiebung den Zweck hat, das Entgelt hauptsächlich dem Schuldner selbst zu sichern. Wenn aber in Übereinstimmung mit dem RG. eine Zuwiderhandlung gegen die Rechtsordnung als unsittlich charakterisiert ist, so

---

[998] *Havenstein*, JW 1914, S. 733 (733).

[999] Vgl. *Havenstein*, JW 1914, S. 733 (733).

[1000] *Havenstein*, JW 1914, S. 733 (733).

[1001] Vgl. *Jaeger*, LZ 1914, Sp. 1065 (1067).

[1002] Vgl. *T. Wolff*, LZ 1914, Sp. 1268 (1275).

[1003] Vgl. *T. Wolff*, LZ 1914, Sp. 1268 (1275 f.).

ist hier die Rechtsordnung in besonders hohem Maße verletzt."[1004] Das Abstellen des RG auf den standesgemäßen Unterhalt der Familie des Schuldners für die Festellung eines Verstoßes gegen die guten Sitten lehnte er strikt ab. Das Gesetz habe das hierfür erforderliche Maß bisher ausdrücklich auf 1.500 M festgelegt und „die Gerichte sind nicht dazu berufen, im Widerspruch zu dieser Anschauung des Gesetzgebers eine andere Grenze der Zwangsvollstreckung zu bestimmen".[1005]

Bei seiner Annahme, daß sich im Gesetz die Anschauung der Mehrheit aller billig und gerecht Denkenden widerfinde, mithin der Anschauung des Gesetzgebers entspreche, ließ Wolff allerdings außer acht, daß die Festsetzung des Pfändungsfreibetrages von 1.500 M aus der CPO des Jahres 1879 herrührt. So hat denn auch *Stein* darauf hingewiesen, daß die Summe von 1.500 M damals[1006] vielleicht für den Unterhalt im Durchschnitt ausreichen konnte, aber jedenfalls im Jahre 1914 nicht mehr den Forderungen der Billigkeit entspreche. Der Geldwert sei gesunken, die Anforderungen an Lebenshaltung und Lebensaufwand seien gestiegen, und dementsprechend auch die Löhne und Gehälter der im Privatdienst Angestellten wesentlich höher geworden.[1007] Warum sollte dieser Wandel der Lebensverhältnisse nicht auch zu einer Änderung der Anschauungen im Volk und damit einhergehend der guten Sitten geführt haben, mit denen das Gesetz jetzt nicht mehr im Einklang stand? Auch von anderen wurde die Reform des Lohnbeschlagnahmerechts, zumindest aber die Anhebung der Pfändungsfreibeträge gefordert.[1008]

1004 *T. Wolff*, LZ 1914, Sp. 1268 (1276); so auch *Marquardt*, LZ 1922, Sp. 186 (187).

1005 *T. Wolff*, LZ 1914, Sp. 1268 (1277).

1006 Bei Inkrafttreten der CPO betrug das Verdienst eines Arbeiters etwa 900 M und lag damit deutlich unterhalb der Pfändungsfreigrenze von 1.500 M, vgl. *Brehm*, in: Stein/Jonas, ZPO, 22. Aufl. 2004, § 850 Rn. 1.

1007 Vgl. *Stein*, BuschsZ 44 (1914), S. 425 (431). Die Forderung von *Stein*, BuschsZ 44 (1914), S. 425 (445), lautete deshalb auch dahingehend: „Unser Gesetz entspricht den Billigkeitsansprüchen der Gegenwart nicht. Es muß geändert werden, je bälder desto besser. Diese Aufgabe der Gesetzgebung ist dringend und unschwer zu lösen." Eine gesetzliche Lösung lieferte Stein im gleichen Atemzug: „Die untere Grenze muß hinaufgeschoben werden, dem gesunkenen Geldwert entsprechend. Die Grenze muß beweglich gemacht werden, und zwar progressiv wie die Steuer. Je höher das Einkommen, desto höher der Prozentsatz des pfändbaren Betrages. Sie muß abgestuft werden danach, ob der Schuldner nur für sich zu sorgen hat, oder ob er als Ehemann und Familienvater Unterhaltspflichten zu erfüllen hat." Siehe dazu auch *Bovensiepen*, DRiZ 1912, Sp. 909 (914); *Bovensiepen*, SächsA 10 (1915), S. 262 (263) und *Bovensiepen*, LZ 1922, Sp. 66 (67).

1008 Siehe *Bovensiepen*, DRiZ 1912, Sp. 909 (913 f.) und *Dittrich*, DRiZ 1914, Sp. 673 (674), der das Festhalten an der 1.500 Mark-Grenze nicht mehr als zeitgemäß empfand: Letzterer meinte: „Das jetzige Gesetz zeigt so viele Mängel und Unebenheiten und zeitigte so viele, von verschiedenen Gerichten in widersprechendster Weise gelöste Streitfragen, daß es

Den vom RG mehrfach angeführten Satz für eine fehlende Unsittlichkeit, die Gläubiger hätten keinen Anspruch darauf, daß ihr Schuldner seine Arbeitskraft in einer Form verwerte, die ihnen Zugriff auf die Gegenleistung gewährleiste, bezeichnete *Stein* als „billige Weisheit".[1009] Seiner Meinung nach hätten die Gläubiger überhaupt und niemals einen Anspruch darauf, daß der Schuldner irgendwelche wirtschaftlichen Werte schaffe. So bräuchte der Schuldner beispielsweise außerhalb seines bestehenden Dienstvertrages nicht zusätzliche bezahlte Arbeiten irgendwelcher Art zu leisten. Wenn der Schuldner aber doch (weitere) geldwerte Ansprüche auf eine Gegenleistung erwürbe, unterlägen sie dem Zugriff seiner Gläubiger. Er bräuchte folglich nicht zu arbeiten und müßte nur mit den Konsequenzen – wie Müßiggang und Hungerleiden – leben. Mache er dagegen aus seiner Arbeit eine Ware, so hätten dessen Gläubiger ein Recht, sich auf den (geldwerten) Gegenwert im Rahmen der gesetzlichen Schranken Zugriff zu verschaffen.[1010] „Man könnte also eher den umgekehrten Satz aufstellen, daß der Schuldner kein Recht hat, seine Arbeitskraft so zu verwerten, daß die Gläubiger keinen Zugriff haben."[1011] Der Konflikt zweier sittlicher Pflichten, einerseits den bestehenden Gläubigerinteressen gerecht zu werden, andererseits das Interesse des Schuldners an der Selbsterhaltung, der Beibehaltung seiner Stellung und die sittliche Pflicht, für den Lebensunterhalt seiner Familie zu sorgen, müsse mittels einer freien Abwägung gelöst werden.[1012] „Aber auch die Freiheit der Abwägung sittlicher Pflichten hört jedenfalls in dem Augenblick auf, wo für den Unterhalt der Unterhaltsberechtigten und des Schuldners selbst gesorgt ist. Von diesem Augenblick an ist die eine Pflicht erfüllt, und jede Handlung zur Vereitelung der andern unsittlich."[1013] So sei der „einzige Lichtblick" der Rechtsprechung des RG eben jener, daß es die 1.500 Mark-Verträge dann für unsittlich halte, wenn die Leistung an den Dritten daß Maß dessen übersteige, was für den notdürftigen oder standesgemäßen Lebensunter-

daß einzig Richtige ist, etwas von Grund aus Neues zu schaffen." Siehe dazu auch den von *Dittrich*, DRiZ 1914, Sp. 693 ff., vorgelegten Entwurf zu einem neuen „Lohnpfändungsgesetz", der im § 2 (DRiZ 1914, Sp. 693 [693]) die Nachfolgeentwurf für § 4 Nr. 4 LohnBG enthielt.

1009 *Stein*, BuschsZ 44 (1914), S. 425 (438).

1010 Vgl. *Stein*, BuschsZ 44 (1914), S. 425 (438 f.).

1011 *Stein*, BuschsZ 44 (1914), S. 425 (439); siehe auch *Grabner*, LZ 1915, Sp. 1209 (1210 f.).

1012 Vgl. *Stein*, BuschsZ 44 (1914), S. 425 (439).

1013 *Stein*, BuschsZ 44 (1914), S. 425 (439 f.); ähnlich auch *Hecht*, ZVersWiss. 16 (1916), S. 193 (194); *Glücksohn*, LZ 1917, Sp. 186 (187) und *Bovensiepen*, LZ 1922, Sp. 66 (66 f.).

halt des Schuldners und seiner Familie erforderlich sei. Die Grenze dazwischen sei aber höchst unsicher.[1014]

Daneben bestand noch ein zusätzliches Problem: In der Literatur wurde die Frage nach der sich möglicherweise aus § 138 BGB ergebenden Nichtigkeit des 1.500 Mark-Vertrages vielfach systemwidrig und rechtlich inkonsequent mit der nach einem etwaigen Schadensersatzanspruch der Gläubiger gegen den Arbeitgeber – oder gar die Ehefrau – verwoben. Der VII. Zivilsenat des RG hielt im Urteil vom 26.03./02.04.1912[1015] einen Anspruch nach § 826 BGB der Gläubiger des Arbeitnehmers gegen den Arbeitgeber nicht für unbedingt ausgeschlossen. Einige verneinten einen Verstoß gegen die guten Sitten und lehnten einen Anspruch der Gläubiger aus § 826 BGB generell ab.[1016] Andererseits waren nicht wenige (mit dem RG) der Meinung, daß sich unter Umständen auch eine Schadensersatzpflicht auf Grund des § 826 BGB des Arbeitgebers (und/oder der Ehefrau des Angestellten) konstruieren lasse.[1017] Freilich genügte auch hier so manchem die vom RG gelieferte Begründung nicht.

Nach *Immerwahr* reiche hinsichtlich der Verneinung der Sittenwidrigkeit der an sich als richtig anerkannte Rechtsgedanke des RG, daß der Gläubiger keinen Anspruch darauf habe, daß der Schuldner seine Arbeitskraft so verwerte, daß es zum Zwecke der Befriedigung darauf Zugriff nehmen könne, nicht aus.[1018] Denn es könne einem Schuldner, „wofern er nicht die Pflicht des redlichen Schuldners verletzten will, nicht gestattet sein, die Werte, die ihm nun einmal die Verwertung seiner Arbeitskraft einbringt, aus der Schußweite der Gläubiger heraus zu verlegen. Er braucht bei der Unterbringung seiner Arbeitskraft nicht im mindesten die Interessen der Gläubiger im Auge zu haben, er darf sie aber bei der Unterbringung des Gewinns seiner Tätigkeit nicht absichtlich schädigen.“[1019] *Hellwig* erwog in dieser Hinsicht, ob nicht doch das Moment von einiger Bedeutung sei, daß sich der Arbeitgeber an einer Manipulation beteilige, deren offen ausgesprochener Zweck es war, eine Pfändbarkeit beim Schuldner

---

[1014] Vgl. *Stein*, BuschsZ 44 (1914), S. 425 (440).

[1015] Siehe RG, Urt. v. 26.03./02.04.1912 – VII 427/11, LZ 1912, Sp. 686 Nr. 13 = JW 1912, S. 689 Nr. 13.

[1016] So immerhin *Lippmann*, LZ 1910, Sp. 833 (838 f.); *Jaeger*, LZ 1911, Sp. 285 (287); *Zitelmann*, DJZ 1915, Sp. 447 (448 f.): es fehle jedenfalls an einem Schaden.

[1017] Siehe beispielsweise *Philipsborn*, JW 1912, S. 894 (895); *Meikel*, SeuffBl. 77 (1912), S. 411 (416 ff.); *Meikel*, SeuffBl. 77 (1912), S. 539 (539 ff.); *Striemer*, JW 1913, S. 182 (187); *Philipsborn*, JW 1913, S. 230 (230); *Becker*, RheinArch. 109 (1913), S. 105 (120): „nur bei besonders gearteter Sachlage“; *Becker*, LZ 1913, Sp. 645 (648 ff.); *Becker*, Gruchot 1914, S. 1 (45 ff.); *Jaeger*, LZ 1914, Sp. 1065 (1067 f.) und *Stein*, BuschsZ 44 (1914), S. 425 (440 f.).

[1018] Vgl. *Immerwahr*, GuR 10 (1909), S. 393 (395).

[1019] *Immerwahr*, GuR 10 (1909), S. 393 (395).

auszuschließen.[1020] Des weiteren wies *Strucksberg* entgegen Jaeger[1021] darauf hin, daß auch solche Handlungen, die in Ausführung eines Rechtes vorgenommen würden, unter § 826 BGB fallen können, und daß daher auch bei der Beurteilung des 1.500 Mark-Vertrages diese Bestimmung nicht auszuscheiden sei, es vielmehr auf den Zweck der Zuwendung und deren Höhe im jeweiligen Einzelfall ankomme. Der Anspruch der Gläubiger auf Befriedigung dürfe nicht durch eine Handlungsweise des Schuldners tatsächlich vereitelt werden, die aller Billigkeit Hohn spreche. Wenn der Schuldner und seine Familie standesgemäß leben, so sei jedem berechtigten Interesse des Schuldners genüge getan. Es gehe aber nicht an, daß der Schuldner auch noch in den Genuß seines ganzen Einkommens komme und die Möglichkeit erhalte, im Überfluß zu leben und seine Gläubiger keine Befriedigung erhielten.[1022] Dann sei aber die Sittenwidrigkeit gegeben, da die unmoralische Ausnutzung der durch die Ehe geschaffenen engen Beziehungen des Schuldners zu seiner Ehefrau die sofortige Abführung des der Frau versprochenen Gehaltsteils an den Schuldner so gut wie garantiere. Hierbei könne sich der Arbeitgeber bei Kenntnis der Sachlage der Teilnahme an der unerlaubten Handlung schuldig machen.[1023]

Das Lohnpfändungsrecht wurde während des Ersten Weltkrieges umfangreich reformiert. Durch § 1 der „Bekanntmachung über die Einschränkung der Pfändbarkeit von Lohn-, Gehalts- und ähnlichen Ansprüchen" vom 17. Mai 1915[1024], wobei diese Verordnung des Bundesrats gemäß § 2 Abs. 1 Satz 1 mit dem Tage ihrer Verkündung am 18. Mai 1915 in Kraft trat, wurde zunächst lediglich der in § 4 Nr. 4 LohnBG festgesetzte Pfändungsfreibetrag von 1.500 M auf die Summe von 2.000 M heraufgesetzt.[1025] Eine grundlegende Neuerung brachte die am 20. Dezember 1917 in Kraft getretene „Bekanntmachung über Lohnpfändung" vom 13. Dezember 1917[1026], mit welcher die starre Pfändungsgrenze im Grunde abgeschafft wurde.[1027] Für die weitere Entwicklung richtungsweisend war dabei

---

[1020] Vgl. *Hellwig*, RuW 1 (1912), S. 84 (87, auch in Fn. 53).

[1021] Siehe *Jaeger*, LZ 1911, Sp. 285 (286 f.).

[1022] Vgl. *Strucksberg*, LZ 1912, Sp. 207 (212).

[1023] Vgl. *Strucksberg*, LZ 1912, Sp. 207 (213).

[1024] Siehe RGBl. 1915, S. 285 (285); ausführlich zu dieser Bundesratsverordnung *von Seuffert*, Recht 1915, Sp. 497 ff.; *Lesser*, JW 1915, S. 685 (685) und *Bovensiepen*, SächsA 10 (1915), S. 262 ff.

[1025] Zu den Auslösern für diese Reform siehe *Ludwig*, S. 116 ff.

[1026] Siehe RGBl. 1917, S. 1102 (1102 f.).

[1027] Zur Diskussion um die Abschaffung einer absoluten starren Gehaltspfändungsgrenze siehe nur *Lederer*, GewKfmG 18 (1913), Sp. 418 (419 ff.); *Haager*, BayZ 10 (1914), S. 18 (18 f.) und *Stein*, BuschsZ 44 (1914), S. 425 (431 u. 445 f.).

der § 1[1028] dieser Bundesratsverordnung, mit dem neben der weiterhin bestehenden festen Pfändungsgrenze eine abgestufte variable Grenze errichtet wurde, die sich an der Einkommenshöhe orientierte:[1029] Nach § 1 Abs. 1 Satz 1 blieb es bei der durch die Bekanntmachung vom 17. Mai 1915 bestimmten Pfändungsfreibetragsgrenze von 2.000 M. Neu war, daß der darüber hinausgehende Betrag nicht vollständig gepfändet werden konnte. Vielmehr war ein Zehntel des 2.000 M übersteigenden Mehrbetrags nicht der Pfänung unterworfen. Im § 1 Abs. 1 Satz 2 wurde zudem auf die Verpflichtungen eines unterhaltspflichtigen Schuldners besondere Rücksicht genommen. Hatte dieser seinem Ehegatten oder den (ehelichen) Kindern Unterhalt zu gewähren, so erhöhte sich der unpfändbare Teil des Mehrbetrages für jeden Unterhaltsberechtigten um jeweils ein weiteres Zehntel, höchstens jedoch auf fünf Zehntel des Mehrbetrages. Eine absolute Grenze für das pfändungsfreie Einkommen legte § 1 Abs. 2 fest: Überstieg der unpfändbare Teil des Lohnes für einen Schuldner ohne Unterhaltsverpflichtungen den Betrag von 2.500 M im Jahr bzw. für einen mit Unterhaltsverpflichtungen die Summe von 3.600 M, so unterlag die Pfändung keinen Beschränkungen. Mit der „Verordnung über Lohnpfändung“ vom 25. Juni 1919[1030], die am 1. Juli 1919 in Kraft trat, erfolgte eine noch stärkere Differenzierung zwischen Schuldnern mit und solchen ohne Unterhaltsverpflichtungen.[1031] Für den unterhaltspflichtigen Schuldner galt nunmehr nach § 1 Abs. 1 Satz 1 Nr. 1[1032] ein pfän-

[1028] § 1 der Bekanntmachung vom 13. Dezember 1917, RGBl. 1917, S. 1102 (1102): „[Abs. 1:] Der Arbeits- oder Dienstlohn (§ 1 des Gesetzes vom 21. Juni 1869, Bundes-Gesetzbl. 1869 S. 242 und 1871 S. 63, Reichs-Gesetzbl. 1897 S. 159, 1898 S. 332) ist, soweit er die Summe von zweitausend Mark für das Jahr übersteigt, zu einem Zehntel des Mehrbetrags der Pfändung nicht unterworfen. Hat der Schuldner seinem Ehegatten oder ehelichen Abkömmlingen, die das sechzehnte Lebensjahr nicht vollendet haben, Unterhalt zu gewähren, so erhöht sich der unpfändbare Teil des Mehrbetrags für jeden dieser Unterhaltsberechtigten um ein weiteres Zehntel, höchstens jedoch auf fünf Zehntel des Mehrbetrags. Die Vorschriften des Gesetzes vom 21. Juni 1869 finden entsprechende Anwendung. [Abs. 2:] Soweit im Falle des Abs. 1 Satz 1 der unpfändbare Teil des Lohnes den Betrag von zweitausendfünfhundert Mark, im Falle des Abs. 1 Satz 2 den Betrag von dreitausendsechshundert Mark übersteigen würde, unterliegt die Pfändung keinen Beschränkungen.“

[1029] Siehe dazu *Ludwig*, S. 121 f.

[1030] Siehe RGBl. 1919, S. 589 ff. Diese Verordnung beruhte auf der „Verordnung, betreffend die Änderung der Bekanntmachung über Lohnpfändung vom 13. Dezember 1917 (Reichs-Gesetzbl. S. 1102)“ vom 22. Juni 1919, RGBl. 1919, S. 587 ff.

[1031] Siehe dazu *Ludwig*, S. 123 ff. u. S. 196.

[1032] § 1 der „Verordnung über Lohnpfändung“ vom 25. Juni 1919, RGBl. 1919, S. 589 (589 f.), lautete: „[Abs. 1:] Der Arbeits- oder Dienstlohn (§ 1 des Gesetzes vom 21. Juni 1869, Bundes-Gesetzbl. 1869 S. 242 und 1871 S. 63, Reichs-Gesetzbl. 1897 S. 159, 1898 dungsfreier Grundbetrag von 2.500 M und der Kreis der zu berücksichtigenden Unterhaltsberechtigten wurde auf den (auch früheren) Ehegatten, die Verwandten und unehelichen Kinder erweitert. Ansonsten beließ es diese Verordnung im Anschluß an die Bekanntmachung vom 13. Dezember 1917 bei der Abstufung der Pfändungsfreigrenze je nach Höhe des Einkommens. In der Folgezeit wurden während der Weimarer Republik die Pfändungsfreibeträge mehrfach inflationsbedingt der gesunkenen Kaufkraft angepaßt. Wesentliche Änderungen erfuhr das Lohnpfändungsrecht bis 1934 nicht.[1033]

Einen außerordentlichen Einschnitt markierte erst das „Gesetz zur Änderung von Vorschriften über die Zwangsvollstreckung" vom 24. Oktober 1934[1034], welches zum größten Teil das Ergebnis von Reformarbeiten der sog. ZPO-Kommission war, die seit 1920 ihre Arbeit aufgenommen hatte.[1035] Durch Art. 3 dieses Gesetzes erfolgte die „Änderung der Vorschriften über die Pfändung von Gehalts-, Lohn- und ähnlichen Ansprüchen"[1036], so die ihm vorangestellte Abschnittsüberschrift, indem die Vorschriften der neuen §§ 850 bis 850 h ZPO die Stelle des bisherigen § 850 ZPO einnahmen. Dieser Teil des Gesetzes trat – anders als dessen Rest gemäß Art. 6 Satz 1[1037] – nicht am 1. November 1934, sondern nach Art. 7 Abs. 1 Satz 1[1038] zum 1. Januar 1935 in Kraft.[1039] Gleichzeitig wurden damit am 1. Januar 1935 sowohl die „Verordnung über Lohnpfändung" vom 25. Juni 1919 als auch das LohnBG vom 21. Juni 1869 mit den jeweils ergangenen Novellen außer Kraft gesetzt. Die hiermit verbundene Zusammenfas-

---

S. 332) ist, 1. falls der Schuldner seinem Ehegatten, früheren Ehegatten, Verwandten oder einem unehelichen Kinde Unterhalt zu gewähren hat, bis zur Summe von zweitausendfünfhundert Mark für das Jahr, 2. in anderen Fällen bis zur Summe von zweitausend Mark für das Jahr und, soweit er diese Summen übersteigt, zu einem Fünftel des Mehrbetrags der Pfändung nicht unterworfen. Im Falle zu 1 erhöht sich der unpfändbare Teil des Mehrbetrags für jede Person, der der Schuldner Unterhalt zu gewähren hat, um ein weiteres Zehntel, höchstens jedoch auf sechs Zehntel des Mehrbetrags. [Abs. 2:] Die Vorschriften des Gesetzes vom 21. Juni 1869 finden entsprechende Anwendung. [Abs. 3:] Soweit der unpfändbare Teil des Lohnes im Falle des Abs. 1 zu 1 den Betrag von viertausendfünfhundert Mark, im Falle des Abs. 1 zu 2 den Betrag von dreitausend Mark übersteigen würde, unterliegt die Pfändung keinen Beschränkungen."

1033 Vgl. *Ludwig*, S. 196.

1034 Siehe RGBl. 1934 I, S. 1070 ff.

1035 Vgl. *Ludwig*, S. 197.

1036 RGBl. 1934 I, S. 1070 (1070).

1037 Siehe RGBl. 1934 I, S. 1070 (1072).

1038 Siehe RGBl. 1934 I, S. 1070 (1072).

1039 Insoweit ist die Feststellung von *Ludwig*, S. 180 u. S. 197, wonach das Gesetz vom 24. Oktober 1934 (insgesamt) zum 1. Januar 1935 nach dessen Art. 7 Abs. 1 in Kraft getreten sei, unrichtig.

sung der unübersichtlich verstreuten Vorschriften[1040] über das Recht der Lohnpfändung in das Zwangsvollstreckungsrecht der ZPO bedeutete eine erhebliche Erleichterung für die Praxis. Die Hauptregelungen zur Pfändung von Arbeits- und Dienstlohn fanden sich jetzt für den Schuldner ohne Unterhaltsverpflichtungen in § 850 b Abs. 1 ZPO[1041] und für denjenigen mit Verpflichtung zur Unterhaltsgewährung in § 850 b Abs. 2 ZPO[1042]. Zugunsten des Vollstreckungsschuldners enthielt das Gesetz Neuerungen, die seine Stellung in der Zwangsvollstreckung verbessern sollten: So wurde insbesondere bei der Pfändung durch den (ehemaligen) Ehegatten oder die Verwandten wegen der ihnen kraft Gesetzes zustehenden Unterhaltsansprüche gegen den Schuldner ein Verbot der bis dahin rechtlich möglichen, aber als mißlich empfundenen (restlosen) Kahlpfändung durch § 850 Abs. 3 ZPO[1043] und § 850 b Abs. 4 ZPO[1044], der wiederum auf § 850 Abs. 3 ZPO verwies, statuiert.[1045] Auf der anderen Seite wur-

---

[1040] Dies wird allein mit einem Blick auf den Wortlaut des § 850 Abs. 1 Nr. 1 der „Bekanntmachung der neuen Fassung der Zivilprozeßordnung“ vom 8. November 1933, RGBl. 1933 I, S. 821 (901), in der ab dem 1. Januar 1934 geltenden Fassung deutlich: „Der Pfändung sind nicht unterworfen: 1. der Arbeits- oder Dienstlohn nach den Bestimmungen des Reichsgesetzes vom 21. Juni 1869 (Bundesgesetzbl. 1869 S. 242 und 1871 S. 63, Reichsgesetzbl. 1897 S. 159, 1898 S. 332) und der Verordnung über Lohnpfändung vom 25. Juni 1919 (Reichsgesetzbl. 1919 S. 589, 1921 S. 1657, 1923 I S. 1186, 1924 I S. 25, 1926 I S. 503, 1928 I S. 45, 1932 I S. 294); 2. die …“.

[1041] § 850 b Abs. 1 ZPO, RGBl. 1934 I, S. 1070 (1071), hatte folgenden Wortlaut: „Arbeits- und Dienstlohn sowie sonstige wiederkehrend zahlbare Vergütungen für geleistete Arbeiten sind, wenn die zu vergütenden Leistungen die Erwerbstätigkeit des Schuldners vollständig oder zu einem wesentlichen Teil in Anspruch nehmen, bei Auszahlung für Monate oder Bruchteile von Monaten bis zum Betrage von 150 Reichsmark monatlich, bei Auszahlung für Wochen bis zum Betrage von 35 Reichsmark wöchentlich, bei Auszahlung für Tage bis zum Betrage von 5,80 Reichsmark täglich und, soweit sie diese Beträge übersteigen, bis zu einem Drittel des Mehrbetrages der Pfändung nicht unterworfen. Die Vorschrift des § 850 Abs. 1 Satz 3 gilt dabei entsprechend.“

[1042] § 850 b Abs. 2 ZPO, RGBl. 1934 I, S. 1070 (1071), lautete: „Hat der Schuldner seinem Ehegatten, einem früheren Ehegatten, einem Verwandten oder einem unehelichen Kinde Unterhalt zu gewähren, so erhöht sich der unpfändbare Teil des Mehrbetrages für jede Person, der Unterhalt gewährt wird, um ein Sechstel, höchstens jedoch auf zwei Drittel des Mehrbetrags.“

[1043] Siehe § 850 Abs. 3 ZPO, RGBl. 1934 I, S. 1070 (1071).

[1044] Siehe § 850 b Abs. 4 ZPO, RGBl. 1934 I, S. 1070 (1071).

[1045] Der § 850 Abs. 3 Satz 2 ZPO, RGBl. 1934 I, S. 1070 (1071), lautete: „Dem Schuldner ist jedoch von den [unter Beschränkungen pfändbaren] Bezügen so viel zu belassen, als er für seinen notwendigen Unterhalt und zur Erfüllung seiner laufenden gesetzlichen Verpflichtungen gegenüber den dem Gläubiger vorgehenden Unterhaltsberechtigten oder zur gleichmäßigen Befriedigung der dem Gläubiger gleichstehenden Unterhaltsberechtigten den auch die Gläubigerinteressen im Lohnpfändungsverfahren stärker berücksichtigt. Mit dem § 850 c ZPO[1046] wurde eine Vorschrift aufgenommen, die es den Gläubigern auch bei *Lohnschiebungen* möglich machte, den einem Dritten im Rahmen eines 1.500 Mark-Vertrages zugewendeten, an sich unpfändbaren Lohnanteil ohne weiteres zu pfänden.[1047] Der Gesetzgeber ließ dabei offen, ob in den 1.500 Mark-Verträgen ein Verstoß gegen die guten Sitten gemäß § 138 BGB zu erblicken sei oder ob diese nach dem AnfG anfechtbar seien.[1048]

Auch später war das Lohnpfändungsrecht einer bis in die Gegenwart andauernden Entwicklung unterworfen, die hier nicht weiter aufgezeigt werden soll.[1049] Die Pfändungsgrenzen für den Anspruch auf Arbeitseinkommen im Sinne des § 850 ZPO, wobei die Berechnung des pfändbaren Arbeitseinkommens nach § 850 e ZPO erfolgt, sind mittlerweile unter anderem in § 850 c Abs. 1 ZPO festgelegt. Der unpfändbare Grundbetrag wurde unter Berücksichtigung des Umfangs der gesetzlichen Unterhaltsgewährung des Schuldners gestaffelt und mit einer absoluten Höchstbegrenzung versehen. Die Vorschrift des früheren § 850 c ZPO zu den Lohnschiebungsverträgen ist – abgesehen von Nuancen und der neuen deutschen Rechtschreibung – nahezu unverändert im heute gültigen § 850 h Abs. 1 ZPO übernommen worden. Dabei wurde der § 850 c Abs. 2 ZPO a. F. dem heutigen § 850 h Abs. 1 ZPO als dessen dritter Satz angefügt. Die Pfändung selbst geschieht nach § 829 ZPO; das Vollstreckungsgericht prüft insoweit nicht, ob die Voraussetzungen des § 850 h ZPO tatsächlich vorlie-

---

bedarf." Inhaltlich entsprach dieses Verbot der Kahlpfändung weitgehend § 958 Abs. 5 des Entwurfes von 1931, vgl. *Ludwig*, S. 178 u. 197.

1046 § 850 c ZPO, RGBl. 1934 I, S. 1070 (1071), lautete folgendermaßen: „[Abs. 1:] Hat sich der Empfänger der vom Schuldner geleisteten Arbeiten oder Dienste verpflichtet, Leistungen an einen Dritten zu bewirken, die nach der Lage der Umstände ganz oder teilweise eine Vergütung für die Leistung des Schuldners darstellen, so kann der Anspruch des Dienstberechtigten insoweit auf Grund des Schuldtitels gegen den Schuldner gepfändet werden, wie wenn der Anspruch dem Schuldner zustände. Die Pfändung des Vergütungsanspruchs des Schuldners umfaßt ohne weiteres den Anspruch des Drittberechtigten. [Abs. 2:] Der Pfändungsbeschluß ist dem Drittberechtigten ebenso wie dem Schuldner zuzustellen."

1047 Vgl. *Ludwig*, S. 179 u. S. 197. Im § 850 c ZPO wurde nach *Ludwig*, S. 179, größtenteils der § 960 Abs. 1 des Entwurfes einer neuen deutschen Zivilprozeßordnung von 1931 unverändert übernommen, der seinerseits wiederum nach *Ludwig*, S. 165, auf einer größtenteils unveränderten Aufnahme von § 196 des Entwurfes über die Neugestaltung des Zwangsvollstreckungsrechts von 1928 (abgedruckt bei *Ludwig*, S. 162) beruhte.

1048 So jedenfalls *Ludwig*, S. 179.

1049 Siehe hierzu nur die Zusammenfassung bei *Ludwig*, S. 197 ff.

gen.[1050] Weil es sich auch in diesem Falle um Arbeitseinkommen handelt, darf nur in den Grenzen der §§ 850 c, 850 d ZPO gepfändet werden.[1051]

2. Verleitung zum Vertragsbruch

Ein Vertrag kann gegen die guten Sitten verstoßen, wenn er eine Verpflichtung begründet, die nur durch die Verletzung einer anderen, bereits bestehenden Verpflichtung erfüllt werden kann.[1052] Dies gilt insbesondere für die Fälle der sog. Verleitung zum Vertragsbruch, also für das bewußte Hinwirken eines Dritten im Geschäftsverkehr darauf, daß die andere Partei gegenüber ihren übrigen Vertragspartnern kontraktbrüchig wird.[1053] Andererseits ist anerkannt, daß sich eine Vertragspartei grundsätzlich nicht darum zu kümmern brauche, ob sein Kontrahent durch die übernommene Vertragspflicht seinen Verpflichtungen gegenüber den anderen Gläubigern nachkommen kann oder sich wegen deren Nichterfüllung schadensersatzpflichtig macht. Denn die Forderung ist nur ein relatives Recht und begründet für gewöhnlich die Verpflichtung nur für den Schuldner, nicht aber für Außenstehende.[1054] Es fanden sich lediglich zwei reichsgerichtliche Urteile, die sich mit der Verleitung zum Vertragsbruch anhand der Vorschrift des § 138 BGB auseinandersetzten. Die häufig in den Kommentaren darüber hinaus nachgewiesenen Entscheidungen befassen sich nur im Anwendungsbereich des § 826 BGB[1055] oder des § 1 UWG mit einem Verstoß gegen die guten Sitten.[1056] Vom VI. Zivilsenat, der maßgeblich zur Aus-

---

[1050] Vgl. *W. Zimmermann*, ZPO, 7. Aufl. 2006, § 850 h Rn. 1 und *Putzo*, in: Thomas/Putzo, ZPO, 25. Aufl. 2003, § 850 h Rn. 2.

[1051] Vgl. *W. Zimmermann*, ZPO, 7. Aufl. 2006, § 850 h Rn. 3 und *Putzo*, in: Thomas/Putzo, ZPO, 25. Aufl. 2003, § 850 h Rn. 2.

[1052] Vgl. *von Tuhr*, Bd. II 2, § 70 II.1., S. 25.

[1053] Vgl. *Warneyer*, BGB, Bd. I, § 138 Anm. A.VIII., S. 246; *Recken*, GewRschutz 19 (1914), S. 66 (67) und RG, Urt. v. 10.12.1912 – II 333/12, Abschrift S. 8 = RGZ 81, 86 (91 f.). Siehe auch *Joerges*, ZRPhil. 1 (1914), S. 208 (222): „Die eine Partei verpflichtet sich der andern Partei gegenüber, Rechtspflichten, die ihr Dritten gegenüber obliegen, nicht zu erfüllen."

[1054] Vgl. *von Tuhr*, Bd. II 2, § 70 II.1., S. 25 in Fn. 26.

[1055] Es ist aber bei den in Frage stehenden Verträgen streng zwischen dem wegen Verstoßes gegen die guten Sitten nichtigen Vertrag und der zum Schadensersatz verpflichtenden sittenwidrigen Schädigung zu unterscheiden, denn beides kann auseinander fallen, vgl. *Eckstein*, ArchBürgR 41 (1915), S. 178 (264 f.).

[1056] Siehe nur RG, Urt. v. 31.05.1906 – VI 386/05, JW 1906, S. 465 (465 f.) Nr. 23; RG, Urt. v. 26.01.1910 – VI 379/09, WarnRspr. 1910, Nr. 183 S. 180 (180 ff.); RG, Urt. v. 12.04.1911 – VI 417/10, Gruchot 55 (1911), S. 985 (986) Nr. 77; RG, Urt. v. 25.11.1911 – VI 66/11, RGZ 78, 14 (17 f.); RG, Urt. v. 22.03.1912 – III 354/11, WarnRspr. 1912, formung der Rechtsprechung im Zusammenhang mit diesen Fällen im Hinblick auf § 826 BGB beigetragen hatte, wurde seine Rechtsprechung folgendermaßen zusammengefaßt: „Wie in der Rechtsprechung des erkennenden Senats ... stets grundsätzlich festgehalten worden ist, ist im Eingehen des den Konkurrenten schädigenden Vertrags mit dessen vertragsbrüchigem Vertragsgegner auch bei Kenntnis von dessen Vertragsbruch regelmäßig nicht ohne weiteres ein Verstoß gegen die guten Sitten zu finden; vielmehr ist ein solcher nur unter besonderen Umständen anzunehmen, so namentlich wenn unlautere Mittel dazu angewendet worden sind, den Vertragsbruch herbeizuführen. Nicht minder können der Zweck, zu dem der Vertragsbruch bewirkt wird, die für den Geschädigten damit verbundenen Folgen oder sonstige begleitende Umstände das Verhalten desjenigen, der sich mit dem Vertragsbrüchigen eingelassen hat, als Verstoß gegen die guten Sitten erscheinen lassen. Dabei reicht es regelmäßig aus, wenn der Schädigende auch nur die bereits vorhandene Neigung des andern zum Vertragsbruche sich zu Nutzen gemacht hat[1057] ...; aber auch für eine Verleitung zum Vertragsbruch, zu dem die Initiative nicht vom Vertragsgegner des Geschädigten, sondern vom Konkurrenten ausgeht, gilt nichts Besonderes."[1058]

Nr. 252 S. 288 (290); RG, Urt. v. 10.12.1912 – II 333/12, Abschrift S. 8 = RGZ 81, 86 (91 f.) und RG, Urt. v. 03./30.04.1913 – VI 569/12, WarnRspr. 1913, Nr. 322 S. 387 (388 f.).

[1057] Unter Verweis auf: RG, Urt. v. 12.04.1911 – VI 417/10, Gruchot 55 (1911), S. 985 Nr. 77. Dort, S. 986, heißt es: „Im bloßen Eingehen des den Konkurrenten schädigenden Vertrags mit dessen vertragsbrüchigem Vertragsgegner [ist] noch kein Verstoß gegen die guten Sitten im Sinne des § 826 BGB. zu finden." Dagegen liege ein solcher dann vor, „wenn unlautere Mittel dazu angewandt werden, den Vertragsbruch herbeizuführen." Ein Verstoß gegen § 826 BGB ist nur dann gegeben, „wenn dieses Verhalten nach den festgestellten Einzelumständen dem zuwiderläuft, was nach dem Anstandsgefühl aller billig und gerecht Denkenden unter den gegebenen Verhältnissen geboten erscheinen mußte (RG 58, 216)."

[1058] RG, Urt. v. 03./30.04.1913 – VI 569/12, WarnRspr. 1913, Nr. 322 S. 387 (388 f.). Dieses Urteil beinhaltet zudem eine Auseinandersetzung mit einer vom II. Zivilsenat des RG ausgesprochenen Entscheidung zu § 1 UWG in der Fassung vom 7. Juni 1909. In RG, Urt. v. 10.12.1912 – II 333/12, RGZ 81, 86 (91 f.), sprach sich der II. Senat dahin aus, „daß im Geschäftsverkehr das bewußte Hinwirken eines Dritten darauf, daß jemand vertragsbrüchig wird, in der Regel ein sittenwidriges ist, und daß nur im einzelnen Falle die begleitenden Umstände die Sittenwidrigkeit auszuschließen vermögen." Zu Recht hat sich der VI. Zivilsenat in RG, Urt. v. 03./30.04.1913 – VI 569/12, WarnRspr. 1913, Nr. 322 S. 387 (389), dieser Ansicht mit zustimmungswürdigen Erwägungen entgegengestellt: „Die zwischen anderen Personen bestehenden persönlichen Schuldverhältnisse können begrifflich von einem Dritten nicht verletzt und brauchen an sich von ihm nicht beachtet zu werden. Dadurch unterscheidet sich das Recht aus einem Schuldverhältnis von dem dinglichen wie von jedem absoluten Rechte. Dieses wirkt gegen alle, jenes bindet nur eine bestimmte Person. Die schädigende Störung solcher Rechts-, insbesondere Vertragsbeziehungen

Was den § 138 BGB betrifft, so ist hier nur auf das Urteil des I. Zivilsenats vom 24.04.1912[1059] einzugehen. Denn der außerdem zu dieser Vorschrift ergangenen Entscheidung des III. Zivilsenats vom 15.05.1914[1060] lassen sich keine nennenswerten Ausführungen entnehmen. Der Kläger verlangte Erfüllung der Verbindlichkeiten aus einem mit mehreren Brauereien, darunter auch den Beklagten, am 4. Februar 1908 geschlossenen Vertrag. Darin hatten sich die Brauereien verpflichtet, Aktien der in eine AG umzuwandelnden Brauerei des Klägers zu übernehmen und ihr ein Betriebskapital von 23.000 M zu überlassen. Der Kläger hatte sich im Gegenzug für seine Firma gebunden, die vom Verein Pfälzischer Brauereien beschlossenen Satzungen und Ausführungsbestimmungen anzuerkennen und einzuhalten. Dieser im Herbst 1907 gegründete Verein bezweckte, eine (schließlich am 19. Februar 1908 erfolgte) Erhöhung des Bierpreises durchzusetzen. Um den Kläger für den Zweck des Vereins zu gewinnen, wurde der Vertrag abgeschlossen. In § 1 Abs. 1 der Ausführungsbestimmungen war unter anderem bestimmt, daß sich die Mitglieder des Vereins verpflichteten, „an alle .... Kunden .... unbekümmert um laufende Verträge nur dann Bier zu liefern, wenn der erzielte Preis ..... mindestens 18 M bez. bei Zäpflern 22 M per Hektoliter Lagerbier beträgt“.[1061] Weiterhin sollten einer Vertragsbrauerei die Beträge aus der Vereinkasse erstattet werden, falls diese von einem Kunden wegen Vertragsbruches in Anspruch genommen werde.

---

durch einen Dritten ist daher für sich allein und regelmäßig auch nicht als Verstoß gegen die guten Sitten anzusehen. Wollte man demjenigen, der hierdurch vorsätzlich Schaden zufügt, ohne weiteres auf dessen Ersatz nach § 826 [BGB] haften lassen, so würde man insoweit, z. B. insbesondere da, wo der Vertrag auf Leistung einer Sache oder auf Einräumung eines Rechtes an einer solchen gerichtet ist, mittelbar dem ‚Rechte zur Sache', wie es schon in den [Motiven] ... und durch § 241 BGB. ausdrücklich abgelehnt ist, zu einer Geltung verhelfen, die zu dem System des BGB. im allgemeinen und zu seinem Schadensersatzrecht im besonderen nicht passen würde ... . Für Fälle der hier in Rede stehenden Art ist übrigens auch nicht zu übersehen, daß auch die Wahrung der persönlichen Freiheit ein schutzwürdiges Interesse darstellt und ihre übermäßige Beschränkung unter Umständen in wirtschaftlicher wie in sittlicher Hinsicht zu beanstanden sein kann: zu einer solchen Beschränkung könnte es aber nicht selten letzten Endes führen, wenn z. B. der Bruch eines unter Konkurrenzklausel und Strafgeding geschlossenen Dienst- oder ähnlichen Vertrags denjenigen, der sich mit dem Vertragsbrüchigen eingelassen hat, ohne weiteres zum Schadensersatze aus § 826 BGB. verpflichten würde.“

1059 Vgl. RG, Urt. v. 24.04.1912 – I 176/11, RGZ 79, 279, vgl. *Schubert/Glöckner*, Nachschlagewerk, § 138 Nr. 220.

1060 Vgl. RG, Urt. v. 15.05.1914 – III 219/13, Abschrift S. 3 f. = MuW XIV (1914/1915), S. 369 (369), wonach eine Abmachung sittenwidrig sei, durch die jemand zum Vertragsbruch gegenüber einem Dritten verpflichtet wird, lediglich um einen unbequemen Wettbewerb zu beseitigen.

1061 RG, Urt. v. 24.04.1912 – I 176/11, Abschrift S. 4 = RGZ 79, 279 (280).

Die Klage hatte in allen Instanzen keinen Erfolg. Das OLG Zweibrücken sah die Unsittlichkeit nicht in der zur Erreichung eines höheren Bierpreises erfolgten Ringbildung an sich, sondern fand sie in der Verpflichtung, die Bierpreiserhöhung „unbekümmert um die bestehenden Verträge“[1062] mit den Wirten durchzusetzen. Nach seinen Feststellungen liefen zu dieser Zeit zahlreiche langfristige Bierlieferungsverträge. Auch der I. Zivilsenat des RG hielt eine derartige „Verpflichtung zum Vertragsbruch“[1063] für unsittlich. Den Ausführungen des Klägers in der Revision, der vorgesehene Ersatz etwaiger Schadensaufwendungen zeige, daß man die laufenden Verträge erfüllen wolle, entgegnete das Gericht: „Niemand kann – von dem Eintreten öffentlich rechtlicher Interessen wie z. B. bei der Expropriation abgesehen – gezwungen werden, auf vertragliche Rechte zu verzichten und sich dafür mit dem Schadensersatz in Geld zu begnügen. Die generelle Verpflichtung, sich seinen Vertragspflichten zu entziehen, enthält deshalb etwas Sittenwidriges, auch wenn der Verpflichtete sich über seine Schadensersatzpflicht im klaren ist und für diesen Fall bereits Deckung vorgesehen oder zugesagt hat.“[1064]

Die vorstehende Entscheidung wurde von der Literatur akzeptiert.[1065] *Theodor Wolff* hielt die Vereinbarung, durch welche eine Verpflichtung zum Vertragsbruch übernommen worden ist, für unsittlich, weil eine derartige Verpflichtung im Widerspruch zur Rechtsordnung stehe, die in den §§ 241, 242 BGB die Erfüllung des Vertrages gebiete.[1066]

Als Verleitung zum Vertragsbruch wurden (gelegentlich) auch die sog. *Schmiergeldverträge* eingestuft.[1067] Sie zeichneten sich dadurch aus, daß ein Vertreter oder Bevollmächtigter, meist ein Angestellter der einen Vertragspartei mittels eines Provisionsversprechens durch die andere Vertragspartei bestochen wurde. Im ganzen konnten bloß zwei Entscheidungen des RG ausfindig gemacht werden, deren Kern nur übersichtsartig aufgezeigt werden soll.

[1062] RG, Urt. v. 24.04.1912 – I 176/11, Abschrift S. 4 = RGZ 79, 279 (280).

[1063] RG, Urt. v. 24.04.1912 – I 176/11, Abschrift S. 4 = RGZ 79, 279 (281).

[1064] RG, Urt. v. 24.04.1912 – I 176/11, Abschrift S. 4 f. = RGZ 79, 279 (281).

[1065] Siehe *T. Wolff*, LZ 1914, Sp. 1268 (Sp. 1271); *Joerges*, ZRPhil. 1 (1914), S. 208 (222), der die Entscheidung im Ergebnis für richtig hielt, aber deren Begründung wegen des fehlenden Bezuges zur Rechtsordnung und zum Gemeinschaftsgedanken bemängelte; *von Tuhr*, Bd. II 2, § 70 II.1., S. 25 in Fn. 26 und *Warneyer*, BGB, Bd. I, § 138 Anm. A.VIII., S. 246.

[1066] Vgl. *T. Wolff*, LZ 1914, Sp. 1268 (Sp. 1271). Bei dem bei *T. Wolff*, a.a.O., abgedruckten § 244 BGB statt des § 241 BGB dürfte es sich um einen Druckfehler handeln. Mit der vereinbarten Verletzung der Rechtsordnung erklärte auch *Joerges*, ZRPhil. 1 (1914), S. 208 (222), den Verstoß gegen die guten Sitten.

[1067] Siehe zur Praxis der Schmiergeldzahlung im Baugewerbe, insbesondere für die an Architekten, den informativen Aufsatz von *Paulsen*, MuW XI (1911/1912), S. 372 ff.

In der Entscheidung vom 16./26.10.1906[1068] ging es um den folgenden Sachverhalt: Die beklagte Stadt baute eine Militärkaserne, wobei sie den Baumeister A. vertraglich mit der Bauleitung betraut hatte. In diesem Vertrag war auch bestimmt, A. solle bei den von der Beklagten auszuschreibenden Bauarbeiten „im Auftrage des Magistrats" die erforderlichen Bekanntmachungen und Ausschreibungen veranlassen. Auf Grund von Abmachungen zwischen A. und dem Ziegelhersteller B. lieferte dieser für den Bau fast 600.000 Verblendsteine. Der B. behauptete, daß zwischen ihm und A. in für die Beklagte bindender Weise der Preis von 116 M für 1.000 Stück dieser Steine festgesetzt worden sei. Die durch Tilgungen verbliebene Restforderung von etwa 15.000 M trat der B. an die Klägerin ab. Der II. Zivilsenat des RG hielt den zwischen dem A. im Namen der Beklagten und dem B. abgeschlossenen Liefervertrag über die Steine und damit zugleich die zedierte Forderung für nichtig.[1069] Während des Rechtsstreits habe sich herausgestellt, daß A. als Vertreter der Beklagten den Vertrag mit B. zu einem viel zu hohen Preise unter Übergehung des vorgeschriebenen Submissionsverfahrens absichtlich zum Nachteil der Beklagten abgeschlossen habe. Hierfür habe er von B. ein Geschenk von 2.000 M verlangt und in Form eines von B. später eingelösten Wechsels erhalten, weshalb es zu dem für B. günstigen Abschluß gekommen sei. Ein solches Verfahren verstoße sowohl auf Seiten des A. als auch des B. gegen die guten Sitten nach § 138 BGB.

Mit der Entscheidung vom 27.10.1911[1070] hatte der III. Zivilsenat des RG die Zusicherung eines Rabatts zu beurteilen. Die deutsche Steinzeugwarenfabrik lieferte der Klägerin Baumaterial für Kanalarbeiten, die sie durch eine andere Firma ausführen ließ. Mit dem Beklagten, der von der Klägerin als Bauleiter angestellt und unter anderem mit der Projektierung und Veranschlagung der Kanalisationsarbeiten betraut war, vereinbarte die Fabrik die Zuwendung eines Rabatts von 5 % des Lieferungspreises an diesen. Nach den Feststellungen des Berufungsgerichts habe die Fabrik den Rabatt nur zu dem Zweck gewährt, damit alles von ihr gelieferte Material ohne Beanstandung, also falls das Material nicht richtig bestellt oder nicht richtig geliefert werde, seitens des beklagten Bauleiters angenommen und von der Klägerin bezahlt werden würde. Das RG sah die der Gewährung des Rabattes zugrunde liegende Vereinbarung als wider die guten Sitten verstoßend nichtig an. Der Beklagte sei aufgrund des Dienstvertrages verpflichtet, die Interessen der Klägerin gegenüber der Fabrik zu wahren. Er habe namentlich dafür zu sorgen, daß nur gutes brauchbares Material geliefert

[1068] Vgl. RG, Urt. v. 16./26.10.1906 – II 107/06, Recht 1906, Sp. 1317 Nr. 3191, vgl. *Schubert/Glöckner*, Nachschlagewerk, § 138 Nr. 90.

[1069] Vgl. RG, Urt. v. 16./26.10.1906 – II 107/06, Abschrift S. 4 f. = Recht 1906, Sp. 1317 Nr. 3191.

[1070] Vgl. RG, Urt. v. 27.10.1911 – III 184/11, MuW XI (1911/1912), S. 151.

werde. „Die Annahme einer Vergütung mit dem ... unverkennbaren Zwecke, den Dienstpflichtigen zu Gunsten des Lieferanten und folgeweise zum Nachteil des Dienstberechtigten zu beeinflussen, verstößt schwer gegen die Dienstpflicht und läuft dem Anstandsgefühl aller billig und gerecht Denkenden derart zuwider, daß die Zuwendung sowohl für den Geber als für den Empfänger einen Verstoß gegen die guten Sitten bedeutet."[1071]

3. Bietungsabkommen bei Zwangsversteigerungen und Submissionen

In dieser Rubrik soll auf zwei Arten von Verträgen eingegangen werden, die im Wirtschaftsleben einen bedeutenden Stellenwert einnahmen. Dabei geht es in erster Linie um das pactum de non licitando, dem vertraglichen Versprechen, vom Mitbieten bei einer öffentlichen Zwangsversteigerung „abzustehen", weshalb diese Abrede auch als „Abstandsvertrag" und das für das Abstehen vom Mitbieten versprochene oder hingegebene Geld als „Abstandsgeld" bezeichnet wurden. Daneben kamen auch den Verträgen über die Beteiligung an Konkurrenzausschreibungen, im Besonderen den Schutzvereinbarungen von Unternehmern bei öffentlichen Ausschreibungen von Arbeiten, den Submissionen, erhebliche Bedeutung zu. Die Gültigkeit solcher Vereinbarungen wurde allerdings nur zum Teil unter dem Gesichtspunkt ihrer Unvereinbarkeit mit den guten Sitten bekämpft.[1072]

a) *Pactum de non licitando*

Die vertragliche Vereinbarung, gegen Gewährung von zumeist finanziellen Vorteilen bei einer Versteigerung zum Vorteile des Einzelnen überhaupt nicht oder doch nur bis zu einem bestimmten Betrag mitzubieten, dem pactum de non licitando[1073] oder „Abstandsvertrag"[1074], beschäftigte Gesetzgebung und Justiz nicht erst seit dem letzten Jahrhundert. Mit einer derartigen Verabredung versuchte ein Bietungsinteressent andere Mitbieter von der Abgabe eines Gebots abzuhalten, um den Zuschlag für das zur Versteigerung anstehende, den Vertragsgegenstand bildende Objekt möglichst selbst günstig zu erhalten.[1075] Daß

[1071] RG, Urt. v. 27.10.1911 – III 184/11, Abschrift S. 3 = MuW XI (1911/1912), S. 151 (151).

[1072] Siehe *Lehmann*, S. 145.

[1073] Vgl. *Düringer/Hachenburg*, HGB Bd. II, 1. Aufl. 1901, Einl. S. 42 und *Mayer-Maly*, in: MüKo, BGB, 1. Aufl. 1978, § 138 Rn. 96 = *Mayer-Maly*, in: MüKo, BGB, 3. Aufl. 1993, § 138 Rn. 95 = *Mayer-Maly/Armbrüster*, in: MüKo, BGB, 4. Aufl. 2001, § 138 Rn. 109.

[1074] *Riezler*, in: Staudinger, BGB, Bd. I, 2. Aufl. 1904, § 138 Anm. I.6., S. 403.

[1075] Potentielle Mitbieter und damit Vertragspartner für einen Abstandsvertrag waren insbesondere die Gläubiger der auf einem zur Versteigerung anstehenden Grundstück lastenden durch die Abreden der Zweck einer Versteigerung vereitelt werden kann, den auktionierten Gegenstand zu einem möglichst hohen Preis unter den Hammer zu bringen, bedarf keiner näheren Erläuterung. Ein zugeschlagenes Gebot, welches unter den realistischen, nach den gegebenen Umständen zu erwartenden Geboten liegt, geht in aller Regel mit einer Schädigung des Eigentümers des Objektes einher und kann im entsprechenden Fall der gerichtlichen Anordnung der Versteigerung zugleich zum Schaden seiner Gläubiger gereichen.[1076]

Diesen Mißständen begegneten teils manche Länder mit landesgesetzlichen Strafbestimmungen, in denen die Zulässigkeit der pacta de non licitando verneint wurde. Wo, wie etwa im Gebiete des gemeinen Rechts, derartige Strafbestimmungen fehlten, hatte man Verträge solchen Inhalts überwiegend als pacta turpia bezeichnet und ihnen so die Gültigkeit versagt.[1077] Als bekanntestes Beispiel für eine landesgesetzliche Regelung ist die Verordnung des Preußenkönigs Friedrich Wilhelm vom 14. Juli 1797 „gegen verschiedene Mißbräuche bei gerichtlichen und andern öffentlichen Subhastationen und Versteigerungen" hervorzuheben, mit der die Zulässigkeit der pacta de non licitando verneint und unter Strafe gestellt wurde. Diese Verordnung sei wegen ihrer Anschaulichkeit und Bedeutung für die spätere Rechtsprechung in vollem Umfang unter Verwendung des Abdruckes in der „Sammlung Preußischer Gesetze und Verordnungen" von Rabe an dieser Stelle wiedergegeben:

„Wir Friedrich Wilhelm, von Gottes Gnaden König von Preußen … Thun kund und fügen hiermit zu wissen, wie Uns angezeiget worden, daß bei gerichtlichen und anderen öffentlichen Subhastationen und Versteigerungen hin und wieder der Mißbrauch überhand nehme, daß ein Licitant, um einen andern Bietungslustigen zu entfernen und von einem Mehrgebote abzuhalten, sich mit demselben über ein sogenanntes Abstandsgeld vereinigt, und dadurch bewirkt, daß er solchergestalt das ausgebotene Object zu einem niedern Preise erhält, als geschehen seyn würde, wenn nicht andere Kauflustige durch einen solchen Winkelver-

---

Hypotheken. Diese waren in der Regel an einem möglichst hohen Gebot für das Grundstück interessiert, da sie im Falle eines zu niedrigen Höchstgebots den Ausfall ihrer Hypothek, vor allem dann, wenn es sich um eine nachrangige handelte, befürchten mußten.

1076 Schon *Ernst Schneider*, Recht 1903, S. 413 (413), stellte allein für eine ohne derartige Abreden stattfindende Zwangsversteigerung fest, „daß die Zwangsversteigerungserlöse oft weit hinter dem wahren Wert der Sachen zurückbleiben und daß hierdurch die Gläubiger, der Schuldner und weitere Beteiligte schwer geschädigt werden". Dann muß man aber annehmen, daß der Schaden noch vergrößert wird, wenn durch pacta de non licitando (vgl. *Ernst Schneider*, Recht 1903, S. 413 [415]: „unlautere Verabredungen, wie sie leider nur zu häufig in den verschiedensten Arten vorkommen") absichtlich die Erlöse noch weiter geschmälert werden.

1077 Vgl. *A. Cohn*, DJZ 1901, S. 24 (24).

trag vom Mitbieten wären zurückgehalten worden. Dergleichen Verabredungen gründen sich nun zwar auf einen unmoralischen und unerlaubten Eigennutz, den die Gesetze niemals begünstigen können, indem dadurch der Zweck der öffentlichen Versteigerungen gänzlich vereitelt, dem Eigenthümer des zu verkaufenden Objects, oder dessen Gläubigern, der rechtmäßige Vortheil, welchen sie durch diesen gesetzmäßig veranstalteten Weg der Veräußerung hätten erhalten können, zu Gunsten eines dritten, welcher darauf nicht den entferntesten Anspruch zu machen hat, entzogen, und gerichtliche Handlungen, bei welchen Treue und Glauben, so wie ein gerades und offenes Verfahren, mit Recht gefordert und erwartet werden können, in Gelegenheiten zu gewinnsüchtigen Speculationen verwandelt werden. Da es inzwischen an einem positiven Verbotsgesetze gegen solche Winkelverträge bisher noch ermangelt hat, so haben wir nöthig gefunden, darüber nachstehendes festzusetzen:

1.

Alle Verträge und Verabredungen, bei welchen die Absicht zum Grunde liegt, bei gerichtlichen und andern öffentlichen Subhastationen und Auctionen, sie mögen zu den nothwendigen oder freiwilligen gehören, Kauflustige zum Vortheil eines Licitanten von der Abgebung ihres Gebots, oder von weiterem Mitbieten zurück zu halten, es geschehe nun solches durch Bewilligung eines gewissen Abstandsgeldes, oder durch Versprechung, oder wirkliche Einräumung anderer Vortheile, werden hiermit für unerlaubt und strafbar erklärt.

2.

Dergleichen Verträge können daher auch unter den Contrahenten selbst keine rechtliche Wirkung haben, und es kann keinem derselben mit einer daraus hergeleiteten Klage rechtliches Gehör verstattet werden.

3.

Vielmehr soll alles dasjenige, was der zurückstehende Kauflustige durch einen solchen unerlaubten Vertrag gewonnen hat, dem vorigen Eigenthümer des Objects, bei dessen Versteigerung der Vertrag vorgefallen ist, oder dessen Gläubigern, zu deren Befriedigung der gerichtliche Verkauf veranlaßt gewesen, zu gute kommen, und von dem Inhaber dieses unerlaubten Gewinnes, als Entschädigung wegen des dadurch entzogenen rechtmäßigen Vortheils, den sie aus einer ordentlichen Fortsetzung der Licitation zu hoffen hatten, herausgegeben werden.

4.

Außerdem sollen diejenigen, die sich in einen solchen Vertrag eingelassen haben, in eine fiskalische Geldstrafe, welche dem doppelten Betrage des nach §. 3. zu bestimmenden gesuchten unerlaubten Gewinns gleichkommt, verurtheilt, und von ihnen zu gleichen Theilen, allenfalls aber von jedem unter ihnen auf das Ganze beigetrieben werden.

5.

Auch solche Verträge, wo mehrere sich vereinigen, ein zum öffentlichen Verkauf gestelltes Object durch einen unter ihnen ausgemittelten und vorgeschobenen Namensträger an sich zu bringen, und es sodann zu ihrem gemeinsamen Vortheil wieder zu verkaufen, werden hiermit für unerlaubt ausdrücklich erklärt. Es soll daraus auch unter den Interessenten selbst kein Recht entstehen, und keine Klage statt finden; vielmehr soll auch in diesem Falle den Contrahenten der gesuchte unerlaubte Gewinn entrissen, und derselbe denjenigen, welche dadurch einen zu hoffenden rechtmäßigen Vortheil verloren haben, zuerkannt, die Pacifcenten auch außerdem mit gesetzmäßiger Ahndung, nach Vorschrift Unseres allgemeinen Landrechts Th. II. Tit. XX. §. 1259 bis 1264. ohne Nachsicht belegt werden.

Hiernach haben sich Unsere Collegia und Gerichte gebührend zu achten, und die gegenwärtige Verordnung, durch öffentlichen Aushang, durch Zufertigung an die Untergerichte, und durch Einrückung derselben in die Zeitungen und Intelligenzblätter der Provinz gehörig bekannt zu machen."[1078]

Später ist an die Stelle der in der Verordnung vom 14. Juli 1797 enthaltenen Strafbestimmungen der § 270 des „Strafgesetzbuch[es] für die Preußischen Staaten" (im Folgenden: PreußStGB) vom 14. April 1851[1079] getreten.[1080] Der § 270 PreußStGB hatte folgenden Gesetzeswortlaut: „Wer Andere vom Mitbieten oder Weiterbieten bei den von öffentlichen Behörden oder Beamten vorgenommenen Versteigerungen, dieselben mögen Verkäufe, Verpachtungen, Lieferungen, Unternehmungen oder Geschäfte irgend einer Art betreffen, durch Gewalt oder Drohung, oder durch Zusicherung oder Gewährung eines Vortheils abhält, wird mit Geldbuße bis zu dreihundert Thalern oder mit Gefängniß bis zu

---

[1078] Zitiert nach dem Abdruck bei *Rabe*, Bd. IV, S. 204 ff.

[1079] Siehe Strafgesetzbuch für die Preußischen Staaten vom 14. April 1851, GS 1851, S. 101 ff.

[1080] Siehe *A. Cohn*, DJZ 1901, S. 24 (24); *Lehmann*, S. 147; *J. Müller*, JW 1906, S. 639 (640); RG, Beschl. v. 17.03.1905 – V 213/03, Abschrift S. 4 f. = RGZ 60, 273 (277): „Der § 270 ist im Gebiete des altpreußischen Rechts, für welches damals die … Verordnung vom 14. Juli 1797 Geltung hatte, an die Stelle der Strafbestimmung getreten, die in Nr. 4 dieser Verordnung enthalten war. Er hat aber einen durchaus anderen Inhalt und deckt sich … mit den Vorschriften der Verordnung nicht."; RG, Urt. v. 15.03.1909 – IV 348/08, Abschrift S. 3 f. = WarnRspr. 1909, Nr. 341 S. 309 (309 f.). Nach RG, Urt. v. 02.12.1901 – IV 336/01, Abschrift S. 4 = JW 1902, S. 84 (84) Nr. 23, vgl. *Schubert/Glöckner*, Nachschlagewerk, § 138 Nr. 8, sei trotz des § 270 PreußStGB die preußische Verordnung vom 14. Juli 1797 gegen verschiedene Mißbräuche bei gerichtlichen und andern öffentlichen Subhastationen und Versteigerungen in Hinblick auf ihre zivilrechtlichen (!) Wirkungen in Kraft geblieben; so auch RG, Urt. v. 26.06.1912 – V 107/12, Abschrift S. 4 = ZBlFG 13 (1913), S. 629 (630) Nr. 543, wonach indes die Verordnung aber nur im Geltungsbereich des preußischen ALR gelte. Nach gegenteiliger Ansicht sei die preußische Verordnung vom 14. Juli 1797, auch soweit sie privatrechtliche Normen enthalte, durch Art. 55 EGBGB aufgehoben, vgl. *Lehmann*, S. 147.

sechs Monaten bestraft."[1081] Am 1. Januar 1871 trat das „Strafgesetzbuch für den Norddeutschen Bund" vom 31. Mai 1870[1082] in Kraft.[1083] Das Strafgesetzbuch für die preußischen Staaten vom 14. April 1851 wurde hierdurch nicht ausdrücklich in seinem ganzen Umfang aufgehoben, sondern gemäß § 2 des Einführungs-Gesetzes zum Strafgesetzbuch für den Norddeutschen Bund vom 31. Mai 1870[1084] nur insoweit, als es Materien betrifft, welche Gegenstand des Strafgesetzbuches des Norddeutschen Bundes sind. Gegenstand dieses Strafgesetzbuches ist die in § 270 PreußStGB enthaltene Strafbestimmung hinsichtlich des Abhaltens vom Bieten oder Weiterbieten bei Versteigerungen aber nicht geworden.[1085] Deshalb nahmen sowohl die Straf- und die Zivilsenate des RG in ihren Entscheidungen vor 1900 als auch Teile des Schrifttums, wenn auch nicht unbestritten, die andauernde Gültigkeit des § 270 PreußStGB an.[1086] Durch das

---

[1081] § 270 des Strafgesetzbuches für die Preußischen Staaten vom 14. April 1851, GS 1851, S. 101 (156).

[1082] Siehe Strafgesetzbuch für den Norddeutschen Bund vom 31. Mai 1870, Bundes-Gesetzbl. des Norddeutschen Bundes 1870, S. 197 ff.

[1083] Siehe § 1 „Einführungs-Gesetz zum Strafgesetzbuch für den Norddeutschen Bund" vom 31. Mai 1870, Bundes-Gesetzbl. des Norddeutschen Bundes 1870, S. 195 (195): „Das Strafgesetzbuch für den Norddeutschen Bund tritt im ganzen Umfange des Bundesgebietes mit dem 1. Januar 1871. in Kraft."

[1084] Siehe § 2 Einführungs-Gesetz zum Strafgesetzbuch für den Norddeutschen Bund vom 31. Mai 1870, Bundes-Gesetzbl. des Norddeutschen Bundes 1870, S. 195 (195): „[Abs. 1:] Mit diesem Tage [scil.: dem 1. Januar 1871] tritt das Bundes- und Landesstrafrecht, insoweit dasselbe Materien betrifft, welche Gegenstand des Strafgesetzbuchs für den Norddeutschen Bund sind, außer Kraft. [Abs. 2:] In Kraft bleiben die besonderen Vorschriften des Bundes- und Landesstrafrechts, namentlich über strafbare Verletzungen der Preßpolizei-, Post-, Steuer-, Zoll-, Fischerei-, Jagd-, Forst- und Feldpolizei-Gesetze, über Mißbrauch des Vereins- und Versammlungsrechts und über den Holz- (Forst-) Diebstahl. [Abs. 3:] Bis zum Erlasse eines Bundesgesetzes über den Konkurs bleiben ferner diejenigen Strafvorschriften in Kraft, welche rücksichtlich des Konkurses in Landesgesetzen enthalten sind, insoweit dieselben sich auf Handlungen beziehen, über welche das Strafgesetzbuch für den Norddeutschen Bund nichts bestimmt."

[1085] Vgl. *Groschuff*, Bd. II, 1. Aufl. 1894, Nr. IX.2. PreußStGB Einl., S. 375 = *Groschuff*, Bd. II, 2. Aufl. 1904, Nr. 70 PreußStGB Einl., S. 421.

[1086] Siehe aus der reichsgerichtlichen Rechtsprechung der Strafsenate zum Beispiel RG, Urt. v. 27.03.1884 – I Strafsenat 349/84, RGSt 10, 220 (221 ff.); RG, Urt. v. 06.03.1888 – IV Strafsenat 21/88, RGSt 17, 202 (203) und RG, Urt. v. 18.03.1895 – I Strafsenat 595/95, RGSt 27, 106 (106). Die Vorschrift des § 270 PreußStGB betreffe eine Materie, welche nicht Gegenstand des Reichsstrafgesetzbuchs geworden sei (siehe § 2 Abs. 1 Einführungs-Gesetz zum Strafgesetzbuch für den Norddeutschen Bund vom 31. Mai 1870, Bundes-Gesetzbl. des Norddeutschen Bundes 1870, S. 195 [195]: „Mit diesem Tage tritt das Bundes- und Landesstrafrecht, insoweit dasselbe Materien betrifft, welche Gegenstand des Strafgesetzbuchs für den Norddeutschen Bund sind, außer Kraft."). Siehe aus

„Gesetz, betreffend die Redaktion des Strafgesetzbuchs für den Norddeutschen Bund als Strafgesetzbuch für das Deutsche Reich“ vom 15. Mai 1871[1087] erhielt das Deutsche Reich schließlich ein einheitliches „Strafgesetzbuch für das Deutsche Reich“[1088], welches auf das des Norddeutschen Bundes vom 31. Mai 1870 zurückging.[1089]

Dem BGB selbst ist ein Verbot des pactum de non licitando wie das (partikularrechtliche) in der preußischen Verordnung vom 14. Juli 1797 fremd; eine ausdrückliche Regelung ist hierin jedenfalls nicht erfolgt.[1090] Damit drängte sich die Frage auf, wie die pacta de non licitando unter seiner Geltung nunmehr rechtlich zu beurteilen waren.

Nach der von *Alexander Cohn* 1901 geäußerten Meinung könne es keinem Zweifel unterliegen, daß landesprivatrechtliche Bestimmungen wie die in der preußischen Verordnung vom 14. Juli 1797, die derartige Verträge in zivilrechtlicher Hinsicht für nichtig erklärten, mangels ihrer ausdrücklichen Aufrechterhaltung durch das BGB beseitigt worden seien.[1091] Anderes müsse für die strafrechtlichen Bestimmungen der Landesgesetze gelten. So sei, was das RG schon früher ausgesprochen hatte, der einen anderen vom Bieten Abhaltenden mit Strafe bedrohende § 270 PreußStGB neben dem Strafgesetzbuch für das Deutsche Reich – und auch nach dem Inkrafttreten des BGB – in Geltung geblieben und nicht durch dieses aufgehoben worden; dies nahm immerhin auch die über-

---

der Judikatur der Zivilsenate des RG etwa RG, Urt. v. 17.05.1887 – III 28/87, RGZ 18, 219 (220); RG, Urt. v. 08.07.1890 – III 67/90, RGZ 26, 311 (314) und RG, Urt. v. 11.12.1893 – VI 211/93, RGZ 32, 261 (262). Aus der Literatur siehe beispielsweise *Dernburg*, Preuß. Privatrecht Bd. II, 5. Aufl. 1897, § 14 6., S. 34 in Fn. 16; *von Liszt*, Strafrecht, 7. Aufl. 1896, § 19 I.2., S. 79 = *von Liszt*, Strafrecht, 9. Aufl. 1899, § 20 I.2., S. 92; *J. Olshausen*, RStGB, Bd. II, 3. Aufl. 1890, Einl. vor §§ 284 ff. Anm. 3)b), S. 1174 f. = *J. Olshausen*, RStGB, Bd. II, 4. Aufl. 1892, Einl. vor §§ 284 ff. Anm. 3)b), S. 1090 = *J. Olshausen*, RStGB, Bd. II, 5. Aufl. 1897, Einl. vor §§ 284 ff. Anm. 3)b), S. 1119 = *J. Olshausen*, RStGB, Bd. II, 6. Aufl. 1901, Einl. vor §§ 284 ff. Anm. 3)b), S. 1096; *Groschuff*, Bd. II, 1. Aufl. 1894, Nr. IX.2. PreußStGB Einl., S. 375 f. = *Groschuff*, Bd. II, 2. Aufl. 1904, Nr. 70 PreußStGB Einl., S. 421 und *Kuhlenbeck*, JW 1896, S. 221 (228) sowie für die Gegenmeinung *Oppenhoff*, StGB, 5. Aufl. 1876, § 2 EGStGB für den Norddeutschen Bund Anm. 22., S. 6; jeweils mit weiteren Nachweisen.

[1087] Siehe RGBl. 1871, S. 127 (127).

[1088] Siehe RGBl. 1871, S. 127 (128 ff.).

[1089] Vgl. *Tröndle/Fischer*, StGB, 51. Aufl. 2003, Einl. Rn. 3.

[1090] Vgl. *Düringer/Hachenburg*, HGB Bd. II, 1. Aufl. 1901, Einl. S. 42 und *A. Cohn*, DJZ 1901, S. 24 (24).

[1091] Vgl. *A. Cohn*, DJZ 1901, S. 24 (24).

wiegende Zahl der Autoren an.[1092] Die pacta de non licitando seien demnach, insoweit sie nach den – in Kraft gebliebenen strafrechtlichen – Landesgesetzen strafbar sind, im Sinne des BGB als unerlaubte Handlungen einzustufen. Sie seien nach § 134 BGB nichtig und verpflichteten nach den §§ 823, 830 BGB zum Schadensersatze.[1093]

Nicht ganz so leicht könne eine Aussage für die Länder getroffen werden, in denen solche landesgesetzlichen Strafbestimmungen, wie beispielsweise im Bereich des gemeinen Rechts, fehlten. Dort hatte man überwiegend in der Theorie und nach der bisherigen Praxis die pacta de non licitando prinzipiell als unsittliche Verträge, als pacta turpia, betrachtet und ihnen ebendeshalb die Gültigkeit abgesprochen.[1094] Nun könnten diese Verträge, so *Cohn*, auch nicht unsittlichen Zwecken dienen, etwa wenn mit ihnen einer übertriebenen Preissteigerung entgegengewirkt werden sollte, weshalb eine ausnahmslose Behandlung derartiger Verträge als pacta turpia – auch unter der Herrschaft des BGB – nicht zu rechtfertigen sei.[1095] Es sei ebendeswegen vom Richter im konkreten Fall unter Berücksichtigung der Umstände, insbesondere des Vertragszweckes nach freiem Ermessen zu entscheiden, ob ein pactum turpe vorliege oder nicht.[1096] In den angeblich in der Praxis häufiger vorkommenden Fällen, daß ein pactum turpe gegeben sei bzw. angenommen werde, seien die getroffenen Vereinbarungen nach § 138 BGB nichtig und begründeten gegebenfalls die Verpflichtung zum Schadensersatz nach den §§ 826, 830 BGB; entgegengesetztenfalls seien sie gültig.[1097] Im Ergebnis wurde diese Ansicht auch von Lehmann vertreten.[1098]

1092 Siehe nur *Kuhlenbeck*, JW 1896, S. 221 (228); *A. Cohn*, DJZ 1901, S. 24 (24); *Riezler*, in: Staudinger, BGB, Bd. I, 2. Aufl. 1904, § 138 Anm. I.6., S. 403; *Lehmann*, S. 147 und *J. Müller*, JW 1906, S. 639 (639).

1093 Vgl. *A. Cohn*, DJZ 1901, S. 24 (24). Eine andere Auffassung vertrat *Fuld*, SeuffBl. 70 (1905), S. 592 (592 ff.), der die Nichtigkeit in diesen Fällen nicht aus § 134 BGB, sondern aus § 138 Abs. 1 BGB ableitete.

1094 Vgl. *A. Cohn*, DJZ 1901, S. 24 (24 f.).

1095 Vgl. *A. Cohn*, DJZ 1901, S. 24 (25) unter Verweis auf: RG, Urt. v. 17.05.1887 – III 28/87, RGZ 18, 219 (222) und *Dernburg*, Preuß. Privatrecht Bd. II, 5. Aufl. 1897, § 14 6., S. 33. So auch *Düringer/Hachenburg*, HGB Bd. II, 1. Aufl. 1901, Einl. S. 42: „Das pactum de non licitando ist auch nicht allgemein oder prinzipiell für sittlich verwerflich zu erklären … . Es kann als ein durchaus berechtigtes Mittel erscheinen, ein gegenseitiges ungerechtfertigtes Hinaufbieten auszuschließen."

1096 So auch *Lehmann*, S. 146. Anderer Meinung war wiederum *Fuld*, SeuffBl. 70 (1905), S. 592 (594 ff.), der einen Verstoß gegen die guten Sitten gemäß § 138 Abs. 1 BGB unabhängig von einer Feststellung der konkreten Umstände des Einzelfalles bejahte, weil der Zweck der öffentlichen Versteigerung und die Interessen der Gläubiger, der Schuldner und des Staates diese Annahme geböten.

1097 Vgl. *A. Cohn*, DJZ 1901, S. 24 (25).

Die Auffassung Cohns ruft Befremden hervor, entbehrt aber wegen der vorhandenen unterschiedlichen Rechtslage in den Ländern nicht einer notwendigen Konsequenz. Befremdlich wirkt vor allem, daß, je nachdem, ob eine entsprechende landesrechtliche (noch in Kraft befindliche) Strafvorschrift (fort)besteht oder aber überhaupt niemals im Landesrecht vorhanden war, entweder nur (?)[1099] der § 134 BGB mit der jeweiligen landesgesetzlichen Strafnorm oder nur der § 138 BGB als Prüfungsmaßstab in Betracht kommen soll. Mit dieser differenzierenden Anwendung wird die bisherige Rechtszersplitterung, die doch gerade auf dem Gebiete des Zivilrechts durch die Einführung eines für alle Reichsgebiete einheitlich geltenden BGB beseitigt werden sollte, auch unter dessen Geltung perpetuiert. Die Rechtsunsicherheit wird dadurch noch verstärkt, daß beim Vorliegen der Voraussetzungen der jeweils noch wirksamen landesrechtlichen Strafvorschrift und derjenigen des § 134 BGB die Vereinbarung stets nichtig ist, während das Ergebnis bei der alleinigen Prüfung anhand des § 138 BGB auch ein anderes sein kann, muß der Verstoß gegen die guten Sitten doch erst mittels einer umfangreichen Wertung im Einzelfall festgestellt werden. Die nach seinem Standpunkt eintretende unterschiedliche Beurteilung hat Cohn zwar nicht verkannt, aber deren Unberechenbarkeit erheblich unterschätzt, wenn er am Ende seiner Ausführungen verkündet: „Die Frage nach der Zulässigkeit der pacta de non licitando ist also auf landesrechtlicher Grundlage nach den Umständen bald zu bejahen, bald zu verneinen.“[1100]

Gegen die rechtliche Anerkennung der Bietungsabsprachen äußerte sich auch Reichsgerichtsrat *Ernst Schneider*. Es müsse mit der in einzelnen Urteilen der früheren Rechtsprechung vertretenen Ansicht unter nunmehriger Geltung des BGB gebrochen werden, daß solche Abkommen nicht wider die guten Sitten verstießen:[1101] „Wer derartig der Rechtsordnung und der Vermögenslage seiner Mitbürger entgegenarbeitet, den vom Gesetze und von der Mehrheit der Beteiligten gewollten möglichst großen Kreis der Bieter absichtlich aus Bosheit oder Selbstsucht verengt, der verletzt unzweifelhaft das Sittengesetz in gröblichster Weise. Er selbst braucht ja … nicht mitzubieten, aber er darf nicht auch einem

---

1098 Vgl. *Lehmann*, S. 149.

1099 Diesbezüglich lassen die Ausführungen von Cohn nicht erkennen, ob in den Gebieten einer bestehenden landesgesetzlichen Strafvorschrift neben dem § 134 BGB auch noch Raum für die Anwendung des § 138 BGB verbleibe. Praktisch ist die Frage ohne Relevanz, weil es für den Ausspruch der Nichtigkeit genügt, wenn er sich auf § 134 BGB stützen läßt.

1100 *A. Cohn*, DJZ 1901, S. 24 (25).

1101 Vgl. *Ernst Schneider*, Recht 1903, S. 413 (415).

andern, außerdem zum Bieten Geneigten, vertragsmäßige Schranken auflegen."[1102]

Nach der von *Riezler* im Staudinger vertretenen Meinung konnte das Versprechen, vom Mitbieten bei einer Versteigerung abzustehen, je nach den Umständen, jedenfalls aber dann, wenn es gegen die Zusicherung einer Vergütung geschehe, gegen die guten Sitten verstoßen.[1103] Dagegen sei im Herrschaftsgebiete des noch gültigen § 270 PreußStGB der Abstandsvertrag gesetzlich ausdrücklich verboten und daher nach § 134 BGB nichtig.[1104]

Einen extremen Standpunkt in dieser Hinsicht vertrat *Fuld*: Das pactum de non licitando widerspreche stets den guten Sitten gemäß § 138 Abs. 1 BGB im ganzen Reichsgebiet, also auch in den Ländern, wo es nicht unter Strafe gestellt ist, weil mit ihm eine Vereitelung des gesetzlichen Zweckes der Versteigerung erreicht werden solle.[1105]

In den Gebieten, in denen eine landesgesetzliche Strafvorschrift gegen das Abhalten von Bietern bei öffentlichen Versteigerungen bestehe, müßten die hierauf gerichteten Absprachen unter der Voraussetzung der Verwirklichung des gesetzlichen Tatbestandes ohne weiteres als (nach § 138 BGB) nichtig angesehen werden.[1106] Der Verstoß gegen die guten Sitten erfasse auch den gegen die öffentliche Ordnung, selbst wenn dieser nicht in den Tatbestand des § 138 Abs. 1 BGB aufgenommen worden sei. Dementsprechend müsse aber einem Rechtsgeschäft die Nichtigkeit anhaften, welches gegen ein strafrechtliches Verbot verstoße. Die unter Strafe gestellte Handlung bedeute einen Verstoß gegen die öffentliche Rechtsordnung und Verabredungen, die darauf gerichtet seien, die strafbare Handlung zu ermöglichen, könnten auf ihre Rechtswirksamkeit keinen Anspruch erheben. Der Zivilrichter sei nicht befugt, sich in seiner Ent-

---

[1102] *Ernst Schneider*, Recht 1903, S. 413 (415).

[1103] Vgl. *Riezler*, in: Staudinger, BGB, Bd. I, 2. Aufl. 1904, § 138 Anm. I.6., S. 403 = *Riezler*, in: Staudinger, BGB, Bd. I, 3./4. Aufl. 1907, § 138 Anm. I.6., S. 446 f. = *Riezler*, in: Staudinger, BGB, Bd. I, 7./8. Aufl. 1912, § 138 Anm. I.6., S. 534.

[1104] Vgl. *Riezler*, in: Staudinger, BGB, Bd. I, 2. Aufl. 1904, § 138 Anm. I.6., S. 403 und *Riezler*, in: Staudinger, BGB, Bd. I, 2. Aufl. 1904, § 134 Anm. 7., S. 394 unter Verweis auf: RG, Urt. v. 02.06.1902 – VI 88/02, RGZ 51, 401. Nach der Entscheidung der Vereinigten Zivilsenate in RG, Beschl. v. 17.03.1905 – V 213/03, RGZ 60, 273, wurde diese Ansicht von *Riezler*, in: Staudinger, BGB, Bd. I, 3./4. Aufl. 1907, § 134 Anm. 7., S. 437 = *Riezler*, in: Staudinger, BGB, Bd. I, 7./8. Aufl. 1912, § 134 Anm. 7., S. 522 nicht mehr vertreten. Jedoch sei nach *Riezler*, in: Staudinger, BGB, Bd. I, 7./8. Aufl. 1912, § 134 Anm. 7., S. 522 unter Verweis auf: RG, Urt. v. 29.01.1907 – VII 223/06, SeuffA 62 (1907), Nr. 160 S. 274, die Frage, ob der Vertrag nicht gegen die guten Sitten verstößt, immer besonders zu prüfen.

[1105] Vgl. *Fuld*, SeuffBl. 70 (1905), S. 592 (592 ff.).

[1106] Vgl. *Fuld*, SeuffBl. 70 (1905), S. 592 (592).

scheidung über das strafrechtliche Verbot hinwegzusetzen, insbesondere nicht mit der Erwägung, das Verbot enthalte selbst (mittlerweile überwundene) ethische Anschauungen.[1107] „Das Pactum de non licitando ist daher jedenfalls in allen Bundesstaaten, in welchen dasselbe in Gemäßheit der geltenden Landesstrafgesetzgebung den Gegenstand eines Delikts bildet, nichtig, und es muß eine Untersuchung darüber, ob im Einzelfalle mit Rücksicht auf die konkreten Momente ein sittenwidriger Charakter der Verabredung anzunehmen sei oder nicht, abgelehnt werden."[1108] Den Einwand, daß (wie in § 270 PreußStGB) nur das Abhalten von Bietungslustigen, nicht aber die Verabredung zum Abhalten vom Bieten unter Strafe gestellt sei und somit der § 138 Abs. 1 BGB nicht hierauf angewendet werden könne, verwarf Fuld. In strafrechtlicher Hinsicht sei dieses Bedenken nicht erheblich und die zivilrechtliche Beurteilung bleibe hiervon gänzlich unberührt. Das gegen die guten Sitten verstoßende Rechtsgeschäft sei nichtig und es sei gleichgültig, ob es sich dabei um einen unmittelbaren oder nur mittelbaren Verstoß handele.[1109] „Die Nichtigkeit des ein einheitliches Ganzes bildenden Rechtsgeschäfts haftet demselben in allen Teilen an, sie ist nicht nur auf seiten desjenigen vorhanden, welcher den Steigerungslustigen durch ein Geldversprechen bestimmt, der Versteigerung fern zu bleiben, sondern auch auf seiten desjenigen, welcher sich das Versprechen geben läßt und es annimmt."[1110] Diese Folge ergebe sich ebenso unter Anwendung des § 139 BGB.[1111]

Zum gleichen Ergebnis kam Fuld auch für diejenigen Bundesstaaten, in denen gleichartige Strafbestimmungen nicht bestehen, was darauf beruhen könne, daß solche Vorschriften für das Land überhaupt noch nie bestanden haben oder sie infolge der Einführung des Reichsstrafgesetzbuchs außer Kraft gesetzt wurden. Auch in diesen Ländern müsse man die Nichtigkeit der Abstandsvereinbarungen unabhängig von der Feststellung der konkreten Umstände des Einzelfalles annehmen.[1112] Dies gebiete der Zweck der öffentlichen Versteigerung, „durch Zulassung einer unbeschränkten Zahl von Kauf- und Steigerungslustigen eine gewisse Garantie dafür zu bieten, daß der zu versteigernde Gegenstand möglichst vorteilhaft losgeschlagen, mit anderen Worten, daß ein möglichst hoher Preis dafür erzielt werde".[1113] Dies liege sowohl im individuellen Interesse der Gläubiger wie auch des Schuldners bei einer Zwangsversteigerung sowie des Eigentümers bei einer freiwilligen Versteigerung. Die Erreichung des Zweckes

[1107] Vgl. *Fuld*, SeuffBl. 70 (1905), S. 592 (593).

[1108] *Fuld*, SeuffBl. 70 (1905), S. 592 (593 f.).

[1109] Vgl. *Fuld*, SeuffBl. 70 (1905), S. 592 (594).

[1110] *Fuld*, SeuffBl. 70 (1905), S. 592 (594).

[1111] Vgl. *Fuld*, SeuffBl. 70 (1905), S. 592 (594).

[1112] Vgl. *Fuld*, SeuffBl. 70 (1905), S. 592 (594).

[1113] *Fuld*, SeuffBl. 70 (1905), S. 592 (594).

besitze darüber hinaus eine allgemeine Bedeutung. Der Staat habe einerseits ein Interesse daran, der Verschleuderung von wirtschaftlichen Werten entgegenzuwirken. Andererseits müsse er verhüten, daß infolge von Manipulationen bei der Zwangsversteigerung ein Minderwert erzielt werde, so daß die Gläubiger keine vollständige Befriedigung erhielten und der Schuldner ihnen nach wie vor haftbar bliebe.[1114] Es sei für Fuld „nicht ersichtlich, daß die Anschauungen über das Unsittliche aller Vereinbarungen und Verabredungen, welche diesem Zwecke der öffentlichen Versteigerung entgegenwirken, sich seit einem Menschenalter geändert hätten".[1115] Ob trotz des Abhaltens von Bietungsinteressierten ein im Verhältnis zum Wert des versteigerten Objektes angemessener Versteigerungserlös erzielt worden sei, wovon eine seinerseits angeführte Entscheidung des schweizerischen Bundesgerichts ausgehe, erscheine für den (anzunehmenden) sittenwidrigen Charakter der Rechtsgeschäfts vollkommen gleichgültig; nicht dieser tatsächliche Effekt, sondern der Inhalt des verabredeten Rechtsgeschäftes sei für dessen sittenwidrigen Charakter von maßgebender Bedeutung. Zudem lasse sich nicht mit Sicherheit sagen, ob nicht bei Zulassung aller Bietungslustigen nicht ein viel höherer Preis erzielt worden wäre.[1116]

Nach *Hagen* sei das pactum de non licitando, soweit nicht gesetzlich verboten, nicht schlechthin nichtig. Dem gesetzlichen Zweck der Versteigerung, ein möglichst hohes Gebot zu erzielen, stehe das an sich berechtigte Interesse der Bieter gegenüber, zu einem möglichst geringen Preis zu ersteigern.[1117] Der Abstandsvertrag widerspreche daher nur dann den guten Sitten, „wenn aus besonderen auch rechtlich beachtlichen Gründen eine Verpflichtung dazu besteht, den Zweck der Versteigerung nicht zu schmälern. Eine solche Verpflichtung liegt insbesondere dann vor, wenn der Betreffende zu denjenigen, in deren Interesse die Versteigerung erfolgt, in einem besonderen Vertrauensverhältnisse ... oder in einem Verhältnisse rechtlich gebotener Gleichheit ... steht."[1118] Lasse sich der Betreffende im pactum für seine Person Vorteile zusichern, so sei im Zweifel der Vertrag schon deshalb nichtig.[1119]

Mit dieser Darstellung einiger Literaturstimmen wird bereits deutlich, daß im Zusammenhang mit dem pactum de non licitando im Schrifttum keine einheitliche Linie für die Anwendung des § 134 BGB in Verbindung mit § 270 PreußStGB einerseits und des § 138 BGB andererseits bestand. Aufgrund der vorhandenen landesgesetzlichen Rechtslage stand auch das RG vor denselben

[1114] Vgl. *Fuld*, SeuffBl. 70 (1905), S. 592 (594 f.).

[1115] *Fuld*, SeuffBl. 70 (1905), S. 592 (595).

[1116] Vgl. *Fuld*, SeuffBl. 70 (1905), S. 592 (595 f.).

[1117] Vgl. *Hagen*, SächsA 5 (1910), S. 105 (110).

[1118] *Hagen*, SächsA 5 (1910), S. 105 (110).

[1119] Vgl. *Hagen*, SächsA 5 (1910), S. 105 (110).

Problemen. Das RG suchte in seiner Rechtsprechung die Frage nach der Gültigkeit der pacta de non licitando vorrangig mit der Vorschrift des § 134 BGB zu bewältigen. Der § 138 BGB erfuhr hierbei, was die Darstellung der gefundenen Entscheidungen im folgenden zeigen wird, kaum eine nennenswerte Berücksichtigung. Trotz dieses Umstandes soll doch die Entwicklung der Rechtsprechung des RG in dem Versuch der Beschränkung auf das Interessante und Wesentliche veranschaulicht werden.

Als erster Bestimmungspunkt mag dabei das Urteil des III. Zivilsenats des RG vom 17.05.1887[1120] dienen. Nach den Behauptungen der Kläger war vor dem wegen Konkurses abgehaltenen dritten Verkaufstermin über ein Gut zwischen dem klägerischen Zedenten H. und dem Beklagten folgende Absprache getroffen worden: H. habe sich verpflichtet, im Verkaufstermin nicht mitzubieten, damit der Beklagte das versteigerte Gut zu einem billigen Preis erwerben könne, allerdings sollte der Beklagte dem H. im Gegenzug hierfür Ersatz eines etwaigen Ausfalls seiner (des H.) im Konkurs angemeldeten Hypothekenforderung bis zur Höhe von 11.000 M leisten.

Das OLG Kassel hatte die auf diesen Vertrag gestützte Klage auf Leistung der zugesicherten Entschädigung schon allein aus dem Grunde abgewiesen, weil dieser gegen § 270 PreußStGB verstoße, folglich nach seinem Gegenstand unerlaubt und damit rechtsunwirksam sei. Deshalb könnten auch die Kläger ihre Klage nicht auf die an sie zedierte Forderung seitens des H. stützen.[1121]

Der III. Zivilsenat des RG stellte dagegen die Wirksamkeit des behaupteten Vertrages fest und hob das Urteil auf. In seiner Begründung trat er zunächst ausdrücklich der Ansicht des I. Strafsenates des RG darin bei, daß die Vorschrift des § 270 PreußStGB nicht durch das Reichsstrafgesetzbuch aufgehoben worden sei und daher in seiner landesrechtlichen Wirksamkeit noch fortbestehe.[1122]

Damit warf sich aber die nächste Frage auf, ob nicht ein solcher Vertrag, weil er auf das Delikt des § 270 PreußStGB gerichtet – und dieses nach den Vorinstanzen auch begangen – sei, für zivilrechtlich unwirksam erklärt werden müsse. Die Vorschrift des § 270 PreußStGB bedrohe aber ausschließlich nur denjenigen mit Strafe, welcher andere durch Zusicherung oder Gewährung eines Vorteils vom Mitbieten bei öffentlichen Versteigerungen abhalte. „Derjenige, welcher sich abhalten läßt, macht sich nicht strafbar, insbesondere kann er nicht als Teilnehmer am Vergehen des Abhaltenden angesehen und bestraft wer-

---

1120 Vgl. RG, Urt. v. 17.05.1887 – III 28/87, RGZ 18, 219.

1121 Vgl. RG, Urt. v. 17.05.1887 – III 28/87, RGZ 18, 219 (220).

1122 Vgl. RG, Urt. v. 17.05.1887 – III 28/87, RGZ 18, 219 (220) unter Verweis auf: RG, Urt. v. 27.03.1884 – I. Strafsenat 349/84, RGSt 10, 220 (221 ff.).

den.“[1123] Dies habe jedoch das Berufungsgericht bei seiner nur auf den § 270 PreußStGB gestützten Entscheidung übersehen: „Ist dies der Fall, und ist es also dem eventuellen Mitbieter nicht verboten, einen Vertrag einzugehen, wodurch er sich vom Bieten abhalten läßt, so kann seiner Klage aus diesem Vertrage auch nicht entgegengehalten werden, daß sie auf ein gesetzlich verbotenes, civilrechtlich unwirksames Geschäft sich stütze. Denn das in Frage stehende Strafgesetz ist nicht gegen den Vertrag als solchen gerichtet, es verbietet nicht die Abschließung derartiger Verträge überhaupt, sondern es reprobiert nur die darin zu Tage tretende Thätigkeit des einen Kontrahenten und bedroht diesen, nämlich den vom Mitbieten Abhaltenden, mit öffentlicher Strafe. Wäre in einem derartigen Falle auch für den anderen, nicht unter das Strafgesetz fallenden Kontrahenten der Vertrag als nichtig zu erklären, so müßte, was nicht der Fall, eine Rechtsregel existieren, derzufolge jedes Geschäft civilrechtlich vollständig unwirksam würde, wenn einer der Kontrahenten durch seine besonderen Verhältnisse, durch Art oder Zweck seiner Beteiligung sich straffällig machte.“[1124]

Bereits nach diesen Ausführungen hätte das Urteil des Berufungsgerichts der Aufhebung unterlegen, es sei denn, der fragliche Vertrag erwiese sich aus anderen Gründen als nichtig und das Berufungsurteil stelle sich damit aus anderem Grunde als richtig dar, „nämlich deshalb ..., weil der Vertrag ... aus sittlichen Gründen verwerflich und als ein pactum turpe für rechtlich unwirksam zu erklären ist“.[1125] Der III. Zivilsenat verneinte die maßgebliche Fragestellung unter Bezugnahme auf die in der gemeinrechtlichen Literatur und Rechtspraxis geführten Kontroverse[1126], ob „die sog. pacta de non licitando allgemein und prinzipiell für sittlich verwerfliche Verträge zu erklären“[1127] seien. „Vielmehr ist das Gericht der Meinung, daß deren Unwirksamkeit nur dann anzunehmen sei, wenn die besondere Beschaffenheit des einzelnen Falles, sein Anlaß, Inhalt und Zweck ihn zu einem pactum turpe stempelt.“[1128] Im Vorliegenden sei dies hingegen nicht der Fall. Nach der von den Klägern behaupteten Vereinbarung sollte H. als Hypothekengläubiger nur die Summe erhalten, wie sie zur annähernden Deckung seiner Forderung für ausreichend angesehen wurde, also keinesfalls mehr, als er beanspruchen durfte. Der Beklagte habe keinen ungehörigen Vorteil zugesagt, dessen Annahme schon für sich als moralisch verwerfliche

---

[1123] RG, Urt. v. 17.05.1887 – III 28/87, RGZ 18, 219 (221) unter Verweis auf: *Oppenhoff*, PreußStGB, 5. Aufl. 1867, § 270 Anm. 16., S. 487.

[1124] RG, Urt. v. 17.05.1887 – III 28/87, RGZ 18, 219 (221).

[1125] RG, Urt. v. 17.05.1887 – III 28/87, RGZ 18, 219 (221).

[1126] Siehe hierzu die Darstellung und die Nachweise in RG, Urt. v. 17.05.1887 – III 28/87, RGZ 18, 219 (221 f.).

[1127] RG, Urt. v. 17.05.1887 – III 28/87, RGZ 18, 219 (222).

[1128] RG, Urt. v. 17.05.1887 – III 28/87, RGZ 18, 219 (222).

Handlung einzustufen sei. Den Zweck des Vertrages, den Gläubiger H. vom Mitbieten abzuhalten, hätte man auch anders erreichen können: Der Beklagte hätte gegen Zahlung der in Rede stehenden Deckung an H. die Hypothekenforderung durch Abtretung von ihm erwerben können und den H., dem es nur um die Befriedigung seiner Forderung ging, dadurch (faktisch) vom Mitbieten abgehalten.[1129]

Abschließend hielt der III. Zivilsenat in den Urteilsgründen fest, „solche und ähnliche Beredungen kommen, ohne Anstoß zu erregen, im Verkehrsleben nicht selten vor, und man ist nicht berechtigt, sie als den Grundsätzen der öffentlichen Moral widerstreitend zu bezeichnen und zu behandeln".[1130] Seine Rechtsprechung bestätigte der III. Zivilsenat des RG (aber noch zum alten Recht) mit Urteil vom 06.07.1900.[1131]

Eine Fortentwicklung dieser Rechtsprechung mußte zwangsläufig das Urteil des VI. Zivilsenats vom 02.06.1902[1132] bringen, weil die durch das Inkrafttreten des BGB nunmehr geltende Vorschrift des § 134 BGB in die rechtliche Bewertung mit einfloß. Auch dieser Senat ging zwar von der Weitergeltung des § 270 PreußStGB aus,[1133] sah aber das Versprechen des Klägers, dem Kaufmann Sch. für das Unterlassen des Mitbietens in der Zwangsversteigung 1.500 M zu zahlen, als vorliegend nichtig an: „Welche Folgen der Verstoß gegen §. 270 [PreußStGB] für die Wirksamkeit des zwischen dem Kläger und Sch. abgeschlossenen Vertrages hat, bestimmt sich nach §. 134 Bürgerlichen Gesetzbuchs. Darum ist nicht Anlaß, auf die Gründe einzugehen, aus denen das Reichsgericht ... für die Gebiete des gemeinen Rechts und des Preußischen Allgemeinen Landrechts zu teilweise abweichenden Ergebnissen gelangt ist. Nach §. 134 [BGB] ist nichtig ein Rechtsgeschäft, das gegen ein gesetzliches Verbot verstößt. Das zwischen dem Kläger und Sch. abgeschlossene Rechtsgeschäft beruht nun einerseits auf dem Angebot des ersteren, dem anderen für das Unterlassen des Mitbietens 1500 M. zu zahlen, und andererseits auf der Annahme dieses Angebots und der Uebernahme der Verpflichtung zur Gewährung der Gegenleistung (der Abstandnahme vom Bieten) durch Sch. Das Angebot verstößt gegen §. 270 [PreußStGB], und da es ein nothwendiger, untrennbarer Theil des gewollten Rechtsgeschäfts war, so verstößt dieses selbst gegen das Verbotsgesetz und ist darum nichtig. Diese Nichtigkeit tritt nicht blos dann ein, wenn das Gesetz ausdrücklich gegen den Inhalt des Rechtsgeschäfts sich richtet, wie das zum

---

1129 Vgl. RG, Urt. v. 17.05.1887 – III 28/87, RGZ 18, 219 (222 f.).

1130 RG, Urt. v. 17.05.1887 – III 28/87, RGZ 18, 219 (223).

1131 Siehe RG, Urt. v. 06.07.1900 – III 135/00, Abschrift S. 3 = Gruchot 45 (1901), S. 930 (932) Nr. 67.

1132 Vgl. RG, Urt. v. 02.06.1902 – VI 88/02, RGZ 51, 401.

1133 Vgl. RG, Urt. v. 02.06.1902 – VI 88/02, Abschrift S. 4 = RGZ 51, 401 (401).

Beispiel beim Wucher der Fall ist; sondern auch dann, wenn die eine der beiden Willenserklärungen, aus denen das Rechtsgeschäft sich zusammensetzt, gesetzlich unzulässig war."[1134] Eine zusätzliche Bewertung des Sachverhalts anhand der Vorschrift des § 138 BGB erübrigte sich schon wegen des Nichtigkeitsausspruches gemäß § 134 BGB; jedenfalls enthalten die Entscheidungsgründe keine Ausführungen dazu.

Einen weiteren Markstein setzte sodann der VI. Zivilsenat mit seiner Entscheidung vom 11.07.1904[1135]. Hier verlangte der Kläger von der Beklagten, die für das zwangsversteigerte Grundstück den Zuschlag erhalten hatte, Ersatz seiner in der Zwangsvollstreckung nicht zur Hebung gelangten Hypothekenforderung. Zur Begründung machte er geltend, die Beklagte habe, um das Grundstück bei der Versteigerung billiger zu erlangen, mit dem Hypothekengläubiger V., der neben der Beklagten als einziger willens und in der Lage gewesen sei, auf das Grundstück zu bieten, ein Abkommen dahingehend getroffen, daß sich V. gegen Zahlung von 3.500 M seitens der Beklagten nicht weiter am Bieten beteiligen sollte.

Bei der Untersuchung eines Verstoßes dieser Handlungsweise gegen die guten Sitten im Rahmen des § 826 BGB gab der VI. Zivilsenat ganz nebenbei der vom III. Zivilsenat bereits in dessen Urteil vom 17.05.1887[1136] für das gemeine Recht geäußerten Auffassung den Vorzug, „daß sogenannte pacta de non licitando nicht immer und prinzipiell als sittlich verwerflich zu erachten seien, dies vielmehr nur anzunehmen sei, wenn die besondere Beschaffenheit des Falles den Vertrag zu einem unsittlichen stempele".[1137]

Ein vorläufiger Abschluß dieser Rechtsprechung wurde durch den Beschluß des V. Zivilsenats vom 29.10.1904[1138] zur Einholung einer Plenarentscheidung des RG „erzwungen". Dem lagen die folgenden vom Berufungsgericht festgestellten Tatsachen zugrunde: Der Beklagte hatte sich im Zwangsversteigerungstermin vom 30. Juni 1900 dem Kläger gegenüber, für welchen auf dem zu versteigernden Grundstück eine Hypothek von 4.500 M eingetragen war, verpflichtet, diese Hypothek in Höhe von 3.500 M zu übernehmen und zu be-

---

[1134] RG, Urt. v. 02.06.1902 – VI 88/02, Abschrift S. 4 f. = RGZ 51, 401 (402).

[1135] Vgl. RG, Urt. v. 11.07.1904 – VI 514/03, RGZ 58, 393, vgl. *Schubert/Glöckner*, Nachschlagewerk, § 138 Nr. 28.

[1136] Siehe RG, Urt. v. 17.05.1887 – III 28/87, RGZ 18, 219 (222).

[1137] RG, Urt. v. 11.07.1904 – VI 514/03, Abschrift S. 8 = RGZ 58, 393 (400) unter Verweis auf: RG, Urt. v. 17.05.1887 – III 28/87, RGZ 18, 219 (222); OLG Hamburg, Urt. v. 24.09.1887, SeuffA 43 (1888), S. 152 Nr. 102; OLG Kiel, Urt. v. 12.03.1900, SeuffA 56 (1901), S. 2 Nr. 2; *Riezler*, in: Staudinger, BGB, Bd. I, 2. Aufl. 1904, § 138 Anm. I.6., S. 403; *Rehbein*, BGB, Bd. I, §§ 134 – 138 (134) Anm. I.3., S. 168 f.; *Neumann*, Bd. I, 3. Aufl. 1903, § 138 Anm. 2.i., S. 129 und *Goldmann/Lilienthal*, Bd. I, § 43 Anm. 3.

[1138] Vgl. RG, Beschl. v. 29.10.1904 – V 213/03, JW 1905, S. 167 Nr. 4.

zahlen, sofern der Kläger, der bis zur Deckung seiner Hypothek mitbieten wollte, im Termin keine Gebote abgeben und der Beklagte die Besitzung für ein Meistgebot von nicht mehr als 50.025 M zugeschlagen erhalten würde. Über das Abkommen ist sofort, noch im Versteigerungstermin, vom Beklagten ein Schriftstück ausgestellt und dem Kläger übergeben worden. Die Besitzung wurde dem Beklagten für ein Meistgebot von 49.925 M zugeschlagen; der Kläger hatte dabei keine Gebote abgegeben und fiel mit seiner Hypothek vollständig aus. Der Beklagte verweigerte dann jedoch die Zahlung der versprochenen 3.500 M an den Kläger, der ihn mit der vorliegenden Klage darauf in Anspruch nahm, mit dem Einwand, das mit dem Kläger getroffene Abkommen sei nichtig, weil es gegen die guten Sitten nach § 138 BGB und gegen das gesetzliche Verbot des § 270 PreußStGB in Verbindung mit § 134 BGB verstoße.[1139]

Das LG verurteilte nach dem Klageantrag und fand in dem Abkommen keinen Verstoß gegen die guten Sitten. Es hielt auch § 270 PreußStGB für nicht anwendbar, weil nicht erwiesen sei, von welcher Partei auch nur die Anregung zum Abschluß des Geschäfts ausgegangen war und außerdem nicht feststehe, daß der Kläger gegen diese Bestimmung verstoßen habe.[1140] Das OLG Hamm wies die Berufung des Beklagten zurück. Es stimmte mit dem LG darin überein, daß in dem zwischen den Parteien getätigten Rechtsgeschäft kein Verstoß gegen die guten Sitten liege. Die Nichtigkeit des Geschäfts könne nicht aus § 134 BGB hergeleitet werden, da nicht der Kläger, der sich vom Bieten habe abhalten lassen, sondern nur der Beklagte, der ihn vom Bieten abgehalten habe, gegen den § 270 PreußStGB verstoßen habe.[1141] „Es komme nicht darauf an", so die vom RG indirekt wiedergegebene Schlußfolgerung des Berufungsgerichts, „wer die erste Anregung zum Abschluß der Vereinbarung gegeben habe; aber daraus, daß sich das Verbot nur nach der einen Seite hin richte, nämlich nur denjenigen mit Strafe bedrohe, der vom Bieten abhält, sei zu folgern, daß das Gesetz nachteilige Folgen für die andere Vertragspartei nicht habe aufstellen wollen. Aus § 270 des preuß. St.G.B. ergebe sich daher die Ungültigkeit eines Vertrages nicht, bei welchem nur die eine Partei gegen das Verbot verstoßen hat, und deshalb folge die Nichtigkeit des Geschäfts auch nicht aus § 134 des B.G.B."[1142] Die vom Beklagten gegen das Berufungsurteil eingelegte Revision rügte Verletzung der §§ 138, 134 BGB, die letztendlich erfolglos blieb.

Der V. Zivilsenat des RG trat den Vorinstanzen darin bei, daß nach der „hier obwaltenden Sachlage" ein Verstoß gegen die guten Sitten im streitigen Ab-

---

1139 Vgl. RG, Beschl. v. 29.10.1904 – V 213/03, Abschrift S. 1 f. = JW 1905, S. 167 (167) Nr. 4.

1140 Vgl. RG, Beschl. v. 29.10.1904 – V 213/03, Abschrift S. 2 = JW 1905, S. 167 (167) Nr. 4.

1141 Vgl. RG, Beschl. v. 29.10.1904 – V 213/03, Abschrift S. 2 = JW 1905, S. 167 (167) Nr. 4.

1142 RG, Beschl. v. 29.10.1904 – V 213/03, Abschrift S. 2 = JW 1905, S. 167 (167) Nr. 4.

kommen und damit eine Nichtigkeit nach § 138 BGB nicht zu finden sei, ohne jedoch nähere Ausführungen zu machen.[1143] Auch eine Verletzung des § 134 BGB durch den Berufungsrichter vermochte er nicht anzuerkennen. Der Senat nahm vielmehr in Übereinstimmung mit diesem an, „daß der Vertrag nicht deshalb nichtig sei, weil [nur] die eine Vertragspartei durch seinen Abschluß gegen die Strafvorschrift in § 270 des preuß. Strafgesetzbuchs verstoßen hat".[1144] Der V. Zivilsenat sah sich aber an diesem Ausspruch gehindert, da der VI. Zivilsenat des RG im oben dargestellten Urteil vom 02.06.1902[1145] das Gegenteil angenommen hatte. In dem dortigen gleichartigen Fall habe der VI. Zivilsenat ausgesprochen, das ganze Rechtsgeschäft sei nach § 134 BGB nichtig, weil das Abhalten vom Bieten gegen § 270 PreußStGB verstoße „und dieses Abhalten ein notwendiger, untrennbarer Teil des gewollten Rechtsgeschäfts sei".[1146]

Deshalb beschloß der V. Zivilsenat die Einholung der Entscheidung der Vereinigten Zivilsenate des RG gemäß § 137 Abs. 1 GVG über die folgende Rechtsfrage: „Steht im Geltungsbereiche des §. 270 des preuß. Strafgesetzbuchs vom 14. April 1851 dem, der sich durch Zusicherung eines Vorteils vom Mitbieten bei öffentlicher Versteigerung hat abhalten lassen, eine Klage auf Erfüllung des Versprechens mit Rücksicht auf § 134 B.G.B. auch dann nicht zu, wenn letzteres nach den allgemeinen Normen des bürgerlichen Rechts (§ 138 B.G.B.) als rechtsverbindlich zu erachten ist?"[1147]

Damit vertraten beide Zivilsenate konträre Meinungen in Bezug auf die Nichtigkeit der pacta de non licitando nach § 134 BGB in Verbindung mit § 270 PreußStGB. Der VI. Zivilsenat erklärte im Urteil vom 02.06.1902[1148] diese Verträge nach § 134 BGB für nichtig und ließ (wohl deshalb) den § 138 BGB in seiner Entscheidung völlig unberücksichtigt. Im Gegensatz zum VI. Zivilsenat hielt der V. Zivilsenat im Beschluß vom 29.10.1904[1149] derartige Verträge nicht schon deshalb gemäß § 134 BGB für nichtig, weil die eine Vertragspartei durch ihr Versprechen, dem andern Teile für das Nichtbieten in der Versteigerung einen Vermögensvorteil zu gewähren, diesen vom Mitbieten abgehalten und dadurch gegen die Strafvorschrift des § 270 PreußStGB verstoßen hat. Trotz dieses Verstoßes erachtete der V. Senat das durch die Annahme eines solchen Versprechens zustande gekommene Rechtsgeschäft, sofern es nicht etwa gegen die gu-

---

[1143] Vgl. RG, Beschl. v. 29.10.1904 – V 213/03, Abschrift S. 3 = JW 1905, S. 167 (167) Nr. 4.

[1144] RG, Beschl. v. 29.10.1904 – V 213/03, Abschrift S. 3 = JW 1905, S. 167 (167) Nr. 4.

[1145] Siehe RG, Urt. v. 02.06.1902 – VI 88/02, RGZ 51, 401.

[1146] RG, Beschl. v. 29.10.1904 – V 213/03, Abschrift S. 3 = JW 1905, S. 167 (168) Nr. 4.

[1147] RG, Beschl. v. 29.10.1904 – V 213/03, Abschrift S. 1, insoweit nicht abgedruckt in JW 1905, S. 167 Nr. 4.

[1148] Siehe RG, Urt. v. 02.06.1902 – VI 88/02, RGZ 51, 401.

[1149] Siehe RG, Beschl. v. 29.10.1904 – V 213/03, JW 1905, S. 167 Nr. 4.

ten Sitten verstößt und nach § 138 BGB nichtig ist, was er in dem ihm zur Beurteilung unterbreiteten Sachverhalt ausdrücklich ablehnte, für gültig. Folglich könne nach ihm die versprochene Gegenleistung von demjenigen, der sich durch diese vom Bieten habe abhalten lassen, auch im Klagewege geltend gemacht werden.

Nach Anrufung der Vereinigten Zivilsenate des RG durch dessen V. Zivilsenat legten die beiden mit der Sache betrauten Berichterstatter zum Anfang des Jahres 1905 zwei umfangreiche Gutachten vor, die andere Reichsgerichtsräte zu Bemerkungen und Darstellungen (teils) abweichender Begründungen veranlaßt haben. Die Gutachten und dazu ergangenen Stellungnahmen der Richter haben nach den herangezogenen, in der Bibliothek des BGH in Karlsruhe aufbewahrten Abschriften einen Umfang von insgesamt 43 handschriftlichen Seiten. Es ist aus diesem Grunde und zudem wegen der rechtlichen Komplexität des Inhalts nur möglich, einige essentielle inhaltliche Punkte der Gutachten und Bemerkungen – freilich ohne den Anspruch auf Vollständigkeit – herauszugreifen und zu berichten. Aufgrund der vorgelegten Rechtsfrage befassen sich die Ausführungen der Richter am RG zuvörderst mit der durch das Plenum zu beantwortenden Frage nach der Nichtigkeit der pacta de non licitando gemäß § 134 BGB in Verbindung mit § 270 PreußStGB. Sie gehen in diesem Zusammenhang nur am Rande auf die Vorschrift des § 138 BGB ein.

Das Gutachten des ersten Berichterstatters Reichsgerichtsrat *Jaeckel* vom die Rechtsfrage vorlegenden V. Zivilsenat datiert vom 10. Januar 1905 und umfaßt in der Abschrift zwölf Seiten. Zunächst ging er auf den § 105 BGB Entwurf I, dem Vorläufer des § 134 BGB und die Materialien in den Motiven hierzu ein.[1150] Der erste Entwurf war dahin gefaßt: „Ein Rechtsgeschäft, dessen Vornahme durch das Gesetz verboten ist, ist nichtig, sofern nicht aus dem Gesetze ein Anderes sich ergiebt.“[1151] In den von Jaeckel wiedergegebenen Motiven zu § 105 BGB Entwurf I heißt es gleich zu Anfang: „Die Streitfrage, des gemeinen Rechtes, ob, wenn ein Gesetz die Vornahme eines Rechtsgeschäftes verbietet bezw. mit Strafe belegt, ohne die Nichtigkeit desselben auszusprechen, das dem Verbote zuwider vorgenommene Rechtsgeschäft der Regel nach nichtig sei, ist von der herrschenden Meinung … schon bisher mit Recht im bejahenden Sinne entschieden worden. Die Ausnahmen sind durch den der Vorschrift beigefügten, der gegentheiligen Absicht des Gesetzes Rechnung tragenden Vorbehalt gedeckt. Anders liegen meist die Fälle, in welchen bei einem Vertrage das Verbot nur den einen Theil trifft.[1152] Der Regel nach wird anzunehmen sein, daß der

---

1150 Vgl. *Jaeckel*, Gutachten vom 10. Januar 1905 in der Sache V 213/03, Abschrift S. 1 f.

1151 § 105 BGB Entwurf I, S. 24.

1152 In der dazugehörigen Fußnote erwähnen die Motive als Beispiele: Art. 69 HGB; §§ 1, 2, 6 des Gesetzes, betreffend die Inhaberpapiere mit Prämien vom 8. Juni 1871 (RGBl.

Vertrag als solcher in einem derartigen Falle nicht ungültig ist. Es kommt indessen hier gleichfalls auf die Absicht des Gesetzes im einzelnen Falle an, und der Vorbehalt genügt daher auch in dieser Richtung."[1153] Diese Bemerkungen der Motive seien nach Jaeckel aber ungenau. „Denn in Wahrheit liegen die Fälle, in denen bei einem Vertrage das Verbot nur den einen Teil trifft, nicht anders, sondern sie bilden nur einen Teil der Ausnahmefälle, nämlich einen Teil derjenigen Fälle, in denen anzunehmen ist, daß das Rechtsgeschäft, obwohl verboten, nicht ungültig sein soll."[1154] Der Zusatz des § 134 BGB („wenn sich nicht aus dem Gesetz ein anderes ergibt") solle nichtsdestoweniger besagen, „daß das Verbotsgesetz darauf hin zu prüfen ist, ob es das von ihm verbotene Geschäft, wenn es trotz des Verbots vorgenommen würde, bestehen lassen will oder nicht".[1155] Die Ausdrücke „Verbotsgesetz" und „verbotenes Rechtsgeschäft" seien dabei vielleicht fehl am Platz und es wäre besser, den Ausdruck durch „Strafgesetz" zu ersetzen und von einem Rechtsgeschäft zu sprechen, das im Gesetz mit Strafe bedoht ist.[1156] Sachlich bestehe hingegen dennoch kein Zweifel darüber, „daß § 134 des B.G.B. Rechtsgeschäfte, durch die eine öffentliche Strafe verwirkt wird, bestehen lassen will, wofern das sie unter Strafe stellende Gesetz (das Verbotsgesetz) erkennen läßt, daß sie zivilrechtlich gültig sein sollen. Das kann im Verbotsgesetz ausdrücklich ausgesprochen sein, es kann sich aber auch als Absicht des Gesetzes aus ihm entnehmen lassen".[1157] „Der § 134 [BGB] will diejenigen Rechtsgeschäfte von der Nichtigkeit ausnehmen", so führt Jaeckel weiter aus, „die das Verbotsgesetz für gültig erklärt hat; er rechnet also mit der Möglichkeit, daß das Verbotsgesetz über die zivilrechtliche Gültigkeit des Geschäfts eine Bestimmung getroffen hat und muß daher notwendig ein Verbotsgesetz voraussetzen, welches hierüber auch eine rechtlich gültige Bestimmung treffen konnte."[1158] Diese Voraussetzung treffe im vorliegenden Falle hingegen nicht zu, da sich die Materie, auf der sich die Strafvorschrift des § 270 PreußStGB bewege, in strafrechtlicher Hinsicht der Landesgesetzgebung überlassen sei; sie gehöre aber zivilrechtlich nicht zu den der Landesgesetzgebung

S. 210); §§ 7, 11, 42, 43, 55 – 58 des Bankgesetzes vom 14. März 1875 (RGBl. S. 177); das Gesetz betreffend den Wucher vom 24. Mai 1880 (RGBl. S. 109); § 146 Ziff. 1 in Verbindung mit §§ 115 – 119 GewO in der Fassung der Bekanntmachung vom 1. Juli 1883 (RGBl. S. 177) und §§ 288, 301, 302 StGB.

[1153] Motive I, S. 210 = *Mugdan* I, S. 468.

[1154] *Jaeckel*, Gutachten vom 10. Januar 1905 in der Sache V 213/03, Abschrift S. 2.

[1155] *Jaeckel*, Gutachten vom 10. Januar 1905 in der Sache V 213/03, Abschrift S. 2.

[1156] Vgl. *Jaeckel*, Gutachten vom 10. Januar 1905 in der Sache V 213/03, Abschrift S. 2.

[1157] *Jaeckel*, Gutachten vom 10. Januar 1905 in der Sache V 213/03, Abschrift S. 2 f.

[1158] *Jaeckel*, Gutachten vom 10. Januar 1905 in der Sache V 213/03, Abschrift S. 3.

vorbehaltenen Gebiete. Letzteres solle sich aus Art. 55 EGBGB[1159] ergeben, durch den auch die zivilrechtliche Gültigkeit der preußischen Verordnung vom 14. Juli 1797 aufgehoben worden sei. Damit stehe man einem scheinbaren Problem gegenüber, denn es ließe sich nun freilich sagen: Wenn das Landesstrafgesetz eine Bestimmung darüber nicht treffen könne, ob das mit Strafe bedrohte Rechtsgeschäft zivilrechtlich gelten solle oder nicht, dann sei das Rechtsgeschäft eben nach § 134 BGB nichtig, weil „sich nicht aus dem Gesetz ein anderes ergibt". Mit dieser Sichtweise würde man nach Jaeckel nur dem Wortlaut, aber nicht dem Sinn des § 134 BGB gerecht.[1160] „Denn der § 134 [BGB] setzt als möglich voraus, daß der Gesetzgeber seinen Willen, das Geschäft bei Kräften zu erhalten, bereits im Strafgesetz kund getan habe, während man ihn jetzt auf einen Fall anwenden würde, in welchem diese Möglichkeit dem Gesetzgeber nicht gegeben ist."[1161] Das Problem werde noch deutlicher, wenn man sich denkt, daß eine Vorschrift wie der § 270 PreußStGB erst nach dem 1. Januar 1900 als Landesgesetz erlassen werden würde. Selbst wenn der Landesgesetzgeber in einer solchen Bestimmung ausdrücklich die Un-/Gültigkeit des unter Strafe gestellten Rechtsgeschäftes ausgesprochen hätte, müßte man ihr dennoch jede zivilrechtliche Wirkung absprechen, weil die Regelung eine Materie betreffe, die der Landesgesetzgebung nicht vorbehalten sei.[1162] „Die Annahme, daß sich auf derartige Fälle der § 134 des B.G.B. überhaupt nicht bezieht, scheint mir auch für die Erhaltung der Rechtseinheit geboten. Denn andernfalls könnte dasselbe Rechtsgeschäft in Preußen, wo es mit Strafe bedroht ist, nichtig, in einem anderen Bundesstaat aber, wo sich eine gleiche Strafvorschrift nicht findet, gültig sein, und zwar ein Rechtsgeschäft, welches nicht etwa in den Bereich eines der Landesgesetzgebung zivilrechtlich vorbehaltenen Gebiets fällt, sondern in den Bereich der Normen des Bürgerlichen Gesetzbuchs. Ein Ergebnis, welches zu einer solchen Verschiebung der Kompetenz führt, scheint mir ausgeschlossen."[1163] Deshalb sei nach Jaeckel „anzunehmen, daß sich § 134 des B.G.B. auf landesgesetzliche Strafvorschriften, die auf einem der Landesgesetzgebung nicht zugleich zivilrechtlich vorbehaltenen Gebiete ergangen sind, nicht bezieht".[1164]

[1159] Siehe Art. 55 des Einführungsgesetzes zum Bürgerlichen Gesetzbuche vom 18. August 1896, RGBl. 1896, S. 604 (621): „Die privatrechtlichen Vorschriften der Landesgesetze treten außer Kraft, soweit nicht in dem Bürgerlichen Gesetzbuch oder in diesem Gesetz ein Anderes bestimmt ist."

[1160] Vgl. *Jaeckel*, Gutachten vom 10. Januar 1905 in der Sache V 213/03, Abschrift S. 3.

[1161] *Jaeckel*, Gutachten vom 10. Januar 1905 in der Sache V 213/03, Abschrift S. 3.

[1162] Vgl. *Jaeckel*, Gutachten vom 10. Januar 1905 in der Sache V 213/03, Abschrift S. 3 f.

[1163] *Jaeckel*, Gutachten vom 10. Januar 1905 in der Sache V 213/03, Abschrift S. 4.

[1164] *Jaeckel*, Gutachten vom 10. Januar 1905 in der Sache V 213/03, Abschrift S. 5.

Teile man seine Auffassung nicht, solle also § 134 BGB auch auf Rechtsgeschäfte angewendet werden, die landesgesetzlich mit Strafe bedroht sind, aber in zivilrechtlicher Hinsicht nicht in den Bereich eines der Landesgesetzgebung vorbehaltenen Rechtsgebietes fallen, müsse man dazu Stellung beziehen, ob die Strafvorschrift des § 270 PreußStGB die (zivilrechtliche) Nichtigkeit derjenigen Rechtsgeschäfte zur Folge habe, durch deren Abschluß ein Verstoß gegen die Strafvorschrift begangen worden sei. Insoweit nahm er in ausdrücklicher Übereinstimmung mit dem VI. Zivilsenat an, daß das Rechtsgeschäft gegen ein gesetzliches Verbot im Sinne des § 134 BGB verstoße, „wenn sich das Verbot gegen einen Bestandteil des Rechtsgeschäftes richtet, ohne welchen letzteres nicht bestehen kann".[1165] Diese Frage drängte sich auf, weil § 270 PreußStGB nur denjenigen, der den anderen vom Bieten abhält, also nur einen Vertragsteil mit Strafe bedroht. Es bestehe weiterhin kein Zweifel daran, daß der § 134 BGB nicht nur zivilrechtliche Verbote gemeint habe, sondern auch auf die Vorschriften des Strafrechts zu beziehen sei.[1166] Zudem bestünden für ihn keine Bedenken, daß mit dem letzten Halbsatz des § 134 BGB nicht nur eine ausdrückliche Bestimmung im Gesetz darüber, ob aus dem Verbot oder aus der angedrohten Strafe die Nichtigkeit des Geschäftes nicht folgen solle, gemeint sei, es vielmehr zulässig sei, „dies aus der Tendenz des in Betracht kommenden Verbotsgesetzes, aus seinem Grunde und Zwecke, zu schließen".[1167] Komme es danach auf die „Absicht des Gesetzes"[1168] an, ließen sich jedoch „zwingende Gründe, mit denen man nachweisen könnte, ob und welche Einwirkung dieser Strafvorschrift [scil.: § 270 PreußStGB] auf das Zivilrecht der Gesetzgeber beabsichtigt hat, nicht beizubringen"[1169], sondern nur „einzelne Anhaltspunkte gewinnen, die man mehr oder minder schwer beantworten kann".[1170] Diese Anhaltspunkte würden Jaeckel aber für die (hilfsweise aufgestellte) Annahme ausreichen, daß der § 270 PreußStGB zu den Strafvorschriften gehöre, „welche die zivilrechtliche Gültigkeit der von ihnen mit Strafe bedrohten Handlung unangetastet lassen wollen".[1171]

So ergäben die Materialien zum Preußischen Strafgesetzbuch und die fortdauernde Gültigkeit der preußischen Verordnung vom 14. Juli 1797 für das Zivilrecht, daß der preußische Gesetzgeber die Frage zivilrechtlich bereits geregelt vorgefunden habe und er (deshalb) keine Veranlassung hatte, sich mit ihr über-

---

[1165] *Jaeckel*, Gutachten vom 10. Januar 1905 in der Sache V 213/03, Abschrift S. 6.

[1166] Vgl. *Jaeckel*, Gutachten vom 10. Januar 1905 in der Sache V 213/03, Abschrift S. 6.

[1167] *Jaeckel*, Gutachten vom 10. Januar 1905 in der Sache V 213/03, Abschrift S. 7.

[1168] *Jaeckel*, Gutachten vom 10. Januar 1905 in der Sache V 213/03, Abschrift S. 7.

[1169] *Jaeckel*, Gutachten vom 10. Januar 1905 in der Sache V 213/03, Abschrift S. 8.

[1170] *Jaeckel*, Gutachten vom 10. Januar 1905 in der Sache V 213/03, Abschrift S. 8.

[1171] *Jaeckel*, Gutachten vom 10. Januar 1905 in der Sache V 213/03, Abschrift S. 8.

haupt zu befassen. Dem § 270 PreußStGB komme folglich nur eine strafrechtliche Bedeutung zu, der jede Einwirkung auf das Zivilrecht abzusprechen sei.[1172] Ein weiterer Anhaltspunkt ergebe sich daraus, daß § 270 PreußStGB nur den mit Strafe bedrohe, der vom Bieten abhält, nicht aber auch den anderen Teil, der sich vom Bieten abhälten läßt. Zwingend sei auch dieses Argument nicht, wie sich aus den oben zitierten Motiven zu § 105 BGB Entwurf I entnehmen lasse. Bedeutsam sei somit, daß der preußische Gesetzgeber die Strafandrohung der Verordnung vom 14. Juli 1797, die noch beide Vertragsteile der Strafe unterwarf, auf nur einen Vertragsteil zurückgenommen habe, es ihm aber dabei fernlag, die Strafbestimmung auch auf die Gültigkeit des Vertrages einwirken zu lassen, die in der Verordnung bereits geregelt war.[1173] Zum gleichen Ergebnis gelange man auch über den – hier nicht weiter zu vertiefenden – Grund und den Zweck der Strafvorschrift.[1174]

Letztlich lasse sich mit dieser Annahme auch zu einem praktisch befriedigenden Ergebnis gelangen. In den Fällen, in denen der Vertrag, der gegen § 270 PreußStGB verstößt, sich zugleich als ein Verstoß gegen die guten Sitten darstellt, bedürfe es der Heranziehung des § 134 BGB nicht (mehr); für sie genüge ja allein der § 138 BGB, um die Nichtigkeit des Vertrages aussprechen zu können.[1175]

Deshalb werde er beantragen, die Vereinigten Zivilsenate mögen die gestellte Frage mit „Nein" beantworten, eine Nichtigkeit des Vertrages nach § 134 BGB folglich ablehnen und durch die Verneinung den nachfolgenden Rechtssatz als richtig anzuerkennen: „Der § 134 des B.G.B. steht im Geltungsbereiche des § 270 des preuß. Strafgesetzbuchs einer Klage desjenigen, der sich durch Zusicherung eines Vorteils vom Mitbieten bei öffentlichen Versteigerungen hat abhalten lassen, auf Erfüllung des Versprechens nicht entgegen, wenn letzteres

---

[1172] Vgl. *Jaeckel*, Gutachten vom 10. Januar 1905 in der Sache V 213/03, Abschrift S. 8.

[1173] Vgl. *Jaeckel*, Gutachten vom 10. Januar 1905 in der Sache V 213/03, Abschrift S. 8.

[1174] Siehe dazu *Jaeckel*, Gutachten vom 10. Januar 1905 in der Sache V 213/03, Abschrift S. 9 ff.

[1175] Vgl. *Jaeckel*, Gutachten vom 10. Januar 1905 in der Sache V 213/03, Abschrift S. 11. Nach *Jaeckel*, a. a. O., Abschrift S. 10, gebe es aber eben auch Fälle, in denen dem Geschäft, welches die preußische Verordnung vom 14. Juli 1797 schlechthin reprobiert, kein unlauterer Charakter innewohnt oder – im Anschluß an den § 138 BGB – in denen ein Vertrag über die Abstandnahme vom Bieten nicht gegen die guten Sitten verstößt. „So z. B. wenn, wie im vorliegenden Falle, sich ein Hypothekengläubiger, der sonst bis zur Deckung seiner Hypothek mitgeboten haben würde, durch das Versprechen, daß ihm der Betrag seiner Hypothek vom Ersteher ausgezahlt werden würde, dazu bestimmen läßt, Gebote nicht abzugeben, weil ihm seine Verhältnisse die Übernahme des Grundstücks nicht gestatten und er doch andererseits einen Ausfall seiner Hypothek vermeiden möchte."

nach den allgemeinen Normen des bürgerlichen Rechtes (§ 138 B.G.B.) als rechtsverbindlich zu erachten ist.“[1176]

Im sechs Seiten umfassenden Gutachten des zweiten Berichterstatters Reichsgerichtsrat *Tagg* vom 1. Februar 1905 wurde von ihm, der dem VI. Zivilsenat angehörte, gleich im ersten Satz darauf hingewiesen, daß der vom VI. Zivilsenat in dem Urteil vom 02.06.1902[1177] entschiedene Fall tatsächlich zum Teil anders gestaltet sei als der vom V. Zivilsenat beurteilte.[1178] In beiden Entscheidungen sei aber mit Bezug auf den, der den anderen Kauflustigen vom Bieten abgehalten hat, der Tatbestand des § 270 PreußStGB festgestellt worden.[1179]

Die vom ersten Berichterstatter Jaeckel vorgeschlagene Fassung der Frage, gebe zu einem „nebensächlichen, redaktionellen Änderungsvorschlag“ Anlaß, da auch der § 134 BGB zu den allgemeinen Normen des BGB gehöre. Es sei daher genauer, den Schluß der Frage – und entsprechend auch den von den Vereinigten Zivilsenaten zu beschließenden Rechtssatz – wie folgt zu ändern: „nach den sonstigen allgemeinen Normen“.[1180]

Den vom ersten Berichterstatter Jaeckel angeführten ersten selbständigen Grund für die Verneinung der Frage damit, daß die privatrechtlichen Folgen des landesrechtlichen Verbotsgesetze und gerade des § 270 PreußStGB gemäß Art. 55 EGBGB außer Kraft gesetzt seien und unter den im § 134 BGB erwähnten Verbotsgesetzen außer den Reichsgesetzen nur solche Landesgesetze verstanden werden könnten, die sich auf eine der Landesgesetzgebung vorbehaltene Materie des bürgerlichen Rechts beziehen, stimmte Tagg zu.[1181] Die Billigung der Ausführungen, von Jaeckel unter anderem mit dem Gebot der „Er-

---

1176 *Jaeckel*, Gutachten vom 10. Januar 1905 in der Sache V 213/03, Abschrift S. 12.

1177 Siehe RG, Urt. v. 02.06.1902 – VI 88/02, RGZ 51, 401.

1178 In dem der Entscheidung vom VI. Zivilsenat zugrunde liegenden Sachverhalt verlangte der Kläger vom Beklagten Schadensersatz, weil der Beklagte als Richter bei der Zwangsversteigerung eines Grundstückes in Holstein den Versteigerungstermin zu früh geschlossen und dadurch verursacht hätte, daß der Kläger das Grundstück nicht ersteigert habe. Das die Klage abweisende OLG Kiel hatte festgestellt, daß der Kläger dem Sch. das Versprechen gegeben habe, diesem 1.500 M zu zahlen, falls er (der Kläger) das Grundstück erstehe, um den Sch. vom Mitbieten bei der Versteigerung abzuhalten. Der Kläger verstieß folglich gegen § 270 PreußStGB. Dagegen verlangte in der Entscheidung vom V. Zivilsenat der Kläger die Zahlung der ihm vom Beklagten für den Fall versprochenen Summe, daß er bei der Versteigerung nicht mitbiete und der Beklagte den Zuschlag erhalte. Hier hatte sich also der Beklagte wegen Abhalten von Bietens in der Zwangsversteigerung nach § 270 PreußStGB strafbar gemacht.

1179 Vgl. *Tagg*, Gutachten vom 1. Februar 1905 in der Sache V 213/03, Abschrift S. 1.

1180 *Tagg*, Gutachten vom 1. Februar 1905 in der Sache V 213/03, Abschrift S. 1.

1181 Vgl. *Tagg*, Gutachten vom 1. Februar 1905 in der Sache V 213/03, Abschrift S. 2 f.

haltung der Rechtseinheit"[1182] begründet, führe zu einem praktisch erfreulichen Ergebnis, indem dadurch der Übelstand beseitigt werde, daß in Gebieten, die im übrigen nicht der Landesgesetzgebung überlassen sind, die gleichen Rechtsgeschäfte in einem Teil des Reiches verbindlich sein können und in anderen nichtig. Die Rechtseinheit, die durch das BGB habe begründet werden sollen, werde somit im höheren Maße gewahrt. Daher erwog auch Tagg, wie schon vor ihm Jaeckel, die gestellte Frage zu verneinen und damit die Nichtigkeit nach § 134 BGB abzulehnen.[1183]

Hingegen für den Fall, daß seine Ausführungen abgelehnt würden, komme es dann doch, wie schon zuvor von Jaeckel hilfsweise erörtert, auf die Beantwortung der Frage an, welchen Inhalt die Vorschrift des § 270 PreußStGB habe, ob aus ihr zu entnehmen ist, daß der Gesetzgeber nicht (!) den Willen gehabt habe, über die privatrechtlichen Folgen der Zuwiderhandlung gegen sein Verbot etwas zu bestimmen. Diese Fragestellung ergebe sich aus dem § 134 BGB: Er stelle als Regel die Nichtigkeit der gegen ein gesetzliches Verbot verstoßenden Rechtsgeschäfe auf, die nur dort nicht zutreffen solle, wo sich aus dem Gesetz ein anderes ergibt. Es bedürfe also gerade des „Nachweises, daß der § 270 die Nichtigkeit der ihm zuwiderlaufenden Rechtsgeschäfte <u>nicht gewollt hat</u>".[1184] Entscheidend sei daher nicht die Frage, ob der Gesetzgeber „den Willen gehabt hat, die Nichtigkeit der über die Gewährung von Vorteilen geschlossenen Verträge zu begründen, sondern ob er willens gewesen ist, hierüber eine abweichende Bestimmung zu treffen".[1185] Anders als Jaeckel vermeinte Tagg in dem Umstand, daß der Gesetzgeber zwar die in der preußischen Verordnung vom 14. Juli 1797 enthaltene Strafbestimmung in den § 270 PreußStGB änderte, aber das Gebot der Nichtigkeit der Verträge in der Verordnung unverändert bestehen ließ, den Willen des Gesetzgebers zu erkennen, daß die privatrechtlichen Folgen des Verstoßes gegen das Verbotsgesetz fortbestehen sollten.[1186] Tagg kam folglich zu dem (von Jaeckel herausgearbeiteten abweichenden) hilfsgutachterlichen Schluß, „daß die Absicht des Gesetzes, die damals in der Vorschrift der Nr. 2 der Verordnung bereits bestehende Regel der Nichtigkeit der Verträge <u>nicht</u> anwendbar sein zu lassen, nicht nachweisbar ist, also ein anderes sich aus § 270 [PreußStGB] nicht ergibt".[1187] Für den Fall, daß es (dennoch) auf den Inhalt des § 270 PreußStGB ankommen solle, schlug Tagg – insoweit abweichend vom

---

[1182] *Jaeckel*, Gutachten vom 10. Januar 1905 in der Sache V 213/03, Abschrift S. 4.

[1183] Vgl. *Tagg*, Gutachten vom 1. Februar 1905 in der Sache V 213/03, Abschrift S. 3 f.

[1184] *Tagg*, Gutachten vom 1. Februar 1905 in der Sache V 213/03, Abschrift S. 4.

[1185] *Tagg*, Gutachten vom 1. Februar 1905 in der Sache V 213/03, Abschrift S. 4.

[1186] Vgl. *Tagg*, Gutachten vom 1. Februar 1905 in der Sache V 213/03, Abschrift S. 5.

[1187] *Tagg*, Gutachten vom 1. Februar 1905 in der Sache V 213/03, Abschrift S. 6.

ersten Berichterstatter Jaeckel – vor, die Frage zu bejahen, also die Nichtigkeit des Vertrages nach § 134 BGB auszusprechen.[1188]

Auch Reichsgerichtsrat *Hellweg* vom III. Zivilsenat machte in seinen Bemerkungen vom 25. Februar 1905 zu den beiden Gutachten klar, daß er im Ergebnis beiden Berichterstattern für die Verneinung der gestellten Frage zustimme, weil dies die Gerechtigkeit dringend erfordere. Die Bejahung und die damit zusammenhängende Annahme der Nichtigkeit würde dazu führen, daß dem Übertreter des Strafgesetzes noch eine Prämie für die verbotene Handlung gewährt würde. Allein die Begündung der beiden Gutachten riefen im Hinblick auf die prinzipielle Bedeutung des § 134 BGB Bedenken hervor.[1189] Nach dieser Vorschrift solle alles das, was die staatlichen Gesetze verbieten, zivilrechtlich keine Gültigkeit haben, letzteres mit der eigentlich selbstverständlichen Ausnahme, daß die betreffenden Verbotsgesetze selbst nicht etwas zu erkennen geben. Die wesentliche Bedeutung des § 134 BGB bestehe hingegen nicht darin, wovon anscheinend Jaeckel ausgehe, daß er Rechtsgeschäfte, durch die eine öffentliche Strafe verwirkt werde, bestehen lassen wolle, wenn dies dem Strafgesetz entspreche, sondern vielmehr umgekehrt:[1190] „Rechtsgeschäfte sollen nicht bestehen, wenn sie gegen ein Strafgesetz verstoßen, soweit nicht letzteres ein anderes ergibt."[1191] Seine weitere abweichende Begründung soll hier nicht weiter vertieft werden.

Reichsgerichtsrat *Rehbein* vom I. Zivilsenat beantragte mit Schriftsatz vom 2. März 1905, die zu entscheidende Rechtsfrage dahin zu formulieren: „Ist im Geltungsbereich des §. 270 des Preußischen Strafgesetzbuchs vom 14. April 1851 ein Vertrag, durch den der eine Kontrahent sich dem anderen gegenüber gegen Zusicherung eines Vorteils verpflichtet, bei einer öffentlichen Versteigerung nicht zu bieten, um deswillen allein nach dem §. 134 des Bürgerlichen Gesetzbuchs nichtig, weil der §. 270 des Preußischen Strafgesetzbuchs den mit Strafe bedroht, der andere vom Bieten bei öffentlichen Versteigerungen durch Zusicherung oder Gewährung eines Vorteils abhält?"[1192] Zur Begründung seines Antrages führte er unter anderem aus, daß beide Senate und die beiden Berichterstatter davon ausgingen, Verträge der fraglichen Art können gegen die guten

---

[1188] Vgl. *Tagg*, Gutachten vom 1. Februar 1905 in der Sache V 213/03, Abschrift S. 6.

[1189] Vgl. *Hellweg*, Bemerkungen vom 25. Februar 1905 zu den Gutachten in der Sache V 213/03, Abschrift S. 1.

[1190] Vgl. *Hellweg*, Bemerkungen vom 25. Februar 1905 zu den Gutachten in der Sache V 213/03, Abschrift S. 1 f.

[1191] *Hellweg*, Bemerkungen vom 25. Februar 1905 zu den Gutachten in der Sache V 213/03, Abschrift S. 2.

[1192] *Rehbein*, Bemerkungen vom 2. März 1905 zu den Gutachten in der Sache V 213/03, Abschrift S. 1.

Sitten verstoßen.[1193] „Ob der Vertrag im konkreten Falle gegen die guten Sitten verstößt, was der fünfte Senat verneinen will, steht nicht zur Frage. Die einzige, vom Plenum zu entscheidende Frage ist allein die, ob Verträge der fraglichen Art nach §. 134 des Bürgerlichen Gesetzbuchs nichtig sind, weil sie gegen das gesetzliche Verbot des §. 270 a. a. O. und dessen Strafvorschrift verstoßen. Dies ist m. E. der Kern der Frage und dieser Kern tritt in der vorgeschlagenen Fassung, meine ich, schärfer hervor, als in der durch den Verweisungsbeschluß formulierten Fassung."[1194]

Nur zwei Tage nach seinem Änderungsantrag bemerkte Rehbein zur anstehenden Entscheidung der Rechtsfrage, daß der § 270 PreußStGB auf einem völlig anderen Standpunkt als die preußische Verordnung vom 14. Juli 1797 stehe. Er sehe ganz davon ab, in welcher Absicht das Abhalten vom Bieten geschehen sei und ob der Eigentümer oder dessen Gläubiger geschädigt seien.[1195] Der Tatbestand bedrohe nur den mit Strafe, der vom Bieten abhalte, nicht aber den Mitkontrahenten und habe danach „in Wahrheit die Natur einer Präventivvorschrift, die Verträgen der bezeichneten Art vorbeugen, von ihnen durch die Strafe abhalten will".[1196] Aus dem § 270 PreußStGB folge nur das Verbot, andere vom Bieten abzuhalten und nach dem Allgemeinen Landrecht konnte durch ein solches Rechtsgeschäft ein Recht, den anderen vom Bieten abzuhalten, nicht erworben werden und das hierzu Geleistete nicht zurückgefordert werden. Die weitergehende zivilrechtliche Folge (der Nichtigkeit) aus der Verordnung blieb daneben bestehen, habe aber allein auf dieser Verordnung und nicht auf der beseitigten Strafvorschrift ihn ihr oder gar auf dem späteren § 270 PreußStGB beruht. Entgegen dem zweiten Berichterstatter Tagg lasse sich deshalb nach Beseitigung der Verordnung durch Art. 55 EGBGB dem § 270 PreußStGB nicht ein dahingehender Wille entnehmen, der die Nichtigkeit des ganzen Rechtsgeschäfts wolle. Vielmehr sei die zivilrechtliche Folge dieser Strafvorschrift nach Beseitigung der Verordnung vom 14. Juli 1797 und der sonstigen Vorschriften des Preußischen Allgemeinen Landrechts nur aus der Natur dieser Strafvorschrift und dem § 817 BGB zu entnehmen.[1197] „Aus der Natur der Strafvor-

---

[1193] Vgl. *Rehbein*, Bemerkungen vom 2. März 1905 zu den Gutachten in der Sache V 213/03, Abschrift S. 1.

[1194] *Rehbein*, Bemerkungen vom 2. März 1905 zu den Gutachten in der Sache V 213/03, Abschrift S. 1.

[1195] Vgl. *Rehbein*, Bemerkungen vom 4. März 1905 zu den Gutachten in der Sache V 213/03, Abschrift S. 2.

[1196] *Rehbein*, Bemerkungen vom 4. März 1905 zu den Gutachten in der Sache V 213/03, Abschrift S. 2.

[1197] Vgl. *Rehbein*, Bemerkungen vom 4. März 1905 zu den Gutachten in der Sache V 213/03, Abschrift S. 2.

schrift, ihrer Richtung nur gegen den, der vom Bieten abhält, und aus §. 817 [BGB] folgt aber, daß aus §. 270 [PreußStGB] die Nichtigkeit des Rechtsgeschäfts [nach § 134 BGB] nicht herzuleiten ist, und daß der Mitkontrahent, da er durch den Empfang der Leistung gegen das gesetzliche Verbot des §. 270 [PreußStGB] nicht verstößt, nur dann keine Forderung hat, wenn das Rechtsgeschäft gegen die guten Sitten verstößt."[1198]

Durch Reichsgerichtsrat *Peters* vom III. Zivilsenat wurde am 9. März 1905 die Bejahung der Frage vorgeschlagen,[1199] mithin die Nichtigkeit des Geschäfts nach § 134 BGB angenommen. Wegen der Nichtigkeit sei in der Sache ein vertraglicher Anspruch des Klägers auf Erfüllung des Vertrages ausgeschlossen, gleichwohl aber aus ungerechtfertigter Bereicherung gegeben.[1200] Auch nach Peters müsse sich für die Ablehnung der Nichtigkeit der gegenteilige Wille aus dem § 270 PreußStGB ergeben, daß er die Nichtigkeit der Rechtsgeschäfte, die gegen das in ihm enthaltene Verbot abgeschlossen sind, gerade nicht gewollt habe, also die Regel der grundsätzlichen Nichtigkeit des § 134 BGB durchbrechen wolle. Darauf, daß das Verbotsgesetz die Nichtigkeit des Rechtsgeschäfts, das dagegen verstößt, gewollt habe, komme es nach § 270 PreußStGB nicht an, da bereits der § 134 BGB selbst als Regel die Nichtigkeit als Folge der Übertretung des Verbotes ausspreche. Nur der gegenteilige Wille des Verbotsgesetzes vermöge diese Wirkung auszuschließen. Dieser Nachweis lasse sich jedoch nach Peters nicht führen. Vielmehr habe der preußische Gesetzgeber die Nichtigkeit der gegen das Strafverbot verstoßenden Verträge gewollt.[1201]

Ein Anspruch des Klägers ergebe sich aus § 812 Abs. 1 Satz 1, 1. Fall BGB, dessen Voraussetzungen vorliegend erfüllt seien.[1202] Bei Zweifeln an diesem Ergebnis, weil der Beklagte durch den Empfang der Leistung, hier dem Unterlassen des Bietens (siehe § 241 BGB), gegen ein gesetzliches Verbot verstoßen

---

[1198] *Rehbein*, Bemerkungen vom 4. März 1905 zu den Gutachten in der Sache V 213/03, Abschrift S. 2.

[1199] Vgl. *Peters*, Bemerkungen vom 9. März 1905 zu den Gutachten in der Sache V 213/03, Abschrift S. 1 u. S. 8.

[1200] Vgl. *Peters*, Bemerkungen vom 9. März 1905 zu den Gutachten in der Sache V 213/03, Abschrift S. 1 u. S. 8 ff.

[1201] Vgl. *Peters*, Bemerkungen vom 9. März 1905 zu den Gutachten in der Sache V 213/03, Abschrift S. 2 ff.

[1202] Vgl. *Peters*, Bemerkungen vom 9. März 1905 zu den Gutachten in der Sache V 213/03, Abschrift S. 9 ff. Siehe auch *Lehmann*, S. 149 f., für die hier nicht weiter interessierende Frage, inwieweit derjenige, der sich das Nichtbieten hat zusagen lassen, bei einer Zuwiderhandlung des Vertragspartners hiergegen etwa bereits gezahlte Beträge (nach Bereicherungsrecht) zurückfordern kann.

haben könnte, sei auch ein Anspruch aus § 817 Satz 1 BGB begründet.[1203] Nach beiden Ansprüchen sei letztlich gemäß § 818 Abs. 2 BGB Wertersatz zu leisten, der in Fällen der vorliegenden Art mindestens dem Betrag gleichkomme, den der Abhaltende dem anderen Teile als Abfindung gewährt habe, also regelmäßig in Höhe der vereinbarten vertragsmäßigen Vergütung.[1204]

Reichsgerichtsrat *Jeß* vom I. Zivilsenat hob in seiner Bemerkung vom 12. März 1905 zu seinem Verständnis des § 134 BGB hervor, daß es zur Beseitigung der Nichtigkeit eines gegen ein Verbotsgesetz geschlossenen Geschäftes nicht genüge, wenn das Verbotsgesetz nicht den Willen gehabt habe, die Nichtigkeit zu begründen, sondern es müsse sich aus dem Gesetz ergeben, daß es die Nichtigkeit gerade nicht gewollt hat. Es müsse sich also, positiv ausgedrückt, aus dem Verbotsgesetz ergeben, daß es die Gültigkeit des Geschäftes gewollt hat. Vorliegend sei daher zu prüfen, ob sich vom § 270 PreußStGB behaupten lasse, der Gesetzgeber habe mit ihm die Gültigkeit des mit Strafe bedrohten Geschäfts gewollt. Es sei aber vielmehr das Gegenteil gewiß: Hätte der Gesetzgeber die Gültigkeit gewollt, so hätte er die zur Zeit seiner Erlassung geltende Vorschrift, aus welcher die Nichtigkeit sich ergab, beseitigen müssen. Der § 270 PreußStGB habe in Bezug auf die Ungültigkeit des mit Strafe bedrohten Rechtsgeschäftes nichts bestimmt und überhaupt nichts bestimmen wollen. Dies genüge aber nicht im Sinne des § 134 BGB, um die (regelmäßige) Annahme der Nichtigkeit auszuschließen.[1205] Im Ergebnis sei demnach das Geschäft nach der Regel des § 134 BGB nichtig. Das Ziel, zu dem die beiden Berichterstatter gelangen wollten, also die Verneinung der Nichtigkeit nach § 134 BGB, sei allerdings auch ihm das erstrebenswerteste Ziel.[1206] Daher bleibe seines Erachtens „nur die Frage übrig, ob nicht der §. 134 des Bürgerlichen Gesetzbuchs dahin zu verstehen ist, daß er sich auf landesgesetzliche Verbote gegen solche Rechtsgeschäfte, die das Bürgerliche Gesetzbuch zuläßt, nicht bezieht."[1207]

Die letzte in dieser Sache geäußerte schriftliche Bemerkung datiert vom 13. März 1905 und stammt von Reichsgerichtsrat *Schlesinger*, Richter des VI. Zivilsenats. Ihm scheine es richtig, daß der § 270 PreußStGB das „Rechtsge-

---

1203 Vgl. *Peters*, Bemerkungen vom 9. März 1905 zu den Gutachten in der Sache V 213/03, Abschrift S. 11.

1204 Vgl. *Peters*, Bemerkungen vom 9. März 1905 zu den Gutachten in der Sache V 213/03, Abschrift S. 11 f.

1205 Vgl. *Jeß*, Bemerkungen vom 12. März 1905 zu den Gutachten in der Sache V 213/03, Abschrift S. 2.

1206 Vgl. *Jeß*, Bemerkungen vom 12. März 1905 zu den Gutachten in der Sache V 213/03, Abschrift S. 1.

1207 *Jeß*, Bemerkungen vom 12. März 1905 zu den Gutachten in der Sache V 213/03, Abschrift S. 2.

schäft" an sich gar nicht verbiete, sondern nur das „Verhalten" des einen Beteiligten, das zu dem Rechtsgeschäft führen könne.[1208] Dies sei ihm schon bei der Vorbereitung des Urteils des VI. Zivilsenats vom 02.06.1902, an der als Vorsitzender mitwirkte, nach eigenem Bekunden „der einzige zweifelhafte Punkt [gewesen], ob man wirklich sagen dürfe, daß wegen des Verstoßes des Klägers gegen den §. 270 das ganze Rechtsgeschäft nichtig sei. Jetzt habe ich mich überzeugt, daß das in der Tat unrichtig war, und daß deshalb von jenem Urteil des VI. Zivilsenates abgewichen werden muß."[1209]

Die Vereinigten Zivilsenate des RG entschieden die zwischen dem V. und dem VI. Zivilsenat entgegengesetzt beurteilte Rechtsfrage durch Beschluß vom 17.03.1905[1210] im Sinne der Ansicht des V. Zivilsenats: „Im Geltungsbereiche des § 270 des preuß. Strafgesetzbuchs vom 14. April 1851 ist ein Vertrag, durch den der eine Kontrahent sich von dem andern gegen Zusicherung eines Vorteils vom Bieten bei einer öffentlichen Versteigerung abhalten läßt, nicht um deswillen allein nach dem § 134 B.G.B. nichtig, weil der § 270 des preuß. Strafgesetzbuchs den mit Strafe bedroht, der andere vom Bieten bei öffentlichen Versteigerungen durch Zusicherung oder Gewährung eines Vorteils abhält."[1211]

Das BGB wolle nicht schlechthin jede von Gesetzen verbotene oder mit Strafe bedrohte Handlung der zivilrechtlichen Wirksamkeit entziehen. Der Wortlaut des § 134 BGB benenne für die von ihm angedrohte Nichtigkeit eines Rechtsgeschäfts vielmehr zwei Voraussetzungen: Das *Rechtsgeschäft* verstößt gegen ein gesetzliches Verbot und aus dem Gesetz ergibt sich nicht ein *anderes*. Somit war für die erste Voraussetzung zu prüfen, ob sich die Strafvorschrift des

---

1208 Vgl. *Schlesinger*, Bemerkungen vom 13. März 1905 zu den Gutachten in der Sache V 213/03, Abschrift S. 1.

1209 *Schlesinger*, Bemerkungen vom 13. März 1905 zu den Gutachten in der Sache V 213/03, Abschrift S. 1.

1210 Vgl. RG, Beschl. v. 17.03.1905 – V 213/03, RGZ 60, 273.

1211 RG, Beschl. v. 17.03.1905 – V 213/03, Abschrift S. 1 = RGZ 60, 273 (274). Dieser Ausspruch weicht sowohl von seinem Wortlaut als auch vom Inhalt her von der durch den V. Zivilsenat in RG, Beschl. v. 29.10.1904 – V 213/03, Abschrift S. 1, vorgelegten Rechtsfrage ab. So findet sich denn auch in den Gründen von RG, Beschl. v. 17.03.1905 – V 213/03, Abschrift S. 3 – insoweit in RGZ 60, 273 (275) durch „..." ausgelassen – die Wiedergabe einer „der Beschlußfassung in folgender Fassung unterbreitet[en Version]: Ist im Geltungsbereiche des § 270 des preuß. Strafgesetzbuches vom 14. April 1851 ein Vertrag, durch den der eine Kontrahent sich von dem andern gegen Zusicherung eines Vorteils vom Bieten bei einer öffentlichen Versteigerung abhalten läßt, um deswillen allein nach dem § 134 B.G.B. nichtig, weil der § 270 des preuß. Strafgesetzbuchs den mit Strafe bedroht, der andere vom Bieten bei öffentlichen Versteigerungen durch Zusicherung oder Gewährung eines Vorteils abhält?" Die Vereinigten Zivilsenate haben diese Frage verneint. Die veränderte Fassung könnte auf dem schriftlichen Antrag von *Rehbein* vom 2. März 1905 beruhen.

§ 270 PreußStGB gegen das Rechtsgeschäft selbst richtet, das durch das Versprechen, für das Nichtbieten einen Vermögensvorteil zu gewähren, von der einen Partei, und durch die Annahme dieses Versprechens von der anderen Partei zustande kommt. Für die Anwendung des § 134 BGB fehle es aber bereits an dieser ersten Voraussetzung, nämlich die, daß das Rechtsgeschäft gegen ein gesetzliches Verbot verstößt.[1212]

Der VI. Zivilsenat hielt es in seinem Urteil für die Annahme der Nichtigkeit des ganzen Rechtsgeschäfts nach § 134 BGB für genügend, „wenn auch nur die eine der beiden Willenserklärungen, aus denen sich das Rechtsgeschäft zusammensetzt, mit Strafe bedroht ist".[1213] Dem könne nicht beigetreten werden, denn es gäbe zahlreiche Strafvorschriften und Verbotsgesetze, „durch deren Übertretung sich der Täter zwar der ihm angedrohten Strafe schuldig macht, die aber weder denjenigen treffen, der zu ihrem Abschluß als Gegenkontrahent auf der anderen Seite mitgewirkt hat, und die noch weniger die zivilrechtliche Gültigkeit desjenigen Rechtsgeschäfts, als dessen Bestandteil sich die verbotene oder unter Strafe gestellte Handlung darstellt, beeinflussen".[1214] Die Motive zum § 105 BGB Entwurf I hebten „als Regel hervor, daß in den Fällen, in denen bei einem Vertrage das Verbot nur den einen Teil trifft, der Vertrag als solcher nicht ungültig sein soll".[1215] Von dieser durch die Vereinigten Zivilsenate des RG als richtig anerkannten Regel sei mangels Ausnahme – § 270 PreußStGB weiche von der in den Motiven aufgestellten Regel nicht ab – auch im vorliegenden Fall auszugehen, wobei zur Bekräftigung auch der Vergleich des § 270 PreußStGB mit der „gegen verschiedene Mißbräuche bei gerichtlichen und andern öffentlichen Subhastationen und Versteigerungen" gerichteten preußischen Verordnung vom 14. Juli 1797 bemüht wurde.[1216]

Wie schon die vorgelegte Fragestellung erwarten ließ, enthielt der Beschluß keinerlei Aussagen zur Vorschrift des § 138 BGB.

Diese von den Vereinigten Zivilsenaten des RG getroffene Plenarentscheidung zu § 134 BGB in Verbindung mit § 270 PreußStGB fand in der Folgezeit und überwiegend durch den V. Zivilsenat getätigten Rechtsprechung konse-

[1212] Vgl. RG, Beschl. v. 17.03.1905 – V 213/03, Abschrift S. 3 = RGZ 60, 273 (275).

[1213] RG, Beschl. v. 17.03.1905 – V 213/03, Abschrift S. 3 = RGZ 60, 273 (276).

[1214] RG, Beschl. v. 17.03.1905 – V 213/03, Abschrift S. 3 = RGZ 60, 273 (276) unter Verweis auf: Motive I, S. 210 = *Mugdan* I, S. 468.

[1215] RG, Beschl. v. 17.03.1905 – V 213/03, Abschrift S. 4 = RGZ 60, 273 (277) unter Verweis auf: Motive I, S. 210 = *Mugdan* I, S. 468.

[1216] Vgl. hierzu RG, Beschl. v. 17.03.1905 – V 213/03, Abschrift S. 4 ff. = RGZ 60, 273 (277 ff.).

quente Befolgung.[1217] Auf der anderen Seite sah das RG dennoch die Möglichkeit gegeben, im Einzelfalle je nach den gegebenen Umständen die Nichtigkeit des Vertrages wegen Verstoßes gegen die guten Sitten nach § 138 BGB auszusprechen.[1218] So wurde bereits vom VI. Zivilsenat in dessen Urteil vom 11.07.1904[1219] gefällten Ausspruch festgehalten, daß die sog. pacta de non licitando zwar nicht grundsätzlich als ungültig und nicht immer als sittlich verwerflich anzusehen seien, weil einem anderen in Zuwiderhandlung gegen § 270 PreußStGB Vorteile gewährt oder versprochen werden, um ihn vom Bieten abzuhalten, dies aber vielmehr und nur dann anzunehmen sei, wenn die besondere Beschaffenheit des Falles den Vertrag zu einem unsittlichen stempele.[1220] Die Frage, ob ein Vertrag der in Rede stehenden Art gegen die guten Sitten verstößt und damit nach § 138 BGB nichtig ist, sei zu verneinen, „wenn nicht besondere Umstände vorliegen, die dem Vertrag im Einzelfalle ein unsittliches Gepräge geben".[1221]

Das RG verneinte etwa einen Verstoß gegen die guten Sitten gemäß § 138 Abs. 1 BGB, wenn sich bei einer Zwangsversteigerung mehrere Bieter zur Abgabe eines Gebots für gemeinschaftliche Rechnung vereinigten[1222] oder für eine

---

[1217] Siehe (immer unter dem Verweis auf RG, Beschl. v. 17.03.1905 – V 213/03, RGZ 60, 273) RG, Urt. v. 03.05.1905 – V 217/04, Abschrift S. 3 = JW 1905, S. 375 (375) Nr. 21; RG, Urt. v. 22.09.1906 – V 661/05, Abschrift S. 4; RG, Urt. v. 15.03.1909 – IV 348/08, Abschrift S. 4 = WarnRspr. 1909, Nr. 341 S. 309 (310) und RG, Urt. v. 26.06.1912 – V 107/12, Abschrift S. 4 = ZBlFG 13 (1913), S. 629 (630) Nr. 543.

[1218] So schon im Ergebnis RG, Beschl. v. 29.10.1904 – V 213/03, Abschrift S. 3 = JW 1905, S. 167 (167) Nr. 4.

[1219] Vgl. RG, Urt. v. 11.07.1904 – VI 514/03, Abschrift S. 8 = RGZ 58, 393 (400).

[1220] Vgl. RG, Urt. v. 22.09.1906 – V 661/05, Abschrift S. 4: „Die Zuwiderhandlung gegen § 270 [PreußStGB] begründet, wenn nicht besondere Umstände vorliegen, die den Vertrag als einen Verstoß gegen die guten Sitten erscheinen lassen, an und für sich keine Nichtigkeit des Vertrages."; RG, Urt. v. 29.01.1907 – VII 223/06, Abschrift S. 5 = SeuffA 62 (1907), Nr. 160 S. 274 (276) und RG, Urt. v. 15.03.1909 – IV 348/08, Abschrift S. 4 = WarnRspr. 1909, Nr. 341 S. 309 (310): Ist die Nichtigkeit des Vertrages nach § 134 BGB nicht wegen der Zuwiderhandlung gegen § 270 PreußStGB zu bejahen, „ist dies vielmehr nur dann anzunehmen, wenn die besondere Beschaffenheit des Falles den Vertrag zu einem unsittlichen stempelt".

[1221] RG, Urt. v. 26.06.1912 – V 107/12, Abschrift S. 4 = ZBlFG 13 (1913), S. 629 (630) Nr. 543.

[1222] Vgl. RG, Urt. v. 04.10.1905 – V 65/05, Abschrift S. 3 = ZBlFG 7 (1907), S. 202 (202) Nr. 130, vgl. *Schubert/Glöckner*, Nachschlagewerk, § 138 Nr. 40: „An sich kann darin, daß sich mehrere Bieter zur Abgabe eines Gebots für gemeinschaftliche Rechnung vereinigen, ein unlauteres Vorgehen, das mit den Zwecken der öffentlichen Versteigerung oder mit den Grundsätzen eines redlichen und erlaubten Geschäftsverkehrs unvereinbar wäre, nicht gefunden werden. Ausgeschlossen ist es freilich nicht, daß sich hinter solchen Ver-

Übereinkunft zwischen den Miteigentümern eines Grundstücks über das Nichtbieten eines von ihnen bei der Teilungszwangsversteigerung[1223] oder gar für die Vereinbarung zweier Hypothekengläubiger, sich des Bietens bei der Zwangsversteigerung des Pfandgrundstücks zu enthalten[1224].

b) *Submissionsabsprachen*

Mit der öffentlichen Ausschreibung von Arbeiten etc. durch zumeist die öffentliche Hand oder aber auch seitens Privater – den sog. Submissionen – verfolgt der Ausschreibende den Zweck, möglichst viele selbständige, voneinander unabhängige Angebote für die ausgeschriebene Arbeit zu erhalten. Diese Offerten kann er genau prüfen und miteinander vergleichen, um daraufhin seine Entscheidung zu fällen. In erster Linie wird dabei stets eine Vergabe des Auftrags für die Arbeiten an denjenigen angestrebt, der das preisgünstigste Angebot liefert. Durch das gewählte Verfahren der Submission werden die daran teilnehmenden Anbieter in eine für sie ungünstigere wirtschaftliche Position gedrängt. Sie müssen die eingereichte Kalkulation möglichst preisgünstig veranschlagen, um den Auftrag vor allen anderen Submissionsteilnehmern zu erhalten. Dabei besteht die Gefahr, daß Konkurrenten selbst wirtschaftlich angemessen kalku-

---

einbarungen anrüchige Nebenzwecke verbergen, wie dies namentlich dann der Fall sein mag, wenn die Teilhaber sich vereinigen, um das Grundstück sich nicht gegenseitig durch ein Überbieten zu verteuern." So auch RG, Urt. v. 15.03.1909 – IV 348/08, Abschrift S. 4 = WarnRspr. 1909, Nr. 341 S. 309 (310), vgl. *Schubert/Glöckner*, Nachschlagewerk, § 138 Nr. 40. In der letzten Entscheidung hatte es sich laut dem RG um einen Vertrag gehandelt, der früher durch Nr. 5 der preußischen Verordnung vom 14. Juli 1797 ausdrücklich für unerlaubt und strafbar erklärt war. Auch diese Vorschrift sei in strafrechtlicher Hinsicht durch § 270 PreußStGB ersetzt worden. Damit sei die frühere Strafbestimmung gegen eine Vereinigung zum gemeinschaftlichen Erwerb der Sache bei der Versteigerung aufgegeben worden.

[1223] Vgl. RG, Urt. v. 22.11.1906 – V 80/06, Abschrift S. 3, vgl. *Schubert/Glöckner*, Nachschlagewerk, § 138 Nr. 95: „Den Miteigentümern muß es völlig frei stehen, von einem begonnenen Zwangsversteigerungsverfahren nach §. 180 Z.V.G. jederzeit ganz oder teilweise abzugehen und sich anderweitig darüber zu einigen, inwieweit es zwischen ihnen gelten soll."

[1224] Vgl. RG, Urt. v. 29.01.1907 – VII 223/06, Abschrift S. 4 = SeuffA 62 (1907), Nr. 160 S. 274 (276), vgl. *Schubert/Glöckner*, Nachschlagewerk, § 138 Nr. 106: „Zwar besteht für Hypothekengläubiger weder eine rechtliche noch eine sittliche oder Anstandspflicht, bei der Versteigerung des Pfandgrundstücks mitzubieten oder gar ihre Hypothek herauszubieten, und es kann deshalb zugegeben werden, daß die Vereinbarung zweier Hypothekengläubiger, sich des Bietens zu enthalten, für sich allein noch nicht gegen die guten Sitten verstößt, d. h. das bei allen billig und gerecht Denkenden herrschende Anstandsgefühl verletzt. Ob dabei ein Dritter Schaden erleidet, macht keinen Unterschied."

lierte Preise noch unterbieten und sogar Angebote einreichen, bei denen die durchzuführenden Arbeiten nur mit einem Verlust für den Unternehmer erbracht werden können. Beispielsweise kann ein großes Unternehmen mit erheblichem finanziellen Rückhalt durch eine solche andauernde Praxis beabsichtigen, kleinere Unternehmen vom Markt zu drängen, indem diese keine Zuschläge mehr erhalten und irgendwann wegen fehlender Finanzmittel aufgeben müssen. Submissionen sind damit in aller Regel preisdrückend, was vom Ausschreiber gerade beabsichtigt ist.[1225]

Das Bestehen dieser Unterbietungsgefahr hat in der Vergangenheit dazu geführt, daß sich die hierdurch Betroffenen zum Schutz vor wirtschaftlichen Schädigungen, also inbesondere zur Erzielung angemessener Verdienste und zur Vorbeugung von ruinösen Preisunterbietungen (durch zum Teil unreelle Preise), zu „Ringen" oder „Submissionskartellen" zusammenschlossen und „Schutzabkommen" trafen.[1226] Die Mitglieder des Ringes besprachen die jeweilige Ausschreibung und legten hierfür Mindestpreise fest. Die Verständigung konnte gar soweit gehen, daß bis ins Detail die einzelnen Gebote aller Ringteilnehmer für die Vergabe des Auftrages festgesetzt wurden, und ein Mitglied, das den Auftrag möglichst erhalten sollte, als Mindestfordernder bestimmt und dadurch zum „Ringfavoriten" mit der größten Zuschlagschance wurde. Im Gegenzug sollten bei tatsächlichem Erhalt des Auftrages die unberücksichtigt gebliebenen Ringteilnehmer auf eine meistens vorher festgelegte Weise für ihren Ausfall entschädigt bzw. für die Abgabe ihrer preislich schlechteren Offerten belohnt werden. Ein weiterer Wesenszug derartiger Submissionsabsprachen war, daß die verabredeten Manipulationen zweckmäßigerweise unter strikter Geheimhaltung erfolgten und damit auch für den Ausschreibenden oftmals unerkannt blieben. Es liegt auf der Hand, daß mit dieser Vorgehensweise der Zweck der Submission, möglichst und insbesondere in der Preisfrage unabhängig voneinander kalkulierte Angebote aller Bewerber zu erhalten, vereitelt wird. Denn die Ringteilnehmer geben nur scheinbar selbständige Offerten ab, während sie in Wirklichkeit durch ihren „Ringfavoriten" nur ein ernsthaftes Angebot unterbreiten. Diesen „Machenschaften" sieht sich der Ausschreibende aber auch nicht gänzlich schutzlos gegenüber, kann er doch die einzelnen Angebote auf sorgfältigste Art und Weise prüfen und entscheiden. Im Grundsatz handelte es sich um rein wirtschaftliche Interessengegensätze. Deren rechtliche Auflösung kann nicht

---

[1225] Vgl. *Wohlwill*, DJZ 1912, Sp. 1443 (1443); siehe zum Ganzen *Baum*, Wettbewerbsverbot, S. 204 ff.

[1226] Vgl. *Rosenthal*, LZ 1915, Sp. 877 (877). Eine Ringbildung sei nach *Ernst Schneider*, Recht 1903, S. 413 (413), auch und dies besonders in den Großstädten zur Erzielung möglichst geringer Preise bei Zwangsversteigerungen beweglicher Sachen beklagt worden. Siehe dazu auch *Fuld*, SeuffBl. 70 (1905), S. 592 (596).

ohne weiteres erfolgen, zumal sich das Wirtschaftsleben in stetem Fluß und Wandel befindet. Entscheidend war auch hier der Einzelfall und dessen Umstände.[1227]

Bei der Beurteilung der Fälle müssen grundsätzlich zwei Fragen unterschieden werden: Zum einen, ob die in den Ringen oder zwischen wem auch immer getroffenen Preisgebotsvereinbarungen wegen Verstoßes gegen die guten Sitten nach § 138 Abs. 1 BGB nichtig sind und damit keine vertraglichen Ansprüche erhoben werden können. Und zweitens, ob dem Ausschreibenden ein Schadensersatzanspruch wegen unsittlicher Schädigung nach § 826 BGB zusteht.[1228] Allein die erste Frage ist für diese Untersuchung von Bedeutung. Das RG stellte für die Entscheidung maßgeblich darauf ab, ob das Verhalten der Bewerber auf eine Täuschung des Ausschreibers abgesehen sei oder nicht; je nachdem mißbilligte oder billigte es die Ringbildung und die mit getroffenen Abreden.[1229]

Der III. Zivilsenat des RG hatte sich erstmals seit dem 1. Januar 1900 im Urteil vom 24.11.1903[1230], welches dem Anschein nach unveröffentlicht geblieben ist, mit einem Fall zu befassen, bei dem es um Preisabsprachen zwischen Unternehmern bei einer öffentlichen Ausschreibung ging. Der Kreisausschuß des Kreises Westhavelland hatte im Jahre 1901 den beklagten Tiefbauunternehmer und den Ingenieur L., den Zedenten des Klägers, aufgefordert, für die Verlegung einer Kleinbahnstrecke Preisangebote einzureichen. Hierzu vereinbarten

---

1227 Siehe hierzu *Wohlwill*, DJZ 1912, Sp. 1443 (1443 f.).

1228 Vgl. *Eckstein*, ArchBürgR 41 (1915), S. 178 (275 ff.) und *Rosenthal*, LZ 1915, Sp. 877 (877).

1229 Vgl. *Wohlwill*, DJZ 1912, Sp. 1443 (1444 u. 1445). Auch nach *Eckstein*, ArchBürgR 41 (1915), S. 178 (276), könne im bloßen Drücken bzw. Hinaufschrauben des Preises die Unsittlichkeit nicht liegen, denn auch wenn derartige Vereinbarungen häufig einem unfairen Geschäftsgebahren dienten, so gebe es doch zahlreiche Fälle, in denen die Absprachen der Gesundung des Wirtschaftslebens dienen würden. „Die Nichtigkeit derartiger Verträge", so *Eckstein*, ArchBürgR 41 (1915), S. 178 (277), „kann nur darauf gestützt werden, daß sie den einen Vertragsteil zu einer Täuschung Dritter verpflichten. Wer einen Konkurrenten, der geneigt ist, sein höchstes Gebot zu überschreiten, oder sein niedrigstes zu unterschreiten, veranlaßt, seiner wirklichen Absicht entgegen ein annehmbares Angebot nicht zu machen – ihm womöglich dafür ein Entgelt gewährt –, so daß er selbst in seinem Gebot ohne Konkurrenz ist, der hat damit eine Täuschung des Ausschreibenden im Auge. Dieser soll zu dem Glauben kommen, daß günstigere Angebote nicht zu erwarten sind und er genötigt sei, dieses scheinbar günstigste anzunehmen, während er es nicht annähme, wüßte er von der privaten Vereinbarung, da er darauf rechnen könnte, daß dann der Offerent sein Angebot noch günstiger gestalten würde."

1230 Vgl. RG, Urt. v. 24.11.1903 – III 221/03, vgl. *Schubert/Glöckner*, Nachschlagewerk, § 138 Nr. 16. Siehe zu dieser Entscheidung auch *Konrad Schneider*, HoldheimsMschr. 13 (1904), S. 222 ff., der sich mit dem in dieser Sache ergangenen Berufungsurteil des Kammergerichts befaßte.

der Beklagte und L., in gegenseitigem Einverständnis vorzugehen: Der L., dem an der Erlangung des Auftrags weniger gelegen war, sollte mit 3,85 M für den laufenden Meter Gleisanlage ein höheres Preisangebot abgeben als der Beklagte, der nur 3,50 M fordern wollte, so daß dem Beklagten der Auftrag erteilt würde. Für diesen Fall verpflichtete sich der Beklagte, dem L. einen Betrag von 3.000 M zu zahlen; andererseits übernahm L. die gleiche Verpflichtung, falls ihm der Auftrag zugeschlagen würde. Später sind beide darin übereingekommen, daß sie zur Zahlung auch dann verpflichtet bleiben sollten, wenn sie zur Ermäßigung ihrer Preise gezwungen sein würden. Letzteres trat auf Verlangen des Kreisbaumeisters ein und der Beklagte erhielt den Zuschlag für 2,60 M pro Meter. Mit seiner Klage begehrte der Kläger, an den L. die Forderung abgetreten hatte, vom Beklagten die Zahlung der vereinbarten 3.000 M, die in der Revisionsinstanz erfolgreich war.

Das RG konnte im Einklang mit dem Kammergericht „in dem Vertrage nach seinem Inhalt und auch in Verbindung mit seinen Motiven“[1231] einen Verstoß gegen die guten Sitten nicht entdecken: „Daß der von dem Kreise Westhavelland veranstaltete Wettbewerb ... den Zweck haben sollte, die Baubehörde dem Unternehmer gegenüber in eine möglichst günstige Lage zu bringen, ist richtig. Damit wird aber nicht unsittlich, wenn die Unternehmer diese für sie ungünstige Situation für sich dadurch, daß sie sich über ihr Verhalten, insbesondere über ihre Preisforderungen vorher verständigen, zu bessern suchen, und fehlt es auch an jeder Verpflichtung, diese ihre Abrede dem Werkverdinger mitzuteilen. Inhalt, Zweck und Erfolg des Vertrages war nicht eine Täuschung der Behörde, sondern eine derartige Gestaltung ihrer Angebote, daß ihnen aus der Konkurrenz ein möglichst geringer Schade erwachse. Irgend ein Unrecht gegenüber der die Konkurrenz ausschreibenden Kreisverwaltung lag nicht vor, da dieser völlig freistand, die Angemessenheit der Angebote, wie ja tatsächlich auch geschehen ist, zu prüfen und danach ihre Entscheidung zu treffen.“[1232]

Dadurch erklärte das Gericht, daß es zulässig sei, wenn sich Bieter bei einer Submission vor Abgabe ihrer Gebote über ihre Preisforderungen verständigten und die Verpflichtung eingingen, den beim Zuschlag unterlegenen Konkurrenten eine Entschädigung zu zahlen. Eine Pflicht, dem Ausschreibenden die vorherigen Absprachen mitzuteilen bestehe nicht, so daß der Schluß gezogen werden muß, daß es ihr gutes Recht sei, die Verabredungen vor dem Ausschreibenden geheim zu halten.[1233] Andererseits könne die Nichtigkeit der Vereinbarung damit begründet werden, wenn „Inhalt, Zweck und Erfolg des Vertrages“ in einer Täu-

[1231] RG, Urt. v. 24.11.1903 – III 221/03, Abschrift S. 3.

[1232] RG, Urt. v. 24.11.1903 – III 221/03, Abschrift S. 3; siehe auch RG, Urt. v. 19.05.1911 – III 444/10, Abschrift S. 3 = JW 1911, S. 642 (643) Nr. 5.

[1233] Vgl. *Wohlwill*, DJZ 1912, Sp. 1443 (1444).

schung des Ausschreibenden über die Angemessenheit der eingereichten Angebote bestand.

Diese Ansicht erhielt das RG in der durch den I. Zivilsenat abgefaßten Entscheidung vom 07.03.1908[1234] aufrecht,[1235] wobei dieses Urteil einigen Aufschluß über die sehr offene Haltung und wirtschaftsbetonte Sichtweise des Gerichts gibt. Die Parteien und andere Breslauer Bauunternehmer schlossen sich durch schriftlichen Vertrag vom 17. März 1906 zusammen, um gemeinsam eine Erhöhung der Preise bei den Submissionen für Tiefbauarbeiten zu erreichen, die von den Breslauer Behörden bisher niedrig gehalten wurden. Zu diesem Zweck verpflichteten sie sich, ihre Angebote bei den im Jahre 1906/1907 stattfindenden Submissionen nicht unter einer von ihnen im Einzelfall zu vereinbarenden Mindesthöhe abzugeben. Jeder, dem ein Auftrag erteilt würde, sollte an diejenigen, die bei der Vergabe unberücksichtigt blieben, 5 % der Schlußsumme zu Händen einer der Vertragspartner zahlen. Zur Einhaltung dieser Verpflichtung hatte jeder als Sicherheit einen Sichtwechsel über 5.000 M zu hinterlegen, der im Falle des Verstoßes nach einem Mehrheitsbeschluß begeben werden durfte. Demgemäß wurde vom Beklagten der Klagwechsel vom 20. März 1906 ausgestellt. Im Auftrag der Mitkontrahenten des Beklagten erhob der Kläger im Wechselprozeß Klage auf Zahlung von 5.000 M, weil der Beklagte den Vertrag verletzt habe. Der Beklagte behauptete, über den Inhalt der Urkunde vom 17. März 1906 hinaus sei vereinbart worden, daß neben demjenigen, der als Mindestfordernder aufzutreten hätte, alle übrigen bei den Submissionen Angebote abgeben sollten, die das Mindestgebot um wenigstens 5 % überstiegen.

Sowohl das OLG Breslau als auch das RG sprachen die Klage zu. Letztes stellte in den Abreden keinen Verstoß gegen die guten Sitten fest, hielt die Ringbildung aber nur für grundsätzlich, also nicht für ausnahmslos statthaft: „Seitdem es in Staat und Gemeinde üblich geworden ist, Arbeiten auf Grund öffentlicher Ausschreibungen an den Mindestfordernden zu vergeben, bildet die dadurch entfesselte schrankenlose Konkurrenz durch unreelle Unterbietungen eine schwere Gefahr für den Handwerkerstand. Vereinbarungen von Unternehmern, die bezwecken, die Gefahr zu bekämpfen und angemessene[1236] Preise aufrechtzuerhalten, sind grundsätzlich [!] als zulässig anzunehmen. Sie sind so we-

---

[1234] Vgl. RG, Urt. v. 07.03.1908 – I 357/07, WarnRspr. 1908, Nr. 354 S. 261, vgl. *Schubert/Glöckner*, Nachschlagewerk, § 138 Nr. 155.

[1235] Dieser Meinung war auch *Wohlwill*, DJZ 1912, Sp. 1443 (1445).

[1236] Vgl. RG, Urt. v. 07.03.1908 – I 357/07, Abschrift S. 3 = WarnRspr. 1908, Nr. 354 S. 261 (262): Auch nach dem Berufungsgericht könne von einem Verstoß gegen die guten Sitten nicht die Rede sein, solange die Vereinbarung nicht „den Zweck verfolge, durch Zusammenschluß sämtlicher Unternehmer den Arbeitgeber zur Bewilligung unangemessen hoher Preise zu zwingen". Es ist vorliegend jedoch nicht festgestellt worden, daß die abgesprochenen Gebote über die Grenzen der Angemessenheit hinausgegangen wären.

nig gegen die guten Sitten, daß sie vom Standpunkt einer gesunden Wirtschaftpolitik im Gegenteil Billigung verdienen. Natürlich ist damit nicht gesagt, daß schon um dieses Zieles willen jede beliebige Abmachung vor einer Beanstandung aus § 138 B.G.B. geschützt wäre. Die Prüfung des Einzelfalles bleibt maßgebend. ... Die Festsetzung von Mindestgeboten mit der Abrede, daß die übrigen Teilnehmer das Mindestgebot überbieten müssen, gehört zu dem selbstverständlichen Inhalt solcher Vereinbarungen. Auch die Geheimhaltung ist selbstverständlich und auch durch sie werden keine berechtigten Interessen verletzt. Die Behörde, die einen Wettbewerb veranstaltet, hat keinen Anspruch darauf, Geschäftsgeheimnisse der Unternehmer oder die für die Stellung der Offerten bestimmenden Umstände zu erfahren. Es bleibt ihr überlassen, die Offerten auf ihre Angemessenheit zu prüfen. Auf eine Täuschung ist es dabei nicht notwendig abgesehen, und wenn wirklich einmal ein Beamter durch solche Geheimabreden irregeführt werden sollte, so hat er es seiner eigenen schuldhaften Unkenntnis der wirtschaftlichen Verhältnisse zuzuschreiben."[1237]

Ebenfalls lehnte das Gericht eine Herleitung der Nichtigkeit des Vertrages aus § 134 BGB in Verbindung mit § 270 PreußStGB vom 14. April 1851 ab. Auch wenn es unbedenklich erscheine, die Bestimmung des § 270 PreußStGB auf Submissionen mitzubeziehen,[1238] so trete doch nach dem – im vorangegangenen Kapitel dargestellten – Beschluß der Vereinigten Zivilsenate des RG vom 17.03.1905[1239] die Nichtigkeit des Vertrages infolge eines Verstoßes gegen § 270 PreußStGB nicht ein.[1240]

Der I. Zivilsenat bestätigte später seine mit Urteil vom 07.03.1908[1241] geäußerte Auffassung, welcher sich der III. und VI. Zivilsenat anschlossen, wonach

---

[1237] RG, Urt. v. 07.03.1908 – I 357/07, Abschrift S. 3 f. = WarnRspr. 1908, Nr. 354 S. 261 (262).

[1238] Siehe RG, Urt. v. 07.03.1908 – I 357/07, Abschrift S. 5 = WarnRspr. 1908, Nr. 354 S. 261 (263) unter Verweis u. a. auf: RG, Urt. v. 06.10.1902 – III. Strafsenat 3327/02, RGSt 35, 392 (394); KG, Urt. v. 17.09.1906 – 1 T 17/06, Jahrbuch für Entscheidungen des Kammergericht 33 (1907), C 92 Nr. 30; *Oppenhoff*, PreußStGB, 4. Aufl. 1864, § 270 Anm. 5., S. 491 = *Oppenhoff*, PreußStGB, 5. Aufl. 1867, § 270 Anm. 4., S. 486 und *Groschuff*, Bd. II, 1. Aufl. 1894, Nr. IX.2. § 270 PreußStGB Anm. 3., S. 376 = *Groschuff*, Bd. II, 2. Aufl. 1904, Nr. 70 § 270 PreußStGB Anm. 3., S. 422. Schon vor dieser Entscheidung meldete *J. Müller*, JW 1906, S. 639 (640 f.), durchaus berechtigte Bedenken an, ob mit den Begriffen der Wörter „Versteigerung" und „Abhalten" vom Mit- oder Weiterbieten in § 270 PreußStGB überhaupt die Möglichkeit bestehe, die Strafvorschrift auch auf Submissionen anzuwenden.

[1239] Siehe RG, Beschl. v. 17.03.1905 – V 213/03, RGZ 60, 273.

[1240] Vgl. RG, Urt. v. 07.03.1908 – I 357/07, Abschrift S. 5 = WarnRspr. 1908, Nr. 354 S. 261 (263).

[1241] Siehe RG, Urt. v. 07.03.1908 – I 357/07, WarnRspr. 1908, Nr. 354 S. 261.

Vereinbarungen, durch die sich Gewerbetreibende gegen die Übelstände der Submission zu schützen suchen, nicht schlechthin als Verstoß gegen die guten Sitten zu erachten seien, insbesondere, wenn es die Beteiligten nur auf die Aufrechterhaltung angemessener Preise abgesehen hätten. Er betonte jedoch, daß ein Verstoß gegen die guten Sitten anzunehmen sei, wenn auf Kosten des Bestellers durch die Unternehmer ein völlig unangemessen hoher Verdienst angestrebt werde.[1242]

Dieser Rechtsstandpunkt fand nur zum Teil Zustimmung in der Literatur, so im Grundsatz von *Eckstein*, der solchen Vereinbarungen, die auf die Erhaltung

---

[1242] Vgl. RG, Urt. v. 26.04.1911 – I 280/10, Abschrift S. 3 = HoldheimsMschr. 20 (1911), S. 194 (195). Siehe auch RG, Urt. v. 30.03.1909 – III 508/08, Abschrift S. 2 = Recht 1909, Beil. Nr. 1650; RG, Urt. v. 15.10.1912 – III 88/12, Abschrift S. 3 und – einschließlich der Besprechung von *Mendelssohn Bartholdy*, RheinZ 1914, S. 193 (206 ff.) – RG, Urt. v. 03.04.1913 – VI 46/13, Abschrift S. 5 f = Gruchot 57 (1913), S. 836 (840) Nr. 41, vgl. *Schubert/Glöckner*, Nachschlagewerk, § 138 Nr. 16: „Diese der wirtschaftlichen Not und dem Selbsterhaltungstrieb entsprungenen Schutzvereinigungen [sind] insolange nicht als sittlich verwerflich anzusehen, als die etwaige Täuschung nicht als Mittel benützt wird, um zum Schaden des Verdingenden unangemessene Preise durchzusetzen. Wird ein Werk nur im Weg der öffentlichen Verdingung vergeben, so bleibt, wie die Verhältnisse sich tatsächlich entwickelt haben, den Bewerbern, die die Zerrüttung ihres Gewerbes durch ein einsichts- und schrankenloses gegenseitiges Unterbieten hintanhalten wollen, nicht viel anders übrig als sich vorher über die Preisgebote zu verständigen. Neben dem Streben des Verdingenden, zu möglichst niedrigem Preis die Werklieferung zu erlangen, ist eben auch das des Unternehmers nach einem auskömmlichen Lohn für seine Leistung zu berücksichtigen." Zur Sittenwidrigkeit der Satzung eines Vereins, in dem sich gewerbliche Unternehmer zusammenschlossen, um den aus einer schrankenlosen Konkurrenz und aus unreellen Unterbietungen sich ergebenden Mißständen vorzubeugen und für Fälle zur Vergebung von Arbeiten im Wege öffentlicher Ausschreibungen im Einvernehmen miteinander ihre Angebote zu regeln, führte RG, Urt. v. 09.07.1914 – IV 156/14, Abschrift S. 7 = JW 1914, S. 976 (976 f.) Nr. 1, aus: „In ein gegen die guten Sitten verstoßendes Beginnen arten solche Unternehmerkartelle erst dann aus, wenn es die Beteiligten darauf abgesehen haben, durch derartige Machenschaften <u>übermäßige Preise</u> zu erzielen, insbesondere wenn sie dies <u>durch planmäßige Irreführung des Bestellers</u> zu erreichen suchen oder wenn sie in unlauterer Weise darnach trachten, jeden auf gesunder wirtschaftlicher Geschäftsbetätigung beruhenden Mitbewerb anderer Unternehmer auszuschließen. … Handelt es sich aber [vorliegend] um die Frage einer Sittenwidrigkeit der Geschäftsordnungsvorschrift als solcher, so kommt es nicht auf die <u>Möglichkeit</u> des Mißbrauchs und auch nicht darauf an, ob sie in einzelnen Fällen tatsächlich zu einer mißbräuchlichen Anwendung geführt haben, sondern sie sind nur dann sittenwidrig, wenn sie als objektive Normen nach Inhalt und Zweck auf unlautere Geschäftspraktiken <u>berechnet</u> sind. Es muß <u>im Plane der Geschäftsordnungen</u> selbst liegen, daß die Anwendung der darin vorgesehenen Verfahrensweisen und Wettbewerbsmittel zu ungesunden, sich bis zur Übermäßigkeit steigernden Preisbildungen, zur Hintergehung der Besteller und zur unlauteren Ausschließung reeller Mitbewerber führen soll."

der Angemessenheit hinwirkten, nichts Unsittliches anhaften sah.[1243] Dagegen wurde das Kriterium der Täuschung des Ausschreibers über die Angemessenheit des Preises mit Recht von manchem kritisch beäugt, weil der Ausschreiber oder dessen Beauftragte kaum je ohne eine Prüfung der Angemessenheit des Preises den Zuschlag erteilen wird,[1244] wovon das RG ja selbst auch ausging. Problematisch ist weiterhin die Feststellung des angemessenen und üblichen Preises für den Auftrag. Hierbei tun sich selbst (im Zivilprozeß in der Regel damit zu betrauende) Sachverständige schwer, einen genauen Betrag zu ermitteln, was zumal für aufwändige Arbeiten gilt, die sich aus vielen Produktionsschritten zusammensetzen.[1245] In dieser Hinsicht erscheint es sehr befremdlich, daß das RG dem möglicherweise Getäuschten die Verantwortung dafür auferlegt, daß er aufgrund „seiner eigenen schuldhaften Unkenntnis der wirtschaftlichen Verhältnisse" die angemessenen Preise nicht kennt und in der daraus gezogenen Konsequenz dann eigentlich immer selbst schuld sei, wenn er sich hat täuschen lassen.

Die ganz offensichtliche Täuschung des Ausschreibers darüber, daß alle eingereichten Angebote nicht unter der Bewerberschaft verabredet sind und er im Glauben belassen wird, keine günstigeren Angebote zu erhalten, wischt das RG mit der Handbewegung vom Tisch, daß die Bieter ihre Absprachen nicht offenbaren müssen und statt dessen sogar vor dem Ausschreibenden geheim halten dürfen. Dieser Angriff gegen die Rechtsprechung findet sich zum Beispiel bei *Rosenthal*: „Vereinbarungen zwischen Gewerbetreibenden, die sich auf Grund einer Ausschreibung bewerben und durch ihren Zusammenschluß die Erlangung eines günstigen Preises erstreben, müssen regelmäßig als sittenwidrig angesehen werden, sofern demjenigen, der die Ausschreibung erlassen hat, die einzelne Bewerbung als eine von den Konkurrenten unabhängige vorgetäuscht wird. Es liegt im Wesen der Ausschreibung, daß alle Bewerber unabhängig voneinander ihr Gebot machen. … Hiernach ist es nicht zu billigen, daß die Rechtsprechung die Submissionskartelle als grundsätzlich zulässig behandelt, sofern angemessene Preise erstrebt werden".[1246] Der von den (geheim) getroffenen Schutzabkommen ahnungslose Ausschreibende werde „in ein Netz von Geheimklauseln gelockt …, während er doch die Ausschreibung in der selbstverständlichen Voraussetzung erlassen hat, auf Grund von unabhängigen Preisberechnungen die Angebote der einzelnen Bewerber zu erhalten. Statt dessen gibt ihm das Komplott nur ein ernst gemeintes Angebot zwischen einer Reihe von vorgetäuschten. Dieses Verfahren ist fraglos sittenwidrig."[1247]

[1243] Vgl. *Eckstein*, ArchBürgR 41 (1915), S. 178 (279).

[1244] Vgl. *Wohlwill*, DJZ 1912, Sp. 1443 (1447).

[1245] Vgl. *Wohlwill*, DJZ 1912, Sp. 1443 (1447 f.).

[1246] *Rosenthal*, LZ 1915, Sp. 877 (877 f.).

[1247] *Rosenthal*, LZ 1915, Sp. 877 (878).

Die vorstehend skizzierten Probleme der durchaus als lax zu bezeichnenden und im Ergebnis die Ringe bevorteilende Rechtsprechung des RG hat denn auch *Wohlwill* zu der Feststellung bewogen, daß der Ausschreiber einer Submission „im wesentlichen auf Selbsthilfe angewiesen sei".[1248] Dieser müsse die eingereichten Offerten einer geschärften Kontrolle unterwerfen und schon ausdrücklich in den Submissionsbedingungen die Bewerber dazu verpflichten, solche Absprachen zu unterlassen. Jedenfalls sei ein ausreichender Rechtsschutz bei der bestehenden Rechtslage nicht gewährleistet, obwohl der Staat selbst durch seine Vielzahl von Ausschreibungen ein immenses finanzielle Interesse daran haben müsse, daß der mit der Submission verfolgte Zweck nicht durch eine ungebührliche Ringbildung vereitelt werde.[1249] Letzten Endes könne der Gesetzgeber am Gebilde der Ringe nicht stillschweigend vorübergehen, ohne „die Ringbildung auf das im öffentlichen Interesse Erträgliche zurückzuführen".[1250]

V. Betrieb einer Gast- oder Schankwirtschaft ohne polizeiliche Erlaubnis

Die gesetzliche Regelung des Gast- und Schankstättenwesens war nach früherem Recht in der Gewerbeordnung für das Deutsche Reich[1251] (nachfolgend: GewO) enthalten.[1252] Nach § 33 Abs. 1 GewO[1253] bedurfte der Betrieb einer Gastwirtschaft[1254] oder Schankwirtschaft[1255] und der Kleinhandel mit Branntwein oder Spiritus der Erlaubnis, wobei gemäß § 33 Abs. 4 GewO[1256] vor deren Erteilung die Ortspolizei- und Gemeindebehörde anzuhören war. Die Erlaubnis

[1248] *Wohlwill*, DJZ 1912, Sp. 1443 (1448).

[1249] Vgl. *Wohlwill*, DJZ 1912, Sp. 1443 (1448 f.).

[1250] *Wohlwill*, DJZ 1912, Sp. 1443 (1449).

[1251] Siehe „Gewerbeordnung für das Deutsche Reich" in der „Bekanntmachung, betreffend die Redaktion der Gewerbeordnung für das Deutsche Reich" vom 26. Juli 1900, RGBl. 1900, S. 871 ff.

[1252] Siehe *Keil*, S. 12 f., zur geschichtlichen Entwicklung.

[1253] Siehe § 33 Abs. 1 GewO, RGBl. 1900, S. 871 (882): „Wer Gastwirthschaft, Schankwirthschaft oder Kleinhandel mit Branntwein oder Spiritus betreiben will, bedarf dazu der Erlaubniß."

[1254] Hierunter war die gewerbsmäßige Beherbergung von fremden Personen in einem offenen, das heißt allgemein zugänglichen Lokal auf kürzere Zeit zu verstehen, vgl. *Keil*, S. 16.

[1255] Die Schankwirtschaft bestand in dem gewerbsmäßigen Verabreichen alkoholischer oder auch anderer Getränke zum Genuß auf der Stelle, vgl. *Keil*, S. 16.

[1256] Siehe § 33 Abs. 4 GewO, RGBl. 1900, S. 871 (883): „Vor Ertheilung der Erlaubniß ist die Ortspolizei- und die Gemeindebehörde gutachtlich zu hören."

war nach § 33 Abs. 2 Nr. 1 GewO[1257] nur dann zu versagen, wenn Tatsachen vorlagen, welche die Annahme rechtfertigten, daß der Antragsteller das Gewerbe zur Förderung der Völlerei, des verbotenen Spiels, der Hehlerei oder der Unsittlichkeit mißbrauchen werde. Der Konzessionsinhaber konnte sich zum Betrieb eines Stellvertreters bedienen (siehe § 45 GewO[1258]). Die Landesregierungen waren darüber hinaus in § 33 Abs. 3 GewO[1259] ermächtigt, die Erteilung der Konzession von einem Bedürfnisnachweis abhängig zu machen. Von dieser Ermächtigung machten alle Landesregierungen Gebrauch.[1260] Wer den Gewerbebetrieb ohne die erforderliche Konzession unternahm oder fortsetzte,[1261] konnte nach § 147 Abs. 1 Nr. 1 GewO[1262] mit einer Geldstrafe bis zu dreihundert Mark bestraft werden.

[1257] Siehe § 33 Abs. 2 GewO, RGBl. 1900, S. 871 (882): „Diese Erlaubniß ist nur dann zu versagen: 1. wenn gegen den Nachsuchenden Thatsachen vorliegen, welche die Annahme rechtfertigen, daß er das Gewerbe zur Förderung der Völlerei, des verbotenen Spieles, der Hehlerei oder der Unsittlichkeit mißbrauchen werde; 2. wenn das zum Betriebe des Gewerbes bestimmte Lokal wegen seiner Beschaffenheit oder Lage den polizeilichen Anforderungen nicht genügt."

[1258] Siehe § 45 GewO, RGBl. 1900, S. 871 (890): „Die Befugnisse zum stehenden Gewerbebetriebe können durch Stellvertreter ausgeübt werden; diese müssen jedoch den für das in Rede stehende Gewerbe insbesondere vorgeschriebenen Erfordernissen genügen."

[1259] Siehe § 33 Abs. 3 GewO, RGBl. 1900, S. 871 (882 f.): „Die Landesregierungen sind befugt, außerdem zu bestimmen, daß a) die Erlaubniß zum Ausschänken von Branntwein oder zum Kleinhandel mit Branntwein oder Spiritus allgemein, b) die Erlaubniß zum Betriebe der Gastwirthschaft oder zum Ausschänken von Wein, Bier oder anderen, nicht unter a fallenden, geistigen Getränken in Ortschaften mit weniger als 15000 Einwohnern, sowie in solchen Ortschaften mit einer größeren Einwohnerzahl, für welche dies durch Ortsstatut (§. 142) festgesetzt wird, von dem Nachweis eines vorhandenen Bedürfnisses abhängig sein solle."

[1260] Siehe *Keil*, S. 12 u. S. 23.

[1261] Nach § 53 Abs. 2 Satz 1 GewO, RGBl. 1900, S. 871 (892), konnte diese Erlaubnis zurückgenommen werden: „Außer aus diesen [scil.: in Absatz 1 aufgeführten] Gründen [scil.: Unrichtigkeit der Nachweise oder Aberkennung der bürgerlichen Ehrenrechte des Konzessionsinhabers] können die in den §§. … 33 … bezeichneten Genehmigungen … in gleicher Weise zurückgenommen werden, wenn aus Handlungen oder Unterlassungen des Inhabers der Mangel derjenigen Eigenschaften, welche bei der Ertheilung der Genehmigung … nach der Vorschrift dieses Gesetzes vorausgesetzt werden mußten, klar erhellt." Siehe auch § 40 Abs. 1 GewO, RGBl. 1900, S. 871 (886): „Die in den §§. 29 bis 33 a … erwähnten Approbationen und Genehmigungen dürfen weder auf Zeit ertheilt, noch vorbehaltlich der Bestimmungen in den §§. 33 a, 53 und § 143 widerrufen werden."

[1262] Siehe § 147 Abs. 1 GewO, RGBl. 1900, S. 871 (974): „Mit Geldstrafe bis zu dreihundert Mark und im Unvermögensfalle mit Haft wird bestraft: 1. wer den selbständigen Betrieb eines stehenden Gewerbes, zu dessen Beginn eine besondere polizeiliche Genehmigung (Konzession, Approbation, Bestallung) erforderlich ist, ohne die vorschriftsmäßige Ge-

Das Abhängigmachen der Ausübung des Gaststättengewerbes von einer staatlichen Konzession verfolgte das Ziel, die Gewerbeausübung nur zuverlässigen Personen zu gestatten. Die behördliche Kontrolle sollte dafür Sorge tragen, daß die öffentliche Sicherheit und Ordnung gewahrt blieben.[1263] Die Allgemeinheit sollte vor den Gefahren geschützt werden, die mit dem Ausschank „geistiger Getränke" verbunden waren. Durch die gesetzlich vorausgesetzte Zuverlässigkeit des Gesuchstellers[1264] und den Bedürfnisnachweis wurde eine wirkungsvolle Bekämpfung des Alkoholmißbrauchs erstrebt.[1265]

Die hier darzustellenden Entscheidungen des RG hatten Verträge zum Gegenstand, nach denen die maßgebliche Leitung des Gast- oder Schankwirtschaftsbetriebes nicht demjenigen, der die polizeiliche Erlaubnis zu diesem Wirtschaftsbetriebe erlangt hatte, sondern tatsächlich einem anderen zustehen sollte, der die Wirtschaft ohne Konzession im eigenen Namen und für eigene Rechnung betreiben sollte. Dabei wurden solche Verträge als Kastellanverträge bezeichnet, die zu dem Zweck geschlossen wurden, daß der eine Vertragspartner, ohne selbst die dazu erforderliche Erlaubnis zum Gastwirtschaftsbetrieb zu haben, die Konzession des anderen Vertragsteils als dessen äußerlich scheinbarer, der Polizeibehörde gegenüber bestellter Stellvertreter (Kastellan) zum Betrieb der Wirtschaft ausnutzen sollte.[1266] Neben dem nur zum Schein zwecks Einreichung bei der Polizeibehörde eingegangenen Stellvertretungsvertrag lagen den Beziehungen zwischen den Vertragsparteien regelmäßig ein Pachtvertrag, durch den der Konzessionsinhaber die Wirtschaft an seinen „Stellvertreter" verpachtete und gegebenfalls noch weitere Verträge, beispielsweise ein Mietvertrag

---

nehmigung unternimmt oder fortsetzt, oder von den in der Genehmigung festgesetzten Bedingungen abweicht; 2. ...". Über den § 151 GewO, RGBl. 1900, S. 871 (978), konnten auch die Personen mit Strafe belegt werden, „welche der Gewerbetreibende zur Leitung des Betriebs oder eines Theiles desselben oder zur Beaufsichtigung bestellt hatte".

1263 Vgl. *Scheibe/Bentin*, S. 1.

1264 Siehe hierzu *Keil*, S. 29: „Bei der Ausübung des Gast- und Schankgewerbes und bei dem Kleinhandel mit Branntwein gelangt der Inhaber häufig in Konflikt zwischen seinem persönlichen Interesse, aus dem Betrieb möglichst große Einnahmen zu ziehen, und der Verpflichtung, die Gefahren übermäßigen Alkoholgenusses durch seine Gäste zu vermeiden. Es müssen deshalb an den Inhaber eines der ... Gewerbebetriebe höhere persönliche Anforderungen gestellt werden als bei sonstigen gewerblichen Betätigungen. Nur ein moralisch hochstehender Wirtestand kann die Erreichung der mit der Regelung des Gaststättenwesens vom Gesetzgeber beabsichtigten Zwecke gewährleisten."

1265 Vgl. *Keil*, S. 16 u. S. 22.

1266 Vgl. *Hirsch*, DJZ 1912, Sp. 1464 (1464 f.); *Kiehl*, in: RGRK, BGB, Bd. I, 2. Aufl. 1913, § 134 Anm. 1., S. 159; *Rumpf*, AcP 117 (1919), S. 315 (316) und *Keil*, S. 22.

über die zur Wirtschaft gehörenden Wohnräume oder ein Kaufvertrag über das Mobiliar zu Grunde.[1267]

An und für sich enthalten die Entscheidungen keine auch nur erwähnenswerten Ausführungen zur Vorschrift des § 138 BGB und verdienten deshalb auch keiner besonderen Auflistung. Allein die Entwicklung der Rechtsprechung zu diesen Vertragstypen gebietet die nachfolgende Darstellung, denn das RG tat sich mit der Anwendung des § 138 BGB in Abgrenzung zur Vorschrift des § 134 BGB sichtlich schwer, und dies, ohne auch nur eine plausible Begründung für die jeweilige Heranziehung der Paragraphen zu geben.[1268]

Die erste veröffentlichte[1269], nach Inkrafttreten des BGB ergangene Entscheidung des VI. Zivilsenats des RG zu dieser Fallgruppe, in welcher die Vorschriften des BGB zugrunde gelegt wurden, datiert vom 08.02.1906[1270]: Durch schriftlichen „Mietvertrag" vom 19. Dezember 1901 zwischen dem verheirateten Weinhändler Heinrich M. und der ledigen Katharine B. vermietete M. der B. seine Wirtschaftsräume. Gleichzeitig verpflichtete sich die B. gegenüber dem M. durch einen weiteren schriftlichen Vertrag, sämtlichen in der Wirtschaft zum Ausschank kommenden Wein, Champagner und Most von ihm zu beziehen. Beide Verträge mitunterzeichnete Wilhelm S. unter dem gleichen Datum als Bürge. Unter Vorlage des Mietvertrages, der am 1. April 1902 in Wirkung treten sollte, hatte die B. am 25. Februar 1902 bei der Königlichen Stadtdirektion die Erlaubnis zum Betrieb der Wirtschaft als Pächterin beantragt, die jedoch mit Bescheid vom 22. September 1902 versagt wurde. Gleichwohl hatte die B. während des Zeitraums vom 1. April 1902 bis zum März 1903 die Wirtschaft als angebliches Büfettfräulein auf Grund der von M. erlangten Wirtschaftskonzession, in Wirklichkeit aber auf ihre eigene Rechnung betrieben. Die Klägerin Karoline M., die Witwe des im November 1902 verstorbenen Heinrich M., verlangte von den Beklagten, den Kindern und Erben des ebenfalls verstorbenen Wil-

---

1267 Vgl. *Hirsch*, DJZ 1912, Sp. 1464 (1465) und *Keil*, S. 22.

1268 Diese Uneinheitlichkeit der Rechtsanwendung spiegelte sich auch in der Literatur wider. Während beispielsweise *Hirsch*, DJZ 1912, Sp. 1464 (1465), die Kastellanverträge für nach § 138 Abs. 1 BGB nichtig hielt, sahen etwa *Kiehl*, in: RGRK, BGB, Bd. I, 2. Aufl. 1913, § 134 Anm. 1., S. 158, in § 33 GewO ein Verbotsgesetz im Sinne des § 134 BGB und *Rumpf*, AcP 117 (1919), S. 315 (316), im Kastellanvertrag ein nach § 134 BGB verbotswidriges Geschäft.

1269 Im soweit erkennbar nicht veröffentlichten Urteil des RG, Urt. v. 12.01.1906 – III 230/05, *Schubert*, Erkenntnisse 1906, S. 168 Nr. 20, vgl. *Schubert/Glöckner*, Nachschlagewerk, § 134 Nr. 8, wurde der Kastellanvertrag wegen Verstoßes gegen die §§ 33, 45, 46 GewO gemäß § 134 BGB als nichtig angesehen.

1270 Vgl. RG, Urt. v. 08.02.1906 – VI 193/05, Gruchot 50 (1906), S. 921 Nr. 74 B., vgl. *Schubert/Glöckner*, Nachschlagewerk, § 138 Nr. 49 u. *Schubert/Glöckner*, Nachschlagewerk, § 134 Nr. 9.

helm S., die Bezahlung der von ihrem Ehemann Heinrich M. und nach dessen Tode von ihr selbst an die B. gelieferten Waren aus dem Grunde der Bürgschaft des Wilhelm S. im Wert von circa 3.000 M. Die Beklagten meinten, die Bürgschaft sei zu unbestimmt, weil sich nicht erkennen lasse, wofür sie genau bestellt sei. Sie sei außerdem nichtig, weil der Wirtschaftspachtvertrag zwischen M. und B., auf den sich die Bürgschaft beziehe, wegen Verstoßes gegen die Bestimmungen der Gewerbeordnung über die Erlaubnis zum Wirtschaftsbetrieb ungültig sei.

Alle Instanzen sahen die Klage im wesentlichen als begründet an. Das OLG Stuttgart hielt den „Mietvertrag" vom 19. Dezember 1901 für einen Getränkeabnahmevertrag; die Bürgschaftserklärung des S. bezöge sich ganz allein „auf die zufolge des ‚Mietvertrags' von der B. mit dem Wirtschaftseigentümer [M.] abzuschließenden, übrigens tatsächlich und rechtlich selbständigen, eine selbständige Verpflichtung gegenüber dem Getränkeabnahmevertrag darstellenden Kaufgeschäfte über Wein u.s.w.".[1271] Nur für die Bezahlung dieser Getränke durch die B. sei die Bürgschaftsübernahme durch S. erklärt. Deshalb sei der Gegenstand der Bürgschaft hinreichend bestimmt, worin ihm das RG beipflichtete.[1272]

Angesichts dieser Reichweite der Bürgschaft ergab sich für das RG die maßgebliche „Frage, ob es zulässig erscheine, die einzelnen Kaufgeschäfte von den Abmachungen der Beteiligten in betreff des Wirtschaftsbetriebes der B. derart zu trennen, daß die ersteren Geschäfte und die hierfür geleistete Bürgschaft von der etwaigen Nichtigkeit der übrigen Vereinbarungen unberührt bleiben".[1273]

Eine Nichtigkeit der Abmachungen nach § 138 Abs. 1 BGB vermochte es vorliegend nicht zu erkennen. Ein Vertrag, wodurch der konzessionierte Inhaber einer Wirtschaft einem anderen den Betrieb der Wirtschaft für eigene Rechnung überlasse, verstoße nicht schon deshalb gegen die guten Sitten, weil der andere den Wirtschaftsbetrieb ohne behördliche Erlaubnis unternehme:[1274] „Abzusehen ist hierbei von der Bestimmung in §. 138 Abs. 1 des B.G.B. Daß die in Frage stehenden Rechtsgeschäfte um deswillen schon, weil der Wirtschaftsbetrieb

---

[1271] RG, Urt. v. 08.02.1906 – VI 193/05, Abschrift S. 3 = Gruchot 50 (1906), S. 921 (922) Nr. 74 B.

[1272] Vgl. RG, Urt. v. 08.02.1906 – VI 193/05, Abschrift S. 3 = Gruchot 50 (1906), S. 921 (922) Nr. 74 B.

[1273] RG, Urt. v. 08.02.1906 – VI 193/05, Abschrift S. 5 = Gruchot 50 (1906), S. 921 (924) Nr. 74 B.

[1274] Vgl. *Schubert/Glöckner*, Nachschlagewerk, § 138 Nr. 49.

der B. ohne behördliche Erlaubnis unternommen wurde, gegen die guten Sitten verstoßen hätten, ist nicht anzunehmen und auch nicht behauptet."[1275]

Dagegen könne unter Umständen ein Vertrag, durch den der konzessionierte Inhaber einer Wirtschaft einem anderen den Betrieb der Wirtschaft für eigene Rechnung überlasse, der Nichtigkeit nach § 134 BGB unterliegen:[1276] „Es kann sich nur um die Bestimmung in §. 134 des B.G.B. handeln, nämlich mit Rücksicht auf §. 33 und §. 147 Nr. 1 der Reichsgewerbeordnung. Die letzteren Gesetzesvorschriften enthalten nun ein (direktes) Verbot bestimmter Rechtsgeschäfte überhaupt nicht; verboten und unter Strafe gestellt wird hierdurch der selbständige gewerbsmäßige Betrieb einer Gast- oder Schankwirtschaft ohne die erforderliche behördliche Erlaubnis. Ein Vertrag, wodurch der konzessionierte Inhaber einer Wirtschaft einem anderen den Betrieb der Wirtschaft für eigene Rechnung überläßt, kann [!] allerdings der Nichtigkeit nach §. 134 B.G.B. unterliegen, sofern das Abkommen gerade auf die Begehung der unter Strafe verbotenen Handlung gerichtet, der unerlaubte Wirtschaftsbetrieb zum Gegenstande des Vertrages gemacht oder der Vertrag zu Umgehung des Gesetzes abgeschlossen ist; wie denn namentlich derartige, unter dem Scheine von Stellvertretungs- oder Geschäftsführerverträgen abgeschlossene Wirtschaftspachtverträge auch unter den früher geltenden Rechten für nichtig erklärt worden sind."[1277]

Aber unabhängig von der möglicherweise anzunehmenden Nichtigkeit der den Kaufverträgen vorausgegangenen Verträge nach § 134 BGB habe sich der S. nicht hierfür verbürgt. Die Nichtigkeit erstrecke sich keinesfalls auf die einzelnen abgeschlossenen Kaufverträge über die Getränke, für deren Bezahlung der S. allein seine Bürgschaft erklärt habe, denn soweit reiche die Tragweite des Verbotes nicht:[1278] „Die hier fraglichen Vorschriften der Gewerbeordnung (§. 33 cf. §. 45, §. 147 Z. 1) richten sich ihrem Wortlaute nach nicht gegen Rechtsgeschäfte, welche in Betätigung eines nicht konzessionierten Gewerbebetriebes vorgenommen werden, und es kann nicht der Sinn und die Absicht dieser Gesetzesvorschriften sein, daß durch das Verbot außer den, eine Zuwi-

---

1275 RG, Urt. v. 08.02.1906 – VI 193/05, Abschrift S. 5 = Gruchot 50 (1906), S. 921 (924) Nr. 74 B.

1276 Vgl. *Schubert/Glöckner*, Nachschlagewerk, § 134 Nr. 9 und *Schubert/Glöckner*, Nachschlagewerk, § 138 Nr. 49.

1277 RG, Urt. v. 08.02.1906 – VI 193/05, Abschrift S. 5 f. = Gruchot 50 (1906), S. 921 (924 f.) Nr. 74 B. unter Verweis auf: RG, Urt. v. 22.11.1881 – I 881/80, Gruchot 26 (1882), S. 896 (897 ff.) Nr. 68; RG, Urt. v. 01.04.1897 – VI 371/96, RGZ 39, 267 ff.; RG, Urt. v. 07.05.1903 – VI 36/03, vgl. *Schubert/Glöckner*, Nachschlagewerk, § 138 Nr. 43 und für das Recht unter Geltung des BGB auch RG, Urt. v. 30.10.1905 – III 91/05, JW 1905, S. 742 Nr. 8.

1278 Vgl. RG, Urt. v. 08.02.1906 – VI 193/05, Abschrift S. 6 f. = Gruchot 50 (1906), S. 921 (925) Nr. 74 B.

derhandlung gegen das Gesetz selbst darstellenden Geschäften auch anderweite, an sich völlig erlaubte Rechtsgeschäfte wegen einer mehr oder weniger nahen Beziehung zu dem unerlaubten Wirtschaftsbetriebe mit der zivilrechtlichen Wirkung der Nichtigkeit getroffen werden sollten."[1279]

Im Ergebnis seien damit eine wirksame Hauptverbindlichkeit, hier die einzelnen Kaufverträge über die gelieferten Getränke, als Voraussetzung für die Gültigkeit der selbst nicht sitten- oder verbotswidrigen[1280] und mit der Klage geltend gemachten Bürgschaft gegeben.[1281]

Auf dieser Linie lag auch das nur einen Tag später, nämlich am 09.02.1906[1282] ergangene Urteil des III. Zivilsenats, der ebenfalls von der Anwendbarkeit des § 134 BGB in Verbindung mit den Vorschriften der GewO ausging. Nach den Feststellungen des Berufungsgerichts war in dem zwischen den Parteien abgeschlossenen Vertrag die Vereinbarung getroffen, daß der Beklagte eine auf seinen Namen lautende Konzession für den beabsichtigten Schankwirtschaftsbetrieb erwirken, dieser jedoch nicht für Rechnung des Beklagten betrieben werden sollte. Die außerdem erzielte Übereinkunft, daß der Beklagte bei Erteilung der Konzession den S. als Geschäftsführer die Führung der Wirtschaft überlassen und zudem alle Bestellungen sowie Lieferungen auf den Namen des Beklagten erfolgen sollten, habe nach Ansicht des Gerichts nur einem Zweck gedient: Nach außen und insbesondere gegenüber der Behörde habe der Schein erweckt werden sollen, daß der Beklagte der wirkliche Inhaber der Wirtschaft sei, diese also für ihn und auf eigene Rechnung betrieben würde. In Wirklichkeit sei der S. nicht der Stellvertreter des Beklagten gewesen, weil er nicht für dessen Rechnung das Schankgewerbe ausgeübt habe. Er habe aber eine auf seine Person ausgestellte Erlaubnis nach § 53 [recte: § 33] GewO bedurft und sich durch den Betrieb ohne eine solche nach § 147 Ziff. 1 GewO strafbar gemacht.[1283] Daraus zog der Senat den Schluß: „Indem der zwischen den Parteien abgeschlossene Vertrag von vornherein auf einen solchen gesetzwidrigen Wirtschaftsbetrieb gerichtet war, und zu diesem Zwecke bestimmte, auf Umge-

---

1279 RG, Urt. v. 08.02.1906 – VI 193/05, Abschrift S. 7 = Gruchot 50 (1906), S. 921 (926) Nr. 74 B.

1280 Vgl. RG, Urt. v. 08.02.1906 – VI 193/05, Abschrift S. 4 = Gruchot 50 (1906), S. 921 (922 f.) Nr. 74 B. u. Abschrift S. 7 = Gruchot 50 (1906), S. 921 (926) Nr. 74 B.

1281 Vgl. RG, Urt. v. 08.02.1906 – VI 193/05, Abschrift S. 7 = Gruchot 50 (1906), S. 921 (926) Nr. 74 B.

1282 Vgl. RG, Urt. v. 09.02.1906 – III 277/05, Gruchot 50 (1906), S. 919 Nr. 74 A., vgl. *Schubert/Glöckner*, Nachschlagewerk, § 134 Nr. 10.

1283 Vgl. RG, Urt. v. 09.02.1906 – III 277/05, Gruchot 50 (1906), S. 919 (920) Nr. 74 A.

hung des Gesetzes und auf Täuschung der Behörde gerichtete Vereinbarungen traf, erhielt er einen gegen ein gesetzliches Verbot verstoßenden Inhalt."[1284]

Einen Richtungswechsel zeigt die nur wenig mehr als zwei Monate darauf erlassene Entscheidung des VI. Zivilsenats vom 11.04.1906[1285], denn der Senat sprach sich darin für die Anwendung des § 138 BGB gegen die des § 134 BGB auf Fälle der vorliegenden Art aus.

Die klägerische Brauerei, eine Aktiengesellschaft, forderte vom Beklagten die Zahlung einer Kaution, zu deren Stellung sich der Beklagte in einer von ihm ausgestellten Urkunde vom 25. März 1902 verpflichtet hatte. Diese Kaution sollte inhaltlich der Urkunde für eine von dessen Bruder, dem Wirt W. L., der Klägerin „zu stellenden Kaution" gewährt werden.

Das RG hielt die in dieser Urkunde übernommene Verpflichtung des Beklagten für materiell gegenstandlos, weil der Bruder des Beklagten W. L. nicht der Klägerin zur Bestellung einer Kaution und daher auch notwendigerweise der Beklagte selbst nicht hierzu verpflichtet sei. Der W. L. sei aber deshalb nicht zur Kautionsleistung verpflichtet, weil der Vertrag vom 27. Februar 1902, in welchem er diese Kautionsbestellung versprochen hatte, wegen Verstoßes gegen die guten Sitten nach § 138 Abs. 1 BGB nichtig sei.[1286] Die Begründung des RG lautete: „Das Berufungsgericht hat nämlich in einwandfreier Weise tatsächlich festgestellt, daß der bezeichnete Vertrag zwischen der Klägerin und W. L. zu dem Zwecke geschlossen sei, damit letzterer, ohne selbst eine polizeiliche Erlaubnis zum Gastwirtschaftsbetriebe zu haben, als scheinbarer Stellvertreter der Witwe K. deren Wirtschaftskonzession ausnutze. Dieser Vertrag zielte also auf ein nach §. 33 und §. 147 Abs. 1 No. 1 Gew.-O. ungesetzliches und verbotenes Ergebnis ab. Ein solcher Vertrag ist aber, wie er früher nach Preußischem Landrechte[1287] und nach gemeinem Rechte[1288] für ungültig erklärt worden ist, so auch nach dem BGB., als unter §. 138 Abs. 1 fallend, zweifellos [!] nichtig. Diese Nichtigkeit wird übrigens auch vom Oberlandesgericht nicht bezweifelt, welches sie nur, weniger zutreffend, statt aus §. 138 Abs. 1, aus § 134 des BGB. ableitet."[1289]

Aufgehoben wurde das Berufungsurteil, und die Klage damit abgewiesen, aus einem anderen Grund: Das OLG meinte, wegen der Nichtigkeit dieses Vertrages seien nicht auch die späteren, mit dem Wirtschaftsbetrieb des W. L. nur

---

1284 RG, Urt. v. 09.02.1906 – III 277/05, Gruchot 50 (1906), S. 919 (920) Nr. 74 A.

1285 Vgl. RG, Urt. v. 11.04.1906 – VI 305/05, RGZ 63, 143, vgl. *Schubert/Glöckner*, Nachschlagewerk, § 138 Nr. 57.

1286 Vgl. RG, Urt. v. 11.04.1906 – VI 305/05, Abschrift S. 2 f. = RGZ 63, 143 (144 f.).

1287 Unter Verweis auf: RG, Urt. v. 01.04.1897 – VI 371/96, RGZ 39, 267 ff.

1288 Unter Verweis auf: RG, Urt. v. 07.05.1903 – VI 36/03.

1289 RG, Urt. v. 11.04.1906 – VI 305/05, Abschrift S. 3 = RGZ 63, 143 (145).

tatsächlich zusammenhängenden Rechtsgeschäfte zwischen der Klägerin und W. L., etwa die Lieferung von Bier, nichtig. Die Kaution habe aber nach dem Vertrag vom 27. Februar 1902 auch für die hieraus entstehenden Verbindlichkeiten haften sollen, weshalb auch der Beklagte hierfür die eingeklagte Kaution stellen müsse. Das RG stimmte dem OLG darin zu, daß aus jenen nachfolgenden Geschäften wirksame Verbindlichkeiten des W. L. gegenüber der Klägerin entstanden sein könnten und daß auch eine gerade hierfür bestellte (!) Kaution dafür haften würde. Eine derartige Verpflichtung zur Kautionsstellung habe W. L. im Vertrag vom 27. Februar 1902 hingegen nicht übernommen und diese könne die Klägerin somit auch nicht vom Beklagten verlangen.[1290]

Glaubte man durch die vorstehende Entscheidung des VI. Zivilsenats eine gewisse Festlegung des RG erkennen zu können, zumal die Entscheidung in der amtlichen Sammlung veröffentlicht wurde, so sorgte derselbe Senat mit seinem Urteil vom 25.03.1907[1291] erneut für Verwirrung, indem er die hier fraglichen Verträge wiederum anhand der §§ 134, 138 BGB auf ihre Rechts(un)wirksamkeit untersuchte, ohne die Prüfung nach den einzelnen Nichtigkeitsnormen genauestens zu unterscheiden. Das – soweit ersichtlich – unveröffentlichte Urteil soll an dieser Stelle auch aus einem anderen Grund umfangreicher dargestellt werden: Der Senat setzte sich ausführlich mit den vertraglich getroffenen Vereinbarungen auseinander und untersuchte hieran, welcher Vertragspartei hiernach die Stellung als selbständiger Geschäftsherr des Wirtschaftsbetriebes zukam und welche Partei lediglich als untergeordneter Geschäftsführer mit eingeschränkter Verfügungsgewalt fungieren sollte.

Die Klägerin, eine Hotel-GmbH, hatte mit dem Kaufmann F. am 10. September 1903 einen notariellen Vertrag geschlossen, nach welchem die Klägerin ein ihr gehöriges Grundstück in Essen dem F. „zum Zwecke des Hotel- und Restaurationsbetriebes, verbunden mit Cafe und Stehbierhalle“ fest bis zum 15. September 1904 vermietete. Am selben Tag unterzeichneten der P. und seine Ehefrau, die Beklagten, eine Urkunde, nach der sie die selbstschuldnerische Bürgschaft gegenüber der Klägerin und der G.-Brauerei für alle Forderungen übernahmen, die diese gegen den F. erlangen würden. Tags darauf, am 11. September 1903, schloß P. mit F. einen schriftlichen Vertrag, nach dem sie sich zum Betriebe der Restauration etc. zu einer „Gesellschaft“ vereinigten. Nach außen hin sollte das Geschäft nur unter dem Namen des F. betrieben werden. Zudem sollte nur F. allein die Konzession hierfür nachsuchen, die er auch erhielt. Im April 1904 kam es zwischen beiden zum Streit. Der F. erklärte daraufhin gegen-

---

[1290] Vgl. RG, Urt. v. 11.04.1906 – VI 305/05, Abschrift S. 3 f. = RGZ 63, 143 (145 f.).

[1291] Vgl. RG, Urt. v. 25.03.1907 – VI 379/06, vgl. *Schubert/Glöckner*, Nachschlagewerk, § 138 Nr. 111 u. 112 = *Schubert/Glöckner*, Nachschlagewerk, § 134 Nr. 16 u. 17.

über der Gewerbepolizeibehörde die Aufgabe seiner Konzession, weshalb die bisher unter seinem Namen geführte Restauration polizeilich geschlossen wurde.

Die Klägerin forderte nun von den Beklagten als Bürgen die Bezahlung des Mietzinses der Folgemonate, wozu sie auch von den ersten beiden Instanzen verurteilt wurden. Hiergegen haben die Beklagten mit ihrer Revision die Rechtsunwirksamkeit des Miet- und Bürgschaftsvertrages eingewendet: Es sei Absicht aller Beteiligten gewesen, daß der Beklagte P. Mieter der Restauration sein und das Schankgewerbe für seine Rechnung betreiben sollte. Weil aber zu erwarten gewesen sei, daß P. die Erlaubnis hierzu nicht erhalten werde, sei verabredet worden, daß F. die Konzession auf seinen Namen erwerben und nach außen als Inhaber des Geschäfts auftreten solle.

Der VI. Zivilsenat hatte zu Bedenken Anlaß, „ob die dem Klageanspruch zu Grunde liegenden Verträge nach §§ 134, 138 B.G.B. als rechtsunwirksam anzusehen sind"[1292], weshalb es das Urteil des OLG Hamm aufhob und die Sache zurückverwies. Dabei faßte der Reichsgerichtssenat die hierzu bereits bestehende Rechtsprechung des RG wie folgt zusammen: „Wie das Reichsgericht schon früher für die Gebiete des gemeinen und des Preußischen allgemeinen Landrechts, aber ebenso auch für das jetzt geltende Recht[1293] ... öfter ausgesprochen hat, sind Verträge, welche darauf abzielen, daß unter Täuschung der zuständigen Behörde statt der Person, welcher von dieser die Erlaubnis zum Betrieb der Gast- und Schankwirtschaft für bestimmte Räume erteilt worden ist, dort tatsächlich ein anderer für sich das Gewerbe betreiben soll, als nichtig anzusehen. Dies gilt ebenso dann, wenn derjenige, welcher nach dem Vertrage, ohne selbst die Erlaubnis zum Wirtschaftsbetriebe zu haben, diesen für sich ausüben soll, nach außen als Stellvertreter des Konzessionsinhabers gemeldet wird (Gew. Ord. § 45) und sich als solcher geriert, wie in dem umgekehrten Falle, wenn statt dessen, der in Wahrheit die Wirtschaft für sich betreiben will, aber keine Erlaubnis dazu hat, ein anderer, der nach dem Willen der Beteiligten nur Geschäftsführer bez. Gehilfe des ersteren sein soll, für sich die Erlaubnis zu dem Wirtschaftsbetriebe erwirkt und der Behörde gegenüber als Inhaber der Gastwirtschaft auftritt. Ein Fall dieser Art soll nach der Behauptung der Beklagten hier vorliegen."[1294] „Entscheidend ist, ob die in Rede stehenden Verträge dazu bestimmt und geeignet waren, einen Sachstand herbeizuführen, der durch die einschlagenden Bestimmungen der Gewerbeordnung (§ 33 Abs. 1, Abs. 2 Ziff. 1, § 47 [recte: § 147] Ziff. 1) ausgeschlossen werden soll. Dies würde aber der Fall sein, wenn nach der Absicht der Beteiligten in dem Hause der Klägerin

---

[1292] RG, Urt. v. 25.03.1907 – VI 379/06, Abschrift S. 3.

[1293] Unter Verweis auf: RG, Urt. v. 11.04.1906 – VI 305/05, RGZ 63, 143 (145).

[1294] RG, Urt. v. 25.03.1907 – VI 379/06, Abschrift S. 3 f., vgl. *Schubert/Glöckner*, Nachschlagewerk, § 138 Nr. 111 = *Schubert/Glöckner*, Nachschlagewerk, § 134 Nr. 16.

die Gast- und Schankwirtschaft für Rechnung des Beklagten P. betrieben werden, und die Art und Weise wie der Betrieb gestaltet wurde, von ihm abhängen sollte, und wenn die zur Erteilung der Konzession zuständige Behörde hierüber getäuscht werden sollte, indem sich ihr gegenüber F. als der ausgab, für dessen Rechnung der Betrieb erfolge, und der über dessen Gestaltung zu bestimmen habe.“[1295]

Nach dem Wortlaut des Vertrages vom 11. September 1903 sollte zwischen F. und P. ein „Gesellschaftsverhältnis“ begründet und die Wirtschaft für Rechnung dieser Gesellschaft betrieben werden. Dabei sollte die Geschäftsführung durch F. und unter Mitwirkung dessen Ehefrau erfolgen. Der F. sollte insbesondere für Einstellung und Entlassung des Personals sowie für die Abschließung der Verträge mit den Lieferanten verantwortlich sein und dabei nur in eigenem Namen handeln.[1296] Die anderen Vertragsbestimmungen ließen hieran aber Zweifel aufkommen. So sollte P. allein die erforderlichen Geldmittel hergeben, während F. nur seine Arbeitskraft einzubringen hatte. Der F. sollte hierfür freie Wohnung und freie Beköstigung für sich und seine Familie erhalten. Daneben sollten ihm 2 % der gesamten Bruttoeinnahmen zustehen. Diese waren zwar als der ihm zukommende Anteil am Gewinn der Gesellschaft bezeichnet, seien tatsächlich aber eine Vergütung, die unabhängig davon war, ob und in welcher Höhe ein Reingewinn erzielt wurde und ihm auch völlig unabhängig von einem etwaigen Verlust des Betriebes zustand. Auch was die Leitung des Geschäfts betraf, unterwarf sich F. bezüglich der ihm obliegenden Geschäftsführung in dem Vertrag den Anordnungen des P. in der Weise, daß bei Gegensätzlichkeiten die von P. getroffenen Anordnungen zur Ausführung gelangen sollten.[1297] Nach alledem habe für den Senat die Annahme näher gelegen, daß der Wirtschaftsbetrieb in Wahrheit nicht für eine Gesellschaft erfolgen, sondern vielmehr der Sache nach für Rechnung des Beklagten P. gehen und F. nur dessen Angestellter sein sollte.[1298] Die Stellung des F. sei nach dem Vertrag daher „nicht die eines selbständigen Geschäftsherrn, sondern entsprach derjenigen eines Geschäftsführers, dessen Verfügungsgewalt nur dann und insoweit Platz greifen soll, als der Geschäftsherr [scil.: der P.] seinerseits keine Anordnungen zu treffen für gut befindet“.[1299]

Das Berufungsgericht war demgegenüber der Meinung, F. sei der wirkliche Inhaber des Betriebes gewesen, weil „er der unbeschränkte Herr der Konzession

[1295] RG, Urt. v. 25.03.1907 – VI 379/06, Abschrift S. 4, vgl. *Schubert/Glöckner*, Nachschlagewerk, § 138 Nr. 112 = *Schubert/Glöckner*, Nachschlagewerk, § 134 Nr. 17.

[1296] Vgl. RG, Urt. v. 25.03.1907 – VI 379/06, Abschrift S. 4.

[1297] Vgl. RG, Urt. v. 25.03.1907 – VI 379/06, Abschrift S. 5.

[1298] Vgl. RG, Urt. v. 25.03.1907 – VI 379/06, Abschrift S. 5.

[1299] RG, Urt. v. 25.03.1907 – VI 379/06, Abschrift S. 6.

geblieben und daher immer in der Lage gewesen sei, von P. angeordnete Maßregeln, die ihm unzulässig erschienen, durch Aufgabe der Konzession zu hindern"[1300], was letztendlich auch geschehen sei.

Diese Erwägung hielt das RG für unzutreffend: „Für die Frage, ob die ... Verträge nach §§ 134, 138 B.G.B. rechtsunwirksam sind, kommt es nur darauf an, ob, wenn sie zur Ausführung gelangten, ein dem Gesetz widersprechenden Zustand herbeigeführt wurde, und durch ihre Ausführung ein solcher nach der Absicht der Beteiligten unter Täuschung der Behörde herbeigeführt werden sollte; ist dies der Fall, so wird die Ungültigkeit der Verträge nicht dadurch ausgeschlossen, daß einem der Beteiligten die Möglichkeit geboten war, die weitere Ausführung der Verträge zu hindern. Diese Möglichkeit wird in allen Fällen vorliegen, wo infolge der von den Beteiligten getroffenen Veranstaltungen statt des Inhabers der Konzession ein anderer die Gast- oder Schankwirtschaft für sich betreibt, die Auffassung des Berufungsgerichts würde also zu dem Ergebnis führen, daß hierauf abzielende Verträge überhaupt als rechtsgültig anzusehen seien."[1301]

Zur Zurückverweisung der Sache zur anderweiten Verhandlung und Entscheidung an das Berufungsgericht kam es, weil das OLG einigen unter Beweis gestellten Behauptungen der Beklagten zu den hier in Frage stehenden Absichten der Beteiligten nicht nachgegangen war, die nach Ansicht des RG geeignet waren, die Nichtigkeit der Verträge und somit auch die Unbegründetheit der Klage herbeizuführen.[1302]

Auch in der Folgezeit ließ das RG nicht genau durchblicken, welche Vorschrift für die Begründung der Nichtigkeit der Kastellanverträge den Ausschlag gab. Allem Anschein nach favorisierte das Gericht den § 138 Abs. 1 BGB: Der V. Zivilsenat des RG schenkte dem Unterschied der beiden Gesetzesvorschriften in seinem Urteil vom 17.06.1907[1303] unter Verweis auf die Entscheidung des VI. Zivilsenats vom 11.04.1906[1304] dadurch Beachtung, daß er die Anwendung des § 134 BGB auf den Fall dahingestellt ließ. Ein Vertrag, mit dem die Umgehung des § 45 GewO insofern beabsichtigt war, daß der eine Vertragsteil äußerlich die Stellung eines bloßen Kastellans einnahm, während er in Wirklichkeit selbständiger Inhaber der Schankwirtschaft war, obwohl nicht er, sondern nur der Vermieter der Wirtschaft die polizeiliche Konzession besaß,[1305] verstoße je-

---

[1300] RG, Urt. v. 25.03.1907 – VI 379/06, Abschrift S. 6.

[1301] RG, Urt. v. 25.03.1907 – VI 379/06, Abschrift S. 6.

[1302] Vgl. RG, Urt. v. 25.03.1907 – VI 379/06, Abschrift S. 6 f.

[1303] Vgl. RG, Urt. v. 17.06.1907 – V 644/06, Recht 1907, Sp. 967 Nr. 2251, vgl. *Schubert/Glöckner*, Nachschlagewerk, § 138 Nr. 57.

[1304] Siehe RG, Urt. v. 11.04.1906 – VI 305/05, RGZ 63, 143 (145).

[1305] Vgl. RG, Urt. v. 17.06.1907 – V 644/06, Abschrift S. 2 = Recht 1907, Sp. 967 Nr. 2251.

denfalls gegen die guten Sitten im Sinne des § 138 Abs. 1 BGB, weil er „auf ein nach den §§ 33, 147 Abs. 1 Ziff. 1 Gew. Ordn. verbotenes Ergebnis abzielte".[1306] So genau wollte sich der III. Zivilsenat nicht festlegen. Ließ sich in seiner Entscheidung vom 22.11.1907[1307] nicht zweifelsfrei erkennen, ob er die Nichtigkeit allein mit § 138 Abs. 1 BGB begründete,[1308] hielt er im Urteil vom 14.01.1908[1309] die Kastellanverträge wegen des Verstoßes gegen das Verbot der §§ 33, 147 GewO ausdrücklich nach § 138 BGB für nichtig,[1310] während sich dann wieder im Urteil vom 20.03.1914[1311] der Standpunkt des Senats aufgrund des gewählten Satzbaus nicht exakt bestimmen läßt.[1312] Raum für Zweifel dieser Art gab es hingegen im Urteil des II. Zivilsenats vom 26.02.1902[1313] nicht, der eindeutig von einer Nichtigkeit nach § 138 Abs. 1 BGB ausging.[1314]

Ausführliche Stellungnahmen in der Literatur zu den Entscheidungen des RG konnten nicht gefunden werden.

VI. Gewährung von Darlehen zum Zwecke des Spieles

Am Wortlaut des § 762 Abs. 1 BGB hat sich seit Inkrafttreten des BGB nichts geändert: „Durch Spiel oder durch Wette wird eine Verbindlichkeit nicht begründet. Das auf Grund des Spieles oder der Wette Geleistete kann nicht deshalb zurückgefordert werden, weil eine Verbindlichkeit nicht bestanden hat."[1315] Aus der in § 762 Abs. 1 Satz 2 BGB normierten Nichtklagbarkeit ergibt sich, daß ein (erlaubtes) Spiel – und ebenso die rechtlich gleichgestellte Wette, welche künftig keine weitere Beachtung findet – an sich nicht als Rechtsgeschäft, das gegen die guten Sitten im Sinne des § 138 Abs. 1 BGB verstößt, betrachtet werden

---

[1306] Vgl. RG, Urt. v. 17.06.1907 – V 644/06, Abschrift S. 3 = Recht 1907, Sp. 967 Nr. 2251.

[1307] Vgl. RG, Urt. v. 22.11.1907 – III 157/07, WarnRspr. 1908, Nr. 44 S. 36, vgl. *Schubert/Glöckner*, Nachschlagewerk, § 138 Nr. 57.

[1308] Vgl. RG, Urt. v. 22.11.1907 – III 157/07, Abschrift S. 2 = WarnRspr. 1908, Nr. 44 S. 36 (36) unter Verweis auf: RG, Urt. v. 11.04.1906 – VI 305/05, RGZ 63, 143 ff., wo die Nichtigkeit allein anhand des § 138 Abs. 1 BGB festgestellt wurde.

[1309] Vgl. RG, Urt. v. 14.01.1908 – III 262/07, RGZ 67, 321, vgl. *Schubert/Glöckner*, Nachschlagewerk, § 138 Nr. 146 und *Schubert/Glöckner*, Nachschlagewerk, § 134 Nr. 20.

[1310] Vgl. RG, Urt. v. 14.01.1908 – III 262/07, RGZ 67, 321 (325).

[1311] Vgl. RG, Urt. v. 20.03.1914 – III 532/13, RGZ 84, 304, vgl. *Schubert/Glöckner*, Nachschlagewerk, § 138 Nr. 241.

[1312] Vgl. RG, Urt. v. 20.03.1914 – III 532/13, Abschrift S. 2 f. = RGZ 84, 304 (305).

[1313] Vgl. RG, Urt. v. 26.02.1914 – II 658/13, Recht 1914, Beil. Nr. 1241.

[1314] Vgl. RG, Urt. v. 26.02.1914 – II 658/13, Abschrift S. 3 = Recht 1914, Beil. Nr. 1241.

[1315] § 762 Abs. 1 BGB, RGBl. 1896, S. 195 (324).

kann.[1316] Durch die Fassung des § 762 Abs. 1 Satz 1 BGB, daß durch ein Spiel keine Verbindlichkeit begründet wird, ist zum Ausdruck gebracht, daß die Klage

---

[1316] Siehe hierzu schon die Motive II, S. 644 = *Mugdan* II, S. 360, die zwischen verbotenen Spielen, für deren Nichtigkeit nach § 105 BGB Entwurf I die §§ 284, 285, 360 Nr. 14 StGB a. F. in Betracht gezogen wurden, und erlaubten unterschieden (anders dagegen *Siber*, S. 56 ff.): „Abgesehen von solchen Verboten kann der Spiel- und Wettvertrag nicht schlechthin deshalb für nichtig erklärt werden, weil er gegen die guten Sitten oder die öffentliche Ordnung verstoße (§ 106 [BGB Entwurf I]). Er erscheint vielmehr, sofern nicht besondere Umstände hinzutreten, in gewissem Maße rechtsverbindlich, soweit ihn das Gesetz nicht besonders reprobirt. ... Diese Reprobation [ist] dahin auszusprechen und zu beschränken, daß die Rückforderung des Geleisteten ausgeschlossen wird." Ähnlich lauteten auch teilweise die Stimmen in der zweiten Kommission, Protokolle II, S. 797 = *Mugdan* II, S. 1008: „Die Unklagbarkeit der Spielschulden beruhe vielmehr auf der Auffassung, daß das Spiel und die aus ihm sich ergebenden Beziehungen der Spieler dem Gebiete der Sitte, nicht dem des Rechtes, angehören, daß der Spielvertrag nicht ein der rechtlichen Regelung zu unterwerfendes Verkehrsgeschäft sei." So auch *Hachenburg*, 41. Jahres-Bericht, S. 25 (26 f.) = *Hachenburg*, Vorträge, S. 52 f.; RG, Urt. v. 04.04.1903 – I 425/02, Abschrift S. 4 = JW 1903, S. 189 (189) Nr. 57: „Wettverträge [sind], obschon sie nach § 762 des Bürgerlichen Gesetzbuchs keine Verbindlichkeit begründen, doch keine unsittlichen Geschäfte."; *Engelmann*, in: Staudinger, BGB, Bd. II 2, 2. Aufl. 1906, § 762 Anm. I., S. 687, *Oertmann*, BGB, Schuldverhältnisse, 3./4. Aufl. 1910, Vorbem. zu §§ 762 ff. Anm. 1., S. 922; *Burlage*, in: RGRK, BGB, Bd. I, 2. Aufl. 1913, § 762 Anm. 5, S. 692 und *von Tuhr*, Bd. II 2, § 70 I., S. 22 (auch in Fn. 7). Ein Spiel mit unsittlichem Inhalt oder Zweck sei nach § 138 BGB jedoch schlechthin als nichtig anzusehen und erzeuge folglich keinerlei zivilrechtliche Verbindlichkeiten, vgl. *Oertmann*, BGB, Schuldverhältnisse, 3./4. Aufl. 1910, Vorbem. zu §§ 762 ff. Anm. 3., S. 923. Große praktische Verwendung im Warenvertrieb fand seinerzeit das sog. Hydrasystem, eine Abart des Schneeballsystems; letzteres hatte noch weitere verschiedene Erscheinungsformen wie das Gella-, Multiplex-, Adnira- oder Gutscheinsystem, siehe BGH, Urt. v. 03.12.1954 – I ZR 262/52, NJW 1955, S. 377 (377). Das RG, Urt. v. 14.02.1901 – I. Strafsenat 4708/00, RGSt 34, 140 (143), sah hierin eine strafbare Ausspielung im Sinne des § 286 Abs. 2 StGB; diese Entscheidung ablehnend *Staub*, DJZ 1901, S. 193 ff. und *von Liszt*, DJZ 1901, S. 195 ff.; zustimmend Reichsgerichtsrat *Braun*, Recht 1901, S. 400 ff; dazu insgesamt sehr ausführlich *Alexander–Katz*, GewRschutz 7 (1902), S. 17 ff. und *Glaser*, SächsA 1 (1906), S. 361 ff. Der VII. Zivilsenat des RG, Urt. v. 18.04.1905 – VII 444/04, RGZ 60, 379 (380) – wie auch später BGH, Urt. v. 03.12.1954 – I ZR 262/52, NJW 1955, S. 377 (377) – schloß sich dieser Auffassung an und erachtete das Gellasystem als eine „öffentlich veranstaltete Ausspielung von Gewinnen im Sinne des Reichsstempelgesetzes", weshalb es sich wohl damit auch um eine Ausspielung von Sachen nach § 763 Satz 1 BGB gehandelt haben dürfte. Das Gericht erkannte zum Wesen des Systems (S. 382), „daß das ganze Gellaverfahren darauf berechnet ist und seine notwendige Grundlage darin findet, daß von den Teilnehmern am Gellaverfahren eine große Anzahl ihr Geld verlieren muß, damit eine Minderheit einen Gewinn ... machen kann". Dabei wurde vom Gericht nicht eindeutig ausgesprochen, ob ein solches Spielunternehmen gegen die guten Sitten verstößt (vgl. S. 387). Hingegen wird die Vereinbarung des auch heute noch gängigen Schneeballsystems in Form von „Schenkkreisen" von der Rechtauf Erfüllung des Spielvertrages ausgeschlossen ist. Diese Unklagbarkeit bezieht sich aber ausdrücklich nur auf den Spielvertrag selbst.[1317] Daraus ergab sich für Rechtsprechung und Literatur das Problem, welchen Einfluß die Nichtklagbarkeit von Spielen auf damit zusammenhängende Rechtsgeschäfte, insbesondere zum Zwecke des Spieles hingegebene Darlehen hatte.

Nach diversen früheren Rechtsordnungen konnte das zu Spielzwecken gewährte Darlehen nicht zurückgefordert werden.[1318] Im ersten Entwurf eines BGB wurde dennoch von der Aufnahme einer solchen Vorschrift Abstand genommen: „Das geltende Recht schließt zum großen Theil die Rückforderung eines zum Zwecke des Spieles … gegebenen Darlehens aus. Dies wird durch den hierbei maßgebenden Zweck einer Einschränkung des Spieles … nicht gerechtfertigt. Aus einer solchen allgemeinen Vorschrift können die größten, in keiner Weise zu billigenden Härten entstehen. Hierbei bleibt übrigens die Beurtheilung des Falles offen, wenn ein Spieler dem Mitspieler zum Spiele oder zum Weiterspiele ein Darlehen gegeben und von demselben die dargeliehene Summe gewonnen hat, ob nämlich solchenfalls nicht eine kreditirte Spielschuld anzunehmen ist, sowie nicht minder des Falles, wenn ein verbotenes Spiel bezweckt ist und demgemäß die condictio ob turpem causam in Frage kommt (§ 747 [BGB Entwurf I, siehe § 817 Satz 1 BGB]).“[1319] Bei den Beratungen der zweiten Kommission wurden gleich mehrere Anträge gestellt, wonach unter bestimmten, unterschiedlich gefaßten Voraussetzungen die Darlehen zu Spielzwecken denselben Regeln wie die Spielverträge unterstellt und für unklagbar erklärt werden und zugleich die Rückforderung im Falle der freiwilligen Rückzahlung des Darlehens ausgeschlossen sein sollten.[1320] Die Diskussion über diese Problematik endete mit der Ablehnung aller Anträge.[1321] Unabhängig von den vorgebrachten Gründen gegen die jeweiligen Anträge wurde von mehreren Seiten gegen die Aufnahme einer solchen Vorschrift vorgebracht, „daß es nicht wohl möglich sei, diejenigen

---

sprechung ganz klar als ein Verstoß gegen die guten Sitten und damit nach § 138 Abs. 1 BGB nichtig angesehen, so beispielsweise BGH, Urt. v. 22.04.1997 – XI ZR 191/96, NJW 1997, S. 2314 (2315); OLG Köln, Urt. v. 06.05.2005 – 20 U 129/04, NJW 2005, S. 3290 (3290); BGH, Urt. v. 10.11.2005 – III ZR 72/05, NJW 2006, S. 45 (46) und OLG Köln, Urt. v. 07.02.2006 – 15 U 157/05, NJW 2006, S. 3288 (3289).

1317 Vgl. *Hachenburg*, 41. Jahres-Bericht, S. 25 (27) = *Hachenburg*, Vorträge, S. 53.

1318 Siehe hierzu *Engelmann*, in: Staudinger, BGB, Bd. II 2, 7./8. Aufl. 1912, § 762 Anm. VI.3., S. 1475 und Motive II, S. 646 in Fn. 2 = *Mugdan* II, S. 361, jeweils mit weiteren Nachweisen.

1319 Motive II, S. 646 = *Mugdan* II, S. 361.

1320 Vgl. Protokolle II, S. 794 ff. = *Mugdan* II, S. 1006 ff. Zu den unterschiedlichen tatbestandlichen Voraussetzungen der einzelnen Anträge siehe auch Protokolle II, S. 796 = *Mugdan* II, S. 1007.

1321 Vgl. Protokolle II, S. 796 = *Mugdan* II, S. 1007.

Fälle des Darlehens, für welche das Gleiche gelten solle, wie für die Spielschuld nach §. 664 Satz 1, 2 [BGB Entwurf I], durch eine gesetzliche Vorschrift einwand- und zweifelsfrei abzugrenzen. Es sei deshalb rathsam, von einer solchen Bestimmung abzusehen. Selbstverständlich bleibe beim Schweigen des Gesetzes der Rechtsprechung unbenommen, die Bestimmungen des §. 664 Satz 1, 2 auf gewisse Fälle des Darlehens anzuwenden, wenn sie im Wege der Auslegung jener Bestimmungen und des in Frage stehenden Rechtsgeschäfts dazu gelange, die Bestimmungen auf diese Fälle für anwendbar zu halten."[1322] In der Reichstagskommission wurde nochmals angeregt, eine Vorschrift, nach der aus Darlehen sowie aus Aufträgen und Vereinigungen zu Spielzwecken Rechtspflichten nicht entstünden, aufzunehmen; indessen wurde von der Stellung eines diesbezüglichen Antrages abgesehen.[1323]

Das Schrifttum unterstellte die Fälle der kreditierten Spielschuld, in denen ein Spieler einem Mitspieler ein Darlehen zum (Weiter-)Spiele gegeben und ihm diese Summe wieder abgewonnen habe, der Anwendung des § 762 BGB.[1324] Hiervon abgesehen hielt man nach der ganz überwiegenden Auffassung in der Literatur Darlehensverträge zu Spielzwecken grundsätzlich für gültig und klagbar.[1325] Denn in welcher Weise und zu welchen Zwecken der Darlehensempfänger die Darlehensvaluta verwende, insbesondere ob er sie zu erlaubten Zwecken benutze, sei für das Darlehensgeschäft (und für die Rückerstattung) an sich ohne

---

1322 Protokolle II, S. 799 = *Mugdan* II, S. 1009.

1323 Vgl. *Planck*, BGB, Bd. II, 3. Aufl. 1907, § 762 Anm. 10.a), S. 811.

1324 Siehe *Hachenburg*, 41. Jahres-Bericht, S. 25 (27) = *Hachenburg*, Vorträge, S. 54; *Crome*, Bd. II, § 289 Anm. 3, S. 834; *Neumann*, Bd. I, 4. Aufl. 1905, § 762 Anm. 6.a., S. 490 = *Neumann*, Bd. I, 5. Aufl. 1909, § 762 Anm. 6.a., S. 546; *Engelmann*, in: Staudinger, BGB, Bd. II 2, 2. Aufl. 1906, § 762 Anm. VI.3., S. 693 = *Engelmann*, in: Staudinger, BGB, Bd. II 2, 3./4. Aufl. 1908, § 762 Anm. VI.3., S. 1224 = *Engelmann*, in: Staudinger, BGB, Bd. II 2, 7./8. Aufl. 1912, § 762 Anm. VI.3., S. 1475; *Planck*, BGB, Bd. II, 3. Aufl. 1907, § 762 Anm. 10.a), S. 812; *Fischer/Henle*, BGB, 9. Aufl. 1912, § 762 Anm. 7, S. 491 und *Burlage*, in: RGRK, BGB, Bd. I, 2. Aufl. 1913, § 762 Anm. 5, S. 693.

1325 Siehe*Endemann*, Bd. I, 3./4. Aufl. 1898, S. 847 in Fn. 7; *Oertmann*, BGB, Schuldverhältnisse, 1. Aufl. 1899, § 762 Anm. 4., S. 488 = *Oertmann*, BGB, Schuldverhältnisse, 2. Aufl. 1908, § 762 Anm. 4.d), S. 828 = *Oertmann*, BGB, Schuldverhältnisse, 3./4. Aufl. 1910, § 762 Anm. 4.d), S. 927; *Hachenburg*, 41. Jahres-Bericht, S. 25 (27) = *Hachenburg*, Vorträge, S. 53; *Crome*, Bd. II, § 289 Anm. 3, S. 834; *Cosack*, Bd. I, 4. Aufl. 1903, § 156 II.3., S. 579 = *Cosack*, Bd. I, 5. Aufl. 1910, § 156 IV.2., S. 656; *Schollmeyer*, S. 169; *Neumann*, Bd. I, 4. Aufl. 1905, § 762 Anm. 6.a., S. 490 = *Neumann*, Bd. I, 5. Aufl. 1909, § 762 Anm. 6.a., S. 546; *Kohler*, AcP 98 (1906), S. 347 (360 f.); *Engelmann*, in: Staudinger, BGB, Bd. II 2, 2. Aufl. 1906, § 762 Anm. VI.3., S. 693 f. = *Engelmann*, in: Staudinger, BGB, Bd. II 2, 3./4. Aufl. 1908, § 762 Anm. VI.3., S. 1224 = *Engelmann*, in: Staudinger, BGB, Bd. II 2, 7./8. Aufl. 1912, § 762 Anm. VI.3., S. 1475 und *Planck*, BGB, Bd. II, 3. Aufl. 1907, § 762 Anm. 10.a), S. 811.

Belang.[1326] Indes könne sich ausnahmweise der Darlehensvertrag unter Berücksichtigung der besonderen Umstände des einzelnen Falles als ein gegen die guten Sitten im Sinne des § 138 Abs. 1 BGB verstoßendes oder als ein nach § 138 Abs. 2 BGB wucherliches Rechtsgeschäft darstellen.[1327] Dann ergebe sich aber nach teilweise geäußerter Meinung der Grund für die Nichtigkeit nicht aus seinem Zusammenhang mit dem Spiele als solchem oder aus der Zweckbestimmung des Darlehens, sondern er liege vielmehr beim Darlehensvertrag selbst.[1328] Dies wurde angenommen, wenn das Darlehen zur Beförderung des Glücksspieles[1329] oder der Spielwut[1330] gegeben sei. *Oertmann* nahm ein nach § 138 BGB nichtiges Darlehensgeschäft namentlich an, wenn das „Darlehen, vielleicht gerade vom Gegner und an Ort und Stelle, zwecks unmittelbarer Fortsetzung des Spieles angenommen wird".[1331] Nach der Auffassung von *Engelmann* im Staudinger hingegen sei selbst das von einem Teilnehmer dem anderen Mitspieler

---

[1326] Vgl. *Farnbacher*, SeuffBl. 63 (1898), S. 506 (508); *Cosack*, Bd. I, 4. Aufl. 1903, § 156 II.3., S. 579 = *Cosack*, Bd. I, 5. Aufl. 1910, § 156 IV.2., S. 656; *Kober*, in: Staudinger, BGB, Bd. II 2, 2. Aufl. 1906, § 607 Anm. I.1.b), S. 362 und *Burlage*, in: RGRK, BGB, Bd. I, 2. Aufl. 1913, § 762 Anm. 5, S. 693. Siehe ferner *Vogel*, S. 51: Man dürfe das Motiv (= Beweggrund) für das Darlehen und den Rechtsgrund selbst nicht miteinander verwechseln; der Darlehensnehmer habe sich doch nur zur Rückgabe des Darlehens und nicht zur Verwendung des Geldes zum Spiele verpflichtet.

[1327] Siehe *Farnbacher*, SeuffBl. 63 (1898), S. 506 (508); *Oertmann*, BGB, Schuldverhältnisse, 1. Aufl. 1899, § 762 Anm. 4., S. 488 = *Oertmann*, BGB, Schuldverhältnisse, 2. Aufl. 1908, § 762 Anm. 4.d), S. 828 = *Oertmann*, BGB, Schuldverhältnisse, 3./4. Aufl. 1910, § 762 Anm. 4.d), S. 927; *Fischer/Henle*, BGB, 3. Aufl. 1899, § 762 Anm. 6, S. 332 = *Fischer/Henle*, BGB, 9. Aufl. 1912, § 762 Anm. 7, S. 491; *Hachenburg*, 41. Jahres-Bericht, S. 25 (27) = *Hachenburg*, Vorträge, S. 53; *Crome*, Bd. II, § 289 Anm. 3, S. 834 in Fn. 34; *Riezler*, in: Staudinger, BGB, Bd. I, 2. Aufl. 1904, § 138 Anm. I.6., S. 404 = *Riezler*, in: Staudinger, BGB, Bd. I, 3./4. Aufl. 1907, § 138 Anm. I.6., S. 447; *Engelmann*, in: Staudinger, BGB, Bd. II 2, 2. Aufl. 1906, § 762 Anm. VI.3., S. 694 = *Engelmann*, in: Staudinger, BGB, Bd. II 2, 3./4. Aufl. 1908, § 762 Anm. VI.3., S. 1224 = *Engelmann*, in: Staudinger, BGB, Bd. II 2, 7./8. Aufl. 1912, § 762 Anm. VI.3., S. 1475; *Kober*, in: Staudinger, BGB, Bd. II 2, 2. Aufl. 1906, § 607 Anm. I.1.b), S. 362; *Planck*, BGB, Bd. II, 3. Aufl. 1907, § 762 Anm. 10.a), S. 812; *Neumann*, Bd. I, 5. Aufl. 1909, § 762 Anm. 6.a., S. 546 und *Burlage*, in: RGRK, BGB, Bd. I, 2. Aufl. 1913, § 762 Anm. 5, S. 693.

[1328] Vgl. *Endemann*, Bd. I, 3./4. Aufl. 1898, S. 847 in Fn. 7 und *Oertmann*, BGB, Schuldverhältnisse, 2. Aufl. 1908, § 762 Anm. 4.d), S. 828 = *Oertmann*, BGB, Schuldverhältnisse, 3./4. Aufl. 1910, § 762 Anm. 4.d), S. 927.

[1329] Siehe *Farnbacher*, SeuffBl. 63 (1898), S. 506 (508) und *Endemann*, Bd. I, 3./4. Aufl. 1898, S. 847 in Fn. 7.

[1330] Siehe *Crome*, Bd. II, § 289 Anm. 3, S. 834 in Fn. 34.

[1331] *Oertmann*, BGB, Schuldverhältnisse, 1. Aufl. 1899, § 762 Anm. 4., S. 488 = *Oertmann*, BGB, Schuldverhältnisse, 2. Aufl. 1908, § 762 Anm. 4.d), S. 828 = *Oertmann*, BGB, Schuldverhältnisse, 3./4. Aufl. 1910, § 762 Anm. 4.d), S. 927.

zum Spiel gewährte Darlehen gültig, außer es handele sich um Darlehen zu Förderung verbotenen Glücksspieles; in manchen Fällen könne dann die Rückforderung nach § 817 Satz 2 BGB ausgeschlossen sein.[1332] Einen weiterreichenden Standpunkt vertrat *Dernburg*, nach dem jedes zur Ermöglichung des Spieles hingegebene Darlehen, mit Ausnahme von Darlehen zur Bezahlung von Spielschulden, gegen die guten Sitten verstoße, weil die Förderung des Spiels durch Darlehen verwerflich sei.[1333] Extrem war eigentlich nur die Ansicht von *Scherer*, der jedes Darlehen oder Darlehensversprechen, das ein künftiges [!] Spiel ermöglichen sollte, für rechtlich unwirksam und somit unklagbar hielt. Wer ein derartiges Darlehensversprechen oder Darlehen gebe und ersteres auch nach einem eingetretenen Spielverlust zahle, habe dem Spiel tatsächlich Vorschub, dem Spieler dadurch Beihilfe geleistet, weshalb er ebensowenig wie der Spieler einen Rechtsschutz verdiene. Er zog dabei eine Parallele zum Brandstiftungsfall, bei dem der Streichholzgeber ebenso schuldig sei, wie derjenige, der das Streichholz anzünde: Der Darlehensgeber habe seine Beihilfe verweigern müssen, denn dann wäre auch das Spiel unterblieben.[1334]

Allgemeine Anerkannung im Schrifttum fand darüber hinaus, daß ein Darlehen zwecks Bezahlung einer bereits vorliegenden, entstandenen Spielschuld einwandfrei und § 762 BGB in diesem Fall unanwendbar sei, die Rückzahlung des Darlehens also im Klagewege verlangt werden könne.[1335] Dieser Gedanke wurde schon in der zweiten Kommission geäußert.[1336]

1332 Vgl. *Engelmann*, in: Staudinger, BGB, Bd. II 2, 2. Aufl. 1906, § 762 Anm. VI.3., S. 694 = *Engelmann*, in: Staudinger, BGB, Bd. II 2, 3./4. Aufl. 1908, § 762 Anm. VI.3., S. 1224 = *Engelmann*, in: Staudinger, BGB, Bd. II 2, 7./8. Aufl. 1912, § 762 Anm. VI.3., S. 1475; siehe zum Ausschluß nach § 817 Satz 2 BGB auch *Planck*, BGB, Bd. II, 3. Aufl. 1907, § 762 Anm. 10.a), S. 812 und *Neumann*, Bd. I, 5. Aufl. 1909, § 762 Anm. 6.a., S. 546.

1333 Vgl. *Dernburg*, Bd. II 2, 3. Aufl. 1906, § 212 III., S. 169. Für *Engelmann*, in: Staudinger, BGB, Bd. II 2, 7./8. Aufl. 1912, § 762 Anm. VI.3., S. 1475, ging diese Behauptung allerdings zu weit.

1334 Vgl. *Scherer*, BGB, Bd. II, § 762 Anm. 10.d), S. 1074.

1335 Siehe *Farnbacher*, SeuffBl. 63 (1898), S. 506 (508); *Endemann*, Bd. I, 3./4. Aufl. 1898, S. 847 in Fn. 7; *Dernburg*, Bd. II 2, 3. Aufl. 1906, § 212 III., S. 169 für die sog. Ehrenschulden; *Planck*, BGB, Bd. II, 3. Aufl. 1907, § 762 Anm. 10.a), S. 811; *Oertmann*, BGB, Schuldverhältnisse, 2. Aufl. 1908, § 762 Anm. 4.d), S. 828 = *Oertmann*, BGB, Schuldverhältnisse, 3./4. Aufl. 1910, § 762 Anm. 4.d), S. 927 und *Engelmann*, in: Staudinger, BGB, Bd. II 2, 7./8. Aufl. 1912, § 762 Anm. VI.3., S. 1475.

1336 Siehe Protokolle II, S. 797 = *Mugdan* II, S. 1008: „Es würde aufs gröblichste gegen das sittliche Bewußtsein verstoßen, wenn der Empfänger eines solchen Darlehens dem Geber, der aus Freundschaft oder Wohlwollen, um die Ehre und damit die soziale Stellung des Empfängers zu retten, das Darlehen gewährt habe, die Rückzahlung verweigern könnte, ohne daß dem Geber ein rechtlicher Zwang zur Verfügung stände."

Der VI. Zivilsenat des RG, der in allen nachfolgenden gefundenen Fällen urteilte, nahm von den in der juristischen Literatur geäußerten Ansichten kaum Notiz. Ausgehend von seinem ersten Urteil vom 30.01.1908[1337], in dem sich der Senat erstmalig mit der Gewährung von Darlehen zum Spiel befaßt hatte, präzisierte er in der Folgezeit seine Rechtsprechung. In dem der Entscheidung zugrunde liegenden Sachverhalt hatten sich die Parteien im Spätherbst 1905 in Monte Carlo/Monaco aufgehalten und sich bei der dortigen öffentlichen Spielbank am Spiel beteiligt. Der Kläger gab dem Beklagten am 30. November und 5. Dezember 1905 Beträge über 6.000 und 5.000 Francs als Darlehen, wobei der Beklagte den Erhalt des Geldes durch Empfangsbekenntnisse bestätigte.

Unter der Behauptung, die Rückzahlung sei bis zum 15. Januar 1906 mündlich zugesagt worden, forderte der Kläger die Zahlung von 8.910 M nebst Zinsen. Der Beklagte, der die Abweisung der Klage beantragte, machte hiergegen geltend, die Darlehensverträge seien nach § 138 BGB nichtig, weil ihm das Geld zur Fortsetzung des Spiels bei der Spielbank gegeben worden sei. Er bestritt, die Rückzahlung bis zum 15. Januar 1906 versprochen zu haben und behauptete, der Kläger habe ihm erklärt, er brauche das Geld nur im Falle des Gewinns zurückzuzahlen, jedoch habe er alles im Spiel verloren. Die erste Instanz hatte die Klage abgewiesen und das OLG München bestätigte dieses Urteil. Das RG hob das Urteil dagegen auf und verwies die Sache zur anderweiten Verhandlung und Entscheidung zurück.

Das LG hatte angenommen, daß die zwischen den Parteien geschlossenen Darlehensverträge auch dann nicht als gegen die guten Sitten verstoßend anzusehen seien, wenn das dem Beklagten gegebene Geld nach dem übereinstimmenden Willen beider Teile dazu bestimmt gewesen sein sollte, dem Beklagten, der unstreitig erhebliche Verluste an der Spielbank erlitten hatte und keine Mittel zur Fortsetzung des Spiels besaß, die Möglichkeit hierzu und damit zur Wiedereinbringung der verlorenen Summen zu verschaffen.[1338]

Das OLG München war anderer Ansicht und ließ dahingestellt, „ob zum Zwecke eines Glückspiels gegebene Darlehen schlechthin ‚als vom Gesetz verpönt' anzusehen seien".[1339] Es nahm dies aber für Darlehen an, die zum Spiel bei einer Spielbank gewährt würden, „zum mindesten dann, wenn es sich nicht um ganz geringfügige, dem Spieler bei etwaigem Verluste nicht fühlbare Beträge handele".[1340] Im Gesetz vom 1. Juli 1868 betreffend die Schließung und Be-

---

[1337] Vgl. RG, Urt. v. 30.01.1908 – VI 154/07, RGZ 67, 355, vgl. *Schubert/Glöckner*, Nachschlagewerk, § 138 Nr. 147.

[1338] Vgl. RG, Urt. v. 30.01.1908 – VI 154/07, Abschrift S. 2 f. = RGZ 67, 355 (356).

[1339] RG, Urt. v. 30.01.1908 – VI 154/07, Abschrift S. 3 = RGZ 67, 355 (356).

[1340] RG, Urt. v. 30.01.1908 – VI 154/07, Abschrift S. 3 = RGZ 67, 355 (356).

schränkung der öffentlichen Spielbanken[1341] sah es den „Niederschlag der deutschen Anschauung über die Verwerflichkeit nicht bloß des bankmäßigen Spieles selbst, sondern auch der Förderung solchen Spieles durch Hergabe namhafter Darlehne an".[1342] Daher seien die Darlehensverträge, „sofern sie zur Fortsetzung des Spiels gegeben worden seien"[1343], gemäß § 138 Abs. 1 BGB nichtig, woran auch der Umstand nichts ändere, daß der Kläger das Geld aus Gutmütigkeit und nicht aus Gewinnsucht hingegeben habe.[1344] Aufgrund der Höhe der Darlehen und dem Umstand, daß das erste gewährte Darlehen in den Räumen der Spielbank selbst gegeben worden sei, sah es als erwiesen an, daß die Darlehen gerade zu dem Zweck gegeben worden seien, dem Beklagten die Fortsetzung des Spieles zu ermöglichen.[1345]

Den rechtlichen Erwägungen des Berufungsgerichts folgte das RG nicht. In der Urteilsbegründung sprach es zunächst die Entstehungsgeschichte des § 762 BGB an. Bereits bei der Aufstellung des ersten Entwurfes sei davon Abstand genommen worden, Darlehen zu Spielzwecken den Klageschutz in gleicher Weise zu versagen wie den eigentlichen Spielschulden, weil „die Versagung des Klageschutzes durch den hierbei maßgebenden Zweck einer Einschränkung des Spiels nicht gerechtfertigt werde, und daraus die größten, in keiner Weise zu billigenden Härten entstehen könnten".[1346] Auch bei den Beratungen der Kommission für die zweite Lesung des Entwurfes seien alle gestellten Anträge bezüglich der Ausschließung der Klagbarkeit von Darlehen zum Spiel abgelehnt

---

[1341] Siehe das „Gesetz, betreffend die Schließung und Beschränkung der öffentlichen Spielbanken" vom 1. Juli 1868, Bundes-Gesetzbl. des Norddeutschen Bundes 1868, S. 367 (367): „§. 1. Oeffentliche Spielbanken dürfen weder konzessionirt noch geduldet werden. §. 2. [Abs. 1:] Die gegenwärtig konzessionirten Spielbanken werden, soweit ihre Schließung in Gemäßheit der Landesgesetze nicht früher eintritt, mit Ablauf der Zeit, für welche die Konzession ertheilt ist, spätestens aber am 31. Dezember 1872., geschlossen. Eine frühere Schließung kann durch Verordnung des Bundespräsidiums entweder allgemein oder in Beziehung auf einzelne Spielbanken ausgespochen werden. [Abs. 2:] Bei allen Banken ist das Spiel an Sonn- und Feiertagen mit dem Tage verboten, an welchem dieses Gesetz in Geltung tritt. §. 3. Mit dem Tage der Schließung sind die bestehenden Spielpachtverträge und Konzessionen aufgehoben; Entschädigungsansprüche wegen des in Folge der Schließung einer Spielbank oder in Folge der Beschränkung des Spiels entgehenden Gewinns finden nicht statt."

[1342] RG, Urt. v. 30.01.1908 – VI 154/07, Abschrift S. 3 = RGZ 67, 355 (356).

[1343] RG, Urt. v. 30.01.1908 – VI 154/07, Abschrift S. 3 = RGZ 67, 355 (357).

[1344] Vgl. RG, Urt. v. 30.01.1908 – VI 154/07, Abschrift S. 3 = RGZ 67, 355 (357).

[1345] Vgl. RG, Urt. v. 30.01.1908 – VI 154/07, Abschrift S. 3 = RGZ 67, 355 (357).

[1346] RG, Urt. v. 30.01.1908 – VI 154/07, Abschrift S. 5 = RGZ 67, 355 (357 f.) unter Verweis auf: Motive II, S. 646 = *Mugdan* II, S. 361.

worden.[1347] Hierbei sei aber hervorgehoben worden, daß der Richter nicht dadurch gehindert sei, im Einzelfalle die Bestimmungen über die Spielschulden bei besonderen Umständen auch auf zum Spiel gegebene Darlehen anzuwenden.[1348] Daraus folgerte das RG: „Hiernach und da das Gesetz die bloße Beteiligung auch an reinen Glückspielen nicht verbietet, eine solche auch nach den allgemein herrschenden Anschauungen nicht als schon an sich gegen die guten Sitten verstoßend anzusehen ist, so muß auch die von der Vorinstanz offen gelassene Frage, ob die Gewährung eines Darlehns zum Spiel und insbesondere zum Glückspiel grundsätzlich als unsittlich zu betrachten sei, verneint werden, diese Auffassung wird auch von der großen Mehrheit der Rechtslehrer geteilt. Es kommt also darauf an, ob die besonderen Umstände des gegebenen Falles eine andere Beurteilung rechtfertigen."[1349] Das OLG habe durch seine Annahme, daß dies hier dadurch der Fall sei, weil Darlehen hohen Betrages zum Spiel an einer öffentlichen Spielbank hingegeben seien und im Gesetz vom 1. Juli 1868 der Spielbetrieb solcher Spielbanken verboten sei, diesem Gesetz eine ihm nicht zukommende Bedeutung beigemessen. Der Gesetzgeber habe zwar die „öffentliche[n] Spielbanken als dem Gemeinwohl schädlich und ihren Betrieb als sittlich verwerflich angesehen"[1350], aber diese Erwägungen träfen keineswegs nur auf jene Spielbanken zu, sondern seien allgemeiner Natur. Dann wird fortgefahren: „Wenn an Orten, die im allgemeinen unbeschränkt jedermann zugänglich sind, Glückspiele veranstaltet werden, so ist das in wirtschaftlicher und sittlicher Beziehung dem Gemeinwohl schädlich, weil es geeignet ist, die Spielsucht zu wecken und zu nähren."[1351] Aus den Strafbestimmungen der §§ 284, 285 StGB[1352] betreffend die gewerbsmäßige und öffentliche Veranstaltung von Glücksspielen sei „ersichtlich, daß der Gesetzgeber das gewerbsmäßige Glücks-

[1347] Vgl. Protokolle II, S. 796 = *Mugdan* II, S. 1007.

[1348] Vgl. RG, Urt. v. 30.01.1908 – VI 154/07, Abschrift S. 5 = RGZ 67, 355 (358) unter Verweis auf: Protokolle II, S. 794 ff. (799) = *Mugdan* II, S. 1006 ff. (1009).

[1349] RG, Urt. v. 30.01.1908 – VI 154/07, Abschrift S. 5 = RGZ 67, 355 (358).

[1350] RG, Urt. v. 30.01.1908 – VI 154/07, Abschrift S. 5 = RGZ 67, 355 (358).

[1351] RG, Urt. v. 30.01.1908 – VI 154/07, Abschrift S. 5 f. = RGZ 67, 355 (358).

[1352] Siehe das „Gesetz, betreffend die Redaktion des Strafgesetzbuchs für den Norddeutschen Bund [scil.: vom 31. Mai 1870, Bundes-Gesetzbl. des Norddeutschen Bundes 1870, S. 197 ff.] als Strafgesetzbuch für das Deutsche Reich" vom 15. Mai 1871, RGBl. 1871, S. 127 (182): „§. 284. [Abs. 1:] Wer aus dem Glücksspiele ein Gewerbe macht, wird mit Gefängniß bis zu zwei Jahren bestraft, neben welchem auf Geldstrafe von Einhundert bis zu zweitausend Thalern, sowie auf Verlust der bürgerlichen Ehrenrechte erkannt werden kann. [Abs. 2:] Ist der Verurtheilte ein Ausländer, so ist die Landespolizeibehörde befugt, denselben aus dem Bundesgebiete zu verweisen. §. 285. Der Inhaber eines öffentlichen Versammlungsorts, welcher Glücksspiele daselbst gestattet oder zur Verheimlichung solcher Spiele mitwirkt, wird mit Geldstrafe bis zu fünfhundert Thalern bestraft."

spiel nicht bloß als schädlich, sondern auch als unehrenhaft, als sittlich verwerflich betrachtet, eine Auffassung, die mit der allgemeinen Anschauung durchaus übereinstimmt".[1353] Das RG hob dann aber hervor, es gäbe auch Fälle, die nicht vom Gesetzgeber erfaßt seien: „Es ist keine Strafe angedroht für denjenigen, welcher an einem Glücksspiele teilnimmt, das in Räumen stattfindet, wo es nach § 285 St.G.Bs. nicht geduldet werden soll, es ist auch nicht verboten, daß sich jemand in ein Glücksspiel mit einer Person einläßt, von der er weiß, daß sie aus dem Spiel ein Gewerbe macht; der Gesetzgeber hat aber auch ebenso davon abgesehen, Angehörigen des Deutschen Reichs die Beteiligung am Spiele bei auswärtigen [!] Spielbanken zu untersagen, nur das Spielen in auswärtigen Lotterien und Zahlenlottos ist von der Landesgesetzgebung verschiedener Bundesstaaten deren Einwohnern unter Strafandrohung verboten worden."[1354]

Auch die Erwägungen des Berufungsgerichts, daß in Monte Carlo nicht wenige Spieler fortdauernd durch die erlittenen Verluste wirtschaftlich zugrunde gerichtet würden und die dortige Spielbank ein hochgradig schädliches Unternehmen sei, weshalb das Spielen gerade an dieser Spielbank nicht gefördert werden dürfe, sah das RG als zweifellos richtig, aber nicht stichhaltig an. Es erkannte auch aufgrund der Lage und der örtlichen Infrastruktur von Monaco an, „daß die genannte Spielbank verglichen mit anderen Stätten hohen Glückspiels insofern besonders unheilvoll wirk[e]".[1355] Weiter heißt es dann jedoch: „Das sind indes Umstände, die für die zur Entscheidung stehende Frage, ob der Kläger wider die guten Sitten dadurch verstieß, daß er einem Manne, den er in Monako traf, und der dort mit Verlust gespielt hatte, durch Gewährung von Darlehnen die Fortsetzung des Spiels ermöglichte, ohne Bedeutung sind. Die Frage aber, ob das Spiel an einer öffentlichen Spielbank an sich verglichen mit dem Spiel an anderer Stelle, insbesondere mit solchem in geschlossenen Zirkeln außerhalb öffentlicher Versammlungsorte, wie es auch in Deutschland erlaubt ist, für den Spieler gefährlicher oder für das allgemeine Wohl schädlicher sei, ist zu verneinen, in der letzterwähnten Beziehung läßt sich mit Grund viel eher das Gegenteil behaupten."[1356] Bei den Spielbanken bestehe die Gefahr des Erleidens schwerer oder gar ruinöser Verluste am Vermögen immer nur für den einzelnen Spieler, während die Bank aufgrund ihrer zur Verfügung stehenden finanziellen Mittel und nach der Wahrscheinlichkeitsrechnung auf die Dauer gesehen immer gewinne, auch wenn diese zeitweilig verliere. Dagegen bestehe die Gefahr einer wesentlichen Vermögenseinbuße und den damit oft verbundenen sonstigen Nachteilen (bei Spielen) zwischen Einzelpersonen, die um hohe Summen spie-

[1353] RG, Urt. v. 30.01.1908 – VI 154/07, Abschrift S. 6 = RGZ 67, 355 (359).

[1354] RG, Urt. v. 30.01.1908 – VI 154/07, Abschrift S. 6 = RGZ 67, 355 (359).

[1355] RG, Urt. v. 30.01.1908 – VI 154/07, Abschrift S. 7 = RGZ 67, 355 (360).

[1356] RG, Urt. v. 30.01.1908 – VI 154/07, Abschrift S. 7 = RGZ 67, 355 (360).

len, für beide Spieler in gleicher Weise, gleichgültig, welcher der Spielteilnehmer verliere.[1357]

Das RG hielt, sozusagen in einer Zusammenfassung, das Ergebnis seiner Entscheidung wie folgt fest: „Nach alledem kann nicht zugegeben werden, daß die Gewährung eines namhafteren Darlehns schon deshalb eine gegen die guten Sitten verstoßende Handlung sei, weil sie dem Darlehnsnehmer die Möglichkeit verschaffen sollte, an einer öffentlichen Spielbank weiter zu spielen, um vorher dort erlittene Verluste wieder einzubringen. Eine solche Maßnahme kann man unverständig nennen, es würde aber mit den allgemeinen Anschauungen von Recht und Billigkeit nicht zu vereinbaren sein, wenn man, auch ohne den Hinzutritt besonderer erschwerender Umstände sagen wollte, der Darlehnsgeber habe sich dadurch gegenüber dem Darlehensempfänger einer gegen die guten Sitten verstoßenden Handlungsweise schuldig gemacht."[1358] Derartige „besondere erschwerende Umstände" seien auch bis dahin nicht in zureichender Weise durch die Vorinstanz festgestellt worden. Dem Kläger habe bei seinem Handeln jede eigennützige Absicht gefehlt und dieser habe nur aus Gutmütigkeit dem Beklagten mit dem Geld aushelfen wollen. Dabei sei der Beklagte kein unerfahrener Mensch gewesen und nach seinen eigenen Angaben bereits des öfteren in Monte Carlo gewesen.[1359]

Die Quintessenz dieser Entscheidung ist also, daß nach Meinung des RG die Gewährung eines Darlehens zum Spiel und insbesondere zu einem Glücksspiel grundsätzlich nicht als unsichtlich zu betrachten sei, soweit nicht die besondereren Umstände des gegebenen Falles eine andere Beurteilung rechtfertigen. Ein solcher besonderer Umstand sei jedoch nicht darin zu finden, daß erhebliche Gelddarlehen zum Zweck der Ermöglichung oder Fortsetzung des Spielens an einer öffentlichen (ausländischen) Spielbank gewährt werden, um dem Darlehensnehmer die Möglichkeit zu verschaffen, vorher dort erlittene Verluste wieder einzubringen. Ob hierfür gegebenenfalls eine „eigennützige Absicht" des Darlehensgeber ausreiche, ließ der Senat nicht genau erkennen.

Mit dieser Aussage vertrat das Gericht ganz offensichtlich einen anderen Standpunkt als ein Großteil der Rechtsliteratur, wo die Ermöglichung des Spieles durch die Darlehenshingabe als sittenwidrig eingestuft wurde. Ausdrückliche Zustimmung erfuhr diese Entscheidung von *Oertmann*, nach dessen Meinung sich die Ungültigkeit des Darlehensgeschäftes „aus seiner eigenen inhaltlichen Verwerflichkeit, nicht aus seinem Zusammenhang mit dem Spiel als solchem"[1360] ergebe. Nach ihm habe das RG deshalb zu Recht mit verneinendem

---

[1357] Vgl. RG, Urt. v. 30.01.1908 – VI 154/07, Abschrift S. 7 = RGZ 67, 355 (360).

[1358] RG, Urt. v. 30.01.1908 – VI 154/07, Abschrift S. 7 f. = RGZ 67, 355 (361).

[1359] Vgl. RG, Urt. v. 30.01.1908 – VI 154/07, Abschrift S. 8 = RGZ 67, 355 (361).

[1360] *Oertmann*, BGB, Schuldverhältnisse, 3./4. Aufl. 1910, § 762 Anm. 4.d), S. 927.

Ergebnis „nur die Frage nach der grundsätzlichen Moralwidrigkeit des Spiel darlehens“[1361] untersucht.

In der Tat ist die Frage nach der Sittenwidrigkeit solcher Darlehensverträge eine Grenzentscheidung. Nur mit dem Gesetz vom 1. Juli 1868 läßt sich eine Antwort nicht ableiten, noch dazu dort, wo die Vorgänge außerhalb seines Geltungsbereiches stattfanden. Stellte man allein auf den Zweck des hingegebenen Darlehens ab, zumal ein Darlehen direkt in der Spielbank gegeben wurde, so kann es nur schwerlich einem Zweifel unterliegen, daß hierdurch erst das Glücksspiel des Beklagten ermöglicht worden ist und ihm zusätzliche Verluste einbrachte. Andererseits muß dem Fakt stärkeres Gewicht beigemessen werden, daß den Darlehen an sich nicht die Vereinbarung zu Grunde lag, das empfangene Geld auf jeden Fall nur als Spieleinsatz zu verwenden. Wie bei jedem anderen Darlehensvertrage auch, verspricht der Darlehensnehmer nur die Rückzahlung des Darlehens einschließlich eines etwaig vereinbarten Zinses. Was er mit dem Geld letztendlich anfängt, ist allein Sache des Darlehensnehmers. Dazu kommt schließlich der Umstand, daß der Kläger nur aus Gutmütigkeit gehandelt, ihm jede eigennützige Absicht gefehlt habe.

Eine erste Entwicklung der Rechtsprechung läßt sich bereits durch die nur acht Monate später ergangene Entscheidung vom 21.09.1908[1362] aufzeigen. In dieser hielt der Senat an seinem zuvor ausgesprochenen Grundsatz fest, nahm aber im vorliegenden Fall besondere erschwerende Umstände an, die eine Ausnahme von diesem Grundsatz darstellten.

Der Kläger und der im Januar 1883 geborene Beklagte hatten zusammen mit mehreren anderen Personen am 17. April 1903 in einer Weinstube in Leipzig „Makao-Bakkarat“ um hohe Summen gespielt. Der Kläger behauptete, er habe bei dieser Gelegenheit dem Beklagten auf dessen Ansuchen, nachdem er auf Befragen ausdrücklich versichert habe, volljährig zu sein, in einzelnen Teilbeträgen 24.000 M bar als Darlehen, davon 3.000 M nach völliger Beendigung des Spiels hingegeben. Der Beklagte bestritt demgegenüber, ein Darlehen in der vom Kläger behaupteten Höhe erhalten zu haben.

Die erste Instanz hatte die Klage in vollem Umfang abgewiesen, während die Berufungsinstanz die Klage teilweise zusprach. Die hiergegen gerichtete Revision des Klägers wies das RG zurück. Der VI. Zivilsenat bejahte die Nichtigkeit der in Rede stehenden Darlehensverträge nach § 138 BGB: „Die Gewährung von Darlehen zum Spiel [seien] nicht schon ohne weiteres und

---

[1361] *Oertmann*, BGB, Schuldverhältnisse, 3./4. Aufl. 1910, § 762 Anm. 4.d), S. 927. Dem Ergebnis zustimmend *H. A. Fischer*, Rechtswidrigkeit, S. 63 in Fn. 4, nach dem das RG hier mit Recht den Grundsatz „pacta sunt servanda“ durchgeführt habe.

[1362] Vgl. RG, Urt. v. 21.09.1908 – VI 387/07, RGZ 70, 1, vgl. *Schubert/Glöckner*, Nachschlagewerk, § 138 Nr. 172.

grundsätzlich als ein Verstoß gegen die guten Sitten zu betrachten, aber nach dem, was von der Vorinstanz über die Umstände, unter denen hier die Darlehne gegeben würden, und über die Beweggründe und die Absichten, von denen der Kläger geleitet wurde, festgestellt ist, muß im vorliegenden Falle die Gewährung der Darlehne zweifellos als eine den guten Sitten zuwiderlaufende Handlung bezeichnet werden."[1363] Die von der Revision nicht angegriffenen Feststellungen des OLG beliefen sich dazu im wesentlichen auf folgendes: Der Kläger habe gewußt, „daß der Beklagte in einem Alter stehe, das jedenfalls nur wenig hinter der Grenze der Minderjährigkeit liege".[1364] Er habe anhand der Art, wie der Beklagte die hohen Summen gesetzt und sich das Geld zum Weiterspielen beschafft habe, erkannt, „daß diesem der volle Leichtsinn und die ganze Unerfahrenheit der Jugend eigen [gewesen] sei".[1365] Die Teilnahme des Klägers am Spiel sei zur Erzielung eines großen Gewinnes erfolgt. Bei dem Spiel seien ungewöhnlich hohe Beträge gesetzt worden. Der Kläger sei von der durch den Erfolg bestätigten Annahme ausgegangen, daß der Beklagte der hauptsächliche Verlustträger des Spiels sein werde. Die Hingabe des Bargeldes an den Beklagten während des Spiels sei von ihm in der Absicht erfolgt, „ihm [scil: dem Beklagten] das Weiterspielen zu ermöglichen und ihn dazu anzureizen, für sich aber die Möglichkeit zu schaffen, von dem, was der Beklagte in seiner leichtsinnigen Spiellust und Unerfahrenheit verlieren werde, seinerseits große Beträge zu gewinnen".[1366] Dies gelte selbst für die vom Kläger behauptete Tatsache, daß die ganze Zeit über ein Dritter, also weder der Kläger noch der Beklagte, die Bank gehalten habe und sich die Parteien deshalb niemals als Spielgegner unmittelbar gegenüber gestanden hätten. Denn, obwohl der Beklagte direkt nur an die Bank verloren habe, sei doch ein großer Teil des Gewinnes der Bank mittelbar an den Kläger gelangt, der gegenüber der Bank wiederum erhebliche Gewinne erzielt habe und diesen „Kreislauf" erkannt und dazu ausgenutzt habe.[1367]

Den dem Grunde nach gegebenen Anspruch des Klägers aus ungerechtfertigter Bereicherung nach § 812 BGB wegen der Nichtigkeit der Darlehensverträge nach § 138 BGB – einmal abgesehen von der Minderjährigkeit des Beklagten – hielt der Senat aber die Vorschrift des § 817 Satz 2 BGB entgegen.[1368] Denn die Anwendung dieser Bestimmung sei nicht nur auf das Vorliegen der in § 817 Satz 1 BGB auf Seiten des Empfängers beschriebenen Sachlage und der

---

[1363] RG, Urt. v. 21.09.1908 – VI 387/07, Abschrift S. 3 f. = RGZ 70, 1 (2 f.) unter Verweis auf: RG, Urt. v. 30.01.1908 – VI 154/07, RGZ 67, 355.

[1364] RG, Urt. v. 21.09.1908 – VI 387/07, Abschrift S. 4 = RGZ 70, 1 (3).

[1365] RG, Urt. v. 21.09.1908 – VI 387/07, Abschrift S. 4 = RGZ 70, 1 (3).

[1366] RG, Urt. v. 21.09.1908 – VI 387/07, Abschrift S. 4 = RGZ 70, 1 (3).

[1367] Vgl. RG, Urt. v. 21.09.1908 – VI 387/07, Abschrift S. 4 = RGZ 70, 1 (3).

[1368] Vgl. RG, Urt. v. 21.09.1908 – VI 387/07, Abschrift S. 4 = RGZ 70, 1 (4).

Erhebung des Anspruches aus diesem Satz beschränkt, sondern § 817 Satz 2 BGB sei vielmehr „als eine für alle[1369] Bereicherungsansprüche maßgebende Regel anzusehen".[1370]

Der Senat bekräftigte den von ihm im Urteil vom 30.01.1908[1371] aufgestellten Grundsatz, wonach zum Spiel gewährte Darlehen nicht grundsätzlich nach § 138 BGB nichtig seien. Er stellte diesem jedoch eine Ausnahme an die Seite, indem er unter Zugrundelegung der „Umstände" der Darlehenshingabe sowie der „Beweggründe" und „Absichten" des Darlehensgebers im vorstehenden Fall die Darlehensverträge als gegen die guten Sitten verstoßend nichtig hielt. Diese basierte auf der einfachen Subsumtion der üblichen Definition des RG, wonach das Rechtsgeschäft nach seinem aus der Zusammenfassung von Inhalt, Motiv und Zweck zu entnehmenden Gesamtcharakter, nach den objektiven und subjektiven Momenten gegen die guten Sitten verstoßen müsse.

In den Entscheidungsgründen dieses Urteils tauchten bereits die tatsächlichen Feststellungen hinsichtlich der Darlehenshingabe zum Anreiz und zur Ermöglichung des Weiterspielens auf, die von den späteren Entscheidungen aufgegriffen und als ein wesentliches Kriterium für die Nichtigkeit einer solchen Darlehenshingabe gemacht wurden.

Im Urteil vom 31.01.1910[1372] verlangte der Kläger, ein als Verein eingetragener Spielklub, vom Beklagten die Rückzahlung eines an diesen vom Klubkassierer ausbezahlten Darlehens in Höhe von 10.000 M. Nach den Feststellungen des Kammergerichts war der Verein hauptsächlich deshalb gegründet worden, um seinen Mitgliedern ein Glücksspiel mit außerordentlich hohen Einsätzen gewähren zu können und um die Spiellust der Mitglieder anzuregen sowie die Fortsetzung des Spiels in Verlustfällen zu fördern. Das Statut des Klägers sah hierzu vor, daß den Mitgliedern während des Spiels Darlehen, entweder in bar oder in Jetons, aus der Klubkasse gewährt würden. Der Beklagte nahm ein solches Darlehen in Anspruch, wobei er bei der Aufnahme des Darlehens durch Ausstellung eines Schecks erklärt hatte, er sei im Besitze bereiter Mittel auf der Bank.

[1369] Die heute vertretene Meinung, siehe nur *Sprau*, in: Palandt, BGB, 65. Aufl. 2006, § 817 Rn. 2, wonach § 817 Satz 2 BGB wegen seines eindeutigen Wortlauts nur für alle Bereicherungsansprüche aus Leistungskondiktion gelte, findet sich damit beim RG in dieser Entscheidung noch nicht.

[1370] RG, Urt. v. 21.09.1908 – VI 387/07, Abschrift S. 4 = RGZ 70, 1 (4) unter Verweis auf: RG, Urt. v. 15./29.05.1906 – II 519/05, RGZ 63, 346; kritisch hierzu *Mohn*, Bd. I, S. 287 f.

[1371] Siehe RG, Urt. v. 30.01.1908 – VI 154/07, RGZ 67, 355.

[1372] Vgl. RG, Urt. v. 31.01.1910 – VI 131/08, DJZ 1910, Sp. 483.

Das RG sah in der Darlehensgewährung wegen des damit verfolgten Zwecks einen Verstoß gegen die guten Sitten. Zum Einwand der Revision, für die Anwendung des § 138 BGB sei kein Raum, solange nicht feststehe, daß der Beklagte das Geld verspielt habe, führte es aus: „Ob das nachfolgende Spiel des Beklagten erfolgreich oder verlustbringend war, ist für die Beurteilung der voraufgehenden Handlungsweise des Klägers gleichgültig. Ebensowenig ist es ausschlaggebend, ob der Empfänger des zum Zweck der Anreizung zu übermäßigem Glücksspiel gegebenen Geldes für bemittelt gehalten wurde oder nicht."[1373]

Eine Fortsetzung fand diese Rechtsprechung im Urteil vom 11.12.1913[1374]. Hier verlangte der Kläger, der Kassierer in einem Spielklub war, vom Beklagten die Rückzahlung verschiedener Darlehen, die er diesem durch Aushändigung von Spielmarken im Wert von 5.500 M im Mai 1912 gewährt haben will.

Das LG Berlin, das die Klage abwies, erblickte einen Verstoß gegen die guten Sitten darin, daß die Aushändigung der Spielmarken zu Zwecken des Spiels und eben nicht, wie der Kläger behauptet hatte, zur Bezahlung von Speisen und Getränken in den Klubräumen erfolgt sei.[1375] Demgegenüber führte das Kammergericht aus, welches den Beklagten auf die Berufung des Klägers antragsgemäß verurteilte, daß Darlehen zu Spielzwecken selbst dann im allgemeinen gültig seien, wenn sie dem Spieler durch einen anderen Spieler gewährt würden; vorliegend habe der Kläger weder als (Mit-)Spieler noch als Bankhalter teilgenommen, noch habe er die Spielleidenschaften des Beklagten ausgenutzt.[1376]

Der VI. Zivilsenat hob auf die Revision des Beklagten das Berufungsurteil auf und verwies die Sache zurück. Im Hinblick auf die gerügte Aktivlegitimation des Klägers sah er es schon nicht als selbstverständlich an, daß dieser bei Abgabe der Spielmarken an den Beklagten für eigene Rechnung gehandelt habe, denn die Spielmarken löste der Kläger für Rechnung des Klubs in barem Geld ein. Es läge vielmehr näher, daß er dabei auch für Rechnung des Spielklubs tätig geworden sei, dessen Inhaber ein anderer war.[1377] Zum hier streitigen Verstoß gegen die guten Sitten führte der Senat in den Gründen aus: „Daß durch Spiel keine Verbindlichkeit begründet wird, ist in § 762 BGB. bestimmt. Auf Darlehen, die ein Dritter [!] zu Spielzwecken gibt, ist die Vorschrift nicht auszudehnen, ein solches Darlehen kann aber je nach der Sachlage gegen die guten Sitten

---

[1373] RG, Urt. v. 31.01.1910 – VI 131/08, Abschrift S. 3.

[1374] Vgl. RG, Urt. v. 11.12.1913 – VI 441/13, WarnRspr. 1914, Nr. 74 S. 101.

[1375] Vgl. RG, Urt. v. 11.12.1913 – VI 441/13, Abschrift S. 2 = WarnRspr. 1914, Nr. 74 S. 101 (102).

[1376] Vgl. RG, Urt. v. 11.12.1913 – VI 441/13, Abschrift S. 2 = WarnRspr. 1914, Nr. 74 S. 101 (102).

[1377] Vgl. RG, Urt. v. 11.12.1913 – VI 441/13, Abschrift S. 3 = WarnRspr. 1914, Nr. 74 S. 101 (102).

verstoßen und daher gemäß BGB. § 138 nichtig sein. Ein anderes Rechtsgeschäft, durch das sich der Spieler die nötigen Mittel zum Spiele verschafft, ist ebenso wie ein Darlehen zu behandeln, es kann daher auf sich beruhen bleiben, ob in der Auslieferung der Spielmarken ohne unmittelbare Gegenleistung ein Darlehen oder ein Kauf mit Kreditierung des Preises zu finden ist. Im Anschlusse an die bisherige Rechtsprechung[1378] ... ist anzunehmen, daß ein an dem Spiele *nicht interessierter Dritter* [Hervorh. d. Verf.] sich nicht schon dadurch gegen die guten Sitten vergeht, daß er einen anderen durch Gewährung von Vermögenswerten in die Lage versetzt, an einer Spielbank weiter zu spielen, um einen erlittenen Verlust wett zu machen, besondere Umstände können aber auch ein solches Geschäft als unsittlich erscheinen lassen."[1379] Der Senat ließ wegen der nicht hinreichenden Aufklärung durch die Vorinstanzen offen, ob solche Umstände vorliegend gegeben seien. Insbesondere sei zweifelhaft, ob der Kläger einem unbeteiligten Dritten gleichgestellt werden dürfe, sei doch ungeklärt, auf wessen Rechnung er gehandelt habe. Für den – unterstellten – Fall, daß der Kläger bei Aushändigung der Spielmarken nicht für den Klub, sondern auf eigene Rechnung gehandelt habe, tendierte das Gericht zur Annahme einer Sittenwidrigkeit. Denn dann sei wieder seine Stellung als Kassierer des Spielklubs von Bedeutung, weil die Möglichkeit bestehe, daß er dem Beklagten die Marken im Interesse des Spielklubs überlassen habe, um dem Klub Vorteile zu verschaffen.[1380] Hierzu stützte sich der Senat auf seine frühere Rechtsprechung, die er zudem ergänzte: „Wie der Senat in einem Urteile vom 31. Januar 1910[1381] ... ausgesprochen hat, verstößt es gegen die guten Sitten, wenn ein Klub, der hauptsächlich zu dem Zwecke gegründet ist, seinen Mitgliedern ein Glückspiel mit hohen Einsätzen zu ermöglichen, diesen Darlehen aus der Klubkasse während des Spieles gibt, um ihre Spiellust anzuregen oder sie zur Fortsetzung des Spiels bei Verlust in den Stand zu setzen. Gewährt nun an Stelle des Klubs dessen Kassierer derartige Darlehen, so wird die Sachlage der Regel nach nicht anders zu beurteilen sein. Daß der Kläger von dem Weiterspielen des Beklagten für sich einen unmittelbaren Vermögensvorteil erwartete, ein Fall den das Reichsgericht

---

[1378] Unter Verweis auf: RG, Urt. v. 30.01.1908 – VI 154/07, RGZ 67, 355.

[1379] RG, Urt. v. 11.12.1913 – VI 441/13, Abschrift S. 3 = WarnRspr. 1914, Nr. 74 S. 101 (102).

[1380] Vgl. RG, Urt. v. 11.12.1913 – VI 441/13, Abschrift S. 3 = WarnRspr. 1914, Nr. 74 S. 101 (102).

[1381] Siehe RG, Urt. v. 31.01.1910 – VI 131/08, DJZ 1910, Sp. 483.

[im Urteil vom 21.09.1908[1382]] ... entschieden hat, ist zur Anwendung des § 138 BGB. nicht unbedingt erforderlich.“[1383]

VII. Vereinbarung der Nichterstattung einer Strafanzeige und Entlohnung für die Nichtausübung des Zeugnisverweigerungsrechts

Die Vereinbarung der Nichterstattung einer Strafanzeige wegen einer begangenen strafbaren Handlung, zumeist gegen das Versprechen einer Gegenleistung in Form eines sog. Schweigegeldes, als auch diejenige der Belohnung für die Nichtausübung des Zeugnisverweigerungsrechts durch den Zeugen im Prozeß werden aus heutiger Sicht als Fallgruppen der mißbilligten[1384] oder sittenwidrigen Kommerzialisierung[1385] eingeordnet. Für sie ist charakteristisch, daß die Zusage eines Entgelts die Rechtsgeschäfte sittenwidrig machen kann, „wenn die Kommerzialisierung in diesem Lebensbereich mißbilligt wird“.[1386] Dabei dürfte die „Mißbilligung“ daraus resultieren, daß das Gesetz für eine bestimmte Situation besondere Rechte einräumt, jedoch dem besonders Berechtigten darüber hinaus kein zusätzlicher finanzieller Vorteil zufließen soll, hat doch schon das Gesetz selbst seiner speziellen Lage ausreichend Rechnung getragen. Die Ursprünge dieser Auffassung sind schon in der Rechtsprechung des RG angelegt, die somit bis zum heutigen Tage Bedeutung beansprucht.

Es soll zuerst auf die Entscheidungen eingegangen werden, welche die Vereinbarung, daß wegen einer strafrechtlich relevanten Handlung keine Anzeige erfolge, zum Gegenstand haben. Zum genaueren Verständnis der nach dem 1. Januar 1900 ergangenen Rechtsprechung ist es an dieser Stelle vonnöten, auf das den Boden bereitende Urteil des I. Zivilsenats vom 20. Juni 1894[1387] zum

---

1382 Siehe RG, Urt. v. 21.09.1908 – VI 387/07, RGZ 70, 1.

1383 RG, Urt. v. 11.12.1913 – VI 441/13, Abschrift S. 3 f. = WarnRspr. 1914, Nr. 74 S. 101 (102).

1384 Siehe *Mayer-Maly*, in: MüKo, BGB, 1. Aufl. 1978, § 138 Rn. 106 = *Mayer-Maly*, in: MüKo, BGB, 3. Aufl. 1993, § 138 Rn. 109 = *Mayer-Maly/Armbrüster*, in: MüKo, BGB, 4. Aufl. 2001, § 138 Rn. 127.

1385 Siehe *Sack*, in: Staudinger, BGB, 13. Bearb. 1996, § 138 Rn. 476 sowie *H. Palm*, in: Erman, BGB, 11. Aufl. 2004, § 138 Rn. 114 u. 157.

1386 *Mayer-Maly*, in: MüKo, BGB, 1. Aufl. 1978, § 138 Rn. 106 = *Mayer-Maly*, in: MüKo, BGB, 3. Aufl. 1993, § 138 Rn. 109 = *Mayer-Maly/Armbrüster*, in: MüKo, BGB, 4. Aufl. 2001, § 138 Rn. 127.

1387 Vgl. RG, Urt. v. 20.06.1894 – I 111/94, RGZ 33, 337. Siehe auch die zum ALR ergangene Entscheidung des RG, Urt. v. 03./24.10.1898 – IV 88/98, RGZ 42, 60 (64 f.), zur als preußischen ALR einzugehen. Dieser hatte im wesentlichen das tatsächliche Geschehen zu beurteilen, daß der in Diensten des Klägers stehende B. Unterschlagungen begangen hatte. Der Beklagte, der als ein Gläubiger des B. an dessen Freiheit interessiert war, gab dem Kläger für einen Teil der unterschlagenen Beträge eine Bürgschaft und das vorliegend in Anspruch genommene Wechselakzept, wohingegen sich der Kläger zur Nichtanzeige der von B. getätigten Unterschlagungen verpflichtete.

Den Entscheidungsgründen lassen sich für derartige Verpflichtungen zwei fundamentale Erkenntnisse entnehmen. Erstens erkannte der Senat an, daß der Vereinbarung die rechtliche Wirksamkeit nicht abgesprochen werden könne, wenn diese zum Ausgleich des erlittenen Schadens getroffen wurde. Zweitens sei die Wirksamkeit demgegenüber dann abzulehnen, wenn eine Strafbarkeit der Kontrahenten nach §§ 257, 258 StGB im Raume stehe.

Das Berufungsgericht hatte die Abmachungen für rechtsunwirksam gehalten, weil nach dem Willen der Parteien die zu den Offizialdelikten gehörigen strafbaren Handlungen des B. durch die Verpflichtung des Klägers zur Nichtanzeige verheimlicht werden sollten. Das RG sah dies anders. Aus den Gründen des Revisionsurteils ist dazu mitzuteilen: „Das bloße Versprechen der Verschwiegenheit, welches von dem durch eine strafbare Handlung Beschädigten in einem mit dem Beschädiger über das dem ersteren aus dem verübten Verbrechen erwachsene Privatinteresse abgeschlossenen Vergleiche erteilt ist, macht daher diesen Vergleich nicht rechtsunwirksam. ... Ob aber die Verpflichtung zur Nichtanzeige eines Verbrechens dem Thäter gegenüber oder – wie es hier der Fall – in einem zwischen mehreren durch den Thäter geschädigten Personen abgeschlossenen Vertrage eingegangen ist, muß an sich für unerheblich erachtet werden. Eine Verpflichtung des öffentlichen Rechtes zur Anzeige lag weder dem Kläger noch dem Beklagten ob. Auch machten sich die Kontrahenten durch ihre Vereinbarung nicht etwa des Vergehens der Begünstigung oder Hehlerei im Sinne der §§ 257. 258 St.G.B. schuldig, da der Zweck der Nichtanzeige nicht darin bestand, den Thäter der Bestrafung zu entziehen oder ihm die Vorteile seines Verbrechens zu sichern, sondern vielmehr unstreitig nur dahin ging, den Thäter in den Lage zu versetzen, die den Paciscenten durch seine strafbaren Handlungen verursachten Vermögensbeschädigungen wieder auszugleichen. ... Die Kontrahenten verfolgten nur ein erlaubtes Privatinteresse und waren nicht verpflichtet, dieses dem öffentlichen Interesse daran, daß begangene Vergehen nicht unbestraft bleiben, hintanzusetzen und unterzuordnen."[1388]

---

für zulässig erachteten Verpflichtung der Nichtausübung des Rechtes auf Stellung eines Antrages auf Strafverfolgung bei den Antragsvergehen.

1388 RG, Urt. v. 20.06.1894 – I 111/94, RGZ 33, 337 (338 f.). Auf diesen erlaubten Zweck stellte auch das OLG Marienwerder, Urt. v. 09.05.1902, OLG 5 (19029, S. 110 (110), ab, wenn lediglich die Ausgleichung der zugefügten Vermögensbeschädigungen erstrebt

Für die Zeit nach 1900 bestätigte das zu § 817 BGB ausgesprochene Urteil des VI. Zivilsenats vom 30.05.1904[1389] diese Auffassung. Der Beklagte schuldete L., dem Erblasser der Kläger, die hier eingeklagten 3.500 M aus rückständigen Forderungen. Gegen seine Zahlungsverpflichtung wendete er ein, ihm sei die Schuld von L. im April 1900 erlassen worden.

Das Berufungsurteil des OLG Dresden, durch welches die Klage in voller Höhe zugesprochen wurde, hob das RG auf die Revision des Beklagten auf und verwies die Sache zurück. Nach den Feststellungen des Berufungsgerichts hatte L., der beim Beklagten wohnte, mit dessen siebenjährigem Sohn und dessen sechszehnjährigem Knecht unzüchtige Handlungen vorgenommen. Deshalb befürchtete er, der Beklagte könne gegen ihn Strafanzeige erstatten oder das Vorgefallene anderweitig durch ihn „ruchbar" werden. Um den Beklagten zum Stillschweigen zu bestimmen, erließ er ihm die Schuld. Der Beklagte hatte ihn dazu weder durch Drohung mit einer Strafanzeige bestimmt noch auf Erlaß der Schulden gedrängt, sondern schon vorher die Anzeige angekündigt, falls eine Schädigung des Kindes eintrete. Diese blieb aus und der Beklagte schwieg bis zur Schließung des Erlaßvertrages freiwillig.[1390]

Das OLG hatte den Anspruch aus § 817 Satz 1 BGB zugesprochen, weil der Beklagte durch die Annahme der Zuwendung von L. dafür, daß er ihn nicht wegen dessen strafbaren Handlungen zur Anzeige bringe, gegen die guten Sitten verstoßen habe; § 817 Satz 2 BGB stünde dem vorliegend nicht entgegen.[1391]

Der VI. Senat des RG stimmte dem Berufungsgericht insofern zu, daß der Beklagte durch die „Annahme des Schweigegeldes" gegen die guten Sitten im Sinne des § 817 Satz 1 BGB verstoßen habe: „Es ist richtig, daß ein solcher Verstoß vorliegt, wenn der Beklagte, dem ein Ersatzanspruch irgend einer Art gegen L. nicht zustand, sich durch Vertrag verpflichtete, den Täter der strafbaren Handlung nicht zur Anzeige zu bringen. Allerdings lag dem Beklagten weder die rechtliche noch die sittliche Pflicht ob, eine solche Anzeige zu machen. Aber ein anderes ist es, sich um einer Geldbelohnung willen zu der Unterlassung der Anzeige und ganz besonders bei einer Straftat der hier vorliegenden Art vertraglich zu verpflichten. Es kann zugegeben werden, daß auch in einem solchen

---

werde. Es verstoße nicht gegen die guten Sitten, wenn der Geschädigte die Abstandnahme von einer Strafanzeige davon abhängig mache, daß sich der Straftäter dazu verpflichte, den angerichteten Schaden nach Möglichkeit wieder gut zu machen.

1389 Vgl. RG, Urt. v. 30.05.1904 – VI 582/03, RGZ 58, 204, vgl. *Schubert/Glöckner*, Nachschlagewerk, § 138 Nr. 22 u. 114. Für den Fall der Drohung mit einer Strafanzeige siehe RG, Urt. v. 23.03.1909 – VII 325/08, Gruchot 53 (1909), S. 905 Nr. 51, vgl. *Schubert/Glöckner*, Nachschlagewerk, § 138 Nr. 176.

1390 Vgl. RG, Urt. v. 30.05.1904 – VI 582/03, Abschrift S. 2 f. = RGZ 58, 204 (204 f.).

1391 Vgl. RG, Urt. v. 30.05.1904 – VI 582/03, Abschrift S. 3 f. = RGZ 58, 204 (205).

Falle Nebenumstände hinzutreten können, die dem Vertrage die Bedeutung eines Verstoßes gegen die guten Sitten zu nehmen geeignet sind.[1392] ... Indessen ... sind solche, den Beklagten rechtfertigenden oder entschuldigenden Umstände nicht gegeben. Nach dem festgestellten Sachverhalt hat die vertragliche Bindung des Beklagten lediglich den Zweck gehabt, den Täter der strafbaren Handlung der Bestrafung endgültig zu entziehen und darum ist es unerheblich, daß der Beklagte sich zu einer Unterlassung vertraglich verpflichtete, zu der er vorher freiwillig entschlossen war und die an sich keinen Verstoß gegen die guten Sitten ausmachte."[1393]

Entgegen dem Berufungsgericht nahm der Senat aber außerdem einen Verstoß des L. gegen die guten Sitten durch die Hingabe der dem Beklagten gewährten Belohnung, dem Erlassen seiner Schuld an,[1394] weshalb eine Rückforderung durch die Kläger (den Erben des L.) nach § 817 Satz 2 BGB vorliegend ausgeschlossen sei.[1395] Dazu der Senat: „Freilich ist bei dem sogenannten Schweigevertrag die Lage des Gebers und Empfängers nicht notwendig gleich und es läßt sich nicht sagen, daß wenn der Empfänger gegen die guten Sitten verstoße, das gleiche für den Geber gelten müsse, der ihn zu der Annahme der Belohnung bestimme.[1396] ... Es lassen sich Umstände denken, unter denen es nicht sittlich verwerflich erscheint, wenn der Täter einer strafbaren Handlung sich die Straflosigkeit sichern will, indem er das Schweigen eines Zeugen erkauft, weniger um sich der gesetzlichen Strafe zu entziehen, als um seine Angehörigen vor den schweren Nachteilen zu beschützen, die seine Verurteilung für sie bewirken müßte, so kann, je nach der Art seiner Straftat, die Möglichkeit einer Entschuldigung zugelassen werden."[1397]

[1392] Unter Verweis auf: *Riezler*, in: Staudinger, BGB, Bd. I, 2. Aufl. 1904, § 138 Anm. I.5., S. 403; zustimmend *Laband*, DJZ 1905, Sp. 566 (570).

[1393] RG, Urt. v. 30.05.1904 – VI 582/03, Abschrift S. 4 = RGZ 58, 204 (206) unter Verweis auf: RG, Urt. v. 20.06.1894 – I 111/94, RGZ 33, 337 (338).

[1394] Vgl. RG, Urt. v. 30.05.1904 – VI 582/03, Abschrift S. 4 = RGZ 58, 204 (206).

[1395] Vgl. RG, Urt. v. 30.05.1904 – VI 582/03, Abschrift S. 5 = RGZ 58, 204 (207).

[1396] Anscheinend zu dieser Passage hat das RG in seinem Nachschlagewerk, vgl. *Schubert/Glöckner*, Nachschlagewerk, § 138 Nr. 114, notiert: „Es kann gerechtfertigt und geboten erscheinen, bei einem und demselben Vertrage die Frage, ob sein Abschluß eine unsittliche Handlung darstelle, für die verschiedenen Beteiligten verschieden zu beantworten." Der gewählte Wortlaut stammt möglicherweise aus RG, Urt. v. 11.07.1904 – VI 514/03, RGZ 58, 393 (399), in der dabei auf RG, Urt. v. 30.05.1904 – VI 582/03, RGZ 58, 204, verwiesen wurde. Dies scheint für den vorliegenden Fall unangebracht, beruht doch die Beurteilung des Sittenverstoßes vom jeweiligen Standpunkt des Beteiligten hier gerade in der Anwendung des § 817 BGB, aus dessen Tatbestand dieses Vorgehen ohne weiteres entnommen werden kann.

[1397] RG, Urt. v. 30.05.1904 – VI 582/03, Abschrift S. 4 f. = RGZ 58, 204 (206 f.).

Als Resümee dieser Entscheidung bleibt festzuhalten, daß nach Meinung des RG die vertragliche Verpflichtung zur Unterlassung einer Strafanzeige an sich keinen Verstoß gegen die guten Sitten darstelle, allerdings die Umstände des einzelnen Falles stets maßgeblich blieben. Eine andere Beurteilung sei hingegen geboten, wenn die Verpflichtung „um einer Geldbelohnung willen" eingegangen sei, wobei auch hiervon bei Hinzutreten entschuldigender Nebenumstände Ausnahmen zu machen seien. Diesbezüglich hob das Gericht erstmalig hervor, der vom Täter vorrangig bezweckte Schutz seiner Angehörigen könne hierzu gegebenenfalls ausreichend sein. Dagegen sei – unabhängig von der Zahlung eines Schweigegeldes – die vertraglich übernommene Verpflichtung nichtig, wenn das Versprechen der Nichtanzeige lediglich den Zweck gehabt habe, den Täter der Bestrafung endgültig zu entziehen.

Von dieser Rechtsprechung ist das RG im Untersuchungszeitraum nicht mehr abgewichen.[1398]

Die in beiden Urteilen gegebene Begründung vermag nicht zu überzeugen. Das Gericht betonte jeweils, daß den Einzelnen keine (im öffentlichen Interesse liegende) rechtliche oder moralische Pflicht zur Strafanzeige treffe. Nachvollziehbar ist dabei noch, daß es durchaus im erlaubten Privatinteresse des Geschädigten liegen kann, wenn er auf eine Anzeige und damit auf eine strafrechtliche Ermittlung gegen Täter verzichtet, und dieser ihm im Gegenzug dafür den Ersatz des Schadens zusichert. Dann steht das Interesse an der Schadensbeseitigung für alle im Vordergrund. Gleiches mag für den (allein) vom Täter verfolgten Zweck gelten, wenn er seine Familie vor Schaden bewahren will, die mit der Straftat in keiner Verbindung steht. Schwieriger steht es da schon mit dem Fall, wenn lediglich die Bestrafung des Täters verhindert werden soll. Einerseits fehlt hierzu vom Gericht eine nachvollziehbare Begründung, die man wohl vielmehr oder gar allein in den Strafvorschriften suchen muß, andererseits wird oft auch der durch die Tat Geschädigte ein großes, die Strafverfolgung überwiegendes Interesse daran haben, daß der ihm Ersatz versprechende Täter auf freiem Fuß bleibt,

---

1398 Siehe nur RG, Urt. v. 02.11.1908 – IV 88/08, Abschrift S. 3 f. = Gruchot 53 (1909), S. 685 (686 f.) Nr. 26, vgl. *Schubert/Glöckner*, Nachschlagewerk, § 138 Nr. 22, wo laut Sachverhalt den Kunden eines Geschäftes Leder geringeren Wertes ausgeliefert wurde, als dasjenige, welches sie auf dem Lager besichtigt und gekauft hatten. Der Beklagte machte sich seine diesbezüglichen Kenntnisse unter Androhung der Strafanzeige durch Einforderung eines Schweigegeldes von einem der Firmeninhaber, dem W., zunutze. Das Gericht erblickte vorliegend nur in der Annahme des Schweigegeldes durch den Beklagten einen Verstoß gegen die guten Sitten im Sinne des § 817 Satz 1 BGB, nicht aber auch in dessen Zahlung durch den W., weil es dem W. weniger darauf angekommen sei, einer strafrechtlichen Untersuchung vorzubeugen, als vielmehr den guten Ruf der Firma zu schützen und die Firmeninhaber nebst deren Familien vor wirtschaftlicher Not zu bewahren.

um seiner Ersatzpflicht (besser) nachkommen zu können. So wird der mittellose, eine mehrjährige Freiheitsstrafe verbüßende Verurteilte dem Geschädigten wenig hilfreich sein. Ganz und gar eine plausible Begründung vermissen läßt die „Behauptung“, daß die vertragliche Verpflichtung „um einer Geldbelohnung willen“ nichtig sei. Eine solche dürfte auch nicht ohne einigen Aufwand zu geben sein.

In den daraufhin folgenden Entscheidungen zu den Schweigegeldverträgen verwies das RG oft auf das Urteil vom 30.05.1904[1399], verneinte jedoch aufgrund der jeweiligen Umstände des Falles einen Verstoß gegen die guten Sitten im Sinne des § 138 Abs. 1 BGB. Diese Urteile des RG enthalten keine Ausführungen von großer Tragweite, die einer Besprechung in aller Ausführlichkeit bedürften und sollen nur im Überblick dokumentiert werden. Dafür sei zunächst auf drei Urteile des III. Zivilsenats aus dem Jahre 1906 aufmerksam gemacht: So urteilte der Senat am 02.03.1906[1400], daß ein Vertrag nicht gegen die guten Sitten verstoße, durch den sich der außereheliche Vater der Mutter gegenüber zur Zahlung von Alimenten für das Kind verpflichtete, wofür diese versprach, über ihren Verkehr mit ihm Stillschweigen zu bewahren und auf die Geltendmachung weiterer Ansprüche zu verzichten, denn auf Seiten des Vaters enthalte der Vertrag nur die Erfüllung seiner sittlichen Pflicht.[1401] Im Urteil vom 12.06.1906[1402] hatte der Ehemann der Klägerin in der beklagten Firma mehrere Unterschlagungen begangen. Die Beklagte ließ sich wenigstens für einen Teil ihres Verlustes von der Klägerin decken – gegen die übernommene Verpflichtung, deren Ehemann in aller Zukunft sowohl mit einer Strafanzeige als auch mit einer Zivilklage zu verschonen. Das RG verneinte einen Verstoß gegen die guten Sitten, da die Beklagte zu einer Strafanzeige gegen den Ehemann der Klägerin wegen dessen begangener Unterschlagungen nicht verpflichtet sei.[1403] In der

---

1399 Siehe RG, Urt. v. 30.05.1904 – VI 582/03, RGZ 58, 204.

1400 Vgl. RG, Urt. v. 02.03.1906 – III 425/05, vgl. *Schubert/Glöckner*, Nachschlagewerk, § 138 Nr. 51.

1401 Vgl. RG, Urt. v. 02.03.1906 – III 425/05, Abschrift S. 2 f.

1402 Vgl. RG, Urt. v. 12.06.1906 – III 574/05, vgl. *Schubert/Glöckner*, Nachschlagewerk, § 138 Nr. 68.

1403 Vgl. RG, Urt. v. 12.06.1906 – III 574/05, Abschrift S. 4 unter Verweis auf: RG, Urt. v. 30.05.1904 – VI 582/03, RGZ 58, 204 (206) und RG, Urt. v. 20.06.1894 – I 111/94, RGZ 33, 337. Siehe auch die von *Hagen*, SächsA 5 (1910), S. 505 (511), kurz erörterte Entscheidung des RG, Urt. v. 07.07.1909 – V 426/08, Abschrift S. 4 = JW 1909, S. 487 (488) Nr. 8, vgl. *Schubert/Glöckner*, Nachschlagewerk, § 138 Nr. 190 unter Verweis auf: RG, Urt. v. 20.06.1894 – I 111/94, RGZ 33, 337, in der die Hypothekenbestellung durch die Beklagte unter der Abrede mit dem Kläger erfolgte, daß dieser die von ihrem Schwager beim Kläger begangenen Unterschlagungen nicht zur Anzeige bringe, nicht wegen Verstoßes gegen § 138 BGB für nichtig erklärt wurde. Siehe zudem RG, Urt. v. 27.09.1910 –

fünf Monate später ergangenen Entscheidung vom 13.11.1906[1404] fehlte es schließlich mangels Kenntnis vom Inhalt der herauszugebenden Briefe an jedem Anhalt für einen Verstoß gegen die guten Sitten, indem die Vergütung für die Herausgabe von – an die Klägerin gerichteten – Briefen an ihren Verfasser (einem Herzog), deren Inhalt für ihn unangenehm war, als auch die Vereinbarung eines Schweigegelds für die Nichterhebung von weiteren Ansprüchen und „Angriffen“ in Worten und Taten gegen den Herzog vereinbart wurden.[1405]

Abschließend sei das Urteil des VI. Senats vom 05.12.1907[1406] angeführt. Er entschied, daß in dem Vertrag zwischen den geschiedenen Eheleuten, aus deren Ehe eine Tochter entstammte, in welchem die Frau gegen Gewährung eines der Höhe nach bestimmten Unterhalts an sie und ihr Kind versprach, auf die Stellung eines Strafantrages gegen den Mann wegen dessen festgestellten Ehebruches zu verzichten, „ein wider die guten Sitten verstoßendes Verhalten um so gewisser nicht erblickt werden [könne], da ... die vom Beklagten vertraglich zugesagten Leistungen über dasjenige nicht[1407] hinausgingen, was er unter den gegebenen Verhältnissen auch kraft Gesetzes zu gewähren verpflichtet war“.[1408] Ein Schweigegeld könne in der Vereinbarung nicht gefunden werden, da das strafbare Verhalten des Ehebruchs bereits im Ehescheidungsprozeß festgestellt wurde, auf Grund dessen die Ehescheidung erfolgte.[1409]

Die in der Literatur geäußerten Stimmen scheinen sich dieser Rechtsprechung widerspruchslos angeschlossen zu haben. *Lehmann* hielt die Verpflichtung zur Nichterstattung einer Strafanzeige regelmäßig für gültig, weil weder eine rechtliche noch moralische Pflicht zur Erstattung einer Anzeige bestehe.

III 372/09, Abschrift S. 2 f. = WarnRspr. 1910, Nr. 370 S. 387 (387), für den Verzicht auf eine Strafanzeige gegen Ersatz der unterschlagenen Summe.

1404 Vgl. RG, Urt. v. 13.11.1906 – III 113/06, vgl. *Schubert/Glöckner*, Nachschlagewerk, § 138 Nr. 91.

1405 Vgl. RG, Urt. v. 13.11.1906 – III 113/06, Abschrift S. 3 f. unter Verweis auf: RG, Urt. v. 20.06.1894 – I 111/94, RGZ 33, 337 (339) und RG, Urt. v. 30.05.1904 – VI 582/03, RGZ 58, 204 (206).

1406 Vgl. RG, Urt. v. 05.12.1907 – VI 147/07, WarnRspr. 1908, Nr. 120 S. 80, vgl. *Schubert/Glöckner*, Nachschlagewerk, § 138 Nr. 144.

1407 Insoweit falsch abgedruckt in WarnRspr. 1908, Nr. 120 S. 80 (80).

1408 RG, Urt. v. 05.12.1907 – VI 147/07, Abschrift S. 3 = WarnRspr. 1908, Nr. 120 S. 80 (80). *Lehmann*, S. 154, hielt die Verpflichtung zur Nichtstellung oder Zurücknahme eines Strafantrages an sich für rechtsverbindlich, was allgemein mit dem juristischen Charakter des Antragsrechtes begründet wird, aus dem sich ergebe, daß dieses bei jeder Straftat Gegenstand einer Vereinbarung zwischen den Parteien sein könne. In diesem Sinne auch *Eckstein*, ArchBürgR 38 (1913), S. 195 (205).

1409 Vgl. RG, Urt. v. 05.12.1907 – VI 147/07, Abschrift S. 3 = WarnRspr. 1908, Nr. 120 S. 80 (80).

Nur in Ausnahmefällen könnten derartige Abmachungen dadurch in den Anwendungsbereich des § 138 BGB geraten, daß die Unterlassung der Strafanzeige von Gegenleistungen abhängig gemacht werde. Allerdings sei für eine solche Ausnahme der Charakter der vereinbarten Gegenleistung entscheidend. Mache etwa der durch die strafbare Handlung Verletzte die Unterlassung der Anzeige lediglich davon abhängig, daß sich der Täter zum Ersatz des verursachten Schadens verpflichte, könne hierin nichts verwerfliches gefunden werden.[1410] Dagegen sei die Verpflichtung nach § 138 Abs. 1 BGB nichtig, „wenn die Gegenleistung den Charakter einer Belohnung für die Nichterstattung der Anzeige, das Verschweigen einer strafbaren Handlung ... annimmt".[1411] Ganz unabhängig von der Zahlung eines Schweigegeldes sei hingegen das Versprechen, keine Anzeige zu erstatten, nichtig – und damit folgte er auch der Entscheidung des VI. Zivilsenats vom 30.05.1904[1412] –, wenn dieses lediglich zu dem Zwecke erfolgt sei, den Täter der Bestrafung endgültig zu entziehen.[1413] Auch *Hagen* war der Meinung, daß bei Zusage eines Entgelts für die Zusicherung der Nichtanzeige ein Verstoß gegen die guten Sitten vorliege, während dies für eine Zahlung allein als Schadensersatz nicht zutreffe.[1414]

Bereits am Anfang des Kapitels wurde hervorgehoben, daß neben den Fällen der Belohnung für die Nichterstattung einer Strafanzeige auch die Sachverhalte als mißbilligte Kommerzialisierung eingestuft sind, in welchen eine Gegenleistung für die *Nichtausübung des Zeugnisverweigerungsrechtes* versprochen wird. Es konnte diesbezüglich nur ein Judikat des RG im untersuchten Zeitraum ausfindig gemacht werden: Mit der Entscheidung vom 22.05.1912[1415] bejahte der I. Zivilsenat die im Leitsatz der amtlichen Entscheidungssammlung des RG vorangestellte Frage, ob „ein Vertrag gegen die guten Sitten [verstößt], in welchem der Gläubiger auf seinen Anspruch verzichtet, um den als Zeugen zu verneh-

---

[1410] Vgl. *Lehmann*, S. 155.

[1411] *Lehmann*, S. 155.

[1412] Siehe RG, Urt. v. 30.05.1904 – VI 582/03, RGZ 58, 204 (206).

[1413] Vgl. *Lehmann*, S. 155 in Fn. 2.

[1414] Vgl. *Hagen*, SächsA 5 (1910), S. 505 (511). Siehe auch die teilweise nicht ganz verständlichen Ausführungen von *Eckstein*, ArchBürgR 38 (1913), S. 195 (205 sowie in Fn. 26), der allem Anschein nach das Versprechen eines Entgelts als Gegenleistung für die Nichtausübung eines Straf*antrag*rechts grundsätzlich bei Vorliegen eines pekuniären Schadens für gültig hielt.

[1415] Vgl. RG, Urt. v. 22.05.1912 – I 170/11, RGZ 79, 371, vgl. *Schubert/Glöckner*, Nachschlagewerk, § 138 Nr. 221.

menden Schuldner zu veranlassen, von seinem Rechte der Zeugnisverweigerung keinen Gebrauch zu machen?“[1416]

Diesem Urteil lagen folgende Tatsachen zugrunde: Die beklagten Brüder Max und Wilhelm E. betrieben gemeinsam ein Geschäft in Rechtsform einer oHG. Nachdem Wilhelm E. dem Bruder die Gesellschaft zum 31. Dezember 1900 aufgekündigt hatte, fanden Verhandlungen mit dem Kläger statt, der an Stelle von Wilhelm E. in die Gesellschaft eintreten wollte. Nach Behauptung des Klägers sei es im März 1901 zum mündlichen Vertragsschluß gekommen. Nachdem dieser vom 3. April bis 2. Dezember 1901 im Geschäft tätig war, untersagte ihm Max E. das weitere Betreten der Geschäftsräume mit der Begründung, es sei nicht zum endgültigen Abschluß eines Gesellschaftsvertrages mit dem Kläger gekommen. Hierauf erwirkte der Kläger in einem Vorprozeß die rechtskräftige Verurteilung des Max E. auf Anerkennung der Gültigkeit der getroffenen Vereinbarungen nach wiederholter Vernehmung seines Bruders Wilhelm E. Anschließend erhob der Kläger die hier entschiedene Klage gegen beide Beklagten unter anderem auf Verurteilung als Gesamtschuldner zur Zahlung von 45.000 M. Dazu behauptete er, Wilhelm E. habe ihm im Vertrag vom März 1901 mit Einverständnis seines Bruder Max E. für die drei ersten Geschäftsjahre ein Mindesteinkommen von jährlich 15.000 M garantiert und sich verpflichtet, den von dieser Summe etwaig fehlenden Betrag des wirklichen Einkommens zu zahlen.

Wilhelm E. wendete demgegenüber ein, der Kläger habe auf diesen Anspruch verzichtet. Im Vorprozeß des Klägers gegen Max E. gingen sowohl der Kläger als auch der am 26. März 1902 als Zeuge vernommene Wilhelm G. vom Bestehen eines festen Vertragsschlusses aus. Vor dessen Zeugenvernehmung hatte der Kläger ihm einen Revers ausgestellt, nach welchem der Kläger an ihn, Wilhelm G., keine Forderungen stellen dürfe. Die Ausstellung des Revers erfolgte erst, nachdem Wilhelm G. zu dem Kläger gesagt hatte: „Ich frage dich nochmal, willst du mir den Revers geben oder nicht, daß du nichts von mir verlangst; ich verweigere sonst meine Aussage und komme garnicht hin; es handelt sich dann um einen Termin und um eine Aussage.“[1417]

Das LG Dresden hatte die Klage abgewiesen und die Berufung des Klägers gegen dieses Urteil blieb vor dem OLG Dresden erfolglos. Die Revision des Klägers hatte dagegen teilweise Erfolg. Das RG hob insoweit das Urteil auf, durch das die Verurteilung des Mitbeklagten Wilhelm E. abgelehnt wurde, und verwies die Sache zur anderweiten Verhandlung und Entscheidung an das Berufungsgericht zurück.

[1416] RG, Urt. v. 22.05.1912 – I 170/11, RGZ 79, 371 (371): Leitsatz.

[1417] RG, Urt. v. 22.05.1912 – I 170/11, Abschrift S. 6 = RGZ 79, 371 (372 f.).

Das OLG hatte einen Anspruch des Klägers gegen den Beklagten Wilhelm E. auf Zahlung der 45.000 M verneint und hatte seine, das LG bestätigende Entscheidung ausschließlich auf den Verzichtsvertrag des Klägers gegründet.[1418] Einen Verstoß gegen die guten Sitten hatte es abgelehnt, weil der Beklagte Wilhelm E. an seiner eigenen Deckung ein großes und berechtigtes Interesse habe.[1419]

Den dagegen vorgebrachten Revisionsangriff sah das RG als begründet an, weil der Verzichtsvertrag nach § 138 Abs. 1 BGB nichtig sei.[1420] Zum Sittenverstoß führte das RG aus: „Es ist die Pflicht eines jeden, daß er, zum Zeugen aufgerufen, die Wahrheit bekundet. Unter bestimmten Voraussetzungen gibt ihm das Gesetz das Recht, sein Zeugnis zu verweigern. Es sind das typische Fälle, in denen die Annahme begründet erscheint, daß der Zeuge durch den Zwang zur Aussage in Gewissensnot gerät. Von diesem Recht kann der Zeuge Gebrauch machen oder nicht, und welche Motive ihn im einzelnen Fall wirklich leiten, ist an und für sich nur seine Sache. Aber daß er sich für seine Entschließung durch Geld entlohnen läßt, ist ein gröblicher Verstoß gegen die guten Sitten, nicht nur dann selbstverständlich, wenn die Entlohnung für seine Entschließung bestimmend ist, sondern auch ohne das."[1421]

Der Senat bezeichnete die Ausführungen des LG als verfehlt, „der Verzicht sei erfolgt, nicht um den Beklagten zur Aussage zu bewegen, sondern um ein in der Aussage selbst liegendes berechtigtes Hindernis zur Aussage für ihn zu beseitigen".[1422] Dies seien gar keine Gegensätze und das eine schließe das andere ein. Zudem sei unklar, was mit dem „berechtigten Hindernis zur Aussage" gemeint sei und was daraus folgen solle, war der Beklagte Wilhelm E. doch der Ansicht, der Vertrag und auch die Garantieübernahme seien zustande gekommen und er sich im Falle seiner Vernehmung wahrheitsgemäß zur erfolgten Garantieübernahme bekennen müsse.[1423] „Dem konnte er sich entziehen," so der Senat weiter, „weil ihm die Prozeßordnung das formale Recht verlieh, sein Zeugnis zu verweigern und damit war für das Recht die Sache erledigt. Wie sich der Zeuge entschied, und ob ihn das eigene Interesse zur Sache bestimmen durfte, nicht auszusagen, war nur noch Frage der Moral. Es ist nicht Sache der Gerichte zu untersuchen, wie diese Entschließung hätte ausfallen sollen. Aber es ist klar, und darauf allein kommt es hier an, daß unter keinen Umständen für die Entscheidung eine materielle Entlohnung in Anspruch genommen werden durf-

---

[1418] Vgl. RG, Urt. v. 22.05.1912 – I 170/11, Abschrift S. 5.

[1419] Vgl. RG, Urt. v. 22.05.1912 – I 170/11, Abschrift S. 6 = RGZ 79, 371 (373).

[1420] Vgl. RG, Urt. v. 22.05.1912 – I 170/11, Abschrift S. 6 = RGZ 79, 371 (373).

[1421] RG, Urt. v. 22.05.1912 – I 170/11, Abschrift S. 6 f. = RGZ 79, 371 (373 f.).

[1422] RG, Urt. v. 22.05.1912 – I 170/11, Abschrift S. 7 = RGZ 79, 371 (374).

[1423] Vgl. RG, Urt. v. 22.05.1912 – I 170/11, Abschrift S. 7 = RGZ 79, 371 (374).

te. Für jedes gesunde und unverbildete Empfinden liegt darin ein grober Verstoß gegen die guten Sitten."[1424]

Auch die Ausführungen des OLG, nach denen man auf Grund des „großen und berechtigten Interesse[s], das der Beklagte an seiner eigenen Deckung hatte"[1425], nicht von einem Verstoß gegen die guten Sitten sprechen könne, sah der Senat als nicht minder verfehlt an: „Daß das Interesse ein großes war, nämlich unter Umständen den Betrag von 45.000 M erreichen konnte, macht die Sache eher schlimmer als besser. Wenn aber das Interesse an der Deckung durch Zeugnisverweigerung ein berechtigtes genannt wird, so ist das wiederum dieselbe Verwechselung einer rein formalen Rechtsstellung mit einer vom sittlichen Standpunkte aus zu beurteilenden Frage sachlicher Berechtigung."[1426]

Die Literatur übte Kritik an der vom RG verwendeten Formulierung, daß vorliegend „für jedes gesunde und unverbildete Empfinden" ein grober Verstoß gegen die guten Sitten zu erblicken sei. *Theodor Wolff* nutzte die Entscheidung als Beweis für seine Auffassung, daß die sog. Anstandsformel des RG nur unter dem Vorbehalt, daß unter den Anschauungen aller billig und gerecht Denkenden nicht die Ansicht sämtlicher billig und gerecht denkenden Volksgenossen, sondern „nur die Ansicht der Mehrzahl dieser Personen"[1427] zu verstehen sei. Es sei ausgeschlossen, daß sowohl im allgemeinen als auch im speziellen Fall eine Übereinstimmung aller bestehen könne, was sich schon daran zeige, daß in den verschiedenen Gerichtsinstanzen entgegengesetzte Anschauungen vertreten wurden, obwohl doch alle Richter zu den billig und gerecht denkenden Menschen gehörten. Die Feststellung der Mehrheit dieser Anschauungen gestalte sich dabei im Gegensatz zur Begriffsbestimmung des Sittengesetzes als besonders schwierig, weil das Billigkeitsgefühl subjektiver Natur und ebenso verschieden gestaltet sei wie die Naturanlage der einzelnen Menschen.[1428] Folglich sei der Ausspruch vom RG „daher nicht vorsichtig ... in dem mindestens sehr zweifelhaften Falle, ... daß in einem solchen Vertrage ‚für jedes gesunde und unverbildete Empfinden ein grober Verstoß gegen die guten Sitten liege', obgleich die beiden ersten Instanzen, deren Richtern das gesunde und unverbildete Empfinden nicht abgesprochen werden kann, diesen Vertrag für nicht unsittlich erklärt hatten".[1429] *Joerges* warf dem Gericht vor, daß es statt einer (von ihm

---

[1424] RG, Urt. v. 22.05.1912 – I 170/11, Abschrift S. 7 = RGZ 79, 371 (374) unter Verweis auf: *Lotmar*, S. 73 u. S. 181 in Anm. 229.

[1425] RG, Urt. v. 22.05.1912 – I 170/11, Abschrift S. 7 = RGZ 79, 371 (374).

[1426] RG, Urt. v. 22.05.1912 – I 170/11, Abschrift S. 7 f. = RGZ 79, 371 (374 f.).

[1427] *T. Wolff*, LZ 1914, Sp. 1268 (1269).

[1428] Vgl. *T. Wolff*, LZ 1914, Sp. 1268 (1269).

[1429] *T. Wolff*, LZ 1914, Sp. 1268 (1269).

selbst vorgeschlagenen[1430]) einfachen, klaren, schlüssigen und durch logische Denkbewegungen zu gewinnenden Begründung der Unsittlichkeit des in Frage stehenden Rechtsgeschäfts nur „eine Behauptung ohne Beweis“[1431] durch den Hinweis auf das „gesunde und unverbildete Empfinden“ vorgebracht habe. In diesem Hinweis sei keine Richtschnur für die Entscheidungen der anderen Gerichte zu finden, wenngleich die Entscheidungen des RG für diese zuvörderst wegweisend sein sollen:[1432] „Wir müssen bekennen, das RG. gibt statt einer Richtlinie eine leere Phrase, es gibt Steine statt Brot. Daher kann man sich auch nicht über die Entgleisung des Oberlandesgerichts wundern, das den Verzichtsvertrag für bedenkenfrei erklärt.“[1433] Mit Recht bemerkt er zum Standpunkt des OLG Dresden, dieses habe mit seiner Ausführung, der Beklagte Wilhelm E. habe ein großes und berechtigtes Interesse an seiner eigenen Deckung gehabt, selbst den Gebrauch des Zeugnisverweigerungsrechts zur Erlangung vermögensrechtlicher Vorteile durch den Beklagten festgestellt.[1434] Diesem kam es ja gerade darauf an, nicht für den nach seiner Meinung bestehenden Anspruch des Klägers herangezogen zu werden, mithin durch den Abschluß des Verzichtsvertrages von einer Verbindlichkeit befreit zu sein.

Rechtlich dürfte es sich hier um einen Grenzfall handeln, den man nicht nur aus heutiger Sicht durchaus auch anders beurteilen kann. Dem RG ist zuzugeben, daß für das „formale Recht“, die ZPO, mit der Gewährung eines Zeugnisverweigerungsrechtes und damit „für das Recht die Sache erledigt“ war. Darüber hinaus lassen sich der Prozeßordnung aber für die Beurteilung, ob eine Entlohnung der Entschließung durch Geld wider die guten Sitten verstößt, keine weiteren Anhaltspunkte entnehmen, also weder für noch gegen die Annahme eines Verstoßes nach § 138 Abs. 1 BGB.

Das RG bemerkte, es sei „an und für sich nur seine Sache“, ob der Zeuge sein Recht gebrauche. Warum sollte es dann aber auch mangels entgegenstehender Vorschriften nicht seine Sache sein, aus welchen „Motiven“ er seine jeweile

---

1430 Siehe *Joerges*, ZRPhil. 1 (1914), S. 208 (223): „Die in dem Verzichtsvertrage sich aussprechende Willensrichtung hat die vermögensrechtliche Verwertung des Zeugnisverweigerungsrechtes zum Inhalte. Dieses Recht hat indessen die Rechtsordnung dem Zeugen nur gegeben, um ihn in bestimmten Fällen vor Gewissenskonflikten zu bewahren. Ob ein Zeuge das Recht zur Verweigerung seines Zeugnisses ausüben will oder nicht, darüber hat er in voller Freiheit zu entscheiden, er kann es demgemäß nicht zum Gegenstande rechtsgeschäftlicher Bindung machen. Wer dies dennoch tut, der setzt sich zu der Rechtsordnung und damit zu dem Gemeinschaftsgedanken in Widerspruch; er verstößt gegen die guten Sitten. Das Rechtsgeschäft ist deshalb nach § 138, I BGB. nichtig.“

1431 *Joerges*, ZRPhil. 1 (1914), S. 208 (223).

1432 Vgl. *Joerges*, ZRPhil. 1 (1914), S. 208 (223).

1433 *Joerges*, ZRPhil. 1 (1914), S. 208 (223).

1434 Vgl. *Joerges*, ZRPhil. 1 (1914), S. 208 (224).

Entscheidung traf, die nach dem Gericht ebenfalls nur ihn etwas angingen. Hinter der vertretenen Auffassung steckte vermutlich der Gedanke, daß der Zeuge von dem ihm gewährten Recht Gebrauch machen solle oder nicht, dies aber, ohne noch irgendeinen Gewinn aus seiner Entscheidung zu erzielen, den das Prozeßrecht eigentlich nicht mit der Schaffung des Rechtes im Auge hatte. Allerdings so „klar", wie das RG vorgibt, „daß unter keinen Umständen für die Entscheidung eine materielle Entlohnung in Anspruch genommen werden durfte", ist das gefundene Ergebnis deshalb noch bei weitem nicht. Aus praktischen Erwägungen, namentlich den Beweisschwierigkeiten, ließ es das Gericht ohne Einfluß auf das Urteil der Sittenwidrigkeit sein, ob die Entlohnung für die Entscheidung bestimmend war oder nicht.

VIII. Abtretung einer Forderung in der Absicht, den Zedenten als Zeugen vor Gericht auftreten zu lassen oder zu dem Zweck, daß der Zessionar im Armenrecht klage

Die in der (früheren) Praxis allem Anschein nach häufigen Fälle, daß der Gläubiger einer Forderung diese an einen anderen abtrat, um im Prozeß über eben jene Forderung als Zeuge auftreten zu können oder um dem Schuldner Einwendungen abzuschneiden,[1435] die er nur gegen den Altgläubiger geltend machen konnte, ordnete Eckstein als Prozeßbenachteiligung ein.[1436] Zu den Urteilen des RG über derartig motivierte Zessionen kann auch die im Untersuchungszeitraum vereinzelt gebliebene reichsgerichtliche Entscheidung herangezogen werden, in der mit der Zession das Ziel verfolgt wurde, daß der vermögenslose Zessionar die Forderung im Armenrecht (der heutigen Prozeßkostenhilfe gemäß § 114 ZPO) gerichtlich geltend mache.

Im Zusammenhang mit der Abtretung zur Schaffung der zeugenschaftlichen Stellung wurde im Gerichtsprozeß regelmäßig der Einwand vom Schuldner erhoben, die Zession sei in Wahrheit nur zum Schein und zu dem Zweck erfolgt, den Zedenten als Zeugen im Prozeß auftreten zu lassen. Grund hierfür ist, daß vielen Abtretungen ein fiduziarischer Charakter innewohnte oder ähnliche schuldrechtliche Vereinbarungen zu Grunde lagen. Rechtsprechung und Lehre befanden sich aber für die diesbezüglichen Erscheinungsformen noch in der Entwicklung und wiesen nicht die heute vorherrschende Kategorisierung auf.

1435 Siehe dazu *Josef*, ArchBürgR 20 (1902), S. 44 (49), der eine Nichtigkeit nach § 138 BGB des Abkommens zwischen dem bisherigen und dem neuen Gläubier annahm, wenn die Abtretung zu dem Zweck erfolgte, dem Schuldner die Geltendmachung begründeter Einwendungen abzuschneiden.

1436 Vgl. *Eckstein*, ArchBürgR 41 (1915), S. 178 (253 f.).

Insbesondere die Begriffe und Unterschiede der Inkassozession und der Einziehungsermächtigung wurden damals noch nicht trennscharf herausgearbeitet.

Auf ein weiteres hier nicht zu vertiefendes Problem sei kurz hingewiesen. Das RG prüfte, ob in der Zession, also dem abstrakten Rechtsgeschäft, ein Verstoß gegen die guten Sitten erblickt werden konnte. Davon muß aber schon nach der Rechtsprechung des Gerichts selbst grundsätzlich Abstand genommen werden. Unsittlich und damit nichtig sei nach *von Tuhr* nur die der Zession zugrunde liegende Verabredung zwischen Zedent und Zessionar, während die Zession selbst als abstraktes Geschäft gültig sei.[1437]

Erstmals hatte es der II. Zivilsenat des RG im Urteil vom 16.03.1906[1438] mit dem Fall zu tun, daß eine Forderungsabtretung erfolgte, um angeblich den Zedenten im Rechtsstreit als Zeugen auftreten lassen zu können. Der Kläger erkannte in der notariellen Urkunde vom 22. Januar 1900 an, dem Ehemann der Beklagten unter anderem wegen rückständigen Kaufpreises für Kuxe 4.477,40 M zu schulden. Diese Forderung wurde vom Ehemann am 28. Januar 1902 schriftlich auf die Beklagte übertragen, woraufhin die Beklagte am 1. Juli 1903 beim Kläger Gegenstände im Werte von 4.550 M pfänden ließ. Der Kläger begehrte mit seiner Klage die Feststellung, daß die Beklagte zum Betreiben der Zwangsvollstreckung wegen der Forderung aus der notariellen Urkunde vom 22. Januar 1900 nicht berechtigt sei sowie die Aufhebung der vorgenommenen Pfändung. Das LG Düsseldorf hatte nach dem Klageantrag erkannt, während das OLG Köln der Berufung der Beklagten stattgab. Die letztlich vom Kläger eingelegte Revision wurde durch das RG zurückgewiesen.

Der Kläger war der Meinung, die Beklagte könne keine Gläubigerrechte geltend machen und insbesondere nicht die Forderung einklagen. Dazu behauptete er, die Abtretung der Forderung sei nur zum Schein erfolgt und bestritt die Ernstlichkeit der Zession. Die Beklagte sei offenbar nur eine vorgeschobene Person des Zedenten, damit dieser als Zeuge auftreten könne. Sie habe keine Valuta für die Zession hingegeben und müsse dies auch in Zukunft nicht, da sie alles, was aus der Forderung realisiert werde, an ihren Ehemann herausgeben müsse.[1439]

Das Berufungsgericht hatte der Behauptung der Scheinzession den Erfolg versagt, weil der Kläger kein besonderes rechtliches Interesse an der Geltendmachung der Simulation habe. Ebenso verneinte auch das RG, daß die Zession

---

1437 Vgl. *von Tuhr*, Bd. II 2, § 70 IV., S. 44; siehe auch *R. Zimmermann*, JR 1985, S. 48 (50), zu RG, Urt. v. 07.01.1913 – III 236/12, RGZ 81, 175. Anders dagegen *Eckstein*, ArchBürgR 41 (1915), S. 178 (256), der in der „Beweisantretung durch Zeugenbenennung" die Rechtshandlung erblickte, gegen die sich die Einrede der Unsittlichkeit richte.

1438 Vgl. RG, Urt. v. 16.03.1906 – II 488/05, JW 1906, S. 329 Nr. 2.

1439 Vgl. RG, Urt. v. 16.03.1906 – II 488/05, Abschrift S. 2 = JW 1906, S. 329 (329) Nr. 2.

nur zum Schein erfolgt sei: „Die Scheinnatur einer Forderungsabtretung, eines abstrakten Rechtsgeschäftes in dem im Bürgerlichen Gesetzbuche vertretenen Sinne, kann daraus hergeleitet werden, daß die Vertragschließenden durch die der Abtretung zu Grunde liegende obligatorisch wirksame Vereinbarung beabsichtigt haben, die mit der Forderungsabtretung verbundenen rechtlichen Wirkungen vollständig auszuschließen. In solchen Fällen ist die Abtretung nichtig und fehlt dem Zessionar die Berechtigung, Gläubigerrechte geltend zu machen, insbesondere die Forderung einzuklagen."[1440] Eine hierauf gerichtete Absicht sei nach den Behauptungen des Klägers vorliegend nicht gegeben. Die beklagte Ehefrau sollte in ihrem Namen die Forderung beitreiben und das erlangte Geld an den Ehemann herausgeben. „Damit würde ihr die Stellung als Gläubigerin gegenüber dem Kläger als Schuldner eingeräumt sein und insoweit eine ernstlich gemeinte Zession vorliegen, ein Scheingeschäft also nicht gegeben sein, auch wenn nach der der Abtretung zu Grunde liegenden Vereinbarung die Abtretung nur nach außen unbeschränkt wirken, unter den Eheleuten ... aber das Forderungsrecht selbst nicht mitumfassen sollte."[1441] Das Gericht ging unter dem Verweis auf eine Entscheidung des I. Zivilsenats des RG vom 09.02.1903[1442] davon aus, „daß eine mit einer solchen Beschränkung geschehene Forderungsabtretung mit dem Rechtsbegriffe der Zession vereinbar ist".[1443]

Die vorstehenden Ausführungen bedürfen der Übersicht wegen bereits an dieser Stelle einer Kommentierung. Obwohl das Gericht von einer im Außenverhältnis unbeschränkten Zession spricht, ist vielmehr davon auszugehen, daß es nach dem hier vertretenen Standpunkt zu keinem „Wechsel der materiellen Gläubigerschaft"[1444] gekommen ist, die Forderung bzw. das „Forderungsrecht" also beim Ehemann verblieben ist.

Eine vom RG derartig angenommene Beschränkung nach der der Abtretung zugrunde liegenden Vereinbarung im Innenverhältnis könnte sich aus heutiger Sicht als Einziehungsermächtigung oder Inkassozession darstellen. Für die Konstruktion einer Inkassozession könnte sprechen, daß das RG ausdrücklich davon ausgeht, daß die Beklagte Gläubigerin des Klägers durch die Abtretung geworden ist. Auch bei der Inkassozession erlangt der Zessionar im Außenverhältnis die volle Gläubigerstellung, während er nach den im Innenverhältnis mit dem

---

[1440] RG, Urt. v. 16.03.1906 – II 488/05, Abschrift S. 3 = JW 1906, S. 329 (329) Nr. 2.

[1441] RG, Urt. v. 16.03.1906 – II 488/05, Abschrift S. 3 = JW 1906, S. 329 (329) Nr. 2. Es ist fraglich, ob das RG im vorliegenden Falle eine fiduziarische Abtretung erblickte. Nach *Wienstein*, Gruchot 46 (1902), S. 241 (248), sei hierunter die „Ueberlassung des Rechtes des Gläubigers zur selbständig berechtigten Einziehung" zu verstehen.

[1442] Siehe RG, Urt. v. 09.02.1903 – I 340/02, RGZ 53, 416.

[1443] RG, Urt. v. 16.03.1906 – II 488/05, Abschrift S. 3 = JW 1906, S. 329 (329) Nr. 2.

[1444] RG, Urt. v. 16.03.1906 – II 488/05, Abschrift S. 3 = JW 1906, S. 329 (329) Nr. 2.

Zedenten getroffenen Abreden die Forderung dagegen nur einziehen und den Erlös hieraus an den Zedenten abführen soll. Damit wird der Zessionar Vollgläubiger der Forderung und kann die Forderung in eigenem Namen (gerichtlich) geltend machen. Gegen eine derartige Annahme und für die Bejahung einer Einziehungsermächtigung, bei welcher die Forderung beim Gläubiger verbleibt – der Ermächtigende also nicht aufhört, Gläubiger zu sein[1445] – und es bloß zur Übertragung eines Forderungsausschnitts kommt, indem der Ermächtigte die Forderung im eigenen Namen (gerichtlich im Wege der gewillkürten Prozeßstandschaft) geltend machen kann, sprechen folgende Gründe: Nach Auffassung des Gerichts wurde das „Forderungsrecht" von der Zession selbst nicht mitumfaßt, was aber für die Abtretung nach § 398 BGB erforderlich wäre. Hinzu tritt, daß es von einer nach dem BGB zulässigen „beschränkten" Forderungsabtretung ausging, wie es auch in dem von ihm in Bezug genommenen Urteil der Fall war, wo gleichfalls ein Wechsel der materiellen Gläubigerschaft verneint wurde und die Forderung beim Zedenten verblieb.[1446] Als Ergebnis bleibt damit festzuhalten, daß das RG zwar von einer Zession spricht, es aber rechtlich zu keiner Abtretung, sondern nur zur Erteilung einer Einziehungsermächtigung an die Beklagte gekommen ist. Diese Konstellation scheint entgegen dem heutigen Verständnis als Inkassozession bezeichnet worden zu sein.[1447]

1445 Vgl. *Medicus*, Bürgerliches Recht, Rn. 30.

1446 Siehe RG, Urt. v. 09.02.1903 – I 340/02, RGZ 53, 416 (417): Der Kläger machte eine Forderung des Zedenten Sch. gegen die Beklagte geltend. Nach dem der „Zession" zugrunde liegenden Vertrag sollte der Kläger die Forderung für Rechung des Sch. und auf dessen Kosten einziehen, die Kosten vorschießen und von dem eingezogenen Betrag 25 % als Provision erhalten und den verbleibenden Rest an Sch. abführen. Das Gericht ging augenscheinlich auch hier von einer Einziehungsermächtigung aus: „Nach diesen Abreden blieb die cedierte Forderung materiell dem Sch.; unter der Form der Cession wurde dem Kläger Vollmacht und Auftrag gegen Entgelt zur Einziehung der Forderung erteilt. Das Gläubigerrecht wurde dem Kläger übertragen, um ihn dem Schuldner der cedierten Forderung, der Beklagten, gegenüber als Gläubiger zu legitimieren, ohne daß die Forderung in sein Vermögen überging. Daß eine solche Übertragung der Forderung nach dem Bürgerlichen Gesetzbuch ... wirksam ist, ... daß der Schuldner der cedierten Forderung dem Cessionar weder die Einrede der Simulation der Cession entgegensetzen, noch die Klageberechtigung bestreiten kann, ist nach §§ 117 Abs. 2 und §§ 398. 409 B.G.B. rechtlich außer Zweifel."

1447 Hierzu ist bei *Wienstein*, LZ 1908, Sp. 881 (883 f.), zu lesen: „Die Begriffsbestimmung der Inkassozession wird dahin zu geben sein, dass sie eine Abtretung zum Zwecke der Einziehung einer Forderung sein soll. ... Die Annahme wird nicht fehl gehen, dass keine reine Inkassozession vorhanden ist, wenn die eigentliche Parteiabsicht dahin geht, dass die volle Gläubigerstellung auf den Zessionar übergehen soll. ... Wenn aber die ‚Zession' nur zum Zwecke der Einziehung im Interesse des ‚Zedenten' erteilt ist, so kann sehr wohl die Frage aufgeworfen werden, ob dann eine wahre Zession vorhanden ist und ob der ‚Zessionar' seine Zulassung im Prozesse als Partei beanspruchen kann. Ueberzeugende

Sodann fährt der Senat in den Entscheidungsgründen (mit einem von der Syntax her nur schwer verständlichen Satz) fort, daß der Schuldner einen Wechsel auf Seiten seines Gläubigers – ebenso wie einen Wechsel der gegnerischen Prozeßpartei – nur bei einem Wechsel der materiellen Gläubigerschaft, mithin bei einer „unbeschränkten“ Zession hinnehmen muß. Dagegen müsse es der Schuldner auch bei einem nicht erfolgten Wechsel der materiellen Gläubigerschaft dulden, wenn er mit seinem Einwand verhindern will, daß der Zedent als Zeuge auftreten und der Zessionar als Partei eidlich vernommen werden könne: „Gleichwohl ist mit Recht anerkannt worden, daß unter Umständen, nämlich bei dem Vorliegen eines besonderen rechtlichen Interesses, der Schuldner sich das Auftreten eines andern, als des bisherigen Gläubigers auch nur als Prozeßpartei nur bei Wechsel der materiellen Gläubigerschaft gefallen zu lassen braucht. Ein genügendes rechtliches Interesse des Klägers an einer Nichtzulassung der Zessionarin [scil.: der Beklagten] ... zur Beitreibung der Forderung in ihrem Namen kann aber nicht in dem von ihm [scil.: dem Kläger] geltend gemachten prozessualen Interesse erblickt werden, zu verhindern, daß ... [der Ehemann der Beklagten] Zeuge sei und die Ehefrau ... den Überzeugungs-Eid leiste.“[1448] Diese prozessualen Möglichkeiten seien rechtliche Folge jeder Forderungsabtretung, der beschränkten wie der unbeschränkten, und können nicht verhindert werden, weil in beiden Fällen die Abtretung nicht zum Schein erfolgt sei und deshalb rechtliche Wirkung entfalte.[1449] Demgegenüber stehe der Schuldner nicht schutzlos dar, denn anhand der Würdigung des Beweisergebnisses der Zeugenaussauge und des dem Gericht eingeräumten Ermessens bei der Eidesverpflichtung ließen sich hieraus möglicherweise ergebende Nachteile für den Schuldner vermeiden: „Zur Abwendung daraus sich für den Schuldner ergebender nachteiliger Folgen bietet sich eine Handhabe in den Bestimmungen der §§ 286 und 475 der Zivilprozeßordnung dar, nach welchen die Würdigung des Beweisergebnisses, also auch der Aussage des etwa als Zeuge vernommenen Zedenten, der freien Überzeugung des Gerichts unterliegt und auch die Frage, ob der einen oder der anderen Partei ein richterlicher Eid anzuvertrauen sei, nach freiem Ermessen des Gerichts zu entscheiden ist.“[1450]

Das RG sah zum Abschluß seiner Entscheidungsgründe ausdrücklich von einer Stellungnahme ab, ob eine andere Beurteilung geboten sei, wenn die Zes-

---

Gründe für die Bejahung lassen sich m. E. nicht beibringen. ... Im Grunde ist die sogenannte Inkassozession keine Zession. Dem ‚Zessionar‘ soll keineswegs die freie Verfügung über die Forderung übertragen werden, sondern er soll diese nur einziehen, ev. einklagen.“ Siehe außerdem *Eckstein*, ArchBürgR 41 (1915), S. 178 (254 f.).

[1448] RG, Urt. v. 16.03.1906 – II 488/05, Abschrift S. 3 = JW 1906, S. 329 (329) Nr. 2.

[1449] Vgl. RG, Urt. v. 16.03.1906 – II 488/05, Abschrift S. 3 f. = JW 1906, S. 329 (329) Nr. 2.

[1450] RG, Urt. v. 16.03.1906 – II 488/05, Abschrift S. 4 = JW 1906, S. 329 (329) Nr. 2.

sion nur in der Absicht erfolgte, den Zedenten als Zeugen im Prozeß auftreten zu lassen, weil der Revisionskläger seinen Angriff in dieser Hinsicht nicht begründet hatte:[1451] „Anders mögen Fälle liegen, in welchen nachweislich eine Forderungsabtretung lediglich zu dem Zweck erfolgt ist, damit der Zessionar den Zedenten im Rechtsstreit als Zeugen auftreten lasse. Ist dies die einzige, auf unlauterem Beweggrunde beruhende Absicht der Vertragschließenden, so kann nach einer in der Rechtslehre vertretenen Ansicht in der Forderungsabtretung ein Verstoß gegen die guten Sitten gefunden werden, welcher nach § 138 Abs. 1 Bürgerlichen Gesetzbuchs die Nichtigkeit des Rechtsgeschäftes zur Folge hat, da in solchen Fällen in unzulässiger Weise der materiell als Kläger interessierte Zedent zum Zeugen gestempelt werde."[1452]

Das Urteil enthält – einmal abgesehen von unklaren Aussagen über die fiduziarische Zession – einige Grundsätze, auf welchen die Rechtsprechung in späteren Entscheidungen aufbaute. So ist bereits für die materiellrechtliche wie für die prozessuale Situation anerkannt, daß der Schuldner ein besonderes rechtliches Interesse daran haben muß, wenn er das Auftreten eines anderen als des bisherigen Gläubigers verhindern will. Hierfür reiche das Interesse allein nicht aus, daß er zu verhindern sucht, daß der Zedent als Zeuge auftritt oder der als Prozeßparteil auftretende Zessionar eidlich als Partei vernommen wird. Mit dem Recht der freien Beweiswürdigung und dem freien Ermessen hinsichtlich Abhängigmachung von einer Eidesleistung ist das Gericht (zumindest rechtlich) in der Lage, aus den der Abtretung resultierenden Nachteilen für den Schuldner entgegen zu wirken. Nochmals betont werden muß dagegen, daß der II. Zivilsenat keine Stellung zu einer etwaigen Nichtigkeit der Vereinbarungen nach § 138 Abs. 1 BGB bezog.

Schon vor dem Urteil des II. Zivilsenats war *Wienstein* der Ansicht, daß der Zedent als Zeuge vernommen werden könne und dem Schuldner nur durch Zuschiebung des Eides an den Zessionar geholfen werden könne.[1453] Nicht eindeu-

---

[1451] Vgl. RG, Urt. v. 16.03.1906 – II 488/05, Abschrift S. 4 = JW 1906, S. 329 (329) Nr. 2.

[1452] RG, Urt. v. 16.03.1906 – II 488/05, Abschrift S. 4 = JW 1906, S. 329 (329) Nr. 2 unter Verweis auf: *Kuhlenbeck*, SeuffBl. 70 (1905), S. 337 (339 ff.). Nach der Meinung von *Kuhlenbeck*, SeuffBl. 70 (1905), S. 337 (341), war die Zession nach § 138 Abs. 1 BGB nichtig, wenn sie zu dem Zwecke geschah, „den materiell als Kläger interessierten Cedenten zum Zeugen (in eigener Sache) zu stempeln"; so auch *Kuhlenbeck*, in: Staudinger, BGB, Bd. II 1, 5./6. Aufl. 1910, § 398 Anm. 5 Abs. 4, S. 427.

[1453] Vgl. *Wienstein*, Gruchot 46 (1902), S. 241 (249 f.). Siehe auch *Wienstein*, LZ 1908, Sp. 881 (884 f.), nach dem die Inkassozession, wenn sie zu dem Zwecke, daß der Zedent als Zeuge vernommen werden solle, geschehen ist, nicht als gegen die guten Sitten charakterisiert werden könne. Das Verfahren könne sehr wohl den ausschließlichen Zweck haben, einem böswilligen Schuldner die Geltendmachung unberechtigter Einwendungen tig Position zu dieser Entscheidung bezog *Landsberg*, der aber bei Zulassung des Zedenten als Zeugen von einer Umkehrung der Beweislast zu ungunsten des Schuldners sprach, wenn dem Schuldner bei einer bestrittenen Forderung gegen diesen keine anderen Zeugen zur Verfügung stünden.[1454] *Hagen* gab zu, daß in der Mehrzahl der Fälle die Inkassozession die Ermöglichung der Zeugenvernehmung des Zedenten und damit eine Verschiebung der gesetzlichen Beweislast zum Zwecke habe. Dieser Zweck mache die Zession aber nicht zu einem Verstoß gegen die guten Sitten, da es sich hierbei höchstens um den Mißbrauch eines subjektiven Rechtes handele.[1455]

Eine Entwicklung der Rechtsprechung zeigt die Entscheidung vom 08.03.1909[1456] des I. Zivilsenats auf, der im Urteil erstmals zu dem Problem Stellung nahm, ob und ggf. unter welchen Umständen eine Abtretung gegen die guten Sitten verstoße, mit welcher der Gläubiger lediglich den Zweck verfolgt, im Prozeß des Zessionars als Zeuge auftreten zu können.

Ausweislich des Tatbestandes verlangte die Klägerin als Zessionarin ihres Ehemannes von den beiden Beklagten als Gesamtschuldnern Ersatz des Schadens, welcher ihrem Mann infolge seiner, durch angeblich arglistige Täuschung seitens der Beklagten verursachten Beteiligung an einer Bahngesellschaft erwachsen sei. Während die Klage in den Vorinstanzen keinen Erfolg hatte, hob der I. Zivilsenat das Urteil des Berufungsgerichts auf die Revision der Klägerin hin auf. Das Kammergericht stützte die bestätigte erstinstanzliche Abweisung der Klage auf eine Nichtigkeit der Abtretung nach § 138 Abs. 1 BGB, weil diese auf einem „unlauteren Beweggrunde“[1457] beruhe. Es hatte dazu festgestellt, daß der Ehemann der Klägerin die eingeklagte Forderung an diese lediglich zu dem Zwecke abgetreten habe, um im Prozesse als Zeuge auftreten zu können, und daß „der materiell als Kläger interessierte Zedent unzulässiger Weise zum Zeugen gestempelt worden sei“.[1458]

Dem folgte der I. Zivilsenat nicht. Er zog dazu im wesentlichen die bereits oben erwähnte Entscheidung des II. Zivilsenats vom 16.03.1906[1459] „für die

---

zu erschweren; wer sich dazu der Möglichkeiten bediene, die ihm das Recht biete, handele nicht dolos.

[1454] Vgl. *Landsberg*, PosMschr. X (1907), S. 171 (171).

[1455] Vgl. *Hagen*, SächsA 5 (1910), S. 105 (112).

[1456] Vgl. RG, Urt. v. 08.03.1909 – I 86/08, Gruchot 53 (1909), S. 911 Nr. 53, vgl. *Schubert/Glöckner*, Nachschlagewerk, § 138 Nr. 187.

[1457] RG, Urt. v. 08.03.1909 – I 86/08, Abschrift S. 3 = Gruchot 53 (1909), S. 911 (911 f.) Nr. 53.

[1458] RG, Urt. v. 08.03.1909 – I 86/08, Abschrift S. 3 = Gruchot 53 (1909), S. 911 (911) Nr. 53.

[1459] Siehe RG, Urt. v. 16.03.1906 – II 488/05, JW 1906, S. 329 Nr. 2.

Fälle der sog. fiduziarischen Abtretung"[1460] heran, indem er diesen (falsch, damit zugleich aber verständlich) zitierte, daß „sich der Schuldner bei dem Vorliegen eines besonderen rechtlichen Interesses das Auftreten eines andern, als des bisherigen Gläubigers, als Prozeßpartei nur bei Wechsel der materiellen Gläubigerschaft gefallen zu lassen brauche".[1461] Ein solches genügendes rechtliches Interesse könne aber nach dem herangezogenen Urteil des II. Zivilsenats nicht in dem prozessualen Interesse erblickt werden, zu verhindern, daß der abtretende Gläubiger Zeuge sei und der klagende neue Gläubiger den Überzeugungseid leiste.[1462] „Von diesem Standpunkte [scil.: des II. Zivilsenats] aus, auf welchen sich auch der erkennende [I.] Senat stellt, läßt es sich nicht begründen, daß eine Abtretung, mit welcher der bisherige Gläubiger lediglich den Zweck verfolgt, im Prozesse des neuen Gläubigers gegen den Schuldner als Zeuge auftreten zu können, schon aus diesem Grunde gegen die guten Sitten verstoße."[1463]

Die vereinzelt in der Rechtsliteratur geäußerte Ansicht, die Abtretung sei gemäß § 138 BGB nichtig, wenn sie lediglich zu dem Zweck erfolgt sei, den materiell als Kläger interessierten Zedenten im Prozeß zum Zeugen in eigener Sache zu stempeln,[1464] hielt der I. Senat für nicht haltbar: „Muß sich einmal der Schuldner das Zeugnis des abtretenden Gläubigers auch dann gefallen lassen, wenn die materielle Gläubigerschaft bei diesem verblieben ist, so ist nicht einzusehen, wie es gegen die guten Sitten verstoßen sollte, wenn der Gläubiger seine Vernehmung als Zeuge bei der Abtretung als Zweck verfolgt, und wie die Sachlage sich dadurch wesentlich ändern könnte, daß dieser Zweck nicht in Verbindung mit anderen Zwecken, sondern allein erstrebt wird. Es handelt sich immer um die Anstrebung eines Erfolges, den abzuwehren das Recht dem Schuldner nicht die Macht gegeben hat. Eine Unterscheidung zwischen den Fällen, wo die Zeugenvernehmung des Abtretenden alleiniger Zweck der Abtretung ist und wo dieser Zweck mit anderen Zwecken zusammentrifft, ist auch von praktischen Gesichtspunkten aus umsoweniger anzuerkennen, als diese Unterscheidung der gerichtlichen Feststellung oft besondere Schwierigkeiten bieten müßte und geeignet sein würde, dem Schuldner eher der Prozeßverzöge-

---

1460 RG, Urt. v. 08.03.1909 – I 86/08, Abschrift S. 3 f. = Gruchot 53 (1909), S. 911 (912) Nr. 53.

1461 RG, Urt. v. 08.03.1909 – I 86/08, Abschrift S. 4 = Gruchot 53 (1909), S. 911 (912) Nr. 53 mit einem (falsch wiedergegebenen) Zitat von RG, Urt. v. 16.03.1906 – II 488/05, Abschrift S. 3 = JW 1906, S. 329 (329) Nr. 2.

1462 Vgl. RG, Urt. v. 08.03.1909 – I 86/08, Abschrift S. 4 = Gruchot 53 (1909), S. 911 (912) Nr. 53; sieh auch RG, Urt. v. 16.03.1906 – II 488/05, Abschrift S. 3 = JW 1906, S. 329 (329) Nr. 2.

1463 RG, Urt. v. 08.03.1909 – I 86/08, Abschrift S. 4 = Gruchot 53 (1909), S. 911 (912) Nr. 53.

1464 Vgl. *Kuhlenbeck*, in: Staudinger, BGB, Bd. II 1, 5./6. Aufl. 1910, § 398 Anm. 5 Abs. 4, S. 427; siehe auch *Kuhlenbeck*, SeuffBl. 70 (1905), S. 337 (341).

rung als der Sache dienende Einwendungen an die Hand zu geben. Dem Umstande, daß der Beweiswert der Zeugenaussage des bisherigen Gläubigers durch den mit der Abtretung verbundenen Zweck wesentlich beeinträchtigt werden kann, ist bei der Beweiswürdigung Rechnung zu tragen."[1465]

Zur nur ausnahmsweise anzunehmenden Sittenwidrigkeit einer solchen Abtretung ist in den Entscheidungsgründen im Anschluß daran zu lesen: „Selbstverständlich kann der von dem abtretenden Gläubiger verfolgte Zweck, zum gerichtlichen Zeugnisse zugelassen zu werden, im einzelnen Falle mit einem weiteren Zwecke von der Art verknüpft sein, daß ein Verstoß gegen die guten Sitten anerkannt werden muß. Dies wäre z. B. dann der Fall, wenn der Gläubiger es bei der Abtretung darauf abgesehen hätte, nicht nur als Zeuge vernommen zu werden, sondern auch bei seiner Vernehmung die Unwahrheit zu sagen."[1466] Dies habe das Berufungsgericht jedoch nicht festgestellt.[1467]

[1465] RG, Urt. v. 08.03.1909 – I 86/08, Abschrift S. 4 f. = Gruchot 53 (1909), S. 911 (912 f.) Nr. 53 unter Verweis auf: Entscheidung eines (nicht benannten) OLG v. 23.02.1906 – 2 O 221/05, SächsA 1 (1906), S. 526 Nr. 126; § 393 Abs. 1 Nr. 4 ZPO und RG, Urt. v. 08.06.1899 – VI 111/99, RGZ 44, 374. In der im SächsA 1 (1906), S. 526 (526) Nr. 126 abgedruckten OLG-Entscheidung heißt es zur Würdigung der Aussage des Zedenten: „Das vom OLG. beobachtete Überhandnehmen der Prozesse, in denen Zessionare klagen und ihre Zedenten als Zeugen benennen, bietet besondere Veranlassung, den Beweiswert solcher Zeugenaussagen in jedem einzelnen Falle auf das Genaueste zu prüfen. Daß die Parteien bestrebt sind, ihre Beweislage zu verbessern, ist an sich begreiflich. Sache des Richters ist es, zu verhüten, daß durch das Mittel der Abtretung eine ungerechtfertigte Verkehrung der Beweislast herbeigeführt wird. Im allgemeinen wird der Aussage eines Zedenten nur Gewicht beigelegt werden können, dafern sie in anderen Umständen eine wesentliche Stütze findet." Nach der „Bekanntmachung der Texte verschiedener Reichsgesetze in der vom 1. Januar 1900 an geltenden Fassung" vom 20. Mai 1898, RGBl. 1898, S. 369 ff., hatte § 393 Abs. 1 Nr. 4 CPO, RGBl. 1898, S. 369/401 (486), ursprünglich folgenden Wortlaut: „Unbeeidigt sind zu vernehmen: ... 4. Personen, welche bei dem Ausgange des Rechtsstreits unmittelbar betheiligt sind." Nach § 393 Abs. 2 CPO, RGBl. 1898, S. 369/401 (486), konnte das Prozeßgericht die „nachträgliche Beeidigung" dieser Personen anordnen. Durch das „Gesetz, betreffend Änderungen des Gerichtsverfassungsgesetzes, der Zivilprozeßordnung, des Gerichtskostengesetzes und der Gebührenordnung für Rechtsanwälte" vom 1. Juni 1909, RGBl. 1909, S. 475 (482), wurde durch Art. II Nr. 21 der § 393 Abs. 1 Nr. 4 ZPO wie folgt abgeändert: „4. Personen, welche ein rechtliches Interesse daran haben, daß in dem Rechsstreite die eine Partei obsiege, Personen, welche einen in dem Rechtsstreite geltend gemachten Anspruch übertragen haben, auch dann, wenn sie zur Gewährleistung nicht verpflichtet sind." Gleichzeitig wurde in § 393 Abs. 2 ZPO das Wort „nachträgliche" gestrichen.

[1466] RG, Urt. v. 08.03.1909 – I 86/08, Abschrift S. 5 = Gruchot 53 (1909), S. 911 (913) Nr. 53.

[1467] Vgl. RG, Urt. v. 08.03.1909 – I 86/08, Abschrift S. 5 = Gruchot 53 (1909), S. 911 (913) Nr. 53.

Das Gericht vermochte mit dieser Entscheidung also grundsätzlich keinen Verstoß gegen die guten Sitten zu erblicken, wenn mit der Abtretung lediglich der Zweck verfolgt wurde, den Zedenten als Zeuge im Prozeß des Zessionars auftreten zu lassen. Es schließt eine solche Zession nicht aus; der Zedent nutzt mit der Abtretung eben grundsätzlich nur eine Möglichkeit, die ihm das BGB gewährt. Die prozessuale Stellung des Schuldners muß dadurch noch nicht untragbar erschwert werden. Insoweit verdient es Zustimmung, daß es praktisch schwer zu ermitteln sein dürfte, ob die Abtretung nur den einzigen Zweck der Zeugenschaffung zum Inhalt hatte oder aber darüber hinaus weitere Motive hinzutraten. Das Recht der Abtretung trifft diesbezüglich keine Unterscheidung. Der I. Senat greift auch zu Recht die Ansicht des II. Senats auf, daß der Beweiswürdigung der Zeugenaussage des Zedenten eine große Bedeutung beigemessen werden müsse. Das in diesen Fällen regelmäßig starke Interesse des Zedenten kann und muß bei der Beweiswürdigung nach § 286 ZPO in ausreichendem Maße, aber angemessen berücksichtigt werden. Darüber hinaus neu an der Entscheidung ist, daß das Gericht eine der möglichen Ausnahmen bestimmt, ein Verstoß gegen die guten Sitten im einzelnen Falle angenommen werde könne, wenn der Zedent mit seiner Abtretung über die Einräumung seiner Zeugenstellung hinaus den Zweck verfolgte, in dieser Eigenschaft vor Gericht die Unwahrheit zu sagen. Dabei blieb vom Gericht unerörtert, ob hierfür die Kenntnis einer darauf gerichteten Absicht des Zedenten vom Zessionaren erforderlich ist oder nicht.

Mit einer kurzen Begründung aus dem Jahre 1912 schloß sich *Stiebeling* der Auffassung des I. Zivilsenates des RG an. Es sei nicht einzusehen, weshalb diese Art der Beschaffung eines Beweismittels gegen die guten Sitten verstoßen solle, zumal es dann immer noch wegen § 393 Abs. 1 Nr. 4 ZPO von geringem Wert sei.[1468] Es lasse sich vor allem nicht behaupten, es widerspreche dem Anstandsgefühl aller billig und gerecht Denkenden, „wenn man sich z. B. auf den Standpunkt des von seinem Recht überzeugten (ursprünglichen) Gläubigers stellt, der ohne jene Abtretung auf eine Eideszuschiebung angewiesen wäre, aber begründete Zweifel hegt, ob sein böswilliger Schuldner es mit seiner Wahrheits- und Eidespflicht genau nehmen werde“.[1469] Demgegenüber betonte *Kuhlenbeck*, der die Abtretung entgegen dem RG für nach § 138 Abs. 1 BGB nichtig hielt, daß im allgemeinen der Zeugenaussage eines Zedenten nur dann Gewicht beigelegt werden könne, sofern sie in anderen Umständen eine wesentliche Unterstützung finde.[1470]

[1468] Vgl. *Stiebeling*, DJZ 1912, Sp. 917 (918).

[1469] *Stiebeling*, DJZ 1912, Sp. 917 (918).

[1470] Vgl. *Kuhlenbeck*, in: Staudinger, BGB, Bd. II 1, 5./6. Aufl. 1910, § 398 Anm. 5 Abs. 4, S. 427.

Auch der III. Zivilsenat des RG befaßte sich noch in zwei Urteilen mit der durch die Abtretung geschaffenen zeugenschaftlichen Stellung des Zedenten.[1471] Durch sein Urteil vom 14.06.1912[1472] stellte er die Übereinstimmung des kammergerichtlichen Berufungsurteils mit der Rechtsprechung des RG, insbesondere mit dem Urteil des I. Zivilsenats vom 08.03.1909[1473] fest, worin dargelegt wurde, „daß der Zweck, den Abtretenden als Zeugen vernehmen zu lassen, für sich allein die Abtretung nicht als gegen die guten Sitten verstoßend und nichtig (§ 138 des Bürgerlichen Gesetzbuchs) erscheinen läßt".[1474] Deshalb ist es um so erstaunlicher, daß sich der III. Zivilsenat in der Entscheidung vom 03.01.1913[1475] geradezu exzessiv mit der Frage beschäftigte, ob eine Abtretung nach § 138 Abs. 1 BGB nichtig sei, wenn die Zession nur zu dem Zweck erfolgt sei, um den Zedenten als Zeugen im Rechtsstreit über die abgetretene Forderung auftreten zu lassen. Dies verneinte der erkennende III. Zivilsenat unter Verweis auf seine Entscheidung vom 14.06.1912[1476] sowie die des I. Zivilsenats vom 08.03.1909[1477]. Es sei zwar nicht zu verkennen – und insoweit beinhaltet die Entscheidung eine neue Aussage –, daß sich der Zedent zum Zwecke der gerichtlichen Anerkennung der abgetretenen Forderung ein Beweismittel verschaffe, das ihm nach den Grundsätzen der ZPO ohne diese Abtretung gar nicht zukomme, kenne doch die ZPO eine Vernehmung der Partei als Zeuge nicht.[1478] Doch dies reiche allein nicht aus, um die Abtretung grundsätzlich und ohne weiteres als sittenwidrige erscheinen zu lassen: „Die mit der Abtretung verbundene Aenderung in der prozessualen Lage ist eine notwendige Folge der Verändeung in den materiellrechtlichen Verhältnissen, die durch die Abtretung herbeigeführt wird. Dem Schuldner steht nicht die rechtliche Macht zu, die Veränderung abzuwenden und das Gesetz hat ihm nicht die Befugnis verliehen, ohne Zustimmung des Gläubigers seine Schuld auf einen Dritten zu übertragen. Der Gläubiger macht, wenn er die Forderung abtritt und so die Möglichkeit sei-

---

[1471] Zwischenzeitlich ließ RG, Urt. v. 21.09.1909 – VII 521/08, Abschrift S. 2, aus tatsächlichen Gründen unerörtert, ob durch Abtretung der Klageforderung an den Kläger zum Zwecke der Ermöglichung der Vernehmung des bisherigen Gläubigers als Zeugen in eigener Sache überhaupt gegen die guten Sitten verstoßen werden könne.

[1472] Vgl. RG, Urt. v. 14.06.1912 – III 453/11, Recht 1912, Beil. Nr. 2864, vgl. *Schubert/Glöckner*, Nachschlagewerk, § 138 Nr. 187.

[1473] Siehe RG, Urt. v. 08.03.1909 – I 86/08, Gruchot 53 (1909), S. 911 Nr. 53.

[1474] RG, Urt. v. 14.06.1912 – III 453/11, Abschrift S. 3 = Recht 1912, Beil. Nr. 2864.

[1475] Vgl. RG, Urt. v. 03.01.1913 – III 233/12, RGZ 81, 160, vgl. *Schubert/Glöckner*, Nachschlagewerk, § 138 Nr. 187.

[1476] Siehe RG, Urt. v. 14.06.1912 – III 453/11, Recht 1912, Beil. Nr. 2864.

[1477] Siehe RG, Urt. v. 08.03.1909 – I 86/08, Gruchot 53 (1909), S. 911 Nr. 53.

[1478] Vgl. RG, Urt. v. 03.01.1913 – III 233/12, Abschrift S. 3 = RGZ 81, 160 (160).

ner Zeugenvernehmung schafft, lediglich von einem ihm durch das Gesetz gewährten Rechte Gebrauch.“[1479] Dies gelte auch für die Fälle, „wo, wie z. B. bei den Abtretungen zu Treuhand- oder Inkassozwecken, der Zessionar dem Schuldner gegenüber die Rechtsstellung des Gläubigers hat, bei denen aber nach dem Inhalte des der Abtretung zu Grunde liegenden Rechtsgeschäfts der Zedent trotz der Abtretung im inneren Verhältnis zum Zessionar als Gläubiger gilt“.[1480] Weiter heißt es: „Macht aber der Gläubiger, wenn er durch die Abtretung die Möglichkeit seiner Zeugenvernehmung begründet, von seinem Rechte Gebrauch, so kann auch der auf Herbeiführung dieser Möglichkeit gerichtete Zweck der Abtretung nicht für sich allein ein unlauterer sein und gegen die guten Sitten verstoßen. Sodann wird durch das Auftreten des Zedenten als Zeugen nicht eine derart unbillige Erschwerung der Stellung des Schuldners herbeigeführt, daß das Recht der Abtretung, die diesen Zweck verfolgt, die Wirksamkeit versagen mußte.“[1481] Die Beweiskraft der Zeugenaussage des Zedenten, der nach § 393 Abs. 1 Nr. 4 ZPO unbeeidigt zu vernehmen sei, habe das Gericht nach § 286 ZPO besonders dahin zu prüfen, „ob dem Zedenten bei seinem rechtlichen Interesse an dem Obsieg des Zessionars Glauben beizumessen sei und ob die von ihm bekundeten Tatsachen auch dann für wahr zu erachten seien, wenn er im inneren Verhältnis zum Zessionar noch als Gläubiger gilt“.[1482] Zudem könne das Gericht gemäß § 141 ZPO auch den Schuldner hören.[1483]

Der III. Zivilsenat bestätigte den I. Zivilsenat außerdem darin, daß es Fälle geben könne, „wo der besagte Zweck der Abtretung in Verbindung mit anderen Zwecken und der sonstigen Sachlage des einzelnen Falles die Annahme eines gegen die guten Sitten verstoßenden Verhaltens rechtfertigt und dies ist jedenfalls dann zu bejahen, wenn eine unwahre Bekundung des Zedenten in Aussicht genommen ist“.[1484]

Die Nichtigkeit der Abtretung ließe sich auch nicht mit § 134 BGB annehmen: „Die Zivilprozeßordnung verbietet zwar die Vernehmung der Prozeßpartei als Zeugen, aber nur insolange, als ihr diese Eigenschaft zukommt. Eine Umgehung der Vorschriften der Zivilprozeßordnung liegt nicht vor, weil diese selbst in § 393 Abs. 1 Z. 4 die Zeugenvernehmung der Zedenten und zwar ohne Rücksicht auf ihre Verpflichtung zur Gewährleistung zuläßt.“[1485]

[1479] RG, Urt. v. 03.01.1913 – III 233/12, Abschrift S. 3 = RGZ 81, 160 (161).
[1480] RG, Urt. v. 03.01.1913 – III 233/12, Abschrift S. 3 = RGZ 81, 160 (161).
[1481] RG, Urt. v. 03.01.1913 – III 233/12, Abschrift S. 3 f. = RGZ 81, 160 (161).
[1482] RG, Urt. v. 03.01.1913 – III 233/12, Abschrift S. 4 = RGZ 81, 160 (161).
[1483] Vgl. RG, Urt. v. 03.01.1913 – III 233/12, Abschrift S. 4 = RGZ 81, 160 (161).
[1484] RG, Urt. v. 03.01.1913 – III 233/12, Abschrift S. 4 = RGZ 81, 160 (161 f.).
[1485] RG, Urt. v. 03.01.1913 – III 233/12, Abschrift S. 4 = RGZ 81, 160 (162).

In der einzig zu diesem Urteil gefundenen Stellungnahme bemängelt *Pfeiffer* die Begründung dieser Entscheidung als „etwas dürftig“ und kommt über die Anwendung des § 134 BGB zu einem anderen Ergebnis als das vom RG befürworteten.

Ob die gewählte Vorgehensweise der Kontrahenten (nicht) gegen die guten Sitten verstoße, ließe sich nicht einfach mit dem Hinweis darauf entscheiden, die Parteien hätten nur von einem gesetzlichen Rechte Gebrauch gemacht; hingegen lieferte freilich auch Pfeiffer selbst keine überzeugendere Begründung. Durch die Zession wollen und würden die Kontrahenten eine für sie und gegenüber der anderen Partei günstigere prozessuale Lage schaffen und durch welche die Situation des Zessionars erheblich verbessert werde. Wenn auch der Zedent aufgrund der Vorschrift des § 393 Abs. 1 Nr. 4 ZPO nicht zu beeidigt werden brauche, so könne und dürfe doch der Richter seine Zeugenaussage im Rahmen des richterlichen Ermessens nicht gänzlich unberücksichtigt lassen. Ferner könnten sie sich ein zulässiges Beweismittel schaffen, indem sie auf das Zeugnis naher Verwandter des Zedenten Bezug nähmen, deren Beeidigung nach erfolgter Zession nicht abgelehnt werden könne.[1486]

Was den (durch das Gericht abgelehnten) Verstoß gegen § 134 BGB und die Umgehung der ZPO anbetrifft, so verbiete die ZPO zu Recht die Vernehmung der Prozeßpartei als Zeugen. Derjenige, der das Geschäft abgeschlossen und am meisten interessiert sei, solle nach dem Willen des Gesetzgebers nicht als Zeuge für seine eigenen Behauptungen vernommen werden. Diese gesetzgeberische Absicht werde dagegen durch die „vorgenommene Manipulation bewußt vereitelt“ und zur Umgehung des Gesetzes geschlossen.[1487]

Seine Billigung fand dagegen das von ihm mit einiger Verwunderung aufgenommene, nur vier Tage später ergangene und schon eingangs zu diesem Kapitel kurz erwähnte Urteil des III. Zivilsenats vom 07.01.1913[1488]. In diesem bejahte der Senat einen Verstoß gegen die guten Sitten, wenn eine Forderung an eine vermögenslose Person zur Einziehung dieser Forderung für den Abtretenden und in der Absicht abgetreten wurde, um dem Gegner (dem Schuldner) für den Fall seines Obsiegens die Wiedererlangung seiner Kosten unmöglich zu machen.[1489] *Pfeiffer* weist auf den in der Tat bestehenden Widerspruch zum zuvor

---

1486 Vgl. *Pfeiffer*, DRAZ 10 (1913), S. 140 (140) = *Pfeiffer*, BayZ 10 (1914), S. 166 (166).

1487 Vgl. *Pfeiffer*, DRAZ 10 (1913), S. 140 (140) = *Pfeiffer*, BayZ 10 (1914), S. 166 (166).

1488 Vgl. RG, Urt. v. 07.01.1913 – III 236/12, RGZ 81, 175, vgl. *Schubert/Glöckner*, Nachschlagewerk, § 138 Nr. 232.

1489 Vgl. RG, Urt. v. 07.01.1913 – III 236/12, RGZ 81, 175 (175): Leitsatz. *Kuhlenbeck*, SeuffBl. 70 (1905), S. 337 (341), und *ders.*, in: Staudinger, BGB, Bd. II 1, 5./6. Aufl. 1910, § 398 Anm. 5 Abs. 4, S. 427, hielt schon vor dieser Entscheidung die Einrede der Arglist zugunsten des Schuldners begründet, wenn der Zessionar nicht vermögend war, die Prozeßkosten zu zahlen, während der Zedent hierzu im Stande gewesen sei.

angeführten Urteil hin, denn es besteht ebenfalls kein gesetzliches Verbot, seine Forderung an eine zahlungsunfähige Partei abzutreten, damit diese im Armenrecht klage.[1490]

Inhaltlich des Tatbestandes wendete der Beklagte mit seiner Revision gegen die Befugnis des Klägers zur Geltendmachung der eingeklagten Forderung ein, die Forderungsabtretung an den Kläger sei nur zum Schein und in einer gegen die guten Sitten verstoßenden Weise erfolgt. Hierzu behauptete er, der Kläger lebe in ärmlichen Verhältnissen, sei gänzlich zahlungsunfähig und verfüge auch über keine pfändbaren Gegenstände. Deshalb hätten die Zedenten den Kläger vorgeschoben, um dem Fiskus und dem Beklagten die Einziehung der Kosten unmöglich zu machen.

Nach Ansicht des Berufungsgerichts könne „die Vorschiebung eines zahlungsunfähigen Klägers vielleicht dazu führen, diesem das Armenrecht zu versagen“[1491], keinesfalls aber werde die dazu vorgenommene Abtretung zu einem Scheingeschäft noch stelle sie mangels weiterer Umstände einen Verstoß gegen die guten Sitten dar. In tatsächlicher Hinsicht seien die Zedenten nicht von der Aussichtslosigkeit des Rechtsstreites ausgegangen und hätten auch nicht mit der „unbedingten“ Möglichkeit der Inanspruchnahme des Klägers wegen der Kosten zu rechnen brauchen.[1492]

Das RG verneinte in Übereinstimmung mit dem Berufungsgericht nur das Vorliegen eines Scheingeschäftes, sah dagegen einen Verstoß gegen die guten Sitten als gegeben an, wenn der Zessionar mittellos sei und deshalb gewählt wurde, damit der Zedent im Falle eines ungünstigen Ausganges des Rechtsstreits nicht dem Gegner die Kosten zu erstatten brauche: „Wohl aber ist eine Abtretung, die zu einem solchen Zwecke erfolgt, als wider die guten Sitten verstoßend anzusehen. Das abstrakte Rechtsgeschäft der Abtretung kann den verschiedensten wirtschaftlichen Zwecken dienen. Aber es darf nicht dazu mißbraucht werden, um den Gegner und auch den Staat der Möglichkeit zu berauben, ihren Rechtsanspruch auf Erstattung bezw. Zahlung der Kosten zu verwirklichen. Erfolgt die Abtretung lediglich zu diesem Zwecke, ohne berechtigten Interessen des Abtretenden zu dienen, so ist ihr nach § 138 Abs. 1 des Bürgerlichen Gesetzbuchs die rechtliche Anerkennung zu versagen. Mit der Versagung oder Entziehung des Armenrechts für den mittellosen Zessionar ist dem Prozeßgegner nicht geholfen. Regelmäßig wird das Armenrecht dem Zessionar, wenn überhaupt, so doch erst entzogen werden, nachdem dem Gegner bereits Kosten entstanden sind. Der Gegner gerät aber in die Lage, die Erstattung seiner Prozeßkosten nicht erlangen zu können, auch dann, wenn der Zes-

---

[1490] Vgl. *Pfeiffer*, DRAZ 10 (1913), S. 140 (140 f.) = *Pfeiffer*, BayZ 10 (1914), S. 166 (166).

[1491] RG, Urt. v. 07.01.1913 – III 236/12, Abschrift S. 4 = RGZ 81, 175 (176).

[1492] Vgl. RG, Urt. v. 07.01.1913 – III 236/12, Abschrift S. 4 f. = RGZ 81, 175 (176).

sionar das Armenrecht überhaupt nicht erhält oder auch nur nachsucht, sondern den Prozeß mit Unterstützung des Abtretenden, für den er Partei führt, betreibt."[1493]

Weiter heißt es: „Ein Verstoß gegen die guten Sitten würde auch nicht nur dann vorliegen, wenn die [Zedenten] ... von der Aussichtslosigkeit des Rechtsstreites überzeugt gewesen wären und mit der ‚unbedingten' Möglichkeit hätten rechnen müssen, daß der [mittellose] Kläger unterliegen würde, sondern schon dann, wenn sie nur überhaupt [!] mit der Möglichkeit gerechnet haben, daß die Klage abgewiesen werden würde, und sie die Abtretung vorgenommen haben, damit sie in diesem Falle nicht zur Erstattung der Kosten herangezogen werden könnten, dem Beklagten vielmehr nur eine zahlungsunfähige Partei gegenüberstünde."[1494]

Die Anforderungen für einen anzunehmenden Verstoß gegen die guten Sitten setzte das RG damit nicht sehr hoch an, denn mit der Möglichkeit eines Unterliegens im Zivilprozeß „überhaupt" muß eigentlich immer gerechnet werden, was sich schon am ungewissen Ausgang einer durch das Gericht vorzunehmenden Beweiswürdigung zeigt.

Der Standpunkt des RG ist nachvollziehbar, wenn mit der Abtretung des durch die Klage erhobenen Anspruches nur bezweckt wurde, den Kläger als arme Partei zur Führung des Rechtsstreits vorzuschieben, den Anspruch durch sie im Armenrecht verfolgen zu lassen und das Kostenrisiko – zum Kostennachteil der Prozeßgegner und des Staates – zu verringern oder gar zu vermeiden. Die Abtretung darf nicht dazu mißbraucht werden, um auf Kosten der Allgemeinheit einen Rechtsstreit ohne Prozeß(kosten)risiko zu führen und um im Falle des ungünstigen Ausganges des Rechtsstreits dem Gegner die Möglichkeit zu nehmen, seinen Anspruch auf Erstattung der Prozeßkosten (siehe § 123 ZPO) zu verwirklichen. Der Zedent soll den Prozeß nicht ohne eigene Gefahr auf Kosten des Gegners führen.[1495]

[1493] RG, Urt. v. 07.01.1913 – III 236/12, Abschrift S. 5 = RGZ 81, 175 (176 f.).

[1494] RG, Urt. v. 07.01.1913 – III 236/12, Abschrift S. 6 = RGZ 81, 175 (177).

[1495] Vgl. *Pfeiffer*, DRAZ 10 (1913), S. 140 (140) = *Pfeiffer*, BayZ 10 (1914), S. 166 (166).

D. Sittenwidriges Verhalten nur eines Geschäftspartners

Unter dem Gliederunspunkt C. wurden oben die Fälle zusammengefaßt, bei welchen den Kontrahenten ein gemeinschaftlicher Verstoß gegen die guten Sitten vorgeworfen werden kann. Andererseits kann ein Verstoß gegen die guten Sitten im Verhalten auch nur eines Geschäftspartners liegen und sich dann zumeist gegen den anderen Vertragspartner richten.[1496] Demgemäß sollen hier – in Orientierung an der Kommentarliteratur[1497] – in folgender Reihenfolge besprochen werden: die Entscheidungen zu den Wuchergeschäften gemäß § 138 Abs. 2 BGB, wucherähnlichen Rechtsgeschäften, Bierlieferungsverträgen, Wettbewerbsverboten, sog. Polenklauseln, Monopolstellungen und den Fällen des Richtens in eigener Sache. Freilich hat sich auch hier bis heute eine allgemein oder auch nur überwiegend anerkannte Einteilung der sich teils überschneidenden Fallgruppen nicht durchgesetzt.[1498]

I. Wucher gemäß § 138 Abs. 2 BGB

Der Wuchertatbestand des § 138 Abs. 2 BGB vom 18. August 1896 lautete: „Nichtig ist insbesondere ein Rechtsgeschäft, durch das Jemand unter Ausbeutung der Nothlage, des Leichtsinns oder der Unerfahrenheit eines Anderen sich oder einem Dritten für eine Leistung Vermögensvortheile versprechen oder gewähren läßt, welche den Werth der Leistung dergestalt übersteigen, daß den Umständen nach die Vermögensvortheile in auffälligem Mißverhältnisse zu der Leistung stehen."[1499] Er bezweckt den Schutz des Schwa-

---

[1496] Siehe *Danckelmann*, in: Palandt, BGB, 3. Aufl. 1940, § 138 Anm. 2, S. 108; *Heinrichs*, in: Palandt, BGB, 65. Aufl. 2006, § 138 Rn. 24; *Krüger-Nieland*, in: RGRK, BGB, Bd. I, 11. Aufl. 1959, § 138 Anm. 7, S. 439; *Krüger-Nieland*, in: RGRK, BGB, Bd. I, 11. Aufl. 1959, § 138 Anm. 17, S. 443; *Krüger-Nieland/Zöller*, in: RGRK, BGB, Bd. I, 12. Aufl. 1982, § 138 Rn. 33 u. 43; *Hefermehl*, in: Soergel/Siebert, BGB, Bd. I, 9. Aufl. 1959, § 138 Rn. 1 u. 38; *Hefermehl*, in: Soergel/Siebert, BGB, Bd. I, 10. Aufl. 1967, § 138 Rn. 1 u. 42 und *A. Herzog*, S. 182.

[1497] Siehe *Danckelmann*, in: Palandt, BGB, 3. Aufl. 1940, § 138 Anm. 2, S. 108 f.; *Krüger-Nieland*, in: RGRK, BGB, Bd. I, 11. Aufl. 1959, § 138 Anm. 17 ff., S. 443 ff.; *Krüger-Nieland/Zöller*, in: RGRK, BGB, Bd. I, 12. Aufl. 1982, § 138 Rn. 43 ff.; *Hefermehl*, in: Soergel/Siebert, BGB, Bd. I, 9. Aufl. 1959, § 138 Rn. 38 ff. und *Hefermehl*, in: Soergel/Siebert, BGB, Bd. I, 10. Aufl. 1967, § 138 Rn. 42 ff.

[1498] Vgl. *Heinrichs*, in: Palandt, BGB, 65. Aufl. 2006, § 138 Rn. 24.

[1499] § 138 Abs. 2 BGB, RGBl. 1896, S. 195 (218).

chen.[1500] Durch seine systematische Stellung und die im Gesetz gewählte Formulierung („Nichtig ist insbesondere …") sah man in der Vorschrift einen Sonderfall des § 138 Abs. 1 BGB.[1501] Der wucherische Vertrag war damit das gesetzliche Beispiel eines Rechtsgeschäfts, welches als immer gegen die guten Sitten verstoßend anzusehen sei.[1502] Es bedurfte nach Ansicht des RG beim Vorliegen seiner Voraussetzungen nicht noch der Prüfung, ob das Rechtsgeschäft gegen die guten Sitten nach § 138 Abs.1 BGB verstieß.[1503]

In der Literatur bestand darüber Uneinigkeit, worin das eigentliche unsittliche Moment des Wuchers zu finden sei. *Hachenburg* sah es im subjektiven Element der von einer verwerflichen Gesinnung zeugenden Ausbeutung von Notlage, Leichtsinn oder Unerfahrenheit, um sich einen Vorteil zu verschaffen.[1504] Dagegen lag nach *Enneccerus* der unsittliche Charakter des Geschäfts in dem auffälligen Mißverhältnis zwischen Leistung und Entgelt.[1505]

1500 Vgl. *Hachenburg*, Vorträge, S. 102 f.

1501 Siehe RG, Urt. v. 19.10.1909 – II 662/08, Abschrift S. 8 = RGZ 72, 61 (69); *Endemann*, Bd. I, 3./4. Aufl. 1898, S. 319 und *Marcus*, DJZ 1904, Sp. 307 (308); *Seelmann*, Recht 1904, S. 440 (440): „Beispiel eines stets gegen die guten Sitten verstoßenden Rechtsgeschäfts".

1502 Siehe *Planck*, BGB, Bd. I, 1. Aufl. 1897, § 138 Anm. 3, S. 190 = *Planck*, BGB, Bd. I, 2. Aufl. 1898, § 138 Anm. 3, S. 190 = *Planck*, BGB, Bd. I, 3. Aufl. 1903, § 138 Anm. 3, S. 250; *Hachenburg*, 41. Jahresbericht, S. 25 (29) = *Hachenburg*, Vorträge, S. 58; *Hachenburg*, Vorträge, S. 102; *Dernburg*, Bd. I, 1. Aufl. 1902, § 126 III., S. 380 = *Dernburg*, Bd. I, 3. Aufl. 1902, § 126 III., S. 427; *Riezler*, Venire contra factum proprium, S. 181 in Fn. 15; *Riezler*, in: Staudinger, BGB, Bd. I, 2. Aufl. 1904, § 138 Anm. II.2., S. 405 = *Riezler*, in: Staudinger, BGB, Bd. I, 3./4. Aufl. 1907, § 138 Anm. II.2., S. 449 = *Riezler*, in: Staudinger, BGB, Bd. I, 7./8. Aufl. 1912, § 138 Anm. II.2., S. 538; *Hagen*, SächsA 4 (1909), S. 473 (473); *Hedler*, S. 11 und *Kiehl*, in: RGRK, BGB, Bd. I, 2. Aufl. 1913, § 138 Anm. 2, S. 168. Anders dagegen *Vogel*, S. 45 f., der trotz des Gesetzeswortlautes im Wuchergeschäft kein echtes Beispiel eines unsittlichen Geschäftes im Sinne des § 138 Abs. 1 BGB erblickte, sowie *Hölder*, DJZ 1908, Sp. 46 (49 f.), nach dem § 138 Abs. 2 BGB kein „Musterbeispiel" eines gegen die guten Sitten verstoßenden Rechtsgeschäftes sei. Siehe hierzu auch *Matthießen*, JW 1911, S. 923 (924).

1503 Vgl. RG, Urt. v. 19.10.1909 – II 662/08, Abschrift S. 8 = RGZ 72, 61 (69) und RG, Urt. v. 15.11.1910 – III 409/09, Abschrift S. 3.

1504 Vgl. *Hachenburg*, 41. Jahresbericht, S. 25 (29 f.) = *Hachenburg*, Vorträge, S. 59. Siehe auch *Riezler*, in: Staudinger, BGB, Bd. I, 2. Aufl. 1904, § 138 Anm. II.3.b), S. 406 = *Riezler*, in: Staudinger, BGB, Bd. I, 3./4. Aufl. 1907, § 138 Anm. II.3.b), S. 450 = *Riezler*, in: Staudinger, BGB, Bd. I, 7./8. Aufl. 1912, § 138 Anm. II.3.b), S. 539, der ebenfalls im Tatbestandsmerkmal der Ausbeutung der Notlage, des Leichtsinns oder der Unerfahrenheit den Verstoß gegen die guten Sitten erblickte. Siehe auch *Reichel*, DJZ 1913, Sp. 150 (150).

1505 Vgl. *Enneccerus*, Bd. I, 1. Aufl. 1900, § 98 I.4., S. 223.

Die Rechtsprechung des RG in Zivilsachen zur Wuchervorschrift im BGB soll nachstehend nur in einem die Grundsätze betreffenden Überblick aufgezeigt werden. Für diese Entscheidung sind im wesentlichen folgende Faktoren bestimmend: Die gesichteten Urteile wiesen oftmals umfangreiche Auseinandersetzungen mit den Erwägungen der Berufungsgerichte auf, die auf tatsächlichem Gebiete lagen und beispielsweise die Vermögenssituation des angeblich Bewucherten oder dessen geistige Fähigkeiten betrafen. Jene sind nur schwer in der gebotenen Kürze darzustellen und schon gar nicht für das Verständnis der jeweiligen Tatbstandsmerkmale obligat. Was die tatbestandlichen Voraussetzungen anbetrifft, so konnten die Zivilsenate auf die bestehende Rechtsprechung zu den früheren Wuchergesetzen zurückgreifen, weshalb es aus hiesiger Sicht genügt, die unter der Geltung des BGB im untersuchten Zeitabschnitt vom RG vertretenen Ansichten und geäußerten Definitionen anzuführen. Letztlich verbleibt auch kein anderer Weg, konnten doch im Schrifttum keine detaillierten oder gar kritischen Urteilsanmerkungen ausfindig gemacht werden.

Schon sehr frühzeitig, nämlich im Urteil vom 30.11.1900[1506] entschied der III. Zivilsenat des RG, daß die Vorschrift des § 138 Abs. 2 BGB auch auf vor dem Inkrafttreten des BGB am 1. Januar 1900 abgeschlossene Rechtsgeschäfte anwendbar sei.[1507] Diese gelte auch entgegen Art. 170 EGBGB, nach dem für vor Inkrafttreten des BGB entstandene Schuldverhältnisse die bisherigen Gesetze maßgebend bleiben sollten. Denn schon in den Motiven zum Art. 103 EGBGB Entwurf I und ebenso in den Protokollen der zweiten Kommission[1508] sei zum Ausdruck gekommen, „daß dadurch nicht ausgeschlossen sei, daß, wenn einzelne Normen des Bürgerlichen Gesetzbuchs einen prohibitiven Charakter dergestalt hätten, daß sie auch die bereits bestehenden Schuldverhältnisse zu ergreifen beabsichtigten, was im Wege der Auslegung festzustellen sei, dieser rückwirkenden Tendenz Folge zu geben sei".[1509] Eine derartige rückwirkende Tendenz sei aber der Fassung des § 138 Abs. 2 BGB zu entnehmen, der durch die Worte „Nichtig ist insbesondere ..." dem ersten Absatz des § 138 BGB an-

---

1506 Vgl. RG, Urt. v. 30.11.1900 – III 252/00, RGZ 47, 103, vgl. *Schubert/Glöckner*, Nachschlagewerk, § 138 Nr. 3.

1507 Vgl. RG, Urt. v. 30.11.1900 – III 252/00, Abschrift S. 2 = RGZ 47, 103 (103). So auch *Hachenburg*, 41. Jahresbericht, S. 25 (38 f.) = *Hachenburg*, Vorträge, S. 77 f.; *Hachenburg*, Vorträge, S. 120; *Brückner*, Recht 1900, S. 113 (115 f.); *Riezler*, in: Staudinger, BGB, Bd. I, 2. Aufl. 1904, § 138 Anm. I.10., S. 404 = *Riezler*, in: Staudinger, BGB, Bd. I, 3./4. Aufl. 1907, § 138 Anm. I.10., S. 448 = *Riezler*, in: Staudinger, BGB, Bd. I, 7./8. Aufl. 1912, § 138 Anm. I.10., S. 537 und *Hedler*, S. 25 ff.; a.A. *Dernburg*, Bd. I, 1. Aufl. 1902, § 127 II., S. 383 in Fn. 19 = *Dernburg*, Bd. I, 3. Aufl. 1906, § 127 II., S. 431 in Fn. 24.

1508 Siehe Protokolle VI, S. 498 f. = *Mugdan* I, S. 223 f.

1509 RG, Urt. v. 30.11.1900 – III 252/00, Abschrift S. 2 = RGZ 47, 103 (104).

geschlossen wurde: „Damit ist ein solches Geschäft vom Gesetzgeber ausdrücklich als gegen die guten Sitten verstoßend erklärt, und nach Erklärung eines solchen Satzes kann der Gesetzgeber unmöglich noch zur Durchführung eines solchen gegen die guten Sitten verstoßenden Geschäfts seinen Rechtsschutz haben hergeben wollen.“[1510] Unter Anführung dieser Entscheidung ist das RG von seiner Auffassung im untersuchten Zeitraum nicht mehr abgerückt.[1511]

Mit der Frage, ob die Nichtigkeit des obligatorischen Kausalgeschäftes nach § 138 Abs. 2 BGB auch die Nichtigkeit des zur Erfüllung des Kausalgeschäftes vorgenommenen dinglichen Rechtsgeschäft nach sich ziehe, befaßte sich das RG erstmals im Urteil vom 19.02.1904[1512]. Nach dem Tatbestand hatte der Kläger

---

[1510] RG, Urt. v. 30.11.1900 – III 252/00, Abschrift S. 2 = RGZ 47, 103 (104).

[1511] Siehe RG, Urt. v. 26.06.1902 – IV 109/02, Abschrift S. 4 = Gruchot 47 (1903), S. 1157 (1159 f.) Nr. 124: hier allerdings offengelassen, weil das Rechtsgeschäfts bereits nach dem preußischen ALR nichtig war; RG, Urt. v. 30.06.1902 – IV 116/02, Abschrift S. 3 ff.; RG, Urt. v. 26.02.1903 – IV 435/02, Abschrift S. 5; RG, Urt. v. 26.02.1903 – VI 319/02, Abschrift S. 6 = JW 1903, Beil. 7 S. 53 (53) Nr. 122; RG, Urt. v. 27.03.1903 – II 409/02, Abschrift S. 4 = Recht 1903, S. 290 Nr. 1532, vgl. *Schubert/Glöckner*, Nachschlagewerk, § 138 Nr. 14: In dieser Entscheidung wurde auch ausgesprochen, daß für die Beantwortung der Frage, ob der Vertrag wucherisch oder sonst gegen die guten Sitten verstoßend sei, es „hierbei auf den Inhalt des Hauptvertrages, wie er abgeschlossen und nicht wie er zur Ausführung gelangt [ist], ... da das Gesetz sagt, daß nichtig das Rechtsgeschäft sei, durch das sich jemand ... versprechen läßt“, ankomme. Siehe weiter RG, Urt. v. 28.01.1907 – IV 276/06, Abschrift S. 2 f. = Gruchot 51 (1907), S. 892 (893) Nr. 57, vgl. *Schubert/Glöckner*, Nachschlagewerk, § 138 Nr. 3 unter Verweis auf: *Habicht*, 2. Aufl. 1900, § 28 V.1.a), S. 237 = *Habicht*, 3. Aufl. 1901, § 28 V.1.a), S. 247; RG, Urt. v. 23.04.1908 – IV 452/07, Abschrift S. 2 f. = WarnRspr. 1908, Nr. 436 S. 323 (324), vgl. *Schubert/Glöckner*, Nachschlagewerk, § 138 Nr. 163: Hier verneinte der Senat, „daß Vorschriften des seit 1. Januar 1900 in Kraft getretenen Rechtes dazu benutzt werden dürfen, einen rechtlichen Erfolg oder einen Rechtszustand wieder umzustoßen, der unter der Herrschaft und mit voller Billigung des älteren Rechts verwirklicht ist und den Beteiligten bereits wohlerworbene Rechte verschafft hat. Es ist ein wesentlicher Unterschied, ob die Hilfe der Gerichte zum Schutze schon erlangter Rechte gegen fremde Angriffe oder erst zum Zwecke der Durchsetzung von Rechten angerufen wird, denen das geltende Gesetz aus Gründen der Sittlichkeit jetzt die Anerkennung versagt. Nur in dem letzteren Falle hat das Reichsgericht (Band 47, Seite 104) die Anwendbarkeit des §. 138 auf die unter dem älteren Rechte begründeten Schuldverhältnisse bejaht.“ Siehe weiterhin RG, Urt. v. 09.10.1908 – III 575/07, Abschrift S. 2 f. = Gruchot 53 (1909), S. 404 (405) Nr. 11 (mit falschem Aktenzeichen: III 375/07); RG, Urt. v. 29.04./03.05.1910 – VII 410/09, Abschrift S. 4; RG, Urt. v. 06.02.1911 – V 247/10, Abschrift S. 14 und RG, Urt. v. 17.12.1912 – III 215/12, Abschrift S. 3 = LZ 1913, Sp. 291 (291) Nr. 11.

[1512] Vgl. RG, Urt. v. 19.02.1904 – VII 462/03, RGZ 57, 95, vgl. *Schubert/Glöckner*, Nachschlagewerk, § 138 Nr. 18. Dieses Urteil fand im Schrifttum größtenteils Zuspruch, siehe nur *Riezler*, in: Staudinger, BGB, Bd. I, 3./4. Aufl. 1907, § 138 Anm. II.4.a), S. 450 = *Riezler*, in: Staudinger, BGB, Bd. I, 7./8. Aufl. 1912, § 138 Anm. II.4.a), S. 539 f.;

mehrere Gegenstände gekauft und sich das Eigentum übertragen lassen, die Sachen aber im Besitz der Verkäufer belassen. Dort wurden sie vom Beklagten im Wege der Zwangsvollstreckung gepfändet. Der Kläger beanspruchte die Freigebung, wogegen der Beklagte wegen des wucherischen Charakter des Geschäfts dessen Nichtigkeit einwendete.

Die Revision des Klägers blieb erfolglos. Hinsichtlich der gerügten Unterscheidung zwischen obligatorischem und dinglichem Vertrage im BGB stellte sich das Gericht auf den Standpunkt, daß aus der Nichtigkeit des obligatorischen Vertrages nicht mit Notwendigkeit auch die Nichtigkeit des dinglichen Rechtsgeschäfts folge, durch das die Leistungen bewirkt würden.[1513] Andererseits habe der Kläger durch wucherische Ausbeutung nicht nur das Versprechen der Eigentumsübertragung, sondern außerdem die Eigentumsübertragung selbst erlangt: „Auch sie bildete einen Vorteil, welcher sich als ein unmittelbarer und gewollter Erfolg seines gegen die guten Sitten verstoßenden Handelns darstellt. Das obligatorische und das dingliche Geschäft erfüllen in ihrem Zusammenhange den im §. 138 des Bürgerlichen Gesetzbuchs vorgesehenen Sachverhalt. In diesem Paragraphen ist ausdrücklich neben der Entgegennahme des Verspre-

---

Schreiber, Gruchot 52 (1908), S. 515 (S. 524 f.); *Kiehl*, in: RGRK, BGB, Bd. I, 2. Aufl. 1913, § 138 Anm. 2, S. 169; *Warneyer*, BGB, Bd. I, § 138 Anm. B.IX., S. 250 und *Küsters*, S. 44 f. Anderer Meinung war dagegen *Enneccerus*, Bd. I, 1. Aufl. 1900, § 158 IV., S. 362 f. = *Enneccerus*, Bd. I 1, 4./5. Aufl. 1909, § 179 III.2., S. 454 = *Enneccerus*, Bd. I 1, 6. Aufl. 1913, § 179 III.2., S. 491, der sich für die Wirksamkeit des auf Grund eines wucherischen Rechtsgeschäfts abgeschlossenen abstrakten Erfüllungsgeschäftes aussprach. Siehe auch *L. Goldmann*, Gruchot 56 (1912), S. 161 (166 f.), nach dem entgegen der Ansicht des RG die Erfüllung des wucherischen Rechtsgeschäfts – wie eines nach § 138 Abs. 1 BGB unsittlichen – als abstraktes Verfügungsgeschäfts an sich gültig sei. Zur ablehnenden Kritik siehe außerdem *Hedler*, S. 55 ff. und aus heutiger Sicht *R. Zimmermann*, JR 1985, S. 48 (49 f.).

[1513] Vgl. RG, Urt. v. 19.02.1904 – VII 462/03, Abschrift S. 5 = RGZ 57, 95 (96): „Aus der Nichtigkeit eines auf Sachleistungen gerichteten obligatorischen Vertrages folgt allerdings nicht mit Notwendigkeit die Nichtigkeit des dinglichen Rechtsgeschäfts, durch welches die Leistungen bewirkt werden, auch dann nicht, wenn beide Geschäfte gleichzeitig stattfinden und wenn sie mit einander vereinigt sind. Beide gehören verschiedenen Rechtsgebieten an, das eine bezweckt nur relative, unter den Beteiligten bestehende Rechtsbeziehungen, während das andere absolut und nach allen Seiten hin zu wirken bestimmt ist. Findet hiernach rechtsbegrifflich eine Abhängigkeit des dinglichen Geschäfts von dem obligatorischen nicht statt, so wird doch häufig, insbesondere gerade im Fall der Gleichzeitigkeit der Geschäfte, von den Kontrahenten eine Abhängigkeit in Gestalt der Bedingtheit des dinglichen Geschäfts von der rechtlichen Wirksamkeit des obligatorischen gewollt sein, und der Verwirklichung dieses Parteiwillens stellt das Gesetz Hindernisse nicht entgegen. Das dingliche Geschäft ist nicht dergestalt formal, daß es nicht kraft Parteiwillens in angegebener Art in ein Abhängigkeitsverhältnis zu dem obligatorischen gesetzt werden könnte."

chens von Vermögensvorteilen auch die der Gewährung solcher genannt. Zu letzterer Richtung aber kann nicht wieder unterschieden werden zwischen dem dinglichen Geschäft als solchen d. h. als ausschließlicher Grundlage dinglicher Rechtsveränderungen einerseits und der ihm gewiesenen Funktion, zur Erfüllung des Verpflichtungen aus dem obligatorischen Geschäfte zu dienen, andererseits, sondern nichtig ist der Erfüllungsakt einschließlich des dinglichen Geschäfts, in welchem er sich verkörpert."[1514] Hiervon ist das RG unter Anführung der Entscheidung vom 19.02.1904[1515] im Untersuchungszeitraum nicht mehr abgewichen.[1516] Allerdings blieb dabei im Unklaren, ob neben dem dinglichen Erfüllungsgeschäft des Bewucherten auch das des Wucherers nichtig war, befaßten sich die Entscheidungen doch vorrangig mit dem ersten Fall. Im Urteil vom 27.03.1936[1517] erklärte das RG, daß auch das Erfüllungsgeschäft des Wucherers nichtig sei.[1518] Gültig waren nach der Rechtsprechung dagegen Leistungen, die sich zwar zur Zeit ihrer Zusicherung als wucherisch darstellten, es aber zur Zeit ihrer Gewährung nicht mehr waren, weil die Voraussetzungen des § 138 Abs. 2 BGB nicht mehr vorlagen.[1519]

Auf der Grundlage dieser Erkenntnis zur Nichtigkeit des abstrakten Geschäfts entschied das RG weiter, daß, wenn ein Darlehensvertrag wegen des Versprechens wucherischer Vermögensvorteile nichtig ist, auch das Rechtsgeschäft der dinglichen Einigung über die Hypothekenbestellung zur Sicherung der Forderung des Wucherers aus dem Darlehensvertrag und damit auch die Hypothek nach der Sonderbestimmung des § 138 Abs. 2 BGB nichtig sei. Wegen der nicht bestehenden Forderung wandele sich die Hypothek aber nicht nach §§ 1163 Abs. 1 Satz 1, 1177 Abs. 1 BGB in eine Eigentümergrundschuld um,

---

[1514] RG, Urt. v. 19.02.1904 – VII 462/03, Abschrift S. 5 f. = RGZ 57, 95 (97) unter Verweis auf: *Dernburg*, Bd. I, 1. Aufl. 1902, § 127 II., S. 383.

[1515] Siehe RG, Urt. v. 19.02.1904 – VII 462/03, RGZ 57, 95.

[1516] Siehe RG, Urt. v. 21.04.1906 – V 505/05, Abschrift S. 5 = RGZ 63, 179 (184); RG, Urt. v. 24.10.1906 – V 49/06, Abschrift S. 4 f. = Gruchot 52 (1908), S. 1064 (1067) Nr. 39, vgl. *Schubert/Glöckner*, Nachschlagewerk, § 138 Nr. 18 u. 88; RG, Urt. v. 22.06.1909 – VII 188/09, Abschrift S. 5; RG, Urt. v. 19.10.1909 – II 662/08, Abschrift S. 3 f. = RGZ 72, 61 (63); RG, Urt. v. 17.12.1910 – V 62/10, Abschrift S. 8 = RGZ 75, 68 (76); RG, Urt. v. 14.05.1912 – VII 31/12, Abschrift S. 11 und RG, Urt. v. 01.03.1913 – V 433/12, Abschrift S. 10 f. = JW 1913, S. 540 (540) Nr. 3, vgl. *Schubert/Glöckner*, Nachschlagewerk, § 138 Nr. 234.

[1517] Vgl. RG, Urt. v. 27.03.1936 – VII 336/35, RGZ 151, 70 (71).

[1518] Siehe *A. Herzog*, S. 236 mit Nachweisen aus der Rechtsprechung in Fn. 832.

[1519] Vgl. RG, Urt. v. 04.02.1909 – VI 190/08, WarnRspr. 1909, Nr. 295 S. 271 (271) und RG, Urt. v. 28.02.1910 – IV 377/09, DJZ 1910, Sp. 595 (595).

weil die Eigentümergrundschuld ihren Entstehungsgrund in einer rechtswirksamen Hypothek habe.[1520]

Anders als das RG stellte sich die Literatur dem Problem, ob auch die zur Erfüllung des nichtigen obligatorischen Kausalgeschäftes vollzogene Eigentumsübertragung des Wucherers nichtig sei und dem Wucherer damit der Eigentumsherausgabeanspruch nach § 985 BGB zustand.[1521] Ein Teil des Schrifttums nahm die Nichtigkeit des Erfüllungsgeschäfts des Wucherers unter Hinweis auf den Wortlaut des § 138 Abs. 2 BGB an, der eben auch das „gewähren läßt" beinhalte.[1522] Die Gegenauffassung erkannte einen Eigentumsanspruch des Wucherers nicht an, indem sie sich auf den Grundsatz berief, daß die Sittenwidrigkeit des Kausalgeschäftes die Gültigkeit des abstrakten Erfüllungsgeschäftes grundsätzlich nicht berühre.[1523] Für die Befürworter dieser Ansicht stellte sich dann aber die anschließende und kontrovers diskutierte Frage, ob der Wucherer das von ihm auf das Wuchergeschäft Geleistete vom Bewucherten an Stelle der Vindikation mit einem bereicherungsrechtlichen Anspruch zurückfordern konnte. Manche Autoren bejahten die Frage in dem Sinne, daß der Wucherer das von ihm dem Bewucherten Geleistete aus ungerechtfertigter Bereicherung nach § 812 BGB zurückverlangen könne.[1524] Andere standen dieser Ansicht und damit einem Rückforderungsrecht des Wucherers ablehnend ge-

---

[1520] Vgl. RG, Urt. v. 01.03.1913 – V 433/12, Abschrift S. 10 f. = JW 1913, S. 540 (540 f.) Nr. 3, vgl. *Schubert/Glöckner*, Nachschlagewerk, § 138 Nr. 234; siehe auch RG, Urt. v. 31.05.1913 – IV 111/13, WarnRspr. 1913, Nr. 353 S. 417 (418) unter Verweis auf: RG, Urt. v. 01.03.1912 – V 433/12, JW 1913, S. 540 Nr. 3: Nichtigkeit einer Grundschuld, wenn der Grundvertrag wegen Wuchers nichtig sei.

[1521] Eine genau diesen Fall betreffende Entscheidung des RG blieb im Untersuchungszeitraum anscheinend aus, vgl. *Graff*, DJZ 1908, Sp. 1102 (1102); *M. S. Jacoby*, JherJb. 60 (1912), S. 229 (244); *Kiehl*, in: RGRK, BGB, Bd. I, 2. Aufl. 1913, § 138 Anm. 2, S. 170 und *Lux*, LZ 1919, Sp. 561 (562).

[1522] Siehe *Eccius*, DJZ 1903, S. 41 (42); *M. S. Jacoby*, JherJb. 60 (1912), S. 229 (241 ff.) und *Riezler*, Venire contra factum proprium, S. 179 f. Siehe auch *Planck*, BGB, Bd. I, 4. Aufl. 1913, § 138 Anm. III.4.c), S. 369.

[1523] Vgl. *Schreiber*, Gruchot 52 (1908), S. 515 (525); siehe hierzu auch *Riezler*, Venire contra factum proprium, S. 180 in Fn. 10 mit weiteren Nachweisen.

[1524] Siehe *Planck*, BGB, Bd. I, 3. Aufl. 1903, § 138 Anm. 4, S. 251 = *Planck*, BGB, Bd. I, 4. Aufl. 1913, § 138 Anm. III.4.d), S. 369 f.; *Eccius*, DJZ 1903, S. 41 (41 f.); *L. Cohn*, DJZ 1904, Sp. 854 (855 f.) entgegen seiner früheren, in Gruchot 41 (1897), S. 784 (793 f.) geäußerten Ansicht; *Riezler*, in: Staudinger, BGB, Bd. I, 2. Aufl. 1904, § 138 Anm. II.4., S. 407 = *Riezler*, in: Staudinger, BGB, Bd. I, 3./4. Aufl. 1907, § 138 Anm. II.4.d), S. 451 = *Riezler*, in: Staudinger, BGB, Bd. I, 7./8. Aufl. 1912, § 138 Anm. II.4.e), S. 540 f.; *Graff*, DJZ 1908, Sp. 1102 (1102 f.); *M. S. Jacoby*, JherJb. 60 (1912), S. 229 (241 ff.); *Kiehl*, in: RGRK, BGB, Bd. I, 2. Aufl. 1913, § 138 Anm. 2, S. 170; *Warneyer*, BGB, Bd. I, § 138 Anm. B.X., S. 250 und *Küsters*, S. 49.

genüber, indem sie meinten, daß § 817 Satz 2 BGB im Falle des Wuchers analog anzuwenden sei, weil dem Leistenden (dem Wucherer) selbst durch die Leistung ein Verstoß gegen die guten Sitten zur Last fiele.[1525]

Ein wucherisches Rechtsgeschäft lag nach § 138 Abs. 2 BGB nur vor, wenn ein den Umständen nach auffälliges Mißverhältnis zwischen Leistung und Gegenleistung dadurch herbeigeführt wurde, daß jemand die Notlage, den Leichtsinn oder die Unerfahrenheit eines anderen ausbeutete, um sich oder einem Dritten einen Vermögensvorteil zu verschaffen.[1526] Der Tatbestand setzte sich aus objektiven und subjektiven Merkmalen zusammen, wobei zu seiner Erfüllung beide Momente vorliegen mußten.[1527] In objektiver Hinsicht war ein auffälliges Mißverhältnis zwischen Leistung und Vermögensvorteil erforderlich.[1528] Zudem mußten objektiv Notlage, Leichtsinn oder Unerfahrenheit des einen Teils vorhanden sein.[1529] Die Notlage setzte dabei äußere Umstände voraus, die den Kontrahenten zum wucherischen Geschäft zwangen, während Leichtsinn und Unerfahrenheit innere Eigenschaften waren.[1530] Diese Begriffe waren in keinem anderen Sinne zu verstehen als die gleichlautenden Ausdrücke der bisherigen

---

1525 Siehe *L. Cohn*, Gruchot 41 (1897), S. 784 (793 f.), der allerdings seine Meinung in DJZ 1904, Sp. 854 (855 f.), änderte; *Dernburg*, Bd. I, 1. Aufl. 1902, § 127 II., S. 383 = *Dernburg*, Bd. I, 3. Aufl. 1906, § 127 II., S. 431; *Neubecker*, DJZ 1902, S. 568 (569 f.) und *Neubecker*, ArchBürgR 22 (1903), S. 34 (70 ff.). Gegen die analoge Anwendung des § 817 Satz 2 BGB sprachen sich ausdrücklich *Planck*, BGB, Bd. I, 3. Aufl. 1903, § 138 Anm. 4, S. 251 = *Planck*, BGB, Bd. I, 4. Aufl. 1913, § 138 Anm. III.4.d), S. 370; *Eccius*, DJZ 1903, S. 41 (41 f.); *Riezler*, Venire contra factum proprium, S. 181 f.; *Kiehl*, in: RGRK, BGB, Bd. I, 2. Aufl. 1913, § 138 Anm. 2, S. 170, und *Lux*, LZ 1919, Sp. 561 (564), aus.

1526 Vgl. *von Tuhr*, Bd. II 2, § 70 III., S. 40.

1527 Vgl. *Hachenburg*, Vorträge, S. 103; *Enneccerus*, Bd. I, 1. Aufl. 1900, § 158 II.1., S. 361 f. = *Enneccerus*, Bd. I 1, 4./5. Aufl. 1909, § 179 II.1., S. 453 = *Enneccerus*, Bd. I 1, 6. Aufl. 1913, § 179 II.1., S. 490 und *Planck*, BGB, Bd. I, 4. Aufl. 1913, § 138 Anm. III., S. 368.

1528 Vgl. *Enneccerus*, Bd. I, 1. Aufl. 1900, § 158 II.1., S. 361 f. = *Enneccerus*, Bd. I 1, 4./5. Aufl. 1909, § 179 II.1., S. 453 = *Enneccerus*, Bd. I 1, 6. Aufl. 1913, § 179 II.1., S. 490 und *Dernburg*, Bd. I, 1. Aufl. 1902, § 127 I.3., S. 381 = *Dernburg*, Bd. I, 3. Aufl. 1906, § 127 I.3., S. 429.

1529 Vgl. *Hachenburg*, Vorträge, S. 103 f. und *Enneccerus*, Bd. I, 1. Aufl. 1900, § 158 II.1., S. 361 f. = *Enneccerus*, Bd. I 1, 4./5. Aufl. 1909, § 179 II.1., S. 453 = *Enneccerus*, Bd. I 1, 6. Aufl. 1913, § 179 II.1., S. 490.

1530 Vgl. *Hachenburg*, Vorträge, S. 103; siehe auch *Oertmann*, BankA 12 (1912/13), S. 22 (24 in Fn. 7): „Die besonderen Momente freilich, auf die sich die Ausbeutung beziehen muss (Notlage usw.), sind wiederum von objektiver Eigenart."

Wuchergesetzgebung.[1531] Zu dieser Sachlage mußte das subjektive Moment der Ausbeutung der Notlage usw. hinzukommen.[1532]

Von einem Wucher könne nach dem RG allerdings nur bei „Rechtsgeschäften des Vermögensrechts"[1533] die Rede sein, wobei auch die Errichtung einer stillen Gesellschaft den Abschluß eines wucherischen Kreditgeschäftes enthalten konnte.[1534] Es komme darauf an, daß „sich das Geschäft nach der zur Zeit der Eingehung gegebenen Sachlage als wucherlich"[1535] darstelle. Der Wucher werde nicht dadurch ausgeschlossen, daß der Wucherer bei Aufrechterhaltung des Geschäftes infolge später eingetretener Umstände selbst zu Schaden kommt.[1536] Die sich aus § 138 Abs. 2 BGB ergebende Nichtigkeit könne außerdem nicht dadurch beseitigt werden, daß der Wucherer nachträglich auf einen im Vertrag bedungenen Vorteil verzichte.[1537]

Eine klare Grenze, wann von einem auffälligen Mißverhältnis zwischen Leistung und Gegenleistung gesprochen werden könne, lieferte weder das Gesetz noch das RG.[1538] Nur in den §§ 247 f. BGB[1539] gab das BGB selbst einen Richt-

---

1531 Vgl. *L. Cohn*, Gruchot 41 (1897), S. 784 (788).

1532 Vgl. *Hachenburg*, Vorträge, S. 103 u. 106; *Enneccerus*, Bd. I, 1. Aufl. 1900, § 158 II.1., S. 361 f. = *Enneccerus*, Bd. I 1, 4./5. Aufl. 1909, § 179 II.1., S. 453 = *Enneccerus*, Bd. I 1, 6. Aufl. 1913, § 179 II.1., S. 490 und *Dernburg*, Bd. I, 1. Aufl. 1902, § 127 I.4., S. 381 = *Dernburg*, Bd. I, 3. Aufl. 1906, § 127 I.4., S. 429.

1533 RG, Urt. v. 28.01.1907 – IV 276/06, Abschrift S. 4 = Gruchot 51 (1907), S. 892 (894) Nr. 57, vgl. *Schubert/Glöckner*, Nachschlagewerk, § 138 Nr. 105 für einen Erbverzichtsvertrag. Nach *Dernburg*, Bd. I, 1. Aufl. 1902, § 127 I.1., S. 380 = *Dernburg*, Bd. I, 3. Aufl. 1906, § 127 I.1., S. 427, und *Planck*, BGB, Bd. I, 4. Aufl. 1913, § 138 Anm. III.3., S. 369, genüge jedes lästige Vermögensgeschäft. Siehe ferner *Oertmann*, DJZ 1913, Sp. 254 (254 f.), zum wucherischen Charakter der Vereinbarung eines „Hungerlohnes" in Arbeitsverträgen und weiterhin *Bovensiepen*, ArbR 9 (1922), Sp. 197 ff.

1534 Vgl. RG, Urt. v. 26.05.1900 – I 103/00, Abschrift S. 5 f. = RGZ 46, 112 (115), vgl. *Schubert/Glöckner*, Nachschlagewerk, § 138 Nr. 1; RG, Urt. v. 06.10.1906 – I 100/06, Abschrift S. 2 f. = LZ 1907, Sp. 54 (54) Nr. 2, vgl. *Schubert/Glöckner*, Nachschlagewerk, § 138 Nr. 81; RG, Urt. v. 06.05.1909 – VI 240/08, Abschrift S. 2 f. = WarnRspr. 1909, Nr. 387 S. 358 (358) und RG, Urt. v. 15.11.1910 – III 409/09, Abschrift S. 2 = WarnRspr. 1911, Nr. 9 S. 13 (13 f.).

1535 RG, Urt. v. 13.06.1906 – I 50/06, Abschrift S. 3 = BayZ 3 (1907), S. 16 (17) III., vgl. *Schubert/Glöckner*, Nachschlagewerk, § 138 Nr. 70.

1536 Vgl. RG, Urt. v. 13.06.1906 – I 50/06, Abschrift S. 3 = BayZ 3 (1907), S. 16 (17) III., vgl. *Schubert/Glöckner*, Nachschlagewerk, § 138 Nr. 70.

1537 Vgl. RG, Urt. v. 29.11.1913 – V 265/13, Abschrift S. 9: Verzicht auf ein Darlehen.

1538 Vgl. *Riezler*, in: Staudinger, BGB, Bd. I, 2. Aufl. 1904, § 138 Anm. II.3.a), S. 406 = *Riezler*, in: Staudinger, BGB, Bd. I, 3./4. Aufl. 1907, § 138 Anm. II.3.a), S. 450 = *Riezler*, in: Staudinger, BGB, Bd. I, 7./8. Aufl. 1912, § 138 Anm. II.3.a), S. 539.

wert für die Ausbedingung von Zinsen vor. Nach Auffassung des RG sei danach das Ausbedingen von mehr als 6 % Zinsen an sich nicht unsittlich. In dieser Hinsicht unterliege die Vertragsfreiheit, abgesehen von § 248 BGB, nur den Beschränkungen, die sich aus den Voraussetzungen des § 138 Abs. 2 BGB ergäben.[1540] Bereits aus dem Wortlaut „den Umständen nach" ergab sich ein weiter richterlicher Spielraum.[1541] Deshalb stellte das Gericht entscheidend auf den Einzelfall und die tatsächlichen Umstände ab. Aus dem Gesetzeswortlaut des § 138 Abs. 2 BGB folgerte es, daß ein auffälliges Mißverhältnis zwischen dem ausbedungenen Vermögensvorteil und dem Wert der Leistung objektiv bestehen müsse; es genüge nicht, daß der Gläubiger die erwarteten Vermögensvorteile übermäßig hoch einschätze oder glaube, daß er sich derart hohe Vorteile gesichert habe, wenn die vermeintlichen Vorteile diese Bewertung nicht verdienen oder der Anspruch darauf dem Gläubiger nicht zustehe.[1542]

Im Urteil vom 26.05.1900[1543], einem altrechtlichen Fall, der sich mit der Wuchervorschrift des § 302 a StGB[1544] in der Fassung vom 19. Juni 1893 aus-

---

[1539] Siehe RGBl. 1896, S. 195 (238): „§. 247. [Abs. 1:] Ist ein höherer Zinssatz als sechs vom Hundert für das Jahr vereinbart, so kann der Schuldner nach dem Ablaufe von sechs Monaten das Kapital unter Einhaltung einer Kündigungsfrist von sechs Monaten kündigen. Das Kündigungsrecht kann nicht durch Vertrag ausgeschlossen oder beschränkt werden. [Abs. 2:] Diese Vorschriften gelten nicht für Schuldverschreibungen auf den Inhaber. §. 248. [Abs. 1:] Eine im voraus getroffene Vereinbarung, daß fällige Zinsen wieder Zinsen tragen sollen, ist nichtig. [Abs. 2:] Sparkassen, Kreditanstalten und Inhaber von Bankgeschäften können im voraus vereinbaren, daß nicht erhobene Zinsen von Einlagen als neue verzinsliche Einlagen gelten sollen. Kreditanstalten, die berechtigt sind, für den Betrag der von ihnen gewährten Darlehen verzinsliche Schuldverschreibungen auf den Inhaber auszugeben, können sich bei solchen Darlehen die Verzinsung rückständiger Zinsen im voraus versprechen lassen."

[1540] Vgl. RG, Urt. v. 10.10.1906 – V 65/06, Abschrift S. 3, vgl. *Schubert/Glöckner*, Nachschlagewerk, § 138 Nr. 82 unter Verweis auf: *Planck*, BGB, Bd. II, 1./2. Aufl. 1900, § 247 Anm. 1., S. 16 = *Planck*, BGB, Bd. II, 3. Aufl. 1907, § 247 Anm. 1., S. 18; siehe auch *Hölder*, BGB, Allgemeiner Teil, § 138 Anm. 2, S. 306 ff.

[1541] Vgl. *Hachenburg*, Vorträge, S. 105.

[1542] Vgl. RG, Urt. v. 19.06.1913 – VI 87/13, LZ 1914, Sp. 286 (286) Nr. 2.

[1543] Vgl. RG, Urt. v. 26.05.1900 – I 103/00, RGZ 46, 112.

[1544] Siehe § 302 a StGB, RGBl. 1893, S. 197 (197): „Wer unter Ausbeutung der Nothlage, des Leichtsinns oder der Unerfahrenheit eines Anderen mit Bezug auf ein Darlehn oder auf die Stundung einer Geldforderung oder auf ein anderes zweiseitiges Rechtsgeschäft, welches denselben wirthschaftlichen Zwecken dienen soll, sich oder einem Dritten Vermögensvortheile versprechen oder gewähren läßt, welche den üblichen Zinsfuß dergestalt überschreiten, daß nach den Umständen des Falles die Vermögensvortheile in auffälligem Mißverhältniß zu der Leistung stehen, wird wegen Wuchers mit Gefängniß bis zu sechs Monaten und zugleich mit Geldstrafe bis zu dreitausend Mark bestraft. Auch kann auf Verlust der bürgerlichen Ehrenrechte erkannt werden."

einandersetzte, führte der I. Zivilsenat des RG zur Feststellung eines auffälligen Mißverhältnisses zwischen der Leistung des Wucherers und den ihm von seinem Kontrahenten, dem Bewucherten zugewandten Vermögensvorteil aus: „Ob … [ein] Mißverhältniß gegeben ist, wird an der Hand der obwaltenden Verhältnisse in Abschätzung des ökonomischen Werths der von beiden Seiten bewilligten Leistungen ermittelt und festgestellt werden müssen. Bleibt auch der Vergleichungsmaßstab immer derselbe, so kann doch bei äußerer Uebereinstimmung der Leistungen das eine Mal die Annahme des Wuchers gerechtfertigt sein, während unter veränderten Umständen diese oder jene Leistung vielleicht eine veränderte Bedeutung gewinnt und sich so die Werthrelation völlig verschiebt. Es kommt daher ganz wesentlich auf eine thatsächliche Würdigung an."[1545] Hierbei müsse „ein zukünftiger oder bedingter Vortheil … nach seinem wahrscheinlichen Werthe abgeschätzt und eingestellt werden".[1546] *Hachenburg* verlangte für die Auffälligkeit, daß die Überschreitung des normalen Vorteils eine „schreiende"[1547] sei. Ähnlich war auch die von *Dernburg* gegebene Definition, nach dem das Geschäft „von gleichartigen, verkehrsüblichen derart abweichen [müsse], daß es als schreiende Übervorteilung erscheint".[1548]

Als Maßstab für den Wert der Leistung des Wucherers wurde vom RG die verkehrsübliche Vergütung angesetzt, also die „übliche Vergütung …, die für eine solche Leistung im Allgemeinen gewährt zu werden pflegt"[1549], das „ver-

[1545] RG, Urt. v. 26.05.1900 – I 103/00, Abschrift S. 7 = RGZ 46, 112 (116 f.).

[1546] RG, Urt. v. 26.05.1900 – I 103/00, Abschrift S. 9 = RGZ 46, 112 (118).

[1547] *Hachenburg*, Vorträge, S. 105.

[1548] *Dernburg*, Bd. I, 1. Aufl. 1902, § 127 I.3., S. 381 = *Dernburg*, Bd. I, 3. Aufl. 1906, § 127 I.3., S. 428 f.

[1549] RG, Urt. v. 20.12.1901 – III 321/01, Abschrift S. 4 = *Schubert*, Erkenntnisse 1900/1901, S. 874 (876), vgl. *Schubert/Glöckner*, Nachschlagewerk, § 138 Nr. 9. Siehe auch RG, Urt. v. 02.01.1908 – I 167/07, Abschrift S. 7 = JW 1908, S. 142 (143) Nr. 13: „Für die Entscheidung … mußte das Berufungsgericht zum Maßstabe eine Vergütung nehmen, wie sie für die Leistung … üblicher Weise im redlichen Geschäftsverkehr gewährt zu werden pflegte." Siehe weiter RG, Urt. v. 01.03.1913 – V 433/12, Abschrift S. 9: „nach dem im redlichen Geschäftsverkehr für die Vergütung einer Leistung üblichen Maßstabe". Nach RG, Urt. v. 19.10.1904 – V 145/04, Abschrift S. 3 = SeuffA 60 (1905), Nr. 116 S. 218 (218), vgl. *Schubert/Glöckner*, Nachschlagewerk, § 138 Nr. 29, sei auch bei einem wucherischen Kaufvertrag der Vermögensvorteil regelmäßig nach dem allgemeinen Verkehrswert der gekauften Sache zu bemessen. Siehe auch RG, Urt. v. 21.12.1906 – II 254/06, Abschrift S. 2 f. = Recht 1907, Sp. 243 (244) Nr. 409, vgl. *Schubert/Glöckner*, Nachschlagewerk, § 138 Nr. 96: „objektiver Wert" bei Partiewaren; siehe ferner RG, Urt. v. 04.11.1909 – VI 345/08, Abschrift S. 4 f. = BadRpr. 76 (1910), S. 139 (139 f.) Nr. 16, für den „Verkehrswert" von Zechenhypotheken.

kehrsübliche Äquivalent"[1550] bzw. der „objektive Wert der Leistung"[1551]. Das Gericht wog bei der Prüfung des auffälligen Mißverhältnisses nicht nur den objektiven Wert von Leistung und Gegenleistung gegeneinander ab, sondern schenkte darüber hinaus dem subjektiven Moment auf Seiten des Bewucherten Beachtung: „Allerdings müssen schon bei Feststellung dieses objektiven Wertes, noch mehr aber bei der Prüfung, ob nach den Umständen die Vermögensvorteile in auffälligem Mißverhältnisse zu der Leistung stehen, die subjektiven Verhältnisse des [Bewucherten] … in vollem Maße berücksichtigt werden."[1552] Zudem erkannte das RG, daß der Maßstab des verkehrsüblichen Äquivalents bei Geschäften von gewagter Natur häufig versage, obwohl auch bei solchen eine Bewucherung möglich sei.[1553] Könne der Wert der Leistung des einen Vertragsteils zur Zeit des Vertragsschlusses weder festgestellt noch geschätzt werden, so fehle auch jede Möglichkeit, das Mißverhältnis der Gegenleistung des anderen Vertragsteils zu dem Wert der Leistung festzustellen, weshalb der Tatbestand des Wuchers dann zu verneinen sei.[1554]

Der Begriff der *Notlage* verlangte nach dem RG „eine drängende Not, durch welche die wirtschaftliche Existenz des Kreditsuchenden bedroht ist".[1555] Es sei

---

[1550] RG, Urt. v. 25.02.1909 – VI 92/08, Abschrift S. 7 = JW 1909, S. 215 (215) Nr. 2, vgl. *Schubert/Glöckner*, Nachschlagewerk, § 138 Nr. 184 unter Verweis auf: *Dernburg*, Bd. I, 3. Aufl. 1906, § 127 I.3., S. 428 f. und RG, Urt. v. 20.12.1901 – III 321/01, Gruchot 46 (1902), S. 897 Nr. 55.

[1551] RG, Urt. v. 18.04.1905 – II 253/04, Abschrift S. 5 = JW 1905, S. 366 (366) Nr. 3; siehe auch RG, Urt. v. 28.11.1906 – V 134/06, Abschrift S. 5 f., vgl. *Schubert/Glöckner*, Nachschlagewerk, § 138 Nr. 94.

[1552] RG, Urt. v. 18.04.1905 – II 253/04, Abschrift S. 5 = JW 1905, S. 366 (366) Nr. 3; siehe auch RG, Urt. v. 28.11.1906 – V 134/06, Abschrift S. 5 f., vgl. *Schubert/Glöckner*, Nachschlagewerk, § 138 Nr. 94.

[1553] Vgl. RG, Urt. v. 25.02.1909 – VI 92/08, Abschrift S. 7 = JW 1909, S. 215 (215) Nr. 2, vgl. *Schubert/Glöckner*, Nachschlagewerk, § 138 Nr. 184: „Die Gewinnhoffnung einerseits und ein übernommenes Risiko andererseits werden manchmal nicht auch mit nur annähernder Bestimmtheit zu schätzen sein. Allerdings darf sich der Richter durch die bloße Schwierigkeit der Bewertung nicht von der nach § 138 Abs. 2 B.G.B. oder § 302 a St.G.B. anzustellenden Vergleichung abhalten lassen; ein zukünftiger oder bedingter Vorteil ist nach seinem wahrscheinlichen Werte abzuschätzen."

[1554] Vgl. RG, Urt. v. 01./29.12.1906 – I 521/05, Abschrift S. 11, vgl. *Schubert/Glöckner*, Nachschlagewerk, § 138 Nr. 100.

[1555] RG, Urt. v. 30.11.1904 – V 233/04, Abschrift S. 3 = JW 1905, S. 75 (75) Nr. 8, vgl. *Schubert/Glöckner*, Nachschlagewerk, § 138 Nr. 33: „Der Begriff der Notlage ist nicht rein tatsächlicher Natur, sondern ein Rechtsbegriff, dessen Feststellung deshalb von den Parteierklärungen unabhängig zu erfolgen hat." Siehe auch RG, Urt. v. 14.02.1908 – III 371/07, Abschrift S. 3 = JW 1908, S. 234 (234) Nr. 4, vgl. *Schubert/Glöckner*, Nachschlagewerk, § 138 Nr. 33, wo auch ausgesprochen wurde, daß es im wesentlichen Sache zwingend, „daß der Bewucherte genötigt war, das ihm nachteilige Geschäft einzugehen“.[1556] Keineswegs sei hierzu aber „eine völlige Vermögenslosigkeit, ein absoluter Mangel an Kredit- und Zahlungsmitteln erforderlich, vielmehr genügt auch eine finanzielle Bedrängnis, ein unbeweisliches Kreditbedürfnis, eine augenblickliche anderweit nicht zu beseitigende Geldverlegenheit“.[1557] Eine Notlage liege jedoch dann nicht vor, wenn sich der angeblich Bewucherte die nötigen Mittel auch noch von anderer Seite zu anderen Bedingungen verschaffen konnte.[1558] Ob die Bedrohung der wirtschaftlichen Existenz nur eine vorübergehende oder aber dauernde war, sei unerheblich.[1559] Sie mußte wirklich vorhanden sein; eine bloß eingebildete Notlage genügte nicht.[1560]

Leichtsinn war nach der Definition des RG ein „Mangel an Überlegung und Sorglosigkeit in bezug auf die Folgen seiner Handlungen, deren man sich bewußt ist“.[1561] „Dadurch, daß eine Person einen Vertrag ohne Kenntnis seiner

---

tatsächlicher Würdigung sei, ob die Umstände des einzelnen Falles eine solche drängende Not ergäben. Siehe zudem RG, Urt. v. 28.11.1908 – I 654/07, Abschrift S. 3 = Gruchot 53 (1909), S. 1113 (1114) Nr. 121, vgl. *Schubert/Glöckner*, Nachschlagewerk, § 138 Nr. 33 u. 179: „Notlage im Sinne des § 138 B.G.B. ist ein Rechtsbegriff, der eine dringende, die wirtschaftliche Existenz des Kreditsuchenden bedrohende Not kennzeichnet. Zwar können auch einzelne, allgemein gebräuchliche Rechtsbegriffe, zu deren Beurteilung der Schwurpflichtige fähig ist, wie Kauf, Miete, als Tatsachen, über die die Eideszuschiebung zulässig ist (§ 445 Z.P.O.), angesehen werden. Notlage ist aber kein solcher einfacher, allgemein bekannter Begriff. Die Eideszuschiebung darüber ist daher regelmäßig unzulässig.“ Siehe auch RG, Urt. v. 23.12.1908 – V 12/08, Abschrift S. 3 = SeuffA 64 (1909), Nr. 88 S. 179 (180): Schon das „Vorliegen einer augenblicklich drängenden Not“ genüge. Siehe weiter RG, Urt. v. 06.05.1909 – VI 240/08, Abschrift S. 4; RG, Urt. v. 01.05.1911 – V 455/10, Abschrift S. 4 f. = JW 1911, S. 576 (576) Nr. 9, vgl. *Schubert/Glöckner*, Nachschlagewerk, § 138 Nr. 208; RG, Urt. v. 01.03.1913 – V 433/12, Abschrift S. 9 und RG, Urt. v. 30.04.1914 – VI 43/14, Abschrift S. 3 = SeuffA 69 (1914), Nr. 232 S. 435 (436).

[1556] RG, Urt. v. 01.07.1908 – I 532/07, Abschrift S. 3 = LZ 1908, Sp. 773 (773) Nr. 1, vgl. *Schubert/Glöckner*, Nachschlagewerk, § 138 Nr. 170; so auch RG, Urt. v. 30.04.1914 – VI 43/14, Abschrift S. 3 = SeuffA 69 (1914), Nr. 232 S. 435 (436).

[1557] RG, Urt. v. 01.05.1911 – V 455/10, Abschrift S. 4 f. = JW 1911, S. 576 (576) Nr. 9, vgl. *Schubert/Glöckner*, Nachschlagewerk, § 138 Nr. 208; so auch RG, Urt. v. 23.12.1914 – V 331/14, Abschrift S. 7 = Recht 1915, Beil. Nr. 441.

[1558] Vgl. RG, Urt. v. 06.05.1914 – V 4/14, Abschrift S. 5 f. = Recht 1914, Beil. Nr. 2382.

[1559] Vgl. *Hachenburg*, Vorträge, S. 103.

[1560] Vgl. *Hachenburg*, Vorträge, S. 104 und *Planck*, BGB, Bd. I, 4. Aufl. 1913, § 138 Anm. III.1.b), S. 368.

[1561] RG, Urt. v. 18.04.1905 – II 253/04, Abschrift S. 6 = JW 1905, S. 366 (366) Nr. 3; ähnlich auch *Hachenburg*, Vorträge, S. 104: „Leichtsinnig handelt, wer die Sachlage nicht mit der notwendigen Ueberlegung betrachtet.“ Siehe auch *Riezler*, in: Staudinger, BGB, Bd. I, 2. Aufl. 1904, § 138 Anm. II.3.b), S. 406: „Unbekümmertsein um die weiteren Folgen“ und *Riezler*, in: Staudinger, BGB, Bd. I, 3./4. Aufl. 1907, § 138 Anm. II.3.b), S. 450 =

Einzelheiten oder der Wertverhältnisse der Vertragsobjekte abschließt, wird die Annahme eines hierbei begangenen Leichtsinns keineswegs ausgeschlossen. Denn auch in einem solchen Falle kommt das ... Wesen des Leichtsinns zur Erscheinung. Der Vertragsschließende bindet sich durch Übernahme von Verpflichtungen oder verändert seinen Vermögensstand durch Weggabe von Wertobjekten, ohne sich zuvor Gewißheit darüber zu verschaffen, daß das, was er dafür als Entgelt erhält, dem Aufgeopferten wirklich gleichwertig ist. Es handelt sich also hier gleichfalls um die Tragweite eines Schrittes, dessen später fühlbar werdende Nachteile den Handelnden gegenwärtig nicht bekümmern."[1562] Dabei schlössen Intelligenz und Leichtsinn einander keineswegs aus, sondern würden im Leben häufig verbunden angetroffen.[1563] Auch könne der Leichtsinn schon im Motiv des Bewucherten oder auch im Mittel der Ausführung liegen.[1564]

Zum Tatbestandsmerkmal der *Unerfahrenheit* machte das RG in der Entscheidung vom 15.11.1910[1565] folgende Ausführungen: „Im gegebenen Falle kann sehr wohl aus der Art gerade des Geschäfts, dessen wucherische Eigenschaft in Frage steht, auf die Unerfahrenheit des das Geschäft Vornehmenden geschlossen werden. Das gilt jedenfalls dann, wenn dies Geschäft derart ist, daß niemand es abschließen wird, dem Lebenskenntnis und die Fähigkeit innewohnen, Zustände und Geschehnisse wahrzunehmen, richtig zu beurteilen und zu bewerten."[1566] Nach dem Urteil vom 09.04.1913[1567] schlösse eine Geschäftsgewandtheit im allgemeinen eine Unerfahrenheit in einem bestimmten schwierigen Zweig nicht aus.[1568] Erst mit Urteil vom 31.01./28.02.1914[1569] gab das Gericht folgende Definition: „Das Gesetz begreift, entsprechend dem gewöhnlichen Sprachgebrauch, unter ‚Unerfahrenheit' jeden Mangel an Erfahrung, also nicht

---

Riezler, in: Staudinger, BGB, Bd. I, 7./8. Aufl. 1912, § 138 Anm. II.3.b), S. 539: „Unbekümmertsein um die Folgen und Tragweite der eigenen Handlungen".

1562 RG, Urt. v. 22.02.1908 – V 288/07, Abschrift S. 3 = WarnRspr. 1908, Nr. 279 S. 197 (197), vgl. *Schubert/Glöckner*, Nachschlagewerk, § 138 Nr. 152.

1563 Vgl. RG, Urt. v. 22.02.1908 – V 288/07, Abschrift S. 3 = WarnRspr. 1908, Nr. 279 S. 197 (197).

1564 Vgl. RG, Urt. v. 11.07.1908 – V 364/07, Abschrift S. 3 f. = SeuffA 64 (1909), Nr. 2 S. 3 (5), vgl. *Schubert/Glöckner*, Nachschlagewerk, § 138 Nr. 171.

1565 Vgl. RG, Urt. v. 15.11.1910 – III 409/09, Recht 1911, Beil. Nr. 286.

1566 RG, Urt. v. 15.11.1910 – III 409/09, Abschrift S. 3 = Recht 1911, Beil. Nr. 286.

1567 Vgl. RG, Urt. v. 09.04.1913 – V 492/12, Recht 1913, Beil. Nr. 1564.

1568 Vgl. RG, Urt. v. 09.04.1913 – V 492/12, Recht 1913, Beil. Nr. 1564.

1569 Vgl. RG, Urt. v. 31.01./28.02.1914 – V 360/13, WarnRspr. 1914, Nr. 111 S. 157.

nur einen Mangel an geschäftlicher Erfahrung überhaupt, sondern [vorliegend] auch einen Mangel an Erfahrungen in landwirtschaftlichen Dingen."[1570]

Die *Ausbeutung* erforderte keine wucherische „Absicht" der Ausnutzung der Unerfahrenheit etc.:[1571] „Es genügt dazu schon die bewußte Ausnutzung der Unerfahrenheit zur Erlangung eines übermäßigen Vermögensvorteils. Dieses Erfordernis liegt schon vor, wenn jemand in Kenntnis oder in der Überzeugung von der Unerfahrenheit des andern sowie von dem auffälligen Mißverhältnis zwischen der Leistung und den ihr gegenüberstehenden Vermögensvorteilen mit dem Vorsatz handelt, die Unerfahrenheit des andern zur Gewinnung der übermäßigen Vermögensvorteile für sich oder einen Dritten zu benutzen."[1572] Die Vorschrift des § 138 Abs. 2 BGB erfordere „in subjektiver Beziehung kein arglistiges Verhalten"[1573]; ebenso verlange die Ausbeutung kein „aggressives Ver-

---

1570 RG, Urt. v. 31.01./28.02.1914 – V 360/13, Abschrift S. 5 = WarnRspr. 1914, Nr. 111 S. 157 (157).

1571 Vgl. RG, Urt. v. 03./07.01.1905 – II 344/04, Abschrift S. 4 = RGZ 60, 9 (11), vgl. *Schubert/Glöckner*, Nachschlagewerk, § 138 Nr. 35; RG, Urt. v. 28.01.1907 – IV 276/06, Abschrift S. 3 = Gruchot 51 (1907), S. 892 (893) Nr. 57, vgl. *Schubert/Glöckner*, Nachschlagewerk, § 138 Nr. 35; RG, Urt. v. 06.05.1909 – VI 240/08, Abschrift S. 4 und RG, Urt. v. 01.05.1911 – V 455/10, Abschrift S. 5 = JW 1911, S. 576 (576) Nr. 9.

1572 RG, Urt. v. 03./07.01.1905 – II 344/04, Abschrift S. 4 = RGZ 60, 9 (11); siehe auch RG, Urt. v. 28.01.1907 – IV 276/06, Abschrift S. 3 = Gruchot 51 (1907), S. 892 (893) Nr. 57, vgl. *Schubert/Glöckner*, Nachschlagewerk, § 138 Nr. 35; RG, Urt. v. 15.05.1907 – V 450/06, Abschrift S. 7 = Recht 1907, Sp. 760 Nr. 1606, vgl. *Schubert/Glöckner*, Nachschlagewerk, § 138 Nr. 119; RG, Urt. v. 06.05.1909 – VI 240/08, Abschrift S. 4; RG, Urt. v. 22.11.1909 – IV 118/09, Abschrift S. 3; RG, Urt. v. 01.05.1911 – V 455/10, Abschrift S. 5 = JW 1911, S. 576 (576) Nr. 9; RG, Urt. v. 11.10.1911 – V 602/10, Abschrift S. 4; RG, Urt. v. 22.01.1913 – I 300/12, Abschrift S. 5 = WarnRspr. 1913, Nr. 189 S. 235 (236) und RG, Urt. v. 01.03.1913 – V 433/12, Abschrift S. 9. Hingegen sollte nach *Dernburg*, Bd. I, 1. Aufl. 1902, § 127 I.4., S. 382 = *Dernburg*, Bd. I, 3. Aufl. 1906, § 127 I.4., S. 430, der Wucherer den „Vorsatz haben, sich dieselben [scil.: die Lage oder die geistige Verfassung des anderen Teiles] zu Nutze zu machen".

1573 RG, Urt. v. 18.04.1905 – II 253/04, Abschrift S. 5 = JW 1905, S. 366 (366) Nr. 3, vgl. *Schubert/Glöckner*, Nachschlagewerk, § 138 Nr. 38. In dieser Entscheidung wurde ebenfalls ausgesprochen, daß der Tatbestand des Wuchers für sich allein als ein Verstoß gegen die guten Sitten zu beurteilen sei, der nicht als weiteres Erfordernis ein gegen die guten Sitten verstoßendes Handeln verlange. Nach RG, Urt. v. 06.05.1909 – VI 240/08, Abschrift S. 4 setze die Ausbeutung einer Notlage die Kenntnis des Wucherers von der Notlage und sein Bewußtsein voraus, „daß er die wirtschaftliche Schwäche des Kreditsuchers benutze, um für sich übermäßige Vermögensvorteile zu erlangen". Siehe auch die Entscheidung von RG, Urt. v. 31.03.1906 – V 320/05, Abschrift S. 2, vgl. *Schubert/Glöckner*, Nachschlagewerk, § 138 Nr. 55, wonach die Ausbeutung der Notlage eine Kenntnis des Ausbeutenden von den die schwierige Lage des angeblich Bewucherten begründenden Umstände voraussetze.

halten".[1574] Für das Tatbestandsmerkmal der Ausbeutung „reicht zu die Ausnutzung einer durch den Leichtsinn des Leistungsempfängers gegebenen zufälligen Gelegenheit zur Erlangung übermäßigen Gewinnes".[1575]

Der Wuchereinwand stand nach Ansicht des RG nicht nur dem Kontrahenten des wucherischen Geschäfts mit dem Wucherer zu. Dies machte das Gericht an den Worten „eines anderen" fest und soll anhand von drei Urteilen des RG verdeutlicht werden: In der Entscheidung vom 27.11.1909[1576] schloß der Darlehensgeber M. mit den Darlehensnehmern T. und P. ein einheitliches Darlehensgeschäft ab. Lediglich beim Darlehensgeschäft mit dem T. hatte M. dessen Notlage und Leichtsinn ausgebeutet, um sich unverhältnismäßige Vermögensvorteile zu verschaffen. Dann sei aber auch das Darlehensgeschäft des M. mit P. nichtig: „Denn wenn auch das Geschäft nur im Verhältnisse zwischen M. und T. wucherisch ist, so ist es doch wegen seiner Einheitlichkeit im ganzen mit diesem Fehler behaftet und daher auch im Verhältnisse zum Mitkontrahenten P. nichtig."[1577]

Im Urteil vom 10.12.1910[1578] nahm der V. Zivilsenat einen Darlehenswucher des Darlehensgebers G. gegenüber dem beklagten Darlehensschuldner an. Der G. habe nicht nur die Notlage des Beklagten, sondern auch die Notlage des Bürgen M., an den G. als den wirklichen Geldempfänger den Darlehensbetrag auszahlte, ausgebeutet. Die Vorschrift des § 138 Abs. 2 BGB besage nichts darüber, „daß der ‚andere', dessen Notlage ausgebeutet werden soll, an dem wucherischen Rechtsgeschäft als Gegenkontrahent beteiligt sein muß. Er ist im Gegenteil dort mit dem unbestimmten Artikel bezeichnet".[1579] Zudem sei der M. auch formell als selbstschuldnerischer Bürge beteiligt: „Diese Bürgschaft und das Darlehnsgeschäft bildeten ein einheitliches Ganzes, das in seiner Gesamtheit von dem Wucher beeinflußt und deshalb nichtig war, gleichviel ob die wucheri-

---

[1574] RG, Urt. v. 18.04.1905 – II 253/04, Abschrift S. 7 = JW 1905, S. 366 (367) Nr. 3; siehe auch RG, Urt. v. 07.07.1913 – IV 119/13, Recht 1913, Beil. Nr. 2838.

[1575] RG, Urt. v. 18.04.1905 – II 253/04, Abschrift S. 7 = JW 1905, S. 366 (367) Nr. 3, vgl. *Schubert/Glöckner*, Nachschlagewerk, § 138 Nr. 39; siehe auch RG, Urt. v. 01.05.1911 – V 455/10, Abschrift S. 5 = JW 1911, S. 576 (576) Nr. 9 und RG, Urt. v. 07.07.1913 – IV 119/13, Recht 1913, Beil. Nr. 2838.

[1576] Vgl. RG, Urt. v. 27.11.1909 – I 342/09, RGZ 72, 216.

[1577] RG, Urt. v. 27.11.1909 – I 342/09, Abschrift S. 6 = RGZ 72, 216 (218) unter Verweis auf: RG, Urt. v. 23.11.1904 – V 225/04, RGZ 59, 174 (175); RG, Urt. v. 16.12.1905 – V 548/05, RGZ 62, 184 (186); RG, Urt. v. 26.03.1907 – II 467/06, RGZ 65, 399 (405) und RG, Urt. v. 22.05.1909 – I 288/08, RGZ 71, 199 (201).

[1578] Vgl. RG, Urt. v. 10.12.1910 – V 50/10, ZBlFG 11 (1911), S. 655 Nr. 670, vgl. *Schubert/Glöckner*, Nachschlagewerk, § 138 Nr. 201.

[1579] RG, Urt. v. 10.12.1910 – V 50/10, Abschrift S. 5 = ZBlFG 11 (1911), S. 655 (657) Nr. 670.

sche Ausbeutung sich gegen den Schuldner [scil.: den Beklagten] oder gegen den Bürgen [scil.: den M.] richtete."[1580]

Diese Auffassung wiederholte der Senat mit Urteil vom 04.01.1911[1581]. Hier handelte es sich um den gleichen Sachverhalt wie schon im vorstehend erwähnten Urteil vom 10.12.1910[1582], nur daß der G. diesmal selbst als Kläger auftrat. Seiner Rüge, daß der Bewucherte notwendig der persönliche Darlehensschuldner sein müsse, trat der V. Zivilsenat wiederum entgegen: „Diese Notwendigkeit ergibt sich jedoch weder aus der gesetzlichen Begriffsbestimmung des §. 138 Abs. 2 B.G.B., die nur von der Notlage ‚eines' andern redet, noch sonst aus dem Begriffe des Wuchers. Dieser pflegt in der Regel durch die Wahl verdeckender Rechtsformen verschleiert zu werden und deshalb ist gerade bei ihm der wirtschaftliche Zweck des Rechtsgeschäfts von entscheidender Bedeutung. … Überdies aber war … M. … auch formell als Bürge an dem Darlehnsgeschäft beteiligt und es macht nach der Rechtsprechung keinen Unterschied, ob bei einem solchen als Einheit sich darstellenden Rechtsgeschäft der eine oder der andere von mehreren Mitschuldnern, der Hauptschuldner oder der Bürge von dem Wucher betroffen wird."[1583]

II. Wucherähnliche Rechtsgeschäfte

Im vorangestellten Kapitel über den Wucher wurde bereits festgestellt, daß Rechtsprechung und Lehre im Wucherparagraphen des § 138 Abs. 2 BGB nur einen besonderen Anwendungsfall, eine Spezialbestimmung des § 138 Abs. 1 BGB sahen. Lagen dessen sämtliche Voraussetzungen vor, ergab sich aus ihm ohne weiteres als Rechtsfolge die Nichtigkeit des Rechtsgeschäftes; einer Prüfung, ob das Geschäft gegen die guten Sitten verstieß, bedurfte es dann nicht mehr.[1584] Probleme bereitete es in der Praxis aber, wenn nicht alle Tatbestandsmerkmale des zweiten Absatzes erfüllt waren, es insbesondere an der nur schwer

---

[1580] RG, Urt. v. 10.12.1910 – V 50/10, Abschrift S. 5 = ZBlFG 11 (1911), S. 655 (657) Nr. 670 unter Verweis auf: RG, Urt. v. 27.11.1909 – I 342/09, RGZ 72, 216 (218); RG, Urt. v. 28.11.1906 – V 134/06 und RG, Urt. v. 23.04.1910 – V 552/09.

[1581] Vgl. RG, Urt. v. 04.01.1911 – V 72/10, BayZ 7 (1911), S. 118 III., vgl. *Schubert/Glöckner*, Nachschlagewerk, § 138 Nr. 204.

[1582] Siehe RG, Urt. v. 10.12.1910 – V 50/10, ZBlFG 11 (1911), S. 655 Nr. 670.

[1583] RG, Urt. v. 04.01.1911 – V 72/10, Abschrift S. 3 f. = BayZ 7 (1911), S. 118 (118) III. unter Verweis auf: RG, Urt. v. 27.11.1909 – I 342/09, RGZ 72, 216 (218); RG, Urt. v. 28.11.1906 – V 134/06 und RG, Urt. v. 23.04.1910 – V 552/09.

[1584] Vgl. *Kiehl*, in: RGRK, BGB, Bd. I, 2. Aufl. 1913, § 138 Anm. 2, S. 168 unter Verweis auf: RG, Urt. v. 19.10.1909 – II 662/08, Abschrift S. 8 = RGZ 72, 61 (69).

zu beweisenden Ausbeutung fehlte. Daraus ergab sich die Frage für den Rechtsanwender, ob in jenen Fällen, bei denen zwar ein objektiv auffälliges Mißverhältnis zwischen Leistung und Gegenleistung gegeben war, es aber an den übrigen besonderen Merkmalen des Wuchertatbestandes fehlte, die Sittenwidrigkeit nach § 138 Abs. 1 BGB geprüft und unter Umständen auch begründet werden konnte. Im Falle einer befürwortenden Antwort ergab sich damit jedoch die weitere Frage, ob bereits der Umstand eines Mißverhältnisses von Leistung und Gegenleisung allein ausreichen konnte, um die Sittenwidrigkeit dieses Rechtsgeschäftes anzunehmen, oder es vielmehr noch weiterer Umstände bedurfte. Für Rechtsgeschäfte dieses Typs hat sich im Laufe der Zeit in Judikatur[1585] und Schrifttum[1586] der Begriff des wucherähnlichen Rechtsgeschäftes durchgesetzt.

Bereits sehr früh tendierte *Enneccerus* für Fälle „eines ganz exorbitanten Misverhältnisses zwischen Leistung und Gegenleistung auch ohne daß die Absicht einer Ausbeutung vorlag, unter Umständen“[1587] zur Annahme einer Nichtigkeit nach § 138 Abs. 1 BGB.[1588] Zu dieser Ansicht neigten auch Dernburg[1589] und Riezler[1590], jeweils unter Verweis auf eine Entscheidung des OLG Karlsruhe vom 26.05.1900[1591]. Der II. Zivilsenat des RG bestätigte dieses zu Verträgen aus

---

[1585] Siehe BGH, Urt. v. 12.03.1981 – III ZR 92/79, BGHZ 80, 153 (160); BGH, Urt. v. 10.07.1986 – III ZR 133/85; BGHZ 98, 174 (175); BGH, Urt. v. 03.07.1990 – XI ZR 302/89, BGHZ 112, 54 (55); BGH, Urt. v. 10.01.1992 – V ZR 213/90, BGHZ 117, 19 (22); BGH, Urt. v. 11.01.1995 – VIII ZR 82/94, BGHZ 128, 255 (256) und BGH, Urt. v. 06.04.1995 – IX ZR 61/94, BGHZ 129, 236 (247).

[1586] Siehe *Dilcher*, in: Staudinger, BGB, 12. Aufl. 1980, § 138 Rn. 41; *Sack*, in: Staudinger, BGB, 13. Bearb. 1996, § 138 Rn. 227 ff.; *Heinrichs*, in: Palandt, BGB, 65. Aufl. 2006, § 138 Rn. 24 ff.; *Nüßgens*, in: FS Stimpel, S. 15 (22); *Medicus*, Bürgerliches Recht, Rn. 253 a und *Medicus*, Grundwissen, Rn. 104/5.

[1587] *Enneccerus*, Bd. I, 1. Aufl. 1900, § 98 I.4., S. 223.

[1588] Ablehnend dagegen *Vogel*, S. 42 ff.

[1589] Siehe *Dernburg*, Bd. I, 1. Aufl. 1902, § 127 I.2., S. 381 in Fn. 4 = *Dernburg*, Bd. I, 3. Aufl. 1906, § 127 I.2., S. 381 in Fn. 5: „Ein Vertrag, welcher nicht alle Merkmale eines wucherischen Geschäftes enthält, kann dennoch als gegen die guten Sitten nichtig sein.“

[1590] Siehe *Riezler*, in: Staudinger, BGB, Bd. I, 2. Aufl. 1904, § 138 Anm. II.5., S. 407: „Solche Rechtsgeschäfte, welchen ein Thatbestandsmerkmal des Wuchers nach Abs. 2 fehlt, können trotzdem nach Abs. 1 des § 138 [BGB] nichtig sein, wenn andere Umstände hinzutreten, welche die Annahme der übermäßigen Vortheile durch einen Theil als Ausfluß einer niedrigen und verwerflichen Gesinnung und somit das Rechtsgeschäft als gegen die guten Sitten erscheinen lassen.“

[1591] Siehe OLG Karlsuhe, Urt. v. 26.05.1900 – I, BadRpr. 1900, S. 176 (176) Nr. 121 = PucheltsZ 31 (1900), S. 614 (615) Nr. 26 = SächsA 10 (1900), S. 490 (491): „Man wird auch davon ausgehen dürfen, daß, wenn das Gesetz in Abs. 2 des § 138 B.G.B. den wucherlichen Vertrag als einen besonderen Fall der wegen Verstoßes gegen die guten Sitten nichtigen Rechtsgeschäfte behandelt und dabei im Anschlusse an die strafrechtliche Defidem Jahre 1896 zur Verwertung einer Erfindung ergangene Berufungsurteil des OLG Karlsruhe ohne eine Begründung in seinem unveröffentlichten Urteil vom 09.11.1900[1592]. Es meinte, „daß, wenn auch nicht alle Voraussetzungen des §. 138 Abs. 2 des Bürgerlichen Gesetzbuches gegeben seien, doch ein gegen die guten Sitten verstoßendes Rechtsgeschäft anzunehmen sein könnte, obwohl weder eine unsittliche Leistung übernommen wurde, noch eine Leistung, die unter Rechtszwang zu stellen einen Verstoß gegen die guten Sitten enthielte".[1593] Indes begründe nach dem Urteil des VI. Zivilsenates vom 26.02.1903[1594] allein das Mißverhältnis zwischen Leistung und Gegenleistung, vor allem bei gewagten Geschäften, noch keinen Verstoß gegen die guten Sitten gemäß § 138 Abs. 1 BGB, wenn weder eine Notlage im Sinne des § 138 Abs. 2 BGB vorhanden noch die Ausbeutung des Leichtsinns oder der Unerfahrenheit in Frage stehe.[1595] Mit diesen beiden Entscheidungen eröffnete das RG den Weg einer Überprüfung der wucherähnlichen Verträge anhand des § 138 Abs. 1 BGB, mit der Einschränkung, daß ein auffälliges Mißverhältnis für sich allein noch nicht genüge, um dem Rechtsgeschäft den Stempel der Sittenwidrigkeit aufzudrücken.

Ähnlich zurückhaltend wie schon der VI. Senat äußerte sich der V. Zivilsenat im darauffolgenden Urteil vom 13.10.1906[1596]. Er kam gleichfalls zu dem Ergebnis, daß ein Rechtsgeschäft nicht wegen Verstoßes gegen die guten Sitten nach § 138 Abs. 1 BGB nichtig sei, bei dem zwar ein auffälliges Mißverhältnis zwischen der Leistung und der Gegenleistung bestehe, hingegen die übrigen Voraussetzungen des § 138 Abs. 2 BGB fehlten:[1597] „Allerdings enthält die Vor-

---

nition des Wuchers die Merkmale des Wuchers genau feststellt, damit nicht zum Ausdruck gebracht werden soll, daß bei gegenseitigen Verträgen aus dem Grunde, weil zwischen den beiderseitigen Leistungen ein auffälliges Mißverhältniß obwaltet, ein Verstoß gegen die guten Sitten nur dann angenommen werden dürfe, wenn alle gesetzlichen Merkmale des Wuchers zutreffen. Der Richter wird vielmehr auch solche Verträge nach § 138 Abs. 1 B.G.B. für nichtig erachten können, bei welchen das eine oder andere Thatbestandsmerkmal des Wuchers zwar fehlt, dafür aber andere Umstände hinzutreten, welche die Annahme der übermäßigen Vortheile durch den einen Theil als Ausfluß einer niedrigen und verwerflichen Gesinnung und somit das Rechtsgeschäft als den sittlichen Anschauungen des Volkes widerstreitend erscheinen lassen."

[1592] Vgl. RG, Urt. v. 09.11.1900 – II 240/00, vgl. *Schubert/Glöckner*, Nachschlagewerk, § 138 Nr. 2.

[1593] RG, Urt. v. 09.11.1900 – II 240/00, Abschrift S. 9.

[1594] Vgl. RG, Urt. v. 26.02.1903 – VI 319/02, JW 1903, Beil. 7 S. 53 Nr. 122.

[1595] Vgl. RG, Urt. v. 26.02.1903 – VI 319/02, Abschrift S. 8 = JW 1903, Beil. 7 S. 53 (54) Nr. 122.

[1596] Vgl. RG, Urt. v. 13.10.1906 – V 154/06, RGZ 64, 181, vgl. *Schubert/Glöckner*, Nachschlagewerk, § 138 Nr. 84.

[1597] Dieser Aussage ausdrücklich zustimmend *Frankenburger*, BayZ 13 (1917), S. 9 (10).

schrift des § 138 Abs. 2 B.G.B. gegenüber dem in Abs. 1 ebenda ausgesprochenen allgemeinen Grundsatze nur eine erläuternde Spezialbestimmung. Aber die letztere ist insofern einheitlicher Natur, als die darin angegebenen einzelnen Tatbestandsmerkmale nicht auseinandergerissen und selbstständig als ein für sich allein die Voraussetzungen des Abs. 1 erfüllender Tatbestand behandelt werden dürfen. Es ist also rechtlich unzulässig, in dem bloßen Umstande, daß die von einem Vertragsteile gewährten oder versprochenen Vermögensvorteile in auffälligem Mißverhältnis zu der von ihm zu bewirkenden Gegenleistung stehen, einen Verstoß gegen die guten Sitten zu finden, wenn nicht zugleich auch das weitere in Abs. 2 aufgestellte Erfordernis – Ausbeutung der Notlage, des Leichtsinns oder der Unerfahrenheit – dargetan ist. Andernfalls würde man dazu gelangen, den durch das neue Reichsrecht beseitigten Grundsätzen des früheren Rechts über Anfechtung eines Veräußerungsvertrages wegen laesio enormis[1598] auf dem Umwege des § 138 Abs. 1 B.G.B. wieder zur Geltung zu verhelfen."[1599]

Unter Anführung dieser Grundsatzentscheidung behielt das RG in der Folgezeit die Auffassung bei, das ein Rechtsgeschäft nicht schon allein aus dem Grunde, daß ein auffälliges Mißverhältnis zwischen Leistung und Gegenleistung bestehe, wegen Verstoßes gegen die guten Sitten nach § 138 Abs. 1 BGB für nichtig erklärt werden könne.[1600] Es legte aber deutlich mehr Gewicht auf die

---

[1598] Siehe dazu Motive II, S.321 = *Mugdan* II, S. 178.

[1599] RG, Urt. v. 13.10.1906 – V 154/06, Abschrift S. 4 f. = RGZ 64, 181 (182); zustimmend *Krückmann*, BayZ 12 (1916), S. 273 (274). Siehe auch RG, Urt. v. 25.03.1914 – I 266/13, Abschrift S. 4 und RG, Urt. v. 30.04.1914 – VI 43/14, Abschrift S. 4 f. = Recht 1914, Beil. Nr. 2036, vgl. *Schubert/Glöckner*, Nachschlagewerk, § 138 Nr. Nr. 242.

[1600] Vgl. RG, Urt. v. 27.03.1907 – V 335/06, Abschrift S. 3 = Recht 1907, Sp. 568 Nr. 1130, vgl. *Schubert/Glöckner*, Nachschlagewerk, § 138 Nr. 84. Nach dieser Entscheidung können hohe, aber nicht wucherische Geldforderungen gewöhnlich nicht als wider die guten Sitten verstoßend im Sinne des § 138 Abs. 1 BGB erachtet werden. Siehe auch RG, Urt. v. 01.07.1908 – I 532/07, Abschrift S. 2 f. = LZ 1908, Sp. 773 (773) Nr. 1, vgl. *Schubert/Glöckner*, Nachschlagewerk, § 138 Nr. 84; RG, Urt. v. 22.05.1909 – I 226/08, Abschrift S. 7 = *Schubert*, Erkenntnisse 1909, S. 511 (515); RG, Urt. v. 07.07.1909 – I 380/08, Abschrift S. 5 = WarnRspr. 1909, Nr. 494 S. 472 (472); RG, Urt. v. 09.04.1910 – V 275/09, Abschrift S. 6 f. = Recht 1910, Beil. Nr. 2474; RG, Urt. v. 24.09.1913 – III 178/13, Abschrift S. 4 = RGZ 83, 109 (112); RG, Urt. v. 25.03.1914 – I 266/13, Abschrift S. 4; RG, Urt. v. 30.04.1914 – VI 43/14, Abschrift S. 4 f. = Recht 1914, Beil. Nr. 2036; RG, Urt. v. 23.10.1914 – VII 209/14, Abschrift S. 4 = *Schubert*, Erkenntnisse 1914, S. 615 (617) und besonders RG, Urt. v. 26.11.1914 – III 287/14, Abschrift S. 3 = BankA 14 (1914/15), S. 145 (145 f.) für den „umgekehrten" Fall, das zwar die Ausbeutung einer Notlage aber kein Mißverhältnis zwischen Leistung und Gegenleistung gegeben war: „Bei Nichtvorhandensein dieses Mißverhältnisses kann die Ausbeutung der Notlage für sich allein noch keine Sittenwidrigkeit im Sinne des § 138 A. 1 des Bürgerlichen Gesetzbuchs begründen."

Aussage, daß abgesehen vom Einwand des Wuchers durchaus unter Heranziehung weiterer Umstände ein Verstoß gegen die guten Sitten angenommen werden könnte. In dieser Hinsicht führte der I. Zivilsenat im Urteil vom 07.07.1909[1601] aus: „Die Unsittlichkeit wird aber wesentlich erblickt in einem auffälligen Mißverhältnis zwischen Leistung und Gegenleistung. Das Reichsgericht hat schon [in seiner Entscheidung vom 13.10.1906[1602]] ... ausgesprochen, daß, wenn ein Tatbestandsmerkmal des Wuchers ... fehlt, ein solches Mißverhältnis für sich allein nicht ausreicht, um einen Verstoß gegen die guten Sitten anzunehmen. Daß beim Hinzutritt anderer, von einer verwerflichen Gesinnung zeugender Umstände [!] die Anwendung des § 138 Abs. 1 gleichwohl geboten erscheinen kann, ist natürlich nicht zu bezweifeln."[1603] Dem folgte wie selbstverständlich auch der III. Senat mit Urteil vom 24.09.1913[1604] zur Rückzahlung eines übermäßigen Anwaltshonorares: „Die Übermäßigkeit des Betrags der versprochenen Leistung, ein auffälliges Mißverhältnis zwischen Leistung und Gegenleistung macht grundsätzlich für sich allein das Geschäft nicht zu einem unsittlichen; es ist außerdem erforderlich, daß entweder sämtliche Voraussetzungen des Wuchers (§ 138 Abs. 2 [BGB]) vorliegen oder daß zu der Höhe des Versprochenen noch ein weiterer Umstand hinzukommt, der in Verbindung mit jener den Vertrag nach seinem Gesamtcharakter als sittenwidrig erscheinen läßt."[1605] Durch Urteil vom 30.04.1914[1606] schloß sich schließlich auch der VI. Zivilsenat der Meinung an, daß ein Verstoß gegen die guten Sitten im Sinne des § 138 Abs. 1 BGB nur dann bei Vorliegen eines auffälligen Mißverhältnisses zwischen den Leistungen anzunehmen sei, „wenn zu jenem Umstand noch andere, von einer verwerflichen Gesinnung zeugende Umstände hinzutreten".[1607]

Es läßt sich damit eine gefestigte Rechtsprechung des RG behaupten, wonach die Prüfung anhand der Generalklausel des § 138 Abs. 1 BGB zulässig war, wenn nicht alle Voraussetzungen des in § 138 Abs. 2 BGB enthaltenen

---

[1601] Vgl. RG, Urt. v. 07.07.1909 – I 380/08, WarnRspr. 1909, Nr. 494 S. 472.

[1602] Siehe RG, Urt. v. 13.10.1906 – V 154/06, RGZ 64, 181.

[1603] RG, Urt. v. 07.07.1909 – I 380/08, Abschrift S. 5 = WarnRspr. 1909, Nr. 494 S. 472 (472).

[1604] Vgl. RG, Urt. v. 24.09.1913 – III 178/13, RGZ 83, 109.

[1605] RG, Urt. v. 24.09.1913 – III 178/13, Abschrift S. 4 = RGZ 83, 109 (112). Diesbezüglich verwies der III. Zivilsenat unter anderem auf seine die übermäßigen Vertragsstrafen betreffenden Entscheidungen in RG, Urt. v. 09.07.1909 – III 418/08, JW 1909, S. 488 Nr. 9; RG, Urt. v. 01.04.1910 – III 391/09, JW 1910, S. 483 Nr. 30 und RG, Urt. v. 07.01.1913 – III 234/12, JW 1913, S. 319 Nr. 5.

[1606] Vgl. RG, Urt. v. 30.04.1914 – VI 43/14, Recht 1914, Beil. Nr. 2036.

[1607] RG, Urt. v. 30.04.1914 – VI 43/14, Abschrift S. 5 = Recht 1914, Beil. Nr. 2036.

Sonderfalles des Wuchers erfüllt waren. Doch ließ das Gericht nicht schon das Vorliegen nur eines Tatbestandsmerkmals des Wuchers, vor allem des auffälligen Mißverhältnisses zwischen Leistung und Gegenleistung, für die Annahme eines Sittenverstoßes und damit einhergehend die Nichtigkeit aus § 138 Abs. 1 BGB genügen. Es war erforderlich, daß zu dem objektiven Merkmal des auffälligen Mißverhältnisses noch weitere hinzutraten, die das Rechtsgeschäft nach seinem Gesamtcharakter als sittenwidrig erscheinen ließen. Eben jene mußten von einer subjektiven verwerflichen Gesinnung zeugen. Dadurch gelang die Konzeption einer Fallgestaltung, die einen ähnlichen Gehalt wie die in § 138 Abs. 2 BGB vorgesehene hatte, aber dennoch dem ersten Absatz unterstellt wurde, um dem vom RG bisher anerkannten Verhältnis der beiden Vorschriften zueinander gerecht zu werden.

In diesem Zusammenhang sei zum Abschluß noch auf die Verträge hingewiesen, mit denen Geistesschwache – von Rechtsprechung und Literatur oft als geistig Minderwertige bezeichnet – ausgebeutet wurden.[1608] Das RG sah nur dann eine Nichtigkeit des Vertrages nach § 138 Abs. 1 BGB begründet, wenn die Geistesschwäche des Vertragspartners zur Erlangung außergewöhnlicher Vorteile bewußt ausgebeutet wurde. Es reichte also nicht aus, daß der Vertrag dem geistig Geschwächten zum erheblichen Nachteile gereichte. Hinzukommen mußte noch das Ausbeuten der erkannten Geistesschwäche des Vertragsgegners.[1609]

Hachenburg brachte gegen die Annahme der Nichtigkeit wegen Verstoßes gegen die guten Sitten im Urteil vom 19.10.1909[1610] keine Einwände vor. Er warf dennoch die Frage auf, ob nicht in dem Fall, daß der Kontrahent die Geistesschwäche des andern zur Erreichung außergewöhnlichen Vorteils ausgebeutet hatte, der Tatbestand des § 138 Abs. 2 BGB gegeben sei. Die vom II. Zivilsenat dort versuchte Abgrenzung[1611] der beiden Absätze des § 138 BGB hielt

---

[1608] Siehe hierzu *Eckstein*, ArchBürgR 41 (1915), S. 178 (270 ff.).

[1609] Vgl. RG, Urt. v. 26.11.1907 – II 418/07, Abschrift S. 4 = WarnRspr. 1908, Nr. 119 S. 79 (80), vgl. *Schubert/Glöckner*, Nachschlagewerk, § 138 Nr. 141; RG, Urt. v. 12.02.1908 – V 264/07, Abschrift S. 3 = RGZ 67, 393 (393), vgl. *Schubert/Glöckner*, Nachschlagewerk, § 138 Nr. 149; RG, Urt. v. 19.10.1909 – II 662/08, Abschrift S. 8 = RGZ 72, 61 (68); RG, Urt. v. 03.12.1910 – V 22/10, Abschrift S. 4, vgl. *Schubert/Glöckner*, Nachschlagewerk, § 138 Nr. 141; RG, Urt. v. 01.05.1912 – I 215/11, Abschrift S. 4 f. = Recht 1912, Beil. Nr. 1740 und RG, Urt. v. 06.12.1912 – II 402/12, Abschrift S. 3 f. = SächsA 8 (1913), S. 123 (123) Nr. 3.

[1610] Siehe RG, Urt. v. 19.10.1909 – II 662/08, RGZ 72, 61.

[1611] Siehe RG, Urt. v. 19.10.1909 – II 662/08, Abschrift S. 8 = RGZ 72, 61 (69): „Fehlt es an einer solchen Ausbeutung [der erkannten Geistesschwäche des Vertragspartners], so bedarf es des Schutzes des § 138 Abs. 1 des Bürgerlichen Gesetzbuchs nicht. Wer sich mit einem geistig Geschwächten in Geschäfte einläßt, hat die Nichtigkeit der Geschäfte weer denn auch nicht für befriedigend.[1612] Dazu ist anzumerken, daß der Berufungsrichter in dieser Sache offen ließ, ob ein auffälliges Mißverhältnis zwischen Leistung und Gegenleistung als Voraussetzung für den Wucher bestand.[1613] Sollte in dem erlangten „außergewöhnlichen Vorteil“ ein auffälliges Mißverhältnis zu der hingegebenen Gegenleistung erblickt werden können, ließe sich mit Hachenburg durchaus fragen, ob nicht mit dem Ausbeuten der erkannten Geistesschwäche der Wuchertatbestand erfüllt ist, der nach der Rechtsprechung des RG die Anwendung des § 138 Abs. 1 BGB ausschließen würde. Was die Ausbeutung der erkannten geistigen Minderwertigkeit anbelangt, so muß man dieser mindesten das Niveau der „Unerfahrenheit“ im Sinne des § 138 Abs. 2 BGB einräumen. Denn schon der V. Zivilsenat hatte ausgesprochen: „Das Gesetz sieht einen Verstoß gegen die guten Sitten schon in der Ausbeutung der bloßen ‚Unerfahrenheit‘; die Ausbeutung der geistigen Minderwertigkeit und Beschränktheit eines Menschen enthält unbedenklich einen Verstoß gegen die guten Sitten noch in weit höherem Maße.“[1614] Es ist deshalb gut möglich, daß *von Tuhr* in diesem Sinne den Standpunkt vertrat, die Vorschrift des § 138 Abs. 2 BGB sei analog anzuwenden.[1615]

---

gen Geschäftsunfähigkeit nach §§ 104, 105 des Bürgerlichen Gesetzbuchs zu gewärtigen; der Nichtigkeit wegen Verstoßes gegen die guten Sitten nach § 138 Abs. 1 des Bürgerlichen Gesetzbuchs hat er aber nur dann entgegenzusehen, wenn er die Schwäche des Vertragsgegners zu dessen Schädigung und zur Erreichung außergewöhnlicher Vorteile so mißbraucht hat, daß der Tatbestand des Wuchers, der auf auffälliges Mißverhältnis des erlangten Vorteils zu der Leistung entscheidendes Gewicht legt, nicht erfüllt wird. [Das Wort „nicht“ steht an dieser Stelle in der Abschrift, findet sich hingegen nicht in der Amtlichen Sammlung des RG!] Ist nämlich der Tatbestand des Wuchers erfüllt, so kommt die Sonderbestimmung des Absatzes 2 des § 138 des Bürgerlichen Gesetzbuchs über Wucher ausschließlich zur Anwendung, so daß der auch dem Wucher anhaftende unsittliche Charakter nicht in Betracht kommt. Wucher ist nach dem ausdrücklichen Willen des Gesetzgebers nach § 138 Abs. 2 des Bürgerlichen Gesetzbuchs ein selbständiger Nichtigkeitsgrund, der durch den Absatz 1 des § 138 des Bürgerlichen Gesetzbuchs nicht beeinflußt wird. Auf diese Weise ist Absatz 1 des § 138 des Bürgerlichen Gesetzbuchs von dem Absatz 2 desselben Paragraphen abzugrenzen.“

1612 Vgl. *Hachenburg*, DJZ 1910, Sp. 938 (939 f.).

1613 Vgl. RG, Urt. v. 19.10.1909 – II 662/08, Abschrift S. 3 = RGZ 72, 61 (63).

1614 RG, Urt. v. 12.02.1908 – V 264/07, Abschrift S. 3 = RGZ 67, 393 (393 f.).

1615 Vgl. *von Tuhr*, Bd. II 2, § 70 III., S. 42.

III. Verträge über den Bezug von Bier

In einer Vielzahl von Entscheidungen befaßte sich das RG, vor allem dessen II. Zivilsenat, mit der Wirksamkeit der sog. Bierlieferungsverträge, die nach heutiger Ansicht eine besondere Gestaltung der Sittenwidrigkeit wegen übermäßiger Bindung eines Vertragspartners bilden.[1616] Den Verträgen war dabei gemein, daß sich ein Gastwirt gegenüber einer Brauerei zur Abnahme des von ihr zu liefernden Bieres über einen längeren Zeitraum hinweg verpflichtete, wobei ihm seitens der Brauerei zum Teil finanzielle Vorteile, zumeist in Form eines zinsgünstigen Darlehens gewährt wurden. In der Regel unterwarf sich der Wirt im Vertrag zugleich der Zahlung einer Vertragsstrafe für jeden verschenkten Hektoliter Bier einer anderen Brauerei. Das eigentliche Problem dieser Verträge lag in ihrer oftmals langfristigen Bindung: Diese betraf zwar vom zeitlichen Rahmen beide Seiten gleichermaßen, verpflichtete also die Brauerei zur Lieferung ebenso wie den Wirt zur Abnahme für die vorgesehene Laufzeit, führte aber – vor allem in Verbindung mit der Gewährung eines Darlehens – oftmals zur wirtschaftlichen Knebelung des Gastwirts. Es stellte sich dann grundsätzlich die Frage, ob die wirtschaftliche Bewegungsfreiheit des Gastwirts einer übermäßigen und unbilligen Beschränkung unterlag. Die nachfolgende Darstellung der Auffassung in der Rechtsprechung muß sich jedoch auf diese selbst und einige Anmerkungen beschränken, weist doch die gefundene, sich mit dem Bierlieferungsvertrag befassende zeitgenössische Literatur keine konkreten Auseinandersetzungen mit den vorliegenden Urteilen auf.[1617]

Den Beginn der hierzu nach dem 1. Januar 1900 ergangenen Rechtsprechung bildete anscheinend das Urteil des III. Zivilsenats vom 04.04.1902[1618], in dem es unter anderem um eine Bierbezugsverpflichtung für die Dauer von 5 Jahren und eine vereinbarte Konventionalstrafe von 6 M für jeden verschenkten Hektoliter fremden Bieres ging. Hierfür hatte die auf Zahlung einer Vertragsstrafe von 24 M klagende Brauerei dem beklagten Gastwirt ein zu 5 % verzinsliches Darlehen von 1.000 M gegeben.

[1616] Vgl. *Mayer-Maly*, in: MüKo, BGB, 1. Aufl. 1978, § 138 Rn. 70 = *Mayer-Maly*, in: MüKo, BGB, 3. Aufl. 1993, § 138 Rn. 68 = *Mayer-Maly/Armbrüster*, in: MüKo, BGB, 4. Aufl. 2001, § 138 Rn. 75; siehe auch *Sandrock*, AcP 159 (1960), S. 481 (535). Siehe *Hipp*, BayZ 10 (1914), S. 225 ff., zur vertretenen Sittenwidrigkeit von Automatenaufstellverträgen, bei denen eine Vertragspartei, meist ein Kleingewerbetreibender sich zur Aufstellung irgendeines Warenautomaten und zur Abnahme unverhältnismäßig großer Mengen für dessen Befüllung über einen langen Zeitraum hinweg verpflichtete.

[1617] Siehe *Marcus*, GuR 8 (1907), S. 219 (219); *Kohler*, ArchBürgR 31 (1908), S. 237 (246) und *Rabert*, RuW 1 (1912), S. 438 ff.

[1618] Vgl. RG, Urt. v. 04.04.1902 – III 483/01, *Schubert*, Erkenntnisse 1902, S. 458.

Der III. Zivilsenat stimmte mit dem Berufungsgericht darin überein, daß der Vertrag „unter Berücksichtigung aller Umstände des Falles sowohl vom Standpunkte der Klägerin als auch von dem des Beklagten ... eine übermäßige Beschränkung der persönlichen Freiheit nicht enthält und daher nicht gegen die guten Sitten verstößt."[1619]

Die Entscheidung enthielt damit trotz aller Kürze wesentliche Aussagen. So erkannte das Gericht in den Fällen der vorliegenden Art die Möglichkeit einer Beschränkung der (persönlichen) Freiheit, die durchaus beide Vertragsparteien treffen konnte. Konsequenterweise berücksichtigte es damit alle Umstände des Falles aus der jeweiligen Sicht der Vertragspartner. Nicht ausdrücklich ausgeprochen wurde die Erkenntnis, daß eine Bierabnahmeverpflichtung von 5 Jahren allein nicht zur Bejahung eines Verstoßes gegen die guten Sitten genüge. Dies läßt sich vielmehr durch einen Rückschluß aus den Entscheidungsgründen ermitteln. Damit war der Grundstein gelegt, auf dem die nachfolgende Rechtsprechung aufbaute.

Weitergehende Ausführungen machte der V. Zivilsenat in seinen Entscheidungsgründen zum Urteil vom 07.01.1905[1620], dem im wesentlichen folgender Sachverhalt zugrunde lag: Durch Vertrag vom 30. Oktober 1900 hatte der Kläger, Betreiber einer Gastwirtschaft, von der beklagten Brauerei ein mit 4,5 % verzinsliches und nach dreimonatiger Kündigung zurückzuzahlendes Darlehen von 6.000 M erhalten, welches auf seinem Grundstück im Grundbuch in Abt. III eingetragen wurde. Gleichzeitig verpflichtete sich der Kläger für die Dauer von 10 Jahren, seinen sämtlichen Bierbedarf ausschließlich von der Beklagten zu entnehmen und für jeden Übertretungsfall durch Verzapfung eines anderen Bieres eine Konventionalstrafe von 10 M pro Hektoliter an die Beklagte zu zahlen; zur Sicherung aller Forderungen der Beklagten aus der Bierentnahme und aus der Bestimmung über die Konventionalstrafe bestellte er eine Sicherungshypothek zum Höchstbetrag von 3.000 M. Der Kläger erbaute sodann 1901 eine große Restaurationshalle und verlangte von der Beklagten ein neues Darlehen, was diese verweigerte, und brach daraufhin die Geschäftsverbindungen mit der Beklagten ab. Er zahlte das Darlehen von 6.000 M nach Kündigung zurück und bezog sein Bier fortan von einer anderen Brauerei. Er klagte auf Löschung der Sicherungshypothek von 3.000 M, womit er erfolglos blieb.

[1619] RG, Urt. v. 04.04.1902 – III 483/01, Abschrift S. 5 = *Schubert*, Erkenntnisse 1902, S. 458 (461 f.). Siehe auch RG, Urt. v. 16.10.1903 – III 337/03, Abschrift S. 2, für eine Bierbezugspflicht für die Dauer von 12 Jahren, wo ebenfalls der Verstoß gegen die guten Sitten nach § 138 Abs. 1 BGB verneint wurde.

[1620] Vgl. RG, Urt. v. 07.01.1905 – V 295/04, BayZ 1 (1905), S. 129 I., vgl. *Schubert/Glöckner*, Nachschlagewerk, § 138 Nr. 34.

Dem vom Kläger erhobenen Einwand der Sittenwidrigkeit des Vertrages vermochte der Senat nicht zu folgen: „Nicht beachtlich sind ... die Ausführungen des Klägers ..., daß der Vertrag ... als den guten Sitten widerstreitend nichtig sei, weil der Kläger auf eine sehr lange Zeit seiner gewerblichen Freiheit in einer unhaltbaren Weise beraubt sein würde, ohne nach Abstoßung des Darlehns der 6000 M. irgend welche Gegenleistung zu beziehen. Bisher hat man einen Bierzwangsvertrag, der für eine Reihe von Jahren geschlossen ist, nicht für unsittlich gehalten. Der Umstand, daß die Dauer eines Vertrags für längere Zeit bestimmt ist, kann möglicherweise [!] bei der Beurteilung, ob ein Vertrag gegen die guten Sitten verstoße, mit in Betracht gezogen werden, aus ihm allein läßt sich aber gewiß die Unsittlichkeit eines Vertrages nicht herleiten. Daß Kläger, wie er angibt keine Gegenleistung gegenüber dem zehnjährigen Bierzwange genießt, hat er durch die Zurückzahlung des Darlehns der 6000 M. selbst verschuldet."[1621]

Was im zuvor genannten Urteil des III. Senats noch unausgesprochen blieb, wurde jetzt ausdrücklich vom V. Zivilsenat betont, daß nämlich die lange Dauer des Vertrages nur einen „möglicherweise" zu berücksichtigenden Umstand bilde, der für sich allein aber noch nicht die Sittenwidrigkeit des Vertrages zu begründen vermag. Warum dieser Umstand jedoch nur „möglicherweise" bei der Beurteilung mit in Betracht zu ziehen sei, gibt zu Zweifeln Anlaß, handelt es sich doch dabei um ein entscheidendes Merkmal der Hauptleistungspflichten des Vertrages, an deren Einhaltung die beklagte Brauerei ein berechtigtes wirtschaftliches Interesse hatte und das dem Kläger wohl den Anlaß zur Klage gab. Bedenken sind auch gegenüber der Äußerung angebracht, daß die lange Dauer eines Vertrages allein „gewiß" nicht dessen Unsittlichkeit herleite. Man wird zumindest anerkennen müssen, daß mit immer längeren Laufzeiten eines Vertrages die Möglichkeit zunimmt, daß sich – etwa unter geänderten tatsächlichen Verhältnissen – der Vertrag für eine Seite als unzumutbare Bindung erweist.

Mit einer inhaltlich breiteren Auseinandersetzung wartete dann der II. Zivilsenat auf. In dessen Urteil vom 11.05.1906[1622] hatte er sich ausweislich des Tatbestandes mit folgendem Sachverhalt zu befassen: Durch notariellen Vertrag vom 2. Dezember 1902 verpflichtete sich der beklagte Gastwirt, ein von der klagenden Brauerei erhaltenes Darlehen von 1.132,12 M mit 5 % für das Jahr zu verzinsen. Bis zur Rückzahlung dieser Summe – mindestens aber 5 Jahre lang –

[1621] RG, Urt. v. 07.01.1905 – V 295/04, Abschrift S. 4 f. = BayZ 1 (1905), S. 129 (129) I. Siehe auch RG, Urt. v. 28.03.1905 – II 352/04, Abschrift S. 3, vgl. *Schubert/Glöckner*, Nachschlagewerk, § 138 Nr. 37, wonach in der Bindung auf 6 Jahre „eine unzulässige Einschränkung der Gewerbefreiheit nicht vorliege".

[1622] Vgl. RG, Urt. v. 11.05.1906 – II 459/05, JW 1906, S. 419 Nr. 3, vgl. *Schubert/Glöckner*, Nachschlagewerk, § 138 Nr. 62.

sollte er von der Klägerin seinen gesamten Bierbedarf bei Vermeidung einer Vertragsstrafe von 5 M für jeden anderwärts bezogenen Hektoliter Bier beziehen. Allerdings war im Vertrag bestimmt, die Bierbezugsverpflichtung solle selbstredend nur für den Fall bestehen, daß die Klägerin erstklassiges Bier und zwar zu den üblichen Preisen liefere. Der Klägerin stand dabei das Recht zu, den ganzen jeweils noch geschuldeten Betrag nebst Zinsen nach einer ihr jederzeit freistehenden vierwöchentlichen Kündigung zurückzufordern.

In ihrer Klage auf Verurteilung zur Zahlung einer Vertragsstrafe von 100 M behauptete sie, der Beklagte habe seit dem 11. Juni 1904 kein Bier mehr von ihr, statt dessen mindestens 20 Hektoliter von anderer Seite bezogen. Der Beklagte stützte seinen Klagabweisungsantrag auf die Ansicht, der Vertrag verstoße gegen die guten Sitten. Die Klägerin habe seine finanziell schlechte Lage zum Abschluß für die Dauer von mindestens 5 Jahren benutzt. Außerdem habe die Klägerin ihre vertraglichen Pflichten, ein erstklassiges Bier zu den üblichen Preisen zu liefern, nicht erfüllt, indem sie derartiges Bier geliefert habe, daß sich die Gäste über die schlechte Qualität beschwert hätten und weggeblieben seien. Statt des üblichen Preises von 15 M habe sie 20 M für den Hektoliter verrechnet.

Während das LG die Klage abgewiesen hatte, entschieden das OLG und das RG nach dem Klagantrag. Eine Nichtigkeit des Vertrages konnten sie nicht erkennen: „Zutreffend geht das Berufungsgericht davon aus, eine auf Zeit eingegangene Verpflichtung, ein bestimmtes Bier ausschließlich von einer Brauerei zu beziehen, verstoße nicht grundsätzlich und unter allen Umständen gegen die guten Sitten, vielmehr hänge die Frage, ob ein solcher Verstoß vorliege, von den Umständen des einzelnen Falles, insbesondere davon ab, ob eine übermäßige Beeinträchtigung des Wirts in seinem Gewerbebetriebe vorliege.[1623] Die Frage ist nun unter eingehender tatsächlicher Würdigung des Falles, namentlich mit Rücksicht auf die auf 5 Jahre beschränkte Zeitdauer des Vertrages und den ferneren Umstand verneint, daß die Klägerin zur Lieferung erstklassigen Bieres zu üblichen Preisen verpflichtet sei."[1624]

Seine Auffassung untermauerte der Senat durch eine überzeugende Gegenüberstellung und eingehende Würdigung der jeweiligen Interessen der Parteien: „Verträge, zufolge deren ein Wirt gegen Gewährung eines Darlehns gegenüber einer Brauerei zur Abnahme des Bierbedarfs auf eine bestimmte Zeit sich verpflichtet und die Rückzahlung des Darlehns durch einen Aufschlag auf den Bierpreis erfolgt, gehören zu den häufigen Erscheinungen des heutigen Geschäftslebens und dienen innerhalb gewisser Grenzen dem Interesse beider Vertragsteile – dem Wirt, der mangels genügender eigener Mittel durch Gewährung

---

[1623] Siehe auch RG, Urt. v. 29.05.1906 – II 512/05, Abschrift S. 5 f. = RGZ 63, 333 (336 f.), für die Dauer einer Bierbezugsverpflichtung von mindestens 12 Jahren.

[1624] RG, Urt. v. 11.05.1906 – II 459/05, Abschrift S. 3 = JW 1906, S. 419 (419) Nr. 3.

des Darlehns in den Stand gesetzt wird, sich eine selbständige Existenz zu gründen oder weiteren Kredit namentlich zur Vergrößerung des Geschäftsbetriebes sich zu verschaffen; der Brauerei, die dadurch auf eine bestimmte Zeit Kundschaft sich sichert und entsprechend in ihrem Geschäftsbetriebe, insbesondere mit der Produktion sich einrichten kann. In der Natur der Verhältnisse liegt es einerseits, daß mittellose Anfänger oder in nicht günstiger Vermögenslage befindliche Wirte mit Rücksicht auf das mit der Kreditgewährung immerhin verbundene größere oder geringere Risiko sich lästigeren Vertragsbedingungen unterwerfen müssen, als Abnehmer, deren Kreditwürdigkeit einem Bedenken nicht unterliegt, andererseits daß die Brauereien das Äquivalent dafür, daß sie flüssige Mittel ihrem Geschäfte entziehen und in kleineren Beträgen mehr oder minder unsicher anlegen, nicht in der üblichen Verzinsung ihrer Darlehen, sondern vielmehr in der Förderung ihres eigenen Geschäftsbetriebes, des Bierabsatzes, suchen. Die wirtschaftliche Wichtigkeit und die weite Verbreitung der Bierabnahmeverträge rechtfertigen nun ohne weiteres die Annahme, daß Verträge solcher Art in mäßigen Grenzen grundsätzlich dem gesunden Rechtsempfinden des Volkes nicht widerstreiten und daß eine abweichende Beurteilung nur in besonderen Umständen, in der drückenden Härte der Vertragsbedingungen, namentlich in der übermäßigen Zeitdauer der Bierbezugsverpflichtung ihre Begründung finden kann. Der §. 138 Abs. 1 des Bürgerlichen Gesetzbuchs erklärt ein jedes Geschäft, das gegen die guten Sitten verstößt, für nichtig. Als besonderen Anwendungsfall hebt der Abs. 2 das wucherische Geschäft hervor. Der Abs. 2 dient einerseits zur Erläuterung des Abs. 1, andererseits gerade in Fällen der vorliegenden Art als nahe liegender gesetzlicher Maßstab."[1625]

Das weitere Vorbringen des Beklagten, die Klägerin habe schlechtes Bier geliefert, sei nicht begründet, weil der Beklagte jedwede Bemängelung des Bieres unterlassen habe.[1626]

[1625] RG, Urt. v. 11.05.1906 – II 459/05, Abschrift S. 4 f. = JW 1906, S. 419 (419 f.) Nr. 3; unter Wiederholung dieser Grundsätze siehe auch RG, Urt. v. 15.06.1906 – II 514/05, Abschrift S. 3 f. = RGZ 63, 390 (391 f.), vgl. *Schubert/Glöckner*, Nachschlagewerk, § 138 Nr. 72.

[1626] Vgl. RG, Urt. v. 11.05.1906 – II 459/05, Abschrift S. 5 f. = JW 1906, S. 419 (420) Nr. 3: „Für den Regelfall und abgesehen von besonderen vom Beklagten nicht behaupteten Umständen gebieten bei einem auf längere Zeit abgeschlossenen Bierabnahmevertrage Treu und Glauben mit Rücksicht auf die Verkehrssitte, daß ein Wirt nicht wegen jeder, selbst unerheblichen, Lieferung vertragswidrigen Bieres sofort und ohne vorherige Beanstandung vom ganzen Vertrage zurücktreten, sondern hierzu erst dann übergehen darf, wenn trotz Beschwerde die Bierlieferung von nicht vertragsmäßiger Beschaffenheit in einer Weise fortgesetzt wird, daß er an der weiteren Lieferung in solcher Art kein Interesse hat und die Fortsetzung des Vertrages bei loyaler Auslegung und Erfüllung nach den Umständen des Falles billigerweise ihm nicht zugemutet werden kann. Wegen vereinzelter vertragswidriger Lieferungen ist der Wirt genugsam geschützt durch das Recht 1.) die

Die Entscheidung ist schon deshalb bemerkenswert, weil der Senat unter Aufrechterhaltung der bisherigen Rechtsprechung ein maßgebliches Kriterium zur Feststellung der Sittenwidrigkeit in der „übermäßigen Beeinträchtigung des Wirts in seinem Gewerbebetrieb“ sah. Dazu kommt, daß er nunmehr ganz selbstverständlich auf die Dauer des Vertrages abstellte und sogar soweit ging, daß ausnahmsweise „in der übermäßigen Zeitdauer der Bierbezugsverpflichtung“ eine „drückende Härte“ gefunden werden könne, die eine rechtlich abweichende Beurteilung gebieten könne. Was die Heranziehung des § 138 Abs. 2 BGB als gesetzlichen Maßstab betrifft, so wäre es zu wünschen gewesen, wenn der Senat dessen Anwendung auf die Fälle der in Betracht kommenenden Bierbezugsverträge näher dargetan hätte.

In einer diese Grundsätze wiederholenden Entscheidung wies der II. Zivilsenat aber darauf hin, daß für die Beurteilung, ob ein Vertrag den guten Sitten widerspricht, „nicht bloß der objektive Inhalt des Geschäfts maßgebend, sondern die Gesamtheit der im Zeitpunkte des Vertragsabschlusses vorhandenen Verhältnisse … von dem besonderen Standpunkte der Vertragsschließenden unter Berücksichtigung ihrer Bedürfnisse, Anschauungen, Motive und Zwecke in Betracht zu ziehen“[1627] sei. Diese Aussage befindet sich im Einklang mit der ständigen Rechtsprechung des Gerichts zur Vorschrift des § 138 BGB.

Das RG ist im untersuchten Zeitraum nicht mehr von seiner Auffassung abgewichen, wonach eine auf mitunter lange Zeit eingegangene Verpflichtung des Wirtes oder gar seines Rechtsnachfolgers, ein bestimmtes Bier ausschließlich von einer Brauerei zu beziehen, nicht grundsätzlich und unter allen Umständen gegen die guten Sitten verstoße, und eine abweichende Beurteilung nur in besonderen Fällen[1628] in Betracht komme, was davon abhänge, ob – unter Einbe-

---

Annahme der vertragswidrigen Lieferung zu verweigern und a.) auf vertragsmäßige Lieferung zu bestehen (§. 480 des Bürgerlichen Gesetzbuchs) oder b.) sofern dies zur ununterbrochenen ordnungsmäßigen Fortführung der Wirtschaft notwendig erscheint, was vielfach der Fall sein wird, sofort und ohne vorherige Fristbestimmung anderweitig sich zu decken und Schadensersatz wegen Nichterfüllung zu fordern (§. 326 Abs. 2 des Bürgerlichen Gesetzbuchs); 2.) Wandelung oder Preisminderung zu verlangen (§. 462 des Bürgerlichen Gesetzbuchs).“

1627 RG, Urt. v. 15.06.1906 – II 514/05, Abschrift S. 3 = RGZ 63, 390 (391), vgl. *Schubert/Glöckner*, Nachschlagewerk, § 138 Nr. 73, für einen Bierbezug bis zur Tilgung der Darlehensschuld, mindestens aber für die Dauer von 5 Jahren und einer Vertragsstrafe von 30 M täglich für den Ausschank fremden Bieres.

1628 So hielt RG, Urt. v. 26.03.1907 – II 468/06, Abschrift S. 3 f. = LZ 1907, Sp. 432 (432) Nr. 6, vgl. *Schubert/Glöckner*, Nachschlagewerk, § 138 Nr. 113, die den Käufern in einem Grundstückskaufvertrag über eine Wirtschaft auferlegte Bestimmung für nach § 138 Abs. 1 BGB nichtig, mit der die Käufer die Verpflichtung eingingen, „für sich und ihre Besitznachfolger innerhalb der nächsten 10 Jahre … das jeweils für die … Wirtschaft benötigte Bier um den ortsüblichen Preis pro Hektoliter nur aus derjenigen Brauerei zu beziehung der gesamten Umstände – im einzelnen Fall eine übermäßige Beeinträchtigung des Wirts in seinem Gewerbebetriebe vorliege.[1629]

---

ziehen, welche ihnen von den Verkäufern oder deren Erben als lieferungsberechtigt jeweils bestimmt wird [!]" und eine Konventionalstrafe von 5 M für jeden aus der von den Verkäufern bestimmten Brauerei nicht bezogenen Hektoliter vereinbarten. Denn die Käufer seien hinsichtlich eines der wesentlichen Teile ihres Gewerbebetriebes lediglich der Willkür des Verkäufers anheimgegeben und die Wahrung ihrer geschäftlichen Interessen sei insoweit ihrer Selbstbestimmung entzogen. Im Unterschied dazu könne bei den bisher für zulässig erachteten Bierlieferungsverträgen, durch die sich Wirte zum Bezug von Bier von einer bestimmten Brauerei auf Zeit verpflichteten, die Tragweite der Bindung, insbesondere die Leistungsfähigkeit der betreffenden Brauerei übersehen werden. Ebenfalls sei ein Bierlieferungsvertrag nach RG, Urt. v. 04.06.1907 – II 44/07, Abschrift S. 4 = *Schubert*, Erkenntnisse 1907, S. 619 (621 f.), vgl. *Schubert/Glöckner*, Nachschlagewerk, § 138 Nr. 128, wegen Verstoßes gegen die guten Sitten nach § 138 Abs. 1 BGB nichtig, durch den der Wirt zum Bierbezug von mindestens 12 Jahren verpflichtet wurde und für den Fall des Bezuges fremden Bieres die Zahlung einer durch Eintragung in Höhe von 3.000 M gesicherten Strafe von 5 M pro Hektoliter sowie die sofortige kündigungslose Rückzahlung des hingegebenen Darlehens über 13.000 M vereinbart sei und alle übrigen Umstände keine Milderung der in der zwölfjährigen Bindung liegenden übermäßigen Beschränkung gewerblicher und wirtschaftlicher Freiheit bringen würden. Siehe auch RG, Urt. v. 17.03.1908 – II 530/07, Abschrift S. 4 = JW 1908, S. 327 (327) Nr. 7, vgl. *Schubert/Glöckner*, Nachschlagewerk, § 138 Nr. 157, für die im sog. Bierkrieg durch die Brauerei einseitig erfolgte Erhöhung des Bierpreises: „Die Annahme eines Verstoßes gegen die guten Sitten [wäre] denkbar, wenn neben der Bindung auf 10 Jahre dem Bierbezugsberechtigten für Erhöhung der Bierpreise ein mit dem wirtschaftlichen Interesse des Bierbezugsverpflichteten unvereinbarer Spielraum eingeräumt sein würde." Siehe außerdem RG, Urt. v. 05.02.1909 – VII 145/08, Abschrift S. 3 = WarnRspr. 1909, Nr. 273 S. 248 (248): Der beklagte Gastwirt sollte auf seine ganze Lebenszeit und gleichviel, wo er das Schankgewerbe betreibe und welcher Art dieses Schankgewerbe sei, alljährlich für einen Betrag von 500 M die bislang von dem Kläger bezogenen Weine und Spirituosen fortbeziehen, ohne jede Rücksicht darauf, ob er in dem von ihm in den betreffenden Jahren betreibenden Schankgeschäft Verwendung für diese Getränke habe oder nicht. Diese Vereinbarung sei nach § 138 Abs. 1 BGB nichtig. „Eine derartige Verpflichtung gefährdet durch ihre zeitliche und örtliche Unbeschränktheit und durch die völlige Nichtberücksichtigung des wirklich vorhandenen Bezugsbedürfnisses den Beklagten in seiner wirtschaftlichen Existenz in so hohem Grade, daß die Auferlegung einer solchen Verpflichtung nicht mehr als zulässig erachtet werden kann." Siehe weiterhin RG, Urt. v. 18.05.1909 – II 462/08, Abschrift S. 3 f. = JW 1909, S. 412 (412 f.) Nr. 7.

[1629] Vgl. RG, Urt. v. 19.06.1906 – II 557/05, Abschrift S. 4 = ElsLothZ 32 (1907), S. 35 (35) Nr. 1, vgl. *Schubert/Glöckner*, Nachschlagewerk, § 138 Nr. 76, wo der Senat eine solche Beeinträchtigung durch den Vertrag verneinte, in dem sich der Wirt gegen Gewährung eines Darlehens von 14.000 M verpflichtet hatte, von der darlehengebenden Brauerei seinen gesamtem Bierbedarf für seine Wirtschaft zum Preis von 19,50 M für das Hektoliter bis zur vollständigen Abtragung dieser Darlehensschuld – mindestens aber auf 3 Jahre, selbst wenn der Wirt das Darlehen vorher zurückbezahlt – bei einer Vertragsstrafe von 3 M für

IV. Vertragliche Konkurrenz- bzw. Wettbewerbsverbote

Im Kommentar von *Scherer* zum ersten Buch des BGB aus dem Jahre 1897 liest man zu den Konkurrenzverboten im Rahmen des § 138 BGB: „Durch Verträge darf keine moderne Sklaverei geschaffen werden. ... Niemandem darf die Ausübung eines Lebensberufs und das Recht, sich durch Ausübung desselben zu ernähren, eingeschränkt oder durch einen Vertrag unmöglich gemacht werden; ein solcher Vertrag ist nichtig."[1630] Wann ein solcher Fall vorliege, hänge entscheidend vom einzelnen Falle ab.[1631] Insoweit wird auch heute nicht verkannt,

---

jeden anderweit bezogenen Hektoliter zu beziehen. Siehe auch RG, Urt. v. 25.09.1906 – II 46/06, JW 1906, S. 684 (684) Nr. 4, vgl. *Schubert/Glöckner*, Nachschlagewerk, § 138 Nr. 78: Ein mit dem Darlehensvertrag über 6.600 M verbundener Bierbezugsvertrag, durch ein Wirt sich verpflichtete, für seine Wirtschaft vier Biersorten solange zu beziehen, bis das Darlehen durch einen Aufschlag von 3 M auf jedes abgenommene Hektoliter abbezahlt ist, verstoße nicht gegen die guten Sitten. Siehe weiter RG, Urt. v. 23./25.10.1906 – II 97/06, Abschrift S. 3, vgl. *Schubert/Glöckner*, Nachschlagewerk, § 138 Nr. 86, wonach eine Vereinbarung, daß eine auf 5 Jahre für ein Restaurant übernommene „Weinbezugspflicht der Beklagten weder durch Rückzahlung der Darlehen noch im Falle des Weiterverkaufs des Restaurants erlöschen sollte, sondern daß die Beklagten vertraglich verpflichtet waren, ihren Rechtsnachfolgern, falls sie das Restaurant während der fünfjährigen Vertragsdauer weiterveräußern, die Weinbezugspflicht aufzuerlegen", nicht gegen die guten Sitten verstoße. Für eine Bierbezugspflicht für die Dauer von 18 Jahren siehe RG, Urt. v. 16.11.1907 – V 102/07, Abschrift S. 3 f. = RGZ 67, 101 (102 f.), vgl. *Schubert/Glöckner*, Nachschlagewerk, § 138 Nr. 142. Siehe weiterhin RG, Urt. v. 19.05.1908 – III 485/07, Abschrift S. 3, vgl. *Schubert/Glöckner*, Nachschlagewerk, § 138 Nr. 37 u. 62. Siehe auch RG, Urt. v. 30.11.1909 – VII 51/09, Abschrift S. 4 = JW 1910, S. 62 (62) Nr. 5: „Danach ist unter Berücksichtigung des gesamten Inhalts eines solchen Vertrages und der besonderen Verhältnisse der Vertragsschließenden zu prüfen, ob nach den Grundsätzen des anständigen Verkehrs die dem Wirt auferlegten Verpflichtungen nach Art und Maß erträglich erscheinen. Trifft das nicht zu, enthalten sie vielmehr eine drückende Härte gegen den Wirt oder beschränken sie ihn übermäßig in seiner wirtschaftlichen Freiheit, so können sie gegenüber dem § 138 [BGB] nicht bestehen." Siehe weiter die Entscheidungen des RG, Urt. v. 13.01.1911 – II 120/10, Abschrift S. 4 = Recht 1911, Beil. Nr. 1501 für die (nicht für sittenwidrig erachtete) unbeschränkte Dauer einer Bierbezugspflicht; RG, Urt. v. 26.05.1911 – II 548/10, Abschrift S. 3 = LZ 1911, Sp. 696 (696) Nr. 6; RG, Urt. v. 27.02.1912 – II 455/11, Abschrift S. 4 = WarnRspr. 1912, Nr. 242 S. 277 (277), vgl. *Schubert/Glöckner*, Nachschlagewerk, § 138 Nr. 215 für eine Bierlieferungspflicht von 10 Jahren; RG, Urt. v. 22.01.1913 – V 363/12, Abschrift S. 4 = WarnRspr. 1913, Nr. 219 S. 276 (278): Bierbezug von 20 Jahren und Bindung des Geschäftsnachfolger; RG, Urt. v. 04.03.1914 – V 385/13, Abschrift S. 3 = Recht 1914, Beil. Nr. 1390: Vertragsdauer von 15 Jahren.

[1630] *Scherer*, BGB, Bd. I, § 138 Anm. 6.I.B., S. 275.

[1631] Vgl. *Scherer*, BGB, Bd. I, § 138 Anm. 6.I.B., S. 275.

daß die Konkurrenzverbote, wie sie zunächst bezeichnet wurden[1632] – das Wort „Wettbewerb[s]verbot" findet sich erst als Legaldefinition des zum 1. Januar 1915 in Kraft getretenen § 74 Abs. 1 HGB in der Fassung vom 10. Juni 1914[1633] – unter Umständen eine wesentliche Beschränkung der wirtschaftlichen Entscheidungsfreiheit des Einzelnen enthalten können.[1634]

Zwei Fälle sind zu unterscheiden: die gesetzlichen und die vertraglichen Konkurrenzverbote. Bei den gesetzlichen wird durch das Gesetz selbst die Konkurrenzbeschränkung während der Dauer des Vertragsverhältnisses, insbesondere bei Dienst- und Gesellschaftsverträgen angeordnet.[1635] Sie sollen vorliegend nicht untersucht werden. Vielmehr bilden den Mittelpunkt der folgenden Betrachtungen die vertraglichen Konkurrenzverbote, mancherorts auch Konkurrenzausschlußverträge[1636] genannt.[1637] Bei letzteren handelte es sich um vertragliche Vereinbarungen, die eine Beschränkung der gewerblichen Tätigkeit für die Zeit nach Erledigung eines Anstellungs- oder Gesellschaftsvertrages zur Pflicht machten oder um solche, die ohne Bezug auf ein derartiges Rechtsverhältnis die freie Konkurrenz in irgendeiner Richtung ausschlossen.[1638] Denkbar war etwa die vertragliche Abrede, wonach sich jemand gegenüber dem Vertragspartner gewissen Beschränkungen in seiner gewerblichen Tätigkeit unterwarf und sich insbesondere verpflichtete, ein Konkurrenzgeschäft nicht, nicht an bestimmten Orten bzw. in bestimmten Bezirken zu betreiben oder in ein solches Geschäft einzutreten.[1639] Hierzu gehörten nach *Ritter* auch „diejenigen Verträge, durch welche sich jemand für die Zeit nach der Erledigung des Hauptrechtsverhältnisses verpflichtet, ein ihm vermöge dieses Verhältnisses anvertrautes oder sonst zugänglich gewordenes Geschäfts- oder Betriebsgeheimnis an andere nicht mit-

---

1632 So etwa *Meisner*, BGB, Bd. I, § 138 Anm. 5.a), S. 132; *Düringer/Hachenburg*, HGB Bd. II, 1. Aufl. 1901, Einl. S. 39 und *Ritter*, DJZ 1902, S. 349 (350).

1633 Siehe § 74 Abs. 1 HGB, RGBl. 1914, S. 209 (209).

1634 Siehe nur *Mayer-Maly/Armbrüster*, in: MüKo, BGB, 4. Auflage 2001, § 138 Rn. 79.

1635 Vgl. *Lehmann*, S. 139. Gesetzliche Wettbewerbsverbote bestehen heute für die persönlich haftenden Gesellschafter einer oHG (siehe § 112 HGB), KG (siehe §§ 112, 161 Abs. 2 HGB, nach § 165 HGB aber nicht für die Kommanditisten) und KG auf Aktien (siehe § 284 HGB), die Vorstandsmitglieder einer AG (siehe § 88 AktG) und außerdem für die Handlungsgehilfen (siehe §§ 60 f. HGB).

1636 Siehe *Weiß*, HirthsAnn. 1905, S. 788 (788) und *Lehmann*, S. 139.

1637 Bestimmungen für vertraglich vereinbarte Wettbewerbsverbote finden sich heute für Prinzipal u. Handlungsgehilfen (siehe §§ 74 ff. HGB), Volontäre (siehe § 82 a HGB) und Handelsvertreter (siehe § 90 a HGB).

1638 Vgl. *Lehmann*, S. 139 und *Riezler*, ArchBürgR 27 (1906), S. 219 (223).

1639 Vgl. *Meisner*, BGB, Bd. I, § 138 Anm. 5.a), S. 132. Der besonders gelagerte Fall bei Konkurrenzverboten im Falle des Verkaufes einer Arztpraxis ist bereits oben (unter C.III.2.) näher beleuchtet worden.

zuteilen oder sonst zu Zwecken des Wettbewerbs zu verwerten".[1640] Das Versprechen der Konkurrenzenthaltung wurde in der Regel zusätzlich mit dem Versprechen der Zahlung einer Vertragsstrafe für den Fall der Zuwiderhandlung gegen das Verbot abgesichert und mitunter noch durch eine Verpfändung des Ehrenworts bestärkt.[1641] Die Gründe für eine derartige Abrede lagen also vor allem im Interesse des Geschäftsinhabers am Konkurrenzschutz und an der Geheimhaltung seiner Betriebsgeheimnisse. Allgemein anerkannt war, daß solche vertraglichen Beschränkungen der Konkurrenz somit an sich durchaus erlaubte und billigenswerte Zwecke verfolgen konnten und ihre Rechtsgültigkeit allein vom Umfang der persönlichen und gewerblichen Freiheitsbeschränkung des Verpflichteten abhängen sollte; nur das Übermaß führe zur Kollision mit den guten Sitten.[1642]

So alt wie diese Verträge ist auch die Frage nach ihrer rechtlichen Gültigkeit, und so wurde bereits in den letzten beiden Jahrzehnten des 19. Jahrhunderts im Zuge der Revision des alten HGB und im Anschluß an die Einführung des BGB der Ruf nach einer gesetzlichen Regelung der Konkurrenzausschlußverträge lauter.[1643] Diesen Abreden wurden denn auch für bestimmte Personengruppen durch das Handelsgesetzbuch vom 10. Mai 1897[1644] (HGB) und die Gewerbeordnung für das Deutsche Reich in der Bekanntmachung vom 26. Juli 1900[1645] (GewO) gewisse Grenzen gesetzt. Für die sog. Konkurrenzklauseln zwischen Prinzipal und Handlungsgehilfen[1646] im Sinne des § 59 HGB[1647] bestimmte der

---

[1640] *Ritter*, DJZ 1902, S. 349 (350); so auch *Weiß*, HirthsAnn. 1905, S. 788 (789); siehe weiterhin zum Schutz von Geschäftsgeheimnissen *Weber*, HirthsAnn. 1908, S. 45 (47 f.); *Cantor*, Konkurrenzklausel, S. 1 und *Kloeppel*, JW 1914, S. 223 (224).

[1641] Siehe auch *Sandrock*, AcP 159 (1960), S. 481 (516).

[1642] Siehe *Lehmann*, S. 139 f.

[1643] Vgl. *Weiß*, HirthsAnn. 1905, S. 788 (788).

[1644] Siehe RGBl. 1897, S. 219 ff.

[1645] Siehe RGBl. 1900, S. 871 ff.

[1646] Nach *von Schulz*, GewKfmG 12 (1907), Sp. 145 (145) – siehe auch *Weber*, HirthsAnn. 1908, S. 45 (45) und *Tuma*, LZ 1910, Sp. 917 (920) –, verdankten die als „Konkurrenzklauseln" bezeichneten Verträge, welche die Konkurrenztätigkeit der Gewerbe- und Handlungsgehilfen nach Beendigung des Arbeits- bzw. Dienstverhältnisses in bestimmten Umfang verhindern sollten, ihren Namen dem Umstand, daß sie meist nicht als Verträge für sich, sondern lediglich als Bestandteile von derartigen Verträgen auftraten. Hingegen beschränkte *Cantor*, Konkurrenzklausel, S. 4 f., den Begriff der Konkurrenzklausel nicht nur auf die Verträge mit Handlungsgehilfen.

[1647] Siehe § 59 HGB, RGBl. 1897, S. 219 (231 f.): „Wer in einem Handelsgewerbe zur Leistung kaufmännischer Dienste gegen Entgelt angestellt ist (Handlungsgehülfe), hat, soweit nicht besondere Vereinbarungen über die Art und den Umfang seiner Dienstleistungen oder über die ihm zukommende Vergütung getroffen sind, die dem Ortsgebrauch

§ 74 HGB: „[Abs. 1:] Eine Vereinbarung zwischen dem Prinzipal und dem Handlungsgehülfen, durch welche dieser für die Zeit nach der Beendigung des Dienstverhältnisses in seiner gewerblichen Thätigkeit beschränkt wird, ist für den Handlungsgehülfen nur insoweit verbindlich, als die Beschränkung nach Zeit, Ort und Gegenstand nicht die Grenzen überschreitet, durch welche eine unbillige Erschwerung des Fortkommens des Handlungsgehülfen ausgeschlossen wird. [Abs. 2:] Die Beschränkung kann nicht auf einen Zeitraum von mehr als drei Jahren von der Beendigung des Dienstverhältnisses an erstreckt werden. [Abs. 3:] Die Vereinbarung ist nichtig, wenn der Handlungsgehülfe zur Zeit des Abschlusses minderjährig ist."[1648] Ergänzt wurde diese Gesetzesbestimmung durch § 75 HGB, der folgenden Wortlaut hatte: „[Abs. 1:] Giebt der Prinzipal durch vertragswidriges Verhalten dem Handlungsgehülfen Grund, das Dienstverhältniß gemäß den Vorschriften der §§. 70, 71[1649] aufzulösen, so kann er aus einer Vereinbarung der im §. 74 bezeichneten Art Ansprüche nicht geltend machen. Das Gleiche gilt, wenn der Prinzipal das Dienstverhältniß kündigt, es sei denn, daß für die Kündigung ein erheblicher Anlaß vorliegt, den er nicht verschuldet hat, oder daß während der Dauer der Beschränkung dem Handlungsgehülfen das zuletzt von ihm bezogene Gehalt fortgezahlt wird. [Abs. 2:] Hat der Handlungsgehülfe für den Fall, daß er die in der Vereinbarung übernommene Verpflichtung nicht erfüllt, eine Strafe versprochen, so kann der Prinzipal nur die verwirkte Strafe verlangen; der Anspruch auf Erfüllung oder auf Ersatz eines weiteren Schadens ist ausgeschlossen. Die Vorschriften des Bürgerlichen Gesetzbuchs über die Herabsetzung einer unverhältnißmäßig hohen Vertragsstrafe bleiben unberührt. [Abs. 3:] Vereinbarungen, welche diesen Vorschriften zuwiderlaufen, sind nichtig."[1650] Über den § 76 Abs. 1 HGB fanden die §§ 74, 75 HGB auch auf Handlungslehrlinge Anwendung.[1651]

Wenn auch für die Untersuchung nicht bedeutsam, so ist doch darauf hinzuweisen, daß die vorgenannten Vorschriften durch Art. 1 des „Gesetz[es] zur Änderung der §§ 74, 75 und des § 76 Abs. 1 des Handelsgesetzbuchs" vom 10. Juni

---

entsprechenden Dienste zu leisten sowie die dem Ortsgebrauch entsprechende Vergütung zu beanspruchen. In Ermangelung eines Ortsgebrauchs gelten die den Umständen nach angemessenen Leistungen als vereinbart."

1648 § 74 HGB, RGBl. 1897, S. 219 (235). Nach *Reinshagen*, S. 27, sei § 74 HGB lex specialis gegenüber § 138 BGB; siehe auch *Alsberg*, LZ 1910, Sp. 206 (208), der (ebenfalls) Gesetzeskonkurrenz zwischen den beiden Vorschriften annahm.

1649 Nach § 70 Abs. 1 HGB, RGBl. 1897, S. 219 (234), konnte das Dienstverhältnis bei Vorliegen eines wichtigen Grundes von jedem Teile ohne Einhaltung einer Kündigungsfrist gekündigt werden. Der § 71 HGB, RGBl. 1897, S. 219 (234), gab dabei Beispiele vor, die als wichtiger Grund den Handlungsgehilfen zur Kündigung berechtigten.

1650 § 75 HGB, RGBl. 1897, S. 219 (235).

1651 Siehe § 76 Abs. 1 HGB, RGBl. 1897, S. 219 (235).

1914[1652] neugefaßt und um weitere Paragraphen ergänzt wurden, für die Handlungsgehilfen also neues Recht gebracht hat. Durch Art. 2 dieses Gesetzes wurde hinter dem § 82 HGB die Regelung des § 82 a HGB[1653] für Volontäre eingeführt. Insoweit war die bisherige Rechtsprechung teils überholt.[1654]

Einen dem § 74 Abs. 1 HGB ähnlichen Wortlaut wies die Vorschrift des § 133 f Abs. 1 GewO für Wettbewerbsbeschränkungen zwischen Gewerbeunternehmer und den in § 133 a GewO[1655] aufgeführten gewerblichen Angestellten auf: „Eine Vereinbarung zwischen dem Gewerbeunternehmer und einem der im §. 133 a bezeichneten Angestellten, durch die der Angestellte für die Zeit nach der Beendigung des Dienstverhältnisses in seiner gewerblichen Thätigkeit be-

---

1652 Siehe RGBl. 1914, S. 209 ff. Zum Gesetz und den dazugehörigen Vorlagen und Gesetzesentwürfen siehe die (vor allem wegen der als zu kompliziert und im persönlichen Anwendungsbereich als unzulänglich empfundenen Regelungen) sehr kritischen Stellungnahmen von *Düringer*, DJZ 1911, Sp. 1233 ff.; *Cantor*, MuW XII (1912/1913), S. 169 ff.; *Düringer*, DJZ 1913, Sp. 128 ff.; *Baum*, GewKfmG 18 (1913), Sp. 73 (77 f.); *Cahn*, DRiZ 1913, Sp. 246 ff.; *Potthoff*, RuW 2 (1913), S. 324 ff.; *Baum*, JW 1914, S. 998 ff. und *Hachenburg*, DJZ 1915, Sp. 55 ff.

1653 Siehe § 82 a HGB, RGBl. 1914, S. 209 (213): „Auf Wettbewerbverbote gegenüber Personen, die, ohne als Lehrlinge angenommen zu sein, zum Zwecke ihrer Ausbildung unentgeltlich mit kaufmännischen Diensten beschäftigt werden (Volontäre), finden die für Handlungsgehilfen geltenden Vorschriften insoweit Anwendung, als sie nicht auf das dem Gehilfen zustehende Entgelt Bezug nehmen."

1654 Nach Art. 3 des Gesetzes zur Änderung der §§ 74, 75 und des § 76 Abs. 1 des Handelsgesetzbuchs vom 10. Juni 1914, RGBl. 1914, S. 209 (213), trat dieses am 1. Januar 1915 in Kraft und die neuen Vorschriften, abgesehen von den Formvorschriften des § 74 Abs. 1 HGB, fanden auch auf die vorher vereinbarten Wettbewerbsverbote Anwendung. Der § 75 Abs. 1 Satz 2 HGB in der Fassung vom 10. Mai 1897, RGBl. 1897, S. 219 (235), wurde allerdings schon in der Übergangszeit durch Bundesratsverordnung in der „Bekanntmachung, betreffend das vorzeitige Inkrafttreten einer Vorschrift aus dem Gesetze vom 10. Juni 1914 zur Änderung der §§ 74, 75 usw. des Handelsgesetzbuchs (Reichs-Gesetzbl. 1914, S. 209)" vom 10. September 1914, RGBl. 1914, S. 404 (404), für die Zeit vom 11. September 1914 bis zum 31. Dezember 1914 durch den ursprünglich erst zum 1. Januar 1915 in Kraft tretenden § 75 Abs. 2 HGB ersetzt; siehe zu den hierfür in den Kriegsereignissen liegenden Gründen *Baum*, JW 1914, S. 815 (818); *Baum*, JW 1914, S. 949 (949) und *Hachenburg*, DJZ 1915, Sp. 55 (59 f.).

1655 Siehe § 133 a GewO, RGBl. 1900, S. 871 (958 f.): „Das Dienstverhältniß der von Gewerbeunternehmern gegen feste Bezüge beschäftigten Personen, welche nicht lediglich vorübergehend mit der Leitung oder Beaufsichtigung des Betriebs oder einer Abtheilung desselben beauftragt (Betriebsbeamte, Werkmeister und ähnliche Angestellte) oder mit höheren technischen Dienstleistungen betraut sind (Maschinentechniker, Bautechniker, Chemiker, Zeichner und dergleichen), kann, wenn nicht etwas Anderes verabredet ist, von jedem Theile mit Ablauf jedes Kalendervierteljahrs nach sechs Wochen vorher erklärter Aufkündigung aufgehoben werden."

schränkt wird, ist für den Angestellten nur insoweit verbindlich, als die Beschränkung nach Zeit, Ort und Gegenstand nicht die Grenzen überschreitet, durch welche eine unbillige Erschwerung seines Fortkommens ausgeschlossen wird."[1656] Im Gegensatz zum § 74 Abs. 2 HGB fand sich im § 133 f GewO keine Beschränkung auf einen höchstzulässigen Zeitraum nach Beendigung des Dienstverhältnisses.

1. Rechtliche Beurteilung von Konkurrenzverboten zwischen Selbständigen

Abgesehen von den gerade erwähnten Vorschriften des HGB und der GewO fehlte es an gesetzlichen Bestimmungen für vertragliche Konkurrenzverbote, wie sie etwa auch in Verträgen mit (ausscheidenden) Gesellschaftern, zwischen Veräußerer und Erwerber eines Geschäfts und zwischen selbständigen Kaufleuten und Gewerbetreibenden vorkamen.[1657] In der Literatur bestand darüber Einigkeit, daß für diese Fälle nicht die §§ 74 ff. HGB etc. Anwendung finden könnten.[1658] Solange sich wirtschaftlich und sozial gleichgestellte Partner gegenüberstünden, sei „kein legislatorischer Grund vorhanden, der freien Parteivereinbarung besondere Fesseln anzulegen".[1659] Es seien nur die allgemeinen Rechtsnormen anwendbar, mithin auch die des § 138 BGB.[1660] Dabei komme es im Besonderen auf die Umstände des Einzelfalles an, weil nach *Düringer/Hachenburg* „die Grenzen zwischen dem erlaubten und dem gegen das Sit-

---

1656 § 133 f Abs. 1 GewO, RGBl. 1900, S. 871 (960). Für die völlige Aufhebung derartiger Beschränkungen plädierte *Potthoff*, Recht 1908, Sp. 159 ff.; gegen dessen Ausführungen *Fuld*, Recht 1908, Sp. 161 f.

1657 Vgl. *Meisner*, BGB, Bd. I, § 138 Anm. 5.a), S. 132; *Lehmann*, S. 140 und *Riezler*, ArchBürgR 27 (1906), S. 219 (225 f.).

1658 Siehe nur *Meisner*, BGB, Bd. I, § 138 Anm. 5.a), S. 132; *Staub*, HGB, Bd. I, 6./7. Aufl. 1900, § 22 Anm. 26., S. 134; *Staub*, HGB, Bd. I, 6./7. Aufl. 1900, § 74 Einl., S. 288; *Düringer/Hachenburg*, HGB Bd. II, 1. Aufl. 1901, Einl. S. 39; *Ritter*, DJZ 1902, S. 349 (350); *Weiß*, HirthsAnn. 1905, S. 788 (789); *Düringer/Hachenburg*, HGB Bd. I, 2. Aufl. 1908, § 74 Anm. 3., III.1.a), S. 459 und *Sandrock*, AcP 159 (1960), S. 481 (521). Siehe ferner *Marcus*, DJZ 1907, Sp. 952 (952 f.), der aus den Bestimmungen des § 74 HGB und des § 343 BGB ein allgemeines richterliches Ermäßigungsrecht für alle Konkurrenzabreden ableitete; gegen ihn *Baum*, Wettbewerbsverbot, S. 191 in der Fn.

1659 *Cantor*, Konkurrenzklausel, S. 5.

1660 Vgl. *Meisner*, BGB, Bd. I, § 138 Anm. 5.a), S. 132; *Düringer/Hachenburg*, HGB Bd. II, 1. Aufl. 1901, Einl. S. 40; *Ritter*, DJZ 1902, S. 349 (350 u. 352); *Riezler*, ArchBürgR 27 (1906), S. 219 (226): „Eine Vernichtung der Erwerbsfreiheit des Einzelnen durch zuweit gehende Konkurrenzklauseln widerspricht unseren sittlichen Anschauungen von der Freiheit der Persönlichkeit und verstößt darum gegen den § 138 BGB."; *Cantor*, Konkurrenzklausel, S. 5.

tengesetz verstoßenden hier fließende“[1661] seien. Dort liest man in diesem Zusammenhang: „Es ist überall bei der Beurteilung des einzelnen Falles auf die besonderen objektiven und subjektiven Verhältnisse und Beziehungen Rücksicht zu nehmen. Deshalb kann eine Beschränkung, die dem Einen gegenüber als statthaft erscheint, nach den besonderen Verhältnissen eines Andern die völlige Unterbindung seiner wirtschaftlichen Existenz bedeuten. ... Eine unbillige Erschwerung des Fortkommens kann nur dann als Verstoß gegen die guten Sitten erscheinen, wenn die Erschwerung eine so übermäßige, die Unbilligkeit eine so schwere ist, daß die dadurch bewirkte Hemmung der gewerblichen Freiheit mit der Rechtsordnung unvereinbar und deshalb als null und nichtig erscheint.“[1662]

Das RG hatte sich in einer Reihe von Entscheidungen mit der Problematik auseinanderzusetzen, wie Konkurrenzvereinbarungen zwischen Personen rechtlich zu beurteilen seien, die nicht dem persönlichen Anwendungsbereich der §§ 76 ff. HGB und des § 133 f GewO unterfielen.[1663] Im Urteil vom 28.08.1901[1664] erblickte der V. Zivilsenat des RG in einem durch Vertrag vom 23. März 1898 auferlegten Konkurrenzverbot keinen Verstoß gegen die guten Sitten durch übermäßige Beschränkung der persönlichen Freiheit.[1665] Er griff hierzu auf die bestehende Rechtsprechung des RG zurück, wonach „die Erwerbsfähigkeit nur beschränkt, nicht aber im Ganzen oder in einzelnen Richtungen vernichtet werden darf, und ... daher vertragsmäßige Konkurrenzverbote ohne jede Beschränkung nach Zeit und Ort unzulässig [seien]“.[1666] Dem Senat erschien eine auch nur analoge Anwendung der §§ 74 ff. HGB auf Verträge zwischen selbständigen Kaufleuten „in Anbetracht der verschiedenen Stellung eines selbständigen Kaufmanns gegenüber einem bloßen Handlungsgehülfen unzulässig“.[1667]

1661 *Düringer/Hachenburg*, HGB Bd. II, 1. Aufl. 1901, Einl. S. 40.

1662 *Düringer/Hachenburg*, HGB Bd. II, 1. Aufl. 1901, Einl. S. 40 f.; ähnlich *Ritter*, DJZ 1902, S. 349 (350 f.).

1663 Zur Beschränkung der Freiheit der künstlerischen Betätigung (Konkurrenzverbot für Dirigenten – sog. Fall Weingartner) siehe RG, Urt. v. 15.10.1912 – VII 231/12, RGZ 80, 219, vgl. *Schubert/Glöckner*, Nachschlagewerk, § 138 Nr. 224 und die diesbezüglichen Besprechungen von *Neumond*, DJZ 1912, Sp. 1499 ff.; *A. Wolff*, DJZ 1912, Sp. 1503 ff.; *Jorges*, ZRPhil. 1 (1914), S. 208 (208 ff.); *Baum*, Wettbewerbsverbot, S. 214 f. sowie *Eckstein*, GewRschutz 25 (1920), S. 109 (109).

1664 Vgl. RG, Urt. v. 28.08.1901 – V 272/01, JW 1901, S. 725 Nr. 20.

1665 Vgl. RG, Urt. v. 28.08.1901 – V 272/01, JW 1901, S. 725 (725) Nr. 20.

1666 RG, Urt. v. 28.08.1901 – V 272/01, JW 1901, S. 725 (725 f.) Nr. 20.

1667 RG, Urt. v. 28.08.1901 – V 272/01, JW 1901, S. 725 (726) Nr. 20 unter Verweis auf: *Staub*, HGB, Bd. I, 6./7. Aufl. 1900, § 22 Anm. 26. u. 27., S. 134 f.

Grundlegende Bedeutung erlangte das Urteil des I. Zivilsenats vom 06.12.1902[1668]. Nach dessen Tatbestand betrieben die Parteien eine Fabrik zur Herstellung von Verbandsstoffen und pharmazeutischen Präparaten als offene Handelsgesellschaft in Köln. Am 15. April 1898 lösten sie die Gesellschaft durch schriftlichen Vertrag auf. Danach schied der Beklagte aus, wobei eine Liquidation unterblieb. Der Kläger übernahm das Geschäft mit allen Aktiven und Passiven unter der bisherigen Firma und zahlte dem Beklagten dessen Einlagekapital von 60.000 M sowie eine Vergütung von 10.000 M aus. Der Beklagte verpflichtete sich dagegen bei einer Konventionalstrafe von 30.000 M für jeden Fall der Zuwiderhandlung dem Kläger niemals direkt oder indirekt in Deutschland, Holland, Luxemburg, Belgien, der Schweiz und in Österreich Konkurrenz zu machen, nie in einem Konkurrenzgeschäfte eines der vorbezeichneten Länder Stellung anzunehmen und keinesfalls Einrichtungen und Methoden des Geschäfts in diesen Ländern bekannt zu geben. Unter das Konkurrenzverbot sollten die Herstellung und der Vertrieb aller Verbandsstoffe und pharmazeutischer Präparate fallen, welche zur Zeit des Vertragsschlusses als solche bekannt waren und Verwendung fanden, auch wenn sie in Zukunft Veränderungen oder Verbesserungen erfahren sollten. Nicht unter das Verbot fielen dagegen der Detailverkauf, wie er in Apotheken und Drogerien gebräuchlich war. Im Oktober 1900 gründete der Beklagte eine Firma mit einer Fabrik in Kaiserslautern, die ebenfalls Verbandstoffe und pharmazeutische Präparate herstellte und vertrieb. Der Kläger hielt aus diesem Grund die Vertragsstrafe für verwirkt und forderte mit seiner Klage einen Teilbetrag von 2.000 M ein. Seinen Klagabweisungsantrag begründete der Beklagte damit, daß das Verbot zu weit gehe und deshalb ebenso wie das Strafversprechen nichtig sei.

Alle Instanzen sprachen die Klage zu. Das RG stellte zunächst für die Ausgangsfrage, nach welchem Recht der Vertrag vom 15. April 1898 zu beurteilen sei, fest, daß die Vorschriften der §§ 74 bis 76 HGB und der §§ 133 ff. GewO – unabhängig vom Problem ihrer zeitlichen Anwendbarkeit – auf das Verhältnis selbständiger Kaufleute zueinander keine Anwendung finden können.[1669] Fehlten aber gesetzliche Bestimmungen für Konkurrenzverbote, denn weder das am

---

[1668] Vgl. RG, Urt. v. 06.12.1902 – I 229/02, RGZ 53, 154, vgl. *Schubert/Glöckner*, Nachschlagewerk, § 138 Nr. 10.

[1669] Vgl. RG, Urt. v. 06.12.1902 – I 229/02, Abschrift S. 4 = RGZ 53, 154 (155) unter Verweis auf: *Staub*, HGB, Bd. I, 6./7. Aufl. 1900, § 74 Einl., S. 288. So galten die §§ 74 und 75 HGB in der Fassung des Handelsgesetzbuchs vom 10. Mai 1897, RGBl. 1897, S. 219 (235), nach ihrem Wortlaut nur für das Dienstverhältnis zwischen Prinzipal und Handlungsgehilfen bzw. über § 76 Abs. 1 HGB auch für Handlungslehrlinge. Die Vorschrift des § 133 f GewO in der Fassung vom 26. Juli 1900, RGBl. 1900, S. 871 (960), betraf ihrem Wortlaut nach nur eine Vereinbarung zwischen dem Gewerbeunternehmer und einem der in § 133 a GewO bezeichneten Angestellten.

Ort zur Zeit des Vertragsabschlusses geltende französische Recht noch das BGB hätten hierfür Regelungen getroffen, so sei die Gültigkeit vertragsmäßig übernommener Konkurrenzbeschränkungen nach allgemeinen Rechtsgrundsätzen zu beurteilen.[1670]

Was die an ein zulässiges Konkurrenzverbot gestellten Anforderungen betrifft, so führte der Senat aus: „Jedes Konkurrenzverbot enthält eine Beschränkung der persönlichen Freiheit, speziell der Gewerbefreiheit des durch das dasselbe Verpflichteten. Eine solche Beschränkung ist aber als durchaus zulässig zu erachten, sofern sie einerseits einem berechtigten Interesse desjenigen entspricht, zu dessen Gunsten sie übernommen wurde und andererseits derart – örtlich, zeitlich, gegenständlich – begrenzt ist, daß sie nicht zu einer unangemessenen Beschränkung der Bewegungsfreiheit, insbesondere zur wirtschaftlichen Vernichtung des Verpflichteten führt. Hiernach ist in der Judikatur schon seither angenommen worden, daß die Frage, ob ein Konkurrenzverbot diesen Erfordernissen entspricht, sich nicht allgemein, sondern nur nach den individuellen Verhältnissen jedes Einzelfalles beantworten lasse."[1671]

Es sei eine in der Praxis recht häufige, den Bedürfnissen und Anschauungen des Verkehrs entsprechende Vereinbarung, daß der Verkäufer beim Verkauf des Handelsgeschäftes oder der ausscheidende Gesellschafter bei Auseinandersetzung einer offenen Handelsgesellschaft die Verpflichtung übernehme, dem weitergeführten Geschäft keine Konkurrenz zu machen. Dadurch schütze der Erwerber des Geschäftes sein Interesse, daß das Geschäft durch den mit allen geschäftlichen Verhältnissen vertrauten Verkäufer oder Gesellschafter nachträglich durch dessen Konkurrenz entwertet oder gefährdet würde. Ein berechtigtes Interesses des Erwerbers sei dabei um so mehr anzunehmen, wenn er – was vorliegend der Fall war – ein besonderes Entgelt für die Konkurrenzenthaltung des anderen gezahlt habe.[1672]

Für eine Beurteilung der angemessenen Begrenzung des Verbotes sei es keineswegs nötig, daß das Verbot örtlich, zeitlich und gegenständlich, mithin in alle drei möglichen Richtungen kumulativ begrenzt sei: „Auch ein zeitlich oder örtlich unbeschränktes Verbot kann doch gegenständlich derart begrenzt sein, daß die für den Verpflichteten hieraus erwachsende Beschränkung seiner wirtschaftlichen Bewegungsfreiheit nicht als eine unbillige und unangemessene er-

---

1670 Vgl. RG, Urt. v. 06.12.1902 – I 229/02, Abschrift S. 4 = RGZ 53, 154 (155).

1671 RG, Urt. v. 06.12.1902 – I 229/02, Abschrift S. 4 = RGZ 53, 154 (156) mit mehreren Verweisen auf ältere Entscheidungen des RG.

1672 Vgl. RG, Urt. v. 06.12.1902 – I 229/02, Abschrift S. 4 f. = RGZ 53, 154 (156 f.). Siehe auch für die Berücksichtigung einer gezahlten Entschädigung für die Wettbewerbsbeschränkung RG, Urt. v. 19.12.1913 – III 435/13, WarnRspr. 1914, Nr. 73 S. 100 (101).

scheint."[1673] Dies sei hier der Fall, weshalb die vom Beklagten infolge eigener Anregung und gegen Entgelt auf sich genommene Konkurrenzenthaltung „keineswegs als eine unangemessene und den guten Sitten widerstreitende angesehen werden könne"[1674]: Die eigentliche Berufstätigkeit des Beklagten als Apotheker, der Drogeriegroßhandel und der Betrieb chemischer Fabriken werde, soweit sie nicht die im Vertrag aufgeführten pharmazeutischen Präparate zum Gegenstand haben, ebenso wie der Detailhandel mit solchen Präparaten in Drogerien oder Apotheken und ferner die Herstellung sowie der Vertrieb neu entwickelter Präparate durch das Konkurrenzverbot nicht betroffen.[1675]

Diese Sichtweise übernahm der VI. Zivilsenat des RG im Urteil vom 21.05.1906[1676]. In den Entscheidungsgründen heißt es: „Eine Konkurrenzklausel in Verträgen selbständiger Kaufleute oder Gewerbetreibender unterliegt anderer Beurteilung als die in den §§ 74, 75 H.G.B., § 133 f. R.Gew.O. geregelten, in den Verträgen zwischen Prinzipal und Handlungs- oder Gewerbegehilfen den letzteren auferlegten Konkurrenzbeschränkungen[1677] ...; es ist konkret nach der ganzen Sachlage zu prüfen, ob das Verbot sich in angemessenen Grenzen hält und die Bewegungsfreiheit des Verpflichteten nicht ungebührlich einschränkt. Der Umstand allein, daß das Verbot örtlich unbeschränkt vereinbart ist, macht es nicht zu einem der Gewerbeordnung gegenüber ungesetzmäßigen. ... Nur aber aus der Gesamtbetrachtung aller drei Faktoren: des zeitlichen, örtlichen und gegenständlichen Umfanges des Verbots ist die Entscheidung zu gewinnen, ob es mit dem Grundsatze der Gewerbefreiheit und mit den guten Sitten vereinbar ist oder nicht."[1678]

Auch der I. Zivilsenat betonte nochmals in seiner unveröffentlichten Entscheidung vom 10.11.1906[1679] für die Frage, ob eine Konkurrenzklausel zwischen Selbständigen nach dem vorliegend anzuwendenden gemeinen Recht gegen die guten Sitten verstößt, „daß eine vertragsmäßige Beschränkung, wie sie hier zu Gunsten des im Geschäft bleibenden Gesellschafters gegen den ausscheidenden bedungen [sei], um den im Geschäft verbleibenden gegen Konkur-

---

1673 RG, Urt. v. 06.12.1902 – I 229/02, Abschrift S. 5 = RGZ 53, 154 (157).

1674 RG, Urt. v. 06.12.1902 – I 229/02, Abschrift S. 5 = RGZ 53, 154 (157).

1675 Vgl. RG, Urt. v. 06.12.1902 – I 229/02, Abschrift S. 5 = RGZ 53, 154 (157).

1676 Vgl. RG, Urt. v. 21.05.1906 – VI 363/05, JW 1906, S. 477 Nr. 41, vgl. *Schubert/Glöckner*, Nachschlagewerk, § 138 Nr. 65.

1677 Unter Verweis auf: RG, Urt. v. 06.12.1902 – I 229/02, RGZ 53, 154 und *Staub*, HGB, Bd. I, 6./7. Aufl. 1900, § 22 Anm. 26. ff., S. 134 f.

1678 RG, Urt. v. 21.05.1906 – VI 363/05, Abschrift S. 6 = JW 1906, S. 477 (478 f.) Nr. 41 unter Verweis auf: RG, Urt. v. 06.12.1902 – I 229/02, RGZ 53, 154 (156 f.).

1679 Vgl. RG, Urt. v. 10.11.1906 – I 163/06, vgl. *Schubert/Glöckner*, Nachschlagewerk, § 138 Nr. 10.

renz zu schützen, weder den Anschauungen des Verkehrs, noch des Kaufmanns, noch dem Sittengesetz widerspricht, nur nicht örtlich, zeitlich oder gegenständlich soweit gehen darf, daß sie den anderen in der freien Betätigung natürlicher oder erworbener Erwerbsfähigkeit ganz hindert."[1680]

Eine gewisse Weiterentwicklung dieser Rechtsprechung zeigte sich im Urteil des II. Zivilsenats vom 14./28.05.1907[1681] für ein Wettbewerbsverbot vom 8. April 1902 zwischen zwei Selbständigen, in welchem das Gericht erstmals den § 138 Abs. 1 BGB ausdrücklich heranzog und das Verhältnis dieser Vorschrift zu § 74 HGB und § 133 f GewO klarstellte. Danach komme für die rechtliche Beurteilung der Konkurrenzklausel lediglich § 138 Abs. 1 BGB in Betracht, denn der Beklagte stand dem Kläger zur Zeit des Vertragsschlusses selbständig gegenüber, er sei weder dessen Handlungsgehilfe im Sinne des § 59 HGB noch Angestellter gemäß § 133 a GewO. Einer analogen Anwendung der Bestimmungen des § 74 HGB und des § 133 f GewO stehe damit der Umstand entgegen, daß zur Zeit des Vertragsabschlusses ein diesen Vorschriften entsprechendes Abhängigkeitsverhältnis des Beklagten gegenüber dem Kläger nicht bestanden habe.[1682]

Nach dem BGB seien Wettbewerbsverbote unter Androhung von Vertragsstrafen an sich nicht untersagt; solche Vereinbarungen seien daher als zulässig und wirksam zu erachten – und insoweit griff der Senat auf die Ausführungen des I. Zivilsenats in dessen Urteil vom 06.12.1902[1683] zurück –, „sofern sie einerseits dem berechtigten Interesse desjenigen entsprechen, zu dessen Gunsten sie eingegangen sind, und andererseits derart gegenständlich, örtlich und zeitlich begrenzt sind, daß sie nicht zu einer unangemessenen Beschränkung der wirtschaftlichen Bewegungsfreiheit des Verpflichteten führen.[1684] ... Hierbei ist die Sachlage des einzelnen Falles unter Berücksichtigung des öffentlich rechtlichen Grundsatzes des § 1 der Gewerbeordnung, wonach der Betrieb eines Gewerbes einem jeden gestattet ist, soweit nicht die Gewerbeordnung entgegenstehende

---

[1680] RG, Urt. v. 10.11.1906 – I 163/06, Abschrift S. 5.

[1681] Vgl. RG, Urt. v. 14./28.05.1907 – II 31/07, HoldheimsMschr. 16 (1907), S. 170, vgl. *Schubert/Glöckner*, Nachschlagewerk, § 138 Nr. 121, 122 u. 123.

[1682] Vgl. RG, Urt. v. 14./28.05.1907 – II 31/07, Abschrift S. 4; siehe auch RG, Urt. v. 15.11.1912 – III 155/12, Abschrift S. 3 = JW 1913, S. 216 (216) Nr. 33. Siehe ferner RG, Urt. v. 13.03.1914 – III 517/13, Abschrift S. 4 = Recht 1914, Beil. Nr. 2230, wonach durch die für Gewerbegehilfen im Sinne des § 133 a GewO geltende Vorschrift des § 133 f GewO nicht ausgeschlossen sei, daß der § 138 Abs. 1 BGB zur Anwendung zu bringen sei, wenn das Wettbewerbsverbot als gegen die guten Sitten verstoßend zu gelten habe.

[1683] Siehe RG, Urt. v. 06.12.1902 – I 229/02, RGZ 53, 154.

[1684] Unter Verweis auf: RG, Urt. v. 06.12.1902 – I 229/02, RGZ 53, 154 und RG, Urt. v. 21.05.1906 – VI 363/05, JW 1906, S. 477 Nr. 41.

Bestimmungen enthält, in Betracht zu ziehen. Eine auf Grund dieser Prüfung sich ergebende unziemliche Einschränkung der persönlichen und Erwerbsfreiheit würde den guten Sitten widersprechen und unter § 138 des Bürgerlichen Gesetzbuchs fallen."[1685] Dies wurde in jener Entscheidung vom RG angenommen.[1686]

Der II. Zivilsenat des RG stellte im Urteil vom 30.06.1908[1687] noch fest, daß für die Beurteilung, ob ein Konkurrenzverbot gegen die guten Sitten verstoße, grundsätzlich die Verhältnisse im Zeitpunkt des Vertragsabschlusses maßgebend seien; nachträgliche, also nach Vertragsschluß eingetretene Umstände kämen nur ausnahmsweise in Betracht.[1688]

1685 RG, Urt. v. 14./28.05.1907 – II 31/07, Abschrift S. 4 = HoldheimsMschr. 16 (1907), S. 170 (170).

1686 Vgl. RG, Urt. v. 14./28.05.1907 – II 31/07, Abschrift S. 5 = HoldheimsMschr. 16 (1907), S. 170 (170): Der Beklagte hatte die Zitherherstellung erlernt, war seit seiner frühesten Jugend ausschließlich darin tätig und hatte hierin seinen Erwerb gefunden. Beim Verkauf der väterlichen Zitherfabrik an den Kläger wurde ihm durch das Wettbewerbsverbot nicht nur die Errichtung eines Konkurrenzgeschäftes und die direkte und indirekte Beteiligung an einem solchen Geschäfte sondern auch die Annahme einer Stellung in ihm als Prokurist, Handlungsbevollmächtigter, Handlungsgehilfe, Handlungsagent oder Werkführer, und dies zeitlich unbegrenzt und örtlich beschränkt auf Deutschland und Österreich, untersagt. Damit sei ihm aber die Möglichkeit genommen, in dem Zitherfabrikationsgeschäft voranzukommen, sich in ihm nach seiner Fähigkeit weiter auszubilden und über den Standpunkt des gewöhnlichen Arbeiters in Zitherfabriken und -geschäften hinausgehende Tätigkeiten auszuüben.

1687 Vgl. RG, Urt. v. 30.06.1908 – II 75/08, HoldheimsMschr. 17 (1908), S. 304, vgl. *Schubert/Glöckner*, Nachschlagewerk, § 138 Nr. 168.

1688 Vgl. RG, Urt. v. 30.06.1908 – II 75/08, Abschrift S. 5 = HoldheimsMschr. 17 (1908), S. 304 (305): „Änderungen dieser Verhältnisse nach dem Vertragsschlusse können indes unter zwei Gesichtspunkten für jene Beurteilung beachtlich sein – einmal wenn das Konkurrenzverbot die durch jene Änderungen geschaffene Sachlage gleichfalls umfaßt, diese Sachlage sonach nach dem Willen der Parteien schon im Zeitpunkt des Vertragsabschlusses miterfaßt werden sollte – dann aber [diese Formulierung ist wohl als „oder" zu lesen, Anm. d. Verf.] wenn durch jene Änderungen Erfahrungstatsachen des Lebens, die bereits zur Zeit des Vertragsabschlusses bekannt waren, lediglich bestätigt werden, da die Parteien verständigerweise mit solchen Erfahrungstatsachen zur Zeit des Vertragsschlusses rechneten." Siehe auch RG, Urt. v. 22.12.1908 – II 389/08, Abschrift S. 5 f. = SeuffBl. 74 (1909), S. 556 (557), vgl. *Schubert/Glöckner*, Nachschlagewerk, § 138 Nr. 180 unter Verweis auf: RG, Urt. v. 30.06.1908 – II 75/08, HoldheimsMschr. 17 (1908), S. 304. Danach habe der Richter bei der Prüfung der Frage, ob ein Konkurrenzverbot gegen die guten Sitten verstoße, „vor allem die zur Zeit der Vereinbarung desselben gegebene Sachlage zu berücksichtigen, ... da die Sittenwidrigkeit eines Rechtsgeschäfts nicht aus Umständen hergeleitet werden kann, welche die Vertragsschließenden weder gekannt haben noch haben kennen müssen". Hierbei seien „allerdings auch solche für die Frage der übermäßigen Beschränkung der Bewegungsfreiheit des Verpflichteten in Betracht kom-

Die Praxis des RG erkannte damit im Ergebnis eine Beschränkung der persönlichen und gewerblichen Freiheit als zulässig an, wenn sie einerseits einem berechtigten Interesse des Versprechensempfängers diene, andererseits derart gegenständlich, zeitlich und örtlich begrenzt sei, daß sie nicht zu einer unbilligen und unangemessenen Beschränkung der Bewegungsfreiheit, insbesondere zur wirtschaftlichen Vernichtung des Verpflichteten führe. Namentlich sei ein gegenständlich, zeitlich und örtlich unbegrenztes Konkurrenzverbot schlechtweg ungültig. Dagegen könne das Verbot, wenn es auch nur in eine dieser Richtungen genügend begrenzt sei und nach den beiden anderen Seiten keine Schranke habe, nach den Umständen des Einzelfalles für rechtsgültig gehalten werden. Die Beurteilung der Rechtsgültigkeit habe nur an Hand der allgemeinen Vorschriften wie der des § 138 BGB zu erfolgen, weil die Vorschriften der §§ 74 ff. HGB und des § 133 f GewO auf selbständige Kaufleute und Gewerbetreibende keine (analoge) Anwendung finden können. Jedoch übernahm die Rechtsprechung die in diesen Paragraphen enthaltenen Aussagen als Kriterien für die Prüfung mittels des § 138 Abs. 1 BGB.

2. Verpfändung des Ehrenworts zur Bestärkung von Konkurrenzverboten

Die Verpfändung des Ehrenwortes, die nach Meinung von *Widmann* zu Anfang des 20. Jahrhunderts zwecks Absicherung von Vertragsstrafen gang und gäbe gewesen sei und zu den Atavismen in unserer heutigen Gesellschaft gehöre, erlebte vor wenigen Jahren eine aufsehenerregende Renaissance. Seinerzeit hatte es ein ehemaliger Bundeskanzler auf Grund der Hingabe seines Ehrenwortes abgelehnt, die Namen der Spender für von ihm empfangene und innerhalb seiner Partei verwendete Gelder preiszugeben.[1689] Dies soll hier aber nicht weiter interessieren.

Dem BGB wie auch dem preußischen Allgemeinen Landrecht ist die ehrenwörtliche Verstärkung von Verträgen unbekannt, als damit besondere bürgerlich-rechtliche Wirkungen verbunden sind.[1690] In denjenigen Fällen, in denen sich das RG mit der Ehre zu befassen hatte, ging es vor allem um die Vereinba-

---

mende Umstände zu berücksichtigen ..., die zwar zu der Zeit des Vertragsschlusses noch nicht vorgelegen haben, deren Vorliegen zu der Zeit, in der das Konkurrenzverbot seine Wirkung äußern sollte, die Vertragsschließenden aber bei der Vereinbarung dieses Verbots vorausgesehen haben oder voraussehen konnten". Siehe fernerhin RG, Urt. v. 18.03.1913 – III 448/12, Abschrift S. 3 f. = Gruchot 57 (1913), S. 841 (842 f.) Nr. 42 unter Verweis auf: RG, Urt. v. 22.12.1908 – II 389/08, JW 1909, S. 71 Nr. 3 = SeuffBl. 74 (1909), S. 556.

[1689] Vgl. *Widmann*, NJW 2001, S. 205 (205).

[1690] Vgl. *Lade*, GewKfmG 18 (1913), Sp. 237 (237).

rung von Wettbewerbsverboten in Dienstverträgen,[1691] die neben dem Versprechen der Zahlung einer Vertragsstrafe zusätzlich die ehrenwörtliche Bindung des zur Wettbewerbsenthaltung Verpflichteten beinhalteten.[1692] Die in diese Rubrik fallenden Entscheidungen wurden allesamt vom III. Zivilsenat des RG getroffen. In der am 07.04.1908[1693] verkündeten Entscheidung bildete folgender Sachverhalt den Ausgangspunkt: Der Beklagte war als Chemiker in der chemischen Fabrik des Klägers durch Vertrag vom 1. Juli 1901 für ein Jahresgehalt

---

1691 Von der Betrachtung ausgeklammert bleiben die Entscheidungen des RG, Urt. v. 26.05.1909 – VII 370/08, LZ 1909, Sp. 690 Nr. 10 = Recht 1909, Beil. Nr. 2614 (ehrenwörtliches Versprechen des Schuldners, er werde eine Sicherheitsübereignung gewähren; irgendwelche Bedenken gegen einen derartigen Gebrauch des Ehrenworts äußerte das RG nicht) und RG, Urt. v. 21.03.1910 – VI 355/09, WarnRspr. 1910, Nr. 191 S. 195 = Recht 1910, Beil. Nr. 1912 (bei Vorbesprechungen über die Hingabe eines Darlehens abgegebene ehrenwörtliche Versicherung). Im letzten Urteil hatte RG, Urt. v. 21.03.1910 – VI 355/09, WarnRspr. 1910, Nr. 191 S. 195 (198), ausgeführt: „Die Abgabe eines Ehrenwortes kann nach Umständen eine bloß moralische Bindung bedeuten. Wenn aber ein (geschäftsfähiger) Kontrahent bei Abschluß eines formfreien Vertrages eine ehrenwörtliche Erklärung abgibt, so wird man in der Regel darin den noch besonders verstärkten Ausdruck des Verpflichtungswillens (der allerdings eine zivilrechtliche Steigerung der Verpflichtung nicht bewirkt) finden können, gewiß aber nicht im Gegenteil eine Abschwächung oder den Auschluß der rechtsgeschäftlichen Obligierung daraus herleiten dürfen." *Cahn*, BayZ 8 (1912), S. 275 (276), kritisierte die mit jenen Urteilen seiner Ansicht nach einhergehende Unterscheidung und Abgrenzung dieser Verträge von den (durch das RG anders beurteilten) Dienstverträgen, bei denen das RG dem Mißbrauch der Bindung der persönlichen Ehre entgegentrat, „als verfehlt, einseitig, willkürlich". In seinen Ausführungen zu RG, Urt. v. 23.01.1912 – III 164/10, RGZ 78, 258, heißt es deshalb bei *Cahn*, BayZ 8 (1912), S. 275 (276): „Wenn es nun einmal den Sittenbegriffen des Jahres 1912 widerstrebt, den Schuldner oder den wirtschaftlich Schwachen oder den ängstlich überhaupt einen Vertrag Erhaschenden der Gefahr einer Ehrenschmälerung auszusetzen ... und wenn dem gewinnsüchtig diese sittliche Knebelung anstrebenden Vertragsgegner solche Waffe durch den Richter entrissen werden soll, dann hat dies zu gelten, ob nun der durch das Ehrenwort Geknechtete Bediensteter oder Gesellschafter oder Schuldner irgend welcher rechtlichen Art sein mag." Nach *Cahn*, BayZ 8 (1912), S. 275 (277), hätte damit der III. Zivilsenat des RG mit seinem getroffenen Urteil, daß die ehrenwörtliche Verstärkung die Wirksamkeit des Vertrages als solchen benimmt, einen Beschluß der Vereinigten Zivilsenate des RG herbeiführen müssen. Dagegen gab *Lade*, GewKfmG 18 (1913), Sp. 237 (238), den späteren Entscheidungen des RG gegenüber den beiden eingangs erwähnten Urteilen des RG den Vorzug.

1692 Ein gesetzliches und zur Nichtigkeit der gesicherten Wettbewerbsabrede führendes Verbot ehrenwörtlicher Verpflichtung enthält der heutige § 74 a Abs. 2 Satz 1 HGB, der durch Gesetz vom 10. Juni 1914, RGBl. 1914, S. 209 (210), als § 74 a Abs. 2 Satz 2 HGB, jedoch in anderer Fassung, eingeführt worden ist.

1693 Vgl. RG, Urt. v. 07.04.1908 – III 315/07, RGZ 68, 229, vgl. *Schubert/Glöckner*, Nachschlagewerk, § 138 Nr. 159 u. 160.

von zunächst 2.400 M angestellt. Er hatte sich durch Revers „auf Ehrenwort“ verpflichtet, vom Gang und Stand des Geschäfts, allen Einrichtungen und Verfahren usw. für die Dauer des Dienstverhältnisses und drei weitere Jahre nach seinem Austritt niemandem darüber Mitteilung zu machen. Zudem sollte er während dieses Zeitraumes in bestimmten anderen Ländern ohne schriftliche Erlaubnis durch die Firma weder eine Stelle in einer Fabrik einnehmen, in welcher Produkte fabriziert werden, an deren Herstellung er sich bei der Firma beteiligt hatte noch selbst diese Produkte herstellen. Außerdem hatte er jederzeit seinen Wohnungswechsel mitzuteilen und über alle eingegangenen Verpflichtungen Auskunft zu geben. Für jeden Fall der Zuwiderhandelung gegen eine der Pflichten unterwarf er sich der Zahlung einer Konventionalstrafe von 100.000 M. Nach seinem Austritt ging der Beklagte am 1. Juli 1903 bei einer anderen Firma in Anstellung. Nach Behauptung des Klägers handele es sich dabei um eine Konkurrenzfabrik im Sinne des Revers, weshalb er Klage auf Zahlung der Vertragsstrafe von 100.000 M erhob.

Entgegen den Vorinstanzen, welche die Klage mit dem ermäßigten Betrag von 10.000 M zugesprochen hatten, erkannte das RG auf völlige Klagabweisung, weil der vom Beklagten unterzeichnete Revers gegen § 138 Abs. 1 BGB verstoße.

Dieses ergebe sich zunächst aus der Reversbestimmung über die außergewöhnlich hohe Vertragsstrafe, die bei jeder einzelnen (!) Übertretung der im Revers festgehaltenen, „höchst umfassenden und minutiösen Verpflichtungen“[1694] verwirkt sein solle. Damit könne es unter Umständen zu einer Häufung einzelner Vertragsstrafen kommen, welche mit der tatsächlichen Sachlage überhaupt in keiner vernünftigen Beziehung stehe, zumal der Beklagte ein Jahresgehalt von 2.400 M bezogen hatte.[1695] Hierzu das Gericht wörtlich: „Eine solche alle Grenzen übersteigende, in ungewisse für den Beklagten dem regelmäßigen Gang der Dinge nach überhaupt unerschwingliche Summen auslaufende Vertragsstrafe enthält einen Verstoß gegen § 138 Abs. 1 Bürgerlichen Gesetzbuchs, auch wenn ... derartige Bestimmungen durch das reelle Interesse der klägerischen Fabrik geboten seien.“[1696] Die im Revers enthaltenen Bestimmungen schützten nur das Interesse des Klägers unter Vernichtung der Vermögensstellung des Beklagten auf Lebenszeit. Darüber hinaus sprach der Senat aus: „Das Bürgerliche Gesetzbuch hat zudem nicht die im Gemeinen Recht vertretene Meinung[1697] ... angenommen, daß eine Vertragsstrafe niemals wegen ihrer Höhe gegen die guten Sitten verstoßen kann. Ebensowenig steht aber das Herabsetzungsrecht aus

---

[1694] RG, Urt. v. 07.04.1908 – III 315/07, Abschrift S. 4 = RGZ 68, 229 (230).

[1695] Vgl. RG, Urt. v. 07.04.1908 – III 315/07, Abschrift S. 4 = RGZ 68, 229 (230 f.).

[1696] RG, Urt. v. 07.04.1908 – III 315/07, Abschrift S. 4 = RGZ 68, 229 (231).

[1697] Unter Verweis auf: RG, Urt. v. 06.02.1893 – VI 257/92, JW 1893, S. 206 Nr. 43.

§ 343 Bürgerlichen Gesetzbuchs der Anwendung des § 138 Abs. 1 Bürgerlichen Gesetzbuchs irgendwie entgegen."[1698]

Darüber hinaus enthalte der Sachverhalt noch einen weiteren Verstoß gegen die guten Sitten, der in der Verpflichtung des Beklagten mittels Ehrenwortes zum Schutze der lediglich finanziellen Interessen des Klägers liege: „Die Ehre als ideales Gut bildet einen Teil des Persönlichkeitsrechts des Menschen, sie ist eine Grundlage seiner Existenz. Daraus folgt, daß sie nicht ohne Weiteres[1699] in vermögensrechtlichen Beziehungen zu Gunsten Anderer verwendet werden kann, weil hier nicht vergleichbare Werte in Betracht kommen.[1700] Den Reichsgesetzen ist auch ein Verbot der Verwendung der Ehre zur Sicherung von Vermögenswerten keineswegs prinzipiell fremd, wie (allerdings in anderer Beziehung als der hier vorliegenden) die §§ 302, 302 b St.G.Bs.[1701] ... dartun. Irgendein ideales oder persönliches Moment aber, welches die Bindung des Beklagten an seine Verpflichtungen vermittels des Rechtsgutes der Ehre zu recht-

---

1698 RG, Urt. v. 07.04.1908 – III 315/07, Abschrift S. 4 = RGZ 68, 229 (231) unter Verweis auf: *Planck*, BGB, Bd. II, 3. Aufl. 1907, § 343 Anm. 1., S. 188. In der Entscheidung vom RG, Urt. v. 09.07.1909 – III 418/08, Abschrift S. 4 f. = WarnRspr. 1909, Nr. 495 S. 472 (474), wurden die etwas mißverständlichen Aussagen des hier besprochenen Urteils zur ungewöhnlich hohen Vertragsstrafe in einem Wettbewerbsverbot dahin konkretisiert, daß der ganze Vertrag nicht schon wegen der Höhe der Vertragsstrafe für nichtig zu erklären sei: Die Vorschrift des § 138 Abs. 1 BGB könne nur dann Platz greifen, „wenn zu dem bloßen Mißverhältnis der Strafhöhe noch etwas weiteres hinzukommt, das dem Vertrage überhaupt den Stempel der Sittenwidrigkeit aufdrückt und ihn im ganzen als vernichtungswürdig erscheinen läßt". Diese Voraussetzungen seien vorliegend gegeben gewesen, denn die hohe Vertragsstrafe sei nicht nur für jeden einzelnen Fall der Übertretung des Konkurrenzverbots, sondern für alle höchst umfassenden und minutiösen vertraglichen Verpflichtungen festgesetzt und außerdem noch an ein ehrenwörtliches Versprechen gekoppelt. Dies bestätigt auch RG, Urt. v. 07.01.1913 – III 234/12, Abschrift S. 4 = MuW XII (1912/1913), S. 410 (410), wo es heißt, die Entscheidung des RG, Urt. v. 07.04.1908 – III 315/07, RGZ 68, 229, sei nicht dahin zu verstehen, „daß es die Unsittlichkeit des Wettbewerbsverbotes in dem dort zur Entscheidung stehenden Falle lediglich aus der Höhe der Vertragsstrafe gefolgert habe".

1699 Die Textstelle „nicht ohne Weiteres" wurde später in RG, Urt. v. 23.01.1912 – III 164/10, Abschrift S. 3 = RGZ 78, 258 (260), durch eine Unterstreichung besonders hervorgehoben.

1700 Siehe auch RG, Urt. v. 08.11.1910 – III 643/09, Abschrift S. 3 = RGZ 74, 332 (333).

1701 Siehe das Gesetz, betreffend den Wucher vom 24. Mai 1880, RGBl. 1880, S. 109 (109 f.), zum Wortlaut des § 302 b StGB: „Wer sich oder einem Dritten die wucherlichen Vermögensvortheile (§. 302 a) verschleiert oder wechselmäßig oder *unter Verpfändung der Ehre, auf Ehrenwort* [Hervorhebung nicht im Original], eidlich oder unter ähnlichen Versicherungen oder Betheuerungen versprechen läßt, wird mit Gefängnis bis zu Einem Jahre und zugleich mit Geldstrafe bis zu sechstausend Mark bestraft. Auch kann auf Verlust der bürgerlichen Ehrenrechte erkannt werden."

fertigen geeignet sein könnte, ist nicht hervorgetreten."[1702] Denn zum einen handele es sich bei dem Anstellungsvertrag um den typischen Vertrag eines Gewerbeunternehmers mit einer in § 133 a GewO[1703] aufgeführten, mit höheren technischen Diensten betrauten Person und zum anderen zeige sich im Revers der „fundamentale Unterschied" in den finanziellen Stellungen der Parteien.[1704]

Auch mit dem Satz „ein Mann ein Wort" könne nicht hantiert werden, denn dann hätten sich alle Bestimmungen des BGB über nichtige Rechtsgeschäfte von diesem Standpunkt aus erledigt.[1705]

Der die persönliche Freiheit übermäßig beschränkende und sonach gemäß § 138 Abs. 1 BGB im ganzen Umfang nichtige Revers könne ebenfalls nicht nach § 133 f Abs. 1 GewO[1706] aufrecht erhalten werden, weil es sich vorliegend um keine Beschränkung der gewerblichen Tätigkeit nach Zeit, Ort und Gegenstand, sondern um die „Art der Bestärkungsmittel"[1707] eines Vertrags handele.[1708]

Dem Ergebnis des vorangegangenen Urteils entspricht auch die Entscheidung vom 08.11.1910[1709]. Hier war der Beklagte als Konstrukteur in der auf Zahlung der Vertragsstrafe klagenden Firma ab dem 1. Oktober, zuletzt zu einem Jahresgehalt von 3.000 M angestellt. In den Vertragsbedingungen ver-

---

1702 RG, Urt. v. 07.04.1908 – III 315/07, Abschrift S. 4 f. = RGZ 68, 229 (231 f.).

1703 Siehe § 133 a Gewerbeordnung für das Deutsche Reich in der Bekanntmachung vom 26. Juli 1900, RGBl. 1900, S. 871 (958 f.): „Das Dienstverhältniß der von Gewerbeunternehmern gegen feste Bezüge beschäftigten Personen, welche nicht lediglich vorübergehend mit der Leitung oder Beaufsichtigung des Betriebs oder einer Abtheilung desselben beauftragt (Betriebsbeamte, Werkmeister und ähnliche Angestellte) oder mit höheren technischen Dienstleistungen betraut sind (Maschinentechniker, Bautechniker, Chemiker, Zeichner und dergleichen), kann, wenn nicht etwas Anderes verabredet ist, von jedem Theile mit Ablauf jedes Kalendervierteljahrs nach sechs Wochen vorher erklärter Aufkündigung aufgehoben werden."

1704 Vgl. RG, Urt. v. 07.04.1908 – III 315/07, Abschrift S. 5 = RGZ 68, 229 (232).

1705 Vgl. RG, Urt. v. 07.04.1908 – III 315/07, Abschrift S. 5 = RGZ 68, 229 (232).

1706 Siehe § 133 f Abs. 1 Gewerbeordnung für das Deutsche Reich in der Bekanntmachung vom 26. Juli 1900, RGBl. 1900, S. 871 (960): „Eine Vereinbarung zwischen dem Gewerbeunternehmer und einem der im §. 133 a bezeichneten Angestellten, durch die der Angestellte für die Zeit nach der Beendigung des Dienstverhältnisses in seiner gewerblichen Thätigkeit beschränkt wird, ist für den Angestellten nur insoweit verbindlich, als die Beschränkung nach Zeit, Ort und Gegenstand nicht die Grenzen überschreitet, durch welche eine unbillige Erschwerung seines Fortkommens ausgeschlossen wird."

1707 RG, Urt. v. 07.04.1908 – III 315/07, Abschrift S. 5 = RGZ 68, 229 (232).

1708 Vgl. RG, Urt. v. 07.04.1908 – III 315/07, Abschrift S. 5 = RGZ 68, 229 (232).

1709 Vgl. RG, Urt. v. 08.11.1910 – III 643/09, RGZ 74, 332, vgl. *Schubert/Glöckner*, Nachschlagewerk, § 138 Nr. 160.

pflichtete er sich unter Verpfändung seines Ehrenworts und bei Vermeidung einer Vertragsstrafe der doppelten Höhe seines letzten Jahresgehaltes für jeden Fall der Zuwiderhandlung nach seinem etwaigen Austritt der Firma selbst keine Konkurrenz zu machen, in kein Konkurrenzgeschäft einzutreten oder für ein solches zu arbeiten, keine Geschäftserfahrungen in irgendeiner Form auszunutzen und das Geschäftsgeheimnis zu wahren. Der Beklagte kündigte das Vertragsverhältnis zum 1. September 1907 und übernahm anschließend eine Stellung in einem Konkurrenzgeschäft.

Nach Ansicht des RG verstoße die in den Vertragsbestimmungen enthaltene Bindung des Beklagten durch Ehrenwort gegen die guten Sitten.[1710] Unter Umständen könne die Bindung des aus dem Vertrage Verpflichteten durch Ehrenwort zulässig sein,[1711] dafür lägen hier jedoch keine besonderen Gründe vor; „namentlich ist von einer besonderen Vertrauensstellung des Beklagten und von Geheimhaltung bestimmter anvertrauter Tatsachen keine Rede".[1712] Der Beklagte habe nicht nur während der auf drei Jahre vereinbarten Geltung des Wettbewerbsverbotes, sondern schon während seiner Anstellung bei der Klägerin unter dem Druck der ehrenwörtlichen Verpflichtung gestanden.[1713] „Er wurde der Gefahr ausgesetzt, selbst aus geringfügigen Anlässen des Bruches seines Ehrenwortes geziehen zu werden und dadurch eine Minderung seines Ansehens zu erleiden. Eine solche Bindung durch Ehrenwort in ausschließlich vermögensrechtlichen Angelegenheiten ist unzulässig."[1714]

Weil die Verpfändung des Ehrenwortes „kein bloßes dem Vertrage hinzutretendes Bestärkungsmittel, keine Nebenabrede, welche unbeschadet des Fortbestandes des Wettbewerbsverbotes [nach § 139 BGB, Anm. d. Verf.] aus dem Vertrage ausgeschieden werden könnte"[1715], sondern in Verbindung mit der

---

[1710] Vgl. RG, Urt. v. 08.11.1910 – III 643/09, Abschrift S. 3 = RGZ 74, 332 (333) unter Verweis auf die zur „Ehre" und zum „Ehrenwort" ergangenen Ausführungen in: RG, Urt. v. 07.04.1908 – III 315/07, RGZ 68, 229 (231).

[1711] Vgl. RG, Urt. v. 08.11.1910 – III 643/09, Abschrift S. 3 = RGZ 74, 332 (333); siehe auch RG, Urt. v. 01.11.1911 – III 558/10, Abschrift S. 3 = SeuffA 67 (1912), S. 181 (181) Nr. 104, vgl. *Schubert/Glöckner*, Nachschlagewerk, § 138 Nr. 160.

[1712] RG, Urt. v. 08.11.1910 – III 643/09, Abschrift S. 3 = RGZ 74, 332 (333). Siehe auch RG, Urt. v. 01.11.1911 – III 558/10, Abschrift S. 3 = SeuffA 67 (1912), S. 181 (181) Nr. 104, vgl. *Schubert/Glöckner*, Nachschlagewerk, § 138 Nr. 160, wo dahingestellt blieb, ob eine zulässige Verpflichtung durch Ehrenwort bei Bekleidung einer besonderen Vertrauensstellung oder auch nur bei der Verpflichtung zur Geheimhaltung bestimmter anvertrauter Tatsachen anzuerkennen sei.

[1713] Vgl. RG, Urt. v. 08.11.1910 – III 643/09, Abschrift S. 3 = RGZ 74, 332 (334).

[1714] RG, Urt. v. 08.11.1910 – III 643/09, Abschrift S. 3 = RGZ 74, 332 (334).

[1715] RG, Urt. v. 08.11.1910 – III 643/09, Abschrift S. 4 = RGZ 74, 332 (334).

Vertragsstrafe die einheitliche Grundlage für das Wettbewerbsverbot bilde, sei das ganze Rechtsgeschäft nichtig.[1716]

Auch das noch zu erwähnende Urteil vom 23.01.1912[1717] beschäftigt sich mit einem im Dienstvertrag vereinbarten Wettbewerbsverbot nebst Vertragsstrafe, wobei zur Bestärkung der gesamten Vertragspflichten das Ehrenwort hingegeben wurde. Der Beklagte war Anfang 1904 bei der Klägerin als Bureauchef für ein Jahresgehalt von 6.000 M in Anstellung. Er verpflichtete sich im Dienstvertrag, „allen Obliegenheiten, welche ihm übertragen würden, pünktlich nachzukommen"[1718], über Geheimnisse während des Dienstverhältnisses und drei Jahre nach seinem Ausscheiden Stillschweigen zu bewahren, und drei Jahre nach Beendigung des Dienstverhältnisses innerhalb des Deutschen Reiches und anderer benannter Länder in keiner Weise für ein Konkurrenzunternehmen der Klägerin tätig zu werden oder sich an einem derartigen Unternehmen zu beteiligen. Zur Einhaltung der letzten Verpflichtung, des Wettbewerbsverbots, wurde eine Vertragsstrafe von 10.000 M vereinbart. Am Schluß des Vertrages bekannten sich die Parteien zu den darin eingegangen Verpflichtungen „feierlich auf Ehren- und Manneswort"[1719]. Am 1. Juli 1906 schied der Beklagte bei der Klägerin aus und übernahm am 1. April 1907 die Stellung als Prokurist und Bureau-

---

[1716] Vgl. RG, Urt. v. 08.11.1910 – III 643/09, Abschrift S. 4 = RGZ 74, 332 (334); siehe auch RG, Urt. v. 23.01.1912 – III 164/10, Abschrift S. 3 = RGZ 78, 258 (260). Es genüge nach RG, Urt. v. 08.11.1910 – III 643/09, Abschrift S. 4 = RGZ 74, 332 (335) „zum Schutze der im technischen oder kaufmännischen Betrieben Angestellten ... nicht, wenn die gegen die guten Sitten verstoßende und deshalb unzulässige Bindung durch Ehrenwort in einem entstehenden Rechtsstreit nachträglich für unwirksam erklärt, das Wettbewerbsverbot aber aufrechterhalten wird; vielmehr ist, wenn nicht ein sicherer Beweis für den Ausnahmefall des § 139 des Bürgerlichen Gesetzbuchs erbracht wird, das Wettbewerbsverbot überhaupt für nichtig zu erklären". So befand auch RG, Urt. v. 01.11.1911 – III 558/10, Abschrift S. 4 = SeuffA 67 (1912), S. 181 (182) Nr. 104: „In Wahrheit kann man auch gar nicht lediglich die Verpfändung des Ehrenworts als gegen § 138 des Bürgerlichen Gesetzbuchs verstoßend nichtig, die ehrenwörtlich übernommenen Pflichten aber für wirksam erklären. Daß dadurch die in technischen oder kaufmännischen Betrieben Angestellten nicht genügend geschützt würden, ist bereits in dem Urteile vom 8. November 1910 hervorgehoben worden; die nachträgliche Nichtigkeitserklärung des einmal gegebenen Ehrenworts unter Aufrechterhaltung der ehrenwörtlich übernommenen Verpflichtungen ist für sie fast wertlos. Eine solche Scheidung ist auch unhaltbar; gegen die guten Sitten verstößt nicht die Abgabe des Ehrenworts, sondern die Übernahme der Vertragspflichten unter Verpfändung des Ehrenworts, nicht nur jene, sondern auch diese ist also nichtig."

[1717] Vgl. RG, Urt. v. 23.01.1912 – III 164/10, RGZ 78, 258, vgl. *Schubert/Glöckner*, Nachschlagewerk, § 138 Nr. 217; siehe hierzu insbesondere den Aufsatz von *Cahn*, BayZ 8 (1912), S. 275 ff.

[1718] RG, Urt. v. 23.01.1912 – III 164/10, Abschrift S. 2 = RGZ 78, 258 (259).

[1719] RG, Urt. v. 23.01.1912 – III 164/10, Abschrift S. 2 = RGZ 78, 258 (259).

chef bei einer Konkurrentin der Klägerin, weshalb sie die vereinbarte Vertragsstrafe von 10.000 M einverlangte.

Das LG Nürnberg hatte die Klage unter Anwendung des § 75 HGB abgewiesen; dagegen verurteilte das OLG Nürnberg unter Ermäßigung der Vertragsstrafe gemäß § 343 BGB zur Zahlung von 5.000 M. Das RG kam zur Abweisung der Klage, in dem es an seiner in den oben genannten Entscheidungen geäußerten Rechtsauffassung festhielt, daß die Verpfändung des Ehrenworts in Verträgen resp. in vermögensrechtlichen Beziehungen zugunsten anderer unzulässig sei und gegen die guten Sitten verstoße.[1720] Allerdings verneinte der Senat „die Zulässigkeit einer solchen ehrenwörtlichen Verstärkung nicht schlechthin, sondern nur für die Regelfälle [!]“.[1721] So heißt es in den Entscheidungsgründen: „Der Verpfändung des Ehrenwortes für eine vermögensrechtliche Verbindlichkeit steht das schwere Bedenken entgegen, daß die bloße Nichterfüllung dieser Verbindlichkeit den Schuldner als wortbrüchig erscheinen läßt, auch wenn ihn kein oder doch kein erhebliches Verschulden trifft, daß der Vorwurf der Ehrlosigkeit gegen ihn erhoben werden kann, auch wenn er gar nicht unehrenhaft gehandelt hat. Dem heutigen sittlichen Empfinden widerstrebt es, den Schuldner der Gefahr einer solchen ungerechtfertigten Ehrenminderung[1722] auszusetzen, nur um dem Gläubiger die Erfüllung einer beliebigen Forderung wirksamer, als dies mit den Mitteln des gerichtlichen Zwanges geschehen kann, zu sichern. Nur zum Schutze besonderer, wichtiger Interessen [!]“, so die konkretisierte nunmehrige Auffassung des Senates, „kann der Gewissenszwang, den die Verpfändung der Ehre auf den Schuldner ausübt, gerechtfertigt sein, und nur einer wirklich ehrlosen [!] Handlung darf durch eine Verpfändung der Ehre vorgebeugt werden.“[1723]

Dabei bestünden gerade gegen die ehrenwörtliche Bestärkung eines Versprechens, nicht für ein anderes Konkurrenzunternehmen tätig zu werden, besondere Bedenken. Denn es sei vielfach zweifelhaft, ob ein derartiges Versprechen nach § 75 HGB un-/wirksam oder in seiner Wirksamkeit nach § 74 HGB beschränkt sei, so daß eine Verletzung der Verpflichtung leicht in dem guten Glauben an die rechtliche Unwirksamkeit dieser Verpflichtung erfolgen könne; aber auch dann drohe dem der Verpflichtung zuwiderhandelnden Schuldner der Vorwurf des Ehrenwortbruches. Es bestehe sogar die Gefahr, daß ein solcher Vorwurf selbst bei einem rechtlich unwirksamen Wettbewerbsverbot erhoben werde könnte, was eine Schädigung des Verpflichteten in seiner bürgerlichen Ehrenstellung und seinem Fortkommen mit sich bringe, und damit die Verpfän-

---

[1720] Vgl. RG, Urt. v. 23.01.1912 – III 164/10, Abschrift S. 3 f. = RGZ 78, 258 (259 f.).

[1721] RG, Urt. v. 23.01.1912 – III 164/10, Abschrift S. 5 = RGZ 78, 258 (262).

[1722] Nach *Cahn*, BayZ 8 (1912), S. 275 (276), sei dieser Begriff „allzu schwankend“.

[1723] RG, Urt. v. 23.01.1912 – III 164/10, Abschrift S. 6 = RGZ 78, 258 (263).

dung des Ehrenworts dazu mißbraucht werde, „die gesetzlichen Schranken der Konkurrenzklausel zu sprengen“.[1724]

Außerdem heißt es im Urteil (wohl) im Hinblick auf die ausnahmsweise Zulässigkeit der ehrenwörtlichen Bindung, daß „es völlig unzulässig [sei], nicht nur einzelne bestimmte Pflichten [!], deren Erfüllung für den Berechtigten von besonderer Bedeutung ist, sondern schlechthin die Erfüllung der gesamten aus einem Dienstvertrage sich ergebenden Verbindlichkeiten an die Verpfändung des Ehrenwortes zu binden“.[1725] Genau dies sei hier aber geschehen, denn die ehrenwörtliche Verpflichtung des Beklagten bezog sich nicht bloß auf die Beachtung der Konkurrenzklausel und die Geheimhaltung sondern ebenfalls auf die Verpflichtung, „allen Obliegenheiten, welche ihm übertragen würden, pünktlich nachzukommen“. Damit könne gegen den Beklagten auch bei kleinen Unachtsamkeiten und Verfehlungen, wie sie bei einer andauernden Berufstätigkeit fast unvermeidbar seien, der Vorwurf des Ehrenwortbruches erhoben werden.[1726] Deshalb seien die ehrenwörtlich übernommenen Verpflichtungen des Beklagten (Vertragsstrafe, Konkurrenzklausel) wegen der unzulässigen Verpfändung des Ehrenwortes als gegen die guten Sitten verstoßend zu erachten und gemäß § 138 Abs. 1 BGB nichtig.[1727]

Von dieser Ansicht, daß die ehrenwörtliche Verpflichtung in Verträgen bzw. in vermögensrechtlichen Beziehungen grundsätzlich unzulässig sei und gegen die guten Sitten verstoße, ist das Gericht im untersuchten Zeitraum nicht mehr abgewichen.[1728]

Die Entscheidung des RG vom 23.01.1912[1729] fand im Hinblick auf die angenommene Sittenwidrigkeit des Wettbewerbsverbotes Zustimmung bei *Cahn*, der sich damit schmeichelte, den Stein für diese Entscheidung durch seine Revision mit ins Rollen gebracht zu haben.[1730] Für seine Kritik sorgte aber der (oben zitierte) Vorbehalt des Gerichtshofes, daß nur zum Schutze „besonderer wichti-

---

[1724] RG, Urt. v. 23.01.1912 – III 164/10, Abschrift S. 6 f. = RGZ 78, 258 (263 f.); siehe auch RG, Urt. v. 29.04.1913 – III 481/12, Abschrift S. 3 = RGZ 82, 222 (223).

[1725] RG, Urt. v. 23.01.1912 – III 164/10, Abschrift S. 7 = RGZ 78, 258 (264).

[1726] Siehe auch RG, Urt. v. 29.04.1913 – III 481/12, Abschrift S. 3 = RGZ 82, 222 (223).

[1727] Vgl. RG, Urt. v. 23.01.1912 – III 164/10, Abschrift S. 7 = RGZ 78, 258 (264).

[1728] Siehe RG, Urt. v. 07.03.1913 – III 366/12, Abschrift S. 4 = MuW XII (1912/1913), S. 505 (506); RG, Urt. v. 29.04.1913 – III 481/12, Abschrift S. 2 ff. = RGZ 82, 222 (222 ff.) und RG, Urt. v. 21.04.1914 – III 406/13, Abschrift S. 4 = WarnRspr. 1914, Nr. 178 S. 246 (247 f.). Das Schrifttum ist dem teils kritiklos gefolgt, siehe nur *Riezler*, in: Staudinger, BGB, Bd. I, 7./8. Aufl. 1912, § 138 Anm. I.6., S. 536 und *Planck*, BGB, Bd. I, 4. Aufl. 1913, § 138 Anm. I.6., S. 365.

[1729] Vgl. RG, Urt. v. 23.01.1912 – III 164/10, RGZ 78, 258.

[1730] Vgl. *Cahn*, BayZ 8 (1912), S. 275 (275). Im Rubrum des Revisionsurteils ist hingegen ein anderer als Prozeßbevollmächtigter ausgewiesen.

ger Interessen“ die Verpfändung des Ehrenwortes gerechtfertigt sein könne und nur einer „wirklich ehrlosen Handlung“ durch die Ehrverpfändung vergebeugt werden dürfe. Damit stellten sich gerade Abgrenzungsfragen solcherart, wo die Grenze zu ziehen sei und wie man wirklich ehrlose von den nicht wirklich ehrlosen Handlungen unterscheide? Was dem einen ehrunwürdig erscheine, sei es nicht für den anderen.[1731] „Unzweifelhaft kann der Ehrenwortbruch vom einen oder anderen, mehr oder minder fein unterschiedenen Gesichtspunkt aus zu einer ehrlosen oder nicht ehrlosen Maßnahme gestempelt werden. Ich erinnere an die ganz verschiedenen Anschauungen einzelner Völker, Zeiten und Stände über ein und dieselben Handlungen und Bräuche.“[1732] Die gleichen Vorwürfe richtete er gegen das vom RG eingeführte „besondere wichtige Interesse“: „Was für eine Gesellschaft, Körperschaft, Partei, Klasse und Kaste sehr wichtig, grundlegend, ehrwürdig nach Auffassung und Wirkung erscheinen mag, kann einer anderen nebensächlichen, bedeutungslos, komisch dünken.“[1733] Ebenso bemängelte er, daß der Senat seinen Ausspruch nicht näher dargelegt habe, für genau welche Ausnahmen er die Zulässigkeit einer ehrenwörtlichen Bestärkung nicht verneinen würde. Damit zugleich stelle sich dann die Frage, welche Richtschur für die Unterrichter gelten solle, um sich widersprechende Entscheidungen der Untergerichte zu vermeiden.[1734] Insgesamt stand *Cahn* dem Versprechen auf Ehrenwort im Vertragsverkehr ablehnend gegenüber. Es sei „ein Rest veralteter religiöser und mystischer Anschauungsweise“[1735] und er beschloß seine Ausführungen zum Ehrenwort mit der Beschwörung: „Hinab mit ihm in den Orkus aller überlebten kulturfeindlichen Rechtsbegriffe, damit auch hier die gesunde und wahre Natur der Willensvorgänge die formale besiege!“[1736] Zustimmung erhielt die Entscheidung von *Lade*. Es widerspreche in der Tat dem „sozialen Empfinden, ideelle Güter des Menschen wie die Ehre im Rechtsverkehr zur gewöhnlichen Marktware herabzuwürdigen“.[1737] Nur zum Schutze idealer oder persönlicher Rechtsbeziehungen dürfe ausnahmsweise zur Bestärkung mittels

---

[1731] Vgl. *Cahn*, BayZ 8 (1912), S. 275 (275).

[1732] *Cahn*, BayZ 8 (1912), S. 275 (275).

[1733] *Cahn*, BayZ 8 (1912), S. 275 (276).

[1734] Vgl. *Cahn*, BayZ 8 (1912), S. 275 (276).

[1735] *Cahn*, BayZ 8 (1912), S. 275 (277 f.) unter Verweis auf: *Kohler*, ArchRWPhil. 5 (1911/1912), S. 307 (308). Siehe insoweit auch den Versuch von *T. Wolff*, LZ 1914, Sp. 1268 (1278), die Übernahme einer Verpflichtung unter Verpfändung des Ehrenworts in die sittliche Beziehung, denn eine rechtliche Bedeutung gebe ihr das Gesetz nicht, zur feierlichen Anrufung Gottes in der Eideszuschiebung nach den §§ 475 ff. ZPO a. F. zu setzen.

[1736] *Cahn*, BayZ 8 (1912), S. 275 (278).

[1737] *Lade*, GewKfmG 18 (1913), Sp. 237 (238).

Ehrenworts gegriffen werden, andernfalls seien die unter Ehrenwort gestellten Vertragsbestimmungen nichtig.[1738]

Einen anderen Angriffspunkt für Kritik bildete die unmittelbare Anwendung des § 139 BGB auf die Verpfändung des Ehrenwortes, wobei der Begriff der „Verpfändung“ irrigerweise zu wörtlich im Rechtssinne verstanden worden sei.[1739] Nach Ansicht *Kullmanns* sei die Verpfändung des Ehrenworts als solche keine Erklärung, die der Nichtigkeit fähig ist und könne somit auch nicht als ein nichtiger Teil des Rechtsgeschäftes im Sinne von § 139 BGB in Frage kommen. Denn nur rechtsgeschäftliche Erklärungen seien zur Nichtigkeit fähig, was für die Ehrenwortsverpfändung gerade nicht zutreffe, gehöre sie doch, wie auch das RG betont habe, nicht dem rechtlichen, sondern nur dem sittlichen Gebiete an.[1740] „Nur als eine rechtsgeschäftlichen Erklärungen anhaftende Begleiterscheinung rein tatsächlicher Natur kann sie die Rechtswirksamkeit jener Erklärungen beeinflussen.“[1741]

3. Vereinbarung außergewöhnlich hoher Vertragsstrafen

Einhergehend mit der Vereinbarung eines Konkurrenzverbotes wurde schon damals regelmäßig zu dessen Bekräftigung für den Fall der Zuwiderhandlung die Zahlung einer Vertragsstrafe ausbedungen. Dabei konnte es – wie in sonstigen Fällen auch – zur „Vereinbarung exorbitant hoher Konventionalstrafen“[1742] kommen, die außer Verhältnis zum Verstoß gegen das Wettbewerbsverbot standen. Angesichts der Regelung in § 343 BGB über eine mögliche richterliche Herabsetzung einer unangemessen hohen Vertragsstrafe warf sich damit die Frage auf, ob daneben noch Raum für die Anwendung des § 138 BGB im Falle einer extrem hohen Vertragsstrafe verblieb. Nach *Staub* unterlag die Vereinbarung über die Höhe der Vertragsstrafe an sich keinen Beschränkungen. Nur wenn diese beim Hinzutreten weiterer Momente den Charakter der Unsittlichkeit annehme, etwa bei wucherischer Ausbeutung, sei sie gemäß § 138 BGB ungültig.[1743] Auch nach Ansicht *Hölders* konnte die Vereinbarung einer sehr hohen Vertragsstrafe die Nichtigkeit des § 138 BGB ereilen, aber ebenfalls nur dann,

---

[1738] Vgl. *Lade*, GewKfmG 18 (1913), Sp. 237 (238).

[1739] Vgl. *Kullmann*, JW 1915, S. 1286 (1286) sowie *Fuchs*, JW 1917, S. 633 (635). Nach *Fuchs*, JW 1915, S. 1055 (1055 in Fn. 2), habe die Entscheidung des RG, Urt. v. 23.01.1912 – III 164/10, RGZ 78, 258 (260), im Hinblick auf § 139 BGB eine „nicht unbedenkliche Tragweite“; dem zustimmend *Kullmann*, JW 1915, S. 1286 (1286).

[1740] Vgl. *Kullmann*, JW 1915, S. 1286 (1286).

[1741] *Kullmann*, JW 1915, S. 1286 (1286).

[1742] Diese Formulierung entstammt *Dick*, ArchBürgR 33 (1909), S. 74 (124 f.).

[1743] Vgl. *Staub*, HGB, Bd. II, 6./7. Aufl. 1900, § 348 Anm. 18., S. 1066.

wenn dieses Rechtsgeschäft gegen die guten Sitten verstoße: „Gegen diese verstösst zwar nicht Alles, was der Sitte zuwiderläuft, aber doch auch nichts, was der Sitte nicht zuwiderläuft. Liefe die Ausbedingung übermässiger Vertragsstrafen der Sitte des Lebens zuwider, so würde sie, da eine solche Sitte unzweifelhaft eine gute im Sinne des Gesetzes wäre, wegen Verletzung der guten Sitten nichtig. Gerade der Umstand, dass umgekehrt die Ausbedingung unverhältnismässiger Vertragsstrafen häufig vorkommt, also der Sitte des Lebens nicht zuwiderläuft, hat die Bestimmung der Möglichkeit ihrer richterlichen Herabsetzung veranlasst. Ist im einzelnen Falle der vereinbarte Strafbetrag nicht nur unverhältnismäßig hoch, sondern auch seine Vereinbarung ein entschiedener Verstoss gegen die gute Sitte, so ist wegen dieses Verstosses die Vereinbarung nichtig."[1744] In der oben besprochenen Entscheidung vom 07.04.1908[1745] erachtete der III. Zivilsenat des RG ein Revers, in welchem unter Verpfändung des Ehrenworts für jede einzelne Übertretung aller, und gerade nicht nur des Wettbewerbsverbots, aufgeführten Vertragsverpflichtungen eine Vertragsstrafe von 100.000 M festgesetzt war, aufgrund der abnormen Höhe der Konventionalstrafe im ganzen Umfang für nichtig, weil „eine solche alle Grenzen übersteigende, in ungewisse für den Beklagten dem regelmäßigen Gang der Dinge nach überhaupt unerschwingliche Summen auslaufende Vertragsstrafe"[1746] einen Verstoß gegen § 138 Abs. 1 BGB enthalte.

Diesen Ausspruch in Bezug auf eine außergewöhnlich hohe Vertragsstrafe in einer Konkurrenzklausel erläuterte und präzisierte der III. Zivilsenat nachvollziehbar im Urteil vom 09.07.1909[1747], laut dessen Tatbestand sich der auf Zahlung eines Teilbetrags der Vertragsstrafe verklagte Chemiker einem Konkurrenzverbot mit einer Konventionalstrafe von 30.000 M für den Übertretungsfall unterworfen hatte.

Der Senat unterschied in seiner Begründung zur abgelehnten Nichtigkeit des Vertrages strikt zwischen dem Wettbewerbsverbot und der Vertragsstrafe. Den Ausgangspunkt für seine Entscheidung, daß mit dem verabredeten Konkurrenzverbot kein Verstoß gegen die guten Sitten vorliege, bildete die Vorschrift des § 133 f GewO, die für das Dienstverhältnis des Beklagten bei der Klägerin nach § 133 a GewO Anwendung finde. Diese Gesetzesbestimmung lasse jedoch nicht ohne weiteres für das Wettbewerbsverbot den Rückgriff auf § 138 Abs. 1 BGB zu: „Aus § 133 f der Gewerbeordnung ergibt sich, daß, wenn eine unbillige Erschwerung des Fortkommens durch übermäßige zeitliche, örtliche und gegen-

---

1744 *Hölder*, Recht 1900, S. 161 (164).

1745 Siehe RG, Urt. v. 07.04.1908 – III 315/07, RGZ 68, 229; zustimmend *Rietzler*, in: Staudinger, BGB, Bd. I, 7./8. Aufl. 1912, § 138 Anm. I.6., S. 535.

1746 RG, Urt. v. 07.04.1908 – III 315/07, Abschrift S. 4 = RGZ 68, 229 (231).

1747 Vgl. RG, Urt. v. 09.07.1909 – III 418/08, WarnRspr. 1909, Nr. 495 S. 472.

ständliche Beschränkung der gewerblichen Tätigkeit vorliegt, nicht der ganze Vertrag nichtig sein soll, ... sondern nur die über den Rahmen des zulässigen hinausgehende Beschränkung, nur das Übermaß. Der Richter hat in solchen Fällen durch Ermäßigung die Grenzen so festzustellen, daß der Billigkeit entsprochen wird. Wenn also weiter nichts vorliegt als die Überschreitung der in § 133 f gezogenen Grenzen, so hat die in dieser Gesetzesbestimmung vorgesehene Rechtsfolge einzutreten, die allgemeine Norm des § 138 Abs. 1 des Bürgerlichen Gesetzbuchs kann dann nicht Platz greifen, sie würde erst anwendbar sein, wenn der Vertrag außer jenem Übermaße der Beschränkung noch andere Momente enthielte, aus denen ein Verstoß gegen die guten Sitten abzuleiten wäre."[1748] Solche Momente seien hingegen nicht gegeben, weshalb die vom Berufungsgericht angenommene übermäßige Beschränkung der gewerblichen Tätigkeit des Beklagten nicht den ganzen Vertrag nichtig machen könne.[1749]

Gleiches gelte für die Vertragsstrafe, deren Höhe nicht dazu führen könne, den Vertrag vorliegend für nichtig zu erklären: „Daß § 138 Abs. 1 des Bürgerlichen Gesetzbuchs unter Umständen auch wegen der Höhe einer Vertragsstrafe angewendet werden kann, hat der VII. Zivilsenat des Reichsgerichts im Urteile vom 5. Januar 1906[1750] ... und der erkennende Senat in der Entscheidung [vom

---

1748 RG, Urt. v. 09.07.1909 – III 418/08, Abschrift S. 3 = WarnRspr. 1909, Nr. 495 S. 472 (473).

1749 Vgl. RG, Urt. v. 09.07.1909 – III 418/08, Abschrift S. 3 f. = WarnRspr. 1909, Nr. 495 S. 472 (473 f.).

1750 Siehe RG, Urt. v. 05.01.1906 – VII 169/05, Abschrift S. 2 f., vgl. *Schubert/Glöckner*, Nachschlagewerk, § 138 Nr. 44: Eine sich bereits am ersten Tage auf 86,30 M belaufende und jeden Tag verdoppelnde Vertragsstrafe verstoße, „da sie zur Untergrabung der wirtschaftlichen Existenz des einen Vertragsteils führe, ohne einem berechtigten Interesse des andern Teils zu dienen", gegen die guten Sitten. Das richterliche Ermäßigungsrecht des § 343 BGB komme dabei nur dann in Betracht, wenn das Strafversprechen rechtsbeständig sei. Siehe aber RG, Urt. v. 06.04.1909 – VII 252/08, Abschrift S. 3 = Recht 1909, Beil. Nr. 1651, wonach in der Vereinbarung einer übermäßig hohen Vertragsstrafe für sich allein noch nicht ein Verstoß gegen die guten Sitten zu finden sei: „Lag ... ein erhebliches Interesse des Beklagten an Einhaltung der Termine vor – Ausnützung des Weihnachtsgeschäftes –, so kann aus der behaupteten unverhältnismäßigen Höhe der Vertragsstrafe für sich allein nicht auf das Vorliegen die Nichtigkeit der ganzen Abrede zur Folge habenden Verstoßes gegen die guten Sitten geschlossen werden. Gerade dadurch, daß der Gesetzgeber – abgesehen von dem hier gegebenen Fall des § 348 des Handelsgesetzbuchs – dem Richter ausdrücklich die Befugnis [in § 343 BGB] verliehen hat, eine übermäßige Vertragsstrafe auf einen angemessenen Betrag herabzusetzen, hat er zu erkennen gegeben, daß er in der Vereinbarung einer übermäßigen Strafe für sich allein einen Verstoß gegen die guten Sitten im Sinne des § 138 des Bürgerlichen Gesetzbuchs nicht erblickt."

7. April 1908[1751]] … ausgesprochen. Wenn aber § 343 des Bürgerlichen Gesetzbuchs bei unverhältnismäßig hoher Vertragsstrafe als Abhilfsmittel das Herabsetzungsrecht des Richters vorgeschrieben hat, so kann das Verhältnis des § 343 zu § 138 Abs. 1 [BGB] nicht so gedacht werden, daß der Richter die Wahl habe, ob er die eine oder die andere Norm anwenden wolle, auch nicht so, daß bei ganz unsinnig hoher Strafe die Nichtigkeit des ganzen Vertrags, bei nur mäßiger Überschreitung hingegen das Herabsetzungsrecht eintrete. Vielmehr kann § 138 Abs. 1 nur dann Platz greifen, wenn zu dem bloßen Mißverhältnis der Strafhöhe noch etwas weiteres hinzukommt, das dem Vertrage überhaupt den Stempel der Sittenwidrigkeit aufdrückt und ihn im ganzen als vernichtungswürdig erscheinen läßt. So lag der vom Senate in der angeführten Entscheidung [vom 7. April 1908[1752]] … beurteilte Fall.“[1753] Hiervon könne nach den bisherigen tatsächlichen Feststellungen des Berufungsgerichts keine Rede sein. Selbst wenn die Strafe mehrmals verwirkt werden könne, verstieße das Strafversprechen nicht ohne weiteres gegen die guten Sitten, denn auch dann würde das Herabsetzungsrecht des § 343 BGB heranzuziehen sein, „mit dem im allgemeinen eine vernünftige Regelung der im Erwerbsleben vorkommenden Vertragsstrafen – soweit sein Gebiet reicht – zu erzielen sein wird“.[1754] Aber auch wenn die

---

[1751] Siehe RG, Urt. v. 07.04.1908 – III 315/07, RGZ 68, 229; siehe auch RG, Urt. v. 09.10.1908 – III 575/07, Abschrift S. 3 = Gruchot 53 (1909), S. 404 (406) Nr. 11: „Die Vereinbarung einer Vertragsstrafe kann schon dann als gegen die guten Sitten verstoßend für nichtig erklärt werden, wenn sie zur Untergrabung der wirtschaftlichen Existenz des Schuldners führen würde, und wenn zugleich das durch die Vertragsstrafe zu schützende Interesse des Gläubigers wegen seiner Geringfügigkeit die Festsetzung einer so übermäßigen Strafe nicht rechtfertigt. So liegt aber … die Sache hier, da der Beklagte für jeden einzelnen verliehenen Siphon die Vertragsstrafe von 1000 M zu zahlen haben würde, während der Vermögensnachteil der Klägerin nur in einem Teil des Verkaufspreises von 22 M für jeden Siphon besteht.“

[1752] Siehe RG, Urt. v. 07.04.1908 – III 315/07, RGZ 68, 229.

[1753] RG, Urt. v. 09.07.1909 – III 418/08, Abschrift S. 4 f. = WarnRspr. 1909, Nr. 495 S. 472 (474). Der Senat führte dort zur Begründung die Sachlage der Entscheidung des RG, Urt. v. 07.04.1908 – III 315/07, RGZ 68, 229 an, wo die Vertragsstrafe von 100.000 M für jeden einzelnen Übertretungsfall, und zwar nicht nur des Konkurrenzverbots, sondern aller einzelnen, höchst umfassenden und minutiösen Vertragsverpflichtungen festgesetzt und zusätzlich noch mit einem ehrenwörtlichen Versprechen verbunden war. „Dieses Urteil [gemeint ist RG, Urt. v. 07.04.1908 – III 315/07, RGZ 68, 229]“, so später RG, Urt. v. 07.01.1913 – III 234/12, Abschrift S. 4 = MuW XII (1912/1913), S. 410 (410) unter Verweis auf: RG, Urt. v. 09.07.1909 – III 418/08, WarnRspr. 1909, Nr. 495 S. 472, „ist nicht … dahin zu verstehen, daß es die Unsittlichkeit des Wettbewerbsverbotes in dem dort zur Entscheidung stehenden Falle lediglich aus der Höhe der Vertragsstrafe gefolgert habe.“

[1754] RG, Urt. v. 09.07.1909 – III 418/08, Abschrift S. 5 = WarnRspr. 1909, Nr. 495 S. 472 (474).

Auslegung des Vertrages ergebe, daß die Vertragsstrafe nur einmal verfallen sollte, bliebe für die Anwendung des § 138 Abs. 1 BGB kein Raum, weil dann nichts weiter als ein Mißverhältnis der Strafhöhe vorläge.[1755]

Das RG hielt an seiner Rechtsauffassung fest, daß die außergewöhnliche Höhe der für die Übertretung eines Konkurrenzverbotes ausbedungenen Vertragsstrafe für sich allein noch keinen Grund bilde, die Vereinbarung als gegen die guten Sitten verstoßend und damit nichtig anzusehen; es müßten vielmehr zu ihr noch weitere Umstände hinzukommen, die den Vertrag als einen sittenwidrigen erscheinen lassen.[1756]

Dem folgten manche Stimmen im Schrifttum.[1757] So verstand auch *Oertmann* den § 343 BGB im gleichen Sinne wie schon die höchstrichterliche Rechtsprechung zuvor. Aus der Möglichkeit der Herabsetzung durch den Richter auf Antrag des Schuldners und daraus, daß nach der bereits vollzogenen Entrichtung der Vertragsstrafe deren Herabsetzung ausgeschlossen sei, folge, „dass die unverhältnismässige Höhe der Vertragsstrafe ihre Vereinbarung noch keineswegs ohne weiteres nichtig macht, inbesondere nicht im Sinne des Gesetzes unterschiedlos gegen die guten Sitten verstösst – denn andernfalls wäre sie ja nach

---

[1755] Vgl. RG, Urt. v. 09.07.1909 – III 418/08, Abschrift S. 5 = WarnRspr. 1909, Nr. 495 S. 472 (474 f.).

[1756] Siehe RG, Urt. v. 01.04.1910 – III 391/09, Abschrift S. 2 f. = LZ 1910, Sp. 780 (780) Nr. 3 unter Verweis auf: RG, Urt. v. 09.07.1909 – III 418/08, JW 1909, S. 488 Nr. 9 = WarnRspr. 1909, Nr. 495 S. 472; ferner RG, Urt. v. 07.01.1913 – III 234/12, Abschrift S. 4 = MuW XII (1912/1913), S. 410 (410), vgl. *Schubert/Glöckner*, Nachschlagewerk, § 138 Nr. 230 unter Verweis auf: RG, Urt. v. 09.07.1909 – III 418/08, WarnRspr. 1909, Nr. 495 S. 472; RG, Urt. v. 18.03.1913 – III 448/12, Abschrift S. 3 = Gruchot 57 (1913), S. 841 (842) Nr. 42 unter Verweis auf: RG, Urt. v. 09.07.1909 – III 418/08, JW 1909, S. 488 Nr. 9 = WarnRspr. 1909, Nr. 495 S. 472 und RG, Urt. v. 12.12.1913 – III 420/13, Abschrift S. 3 f. = LZ 1914, Sp. 578 (578) Nr. 7 unter Verweis auf: RG, Urt. v. 07.04.1908 – III 305/07, RGZ 68, 229 und RG, Urt. v. 07.01.1913 – III 234/12, JW 1913, S. 319 Nr. 5 = MuW XII (1912/1913), S. 410. Siehe abschließend RG, Urt. v. 26.05.1914 – II 620/13, Abschrift S. 5 = RGZ 85, 100 (102), vgl. *Schubert/Glöckner*, Nachschlagewerk, § 138 Nr. 243, wo das Versprechen der Vertragsstrafe nicht nur als gegen die guten Sitten verstoßend erachtet wurde, „weil die Höhe der Strafe jedes verständige Maß überschritt, sondern vielmehr auch deswegen weil – ohne daß dieses durch die sonstige Lage der Sache … begründet gewesen wäre – das ganze wirtschaftliche Bestehen der Beklagten [des Versprechenden], sogar völlig ohne ihr Verschulden, gefährdet werden konnte. Daß eine von einem Kaufmann im Betriebe seines Handelsgewerbes versprochene Vertragsstrafe gemäß § 348 HGB. vom Richter nicht auf Grund der Vorschriften des § 343 BGB. herabgesetzt werden kann, schließt nicht die Nichtigkeit einer Vereinbarung aus, die gegen die guten Sitten verstößt."

[1757] Siehe nur *Oertmann*, BankA 12 (1912/13), S. 22 (24) und *Isaac*, ZAktG 28 (1920), S. 178 (178); unklar dagegen bei *Plum*, JW 1913, S. 299 (302).

§ 138 cit. eben nichtig!“[1758] Die Sittenwidrigkeit könne dagegen natürlich im Einzelfall angenommen werden, „aber stets nur auf Grund hinzutretender besonderer, qualifizierender Momente“.[1759]

Die Begründungen anhand der vorhandenen gesetzlichen Bestimmungen und der darin enthaltenen gesetzgeberischen Wertungen überzeugt. In § 133 f GewO ist durch Verwendung der Worte „nur insoweit verbindlich“[1760] zum Ausdruck gebracht worden, daß ausschließlich die über das zulässige Maß hinausgehende Beschränkung der gewerblichlichen Tätigkeit nach Zeit, Ort und Gegenstand – vom RG als „das Übermaß“ bezeichnet – keine Verbindlichkeit entfalten soll. Damit hat sich der Gesetzgeber ausdrücklich gegen eine Gesamtnichtigkeit eines derartigen übermäßigen Wettbewerbsverbotes entschieden, so daß § 133 f GewO die allgemeine Vorschrift des § 138 BGB allein in einem derartigen Falle verdrängt. Gleiches gilt für die Höhe einer versprochenen Vertragsstrafe. Wie sich auch hier durch § 343 BGB ergibt, der im unmittelbaren systemtischen Zusammenhang mit § 339 BGB steht, kann der Richter auf Antrag des Schuldners durch Urteil eine verwirkte, unverhältnismäßig hohe Vertragsstrafe auf einen angemessenen Betrag herabsetzen. Aus dieser Vorschrift läßt sich rückschließen, daß nur eine unverhältnismäßig hohe Strafe nicht schon die Nichtigkeit der ganzen Vertragsstrafenabrede zur Folge hat.[1761] Beizupflichten ist den Ausführungen des RG außerdem darin, daß § 138 BGB ansonsten zur Anwendung kommen kann, aber eben nur, wenn seine Merkmale erfüllt sind. Wie die hinter § 133 f GewO und § 343 HGB stehenden Wertungen zeigen, müssen hierfür aber noch „andere Momente“ als nur eine übermäßige zeitliche, örtliche und gegenständliche Beschränkung der gewerblichen Tätigkeit bzw. „noch etwas weiteres“ zur übermäßig hohen Vertragsstrafe hinzukommen.

V. Klauseln in Grundstückskaufverträgen über den Nichtweiterverkauf an Käufer polnischer oder deutscher Nationalität

Den tatsächlichen Kern der in diesem Kapitel anzuführenden Reichsgerichtsentscheidungen bildeten Veräußerungen von in den östlichen Provinzen des Reiches belegener Grundstücke, die vom Käufer im Falle dessen Weiterverkaufs

[1758] *Oertmann*, BankA 12 (1912/13), S. 22 (24).

[1759] *Oertmann*, BankA 12 (1912/13), S. 22 (24).

[1760] Diese Formulierung findet sich auch in § 74 Abs. 1 HGB.

[1761] Die Nichtzulassung der Anwendung des § 138 BGB bei übermäßiger Vertragsstrafe ohne jegliche weitere Voraussetzungen gilt erst recht nicht bei § 348 HGB; siehe hierzu *Staub*, HGB, Bd. I, 6./7. Aufl. 1900, § 22 Anm. 30., S. 135 und *Staub*, HGB, Bd. II, 6./7. Aufl. 1900, § 348 Anm. 18. ff., S. 1066 f.

unter Vermeidung einer Vertragsstrafe je nach Fallgestaltung entweder nicht an einen Nationalpolen oder aber an keinen Käufer deutscher Nationalität weiterveräußert werden sollten. Dabei bildete sich der Begriff der sog. Polenklausel für solche Konventionalstrafvereinbarungen heraus, die beim Grundstückskauf zwischen Deutschen abgeschlossen wurden und den Weiterverkauf des Grundstückes an einen Polen verhindern sollten, um so das Grundstück langfristig in deutscher Hand zu halten.[1762] Die zu dieser Konstellation ergangenen Entscheidungen erfuhren keine nennenswerte Beachtung im Schrifttum, während der umgekehrte Fall, in dem zwei Polen den Nichtweiterverkauf eines Grundstückes an einen Deutschen vereinbarten, gegenteilige Stellungnahmen in der Literatur hervorrief.

Das RG bewegte sich bei der Beurteilung dieser Fälle auf politischem und damit für das Gericht gefährlichem Terrain, sah es sich doch mit erheblich nationalistisch ausgerichteten Gesetzen konfrontiert, wobei zum besseren Verständnis der nachfolgenden Entscheidungen vorweg auf einige gesetzliche Details aufmerksam gemacht werden soll. Dazu muß der Blick zuallererst auf das allgemeine preußische „Gesetz, betreffend ... die Gründung neuer Ansiedelungen in den Provinzen Preußen, Brandenburg, Pommern, Posen, Schlesien, Sachsen und Westfalen“[1763] vom 25. August 1876 gerichtet werden. Nach § 13 war in den aufgeführten Provinzen zur Errichtung von Wohnhäusern außerhalb einer im Zusammenhang gebauten Ortschaft und außerhalb der Grenzen eines festgestellten Bebauungsplans neben der polizeilichen Bauerlaubnis eine vor deren Erteilung durch die Ortspolizeibehörde auszustellende Ansiedelungsgenehmigung erforderlich.[1764] In der Novelle vom 10. August 1904[1765] wurde im § 13 die Erteilung dieser Ansiedelungsgenehmigung in Landkreisen dem Kreisausschuß übertragen und zugleich im § 13 b Abs. 1 bestimmt, daß im Geltungsbereich des Gesetzes betreffend die Beförderung deutscher Ansiedlungen in den Provinzen Westpreußen und Posen vom 26. April 1886[1766] die Ansiedelungsgenehmigung zu versagen war, solange nicht eine Bescheinigung des Regierungspräsidenten vorlag, „daß die Ansiedlung mit den Zielen des bezeichneten Gesetzes nicht im

---

[1762] Vgl. *Wanner*, S. 75 und *Haferkamp*, in: Historisch-kritischer Kommentar BGB, § 138 Rn. 22.

[1763] GS 1876, S. 405 (405).

[1764] Siehe GS 1876, S. 405 (407 f.).

[1765] Gesetz, betreffend die Gründung neuer Ansiedlungen in den Provinzen Ostpreußen, Westpreußen, Brandenburg, Pommern, Posen, Schlesien, Sachsen und Westfalen vom 10. August 1904, GS 1904, S. 227.

[1766] Siehe GS 1886, S. 131.

Widerspruche steht".[1767] Gegen die Versagung der Bescheinigung wurde nach § 13 Abs. 3 nur die Beschwerde an den Oberpräsidenten zugelassen.[1768]

Das zuletzt genannte „Gesetz, betreffend die Beförderung deutscher Ansiedelungen in den Provinzen Westpreußen und Posen"[1769] vom 26. April 1886 bestimmte in dessen § 1, daß der Staatsregierung ein Fonds von 100 Millionen Mark zur Verfügung gestellt wurde, „um zur Stärkung des Deutschen Elements in den Provinzen Westpreußen und Posen gegen polonisirende Betrebungen durch Ansiedelung deutscher Bauern und Arbeiter"[1770] etwa Grundstücke zu erwerben oder darauf Gebäude zu errichten. Nach § 12 Abs. 1 war die Ausführung dieses Gesetzes einer besonderen Kommission, der Ansiedelungskommission übertragen, die dem Staatsministerium unterstellt war.[1771] Der nach § 1 der Staatsregierung zur Verfügung gestellte Fonds von 100 Millionen Mark wurde durch Gesetz vom 20. April 1898 zunächst auf 200 Millionen Mark[1772], sodann durch Gesetz vom 1. Juli 1902 auf 350 Millionen Mark[1773] und schließlich durch Gesetz vom 20. März 1908 um 200 Millionen Mark auf insgesamt 550 Millionen Mark[1774] erhöht. Dies stellte eine beträchtliche Summe dar, wenn man zum Vergleich die Gesamtherstellungskosten für den Bau des Nord-Ostsee-Kanals heranzieht, die 1886 mit 156 Millionen Mark veranschlagt wurden.[1775] Letzteres Gesetz vom 20. März 1908 ging aber noch einen Schritt weiter als alle zuvorigen Gesetzesänderungen: Neben der nunmehr vorgesehenen Förderung der Ansiedelung von selbständigen deutschen Arbeitern durch Prämien in § 1 Abs. 1 Nr. 1 a wurde in § 13 Abs. 1 dem Staat „das Recht verliehen, in den Bezirken, in denen die Sicherung des gefährdeten Deutschtums nicht anders als durch Stärkung und Abrundung deutscher Niederlassungen mittels Ansiedlungen (§ 1) möglich erschien, die hierzu erforderlichen Grundstücke in einer Gesamtfläche von nicht mehr als siebzigtausend Hektaren nötigenfalls im Wege der [nach § 18 gegen vollständige Entschädigung in Geld zu geschehenden] Enteignung zu erwerben".[1776] Später wurden der Staatsregierung durch das „Gesetz über Stärkung

---

[1767] GS 1904, S. 227 (228).

[1768] Siehe GS 1904, S. 227 (228).

[1769] GS 1886, S. 131 (131).

[1770] GS 1886, S. 131 (131).

[1771] Siehe GS 1886, S. 131 (134).

[1772] Siehe GS 1898, S. 63 (63).

[1773] Siehe GS 1902, S. 234 (234).

[1774] Siehe GS 1908, S. 29 (29).

[1775] Siehe § 1 Gesetz, betreffend die Herstellung des Nord-Ostseekanals vom 16. März 1886, RGBl. 1886, S. 58 (58).

[1776] GS 1908, S. 29 (30).

des Deutschtums in einigen Landesteilen (Besitzfestigungsgesetz)“[1777] vom 26. Juni 1912 weitere 100 Millionen Mark „zur Festigung und Stärkung des deutschen ländlichen Besitzstandes in den national gefährdeten Teilen der Provinzen Ostpreußen, Pommern, Schlesien und Schleswig-Holstein“[1778] zur Verfügung gestellt.

Für die Betrachtung der Rechtsprechung zu diesen Klauseln erweist es sich als vorteilhaft, daß – bis auf eine gefundene Entscheidung – sämtliche hierzu untersuchten Revisionsurteile durch den V. Zivilsenat des RG ergingen. Dieser hatte sich erstmals nach Inkrafttreten des BGB im Urteil vom 06.06.1903[1779] mit der Frage zu befassen, ob die Vereinbarung zwischen den Parteien eines Grundstückkaufvertrages, daß dieses Grundstück nur an Käufer deutscher Nationalität weiterveräußert werden dürfe, rechtlich zulässig sei. Der Beklagte kaufte am 14. Juli 1902 von der Klägerin das im Kreis Rosenberg in Westpreußen belegene Gut Gr. Jauth. Er verpflichtete sich in dem notariellen Vertrag bei einem Weiterverkauf des Gutes im ganzen oder parzellenweise, nur an Käufer deutscher Nationalität zu verkaufen. Im Fall der Zuwiderhandlung war eine sofort fällige Konventionalstrafe von 10.000 M an die Klägerin zu entrichten. Der Beklagte solle dieser Verpflichtung dadurch zuwidergehandelt und die von der Klägerin mit der Klage eingeforderte Konventionalstrafe verwirkt haben, daß er das Gut, was unstreitig war, im August 1902 an einen Rittergutsbesitzer polnischer Abkunft weiterveräußert hatte.

Die Klage wurde in allen Instanzen mit Erfolg beschieden. Das Kammergericht legte die Vertragsbestimmung, „nur an Käufer deutscher Nationalität“ zu verkaufen, dahin aus, daß die Parteien hierunter nicht die Staats- oder Reichsangehörigkeit gemeint hätten, sondern der Verkauf nur an solche Personen ausgeschlossen werden sollte, „die von polnischer Abstammung sind und in Anknüpfung an ihre Abstammung den deutschfeindlichen Bestrebungen des Polentums huldigen“.[1780] Hierzu stellte es in tatsächlicher Hinsicht fest, daß der Käufer des Gutes „von polnischer Abstammung ist und denjenigen Kreisen zugehört, in denen die deutschfeindlichen Gesinnungen des Polentums gepflegt werden“.[1781]

Die gegen diese Auslegung und Feststellung durch das Berufungsgericht gerichteten Bedenken der vom Beklagten eingelegten Revision sah der V. Zivilse-

---

[1777] GS 1912, S. 183 (183).

[1778] GS 1912, S. 183 (183).

[1779] Vgl. RG, Urt. v. 06.06.1903 – V 147/03, RGZ 55, 78, vgl. *Schubert/Glöckner*, Nachschlagewerk, § 138 Nr. 15. Schon *Gareis*, DJZ 1904, Sp. 572 (576), bemerkte ohne weitergehende Erörterungen, daß durch diesen Rechtsfall „das Gebiet der Politik gestreift“ werde.

[1780] RG, Urt. v. 06.06.1903 – V 147/03, Abschrift S. 2 = RGZ 55, 78 (78).

[1781] RG, Urt. v. 06.06.1903 – V 147/03, Abschrift S. 2 = RGZ 55, 78 (79).

nat ohne jedwede Darlegungen als unbegründet an: „Daß eine Vertragsbestimmung des Inhalts, wie sie nach der Auslegung des Berufungsrichters hier vorliegt, gegen die guten Sitten verstoße und deshalb nach §. 138 Abs. 1 B.G.B. nichtig sei, ist nicht anzuerkennen."[1782]

Die in der Entscheidung vom 05.01.1907[1783] zu beurteilende Strafabrede wies eine ähnliche Intention auf. Der klagende Apotheker besaß eine Apotheke in Kempen in der Provinz Posen, die er gekauft hatte. Er geriet mit der Zahlung der Hypothekenzinsen in Rückstand und erhielt vom beklagten Königlich Preußischen Fiskus ein Darlehen in Höhe von 5.000 M. Im Darlehensvertrag unterwarf sich der Kläger der sofortigen Zahlung einer Konventionalstrafe von 10.000 M für den Fall, daß er die Apotheke ohne die Genehmigung des Darlehnsgebers veräußere oder verpachte. Die vereinbarte Vertragsstrafe hatte unstreitig den Zweck, die Veräußerung der Apotheke an einen Käufer polnischer Nationalität zu verhindern. Genau dies geschah jedoch, denn der Beklagte veräußerte die Apotheke nach erneuten Zahlungsschwierigkeiten ohne die (zuvor versagte) Genehmigung.

Die auch auf Anerkennung durch den Beklagten gerichtete Klage, daß ihm keine Rechte auf Zahlung einer Konventionalstrafe zustünden, hatte in den Vorinstanzen keinen Erfolg. Die Revision des Klägers rügte die Verletzung des § 4 der Preußischen Verfassung [richtig: Art. 4 Satz 1][1784], wonach alle Preußen vor dem Gesetz gleich seien. In Verbindung damit sei eine Verletzung des § 138 BGB gegeben, weil die Vereinbarung der Konventionalstrafe gegen die guten Sitten verstoße, indem sie sich gegen preußische Untertanen polnischer Nationalität richte und dadurch den von Art. 4 der Preußischen Verfassung gesicherten Grundsatz der Gleichberechtigung vor dem Gesetz verletze.

Die Angriffe der Revision wies der V. Zivilsenat zurück: Die Vertragfreiheit werde durch den Grundsatz der Gleichheit aller Preußen vor dem Gesetz nicht eingeschränkt.[1785] Die Vertragsparteien seien nicht durch diesen Grundsatz daran gehindert, in einem privatrechtlichen Vertrag „Bestimmungen zu treffen, beziehungsweise einander Beschränkungen aufzuerlegen, in denen ein Unterschied zwischen verschiedenen Kategorien der Staatsbürger gemacht wird".[1786] Die

---

1782 RG, Urt. v. 06.06.1903 – V 147/03, Abschrift S. 2 f. = RGZ 55, 78 (79).

1783 Vgl. RG, Urt. v. 05.01.1907 – V 210/06, Gruchot 51 (1907), S. 807 Nr. 46 (mit dem falschen Aktenzeichen: V 260/07), vgl. *Schubert/Glöckner*, Nachschlagewerk, § 138 Nr. 103.

1784 Siehe Art. 4 Satz 1 der Verfassungsurkunde für den Preußischen Staat vom 31. Januar 1850, GS 1850, S. 17 (18): „Alle Preußen sind vor dem Gesetze gleich."

1785 Vgl. RG, Urt. v. 05.01.1907 – V 210/06, Abschrift S. 3 = Gruchot 51 (1907), S. 807 (808) Nr. 46.

1786 RG, Urt. v. 05.01.1907 – V 210/06, Abschrift S. 3 = Gruchot 51 (1907), S. 807 (808 f.) Nr. 46.

Gleichheit vor dem Gesetz habe damit nichts zu tun, selbst dann nicht, wenn der Staat in seiner vermögensrechtlichen Eigenschaft als Fiskus Vertragspartei sei, weshalb eine Prüfung der im Darlehensvertrag enthaltenen Beschränkung nur vom privatrechtlichen Standpunkt aus zu erfolgen habe.

Unter Verweis auf seine erste Entscheidung vom 06.06.1903[1787] verneinte der Senat ohne weitere Begründung einen Verstoß gegen die guten Sitten im Sinne des § 138 Abs. 1 BGB durch die dem Kläger im Darlehensvertrag mit einer Vertragsstrafe auferlegten, die Verhinderung der Veräußerung an einen Polen bezweckende Beschränkung.[1788]

Ein wenig Aufschluß über das mit der Ansiedelung von Deutschen in den östlichen Gebieten verfolgte gesetzgeberische Anliegen vermag das Urteil vom 29.01.1910[1789] zu geben, das in der Sache selbst hingegen keine neuen Aufschlüsse brachte. Im Jahre 1905 wollte der Beklagte K. auf der Feldmark von Briesen außerhalb der Grenzen des Bebauungsplans auf seinem Grundstück Gebäude errichten. Am 3. April 1905 beantragte er beim Kreisausschuß in Briesen die Ansiedelungsgenehmigung, wobei er sich verpflichtete, das Grundstück an keine Person polnischer Nationalität zu veräußern, für den Fall der Zuwiderhandlung eine Vertragsstrafe von 3.000 M an den Kreis Briesen, den Kläger, zu zahlen und die Eintragung dieser Verpflichtung zu veranlassen. In der notariell beglaubigten Erklärung vom 4. April 1905 bewilligte er zudem die Eintragung eines Vermerks im Grundbuch, daß der Eigentümer des Grundstücks dieses nicht an eine Person polnischer Nationalität veräußern dürfe und im Falle der Zuwiderhandlung die Konventionalstrafe von 3.000 M an den Kreis Briesen zu zahlen habe. Er erhielt die nach den §§ 13, 13 b des preußischen Ansiedelungsgesetzes vom 25. August 1876/10. August 1904 dazu erforderliche Bescheinigung des zuständigen Regierungspräsidenten am 14. April 1904 und die Ansiedlungsgenehmigung und Bauerlaubnis des zuständigen Kreisausschusses, ließ aber die Eintragung im Grundbuch nicht vornehmen, weshalb der Kläger im Wege der einstweiligen Verfügung die Eintragung einer Vormerkung mit diesem Inhalt veranlaßte. Mit jener Vormerkung verkaufte der Beklagte K. im April 1907 den Mitbeklagten Eheleuten M., die Nationalpolen waren, das Grundstück und ließ es ihnen am 26. April 1907 auf.

Der Kläger verlangte vom Beklagten K. die Zahlung von 3.000 M sowie die Einwilligung zur Eintragung einer Sicherungshypothek im Range der Vormerkung für die Forderung von 3.000 M und von den Beklagten M. die Zustimmung zur Eintragung. Alle Instanzen sprachen dem Kläger die Klage zu. Die nur

---

[1787] Siehe RG, Urt. v. 06.06.1903 – V 147/03, RGZ 55, 78.

[1788] Vgl. RG, Urt. v. 05.01.1907 – V 210/06, Abschrift S. 3 = Gruchot 51 (1907), S. 807 (809) Nr. 46.

[1789] Vgl. RG, Urt. v. 29.01.1910 – V 103/09, RGZ 73, 16.

von den Beklagten M. eingelegte Revision wurde zurückgewiesen. Sie rügten, das Versprechen der Konventionalstrafe verstoße gegen die Vorschriften des Ansiedelungsgesetzes als eines gesetzlichen Verbots im Sinne des § 134 BGB, weil es für die Erteilung der Ansiedelungsgenehmigung nicht habe gefordert werden dürfen.

Diese Argumentation hielt der Senat für völlig abwegig: „Der Regierungspräsident hatte, bevor er die vorgeschriebene Bescheinigung ausstellte, sich Gewißheit darüber zu verschaffen, daß die beabsichtigte neue Ansiedelung nicht mit den Zwecken des Gesetzes vom 26. April 1886, das deutsche Element in den Provinzen Westpreußen und Posen gegen polonisierende Bestrebungen zu stärken, im Widerspruch stehe, daß also nicht eine neue nationalpolnische Ansiedelung entstehe."[1790] Die Weise, wie er sich diese Gewißheit verschaffe, sei gesetzlich nicht vorgeschrieben. Er könne mit dem neuen Ansiedler in dieser Hinsicht auch einen privatrechtlichen Vertrag abschließen.[1791]

Auch der vorgetragenen Ansicht, daß sowohl die Ansiedelungsnovelle vom 10. August 1904 als auch das darauf beruhende Versprechen des Beklagten K. ungültig seien, weil sie gegen § 1 des Freizügigkeitgesetzes vom 1. November 1867[1792] verstießen, trat der Senat mit ausführlicher, hier aber zu vernachlässigender Begründung entgegen.[1793]

Ebenfalls wurde der Einwand der Revision, „daß die Ansiedelungs-Novelle gegen die Gleichheit vor dem Gesetz und sogar gegen die guten Sitten verstoße"[1794], unter Verweis auf die früheren Urteile[1795] des Senats verworfen: „Die

[1790] RG, Urt. v. 29.01.1910 – V 103/09, Abschrift S. 5 = RGZ 73, 16 (18 f.).

[1791] Vgl. RG, Urt. v. 29.01.1910 – V 103/09, Abschrift S. 5 = RGZ 73, 16 (19).

[1792] Siehe § 1 des Gesetzes über die Freizügigkeit vom 1. November 1867, Bundes-Gesetzbl. des Norddeutschen Bundes 1867, S. 55 (55): „[Abs. 1:] Jeder Bundesangehörige [resp. Reichsangehörige] hat das Recht, innerhalb des Bundesgebietes [resp. Reiches]: 1) an jedem Orte sich aufzuhalten oder niederzulassen, wo er eine eigene Wohnung oder ein Unterkommen sich zu verschaffen im Stande ist; 2) an jedem Orte Grundeigenthum aller Art zu erwerben; 3) umherziehend oder an dem Orte des Aufenthalts, beziehungsweise der Niederlassung, Gewerbe aller Art zu betreiben, unter den für Einheimische geltenden gesetzlichen Bestimmungen. [Abs. 2:] In der Ausübung dieser Befugnisse darf der Bundesangehörige [resp. Reichsangehörige], soweit nicht das gegenwärtige Gesetz Ausnahmen zuläßt, weder durch die Obrigkeit seiner Heimath, noch durch die Obrigkeit des Ortes, in welchem er sich aufhalten oder niederlassen will, gehindert oder durch lästige Bedingungen beschränkt werden. [Abs. 3:] Keinem Bundesangehörigen [resp. Reichsangehörigen] darf um des Glaubensbekenntnisses willen oder wegen fehlender Landes- oder Gemeindeangehörigkeit der Aufenthalt, die Niederlassung, der Gewerbebetrieb oder der Erwerb von Grundeigenthum verweigert werden."

[1793] Vgl. RG, Urt. v. 29.01.1910 – V 103/09, Abschrift S. 5 f. = RGZ 73, 16 (19 ff.); siehe auch RG, Urt. v. 28.01.1914 – V 299/13, Abschrift S. 7 = RGZ 84, 100 (106).

[1794] RG, Urt. v. 29.01.1910 – V 103/09, Abschrift S. 6 = RGZ 73, 16 (21).

Ansiedelungs-Novelle schafft keine Ungleichheit verschiedener Bevölkerungsklassen oder Volksstämme, sie richtet sich auch nicht gegen die Polen schlechthin, sondern gleichviel welcher Bevölkerungsklasse und welchem Volksstamme sie angehören, gegen solche Elemente, die durch nationalpolnische Bestrebungen und deren Förderung den Bestand des Staates gefährden. ... [Darunter] fallen ... auch solche Deutsche, die in den vom Polentum durchsetzten Provinzen mit den Nationalpolen gemeinsame Sache machen oder deren Bestrebungen begünstigen, und es fallen darunter nicht Polen, die zwar ihre Muttersprache bewahren und pflegen, aber – wie beispielsweise die in der Nähe Briesens wohnenden Masuren – in allen Beziehungen und vorbehaltlos als Preußen und Deutsche sich fühlen."[1796]

Von seiner vertretenen Rechtsprechung wich der reichsgerichtliche V. Zivilsenat im untersuchten Zeitraum nicht mehr ab.[1797] Die Vereinbarung, der Käufer dürfe das Grundstück bei Vermeidung einer Vertragsstrafe nur an einen Käufer deutscher Nationalität weiterverkaufen, wurde von ihm erstmals – soweit ersichtlich – im Urteil vom 26.04.1913[1798] als „Polenklausel"[1799] bezeichnet.

Einen Höhepunkt der Rechtsprechung markierte schließlich das Urteil vom 25.11.1911[1800], in dem der umgekehrte Fall, daß nämlich dem polnischen Käufer durch den verkaufenden Nationalpolen die Weiterveräußerung des Grundstücks an einen anderen als einen Nationalpolen verboten war, zur Entscheidung anstand. Bei der Entscheidung stand nicht der rechtliche, sondern eher der politische Aspekt im Vordergrund,[1801] was sich auch an den Urteilsanmerkungen einiger Autoren ablesen läßt.

Der Kläger, ein Nationalpole, verkaufte sein in der Provinz Posen belegenes Rittergut Smierzkowo durch notariellen Vertrag vom 3. November 1908 an den Beklagten, der sich bei Meidung einer Konventionalstrafe von 30.000 M verpflichtete, das Gut weder an einen Deutschen noch an die Ansiedlungskommis-

---

[1795] Siehe RG, Urt. v. 06.06.1903 – V 147/03, RGZ 55, 78 und RG, Urt. v. 05.01.1907 – V 210/06, Gruchot 51 (1907), S. 807 Nr. 46.

[1796] RG, Urt. v. 29.01.1910 – V 103/09, Abschrift S. 6 f. = RGZ 73, 16 (21).

[1797] Siehe RG, Urt. v. 26.04.1913 – V 45/13, WarnRspr. 1913, Nr. 311 S. 372 und RG, Urt. v. 28.01.1914 – V 299/13, Abschrift S. 7 = RGZ 84, 100 (106); siehe zudem RG, Urt. v. 21.04.1914 – VII 14/14, RGZ 84, 391 (394).

[1798] Vgl. RG, Urt. v. 26.04.1913 – V 45/13, WarnRspr. 1913, Nr. 311 S. 372.

[1799] RG, Urt. v. 26.04.1913 – V 45/13, Abschrift S. 4 = WarnRspr. 1913, Nr. 311 S. 372 (373). Hier wurde auch ausgesprochen, daß eine Person, die nicht von deutschen Eltern stamme und deren Muttersprache nicht die deutsche Sprache sei, nicht deutscher Nationalität sei. Siehe auch RG, Urt. v. 21.04.1914 – VII 14/14, RGZ 84, 391 (394).

[1800] Vgl. RG, Urt. v. 25.11.1911 – V 197/11, RGZ 77, 419, vgl. *Schubert/Glöckner*, Nachschlagewerk, § 138 Nr. 212.

[1801] Vgl. *Wanner*, S. 80.

sion oder den Domänenfiskus, sondern gegebenenfalls nur an einen in nationaler Hinsicht einwandfreien Polen zu verkaufen. Aufgrund der Veräußerung des Gutes seitens des Beklagten an die Ansiedlungskommission erachtete der Kläger die Vertragsstrafe für verwirkt und klagte einen Teilbetrag von 10.000 M ein.

Der Beklagte wurde in allen Instanzen zur Zahlung verurteilt. Unter Heranziehung der reichsgerichtlichen Rechtsprechung[1802] für den entgegengesetzten Fall, daß in der Verpflichtung, das Grundstück an keinen Nationalpolen weiterzuverkaufen, kein Verstoß gegen die guten Sitten zu finden sei, und der Erwägung, daß dies auch hier gelten müsse, hielt das OLG Posen die Vereinbarung für gültig, „zumal die Abrede lediglich bezweckt habe, ein in polnischer Hand befindliches Grundstück in solcher zu erhalten".[1803]

Das RG sah die dem Beklagten auferlegte Verpflichtung, das ihm verkaufte Rittergut, wenn überhaupt, nur an einen Nationalpolen zu verkaufen, vorliegend als nicht gegen guten Sitten verstoßend nichtig an.[1804] Dabei betonte es in Übereinstimmung mit der Revision, daß aus den bisherigen zutreffenden Urteilen des RG aufgrund des „schwerwiegenden Unterschieds" für die hier anstehende Entscheidung nichts gewonnen werden könne.[1805] Allerdings blieb unausgesprochen, was den Unterschied zu einem „schwerwiegenden" machte. Es unterstellte, daß „unter einem Nationalpolen oder in nationaler Hinsicht einwandfreien Polen jemand zu verstehen ist, der die deutschfeindlichen Gesinnungen polnischer Kreise betätigt"[1806], was für den hier zu entscheidenden Fall vollkommen ohne Belang war.

Für die Prüfung eines Verstoßes gegen die guten Sitten stellte es auf seine bisherige Rechtsprechung zur sog. Anstandsformel ab: Gegen die guten Sitten könne nicht verstoßen, was nicht dem Anstandsgefühl aller billig und gerecht Denkenden zuwiderlaufe. Der Begriff der guten Sitten sei „aus dem herrschenden Volksbewußtsein zu entnehmen ..., wobei wohl auf die Sittenanschauungen gewisser Volkskreise Rücksicht genommen werden kann".[1807] Weil eben dieses Volksbewußtsein wechseln könne, seien „die jeweiligen Anschauungen des Verkehrs maßgebend, wobei es von besonderer Bedeutung sein kann, welchen

---

1802 Siehe RG, Urt. v. 06.06.1903 – V 147/03, RGZ 55, 78 (79); RG, Urt. v. 05.01.1907 – V 210/06, Gruchot 51 (1907), S. 807 (809) Nr. 46 und RG, Urt. v. 29.01.1910 – V 103/09, RGZ 73, 16 (21).

1803 RG, Urt. v. 25.11.1911 – V 197/11, Abschrift S. 3 = RGZ 77, 419 (420).

1804 Vgl. RG, Urt. v. 25.11.1911 – V 197/11, Abschrift S. 6 = RGZ 77, 419 (423).

1805 Vgl. RG, Urt. v. 25.11.1911 – V 197/11, Abschrift S. 4 = RGZ 77, 419 (420).

1806 RG, Urt. v. 25.11.1911 – V 197/11, Abschrift S. 4 = RGZ 77, 419 (420).

1807 RG, Urt. v. 25.11.1911 – V 197/11, Abschrift S. 4 = RGZ 77, 419 (421).

Niederschlag diese Anschauungen in der Gesetzgebung gefunden haben".[1808] „Dabei ist aber auch für die Beurteilung nicht bloß der [objektive, Anm. d. Verf.] Inhalt des Geschäftes an sich maßgebend, sondern es ist die Gesamtheit der im Zeitpunkte des Vertragsschlusses vorhandenen Verhältnisse von dem besonderen Standpunkte der Vertragsschließenden unter Berücksichtigung ihrer Bedürfnisse, Anschauungen, Beweggründe und Zwecke nicht außer acht zu lassen."[1809] Es bedürfe damit des Eingehens auf die Preußische Ansiedelungsgesetzgebung, um festzustellen, „ob in ihr ein Niederschlag solcher allgemein gültiger Anschauungen zu finden ist".[1810] Danach solle eine Verteilung des Landes nur an Deutsche, am besten aus polnischer Hand erfolgen, um durch deren Ansiedelung der anhaltenden Ausbreitung der polnischen Nationalität und der damit einhergehenden Verdrängung der vorhandenen deutschen Einwohner entgegenzuwirken.[1811] Weil aber der Ankauf von Gütern aus polnischer Hand durch die Ansiedelungskommission immer mehr zurückginge, sei dem Staat durch Art. I Nr. 10 des Gesetzes vom 20. März 1908 über Maßnahmen zur Stärkung des Deutschtums in den Provinzen Westpreußen und Posen[1812] ein beschränktes Enteignungsrecht verliehen worden. In der vom Senat zitierten Begründung des Gesetzes heißt es: „Die Erreichung dieser Ziele (d. h. der des Ges. von 1886), die Wirkung der ungewöhnlichen Gefahr, welche der Staat für sie bringt, dürfe nicht gehemmt oder in Frage gestellt werden durch die rührige und ständig anwachsende Ansiedelungstätigkeit von anderer Seite, deren Ziel die Durchkreuzung oder deren Erfolg eine Lähmung der staatlichen Ansiedelungspolitik

[1808] RG, Urt. v. 25.11.1911 – V 197/11, Abschrift S. 4 = RGZ 77, 419 (421) mit Verweis unter anderem auf: RG, Urt. v. 18.05.1909 – II 462/08, JW 1909, S. 412 (412) Nr. 7.

[1809] RG, Urt. v. 25.11.1911 – V 197/11, Abschrift S. 4 = RGZ 77, 419 (421) unter Verweis auf: RG, Urt. v. 15.06.1906 – II 514/05, RGZ 63, 390 (391).

[1810] RG, Urt. v. 25.11.1911 – V 197/11, Abschrift S. 5 = RGZ 77, 419 (421) unter Verweis auf: RG, Urt. v. 18.05.1909 – II 462/08, JW 1909, S. 412 (412) Nr. 7.

[1811] RG, Urt. v. 25.11.1911 – V 197/11, Abschrift S. 5 = RGZ 77, 419 (421 f.): „Das Preußische Ansiedelungsgesetz vom 26. April 1886 (G.S. S. 131) betr. die Beförderung deutscher Ansiedlungen in den Provinzen Westpreußen und Posen, sich aufbauend auf dem allgemeinen Ansiedelungsgesetze vom 25. August 1876 (G.S. S. 405), und ergänzt durch das Gesetz vom 20. April 1898 (G.S. S. 63); das Gesetz vom 1. Juli 1902 (G.S. S. 234) betr. Maßnahmen zur Stärkung des Deutschtums in den Provinzen Werstpreußen und Posen, und das Gesetz vom 10. August 1904 (G.S. S. 227), verfolgt sowohl einen nationalen als einen sozialen Zweck [Hervorhebungen durch Verf.]. Denn wie die Verteilung des erworbenen Landes nur an Deutsche stattfinden soll, so soll auch der Landerwerb, soweit möglich und zweckmäßig, aus polnischen Händen erfolgen. Es soll dadurch der unter Verdrängung der vorhandenen deutschen Einwohner sich vollziehenden Ausbreitung der polnischen Nationalität in den beiden Provinzen durch Ansiedelung deutscher Arbeiter und Bauern entgegengewirkt werden."

[1812] Siehe GS 1908, S. 29 (30).

ist.“[1813] Eine derartige Hemmung und Durchkreuzung könne durch jede Maßnahme geschehen, die mit Erfolg den Übergang von polnischen Grundbesitz in deutsche Hände zu verhindern bezwecke, so auch die vorliegende Vereinbarung.[1814]

Die Frage, ob sich auf Grundlage der erwähnten Gesetzesregelung die Abrede der Parteien als sittenwidrig darstelle, verneinte der Senat „bei nüchterner, von jeder politischen Stellungnahme unbeeinflußter Erwägung“[1815]. Anders als in der vom RG angeführten Entscheidung zur Gesetzgebung der Gewerbeordnung, in der „wirklich ein Niederschlag der zeitweiligen Verkehrsanschauungen, d. h. des Volksbewußtseins, gefunden werden kann, dem der Grundsatz der Gewerbefreiheit entspricht, liegt hier die Sache wesentlich anders [!]. Denn es handelt sich um politische Gesetze, die, mögen sie vom nationalen Standpunkte nach so sehr gerechtfertigt sein, sich doch gegen eine Klasse von Staatsbürgern richten, denen es von ihrem Standpunkt aus nicht als sittenwidrig verargt werden kann, wenn sie die staatlichen Maßnahmen bekämpft, durch die der Ausbreitung der polnischen Nationalität entgegengewirkt werden soll, vorausgesetzt, daß sie keine gesetzlich verbotenen Mittel anwenden.“[1816] Das Verhalten des Klägers verstoße aber gegen kein Verbotsgesetz und es bestätige auch keine „unsittliche Gesinnung“, wie es beispielsweise dann der Fall sei, wenn ein Deutscher eine derartige Bestimmung getroffen hätte.[1817] Es könne nicht als sittenwidrig bezeichnet werden, weil „es sich vom Standpunkte des Nationalpolen um ideale, wenn auch vom deutschnationalen Standpunkt aus mit Entschiedenheit auf gesetzlicher Grundlage zu bekämpfende Bestrebungen handelt, und daß das angewendete Mittel kein verbotenes ist“.[1818]

Einer näheren Betrachtung bedürfen die Ausführungen des Gerichts hinsichtlich eines entsprechenden „Niederschlags“ des Volksbewußtseins in den Ansiedelungsgesetzen. Ein solcher Niederschlag wurde vom Gericht zwar nicht

---

[1813] RG, Urt. v. 25.11.1911 – V 197/11, Abschrift S. 5 = RGZ 77, 419 (422).

[1814] RG, Urt. v. 25.11.1911 – V 197/11, Abschrift S. 5 f. = RGZ 77, 419 (422). Nicht vom Senat erörtert wurde ausdrücklich, ob ein Rechtsgeschäft schon allein deshalb nach § 138 BGB nichtig sein könne, „weil es geeignet sei, von der augenblicklichen Regierungspolitik verfolgte Zwecke zu hemmen oder zu hindern“ (RG, Urt. v. 25.11.1911 – V 197/11, Abschrift S. 4 = RGZ 77, 419 [421 f.]).

[1815] Vgl. RG, Urt. v. 25.11.1911 – V 197/11, Abschrift S. 6. In RGZ 77, 419 (423) ist das Wort „nüchterner“ durch „einer“ ersetzt.

[1816] RG, Urt. v. 25.11.1911 – V 197/11, Abschrift S. 6 = RGZ 77, 419 (423).

[1817] Vgl. RG, Urt. v. 25.11.1911 – V 197/11, Abschrift S. 6 = RGZ 77, 419 (423).

[1818] RG, Urt. v. 25.11.1911 – V 197/11, Abschrift S. 6. Dagegen ist in RGZ 77, 419 (423) der Satzbau ein anderer: „vom Standpunkte des Nationalpolen um ideale, wenn auch vom deutschnationalen Standpunkt aus auf gesetzlicher Grundlage mit Entschiedenheit zu bekämpfende Bestrebungen handelt“.

ausdrücklich verneint, jedoch legen die hierbei gewählten Worte „wirklich ein Niederschlag … gefunden werden kann“ und der Verweis darauf, daß „hier die Sache wesentlich anders“ liege, den Schluß nahe, daß der Senat keinen derartigen „Niederschlag“ der Verkehrsanschauungen erkennen konnte oder gar annehmen wollte. Diese Sicht stützt auch der sich anschließende Satz, daß es sich (nur) um „politische Gesetze“ handele, die sich noch dazu gegen eine bestimmte „Klasse von Staatsbürgern“ richten würden. Faßt man nun die fraglichen Gesetze unbeeinflußt „von jeder politischen Stellungnahme“ ins Auge, so findet sich dort tatsächlich keine Stütze für eine Sittenwidrigkeit dieser Vereinbarungen.

Konsequent erscheint weiterhin die Befolgung der bisherigen Rechtsprechung, auf die Anschauungen gewisser Volkskreise Rücksicht zu nehmen. Dabei wurde durch das Gericht die Problematik komplett ausgeblendet, wie es um den Fall bestellt sei, wenn deren Anschauungen dem herrschenden Volksbewußtsein widersprächen.

Zustimmung verdienen des weiteren sowohl die Argumentation als auch das gefundene Ergebnis selbst im Hinblick auf die Berücksichtigung der Verhältnisse vom „besonderen Standpunkt der Vertragsschließenden“.

Das Urteil scheint auch außerhalb rechtswissenschaftlicher Kreise Furore gemacht zu haben. So setzte sich *Mayer* mit einem Artikel der „Hamburger Nachrichten“ vom 8. Februar 1912 kritisch auseinander, in dem sich der Artikelverfasser gegen das Urteil des RG wandte. Dort wurde vom Verfasser beanstandet, daß das Gericht die Interessen der Gerechtigkeit über die des Staates erhoben und sich bei seiner Entscheidung „jeder Rücksicht auf den Staat und seine Lebensinteressen entschlagen“[1819] habe: „Unseres Erachtens ist es unzulässig, das ‚ideale Bestreben‘ des rechtsfeindlichen Nationalpolen auf eine Stufe mit der Wahrung der wichtigen vaterländischen Interessen zu stellen, die das Reich in der Ostmark zu verteidigen hat. Auf diese Weise laufen wir Gefahr, daß die Betrebungen der Reichsfeinde unter dem Schutze der deutschen Rechtspflege immer mehr Oberwasser erlangen und daß die Interessen des Vaterlandes ernstlich Schaden leiden.“[1820] Dem trat *Mayer* entschieden entgegen, forderten doch die „Hamburger Nachrichten“ vom RG seiner Ansicht nach, „daß das Reichsgericht im Interesse der Ostmarkenpolitik das Recht beugen und mit zweierlei Maß messen solle“[1821], und vor allem unter Außerachtlassung des Fundamentalsatzes, daß alle Preußen vor dem Gesetz gleich sind. Dieses „ungeheuerliche Ansinnen“ ließe sich nicht mit der Unabhängigkeit der Richter und

---

1819 *Mayer*, DRiZ 1912, Sp. 286 (287), mit einem Zitat der „Hamburger Nachrichten“ vom 8. Februar 1912.

1820 *Mayer*, DRiZ 1912, Sp. 286 (287), mit einem Zitat der „Hamburger Nachrichten“ vom 8. Februar 1912.

1821 *Mayer*, DRiZ 1912, Sp. 286 (288).

Gerichte vereinbaren, die gerade mit dem Zweck garantiert worden sei, „bei der Rechtsprechung jeden politischen Einfluß auszuschalten und die Unabhängigkeit der Rechtsprechung von diesen zu gewährleisten".[1822] Die Gerichte dürften ihre Urteile nicht den jeweiligen politischen Strömungen anpassen; der Staat selbst habe Mittel und Wege zur Erreichung seiner Ziele: „Die Gerichte sind nicht dazu da, Politik zu treiben, sondern Recht zu sprechen. Das Recht (= Gesetz!) schafft sich der Staat selbst, nicht die Gerichte! An ihm ist es, sich in seinem Bestand durch geeignete Gesetze zu schützen. Er hätte durch geeignete Spezialgesetzesbestimmungen derartige aus dem geltenden Recht mit zwingender Notwendigkeit hervorgehende Urteile vermeiden können."[1823] Insbesondere den letzten Ausführungen ist uneingeschränkt beizupflichten, die dem heutigen Verständnis der Gewaltenteilung entsprechen. Auch das Argument, der Gesetzgeber könne und müsse ihm bekannte unliebsame Situationen gesetzlich regeln, ist eine noch heute oft wiederholte Forderung für viele bestehende Lücken in Gesetzen, die nicht durch eine entsprechend motivierte Rechtsprechung geschlossen werden sollen. Allein schon das eingeführte beschränkte Enteignungsrecht zeigt, daß man sich durchaus in der Lage sah, deutlich drastischere Maßnahmen zu ergreifen.

Dem Urteil zustimmend[1824] äußerte sich auch *von Tuhr*. Nach ihm seien unter den guten Sitten im Sinne des Gesetzes die Vorschriften der Sittlichkeit zu verstehen, nicht aber „die Verhaltungsregeln, welche nicht aus sittlichen, sondern aus anderen (z. B. religiösen, politischen oder nationalen) Gründen für den Menschen maßgebend sein sollten".[1825] Daher sei die Verabredung, das Grundstück dürfe nicht in deutsche Hände gelangen, nicht als Verstoß gegen die guten Sitten zu qualifizieren – „so unerwünscht sie auch aus nationalen Gründen sein mag"[1826] – und somit gültig, so lange kein gesetzliches Verbot erlassen werde.[1827]

Ganz anderer Meinung war dagegen *Theodor Wolff*, der kein gutes Wort für die Entscheidung übrig hatte. Hielt er die Vereinbarungen, daß ein Grundstück nur an Käufer deutscher Nationalität weiterveräußert werden dürfe, weil mit dem Zweck und Inhalt der preußischen Gesetzgebung im Einklang stehend, für nicht unsittlich, so bejahte er im Gegensatz zur Auffassung des RG für die Ver-

---

1822 *Mayer*, DRiZ 1912, Sp. 286 (288).

1823 *Mayer*, DRiZ 1912, Sp. 286 (288).

1824 Der Auffassung des RG „als der großzügigeren" gab auch *Simonson*, BayZ 18 (1922), S. 1 (3 f.), ohne jedwede Begründung den Vorzug.

1825 *Von Tuhr*, Bd. II 2, § 70 I., S. 23.

1826 *Von Tuhr*, Bd. II 2, § 70 I., S. 23.

1827 Vgl. *von Tuhr*, Bd. II 2, § 70 I., S. 23.

einbarung, nur an einen Nationalpolen zu verkaufen, deren Sittenwidrigkeit:[1828] „Denn eine solche Vereinbarung verstößt gegen die Grundsätze, welche in Preußen im Interesse des Gemeinwohls für erforderlich gehalten sind und werden."[1829] Dies verkenne auch das RG nicht, wenn es dem Ansiedelungsgesetz sowohl einen nationalen als auch sozialen Zweck beimesse. Es lasse sich den Gesetzen die Absicht des Gesetzgebers entnehmen, den polnischen Besitz zu verdrängen und den gefährdeten deutschen Besitz zu stärken. Mit den Worten des Gerichts sei der Zweck der Gesetzgebung der „Niederschlag der allgemein gültigen Anschauung" und damit sei zugleich der Sittenverstoß begründet: „Mit der Bejahung dieser Frage ist aber die Unsittlichkeit einer Zuwiderhandlung gegen die gesetzlichen, der Volksanschauung entsprechenden Bestrebungen festgestellt. Es ist selbstverständlich, daß ein Rechtsgeschäft, welches den Zweck hat, einer nationalen Maßnahme, einer Maßnahme entgegenzuwirken, welche zur Beseitigung einer nationalen Gefährdung für dringend nötig gehalten ist, als antinational und deshalb als im höchsten Grade unsittlich gelten muß."[1830] Daß das RG unter Nichtbeachtung der politischen Gesetze letztlich auf den nationalen Standpunkt der Parteien als Nationalpolen abstellte, hielt er nicht für richtig: „Daß die Gesetzgebung eine politische, eine nationale ist, verringert die Unsittlichkeit der Zuwiderhandlung nicht. ... Wenn der Gesetzgeber, wenn also die Mehrheit aller billig und gerecht denkenden Volksgenossen eine Maßnahme für erforderlich hält, um eine nationale Gefahr zu beseitigen, so ist jede Handlung, welche in offenbarem Widerspruch zu dieser Maßnahme steht, als eine Gefährdung der Nationalität anzusehen. Dies ändert sich nicht dadurch, daß eine ganze Klasse von Staatsbürgern anderer Ansicht ist und sich entgegengesetzten Bestrebungen hingibt. Denn diesen entgegengesetzten Bestrebungen will gerade das Gesetz, will die Mehrheit der Volksgenossen entgegenwirken. Und daß es eine ganze Klasse von Staatsbürgern ist, die den antinationalen Bestrebungen huldigt, darf schon deshalb nicht beachtet werden, weil über das Sittengesetz ... niemals eine Übereinstimmung aller Staatsbürger erzielt wird und erzielt werden kann. Gerade weil es sich um eine große Klasse von Personen handelt, welche die antinationalen Bestrebungen verfolgt, sind diese Bestrebungen um so gefährlicher und um so unsittlicher."[1831] Außerdem dürfe das Gericht nicht die Sachlage von einem, „von jeder politischen Stellungnahme unbeeinflußten Standpunkte aus" beurteilen, sondern müsse sich gerade auf den Standpunkt der Gesetzgebung stellen und die Tendenz der Gesetze waren.[1832]

[1828] Vgl. *T. Wolff*, LZ 1914, Sp. 1268 (1271).

[1829] *T. Wolff*, LZ 1914, Sp. 1268 (1271).

[1830] *T. Wolff*, LZ 1914, Sp. 1268 (1272).

[1831] *T. Wolff*, LZ 1914, Sp. 1268 (1273).

[1832] Vgl. *T. Wolff*, LZ 1914, Sp. 1268 (1273).

Der Ansicht von Wolff ist insofern zuzustimmen, was den mit den Gesetzen verfolgten Zweck angeht. Er verkannte aber, daß sich das RG in den Entscheidungsgründen keineswegs dahingehend erklärt hatte, in den Gesetzen einen „Niederschlag" der Anschauungen der Mehrheit aller billig und gerecht Denkenden gefunden zu haben. Dies hätte sich aber durchaus gesetzestechnisch mit der Einführung eines (strafbewehrten) Verbots derartiger Vereinbarungen bewerkstelligen lassen.

Im Anschluß an *Wanner* ist abschließend noch folgendes anzumerken: Die Bemerkung des Gerichts, das Verhalten des Klägers bestätige keine „unsittliche Gesinnung", war rechtlich fehl am Platze. Denn für die Beurteilung der Sittenwidrigkeit kam es nach der ständigen Rechtsprechung des RG nicht auf die Gesinnung, sondern vielmehr auf den Gesamtcharakter des Geschäfts an, der sich aus der Zusammenfassung von Inhalt, Beweggrund und Zweck ergebe. Überflüssig waren auch die Ausführungen des Gerichts, daß eine von einem Deutschen getroffene derartige Vereinbarung sittenwidrig sei und es sich beim Verhalten des Klägers um „vom deutschnationalen Standpunkt aus mit Entschiedenheit auf gesetzlicher Grundlage zu bekämpfende [!] Bestrebungen handelt". Diese Ausführungen legen nach *Wanner* zu Recht die Vermutung nahe, daß das Gericht selbst die Rechtslage bedauerte.[1833]

VI. Ausnutzung einer Monopolstellung

Der im Zivilrecht geltende Grundsatz der Privatautonomie funktioniert am besten bei einem annähernden Kräftegleichgewicht der Vertragspartner. Hingegen kann er für eine Vertragspartei von großem Nachteil sein, wenn ihr Partner sich in einer erheblich stärkeren Position befindet und seine Stellung ausnutzt, indem er dem anderen unbillige Gegenleistungen abverlangt. Dies kann dazu führen, daß auf derartiger Grundlage getroffene Vereinbarungen ihrer Wirksamkeit nach § 138 BGB entbehren.[1834] Im früheren Schrifttum wurden die hier wiedergegebenen Entscheidungen des RG deshalb auch als „Mißbrauch eines Monopols"[1835] oder als „Mißbrauch einer Monopolstellung"[1836] eingeordnet, wobei man auch heute noch in den Fällen die „Ausnutzung einer Monopolstellung"[1837] sieht.

[1833] Vgl. *Wanner*, S. 80.

[1834] Vgl. *Mayer-Maly/Armbrüster*, in: MüKo, BGB, 4. Aufl. 2001, § 138 Rn. 86.

[1835] *Planck*, BGB, Bd. I, 4. Aufl. 1913, § 138 Anm. I.6., S. 366.

[1836] *Mohn*, Bd. I, S. 293.

[1837] *Mayer-Maly*, in: MüKo, BGB, 1. Aufl. 1978, § 138 Rn. 82 = *Mayer-Maly*, in: MüKo, BGB, 3. Aufl. 1993, § 138 Rn. 79.

Nur geringe Berücksichtigung finden sollen an dieser Stelle die im Zusammenhang mit Kartellen bzw. Syndikaten ergangenen Entscheidungen des RG.[1838] Unter der Herrschaft des bis zum 1. Januar 1900 geltenden Rechts war vom RG anerkannt, daß die Bildung derartiger Verbindungen an sich zulässig sei, nicht gegen die Rechtsordnung, insbesondere nicht gegen den im § 1 GewO enthaltenen Grundsatz der Gewerbefreiheit, die öffentliche Ordnung oder die guten Sitten verstoße.[1839] Der I. Zivilsenat des RG definierte in seiner Entscheidung vom 25.06.1890[1840] zum nach dem sächsischen Gesetz betreffend die juristischen Personen vom 15. Juni 1868 als eingetragene Genossenschaft organisierten Börsenverein der deutschen Buchhändler in Leipzig ein (zulässiges) Kartell als „Vereinigungen von Gewerbegenossen zu dem in gutem Glauben verfolgten Zwecke, einen Gewerbebetrieb durch Schutz gegen Entwertung der Gewerbeerzeugnisse und die sonstigen, aus Preisunterbietungen Einzelner hervorgehenden Nachteile lebensfähig zu erhalten“.[1841] „Aus dem Prinzipe der Gewerbefreiheit folgt keine Unantastbarkeit des freien Spieles wirtschaftlicher Kräfte in dem Sinne, daß den Gewerbetreibenden der Versuch untersagt wäre, im Wege genossenschaftlicher Selbsthilfe die Bethätigung dieser Kräfte zu regeln und von Ausschreitungen, die für schädlich erachtet werden, abzuhalten.“[1842] Davon zu unterscheiden sei „eine Vereinigung von Personen …, welche wegen eines spekulativen Zweckes dieser Einzelnen die Beherrschung des Marktes für eine Ware und die Unterbindung freier Bethätigung wirtschaftlicher Kräfte, welche sich diesem Zwecke entgegenstellen könnten, zum Gegenstande hat“.[1843] Die vom I. Senat angeführte Definition wiederholte der VI. Zivilsenat in seiner ebenfalls zum sächsischen Recht ergangenen Entscheidung vom 04.02.1897[1844] nahezu wortgleich, jedoch unter der Feststellung, daß diese Zusammenschlüsse „nicht wider das Prinzip der Gewerbefreiheit, soweit diese das Interesse der Gesamtheit gegen den Eigennutz der Einzelnen wahren soll, verstoße[n]“.[1845] In der

[1838] Ein Überblick der Stimmen zu den Kartellen findet sich bei *Haferkamp*, in: Historisch-kritischer Kommentar BGB, § 138 Rn. 19 ff.; siehe auch *Baum*, Wettbewerbsverbot, S. 200 ff.

[1839] Vgl. RG, Urt. v. 25.06.1890 – I 96/90, RGZ 28, 238 (243 f.) und RG, Urt. v. 04.02.1897 – VI 307/96, RGZ 38, 155 (158).

[1840] Vgl. RG, Urt. v. 25.06.1890 – I 96/90, RGZ 28, 238.

[1841] RG, Urt. v. 25.06.1890 – I 96/90, RGZ 28, 238 (244); siehe auch *Baum*, Wettbewerbsverbot, S. 200: „Kartelle sind Vereinigungen von Gewerbetreibenden zum Zwecke vertragsmäßiger Bestimmung der Preisbildung.“

[1842] RG, Urt. v. 25.06.1890 – I 96/90, RGZ 28, 238 (244).

[1843] RG, Urt. v. 25.06.1890 – I 96/90, RGZ 28, 238 (243 f.).

[1844] Vgl. RG, Urt. v. 04.02.1897 – VI 307/96, RGZ 38, 155.

[1845] RG, Urt. v. 04.02.1897 – VI 307/96, RGZ 38, 155 (158). Der Senat legte hierbei erhebliches Gewicht auf die möglicherweise bestehenden Interessen der Gesamtheit an der Bil-

Entscheidung ging es um den „Sächsischen Holzstoff-Fabrikanten-Verband", der im März 1893 aus einer größeren Anzahl von Firmen zu dem Zwecke gegründet wurde, „in Zukunft einen verderblichen Wettbewerb der Fabrikanten untereinander zu verhindern und für ihr Fabrikat einen angemessenen Preis zu erzielen".[1846] Allerdings erhielt die Bildung derartiger Verbindungen durch den Senat eine entscheidende Einschränkung: „Verträge der in Rede stehenden Art können somit vom Standpunkte des durch die Gewerbefreiheit geschützten allgemeinen Interesses aus nur dann beanstandet werden, wenn sich im einzelnen Falle aus besonderen Umständen Bedenken ergeben, namentlich wenn es ersichtlich auf die Herbeiführung eines thatsächlichen Monopoles und die wucherische Ausbeutung der Konsumenten abgesehen ist, oder diese Folgen doch durch die getroffenen Vereinbarungen und Einrichtungen thatsächlich herbeigeführt werden."[1847]

Die kurz nach Inkrafttreten des BGB in der Literatur geäußerten Stimmen wiesen eine starke Anlehnung an die Rechtsprechung des RG vor der Jahrhundertwende auf. Grundsätzlich wurde die Gültigkeit der Kartellverträge[1848] aner-

---

dung von Kartellen und Syndikaten, wie die nachfolgende, dem RG, Urt. v. 04.02.1897 – VI 307/96, RGZ 38, 155 (157), entnommene längere Passage belegt: „Sinken in einem Gewerbszweige die Preise der Produkte allzu tief herab, und wird hierdurch der gedeihliche Betrieb des Gewerbes unmöglich gemacht oder gefährdet, so ist die dann eintretende Krisis nicht nur dem Einzelnen, sondern auch der Volkswirtschaft im allgemeinen verderblich, und es liegt daher im Interesse der Gesamtheit, daß nicht dauernd unangemessen niedrige Preise in einem Gewerbszweige bestehen. Die gesetzgebenden Faktoren haben auch dementsprechend schon oft und bis in die neueste Zeit hinein unternommen, durch Einführung von Schutzzöllen auf die Steigerung der Preise gewisser Produkte hinzuwirken. Hiernach kann es auch nicht schlechthin und im allgemeinen als dem Interesse der Gesamtheit zuwiderlaufend angesehen werden, wenn sich die an einem Geschäftszweige beteiligten Unternehmer zusammenschließen, um die gegenseitigen Preisunterbietungen und das dadurch herbeigeführte Sinken der Preise ihrer Produkte zu verhindern oder zu mäßigen; es kann vielmehr, wenn die Preise wirklich dauernd so niedrig sind, daß den Unternehmern der wirtschaftliche Ruin droht, ihr Zusammenschluß nicht bloß als eine berechtigte Bethätigung des Selbsterhaltungstriebes, sondern auch als eine dem Interesse der Gesamtheit dienende Maßregel erscheinen. Es ist denn auch von verschiedenen Seiten die Bildung von Syndikaten und Kartellen der hier fraglichen Art geradezu als ein Mittel bezeichnet worden, das bei sachgemäßer Anwendung der ganzen Volkswirtschaft durch Verhütung unwirtschaftlicher, mit Verlusten arbeitender Überproduktion und der an diese sich knüpfenden Katastrophen Nutzen zu schaffen besonders geeignet sei."

[1846] RG, Urt. v. 04.02.1897 – VI 307/96, RGZ 38, 155 (155).

[1847] RG, Urt. v. 04.02.1897 – VI 307/96, RGZ 38, 155 (158).

[1848] Um diesen Verbindungen die Rechtsfähigkeit zu verschaffen, wurde häufig die Rechtsform einer Aktiengesellschaft oder die einer Gesellschaft mit beschränkter Haftung gewählt, wobei sich, abgesehen von den gesetzlichen Erfordernissen für die vorgenannten Formen, der Abschluß eines Kartells im Wege eines normalen Vertrages vollzog, vgl.

kannt,[1849] wobei der (nur) nach § 138 BGB zu beurteilende Rechtsakt des Kartellabschlusses vom eventuell auch nach § 826 BGB einzuschätzenden späteren Geschäftsgebahren des Kartells unterschieden wurde.[1850] Allerdings wurden im Anschluß an die Entscheidung des RG vom 04.02.1897[1851] Zweifel gegen die Wirksamkeit der Kartellverträge vorgebracht, wenn das Kartell auf die Herbeiführung eines tatsächlichen Monpols gerichtet war oder ein solches Monopol die spätere Folge waren.[1852]

Das RG beanstandete auch unter der Geltung des BGB die Bildung von Kartellen grundsätzlich nicht und erblickte in einem derartigen Zusammen-

---

Bitta, DJZ 1902, S. 253 (253). Nach *Bittinger*, DRiZ 1914, Sp. 386 (387), sei die GmbH die häufigste gewählte Rechtsform um 1914 gewesen.

1849 Siehe *Bitta*, DJZ 1902, S. 253 (253): „Daß einem solchen Vertrage weder nach dem früheren, noch nach dem jetzigen Recht Bedenken entgegenstehen, kann wohl nicht zweifelhaft sein." Er verstand unter einem Kartell oder Syndikat „eine Vereinigung von Firmen desselben Gewerbezweiges zu dem Zwecke, durch Produktionsbeschränkungen oder Preisvereinbarungen den Preis ihrer Erzeugnisse oder Verkaufsartikel auf einer Höhe zu erhalten, welche einen befriedigenden Unternehmergewinn sichert". Siehe auch *Rundstein*, Kartelle, S. 60 ff., insbesondere S. 66; *Rundstein*, ArchBürgR 25 (1905), S. 94 (100); *Hedemann*, JherJb. 63 (1913), S. 1 (4); *Planck*, BGB, Bd. I, 4. Aufl. 1913, § 138 Anm. I.6., S. 366 und *Warneyer*, BGB, Bd. I, § 138 Anm. A.VIII., S. 241.

1850 Siehe *Bitta*, DJZ 1902, S. 253 (254); *Menzel*, S. 34 und insbesondere *Menzel*, S. 43: Im Rahmen des § 826 BGB „kann es sich nicht um Beurteilung der Gültigkeit eines Kartellvertrages handeln, sondern nur um die Folgen einer schadenbringenden Tätigkeit eines Unternehmersyndikates. Wenn das Kartell bei mißbräuchlicher Ausbeutung des Monopols, insbesondere bei Anwendung gewaltsamer Mittel, gegen Außenstehende einen Schaden herbeiführt, so könnte es auf Grund dieser Vorschrift haftbar gemacht werden." Siehe auch *Neukamp*, DJZ 1913, Sp. 886 (887).

1851 Vgl. RG, Urt. v. 04.02.1897 – VI 307/96, RGZ 38, 155 (158).

1852 Siehe *Bitta*, DJZ 1902, S. 253 (254): „Ist ein Kartellvertrag in der That auf die wucherische Ausbeutung der Konsumenten durch Herbeiführung eines thatsächlichen Monopols gerichtet, so wird kein Bedenken sein, ihn gemäß § 138 BGB. für nichtig zu erachten. Dagegen dürfte es ausgeschlossen sein, wenn ohne eine bei Abschluß des Kartells darauf gerichtete Absicht diese Folgen später thatsächlich eintreten, daraus die Nichtigkeit des bereits früher zu stande gekommenen Rechtsgeschäfts zu konstruieren, wie dies das Reichsgericht Entsch. Bd. 38 S. 158 [zum früheren Recht, Anm. d. Verf.] anzudeuten scheint. Bei derartigen späteren Uebergriffen würde vielmehr nur § 826 BGB. anwendbar sein, d. h. die Kartellleitung würde sich bei mißbräuchlicher wucherischer Ausbeutung des Monopols bezw. bei Vergewaltigung anderer schadensersatzpflichtig machen." *Menzel*, S. 38, sah hingegen vom Standpunkte des § 138 BGB aus kein Hindernis, „einem Kartelle die rechtliche Wirksamkeit abzusprechen, wenn dasselbe zwar nach Absicht der Parteien nicht auf monopolistische Ausbeutung gerichtet war, aber diese Folgen doch durch die getroffenen Einrichtungen tatsächlich herbeiführt". Siehe auch *Hirsch*, DJZ 1905, Sp. 1050 (1050) und *Rundstein*, ArchBürgR 25 (1905), S. 94 (100).

schluß von Gewerbegenossen vor allem auch keinen Verstoß gegen § 138 BGB:[1853] „Nur der nach den allgemein bestehenden Sittenanschauungen unbillige und ungerechte Gebrauch einer Monopolstellung, nicht schon die Tatsache ihres Bestehens und Gebrauches [stelle] einen Verstoß gegen die guten Sitten im Sinne des § 138 [BGB dar].“[1854] Dabei definierte der VI. Zivilsenat 1912 ein Kartell als „eine Vereinigung von Gewerbetreibenden gleichartiger oder verwandter Gewerbezweige zwecks Ausschaltung oder Milderung des Wettbewerbs unter seinen Mitgliedern“.[1855]

Ausführlicher dargestellt und mit kurzen Kommentaren versehen werden sollen die Inhalte der Reichsgerichtsurteile, die sich mit Haftungsfreizeichnungsklauseln durch einen Monopolinhaber befassen. In der Sache geht es nachstehend allein um die ausgeschlossene Haftung des Deutschen Reichs für Schäden auf dem Nord-Ostseekanal bzw. Kaiser Wilhelm-Kanal, dessen Bau durch das „Gesetz, betreffend die Herstellung des Nord-Ostseekanals“ vom 16. März 1886[1856] beschlossen wurde.

So stellte sich der I. Zivilsenat durch Urteil vom 08.01.1906[1857] der Frage, ob die Benutzung einer dem Staat gehörenden öffentlichen Wasserstraße von einem im voraus zu erklärenden vertragsmäßigen Verzicht auf Ersatz aller Schäden, die bei der Benutzung infolge eines Verschuldens des Staates oder seiner Angestellten entstünden, abhängig gemacht werden könne.

Am 7. Mai 1904 stieß der dem klagenden Reeder gehörende Dampfer „Kriemhild“ mit dem Dampfbaggerprahm III, der dem beklagten Fiskus des Deutschen Reiches gehörte, aufgrund eines Verschuldens der Besatzung des

---

1853 Vgl. RG, Urt. v. 07.11.1912 – VI 151/12, WarnRspr. 1913, Nr. 82 S. 108 (108 f.).

1854 RG, Urt. v. 15.11.1904 – II 245/04, Abschrift S. 5 = SächsA 1 (1906), S. 129 (129) Nr. 10 II., vgl. *Schubert/Glöckner*, Nachschlagewerk, § 138 Nr. 32. Siehe auch RG, Urt. v. 06.05.1910 – VII 343/09, Abschrift S. 7 f. = Recht 1910, Beil. Nr. 2475, wonach weder die Höhe der den Mitgliedern eines Syndikats (zur Produktion von Ziegelsteinen) auferlegten Vertragsstrafen noch die lange Dauer der Bindung an sich einen Verstoß wider die guten Sitten begründe. Siehe außerdem RG, Urt. v. 07.06.1910 – II 507/09, RGZ 73, 429 (431 f.), für eine verneinte unzulässige Freiheitsbeschränkung der Kartellmitglieder durch den Gesellschaftsvertrag.

1855 RG, Urt. v. 07.11.1912 – VI 151/12, WarnRspr. 1913, Nr. 82 S. 108 (108).

1856 Siehe RGBl. 1886, S. 58. Nach dessen § 1 sollte „ein für die Benutzung durch die deutsche Kriegsflotte geeigneter Seeschiffahrtskanal“ unter der Voraussetzung hergestellt werden, daß Preußen 50 Millionen Mark zu den auf 156 Millionen Mark veranschlagten Gesamtherstellungskosten im voraus gewährte. Im § 3 wurde die Entrichtung einer Abgabe für die Benutzung des Kanals von Schiffen vorgeschrieben, die nicht zur Kaiserlichen Marine oder zur Bauverwaltung gehörten; die Festsetzung des Tarifs war dabei weiterer gesetzlicher Regelung vorbehalten.

1857 Vgl. RG, Urt. v. 08.01.1906 – I 320/05, RGZ 62, 264, vgl. *Schubert/Glöckner*, Nachschlagewerk, § 138 Nr. 45.

Prahms im Kaiser Wilhelm-Kanal zusammen. Der Kläger begehrte Ersatz des durch den Zusammenstoß verursachten Schadens in Höhe von 3.061 M. Der Beklagte beantragte Abweisung der Klage unter Berufung auf § 1 Abs. 2 der Betriebsordnung für den Kaiser Wilhelm-Kanal, der jede Ersatzpflicht für ein Verschulden der Angestellten der Kanalverwaltung versage. Die Klage hatte in allen Instanzen Erfolg.

Für den dem allgemeinen Verkehr als öffentliche Wasserstraße dienenden Kaiser Wilhelm-Kanal hatte das dem Reichsamt des Innern unterstehende Kaiserliche Kanalamt in Kiel die in der „Betriebsordnung für den Kaiser Wilhelm-(Nord-Ostsee-) Kanal" vom 29. Juli 1901 maßgebenden Bestimmungen erlassen. Darin war in § 1 Abs. 1 bestimmt, daß jeder Schiffsführer ein auf Verlangen ihm auszuhändigenden Abdruck der Betriebsordnung an Bord haben mußte, welche auch für das Rechtsverhältnis zwischen der Kanalverwaltung und dem Schiffsführer bzw. dem Reeder maßgebend war. § 1 Abs. 2 der Betriebsordnung hatte folgenden Wortlaut: „Das Deutsche Reich übernimmt keinerlei Verpflichtung zur Ersatzleistung für Schäden, welche die Schiffe im Kanal, auf den beiderseitigen Reeden oder in den Vorhäfen oder auf den am Kanal liegenden Schiffsliegeplätzen erleiden, selbst wenn ein Verschulden der Kanallotsen oder anderer Angestellter der Kanalverwaltung dabei in Frage kommt."[1858]

Nach Ansicht des Senats sei das Kanalamt für den Erlaß der für den Betrieb erforderlichen Bestimmungen zuständig, soweit diese zum Bereich der Verwaltung gehörten, es könne jedoch nicht mit rechtlicher Wirksamkeit in das Gebiet hinübergreifen, das der Gesetzgebung vorbehalten sei; insbesondere sei es nicht in der Lage, für die rechtlichen Beziehungen des Reichsfiskus zu dritten Personen allgemeine Bestimmungen zu treffen, die durch das geltende Recht anders geregelt seien: „Die Rechtsordnung gestatte zwar, bei dem Abschluß eines Vertrags die Verpflichtung zum Schadensersatze auszuschließen, setze jedoch auch hierbei der Vertragsfreiheit Schranken; dagegen kenne die Rechtsordnung keinen allgemeinen Grundsatz, der es ermöglichte, die im Recht begründete Verantwortlichkeit für Schäden, der einem anderen außerhalb eines Vertragsverhältnisses zugefügt wird, durch einseitige Willenserklärung abzulehnen."[1859]

[1858] RG, Urt. v. 08.01.1906 – I 320/05, Abschrift S. 3 = RGZ 62, 264 (265).

[1859] RG, Urt. v. 08.01.1906 – I 320/05, Abschrift S. 3 = RGZ 62, 264 (265) unter Verweis auf: RG, Urt. v. 02.12.1899 – I 322/99, RGZ 45, 162 (166 f.). Siehe auch RG, Urt. v. 29.10.1902 – I 173/02, RGZ 52, 395 (402), wo sich die Beklagte von der Haftung für gewisse näher bezeichnete Gefahren und Unfälle sowie von der Haftung für Nachlässigkeit oder Versehen der Schiffsbesatzung frei gezeichnet hatte und das RG derartige Befreiungsklauseln in Konnossementen, „auch wenn ihr Inhalt sehr umfassend ist, nach deutschem Rechte gültig und rechtswirksam" hielt. Siehe ferner RG, Urt. v. 30.03.1904 – I 513/03, Abschrift S. 3 = Recht 1904, S. 360 Nr. 1620, vgl. *Schubert/Glöckner*, Nachschlagewerk, § 138 Nr. 21, wonach unter Verweis auf RG, Urt. v. 29.10.1902 – I 173/02,

Mit Rücksicht auf diese Erkenntnis habe das Kanalamt wohl, so der Senat, statt der früheren Anmeldeformulare für die Durchfahrt solche eingeführt, die auf der Rückseite einen vom Schiffsführer zu unterschreibenden Vordruck folgenden Inhalts enthielten: „Der Unterzeichnete meldet hierdurch das Schiff ... zur Fahrt durch den Kaiser Wilhelm-Kanal von ... bis ... an, die am ... angetreten werden soll, und für welche die ihm bekannten Bestimmungen der Betriebsordnung für den Kaiser Wilhelm-Kanal vom 29. Juli 1901 namentlich auch, was das Rechtsverhältnis zwischen der Kanalverwaltung einerseits und dem Schiffer bezw. seinem Reeder und Befrachter andererseits anbetrifft, maßgebend sein soll."[1860]

Der Senat ließ dabei dahingestellt, ob durch Unterzeichnung dieses Formulars ein Vertrag zwischen der Kanalverwaltung und dem Führer des Dampfers „Kriemhild" zustande gekommen sei, denn auch bei Annahme eines Vertragsverhältnisses hätten die Bestimmungen des § 1 Abs. 2 der Betriebsordnung, mit denen der Beklagte seine Haftung ablehne, keine zivilrechtliche Gültigkeit: „Wenn die Kanalverwaltung die Benutzung des Kanals von der vertraglichen Übernahme zivilrechtlicher Beschränkungen, insbesondere von einem vertraglichen Verzicht auf in Rechten begründete Ansprüche abhängig machen will, so widerspricht dies der durch Gesetz festgelegten Bestimmung des Kanals, dem allgemeinen Verkehr als öffentliche Wasserstraße zu dienen. In einem solchen Verfahren müßte aber auch ein Verstoß gegen die guten Sitten erblickt werden. [Es folgt der wichtige und von der Literartur wiederholt angeführte grundsätzliche Ausspruch:] Wo der einzelne [und eben auch der Staat!, Anm. d. Verf.] ein ihm tatsächlich zustehendes Monopol oder den Ausschluß einer Konkurrenzmöglichkeit dazu mißbraucht, dem allgemeinen Verkehr unbillige, unverhältnismäßige Opfer aufzuerlegen, unbillige und unverhältnismäßige Bedingungen vorzuschreiben, da können dieselben rechtliche Anerkennung <u>nicht</u> finden. Dieser allgemeine Grundsatz ... trifft insbesondere auf den vertragsmäßigen Ausschluß einer nach dem Gesetz [!] bestehenden Haftung dann zu, wenn dem Publikum die anderweite Wahrung seiner Interessen nicht möglich, und dasselbe daher gezwungen ist, sich den gestellten Bedingungen zu unterwerfen."[1861]

RGZ 52, 395 (402), die vertragliche Ausschließung der Haftung für eigenes oder fremdes fahrlässiges Verschulden nicht gegen die guten Sitten verstoße.

[1860] RG, Urt. v. 08.01.1906 – I 320/05, Abschrift S. 3 = RGZ 62, 264 (266).

[1861] RG, Urt. v. 08.01.1906 – I 320/05, Abschrift S. 4 = RGZ 62, 264 (266) unter Verweis auf: RG, Urt. v. 11.02.1888 – I 380/87, RGZ 20, 115 (117). Siehe auch RG, Urt. v. 15.11.1904 – II 245/04, Abschrift S. 5 = SächsA 1 (1906), S. 129 (129) Nr. 10 II., vgl. *Schubert/Glöckner*, Nachschlagewerk, § 138 Nr. 32, wo schon für ein Roheisensyndikat ausgesprochen wurde, „daß nur der nach den allgemein bestehenden Sittenanschauungen unbillige und ungerechte Gebrauch einer Monopolstellung [eines Syndikats], nicht schon die Tatsache ihres Bestehens und Gebrauches einen Verstoß gegen die guten Sitten im Sinne

Demnach könne sich der Beklagte nicht auf einen vertragsmäßigen Ausschluß der gesetzlichen Haftung für das Verschulden seiner Angestellten berufen.[1862]

Gerade der letzte „allgemeine Grundsatz" des vorhergehenden Urteilzitats fand im Schrifttum ohne eingehendere Begründung Zustimmung: *Riezler* sprach in seiner Kommentierung im Staudinger dazu „von großer allgemeiner Bedeutung"[1863] des „durchaus zu billigende[n]"[1864] resp. „durchaus anzuerkennende[n] ... Grundsatz[es]"[1865], allerdings ohne anzudeuten, worin für ihn diese Bedeutung bestand. Bei *Mohn* ist zu lesen, daß das RG die fragliche Bestimmung der Betriebsordnung für den Kanal „von diesem Grundsatz ausgehend ... mit Recht für nichtig erklärt"[1866] habe.

Ganz anders und mit harschen Worten sah dies *Cosack* in seinem Lehrbuch des Deutschen bürgerlichen Rechts. In dem in 5. Auflage 1910 erschienenen Werk hielt er die Entscheidung für „überraschend ..., in der das Reichsgericht gewisse von einer andern kaiserlichen Behörde abgeschlossene Verträge mit beachtenswerter Energie als unsittlich brandmarkt. Doch steht die Richtigkeit dieser Entscheidung leider nicht auf der Höhe ihrer Energie; sie kann geradezu als Schulbeispiel verkehrter Judikatur benutzt werden."[1867] Ausführlicher und sachlicher, wenn auch wiederum teilweise sehr barsch waren die Bemerkungen in

---

des § 138 ... darstelle". Mit der im Haupttext zitierten Passage des I. Zivilsenats wurden von *Riezler*, in: Staudinger, BGB, Bd. I, 7./8. Aufl. 1912, § 138 Anm. I.6., S. 535, und *Planck*, BGB, Bd. I, 4. Aufl. 1913, § 138 Anm. I.6., S. 366, die Entscheidungen des AG München, Urt. v. 26.04.1910, DJZ 1911, Sp. 460, und dieses bestätigende des LG München I, Urt. v. 13.01.1911, SeuffBl. 76 (1911), S. 217, im Zusammenhang genannt. Hierin wurden die Bestimmung einer sog. Wohnungsentschädigung im § 2 Abs. 3 der einheitlich gefaßten Mietvertragsformulare des Münchner Grund- und Hausbesitzervereins für nichtig erklärt, wonach sich der Mieter verpflichtete, „eine Wohnungsentschädigung in Höhe von 10 Prozent des jährlichen Mietbetrages zu bezahlen, falls er innerhalb 2 Jahren nach Beginn der Mietzeit aus den Mieträumen auszieht". Dadurch habe der Verein den tatsächlich vorhandenen Wohnungsmangel in München und somit ein tatsächliches wirtschaftliches Übergewicht dazu benutzt, den Mietern unbillige Vertragsbestimmungen aufzubürden, indem sie deren Kündigungsrecht erschwerten. Siehe zu den Urteilen der Münchener Gerichte die kontroversen Erörterungen von *Mittelstein*, SeuffBl. 76 (1911), S. 257 ff.; *Levinger*, SeuffBl. 76 (1911), S. 414 f.; *Mittelstein*, SeuffBl. 76 (1911), S. 416 ff.; *Oertmann*, DJZ 1911, Sp. 460 ff. und *Straub*, BayZ 7 (1911), S. 253 ff.; siehe außerdem *Simon*, JW 1914, S. 514 (515).

1862 Vgl. RG, Urt. v. 08.01.1906 – I 320/05, Abschrift S. 4 = RGZ 62, 264 (267).

1863 *Riezler*, in: Staudinger, BGB, Bd. I, 3./4. Aufl. 1907, § 138 Anm. I.6., S. 447 = *Riezler*, in: Staudinger, BGB, Bd. I, 7./8. Aufl. 1912, § 138 Anm. I.6., S. 535.

1864 *Riezler*, in: Staudinger, BGB, Bd. I, 3./4. Aufl. 1907, § 138 Anm. I.6., S. 447.

1865 *Riezler*, in: Staudinger, BGB, Bd. I, 7./8. Aufl. 1912, § 138 Anm. I.6., S. 535.

1866 *Mohn*, Bd. I, S. 293.

1867 *Cosack*, Bd. I, 5. Aufl. 1910, § 62 a II.1.b), S. 246.

der 6. Auflage von 1913, wo er zunächst auf den nach seiner Ansicht vertretenen Zweck der in Frage stehenden Bestimmung abstellte: Der vertragliche Haftungsausschluß zwischen den den Kanal befahrenden Reedern und dem Reichsfiskus für das Verschulden seiner Kanalbeamten diene zum einem dem allgemeinen Interesse, weil damit die finanzielle Last für den Fiskus gemindert werde, die der Betrieb des Kanals mit sich bringe. Andererseits diene sie zugleich dem besonderen Interesse der Reeder, indem sie eine sonst unvermeidbare Erhöhung der Benutzungsgebühren verhindere.[1868] „Eine derartige Vereinbarung kann natürlich unter Umständen sehr unzweckmäßig sein. Dagegen ist schlechterdings nicht einzusehen, warum sie, wie das Reichsgericht will, unsittlich sein soll, zumal es den Reedern freisteht, sich gegen Unfälle auf dem Kanal durch Versicherung zu decken oder den Kanal zu vermeiden und durch das Kattegat zu fahren. Allermindestens hätte man aber von dem Reichsgericht erwarten sollen, daß es seine entgegenstehende Anschauung eingehend begründen würde, während es die Frage tatsächlich mit wenigen Zeilen abtut. Wie mir scheint, liegt hier einfach ein grober Mißbrauch der dem Reichsgericht anvertrauten oberstrichterlichen Gewalt vor."[1869]

Natürlich kann man, wie von Cosack etwa vorgeschlagen, den Seeweg über das Kattegat wählen, der trotz Öffnung des Kanals weiter möglich war und so den Kanal umschiffen. Es muß aber bezweifelt werden, ob dies für das Publikum, um bei den Worten des Gerichts zu bleiben, eine „anderweite Wahrung seiner Interessen" darstellen könnte. Dies erscheint mehr als bedenklich, wenn man unterstellt, daß einer der Hauptgründe für die Errichtung des Kanals als öffentliche Wasserstraße die Abkürzung des Seeweges zwischen Nord- und Ostsee war, aus welcher neben der zeitlichen Verkürzung auch Kosteneinsparungen resultierten.

Aus einem anderen Blickwinkel betrachtete *Fuld* die Urteilspassage, indem er die bisherigen Ansätze in der Rechtsprechung bestätigt sah, gegenüber den tatsächlichen Monopolen eine Art Kontrahierungszwang zu konstruieren. Das RG habe zwar durch seinen oben ausgewiesenen Grundsatz „die Existenz eines unmittelbaren Kontrahierungszwangs als Gegengewicht gegen die monopolistischen Befugnisse"[1870] nicht anerkannt, es lasse sich aber „nicht bestreiten, daß der Wirkung nach die Existenz eines mittelbaren Kontrahierungszwangs zugegeben wird"[1871], wie dies bereits in früheren Urteilen des Gerichts mehr oder minder erkennbar geschehen sei.[1872]

[1868] Vgl. *Cosack*, Bd. I, 6. Aufl. 1913, § 62 a II.1.c), S. 231.

[1869] *Cosack*, Bd. I, 6. Aufl. 1913, § 62 a II.1.c), S. 231 f.

[1870] *Fuld*, Recht 1906, Sp. 1187 (1187).

[1871] *Fuld*, Recht 1906, Sp. 1187 (1187). Dort (Sp. 1188) heißt es in diesem Zusammenhang weiter: „Widerspricht es den guten Sitten, daß der im Besitze eines tatsächlichen Mono-

Der III. Zivilsenat hatte in seiner Entscheidung vom 24.04.1908[1873] einen ähnlichen Sachverhalt wie schon der I. Zivilsenat 1906 zu beurteilen: Hier wurde die im Binnenhafen von Brunsbüttelkoog liegende „Unterweser 10“ der klagenden Schiffahrtsgesellschaft am 13. Dezember 1901 während der Kanalentwässerung durch die ungenügende Befestigung der Poller, von denen der gegen

---

pols Befindliche nach seinem Belieben die auf seine Leistungen angewiesenen Verbraucher – dieses Wort in weitestem Sinne verstanden – von seinen Leistungen willkürlich ausschließen darf, brandmarkt die heutige Rechtsüberzeugung das Verfahren desselben als ein unsittliches, welches bestimmten Personen die Leistungen nur gegen gewisse unbillige Gegenleistungen zur Verfügung stellt, so besteht hiermit der praktischen Wirkung nach ein mittelbarer Kontrahierungszwang, nicht qualitativ sondern nur quantitativ von dem unmittelbaren verschieden.“

1872 Vgl. *Fuld*, Recht 1906, Sp. 1187 (1187). Siehe insoweit – zur Anwendung des § 826 BGB – RG, Urt. v. 11.04.1901 – VI 443/00, RGZ 48, 114 (127 f.): „Ein derartiger [Kontrahierungs-]Zwang mochte im allgemeinen Interesse hauptsächlich gegenüber Unternehmungen, welche rechtlich oder thatsächlich ein Monopol besitzen, welche eine öffentliche Zweckbestimmung haben, als Verkehrsbedürfnis erscheinen. Die wirtschaftliche Anforderung, daß diejenigen Gewerbe, die für das Gemeinwohl oder den Geschäftsverkehr unentbehrlich sind, niemandem ihre Dienstleistung versagen sollen, bringt, zum Rechtsgebot ausgestaltet, auch eine Gebundenheit bezüglich der Vertragsbedingungen mit sich. Ein Transportzwang verpflichtet den Unternehmer, welcher dem Publikum seine Dienste unter bestimmten Bedingungen öffentlich anbietet, die auf ihn angewiesenen Interessenten mit gleichem Maße zu messen, und spricht demselben das Recht ab, willkürlich oder aus illoyalen Gründen den Einzelnen von den dem Publikum sonst dargebotenen Transportbedingungen auszuschließen. Ein Vorgehen der letzteren Art kann aber da, wo eine Zwangspflicht gesetzlich nicht besteht, sich als ein Handeln gegen die guten Sitten darstellen. Auch nach den bei uns herrschenden Begriffen von Anstand und Redlichkeit im Verkehr wird man in dem Verhalten eines Transportunternehmers, welcher einen Einzelnen – oder auch eine bestimmte Gruppe Einzelner – von den allgemein dem Publikum angekündigten Tarifen ausschließt, einen Verstoß gegen die guten Sitten dann erblicken, wenn es zum Zwecke des unlauteren Wettbewerbs geschieht.“ Siehe auch RG, Urt. v. 10./17.06.1904 – II 84/04, Abschrift S. 7 f. = SächsA 1 (1906), S. 126 (127) Nr. 10 I.: „Zwar rechtfertigt eine Stellung, wie sie hier das [Roheisen-]Syndikat hatte, nach dem gegebenen Rechte nicht etwa eine Verpflichtung, mit jedem einzelnen Konsumenten der syndizierten Ware, – keinen Kontrahierungszwang, – auch keine Verpflichtung, die bisherigen Abnehmer in gleichem Verhältnisse zu berücksichtigen, deren Interessen mitzuwahren und ihnen die Gestaltung und Konjunktur des Marktes zu offenbaren. Immerhin sind aber strengere Anforderungen von Treu und Glauben im Verkehr an die Tätigkeit solcher Syndikate, denen eine so erhebliche wirtschaftliche Macht zusteht, zu stellen.“ Siehe zur vorherigen auch RG, Urt. v. 15.11.1904 – II 245/04, Abschrift S. 5 = SächsA 1 (1906), S. 130 (129) Nr. 10 II.: „Eine Stellung, wie sie das Syndikat hatte, rechtfertige nach dem gegebenen Rechte nicht etwa eine Verpflichtung, mit jedem einzelnen Konsumenten der syndizierten Ware abzuschließen, auch keine Verpflichtung, die bisherigen Abnehmer in gleichem Verhältnisse zu berücksichtigen.“

1873 Vgl. RG, Urt. v. 24.04.1908 – III 440/07, RGZ 68, 358.

die „Unterweser 10" stoßende Dampfer „Hedwig" loskam, beschädigt. Die Beschädigung war vom Kaiserlichen Kanalamt verschuldet, weshalb die Klägerin vom Deutschen Reich Schadensersatz forderte. Auch hier lehnte der Beklagte seine Haftung auf Grund des § 1 Abs. 2 der Betriebsordnung für den Kaiser Wilhelm-Kanal vom 29. Juli 1901 – in allen Instanzen erfolglos – ab.

Gegenüber dem mit der Revision vorgebrachten Angriff des Beklagten, der § 1 Abs. 2 der Betriebsordnung sei als eine öffentlich-rechtliche Verwaltungsmaßregel der Nachprüfung durch die ordentlichen Zivilgerichte entzogen, erwiderte der Senat, daß die Gültigkeit dieser Bestimmung sehr wohl durch den Zivilrichter nachprüfbar sei: Bei Schaffung des Gesetzes vom 16. März 1886 betreffend die Herstellung des Nord-Ostseekanals sei von keiner Seite an eine Ausschließung irgendeiner der Rechtsfolgen, die sich aus der Eröffnung des Kanals als öffentliche Wasserstraße kraft des bürgerlichen Rechts ergeben würden, gedacht und eine Außerkraftsetzung des bürgerlichen Rechts auch nicht gewollt.[1874] Deshalb hafte das Deutsche Reich auch nach dem Privatrecht, wobei das Gericht auf die heute allgemein anerkannten Grundsätze der sog. Verkehrssicherungspflichten abstellte, die eben auch den Staat treffen können: „Die an die Eröffnung des Kanals als einer öffentlichen Wasserstraße sich knüpfende Rechtsfolge ist die Wirksamkeit des zivilrechtlichen Grundsatzes, daß, wer eine Straße zum öffentlichen Verkehr bestimmt und einrichtet, für die ordnungsmäßige und betriebssichere Herstellung und Instandhaltung der Straße und aller zur Benutzung derselben bestimmten Einrichtungen zivilrechtlich verantwortlich ist und wegen Verletzung dieser privatrechtlichen Pflicht nach § 823 des Bürgerlichen Gesetzbuchs haftet ... Daß es ein Akt nicht der privatrechtlichen, sondern der öffentlich-rechtlichen Gesetzgebung war, welcher dem Reich die Herstellung und Unterhaltung des Kanals als einer öffentlichen Straße aufgegeben hat, und daß die Vertreter des Reichs, denen die Unterhaltung des Kanals obliegt, hierzu nach öffentlich-rechtlichen Normen berufen sind, ist ohne Belang. Dem durch mangelhafte Einrichtung beschädigten Dritten, insbesondere Schiffern steht das Reich kraft des angeführten privatrechtlichen Grundsatzes ausschließlich auf dem Gebiet des Privatrechts gegenüber."[1875] Aber „für außerkontraktliches Verschulden der Vertreter des Reichs hätte die Haftung <u>nur durch Gesetz</u> abgelehnt werden können. ... Der § 1 Abs. 2 der Betriebsordnung entbehrt der rechtlichen Grundlage und ist darum ungültig."[1876] Der III. Zivilsenat folgte damit der Auffassung des I. Senats über die mangelde rechtliche Gültigkeit der Bestimmung, indem er auf die fehlende Zuständigkeit des Kanalamtes für eine derartige Regelung abstellte.

[1874] Vgl. RG, Urt. v. 24.04.1908 – III 440/07, Abschrift S. 7 = RGZ 68, 358 (364).

[1875] RG, Urt. v. 24.04.1908 – III 440/07, Abschrift S. 7 = RGZ 68, 358 (365).

[1876] RG, Urt. v. 24.04.1908 – III 440/07, Abschrift S. 8 = RGZ 68, 358 (366).

Auch dem Einwand der Revision, durch Unterzeichnung der formularmäßigen Durchfahrtsanmeldung (wie sie im vorherigen Urteil wiedergegeben ist) seitens des Führers der „Unterweser 10" sei jedenfalls die Vereinbarung getroffen worden, daß die Betriebsordnung für die Fahrt maßgebend sein solle, folgte das Gericht nicht. Denn auch eine solche Vereinbarung wäre ungültig:[1877] „Das Gesetz vom 16. März 1886 will positiv, daß der Kanalbetrieb ausnahmslos dem bürgerlichen Rechte, also nach dem 1. Januar 1900 dem § 823 des Bürgerlichen Gesetzbuches, unterstehe. Der Privatwille kann nicht das Gegenteil, den Ausschluß der Haftung aus § 823 des Bürgerlichen Gesetzbuches, bewirken. Diese [gesetzliche] Haftung kann, vergleiche diesen Ausdruck in §§ 276 Abs. 2, 419 Abs. 3, 1088 Abs. 2, 2382 Abs. 2 des Bürgerlichen Gesetzbuches, durch Vertrag nicht ausgeschlossen werden. Ein solcher Vertrag verstößt gegen das gesetzliche Verbot des Gesetzes vom 16. März 1886 und ist darum nach § 134 des Bürgerlichen Gesetzbuches nichtig."[1878] Aus diesem Grund ließ der III. Zivilsenat auch dahingestellt, ob der Entscheidung des I. Zivilsenats vom 08.01.1906[1879] beizupflichten sei, in der für den Fall eines eventuellen Vertragsabschlusses durch Unterzeichnung des Durchfahrtsanmeldeformulars der Vertrag als nach § 138 BGB nichtig angesehen wurde.[1880]

Überhaupt nicht nachvollziehbar ist dabei, wie das Gericht zu seiner Ansicht gekommen ist, daß das Gesetz „positiv" wollte, „daß der Kanalbetrieb ausnahmslos dem bürgerlichen Rechte unterstehe". Eine solche Sichtweise drängt sich allein aus dem Wortlaut des Gesetzes nicht ohne weiteres auf. Umsomehr ist auch die vom Gericht im Anschluß daran gezogene Konsequenz eines gesetzlichen Verbotes im Sinne des § 134 BGB nicht zu verstehen.

Abschließend sei noch auf eine weitere Entscheidung des I. Zivilsenats aufmerksam gemacht, die aber in der Materie selbst keine neuen Erkenntnisse des Gerichts eröffnete. Im Urteil vom 12.02.1913[1881] hatte sich der Senat erneut mit einer Kollision auf dem Kaiser Wilhelm-Kanal zu befassen, allerdings unter einem anderen rechtlichen Gesichtspunkt: Am 19. Juni 1909 kam es zu einem Zusammenstoß zwischen dem Dampfer „Franz" und dem Anhang des im Eigentum des beklagten Deutschen Reichs stehenden Schleppers „Piraly", wobei der Dampfer „Franz" in das im Anhang des Schleppers fahrende Schiff „Johanna" des Schiffers G. rannte. Der G. trat alle aus dem Zusammenstoß entstandenen Ansprüche an die Klägerin ab. Die Klägerin, die 4.200 M als Schadensersatz verlangte, stützte sich für die Haftung des Beklagten unter anderem auf den

[1877] Vgl. RG, Urt. v. 24.04.1908 – III 440/07, Abschrift S. 8 f. = RGZ 68, 358 (366).

[1878] RG, Urt. v. 24.04.1908 – III 440/07, Abschrift S. 9 = RGZ 68, 358 (367).

[1879] Siehe RG, Urt. v. 08.01.1906 – I 320/05, RGZ 62, 264.

[1880] Vgl. RG, Urt. v. 24.04.1908 – III 440/07, Abschrift S. 9 = RGZ 68, 358 (367).

[1881] Vgl. RG, Urt. v. 12.02.1913 – I 394/12, RGZ 81, 316.

von G. abgeschlossenen Schleppvertrag und ein Verschulden des Schlepperführers. Der Beklagte wendete gegen seine Haftung ein, für den Schlepperfahrer sei eine Haftung des Deutschen Reichs nach § 55 Abs. 2 der Betriebsordnung für den Kaiser Wilhelm-Kanal ausgeschlossen und G. habe sich dieser Bestimmung unterworfen. Die Klage blieb in allen drei Instanzen ohne Erfolg.

Die Bestimmung des § 55 Abs. 2 der Betriebsordnung lautete: „Das Reich leistet ... keinen Ersatz für Schäden, welche einem Fahrzeuge bei Beförderung mittels eines Schleppdampfers der Kanalverwaltung durch etwaiges Verschulden der Besatzung des Schleppdampfers oder sonstigen an der Beförderung des geschleppten Schiffes beteiligten Personals der Kanalverwaltung innerhalb des Kanalpolizeibezirks zugefügt werden."[1882] Dabei blieb unbestritten, daß diese Bestimmungen einen Bestandteil des zwischen der Kanalverwaltung und dem G. abgeschlossenen Schleppvertrages bildete.[1883]

Anders als im Urteil vom 08.01.1906[1884], in dem der erkennende Senat die Schadensersatzpflicht des Deutschen Reichs gegenüber einem Dritten außerhalb eines Vertragsverhältnisses zu beurteilen hatte, kämen vorliegend die Normen des Vertragsrechts zur Anwendung. Nach dem hierbei geltenden Grundsatz der Vertragsfreiheit sei § 55 Abs. 2 der Betriebsordnung als Bestandteil eines Schleppvertrages nicht zu beanstanden.[1885]

Die Entscheidung des III. Zivilsenats vom 24.04.1908[1886], nach der nur die Haftung aus § 823 BGB nicht durch Vertrag ausgeschlossen werden könne, stehe dem nicht entgegen, denn dafür, daß das Gesetz vom 16. März 1886 für den Schleppvertrag eine dem § 55 Abs. 2 der Betriebsordnung entsprechende Vertragsbedingung untersagen wollte, fehle es an jedem Anhalt.[1887]

Ebenfalls sei eine gegen die guten Sitten verstoßende Ausnutzung einer Monopolstellung vorliegend nicht gegeben: „Zwar hat der erkennende Senat in früheren Entscheidungen unter bestimmten Voraussetzungen einen solchen Verstoß für die Fälle als möglich anerkannt, in welchen dem Verkehr der vertragsmäßige Ausschluß einer nach dem Gesetze an sich bestehende Haftung aufgedrängt werde. Als Voraussetzungen wurden bezeichnet, daß der eine Teil eine wenigstens tatsächliche Monopolstellung innehabe und dann, durch Wettbewerb ungehindert, seine Stellung dazu mißbrauche, dem anderen Vertragsteile unbillige

---

[1882] RG, Urt. v. 12.02.1913 – I 394/12, Abschrift S. 3 = RGZ 81, 316 (318).

[1883] Vgl. RG, Urt. v. 12.02.1913 – I 394/12, Abschrift S. 3 = RGZ 81, 316 (318).

[1884] Siehe RG, Urt. v. 08.01.1906 – I 320/05, RGZ 62, 264.

[1885] Vgl. RG, Urt. v. 12.02.1913 – I 394/12, Abschrift S. 4 = RGZ 81, 316 (319).

[1886] Siehe RG, Urt. v. 24.04.1908 – III 440/07, RGZ 68, 358.

[1887] Vgl. RG, Urt. v. 12.02.1913 – I 394/12, Abschrift S. 4 = RGZ 81, 316 (319).

und unverhältnismäßige Bedingungen vorzuschreiben."[1888] Beide Voraussetzungen seien hier aber nicht gegeben. Denn das Berufungsgericht habe festgestellt, daß ein auch nur tatsächliches Schleppmonopol des Deutschen Reiches nicht bestehe. Auch hätten die Bedingungen keinen unangemessenen Inhalt, denn nach den Feststellungen des Berufungsgerichts nähmen die Kleinschiffe die Schlepper der Kanalverwaltung in Anspruch, weil diese die vorteilhaftesten Bedingungen böten, vor allem, weil die Schlepplöhne der Kanalverwaltung außerordentlich niedrig seien. Außerdem bestehe für die Schiffseigner die Möglichkeit der Versicherung gegen derartige Beschädigungen.[1889]

VII. Niemand darf Richter in eigener Sache sein

Das RG äußerte sich sehr früh dahingehend, daß Rechtsgeschäfte sittenwidrig seien, durch die eine Partei zum Richter in eigener Sache bestellt werde, indem ihr durch Vereinbarung die Entscheidungsbefugnis bei Streitigkeiten über die die Parteien betreffenden Rechtsverhältnisse übertragen werde. Auch wenn diese Rechtsprechung in der damaligen Literatur keine nennenswerten Erörterungen nach sich zogen, so muß sie hier dennoch zumindest Erwähnung finden, gelten diese Grundsätze denn auch heute noch.[1890]

In der unveröffentlichten Entscheidung des RG vom 16.09.1902[1891] ging es um die im Jahre 1897 erfolgte Entlassung des Klägers aus den Diensten der beklagten Berufsgenossenschaft. Der Kläger war bei ihr durch Vertrag aus dem Jahr 1893 auf Lebenszeit mit Pensionsberechtigung angestellt und hatte sich im Anstellungsvertrag dem Dienststatut der Beklagten unterworfen. Darin hatte sich die Beklagte die Entlassung der auf Lebenszeit Angestellten für den Fall, daß diese sich bestimmt bezeichneter Vergehen schuldig machten, vorbehalten. Das Entlassungsverfahren war in der Art geregelt, daß die Entlassung vom „engern Vorstand" verfügt werden sollte. Die „schiedsrichterliche Entscheidung" über die dem Angestellten gegen diese Verfügung freigehaltene Berufung war dem Gesamtvorstand, allerdings unter ausdrücklicher Entsagung auf Beschreiten des Rechtsweges, übertragen.

[1888] RG, Urt. v. 12.02.1913 – I 394/12, Abschrift S. 5 = RGZ 81, 316 (320) unter Verweis auf: RG, Urt. v. 11.02.1888 – I 380/87, RGZ 20, 115 (117) und RG, Urt. v. 08.01.1906 – I 320/05, RGZ 62, 264 (266). So auch RG, Urt. v. 27.06.1913 – I 389/12, RGZ 83, 9 (14) und RG, Urt. v. 07.12.1914 – IV 305/14, Abschrift S. 5 f.

[1889] Vgl. RG, Urt. v. 12.02.1913 – I 394/12, Abschrift S. 5 f. = RGZ 81, 316 (320).

[1890] Siehe *Coing*, in: Staudinger, BGB, 11. Aufl. 1957, § 138 Rn. 19v und *Dilcher*, in: Staudinger, BGB, 12. Aufl. 1980, § 138 Rn. 80.

[1891] Vgl. RG, Urt. v. 16.09.1902 – III 124/02.

Ohne eine ausdrückliche Erwähnung des § 138 BGB sprach sich das RG für die Nichtigkeit dieser Vereinbarung aus: „Die Vertragsfreiheit, die in Ansehung der Gewährung von Rechten und der Begründung von Verpflichtungen das Verkehrsleben beherrscht, findet in Ansehung der Erledigung entstehender Differenzen über bestehende Rechte und Pflichten ihre Schranke in dem Grundsatz, daß das Recht auf Rechtsschutz durch die ordentlichen Gerichte unverzichtbar, die Bestellung zum Richter in eigener Sache unzulässig ist. Im Gegensatz zu rechtsgültiger Verabredung jederzeitigen Rücktrittsrechts vom Vertrage ist zufolge dieses Grundsatzes die Vereinbarung, welche der einen Partei die Entscheidung, ob die zum Rücktritt bedungenermaßen berechtigenden Tatbestände sich verwirklicht haben, überläßt, nichtig und zwar derart, daß durch ihre Nichtigkeit der Bestand des Vertrages nach seinem materiellen Inhalt im Zweifel nicht berührt wird.“[1892]

Das Ergebnis der Entscheidung überzeugt. Es ist interessen- und sachgerecht, der Vertragsfreiheit in derartigen Fällen Grenzen zu setzen und keiner der Vertragsparteien die alleinige Entscheidungsgewalt über solche nachhaltigen Streitfragen unter Ausschluß des Rechtsweges anzuvertrauen. Durch die Einholung der Entscheidung eines unabhängigen Richters bzw. Gerichtes kann und wird beiden Interessen genüge getan. Würde man die Gültigkeit einer solchen Abrede annehmen wollen, so könnte die zur Entscheidung berechtigte Partei allein nach ihrem Gutdünken und nur zu ihrem eigenen Vorteil verfahren und die andere Seite damit unangemessen und unbillig benachteiligen.

Bestätigung erfuhr diese Sichtweise im Urteil vom 20.10.1906[1893], wo das Gericht für den gegenteiligen Fall, daß der Rechtsweg den Beteiligten dennoch offenstehen solle, keine grundsätzlichen Bedenken gegen die vorherige Streitentscheidung durch eine Partei hatte. Nach den tatsächlichen Feststellungen hatte sich eine größere Anzahl von Zündholzfabrikanten durch Vertrag vom 7. Juni 1904 zur beklagten „D. S.-Z.-Konvention“ zusammengeschlossen, die durch das RG als nicht eingetragener Verein eingestuft wurde. In § 25 des Vertrages war bestimmt, daß sich die aus ihm ergebenden Streitigkeiten zunächst dem Vertrauensmann zu unterbreiten waren, der darüber nach mündlicher Verhandlung mit den Parteien entscheiden sollte. Dem Teil, der sich durch dessen Entscheidung beschwert fühlte, stand das Recht zu, binnen 14 Tagen nach Empfang der Entscheidung zwecks richterlicher Entscheidung die Kammer für Han-

---

[1892] RG, Urt. v. 16.09.1902 – III 124/02, Abschrift S. 3.

[1893] Vgl. RG, Urt. v. 20.10.1906 – I 371/06, HoldheimsMschr. 16 (1907), S. 44, vgl. *Schubert/Glöckner*, Nachschlagewerk, § 138 Nr. 85. Siehe auch RG, Urt. v. 07.06.1910 – II 507/09, RGZ 73, 429, zur Nichtigkeit einer Schiedsgerichtsklausel in einem Gesellschaftsvertrag des von mehreren Dachziegelfabrikanten in Form einer GmbH gegründeten Kartells, in der bestimmt war, daß der Aufsichtsrat oder eine von ihm delegierte Kommission als Schiedsgericht über alle Streitigkeiten entscheiden sollte.

delssachen des Landgerichts I in Berlin anzurufen. Die Entscheidung des Vertrauensmanns sollte bis zur richterlichen Entscheidung in Kraft bleiben. Nach § 14 des Vertrages gehörte auch der Vertrauensmann zu den Organen der Gesellschaft. Die der Beklagten zunächst 1905 beigetretene Klägerin kündigte bereits im Januar 1906 ihre Mitgliedschaft und begehrte mit der vor dem Landgericht Neiße erhobenen Klage Feststellung, daß sie an die Verpflichtungen des Konventionsvertrages nicht mehr gebunden sei.

Das RG ging in Übereinstimmung mit den Vorinstanzen von der Unzuständigkeit des angerufenen Gerichts aus, weshalb die Klage abgewiesen wurde. Es sah in der im Streit befindlichen Vertragsbestimmung weder eine den guten Sitten widerstreitende einseitige Begünstigung der einen Vertragspartei noch eine unzulässige Beschränkung der Bewegungsfreiheit der Kontrahenten.[1894] Dem klägerischen Einwand, daß § 25 des Vertrages, wenn er die Entscheidung des Vertrauensmannes als eines Organs der einen Partei vorgesehen habe, gegen die guten Sitten verstoße, trat es nicht bei. Vielmehr sei die Erwägung der Klägerin nur dann zutreffend, „wenn der Vertrauensmann nach dem Vertrage berufen wäre, endgültig das vor ihn gebrachte Streitverhältnis zu entscheiden und zwischen den Parteien wirklich ‚Recht zu sprechen'".[1895] Genau das Gegenteil sei aber der Fall, weil die Entscheidung des Vertrauensmannes nur vorbehaltlich der jedem Streitteile freistehenden Anrufung des Rechtsweges ergehen sollte. Er sei innerhalb der beklagten Vereinigung als eine Art Vergleichsbehörde gedacht gewesen, um Prozessen vorzubeugen und solche zu verhüten.[1896]

Das Urteil überzeugt auf ganzer Linie, denn dem als erstes anzurufenden Vertrauensmann wurde seitens der Parteien in keiner Weise das alleinige Recht eingeräumt, Streitigkeiten endgültig zu entscheiden, mithin als abschließende Instanz aufzutreten. Nichtsdestoweniger war ihm auch als „eine Art Vergleichsbehörde" die überaus sinnvolle und praktisch noch bedeutsamere Aufgabe zugedacht, erst gar keinen gerichtlichen Streit aufkommen zu lassen und, was anzunehmen ist, nach für alle Beteiligten annehmbaren Lösungen zu suchen.

Auch in der anscheinend unveröffentlicht gebliebenen Entscheidung vom 03.05.1907[1897] sah der II. Zivilsenat mit ähnlicher Argumentation keinen Anhaltspunkt dafür, daß irgend eine der im Streit befindlichen Vertragsbedingun-

---

[1894] Vgl. RG, Urt. v. 20.10.1906 – I 371/06, Abschrift S. 5 f. = HoldheimsMschr. 16 (1907), S. 44 (46).

[1895] RG, Urt. v. 20.10.1906 – I 371/06, Abschrift S. 5 = HoldheimsMschr. 16 (1907), S. 44 (46).

[1896] Vgl. RG, Urt. v. 20.10.1906 – I 371/06, Abschrift S. 5 = HoldheimsMschr. 16 (1907), S. 44 (46).

[1897] Vgl. RG, Urt. v. 03.05.1907 – II 2/07, vgl. *Schubert/Glöckner*, Nachschlagewerk, § 138 Nr. 117.

gen gegen den Rechtsgrundsatz verstoßen hätten, daß niemand in seiner eigenen Sache Richter sein könne.[1898] Es ging dabei unter anderem um die Bedingungen über Stammholzverkäufe des Beklagten, die mit dem Kläger vereinbart waren. In § 9 Abs. 6 der Bedingungen war bestimmt, daß über Ausstellungen des Käufers, wenn sie nicht ohne weiteres zu begleichen waren, von dem zuständigen Regierungs- und Forstrat „als Schiedsrichter" zu entscheiden waren.

Ähnlich wie schon im zuvor erwähnten Urteil des I. Zivilsenats vom 20.10.1906[1899] stellte auch hier der II. Zivilsenat fest, daß „aus § 9 Abs. 6 nicht zu entnehmen [sei], daß gegenüber der Entscheidung des Regierungs- und Forstrats der Rechtsweg und der Anspruch auf gerichtliches Gehör ausgeschlossen sein sollte und es sich nicht vielmehr (trotz des Wortlauts) nur um eine Entscheidung handeln sollte, die nur die Voraussetzung zur Klageanstellung war, aber die Bedeutung einer auch im Wege Rechtens unangreifbaren Entscheidung nicht haben sollte".[1900] „Eine Verletzung des Rechtsgrundsatzes, daß niemand sein eigener Richter sein kann, könnte hier höchstens dann vorliegen, wenn der Bestimmung in § 9 Abs. 6 eine so weit tragende Bedeutung der Unangreifbarkeit beizumessen und sie nicht jedenfalls in dem Sinne aufrechtzuerhalten wäre, daß zunächst und vor Aufstellung der Klage erst die Entscheidung des Regierungs- und Forstrats einzuholen ist."[1901] Darüber hinaus hielt der Senat die Bestimmung in § 9 Abs. 6 auch nicht nach § 315 BGB für ungültig.[1902]

Abschließend sei noch auf eine Entscheidung vom 25.06.1910[1903] hingewiesen, die in der Sache selbst keine neuen Erkenntnisse brachte, aber einen Fall betraf, bei dem es an der Voraussetzung des Richterseins in „eigener Sache" fehlte. Dem ging voraus, daß der klagende Handwerker vom beklagten Bauherrn die Zahlung des ihm nach seiner Behauptung noch zustehenden Werklohns für von ihm ausgeführte Bauarbeiten verlangte. Der Beklagte erhob prozeßhindernd die Einrede, daß die Entscheidung des Rechtsstreits durch Schiedsrichter zu erfolgen habe. Der Vertrag enthielt nach der vom RG nicht beanstandeten Auslegung durch die Vorinstanzen die Bestimmung, wonach die Entscheidung aller aus dem Bauvertrag entstehenden Streitigkeiten der Parteien den namentlich bezeichneten bauleitenden Architekten als vertragsmäßig bestimmten Schiedsrichtern übertragen sein sollte.[1904] Der Senat stimmte mit dem Berufungsgericht darin überein, daß die Architekten vorliegend nicht als Richter eigener Sache

[1898] Vgl. RG, Urt. v. 03.05.1907 – II 2/07, Abschrift S. 5 f.

[1899] Siehe RG, Urt. v. 20.10.1906 – I 371/06, HoldheimsMschr. 16 (1907), S. 44.

[1900] RG, Urt. v. 03.05.1907 – II 2/07, Abschrift S. 6.

[1901] RG, Urt. v. 03.05.1907 – II 2/07, Abschrift S. 6.

[1902] Vgl. RG, Urt. v. 03.05.1907 – II 2/07, Abschrift S. 5.

[1903] Vgl. RG, Urt. v. 25.06.1909 – VII 431/08, SeuffA 65 (1910), Nr. 84 S. 168.

[1904] Vgl. RG, Urt. v. 25.06.1909 – VII 431/08, SeuffA 65 (1910), Nr. 84 S. 168 (168).

anzusehen seien, da sie in Ansehung der Leistungen aus dem zwischen den Parteien geschlossenen Vertrag als Berechtigte oder Verpflichtete unstreitig nicht in Betracht kämen.[1905] Weil der Kläger bei voller Kenntnis der Sachlage der Ernennung beider Architekten zu Schiedsrichtern zugestimmt habe, sei ein die Nichtigkeit des Vertrages begründender Verstoß gegen die guten Sitten nicht ersichtlich.[1906]

Nun mag es ungewöhnlich erscheinen, gerade die Architekten des Bauherrn zu Schiedsrichtern zu ernennen, stehen diese doch in der Regel in dessen „Lager" und werden im Zweifel keine ihm ungünstige Entscheidung treffen – Grund allein dafür, eine derartige Vereinbarung für unwirksam zu halten, gibt dies noch nicht. Die Ursache für den Abschluß einer dem Bauhandwerker mehr als ungünstigen Vereinbarung mag mit *Hagen* (möglicherweise) in konkreter Unvorsichtigkeit oder in einem allgemeinen Intellektsmangel des Klägers liegen, jedoch fehle es damit immer noch an einer rechtlichen Notwendigkeit, die Ausnutzung einer solchen Unvorsichtigkeit oder des Intellektmangels zu hindern, sofern diese nicht außergewöhnlich groß seien und der Beklagte dies gewußt und ausgenutzt habe.[1907]

[1905] Vgl. RG, Urt. v. 25.06.1909 – VII 431/08, SeuffA 65 (1910), Nr. 84 S. 168 (169).

[1906] Vgl. RG, Urt. v. 25.06.1909 – VII 431/08, SeuffA 65 (1910), Nr. 84 S. 168 (170).

[1907] Vgl. *Hagen*, SächsA 5 (1910), S. 505 (512).

E. Ergebnisse der Untersuchung

Das Reichsgericht hat sich bei der Anwendung des § 138 Abs. 1 BGB grundlegend an den Ausführungen der in den Motiven und Protokollen enthaltenen Materialien zu dessen Entstehungsgeschichte orientiert.[1908] Nach dem § 106 BGB Entwurf I sollte das Rechtsgeschäft nichtig sein, wenn „dessen Inhalt" gegen die guten Sitten verstieß. Ausweislich der diesbezüglichen Motive sollte die Nichtigkeit allerdings nur eintreten, wenn der Inhalt des Rechtsgeschäftes „unmittelbar, in objektiver Hinsicht und unter Ausscheidung der subjektiven Seite, die guten Sitten verletzt".[1909] Auf die Absichten der Vertragsparteien und die mit dem Geschäft verfolgten Zwecke sollte nicht abgestellt werden (können). Dagegen wurde nach den Protokollen zum § 103 BGB Entwurf II erkannt, daß die im ersten Entwurf vorgesehene Beschränkung auf den objektiven Inhalt unter Ausgrenzung der subjektiven Momente nicht genüge. Zwar dürften die „Motive der Parteien" nicht derart berücksichtigt werden, „daß ihre Handlungen einer sittenrichterlichen Kontrole [sic!] des Richters unterstellt würden"[1910], aber es sei „doch im einzelnen Falle unerläßlich, die verwerfliche Gesinnung der Betheiligten nicht außer Acht zu lassen, weil erst durch die Hinzunahme dieses subjektiven Moments der Inhalt des Rechtsgeschäfts in das rechte Licht gesetzt werde".[1911] Folglich sollten nach den Aussagen in den Protokollen sowohl die objektiven Umstände, allen voran der Inhalt des Geschäfts, als auch die subjektiven Elemente bei der Prüfung eines Verstoßes gegen die guten Sitten zu berücksichtigen sein.

Zu eigen gemacht hat sich das RG insbesondere die den Motiven zum § 705 BGB Entwurf I, der Vorläufervorschrift des § 826 BGB, entstammende Formulierung, daß eine Handlungsweise dann ein Mißbrauch sei, wenn sie „den in den guten Sitten sich ausprägenden Auffassungen und dem Anstandsgefühle aller billig und gerecht Denkenden widerspricht".[1912] Nachdem das RG diese Definition der guten Sitten erstmals in einer Entscheidung des VI. Zivilsenats vom 11.04.1901 zu § 826 BGB aufgegriffen hatte,[1913] übernahm es die Wendung

---

[1908] Siehe zur Anwendung des § 138 Abs. 1 BGB durch das RG auch den Überblick im Kapitel B.II.

[1909] Motive I, S. 211 = *Mugdan* I, S. 469.

[1910] Protokolle I, S. 123 = *Mugdan* I, S. 725.

[1911] Protokolle I, S. 123 f. = *Mugdan* I, S. 725.

[1912] Motive II, S. 727 = *Mugdan* II, S. 406.

[1913] Siehe RG, Urt. v. 11.04.1901 – VI 443/00, RGZ 48, 114 (124), vgl. *Schubert/Glöckner*, Nachschlagewerk, § 138 Nr. 6.

später in seinen den § 138 BGB betreffenden Urteilen[1914] und wiederholte sie seitdem in vielfach abgewandelter Form in der sog. Anstandsformel. Hieraus ergibt sich, daß das Gericht den Begriff der „guten Sitten" in den §§ 138 Abs. 1, 826 BGB als einen identischen verstand und einheitlich auslegte. Als Maßstab dafür, was im Geschäftsverkehr gute Sitte ist, habe die Auffassung zu gelten, „welche im sittlichen Volksbewußtsein begründet ist und dem Anstandsgefühl aller billig und gerecht Denkenden entspricht".[1915] Es sei „ein allgemeiner, gewissermaßen durchschnittlicher Maßstab anzulegen".[1916] Bei der Prüfung sei der Stand und Beruf der Partei mit zu berücksichtigen. Eine Verletzung der Standesehre genüge allerdings nicht, einen Vertrag zu einem unsittlichen zu machen. Bei bestimmten Berufen legte das RG insoweit einen schärferen Beurteilungsmaßstab an.[1917]

Auch bei der Überprüfung anhand des § 138 Abs. 1 BGB, ob ein Rechtsgeschäft gegen die guten Sitten verstößt, griff das Gericht in seiner am 21.01.1903[1918] getroffenen Entscheidung wiederum auf dessen Entstehung zurück: „Der §. 138 des Bürgerlichen Gesetzbuches will, wie seine ... Entstehungsgeschichte ergibt, nicht bloß solche Rechtsgeschäfte treffen, die durch ihren objektiven Inhalt, dadurch, daß sie Unsittliches oder für Unsittliches versprechen, gegen die guten Sitten verstoßen. Durch die von dem §. 106 des Entwurfs I, der nur das Rechtsgeschäft für nichtig erklärte, dessen Inhalt gegen die guten Sitten verstößt, abweichende Fassung sollte vielmehr eine Rechtsnorm aufgestellt werden, die dem Richter ermöglicht, solchen Rechtsgeschäften die Anerkennung und den Rechtszwang zu versagen, die nach ihrem aus der Zusammenfassung von Inhalt, Motiv und Zweck zu entnehmenden Gesamtcharak-

---

1914 Siehe nur RG, Urt. v. 15.12.1909 – I 7/09, Abschrift S. 4 = JW 1910, S. 142 (142) Nr. 1; RG, Urt. v. 25.11.1911 – V 197/11, Abschrift S. 4 = RGZ 77, 419 (421); RG, Urt. v. 15.10.1912 – VII 231/12, Abschrift S. 4 = RGZ 80, 219 (221); RG, Urt. v. 22.01.1913 – I 300/12, Abschrift S. 4 = WarnRspr. 1913, Nr. 189 S. 235 (235 f.); RG, Urt. v. 24.09.1911 – III 178/13, Abschrift S. 6 = RGZ 83, 109 (114), vgl. *Schubert/Glöckner*, Nachschlagewerk, § 138 Nr. 238 und RG, Urt. v. 19.02.1914 – VI 531/13, Abschrift S. 6 = RGZ 84, 208 (212).

1915 RG, Urt. v. 16.10.1903 – II 88/03, Abschrift S. 7 = RGZ 55, 367 (373); siehe auch RG, Urt. v. 22.01.1913 – I 300/12, Abschrift S. 4 = WarnRspr. 1913, Nr. 189 S. 235 (235 f.).

1916 RG, Urt. v. 01.06.1904 – V 539/03, RGZ 58, 214 (217); siehe auch RG, Urt. v. 16.11.1907 – V 102/07, Abschrift S. 3 = RGZ 67, 101 (102), vgl. *Schubert/Glöckner*, Nachschlagewerk, § 138 Nr. 142; RG, Urt. v. 15.10.1912 – VII 231/12, Abschrift S. 4 = RGZ 80, 219 (221) und RG, Urt. v. 22.01.1913 – I 300/12, Abschrift S. 4 = WarnRspr. 1913, Nr. 189 S. 235 (236).

1917 Vgl. RG, Urt. v. 24.09.1911 – III 178/13, Abschrift S. 6 = RGZ 83, 109 (114), vgl. *Schubert/Glöckner*, Nachschlagewerk, § 138 Nr. 238.

1918 Vgl. RG, Urt. v. 21.01.1903 – I 481/02, JW 1903, Beil. 5 S. 41 Nr. 86.

ter, den objektiven und subjektiven Momenten, gegen die guten Sitten verstoßen und deren Anerkennung deshalb mit diesen unvereinbar ist."[1919] Den im letzten Satz des vorangestellten Zitats getätigten Ausspruch, hat das RG immer wieder in den Entscheidungen bei seiner Subsumtion der tatsächlichen Gegebenheiten zu Grunde gelegt.[1920] Ob es für diesen Leitsatz einen früheren Ursprung gibt, konnte nicht geklärt werden.[1921]

Das RG hat immer den Grundsatz hervorgehoben, wonach es auf die Gesamtumstände der Vertragsschließung und Vertragswirkung, auf die jeweiligen Umstände des einzelnen Falles ankomme.[1922] Was diese vorgenannten Prinzipien der Rechtsprechung des RG angeht, so können sie als gefestigt bezeichnet werden.

In der Literatur wurde der vom Gesetzgeber gewählte Begriff der guten Sitten als (viel) zu weit empfunden und mancherorts als schablonenhafter Blankett- oder Kautschukbegriff tituliert, dessen Reichweite nur schwer bestimmbar sei. Es wurde befürchtet, daß er zu einer übergroßen, unüberschaubaren Kasuistik in

---

[1919] RG, Urt. v. 21.01.1903 – I 481/02, Abschrift S. 4 = JW 1903, Beil. 5 S. 41 (41) Nr. 86.

[1920] Siehe RG, Urt. v. 15.12.1903 – II 185/03, Abschrift S. 5 = RGZ 56, 229 (231); RG, Urt. v. 15./29.05.1906 – II 519/05, Abschrift S. 7 = RGZ 63, 346 (350), vgl. *Schubert/Glöckner*, Nachschlagewerk, § 138 Nr. 66; RG, Urt. v. 15.06.1906 – II 514/05, Abschrift S. 3 = RGZ 63, 390 (391); RG, Urt. v. 25.04.1907 – IV 470/06, Abschrift S. 2 f. = *Schubert*, Erkenntnisse 1907, S. 651 (652); RG, Urt. v. 05.02./11.03.1908 – V 236/07, Abschrift S. 3 = RGZ 68, 97 (98 f.); RG, Urt. v. 27.04./21.05.1909 – III 342/08, Abschrift S. 3 = RGZ 71, 192 (194); RG, Urt. v. 30.11.1909 – II 103/09, Abschrift S. 5 = WarnRspr. 1910, Nr. 49 S. 50 (50); RG, Urt. v. 17.12.1910 – V 62/10, Abschrift S. 6 f. = RGZ 75, 68 (74); RG, Urt. v. 19.05.1911 – III 186/10, Abschrift S. 2 = JW 1911, S. 642 (642) Nr. 4; RG, Urt. v. 10.07.1911 – IV 634/10, Abschrift S. 7 = LZ 1911, Sp. 926 (926) Nr. 15, vgl. *Schubert/Glöckner*, Nachschlagewerk, § 138 Nr. 211; RG, Urt. v. 29.09./24.10.1911 – VII 55/11, Abschrift S. 6 = WarnRspr. 1912, Nr. 54 S. 59 (61); RG, Urt. v. 18.11.1911 – IV 165/11, Abschrift S. 4 = JW 1912, S. 133 (134) Nr. 5; RG, Urt. v. 23.01.1912 – III 164/10, Abschrift S. 6 = RGZ 78, 258 (263); RG, Urt. v. 15.10.1912 – VII 231/12, Abschrift S. 4 = RGZ 80, 219 (221); RG, Urt. v. 23.04.1913 – V 4/13, Abschrift S. 4 = JW 1913, S. 682 (683) Nr. 1; RG, Urt. v. 24.09.1913 – III 178/13, Abschrift S. 4 = RGZ 83, 109 (112) und RG, Urt. v. 06.02.1914 – III 474/13, Abschrift S. 3 = BayZ 10 (1914), S. 168 (168) III.

[1921] Der Satz findet sich jedenfalls nicht einmal ansatzweise in den Motiven zum § 106 BGB Entwurf I und Protokollen zum § 103 BGB Entwurf II. Soweit ersichtlich handelt es sich in RG, Urt. v. 21.01.1903 – I 481/02, Abschrift S. 4 = JW 1903, Beil. 5 S. 41 (41) Nr. 86, um den frühesten Ausspruch zu § 138 BGB.

[1922] Vgl. RG, Urt. v. 11.05.1906 – II 459/05, Abschrift S. 3 = JW 1906, S. 419 (419) Nr. 3; RG, Urt. v. 29.05.1906 – II 512/05, Abschrift S. 6 = RGZ 63, 333 (337); RG, Urt. v. 16.11.1907 – V 102/07, Abschrift S. 3 = RGZ 67, 101 (102), vgl. *Schubert/Glöckner*, Nachschlagewerk, § 138 Nr. 142 und RG, Urt. v. 18.05.1909 – II 462/08, JW 1909, S. 412 (413) Nr. 7.

der Rechtsprechung führen würde und von vielen als eine allgemeine Einwendung im Rechtsverkehr mißbraucht werden könnte. Kritik wurde vor allem an der vom RG verwendeten Anstandsformel geübt. Einige bemängelten insbesondere deren Inhaltslosigkeit wegen ihrer fehlenden Aussagekraft. Der Begriff der guten Sitten sei in ihr mit dem Anstandsgefühl aller billig und gerecht Denkenden durch einen neuen Rechtsbegriff ersetzt worden, welcher ebenfalls nur schwierig zu bestimmen sei. Wie beliebig ersetzbar die vom RG gebrauchte Formel war, zeigen allein die im Laufe der Zeit vielfach vom RG benutzten abgewandelten Varianten dieser Formulierung.

Allerdings läßt sich auch dem Schrifttum vorwerfen, keine taugliche(re)n Vorschläge für die Gerichtspraxis unterbreitet zu haben. Selbst hier wurden nur einander ähnelnde formelhafte Aussagen getroffen, die ebenfalls einer weiteren Auslegung bedurft hätten. Es steht zu vermuten, daß von so manchem Autor auf die Ausbildung und weitere Entwicklung des Begriffes in der Rechtsprechung vertraut wurde. Im Ergebnis hat die Literatur die Ansätze der Rechtsprechung des RG zu einem großen Teil kritiklos akzeptiert und übernommen.

Ein argumentatives Aufbegehren gegen die höchstrichterliche Rechtsprechung schien auch nicht erfolgversprechend, denn das RG nahm in seinen Judikaten generell nur wenig Notiz vom juristischen Schrifttum. Kennzeichnend für die gesamte Rechtsprechung des RG zu § 138 BGB war, daß das Gericht (soweit erkennbar) keine im Schrifttum vorhandenen Ansätze in seiner Entscheidungspaxis berücksichtigt hat. Nur ganz selten hat es das RG für nötig befunden, den in der Literatur vertretenen Standpunkt darzulegen oder gar auf (abweichende) Meinungen in der Literatur näher einzugehen. Tatsächlich ließen sich auf der anderen Seite kaum nennenswerte kritische Stimmen zu den einzelnen reichsgerichtlichen Urteilen vernehmen oder ausführlichere Besprechungen ausfindig machen. Üblicherweise wurden in den damals einschlägigen Kommentaren und Lehrbüchern nur die wesentlichen Leitsätze der jeweiligen Entscheidungen kritiklos mitgeteilt. Nur ganz selten wurde, dann aber zumeist „scharfe" Kritik laut, von der sich das RG jedoch in seinen Entscheidungen nicht beeindrucken ließ. Das Extrembeispiel liefert hierzu das Echo auf die Entscheidungen zu den 1.500 Mark-Verträgen, das vom RG (jedenfalls in seinen Urteilsgründen) ungehört verhallte. Dagegen wurden die Entscheide der anderen Zivilsenate des RG stets in den Gründen berücksichtigt; vielfach finden sich in den Urteilen auch Hinweise auf andere Gerichte und zur Judikatur aus dem 19. Jahrhundert, also noch zur „alten“ Rechtslage und Rechtsprechung, die das RG gelegentlich aufgriff und fortführte. Insoweit setzte das RG anscheinend die Tendenz, nämlich mehr Bezugnahmen zur Judikatur als zum rechtswissenschaftlichen Schrifttum herzustellen, aus den Jahren kurz nach seiner Errichtung fort.[1923] Es bleibt damit

---

[1923] Siehe zu dieser Tendenz des RG schon *Mertens*, AcP 174 (1974), S. 333 (338 f.).

als Ergebnis festzuhalten, daß zwischen dem RG und der juristischen Literatur keine „fruchtbare" Wechselwirkung nachvollziehbar und nachweisbar ist.

Die Mißbilligung der Anstandsformel ließ vermuten, daß sich die Praxis vor das erhebliche Problem gestellt sah, wie im zur Entscheidung anstehenden Einzelfalle der urteilende Richter die im Volk vorherrschenden sittlichen Anschauungen konkret ermitteln sollte. Desto mehr überrascht es, daß sich jener praktisch wichtigen Frage augenscheinlich keiner annahm, weder die Judikatur noch die Jurisprudenz. Daß der deutsche Richter den allseits geforderten Durchschnittsmaßstab nicht von Natur aus in sich trage oder diesen zumindest „fehlerlos" aus den im Volk bestehenden Ansichten herausarbeiten könne, beweisen die auffällig vielen Urteile, in denen die reichsgerichtliche Rechtsprechung von den (entgegengesetzten) Auffassungen der Vorinstanzen abgewichen ist. Gerade die sich in der Frage eines Verstoßes gegen die guten Sitten widersprechenden Urteile in einem Instanzenzug zeigen, daß die Richter nicht immer das Anstandsgefühl aller billig und gerecht Denkenden genauestens kennen. Insoweit wird heute davon ausgegangen, daß „aufgrund der historischen Gegebenheiten, unter denen die Anstandsformel geschaffen wurde, ... der Richter als Repräsentant der gerecht und billig Denkenden verstanden wurde ... . Ihn ermächtigen die Sittenwidrigkeitsklauseln zur Rechtsfortbildung; sie weisen ihm die Aufgabe zu, sich im konkreten Einzelfall um eine billige und gerechte Entscheidung zu bemühen."[1924] Hiervon wurde schon in den Motiven ausgegangen.[1925]

Tatsächlich dürfte es nur schwer bis gar unmöglich sein, die herrschende Volksanschauung – jedenfalls in Grenzfällen – ohne Umfragen durch Meinungsforschungsinstitute oder durch empirische Sozialstudien zu bestimmen,[1926] geschweige denn festzustellen, ob diese auch die guten Sitten darstellten. Verwiesen sei an dieser Stelle wiederum nur auf die Fälle der 1.500 Mark-Verträge, bei

---

[1924] *Sack*, in: Staudinger, BGB, 13. Bearb. 1996, § 138 Rn. 16.

[1925] Siehe Motive I, S. 211 f. = *Mugdan* I, S. 469: „Dem richterlichen Ermessen wird ein Spielraum gewährt, wie ein solcher großen Rechtsgebieten bisher unbekannt ist. Fehlgriffe sind nicht ausgeschlossen. Bei der Gewissenhaftigkeit des deutschen Richterstandes darf indessen unbedenklich darauf vertraut werden, daß die Vorschrift im Ganzen und Großen nur in dem Sinne angewendet werden wird, in dem sie gegeben ist."

[1926] Nach *Mayer-Maly*, in: MüKo, BGB, 1. Aufl. 1978, § 138 Rn. 14, wäre es verfehlt, der Anstandsformel „rationale, operationale Elemente zu bestreiten. Sie stellt klar, daß nicht einfach demoskopisch ermittelbare Anschauungen entscheiden, sodaß Korruption und Schlendrian bei entsprechender Verbreitung den Maßstab verändern könnten." Kritisch zu einer Feststellung des Anstandsgefühls aller billig und gerecht Denkenden durch Meinungsumfragen und Methoden der empirischen Sozialforschung *Breithaupt*, JZ 1964, S. 283 (284); *Dilcher*, in: Staudinger, BGB, 12. Aufl. 1980, § 138 Rn. 7; *Heldrich*, AcP 186 (1986), S. 74 (94 u. 97) und *Sack*, in: Staudinger, BGB, 13. Bearb. 1996, § 138 Rn. 15; zu demoskopischen Gutachten als Beweismittel *Teubner*, S. 11, 33 f. u. 112.

denen die vielen, den grundsätzlich eine Gültigkeit bejahenden Standpunkt des RG ablehnenden Äußerungen in der Literatur das RG nicht einmal veranlaßt haben, in Erwägung zu ziehen, ob dieser Vertragstypus nicht doch dem Anstandsgefühl einer zumindest größeren Gruppe in der Bevölkerung widerspricht. Gerade hier ließen die unzähligen abweichenden Stellungnahmen einen fundierten Rückschluß auf das durchschnittliche Empfinden im Volke zu.

Darin liegt ein entscheidender Grund für berechtigte Kritik, den viele, auch in der vorliegenden Arbeit nicht erwähnte Entscheidungen allemal boten. Denn das damals höchste deutsche Gericht unterließ es fast immer, in seinen Entscheidungsgründen deutlich herauszuarbeiten, wie es um die guten Sitten im konkreten Fall bestellt sei. Dem Gericht genügte oft nur ein Verweis auf seine formelhaften Ausführungen, daß der § 138 Abs. 1 BGB nur solchen Rechtsgeschäften die Anerkennung und den Rechtszwang versagen wolle, die nach ihrem aus der Zusammenfassung von Inhalt, Motiv und Zweck zu entnehmenden Gesamtcharakter, nach den objektiven und subjektiven Momenten, gegen die guten Sitten verstoßen und deren Anerkennung deshalb mit diesen unvereinbar ist. Dazu wurden die Tatsächlichkeiten des Rechtsgeschäftes, die den Schluß für eine an- oder abzulehnende Sittenwidrigkeit zuließen, herangezogen und notfalls tiefgehender erörtert. Der Vorgang der eigentlichen Subsumtion unter die guten Sitten, mithin wie sich das Anstandsgefühl aller billig und gerecht Denkenden im konkreten Fall überhaupt und mit welchen Inhalt darstelle und ob das Rechtsgeschäft dem entspreche resp. dagegen verstoße, blieb hier vielfach auf der Strecke. Oft fehlte eine Subsumtion, mal wurden nur die Voraussetzungen selbst als Begründung gegeben, fragmentarische Begründungen oder nur nichtssagende Floskeln als Grund angeführt. Ob eine ausreichende Begründung für oder wider einen Verstoß des Rechtsgeschäfts gegen die guten Sitten tatsächlich unmöglich ist, mag dahinstehen.[1927]

Hiernach ist festzuhalten, daß sich zur Feststellung eines Verstoßes gegen die guten Sitten nur wenige, praktisch brauchbare Kriterien benennen lassen. Von der Rechtsprechung wurden neben der um die Anstandsformel herum entwickelten, allgemein gültigen Grundsätze jeweils weitere Kennzeichen für einen Sittenverstoß zu den einzelnen Fallgruppen herausgearbeitet. Mit ihnen wurde

---

[1927] Für die generelle Unmöglichkeit einer Begründung anscheinend *Hachenburg*, JW 1930, S. 1363 (1363): „Aber auch dieser Rechtssatz [des § 138 BGB] wandelt sich mit der Volksauffassung. Hier handelt es sich nicht um logisch-juristische Deduktion, hier urteilt der Richter nicht als Jurist, sondern als Mensch. Darum findet sich in der Entsch. stets nur die Feststellung des Verstoßes gegen die guten Sitten, jede Begründung fehlt, sie kann auch nicht gegeben werden." Siehe auch *Hefermehl*, in: Soergel, BGB, Bd. II, 13. Aufl. 1999, § 138 Rn. 5: „Die Anstandsformel ermöglicht keine rationale Erkenntnis. ... Offen bleibt, wer zum Kreis der ‚billig und gerecht Denkenden' gehört und wie ihr ‚Anstandsgefühl' erfassbar sein soll."

immerhin eine gewisse Berechenbarkeit zukünftiger Entscheidungen innerhalb der entwickelten Kasuistik und damit die Rechtssicherheit, wenn auch in einem bescheidenen Rahmen, gewährleistet.

In diesem Zusammenhang ist noch ein wichtiger Satz des RG anzuführen, der nicht sehr oft in den Entscheidungsgründen explizit geäußert wurde, aber von wesentlicher Bedeutung für die gesamte Rechtsprechung zum § 138 BGB war, weil er stets „im Stillen" beachtet wurde. Für die Frage, ob ein Rechtsgeschäft gegen die guten Sitten verstößt, seien das Volksbewußtsein und die jeweiligen Anschauungen des Verkehrslebens maßgebend, wobei „von besonderer Bedeutung sein kann, welchen Niederschlag diese Anschauungen in der Gesetzgebung … gefunden haben".[1928] Aus den in anderen, meist spezielleren Vorschriften enthaltenen gesetzlichen Wertungen vermochte das RG Rückschlüsse darauf zu ziehen, ob und unter welchen Bedingungen daneben Raum für eine Nichtigkeit nach § 138 BGB verbleiben sollte. In diesen Fällen führte der § 138 Abs. 1 BGB dann zumeist ein Schattendasein. Hand in Hand ging damit aber das Problem einher, daß die Grenzen der Anwendungsbereiche, insbesondere zum § 134 BGB, verwischt wurden.

Die vorstehend aufgezählten Kritikpunkte und Feststellungen sollen mittels einer Rekapitulation der Kernaussagen einzelner, nicht aller untersuchten Fallgruppen untermauert werden.

Einen Hauptfall für einen Rückgriff des RG auf gesetzliche Wertungen im BGB bilden die Entscheidungen zu den Verstößen gegen die *ehe- und familienrechtliche Ordnung*. Bei den unter Ehegatten geschlossenen Rechtsgeschäften bildete das „Wesen der Ehe" den zentralen Begriff. Aus der zwingenden Natur des § 1353 Abs. 1 BGB, der die Verpflichtung der Ehegatten „zur ehelichen Lebensgemeinschaft" manifestierte, folgerte das RG, daß *Trennungsverträge* in der Regel nach § 138 BGB nichtig seien. Es sei ein Verstoß gegen das sittliche Wesen der Ehe, wenn die in § 1353 Abs. 1 BGB enthaltene Pflicht zur ehelichen Lebensgemeinschaft aufgehoben oder eingeschränkt werde und begründe die Nichtigkeit der hiergegen verstoßenden Verträge gemäß § 138 BGB. Es wurden dabei weder Ausführungen zum § 138 BGB gemacht, noch erfolgte eine Subsumtion unter diesen Paragraphen.

Bei den *scheidungsermöglichenden und -erleichternden Verträgen* gab das RG ebenfalls keine Begründung für den oftmals angenommenen Verstoß gegen die guten Sitten im Sinne des § 138 Abs. 1 BGB. Er wurde allein aus dem Zusammenhang mit den familienrechtlichen Vorschriften abgeleitet. Ein Sittenverstoß der rechtsgeschäftlichen Vereinbarung wurde stets angenommen, wenn sie auf die Erleichterung der Scheidung gerichtet war. Wie schon bei den Vereinba-

[1928] RG, Urt. v. 18.05.1909 – II 462/08, Abschrift S. 3 = JW 1909, S. 412 (412) Nr. 7; siehe auch RG, Urt. v. 25.11.1911 – V 197/11, Abschrift S. 4 = RGZ 77, 419 (421).

rungen zum Getrenntleben gab auch hier das Gericht keine (ausführlichen) Begründungen für den bejahten Verstoß gegen die guten Sitten; dieser wurde nur aus dem Widerspruch zu den (unterhaltsrechtlichen) Vorschriften der §§ 1578 ff. BGB behauptet. Dabei wurde zu den vertraglich vereinbarten *Rechtsmittelverzichten* aus dem Verstoß gegen das Wesen der Ehe eine daraus resultierende Verletzung der guten Sitten im Sinne des § 138 Abs. 1 BGB und des Gesetzes nach § 134 BGB gefolgert, der Verstoß gegen das Wesen der Ehe mit einem Verstoß gegen die guten Sitten quasi gleichgesetzt.

Auch bei der in § 1354 BGB vorgesehenen *Wohnort- und Wohnungsbestimmung* durch den Ehemann nahm das RG bei dagegen widerstreitenden Verträgen einen Verstoß gegen das Wesen der Ehe und damit die Sittenwidrigkeit an. Bereits in den Motiven zu § 1273 BGB Entwurf I, deren Aussagen das RG übernahm, wurde ausgesprochen, daß auf die Aufnahme einer ausdrücklichen Bestimmung verzichtet worden sei, wonach das Recht des Mannes, den Wohnort zu bestimmen, nicht durch Vertrag beschränkt oder ausgeschlossen werden könne, weil ein solcher sowieso nichtig sei.[1929] Umgekehrt wurde den Abkommen die Gültigkeit nicht abgesprochen, wenn sie weder den guten Sitten noch den sich aus dem Wesen der Ehe ergebenden sittlichen und rechtlichen Pflichten der Ehegatten widersprachen.

Letztwillige finanzielle Zuwendungen eines Verheirateten an seine nicht mit ihm verheiratete Geliebte im sog. *Mätressen-Testament* erkannte das RG als grundsätzlich sittenwidrig und somit nichtig an, wenn mit dem nach § 138 BGB zu beurteilenden Vermächtnis die Förderung des außerehelichen Geschlechtsverkehrs bezweckt war, es also zur Belohnung für den bisher gewährten Geschlechtsverkehr und/oder um den Partner zu dessen Fortsetzung zu bestimmen, ausgesetzt wurde.

Bei den *Bordellgeschäften* stützte das RG seine Rechtsprechung maßgeblich auf die Formel, wonach das betreffende Rechtsgeschäft nach seinem, aus der Zusammenfassung von Inhalt, Motiv und Zweck sich ergebenden Gesamtcharakter, also nach seinen objektiven und subjektiven Momenten, den guten Sitten zuwiderlaufen müsse. Vor allem wurde – wie so oft – in diesem Zusammenhang darauf hingewiesen, daß ein Bordellvertrag nicht unter allen Umständen die Nichtigkeit zur Folge habe, vielmehr die Verhältnisse des Einzelfalles genauestens zu prüfen seien. War dabei die Ermöglichung oder Förderung des Bordellbetriebs, und sei es auch nur zur Fortsetzung desselben, ins Auge gefaßt, kam nach dem RG der Verstoß in Frage. Dies wurde namentlich dann angenommen, wenn der Kauf- oder Mietpreis mit Rücksicht auf den Bordellbetrieb besonders hoch bemessen wurden. Nach diesen Grundsätzen reichte allein die Kenntnis des einen Vertragsteils von der Absicht des anderen, den Vertragsgegenstand zu

[1929] Vgl. Motive IV, S. 105 f. = *Mugdan* IV, S. 59.

Bordellzwecken zu verwenden, für sich allein nicht aus, das Rechtsgeschäft als gegen die guten Sitten erscheinen zu lassen. Es sei folglich nicht jedes Rechtsgeschäft, das zu dem Unternehmen oder dem Betrieb eines Bordells in Beziehung stehe, als gegen die guten Sitten verstoßend zu erachten.

Ein Paradebeispiel dafür, daß bei bestimmten Bevölkerungsgruppen ein sittlich schärferer Maßstab anzulegen sei, gaben die reichsgerichtlichen Entscheidungen zu den *Arztpraxisveräußerungen*, deren Erkenntnisse sich auch auf andere (freie) Berufe, wie dem des Rechtsanwalts, übertragen ließen. Im Falle eines Praxiskaufvertrages, bei dem der die Praxis übernehmende Arzt wegen der mit ihm verbundenen hohen Kosten bei der Ausübung seines Berufes ein besonderes Augenmerk auf die Erzielung möglichst hoher Einnahmen unter Außerachtlassung der Berücksichtigung der Interessen seiner Patienten richten müsse, verstoße wider die guten Sitten. Nach Meinung des RG widerspreche dies nicht nur dem Standesbewußtsein und Standesinteresse der Ärzte, sondern auch gegen das allgemeine Volksbewußtsein, wofür es allerdings eine Subsumtion schuldig blieb. Es sei gegen die Sittenanschauungen des gesamtem deutschen Volkes, wenn der Beruf des Arztes lediglich zum Zwecke des Geldverdienens und nach den Antrieben dieses Zweckes ausgeübt werde. Auch hier sei aber nicht jede entgeltliche Übertragung einer Arztpraxis schlechthin und unter allen Umständen als gegen die guten Sitten verstoßend nichtig zu beurteilen, sondern es komme in dieser Hinsicht auf die näheren Umstände des Einzelfalles an, insbesondere auf die Höhe und Art der ausbedungenen Zahlung als zu entrichtenden Entgelts für die Praxisüberlassung. Wie auch bei den Bordellverträgen bildete der Kaufpreis also ein wichtiges Indiz für die Sittenwidrigkeit des Vertrages. Statt einer Subsumtion wurde nur mit dem diesen Berufen eigentümlichen Gepräge und den mit ihnen verfolgten wichtigen öffentlichen Zwecken argumentiert. Ähnlich streng war der Bewertungsmaßstab für die oftmals im Zusammenhang mit den Praxiskaufverträgen vereinbarten Konkurrenzverbote. Anders als bei Konkurrenzverboten zwischen Selbständigen verstößen jene zwischen Zahn-/Ärzten und Rechtsanwälten „an sich schlechthin" gegen die guten Sitten. Insoweit entsprachen die Entscheidungen den vom Gericht vertretenen allgemeinen Grundsätzen zur Anstandsformel.

Nur am Rande Beachtung fand die Vorschrift des § 138 BGB bei den *Geschäften mit der Folge der Schädigung Dritter*. In den Entscheidungen wurde deutlich, daß der § 138 BGB nur eine allgemeine Vorschrift des BGB darstellt, die durch speziellere Vorschriften und deren Wertungen „verdrängt" wird.

So rechtfertige allein das Bestehen eines Anfechtungsgrundes nach § 31 Nr. 1 KO bzw. § 3 Nr. 1 AnfG bei den Geschäften zur *Gläubigerschädigung* noch nicht die Sittenwidrigkeit des Vermögen verschleiernden Rechtsgeschäfts. Der Gesetzgeber habe durch Schaffung dieser Tatbestände deutlich gemacht, daß die Geschäfte gerade nicht automatisch wegen Verstoßes gegen die guten Sitten nichtig sind, sondern nur der Gläubigeranfechtung unterlägen. Die speziellen Vorschriften der KO und des AnfG schlössen im Falle der Gläubigerbenachteilung vielmehr die Anwendung der allgemeineren Vorschift des § 138 BGB grundsätzlich aus.

Mit seinen Urteilen zu den *Kreditsicherungsgeschäften* legte das RG den Grundstein, auf den die spätere Rechtsprechung Stein auf Stein gesetzt hat. Auch wenn seine Unterteilung der die Nichtigkeit begründenden Grundtypen noch nicht der heutigen Einteilung entsprach, erkannte das Gericht doch für den im Wirtschaftsleben neuen Typus der Sicherungsübereignung nebst Globalzession, daß deren rechtliche Anerkennung wegen Verstoßes gegen die guten Sitten dann zu versagen sei, wenn durch sie der Schuldner seine gewerbliche Selbständigkeit verliert und nur noch das „Werkzeug des Gläubigers" ist. Die der Sicherung zugrunde liegenden Verträge dürften nicht zu einer derartigen „wirtschaftlichen Knebelung" des Schuldners führen, daß er in seiner wirtschaftlichen Existenz von den Entscheidungen seiner Gläubiger vollständig abhängig sei. Angesichts der damals im stetigen Anstieg befindlichen Bedeutung dieser Sicherungsgschäfte hatten die Entscheidungen des RG enorme Bedeutung für den Wirtschaftsverkehr.

Alles andere als rühmlich sind seine Entscheidungen zu den *1.500 Mark-Verträgen*, von deren grundsätzlicher Gültigkeit das RG im Untersuchungszeitraum ausging. Durch seine Ansicht, daß die Gläubigeranfechtung nach der KO und dem AnfG nicht möglich seien und durch Ablehnung der grundsätzlichen Sittenwidrigkeit der Verträge, hat es regelrecht zum Mißbrauch im Arbeitsleben eingeladen und diesem Tür und Tor geöffnet. Erhielten die Urteile keine weiterführenden Erkenntnisse zum § 138 BGB, ist es doch mehr als verwerflich, wie arrogant das Gericht die Vielfalt der gegen die Gültigkeit dieses Vertragstyps und für dessen Anfechtbarkeit vorgebrachten Argumente von Seiten der Literatur in den Urteilsgründen ignoriert hat. Schon der Umfang der kritischen Stellungnahmen bot ausreichenden Anlaß zur Überprüfung, ob der 1.500 Mark-Vertrag tatsächlich dem Anstandsgefühl *aller* billig und gerecht Denkenden in Deutschland entsprach.

Die Fälle zum *pactum de non licitando* verdeutlichen, das auch hier der § 138 BGB zunächst nur nebenbei von Interesse war, während die Zivilsenate bis zum Beschluß des Vereinigten Zivilsenate des RG vorrangig mit § 134 BGB in Verbindung mit § 270 PreußStGB die Frage nach ihrer Gültigkeit zu bewältigen suchten. Mit der Entscheidung, daß ein Vertrag, durch den sich ein anderer gegen Zusicherung eines Vorteils vom Bieten bei einer öffentlichen Versteigerung abhalten läßt, im Geltungsbereich des § 270 PreußStGB nicht nach § 134 BGB nichtig sei, verblieb dem Gericht immer noch die Möglichkeit, im Einzelfall je nach den gegebenen Umständen die Nichtigkeit des Abstandsvertrages nach § 138 BGB auszusprechen.

Von großem Einfluß auf die Wirtschaft waren die Erkenntnisse des RG zu den *Submissionsabsprachen*, wonach die hierzu betriebene sog. Ringbildung der

Konkurrenten grundsätzlich nicht, aber nicht ausnahmslos, als nach § 138 BGB nichtig angesehen worden ist, was unter anderem mit den sonst drohenden Gefahren durch unreelle Preisunterbietungen für den Handwerkerstand begründet wurde. Einzigartig blieb, daß sich das RG nicht allein darauf beschänkte, einen Verstoß gegen die guten Sitten grundsätzlich abzulehnen – vielmehr verdienten die Ringe nach Ansicht des RG „vom Standpunkt einer gesunden Wirtschaftspolitik im Gegenteil Billigung"![1930] Diese Rechtsprechung, die als überaus ringfreundliche bezeichnet werden kann, mag hingenommen werden, wenn der Zusammenschluß der Gewerbetreibenden in der Tat nur auf die Aufrechterhaltung angemessener Preise angelegt war. Mit dem RG ist dagegen dann ein Verstoß gegen die guten Sitten anzunehmen, wenn auf Kosten des Ausschreibenden durch die Unternehmer ein völlig unangemessener Verdienst angestrebt wurde, also berechtigte Interessen des Ausschreibenden verletzt sind. Damit wird aber auch wieder die Höhe des Entgelts ein Gradmesser für die Sittenwidrigkeit und nicht allein das Anstandsgefühl und war somit letztlich eine Quantitäts- statt Qualitätsfrage.

Daß das Abstellen auf gesetzliche Wertungen zu Schwierigkeiten führen kann, ist den Entscheidungen zu entnehmen, die sich mit dem Betrieb einer *Gast- oder Schankwirtschaft ohne* die erforderliche *polizeiliche Erlaubnis* durch einen Kastellan befassen. Das RG tat sich mit einer Abgrenzung des § 138 BGB von der Vorschrift des § 134 BGB sichtlich schwer. Seine Rechtsprechung war uneinheitlich und wendete die beiden Vorschriften nicht in nachvollziehbarer Weise an. Im ersten Urteil hatte das RG noch die Nichtigkeit nach § 138 Abs. 1 BGB abgelehnt und erklärt, daß unter Umständen ein Vertrag, durch den der konzessionierte Inhaber der Wirtschaft einem anderen Nichtkonzessionierten die Wirtschaft für eigene Rechnung überlasse, der Nichtigkeit nach § 134 BGB in Verbindung mit den §§ 33, 147 GewO unterliegen könne. Schon in der nächsten Entscheidung sprach sich der gleiche Zivilsenat für die Anwendnung des § 138 BGB und gegen die des § 134 BGB auf Fälle solcherart aus, um schließlich im darauffolgenden Urteil den Vertrag anhand der §§ 134, 138 BGB auf ihre Rechtsunwirksamkeit zu untersuchen, ohne beide Vorschriften genauestens voneinander zu unterscheiden. Selbst in den nachfolgenden Entscheidungen blieb vollkommen unklar, welche Vorschrift für die Begründung der Nichtigkeit der Kastellanverträge den Ausschlag gab.

Bei den Entscheidungen über die hingegebenen *Darlehen zum Zwecke des Spieles* wird wiederholt deutlich, daß das RG, ausgehend von der ersten Entscheidung in dieser Fallgruppe, auf dieser aufbaute und in der Folgezeit seine Rechtsprechung präzisierte. Grundsätzlich hielt das RG, wie auch das Schrift-

[1930] RG, Urt. v. 07.03.1908 – I 357/07, Abschrift S. 3 = WarnRspr. 1908, Nr. 354 S. 261 (262).

tum, die Gewährung eines Darlehens zum Spiel und insbesondere zu einem Glücksspiel als nicht unsittlich, soweit nicht ohne den Hinzutritt besonderer erschwerender Momente die einzelnen Umstände des Falles eine andere Beurteilung rechtfertigen. Allerdings reiche als ein solcher besonderer Umstand die Tatsache, daß erhebliche Gelddarlehen zur Ermöglichung und Fortsetzung des Spielens an einer öffentlichen Spielbank gewährt würden, um dem Darlehensnehmer die Möglichkeit zu geben, vorher erlittene Verluste wieder einzubringen, (noch) nicht aus. Das RG ging auch hier von dem bisher häufig angetroffenen Grundsatz aus, daß ein Rechtsgeschäft grundsätzlich nicht ohne weiteres gegen die guten Sitten verstößt, aber besondere Umstände könnten auch ein solches Geschäft unsittlich erscheinen lassen. Dieser Satz läßt sich auch dahin denken, daß ein grundsätzlich sittenwidriges Geschäft durch Hinzutreten weiterer Umstände seinen Sittenverstoß „verliert“. Bestätigung findet diese Aussage etwa bei den Urteilen zu entgeltlichen Vereinbarungen über die *Nichterstattung einer Strafanzeige* und den Abtretungen, um den *Zedenten als Zeugen vor Gericht* auftreten lassen zu können. Jene Erkenntnis kann ganz allgemein darauf gestützt werden, daß die Sittenwidrigkeit nach dem sich aus der Zusammenfassung von Inhalt, Beweggrund und Zweck zu entnehmenden Gesamtcharakter, den objektiven und subjektiven Momenten zu bestimmen ist. Damit war eine Flexibilität der Rechtsprechung gewährleistet, indem (sich) das RG die Möglichkeit (vor)behielt, in der Zukunft eine abweichende Entscheidung zu treffen.

Eine Ausnahmestellung in der vorliegenden Untersuchung nahm der *Wucher* gemäß § 138 Abs. 2 BGB ein, den Rechtsprechung und Lehre wegen seines Wortlautes („Nichtig ist insbesondere ...“) und seiner systematischen Stellung als Sonderfall, eine Spezialbestimmung des § 138 Abs. 1 BGB ansahen, der für sich allein als ein Verstoß gegen die guten Sitten zu beurteilen sei. Die Zivilsenate konnten bei der Auslegung der einzelnen Merkmale auf die der Strafsenate des RG zu den strafrechtlichen Wuchervorschriften zurückgreifen. Problematisch erwies sich allein die Subsumtion der festgestellten Tatsachen unter die Voraussetzungen des § 138 Abs. 2 BGB. Rechtlich schwieriger war für das RG da schon die Frage für die *wucherähnlichen Verträge* zu beantworten, ob allein das Vorliegen eines auffälligen Mißverhältnisses zwischen Leistung und Gegenleistung im Sinne des § 138 Abs. 2 BGB für die Annahme der Sittenwidrigkeit nach § 138 Abs. 1 BGB ausreichend sei, was das RG jedoch stets verneinte. Wie schon so oft betont, sei dies aber bei Heranziehung weiterer Umstände durchaus denkbar. Es sprach in diesem Zusammenhang vom Hinzutritt anderer, „von einer verwerflichen Gesinnung zeugender Umstände“, und verwies damit wieder nur auf den Gesamtcharakter des Rechtsgeschäfts. Der Ausdruck der „verwerflichen Gesinnung“ findet sich bereits in den Protokollen zum § 103 BGB Entwurf II.

Einigen Einfluß auf die Wirtschaftsordnung hatte auch die Rechtsprechung zu den *Bierlieferungsverträgen*, bei denen es wegen der oftmals langen Bindung des Wirtes an den Vertrag zu einer Beeinträchtigung seines Gewerbebetriebs kommen konnte. Ähnlich wie schon bei den Kreditsicherungsverträgen erkannte auch hier das RG, daß eine übermäßige Beschränkung der wirtschaftlichen, gewerblichen (Bewegungs-)Freiheit einen Verstoß gegen die guten Sitten begründe. Bildete die lange Dauer des Bezugsvertrages zunächst einen nur „möglicherweise" zu berücksichtigenden Umstand, der für sich allein noch nicht die Sittenwidrigkeit des Vertrages zu begründen vermochte, sah das RG später in der übermäßigen Zeitdauer der Bierbezugsverpflichtung eine drückende Härte und nahm sie als ein maßgebliches Kriterium für die übermäßige Beeinträchtigung des Wirts in seinem Gewerbebetrieb an. In einer hierzu ergangenen Entscheidung, dem Urteil vom 11.05.1906[1931], wurde anscheinend zum ersten Mal die Formulierung gebraucht, „daß Verträge solcher Art in mäßigen Grenzen grundsätzlich *dem gesunden Rechtsempfinden des Volkes* [Hervorhebung des Verf.] nicht widerstreiten".[1932] Es findet sich also in der Zeit des Wilhelminischen Kaiserreichs und damit bereits vor 1933 eine ähnliche, wenn auch nicht gleich lautende Formulierung, wie sie später in der nationalsozialistischen Zeit als Topos des „gesunden Volksempfindens"[1933] traurige Berühmheit erlangen sollte.[1934]

Wie zuvor bei den Bierbezugsvertägen spielte die (Gewerbe)Freiheit bei den vertraglich verabredeten *Konkurrenzverboten* eine wichtige Rolle, die eine wesentliche Beschränkung der wirtschaftlichen Entscheidungsfreiheit des Einzelnen bewirken konnte. Weil die §§ 74 ff. HGB und die §§ 133 ff. GewO nach Ansicht des RG keine (analoge) Anwendung auf das Verhältnis selbständiger Kaufleute zueinander fänden, fehlte es an gesetzlichen Regelungen für zwischen solchen vereinbarte Konkurrenzklauseln. Weil jedes Konkurrenzverbot eine Beschränkung der persönlichen Freiheit, speziell der Gewerbefreiheit des dadurch Verpflichteten enthalte, sei auf die Interessen der beiden Vertragsparteien abzustellen. Eine Beschränkung sei als zulässig zu erachten, wenn sie einerseits ei-

---

1931 Vgl. RG, Urt. v. 11.05.1906 – II 459/05, JW 1906, S. 419 Nr. 3, vgl. *Schubert/Glöckner*, Nachschlagewerk, § 138 Nr. 62.

1932 RG, Urt. v. 11.05.1906 – II 459/05, Abschrift S. 4 = JW 1906, S. 419 (419) Nr. 3; so auch jeweils in RG, Urt. v. 15.06.1906 – II 514/05, Abschrift S. 4 = RGZ 63, 390 (392) und RG, Urt. v. 29.09./24.10.1911 – VII 55/11, Abschrift S. 6 = WarnRspr. 1912, Nr. 54 S. 59 (61): „dem gesunden Rechtsempfinden des Volkes"; siehe auch RG, Urt. v. 18.05.1909 – II 462/08, Abschrift S. 4 = JW 1909, S. 412 (413) Nr. 7: „nach dem gesunden Rechtsbewußtsein des Volkes" und RG, Urt. v. 15.10.1912 – VII 231/12, Abschrift S. 6 = RGZ 80, 219 (223): „Verletzung des Volkempfindens". Gerade der II. Zivilsenat des RG schien also ein Faible für das „Gesunde" zu haben.

1933 Siehe nur RG, Urt. v. 30.10.1936 – VII 65/36, RGZ 152, 251 (258); siehe auch *A. Herzog*, S. 20 in Fn. 6 mit weiteren Nachweisen aus der Rechtsprechung des RG.

1934 Siehe dazu auch *Wanner*, S. 50 u. S. 54 f. und *A. Herzog*, S. 20.

nem berechtigten Interesse desjenigen entspreche, zu dessen Gunsten sie übernommen wurde und andererseits derart örtlich, zeitlich und gegenständlich begrenzt sei, daß sie nicht zu einer unbilligen und unangemessenen Beschränkung der (persönlichen oder wirtschaftlichen) Bewegungsfreiheit, insbesondere zu einer wirtschaftlichen Vernichtung des Verpflichteten führe. Berücksichtigung fand dabei auch der öffentlich rechtliche Grundsatz der in § 1 GewO enthaltenen Gewerbefreiheit. Das RG wurde auch hier nicht müde, immer wieder zu betonen, daß die Frage, ob ein Konkurrenzverbot diesen Erfordernissen entspreche, sich nicht allgemein beantworten lasse, sondern es immer auf die individuellen Verhältnisse des einzelnen Falles ankomme. Wie oben erwähnt, vertrat die Rechtsprechung einen deutlich strengeren Standpunkt bei den Arztpraxisveräußerungen, auf welche die vorliegenden Erkenntnisse nicht übertragbar seien. Die Rechtsprechung zeichnete sich hier vor allem durch Kontinuität aus. Gleiches gilt für die oftmalig mitvereinbarte *Verpfändung des Ehrenwortes*, die in vermögensrechtlichen Beziehungen grundsätzlich unzulässig sei und gegen die guten Sitten verstoße. Im Falle der *Vereinbarung außergewöhnlich hoher Vertragsstrafen* hat das RG aus dem in der Vorschrift des § 343 BGB vorgesehenen Herabsetzungsrecht des Richters die logisch richtige Konsequenz gezogen, daß die außergewöhnliche Höhe der (für die Übertretung eines Konkurrenzverbots) ausbedungenen Konventionalstrafe für sich allein noch nicht gegen die guten Sitten verstoßen könne. Es müßten zu dem bloßen Mißverhältnis der Strafhöhe noch weitere Umstände hinzukommen, um dem Vertrag den Stempel der Sittenwidrigkeit aufzudrücken.

Mit den Entscheidungen zur sog. *Polenklausel* hat das RG den politisch brisanten Bereich der preußischen Ansiedelungsgesetzgebung gestreift und hierfür in der Literatur manchen Widerspruch erfahren müssen. Es sah sowohl die Polenklausel, also den vereinbarten Nichtweiterverkauf des Grundstückes an einen (National-)Polen, als auch den umgekehrten Fall, in dem der Weiterverkauf eines in polnischer Hand befindlichen Grundstücks nur an einen Polen gestattet war, als nicht gegen die guten Sitten verstoßend an. Hier hatte es sich ausdrücklich mit den Anschauungen auseinandergesetzt, die in den preußischen Ansiedelungsgesetzen ihren Niederschlag gefunden haben, und gerade die Sittenwidrigkeit der Abrede im umgekehrten Fall der Polenklausel „bei nüchterner, von jeder politischen Stellungnahme unbeeinflußter Erwägung“ verneint – und damit eine politisch gerade unerwünschte Entscheidung getroffen.

In den Fällen der *Ausnutzung einer Monopolstellung* zu den vertraglichen Haftungsausschlüssen wurde erneut der wirtschaftliche Sektor berührt. Es sei dort ein Verstoß gegen die guten Sitten und könne deshalb keine rechtliche Anerkennung finden, wo der einzelne ein ihm tatsächlich zustehendes Monopol dazu mißbrauche, dem allgemeinen Verkehr unbillige, unverhältnismäßige Opfer aufzuerlegen oder derartige Bedingungen vorzuschreiben.

Zum Abschluß soll nochmals auf ein allgemeines Prinzip aufmerksam gemacht werden, welches bei den einzelnen Fallgruppen deutlich in der Entwicklung zu erkennen ist. Das RG baute weitestgehend auf seinen früheren Entscheidungen auf, indem es seine Rechtsauffassung im jeweiligen Fall später bei Bedarf konkretisierte und präzisierte. Die Möglichkeit bestand vor allem deshalb, weil das Gericht immer wieder hervorgehoben hatte, daß jeweils für die Feststellung der Sittenwidrigkeit die Umstände des Einzelfalles entscheidend seien. In den nachkommenden Entscheidungen konnte also aufgrund anders gelagerter Umstände entgegen früheren Entscheidungen in der Fallgruppe ein Sittenverstoß dennoch angenommen bzw. abgelehnt werden.

Quellen- und Literaturverzeichnis

I. Register der zu § 138 BGB ergangenen Entscheidungen der Zivilsenate des Reichsgerichts im Zeitraum von 1900 bis 1914 in chronologischer Reihenfolge

In diesem Register befindet sich eine Auflistung aller für die Erstellung der Arbeit gesichteten, veröffentlichten und unveröffentlichten Entscheidungen (Urteile und Beschlüsse) des RG im untersuchten Zeitraum,[1935] die im Tatbestand und/oder in den Entscheidungsgründen des Urteils resp. bei Beschlüssen in den Gründen die Vorschrift des § 138 BGB tatsächlich erwähnen oder thematisch erfassen. Bei dem in der ersten Spalte ausgewiesenen Datum handelt es sich um den Tag der letzten mündlichen Verhandlung vor dem RG in der Sache. Die bei manchen Entscheidungen nachgewiesenen zwei Datumsangaben rühren einerseits daher, daß ihre Verkündung erst in einer späteren öffentlichen Sitzung erfolgte. Andererseits sind einige Urteile durch späteren Beschluß berichtigt worden. In beiden Fällen sind die Entscheidungen unter dem späteren Datum eingegliedert. In der zweiten Spalte ist das Aktenzeichen der jeweiligen Entscheidung vermerkt. Die einigen Aktenzeichen hintangestellte Abkürzung „Bs." zeigt an, daß es sich bei dieser Entscheidung nicht um ein Urteil, sondern um einen Beschluß des RG handelt. Die dritte Spalte weist in der Regel das zuvor in der Sache entscheidende Oberlandesgericht als Berufungsinstanz aus. Eine Ausnahme resultiert aus § 14 Nr. 1 KonsulargerichtsG vom 7. April 1900[1936]. Danach war das RG „zuständig für die Verhandlung und endgültige Entscheidung über die Rechtsmittel 1. der Beschwerde und der Berufung in den vor dem Konsul oder dem Konsulargerichte verhandelten bürgerlichen Rechtsstreitigkeiten und in Konkurssachen; 2. ...".[1937] Dabei galten nach § 19 Nr. 1 KonsulargerichtsG in den Konsulargerichtsbezirken für die der Konsulargerichtsbarkeit unterworfenen Personen die dem bürgerlichen Recht angehörenden Vorschriften

---

[1935] Als Quelle diente die „Sammlung sämtlicher Erkenntnisse des Reichsgerichts in Zivilsachen", nach Jahrgängen und Senaten quartalsweise geordnet, Jahrgänge 1900 bis 1914, aufbewahrt in der Bibliothek des BGH in Karlsruhe.

[1936] Siehe das „Gesetz über die Konsulargerichtsbarkeit" vom 7. April 1900, RGBl. 1900, S. 213 ff., durch welches das frühere „Gesetz über die Konsulargerichtsbarkeit" vom 10. Juli 1879, RGBl. 1879, S. 197 ff., abgelöst wurde.

[1937] § 14 Nr. 1 KonsulargerichtsG, RGBl. 1900, S. 213 (216). Zur Zuständigkeit des Konsuls siehe § 7 KonsulargerichtsG, RGBl. 1900, S. 213 (214) und für die Zuständigkeit des Konsulargerichtes den § 10 KonsulargerichtsG, RGBl. 1900, S. 213 (215).

der Reichsgesetze.[1938] Entschied also ein Kaiserliches Konsulargericht als Vorinstanz, ist dies durch die vorangestellte Abkürzung „Konsul." kenntlich gemacht. Schließlich sind in der mit „Fundstelle" überschriebenen letzten Spalte alle vom Verfasser ausfindig gemachten Veröffentlichungen der jeweiligen Entscheidung in Zeitschriften, Sammlungen etc. in alphabetischer Abfolge zusammengetragen. Dabei sind an erster Stelle die Nummern der entsprechenden Leitsätze im von Werner Schubert und Hans Peter Glöckner veröffentlichten *Nachschlagewerk des Reichsgerichts* zum § 138 BGB (hier abgekürzt: NW § 138 BGB Nr. ...) vorangestellt. In der Untersuchung selbst wurde jedoch neben der gegebenenfalls vorhandenen Abschrift meist nur eine Fundstelle angeführt, die dem Verfasser als die genaueste und umfangreichste erschienen ist. Anzumerken ist insoweit, daß die Judikate in den Redaktionen der sie veröffenlichenden Organe unterschiedlich stark gekürzt wurden und teils sogar nicht wortgetreu abgedruckt worden sind.[1939] Abschließend ist noch darauf hinzuweisen, daß in den Fußnoten zum größten Teil auf fehlerhafte Daten der Urteile oder deren Aktenzeichen in den Fundstellen hingewiesen wird, die sich aus einem Vergleich mit der Abschrift ergeben.

Datum	**Aktenzeichen**	**OLG**	**Fundstelle**
26.05.**1900**	I 103/00	Kammergericht	NW § 138 Nr. 1 JW 1900, S. 556 Nr. 10 Recht 1901, S. 354 Nr. 1314 RGZ 46, 112 u. 273
20.06.1900	I 140/00	Kammergericht	JW 1900, S. 637 u. S. 678 Nr. 49 RGZ 46, 152

1938 Siehe § 19 Nr. 1 KonsulargerichtsG, RGBl. 1900, S. 213 (217): „In den Konsulargerichtsbezirken gelten für die der Konsulargerichtsbarkeit unterworfenen Personen, soweit nicht in diesem Gesetz ein Anderes vorgeschrieben ist: 1. die dem bürgerlichen Rechte angehörenden Vorschriften der Reichsgesetze und der daneben innerhalb Preußens im bisherigen Geltungsbereiche des preußischen Allgemeinen Landrechts in Kraft stehenden allgemeinen Gesetze sowie die Vorschriften der bezeichneten Gesetze über das Verfahren und die Kosten in bürgerlichen Rechtsstreitigkeiten, in Konkurssachen und in den Angelegenheiten der freiwilligen Gerichtsbarkeit, 2. ...". Zu den der Konsulargerichtsbarkeit Unterworfenen siehe § 2 KonsulargerichtsG, RGBl. 1900, S. 213 (213 f.).

1939 Selbst die in der Amtlichen Sammlung des Reichsgerichts in Zivilsachen durch Verwendung von Anführungszeichen als Zitate ausgewiesenen Entscheidungsabdrucke stimmen überraschenderweise nicht immer wortgleich mit den vorliegend verwendeten Abschriften überein.

12.07.1900	VI 170/00	Kammergericht	JW 1900, S. 638 u. S. 671 Nr. 37 RGZ 46, 177
26.09.1900	I 182/00	Kammergericht	JW 1900, S. 791 Nr. 17 SächsA 11 (1901), S. 323[1940]
15.10.1900	IV 103/00	Dresden	Gruchot 45 (1901), S. 79 Nr. 4 JW 1900, S. 778
09.11.1900	II 240/00	Karlsruhe	NW § 138 Nr. 2
30.11.1900	III 251/00	Frankfurt a. M.	
30.11.1900	III 252/00	Oldenburg	NW § 138 Nr. 3 JW 1901, S. 1 Recht 1901, S. 72 Nr. 252, S. 121 Nr. 381 u. S. 206 Nr. 661 RGZ 47, 103
02.02.**1901**	V 331/00	Kammergericht	NW § 138 Nr. 4 DJZ 1901, S. 259 Nr. 35 JW 1901, S. 149 Recht 1901, S. 408 Nr. 1573 RGZ 48, 293 SeuffA 56 (1901), Nr. 145 S. 258
11.04.1901	VI 443/00	Hamburg	NW § 138 Nr. 6 DJZ 1901, S. 413 Nr. 56 JW 1901, S. 349 RGZ 48, 114
23.05.1901	I 87/01	Kammergericht	SächsA 12 (1902), S. 465
07.06.1901	III 112/01 Bs.	Posen	JW 1901, S. 523 Nr. 15
02.07.1901	II 125/01	Dresden	NW § 138 Nr. 7 JW 1901, S. 639 Recht 1901, S. 518 Nr. 2113
07.10.1901	IV 183/01	Kammergericht	JW 1901, S. 781
20.12.1901	III 321/01	Celle	NW § 138 Nr. 9 Gruchot 46 (1902), S. 897 Nr. 55 Schubert, Erkenntnisse 1900/1901, S. 874
27.12.1901	III 326/01	Celle	
04.04.**1902**	III 483/01	Celle	Schubert, Erkenntnisse 1902, S. 458
26.06.1902	IV 109/02	Kammergericht	Gruchot 47 (1903), S. 1157 Nr. 124 JW 1902, S. 430 Nr. 44
30.06.1902	IV 116/02	Hamm	
04.07.1902	III 110/02	Breslau	GewA 2 (1903), S. 694 Nr. 1 JW 1902, Beil. 10 S. 250 Nr. 156
04.07.1902	III 173/02	Köln	Schubert, Erkenntnisse 1902, S. 464
16.09.1902	III 124/02	Kammergericht	

[1940] Hier falsches Datum: 15.10.1900.

01./15.10. 1902	I 131/02	Hamm	JW 1902, S. 635 Nr. 15 RGZ 52, 287
02.12.1902	III 249/02	Stettin	JW 1903, S. 27 Nr. 22
06.12.1902	I 229/02	Stuttgart	NW § 138 Nr. 10 BadVerwZ 36 (1904), S. 91 Nr. 2 JW 1903, Beil. 3 S. 21 Nr. 44 Recht 1903, S. 179 Nr. 920 RGZ 53, 154 SächsA 13 (1903), S. 200
16.12.1902	III 286/02	Kiel	NW § 138 Nr. 11 DJZ 1903, S. 127 Nr. 24 GewA 3 (1904), S. 1 Nr. 1 JW 1903, Beil. 3 S. 21 Nr. 43 Recht 1903, S. 179 Nr. 921 RGZ 53, 186
13.01.**1903**	III 410/02	Frankfurt a. M.	
19.01.1903	IV 251/02	Naumburg a. S.	JW 1903, Beil. 5 S. 40 Nr. 83
21.01.1903	I 481/02	Frankfurt a. M.	NW § 138 Nr. 12 FrankfRundsch. 37 (1903), S. 65 Nr. 3 JW 1903, Beil. 5 S. 41 Nr. 86 PucheltsZ 34 (1903), S. 449 Nr. 37 Recht 1903, S. 236 Nr. 1229 SächsA 14 (1904), S. 205
22.01.1903	VI 313/02	Kammergericht	
09.02.1903	VI 341/02	Hamburg	
24.02.1903	II 363/02	Hamburg	JW 1903, Beil. 7 S. 53 Nr. 121
26.02.1903	IV 435/02	Hamm	
26.02.1903	VI 319/02	Hamburg	JW 1903, Beil. 7 S. 53 Nr. 122 Recht 1903, S. 338 Nr. 1798
18.03.1903	V 525/02	Köln	JW 1903, Beil. 7 S. 62 Nr. 144 RGZ 54, 146 SeuffA 59 (1904), Nr. 88 S. 156
21.03.1903	V 469/02	Breslau	
27.03.1903	II 409/02	Karlsruhe	NW § 138 Nr. 14 Recht 1903, S. 290 Nr. 1532
06.04.1903	VI 476/02	Kammergericht	JW 1903, Beil. 9 S. 74 Nr. 170
08.05.1903	III 34/03	Hamburg	
01./26.05. 1903	III 494/02	Kammergericht	DJZ 1903, S. 429 Nr. 86 JW 1903, Beil. 11 S. 96 Nr. 218 Schubert, Erkenntnisse 1903, S. 565
26.05.1903	VII 85/03	Kammergericht	NW § 138 Nr. 13 Recht 1903, S. 575 Nr. 2902[1941] Schubert, Erkenntnisse 1903, S. 632

[1941] Hier falsches Datum: 06.05.1903.

06.06.1903	V 147/03	Kammergericht	NW § 138 Nr. 15 JW 1903, Beil. 11 S. 91 Nr. 210 RGZ 55, 78
01.10.1903	VI 63/03	Karlsruhe	
09.10.1903	III 185/03	Kammergericht	
16.10.1903	III 252/03	Dresden	
16.10.1903	III 337/03	Hamburg	
28.10.1903	I 222/03	Karlsruhe	
24.11.1903	III 221/03	Kammergericht	NW § 138 Nr. 16
25.11.1903	I 270/03	Kammergericht	
02.12.1903	I 294/03	Marienwerder	Recht 1904, S. 333 Nr. 1465 RGZ 56, 179
15.12.1903	II 185/03	Kiel	JW 1904, S. 54 Nr. 5 RGZ 56, 229
05.01.**1904**	II 211/03	Köln	
26.01./ 16.02.1904	VII 405/03	Posen	NW § 138 Nr. 17 DJZ 1904, Sp. 507 Nr. 46[1942] RGZ 57, 250
19.02.1904	VII 462/03	Karlsruhe	NW § 138 Nr. 18 BadRpr. 70 (1904), S. 254 Nr. 22 JW 1904, S. 168 Nr. 7 Recht 1904, S. 250 Nr. 1129 RGZ 57, 95
03.03.1904	V 473/03	Breslau	
16.03.1904	I 491/03	Köln	NW § 138 Nr. 18 JW 1904, S. 266 Nr. 18 Recht 1904, S. 333 Nr. 1463 RGZ 57, 205 ZAktG 11 (1903 – 1904), S. 253
18.03.1904	III 525/03	Celle	
22.03.1904	III 391/03	Kammergericht	NW § 138 Nr. 20 JW 1904, S. 233 Nr. 6
30.03.1904	I 513/03	Karlsruhe	NW § 138 Nr. 21 Recht 1904, S. 360 Nr. 1620
11.04.1904	IV 372/03	Hamm	JW 1904, S. 256 Nr. 1 Recht 1904, S. 333 Nr. 1464
13.04.1904	V 373/03	Königsberg	SeuffA 59 (1904), Nr. 200 S. 354
30.04.1904	I 25/04	Hamm	JW 1904, S. 369 Nr. 40
09.05.1904	VI 405/03	Breslau	JW 1904, S. 369 Nr. 37
18.05.1904	V 436/03	Köln	
28.05.1904	I 95/04	Hamburg	
30.05.1904	IV 457/03	Naumburg a. S.	
30.05.1904	VI 582/03	Dresden	NW § 138 Nr. 22 u. 114 JW 1904, S. 404 Nr. 5

[1942] Hier falsches Datum: 07.03.1904.

			Recht 1904, S. 480 Nr. 1952 RGZ 58, 204
02.06.1904	IV 461/03	Kammergericht	NW § 138 Nr. 23
07.06.1904	III 107/04	Kammergericht	NW § 138 Nr. 24
10./17.06. 1904	II 84/04	Hamm	DJZ 1904, Sp. 945 Nr. 77 HoldheimsMschr. 13 (1904), S. 300 JW 1904, S. 453 Nr. 9 Recht 1906, Sp. 854 Nr. 2066 SächsA 1 (1906), S. 126 Nr. 10 I.
23.06.1904	VI 440/03	Naumburg a. S.	NW § 138 Nr. 25 DJZ 1904, Sp. 1041 Nr. 85[1943] Gruchot 49 (1905), S. 345 Nr. 10 JW 1904, S. 499 Nr. 32 Recht 1904, S. 527 Nr. 2202
27.06.1904	V 10/04	Hamburg	NW § 138 Nr. 26 u. 79 HansGZ 26 (1905), Beibl. S. 80 No. 48 Recht 1905, S. 163 Nr. 675 ZBlFG 5 (1905), S. 550 Nr. 508
30.06.1904	VI 485/03	Hamm	JW 1904, S. 482 Nr. 3 RGZ 58, 356
01.07.1904	III 32/04	Köln	NW § 138 Nr. 27 JW 1904, S. 481 Nr. 2 Recht 1904, S. 574 Nr. 2446 RGZ 58, 361 ZAktG 12 (1904 – 1905), S. 67
11.07.1904	VI 514/03	München	NW § 138 Nr. 28 u. 114 DJZ 1904, Sp. 1089 Nr. 89 DNotV 5 (1905), S. 236 Nr. 7 JW 1904, S. 537 Nr. 5 Recht 1904, S. 629 Nr. 2693[1944] RGZ 58, 393
14.10.1904	III 422/04	Breslau	RGZ 59, 76
19.10.1904	V 145/04	München	NW § 138 Nr. 29 Recht 1904, S. 600 Nr. 2585 u. 2586 SeuffA 60 (1905), Nr. 116 S. 218
21./25.10. 1904	VII 147/04	Kammergericht	Schubert, Erkenntnisse 1904, S. 785
26.10.1904	V 158/04	München	Recht 1904, S. 628 Nr. 2691 u. S. 629 Nr. 2692
29.10.1904[1945]	V 213/03 Bs.	Hamm	JW 1905, S. 167 Nr. 4 Recht 1905, S. 250 Nr. 1100

1943 Hier ist fälschlicherweise der VII. Zivilsenat ausgewiesen.

1944 Hier falsches Datum: 11.06.1904.

1945 Beschluß zur Einholung einer Plenarentscheidung. Diese ist durch Beschluß der Vereinigten Zivilsenate am 17.03.1905 ergangen und in RGZ 60, 273 teilweise veröffentlicht.

02.11.1904	I 265/04	Naumburg a. S.	JW 1905, S. 75 Nr. 9
24.10./ 07.11.1904[1946]	IV 128/04	Stettin	
08.11.1904	III 165/04	Kiel	NW § 138 Nr. 30[1947] u. 31 DJZ 1904, Sp. 1187 Nr. 102 Schubert, Erkenntnisse 1904, S. 661
11.11.1904	II 76/04	Hamm	HoldheimsMschr. 14 (1905), S. 165 Recht 1905, S. 223 Nr. 954 SächsA 15 (1905), S. 63
14.11.1904	VI 13/04	München	Gruchot 49 (1905), S. 881 Nr. 51 Recht 1905, S. 44 Nr. 141 SeuffBl. 70 (1905), S. 520
15.11.1904	II 226/04	Hamm	NW § 138 Nr. 32
15.11.1904	II 227/04	Hamm	NW § 138 Nr. 32
15.11.1904	II 228/04	Hamm	NW § 138 Nr. 32
15.11.1904	II 229/04	Hamm	NW § 138 Nr. 32
15.11.1904	II 243/04	Hamm	NW § 138 Nr. 32
15.11.1904	II 244/04	Hamm	NW § 138 Nr. 32
15.11.1904	II 245/04	Hamm	NW § 138 Nr. 32 Recht 1906, Sp. 854 Nr. 2066 SächsA 1 (1906), S. 129 Nr. 10 II.
30.11.1904	V 233/04	Kammergericht	NW § 138 Nr. 33 JW 1905, S. 75 Nr. 8 Recht 1905, S. 133 Nr. 554
05.12.1904	VI 52/04	Kammergericht	
20.12.1904	III 271/04	Kammergericht	Gruchot 49 (1905), S. 885 Nr. 53 Recht 1906, Sp. 798 Nr. 1886
03./07.01. **1905**	II 344/04	Kiel	NW § 138 Nr. 35 DJZ 1905, Sp. 313 Nr. 22 JW 1905, S. 134 Nr. 7[1948] Recht 1905, S. 193 Nr. 820[1949] RGZ 60, 9
03./07.01. 1905	II 357/04	Kiel	
07.01.1905	V 295/04	Hamm	NW § 138 Nr. 34 BayZ 1 (1905), S. 129 I.
09.01.1905[1950]	IV 421/04	Marienwerder	
19.01.1905	VI 519/04	k. A.	JW 1905, S. 176 Nr. 19
16.02.1905	II 321/04	Karlsruhe	

[1946] Urteil vom 24.10.1904 berichtigt durch Beschluß vom 07.11.1904.

[1947] Hier falsches Datum und Aktenzeichen: 08.11.1901 – III 105/04.

[1948] Hier falsches Datum: 07.01.1904.

[1949] Hier falsches Datum: 07.01.1904.

[1950] Neuverhandlung des Revisionsurteils vom 16.11.1903.

22.02.1905	I 476/04	Dresden	JW 1905, S. 297 Nr. 28 RGZ 60, 172
06.03.1905	IV 560/04	Köln	JW 1905, S. 288 Nr. 12
17.03.1905[1951]	V 213/03 Bs.	Hamm	DJZ 1905, Sp. 745 Nr. 60 RGZ 60, 273
18.03.1905	V 424/04	Köln	JW 1905, S. 290 Nr. 14 Recht 1905, S. 279 Nr. 1257 RGZ 60, 294[1952]
20.03.1905	VI 244/04	Hamburg	NW § 138 Nr. 36 Gruchot 49 (1905), S. 1177 Nr. 146 JW 1905, S. 321 Nr. 11
21.03.1905	VII 385/04	Köln	
28.03.1905	II 352/04	Dresden	NW § 138 Nr. 37
18.04.1905	II 253/04	Kammergericht	NW § 138 Nr. 38 u. 39[1953] HoldheimsMschr. 14 (1905), S. 215 JW 1905, S. 366 Nr. 3 Recht 1905, S. 310 Nr. 1423 SeuffBl. 71 (1906), S. 37 ZAktG 13 (1905 – 1906), S. 116
18.04.1905	VII 444/04	Kammergericht	HoldheimsMschr. 16 (1907), S. 89 Nr. 10 JW 1905, S. 408 Nr. 36 RGZ 60, 379
04.05.1905	VI 378/04	Kammergericht	JW 1905, S. 391 Nr. 9
10.05.1905	V 94/05	Marienwerder	Schubert, Erkenntnisse 1905, S. 657
12.05.1905	VII 478/04	Jena	
17.05.1905	I 647/04	Karlsruhe	
29.05.1905	IV 26/05	Kammergericht	JW 1905, S. 435 Nr. 15 RGZ 61, 50
03.06.1905	I 29/05	Celle	
03.06.1905	I 214/05	Hamburg	

1951 Beschluß der Vereinigten Zivilsenate zum RG, Beschl. v. 29.10.1904 – V 213/03 (OLG Hamm). In der Plenarsache des RG, Beschl. v. 17.03.1905 – V 213/03, wurden die Gutachten der Berichterstatter Reichsgerichtsrat Dr. Karl Josef Paul *Jaeckel* (V. Zivilsenat) vom 10.01.1905 (12 Seiten) und Reichsgerichtsrat Wulf *Tagg* (VI. Zivilsenat) vom 01.02.1905 (6 Seiten) sowie die diesbezüglichen Bemerkungen der Reichsgerichtsräte Dr. August Anton Andreas Paul Maria *Hellweg* (III. Zivilsenat) vom 25.02.1905 (5 Seiten); Dr. Karl Adalbert Hugo *Rehbein* (I. Zivilsenat) vom 02.03.1905 (1 Seite); Dr. Karl Adalbert Hugo *Rehbein* (I. Zivilsenat) vom 04.03.1905 (2 Seiten); Dr. Friedrich Albert Emil Willibald *Peters* (III. Zivilsenat) vom 09.03.1905 (12 Seiten); Karl Joh. Herm. *Jeß* (I. Zivilsenat) vom 12.03.1905 (2 Seiten) und Dr. Christian David Rudolf *Schlesinger* (VI. Zivilsenat) vom 13.03.1905 (3 Seiten), als Quellen verwertet. Die Dokumente werden in der Bibliothek des BGH in Karlsruhe in einem separaten Band aufbewahrt.

1952 Hier falsches Datum: 15.03.1905.

1953 Hier falsches Aktenzeichen: II 258/04.

04.07.1905	III 73/05	Kammergericht	
11.07.1905	III 62/05	Dresden	Schubert, Erkenntnisse 1905, S. 626
18.09.1905	IV 136/05	Kammergericht	JW 1905, S. 640 Nr. 5 Recht 1906, Sp. 289 Nr. 583 Schubert, Erkenntnisse 1905, S. 639
20.09.1905	I 82/05	Hamburg	
25.09.1905	IV 156/05	Königsberg	Gruchot 50 (1906), S. 378 Nr. 22 JW 1905, S. 637 Nr. 1 Recht 1906, Sp. 290 Nr. 585
26.09.1905	VII 232/05	Jena	Gruchot 50 (1906), S. 433 Nr. 38
04.10.1905	V 65/05	Breslau	NW § 138 Nr. 40 JW 1905, S. 682 Nr. 3 Recht 1906, Sp. 289 Nr. 584 ZBlFG 7 (1907), S. 202 Nr. 130
10.10.1905	III 75/05	Kammergericht	
13.10.1905	III 77/05	Hamburg	SeuffA 62 (1907), Nr. 84 S. 143
14.10.1905	I 143/05	Kammergericht	JW 1905, S. 683 Nr. 4 Recht 1906, Sp. 290 Nr. 586 RGZ 61, 359 SeuffA 61 (1906), Nr. 248 S. 454
05.01.**1906**	VII 169/05	Kassel	NW § 138 Nr. 44
08.01.1906	I 320/05	Kiel	NW § 138 Nr. 45[1954] DJZ 1906, Sp. 369 JW 1906, S. 148 Nr. 27 Recht 1906, Sp. 437 Nr. 1039 RGZ 62, 264 SchlHA 70 (1906), S. 97
11.01.1906	IV 329/05	Celle	NW § 138 Nr. 46 JW 1906, S. 135 Nr. 6 RGZ 62, 273
16.01.1906	III 237/05	Kiel	
18.01.1906[1955]	VI 156/05	Naumburg a. S.	
19.01.1906	II 242/05	Karlsruhe	NW § 138 Nr. 47
03.02.1906	V 499/05	Stuttgart	NW § 138 Nr. 48
08.02.1906	VI 193/05	Stuttgart	NW § 138 Nr. 49 Gruchot 50 (1906), S. 921 Nr. 74 B. Recht 1906, Sp. 370 Nr. 903
09.02.1906	III 279/05	Kammergericht	
28.02.1906	V 365/05	Naumburg a. S.	NW § 138 Nr. 50 JW 1906, S. 226 Nr. 10
02.03.1906	III 425/05	Köln	NW § 138 Nr. 51
07.03.1906	V 380/05	Celle	
15.03.1906	V 535/05	Frankfurt a. M.	NW § 138 Nr. 52

[1954] Hier falsches Datum sowie falsches Aktenzeichen: 08.01.1908 – I 820/05.

[1955] Revisionsurteil vom 23.06.1904.

16.03.1906	II 488/05	Köln	JW 1906, S. 329 Nr. 2 RheinArch. 103 (1907), S. 243 Nr. 1
22.03.1906	IV 481/05	München	NW § 138 Nr. 53 Gruchot 50 (1906), S. 999 Nr. 95
28.02./ 31.03.1906	I 380/05	Hamburg	NW § 138 Nr. 54
31.03.1906	V 320/05	Frankfurt a. M.	NW § 138 Nr. 55
02.04.1906	VI 281/05	Hamburg	NW § 138 Nr. 56 Gruchot 50 (1906), S. 926 Nr. 75 HansGZ 27 (1906), Beibl. S. 153 No. 109 JW 1906, S. 331 Nr. 5[1956] Recht 1906, Sp. 746 Nr. 1745[1957] SächsA 1 (1906), S. 324 Nr. 18 SeuffA 61 (1906), Nr. 239 S. 436[1958]
11.04.1906	VI 305/05	Hamm	NW § 138 Nr. 57 JW 1906, S. 347 Nr. 3 Recht 1906, Sp. 798 Nr. 1887 RGZ 63, 143
21.04.1906	V 505/05	Hamburg	NW § 138 Nr. 58 u. 59 DJZ 1906, Sp. 762[1959] HansGZ 27 (1906), Beibl. S. 145 No. 106 JW 1906, S. 383 Nr. 11 Recht 1906, Sp. 854 Nr. 2067 u. 2071 u. Sp. 859 Nr. 2099 RGZ 63, 179
08.05.1906	VII 416/05	Naumburg a. S.	NW § 138 Nr. 60 u. 61 DJZ 1906, Sp. 763 Recht 1906, Sp. 854 Nr. 2068 u. 2069 u. Sp. 859 Nr. 2099 SeuffA 61 (1906), Nr. 240 S. 439
09.05.1906	V 449/05	Naumburg a. S.	NW § 138 Nr. 59
09.05.1906	V 540/05	Nürnberg	JW 1906, S. 395 Nr. 24
11.05.1906	II 459/05	Köln	NW § 138 Nr. 62 JW 1906, S. 419 Nr. 3 Recht 1906, Sp. 1075 Nr. 2477 RGZ 63, 297
14.05.1906	IV 580/05	Stettin	NW § 138 Nr. 63 u. 64

1956 Hier ist fälschlicherweise der IV. Zivilsenat ausgewiesen.

1957 Hier ist fälschlicherweise der IV. Zivilsenat ausgewiesen.

1958 Hier falsches Aktenzeichen: VI 231/05.

1959 Hier falsches Datum und Aktenzeichen: 03.05.1906 – V 305/05.

21.05.1906	VI 363/05	Breslau	NW § 138 Nr. 65 JW 1906, S. 477 Nr. 41 Recht 1906, Sp. 1191 Nr. 2801
29.05.1906	II 512/05	Naumburg a. S.	JW 1906, S. 453 Nr. 6 RGZ 63, 333
15./29.05. 1906	II 519/05	Hamburg	NW § 138 Nr. 66 u. 67 JW 1906, S. 454 Nr. 7 Recht 1906, Sp. 1074 Nr. 2476 u. Sp. 1088 Nr. 2543 RGZ 63, 346
12.06.1906	III 574/05	Konsul. Shanghai	NW § 138 Nr. 68
12.06.1906	VII 511/05	Oldenburg	NW § 138 Nr. 69 RGZ 63, 367[1960]
13.06.1906	I 50/06	Stettin	NW § 138 Nr. 70 BayZ 3 (1907), S. 16 III.[1961]
02./13.06. 1906	I 55/06	Hamm	NW § 138 Nr. 71
15.06.1906	II 514/05	Hamm	NW § 138 Nr. 72, 73 u. 74 JW 1906, S. 456 Nr. 8 RGZ 63, 390
15.06.1906	II 520/05	Hamm	NW § 138 Nr. 75
19.06.1906	II 557/05	Hamm	NW § 138 Nr. 76 ElsLothZ 32 (1907), S. 35 Nr. 1
30.06.1906	V 636/05	Breslau	
07.07.1906	I 32/06	Kammergericht	
19.09.1906	I 579/05	Kammergericht	
20.09.1906	IV 58/06	Kammergericht	NW § 138 Nr. 77
21.09.1906	III 30/06	Naumburg a. S.	Gruchot 51 (1907), S. 395 Nr. 22
22.09.1906	V 661/05	Frankfurt a. M.	NW § 138 Nr. 25 Gruchot 51 (1907), S. 890 Nr. 56
25.09.1906	II 46/06	Celle	NW § 138 Nr. 78 JW 1906, S. 684 Nr. 4 RGZ 64, 120
03.10.1906	V 37/06	Dresden	NW § 138 Nr. 80 JW 1906, S. 709 Nr. 3 RGZ 64, 146
06.10.1906	I 100/06	Kammergericht	NW § 138 Nr. 81 LZ 1907, Sp. 54 Nr. 2
08.10.1906	IV 98/06	Celle	
10.10.1906	V 65/06	Hamburg	NW § 138 Nr. 82
13.10.1906	V 59/06	Köln	NW § 138 Nr. 83
13.10.1906	V 154/06	Hamm	NW § 138 Nr. 84 JW 1906, S. 735 Nr. 2

[1960] Hier falsches Datum: 13.06.1906.

[1961] Hier falsches Aktenzeichen: I 60/06.

			Recht 1907, Sp. 123 Nr. 127 RGZ 64, 181
20.10.1906	I 371/06	Breslau	NW § 138 Nr. 85 HoldheimsMschr. 16 (1907), S. 44 JW 1906, S. 810 Nr. 6 SeuffA. 62 (1907), Nr. 76 S. 129
23.10.1906	II 145/06	Hamburg	
24.10.1906	I 127/06	Kammergericht	NW § 138 Nr. 87 HoldheimsMschr. 16 (1907), S. 44 Recht 1907, Sp. 444 Nr. 852
24.10.1906	V 49/06	Dresden	NW § 138 Nr. 18, 59, 88 u. 89 Gruchot 52 (1908), S. 1064 Nr. 39 JW 1906, S. 736 Nr. 3 Recht 1907, Sp. 123 Nr. 128
23./25.10. 1906[1962]	II 97/06	Köln	NW § 138 Nr. 86
16./26.10. 1906	II 107/06	Stettin	NW § 138 Nr. 90 Recht 1906, Sp. 1317 Nr. 3191
10.11.1906	I 163/06	Braunschweig	NW § 138 Nr. 10
13.11.1906	III 113/06	Jena	NW § 138 Nr. 91
17.11.1906	V 128/06	Hamm	NW § 138 Nr. 92 u. 93
22.11.1906	V 80/06	Breslau	NW § 138 Nr. 95 SeuffA 62 (1907), Nr. 50 S. 89
28.11.1906	V 134/06	Stettin	NW § 138 Nr. 94
05.12.1906	I 564/05	Kammergericht	
08.12.1906	V 123/06	Kammergericht	
17.12.1906	IV 484/06	Kammergericht	
21.12.1906	II 254/06	Dresden	NW § 138 Nr. 96, 97 u. 98 ElsLothZ 32 (1907), S. 161 Nr. 29 LZ 1907, Sp. 216 Nr. 6 Recht 1907, Sp. 243 Nr. 409
22.12.1906	VII 116/06	Kammergericht	NW § 138 Nr. 99
01./29.12. 1906	I 521/05	Braunschweig	NW § 138 Nr. 100 JW 1907, S. 116 Nr. 19 RGZ 65, 40
29.12.1906	V 196/06	Kammergericht	NW § 138 Nr. 101
29.12.1906	VI 235/06	Dresden	NW § 138 Nr. 102
05.01.**1907**	V 210/06	Posen	NW § 138 Nr. 103 Gruchot 51 (1907), S. 807 Nr. 46[1963] Recht 1907, Sp. 180 Nr. 272 ZBlFG 8 (1908), S. 246 Nr. 252
11.01.1907	VII 399/06	Kammergericht	Recht 1907, Sp. 1061 Nr. 2506

[1962] Urteil vom 23.10.1906 berichtigt durch Beschluß vom 25.10.1906.

[1963] Hier falsches Aktenzeichen: V 260/07.

24.01.1907	VI 260/06	Kammergericht	NW § 138 Nr. 104 DJZ 1907, Sp. 360 JW 1907, S. 130 Nr. 9 Recht 1907, Sp. 243 Nr. 408
28.01.1907	IV 276/06	Kammergericht	NW § 138 Nr. 3, 35, 105 u. 162 Gruchot 51 (1907), S. 892 Nr. 57 JW 1907, S. 167 Nr. 4 Recht 1907, Sp. 373 Nr. 721 u. 722
29.01.1907	VII 223/06	Breslau	NW § 138 Nr. 106 DJZ 1907, Sp. 481 JW 1907, S. 201 Nr. 5 SeuffA 62 (1907), Nr. 160 S. 274
09.02.1907	V 347/06	Dresden	NW § 138 Nr. 26, 59, 79 u. 80 Recht 1907, Sp. 374 Nr. 723
21.02.1907	III 491/06	Düsseldorf	
23.02.1907	V 254/06	Kammergericht	
22.03.1907	II 466/06	Augsburg	NW § 138 Nr. 110 Recht 1907, Sp. 511 Nr. 1033 u. 1034
25.03.1907	VI 379/06	Hamm	NW § 138 Nr. 111 u. 112
26.03.1907	II 468/06	Bamberg	NW § 138 Nr. 113 BayZ 3 (1907), S. 257 IV. ElsLothZ 32 (1907), S. 332 Nr. 53 LZ 1907, Sp. 432 Nr. 2 Recht 1907, Sp. 505 Nr. 981
27.03.1907	V 335/06	München	NW § 138 Nr. 84 Recht 1907, Sp. 568 Nr. 1130
03.04.1907	V 466/06	Naumburg a. S.	NW § 138 Nr. 115 BayZ 3 (1907), S. 256 III. Recht 1907, Sp. 633 Nr. 1283
04.04.1907	VI 367/06	Kammergericht	JW 1907, S. 364 Nr. 13 RGZ 65, 423
25.04.1907	IV 470/06	Frankfurt a. M.	NW § 138 Nr. 116 Schubert, Erkenntnisse 1907, S. 651
03.05.1907	II 2/07	Marienwerder	NW § 138 Nr. 117
15.05.1907	V 450/06	Stettin	NW § 138 Nr. 118 u. 119 Recht 1907, Sp. 760 Nr. 1605 u. 1606
17.05.1907	II 22/07	Dresden	NW § 138 Nr. 120 DJZ 1907, Sp. 883 JW 1907, S. 473 Nr. 3 LZ 1907, Sp. 587 Nr. 6 Recht 1907, Sp. 967 Nr. 2248 u. Sp. 1312 Nr. 3256 RGZ 66, 139
14./28.05. 1907	II 31/07	Dresden	NW § 138 Nr. 121, 122 u. 123 HoldheimsMschr. 16 (1907), S. 170 JW 1907, S. 494 Nr. 37 LZ 1907, Sp. 591 Nr. 1 Recht 1907, Sp. 823 Nr. 1780

29.05.1907	V 465/06	Hamm	NW § 138 Nr. 124 Recht 1907, Sp. 822 Nr. 1778
04.06.1907	II 44/07	Naumburg a. S.	NW § 138 Nr. 128 HoldheimsMschr. 16 (1907), S. 169 Recht 1907, Sp. 823 Nr. 1781 Schubert, Erkenntnisse 1907, S. 619
04.06.1907	VII 379/06	Stuttgart	NW § 138 Nr. 125 JW 1907, S. 488 Nr. 30 Recht 1907, Sp. 1312 Nr. 3253 RGZ 66, 181
11.06.1907	III 21/07	Nürnberg	NW § 138 Nr. 126 DJZ 1907, Sp. 967 JW 1907, S. 475 Nr. 4 Recht 1907, Sp. 1312 Nr. 3254 RGZ 66, 143
17.06.1907	V 644/06	Hamm	NW § 138 Nr. 57 Recht 1907, Sp. 967 Nr. 2251
18.06.1907	II 88/07	Köln	NW § 138 Nr. 127 Recht 1907, Sp. 967 Nr. 2249
25./28.06. 1907	VII 361/06	Jena	Recht 1907, Sp. 1145 Nr. 2797
28.06.1907	VII 453/06	Köln	
12.07.1907	III 26/07	Stettin	NW § 138 Nr. 129
20.07.1907	I 149/07	Kammergericht	NW § 138 Nr. 130
20.07.1907	I 150/07	Kammergericht	NW § 138 Nr. 130
21.08.1907	III 291/07	Köln	LZ 1907, Sp. 745 Nr. 4
16.09.1907	VI 20/07	Kammergericht	NW § 138 Nr. 131 JW 1907, S. 709 Nr. 16 RGZ 66, 306
18.09.1907	I 572/06	Hamm	NW § 138 Nr. 132 HoldheimsMschr. 16 (1907), S. 299 JW 1907, S. 718 Nr. 32 LZ 1907, Sp. 739 Nr. 6 Recht 1907, Sp. 1395 Nr. 3445 WarnJb. 6 (1907), Anhang Nr. 43 S. 542
23.09.1907	VI 3/07	Hamm	Recht 1907, Sp. 1321 Nr. 3314 u. Sp. 1401 Nr. 3493 Schubert, Erkenntnisse 1907, S. 670
27.09.1907	III 60/07	Dresden	NW § 138 Nr. 133
01.10.1907	VII 512/06	Naumburg a. S.	NW § 138 Nr. 134 JW 1907, S. 704 Nr. 5 Recht 1907, Sp. 1342
01.10.1907	VII 524/06	Jena	NW § 138 Nr. 135 DJZ 1908, Sp. 77 Gruchot 52 (1908), S. 958 Nr. 12 JW 1907, S. 707 Nr. 11 Recht 1907, Sp. 1316 Nr. 3283

			RGZ 67, 166 WarnJb. 6 (1907), Anhang Nr. 89 S. 571
08.10.1907	VII 545/06	Naumburg a. S.	NW § 138 Nr. 136 RGZ 67, 5
29.10.1907	II 223/07	Düsseldorf	NW § 138 Nr. 137 LZ 1908, Sp. 61 Nr. 19 Recht 1907, Sp. 1460 Nr. 3616 u. Sp. 1527 Nr. 3759
05.11.1907	VII 18/07	Köln	NW § 138 Nr. 139 RGZ 67, 169
07.11.1907	IV 115/07	Hamburg	NW § 138 Nr. 138
26.10./ 09.11.1907	V 73/07	Naumburg a. S.	JW 1907, S. 837 Nr. 14 RGZ 67, 65
15.11.1907	VII 46/07	Kammergericht	NW § 138 Nr. 140 JW 1908, S. 19 Nr. 25 Recht 1908, Beil. Sp. 29 Nr. 164 u. 165
16.11.1907	V 102/07	Naumburg a. S.	NW § 138 Nr. 142 JW 1908, S. 3 Nr. 2 Recht 1908, Beil. Sp. 2 Nr. 5 u. Beil. Sp. 22 Nr. 128 RGZ 67, 101
22.11.1907	III 157/07	Köln	NW § 138 Nr. 57 Recht 1908, Beil. Sp. 46 Nr. 252 WarnRspr. 1908, Nr. 44 S. 36
26.11.1907	II 418/07	Kiel	NW § 138 Nr. 141 LZ 1908, Sp. 159 Nr. 13 Recht 1908, Beil. Sp. 2 Nr. 6 WarnRspr. 1908, Nr. 119 S. 79
02.12.1907	IV 206/07	München	NW § 138 Nr. 143 JW 1908, S. 28 Nr. 2 Recht 1908, Beil. Sp. 15 Nr. 84 WarnRspr. 1908, Nr. 118 S. 78
05.12.1907	VI 147/07	Dresden	NW § 138 Nr. 144 BayZ 4 (1908), S. 144 III. Recht 1908, Beil. Sp. 46 Nr. 254 WarnRspr. 1908, Nr. 120 S. 80
02.01.**1908**	I 167/07	Kammergericht	NW § 138 Nr. 145 HoldheimsMschr. 18 (1909), S. 78 JW 1908, S. 142 Nr. 13[1964] LZ 1908, Sp. 299 Nr. 14 WarnRspr. 1908, Nr. 189 S. 138
07.01.1908	VII 139/07	Kammergericht	LZ 1908, Sp. 463 Nr. 11 Recht 1908, Beil. Sp. 254 Nr. 1484

[1964] Hier falsches Datum: 07.01.1908.

			Recht 1908, Beil. Sp. 285 Nr. 1699 WarnRspr. 1908, Nr. 193 S. 140
14.01.1908	III 262/07	Hamm	NW § 138 Nr. 146 JW 1908, S. 139 Nr. 9[1965] Recht 1908, Beil. Sp. 300 Nr. 1791 u. Beil. Sp. 329 Nr. 1963 RGZ 67, 321
25.01.1908	V 177/07	Hamm	
30.01.1908	VI 154/07	München	NW § 138 Nr. 147 BayZ 4 (1908), S. 165 II. DJZ 1908, Sp. 425 JW 1908, S. 191 Nr. 3 Recht 1908, Beil. Sp. 254 Nr. 1485 RGZ 67, 355
08.02.1908	I 370/07	Kammergericht	NW § 138 Nr. 148 LZ 1908, Sp. 382 Nr. 1 Recht 1908, Beil. Sp. 190 Nr. 1134 SeuffA 63 (1908), Nr. 147 S. 257 WarnRspr. 1908, Nr. 280 S. 197
12.02.1908	V 264/07	Hamm	NW § 138 Nr. 149 JW 1908, S. 203 Nr. 21 Recht 1908, Beil. Sp. 583 Nr. 3218 RGZ 67, 393
14.02.1908	III 371/07	Kammergericht	NW § 138 Nr. 33 u. 151 JW 1908, S. 234 Nr. 4 Recht 1908, Beil. Sp. 190 Nr. 1133
14.02.1908	VII 240/07	Kammergericht	NW § 138 Nr. 150 JW 1908, S. 191 Nr. 2 Recht 1908, Beil. Sp. 582 Nr. 3214 RGZ 67, 404
22.02.1908	V 288/07	Breslau	NW § 138 Nr. 152 Recht 1908, Beil. Sp. 224 Nr. 1335 WarnRspr. 1908, Nr. 279 S. 197
04.03.1908	I 214/07	Köln	Schubert, Erkenntnisse 1908, S. 590
07.03.1908	I 357/07	Breslau	NW § 138 Nr. 155 HoldheimsMschr. 17 (1908), S. 126 JW 1908, S. 296 Nr. 2 LZ 1908, Sp. 375 Nr. 10 MuW VII (1907/1908), S. 168 Recht 1908, Beil. Sp. 255 Nr. 1487 SeuffA 63 (1908), Nr. 197 S. 350 SeuffBl. 73 (1908), S. 857 WarnRspr. 1908, Nr. 354 S. 261

[1965] Hier ist fälschlicherweise der II. Zivilsenat ausgewiesen.

10.03.1908	II 521/07	Augsburg	NW § 138 Nr. 153 LZ 1908, Sp. 374 Nr. 5 Recht 1908, Beil. Sp. 227 Nr. 1346 u. Beil. Sp. 280 Nr. 1667 SeuffA 63 (1908), Nr. 220 S. 391
05.02./ 11.03.1908	V 236/07	Naumburg a. S.	NW § 138 Nr. 156 JW 1908, S. 297 Nr. 3 LZ 1908, Sp. 537 Nr. 13 u. 14 Recht 1908, Beil. Sp. 255 Nr. 1486 u. Beil. Sp. 256 Nr. 1489 RGZ 68, 97 SeuffA 64 (1909), Nr. 63 S. 129
12.03.1908	IV 354/07	Augsburg	NW § 138 Nr. 154 Recht 1908, Beil. Sp. 268 Nr. 1560 WarnRspr. 1908, Nr. 353 S. 260
17.03.1908	II 530/07	Dresden	NW § 138 Nr. 157[1966] HoldheimsMschr. 17 (1908), S. 303 JW 1908, S. 327 Nr. 7 Recht 1908, Beil. Sp. 256 Nr. 1492 u. Beil. Sp. 296 Nr. 1763
17.03.1908	II 29/08	Dresden	NW § 138 Nr. 157 JW 1908, S. 325 Nr. 6 LZ 1908, Sp. 455 Nr. 4 Recht 1908, Beil. Sp. 256 Nr. 1492
24.03.1908	III 416/07	Dresden	NW § 138 Nr. 158 ArbVersorg. 25 (1908), S. 447 DJZ 1908, Sp. 645 JW 1908, S. 325 Nr. 5 Recht 1908, Beil. Sp. 294 Nr. 1748 RGZ 68, 186
07.04.1908	III 315/07	Darmstadt	NW § 138 Nr. 159 u. 160 DJZ 1908, Sp. 761 HessRspr. IX (1908/1909), S. 89 Nr. 1 JW 1908, S. 401 Nr. 1 MuW VIII (1908/1909), S. 11 Recht 1908, Beil. Sp. 325 Nr. 1942 RGZ 68, 229
25.03./ 08.04.1908	I 595/07	Hamm	NW § 138 Nr. 165 DJZ 1908, Sp. 705 JW 1908, S. 462 Nr. 34 LZ 1908, Sp. 445 Nr. 7 Recht 1908, Beil. Sp. 389 Nr. 2289 RGZ 68, 235
08.04.1908	V 131/07	Kammergericht	

[1966] Hier falsches Aktenzeichen: II 53/07.

15.04.1908	IV 627/07	Köln	NW § 138 Nr. 161 WarnRspr. 1908, Nr. 435 S. 323
23.04.1908	IV 452/07	Köln	NW § 138 Nr. 162 u. 163 Recht 1908, Beil. Sp. 325 Nr. 1943 WarnRspr. 1908, Nr. 436 S. 323
24.04.1908	III 377/07	Kammergericht	NW § 138 Nr. 151 u. 164 Schubert, Erkenntnisse 1908, S. 617
24.04.1908	III 440/07	Kiel	JW 1908, S. 465 Nr. 38 Recht 1908, Beil. Sp. 396 Nr. 2324 u. Beil. Sp. 410 Nr. 2419 RGZ 68, 358
28.04.1908	VII 349/07	Königsberg	NW § 138 Nr. 167 JW 1908, S. 444 Nr. 4 LZ 1908, Sp. 537 Nr. 12 Recht 1908, Beil. Sp. 406 Nr. 2396 RGZ 69, 143
29.04.1908	V 481/07	Düsseldorf	Recht 1908, Beil. Sp. 358 Nr. 2125
30.04.1908	VI 404/07	Hamm	NW § 138 Nr. 166
01.05.1908	VII 523/07	Kammergericht	DJZ 1908, Sp. 873 JW 1908, S. 445 Nr. 5 LZ 1908, Sp. 697 Nr. 19 Recht 1908, Beil. Sp. 389 Nr. 2290 RGZ 68, 322
13.05.1908	I 675/07	Kammergericht	
19.05.1908	III 485/07	Frankfurt a. M.	NW § 138 Nr. 37 u. 62
26.05.1908	III 507/07	Colmar	Recht 1908, Beil. Sp. 549 Nr. 3085
30.06.1908	II 75/08	Darmstadt	NW § 138 Nr. 168 HoldheimsMschr. 17 (1908), S. 304 LZ 1909, Sp. 151 Nr. 3 Recht 1908, Beil. Sp. 557 Nr. 3103 WarnRspr. 1908, Nr. 597 S. 472
01.07.1908	I 532/07	Kammergericht	NW § 138 Nr. 84 u. 170 LZ 1908, Sp. 773 Nr. 1 Recht 1908, Beil. Sp. 533 Nr. 3008
07.07.1908	II 632/07	Karlsruhe	NW § 138 Nr. 169 BadRpr. 74 (1908), S. 267 Nr. 33 DJZ 1908, Sp. 1171 JW 1908, S. 567 Nr. 33 LZ 1908, Sp. 775 Nr. 13 Recht 1908, Beil. Sp. 510 Nr. 2898 RGZ 69, 134[1967] ZAktG 16 (1908 – 1909), S. 38
11.07.1908	V 364/07	Kammergericht	NW § 138 Nr. 171 DJZ 1908, Sp. 1221

[1967] Hier falsches Datum: 07.06.1908.

			JW 1908, S. 546 Nr. 3 Recht 1908, Beil. Sp. 533 Nr. 3009 SeuffA 64 (1909), Nr. 2 S. 3
21.09.1908	VI 387/07	Dresden	NW § 138 Nr. 172 JW 1908, S. 677 Nr. 8 Recht 1908, Beil. Sp. 582 Nr. 3217 RGZ 70, 1
09.10.1908	III 575/07	Kassel	Gruchot 53 (1909), S. 404 Nr. 11[1968] LZ 1908, Sp. 932 Nr. 12 Recht 1908, Beil. Sp. 616 Nr. 3393 WarnRspr. 1909, Nr. 6 S. 7
09.10.1908	VII 59/08	München	NW § 138 Nr. 173 LZ 1909, Sp. 60 Nr. 10 Recht 1908, Beil Sp. 649 Nr. 3535
10.10.1908	V 584/07	Karlsruhe	Recht 1908, Beil. Sp. 685 Nr. 3737
16.10.1908	II 137/08	Kammergericht	NW § 138 Nr. 174 HoldheimsMschr. 18 (1909), S. 163 LZ 1909, Sp. 149 Nr. 2 Recht 1908, Beil. Sp. 648 Nr. 3534 u. Beil. Sp. 649 Nr. 3536 SächsA 3 (1908), S. 581 Nr. 41 SeuffBl. 74 (1909), S. 27 WarnRspr. 1909, Nr. 5 S. 5
23.10.1908	III 30/08	Kammergericht	NW § 138 Nr. 73, 175, 176 u. 177 Gruchot 53 (1909), S. 681 Nr. 25 JW 1908, S. 710 Nr. 2 LZ 1909, Sp. 142 Nr. 15[1969] Recht 1908, Beil. Sp. 685 Nr. 3736 u. Beil. Sp. 686 Nr. 3738 u. 3740 SeuffBl. 74 (1909), S. 309 WarnRspr. 1909, Nr. 62 S. 57
02.11.1908	IV 88/08	Kammergericht	NW § 138 Nr. 22 BayZ 5 (1909), S. 71 VI. Gruchot 53 (1909), S. 685 Nr. 26 WarnRspr. 1909, Nr. 63 S. 59
12.11.1908	VI 626/07	Kammergericht	Recht 1908, Beil. Sp. 686 Nr. 3739 WarnRspr. 1909, Nr. 89 S. 82
26.11.1908	IV 97/08	Kammergericht	NW § 138 Nr. 178 DJZ 1909, Sp. 211 JW 1909, S. 54 Nr. 23 Recht 1909, Beil. Nr. 336 RGZ 70, 59

[1968] Hier falsches Aktenzeichen: III 375/07.

[1969] Hier falsches Aktenzeichen: III 15/08.

28.11.1908	I 654/07	Kammergericht	NW § 138 Nr. 179 Gruchot 53 (1909), S. 1113 Nr. 121 HoldheimsMschr. 18 (1909), S. 265 JW 1909, S. 45 Nr. 3 LZ 1909, Sp. 142 Nr. 16 Recht 1909, Beil. Nr. 333 u. 380
16.12.1908	I 16/08	Kammergericht	
21.11./ 19.12.1908	I 643/07	Stuttgart	NW § 138 Nr. 59 LZ 1909, Sp. 231 Nr. 17 Recht 1909, Beil. Nr. 626 WarnRspr. 1909, Nr. 183 S. 175
22.12.1908	III 228/08	Köln	
22.12.1908	II 389/08	Stuttgart	NW § 138 Nr. 180 JW 1909, S. 71 Nr. 3 LZ 1909, Sp. 231 Nr. 15 Recht 1909, Beil. Nr. 419 SeuffBl. 74 (1909), S. 556
23.12.1908	V 12/08	Kammergericht	BayZ 5 (1909), S. 168 IV. Recht 1909, Beil. Nr. 629 SeuffA 64 (1909), Nr. 88 S. 179 WarnRspr. 1909, Nr. 182 S. 173
29.12.1908	VII 53/08	Hamburg	NW § 138 Nr. 181 JW 1909, S. 104 Nr. 1 LZ 1909, Sp. 231 Nr. 16 Recht 1909, Beil. Nr. 628
05.01.1909	II 226/08	Frankfurt a. M.	
12.01.1909	II 295/08	Köln	
12.01.1909	VII 164/08	Oldenburg	NW § 138 Nr. 182 u. 183 Gruchot 53 (1909), S. 908 Nr. 52 JW 1909, S. 131 Nr. 2 LZ 1909, Sp. 310 Nr. 10 Recht 1909, Beil. Nr. 2087 SeuffBl. 74 (1909), S. 733 WarnRspr. 1909, Nr. 184 S. 175
05./12.01. 1909	VII 463/08	Kammergericht	Recht 1909, Beil. Nr. 817
19.01.1909	VII 113/08	Kammergericht	
22.01.1909	III 152/08	Kammergericht	
04.02.1909	VI 190/08	München	BayZ 5 (1909), S. 274 I.[1970] Recht 1909, Beil. Nr. 963 u. 982 WarnRspr. 1909, Nr. 295 S. 271
05.02.1909	VII 145/08	Breslau	NW § 138 Nr. 113 Recht 1909, Beil. Nr. 2217 WarnRspr. 1909, Nr. 273 S. 248

[1970] Hier falsches Aktenzeichen: VI 790/08.

08.02.1909	IV 339/08	Kammergericht	
10.02.1909	V 197/08	Dresden	
19.02.1909	VII 464/08	Kassel	Recht 1909, Beil. Nr. 1269
25.02.1909	VI 92/08	Naumburg a. S.	NW § 138 Nr. 184 JW 1909, S. 215 Nr. 2 LZ 1909, Sp. 468 Nr. 14 Recht 1909, Beil. Nr. 1270 u. 1271
26.02.1909	III 220/08	Frankfurt a. M.	NW § 138 Nr. 185 GewA 8 (1909), S. 554 Nr. 4 JW 1909, S. 215 Nr. 3 LZ 1909, Sp. 389 Nr. 6 Recht 1909, Beil. Nr. 1097 RGZ 70, 339
05.03.1909	II 378/08	Kassel	NW § 138 Nr. 186 LZ 1909, Sp. 389 Nr. 5
08.03.1909	I 86/08	Kammergericht	NW § 138 Nr. 187 Gruchot 53 (1909), S. 911 Nr. 53 JW 1909, S. 270 Nr. 3 LZ 1909, Sp. 468 Nr. 13[1971] Recht 1909, Beil. Nr. 1464 SeuffA 65 (1910), Nr. 5 S. 10 WarnRspr. 1909, Nr. 342 S. 311
15.03.1909	IV 348/08	Stettin	NW § 138 Nr. 40[1972] Recht 1909, Beil. Nr. 1487 WarnRspr. 1909, Nr. 341 S. 309
23.03.1909	VII 236/08	Köln	Recht 1909, Beil. Nr. 1447
23.03.1909	VII 325/08	Frankfurt a. M.	NW § 138 Nr. 176 Gruchot 53 (1909), S. 905 Nr. 51 Recht 1909, Beil. Nr. 1448
26.03.1909	II 548/08	Kiel	LZ 1909, Sp. 783 Nr. 3 Recht 1909, Beil. Nr. 1446
30.03.1909	III 508/08	Hamm	EisenbE 25 (1909), S. 421 Nr. 342 Recht 1909, Beil. Nr. 1650
06.04.1909	VII 252/08	Kammergericht	Recht 1909, Beil. Nr. 1651
06.04.1909	VII 273/08	Kammergericht	
01./22.04. 1909	VI 27/09	Kammergericht	JW 1909, S. 362 Nr. 8 RGZ 71, 85 SeuffA 65 (1910), Nr. 142 S. 273
26.04.1909	IV 370/08	Hamm	NW § 138 Nr. 188 PosMschr. XII (1909), S. 76 Recht 1909, Beil. Nr. 1875, 1892, 1893 u. 1894 WarnRspr. 1909, Nr. 386 S. 356

[1971] Hier falsches Aktenzeichen: I 56/08.

[1972] Hier falsches Aktenzeichen: IV 848/08.

06.05.1909	VI 240/08	Köln	Recht 1909, Beil. Nr. 1839 WarnRspr. 1909, Nr. 387 S. 358
12.05.1909	I 228/08	Karlsruhe	BadRpr. 76 (1910), S. 46 Nr. 6 HoldheimsMschr. 18 (1909), 322 LZ 1909, Sp. 674 Nr. 11
18.05.1909	II 462/08	Darmstadt	NW § 138 Nr. 128 JW 1909, S. 412 Nr. 7 LZ 1909, Sp. 673 Nr. 7
27.04./ 21.05.1909	III 342/08	Kiel	NW § 138 Nr. 189 JW 1909, S. 412 Nr. 6 Recht 1909, Beil. Nr. 1967 RGZ 71, 192 SchlHA 73 (1909), S. 278
22.05.1909	I 226/08	Darmstadt	Recht 1909, Beil. Nr. 2218, 2219 u. 2220 Schubert, Erkenntnisse 1909, S. 511
13.05./ 14.06.1909	VI 258/08	Hamm	Recht 1909, Beil. Nr. 2789
14.06.1909	VI 299/08	Hamburg	
21.06.1909	VI 347/08	Karlsruhe	Recht 1909, Beil. Nr. 2360 WarnRspr. 1909, Nr. 481 S. 460
22.06.1909	VII 188/09	Dresden	Recht 1909, Beil. Nr. 2912
25.06.1909	VII 431/08	Naumburg a. S.	JW 1909, S. 452 Nr. 4 SeuffA 65 (1910), Nr. 84 S. 168
02.07.1909	III 332/08	Kammergericht	Recht 1909, Beil. Nr. 2356
02.07.1909	VII 503/08	Kammergericht	Recht 1909, Beil. Nr. 2372
07.07.1909	I 380/08	Kammergericht	WarnRspr. 1909, Nr. 494 S. 472
07.07.1909	V 426/08	Kiel	NW § 138 Nr. 190 BayZ 5 (1909), S. 415 V. JW 1909, S. 487 Nr. 8 LZ 1909, Sp. 852 Nr. 13 Recht 1909, Beil. Nr. 2357
09.07.1909	II 7/09	Köln	JW 1909, S. 501 Nr. 29 LZ 1910, Sp. 154 Nr. 3 Recht 1909, Beil. Nr. 2353 u. 2521 SeuffA 65 (1910), Nr. 125 S. 235 WarnRspr. 1909, Nr. 493 S. 471
09.07.1909	III 418/08	Darmstadt	JW 1909, S. 488 Nr. 9 Recht 1909, Beil. Nr. 2536 WarnRspr. 1909, Nr. 495 S. 472
09.07.1909	VII 529/08	München	Recht 1909, Beil. Nr. 2358 u. 2359
21.09.1909	VII 521/08	Kammergericht	LZ 1910, Sp. 74 Nr. 10 Recht 1909, Beil. Nr. 3591 SeuffA 65 (1910), Nr. 55 S. 118
24.09.1909	II 695/08	Kammergericht	

01.10.1909	VII 547/08	München	NW § 138 Nr. 191 Gruchot 54 (1910), S. 162 Nr. 11[1973] JW 1909, S. 696 Nr. 31 Recht 1909, Beil. Nr. 3296, 3297 u. 3299 WarnRspr. 1909, Nr. 530 S. 517
07.10.1909	IV 662/08	Kammergericht	NW § 138 Nr. 192[1974] BayZ 6 (1910), S. 56 I. LZ 1910, Sp. 405 Nr. 4 PosMschr. XII (1909), S. 158 Recht 1909, Beil. Nr. 3295 WarnRspr. 1909, Nr. 554 S. 547
08.10.1909	II 32/09	Bamberg	JW 1909, S. 683 Nr. 2 LZ 1910, Sp. 73 Nr. 6 Recht 1909, Beil. Nr. 3298 RGZ 71, 432
08.10.1909	VII 164/09	Kammergericht	JW 1909, S. 697 Nr. 32 LZ 1910, Sp. 162 Nr. 10 Recht 1909, Beil. Nr. 3352 u. 3455 SeuffA 65 (1910), Nr. 53 S. 112
14.10.1909	IV 10/09	Kammergericht	
18.10.1909	IV 684/08	Düsseldorf	Gruchot 54 (1910), S. 407 Nr. 21 Recht 1909, Beil. Nr. 3725 WarnRspr. 1910, Nr. 27 S. 29
19.10.1909	II 662/08	Düsseldorf	JW 1909, S. 715 Nr. 3 LZ 1910, Sp. 140 Nr. 10, Sp. 141 Nr. 14 u. Sp. 143 Nr. 27 Recht 1909, Beil. Nr. 3522 u. 3523 RGZ 72, 61
19.10.1909	VII 541/08	Naumburg a. S.	JW 1909, S. 719 Nr. 6 Recht 1909, Beil. Nr. 3300 SeuffA 65 (1910), Nr. 62 S. 131
25.10.1909	VI 119/09	Köln	JW 1909, S. 730 Nr. 28 LZ 1910, Sp. 143 Nr. 30 Recht 1909, Beil. Nr. 3555, 3808 u. 3818 RGZ 72, 124
15./29.10. 1909	VII 600/08	Kammergericht	Gruchot 54 (1910), S. 613 Nr. 30 Recht 1909, Beil. Nr. 3724
04.11.1909	IV 1/09	Dresden	BayZ 6 (1910), S. 18 IV. JW 1910, S. 6 Nr. 6 Recht 1909, Beil. Nr. 3726
04.11.1909	VI 345/08	Karlsruhe	BadRpr. 76 (1910), S. 139 Nr. 16

[1973] Hier falsches Datum: 11.10.1909.

[1974] Hier falsches Datum: 04.10.1909.

19.11.1909	II 92/09	Köln	LZ 1910, Sp. 140 Nr. 11
22.11.1909	IV 118/09	Düsseldorf	
22.11.1909	VI 437/08	Frankfurt a. M.	Recht 1910, Beil. Nr. 7 u. 14
22.11.1909	VI 536/08	Köln	BayZ 6 (1910), S. 97 I. Recht 1910, Beil. Nr. 10
26.11.1909	II 58/09	Breslau	DJZ 1910, Sp. 202 Recht 1910, Beil. Nr. 8 u. 11 WarnRspr. 1910, Nr. 2 S. 1
26.11.1909	III 11/09	Hamm	NW § 138 Nr. 193 Gruchot 54 (1910), S. 616 Nr. 31 JW 1910, S. 5 Nr. 5 LZ 1910, Sp. 298 Nr. 1 Recht 1910, Beil. Nr. 15
27.11.1909	I 342/09	Kammergericht	NW § 138 Nr. 194 JW 1910, S. 5 Nr. 4 LZ 1910, Sp. 139 Nr. 1 Recht 1910, Beil. Nr. 12 u. 13 RGZ 72, 216
30.11.1909	II 103/09	Kammergericht	NW § 138 Nr. 195 LZ 1910, Sp. 140 Nr. 12 Recht 1910, Beil. Nr. 281 SeuffA 65 (1910), Nr. 88 S. 177 WarnRspr. 1910, Nr. 49 S. 50
30.11.1909	VII 51/09	Hamm	JW 1910, S. 62 Nr. 5 Recht 1910, Beil. Nr. 282 u. 336
01.12.1909	I 311/07	Celle	JW 1910, S. 64 Nr. 11 LZ 1910, Sp. 141 Nr. 13 Recht 1910, Beil. Nr. 9 RGZ 72, 224
15.12.1909	I 7/09	Kammergericht	JW 1910, S. 142 Nr. 1 LZ 1910, Sp. 302 Nr. 3 Recht 1910, Beil. Nr. 636 WarnRspr. 1910, Nr. 101 S. 104
18.12.1909	V 41/09	Kammergericht	
23.12.1909	II 160/09	Stuttgart	
18.01.**1910**	II 192/09	Kammergericht	NW § 138 Nr. 196 Gruchot 54 (1910), S. 994 Nr. 85 HoldheimsMschr. 19 (1910), S. 91 JW 1910, S. 187 Nr. 10 LZ 1910, Sp. 293 Nr. 22
21.01.1910	III 73/09	Stettin	
29.01.1910	V 103/09	Marienwerder	RGZ 73, 16 SeuffA 66 (1911), Nr. 1 S. 1
31.01.1910	VI 131/08	Kammergericht	DJZ 1910, Sp. 483 Recht 1910, Beil. Nr. 1484
03.02.1910	VI 68/09	Kammergericht	
14.02.1910	IV 224/09	Kammergericht	Recht 1910, Beil. Nr. 1600 u. 1601 WarnRspr. 1910, Nr. 157 S. 161

15.02.1910	III 159/09	Stettin	
22.02.1910	III 165/09	Hamburg	Gruchot 54 (1910), S. 892 Nr. 57 LZ 1910, Sp. 404 Nr. 3
28.02.1910	IV 377/09	Kammergericht	DJZ 1910, Sp. 595 LZ 1910, Sp. 396 Nr. 17
08.03.1910	III 204/09	Dresden	Recht 1910, Beil. Nr. 1485
18./22.03. 1910	II 313/09	Karlsruhe	
22.03.1910	II 345/09	Stuttgart	LZ 1910, Sp. 546 Nr. 9
01.04.1910	III 391/09	Celle	JW 1910, S. 483 Nr. 30 LZ 1910, Sp. 780 Nr. 3
05.04.1910	III 203/09	Nürnberg	
06.04.1910	I 148/09	Kammergericht	BayZ 6 (1910), S. 336 VIII.[1975] DJZ 1910, Sp. 766 HoldheimsMschr. 19 (1910), S. 157[1976] JW 1910, S. 623 Nr. 22 LZ 1910, Sp. 459 Nr. 1[1977] Recht 1910, Beil. Nr. 2289
09.04.1910	V 275/09	Kammergericht	BayZ 6 (1910), S. 233 I. Recht 1910, Beil. Nr. 2474
12.04.1910	III 189/09	Kammergericht	Gruchot 54 (1910), S. 933 Nr. 70 JW 1910, S. 577 Nr. 10 LZ 1910, Sp. 622 Nr. 21 Recht 1910, Beil. Nr. 1934 SeuffA 66 (1911), Nr. 46 S. 91 WarnRspr. 1910, Nr. 203 S. 213
21.04.1910	IV 457/09	Köln	Recht 1910, Beil. Nr. 2340
23.04.1910	V 552/09	Kammergericht	
29.04./ 03.05.1910	VII 410/09	Kammergericht	Recht 1910, Sp. 582
06.05.1910	VII 343/09	Celle	Recht 1910, Beil. Nr. 2475
24.05.1910	II 434/09	Düsseldorf	
26./30.05. 1910	VI 342/09	Nürnberg	DJZ 1910, Sp. 1026 JW 1910, S. 705 Nr. 5
07.06.1910	II 507/09	Stuttgart	JW 1910, S. 762 Nr. 34 LZ 1910, Sp. 688 Nr. 29 Recht 1910, Beil. Nr. 2903, 2904 u. 2905 RGZ 73, 429
10.06.1910	VII 471/09	Karlsruhe	Gruchot 54 (1910), S. 819 Nr. 51 JW 1910, S. 760 Nr. 30 LZ 1910, Sp. 942 Nr. 7

[1975] Hier falsches Aktenzeichen: I 48/09.

[1976] Hier falsches Aktenzeichen: I 145/09.

[1977] Hier falsches Aktenzeichen: I 145/09.

			Recht 1910, Beil. Nr. 2907 WarnRspr. 1910, Nr. 366 S. 383
08.07.1910	II 336/10	Kammergericht	
19.09.1910	VI 403/09	Stuttgart	JW 1910, S. 939 Nr. 16 RGZ 74, 224
24.09.1910	I 405/09	Hamm	
27.09.1910	III 372/09	Kammergericht	WarnRspr. 1910, Nr. 370 S. 387
29.09.1910	IV 548/09	Naumburg a. S.	NW § 138 Nr. 197 BayZ 7 (1911), S. 21 II. Recht 1910, Beil. Nr. 4105 u. 4106 WarnRspr. 1910, Nr. 371 S. 388
18.10.1910	III 362/10	Jena	NW § 138 Nr. 198 JW 1911, S. 30 Nr. 8 Recht 1910, Beil. Nr. 3886 WarnRspr. 1910, Nr. 411 S. 426
22.10.1910	IV 711/09	Posen	JW 1911, S. 31 Nr. 9 Recht 1911, Beil. Nr. 15 WarnRspr. 1910, Nr. 412 S. 428
24.10.1910	I 274/10	Posen	
27.10.1910	II 54/10	Dresden	Recht 1910, Beil. Nr. 3887
03.11.1910	IV 70/10	Kammergericht	NW § 138 Nr. 199 JW 1911, S. 29 Nr. 6 PosMschr. XIII (1910), S. 179 Recht 1911, Beil. Nr. 3416 WarnRspr. 1911, Nr. 8 S. 13
08.11.1910	III 643/09	Köln	NW § 138 Nr. 160 DJZ 1911, Sp. 649 JW 1911, S. 29 Nr. 7 LZ 1911, Sp. 139 Nr. 4 Recht 1911, Beil. Nr. 16 u. 17 RGZ 74, 332
08.11.1910	VII 635/09	Kammergericht	
11.11.1910	VII 617/09	Köln	
15.11.1910	III 409/09	Kammergericht	Recht 1911, Beil. Nr. 286, 287 u. 288 WarnRspr. 1911, Nr. 9 S. 13
02.12.1910	III 644/09	Kammergericht	
03.12.1910	V 22/10	Kammergericht	NW § 138 Nr. 141 u. 194
07.12.1910	V 58/10	Hamburg	NW § 138 Nr. 200 JW 1911, S. 186 Nr. 15 Recht 1911, Beil. Nr. 686, 718, 719, 720 u. 792 WarnRspr. 1911, Nr. 115 S. 123
10.12.1910	V 50/10	Kammergericht	NW § 138 Nr. 201 Gruchot 55 (1911), S. 886 Nr. 48[1978]

[1978] Hier ist fälschlicherweise der VI. Zivilsenat ausgewiesen.

			LZ 1911, Sp. 214 Nr. 8 Recht 1911, Beil. Nr. 671 WarnRspr. 1911, Nr. 109 S. 114 ZBlFG 11 (1911), S. 655 Nr. 670
17.12.1910	V 62/10	Nürnberg	NW § 138 Nr. 202 DNotV 11 (1911), S. 877 Nr. 2 JW 1911, S. 210 Nr. 3 Recht 1911, Beil. Nr. 672, 673 u. 674 RGZ 75, 68
19.12.1910	I 241/10	Kammergericht	
22.12.1910	IV 48/10	Colmar	NW § 138 Nr. 203 ElsLothZ 36 (1911), S. 499 Nr. 2 WarnRspr. 1911, Nr. 108 S. 113
30.12.1910	III 237/10	Kammergericht	
04.01.**1911**	V 72/10	Kammergericht	NW § 138 Nr. 204 BayZ 7 (1911), S. 118 III.
12.01.1911	II 287/10	Naumburg a. S.	NW § 138 Nr. 205 DJZ 1911, Sp. 594 JW 1911, S. 276 Nr. 3 Recht 1911, Beil. Nr. 968 u. 969 RGZ 75, 120
13.01.1911	II 120/10	Nürnberg	Recht 1911, Beil. Nr. 1501
18.01.1911	I 313/10	Kammergericht	HoldheimsMschr. 20 (1911), S. 99[1979] JW 1911, S. 322 Nr. 14 LZ 1911, Sp. 298 Nr. 18 WarnRspr. 1911, Nr. 178 S. 190
25.01.1911	V 75/10	Hamm	NW § 138 Nr. 206 Gruchot 55 (1911), S. 1011 Nr. 85 JW 1911, S. 317 Nr. 2 Recht 1911, Beil. Nr. 1097 WarnRspr. 1911, Nr. 167 S. 180
26.01.1911	IV 59/10	Kammergericht	Recht 1911, Beil. Nr. 1100 u. 1157
06.02.1911	V 247/10	Naumburg a. S.	Recht 1911, Sp. 493 WarnRspr. 1911, Nr. 282 S. 323
11.02.1911	IV 426/10	Kassel	BayZ 7 (1911), S. 263 III. Gruchot 55 (1911), S. 920 Nr. 59 PosMschr. XIV (1911), S. 38 Recht 1911, Beil. Nr. 1266
13.02.1911	IV 140/10	Kammergericht	Recht 1911, Beil. Nr. 1276, 1277, 1285 u. 1295
15.02.1911	I 387/10	Hamburg	NW § 138 Nr. 207 DJZ 1911, Sp. 706 HansGZ 32 (1911), Hauptbl. S. 150 No. 68

[1979] Hier falsches Aktenzeichen: I 311/10.

			JW 1911, S. 408 Nr. 28 LZ 1911, Sp. 383 Nr. 25 Recht 1911, Beil. Nr. 1502 RGZ 75, 234 SeuffA 66 (1911), Nr. 160 S. 314
02.03.1911	IV 585/10	Colmar	JW 1911, S. 398 Nr. 3 Recht 1911, Beil. Nr. 1703 WarnRspr. 1911, Nr. 224 S. 247
03.03.1911	VII 592/10	Köln	
06.03.1911	IV 196/10	Düsseldorf	Recht 1911, Beil. Nr. 2348 WarnRspr. 1911, Nr. 223 S. 245
23.03.1911	IV 461/10	Kassel	NW § 138 Nr. 205 LZ 1911, Sp. 554 Nr. 2 Recht 1911, Beil. Nr. 1930
28.03.1911	II 627/10	Nürnberg	BayZ 7 (1911), S. 242 I. JW 1911, S. 534 Nr. 4 LZ 1911, Sp. 544 Nr. 12 Recht 1911, Beil. Nr. 2303 RGZ 76, 78
28.03.1911	VII 473/10	Naumburg a. S.	Recht 1911, Beil. Nr. 2051
22.04.1911	VI 296/10	Dresden	Recht 1911, Beil. Nr. 2716
26.04.1911	I 280/10	Naumburg a. S.	HoldheimsMschr. 20 (1911), S. 194 LZ 1911, Sp. 544 Nr. 10 Recht 1911, Beil. Nr. 3285
01.05.1911	V 455/10	Kammergericht	NW § 138 Nr. 208 DJZ 1911, Sp. 1089 JW 1911, S. 576 Nr. 9 LZ 1911, Sp. 611 Nr. 15 Recht 1911, Beil. Nr. 3610 SächsA 6 (1911), S. 311 Nr. 38
05.05.1911	III 204/10	Kassel	NW § 138 Nr. 135 BankA 11 (1911/12), S. 9 BayZ 7 (1911), S. 400 II. Gruchot 55 (1911), S. 883 Nr. 47 JW 1911, S. 576 Nr. 10 LZ 1911, Sp. 620 Nr. 3 Recht 1911, Beil. Nr. 2420 SeuffA 67 (1912), Nr. 103 S. 179
09.05.1911	VII 472/10	München	NW § 138 Nr. 209 Recht 1911, Beil. Nr. 3282 u. 3307
19.05.1911	III 186/10	Köln	JW 1911, S. 642 Nr. 4 Recht 1911, Beil. Nr. 3286
19.05.1911	III 444/10	Kiel	BayZ 7 (1911), S. 399 I. JW 1911, S. 642 Nr. 5 SchlHA 75 (1911), S. 299
26.05.1911	II 548/10	Hamm	LZ 1911, Sp. 696 Nr. 6
31.05.1911	V 531/10	Kammergericht	

14.06.1911	V 572/10	Hamm	Recht 1911, Beil. Nr. 2799 WarnRspr. 1911, Nr. 388 S. 433
20.06.1911	III 230/10	Kammergericht	NW § 138 Nr. 210 BayZ 7 (1911), S. 464 IV. Gruchot 56 (1912), S. 121 Nr. 7 LZ 1911, Sp. 713 Nr. 6[1980] Recht 1911, Beil. Nr. 3020 WarnRspr. 1911, Nr. 389 S. 434[1981]
06.07.1911	VII 604/10	Kammergericht	
10.07.1911	IV 634/10	Oldenburg	NW § 138 Nr. 211 LZ 1911, Sp. 926 Nr. 15 Recht 1911, Beil. Nr. 3152
11.07.1911	VII 46/11	Kammergericht	LZ 1912, Sp. 83 Nr. 6
19./29.09. 1911	II 78/11	München	DJZ 1912, Sp. 98[1982] JW 1911, S. 974 Nr. 3
25.09.1911	VI 501/10	Kammergericht	Recht 1911, Beil. Nr. 3417
28.09.1911	VI 407/10	Hamburg	DJZ 1911, Sp. 1557 JW 1911, S. 981 Nr. 15 Recht 1911, Beil. Nr. 3645, 3647, 3649, 3650 u. 3697 RGZ 77, 217
10.10.1911	II 70/11	Zweibrücken	
11.10.1911	V 602/10	Kammergericht	
13.10.1911	III 328/10	Kammergericht	
29.09./ 24.10.1911	VII 55/11	Hamm	DJZ 1912, Sp. 161 JW 1912, S. 69 Nr. 5 Recht 1912, Beil. Nr. 12 u. 13 WarnRspr. 1912, Nr. 54 S. 59
27.10.1911	III 184/11	Köln	LZ 1912, Sp. 70 Nr. 18 MuW XI (1911/1912), S. 151 Recht 1912, Beil. Nr. 2002
01.11.1911	III 558/10	Karlsruhe	NW § 138 Nr. 160 DJZ 1912, Sp. 281 LZ 1912, Sp. 70 Nr. 19 MuW XI (1911/1912), S. 262 Recht 1911, Beil. Nr. 3892 u. 3893 SeuffA 67 (1912), Nr. 104 S. 181 ZAktG 19 (1911 – 1912), S. 140
02.11.1911	IV 41/11	Hamburg	
02.11.1911	IV 59/11	Hamburg	PosMschr. XV (1912), S. 7
04.11.1911	IV 79/11	Kammergericht	Recht 1912, Beil. Nr. 14

[1980] Hier falsches Datum: 30.06.1911.

[1981] Hier falsches Aktenzeichen: III 2301/0.

[1982] Hier falsches Aktenzeichen: II 18/11.

13.11.1911	V 174/11	Colmar	DJZ 1912, Sp. 457 JW 1912, S. 203 Nr. 31 Recht 1912, Beil. Nr. 16 RGZ 77, 296
13.11.1911	V 177/11	Kammergericht	Recht 1912, Beil. Nr. 199
18.11.1911	IV 165/11	Rostock	JW 1912, S. 133 Nr. 5 Recht 1912, Beil. Nr. 15 WarnRspr. 1912, Nr. 56 S. 68
24.11.1911	II 177/11	Naumburg a. S.	
25.11.1911	V 197/11	Posen	NW § 138 Nr. 212[1983] DJZ 1912, Sp. 345[1984] JW 1912, S. 134 Nr. 6 Recht 1912, Beil. Nr. 175 RGZ 77, 419
28.11.1911	II 310/11	Frankfurt a. M.	WarnRspr. 1912, Nr. 57 S. 69
04.12.1911	I 432/10	Hamburg	
05.12.1911	II 241/11	Düsseldorf	JW 1912, S. 189 Nr. 4 Recht 1912, Beil. Nr. 176, 177, 195 u. 216 RGZ 78, 41
08.12.1911	II 285/11	Nürnberg	LZ 1912, Sp. 310 Nr. 9
14.12.1911	II 269/11	Kammergericht	LZ 1912, Sp. 310 Nr. 8
15.12.1911	III 635/10	Kammergericht	
03.10./ 19.12.1911	II 82/11	Stuttgart	NW § 138 Nr. 216 JW 1912, S. 235 Nr. 2 RGZ 78, 282
23.12.1911	IV 228/11	Kammergericht	WarnRspr. 1912, Nr. 115 S. 132
04.01.**1912**	IV 173/11	Hamm	JW 1912, S. 285 Nr. 3 Recht 1912, Beil. Nr. 851 WarnRspr. 1912, Nr. 98 S. 113
08.01.1912	IV 269/11	Naumburg a. S.	NW § 138 Nr. 194 LZ 1912, Sp. 310 Nr. 10
10.01.1912	III 72/11	Düsseldorf	Gruchot 56 (1912), S. 887 Nr. 57 JW 1912, S. 348 Nr. 13 Recht 1912, Beil. Nr. 721
17.01.1912	V 314/11	Kammergericht	Recht 1912, Beil. Nr. 850
19.01.1912	II 347/11	Kammergericht	MuW XI (1911/1912), S. 435 Recht 1912, Beil. Nr. 974 WarnRspr. 1912, Nr. 150 S. 165
23.01.1912	III 164/10	Nürnberg	NW § 138 Nr. 217 JW 1912, S. 382 Nr. 2 LZ 1912, Sp. 309 Nr. 3 MuW XII (1912/1913), S. 90

[1983] Hier falsches Datum: 30.11.1911.

[1984] Hier ist fälschlicherweise der IV. Zivilsenat im Aktenzeichen ausgewiesen.

			Recht 1912, Beil. Nr. 971 u. 972 RGZ 78, 258
24.01.1912	I 321/11	Jena	NW § 138 Nr. 213 JW 1912, S. 457 Nr. 3 LZ 1912, Sp. 395 Nr. 2 Recht 1912, Beil. Nr. 2003 WarnRspr. 1912, Nr. 155 S. 170
06.02.1912	II 446/11	Kassel	LZ 1912, Sp. 390 Nr. 28 Recht 1912, Beil. Nr. 1220
09.02.1912	II 404/11	München	LZ 1912, Sp. 385 Nr. 8 Recht 1912, Beil. Nr. 1052
14.02.1912	I 354/11	Kammergericht	NW § 138 Nr. 214 JW 1912, S. 545 Nr. 26 LZ 1912, Sp. 393 Nr. 38 Recht 1912, Beil. Nr. 1260 RGZ 78, 298
15.02.1912	IV 325/11	Kammergericht	Recht 1912, Beil. Nr. 1202 WarnRspr. 1912, Nr. 220 S. 244
15.02.1912	VII 358/11	Breslau	
19.02.1912	VI 291/11	Hamm	NW § 138 Nr. 218[1985] JW 1912, S. 525 Nr. 2 Recht 1912, Beil. Nr. 1129 RGZ 78, 347
22.02.1912	IV 360/11	Frankfurt a. M.	Recht 1912, Beil. Nr. 1063
26.02.1912	IV 349/11	Köln	
27.02.1912	II 455/11	Celle	NW § 138 Nr. 215 LZ 1912, Sp. 456 Nr. 16 WarnRspr. 1912, Nr. 242 S. 277
27.02.1912	III 226/11	Düsseldorf	JW 1912, S. 601 Nr. 24 LZ 1912, Sp. 455 Nr. 13 Recht 1912, Beil. Nr. 3146 WarnRspr. 1912, Nr. 224 S. 248
29.02.1912	IV 444/11	Kammergericht	Recht 1912, Beil. Nr. 1130, 1185 u. 1189
07.03.1912	IV 447/11	Hamburg	DJZ 1912, Sp. 634 Gruchot 56 (1912), S. 1007 Nr. 93 JW 1912, S. 540 Nr. 19 PosMschr. XV (1912), S. 39 SeuffA 68 (1913), Nr. 60 S. 106 WarnRspr. 1912, Nr. 219 S. 242
13.03.1912	V 426/11	Braunschweig	JW 1912, S. 632 Nr. 1 Recht 1912, Beil. Nr. 1274 WarnRspr. 1912, Nr. 243 S. 277

[1985] Hier falsches Datum: 19.02.1911.

22.03.1912	III 355/11	Hamburg	LZ 1912, Sp. 455 Nr. 14, Sp. 456 Nr. 17 u. Sp. 463 Nr. 42 u. 43 Recht 1912, Beil. Nr. 1432 u. 1559
27.03.1912	I 150/11	Stuttgart	NW § 138 Nr. 219 DJZ 1912, Sp. 809 JW 1912, S. 680 Nr. 1 LZ 1912, Sp. 456 Nr. 15 Recht 1912, Beil. Nr. 1433 RGZ 79, 156
29.03.1912	VII 48/12	Kammergericht	NW § 138 Nr. 223 JW 1912, S. 688 Nr. 12 Recht 1912, Beil. Nr. 1606, 1607 u. 1653 RGZ 79, 194
01.04.1912	VI 372/11	Braunschweig	DJZ 1912, Sp. 755 LZ 1912, Sp. 547 Nr. 32 Recht 1912, Beil. Nr. 1521 u. 1528
26.03./ 02.04.1912	VII 427/11	Kammergericht	JW 1912, S. 689 Nr. 13 LZ 1912, Sp. 686 Nr. 13 SeuffA 67 (1912), Nr. 249 S. 441
13.04.1912	IV 353/11	Celle	LZ 1912, Sp. 545 Nr. 23 Recht 1912, Beil. Nr. 1602
24.04.1912	I 176/11	Zweibrücken	NW § 138 Nr. 220 JW 1912, S. 789 Nr. 2 LZ 1912, Sp. 541 Nr. 10 Recht 1912, Beil. Nr. 1739 RGZ 79, 279
30.04.1912	II 519/11	Kammergericht	
01.05.1912	I 215/11	Kammergericht	Recht 1912, Beil. Nr. 1740
03.05.1912	II 109/12	Nürnberg	
08.05.1912	I 381/11	Celle	LZ 1912, Sp. 762 Nr. 1 Recht 1912, Beil. Nr. 2116 WarnRspr. 1912, Nr. 317 S. 354
14.05.1912	VII 31/12	Kammergericht	
22.05.1912	I 170/11	Dresden	NW § 138 Nr. 221 JW 1912, S. 854 Nr. 6 Recht 1912, Beil. Nr. 2004 RGZ 79, 371
04.06.1912	II 178/12	Frankfurt a. M.	NW § 138 Nr. 222 Gruchot 56 (1912), S. 923 Nr. 70 HoldheimsMschr. 21 (1912), S. 219 JW 1912, S. 857 Nr. 12 LZ 1912, Sp. 657 Nr. 14 Recht 1912, Beil. Nr. 2332 SeuffA 68 (1913), Nr. 50 S. 87 WarnRspr. 1912, Nr. 334 S. 374

14.06.1912	III 453/11	Kammergericht	NW § 138 Nr. 187 Recht 1912, Beil. Nr. 2864, 2867, 2871 u. 3003
14.06.1912	III 484/11	Marienwerder	JW 1912, S. 854 Nr. 5 Recht 1912, Beil. Nr. 2800 u. 2830
18.06.1912	VII 17/12	Kammergericht	LZ 1912, Sp. 772 Nr. 7
19.06.1912	V 95/12	Dresden	JW 1912, S. 853 Nr. 4 LZ 1912, Sp. 759 Nr. 32 Recht 1912, Beil. Nr. 2831 u. 2855
20.06.1912	IV 49/12	Kammergericht	Recht 1912, Beil. Nr. 3037
21.06.1912	II 234/12	Kiel	JW 1912, S. 862 Nr. 20
26.06.1912	V 107/12	Frankfurt a. M.	LZ 1912, Sp. 752 Nr. 9 Recht 1912, Beil. Nr. 3036 WarnRspr. 1912, Nr. 368 S. 403 ZBlFG 13 (1913), S. 629 Nr. 543
01.07.1912	V 149/12	Dresden	BayZ 8 (1912), S. 440 V. LZ 1912, Sp. 844 Nr. 15 Recht 1912, Beil. Nr. 3077
06.07.1912	V 141/12	Zweibrücken	
08.07.1912	IV 137/12	Düsseldorf	Recht 1912, Beil. Nr. 2801
24.06./ 08.07.1912	VI 556/11	Kammergericht	NW § 138 Nr. 118 LZ 1912, Sp. 843 Nr. 7[1986] Recht 1912, Sp. 563 u. Beil. Nr. 3053
07.10.1912	VI 73/12	Breslau	JW 1913, S. 128 Nr. 2 Recht 1913, Beil. Nr. 5, 8, 9 u. 10 WarnRspr. 1913, Nr. 43 S. 54
07.10.1912	VI 254/12	Dresden	JW 1913, S. 19 Nr. 5 RGZ 80, 153 Recht 1912, Beil. Nr. 3186
09.10.1912	V 104/12	Kassel	
09.10.1912	V 219/12	Kiel	
12.10.1912	IV 157/12	Naumburg a. S.	BayZ 8 (1912), S. 482 I. JW 1913, S. 16 Nr. 2 Recht 1913, Beil. Nr. 1303 WarnRspr. 1913, Nr. 3 S. 2
15.10.1912[1987]	III 88/12	Kiel	
15.10.1912	VII 231/12	Geheimer Justizrat II. Instanz[1988]	NW § 138 Nr. 224 JW 1913, S. 17 Nr. 3 Recht 1912, Beil. Nr. 3322, 3323 u. 3324 RGZ 80, 219

[1986] Hier falsches Datum: 14.06.1912.

[1987] Revisionsurteil vom 19.05.1911 – III 444/10.

[1988] Dieser ist nach dem Tenor von RG, Urt. v. 15.10.1912, Abschrift S. 1, mit dem Kammergericht „verbunden“.

18.10.1912	II 159/12	Kammergericht	JW 1913, S. 18 Nr. 4 Recht 1912, Beil. Nr. 3445
18.10.1912	III 229/11	Köln	Recht 1912, Beil. Nr. 3446
29.10.1912	II 279/12	Hamm	NW § 138 Nr. 225 MuW XII (1912/1913), S. 351 Recht 1913, Beil. Nr. 6 u. 76 WarnRspr. 1913, Nr. 41 S. 53
30.10.1912	I 33/12	Köln	MuW XII (1912/1913), S. 352 Recht 1913, Beil. Nr. 465
05.11.1912	VII 131/12	Hamburg	NW § 138 Nr. 227 DJZ 1913, Sp. 166 HansGZ 34 (1913), Beibl. S. 137 No. 83 JW 1913, S. 148 Nr. 27 Recht 1913, Beil. Nr. 7 RGZ 80, 324
06.11.1912	V 52/12	Kammergericht	
07.11.1912	VI 151/12	Kammergericht	BayZ 9 (1913), S. 127 II. JW 1913, S. 134 Nr. 11 Recht 1913, Beil. Nr. 498 WarnRspr. 1913, Nr. 82 S. 108
12.11.1912	II 291/12	Kiel	NW § 138 Nr. 226 DJZ 1913, Sp. 99 JW 1913, S. 104 Nr. 19 Recht 1913, Beil. Nr. 111 u. 112 RGZ 80, 385 SeuffA 69 (1914), Nr. 10 S. 22
15.11.1912	II 45/12	Kammergericht	
15.11.1912	III 155/12	Hamburg	BayZ 9 (1913), S. 149 IV. HansGZ 34 (1913), Hauptbl. S. 142 No. 65 JW 1913, S. 216 Nr. 33 LZ 1913, Sp. 139 Nr. 1 u. 2 u. Sp. 150 Nr. 33 Recht 1913, Beil. Nr. 242
29.11.1912	III 247/12	Köln	NW § 138 Nr. 228 JW 1913, S. 198 Nr. 9 LZ 1913, Sp. 79 Nr. 5 u. Sp. 214 Nr. 9 Recht 1913, Beil. Nr. 1593 RGZ 81, 41
30.11.1912	V 261/12	Hamm	Recht 1913, Beil. Nr. 305 WarnRspr. 1913, Nr. 84 S. 111
06.12.1912	II 402/12	Kassel	LZ 1913, Sp. 213 Nr. 7 SächsA 8 (1913), S. 123 Nr. 3
04.11./ 16.12.1912	I 118/12	Düsseldorf	LZ 1913, Sp. 392 Nr. 3 WarnRspr. 1913, Nr. 161 S. 195

17.12.1912	III 215/12	Stuttgart	NW § 138 Nr. 231 LZ 1913, Sp. 291 Nr. 11 Recht 1913, Beil. Nr. 466
17.12.1912	VII 416/12	Hamm	NW § 138 Nr. 213 Gruchot 57 (1913), S. 916 Nr. 49 JW 1913, S. 318 Nr. 4 Recht 1913, Beil. Nr. 1561 u. 1562 WarnRspr. 1913, Nr. 129 S. 164
18.12.1912	V 330/12	Hamm	JW 1913, S. 322 Nr. 8 RGZ 81, 134
19.12.1912	IV 381/12	Köln	NW § 138 Nr. 229 JW 1913, S. 321 Nr. 6 PosMschr. XVI (1913), S. 5 Recht 1913, Beil. Nr. 642 u. 643[1989] SeuffBl. 78 (1913), S. 208 WarnRspr. 1913, Nr. 128 S. 161
03.01.**1913**	III 233/12	Celle	NW § 138 Nr. 187 JW 1913, S. 317 Nr. 3 Recht 1913, Beil. Nr. 467 RGZ 81, 160
07.01.1913	III 234/12	Kammergericht	NW § 138 Nr. 230 BayZ 9 (1913), S. 127 I. JW 1913, S. 319 Nr. 5 MuW XII (1912/1913), S. 410 SeuffA 68 (1913), Nr. 122 S. 226
07.01.1913	III 236/12	Köln	NW § 138 Nr. 232 JW 1913, S. 370 Nr. 1 Recht 1913, Beil. Nr. 658 RGZ 81, 175
11.01.1913	IV 353/12	Kammergericht	WarnRspr. 1913, Nr. 183 S. 220
14.01.1913	II 431/12	Kammergericht	LZ 1913, Sp. 379 Nr. 8
15.01.1913	I 43/12	Karlsruhe	MuW XII (1912/1913), S. 552
17.01.1913	II 412/12	Köln	LZ 1913, Sp. 620 Nr. 2 Recht 1913, Beil. Nr. 2964
17.01.1913	VII 432/12	Kammergericht	
20.01.1913	VI 366/12	Düsseldorf	BayZ 9 (1913), S. 227 I.[1990] Gruchot 57 (1913), S. 908 Nr. 47 WarnRspr. 1913, Nr. 186 S. 228
22.01.1913	I 300/12	Stuttgart	JW 1913, S. 483 Nr. 3 LZ 1913, Sp. 291 Nr. 10 Recht 1913, Beil. Nr. 912 SächsA 9 (1914), S. 57 Nr. 1 WarnRspr. 1913, Nr. 189 S. 235

[1989] Hier jeweils falsches Aktenzeichen: IV 361/12.

[1990] Hier falsches Datum: 30.01.1913.

22.01.1913	V 363/12	Nürnberg	BayZ 9 (1913), S. 147 I.[1991] Recht 1913, Beil. Nr. 808 WarnRspr. 1913, Nr. 219 S. 276
28.01.1913	II 538/12	Hamm	NW § 138 Nr. 233 HoldheimsMschr. 22 (1913), S. 163[1992] JW 1913, S. 424 Nr. 1 LZ 1913, Sp. 379 Nr. 9[1993] Recht 1913, Beil. Nr. 1696
31.01.1913	III 319/12	Frankfurt a. M.	Recht 1913, Beil. Nr. 1096 WarnRspr. 1913, Nr. 187 S. 232
04.01./ 01.02.1913	V 305/12	Braunschweig	JW 1913, S. 429 Nr. 5 RGZ 81, 266
03.02.1913	IV 461/12	Hamm	BayZ 9 (1913), S. 197 V. Gruchot 57 (1913), S. 1101 Nr. 107 PosMschr. XVI (1913), S. 13 WarnRspr. 1913, Nr. 334 S. 401
06.02.1913	IV 459/12	Breslau	WarnRspr. 1913, Nr. 188 S. 233
07.02.1913	II 503/12	Jena	HoldheimsMschr. 22 (1913), S. 247 HoldheimsMschr. 23 (1914), S. 68
10.02.1913	VI 389/12	Kiel	
12.02.1913	I 394/12	Kiel	RGZ 81, 316 SchlHA 77 (1913), S. 116
13.02.1913	II 545/12	Jena	HoldheimsMschr. 22 (1913), S. 248 LZ 1913, Sp. 461 Nr. 1 Recht 1913, Beil. Nr. 1052
01.03.1913	V 432/12	Köln	
01.03.1913	V 433/12	Köln	NW § 138 Nr. 234 Gruchot 57 (1913), S. 920 Nr. 50 JW 1913, S. 540 Nr. 3 Recht 1913, Beil. Nr. 1249 WarnRspr. 1913, Nr. 220 S. 279
04.03.1913	III 338/12	Kammergericht	LZ 1913, Sp. 464 Nr. 10 WarnRspr. 1913, Nr. 275 S. 323
07.03.1913	III 366/12	Stuttgart	NW § 138 Nr. 126 MuW XII (1912/1913), S. 505 Recht 1913, Beil. Nr. 1097 WarnRspr. 1913, Nr. 218 S. 275
14.03.1913	III 407/12	Dresden	BayZ 9 (1913), S. 276 IV. JW 1913, S. 604 Nr. 16 LZ 1913, Sp. 625 Nr. 5 Recht 1913, Beil. Nr. 1419 u. 1420

[1991] Hier falsches Datum: 22.02.1913.

[1992] Hier falsches Aktenzeichen: II 536/11.

[1993] Hier falsches Aktenzeichen: II 536/12.

			Recht 1913, Beil. Nr. 1423 WarnRspr. 1913, Nr. 217 S. 273
18.03.1913	III 387/12	Köln	LZ 1913, Sp. 464 Nr. 9[1994] Recht 1913, Beil. Nr. 1563
18.03.1913	III 448/12	Köln	Gruchot 57 (1913), S. 841 Nr. 42 JW 1913, S. 592 Nr. 3 LZ 1913, Sp. 621 Nr. 3 Recht 1913, Beil. Nr. 1421 u. 1422 WarnRspr. 1913, Nr. 274 S. 322
19.03.1913	V 495/12	Kammergericht	
03.04.1913	VI 46/13	München	NW § 138 Nr. 16 BayZ 9 (1913), S. 297 I. DJZ 1913, Sp. 922[1995] Gruchot 57 (1913), S. 836 Nr. 41 JW 1913, S. 734 Nr. 2 MuW XII (1912/1913), S. 571 WarnRspr. 1913, Nr. 397 S. 472
04.04.1913	III 496/12	Kammergericht	LZ 1913, Sp. 857 Nr. 1
09.04.1913	V 492/12	Kammergericht	Recht 1913, Beil. Nr. 1564, 1566 u. 1567
01./22.04. 1913	II 636/12	Köln	JW 1913, S. 742 Nr. 12 RGZ 82, 182
23.04.1913	V 4/13	Celle	BayZ 9 (1913), S. 275 I. DJZ 1913, Sp. 1073 Gruchot 57 (1913), S. 922 Nr. 51 JW 1913, S. 682 Nr. 1 Recht 1913, Beil. Nr. 1565 SeuffA 69 (1914), Nr. 47 S. 89
26.04.1913	V 45/13	Kammergericht	WarnRspr. 1913, Nr. 311 S. 372
26.04.1913	VI 582/12	Konsul. Bangkok	Recht 1913, Beil. Nr. 2378
29.04.1913	III 481/12	Düsseldorf	NW § 138 Nr. 235 JW 1913, S. 854 Nr. 1 LZ 1913, Sp. 607 Nr. 6 Recht 1913, Beil. Nr. 1848 u. 1849 RGZ 82, 222
03.05.1913	VI 51/13	Hamm	BayZ 9 (1913), S. 299 IV. JW 1913, S. 855 Nr. 2 Recht 1913, Beil. Nr. 1697 u. 1727
17.05.1913	V 557/12	Frankfurt a. M.	SeuffA 69 (1914), Nr. 118 S. 217 WarnRspr. 1913, Nr. 312 S. 374
20.05.1913	III 507/12	Kammergericht	LZ 1913, Sp. 938 Nr. 1 Recht 1913, Beil. Nr. 2227, 2230 u. 2231

[1994] Hier falsches Akteinzeichen: III 367/12.

[1995] Hier falsches Datum: 06.04.1913.

20.05.1913	III 528/12	Marienwerder	
20.05.1913	III 538/12	Kammergericht	Recht 1913, Beil. Nr. 2229
26.05.1913	IV 16/13	Kiel	
27.05.1913	II 625/12	Hamburg	NW § 138 Nr. 236 DJZ 1913, Sp. 1075 HansGZ 34 (1913), Hauptbl. S. 241 No. 115 JW 1913, S. 916 Nr. 1 Recht 1913, Beil. Nr. 1966 u. 1967 RGZ 82, 308
31.05.1913	IV 111/13	Kammergericht	WarnRspr. 1913, Nr. 353 S. 417
17.06.1913	II 167/13	Augsburg	JW 1913, S. 984 Nr. 13 Recht 1913, Beil. Nr. 2228 RGZ 82, 395 SeuffA 69 (1914), Nr. 101 S. 190
17.06.1913	II 225/13	Kammergericht	LZ 1913, Sp. 849 Nr. 12
19.06.1913	IV 63/13	Celle	Recht 1913, Beil. Nr. 2696 WarnRspr. 1913, Nr. 398 S. 475
19.06.1913	VI 87/13	Kammergericht	LZ 1914, Sp. 286 Nr. 2
21.06.1913	IV 83/13	Köln	PosMschr. XVI (1913), S. 97 WarnRspr. 1913, Nr. 399 S. 476
24.06.1913	III 153/13	Konsul. Bangkok	Recht 1913, Beil. Nr. 2036
27.06.1913	III 160/13	Hamburg	
30.06.1913	IV 148/13	Darmstadt	WarnRspr. 1913, Nr. 400 S. 478
05.07.1913	IV 147/13	Kammergericht	Recht 1913, Beil. Nr. 2833
07.07.1913	IV 119/13	Dresden	Recht 1913, Beil. Nr. 2838 u. 2839
18.09.1913	IV 200/13	Breslau	NW § 138 Nr. 237 JW 1913, S. 1100 Nr. 1 Recht 1913, Beil. Nr. 2965 u. 2966 SeuffA 69 (1914), Nr. 48 S. 91
19.09.1913	II 303/13	Nürnberg	JW 1913, S. 1110 Nr. 10 LZ 1913, Sp. 934 Nr. 2 LZ 1914, Sp. 66 Nr. 2 RGZ 83, 97
24.09.1913	III 178/13	Kammergericht	NW § 138 Nr. 238 JW 1913, S. 1144 Nr. 2 Recht 1913, Beil. Nr. 2834, 2835, 2836, 2837, 2865 u. 2936 RGZ 83, 109
27.09.1913	VI 267/13	Zweibrücken	Gruchot 58 (1914), S. 423 Nr. 12 JW 1914, S. 35 Nr. 5
22.10.1913	III 247/13	Kammergericht	NW § 138 Nr. 239 Recht 1914, Beil. Nr. 6 u. 171 SeuffA 69 (1914), Nr. 128 S. 239 WarnRspr. 1914, Nr. 37 S. 53
23.10.1913	IV 252/13	Kammergericht	

27.10.1913	VI 273/13	Breslau	BankA 13 (1913/14), S. 100 JW 1914, S. 83 Nr. 15 Recht 1914, Beil. Nr. 891
27.10.1913	VI 430/13	Hamm	
11.11.1913	III 248/13	Stettin	Gruchot 58 (1914), S. 992 Nr. 90 LZ 1914, Sp. 391 Nr. 11
12.11.1913	I 130/13	Düsseldorf	HoldheimsMschr. 23 (1914), S. 66 Recht 1914, Beil. Nr. 245 u. 246
25.11.1913	II 591/13	Kammergericht	
25.11.1913	VII 267/13	Celle	LZ 1914, Sp. 670 Nr. 2
29.11.1913	V 265/13	Köln	
02.12.1913	III 434/13	Düsseldorf	LZ 1914, Sp. 663 Nr. 2
05.12.1913	VII 337/13	Düsseldorf	LZ 1914, Sp. 586 Nr. 15
11.12.1913	VI 441/13	Kammergericht	BayZ 10 (1914), S. 148 IV. JW 1914, S. 296 Nr. 3 LZ 1914, Sp. 762 Nr. 5 Recht 1914, Beil. Nr. 480 WarnRspr. 1914, Nr. 74 S. 101
12.12.1913	II 626/13	Dresden	JW 1914, S. 204 Nr. 20 LZ 1914, Sp. 385 Nr. 8 Recht 1914, Beil. Nr. 318 u. 422 WarnRspr. 1914, Nr. 40 S. 60
12.12.1913	III 420/13	Kammergericht	BayZ 10 (1914), S. 100 II. LZ 1914, Sp. 578 Nr. 7 Recht 1914, Beil. Nr. 313
13.12.1913	V 316/13	Kassel	SeuffA 69 (1914), Nr. 168 S. 310 Recht 1914, Beil. Nr. 461 u. 474
16.12.1913	II 391/13	Kammergericht	JW 1914, S. 250 Nr. 12
19.12.1913	III 435/13	Kammergericht	Recht 1914, Beil. Nr. 893 WarnRspr. 1914, Nr. 73 S. 100
20.12.1913	V 461/13	Kammergericht	Gruchot 58 (1914), S. 987 Nr. 89 Recht 1914, Beil. Nr. 591, 620 u. 621
23.12.1913	VII 386/13	Kammergericht	JW 1914, S. 355 Nr. 8 Recht 1914, Beil. Nr. 636
03.01.**1914**	V 336/13	Kiel	
08.01.1914	II 551/13	Zweibrücken	
08.01.1914	II 637/13	Dresden	
09.01.1914	VII 299/13	Kammergericht	NW § 138 Nr. 213 Gruchot 58 (1914), S. 825 Nr. 51 LZ 1914, Sp. 934 Nr. 1 Recht 1914, Beil. Nr. 743 u. 744
15.01.1914	VI 554/13	Kammergericht	
20.01.1914	II 645/13	Köln	
28.01.1914	V 299/13	Posen	DJZ 1914, Sp. 571 Recht 1914, Beil. Nr. 742 RGZ 84, 100 WarnRspr. 1914, Nr. 110 S. 154

04.02.1914	V 389/13	Celle	
04.02.1914	V 394/13	München	
06.02.1914	III 474/13	Dresden	BayZ 10 (1914), S. 168 III.
06.02.1914	VII 393/13	Kammergericht	Recht 1914, Beil. Nr. 894
10.02.1914	III 382/13	Konsul. Bangkok	Recht 1914, Beil. Nr. 2226 SeuffA 69 (1914), Nr. 255 S. 474
13.02.1914	VII 439/13	Kammergericht	LZ 1914, Sp. 1047 Nr. 23 Recht 1914, Beil. Nr. 895[1996] WarnRspr. 1914, Nr. 146 S. 199
19.02.1914	VI 531/13	München	NW § 138 Nr. 240 JW 1914, S. 463 Nr. 3 Recht 1914, Beil. Nr. 896 RGZ 84, 208
20.02.1914	II 648/13	Köln	Gruchot 58 (1914), S. 965 Nr. 83 HoldheimsMschr. 23 (1914), S. 152 LZ 1914, Sp. 1020 Nr. 3 Recht 1914, Beil. Nr. 1094
26.02.1914	II 658/13	Kammergericht	Recht 1914, Beil. Nr. 1241
31.01./ 28.02.1914	V 360/13	Posen	Recht 1914, Beil. Nr. 1389, 1389a u. 1455 WarnRspr. 1914, Nr. 111 S. 157[1997]
28.02.1914	V 396/13	Kammergericht	Recht 1914, Beil. Nr. 1530 Schubert, Erkenntnisse 1914, S. 586 WarnRspr. 1914, Nr. 150 S. 204
04.03.1914	V 385/13	Nürnberg	Recht 1914, Beil. Nr. 1390 u. 1391
09.03.1914	IV 639/13	Köln	Recht 1914, Beil. Nr. 1531 WarnRspr. 1914, Nr. 163 S. 225
13.03.1914	III 517/13	Jena	Recht 1914, Beil. Nr. 2230
20.03.1914	III 532/13	Kammergericht	NW § 138 Nr. 241 JW 1914, S. 638 Nr. 1 LZ 1914, Sp. 1020 Nr. 2 Recht 1914, Beil. Nr. 1243 RGZ 84, 304
25.03.1914	I 266/13	Kammergericht	
27.03.1914	II 694/13	Oldenburg	
20.04.1914	VI 45/14	Breslau	PosMschr. XVII (1914), S. 69 WarnRspr. 1914, Nr. 209 S. 295
21.04.1914	III 406/13	Konsul. Bangkok	BayZ 10 (1914), S. 384 III. LZ 1914, Sp. 1357 Nr. 3 WarnRspr. 1914, Nr. 178 S. 246

[1996] Hier falsches Aktenzeichen: VII 139/13.

[1997] Hier falsches Datum: 03.01.1914.

21.04.1914	VII 14/14	Posen	DJZ 1914, Sp. 826 HoldheimsMschr. 24 (1915), S. 24 Nr. 6 A) u. S. 30 Nr. 16 RGZ 84, 391
22.04.1914	V 556/13	Marienwerder	
25.04.1914	V 564/13	Celle	BayZ 10 (1914), S. 300 II. Gruchot 58 (1914), S. 891 Nr. 59 JW 1914, S. 834 Nr. 12 Recht 1914, Beil. Nr. 2439, 2440 u. 2441
29.04.1914	V 555/13	Frankfurt a. M.	Recht 1914, Beil. Nr. 2228 u. 2229
30.04.1914	VI 43/14	Kammergericht	NW § 138 Nr. 242[1998] Recht 1914, Beil. Nr. 2036 u. 2037 SeuffA 69 (1914), Nr. 232 S. 435
06.05.1914	V 4/14	Köln	BayZ 10 (1914), S. 341 I. Recht 1914, Beil. Nr. 2382
07.05.1914	VI 123/14	Dresden	BayZ 10 (1914), S. 444 II.[1999] JW 1914, S. 830 Nr. 6 LZ 1914, Sp. 1899 Nr. 3 PosMschr. XVII (1914), S. 63 WarnRspr. 1914, Nr. 274 S. 394
15.05.1914	III 219/13	Colmar	MuW XIV (1914/1915), S. 369 Recht 1914, Beil. Nr. 2605
26.05.1914	II 620/13	Hamm	NW § 138 Nr. 243 JW 1914, S. 877 Nr. 15 LZ 1914, Sp. 1528 Nr. 6 u. Sp. 1533 Nr. 22 Recht 1914, Beil. Nr. 1961, 1962 u. 1963 RGZ 85, 100
28.05.1914	IV 683/13	Hamburg	BayZ 10 (1914), S. 357 I. Gruchot 58 (1914), S. 897 Nr. 60 LZ 1914, Sp. 1753 Nr. 2 Recht 1914, Beil. Nr. 2225 u. 2259 WarnRspr. 1914, Nr. 273 S. 392
11.06.1914	II 126/14	Jena	Recht 1914, Beil. Nr. 2606
11.06.1914	II 706/13	Köln	
22.06.1914	V 88/14	Kiel	WarnRspr. 1914, Nr. 253 S. 358
23.06.1914	II 177/14	Kammergericht	DJZ 1914, Sp. 1301 HoldheimsMschr. 23 (1914), S. 274 LZ 1914, Sp. 1712 Nr. 1 Recht 1915, Beil. Nr. 189 u. 190

[1998] Hier falsches Datum: 10.04.1914.

[1999] Hier falsches Datum: 07.05.1904.

27.06.1914	V 106/14	Kiel	Gruchot 58 (1914), S. 1022 Nr. 100 JW 1914, S. 929 Nr. 15 WarnRspr. 1914, Nr. 288 S. 411
07.07.1914	III 135/14	Hamm	BayZ 10 (1914), S. 358 III. LZ 1914, Sp. 1846 Nr. 6 Recht 1914, Beil. Nr. 2868 u. 2896 SeuffA 70 (1915), Nr. 64 S. 110
09.07.1914	IV 156/14	Kammergericht	BayZ 11 (1915), S. 40 II. JW 1914, S. 976 Nr. 1 MuW XIV (1914/1915), S. 366 Recht 1914, Beil. Nr. 2840 u. 2841
09.07.1914	VI 200/14	Düsseldorf	
09.07.1914	VI 210/14	Kammergericht	PosMschr. XVII (1914), S. 106
22.09.1914	III 194/14	Dresden	
29.09.1914	III 281/14	Kassel	
01.10.1914	VI 251/14	Frankfurt a. M.	JW 1914, S. 1080 Nr. 5 Recht 1914, Beil. Nr. 2846, 2871 u. 2872 RGZ 85, 293 SeuffA 70 (1915), Nr. 120 S. 217[2000]
02.10.1914	VII 152/14	Frankfurt a. M.	HoldheimsMschr. 24 (1915), S. 13 Recht 1915, Beil. Nr. 167
09.10.1914	VII 214/14	Köln	Recht 1915, Beil. Nr. 1280, 1281 u. 1282
16.10.1914	III 261/14	Kammergericht	NW § 138 Nr. 244 BayZ 11 (1915), S. 17 IV. Gruchot 59 (1915), S. 334 Nr. 19 LZ 1915, Sp. 220 Nr. 1 Recht 1914, Beil. Nr. 2972 WarnRspr. 1915, Nr. 8 S. 9
19.10.1914	VI 354/14	Naumburg a. S.	NW § 138 Nr. 245 JW 1915, S. 30 Nr. 14 RGZ 85, 343
23.10.1914	VII 209/14	Düsseldorf	Schubert, Erkenntnisse 1914, S. 615
03.11.1914	II 287/14	Frankfurt a. M.	NW § 138 Nr. 246 Gruchot 59 (1915), S. 467 Nr. 34 LZ 1915, Sp. 46 Nr. 6 Recht 1915, Beil. Nr. 1723 WarnRspr. 1914, Nr. 316 S. 449
03.11.1914	II 325/14	Kiel	HoldheimsMschr. 24 (1915), S. 78 LZ 1915, Sp. 365 Nr. 7 Recht 1915, Beil. Nr. 1616 SchlHA 79 (1915), S. 6

[2000] Hier falsches Aktenzeichen: VI 251/13.

06.11.1914	III 213/14	Kammergericht	BayZ 11 (1915), S. 17 III. Gruchot 59 (1915), S. 469 Nr. 35 LZ 1915, Sp. 518 Nr. 7 Recht 1915, Beil. Nr. 1519
26.11.1914	III 287/14	Kammergericht	BankA 14 (1914/15), S. 145 JW 1915, S. 191 Nr. 2 LZ 1915, Sp. 286 Nr. 2 Recht 1915, Beil. Nr. 436
28.11.1914	V 286/14	Naumburg a. S.	LZ 1915, Sp. 293 Nr. 2 Schubert, Erkenntnisse 1914, S. 605
01.12.1914	VII 432/14	Kammergericht	WarnRspr. 1915, Nr. 41 S. 52
04.12.1914	II 269/14	Hamburg	LZ 1915, Sp. 503 Nr. 2 Recht 1915, Beil. Nr. 437
07.12.1914	IV 305/14	Kammergericht	
05./09.12. 1914[2001]	V 321/14	Hamm	
12.12.1914	V 422/14	Kiel	Gruchot 59 (1915), S. 899 Nr. 66 Recht 1915, Beil. Nr. 438 SchlHA 79 (1915), S. 43 ZBlFG 15 (1915), S. 514 Nr. 369
23.12.1914	V 291/14	Kammergericht	Recht 1915, Beil. Nr. 1286
23.12.1914	V 331/14	Kammergericht	Recht 1915, Beil. Nr. 441 u. 442

[2001] Urteil vom 05.12.1914 berichtigt Beschluß vom 09.12.1914.

II. Literatur

Alexander-Katz, Richard, Das Gutschein-, Hydra- oder Gella-System, in seiner volkswirthschaftlichen und juristischen Bedeutung, in: GewRschutz 7 (1902), S. 17-31

Alsberg, Max, Zu dem Rechte der Handlungsgehilfen: Konkurrenzklausel, in: LZ 1910, Sp. 206-208

Arzt, Gunther, Die Ansicht aller billig und gerecht Denkenden, Tübingen 1962

Asch, Adolf, Zur Behandlung der Sicherungsverträge in Rechtsprechung und Gesetzgebung II., in: JW 1911, S. 303-304

Asch, Adolf, Rechtsbehelfe des Gläubigers bei Rechtsgeschäften des Schuldners zum Nachteil der Gläubiger, in: JW 1912, S. 65-67

Aubele, Raimund, Gestattung des außerehelichen Beischlafs unter Nichtanwendung empfängnisverhütender Mittel gegen das Versprechen einer wirtschaftlichen Leistung für den Fall eintretender Schwangerschaft, in: Gruchot 60 (1916), S. 982-987

Bacharach, Alfred, Kartelle und Kriegswucher, in: RuW 6 (1917), S. 145-149

Barkhausen, Walter, Anmerkung zum BGH, Urteil vom 09.07.1953 – IV ZR 242/52, in: NJW 1953, S. 1665

Barkhausen, Walter, Anmerkung zum BGH, Urteil vom 02.02.1955 – IV ZR 252/54, in: NJW 1955, S. 1272

Baum, Georg, Die „guten Sitten“ im Klassenkampf, in: GewG 8 (1903), Sp. 17-21

Baum, Georg, Der Gesetzentwurf zur Konkurrenzklausel, in: GewKfmG 18 (1913), Sp. 73-78

Baum, Georg, Der Einfluß des Kriegszustandes auf den Arbeitsvertrag, in: JW 1914, S. 815-818

Baum, Georg, Notverordnung betreffend die Konkurrenzklausel, in: JW 1914, S. 949

Baum, Georg, Die Konkurrenzklausel nach dem Gesetz vom 10. Juni 1914, mit besonderer Berücksichtigung der Übergangszeit, in: JW 1914, S. 998-1000

Baum, Georg, Das vertragliche Wettbewerbsverbot (Konkurrenzklausel), in: Guttentagsche Sammlung Deutscher Reichsgesetze Nr. 115, Berlin 1914 (zit.: Baum, Wettbewerbsverbot)

Baum, Georg, Organisationszwang und Tarifvertrag, in: NZArbR 2 (1922), Sp. 23-30

Becker, Karl, Der 1500 Mk.-Vertrag, in: Recht 1912, Sp. 430-434

Becker, Karl, Nochmals der 1500 Mark-Vertrag, in: JW 1913, S. 1166-1169

Becker, Karl, Zur Frage der Sittenwidrigkeit des Fünfzehnhundertmark-Vertrags, in: LZ 1913, Sp. 645-650

Becker, Karl, Rechtsbehelfe des Gläubigers gegen die Vereitelung seiner Rechte durch vertragliche Zuwendung des pfändbaren Gehaltsteils an die Ehefrau eines Angestellten, in: RheinArch. 109 (1913), S. 105-120
Becker, Karl, Die rechtlichen und sozialen Probleme des 1500-Mark-Vertrags, in: Gruchot 58 (1914), S. 1-59
Becker, Karl, 1500-M.-Vertrag und Lohnbeschlagnahmegesetz, in: Recht 1914, Sp. 424-426
Biermann, Johannes, Bürgerliches Recht, Erster Band, Allgemeine Lehren und Personenrecht, Berlin 1908 (zit.: Biermann, Bd. I)
Bitta, Joseph, Die rechtliche Behandlung der gewerblichen Kartelle, in: DJZ 1902, S. 253-256
Bittinger, Albert, Kartellverträge, gute Sitten und Gericht, in: DRiZ 1914, Sp. 386-395
Bloch, Arthur, Höchstpreisüberschreitung und Überteuerung im Privatrecht, in: Kleine Schriften zum Bürgerlichen Recht Bd. 7, München/Berlin/Leipzig 1918
Blodig, Hermann, Der Wucher und seine Gesetzgebung, in: Kleine Strafrechtliche Schriften Bd. 54, Wien 1892
Bollenbeck, Franz Josef, Die Zulässigkeit gemischter Güterstände unter dem B.G.B. mit besonderer Rücksicht auf die aus dem rheinischen Recht übergeleiteten Güterstände dieser Art, in: Recht 1904, S. 32-37
Bondi, Felix, Zivilrechtliche Folgen der Abforderung von Wucherpreisen, in: RuW 5 (1916), S. 267-268
Bovensiepen, Rudolf, Weitere Pfändungsbeschränkungen?, in: DRiZ 1912, Sp. 909-923
Bovensiepen, Rudolf, Einige Bemerkungen zur Bekanntmachung über die Einschränkung der Pfändbarkeit von Lohn-, Gehalts- und ähnlichen Ansprüchen vom 17. Mai 1915 (RGBl. S. 285), in: SächsA 10 (1915), S. 262-264
Bovensiepen, Rudolf, Verstöße gegen gute Sitte im Arbeitsverhältnis, in: ArbR 9 (1922), Sp. 197-206
Bovensiepen, Rudolf, Vorschläge zur Bekämpfung der 2000 Markverträge, in: LZ 1922, Sp. 66-68
Brandis, Ernst, Zum 1500 Mark-Vertrag, in: DJZ 1914, Sp. 819-820
Braun, Karl Ludwig August, Ist das sogen. Hydrasystem eine strafbare Ausspielung?, in: Recht 1901, S. 400-402
Breit, Max, 1500 Mark-Verträge zur Ausschließung von Gehaltspfändungen, in: Kleine Schriften zum Bürgerlichen Recht Bd. 54, Leipzig 1914
Breithaupt, Walter, Die guten Sitten, in: JZ 1964, S. 283-285
Brückner, Hermann, Inwieweit sind die am 1. Januar 1900 bereits bestehenden Mietverhältnisse nach dem Bürgerlichen Gesetzbuch f. d. D. R., insbesondere nach den im sozialpolitischen Interesse erlassenen, sogenannten zwingenden Vorschriften desselben, zu beurteilen?, in: Recht 1900, S. 113-116

Bühler, Ottmar, Organisationszwang und Tarifvertrag, in: NZArbR 2 (1922), Sp. 157-164

Bunsen, Friedrich, Einführung in das Bürgerliche Gesetzbuch für das Deutsche Reich, Erster Band, Einleitung, Allgemeiner Teil, Recht der Schuldverhältnisse, Rostock 1897 (zit.: Bunsen, Bd. I)

von Caemmerer, Ernst, Anmerkung zum BGH, Urteil vom 02.11.1955 – IV ZR 103/55, in: JZ 1956, S. 97-98

Cahn, Hugo, Ehrenwort und Reichsgericht, in: BayZ 8 (1912), S. 275-278

Cahn, Hugo, Die Konkurrenzklausel auf dem Wege zu Richtplatz, in: DRiZ 1913, Sp. 246-250

Cantor, Otto, Die Konkurrenzklausel, Geltendes Recht und legislatorische Betrachtungen, Berlin 1911 (zit.: Cantor, Konkurrenzklausel)

Cantor, Otto, Der Gesetzentwurf über die Konkurrenzklausel, in: MuW XII (1912/1913), S. 169-176

Caro, Leopold, Der Wucher, in: Kleine Strafrechtliche Schriften Bd. 24, Leipzig 1893

Citron, Gratifikationsvereinbarungen, in: DJZ 1914, Sp. 365-367

Cohn, Über die Notwendigkeit einer Reform des Lohnbeschlagnahmerechts, in: Gruchot 54 (1910), S. 721-783

Cohn, Alexander, Sind nach dem BGB. pacta de non licitando zulässig?, in: DJZ 1901, S. 24-25

Cohn, Louis, Die wuchergesetzlichen Bestimmungen des Bürgerlichen Gesetzbuchs, in: Gruchot 41 (1897), S. 784-797

Cohn, Louis, Kann der Wucherer die Herausgabe der ungerechtfertigten Bereicherung fordern?, in: DJZ 1904, Sp. 854-856

Coing, Helmut, Allgemeine Rechtsgrundsätze in der Rechtsprechung des Reichsgerichts zum Begriff der „guten Sitten" (§ 138, § 826 BGB), in: NJW 1947/48, S. 213-217

Cosack, Konrad, Lehrbuch des Deutschen bürgerlichen Rechts auf der Grundlage des bürgerlichen Gesetzbuchs, Erster Band: Die allgemeinen Lehren und das Recht der Forderungen, 3. Auflage, Jena 1900, 4. Auflage, Jena 1903, 5. Auflage, Jena 1910, 6. Auflage, Jena 1913 (zit.: Cosack, Bd. I); Zweiter Band: Das Schuldrecht, Das Recht der Wertpapiere, Das Gemeinschaftsrecht, Das Familienrecht, Das Erbrecht, 1./2. Auflage, Jena 1900, 4. Auflage, Jena 1904 (zit.: Cosack, Bd. II)

Crome, Carl, System des Deutschen Bürgerlichen Rechts, Erster Band: Einleitung und Allgemeiner Theil, Tübingen/Leipzig 1900 (zit.: Crome, Bd. I); Zweiter Band: Recht der Schuldverhältnisse, Tübingen/Leipzig 1902 (zit.: Crome, Bd. II)

Depène, Hans, Der Dienstvertrag der Versicherungsbeamten und die guten Sitten, in: GewKfmG 13 (1908), Sp. 30-32

Dernburg, Heinrich, Lehrbuch des Preußischen Privatrechts und der Privatrechtsnormen des Reichs, Zweiter Band: Das Obligationrecht Preußens und des Reichs und das Urheberrecht, 5. Auflage, Halle a. S. 1897 (zit.: Dernburg, Preuß. Privatrecht Bd. II)

Dernburg, Heinrich, Das bürgerliche Recht des Deutschen Reichs und Preußens, Erster Band: Die allgemeinen Lehren, 1. Auflage, Halle a. S. 1902, 3. Auflage, Halle a. S. 1906 (zit.: Dernburg, Bd. I); Zweiter Band: Die Schuldverhältnisse nach dem Rechte des Deutschen Reichs und Preußens, Zweite Abteilung: Einzelne Obligationen, 1./2. Auflage, Halle a. S. 1901, 3. Auflage, Halle a. S. 1906, 4. Auflage, Halle a. S. 1915 (zit.: Dernburg, Bd. II 2); Dritter Band: Das Sachenrecht des Deutschen Reichs und Preußens, 1. Auflage, Halle a. S. 1898, 3. Auflage, Halle a. S. 1904, 4. Auflage, Halle a. S. 1908 (zit.: Dernburg, Bd. III); Vierter Band: Deutsches Familienrecht, 4. Auflage, Halle a. S. 1908 (zit.: Dernburg, Bd. IV); Fünfter Band: Deutsches Erbrecht, 1. Auflage, Halle a. S. 1905 (zit.: Dernburg, Bd. V)

Dernburg, Heinrich, Ausbeutung der Rechtskraft gegen die guten Sitten, in: DJZ 1905, Sp. 465-472

Dick, Otto, Der Verstoß gegen die guten Sitten in der gerichtlichen Praxis, Berlin 1909

Dick, Otto, Der „Verstoß gegen die guten Sitten" in der gerichtlichen Praxis, in: ArchBürgR 33 (1909), S. 74-135

Dittrich, Hans, Abänderungsvorschläge zum Lohnbeschlagnahmegesetz, in: DRiZ 1914, Sp. 673-692, fortgesetzt in: DRiZ 1914, Sp. 701-707

Dittrich, Hans, Entwurf zu einem neuen Lohnpfändungsgesetz, in: DRiZ 1914, Sp. 693-700

Dörstling, Theodor, Lebensversicherung und Krieg, in: Recht 1916, Sp. 168

Düringer, Adelbert, Zur Lehre vom Sicherungskauf, in: LZ 1908, Sp. 97-106

Düringer, Adelbert, Die gesetzgeberische Regelung der Konkurrenzklausel, in: DJZ 1911, Sp. 1233-1239

Düringer, Adelbert, Warenlager als Gegenstand der Sicherungsübereignung, in: LZ 1911, Sp. 417-421

Düringer, Adelbert, Der Gesetzentwurf über die Konkurrenzklausel, in: DJZ 1913, Sp. 128-134

Düringer, Adelbert/Hachenburg, Max, Das Handelsgesetzbuch vom 10. Mai 1897 (mit Ausschluß des Seerechts) auf der Grundlage des Bürgerlichen Gesetzbuchs, Erster Band: Handelsstand, 2. Auflage, Mannheim 1908 (zit.: Düringer/Hachenburg, HGB Bd. I); Zweiter Band: Drittes Buch des Gesetzes, Handelsgeschäfte, Allgemeine Vorschriften, 1. Auflage, Mannheim 1901 (zit.: Düringer/Hachenburg, HGB Bd. II)

Eccius, Max Ernst, Buchbesprechung von Lotmar, Philipp, Der unmoralische Vertrag insbesondere nach gemeinem Recht, Leipzig 1896, in: Gruchot 41 (1897), S. 734-736

Eccius, Max Ernst, Kondiktion des Wucherers nach Bürgerlichem Gesetzbuche, in: DJZ 1903, S. 41-42

Eccius, Max Ernst, Zur Frage der Abtretung künftiger Forderungen, in: DJZ 1904, Sp. 53-56

Eckert, Jörn, Sittenwidrigkeit und Wertungswandel, in: AcP 199 (1999), S. 337-359

Eckstein, Ernst, Anfechtung einer Schenkung durch Zahlung, Sicherung und Übernahme fremder Schulden und durch Verträge auf Leistung an Dritte, insbesondere durch Lebensversicherungsverträge, innerhalb und ausserhalb des Konkurses, in: BuschsZ 41 (1911), S. 67-114

Eckstein, Ernst, Zur Lehre von der Nichtigkeit des Vertrages wegen Unsittlichkeit, in: ArchBürgR 38 (1913), S. 195-213

Eckstein, Ernst, Die Einrede der Unsittlichkeit, in: ArchBürgR 39 (1913), S. 367-405

Eckstein, Ernst, Studien zur Lehre von den unsittlichen Handlungen, Rechtshandlungen und Rechtsgeschäften, insbesondere Verträgen, in: ArchBürgR 41 (1915), S. 178-279

Eckstein, Ernst, Konkurrenzverbot und Persönlichkeitsrecht, in: GewRschutz 25 (1920), S. 109

Ehrlich, Eugen, Das zwingende und nichtzwingende Recht im Bürgerlichen Gesetzbuch für das Deutsche Reich, in: Abhandlungen zum Privatrecht und Civilprozeß des Deutschen Reiches, Zweiter Band, 4. Heft, Jena 1899

Eisenhardt, Ulrich, Deutsche Rechtsgeschichte, 4. Auflage, München 2004

Eisner, Über die Nichtigkeit von Abzahlungsgeschäften, in: JW 1914, S. 263

Endemann, Friedrich, Einführung in das Studium des Bürgerlichen Gesetzbuchs für das Deutsche Reich, Erster Theil: Einführung, Allgemeiner Theil, Recht der Schuldverhältnisse, 1. Auflage, Berlin 1896, Einführung in das Studium des Bürgerlichen Gesetzbuchs, Erster Band: Einführung, Allgemeiner Theil, Recht der Schuldverhältnisse, 3./4. Auflage, Berlin 1898 (zit.: Endemann, Bd. I)

Endemann, Friedrich, Buchbesprechung von Lotmar, Philipp, Der unmoralische Vertrag, insbesondere nach gemeinem Recht, Leipzig 1896, in: KrVJschr. 41 (1899), S. 517-526

Endemann, Friedrich, Lehrbuch des Bürgerlichen Rechts, Zweiter Band, Zweite Abteilung, Familienrecht, 8./9. Auflage, Berlin 1908 (zit.: Endemann, Bd. II 2)

Enneccerus, Ludwig, Das Bürgerliche Recht, Eine Einführung in das Recht des Bürgerlichen Gesetzbuchs, Erster Band: Einleitung, Allgemeiner Teil, Recht der Schuldverhältnisse, 1. Auflage, Marburg 1900 (zit.: Enneccerus, Bd. I); Lehrbuch des Bürgerlichen Rechts, Erster Band, erste Abteilung: Einleitung, Allgemeiner Teil, 4./5. Auflage, Marburg 1909, 6. Auflage, Marburg 1913 (zit.: Enneccerus, Bd. I 1)

Entwurf eines BGB, Entwurf eines bürgerlichen Gesetzbuches für das Deutsche Reich, Erste Lesung – Ausgearbeitet durch die von dem Bundesrathe berufene Kommission, Berlin/Leipzig 1888 (zit.: BGB Entwurf I); Zweite Lesung – Nach den Beschlüssen der Redaktionskommission, Berlin 1895 (zit.: BGB Entwurf II)

Erler, Julius, Ehescheidungsrecht und Ehescheidungsprozeß einschließlich der Nichtigkeitserklärung der Ehe im Deutschen Reiche, 2. Auflage, Berlin 1900

Erman, Walter (Begr.), Bürgerliches Gesetzbuch, Westermann, Harm Peter (Hrsg.), Band I (§§ 1 – 811), 11. Auflage, Köln 2004 (zit.: Bearbeiter, in: Erman, BGB)

Ewald, Hans, Ueber das Verhältnis von § 31 Ziff. 1 und 2 KO. und § 3 Ziff. 1 und 2 RAnfechtungsgesetz zu §§ 138, 823, 826 BGB, in: AcP 120 (1922), S. 251-259

Falk, Ulrich, Zur Sittenwidrigkeit von Testamenten, Grundlinien der Rechtsprechung im 19. und 20. Jahrhundert, in: Rechtsprechung, Materialien und Studien, Veröffentlichung des Max-Planck-Instituts für Europäische Rechtsgeschichte Frankfurt am Main, Band 14: Das Bürgerliche Gesetzbuch und seine Richter, Zur Reaktion der Rechtsprechung auf die Kodifikation des deutschen Privatrechts (1896–1914), Falk, Ulrich/Mohnhaupt, Heinz (Hrsg.), Frankfurt a. M. 2000, S. 451-494 (zit.: Falk, in: Das Bürgerliche Gesetzbuch und seine Richter)

Farnbacher, Friedrich, II. Skizzen zum Bürgerlichen Gesetzbuche, XII. Das Darlehen, in: SeuffBl. 63 (1898), S. 506-512

Feßler, Gehaltsverfügungen zum Nachteile der Gläubiger, in: BayZ 9 (1913), S. 182-185

Feuchtwanger, Sigbert, Anmerkung zum RG, Urteil vom 29.10.1926 – II 57/26, in: JW 1927, S. 1463-1465

Finger, Richard, Die Kunst des Rechtsanwalts, 3. Auflage, Berlin 1926

Fischer, Hans Albrecht, Die Rechtsmoral, in: BayZ 7 (1911), S. 145-149, fortgesetzt in: BayZ 7 (1911), S. 173-176

Fischer, Hans Albrecht, Die Rechtswidrigkeit mit besonderer Berücksichtigung des Privatrechts, in: Abhandlungen zum Privatrecht und Zivilprozeß des Deutschen Reichs, 21. Band, 2. Heft, München 1911 (zit.: H. A. Fischer, Rechtswidrigkeit)

Fischer, Otto, Sittlichkeit und Billigkeit im deutschen bürgerlichen Recht, in: ArchRWPhil. 11 (1917/1918), S. 296-311, fortgesetzt in: ArchRWPhil. 12 (1918/1919), S. 24-37

Fischer, Otto/von Henle, Wilhelm (Hrsg.), Bürgerliches Gesetzbuch vom 18. August 1896 nebst dem Einführungsgesetze vom 18. August 1896, 3. Auflage, München 1899, 9. Auflage, München 1912 (zit.: Fischer/Henle, BGB)

Fischer, Otto Christian, Die Anwendbarkeit des § 826 BGB. auf die Sicherungsübereignung von Warenlagern und Aussenständen nach der neuesten Rechtsprechung des Reichsgerichts, in: BankA 11 (1911/12), S. 103-106

Fischer, Otto Christian, Die Sicherungsübereignung als Verstoss gegen § 826 BGB, in: BankA 13 (1913/14), S. 141-143

Flechtheim, Julius, Krieg und Kartelle, in: JW 1915, S. 372-376

Flessa, Richard, Sittenwidrigkeit bei Sicherungsübereignungen, in: NJW 1953, S. 84-87

Förster, Bernhard Gottlieb Konrad, Veräußerung von Grundstücken mit Bordellbetrieb, in: Recht 1905, S. 356-358

Frankenburger, Heinrich, Anmerkung zum OLG Augsburg, Urteil vom 14.12.1915 – II. Zivilsenat, in: JW 1916, S. 442

Frankenburger, Heinrich, Leistungsvertrag und Krieg, in: BayZ 13 (1917), S. 9-11

Friedmann, Fritz, Das Reichswuchergesetz in der Fassung der Wuchergesetznovelle vom 19. Juni 1893, Berlin 1894

Fuchs, Ernst, Anwalt und Klient, in: DJZ 1907, Sp. 938-943

Fuchs, Ernst, Die drohende Revisionsverstümmelung vom Standpunkt der soziologischen Rechtslehre, in: JW 1910, S. 209-213

Fuchs, Ernst, Die moderne Rechtsfindung, in: JW 1914, S. 270-274

Fuchs, Ernst, Fußnote 2 zu: Grundsätze aus den Reichsgerichtsentscheidungen, in: JW 1915, S. 1055

Fuchs, Ernst, Zur juristischen Neuorientierung, in: JW 1917, S. 323-325, fortgesetzt in: JW 1917, S. 504-507 und JW 1917, S. 633-635

Fuld, Ludwig, Recht und Moral im neuen Gesetzbuche, in: SeuffBl. 64 (1899), S. 171-175

Fuld, Ludwig, Die Rechtsunwirksamkeit des Pactum de non licitando, in: SeuffBl. 70 (1905), S. 592-596

Fuld, Ludwig, Monopole und Kontrahierungszwang, in: Recht 1906, Sp. 1187-1188

Fuld, Ludwig, Zur Frage der Konkurrenzklausel, in: Recht 1908, Sp. 161-162

Fuld, Ludwig, Das Wuchergesetz in der Fassung des Gesetzes vom 19. Juni 1893, 2. Auflage, Leipzig 1908 (zit.: Fuld, Wuchergesetz)

Fuld, Ludwig, Schadenersatz und Einwand der Sittenwidrigkeit, in: Recht 1916, Sp. 640-641

Furbach, Kurt, Kann ein ganzes Warenlager mit wechselndem Bestande vom Schuldner dem Gläubiger zur Sicherheit übereignet werden?, in: LZ 1912, Sp. 902 – 904

Gareis, Karl, Kommentar zum Bürgerliches Gesetzbuche, Der Allgemeine Theil des Bürgerlichen Gesetzbuchs, 1. Auflage, Berlin 1900 (zit.: Gareis, BGB, Allgemeiner Teil)

Gareis, Karl, Der 55. Band der Entscheidungen des Reichsgerichts in Zivilsachen, in: DJZ 1904, Sp. 572-579

Gareis, Karl, Vom Begriff Gerechtigkeit, in: Festschrift für die Juristische Fakultät in Giessen zum Universitätsjubiläum, Frank, Reinhard (Hrsg.), Giessen 1907, S. 273-312 (zit.: Gareis, in: FS Jur. Fakultät Giessen)

Gernhuber, Joachim, Testierfreiheit, Sittenordnung und Familie, in: FamRZ 1960, S. 326-335

von Gierke, Otto, Recht und Sittlichkeit, in: Logos 6 (1916/17), S. 211-264

Gittler, Wilhelm, Schiebung und Umschreibung des Gewerbebetriebes, in: JW 1914, S. 669-670

Glaser, Fritz Salo, Hydrageschäfte und das Sächsische Lotteriegesetz, in: SächsA 1 (1906), S. 361-363

Glücksohn, Zur Frage des Zweitausendmarkvertrages, in: LZ 1917, Sp. 186-187

Goertz, Otto, Zu § 850 Abs. 1 ZPO, in: Recht 1912, Sp. 560-561

Goez, Karl, Zur Auslegung des § 138 Abs. 1 BGB, in: JW 1922, S. 1192-1193

Goldmann, Eduard/Lilienthal, Leo, Das Bürgerliche Gesetzbuch systematisch dargestellt, Erster Band: Allgemeiner Teil und Recht der Schuldverhältnisse, 2. Auflage, Berlin 1903 (zit.: Goldmann/Lilienthal, Bd. I)

Goldmann, Ludwig, Ist bei gleichzeitiger Vornahme von Kausal- und Verfügungsgeschäft und Ungültigkeit des ersteren § 139 BGB. anwendbar?, in: Gruchot 56 (1912), S. 161-174

Grabner, Der 1500 Mark-Vertrag und die persönliche Freiheit, in: LZ 1915, Sp. 1209-1214

Graff, Hugo, Kann der Wucherer das von ihm Geleistete zurückverlangen?, in: DJZ 1908, Sp. 1102-1103

Groschuff, Albert/Eichhorn, Gerhard/Delius, Hans, Kommentare zu den strafrechtlichen Nebengesetzen, II. Band: Die Preußischen Strafgesetze, 1. Auflage, Berlin 1894, 2. Auflage, Berlin 1904 (zit.: Groschuff, Bd. II)

Haager, Ludwig, Der sogenannte 1500 Mark-Vertrag, in: BayZ 10 (1914), S. 18-19

Haberstumpf, Helmut, Die Formel vom Anstandsgefühl aller billig und gerecht Denkenden in der Rechtsprechung des Bundesgerichtshofs, in: Schriften zur Rechtstheorie Heft 47, Berlin 1976

Habicht, Hermann, Die Einwirkung des Bürgerlichen Gesetzbuchs auf zuvor entstandene Rechtsverhältnisse, 2. Auflage, Jena 1900, 3. Auflage, Jena 1901

Hachenburg, Max, Die Berücksichtigung des Sittengesetzes im Bürgerlichen Gesetzbuch, in: Einundvierzigster Jahres-Bericht über die Wirksamkeit der Juristischen Gesellschaft zu Berlin in dem Vereinsjahre 1899 – 1900, S. 25-40 (zit.: Hachenburg, 41. Jahres-Bericht)

Hachenburg, Max, Das Bürgerliche Gesetzbuch für das Deutsche Reich, Vorträge gehalten in den Jahren 1896/97, 2. Auflage, Mannheim 1900 (zit.: Hachenburg, Vorträge)

Hachenburg, Max, Der 72. Band der Entscheidungen des Reichsgerichts in Zivilsachen, in: DJZ 1910, Sp. 938-945

Hachenburg, Max, Die Neuregelung des Wettbewerbsverbots der Handlungsgehilfen, in: DJZ 1915, Sp. 55-60

Hachenburg, Max, Juristische Rundschau, in: DJZ 1915, Sp. 582-587

Hachenburg, Max, Juristische Rundschau, in: DJZ 1915, Sp. 782-787

Hachenburg, Max, Wucher bei Nahrungsmitteln und Kriegsbedarf, in: DJZ 1915, Sp. 852-859

Hachenburg, Max, Anmerkung zum RG, Urteil vom 09.11.1915 – II 250/15, in: JW 1916, S. 114

Hachenburg, Max, Wandlung in der Auffassung des Verstoßes gegen die guten Sitten?, Vortrag vor der Juristischen Studiengesellschaft München in der Sitzung vom 13. November 1929, mitgeteilt von J. Kohnstamm, in: JW 1930, S. 1363-1364

Hagen, Konrad, Die guten Sitten als Rechtsbegriff, in: Gruchot 52 (1908), S. 497-515

Hagen, Konrad, Beiträge zur Lehre von den „guten Sitten", in: SächsA 4 (1909), S. 473-484, fortgesetzt in: SächsA 5 (1910), S. 105-120 und SächsA 5 (1910), S. 505-515

Haidlen, Oskar, Lehrbuch des Familien- und Erbrechtes, Erster Band: Das Familien- und Vormundschaftsrecht, 4. Auflage, Berlin/Stuttgart/Leipzig 1907

Hampke, Georg, Gehaltsverfügung zum Nachteil der Gläubiger, in: LZ 1912, Sp. 633-635

Harburger, Isaak, Konkursordnung für das Deutsche Reich und Reichsgesetz, betreffend die Anfechtung von Rechtshandlungen eines Schuldners außerhalb des Konkursverfahrens in der Fassung der Bekanntmachung des Reichskanzlers vom 20. Mai 1898, 2. Auflage, München 1907 (zit.: Harburger, KO)

Harnier, Eduard, Nochmals Gehaltsverträge zur Benachteiligung der Gläubiger, I., in: JW 1913, S. 295-297

Hartmann, Bernhard/Meikel, Georg, Gesetz betreffend die Anfechtung von Rechtshandlungen eines Schuldners außerhalb des Konkursverfahrens vom 21. Juli 1879/20. Mai 1898, 6. Auflage, Berlin 1913 (zit.: Hartmann/Meikel, AnfG)

Hattenhauer, Hans/Bernert, Günther, Allgemeines Landrecht für die Preußischen Staaten von 1794, 3. Auflage, Neuwied/Kriftel/Berlin 1996

Havenstein, Ernst, Verstößt der 1500-Mark-Vertrag gegen die guten Sitten?, in: JW 1914, S. 733-735

Haymann, Franz, Zur Frage nach der Gültigkeit der Bordellveräußerung und Bordellbelastung, in: DJZ 1913, Sp. 1114-1119

Hecht, Karl, Zur Frage der sogenannten 1500-Mark-Verträge, in: ZVersWiss. 16 (1916), S. 193-204

Hedemann, Justus Wilhelm, Sittenwidrige Schädigung der Kartelle durch Gründung eines Außenwerks, in: JherJb. 63 (1913), S. 1-70

Hedler, Wilhelm, Die zivilrechtlichen Wirkungen wucherischer Geschäfte, Borna/Leipzig 1913

Heinsheimer, Karl, Sanierungsversuche als Verstoss gegen die guten Sitten?, in: BankA 13 (1913/14), S. 125-128

Heldrich, Andreas, Die Bedeutung der Rechtssoziologie für das Zivilrecht, in: AcP 186 (1986), S. 74-114

Hellwig, Konrad, Gläubigernot – Sicherungsübereignungen und andere Schiebungen, in: RuW 1 (1912), S. 84-87

von Henle, Wilhelm, Der 81. Band der Entscheidungen des Reichsgerichts in Zivilsachen, in: DJZ 1913, Sp. 1350-1355

Henle, Eduard, Die Gläubigeranfechtung von Eheverträgen, in: JW 1906, S. 700-705

Herzfeld, Arthur, Die Reform des Lohnbeschlagnahmegesetzes und der 1500 Mk.-Vertrag, in: GewKfmG 18 (1913), Sp. 411-418

Herzfeld, Arthur, Zuwendung von Forderungen an Dritte durch Versprechensanweisung und deren Anfechtbarkeit, in: JW 1913, S. 562 – 566

Herzog, Alexander, Sittenwidrige Rechtsgeschäfte in der höchstrichterlichen Rechtsprechung aus den Jahren 1948 – 1965, in: Rechtshistorische Reihe Bd. 239, Frankfurt a. M. et al. 2001

Hilse, Benno, Rechtsunwirksamkeit eines abweichend von der Arbeitsordnung vereinbarten Entlassungsgrundes, in: Recht 1903, S. 480-481

Hilse, Benno, Rechtsunwirksamkeit einer Vereinbarung kündigungsloser Arbeitsentlassung wegen Anschlusses an eine Arbeiterorganisation, in: HirthsAnn. 1903, S. 545-546

Hilse, Benno, Die Vergütung für Modellstehen, in: SeuffBl. 70 (1905), S. 597-600

Hilse, Benno, Entschädigungsansprüche aus Arbeitskämpfen, in: SeuffBl. 71 (1906), S. 549-551

Hipp, Otto, Nichtigkeit oder Anfechtbarkeit der Verträge mit sog. Automatenfirmen, in: BayZ 10 (1914), S. 225-227

Hirsch, Karl, Kartelle und Preisfrage, in: DJZ 1905, Sp. 1050

Hirsch, Karl, Rechtsgültigkeit des mit einem Kastellanvertrage verbundenen Mietvertrages, in: DJZ 1912, Sp. 1464-1466

Historisch-kritischer Kommentar zum BGB, Band I: Allgemeiner Teil, §§ 1 – 240, Schmoeckel, Mathias/Rückert, Joachim/Zimmermann, Reinhard (Hrsg.), Tübingen 2003 (zit.: Bearbeiter, in: Historisch-kritischer Kommentar BGB)

Hölder, Eduard, Zum Allgemeinen Theil des Entwurfes eines deutschen bürgerlichen Gesetzbuches, in: AcP 73 (1888), S. 1-160

Hölder, Eduard, Die richterliche Herabsetzung einer Vertragsstrafe, in: Recht 1900, S. 161-164

Hölder, Eduard, Kommentar zum Allgemeinen Theil des Bürgerlichen Gesetzbuchs nebst Einleitung, München 1900 (zit.: Hölder, BGB, Allgemeiner Teil)

Hölder, Eduard, Das gegen die guten Sitten verstoßende Rechtsgeschäft, in: DJZ 1908, Sp. 46-51

Hoeniger, Heinrich, Die Sicherungs-Übereignung von Warenlagern, in: DNotV 11 (1911), S. 177-229

Hörle, Über die persönlichen und vermögensrechtlichen Verhältnisse der Ehegatten nach §§ 1353 – 1361 BGB, in: ArchBürgR 31 (1908), S. 113-174

Hörle, Abzahlungsgeschäfte, in: Gruchot 55 (1911), S. 177-222

Honsell, Heinrich, Die zivilrechtliche Sanktion der Sittenwidrigkeit, in: JZ 1975, S. 439-441

Horn, Norbert, Ein Jahrhundert Bürgerliches Gesetzbuch, in: NJW 2000, S. 40-46

Horrwitz, Hugo, „Wir haben Krieg für Krieg, und Blut für Blut, Zwang wider Zwang: antworte Frankreich das!“, in: DJZ 1914, Sp. 1334-1339

Hoyer, Lebensversicherung und Krieg, in: Recht 1916, Sp. 35-36

Immerwahr, Wilhelm, Nur 1500 Mark Gehalt!, in: GuR 10 (1909), S. 393-396

Isaac, Martin, Das gegen ein Vorstandsmitglied oder einen Geschäftsführer gerichtete Wettbewerbsverbot ist nicht schon aus dem Grunde nichtig, weil eine sehr hohe Vertragsstrafe vereinbart worden ist, in: ZAktG 28 (1920), S. 178

Jacobi, Leonard, Das persönliche Eherecht des Bürgerlichen Gesetzbuchs für das Deutsche Reich, in: Das Recht des Bürgerlichen Gesetzbuchs in Einzeldarstellungen, Zweites Heft, 2. Auflage, Berlin 1899 (zit.: Jacobi, Eherecht)

Jacobi, Leonard, Recht, Sitte und Sittlichkeit, in: JherJb. 41 (1900), S. 68-111

Jacobi, Leonard, Die sittliche Pflicht im Bürgerlichen Gesetzbuch, in: Festgabe für Heinrich Dernburg zum fünfzigjährigen Doktorjubiläum am 4. April 1900, verfaßt von Berner, Albrecht Friedrich u.a., überreicht von der Juristenfakultät der Universität Berlin, Leipzig 1900, S. 151-172 (zit.: Jacobi, in: FS Dernburg)

Jacoby, Die Eigentumsübertragung an Bordellgrundstücken, in: JW 1912, S. 451-452

Jacoby, M. S., Das Wuchergeschäft, in: JherJb. 60 (1912), S. 229-254

Jaeger, Ernst, Die Konkursordnung auf der Grundlage des neuen Reichsrechts, 1. Auflage, Berlin 1902; Kommentar zur Konkursordnung und den Einführungsgesetzen, Band I, 3./4. Auflage, Berlin 1907, 5. Auflage, Berlin 1916 (zit.: Jaeger, KO)

Jaeger, Ernst, Lohnverzicht und gute Sitten, in: LZ 1911, Sp. 285-287

Jaeger, Ernst, Die Pfändung anfechtbar veräußerter Gegenstände, in: LZ 1913, Sp. 23-34

Jaeger, Ernst, Lohnverträge zugunsten der Ehefrau, in: LZ 1914, Sp. 1065-1078

Jastrow, Hermann, Buchbesprechung von Dernburg, Heinrich, Das bürgerliche Recht des Deutschen Reiches und Preußens, Band 5: Deutsches Erbrecht, Halle a. S. 1905, in: BuschsZ 34 (1905), S. 497-517

Joerges, Rudolf, Das Verfahren des RG. zur Begründung des Verstoßes gegen die guten Sitten, in: ZRPhil. 1 (1914), S. 208-224

Jörissen, F., Im Kampfe gegen Sicherungsübereignungen, in: DRiZ 1914, Sp. 364-366

Josef, Eugen, Rechtserwerb aus unerlaubten Handlungen, in: ArchBürgR 20 (1902), S. 44-50

Josef, Eugen, „Modellstehen" ein unsittlicher Vertrag?, in: Recht 1905, S. 220-221

Josef, Eugen, Letztwillige Zuwendungen an die Beischläferin, in: BadRpr. 1919, S. 10-11

Josef, Eugen, Das Konkubinenlegat, in: SächsA 14 (1919), S. 258 – 259

Josef, Eugen, Ausländisches Recht und Sittenwidrigkeit des Vertrages; zwischenstaatliches Recht im Versicherungsverkehr, in: ZIntR 29 (1921), S. 27-33

Kaestner, Die Bedeutung der ärztlichen Ehrengerichtsbarkeit für die juristische Praxis, in: DJZ 1906, Sp. 1019-1021

Kahn, Otto, Bemerkungen zur Uebereignung zum Zweck der Sicherung, in: DJZ 1903, S. 125-126

Karow, Oliver, Die Sittenwidrigkeit von Verfügungen von Todes wegen in historischer Sicht, in: Europäische Hochschulschriften, Reihe II, Rechtswissenschaft, Bd. 2155, Frankfurt a. M. et al. 1997

Kaufmann, Willy, Die guten Sitten als Rechtsbegriff, in: Recht 1907, Sp. 1448-1449

Keil, Arthur, Die gesetzliche Regelung des Gaststättenwesens nach der Reichsgewerbeordnung und dem Gaststättengesetz, Gießen 1933

Kiefer, Friedrich, Gehaltsverfügungen zum Nachteil der Gläubiger, in: Würzburger Abhandlungen zum deutschen und ausländischen Prozeßrecht, Heft 6, Leipzig 1913

Kipp, Theodor, Die guten Sitten im Kriege, in: DJZ 1916, Sp. 466-471

Kleinfeller, Georg, Rechtskraft, Vollstreckungsrecht und Verstoß gegen die guten Sitten, in: BayZ 2 (1906), S. 1-8

Kloeppel, Friedrich, Konkurrenzklausel, Geschäftsgeheimnis und Öffentlichkeit des Zivilprozesses, in: JW 1914, S. 223-224

Knipschaar, Otto, Der Militärfiskus im zivilrechtlichen Kampf gegen den Kriegswucher, in: DJZ 1915, Sp. 1087-1091

Knitschky, Wilhelm Ernst, Das Rechtsverhältniß zwischen Eltern und Kindern nach dem Bürgerlichen Gesetzbuch, Berlin 1899

Koffka, Emil, Die Reichs-Wuchergesetze vom 24. Mai 1880 und 19. Juni 1893, Berlin 1894 (zit.: Koffka, Reichs-Wuchergesetze)

Koffka, Emil, Die Verordnung des Bundesrats vom 23. Juli 1915 gegen übermäßige Preissteigerung, in: JW 1915, S. 877-880

Kohler, Josef, Die Ideale im Recht, in: ArchBürgR 5 (1891), S. 161-265

Kohler, Josef, Zwölf Studien zum Bürgerlichen Gesetzbuch, II. Der Ehemaklerlohn, in: ArchBürgR 12 (1897), S. 317-336

Kohler, Josef, Geben und Wiedergeben, in: AcP 98 (1906), S. 347-371

Kohler, Josef, Lehrbuch des Bürgerlichen Rechts, Zweiter Band: Vermögensrecht, Erster Teil: Schuldrecht, Berlin 1906 (zit.: Kohler, Lehrbuch, Bd. II 1)

Kohler, Josef, Zwölf Studien aus dem Bürgerlichen Gesetzbuch, X. Bezugsverträge und § 138 BGB, in: ArchBürgR 31 (1908), S. 237-254

Kohler, Josef, Das Versprechen, in: ArchRWPhil. 5 (1911/1912), S. 307-311

Kohler, Josef, Der Fünfzehnhundertmark-Vertrag, in: LZ 1913, Sp. 641-645

Kohler, Josef, Sitte und Sittlichkeit, in: ArchRWPhil. 8 (1914/1915), S. 330-332

Kriegsmann, Nikolaus Hermann, Der Rechtsgrund (causa) der Eigentumsübertragung nach dem Recht des Bürgerlichen Gesetzbuchs für das Deutsche Reich, in: Kleine Schriften zum Bürgerlichen Recht Bd. 10, Berlin 1905

Kronecker, Ernst, Höchstpreise und zwangsweise Schließung von Geschäften, in: DJZ 1914, Sp. 1094-1096

Krückmann, Paul, Das Mißverhältnis zwischen Leistung und Gegenleistung und die Sittenwidrigkeit des Leistungsvertrages, in: BayZ 12 (1916), S. 273-282

Krückmann, Paul, Noch etwas von guten Sitten, in: LZ 1916, Sp. 1457-1463

Küsters, Alfred, Grundgeschäft und Leistungsgeschäft gegenüber §§ 138 und 817 B.G.B., Marburg 1935

Kuhlenbeck, Ludwig, Die Rechtsprechung des Reichsgerichts in Beziehung auf die wichtigsten Begriffe und Institute des Civilrechts, XXIII. Das gegen „die guten Sitten" verstoßende Rechtsgeschäft, in: JW 1896, S. 221-228

Kuhlenbeck, Ludwig, Das Bürgerliche Gesetzbuch für das Deutsche Reich nebst dem Einführungsgesetze, Erster Band, 1. Auflage, Berlin 1899, 2. Auflage, Berlin 1903 (zit.: Kuhlenbeck, BGB, Bd. I); Zweiter Band, 2. Auflage, Berlin 1903 (zit.: Kuhlenbeck, BGB, Bd. II)

Kuhlenbeck, Ludwig, Nachtrag, in: JW 1902, S. 646

Kuhlenbeck, Ludwig, Fiduziarische Cession, insbesondere zur Umgehung des § 110 CPO., ein Beitrag zur Lehre vom Scheingeschäfte, der sog. Umgehung des Gesetzes und Treuhänder, in: SeuffBl. 70 (1905), S. 337-343

Kuhnt, Gottfried, Ausdehnung des Eigentumsvorbehalts auf künftig zu kaufende Sachen, in: DJZ 1913, Sp. 93-94

Kullmann, Georg, Zur Ehrenwortverpfändung, in: JW 1915, S. 1286

Laband, Paul, Der 58. Band der Entscheidungen des Reichsgerichts in Zivilsachen, in: DJZ 1905, Sp. 566-574

Lade, Karl, Ehrenwörtliche Verpflichtung in Anstellungsverträgen, in: GewKfmG 18 (1913), Sp. 237-238

Landsberg, Adolf, Der Zedent als Zeuge, in: PosMschr. X (1907), S. 171-172

Lang, Sittenwidrige und strafbare Einnahmen und Werbungskosten bei der Einkommenbesteuerung, in: JW 1922, S. 877-879

Lange, Heinrich, Lage und Zukunft der Sicherungsübertragung, in: NJW 1950, S. 565-570

Langsdorff, Verstößt der Zusammenlegungsbeschluß der Generalversammlung einer Aktiengesellschaft deshalb gegen die guten Sitten, weil er bezweckt, einen Aktionär „hinauszudrängen"?, in: LZ 1914, Sp. 273-275

Larenz, Karl, Grundsätzliches zu § 138 BGB, in: Juristen-Jahrbuch 7 (1966/67), S. 98-122

Larenz, Karl/Wolf, Manfred, Allgemeiner Teil des Bürgerlichen Rechts, 9. Auflage, München 2004 (zit.: Larenz/Wolf, Allgemeiner Teil)

Lederer, Emil, Die Privatangestellten und die Reform des Lohnbeschlagnahmegesetzes, in: GewKfmG 18 (1913), Sp. 418-422

Lehmann, Heinrich, Die Unterlassungspflicht im bürgerlichen Recht, in: Abhandlungen zum Privatrecht und Zivilprozeß des Deutschen Reichs, 15. Band, 1. Heft, München 1906

Leipold, Dieter, Testierfreiheit und Sittenwidrigkeit in der Rechtsprechung des Bundesgerichtshofs, in: 50 Jahre Bundesgerichtshof, Festgabe aus der Wissenschaft, Band I: Bürgerliches Recht, Canaris, Claus-Wilhelm/Heldrich, Andreas (Hrsg.), München 2000, S. 1011-1045 (zit.: Leipold, in: 50 Jahre Bundesgerichtshof)

Lenel, Otto, Der 63. Band der Entscheidungen des Reichsgerichts in Zivilsachen, in: DJZ 1907, Sp. 453-458

Lenel, Otto, Der 69. Band der Entscheidungen des Reichsgerichts in Zivilsachen, in: DJZ 1909, Sp. 621-625

Leonhard, Franz, Bürgerliches Gesetzbuch, Fünftes Buch, Erbrecht, 2. Auflage, Berlin 1912 (zit.: F. Leonhard, Erbrecht)

Leonhard, Franz, Bürgerliches Recht, Ein Lehrbuch in kurzen Sätzen, 2. Auflage, Berlin 1926 (zit.: F. Leonhard, Lehrbuch)

Leonhard, Rudolf, Der Allgemeine Theil des Bürgerlichen Gesetzbuchs in seinem Einflusse auf die Fortentwicklung der Rechtswissenschaft, in: Das Recht des Bürgerlichen Gesetzbuchs in Einzeldarstellungen, 10. Band, Berlin 1900 (zit.: R. Leonhard, Allgemeiner Teil)

Leonhard, Rudolf, Der Verstoß gegen die guten Sitten, in: Aus Römischem und Bürgerlichem Recht, Ernst Immanuel Bekker zum 16. August 1907 überreicht, Bernhöft, Franz u.a., Weimar 1907, S. 87-106 (zit.: R. Leonhard, in: FS Bekker)

Leonhard, Rudolf, Der 71. Band der Entscheidungen des Reichsgerichts in Zivilsachen, in: DJZ 1910, Sp. 450-455

Lesser, Martin, Gehaltsverträge zur Benachteiligung der Gläubiger, in: JW 1911, S. 622-624

Lesser, Martin, Gehaltsverträge zur Benachteiligung der Gläubiger, I. Unter Besonderer Berücksichtigung der Frage des Vorliegens einer Gläubigerbenachteiligung, in: JW 1912, S. 891-894

Lesser, Martin, Zur Anwendung des § 826 BGB. auf den sogenannten 1500 Mark-Vertrag, in: JW 1912, S. 1134-1135

Lesser, Martin, Nochmals Gehaltsverträge zur Benachteiligung der Gläubiger, II., in: JW 1913, S. 297-299

Lesser, Martin, Die Anfechtbarkeit des 1500-Mark-Vertrages sowie die Anfechtbarkeit von Verträgen, durch die Ansprüche auf Dienstvergütung aufgegeben werden, in: JW 1915, S. 685-692

Levinger, Wilhelm, Beiträge zum Mietrechte, in: SeuffBl. 76 (1911), S. 414-415

Leyserson, Hermann, Ueber die Wirkungen der Rechtskraft eines aus einem wucherischen Wechsel erwirkten Versäumnißurtheils, in: ArchBürgR 17 (1900), S. 107-131

Lilienthal, Die Uebereignung zum Zwecke der Sicherung, in: DJZ 1902, S. 542-546

Lindacher, Walter F., Grundsätzliches zu § 138 BGB, in: AcP 173 (1973), S. 124-136
Linz, Ernst, Die Mätresse als letztwillig Bedachte, in: DJZ 1922, Sp. 437-438
Lippmann, Die Gründe für die Annahme einer Unübertragbarkeit zukünftiger Forderungen, in: DJZ 1904, Sp. 255-258
Lippmann, Gehaltsverfügungen zum Nachteil der Gläubiger, in: LZ 1910, Sp. 833-841
Lippmann, Noch einmal Gehaltsverfügungen zum Nachteile der Gläubiger, in: LZ 1912, Sp. 132-139
von Liszt, Franz, Lehrbuch des Deutschen Strafrechts, 7. Auflage, Berlin 1896, 9. Auflage, Berlin 1899 (zit.: von Liszt, Strafrecht)
von Liszt, Franz, Die Deliktsobligationen im System des Bürgerlichen Gesetzbuchs, Berlin 1898 (zit.: von Liszt, Deliktsobligationen)
von Liszt, Franz, Ist das sog. Hydrasystem eine strafbare Ausspielung? Zwei Rechtsgutachten, II., in: DJZ 1901, S. 195-197
Lobe, Adolf, Der Begriff der guten Sitten in BGB. § 826 und UWGes. § 1, in: Gruchot 72 (1932), S. 145-157
Loersch, Hugo, Der Code Civil – französisch und deutsch – nebst den ihn abändernden und ergänzenden Reichs- und Preußischen Gesetzen und den noch geltenden Artikeln des code de prodédure civile und des code de commerce, 3. Auflage, Leipzig 1893
Lotmar, Philipp, Der unmoralische Vertrag insbesondere nach gemeinem Recht, Leipzig 1896
Ludwig, Marc, Der Pfändungsschutz für Lohneinkommen, in: Rechtshistorische Reihe Bd. 244, Frankfurt a. M. et al. 2001
Luetgebrune, Götz, Standeswidrigkeit als Verstoß gegen die guten Sitten (Ein Beitrag zur Auslegung des § 138, I BGB), Göttingen 1935
Lurje, Max, Der Einfluß der unerlaubten Tätigkeit insbesondere des unsittlichen Erwerbs und der unsittlichen Leistung auf die Steuerpflicht, in: NStRdsch. 1 (1919/1920), S. 30-31
Lux, Walter, Das Rückforderungsrecht des Wucherers und die Nichtigkeitslehre, in: LZ 1919, Sp. 561-567

Macke, Reinhold, Die Vollstreckung trotz Gehaltsverträgen, in: JW 1914, S. 735-736
Magnus, Julius, Juristische Rundschau, in: DJZ 1911, Sp. 742-744
Mantey, W., Gegen die guten Sitten, in: GuR 7 (1906), S. 257-261
Marcus, Die Rechtswirksamkeit von Begünstigungsabreden zwischen Gläubiger und Schuldner im Hinblick auf einen geplanten außergerichtlichen Akkord, in: DJZ 1904, Sp. 307-308
Marcus, Streitfragen, betr. das vertragliche Konkurrenzverbot, in: DJZ 1907, Sp. 952-954

Marcus, Die Bierabnahmeverträge der Schankwirte mit Brauereien, in: GuR 8 (1907), S. 219-220

Marcuse, Wirkung der Ungültigkeit des Kausalgeschäfts auf das sachenrechtliche Erfüllungsgeschäft, in: Gruchot 66 (1923), S. 159-168

Marquardt, H., Der 1500 Mark-Vertrag, in: LZ 1922, Sp. 186-187

Marsson, Richard, Zum Begriffe der „guten Sitten“ im BGB, in: DJZ 1911, Sp. 881

Marsson, Richard, Der 75. Band der Entscheidungen des Reichsgerichts in Zivilsachen, in: DJZ 1911, Sp. 1470-1475

Matthiaß, Bernhard, Lehrbuch des Bürgerlichen Rechtes, Erster Band: Die allgemeinen Lehren und das Recht der Schuldverhältnisse, 3. Auflage, Berlin 1900 (zit.: Matthiaß, Bd. I)

Matthießen, Hans, Zur Gültigkeit der Bordellhypothek, in: DJZ 1907, Sp. 534-536

Matthießen, Hans, Die Eigentumsübertragung an Bordellgrundstücken, in: JW 1911, S. 923-926

Matthiessen, Hans, Die zivilrechtlichen Folgen übermäßiger Preissteigerung, in: LZ 1917, Sp. 1289-1297

Mayer, Das Reichsgericht und die Hamburger Nachrichten, in: DRiZ 1912, Sp. 286-288

Mayer-Maly, Theo, Wertungswandel und Privatrecht, in: JZ 1981, S. 801-805

Mayer-Maly, Theo, Was leisten die guten Sitten?, in: AcP 194 (1994), S. 105-176

Mayer-Maly, Theo, Die guten Sitten des Bundesgerichtshofs, in: 50 Jahre Bundesgerichtshof, Festgabe aus der Wissenschaft, Band I: Bürgerliches Recht, Canaris, Claus-Wilhelm/Heldrich, Andreas (Hrsg.), München 2000, S. 69-79 (zit.: Mayer-Maly, in: 50 Jahre Bundesgerichtshof)

von Mayr, Robert, Der Bereicherungsanspruch des deutschen bürgerlichen Rechtes, Leipzig 1903

Medicus, Dieter, Allgemeiner Teil des BGB, 8. Auflage, Heidelberg 2002 (zit.: Medicus, Allgemeiner Teil)

Medicus, Dieter, Bürgerliches Recht, 20. Auflage, Köln/Berlin/München 2004 (zit.: Medicus, Bürgerliches Recht)

Medicus, Dieter, Grundwissen zum Bürgerlichen Recht, 7. Auflage, Köln/Berlin/München 2006 (zit.: Medicus, Grundwissen)

Meikel, Georg, Anfechtbarkeit von Eheverträgen wegen Gläubigerbenachteiligung, in: SeuffBl. 70 (1905), S. 369-386

Meikel, Georg, Verwertung der Arbeitskraft und Gläubigerbenachteiligung, in: SeuffBl. 77 (1912), S. 411-421

Meikel, Georg, Nochmal Verwertung der Arbeitskraft und Gläubigerbenachteiligung, in: SeuffBl. 77 (1912), S. 539-544

Meisner, Johannes, Das Bürgerliche Gesetzbuch für das Deutsche Reich nebst dem Einführungsgesetze, Der allgemeine Theil des Deutschen Bürgerlichen Gesetzbuchs, Erstes Buch: Allgemeiner Theil, Breslau 1898 (zit.: Meisner, BGB, Bd. I)

Melsbach, Erich, Die Sicherungsübereignung von Warenlagern, in: JW 1913, S. 404-407

Mendelssohn Bartholdy, Albrecht, Mitteilungen, in: RheinZ 1914, S. 193-214

Menzel, Adolf, Die Kartelle und die Rechtsordnung, in: Kleine Handelsrechtliche Schriften Bd. 14, 2. Auflage, Leipzig 1902

Mertens, Hans-Georg, Untersuchungen zur zivilrechtlichen Judikatur des Reichsgerichts vor dem Inkrafttreten des BGB, in: AcP 174 (1974), S. 333-380

Meyer, Georg, Zwei Fragen aus dem Gebiete der Lohnbeschlagnahme, in: Recht 1911, Sp. 321-326

Meyer-Cording, Ulrich, Anmerkung zum BGH, Urteil vom 09.07.1953 – IV ZR 242/52, in: JZ 1953, S. 665-667

Meyer-Cording, Ulrich, Gute Sitten und ethischer Gehalt des Wettbewerbsrechtes, in: JZ 1964, S. 273-278

Meyerowitz, Artur, Streik, Aussperrung, Boykott und Verruf in der Rechtsprechung des Reichsgerichts, in: JW 1912, S. 839-849

Michaelis, Der 66. Band der Entscheidungen des Reichsgerichts in Zivilsachen, in: DJZ 1908, Sp. 564-569

von Miltner, Anmerkung der Schriftleitung: zu Otto Schreiber „Wider die guten Sitten", in: LZ 1917, Sp. 184-186

Mittelstein, Max, Beiträge zum Mietrecht, I. Verstößt der Mietvertrag des Grund- und Hausbesitzervereins München gegen die guten Sitten?, in: SeuffBl. 76 (1911), S. 257-263

Mittelstein, Max, Beiträge zum Mietrechte, II. Nachwort zu Beitrag I., in: SeuffBl. 76 (1911), S. 416-419

Möller, Hans Kai, Zur Frage der Sicherungsübereignung, in: JW 1912, S. 720-721

Mohn, Ludwig, Das Bürgerliche Gesetzbuch, Erster Band: Allgemeiner Teil, Berlin 1919 (zit.: Mohn, Bd. I)

Moses, Siegfried, Ist jeder Kettenhandel unsittlich?, in: DJZ 1917, Sp. 327-328

Motive, Motive zu dem Entwurfe eines Bürgerlichen Gesetzbuches für das Deutsche Reich, Band I: Allgemeiner Theil, 2. Auflage, Berlin 1896 (zit.: Motive I); Band II: Recht der Schuldverhältnisse, 2. Auflage, Berlin 1896 (zit.: Motive II); Band IV: Familienrecht, 2. Auflage, Berlin 1896 (zit.: Motive IV); Band V: Erbrecht, Berlin/Leipzig 1888 (zit.: Motive V)

Müller, Gustav, Ueber zwingende und nachgiebige Rechtsnormen nach Bürgerlichem Gesetzbuche, in: SeuffBl. 66 (1901), S. 21-28

Müller, J., Abhalten von der Teilnahme an öffentlichen Submissionen, in: JW 1906, S. 639-641

Müller-Emmert, Adolf/Maier, Bernhard, Das Erste Gesetz zur Bekämpfung der Wirtschaftskriminalität, in: NJW 1976, S. 1657-1664

Münchener Kommentar zum Bürgerlichen Gesetzbuch, Band 1: Allgemeiner Teil, §§ 1 – 240, AGB-Gesetz, 1. Auflage, München 1978, 3. Auflage, München 1993, 4. Auflage, München 2001, Band 1, 1. Halbband: §§ 1 – 240, ProstG, 5. Auflage, München 2006 (zit.: Bearbeiter, in: MüKo, BGB)

Mugdan, Benno, Die gesamten Materialien zum Bürgerlichen Gesetzbuch für das Deutsche Reich, Band 1: Einführungsgesetz und Allgemeiner Teil, Neudruck der Ausgabe Berlin 1899, Aalen 1979 (zit.: Mugdan I); Band 2: Recht der Schuldverhältnisse, Neudruck der Ausgabe Berlin 1899, Aalen 1979 (zit.: Mugdan II); Band 4: Familienrecht, Neudruck der Ausgabe Berlin 1899, Aalen 1979 (zit.: Mugdan IV); Band 5: Erbrecht, Neudruck der Ausgabe Berlin 1899, Aalen 1979 (zit.: Mugdan V)

Mumm, Rudolf, Zur Lehre von der Rückwirkung (Art. 170 EG. z. BGB.), in: SeuffBl. 65 (1900), S. 248-251

Neubecker, Friedrich Karl, Die civilistische Stellung des Wucherers nach neuem Recht, in: DJZ 1902, S. 568-570

Neubecker, Friedrich Karl, Der abstrakte Vertrag in seinen historischen und dogmatischen Grundzügen, in: ArchBürgR 22 (1903), S. 34-92

Neukamp, Ernst, Der Organisationszwang, in: DJZ 1913, Sp. 886-888

Neukamp, Ernst, Die Sicherungsübereignung, in: BankA 15 (1915/16), S. 113-116

Neumann, Hugo, Handausgabe des Bürgerlichen Gesetzbuchs für das Deutsche Reich, Erster Band (I.–III. Buch), 3. Auflage, Berlin 1903, 4. Auflage, Berlin 1905, 5. Auflage, Berlin 1909 (zit.: Neumann, Bd. I); Zweiter Band (IV.–V. Buch), 2. Auflage, Berlin 1900, 3. Auflage, Berlin 1903, 4. Auflage, Berlin 1905, 5. Auflage, Berlin 1909 (zit.: Neumann, Bd. II)

Neumond, Hartwig, Das Reichsgericht über die Konkurrenzklausel im Falle Weingartner, in: DJZ 1912, Sp. 1499-1503

Nissen, Bordellhypothek, in: Recht 1909, Sp. 211

Nöldeke, Arnold, Die Entwicklung des Kriegswucherrechts, in: HansRZ 2 (1919), Sp. 2-10

Nord, Walther, Ist Anfechtung möglich, wenn der Prinzipal das Gehalt, soweit es 1500 M. übersteigt, nicht dem Angestellten, sondern dessen Frau verspricht?, in: DJZ 1908, Sp. 641-642

Nord, Walther, Das Recht der Gläubiger an dem Wert der Arbeitskraft ihres Schuldners, in: DJZ 1909, Sp. 764-765

Nüßgens, Karl, Rückwirkung der höchstrichterlichen Rechtsprechung zu den Ratenkreditverträgen?, in: Festschrift für Walter Stimpel zum 68. Geburtstag am 29. November 1985, Lutter, Marcus/Mertens, Hans-Joachim/Ulmer, Peter (Hrsg.), Berlin/New York 1985, S. 15-28 (zit.: Nüßgens, in: FS Stimpel)

Oertmann, Paul, Kommentar zum Bürgerlichen Gesetzbuche und seinen Nebengesetzen, Bürgerliches Gesetzbuch, Erstes Buch: Allgemeiner Teil, 2. Auflage, Berlin 1908 (zit.: Oertmann, BGB, Allgemeiner Teil); Zweites Buch: Das Recht der Schuldverhältnisse, 1. Auflage, Berlin 1899, 2. Auflage, Berlin 1908, 3./4. Auflage, Berlin 1910 (zit.: Oertmann, BGB, Schuldverhältnisse)

Oertmann, Paul, Abstrakte Versprechen aus rechtswidrigem Verpflichtungsgrunde, in: DJZ 1902, S. 105-108

Oertmann, Paul, Die Verrufserklärung (Boykott) und ihre privatrechtlichen Wirkungen, in: SeuffBl. 72 (1907), S. 274-282

Oertmann, Paul, Gute Sitten und Sozialpolitik, in: DJZ 1911, Sp. 435-438

Oertmann, Paul, Unsittliche Mietverträge, in: DJZ 1911, Sp. 460-462

Oertmann, Paul, Zur Frage der Sicherungsübereignung, in: DJZ 1911, Sp. 1178-1183

Oertmann, Paul, Die Gratifikationsansprüche der Bankbeamten und die Rechtsprechung der Kaufmannsgerichte, in: BankA 12 (1912/13), S. 22-28

Oertmann, Paul, Hungerlöhne und Arbeitsvertrag, in: DJZ 1913, Sp. 254-258

Oertmann, Paul, Zur Frage der Anfechtbarkeit des Fünfzehnhundert-Mark-Vertrages, in: RuW 3 (1914), S. 235-240

Oertmann, Paul, Billigkeit und freies Recht, in: BayZ 11 (1915), S. 173-179

Oertmann, Paul, Der vorgängige Rechtsmittelverzicht, in: BuschsZ 45 (1915), S. 389-427

Oertmann, Paul, Das Bürgerliche Gesetzbuch sonst und jetzt, in: DJZ 1916, Sp. 755-760

Oertmann, Paul, Streikbruch und Streikarbeit, in: GewKfmG 21 (1916), Sp. 193-197

Oertmann, Paul, Preisaufschläge infolge Valutasenkung, in: VerkehrsrRdsch. 1 (1921), Sp. 377-380

Oetker, Friedrich, Lothar Seuffert's Zivilprozeßordnung, in: JurLitBl. XV (1903), S. 121-125

Olshausen, Justus, Kommentar zum Strafgesetzbuch für das Deutsche Reich, Zweiter Band, 3. Auflage, Berlin 1890, 4. Auflage, Berlin 1892, 5. Auflage, Berlin 1897, 6. Auflage, Berlin 1901 (zit.: J. Olshausen, RStGB, Bd. II)

Olshausen, Theodor, Zum Aerzterecht, in: DJZ 1908, Sp. 1275-1276

Opet, Otto/von Blume, Wilhelm, Kommentar zum Bürgerlichen Gesetzbuche, Das Familienrecht des Bürgerlichen Gesetzbuchs, Erster und zweiter Abschnitt: Bürgerliche Ehe, Verwandtschaft, Berlin 1906 (zit.: Bearbeiter, in: Opet/von Blume, BGB, Familienrecht)

Oppenheim, Max, Vereinbarungen über Folgen der Ehescheidung, in: JW 1918, S. 727-728

Oppenhoff, Friedrich Christian, Das Strafgesetzbuch für die Preußischen Staaten, 4. Auflage, Berlin 1864, 5. Auflage, Berlin 1867 (zit.: Oppenhoff, PreußStGB)

Oppenhoff, Friedrich Christian, Das Strafgesetzbuch für das Deutsche Reich, 5. Auflage, Berlin 1876 (zit.: Oppenhoff, StGB)

Oppler, Kann eine geschiedene Ehefrau für das bei ihr befindliche gemeinschaftliche eheliche Kind gegen ihren früheren Ehemann Klage auf Bestreitung des Unterhaltes dieses Kindes erheben?, in: DJZ 1901, S. 210

Oppler, Urteilsvollstreckung und Verstoß gegen die guten Sitten, in: Recht 1907, Sp. 439

Pagenstecher, Max, Ausbeutung der Rechtskraft gegen die guten Sitten, in: JW 1908, S. 187-190

Palandt, Otto (Begr.), Bürgerliches Gesetzbuch, 3. Auflage, München/Berlin 1940, 65. Auflage, München 2006 (zit.: Bearbeiter, in: Palandt, BGB)

Paulsen, Friedrich, Schmiergelder im Baugewerbe, in: MuW XI (1911/1912), S. 372-374

Paulus, Gotthard, Probleme und Möglichkeiten der institutionellen Ausformung der Sicherungsübereignung, in: JZ 1957, S. 7-11

Peschke, Kurt, Zum 1500-Mark-Vertrag, in: Recht 1915, Sp. 635-636

Petersen, Jens, Der Verstoß gegen die guten Sitten, in: Jura 2005, S. 387-389

Pfeiffer, Ueber die Gültigkeit von sogenannten Scheinzessionen, in: DRAZ 10 (1913), S. 140-141

Pfeiffer, Ueber die Gültigkeit von sogenannten Scheinabtretungen, in: BayZ 10 (1914), S. 166

Pfeiffer, Gerd, Das Reichsgericht und seine Rechtsprechung, in: DRiZ 1979, S. 325-332

Philipp, Der Bordellkauf (§§ 138, 817 BGB.), in: BayZ 1 (1905), S. 382-386, fortgesetzt in: BayZ 1 (1905), S. 400-402 und BayZ 1 (1905), S. 420-424

Philipsborn, Alexander, Gehaltsverträge zur Benachteiligung der Gläubiger – Verstoß gegen die guten Sitten durch Gehaltsverschiebungsverträge (§ 826 BGB), in: JW 1912, S. 894-896

Philipsborn, Alexander, Nochmal der 1500 Mark-Vertrag, in: JW 1913, S. 230

Planck, Gottlieb, Bürgerliches Gesetzbuch nebst Einführungsgesetz, Erster Band: Einleitung und Allgemeiner Theil (§§ 1 – 240), 1. Auflage, Berlin 1897, 2. Auflage, Berlin 1898, 3. Auflage, Berlin 1903, Planck's Kommentar zum Bürgerlichen Gesetzbuch nebst Einführungsgesetz, I. Band: Allgemeiner Teil (§§ 1 – 240), 4. Auflage, Berlin 1913 (zit.: Planck, BGB, Bd. I); Zweiter Band: Recht der Schuldverhältnisse (§§ 241 – 853), 1./2. Auflage, Berlin 1900, 3. Auflage, Berlin 1907 (zit.: Planck, BGB, Bd. II); Vierter Band: Familienrecht (§§ 1297 – 1921), 1./2. Auflage, Berlin 1901, 3. Auflage, Berlin 1906 (zit.: Planck, BGB, Bd. IV); Fünfter Band: Erbrecht (§§ 1922 – 2385), 1./2. Auflage, Berlin 1902, 3. Auflage, Berlin 1908, Planck's Kommentar zum Bürgerlichen Gesetzbuch nebst Einführungsgesetz, V. Band: Erbrecht (§§ 1922 – 2385), 4. Auflage, Berlin/Leipzig 1930 (zit.: Planck, BGB, Bd. V)

Planck, Gottlieb, Zur Auslegung und Anwendung des § 826 BGB, in: DJZ 1907, Sp. 7-16

Plum, Ernst, Ein Fallstrick für den Gläubiger einer Vertragsstrafe, in: JW 1913, S. 299-302

Potthoff, Heinz, Warum muß die Konkurrenzklausel fallen?, in: Recht 1908, Sp. 159-161

Potthoff, Heinz, Konkurrenzklausel und Juristenbildung, in: RuW 2 (1913), S. 324-327

Protokolle, Protokolle der Kommission für die zweite Lesung des Entwurfs des Bürgerlichen Gesetzbuchs, Band I: Allgemeiner Theil und Recht der Schuldverhältnisse, Abschn. I, Abschn. II Tit. I., Berlin 1897 (zit.: Protokolle I); Band II: Recht der Schuldverhältnisse, Abschn. II, Tit. 2 – 20, Abschn. III, IV, Berlin 1898 (zit.: Protokolle II); Band V: Erbrecht, Berlin 1899 (zit.: Protokolle V); Band VI: Entwurf eines Einführungsgesetzes u.a., Berlin 1899 (zit.: Protokolle VI)

Przibilla, Emanuel, Zur Behandlung der Sicherungsverträge in Rechtsprechung und Gesetzgebung I., in: JW 1911, S. 300-303

Rabe, Carl Ludwig Heinrich (Hrsg.), Sammlung Preußischer Gesetze und Verordnungen welche auf die allgemeine Deposital-, Hypotheken-, Gerichts-, Criminal- und Städte-Ordnung, auf das allgemeine Landrecht, auf den Anhang zum allgemeinen Landrechte und zur allgemeinen Gerichtsordnung, auf die landschaftlichen Credit-Reglements und auf Provinzial- und Statutar-Rechte Bezug haben, nach der Zeitfolge geordnet, Vierter Band, enthaltend das Jahr 1797 und eine Darstellung der vor dem Jahre 1808 in den Preußischen Staaten bestandenen öffentlichen Verwaltungs-Behörden, Halle/Berlin 1817 (zit.: Rabe, Bd. IV)

Rabert, Die wirtschaftliche Bedeutung und die moderne Gestaltung des Bierlieferungsvertrags, in: RuW 1 (1912), S. 438-441

Ravit, Anton, Zur Lehre von den unsittlichen Bedingungen und unsittlichen Verträgen, in: AcP 58 (1875), S. 1-69

Reatz, Carl Ferdinand, Die zweite Lesung des Entwurfs eines Bürgerlichen Gesetzbuchs für das Deutsche Reich unter Gegenüberstellung der ersten Lesung, Erster Band: Buch I – III, Berlin 1894 (zit.: Reatz, Bd. I); Zweiter Band: Buch IV – V, Berlin 1896 (zit.: Reatz, Bd. II)

Recken, Karl, Wann handelt ein Händler, der einen Lieferanten zu vertragswidriger Lieferung veranlasst, sittenwidrig?, in: GewRschutz 19 (1914), S. 66-68

Rehbein, Hugo, Das Bürgerliche Gesetzbuch mit Erläuterungen für das Studium und die Praxis, I. Band: Allgemeiner Theil (§§ 1 – 240), Berlin 1899 (zit.: Rehbein, BGB, Bd. I)

Rehbein, Hugo, Zur Behandlung der Sicherungsverträge in Rechtsprechung und Gesetzgebung, in: JW 1910, S. 605-607

Reichel, Hans, Die Bordellhypothek, in: DJZ 1907, Sp. 109-113

Reichel, Hans, Der Wucher und seine Bekämpfung, in: DJZ 1913, Sp. 150

Reichel, Hans, Nichtigerklärung eines Wuchergeschäftes gegen den Willen des Bewucherten, in: LZ 1917, Sp. 654-655

Reichsgerichtsrätekommentar, Das Bürgerliche Gesetzbuch mit besonderer Berücksichtigung der Rechtsprechung des Reichsgerichts [und des Bundesgerichtshofes], I. Band: Allgemeiner Teil, Recht der Schuldverhältnisse (§§ 1 – 853), 2. Auflage, Berlin 1913, I. Band, 1. Teil: Allgemeiner Teil (§§ 1 – 240), 11. Auflage, Berlin 1959, Band I: §§ 1 – 240, 12. Auflage, Berlin/New York 1982 (zit.: Bearbeiter, in: RGRK, BGB, Bd. I); III. Band: Familienrecht, Erbrecht (§§ 1297 – 2385), 2. Auflage, Berlin 1913, 3. Auflage, Berlin/Leipzig 1921 (zit.: RGRK, BGB, Bd. III)

Reinicke, Dietrich/Tiedtke, Klaus, Kaufrecht, 7. Auflage, München 2004

Reinshagen, Otto, Die Konkurrenzklausel des Handlungsgehilfen, in: Kleine Handelsrechtliche Schriften Bd. 1, Leipzig 1903

Riedinger, Paul, Die Ehefrau als Geschäftsinhaber und Gehaltsempfänger, in: JW 1913, S. 1161-1166

Riezler, Erwin, Arbeitskraft und Arbeitsfreiheit in ihrer privatrechtlichen Bedeutung, in: ArchBürgR 27 (1906), S. 219-251

Riezler, Erwin, Venire contra factum proprium, Studien im römischen, englischen und deutschen Civilrecht, Leipzig 1912 (zit.: Riezler, Venire contra factum proprium)

Ritter, Carl, Die Konkurrenz-Klausel im neuen Rechte, in: DJZ 1902, S. 349-353

Rohde, Zivilrechtliche Folgen der Überschreitung von Höchstpreisen, in: RuW 5 (1916), S. 223-224

Rosenthal, Alfred, Sind Submissionskartelle zulässig?, in: LZ 1915, Sp. 877-878

Rosenthal, Alfred, Die Feststellung der Sittenwidrigkeit einer Handlung, in: LZ 1919, Sp. 515-522

Rothbarth, Otto, Eine Rechtsfrage aus dem Gebiete der Höchstpreise, in: JW 1916, S. 109

Rother, Werner, Sittenwidriges Rechtsgeschäft und sexuelle Liberalisierung, in: AcP 172 (1972), S. 498-519

Rumpf, Max, Die reichsgerichtliche Rechtsprechung zu den §§ 138, 817 BGB., in: AcP 117 (1919), S. 315-394

Rundstein, Simon, Das Recht der Kartelle, in: Kleine Handelsrechtliche Schriften Bd. 14, Berlin 1904 (zit.: Rundstein, Kartelle)

Rundstein, Simon, Die Konkurrenzverbote in den Kartellverträgen, in: ArchBürgR 25 (1905), S. 94-111

Sack, Rolf, Das Anstandsgefühl aller billig und gerecht Denkenden und die Moral als Bestimmungsfaktoren der guten Sitten, in: NJW 1985, S. 761-769

Salinger, Max, Zum Begriff des Verstoßes gegen die guten Sitten, in: JW 1917, S. 4-9

Sandrock, Otto, Subjektive und objektive Gestaltungskräfte bei der Teilnichtigkeit von Rechtsgeschäften, in: AcP 159 (1960), S. 481-546

Sautter, Julius, Noch ein Wort über die Anfechtung von Gehaltsverträgen, in: PosMschr. 17 (1914), S. 32-36

Schäfer, Die Eigentumsübertragung an Bordellgrundstücken, in: JW 1912, S. 103

Scheibe, Johannes/Bentin, Gerhard, Handbuch für das Gaststättengewerbe, 2. Auflage, Köln/Berlin/Bonn/München 1971

Scherer, Martin Georg Viktor, Allgemeiner Theil des Bürgerlichen Gesetzbuches für das Deutsche Reich, I. Buch: §§ 1 – 240, Erlangen 1897 (zit.: Scherer, BGB, Bd. I); Recht der Schuldverhältnisse des Bürgerlichen Gesetzbuches für das Deutsche Reich, II. Buch: §§ 241 – 853, Erlangen 1899 (zit.: Scherer, BGB, Bd. II)

Schlosser, Hans, Grundzüge der Neueren Privatrechtsgeschichte, Rechtsentwicklungen im europäischen Kontext, 10. Auflage, Heidelberg 2005

Schmid, Hermann Ferdinand, Der vertragsmäßige Verzicht auf Rechtsmittel, in: Gruchot 58 (1914), S. 350-369

Schmidt, Arthur Benno, Kommentar zum Bürgerlichen Gesetzbuch vom 18. August 1896 nebst dem Einführungsgesetze, Vierter Band: Familienrecht, Erste Hälfte (§§ 1297 – 1588), Erster Abschnitt: Die bürgerliche Ehe, München 1907 (zit.: A. B. Schmidt, BGB)

Schmidt, Helmut, Die Lehre von der Sittenwidrigkeit der Rechtsgeschäfte in historischer Sicht, in: Münchener Universitätsschriften, Juristische Fakultät, Abhandlungen zur rechtswissenschaftlichen Grundlagenforschung Bd. 8, Berlin 1973

Schmidt, Richard, Strafbarer Eigennutz und Verletzung fremder Geheimnisse (Abschnitt 25 des II. Teiles des RStrGB.), in: Vergleichende Darstellung des deutschen und ausländischen Strafrechts, Besonderer Teil, VIII. Band, Birkmeyer, Karl u.a. (Hrsg.), Berlin 1906, S. 161-292

Schmitt, Gottfried, Die Sicherungsübereignung, in: DJZ 1912, Sp. 1041-1048

Schmoeckel, Mathias, 100 Jahre BGB: Erbe und Aufgabe, in: NJW 1996, S. 1697-1705

Schmoeckel, Mathias, Der maßgebliche Zeitpunkt zur Bestimmung der Sittenwidrigkeit nach § 138 I BGB, in: AcP 197 (1997), S. 1-79

Schneider, Ernst Heinrich Paul, Ueber Zwangsversteigerungserlöse, in: Recht 1903, S. 413-417

Schneider, Egon, Wie man Gerichtsentscheidungen kritisch liest (I), in: MDR 1962, S. 522-525

Schneider, Konrad, Über Machenschaften bei Lieferungsausschreibung, in: HoldheimsMschr. 13 (1904), S. 222-224

Schollmeyer, Friedrich, Das Recht der einzelnen Schuldverhältnisse im Bürgerlichen Gesetzbuche, 2. Auflage, Berlin 1904

Schreiber, Abhängigkeit des Erfüllungsgeschäfts vom obligatorischen Vertrage bei anfechtbaren und unsittlichen Rechtsgeschäften, in: Gruchot 52 (1908), S. 515-525

Schreiber, Otto, Wider die guten Sitten, in: LZ 1917, Sp. 182-184

Schroeder, J. U., Bemerkungen über fiduciarische Rechtsgeschäfte, in: DJZ 1901, S. 331

Schrödter, Hans Bruno, Der Verkauf einer ärztlichen Praxis im Lichte der Rechtsprechung, in: JW 1902, S. 645-646

Schubart, Gehaltsverträge zugunsten der Ehefrau, in: JW 1912, S. 1121-1123

Schubart, Nichtigkeit von Gehaltsverträgen, in: JW 1914, S. 441-445

Schubart, Lebensversicherung und Krieg, in: Recht 1916, Sp. 215-217

Schubert, Werner, Entstehungsgeschichte des Bürgerlichen Gesetzbuchs, in: Die Beratung des Bürgerlichen Gesetzbuchs in systematischer Zusammenstellung der unveröffentlichten Quellen, Jakobs, Horst Heinrich/Schubert, Werner (Hrsg.), Band 1: Materialien zur Entstehungsgeschichte des BGB, Schubert, Werner (Hrsg.), Berlin/New York 1978, S. 27-68 (zit.: Schubert, Entstehungsgeschichte)

Schubert, Werner, Sammlung sämtlicher Erkenntnisse des Reichsgerichts in Zivilsachen, Inhalt sämtlicher und Wiedergabe von unveröffentlichten Entscheidungen zum Bürgerlichen Gesetzbuch 1900 – 1918, Jährgänge 1900 und 1901, Frankfurt a. M. 1992, Jahrgang 1902, Goldbach 1993, Jahrgang 1903, Goldbach 1993, Jahrgang 1904, Goldbach 1994, Jahrgang 1905, Goldbach 1995, Jahrgang 1906, Goldbach 1996, Jahrgang 1907, Goldbach 1997, Jahrgang 1908, Goldbach 1998, Jahrgang 1909, Goldbach 1999, Jahrgang 1914, Goldbach 2002 (zit.: Schubert, Erkenntnisse)

Schubert, Werner (Hrsg.), Die Vorlagen der Redaktoren für die erste Kommission zur Ausarbeitung des Entwurfs eines Bürgerlichen Gesetzbuches, Allgemeiner Teil, Teil 1 (Verfasser: Gehhard, Albert), Berlin/New York 1981 (zit.: Schubert, Vorentwürfe AT I)

Schubert, Werner/Glöckner, Hans Peter (Hrsg.), Nachschlagewerk des Reichsgerichts, Bürgerliches Gesetzbuch, Band 2: §§ 134 – 157, Goldbach 1994 (zit.: Schubert/Glöckner, Nachschlagewerk)

Schultzenstein, Siegfried, Unser Ärztestand und das Reichsgericht, in: GuR 8 (1907), S. 408-409

von Schulz, M., Die Konkurrenzklausel und ihre Bekämpfung, in: GewKfmG 12 (1907), Sp. 145-153

Schwab, Dieter, Sittlichkeit, Zum Aufstieg und Niedergang einer rechtlichen Kategorie, in: Festschrift für Gerd Kleinheyer zum 70. Geburtstag, Dorn, Franz/Schröder, Jan (Hrsg.), Heidelberg 2001, S. 493-522 (zit.: Schwab, in: FS Kleinheyer)

Seelmann, Kann ein Dienstverhältnis wegen unbilligen Mißverhältnisses zwischen den beiderseitigen Vertragspflichten unter § 138 B.G.B. fallen?, in: Recht 1904, S. 440

von Seuffert, Lothar, Kommentar zur Zivilprozeßordnung nebst den Einführungsgesetzen, Zweiter Band (§§ 511 – 1048), 11. Auflage, München 1911 (zit.: von Seuffert, ZPO, Bd. II)

von Seuffert, Lothar, Einschränkung der Pfändbarkeit von Lohn-, Gehalts- und ähnlichen Ansprüchen, in: Recht 1915, Sp. 497-506

Siber, Heinrich, Der Rechtszwang im Schuldverhältniss nach deutschem Reichsrecht, Leipzig 1903

Siebenhaar, Eduard, Das Bürgerliche Gesetzbuch für das Königreich Sachsen nebst den damit in Verbindung stehenden Reichs- und Landesgesetzen, 3. Auflage, Leipzig 1876

Silberschmidt, Wilhelm, Lohnwucher und Preiswucher, in: NZArbR 2 (1922), Sp. 29-36

Simitis, Konstantin, Gute Sitten und ordre public, in: Marburger Rechts- und Staatswissenschaftliche Abhandlungen, Reihe A: Rechtswissenschaftliche Abhandlungen Bd. 4, Marburg 1960

Simon, Max, Großberliner Mietverträge, in: JW 1914, S. 514-517

Simonson, Albert, Zum Begriffe des Verstoßes gegen die guten Sitten, in: BayZ 18 (1922), S. 1-4

Sinzheimer, Hugo, Lohnpfändung und Lohnausfall, in: Recht 1905, S. 36-38

Sinzheimer, Hugo, Die Absperrungsklausel in Tarifverträgen und ihre Wirkung auf abgesperrte Arbeitnehmer, in: JW 1921, S. 304-306

Soergel, Hans Theodor (Begr.), Bürgerliches Gesetzbuch mit Einführungsgesetz und Nebengesetzen, Siebert, Wolfgang (Hrsg.), I. Band: Einleitung, Allgemeiner Teil, Recht der Schuldverhältnisse – Allgemeiner Teil (§§ 1 – 432), 9. Auflage, Stuttgart 1959, Band 1: Einleitung, Allgemeiner Teil (§§ 1 – 240), 10. Auflage, Stuttgart/Berlin/Köln/Mainz 1967 (zit.: Bearbeiter, in: Soergel/Siebert, BGB, Bd. I); Band 2: Allgemeiner Teil 2 (§§ 104 – 240), 13. Auflage, Stuttgart/Berlin/Köln/Mainz 1999 (zit.: Bearbeiter, in: Soergel, BGB, Bd. II)

Speckmann, Werner, Terminologisches zur Rechtsprechung in der Frage der Sittenwidrigkeit letztwilliger Zuwendungen bei ehebrecherischen Beziehungen, in: JZ 1969, S. 733-735

Stammler, Rudolf, Die Lehre von dem richtigen Rechte, 1. Auflage, Berlin 1902

Staub, Hermann, Kommentar zum Handelsgesetzbuch, Erster Band, enthaltend Buch 1 (Handelsstand) und Buch 2 (Handelsgesellschaften und stille Gesellschaft), 6./7. Auflage, Berlin 1900 (zit.: Staub, HGB, Bd. I); Zweiter Band, enthaltend Buch 3 (Handelsgeschäfte; §§ 343 – 473), 6./7. Auflage, Berlin 1900 (zit.: Staub, HGB, Bd. II)

Staub, Hermann, Ist das sog. Hydrasystem eine strafbare Ausspielung?, Zwei Rechtsgutachten, I., in: DJZ 1901, S. 193-195

Staudinger, Julius von (Begr.), J. von Staudingers Kommentar zum Bürgerlichen Gesetzbuch und dem Einführungsgesetze, I. Band: Allgemeiner Theil (§§ 1 – 240), 2. Auflage, München 1904, I. Band: Allgemeiner Teil (§§ 1 – 240), 3./4. Auflage, München 1907, 7./8. Auflage, München/Berlin 1912 (zit.: Bearbeiter, in: Staudinger, BGB, Bd. I), 1. Band: Allgemeiner Teil (§§ 1 – 240), 11. Auflage, Berlin 1957 (Bearbeiter, in: Staudinger, BGB, 11. Aufl. 1957), Erstes Buch: Allgemeiner Teil (§§ 90 – 240), 12. Auflage, Berlin 1980 (zit.: Bearbeiter, in: Staudinger, BGB, 12. Aufl. 1980), Erstes Buch: Allgemeiner Teil (§§ 134 – 163), 13. Bearbeitung, Berlin 1996 (zit.: Bearbeiter, in: Staudinger, BGB, 13. Bearb. 1996), Buch 1: Allgemeiner Teil, §§ 134 – 163 (Allgemeiner Teil 4), Neubearbeitung Berlin 2003 (zit.: Bearbeiter, in: Staudinger, BGB, Neubearb. 2003); II. Band: Recht der Schuldverhältnisse, I. Teil (§§ 241 – 580), 5./6. Auflage, München/Berlin 1910 (zit.: Bearbeiter, in: Staudinger, BGB, Bd. II 1), II. Band, b. Besonderer Theil (§§ 433 – 853), 2. Auflage, München 1906, II. Band, II. Teil (§§ 581 – 853), 3./4. Auflage, München 1908, 7./8. Auflage, München/Berlin 1912 (zit.: Bearbeiter, in: Staudinger, BGB, Bd. II 2); IV. Band: Familienrecht (§§ 1297 – 1921), 2. Auflage, München 1905 (zit.: Bearbeiter, in: Staudinger, BGB, Bd. IV), IV. Band: Familienrecht, I. Teil (§§ 1297 – 1588), 3./4. Auflage, München 1908 (zit.: Bearbeiter, in: Staudinger, BGB, Bd. IV 1), IV. Band: Familienrecht, II. Teil (§§ 1589 – 1921), 7./8. Auflage, München/Berlin/Leipzig 1913 (zit.: Bearbeiter, in: Staudinger, BGB, Bd. IV 2); V. Band: Erbrecht (§§ 1922 –

2385), 2. Auflage, München 1906, 3./4. Auflage, München 1909, 7./8. Auflage, München/Berlin 1914 (zit.: Bearbeiter, in: Staudinger, BGB, Bd. V); Eckpfeiler des Zivilrechts, Bearbeitung 2005, Berlin 2005 (zit.: Bearbeiter, in: Staudinger/Eckpfeiler [2005])

Stein, Friedrich, Die Civilprozeßordnung für das Deutsche Reich, Zweiter Band (§§ 511 – 1048), 8./9. Auflage, Tübingen 1908, Die Zivilprozeßordnung für das Deutsche Reich, Zweiter Band (§§ 511 – 1048), 11. Auflage, Tübingen 1913 (zit.: Stein, ZPO, Bd. II)

Stein, Friedrich, Der Drittschuldner, in: Festschrift für Adolf Wach, Erster Band, Leipzig 1913, S. 449-491 (zit.: Stein, in: FS Wach, Bd. I)

Stein, Friedrich, Der 1500 Mark-Vertrag, in: BuschsZ 44 (1914), S. 425-448

Stein, Friedrich/Jonas, Martin, Kommentar zur Zivilprozessordnung, Band 8 (§§ 828 – 915h), 22. Auflage, Tübingen 2004 (zit.: Bearbeiter, in: Stein/Jonas, ZPO)

Steinbach, Emil, Die Moral als Schranke des Rechtserwerbes und der Rechtsausübung, Wien 1898

Steinbach, Emil, Die „guten Sitten" im Rechte, in: DJZ 1899, S. 47-50

Stepp, Hermann, Gläubigernot, in: JW 1913, S. 64-69

Stiebeling, Fritz, Anfechtung eines Abkommens, daß das Gehalt eines Privatangestellten teilweise an einen Dritten gezahlt werden soll, in: DJZ 1908, Sp. 871

Stiebeling, Fritz, Ist die Abtretung einer Forderung wegen Verstoßes gegen die guten Sitten nichtig, wenn sie nur bezweckt, den alten Gläubiger im Rechtsstreit als Zeugen auftreten zu lassen?, in: DJZ 1912, Sp. 917-918

Stolzenthaler, Karl, Die Rechtswirksamkeit der Zuwendung von Gehaltsteilen an Familienangehörige des Angestellten zum Nachteil von Gläubigern, in: LZ 1913, Sp. 650-660

Straub, Die Münchener Mietverträge, in: BayZ 7 (1911), S. 253-256

Strauß, Max, Das Recht der kaufmännischen Angestellten, Leipzig 1911

Striemer, Albert, Unsittliche Gehaltsverträge, in: JW 1913, S. 182-188

Strohal, Emil, Das deutsche Erbrecht auf Grundlage des Bürgerlichen Gesetzbuchs, in: Das Recht des Bürgerlichen Gesetzbuchs in Einzeldarstellungen Bd. I, 2. Auflage, Berlin 1901, Erster Band, 3. Auflage, Berlin 1903 (zit.: Strohal, Erbrecht Bd. I)

Strucksberg, Georg, Gehaltsverträge zur Benachteiligung der Gläubiger, in: LZ 1912, Sp. 207-213

Strübe, Constantin, Verstoßen nach dem BGB Verträge der Eltern untereinander über die Erziehung der Kinder gegen die guten Sitten?, in: BadRpr. 66 (1900), S. 322

Süßheim, Max, Die Altersstufen des Bürgerlichen Gesetzbuchs, in: Gruchot 45 (1901), S. 53-73

Sydow, Reinhold/Busch, Louis, Zivilprozeßordnung und Gerichtsverfassungsgesetz, 14. Auflage, Berlin 1913 (zit.: Sydow/Busch, ZPO)

Sydow, Reinhold/Busch, Louis, Konkursordnung und Anfechtungsgesetz, 12. Auflage, Berlin 1916 (zit.: Sydow/Busch, KO)

Teubner, Gunther, Standards und Direktiven in Generalklauseln – Möglickeiten und Grenzen der empirischen Sozialforschung bei der Präzisierung der Gute-Sitte-Klauseln im Privatrecht, in: Studien und Texte zur Theorie und Methodologie des Rechts Bd. 8, Frankfurt a. M. 1971

Thielmann, Georg, Sittenwidrige Verfügungen von Todes wegen, in: Berliner Juristische Abhandlungen Bd. 26, Berlin 1973

Thomas, Heinz/Putzo, Hans, Zivilprozeßordnung mit Gerichtsverfassungsgesetz, den Einführungsgesetzen und europarechtlichen Vorschriften (EuGVVO, EheVO, ZustellungsVO, ZustDG, AVAG), 25. Auflage, München 2003 (zit.: Bearbeiter, in: Thomas/Putzo, ZPO)

Tröndle, Herbert/Fischer, Thomas, Strafgesetzbuch und Nebengesetze, 51. Auflage, München 2003 (zit.: Tröndle/Fischer, StGB)

von Tuhr, Andreas, Verfügung über künftige Forderungen, in: DJZ 1904, Sp. 426-431

von Tuhr, Andreas, Der 78. Band der Entscheidungen des Reichsgerichts in Zivilsachen, in: DJZ 1912, Sp. 1265-1271

von Tuhr, Andreas, Der Allgemeine Teil des Deutschen Bürgerlichen Rechts, Zweiter Band, Zweite Hälfte, München/Leipzig 1918 (zit.: von Tuhr, Bd. II 2)

von Tuhr, Andreas, Eigentumserwerb aus unsittlichem Vertrag, in: AcP 120 (1922), S. 1-13

Tuma, Joseph, Zum Begriffe der guten Sitte, in: LZ 1910, Sp. 917-920

Veelken, Winfried, Bindungen des Revisionsgerichts bei der Beurteilung der Sittenwidrigkeit von Rechtsgeschäften nach § 138 BGB, in: AcP 185 (1985), S. 46-72

Vogel, Paul Wilhelm, Der Begriff des gegen die guten Sitten verstoßenden Rechtsgeschäftes nach § 138 Abs. 1 BGB, Borna/Leipzig 1906

Volkmar, Erich, Zur Rechtsprechung des Reichsgerichts auf dem Gebiete der Gehaltsschiebeverträge, in: KGBl. 25 (1914), S. 83-88

Voß, Wirkliche und angebliche Hinterziehung pfändbarer Dienstvergütungen, in: BuschsZ 42 (1912), S. 484-506

Voß, Hermann A., Anfechtung des Engagementsvertrages eines Handlungsgehilfen seitens seiner Gläubiger, weil ihm darin nur ein pfandfreies Gehalt von 1500 M., seiner Frau dagegen weitere 1700 M. jährlich ausbedungen sind, in: SächsA 3 (1908), S. 526-530

Walsmann, Hans, Der Irrtum im Prozeßrecht, in: AcP 102 (1907), S. 1-214
Wanner, Jens, Die Sittenwidrigkeit der Rechtsgeschäfte im totalitären Staate, Ebelsbach 1996
Warneyer, Otto, Jahrbuch der Entscheidungen auf dem Gebiete des Zivil-, Handels- und Prozeßrechts, 6. Jahrgang 1907, Leipzig 1908 (zit.: WarnJb. 6 [1907])
Warneyer, Otto, Kommentar zum Bürgerlichen Gesetzbuch für das Deutsche Reich, Erster Band (§§ 1 – 853), Tübingen 1923 (zit.: Warneyer, BGB, Bd. I)
Wassermann, Rudolf, Die Tatbestände der PreistreibereiVO in zivilrechtlicher Beleuchtung, in: Recht 1920, Sp. 159-162
Weber, Robert, Die Konkurrenzklausel im Handelsgewerbe, in: HirthsAnn. 1908, S. 45-57
Weigelin, Ernst, Der Begriff der Sitte, in: ArchRWPhil. 8 (1914/1915), S. 321-329
Weiß, Christian, Die Konkurrenzklausel der Handlungsgehilfen, in: HirthsAnn. 1905, S. 788-798
Wengler, Friedrich Albert, Bürgerliches Gesetzbuch für das Königreich Sachsen nebst Publications-Verordnung vom 2. Januar 1863, Ein- und Ausführungs-Verordnung und Verordnung, das Verfahren in nichtstreitigen Rechtssachen betreffend, vom 9. Januar 1865, 3. Auflage, Dresden 1865
Werner, Bordellhypothek, in: Recht 1909, Sp. 103-104
Wesel, Uwe, Frauen schaffen an, das Patriarchat kassiert ab, in: NJW 1998, S. 120-121
Westermann, Harry, Interessenkollisionen und ihre richterliche Wertung bei den Sicherungsrechten an Fahrnis und Forderungen, in: Juristische Studiengesellschaft Karlsruhe, Schriftenreihe Heft 11, Karlsruhe 1954
Wetzel, Paul, Die Verweigerung der ehelichen Gemeinschaft, in: ArchBürgR 26 (1905), S. 54-148
Weyl, Richard, System der Verschuldensbegriffe im Bürgerlichen Gesetzbuche für das Deutsche Reich, München 1905
Widmann, Hans-Joachim, Das Ehrenwort im Recht, in: NJW 2001, S. 205
Wieacker, Franz, Privatrechtsgeschichte der Neuzeit unter besonderer Berücksichtigung der deutschen Entwicklung, 2. Auflage, Göttingen 1967
Wienstein, Richard, Bemerkungen zum Begriffe des fiduziarischen „Rechtsgeschäfts.“, in: Gruchot 46 (1902), S. 241-253
Wienstein, Richard, Neues vom fiduziarischem Rechtsgeschäft, in: LZ 1908, Sp. 881-886
Wilutzky, Paul, Die Innen- und die Außenseite des fiduziarischen Rechtsgeschäfts, in: DJZ 1901, S. 20-21
Wilutzky, Paul, Ueber fiduziarische Rechtsgeschäfte, in: JW 1901, S. 710-713
Winter, Paul, Der gewerbliche Lohnkampf, in: GuR 12 (1911), S. 73-78

Wohlwill, Submission und Ringbildung, in: DJZ 1912, Sp. 1443-1449
Wolf, B. (Hrsg.), Das Bürgerliche Gesetzbuch unter Berücksichtigung der gesamten Rechtsprechung der oberen Gerichte des Deutschen Reichs, Halle a. S. 1908 (zit.: Wolf, BGB)
Wolff, Artur, Das Reichsgericht über die Konkurrenzklausel im Falle Weingartner, in: DJZ 1912, Sp. 1503-1506
Wolff, Theodor, Konkursordnung mit Einleitungsgesetz, Nebengesetzen und Ergänzungen in der Fassung des Gesetzes vom 17. Mai 1898, Berlin 1900 (zit.: T. Wolff, KO)
Wolff, Theodor, Zum Sittengesetz, in: LZ 1914, Sp. 1268-1280

Zaeschmar, Herbert, Abtretung künftiger Gehaltsansprüche in zivilistischer und strafrechtlicher Beleuchtung, in: JW 1913, S. 521-523
Zimmermann, Reinhard, Sittenwidrigkeit und Abstraktion, in: JR 1985, S. 48-52
Zimmermann, Walter, Zivilprozessordnung mit Gerichtsverfassungsgesetz und Nebengesetzen, Kommentar anhand der höchstrichterlichen Rechtsprechung, 7. Auflage 2006 (zit.: W. Zimmermann, ZPO)
Zitelmann, Ernst, Der Fünfzehnhundert-Mark-Vertrag, in: DJZ 1915, Sp. 447-454

RECHTSHISTORISCHE REIHE

Band 1 Studien zu den germanischen Volksrechten. Gedächtnisschrift für Wilhelm Ebel. Vorträge gehalten auf dem Fest-Symposion anläßlich des 70. Geburtstages von Wilhelm Ebel am 16. Juni 1978 in Göttingen. Götz Landwehr (Hrsg.) 1982.

Band 2 Hans Poeschel: Die Statuten der Banken, Sparkassen und Kreditgenossenschaften in Hamburg und Altona von 1710 bis 1889. 1978.

Band 3 Thomas Kolbeck: Juristenschwemmen, Untersuchungen über den juristischen Arbeitsmarkt im 19. und 20. Jahrhundert. 1978.

Band 4 Norbert Hempel: Richterleitbilder in der Weimarer Republik. 1978.

Band 5 Rolf Stratmann: Die Scheinbußen im mittelalterlichen Recht. 1978.

Band 6 Martin C. Lockert: Die niedersächsischen Stadtrechte zwischen Aller und Weser. Vorkommen und Verflechtungen. Eine Bestandsaufnahme. 1979.

Band 7 Joachim Rückert/Wolfgang Friedrich: Betriebliche Arbeiterausschüsse in Deutschland, Großbritannien und Frankreich im späten 19. und frühen 20. Jahrhundert. Eine vergleichende Studie zur Entwicklung des kollektiven Arbeitsrechts. 1979.

Band 8 Peter Bender: Die Rezeption des römischen Rechts im Urteil der deutschen Rechtswissenschaft. 1979.

Band 9 Friedrich Karl Alsdorf: Untersuchungen zur Rechtsgestalt und Teilung deutscher Ganerbenburgen. 1980.

Band 10 Dietmar Willoweit/Winfried Schich (Hrsg.): Studien zur Geschichte des sächsisch-magdeburgischen Rechts in Deutschland und Polen (Sammelband). 1980.

Band 11 Brigitte Hempel: Der Entwurf einer Polizeiordnung für das Herzogtum Sachsen-Lauenburg aus dem Jahre 1591. 1980.

Band 12 Klaus-Detlev Godau-Schüttke: Rechtsverwalter des Reiches. Staatssekretär Dr. Curt Joël. 1981.

Band 13 Rainer Polley: Anton Friedrich Justus Thibaut (AD 1772-1840) in seinen Selbstzeugnissen und Briefen. Teil 1: Abhandlung. Teil 2: Briefwechsel. Teil 3: Register zum Briefwechsel. 1982.

Band 14 Michael Wettengel: Der Streit um die Vogtei Kelkheim 1275-1276. Ein kanonischer Prozeß.1981.

Band 15 Otto Wilhelm Krause: Naturrechtler des sechzehnten Jahrhunderts. Ihre Bedeutung für die Entwicklung eines natürlichen Privatrechts. 1982.

Band 16 Helga Spindler: Von der Genossenschaft zur Betriebsgemeinschaft. Kritische Darstellung der Sozialrechtslehre Otto von Gierkes. 1982.

Band 17 Holger Otte: Gustav Radbruchs Kieler Jahre 1919-1926. 1982.

Band 18 Rüdiger Teuner: Die fuldische Ritterschaft 1510-1656. 1982.

Band 19 Gerhard Dilcher/Rudolf Hoke/Gian Savino Pene Vidari/Hans Winterberg (Hrsg.): Grundrechte im 19. Jahrhundert. 1982.

Band 20 Karl-Hans Schloßstein: Die westfälischen Fabrikengerichtsdeputationen - Vorbilder, Werdegang und Scheitern. 1982.

Band 21 Birger Schulz: Der Republikanische Richterbund (1921-1933). 1982.

Band 22 Engelbert Krause: Die gegenseitigen Unterhaltsansprüche zwischen Eltern und Kindern in der deutschen Privatrechtsgeschichte. 1982.

Band 23 Meent W. Francksen: Staatsrat und Gesetzgebung im Großherzogtum Berg (1806-1813). 1982.

Band 24 Gerd von Sonnleithner: Bearbeitung des Handelsrechts durch Ignaz von Sonnleithner in seinem "Leitfaden über das österreichische Handels- und Wechselrecht". 1982.

Band 25 Rudolf Palme: Rechts-, Wirtschafts- und Sozialgeschichte der inneralpinen Salzwerke bis zu deren Monopolisierung. 1983.

Band 26 Helen Bosshard: Pestalozzis Staats- und Rechtsverständnis und seine Stellung in der Aufklärung. 1983.

Band 27 Jens Jessen: Die Selbstzeugnisse der deutschen Juristen. Erinnerungen, Tagebücher und Briefe. Eine Bibliographie. 1983.

Band 28 Günter Martin Jensen: Das Domanium Waldeck. Die rechtliche Zuordnung eines Fürstenvermögens. 1984.

Band 29 Johann Heinrich Kumpf: Petitionsrecht und öffentliche Meinung im Entstehungsprozeß der Paulskirchenverfassung 1848/49. 1983.

Band 30 Sabine Frey: Rechtsschutz der Juden gegen Ausweisungen im 16. Jahrhundert. 1983.

Band 31 Dietrich Joswig: Die germanische Grundstücksübertragung. 1984.

Band 32 Andreas Baryli: Konzessionssystem contra Gewerbefreiheit. Zur Diskussion der österreichischen Gewerberechtsreform 1835 bis 1860. 1984.

Band 33 Gerhard Oberkofler: Studien zur Geschichte der österreichischen Rechtswissenschaft. 1984.

Band 34 Rudolf Lauda: Kaufmännische Gewohnheit und Burgrecht bei Notker dem Deutschen. Zum Verhältnis von literarischer Tradition und zeitgenössischer Realität in der frühmittelalterlichen Rhetorik. 1984.

Band 35 Jens Jensen: Die Ehescheidung des Bischofs Hans von Lübeck von Prinzessin Julia Felicitas von Württemberg-Weiltingen AD 1648-1653. Ein Beitrag zum protestantischen Ehescheidungsrecht im Zeitalter des beginnenden Absolutismus. 1984.

Band 36 Horst Schröder: Friedrich Karl von Savigny. Geschichte und Rechtsdenken beim Übergang vom Feudalismus zum Kapitalismus in Deutschland. 1984.

Band 37 Andreas Hatzung: Dogmengeschichtliche Grundlagen und Entstehung des zivilrechtlichen Notstands. 1984.

Band 38 Matthias Klasen: Das Billwerder Landrecht. Landrecht und Landgericht in den Hamburger Elbmarschen. 1985.

Band 39 Rainer Jamin: Aufbau, Tätigkeit und Verfahren der Auseinandersetzungsbehörden bei der Durchführung der preußischen Agrarreformen. 1985.

Band 40 Henry Winter: Teilschuld, Gesamtschuld und unechte Gesamtschuld. Zur Konzeption der §§ 420 ff. BGB - Ein Beitrag zur Entstehungsgeschichte des BGB. 1985.

Band 41 Hermann Eichler: Verfassungsbewegung in Amerika und Europa. 1985.

Band 42 Dagmar Bandemer: Heinrich Albert Zachariae. Rechtsdenken zwischen Restauration und Reformation. 1985.

Band 43 Eva-Christine Frentz: Das Hamburgische Admiralitätsgericht (1623-1811). Prozeß und Rechtsprechung. 1985.

Band 44 Karl Lillig: Rechtsetzung im Herzogtum Pfalz-Zweibrücken während des 18. Jahrhunderts. Ein Beitrag zur Geschichte der territorialen Rechtsbildung. 1985.

Band 45 Walter Weber: Die Entwicklung der Sparkassen zu selbständigen Anstalten des öffentlichen Rechts. Ein Beitrag zur Entwicklung des Anstaltsbegriffs im 19. Jahrhundert. 1985.

Band 46 Bärbel Baum: Der Stabreim im Recht. Vorkommen und Bedeutung des Stabreims in Antike und Mittelalter. 1986.

Band 47 Hans Popp: Die nationalsozialistische Sicht einiger Institute des Zivilprozeß- und Gerichtsverfassungsrechts. 1986.

Band 48 John Karl-Heinz Montag: Die Lehrdarstellung des Handelsrechts von Georg Friedrich von Martens bis Meno Pöhls. Die Wissenschaft des Handelsrechts im ersten Drittel des 19. Jahrhunderts. 1986.

Band 49 Volker D. Anhäusser: Das internationale Obligationenrecht in der höchstrichterlichen Rechtsprechung des 19. Jahrhunderts. 1986.

Band 50 Udo Beer: Die Juden, das Recht und die Republik. Verbandswesen und Rechtsschutz 1919-1933. 1986.

Band 51 Herbert Grziwotz: Der moderne Verfassungsbegriff und die "Römische Verfassung" in der deutschen Forschung des 19. und 20. Jahrhunderts. 1986.

Band 52 Ralf Conradi: Karl Friedrich Eichhorn als Staatsrechtslehrer. Seine Göttinger Vorlesung über "Das Staatsrecht der deutschen Bundesstaaten" nach einer Kollegmitschrift aus dem Wintersemester 1821/22. 1987.

Band 53 Dieter Dannreuther: Der Zivilprozeß als Gegenstand der Rechtspolitik im Deutschen Reich 1871-1945. Ein Beitrag zur Geschichte des Zivilprozeßrechts in Deutschland. 1987.

Band 54 Stephan Felix Pauly: Organisation, Geschichte und Praxis der Gesetzesauslegung des (Königlich) Preußischen Oberverwaltungsgerichtes 1875-1933. 1987.

Band 55 Rüdiger Schulz: Die Entstehung des Seerechts des Allgemeinen Deutschen Handelsgesetzbuches unter besonderer Berücksichtigung der Bestimmungen über die Reederei, den Schiffer und die Schiffsmannschaft. 1987.

Band 56 Reinhold Reis: Deutsches Privatrecht in den Weistümern der Zenten Schriesheim und Kirchheim. 1987.

Band 57 Jürgen Christoph: Die politischen Reichsamnestien 1918-1933. 1987.

Band 58 Gerhard Oberkofler/Eduard Rabofsky: Hans Kelsen im Kriegseinsatz der k.u.k.-Wehrmacht. Eine kritische Würdigung seiner militärtheoretischen Angebote. 1988.

Band 59 Arne Wulff: Staatssekretär Prof. Dr. Dr. h.c. Franz Schlegelberger. 1876-1970. 1991.

Band 60 Gerhard Köbler (Hrsg.): Wege europäischer Rechtsgeschichte. Karl Kroeschell zum 60. Geburtstag. 1987.

Band 61 Rüdiger Hütte: Der Gemeinschaftsgedanke in den Erbrechtsreformen des Dritten Reichs. 1988.

Band 62 Markus Göldner: Politische Symbole der europäischen Integration. Fahne, Hymne, Hauptstadt, Paß, Briefmarke, Auszeichnungen. 1988.

Band 63 Wolfgang Kröner: Freiheitsstrafe und Strafvollzug in den Herzogtümern Schleswig, Holstein und Lauenburg von 1700 bis 1864. 1988.

Band 64 Werner Gaile: Die Norder Theelacht. 1988.

Band 65 Karl v. Kempis: Andreas Gaill (1526-1587). Zum Leben und Werk eines Juristen der frühen Neuzeit. 1988.

Band 66 Wolf-Rüdiger Osburg: Die Verwaltung Hamburgs in der Franzosenzeit. 1811-1814. 1988.

Band 67 Christian Schudnagies: Hans Frank. Aufstieg und Fall des NS-Juristen und Generalgouverneurs. 1988.

Band 68 Otmar Jung: Senatspräsident Freymuth. Richter, Sozialdemokrat und Pazifist in der Weimarer Republik. Eine politische Biographie. 1989.

Band 69 Joachim Lohner: Das landeshauptmannschaftliche Gericht in Oberösterreich zu Beginn der Neuzeit. Eine Darstellung des oberösterreichischen Prozeßrechts am obersten Territorialgericht des Landes anhand der oberösterreichischen Landtafel.1989.

Band 70 Bernd Klemann: Rudolf von Jhering und die Historische Rechtsschule. 1989.

Band 71 Adalbert Langer: Männer um die österreichische Zivilprozeßordnung 1895. Zusammenspiel / Soziales Ziel. 1990.

Band 72 Robert-Dieter Klee: Die Landessuperintendentur Lauenburg. Ursprung und Entwicklung sowie Ende der Sonderstellung des Kirchenkreises Herzogtum Lauenburg durch die nordelbische Kirchenvereinigung. 1989.

Band 73 Heinrich Herrmann: Die Gehöferschaften im Bezirk Trier. 1989.

Band 74 Wilhelm Brauneder, Franz Baltzarek (Hrsg.): Modell einer neuen Wirtschaftsordnung. Wirtschaftsverwaltung in Österreich 1914-1918. 1991.

Band 75 Thomas Dreyer: Die "Assecuranz- und Haverey-Ordnung" der Freien und Hansestadt Hamburg von 1731. 1990.

Band 76 Bernhard Sendler: Die Rechtssprache in den süddeutschen Stadtrechtsreformationen. 1990.

Band 77 Brigitte Lehmann: Ehevereinbarungen im 19. und 20. Jahrhundert. 1990.

Band 78 Michael Sunnus: Der NS-Rechtswahrerbund (1928-1945). Zur Geschichte der nationalsozialistischen Juristenorganisation. 1990.

Band 79 Stefan Schulz: Die historische Entwicklung des Rechts an Bienen. (§§ 961-964 BGB). 1990.

Band 80 Gerhard Lingelbach, Heiner Lück (Hrsg.): Deutsches Recht zwischen Sachsenspiegel und Aufklärung. Rolf Lieberwirth zum 70. Geburtstag dargebracht von Schülern, Freunden und Kollegen, herausgegeben von Gerhard Lingelbach und Heiner Lück. 1991.

Band 81 Manfred Krohn: Die deutsche Justiz im Urteil der Nationalsozialisten 1920-1933. 1991.

Band 82 Angelika Kühn: Privilegierung nationaler Minderheiten im Wahlrecht der Bundesrepublik Deutschland und Schleswig-Holsteins. 1991.

Band 83 Georg Brun: Leben und Werk des Rechtshistorikers Heinrich Mitteis unter besonderer Berücksichtigung seines Verhältnisses zum Nationalsozialismus. 1991.

Band 84 Wolfgang Simon: Claudius Freiherr von Schwerin. Rechtshistoriker während dreier Epochen deutscher Geschichte. 1991.

Band 85 Friedrich-Carl Wachs: Das Verordnungswerk des Reichsdemobilmachungsamtes. Stabilisierender Faktor zu Beginn der Weimarer Republik. 1991.

Band 86 Jens-Uwe Petersen: Die Vorgeschichte und die Entstehung des Mieterschutzgesetzes von 1923 nebst der Anordnung für das Verfahren vor dem Mieteinigungsamt und der Beschwerdestelle. 1991.

Band 87 Ulrike Haibach: Familienrecht in der Rechtssprache. Die historische Entwicklung zentraler Ausdrücke des geltenden Familienrechts. 1991.

Band 88 Joern Christian Nissen: Die Beratungen des Seeversicherungsausschusses der Akademie für Deutsches Recht zu einem neuen Seeversicherungsgesetz (1934-1939). Ein Beitrag zur Entwicklung der allgemeinen Lehren des Seeversicherungsrechts unter besonderer Berücksichtigung des Handelsgesetzbuchs und der Allgemeinen Deutschen Seeversicherungs-Bedingungen 1919. 1991.

Band 89 Diethard Bühler: Die Entstehung der allgemeinen Vertragsschluß-Vorschriften im Allgemeinen Deutschen Handelsgesetzbuch (ADHGB) von 1861. Ein Beitrag zur Kodifikationsgeschichte des Privatrechts im 19. Jahrhundert. 1991.

Band 90 Gerhard Oberkofler: Die Vertreter des Römischen Rechts mit deutscher Unterrichtssprache an der Karls-Universität in Prag. Vom Vormärz bis 1945. 1991.

Band 91 Ulrich Andermann: Ritterliche Gewalt und bürgerliche Selbstbehauptung. Untersuchungen zur Kriminalisierung und Bekämpfung des spätmittelalterlichen Raubrittertums am Beispiel norddeutscher Hansestädte. 1991.

Band 92 Heinz Marcus Hanke: Luftkrieg und Zivilbevölkerung. Der kriegsvölkerrechtliche Schutz der Zivilbevölkerung gegen Luftbombardements von den Anfängen bis zum Ausbruch des Zweiten Weltkrieges. 1991.

Band 93 Kirsten Kraglund: Familien- und Erbrecht. Materielles Recht und Methoden der Rechtsanwendung in der Rechtsprechung des Oberappellationsgerichts der vier Freien Städte Deutschlands zu Lübeck. 1991.

Band 94 Reinhard Lorenz: Die politische und rechtliche Stellung des Proletariats in Preußen in der Zeit zwischen den Reformen und der Revolution 1848/49. 1991.

Band 95 Eric Hilgendorf: Die Entwicklungsgeschichte der parlamentarischen Redefreiheit in Deutschland. 1991.

Band 96 Hans J. Reiter: Die Handelsgesellschaft Villeroy & Boch von der Gründung 1836 bis zum Jahr 1878. 1992.

Band 97 Martin Johannes Heller: Reform der deutschen Rechtssprache im 18. Jahrhundert. 1992.

Band 98 Michael Kotulla: Die Tragweite der Grundrechte der revidierten preußischen Verfassung vom 31.01.1850. 1992.

Band 99 Michael Siefener: Hexerei im Spiegel der Rechtstheorie. Das crimen magiae in der Literatur von 1574 bis 1608. 1992.

Band 100 Andreas Ebert-Weidenfeller: Hamburgisches Kaufmannsrecht im 17. und 18. Jahrhundert. Die Rechtsprechung des Rates und des Reichskammergerichtes. 1992.

Band 101 Enno Bommel: Die Entstehung der Verwirkungslehre in der Krise des Positivismus. 1992.

Band 102 Ralph Steppacher: Die Berücksichtigung der bäuerlichen Postulate bei der Entstehung des ZGB und der Revision des OR. Ein Beitrag zur schweizerischen Kodifikationsgeschichte (1893-1912). 1992.

Band 103 Martin Fleckenstein: Die Todesstrafe im Werk Carl Joseph Anton Mittermaiers (1787-1867). Zur Entwicklungsgeschichte eines Werkbereichs und seiner Bedeutung für Theorie- und Methodenbildung. 1992.

Band 104 Jörn Eckert: Der Kampf um die Familienfideikommisse in Deutschland. Studien zum Absterben eines Rechtsinstitutes. 1992.

Band 105 Jörg Grotkopp: Beamtentum und Staatsformwechsel. Die Auswirkungen der Staatsformwechsel von 1918, 1933 und 1945 auf das Beamtenrecht und die personelle Zusammensetzung der deutschen Beamtenschaft. 1992.

Band 106 Andreas Rohde: Die Garantiehaftung des Vermieters und ihr Verhältnis zum Unmöglichkeitsrecht in dogmengeschichtlicher und modernrechtlicher Sicht. 1992.

Band 107 Tjark Siefke Kunstreich: Gesamtvertretung. Eine historisch-systematische Darstellung. 1992.

Band 108 Jürgen Krüger: Blindheit und Königtum. Die Blindheit des Königs Georg V. von Hannover als verfassungsrechtliches Problem. 1992.

Band 109 Wolfgang Putschek: Ständische Verfassung und autoritäre Verfassungspraxis in Österreich 1933-1938 mit Dokumentenanhang. Verfassung und Verfassungswirklichkeit. Mit einem Anhang: Denkschriften von Rechtsanwalt Dr. Erich Führer 1936/37. 1993.

Band 110 Klaus Hofmann: Die Verdrängung der Juden aus öffentlichem Dienst und selbständigen Berufen in Regensburg 1933-1939. 1993.

Band 111 Franz Kilger: Die Entwicklung des Telegraphenrechts im 19. Jahrhundert mit besonderer Berücksichtigung der technischen Entwicklung. Telegraphenrecht im 19. Jahrhundert. 1993.

Band 112 Wilhelm Brauneder (Hrsg.): Heiliges Römisches Reich und moderne Staatlichkeit. 1993.

Band 113 Thomas Heinrich: Das preußische Nichtehelichenrecht: Von der Aufklärung zur Reaktion. 1993.

Band 114 Gerald Kohl: Jagd und Revolution. Das Jagdrecht in den Jahren 1848 und 1849. 1993.

Band 115 Christian Schudnagies: Der Kriegs- oder Belagerungszustand im Deutschen Reich während des Ersten Weltkrieges. Eine Studie zur Entwicklung und Handhabung des deutschen Ausnahmezustandsrechts bis 1918. 1994.

Band 116 Elisabeth Bellmann: Die Internationale Kriminalistische Vereinigung (1889-1933). 1994.

Band 117 Julia Pfannkuch: Volksrichterausbildung in Sachsen 1945-1950. 1993.

Band 118 Jörg Offen: Von der Verwaltungsgemeinschaft des BGB von 1896 zur Zugewinngemeinschaft des Gleichberechtigungsgesetzes von 1957. 1994.

Band 119 Dorothee Kohlhas-Müller: Untersuchungen zur Rechtsstellung Theoderichs des Großen. 1995.

Band 120 Monika Rose: Das Gerichtswesen des Herzogtums Pfalz-Zweibrücken im 18. Jahrhundert. Ein Beitrag zur territorialen Gerichtsbarkeit im Alten Reich. 1994.

Band 121 Jörn Eckert / Hans Hattenhauer (Hrsg.): Bibel und Recht. Rechtshistorisches Kolloquium 9. - 13. Juni 1992 an der Christian-Albrechts-Universität zu Kiel. 1994.

Band 122 Robert Martin Mizia: Der Rechtsbegriff der Autonomie und die Begründung des Privatfürstenrechts in der deutschen Rechtswissenschaft des 19. Jahrhunderts. 1995.

Band 123 Walther Graf von Plettenberg: Das Fortleben des Liber Iudiciorum in Asturien/León (8.-13. Jh.). 1994.

Band 124 Wolfgang Schulz: Das deutsche Börsengesetz. Die Entstehungsgeschichte und wirtschaftlichen Auswirkungen des Börsengesetzes von 1896. 1994.

Band 125 Frank Hagemann: Der Untersuchungsausschuß Freiheitlicher Juristen. 1949-1969. 1994.

Band 126 Andreas Rethmeier: "Nürnberger Rassegesetze" und Entrechtung der Juden im Zivilrecht. 1995.

Band 127 Edith Grether: Die Poesie der Throne. Die Juristen in der Fruchtbringenden Gesellschaft. 1995.

Band 128 Anna Bartels-Ishikawa: Der Lippische Thronfolgestreit. Eine Studie zu verfassungsrechtlichen Problemen des Deutschen Kaiserreiches im Spiegel der zeitgenössischen Staats. 1995.

Band 129 Jörg Schmidt: Otto Koellreutter 1883-1972. Sein Leben, sein Werk, seine Zeit. 1995.

Band 130 Christian Hattenhauer: Wahl und Krönung Franz II. AD 1792. Das Heilige Reich krönt seinen letzten Kaiser - Das Tagebuch des Reichsquartiermeisters Hieronymus Gottfried von Müller und Anlagen. 1995.

Band 131 Jutta v. der Decken: Das Seearbeitsrecht im Hamburger Stadtrecht von 1301 bis 1603. 1995.

Band 132 Detlev Schmidt: Die Reform des Rechts der Handelsvertreter von 1953. 1995.

Band 133 Gabi Roßdeutscher: Privatautonomie im Scheidungsrecht. Scheidungsbezogene Vereinbarungen in den letzten 200 Jahren. 1995.

Band 134 Harald Kahlenberg: Leben und Werk des Rechtshistorikers Walther Merk. Ein Beispiel für das Verhältnis von Rechtsgeschichte und Nationalsozialismus. 1995.

Band 135 Michael Steitz: Adelbert Düringer am Reichsgericht (1902-1915). Seine aktienrechtlichen Entscheidungen und sein Einfluß auf das Aktienrecht in Deutschland. 1995.

Band 136 Christian Becker: Beata Justorum Translatio. Juristen in schleswig-holsteinischen Leichenpredigten. 1996.

Band 137 Christoph Seiler: Vom Allgemeinen Landrecht zum Bürgerlichen Gesetzbuch. Dargestellt am Beispiel der höchstrichterlichen Judikatur zum kaufrechtlichen Sachmängelgewährleistungsrecht. 1996.

Band 138 Bernd Mayer: Die Vertrauensmännerausschüsse auf den preußischen Steinkohlegruben an der Saar. Entstehung und Wirken. Eine rechtshistorische Untersuchung. 1996.

Band 139 Rochus Scholl: Juden und Judenrecht im Herzogtum Pfalz-Zweibrücken. Ein Beitrag zur Rechtsgeschichte eines deutschen Kleinstaates am Ende des alten Reiches. 1996.

Band 140 Meike Bursch: Judentaufe und frühneuzeitliches Strafrecht. Die Verfahren gegen Christian Treu aus Weener/Ostfriesland 1720-1728. 1996.

Band 141 Markus Hillenbrand: Fürstliche Eheverträge. Gottorfer Hausrecht 1544-1773. 1996.

Band 142 Ulf Häder: Das gemeinschaftliche Oberappellationsgericht thüringischer Staaten in Jena. Ein Beitrag zur Geschichte des Gerichtswesens im 19. Jahrhundert. 1996.

Band 143 Andreas Bauer: Das Gnadenbitten in der Strafrechtspflege des 15. und 16. Jahrhunderts. Dargestellt unter besonderer Berücksichtigung von Quellen der Vorarlberger Gerichtsbezirke Feldkirch und des Hinteren Bregenzerwaldes. 1996.

Band 144 Christian Wirth: Der Jurist Johann Andreas Georg Friedrich Rebmann zwischen Revolution und Restauration. 1996.

Band 145 Stefanie Müller: Die Rechtsprechung des Hanseatischen Oberlandesgerichts zum persönlichen Eherecht in Hamburgischen Gerichtsfällen von 1879-1900. 1996.

Band 146 Jean-Nicolas Morisset: Der Frachtvertrag in der *Ordonnance de la marine* von 1681. 1996.

Band 147 Dirk Lentfer: Die Glogauer Landesprivilegien des Andreas Gryphius von 1653. 1996.

Band 148 Wencke Mull: Die Haftung für Einsturzschäden nach den §§ 836-838 BGB in der Rechtsprechung des Reichsgerichts. 1996.

Band 149 Renate Zelger: Teufelsverträge. Märchen, Sage, Schwank, Legende im Spiegel der Rechtsgeschichte. 1996.

Band 150 Guido Kraß: Das Arrestverfahren in Frankfurt am Main im Spätmittelalter. 1996.

Band 151 F. Benedict Heyn: Die Entwicklung des Eisenbahnfrachtrechts von den Anfängen bis zur Einführung des Allgemeinen Deutschen Handelsgesetzbuches (ADHGB). 1996.

Band 152 Thomas Lang: Die Staats- und Verfassungslehre Carl Salomo Zachariaes. 1996.

Band 153 Michael Hebeis: Karl Anton von Martini (1726-1800). Leben und Werk. 1996.

Band 154 Gerald Hubert: Die Diskussion um die rechtliche Natur der Bizone in den Jahren 1947-1949. 1996.

Band 155 Christof Horn: Die Rechtsprechung des Reichsgerichts in Ehescheidungssachen der Jahre 1900 bis 1905. 1996.

Band 156 Hermann Nehlsen / Georg Brun (Hrsg.): Münchener rechtshistorische Studien zum Nationalsozialismus. 1996.

Band 157 Jan Otto Clemens Kehrberg: Die Entwicklung des Elektrizitätsrechts in Deutschland. Der Weg zum Energiewirtschaftsgesetz von 1935. 1997.

Band 158 Johannes Tradt: Der Religionsprozeß gegen den Zopfschulzen (1791-1799). Ein Beitrag zur protestantischen Lehrpflicht und Lehrzucht in Brandenburg-Preußen gegen Ende des 18. Jahrhunderts. 1997.

Band 159 Dietmar Olsen: Das kaufrechtliche Sachmängelgewährleistungsrecht des Code civil in der Rechtsprechung deutscher Gerichte im 19. Jahrhundert. Ein Beitrag zur Ablösung der Partikularrechte durch das BGB. 1997.

Band 183 Christian Ortloff: Das staatskirchenrechtliche System Wilhelm Traugott Krugs. Glaubens- und Gewissensfreiheit – eine Forderung der Vernunft. 1998.

Band 184 Christian Hattenhauer: Schuldenregulierung nach dem Westfälischen Frieden. Der sog. § *de indaganda* und seine Umsetzung im Jüngsten Reichsabschied (AD 1648 und 1654). 1998.

Band 185 Werner Schubert: Preußen im Vormärz. Die Verhandlungen der Provinziallandtage von Brandenburg, Pommern, Posen, Sachsen und Schlesien sowie – im Anhang – von Ostpreußen, Westfalen und der Rheinprovinz (1841-1845). 1998.

Band 186 Silvia Schumacher: Das Rechtsverhältnis zwischen Eltern und Kindern in der Privatrechtsgeschichte. 1999.

Band 187 Kai Sommer: Die Strafbarkeit der Homosexualität von der Kaiserzeit bis zum Nationalsozialismus. Eine Analyse der Straftatbestände im Strafgesetzbuch und in den Reformentwürfen (1871-1945). 1998.

Band 188 Jan Erik Backhaus: Volksrichterkarrieren in der DDR. 1999.

Band 189 Ralf Ruhnau: Die Fürstlich Thurn und Taxissche Privatgerichtsbarkeit in Regensburg. Ein Kuriosum der deutschen Rechtsgeschichte. 1999.

Band 190 Antonio Grilli: Die französische Justizorganisation am linken Rheinufer 1797-1803. 1999.

Band 191 Stephanie Kammerloher-Lis: Die Entstehung des Gesetzes über die religiöse Kindererziehung vom 15. Juli 1921. 1999.

Band 192 Jan Telp: Ausmerzung und Verrat. Zur Diskussion um Strafzwecke und Verbrechensbegriffe im Dritten Reich. 1999.

Band 193 Kurt von Pannwitz: Die Entstehung der Allgemeinen Deutschen Wechselordnung. Ein Beitrag zur Geschichte der Vereinheitlichung des deutschen Zivilrechts im 19. Jahrhundert. 1999.

Band 194 Sylvia Busch: Die Entstehung der Allgemeinen Gerichtsordnung für die Preussischen Staaten von 1793/95. Ein Beitrag zur Geschichte der Kodifikationsbewegung und der Reform des Zivilprozesses in Preußen im 18. Jahrhundert. 1999.

Band 195 Dirk Bieresborn: Klage und Klageerwiderung im deutschen und englischen Zivilprozeß. Eine rechtshistorische und rechtsvergleichende Untersuchung unter besonderer Berücksichtigung der Beeinflussung durch das römisch-kanonische Verfahren. 1999.

Band 196 Andreas Thier / Guido Pfeifer / Philipp Grzimek (Hrsg.): Kontinuitäten und Zäsuren in der Europäischen Rechtsgeschichte. Europäisches Forum Junger Rechtshistorikerinnen und Rechtshistoriker München 22.-24. Juli 1998. 1999.

Band 197 Franz Smola: Die Fürstlich Liechtenstein'sche Kunstsammlung. Rechtsfragen zur Verbringung der Sammlung von Wien nach Vaduz in den Jahren 1944/45. 1999.

Band 198 Frank Martin Krauss: Das geteilte Eigentum im 19. und 20. Jahrhundert. Eine Untersuchung zum Fortbestand des Teilungsgedankens. 1999.

Band 199 Matthias Frey: Die spanische Aktiengesellschaft im 18. Jahrhundert und unter dem Código de Comercio von 1829. 1999.

Band 200 Alexandra Gilde: Die Stellung der Frau im Reichsstrafgesetzbuch von 1870/71 und in den Reformentwürfen bis 1919 im Urteil der bürgerlichen Frauenbewegung. Eine Analyse ausgewählter Straftatbestände. 1999.

Band 201 Malte Dießelhorst / Arne Duncker: Hans Kohlhase. Die Geschichte einer Fehde in Sachsen und Brandenburg zur Zeit der Reformation. 1999.

Band 202 Jörg Hillmann: Territorialrechtliche Auseinandersetzungen der Herzöge von Sachsen-Lauenburg vor dem Reichskammergericht im 16. Jahrhundert. 1999.

Band 203 Carsten Engler: Die Kommanditgesellschaft (KG) und die stille Gesellschaft im Allgemeinen Deutschen Handelsgesetzbuch (ADHGB) von 1861. 1999.

Band 204 Vesta Hoffmann-Steudner: Die Rechtsprechung des Reichsgerichts zu dem Scheidungsgrund des § 49 EheG (EheG 1938) in den Jahren 1938-1945. 1999.

Band 205 Michaela Thiele: Die Auflösung von Arbeitsverhältnissen aufgrund Anfechtung und außerordentlicher Kündigung nach der Rechtsprechung des Reichsarbeitsgerichts (1927-1945). 2000.

Band 206 Peter Landau / Hermann Nehlsen / Mathias Schmoeckel (Hrsg.): Karl von Amira zum Gedächtnis. 1999.

Band 207 Marcus Flinder: Die Entstehungsgeschichte des Zivilgesetzbuches der DDR. 1999.

Band 208 Boris Franz Leo Bromm: Die Entstehungsgeschichte des Berufs des Handelsvertreters. Unter besonderer Berücksichtigung der Sozialgesetzgebung in den Jahren von 1871-1933. 2000.

Band 209 Winfried C. J. Eberstein: Das Tierschutzrecht in Deutschland bis zum Erlaß des Reichs-Tierschutzgesetzes vom 24. November 1933. Unter Berücksichtigung der Entwicklung in England. 1999.

Band 210 Patrick Deller: Der „nach dem Vertrage" vorausgesetzte Gebrauch (§ 459 Absatz 1 Satz 1 BGB). Eine kaufrechtliche Untersuchung unter Berücksichtigung rechtshistorischer wie rechtsvergleichender Grundlagen. 2000.

Band 211 Eckard Freiherr von Bodenhausen: Haftung des Geschäftsherrn für Verrichtungsgehilfen im Straßen- und Schienenverkehr. Eine Analyse der Entscheidungen des Reichsgerichts zu § 831 BGB (1900-1945). 2000.

Band 212 Birte Gast: Der Allgemeine Teil und das Schuldrecht des Bürgerlichen Gesetzbuchs im Urteil von Raymond Saleilles (1855-1912). 2000.

Band 213 Hansjörg Michael Huber: Koloniale Selbstverwaltung in Deutsch-Südwestafrika. Entstehung, Kodifizierung und Umsetzung. 2000.

Band 214 Ulf Björner: Die Verfassungsgerichtsbarkeit im Norddeutschen Bund und Deutschen Reich (1867-1918). Eine rechtshistorische Untersuchung über Gerichtsbarkeit im Spannungsfeld von Politik und Recht innerhalb der von Bismarck geschaffenen deutschen Bundesstaaten. 2000.

Band 215 Mathias Freiherr von Rosenberg: Friedrich Carl von Savigny (1779-1861) im Urteil seiner Zeit. 2000.

Band 216 Reinhard Binder-Krieglstein: Österreichisches Adelsrecht 1868-1918/19. Von der Ausgestaltung des Adelsrechts der cisleithanischen Reichshälfte bis zum Adelsaufhebungsgesetz der Republik unter besonderer Berücksichtigung des adeligen Namensrechts. 2000.

Band 217 Claudia-Regine Nerius: Johannes Lehmann-Hohenberg (1851-1925). Eine Studie zur völkischen Rechts- und Justizkritik im Deutschen Kaiserreich. 2000.

Band 218 Ludger Meuten: Die Erbfolgeordnung des Sachsenspiegels und des Magdeburger Rechts. Ein Beitrag zur Geschichte des sächsisch-magdeburgischen Rechts. 2000.

Band 219 Christoph Alexander von Wilcken: Die Reformbestrebungen zum Genossenschaftsgesetz in der Frühzeit der Bundesrepublik. Die Beratungen der Sachverständigenkommission zur Überprüfung des Genossenschaftsrechts 1954 bis 1958 und der Referentenentwurf von 1962. 2000.

Band 220 Verein Junger RechtshistorikerInnen Zürich (Hrsg.): ¿Rechtsgeschichte(n)? ¿Histoire(s) du droit? ¿Storia/storie del diritto? ¿Legal Histori(es)? Europäisches Forum Junger Rechtshistorikerinnen und Rechtshistoriker Zürich 28.-30. Mai 1999. 2000.

Band 221 Hans Christian Schüler: Die Entstehungsgeschichte der Bundesnotarordnung vom 24. Februar 1961. 2000.

Band 222 Nils-Eberhard Schramm: Die Vereinigung demokratischer Juristen (1949-1999). 2000.

Band 223 Silke Anke Torp: Das Rechtsverhältnis zwischen den Eltern und ihren Kindern. Dienstleistungspflicht, Aussteuer und Ausstattung. Eine Analyse der Rechtsprechung des Reichsgerichts und des Reichsarbeitsgerichts zu den Vorschriften der §§ 1616 bis 1625 des Bürgerlichen Gesetzbuches in der Zeit von 1900 bis 1945. 2000.

Band 224 Martin Jürgen Maaß: Die Geschichte des Eigentumsvorbehalts, insbesondere im 18. und 19. Jahrhundert. 2000.

Band 225 Stefanie Langer: Rechtswissenschaftliche Itinerarien. Lebenswege namhafter europäischer Juristen vom 11. bis zum 18. Jahrhundert. 2000.

Band 226 Ulrich Schmitz: Der Unterhaltsanspruch des nichtehelichen Kindes gegen seinen Erzeuger. Die rechtsgeschichtliche und dogmatische Entwicklung im deutschen Recht. 2000.

Band 227 Sebastian Günther: Friedrich Carl von Savigny als Grundherr. 2000.

Band 228 Henning Ibs: Hermann J. Held (1890-1963). Ein Kieler Gelehrtenleben in den Fängen der Zeitläufe. 2000.

Band 229 Matthias Rücker: Wirtschaftswerbung unter dem Nationalsozialismus. Rechtliche Ausgestaltung der Werbung und Tätigkeit des Werberats der deutschen Wirtschaft. 2000.

Band 230 Hendrik Sandmann: Die Entwicklung von Begriff und Inhalt des Wirtschaftchsrechts durch die Rechtswissenschaft in der Weimarer Republik. 2000.

Band 231 Sibylle Müller: Gibt es Menschenrechte bei Samuel Pufendorf? 2000.

Band 232 Karin Olechowski-Hrdlicka: Die gemeinsamen Angelegenheiten der Österreichisch-Ungarischen Monarchie. Vorgeschichte – Ausgleich 1867 – Staatsrechtliche Kontroversen. 2001.

Band 233 Johannes Mierau: Die juristischen Abschluß- und Diplomprüfungen in der SBZ/DDR. Ein Einblick in die Juristenausbildung im Sozialismus. 2001.

Band 234 Jörg Wolff (Hrsg.): Stillstand, Erneuerung und Kontinuität. Einsprüche zur Preußenforschung. 2001.

Band 235 Friedo Schröder: Die anwaltliche Tätigkeit während der nationalsozialistischen Herrschaft. Eine Analyse der anwaltlichen Argumentation in Zivilprozessen anhand der vorhandenen Prozeßakten der Landgerichte Frankenthal, Wiesbaden, Limburg und Frankfurt und der Handakten der *jüdischen Konsulenten* des OLG-Bezirks Frankfurt. 2001.

Band 236 Der Code pénal des Königreichs Westphalen von 1813 mit dem Code pénal von 1810 im Original und in deutscher Übersetzung. Herausgegeben und mit einer Einleitung versehen von Werner Schubert. 2001.

Band 237 Klaus Richter: Deutsches Kolonialrecht in Ostafrika 1885-1891. 2001.

Band 238 Kai von Lewinski: Deutschrechtliche Systembildung im 19. Jahrhundert. 2001.

Band 239 Alexander Herzog: Sittenwidrige Rechtsgeschäfte in der höchstrichterlichen Rechtsprechung aus den Jahren 1948-1965. 2001.

Band 240 Claudia Rönnau: Die Beratungen des Wasserrechtsausschusses der Akademie für Deutsches Recht zu einem Reichswassergesetz (1934-1941). Ein Beitrag zur Dogmatik der Begriffe *Gemeingebrauch* und *Sondergebrauch* in der Zeit des Nationalsozialismus. 2001.

Band 241 Momme Rohlack: Kriegsgesellschaften (1914-1918). Arten, Rechtsformen und Funktionen in der Kriegswirtschaft des Ersten Weltkrieges. 2001.

Band 242 Rolf Geyer: Der Gedanke des Verbraucherschutzes im Reichsrecht des Kaiserreichs und der Weimarer Republik (1871-1933). Eine Studie zur Geschichte des Verbraucherrechts in Deutschland. 2001.

Band 243 Felix Lorenz Benjamin Lehmann: Der Rote Adlerorden. Entstehung und rechtliche Grundlagen (1705-1918). 2002.

Band 244 Marc Ludwig: Der Pfändungsschutz für Lohneinkommen. Die Entstehungs- und Entwicklungsgeschichte der Vorschriften zum Schutz vor Lohnpfändung in Deutschland. 2001.

Band 245 Alexander Wachter: Dorfschule zwischen Pastor und Schulmeister. Zur Säkularisierung des niederhessischen Schulwesens im 19. Jahrhundert. 2001.

Band 246 Richard Scholz: Analyse der Entstehungsbedingungen der reichsgerichtlichen Aufwertungsrechtsprechung. Untersuchung unter besonderer Berücksichtigung der konservativen Geldpolitik der Reichsbank und der Inflationspolitik der Reichsregierung. 2001.

Band 247 Judith Laeverenz: Märchen und Recht. Eine Darstellung verschiedener Ansätze zur Erfassung des rechtlichen Gehalts der Märchen. 2001.

Band 248 Christina Schenk: Bestrebungen zur einheitlichen Regelung des Strafvollzugs in Deutschland von 1870 bis 1923. 2001.

Band 249 Nils Werner: Die Prozesse gegen die Landvolkbewegung in Schleswig-Holstein 1929/32. Ein Beitrag zur Justizkritik in der späten Weimarer Republik. 2001.

Band 250 Wolfgang Walter: Das Duell in Bayern. Ein Beitrag zur bayerischen Strafrechtsgeschichte. 2002.

Band 251 Jörn Eckert / Kjell Å. Modéer (Hrsg.): Geschichte und Perspektiven des Rechts im Ostseeraum. Erster Rechtshistorikertag im Ostseeraum 8.–12. März 2000. 2001.

Band 252 Jan Könighaus: Die Inauguration der Christian-Albrechts-Universität zu Kiel 1665. Symbolgehalt und rechtliche Bedeutung des Universitätszeremoniells. 2002.

Band 253 Andreas Görgen: Rechtssprache in der Frühen Neuzeit. Eine vergleichende Untersuchung der Fremdwortverwendung in Gesetzen des 16. und 17. Jahrhunderts. 2002.

Band 254 Ralf Schäfer: Die Rechtsstellung der Haigerlocher Juden im Fürstentum Hohenzollern-Sigmaringen von 1634-1850. Eine rechtsgeschichtliche Untersuchung. 2002.

Band 255 Regine Schmalhorst: Die Tierhalterhaftung im BGB von 1896. Die Entstehung und Änderung des § 833 BGB sowie eine Analyse der Rechtsprechung des Reichsgerichts bis 1908. 2002.

Band 256 Thomas Hense: Konrad Beyerle. Sein Wirken für Wissenschaft und Politik in Kaiserreich und Weimarer Republik. 2002.

Band 257 Christian Mahlmann: Die Strafrechtswissenschaft der DDR. Klassenkampftheorie und Verbrechenslehre. 2002.

Band 258 Henning Kahmann: Die Bankiers von Jacquier & Securius 1933–1945. Eine rechtshistorische Fallstudie zur "Arisierung" eines Berliner Bankhauses. Mit einem Geleitwort von John Kornblum. 2002.

Band 259 Volker Friedrich Drecktrah: Die Gerichtsbarkeit in den Herzogtümern Bremen und Verden und in der preußischen Landdrostei Stade von 1715 bis 1879. 2002.

Band 260 Andreas Klass: Standes- oder Leistungselite? Eine Untersuchung der Karrieren der Wetzlarer Anwälte des Reichskammergerichts (1693-1806). 2002.

Band 261 Wolfgang Eder: Das italienische Tribunale Speciale per la Difesa dello Stato und der deutsche Volksgerichtshof. Ein Vergleich zwischen zwei politischen Gerichtshöfen. 2002.

Band 262 Albrecht Cordes / Bernd Kannowski (Hrsg.): Rechtsbegriffe im Mittelalter. 2002.

Band 263 Thomas Hildebrandt: Die Brandenburgischen Provinziallandtage von 1841, 1843, und 1845 anhand ausgewählter Verhandlungsgegenstände. 2002.

Band 264 Jan Finzel: Georg Adam Struve (1619-1692) als Zivilrechtler. 2003.

Band 265 Björn Carsten Frenzel: Das Selbstverständis der Justiz nach 1945. Analyse der Rolle der Justiz unter Berücksichtigung der Reden zur *Wiedereröffnung* der Bundes- und Oberlandesgerichte. 2003.

Band 266 Nils Reichhelm: Die marxistisch-leninistische Staats- und Rechtstheorie Karl Polaks. 2003.

Band 267 Raik Schneider: Altrechtliche Personenzusammenschlüsse. Ihre Entwicklung unter besonderer Berücksichtigung des Rechts des Großherzogtums Sachsen-Weimar-Eisenach sowie der Herzogtümer Sachsen-Meiningen und Sachsen-Gotha. 2003.

Band 268 Anke Meier: Die Geschichte des deutschen Konkursrechts, insbesondere die Entstehung der Reichskonkursordnung von 1877. 2003.

Band 269 Stefan Jens Jordan: Leben und Werk des Tübinger Rechtsprofessors Wilhelm Gottlieb Tafinger 1760-1813. 2003.

Band 270 Stefanie Hubig: Die historische Entwicklung des § 23 ZPO. Zum Ursprung und Fortleben des Vermögensgerichtsstandes im deutschen Prozeßrecht des 19. Jahrhunderts. 2003.

Band 271 Michael G. Perband: Der Grundsatz der freien Beweiswürdigung im Zivilprozeß (§ 286 ZPO) in der Rechtsprechung des Reichsgerichts. 2003.

Band 272 Mathias Bouveret: Die Stellung des Staatsoberhauptes in der parlamentarischen Diskussion und Staatsrechtslehre von 1848 bis 1918. 2003.

Band 273 Barbara Széchényi: Rechtliche Grundlagen bayerischer Zensur im 19. Jahrhundert. 2003.

Band 274 Sylvia Scharfenberg: Die Entstehungsgeschichte des Beurkundungsgesetzes vom 28. August 1969. 2003.

Band 275 Urte Nesemann: Die schwedische Familiengesetzgebung von 1734 bis zu den Reformgesetzen von 1915 bis 1920 und deren Einfluss auf die Gesetzgebungsprojekte der Weimarer Republik. Unter besonderer Berücksichtigung der Rechtsstellung der Frau und des unehelichen Kindes. 2003.

Band 276 Alexandra Brück: Die Polizeiordnung Herzog Christians von Braunschweig-Lüneburg vom 6. Oktober 1618. 2003.

Band 277 Torsten Landwehr: Das Kommissionsgeschäft in Rechtswissenschaft, Gesetzgebung und Rechtspraxis vom 16. bis zum Ende des 18. Jahrhunderts. 2003.

Band 278 Tassilo Wilhelm Maria Englert: Deutsche und italienische Zivilrechtsgesetzgebung von 1933–1945. Parallelen in der Rechtsetzung und gegenseitige Beeinflussung unter besonderer Berücksichtigung des Familien- und Erbrechts. 2003.

Band 279 Tobias Prang: Der Schutz der Versicherungsnehmer bei der Auslegung von Versicherungsbedingungen durch das Reichsgericht. 2003.

Band 280 Thorsten Lieb: Privileg und Verwaltungsakt. Handlungsformen der öffentlichen Gewalt im 18. und 19. Jahrhundert. 2004.

Band 281 Michael Rühling: Das Ladenschlussgesetz vom 28. November 1956. Vorgeschichte, Entstehung des Gesetzes und weitere Entwicklung. 2004.

Band 282 Kathrin Nawotki: Die schleswigsche Deichstavengerechtigkeit. Vom 17. Jahrundert bis in die Gegenwart. Eine gewohnheitsrechtliche Superfizies an nordfriesischen Deichgrundstücken und ihre Entwicklung. 2004.

Band 283 Erik Nils Voigt: Die Gesetzgebungsgeschichte der militärischen Ehrenstrafen und der Offiziereehrengerichtsbarkeit im preußischen und deutschen Heer von 1806 bis 1918. 2004.

Band 284 Dorothea Riedi Hunold: Die Einführung der allgemeinen Wechselfähigkeit in der Schweiz in der zweiten Hälfte des 19. Jahrhunderts. Unter besonderer Berücksichtigung der politischen, wirtschaftlichen und sozialen Verhältnisse. 2004.

Band 285 Thomas Gergen: Pratique juridique de la paix et trêve de Dieu à partir du concile de Charroux (989–1250). Juristische Praxis der Pax und Treuga Dei ausgehend vom Konzil von Charroux (989–1250). 2004.

Band 286 Kathrin Bethkenhagen: Die Entwicklung des Luftrechts bis zum Luftverkehrsgesetz von 1922. 2004.

Band 287 Heiko Lüpkes: Die Verbrechen der Diener des Staats im Allgemeinen Landrecht für die Preußischen Staaten von 1794 und ihre Entwicklung zu den Vergehen und Verbrechen im Amte im Strafgesetzbuch für die Preußischen Staaten von 1851. 2004.

Band 288 Mirco Peter Hirsch: Von der Erbbescheinigung des Preußischen Rechts zum Erbschein des Bürgerlichen Gesetzbuchs. 2004.

Band 289 Bettina Günther: Die Behandlung der Sittlichkeitsdelikte in den Policeyordnungen und der Spruchpraxis der Reichsstädte Frankfurt am Main und Nürnberg im 15. bis 17. Jahrhundert. 2004.

Band 290 Seunghyeon Seong: Der Begriff der *nicht gehörigen Erfüllung* aus dogmengeschichtlicher und rechtsvergleichender Sicht. 2004.

Band 291 Steffen-Werner Meyer: Bemühungen um ein Reichsgesetz gegen den Büchernachdruck. Anläßlich der Wahlkapitulation Leopolds II. aus dem Jahre 1790. 2004.

Band 292 Ulrich Löffler: Instrumentalisierte Vergangenheit? Die nationalsozialistische Vergangenheit als Argumentationsfigur in der Rechtsprechung des Bundesverfassungsgerichts. 2004.

Band 293 Norbert Koch: Die Entwicklung des deutschen privaten Immissionsschutzrechts seit Beginn der Industrialisierung. Unter besonderer Berücksichtigung des Einflusses der höchstrichterlichen Rechtsprechung. 2004.

Band 294 Julius Ludwig Pfeiffer: Das Tierschutzgesetz vom 24. Juli 1972. Die Geschichte des deutschen Tierschutzrechts von 1950 bis 1972. 2004.

Band 295 Bert-Hagen Strodthoff: Die richterliche Frage- und Erörterungspflicht im deutschen Zivilprozeß in historischer Perspektive. 2004.

Band 296 Tim Kannewurf: Die Höfeordnung vom 24. April 1947. Entstehungsgeschichte und Einordnung in die Entwicklung des Anerbenrechts. 2004.

Band 297 Steffi Heine: Die Methodendiskussion nach Inkrafttreten des Bürgerlichen Gesetzbuches und die Gründung des Vereins *Recht und Wirtschaft*. 2004.

Band 298 Anne Marlene Simon-Holtorf: Geschichte des Familienwahlrechts in Frankreich (1871 bis 1945). 2004.

Band 299 Jürgen Busch: Das Germanenbild der deutschen Rechtsgeschichte. Zwischen Wissenschaft und Ideologie. Mit einem Vorwort von Herwig Wolfram. 2004.

Band 300 Jan Kohlmann: Der Marsch zu den Gräbern von Karl und Rosa. Geschichte eines Gedenktages. 2004.

Band 301 Christian Rainer Schlicht: Die kumulative Schuldübernahme in der Rechtsprechung des Reichsgerichts und in der zeitgenössischen Literatur. 2004.

Band 302 Hans Peter Glöckner: Positive Vertragsverletzung. Die Geburt eines Rechtsinstituts. 2006.

Band 303 João Manuel Azevedo Alexandrino Fernandes: Die Theorie der Interpretation des Gesetzes bei Francisco Suárez. 2005.

Band 304 René Funk: Die Wahlprüfung der volksgewählten Abgeordneten der Volksvertretungen im Frühkonstitutionalismus. Eine Untersuchung der Wahlprüfung in den Kammern der Abgeordneten des Großherzogtums Baden, des Königreichs Württemberg und des Großherzogtums Hessen. 2005.

Band 305 Carolin O'Sullivan. Die Ahndung von Rechtsbrüchen der Seeleute im mittelalterlichen hamburgischen und hansischen Seerecht (1301–1482). 2005.

Band 306 Martin Jürgens: Staat und Reich bei Ernst Rudolf Huber. Sein Leben und Werk bis 1945 aus rechtsgeschichtlicher Sicht. 2005.

Band 307 Florian G. Dürselen: Franz Beyerle (1885–1977). Leben, Ära und Werk eines Rechtshistorikers. 2005.

Band 308 Kai Bandilla: Urheberrecht im Kaiserreich. Der Weg zum Gesetz betreffend das Urheberrecht an Werken der Literatur und Tonkunst vom 19. Juni 1901. 2005.

Band 309 Stefan Mieth: Die Entwicklung des Denkmalrechts in Preußen 1701–1947. 2005.

Band 310 Catharina Lodemann: Die Geschichte des französischen *acte de gouvernement*. 2005.

Band 311 Christina Wicke: Kodifikationsbestrebungen und Wissenschaft in Hessen-Darmstadt im vorkonstitutionellen Zeitalter. Zu der Beteiligung der Gießener Rechtsprofessoren an den Gesetzgebungsarbeiten in Hessen-Darmstadt in der Zeit zwischen 1769 und 1820. 2005.

Band 312 Christiane Chlosta: Nur dem Gesetz unterworfen? Eine rechtsgeschichtliche Untersuchung zu Idee und Wirklichkeit richterlicher Gesetzestreue unter besonderer Berücksichtigung der Aufwertungsrechtsprechung und des richterlichen Prüfungsrechts. 2005.

Band 313 Kathrin Dirr: Hoheitsrechtliche Streitigkeiten zwischen den Kölner Erzbischöfen und der Stadt Köln auf Grundlage reichskammergerichtlicher Verfahren des 16. und 17. Jahrhunderts. 2005.

Band 314 Michael Racky: Die Diskussion über Gewaltenteilung und Gewaltentrennung im Vormärz. 2005.

Band 315 Petra Thiemrodt: Die Entstehung des Staatshaftungsgesetzes der DDR. Eine Untersuchung auf der Grundlage von Materialien der DDR-Gesetzgebungsorgane mit zeitgeschichtlichen Bezügen. 2005.

Band 316 Julius F. Reiter: Entstehung und staatsrechtliche Theorie der italienischen *Carta del Lavoro*. 2005.

Band 317 André Book: Die Justizreform in der Frühzeit der Bundesrepublik. Die Beratungen der Kommission zur Vorbereitung einer Reform der Zivilgerichtsbarkeit in den Jahren 1955 bis 1961. 2005.

Band 318 Frank Zentz: Das amerikanische Strafverfahren als Element der Besatzungspolitik in Deutschland. Erziehung zur Demokratie durch den *Court of Appeals* 1948–1955. 2005.

Band 319 Friederike Quaisser: Mietrecht im 19. Jahrhundert. Ein Vergleich der mietrechtlichen Konzeptionen im Allgemeinen Landrecht für die Preußischen Staaten von 1794 und dem gemeinen Recht. 2005.

Band 320 Stefan Burghard: Professor Dr. Wilhelm Kahl – Leben zwischen Wissenschaft und Politik. 2005.

Band 321 Günter Baranowski: Die *Russkaja Pravda* – ein mittelalterliches Rechtsdenkmal. 2005.

Band 322 Christina Schneider: Die SS und „das Recht". Eine Untersuchung anhand ausgewählter Beispiele. 2005.

Band 323 Werner Schubert (Hrsg.): Zivilprozessreform in der Weimarer Zeit. Quellen zur Emminger-Zivilprozessverordnung vom 13.2.1924 und zu den Arbeiten der Zivilprozesskommission des Reichsjustizministeriums (1922–1930). Eingeleitet und herausgegeben von Werner Schubert. 2005.

Band 324 Felix Gaul: Der Jurist Rudolf Isay (1886–1956). Ein verantwortungsbewusster Vermittler im Spannungsfeld zwischen dynamischer Rechtsschöpfung, ökonomischem Wandel und technischem Fortschritt. 2005.

Band 325 Konstanze Braun: Dr. Otto Georg Thierack (1889–1946). 2005.

Band 326 Eckart Klein / Stefan Chr. Saar / Carola Schulze (Hrsg.): Zwischen Rechtsstaat und Diktatur. Deutsche Juristen im 20. Jahrhundert. 2006.

Band 327 Stefan Botor: Das *Berliner Sühneverfahren* – Die letzte Phase der Entnazifizierung. 2006.

Band 328 Andreas Köhler: Die Sorgerechtsregelungen bei Ehescheidung seit 1945. Scheidungsstrafe und verordnete Gemeinsamkeit. 2006

Band 329 Lars Düwel: Die Nichtigkeit und Anfechtbarkeit der Ehe in der Rechtsprechung des Reichsgerichts zwischen 1900 und 1945. 2006.

Band 330 Katalin Polgar: Das Oberappellationsgericht der vier freien Städte Deutschlands (1820–1879) und seine Richterpersönlichkeiten. 2007.

Band 331 Julia Schweitzer: Schiffer und Schiffsmann in den Rôles d'Oléron und im Llibre del Consolat de Mar. Ein Vergleich zweier mittelalterlicher Seerechtsquellen. 2007.

Band 332 Diana-Catharina Kurtz: Das Institut der Adoption im preußischen Allgemeinen Landrecht und im französischen Code civil zwischen Rezeption römisch-rechtlicher Prinzipien und verändertem Familienverständnis. 2006.

Band 333 Dino Joakim Duderstadt: Spiel, Wette und Differenzgeschäft (§§ 762–764 BGB) in der Rechtsprechung des Reichsgerichts und in der zeitgenössischen Literatur. 2007.

Band 334 Ronald Hoffmann: Die Domänenfrage in Thüringen. Über die vermögensrechtlichen Auseinandersetzungen mit den ehemaligen Landesherren in Thüringen nach dem Ersten Weltkrieg. 2006.

Band 335 Joachim Windmüller: *Ohne Zwang kann der Humanismus nicht existieren...* – „Asoziale" in der DDR. 2006.

Band 336 Sven Christian Gläser: Die Mediatisierung der Grafschaft Wertheim. Der juristische Kampf eines kleinen Reichsstandes gegen den Verlust der Landesherrschaft und seine Folgen. 2006.

Band 337 Benjamin Schleyer: Friedrich Wilhelm Bornemann (1798–1864). Eine Juristenkarriere im Preußen des 19. Jahrhunderts. 2006.

Band 338 Die Reform des Ehescheidungsrechts von 1976. Quellen zum Ersten Gesetz vom 14.6.1976 zur Reform des Ehe- und Familienrechts (Parlamentarische Ausschussprotokolle – Anglikanische Denkschrift von 1966 zur Scheidungsrechtsreform – Schlussabstimmung 1969 in der Eherechtskommission des Bundesministeriums der Justiz). Eingeleitet und herausgegeben von Werner Schubert. 2006.

Band 339 Andreas Feld: Das Bayerische Gesetz zum Schutz des Eigentums an Erzeugnissen der Literatur und Kunst gegen Nachdruck vom 15.04.1840. Vorgeschichte und Zustandekommen. 2007.

Band 340 Bernd Wörner: Adelbert Düringers Einfluß als Richter am Reichsgericht in Leipzig auf dem Gebiet des Personengesellschaftsrechts. 2007.

Band 341 Jan Jelle Kähler: Französisches Zivilrecht und französische Justizverfassung in den Hansestädten Hamburg, Lübeck und Bremen (1806–1815). 2007.

Band 342 Jörn Eckert / Pia Letto-Vanamo / Kjell Å. Modéer (Hrsg.): Juristen im Ostseeraum. Dritter Rechtshistorikertag im Ostseeraum 20.–22. Mai 2004. 2007.

Band 343 Ferdinand von Weyhe: A.E. Wassermann. Eine rechtshistorische Fallstudie zur „Arisierung" zweier Privatbanken. 2007.

Band 344 Martin Klaus Römermann: Kündigungen und Kündigungsschutz im Franquismus. 2007.

Band 345 Thomas Hoffmann: Der Landrechtsentwurf David Hilchens von 1599. Ein livländisches Rechtszeugnis polnischer Herrschaft. 2007.

Band 346 Ingo Ullmann: Die rechtliche Behandlung holsteinischer Leibeigener um die Mitte des 18. Jahrhunderts. Dargestellt unter besonderer Berücksichtigung der Schmoeler Leibeigenschaftsprozesse von 1738 bis 1743 sowie von 1767 bis 1777. 2007.

Band 347 Petra Fischer-Langosch: Die Entstehungsgeschichte des Familiengesetzbuches der DDR von 1965. 2007.

Band 348 Lasse O. Johannsen: Die rechtliche Behandlung ausreisewilliger Staatsbürger in der DDR. 2007.

Band 349 Ralf Schlottau: Deutsche Kolonialrechtspflege. Strafrecht und Strafmacht in den deutschen Schutzgebieten 1884 bis 1914. 2007.

Band 350 Hartwig Brandt / Ewald Grothe (Hrsg.): Rheinbündischer Konstitutionalismus. 2007.

Band 351 Nora Lutze: Der Verwandtenunterhalt nach den §§ 1601 bis 1603 und §§ 1610 bis 1612 BGB in der Rechtsprechung des Reichsgerichts. Unter Berücksichtigung der Entstehung des BGB. 2007.

Band 352 Frank Thiäner: Das Verhältnis von Aufsichtsrat und Abschlussprüfern in der rechtshistorischen Entwicklung bis 1937. 2007.

Band 353 Britta Heymann: Ernst Melsheimer (1897–1960). Eine juristische Karriere in verschiedenen staatlichen Systemen. Mitarbeiter im Preußischen Justizministerium in der Weimarer Republik, im Justizministerium Preußens und des Reiches sowie Richter am Kammergericht in der NS-Zeit und Erster Generalstaatsanwalt der Deutschen Demokratischen Republik. 2007.

Band 354 Susanne Adlberger: Wilhelm Kisch – Leben und Wirken (1874–1952). Von der Kaiser-Wilhelms-Universität Straßburg bis zur nationalsozialistischen Akademie für Deutsches Recht. 2007.

Band 355 Moritz Waibel: Josef Berchtold (1833–1894). Ein Leben gegen den Ultramontanismus. 2007.

Band 356 Aline Levin: Erinnerung? Verantwortung? Zukunft? Die Beweggründe für die gemeinsame Entschädigung durch den deutschen Staat und die deutsche Industrie für historisches Unrecht. 2007.

Band 357 Ferdinand Krause: Die hergebrachten Grundsätze des Berufsbeamtentums. Eine rechtshistorische Analyse. 2007.

Band 358 André Tiebel: Die Entstehung der Schutztruppengesetze für die deutschen Schutzgebiete Deutsch-Ostafrika, Deutsch-Südwestafrika und Kamerun (1884–1898). 2007.

Band 359 Holger Ruff: Sittenwidrige Rechtsgeschäfte in der späten Kaiserzeit. Die Entwicklung der reichsgerichtlichen Rechtsprechung zu § 138 BGB von 1900 bis 1914. 2007.

www.peterlang.de

Peter Lang · Internationaler Verlag der Wissenschaften

Werner Schubert / Hans Peter Glöckner (Hrsg.)

Nachschlagewerk des Reichsgerichts

Gesetzgebung des Deutschen Reichs
Band 2: Kaiserzeit II
Gewerblicher Rechtsschutz und Urheberrecht

Frankfurt am Main, Berlin, Bern, Bruxelles, New York, Oxford, Wien, 2005.
657 S.
Nachschlagewerk des Reichsgerichts.
Herausgegeben von Werner Schubert und Hans Peter Glöckner. Bd. 2
ISBN 978-3-631-53280-5 · geb. € 130.–*

Die Gesetze des 19. und 20. Jahrhunderts zum gewerblichen Rechtsschutz und Urheberrecht betraten rechtspolitisches und rechtsdogmatisches Neuland, so dass die Judikatur des Reichsgerichtes zu diesen Rechtsgebieten von besonderer Bedeutung ist. Band zwei der Edition erschließt die Judikatur zum Patentgesetz von 1891 und Warenzeichengesetz von 1894 (der vierte Band der Edition enthält die Judikatur zur Neufassung dieser Gesetze von 1936). Es folgen die Entscheidungsnachweise zum Musterschutzgesetz von 1876 (Geschmacksmuster) und zum Gebrauchsmustergesetz von 1891. Einen breiten Raum nehmen die Entscheidungen zum Gesetz über den unlauteren Wettbewerb von 1896 und 1908 ein, das maßgeblich dazu beigetragen hat, dass das deutsche Wettbewerbsrecht sich zur Bekämpfung des unlauteren Wettbewerbs als vorbildlich erwiesen hat. Das Werk wird abgeschlossen mit den Nachweisen der Entscheidungen zu den Urheberrechtsgesetzen von 1901 und 1907, insbesondere zum Rundfunk- und Tonfilmrecht. Auch die Zeit des Nationalsozialismus wird berücksichtigt, da eine Novellierung der Urheberrechtsgesetze bis Kriegsende nicht mehr zustande kam.

Aus dem Inhalt: Geschmacksmustergesetz · Gebrauchsmustergesetz · Patentgesetz · Gesetz zum Schutz der Warenbezeichnungen · Gesetz zur Bekämpfung des unlauteren Wettbewerbs (Fassungen von 1896 und 1908) · Literaturrhebergesetz · Verlagsgesetz · Kunsturhebergesetz

Frankfurt am Main · Berlin · Bern · Bruxelles · New York · Oxford · Wien
Auslieferung: Verlag Peter Lang AG
Moosstr. 1, CH-2542 Pieterlen
Telefax 0041(0)32/3761727

*inklusive der in Deutschland gültigen Mehrwertsteuer
Preisänderungen vorbehalten

Homepage http://www.peterlang.de